Schweizerisches Anwaltsrecht
Droit suisse des avocats
Diritto svizzero degli avvocati

Schweizerisches Anwaltsrecht
Droit suisse des avocats
Diritto svizzero degli avvocati

Herausgeber

Walter Fellmann	Privatdozent, Rechtsanwalt und Notar, Luzern
Claire Huguenin Jacobs	Professorin an den Universitäten Bern und Zürich, Rechtsanwältin, Zürich
Tomas Poledna	Privatdozent, Rechtsanwalt, Zürich
Jörg Schwarz	Rechtsanwalt und Notar, Luzern

Stämpfli Verlag AG Bern · 1998

Zitiervorschlag:
Festschrift SAV, Drolshammer, S. 531

Die Deutsche Bibliothek - CIP-Einheitsaufnahme

Schweizerisches Anwaltsrecht = Droit suisse des avocats /
Hrsg. Walter Fellmann ... - Bern : Stämpfli, 1998
ISBN 3-7272-9630-5

© Stämpfli Verlag AG Bern · 1998
Umbruch und Druckvorlagen: Weiter im Text GmbH, Bern
Druck und Buchbinderarbeit: Stämpfli AG, Grafisches Unternehmen, Bern
Printed in Switzerland
ISBN 3-7272-9630-5

Vorwort der Herausgeber

Die wirtschaftliche und gesellschaftliche Entwicklung der letzten Jahre hat die Anforderungen an den Anwaltsberuf stark verändert. Seit geraumer Zeit drängen von allen Seiten und aus allen Dienstleistungsbranchen neue Anbieter auf den Rechtsberatungsmarkt. Der «Diener des Rechts» sieht sich unvermittelt mit Marktgesetzen konfrontiert: Gefragt sind Spezialwissen, speditive Auftragserledigung und angemessene Preise.

Auch die vom Gesetzgeber angestrebte Deregulierung rüttelt an überkommenen Traditionen: Standesregeln wurden über Nacht zum verpönten Kartell, Konventionaltarife zur unzulässigen Preisbindung. In welche Richtung die Entwicklung gehen wird, lässt sich nur schwer abschätzen. Die Antwort wird wesentlich davon abhängen, ob und wie es der Anwaltschaft gelingt, mit den veränderten Rahmenbedingungen zurecht zu kommen.

Angesichts dieses Wandels bietet das Jubiläum «100 Jahre Schweizerischer Anwaltsverband» einen willkommenen Anlass für einen Marschhalt, für Rückblick und Ausblick. Dass dies auch einem Bedürfnis der Praktiker entspricht, zeigt die stattliche Anzahl von Anwältinnen und Anwälten, die sich bereit erklärt haben, einen Beitrag für die vorliegende Festschrift zu schreiben. Sie haben wesentliche rechtliche und tatsächliche Aspekte des Anwaltsberufes kritisch analysiert und damit für die weitere Entwicklung in diesen Bereichen eine solide Ausgangsbasis geschaffen. Ihnen allen gilt der herzliche Dank der Herausgeber.

Zu danken haben die Herausgeber im weiteren den beiden Lektorinnen, Frau Martina Nänni und Frau Corina Ursprung, die mit unermüdlichem Einsatz die Manuskripte zur Druckreife gebracht haben. Danken möchten wir auch dem Schweizerischen Anwaltsverband, der die Kosten für das Lektorat übernommen hat, und dem Stämpfli Verlag AG, der die verlegerische Arbeit speditiv und zur Zufriedenheit aller Beteiligten betreut hat.

Luzern und Zürich, im April 1998   Walter Fellmann
Claire Huguenin Jacobs
Tomas Poledna
Jörg Schwarz

Festschrift 100 Jahre SAV

Vorwort des Präsidenten

«Ungemein verworren» waren die Verhältnisse, welche einige kantonale Anwaltsverbände vor 100 Jahren zur Gründung des Schweizerischen Dachverbands bewegt haben. Zwar mögen die Gründer mit den «ungemein verworrenen Verhältnissen» in erster Linie an die föderalistisch strukturierte bunte Palette unterschiedlichster Regeln über die Advokatur gedacht haben. Tatsächlich war aber das ausgehende 19. Jahrhundert ganz allgemein «ungemein verworren» – eine Zeit der Umwälzungen und des Umbruchs:

Wenige Jahre zuvor waren die Nationalstaaten Europas entstanden, teils unter heftigen Erschütterungen, Krisen und Revolutionen. Nach dem Sonderbundskrieg ist mit starkem und vorausschauendem politischen Willen der heutige schweizerische Bundesstaat geschaffen worden. Die explosionsartige technische Entwicklung führte in jener Zeit zu grundlegenden Umwälzungen der gesellschaftlichen und berufsmässigen Strukturen. Der Agrarstaat hatte sich in wenigen Jahrzehnten zum Industriestaat gewandelt. Mit dem hektischen und geradezu fanatischen Bau von Eisenbahnen erhöhten sich auch die Transportmöglichkeiten für Güter und Personen in einem bisher nie dagewesenen Ausmass. Die Elektrizität ermöglichte Produktionsstandorte unabhängig von den Wasserläufen und führte zur Konzentration von Industriebetrieben in den Städten. Fabriken schossen aus dem Boden. Die neue Berufsgattung des Fabrikarbeiters entstand. Eigentliche Arbeitersiedlungen in den Vororten der Städte wurden gebaut. Als Gegengewicht zum wirtschaftlich geprägten Liberalismus der Gründer und Industriellen hatten die Arbeiter begonnen, sich in Gewerkschaften zu organisieren. Die verschiedenen Berufsgattungen spürten in dieser Zeit des Umbruchs und der Umwälzungen die Notwendigkeit, sich zusammenzuschliessen und ihre Probleme mit gemeinsamen Kräften anzugehen.

So hatten auch die einige Jahre zuvor gegründeten kantonalen Anwaltsverbände dieses Bedürfnis, sich auf nationaler Ebene zusammenzuschliessen, um so die künftigen Herausforderungen wirkungsvoller angehen zu können. Das Berufsbild und die Tätigkeit des Anwalts war damals grundlegend anders als heute: Auf dem Gebiet der Eidgenossenschaft existierten lediglich rund 200 Anwälte. Wesentliche Rechtsgebiete, wie namentlich weite Teile des Zivilrechts und das gesamte Strafrecht, waren kantonal geregelt. In vielen Kantonen fehlten Kodifikationen, wodurch ein praktisch undurchschaubares Dikkicht von einerseits alten Statutarrechten und anderseits von Regeln des gemeinen Rechts bestand. Der Anwalt verstand sich damals in erster Linie als «Diener des Rechts». Er war ganz überwiegend forensisch tätig und praktizierte fast ausschliesslich allein. Schriftsätze und Briefe wurden mit der Feder geschrieben. Das Telefon war in der Anwaltskanzlei die Ausnahme. Kommuniziert wurde im persönlichen Gespräch und per Briefpost. Ins Ausland oder gar nach Übersee dauerte ein einfacher Briefwechsel oftmals Wochen und Monate.

Die 100 Jahre seit damals haben uns Veränderungen und Umwälzungen in beinahe unvorstellbarem Ausmass gebracht: Die rund 200 Anwälte haben sich in etwa verdreissigfacht, so dass heute über 6000 Anwältinnen und Anwälte in der Schweiz praktizieren. Die Bundeserlasse, die damals ein Volumen von wenigen Zentimetern aufwiesen, beanspruchen nun mehrere Meter im Büchergestell. Die neusten Kommunikationsmittel erlauben nicht nur Gespräche mit der ganzen Welt, sondern auch den sekundenschnellen Dokumentenaustausch weltweit. Der damalige forensisch tätige Einzelanwalt ist abgelöst worden durch den Rechtsberater schlechthin. Die Anwaltstätigkeit erfolgt zunehmend im Team, teilweise im eigentlichen Projektmanagement. Es besteht kein Zweifel: Die schweizerische Anwaltschaft hat den gewaltigen Wandel der vergangenen 100 Jahre vom zünftisch organisierten Berufsstand der «Diener des Rechts» zu einer Branche leistungsfähiger Dienstleistungsunternehmen in hervorragender Art bewältigt.

Ich bin zuversichtlich, dass wir auch die heutigen und künftigen Herausforderungen selbstbewusst und vorausschauend meistern werden. Dies wird uns dann gelingen, wenn wir bei allem Wandel des Umfelds *die unveränderlichen Grundwerte unseres Berufs* nicht aus den Augen verlieren: Das ist zunächst und vor allem das absolut und skrupulös gewahrte *Berufsgeheimnis* und sodann die *Unabhängigkeit* des Anwalts und der Anwältin. Erst diese erlauben es, kritisch und frei von jeglichen Interessenkonflikten die für den Klienten sachlich richtige Lösung zu empfehlen und kraftvoll umzusetzen. Nur wenn diese Voraussetzungen Berufsgeheimnis und Unabhängigkeit erfüllt sind, kann das Vertrauen in seinen Anwalt und in seine Anwältin entstehen, das es dem Klienten erlaubt, seine Sache vorbehaltlos offenzulegen. Das ist für den Rechtsuchenden notwendig und für den Rechtsstaat unabdingbar.

Ich bin überzeugt, dass die Anwaltschaft auch in der Zukunft ihren bedeutenden Beitrag zu einer qualitativ hochstehenden und speditiven Justiz und zu ihrer unverzichtbaren Rolle im Rechtsstaat leisten wird.

Kaspar Schiller, Winterthur
Präsident SAV

Plaquette commémorative pour les 100 ans de la Fédération Suisse des Avocats

Préface du Président

Il y a 100 ans, la situation qui incita quelques fédérations cantonales d'avocats à créer l'association faîtière suisse était «extrêmement confuse». En parlant de «situation extrêmement confuse», les fondateurs de cette association pensaient sans doute avant tout aux règles très disparates, propres à chaque canton (fédéralisme oblige), qui régissaient la profession d'avocat. En réalité, la fin du XIXe siècle fut une période «extrêmement confuse» à tous points de vue – une période de bouleversements et de profondes mutations.

Les Etats nationaux d'Europe étaient nés quelques années auparavant, à la suite de violents bouleversements, de crises et de révolutions. Grâce à une volonté politique forte et prévoyante, l'Etat fédéral suisse moderne fut créé après la Guerre du Sonderbund. Le développement technique fulgurant de cette époque changea fondamentalement les structures sociales et professionnelles. En quelques décennies, l'Etat agricole était devenu un Etat industriel. La construction effrénée et presque fanatique des chemins de fer améliora les possibilités de transport des marchandises et des personnes dans des proportions inconnues jusqu'alors. Grâce à l'électricité, les ateliers de production ne devaient plus forcément être situés le long des cours d'eau, ce qui provoqua une concentration des entreprises industrielles dans les villes. Les fabriques poussèrent comme des champignons. Une nouvelle profession était née: celle d'ouvrier de fabrique. Dans les banlieues des villes, on construisit de véritables colonies ouvrières. Pour contrebalancer le libéralisme économique des fondateurs d'industries, les ouvriers commencèrent à s'organiser en syndicats. Pendant cette période de bouleversements et de révolutions, les membres des différentes professions éprouvèrent le besoin de se regrouper et d'unir leurs forces pour résoudre leurs problèmes.

Il en fut ainsi pour les associations cantonales d'avocats fondées quelques années auparavant: elles se regroupèrent sur le plan national pour affronter les défis futurs avec davantage d'efficacité. A cette époque, l'image de la profession et l'activité de l'avocat étaient très différentes d'aujourd'hui: sur le territoire de la Confédération, on ne dénombrait qu'environ 200 avocats. Les principaux domaines juridiques, comme une grande partie du droit civil ainsi que tout le droit pénal, étaient réglés au niveau cantonal. Dans de nombreux cantons, il n'existait pas de codification, mais un mélange inextricable de droit écrit et de droit commun. On considérait alors l'avocat avant tout comme un «serviteur du droit». Il s'occupait essentiellement d'affaires judiciaires et pratiquait presque exclusivement seul. On écrivait les mémoires et les lettres à la plume. Le téléphone dans une étude d'avocat était quelque chose d'exceptionnel. On communiquait dans des entretiens personnels ou par correspondance. L'échange de courrier avec l'étranger ou même outre-mer prenait souvent plusieurs semaines, voire plusieurs mois.

Les changements et les bouleversements intervenus au cours des cent dernières années ont été considérables: les 200 avocats de l'époque ont été multipliés par trente. Plus de 6000 avocates et avocats pratiquent aujourd'hui en Suisse. Les textes législatifs fédéraux qui représentaient alors un volume de quelques centimètres occupent maintenant plusieurs mètres sur les rayons. Les moyens modernes de communication permettent non seulement des entretiens avec le monde entier, mais aussi un échange de documents à travers le monde en une fraction de seconde. L'avocat de naguère, qui pratiquait seul et s'occupait avant tout d'affaires judiciaires, est devenu aujourd'hui conseiller juridique. De plus en plus souvent, les avocats travaillent en équipes, voire même avec un management de projet qui leur est propre. Il ne fait pas de doute que les avocats suisses ont surmonté, de façon magistrale, la grande mutation de ces cent dernières années: la corporation des «serviteurs du droit» s'est transformée en une branche d'entreprises de services très performantes.

Je suis très confiant: nous pourrons aussi relever les défis d'aujourd'hui et de demain en étant conscients de notre valeur et en faisant preuve de prévoyance. Nous réussirons si, lors de toute transformation intervenant dans la société, nous ne perdons jamais de vue les *valeurs fondamentales inaltérables de notre profession:* il s'agit d'abord, et surtout, du maintien absolu et scrupuleux du *secret professionnel,* et ensuite de *l'indépendance* de l'avocate et de l'avocat. C'est seulement dans ces conditions que nous pouvons, de façon critique et sans conflits d'intérêts, recommander et négocier efficacement une solution objectivement adéquate pour nos clients. Seule la garantie du secret professionnel et de l'indépendance permettra aux clients d'avoir entière confiance en leur avocate ou avocat, et de lui exposer leur cause sans aucune restriction. Cela est nécessaire pour le justiciable et un Etat de droit ne saurait en aucun cas y renoncer.

Je suis persuadé qu'à l'avenir aussi les avocats contribueront grandement à une justice de haute qualité et rapide, et qu'ils continueront à jouer leur rôle indispensable dans notre Etat de droit.

Kaspar Schiller, Winterthour
Président de la FSA

Scritto commemorativo per i 100 anni della FSA

Introduzione del Presidente

Una situazione «estremamente confusa» ha indotto 100 anni fa alcune associazioni cantonali di avvocati a costituire la federazione svizzera degli avvocati. I fondatori avevano pensato in primo luogo alla situazione «estremamente confusa», dovuta alla variegata struttura federale di regole sull'avvocatura. Non si deve comunque dimenticare che la fine del 19° secolo era in linea generale «estremamente confusa» – un periodo contrassegnato da mutamenti profondi:

Pochi anni prima si erano creati, fomentati da crisi e rivoluzioni, gli stati europei. Dopo la guerra del Sonderbund è stata creata con una forte previdente volontà politica l'attuale federazione svizzera. Nello stesso periodo l'esplosione dello sviluppo tecnologico portò a numerose e fondamentali rivoluzioni delle strutture sociali e lavorative. Lo stato agricolo si era trasformato in pochi decenni in uno stato industriale. La febbrile e addirittura fanatica costruzione delle ferrovie aumentò, in un modo mai esistito prima, la possibilità di trasporti, sia nel settore merci che in quello persone. L'energia elettrica creò la possibilità di luoghi di produzione indipendenti dai corsi d'acqua e portò alla concentrazione industriale nelle città. Capannoni industriali proliferarono ovunque. Nacque una nuova categoria professionale: quella del lavoratore di fabbrica. Nei sobborghi delle città furono edificati i primi quartieri operai. Quale contrapposizione alla pressione del liberalismo economico dei fondatori e industriali, i lavoratori si organizzarono in sindacati. Le diverse categorie di lavoratori avvertirono, in questi tempi di capovolgimenti e rivoluzioni, la necessità di riunirsi e affrontare i loro problemi con forza comune.

In questo senso anche le associazioni cantonali di avvocati, costituitesi qualche anno prima, intuirono la necessità di riunirsi a livello nazionale per poter affrontare in modo efficace le sfide future. L'immagine e l'attività degli avvocati era a quei tempi fondamentalmente differente da oggi: nel territorio della Confederazione esistevano soltanto ca. 200 avvocati. I principali settori giuridici erano regolati cantonalmente come pure parte del diritto civile e dell'intero diritto penale. In molti cantoni mancavano codici, ci si avvaleva principalmente di una caotica massa di vecchi diritti statutari e di regole del diritto comune. All'epoca l'avvocato si identificava nella figura del «servitore del diritto». Egli era prevalentemente occupato nell'attività forense e praticava quasi esclusivamente da solo; composizioni e lettere erano scritte con la penna, il telefono nella cancelleria era un'eccezione. Le comunicazioni avvenivano con colloqui personali e per lettera. All'estero oppure oltremare uno scambio di corrispondenza durava spesso settimane o mesi.

Nel corso degli ultimi 100 anni abbiamo avuto cambiamenti e rivoluzioni in dimensioni impensabili: i circa 200 avvocati di allora sono aumentati di 30 volte. Oggi in Svizzera vi sono più di 6000 avvocati di ambo i sessi. I decreti federali, che allora si presentavano in un volume di pochi centimetri, esigono oggi parecchi metri di spazio nella libreria. Gli odierni mezzi di comunicazione consentono non solo conversazioni con tutto il mondo, ma anche lo scambio di documentazione in pochi secondi. L'attività forense dell'unico avvocato di allora è stata sostituita da quella di consigliere giuridico. L'attività di avvocatura si svolge adesso in gruppo, con una programmazione a livello manageriale. Non esiste alcun dubbio: l'avvocato svizzero ha superato in modo eccellente il cambiamento da «servitore del diritto» di 100 anni fa, organizzato in corporazioni, in un eccellente e dinamico ramo di azienda di servizi.

Io sono fiducioso che noi saremo consapevoli e potremo prevedere e quindi superare le odierne e future sfide. Questo sarà possibile solo se malgrado i mutamenti in corso non perderemo di vista gli *immutabili valori della nostra professione:* primo fra tutti l'assoluto e scrupoloso rispetto del *segreto professionale* e in secondo luogo *l'indipendenza* degli avvocati uomini e donne. Solo questa posizione, critica e libera da ogni conflitto di interesse, ci permette di consigliare al cliente la giusta soluzione. Solo quando queste premesse di segreto professionale e di indipendenza saranno soddisfatte potrà instaurarsi la necessaria fiducia fra avvocato e assistito atta a discutere senza riserve la pratica. Questo è basilare per il cittadino che vuole far valere i propri diritti e indispensabile per uno stato di diritto.

Sono convinto che anche in futuro l'avvocatura continuerà a contribuire ad una giustizia rapida e di qualità, atta a mantenere il suo irrinunciabile ruolo nello stato di diritto.

Kaspar Schiller, Winterthur
Presidente FSA

Publicaziun per l'anniversari da 100 onns da la Federaziun svizra dals advocats

Prefaziun dal President

«Nunditg confusa» era la situaziun ch'ha muventà avant 100 onns intginas uniuns chantunalas d'advocats da fundar l'uniun svizra da tetg. Igl è bain pussaivel ch'ils fundaturs pensavan cun «relaziuns nunditg confusas» en emprima lingia a las nundumbraivlas reglas divergentas d'advocatura en questa structura federalistica. La fin dal 19^{avel} tschientaner era però en general in temp «nunditg confus», in temp da midadas e revoluziuns:

Paucs onns avant eran vegnids fundads ils stadis naziunals da l'Europa, per part cun grondas stremblidas, crisas e revoluziuns. Suenter la guerra dal Sonderbund è vegnì creà cun ferma voluntad politica visiunara la confederaziun svizra odierna. Il svilup tecnic quasi explosiv ha chaschunà en quels onns midadas fundamentalas da las structuras socialas e professiunalas. Il stadi agrar era sa midà en paucs decennis ad in stadi industrial. La construcziun da viafiers hectica e bunamain fanatica ha era augmentà sco anc mai avant las pussaivladads da transport per rauba e persunas. L'electricitad ha pussiblità plazs da producziun independents dals flums ed uschia concentrà las interpresas industrialas en las citads. Fabricas èn creschidas sco bulieus e cun ellas è naschì il nov sectur professiunal dal lavurer da fabrica. A l'ur da las citads han ins construì abitadis da lavurers. Per dar cuntrapais al liberalissem economic dals fundaturs ed industrials avevan ils lavurers cumenzà a s'organisar en sindicats. En quests onns da midadas e revoluziuns sentivan ils differents secturs professiunals la necessitad da s'unir per far frunt als problems cun forzas unidas.

Era las associaziuns chantunalas d'advocats fundadas intgins onns pli baud avevan sentì il basegn da s'unir sin plaun naziunal per pudair confruntar pli efficaziamain las provocaziuns futuras. Il profil professiunal e l'activitad da l'advocat da lez temp sa differenziavan fitg dad oz. En la regiun da la Confederaziun existevan be radund 200 advocats. Vasts secturs dal dretg, sco per exempel grondas parts dal dretg civil e l'entir dretg penal eran reglads sin plaun chantunal. En blers chantuns mancavan codificaziuns, uschia ch'igl eran en vigur ina pluna nunsurvesaivla da dretgs statutars e da reglas dal dretg cumin. L'advocat sa veseva da lez temp en emprima lingia sco «servient dal dretg». Per la gronda part era el activ sin plaun giudizial e praticava quasi mo sco persuna singula. Actas e brevs vegnivan scrittas cun la plima. Il telefon era in'excepziun en ina chanzlia d'advocat. La communicaziun aveva lieu en la discussiun persunala e tras correspundenza. A l'exteriur u schizunt ultramar duvrava ina simpla correspundenza savens emnas e mais.

Durant ils 100 onns passads dapi quel temp hai dà midadas e novaziuns d'ina dimensiun strusch imaginabla. Oz pratitgeschan en Svizra 6000 advocatas ed advocats, pia radund 30 giadas dapli ch'avant 100 onns. Ils decrets federals che mesiravan da lezzas uras paucs centimeters, dovran oz plirs meters sin la curuna da cudeschs. Ils meds da communicaziun permettan oz da telefonar e da barattar documents sin l'entir mund. L'anteriur advocat individual activ sin plaun forensic è vegnì remplazzà dal consulent giuridic sco tal. L'activitad d'advocat succeda pli e pli en in team, per part sco vair management da project. Senza dubi: las advocatas ed ils advocats svizzers han reussì fitg bain da far durant ils davos tschient onns il pass dal «servient dal dretg» organisà sin basa corporativa ad ina branscha effizienta d'interpresa da servetschs.

Jau sun persvas che nus vegnin a dar dumogn era a las provocaziuns actualas e futuras cun ina tenuta segira e prevesenta. E nus vegnin a reussir, sche nus na perdain mai la vista per las *valurs fundamentalas invariablas* da nossa professiun: l'emprim e surtut il *secret professiunal* mantegnì absoluttamain e scrupulusamain ed alura l'*independenza* da l'advocat e da l'advocata. Pir quella lubescha d'esser critic e liber da tuts conflicts d'interess per pudair proponer a la clientella la dretga soluziun e defender quella cun tutta forza. Be sche questas premissas dal secret professiunal e da l'independenza existan, po nascher la fidanza en ses advocat, sia advocata che lubescha al client u la clienta da preschentar la situaziun senza resalvas. Quai è ina premissa essenziala tant per la persuna che tschertga agid giuridic sco per il stadi constituziunal.

Jau sun persvas che las advocatas ed ils advocats prestan era en l'avegnir lur part impurtanta a favur d'ina giustia speditiva e da qualitad optimala e giogan vinavant lur rolla indispensabla en il stadi constituziunal.

Kaspar Schiller, Winterthur
President Federaziun svizra dals advocats

Inhaltsverzeichnis

Vorwort der Herausgeber	V
Vorwort des Präsidenten	VII
Préface du Président	IX
Introduzione del Presidente	XI
Prefaziun dal President	XIII
Autorenverzeichnis	XVII
Literaturverzeichnis	XIX
Abkürzungsverzeichnis	XLV
Gesetzesverzeichnis	LIII
Materialienverzeichnis	LV

I. Geschichtliche Aspekte des Anwaltsberufes 1

MARCEL SENN: Das Berufsbild des Rechtsanwalts im geschichtlichen
Wandel seit der frühen Neuzeit 3

HANS ULRICH WALDER: Der Anwaltsberuf im 19. Jahrhundert
mit Ausblicken ins 20. Jahrhundert 21

DOROTHEA RIEDI: Geschichte des Schweizerischen Anwaltsverbandes
(SAV) 31

II. Ökonomische Aspekte des Anwaltberufes 55

MICHAEL PFEIFER/PETER WIDMER: Rechtsberatungsmarkt Schweiz –
Nimmt der Anwalt teil am Aufbruch oder ist er Auslaufmodell? . 57

ANDRÉ THOUVENIN: Das Anwaltsbüro als Unternehmen 71

III. Rechtliche Aspekte des Anwaltsberufes 87

TOMAS POLEDNA: Anwaltsmonopol und Zulassung zum Anwaltsberuf –
Streiflichter in vier Thesen 89

JÖRG SCHWARZ: Das Anwaltsgeheimnis – Einige Gedanken zur
heutigen Rechtslage in der Schweiz 107

BENOÎT CHAPPUIS: Signification et fonction des règles déontologiques 127

FRANZ SCHENKER: Gedanken zum Anwaltshonorar 143

FRANÇOIS BOHNET: L'avocat, l'indigent et la victime   161
WALTER FELLMANN: Die Haftung des Anwaltes   185
FABIO SOLDATI: Il dovere di informazione dell'avvocato nei confronti
    del cliente   219
FRANZ WERRO: Les conflits d'intérêts de l'avocat   231
THOMAS STÄHELI: Anwalt und Kartellrecht   257
MARIO POSTIZZI: Il dovere di fedeltà dell'avvocato verso il cliente
    sotto la lente del Codice penale   267
GEORG FRIEDLI: Anwalt und Geldwäscherei   285
MIRKO ROŠ: Anwalt und Werbung – Ein Tabu im Wandel der Zeit . .   307
PHILIPPE RICHARD: La publicité personnelle de l'avocat   327

IV. Besondere Aspekte des Anwaltsberufes   337

PETER NOBEL: Rechtsformen der Zusammenarbeit von Anwälten:
    Organisationsfreiheit für Anwälte!   339
KARIN MÜLLER: Zertifiziertes Qualitätsmanagementsystem in der
    Anwaltskanzlei   373
ROLAND HÜRLIMANN: Der Anwalt als Gutachter   389
RAINER SCHUMACHER: Der Anwalt als Vertragsgestalter   413
CHRISTIAN HILTI: Der Anwalt mit besonderem Sachverstand   433
PETER LIATOWITSCH: Anwaltsberuf und Mediation   443
REGINA AEPPLI/THOMAS WARTMANN: Anwaltsberuf und Teilzeitarbeit .   467
LUDWIG A. MINELLI: Anwalt und Medien   483
HANS NIGG: Haftpflichtversicherung des Rechtsanwalts am Beispiel
    der AVB einer Versicherung   493
ALAIN B. LÉVY: L'avocat en tant que gestionnaire de fortune   515
JENS DROLSHAMMER: Der Rechtsanwalt als Hochschullehrer?   531

V. Der Anwaltsberuf in seinen internationalen Bezügen   547

URS M. WEBER-STECHER: Internationale Freizügigkeit im
    Rechtsanwaltsberuf – Hindernisse und mögliche Reformen   549
ROLF H. WEBER: Niederlassung oder Dienstleistung –
    europarechtliche Beurteilung grenzüberschreitender anwaltlicher
    Tätigkeiten   571

Autorenverzeichnis

lic. iur. REGINA AEPPLI, Rechtsanwältin, Zürich

FRANÇOIS BOHNET, Avocat, Neuchâtel

BENOÎT CHAPPUIS, Avocat, Genève

Prof. Dr. iur. JENS DROLSHAMMER, Rechtsanwalt, Zürich, Professor an der Universität St. Gallen

PD Dr. iur. WALTER FELLMANN, Rechtsanwalt und Notar, Luzern, Privatdozent an der Universität Zürich

GEORG FRIEDLI, M.C.L., Fürsprecher, Bern

Dr. iur. CHRISTIAN HILTI, Rechtsanwalt, Zürich

Prof. Dr. iur. CLAIRE HUGUENIN JACOBS, LL.M., Rechtsanwältin, Zürich, Professorin an den Universitäten Bern und Zürich

Dr. iur. ROLAND HÜRLIMANN, Rechtsanwalt, Zürich und Baden

ALAIN BRUNO LÉVY, Avocat, Genève, Docteur en droit et Professeur titulaire à l'Université de Fribourg

Dr. iur. PETER LIATOWITSCH, Advokat und Notar, Basel

lic. iur. LUDWIG A. MINELLI, Rechtsanwalt, Forch

lic. iur. KARIN MÜLLER, Rechtsanwältin, Luzern

Dr. iur. HANS NIGG, Rechtsanwalt, Winterthur

Prof. Dr. rer. publ. PETER NOBEL, Rechtsanwalt, Zürich, Professor an der Universität St. Gallen

Dr. iur. MICHAEL PFEIFER, Advokat und Notar, Basel

PD Dr. iur. TOMAS POLEDNA, Rechtsanwalt, Zürich, Privatdozent an der Universität Zürich

MARIO POSTIZZI, Avvocato e notaio, Lugano

PHILIPPE RICHARD, Avocat, Docteur en droit, Lausanne

lic. iur. DOROTHEA RIEDI, Rechtsanwältin, Luzern

Dr. iur. MIRKO ROŠ, Rechtsanwalt, Zürich

Dr. iur. FRANZ SCHENKER, LL.M., Rechtsanwalt, Zürich

Dr. iur. RAINER SCHUMACHER, Rechtsanwalt, Baden

Dr. iur. JÖRG SCHWARZ, Rechtsanwalt und Notar, Luzern

Prof. Dr. iur. MARCEL SENN, Professor an der Universität Zürich

FABIO SOLDATI, LL.M., Avvocato e notaio, Lugano

Dr. iur. THOMAS STÄHELI, H.E.E., Rechtsanwalt, Zürich

Dr. iur. André Thouvenin, Rechtsanwalt, Zürich

Prof. Dr. iur. Hans Ulrich Walder, Rechtsanwalt, Zollikon, em. Professor an der Universität Zürich

Dr. iur. Thomas Wartmann, Rechtsanwalt, Zürich

Prof. Dr. iur. Rolf H. Weber, Rechtsanwalt, Zürich, Professor an der Universität Zürich

Dr. iur. Urs M. Weber-Stecher, Fürsprecher, Bern

Prof. Dr. iur. Franz Werro, Professor an der Universität Fribourg

Dr. iur. Peter Widmer, Rechtsanwalt, Zürich

Literaturverzeichnis

ABEL RICHARD L., American Lawyers, New York/Oxford 1989.
ACKERMANN JÜRG BEAT, StGB 305bis, in Schmid Niklaus (Hrsg.), Kommentar Einziehung, organisiertes Verbrechen und Geldwäscherei, Bd. I, Zürich 1998.
ALBACH HORST, Dienstleistungen in der modernen Industriegesellschaft, München 1989.
ALBACH HORST/FREUND WERNER, Generationswechsel und Unternehmenskontinuität – Chancen, Risiken, Massnahmen, Gütersloh 1989.
ALLERKAMP JÜRGEN FRIEDRICH, Entwicklung in der Anwaltschaft in den Vereinigten Staaten von Amerika, BRAK-Mitteilungen 1985, 20 ff.
American Arbitration Association, Commercial Mediation Rules, Stand Januar 1992.
– A Guide to Mediation and Arbitration, Stand 1996.
ARZT GUNTER, Zur Rechtsnatur des Art. 305ter StGB, SJZ 86/1990, 189 f.
ASCHER BERNARD, Restrictions on Partnerships between Foreign and Locally Qualified Professionals and Alternative Approaches, Proposals by Participants, in: International Trade in Professional Services, Advancing Liberalisation Through Regulatory Reform, OECD Proceedings, Paris 1997, 59 ff.
AUBERT MAURICE/KERNEN JEAN PHILIPPE/SCHÖNLI HERBERT, Le secret bancaire suisse, 3. Auflage, Bern 1985.
AUER EUGEN, Anwalt und Behördenmitglied, L'avocat suisse 1993, 9 f.

BÄHRING WINFRIED, Das Mandantengespräch, Theorie, Besonderheiten, Regeln, Essen 1989.
BÄHRING WINFRIED/ROSCHMANN CHRISTIAN/SCHAFFNER LOTHAR, Anwalt und Mandant, eine Kommunikationswissenschaftliche Studie, Band 12 der Schriftenreihe «Theorie und Praxis» des Fachbereichs Erziehungswissenschaften I der Universität Hannover, Hannover 1987.
BAKKER RAINER, Rechtsanwaltsgesellschaften in England, AnwBl 1993, 245 ff.
BALSCHEIT PETER, Selbstverantwortlich bleiben – auch wenn es schwierig wird, in: Mediation in der Schweiz, Referate des Schweizerischen Forums für Mediation vom 20. 4. 1994 in Luzern, Zürich 1994, 25 ff.
BAUDENBACHER CARL, Kommentar zum Schweizerischen Privatrecht, Obligationenrecht II, 620–625 OR, Basel/Frankfurt a. M. 1994 (zit. Kommentar I).
– Kommentar zum Schweizerischen Privatrecht, Obligationenrecht II, OR 620–625, 2. Auflage, Basel/Frankfurt a. M. 1996 (zit. Kommentar II).
BAUMANN MAX, Die sinnliche Justitia. Streifzüge durch die Sensorik des Rechts, Zürich 1996.
BAYERLEIN WALTER, Praxishandbuch Sachverständigenrecht, 2. Auflage, München 1996.

BECKER HERMANN, Berner Kommentar, Obligationenrecht, Allgemeine Bestimmungen, Bd. VI, OR 1–189, 2. Auflage, Bern 1941.
- Berner Kommentar, Obligationenrecht, Die einzelnen Vertragsverhältnisse, Bd. VI, OR 184–551, Bern 1934.
BECKER PETER, Unkostensenkung durch Rationalisierung, Der Schweizer Anwalt 79/1982, 7.
BELL MARTIN, Anwaltshaftung gegenüber Dritten, Frankfurt a. M. 1996.
BELOW HANS JÜRGEN, 50 Juristen von heute, Porträts aus der Reihe MDR-Steckbriefe 1992 bis 1996, Köln 1996.
BEULKE WERNER, Die Strafbarkeit des Verteidigers, Praxis der Strafverteidigung, Bd. 11, Heidelberg 1989.
BISCHOF PIRMIN, Anwaltswerbung in der Schweiz und in den USA, in: Festgabe Alfred Rötheli, Zürich 1990, 571 ff.
BIZZOZERO ALESSANDRO, Le contrat de gérance de fortune, thèse, Fribourg 1992.
BLANKENBURG ERHARD, Strategien für den Anwaltsstand im Rechtsvergleich, AnwBl 1987, 204 ff.
BLESSING MARC, Kommentar zum Schweizerischen Privatrecht, Internationales Privatrecht, Einleitung Internationale Schiedsgerichtsbarkeit, Basel/Frankfurt a. M. 1996.
BLUM FRANÇOIS, L'Avocat et la Médiation, in: La Médiation, Actes du Colloque du 10 octobre 1996, publiés par Christian-Nils Robert avec la collaboration de Nathalie Bornoz et Noëlle Languin, Genève 1997.
BLUNTSCHLI JOHANN CASPAR, Staats- und Rechtsgeschichte der Stadt und Landschaft Zürich, Teil I, Zürich 1838.
BÖCKLI PETER, Anwaltsgeheimnis und Fiskus im Rechtsstaat, SJZ 76/1980, 105 ff.
- Schweizerisches Aktienrecht, 2. Auflage, Zürich 1996.
BORGMANN BRIGITTE/HAUG KARL H., Anwaltshaftung, 3. Auflage, München 1995.
BOTTKE WILFRIED, Wahrheitspflicht des Verteidigers, ZStW 1984, 726 ff.
BOVET CHRISTIAN, L'avocat suisse-italien face à la nouvelle loi sur les cartels, présentation à l'assemblée générale de l'Ordre des avocats tessinois du 18 avril 1997 (zit. Les avocats).
- Recommandations de la commission «Avocats et nLCart» adoptée par la conférence des bâtonniers des 8–9 novembre 1996, L'avocat suisse n° 165/1996, 11 (zit. Recommandations).
BRAND MAX, Die Treuepflicht des Anwaltes gegenüber den Klienten und die Pflicht zur Vermeidung von Interessenkollisionen, Der Schweizer Anwalt 18/1967, 11 ff.
BRANT SEBASTIAN, Das Narrenschiff, hrsg. von Hans-Joachim Mähl, Stuttgart 1992.
BREHM ROLAND, Le contrat d'assurance RC, Basel 1997.

BREIDENBACH STEPHAN, Mediation (Struktur, Chancen und Risiken von Vermittlung im Konflikt), Köln 1995.
BREUER STEFAN, Anwaltliche Werbung: Inhalt und Grenzen, Bonn 1994.
BRÜCKNER CHRISTIAN, Schweizerisches Beurkundungsrecht, Zürich 1993.
BRÜGGEMEIER GERT, Der Vorschlag einer EG-Richtlinie über die Haftung bei Dienstleistungen im Lichte des deutschen und schweizerischen Schuldrechts, ZSR 1993 I, 419 ff.
BRUNNER HERBERT, Die Anwaltsgemeinschaft, Diss. Freiburg, Freiburg/Arlesheim 1977.
BUCHDA G., Anwalt, in: Handwörterbuch zur deutschen Rechtsgeschichte, hrsg. von Adalbert Erler/Ekkehard Kaufmann, Berlin 1971, 82 ff.
BUCHER EUGEN, Schweizerisches Obligationenrecht, Allgemeiner Teil ohne Deliktsrecht, 2. Auflage, Zürich 1988 (zit. OR AT).
– Obligationenrecht, Besonderer Teil, 3. Auflage, Zürich 1988 (zit. OR BT).
BÜHLER ALFRED, Von der Beweislast im Bauprozess, in: Aktuelle Probleme des privaten und öffentlichen Baurechts, St. Gallen 1994, 289 ff.
Bundesamt für Statistik (Hrsg.), Statistisches Jahrbuch der Schweiz 1997, Zürich 1996.
BÜREN-VON MOOS GABRIELLE VON, Normen und Vorschriften über Produktesicherung, AJP 1994, 1376 ff.
BÜRGISSER MARGRET, Modell Halbe-Halbe, Partnerschaftliche Arbeitsteilung in Familie und Beruf, Zürich 1996.
BURMEISTER KARL HEINZ, Ulrich Zasius (1461–1535), Humanist und Jurist, in: Humanismus im deutschen Südwesten. Biographische Profile, hrsg. von Paul Gerhard Schmidt, Sigmaringen 1993, 105 ff.
BUSCHMANN ARNO, Kaiser und Reich, Verfassungsgeschichte des Heiligen Römischen Reiches Deutscher Nation vom Beginn des 12. Jahrhunderts bis zum Jahre 1806 in Dokumenten, Teil I, Vom Wormser Konkordat 1122 bis zum Augsburger Reichsabschied von 1555, 2. Auflage, Baden-Baden 1994.

CASSANI URSULA, Commentaire du droit pénal suisse, Partie spéciale, Vol. 9, Crimes ou délits contre l'administration de la justice, Bern 1996.
CEPPI PIA, Das Sachverständigengutachten im Zivilprozess, Diss., Basel 1969.
CHRISTE PIERRE, Die zivilrechtliche Haftung des Anwalts, Der Schweizer Anwalt 136/1992, 12 ff.
CLEMENT WERNER, Deutschland auf dem Weg in die Dienstleistungsgesellschaft – Wo steht das «Unternehmen Rechtsanwalt», AnwBl 1995, 442 ff.
COLIN THIERRY, Le notaire français et le notaire suisse face à l'Europe, Paris 1993.
COMMICHAU GERHARD, Der Markt anwaltlicher Dienstleistungen, AnwBl 1988, 314 ff.
CONE SIDNEY M., International Trade in Legal Services, Boston 1996.
CORBOZ BERNARD, Le secret professionnel de l'avocat selon l'art. 321 CP, SJ 115, 77 ff. (zit. Le secret).

- Les droits procéduraux découlant de la LAVI, SJ 1996, 53 ff. (zit. Les droits).
- Les principales infractions, Bern 1997 (zit. Les principales).
- Werkvertrag, Schweizerische Juristische Kartothek, Nr. 458, 12 (zit. Werkvertrag).

CORDES ALBRECHT, Vorsprecher, in: Handwörterbuch zur deutschen Rechtsgeschichte, hrsg. von Adalbert Erler/Ekkehard Kaufmann/Dieter Werkmüller, Band V, Berlin 1994, 1065 f.

CORHAM TODD A., Uses for a Firm's Web Site Go Beyond Marketing, National Law Journal, March 25, 1996.

CRONE HANS CASPAR VON DER, Interessenkonflikte im Aktienrecht, RSDA 1994, 1 ff.

CRONE HUGO VON DER, Was erwartet die Wirtschaft heute von einem Anwalt?, SJZ 83/1987, 392 ff.

DANOVI REMO, Codice Deontologico forense, Pirola Editore, Milano 1984.

DERENDINGER PETER, Die Nicht- und nicht richtige Erfüllung des einfachen Auftrages, Diss., Freiburg 1988.

DESSEMONTET FRANÇOIS, Les contrats de service, ZSR 1987 II, 93 ff.

DIDISHEIM RAYMOND, Expertise privée et responsabilité, in: Colloque SVIA 1991, La responsabilité de l'expert, Lausanne 1991, 50 ff.

Die Berufshaftpflicht des Rechtsanwaltes, Publikation des SAV in Zusammenarbeit mit den Versicherungesellschaften «Helvetia-Unfall», «Winterthur» und «Waadt», 2. Auflage, 1985.

DIESTELKAMP BERNHARD, Verwissenschaftlichung, Bürokratisierung, Professionalisierung und Verfahrensintensivierung als Merkmale frühneuzeitlicher Rechtsprechung, in: Frieden durch Recht. Das Reichskammergericht von 1495 bis 1806, hrsg. von Ingrid Scheurmann, Mainz 1994, 110 ff.

DIETZI HANSPETER, Der Bankangestellte als eidgenössisch konzessionierter Sherlock Holmes? – Der Kampf gegen die Geldwäscherei aus der Optik des Ersten Rechtskonsulenten einer Grossbank, in: Bekämpfung der Geldwäscherei – Modellfall Schweiz?, hrsg. von Mark Pieth et al., Basel 1992, 67 ff.

DIEZ HANNELORE/KRABBE HEINER, Was ist Mediation? (Praktische Gebrauchsanleitung für ein aussergerichtliches Vermittlungsverfahren), in: Scheidung ohne Richter (Neue Lösungen für Trennungskonflikte), hrsg. von Heiner Krabbe, Reinbek 1991.

DITTMANN THOMAS, Überlegungen zur Rechtsanwalts-GmbH, Zulässigkeit und Satzungserfordernisse, ZHR 161/1997, 332 ff.

DOBELLE FLORENCE, Prohibitions on Incorporation and Alternative Approaches, Proposals by Participants, in: International Trade in Professional Services, Advancing Liberalisation Through Regulatory Reform, OECD Proceedings, Paris 1997, 27 ff.

DÖBEREINER/GRAF VON KEYSERLINGK, Sachverständigenhaftung mit Haftungsbegrenzung sowie Versicherung des privaten und gerichtlichen Sachverständigen, Wiesbaden/Berlin 1979.

DÖHRING ERICH, Geschichte der deutschen Rechtspflege seit 1500, Berlin 1953.
DOOSSELAERE MICHEL VAN, Restrictions on Ownership and Investment and Alternative Approaches, Proposals by Participants, in: International Trade in Professional Services, Advancing Liberalisation Through Regulatory Reform, OECD Proceedings, Paris 1997, 52 ff.
DOTEZAC DE ROSNAY ARNAUD, La communication de l'avocat entre l'économie du droit et le marketing, L'avocat suisse 168/1997, 5 ff. (zit. La communication des avocats).
– Perspectives économiques des avocats et politiques marketing, L'Avocat vaudois 42/1997, 23 ff. (zit. Perspectives).
DREYER DOMINIQUE, L'avocat dans la société actuelle, ZSR 1996 II, 395 ff. (zit. L'avocat).
– Voten anlässlich der Jahresversammlung des Schweizerischen Juristenvereins vom 7.6.1996 in Lausanne, ZSR 1996 II, 534 ff. (zit. Votum).
DRUEY JEAN NICOLAS, Urteilsbesprechung BGE 120 II 331 ff., SZW 1995, 93 ff.
DUBACH WERNER, Das Disziplinarrecht der freien Berufe, ZSR 1951, 1 ff.
DUBS ROLF, Wirtschaftliche Grundbegriffe, Einführung in die Unternehmung, Bd. 1, 6. Auflage, Zürich 1990.
DUPONT-WILLEMIN ALBERT-LOUIS, Le secret professionnel et l'indépendance de l'avocat, L'avocat suisse 101/1986, 9 ff.
DÜRRENMATT HANS ULRICH, Die Kritik Jeremias Gotthelfs am zeitgenössischen bernischen Recht, Diss. Bern, Zürich 1947.
DUSS-VON WERDT JOSEF, Zum Menschenbild der Mediation – Philosophische Fragmente, in: Mediation in der Schweiz, Referate anlässlich des Schweizerischen Forums für Mediation vom 20.4.1994 in Luzern, Zürich 1994, 6 ff.
DUSS-VON WERDT JOSEF/MÄHLER GISELA/MÄHLER HANS-GEORG (Hrsg.), Mediation: Die andere Scheidung. Ein interdisziplinärer Überblick, Stuttgart 1995.

EGGER AUGUST, Zürcher Kommentar, I. Band: Einleitung und Personenrecht, Art. 1–89, 2. Auflage, Zürich 1930.
EICHENBERGER KURT, Das Anwaltsmonopol im neuen Recht, in: 50 Jahre Aargauischer Juristenverein, 1936–1986, Aarau 1986, 195 ff.
EICHLER HERMANN, Die Rechtslehre vom Vertrauen, Tübingen 1950.
ENGEL PIERRE, Cent ans de contrat sous l'empire des dispositions générales du Code fédéral des obligations, Rapporti e comunicazioni della Società svizzera dei giuristi 1/1983 (zit. Cent ans de contrat).
– Contrats de droit suisse, Bern 1992 (zit. Contrats).
ENGISCH KARL, Die Einheit der Rechtsordnung, Darmstadt 1987 (zit. Einheit).
– Einführung in das juristische Denken, 8. Auflage, Stuttgart/Berlin/Köln 1983 (zit. Juristisches Denken).

ESKEY MICHAEL T., Issues for Consideration, in: International Trade in Professional Services, Advancing Liberalisation Through Regulatory Reform, OECD Proceedings, Paris 1997, 93 ff.

FÄSSLER PIERRE, Le défenseur en matière pénale, Diss., Neuchâtel 1969.

FEHLMAN MAX, Die rechtliche Stellung der freien wissenschaftlichen Berufe, Diss., Zürich 1946.

FELBER MARKUS, Bundesgerichtsentscheide 1996, Zürich 1997.

FELLMANN WALTER, Berner Kommentar, Obligationenrecht, Die einzelnen Vertragsverhältnisse, Der einfache Auftrag, Bd. VI, OR 394–406, Bern 1992.

– Haftung für Werbung – ein erster Schritt zu einer allgemeinen Vertrauenshaftung?, media-lex 1995, 94 ff. (zit. Werbung).

– Neuere Entwicklungen im Haftpflichtrecht, AJP 1995, 878 ff. (zit. Haftpflichtrecht).

– Recht der Anwaltswerbung im Wandel, AJP 1998, 175 ff. (zit. Anwaltswerbung).

– Selbstverantwortung und Verantwortlichkeit im Schadenersatzrecht, SJZ 91/1995, 41 ff. (zit. Selbstverantwortung).

– Standesregeln, Der Schweizer Anwalt 169/1997, 25 ff. (zit. Standesregeln).

FELLMANN WALTER/SIDLER OLIVER, Standesregeln des Luzerner Anwaltsverbandes, Bern 1996.

FERTIG PETER, note, PJA 1997, 8 f.

FISCHER WILLI, Die Umschreibung der Dienstleistung und der verschiedenen Rechte und Pflichten im Rahmen eines Dienstleistungsvertrages, AJP 1997, 256 ff.

FISCH-THOMSEN NIELS, Legal Services, The Council of the Bars and Law Societies of the European Community, in: Liberalisation of Trade in Professional Services, OECD Documents, Paris 1995, 95 ff.

FISHER ROGER/URY WILLIAM, Das Harvard-Konzept, 9. Auflage, Frankfurt a. M. 1990.

FISHER ROGER/URY WILLIAM/PATTON BRUCE, Getting to Yes (Negotiating Agreement Without Giving In), 2. Auflage, New York 1991.

FORSTMOSER PETER/MEIER-HAYOZ ARTHUR/NOBEL PETER, Schweizerisches Aktienrecht, Bern 1996.

FRANK RICHARD/STRÄULI HANS/MESSMER GEORG, ZPO, Kommentar zur Zürcherischen Zivilprozessordnung, 2. Auflage, Zürich 1997.

FREHR HANS-ULRICH, Total-Quality-Management, in: Handbuch Qualitätsmanagement, hrsg. von Walter Masing, 3. Auflage, München/Wien 1994, 31 ff.

FREYBURGER GÉRARD, Fides, Etude sémantique et religieuse depuis les origines jusqu'à l'époque augustéenne, Paris 1986.

FRIEDLÄNDER MAX, Kommentar zur Rechtsanwaltsordnung, 3. Auflage, München 1930.

FRIEDLI GEORG, Die gebotene Sorgfalt nach Art. 305ter StGB für Banken, Anwälte und Notare, in: Bekämpfung der Geldwäscherei – Modellfall Schweiz?, hrsg. von Mark Pieth et al., Basel 1992, 123 ff.

FUHRER STEPHAN, Die Vermögensschaden-Haftpflichtversicherung, Diss. Basel, Zürich 1988.

GALLAS WILHELM, Grenze zulässiger Verteidigung im Strafprozess, ZStW 1934, 256 ff.

GALLI-WIDMER MARIANNE, Interview, in dubio, Mitteilungsblatt des Bernischen Anwaltsverbandes 4/97, 11 ff. (zit. In dubio).

– Vom Anwalt zum Mediator, in: Mediation in der Schweiz, Referate anlässlich des Schweizerischen Forums für Mediation vom 20.4.1994 in Luzern, Zürich 1994, 37 ff. (zit. Anwalt).

GATTIKER HEINRICH, Das Erfolgshonorar des Anwalts: Chancengleichheit im rechtlichen Konflikt?, Diss., Zürich 1975.

GAUCH PETER, Der Werkvertrag, 4. Auflage, Zürich 1996 (zit. Werkvertrag).

– Über die Ausbildung der Juristen, in: Festgabe zu 150 Jahre Obergericht Luzern, Bern 1991, 123 ff. (zit. Ausbildung).

GAUCH PETER/AEPLI VIKTOR/CASANOVA HUGO, OR Besonderer Teil, Rechtsprechung des Bundesgerichts, 3. Auflage, Zürich 1993.

GAUCH PETER/SCHLUEP WALTER R., Schweizerisches Obligationenrecht, Allgemeiner Teil, 6. Auflage, Zürich 1995.

GAUTSCHI GEORG, Berner Kommentar, Obligationenrecht, Die einzelnen Vertragsverhältnisse, Der Werkvertrag, Bd. VI, OR 363–379, Bern 1969.

– Berner Kommentar, Obligationenrecht, Die einzelnen Vertragsverhältnisse, Der einfache Auftrag, Bd. VI, OR 394–406, Bern 1971.

GEIGER WALTER, Qualitätsmanagement bei immateriellen Produkten, in: Handbuch Qualitätsmanagement, hrsg. von Walter Masing, 3. Auflage, München/Wien 1994, 767 ff.

GELLNER ELMAR, Anwalt 2000, in: Forschung über Freie Berufe Jahrbuch 1985/86, hrsg. vom Institut für Freie Berufe, Nürnberg 1987, 45 ff.

GENONI A. M., Rechtsprobleme der externen Vermögensverwaltung, rsda 63/1991, 19 ff.

GIARINI ORIO/STAHEL WALTER. R., The Limits to Certainty. Facing Risks in the New Service Economy, Dordrecht/Boston/London 1991.

GIGER HANS, Ausbildung und Berufsbild des Anwalts, Der Schweizer Anwalt 69/1980, 2 ff. (zit. Ausbildung).

– Berührungspunkte zwischen Widerrechtlichkeit und Verschulden. Gleichzeitig ein Beitrag zur Klärung des Begriffs der Sorgfaltspflichtverletzung, in: 100 Jahre Schweizerisches Obligationenrecht, Jubiläumsschrift, Freiburg 1982, 369 ff. (zit. Berührungspunkte).

GLEISS ALFRED, Facetten des Anwaltsberufs, Der vielseitige Jurist, 1. Auflage, Heidelberg 1990.

GLOOR MAUNG PRISCA, Mediation – Wie wir uns einigen, wenn wir uns trennen (Ein Scheidungs-Ratgeber), Freiburg i.Br. 1996.
GMÜR PHILIPP, Die Vergütung des Beauftragten, Diss., Freiburg 1994.
GNEIST RUDOLF, Freie Advocatur. Die erste Forderung aller Justizreform in Preussen, Berlin 1867.
GODFREY EDWIN, Coping with Conflict, L'avocat suisse 142/1993, 11 ff.
GOMM/STEIN/ZEHNTNER, Der Opferbegriff gemäss OHG, Plädoyer 2/1995, 28 ff. (zit. Opferbegriff).
– Kommentar zum Opferhilfegesetz, Bern 1995 (zit. Kommentar OHG).
GONZENBACH RAINER, Culpa in contrahendo im schweizerischen Vertragsrecht, Diss., Bern 1987 (zit. Culpa in contrahendo).
– Kommentar zum schweizerischen Privatrecht, Obligationenrecht I, OR 40a–g, 110, 112–118, 2. Auflage, Basel/Frankfurt a. M. 1996.
GRABER CHRISTOPH K., Geldwäscherei, Bern 1990.
GRISEL ETIENNE, Les professions libérales organisées en corporation de droit public, in: Problèmes actuels de droit économique, Mélanges en l'honneur du Prof. Charles-André Junod, Bâle 1997, 136 ff.
GROB WALTER, Qualitätsmanagement, Sachverhalt und schuldrechtliche Aspekte, Diss., Freiburg 1995.
GROSS CHRISTOPHE, Die Haftpflichtversicherung, Zürich 1993.
GUGGISBERG JÜRG, Kritische Betrachtung der neuen Vorschriften aus der Sicht des Anwalts, in: Geldwäscherei und Sorgfaltspflicht, Schriftenreihe SAV, Band 8, 55 ff.
GUHL THEO, Das Schweizerische Obligationenrecht, aufgrund der Ausgabe von Hans Merz und Max Kummer bearbeitet von Alfred Koller und Jean Nicolas Druey, 8. Auflage, Zürich 1991.
GUKELBERGER BEATRICE, EWIV: Schlüssel zum europäischen Binnenmarkt, Beziehungen Schweiz–EG, Band 5, Zürich 1991.
GULDENER MAX, Schweizerisches Zivilprozessrecht, 3. Auflage, Zürich 1979.
GUTZWILLER CHRISTOPH, Der Vermögensverwaltungsauftrag, Zürich 1989 (zit. Der Vermögensverwaltungsauftrag).
– Die Geheimhaltungspflicht des Vermögensverwalters, SJZ 91/1985, 352 ff. (zit. Geheimhaltungspflicht).
GUTZWILLER PETER MAX, Zur Haftung der Partner einer Anwaltskanzlei – nach schweizerischem Recht, DACH-Schriftenreihe, Band 4, Wien 1994, 55 ff.
GYGI FRITZ, Der Beruf des Anwaltes, Der Schweizer Anwalt 33/1971, 9 ff.
– Der Beruf des Anwalts, Beiträge zum Verfassungs- und Verwaltungsrecht; Festgabe zum 65. Geburtstag des Verfassers, Bern 1986, 535 ff.
GYGI FRITZ/RICHLI PAUL, Wirtschaftsverfassungsrecht, 2. Auflage, Bern 1997.

HABSCHEID WALTHER, Schweizerisches Zivilprozess- und Gerichtsorganisationsrecht, 2. Auflage, Basel 1990.

HAFFKE BERNHARD, Legalität von Mediation im deutschen Raum, in: Mediation: Die andere Scheidung. Ein interdisziplinärer Überblick, hrsg. von Joseph Duss von Werdt/Gisela Mähler/Hans-Georg Mähler, Stuttgart 1995, 65 ff.

HAIZMANN JEAN-JACQUES, Akkreditierung oder Zertifizierung? Haftungsrechtlich für Abnahmeorganisationen, Prüflabors und ähnliche Institutionen ein bedeutsamer Unterschied, SAQ 1997, 34 ff.

HALLER FRIEDRICH, Über den Anwaltsberuf, Der Schweizer Anwalt 15/1966, 8.

HAMMETT STEPHEN/VERDIN PETER A./HUGHES CHRISTOPHER/TAYLOR NICOLA, The Guide to the Professional Conduct of Solicitors, Sixth Edition, London 1993.

Handbuch über die Berufspflichten des Rechtsanwaltes im Kanton Zürich, hrsg. vom VZR, Zürich 1988.

HARRISON STEPHEN, Prohibitions on Incorporation and Alternative Approaches, Proposals by Participants, in: International Trade in Professional Services, Advancing Liberalisation Through Regulatory Reform, OECD Proceedings, Paris 1997, 31 ff.

HARTMANN NICOLAI, Ethik, 4. Auflage, Berlin 1962.

HARTSTANG G., Der deutsche Rechtsanwalt, Rechtsstellung und Funktion in Vergangenheit und Gegenwart, Heidelberg 1986.

HASEROT PHYLLIS WEISS, The Rainmaking Machine – Marketing, Planning, Strategies and Management for Law Firms, New York/London 1989.

HAYNES JOHN M., Mediation (Basisinformation für Interessierte), in: Scheidung ohne Richter (Neue Lösungen für Trennungskonflikte), hrsg. von Heiner Krabbe, Reinbek 1991, 132 ff.

HAYNES JOHN M./BASTINE RAINER/LINK GABRIELE/MECKE AXEL, Scheidung ohne Verlierer (Ein neues Verfahren, sich einvernehmlich zu trennen), München 1993.

HEBERLEIN ROBERT, Interessenkonflikte, L'avocat suisse 142/1993, 6 ff.

HELLWIG HANS-JÜRGEN, Die Rechtsanwalts-GmbH, ZHR 161/1997, 337 ff.

HEMPEL KARL, Die rechtsberatenden Berufe im Europarecht, Wien 1996.

HENNINGER ANTON, Rechtliche Aspekte bei der Einführung eines QM, SAQ 1995, 86 ff.

HENSSLER MARTIN, Die Rechtsanwalts-GmbH – Zulässigkeit und Satzungserfordernisse, ZHR 161/1997, 305 ff.

HENSSLER MARTIN/NERLICH JÖRG, Anwaltliche Tätigkeit in Europa, Bonn 1994.

HERTIG GÉRARD, L'avenir des avocats genevois face au développement de la communauté Européenne, conférence prononcée sur invitation de l'Ordre des avocats de Genève le 29 novembre 1988.

HETZ THOMAS, Anwaltsgemeinschaften, Wien 1995.

HIRSCH ALAIN, La responsabilité de l'avocat comme administrateur de société: aspect pratique, Der Schweizer Anwalt 39/1974, 4 ff.

HOBBES THOMAS, Leviathan (1651). Erster und zweiter Teil, Stuttgart 1970.
HÖCHLI LORENZ, Das Anwaltshonorar, Diss., Zürich 1991.
HOCHSTRASSER GIS, Zugehörigkeit des Anwaltsstandes zu den freien geistigen Berufen, ZBJV 1977, 337 ff.
HOCKE ULRICH, Werbung für anwaltliche Dienstleistungen – Eine rechtsvergleichende Untersuchung zur Regelung der Werbung im Bereich der Anwaltschaft, Diss., Münster 1989.
HÖFFE OTFRIED, Politische Gerechtigkeit/Grundlegung einer kritischen Philosophie von Recht und Staat, Frankfurt a. M. 1989.
HOFFET FRANZ, Kommentar zum schweizerischen Kartellgesetz, Zürich 1997.
HOFSTETTER JOSEF, Schweizerisches Privatrecht, Der Auftrag und die Geschäftsführung ohne Auftrag, Bd. VII/2, hrsg. von Frank Vischer, Basel/Stuttgart 1979, 1 ff..
HOFSTETTER KARL, Haftung für Dienstleistungen – Bestrebungen der EU als Herausforderung für das schweizerische Recht, ZSR 1995 I, 337 ff.
HÖHN ERNST, Möglichkeiten und Grenzen einer Methodik der Rechtsgeschäftsplanung, Beiträge zur Methode des Rechts, St. Galler Festgabe zum Schweizerischen Juristentag 1981, Bern 1981, 343 ff. (zit. Rechtsgeschäftsplanung)
– Steuerrecht, Grundriss des schweizerischen Steuerrechts für den Unterricht und zum Selbststudium, 7. Auflage, Bern/Stuttgart/Wien 1993 (zit. Steuerrecht).
– Wie grau ist die Theorie? Gedanken zum Verhältnis von Doktrin und Praxis in der Jurisprudenz, AJP 1994, 411 ff. (zit. Theorie).
HÖHN ERNST/WEBER ROLF H., Planung und Gestaltung von Rechtsgeschäften, Zürich 1986.
HOMMERICH CHRISTOPH, Die Anwaltschaft unter Expansionsdruck, eine Analyse der Berufssituation junger Rechtsanwältinnen und Rechtsanwälte, Essen 1988.
HONSELL HEINRICH, Schweizerisches Obligationenrecht, Besonderer Teil, Bern 1991.
HOPT KLAUS. J., Rechtsprobleme der Anlageberatung und der Vermögensverwaltung der Schweizer Banken, in: Beiträge zum schweizerischen Bankenrecht, Bern 1987, 139 ff.
HOPT KLAUS J./BAUMBACH ADOLF/DUDEN KONRAD, Beck'scher Kurz-Kommentar zum Handelsgesetzbuch, Band 9, 29. Auflage, München 1995.
HUFF MARTIN W., Der Anwalt von heute – Auslaufmodell morgen, Mitteilungen der deutschen Bundesrechtsanwaltskammer 1997, 139 ff.
HUGUENIN JACOBS CLAIRE, Kommentar zum Schweizerischen Privatrecht, Obligationenrecht I, OR 19–21, 2. Aufl., Basel/Frankfurt a. M. 1996.
HÜRLIMANN ROLAND, Das Schiedsgutachten als Weg zur aussergerichtlichen Beilegung von Baustreitigkeiten, BR 1992, 108 ff. (zit. Das Schiedsgutachten).

- Der Architekt als Experte, Das Architektenrecht/Le droit de l'Architecte, 3. Auflage, Zürich 1995, 429 ff. (zit. Der Architekt als Experte).
- Der Experte – Schlüsselfigur des Bauprozesses, in: Pierre Tercier/Roland Hürlimann (Hrsg), In Sachen Baurecht, zum 50. Geburtstag von Peter Gauch, Freiburg 1985, 129 ff. (zit. Der Experte).

HURTADO POZO JOSÉ, Droit pénal, Partie spéciale I, 3ª edizione, Zurigo 1997.

HÜTTE KLAUS, Der Anwalt – Risiko oder nicht?, in: Die Sorgfalt des Anwalts in der Praxis, Publikation der «Winterthur», Bern 1997.

IMBODEN MAX, Bedeutung und Problematik juristischer Gutachten, in: Festgabe für Peter Max Gutzwiller, Basel 1959, 503 ff.

Institut für Freie Berufe (Hrsg.), Freie Berufe in Europa, Datenhandbuch zur Struktur und beruflichen Situation der Freien Berufe in den Ländern der Europäischen Gemeinschaft, in Oesterreich und in der Schweiz, Nürnberg 1987.

JÄGGI PETER/GAUCH PETER, Kommentar zum Schweizerischen Zivilgesetzbuch, Obligationenrecht, Bd. V/1b, OR 18, Zürich 1980.

JESSNITZER KURT, Der gerichtliche Sachverständige, 9. Auflage, Köln 1988.

JETZER ROLF P./ZINDEL GAUDENZ G./PETRALIA SALVATORE, Freizügigkeit für Rechtsanwälte in der EU unter Berücksichtigung der Entwicklungen in der Schweiz, SJZ 93/1997, 152 ff. und 174 ff.

JHERING RUDOLF VON, Lo scopo del diritto, Torino 1972.

JOCHIMSEN MAREN/KÖNDGEN JOHANNES/WUNDERLICH WERNER, O Sancta Justitia. Von allerhand merkwürdigen Begebenheiten Advokaten, Prokuratoren, Richter und andere betreffend, Konstanz 1993.

KAISER URS, Die zivilrechtliche Haftung für Rat, Auskunft, Empfehlung und Gutachten, Diss., Bern 1987.

KANT IMMANUEL, Die Metaphysik der Sitten (1797). Werkausgabe Bd. VIII, hrsg. von Wilhelm Weischedel, Frankfurt a. M. 1977.

KANZLEITER RAINER, Der Blick in die Zukunft als Voraussetzung der Vertragsgestaltung, NJW 1995, 905 ff.

KARPIK LUCIEN, Les avocats. Entre l'Etat, le public et le marché. XIIIe–XXe siècle, Paris 1995.

KAWAMURA AKIRA, Restrictions on Partnerships between Foreign and Locally Qualified Professionals and Alternative Approaches, Proposals by Participants, in: International Trade in Professional Services, Advancing Liberalisation Through Regulatory Reform, OECD Proceedings, Paris 1997, 63 ff.

KELLER ALFRED, Haftpflicht im Privatrecht, Band I, 5. Auflage, Bern 1993.

KELLER W., Die Gewerbefreiheit und die Rechtsanwaltschaft als wissenschaftliche Berufsart, Zürich 1920.

KELLER RUTH/WEDER ULRICH/MEIER KURT, Anwendungsprobleme des Opferhilfegesetzes, Plädoyer 5/1995, 30 ff.

KELLERHALS OTTO, Die zivilrechtliche Haftung des Rechtsanwaltes aus Auftrag, Diss., Bern 1953.
KISSLING CHRISTA/LANZ RAPHAEL, Die Sorgfaltspflicht der Anwältinnen und Anwälte in der Praxis, recht 1997, 203 ff.
KLEIN-BLENCKERS FRIEDRICH, Wirtschaftliche Bedeutung und rechtliche Fragen zur Europäischen Wirtschaftlichen Interessenvereinigung, DB 1994, 2224 ff.
KLEY-STRULLER ANDREAS, Der Anspruch auf unentgeltliche Rechtpflege, PJA 1995, 179 ff.
KLOCKE WILHELM, Der Sachverständige und seine Auftraggeber, Wiesbaden/Berlin 1981.
KLOPFER RAINER, Die Haftung des Zeugen und des gerichtlichen Sachverständigen im Zivil- und Strafprozess von Bund und Kanton Zürich, Diss., Zürich 1977.
KNAAK ROLAND/RITSCHER MICHAEL, Das Recht der Werbung in der Schweiz, in: Recht der Werbung in Europa, Länderteil «Schweiz», 2. Auflage, Basel/Frankfurt a. M. 1996.
KNAPP BLAISE, Commentaire la Constitution fédérale suisse du 29 mai 1874, art. 64ter Basel/Zürich/Bern 1988.
KNAPPEN CHRISTOF, Synoptische Darstellung schweizerischer und deutscher Rechtsprechung zu den Ursachen anwaltlicher Verantwortlichkeit, in: Die Sorgfalt des Anwalts in der Praxis, Publikation der «Winterthur», Bern 1997, 5 ff.
KÖHLER STEFAN A., Das Werbeverbot für Rechtsanwälte und Steuerberater – Eine kritische Analyse aus betriebswirtschaftlicher Sicht, Baden-Baden 1988.
KOLLER THOMAS, Das Opferhilfegesetz: Auswirkungen auf das Strassenverkehrsrecht, PJA 1996, 578 ff.
KÖNIG MAX, Die zivilrechtliche Haftung des Rechtsanwaltes gegenüber dem Klienten, Zürich 1941.
KORT MICHAEL, Wettbewerbsrechtliche Fragen der Werbung freier Berufe, GRUR 1997, 701 ff.
KÖTZ HEIN, Anwaltsberuf im Wandel: Rechtsvergleichender Generalbericht, in: Anwaltsberuf im Wandel, Rechtspflegeorgan oder Dienstleistungsgewerbe, Frankfurt a. M. 1982.
KRABBE HEINER (Hrsg.), Scheidung ohne Richter (Neue Lösungen für Trennungskonflikte), Reinbek 1991.
KRAMER ERNST, Berner Kommentar, Obligationenrecht, Allgemeine Einleitung in das schweizerische Obligationenrecht, Bd. VI, Bern 1986.
– Berner Kommentar, Obligationenrecht, Allgemeine Bestimmungen, Bd. VI, OR 19–22, Bern 1990/91.
KRÄUTER MARIA/OBERLANDER WILLI/WIESSNER FRANK, Freie Berufe in Europa, Daten, Fakten, Informationen, hrsg. vom Institut für Freie Berufe Nürnberg, Bonn 1993.

KRNETA GEORG, Das Anwaltsgeheimnis: Der Anwalt als Organ einer juristischen Person, Zürich 1994.
KROESCHELL KARL, Deutsche Rechtsgeschichte II (1250–1650), 8. Auflage, Opladen 1992.
KÜBLER F., Anwaltsberuf im Wandel – Rechtspflegeorgan oder Dienstleistungsgewerbe, Arbeiten zur Rechtsvergleichung, Bd. 111, Frankfurt a. M. 1982.
KUHN MORITZ, Die Haftung aus falscher Auskunft und falscher Raterteilung, SJZ 82/1986, 345 ff.
KÜHN WOLFGANG, Deutsche Anwälte international in der Abstiegszone, AnwBl 1988, 129 ff.

LAGUETTE SERGE-PIERRE, L'avocat dans les neuf Etats de la Communauté européenne, Versailles 1978.
LANGENFELD GERRIT, Vertragsgestaltung – Methode – Verfahren – Vertragstypen, München 1991 (zit. Vertragsgestaltung).
– Wandlungen der Vermögensnachfolge – Zur Aufgabe der Vertragsgestaltung in Praxis und Ausbildung, NJW 1996, 2601 ff. (zit. Vermögensnachfolge).
LARENZ KARL, Lehrbuch des Schuldrechts, Allgemeiner Teil, Bd. I, 14. Auflage, München 1987 (zit. OR AT).
– Lehrbuch des Schuldrechts, Besonderer Teil, Bd. II/1, 12. Auflage, München 1986 (zit. OR BT).
LEHMANN AXEL, Dienstleistungsmanagement, Strategien und Ansatzpunkte zur Schaffung von Servicequalität, 2. Auflage, Stuttgart/Zürich 1995, 73 ff. (zit. Dienstleistungsmanagement).
– Qualitätsstrategien für Dienstleistungen – Bausteine zum Management von Dienstleistungsqualität, in: Qualitätsstrategien, Anforderungen an das Management der Zukunft, hrsg. von H. D. Seghezzi/J. R. Hansen, München/Wien 1993, 109 ff. (zit. Qualitätsstrategien).
LERCHE PETER, Grundrechtsfragen eines gemeinschaftsrechtlichen Verbots mittelbarer Werbung, Berlin 1990.
LEUENBERGER CHRISTOPH, Dienstleistungsverträge, ZSR 1987 II, 1 ff.
LEVIS MADELEINE-CLAIRE, Zivilrechtliche Anwaltshaftpflicht im schweizerischen und US-amerikanischen Recht, Diss., Zürich 1981.
LEVY ALAIN B., La gestion de fortune par un gérant indépendant, Journée 1996 de droit bancaire et financier, vol. 3, 106 ff. (zit. La gestion de fortune).
– L'avocat est-il un gérant de fortune? in: Problèmes actuels de droit économique, Mélanges en l'honneur du Professeur Charles-André Junod, Bâle 1997, 245 ff. (zit. L'avocat).
LIATOWITSCH PETER, Anwaltliche Werbung und Standesrecht, Der Schweizer Anwalt 170/1997, 12 ff. (zit. Anwaltliche Werbung).
– Mediation – Modewort oder neue Methode zur Konfliktlösung?, Basler Magazin, 2.11.1996, 15 (zit. Mediation).

LINOWITZ SOL M., The Betrayed Profession, Lawyering at the End of the Twentieth Century, New York 1994.
LOMBARDI LUIGI, Dalla fides alla bona fides, Milano 1961.
LOVENHEIM PETER, Mediate, Don't Litigate, McGraw-Hill, New York 1989.
LUHMANN NIKLAS, Das Recht der Gesellschaft, Frankfurt a. M. 1993 (zit. Recht der Gesellschaft).
– Legitimation durch Verfahren, Frankfurt a.M. 1969 (zit. Legitimation).
– Vertrauen. Ein Mechanismus der Reduktion sozialer Komplexität, Stuttgart 1969 (zit. Vertrauen).
LUTTER MARCUS, Europäisches Unternehmensrecht, Grundlagen, Stand und Entwicklung nebst Texten und Materialien zur Rechtsangleichung, ZGR-Sonderheft, 4. Auflage, Berlin/New York 1996.

MACH OLIVIER, Le rôle de l'avocat Suisse. L'avenir du libre échange en Europe: vers un espace économique européen, Bd. 2, Zürich/Bern 1990, 207 ff.
MÄCHLER-ERNE MONICA, Kommentar zum Schweizerischen Privatrecht, Internationales Privatrecht, Basel/Frankfurt a. M. 1996.
MÄHLER GISELA/MÄHLER HANS-GEORG, Das Verhältnis von Mediation und richterlicher Entscheidung (Eine rechtliche Standortbestimmung), in: Scheidung ohne Richter (Neue Lösungen für Trennungskonflikte), hrsg. von Heiner Krabbe, Reinbek 1991, 148 ff. (zit. Scheidung ohne Richter).
– Mediation in der Praxis, in: Mediation in der Schweiz, Referate anlässlich des Schweizerischen Forums für Mediation vom 20.4.1994 in Luzern, Zürich 1994, 129 ff. (zit. Mediation in der Praxis).
MÄHLER RÜDIGER, Effektive Organisation und moderne Kommunikation in der Anwaltskanzlei, Wege zur erfolgreichen Anwaltspraxis, Bd. 2, Köln 1989.
MALLEA JOHN, Internationalisation of Higher Education, in: International Trade in Professional Services, Advancing Liberalisation Through Regulatory Reform, OECD Proceedings, Paris 1997, 195 ff.
MÄLZER SUSANNE, Werbemöglichkeiten für Rechtsanwälte in der europäischen Union, Schriftenreihe des Instituts für Anwaltsrecht an der Universität zu Köln, Band 14, 134 f.
MARGALIT AVISHAI, Politik der Würde (Über Achtung und Verachtung), Berlin 1997.
MARKESINIS B.S./MUNDAY R.J.C., An outline of the law of agency, London 1986.
MARTIN-ACHARD EDMOND, A propos de l'exercice du barreau, L'avocat aujourd'hui, Basel/Frankfurt a. M. 1990 (zit. L'exercice).
– La discipline des professions libérales, ZSR 1951, 137 ff. (zit. La discipline).
MASING WALTER, Das Unternehmen im Wettbewerb, in: Handbuch Qualitätsmanagement, hrsg. von Walter Masing, 3. Auflage, München/Wien 1994, 3 ff.

MAURER THOMAS, Das Opferhilfegesetz und die Kantonalen Strafprozessordnungen, RDS 111, 381

MAYEN THOMAS, Die verfassungsrechtliche Stellung des Rechtsanwalts – Ausprägungen und Auswirkungen auf das anwaltliche Berufsrecht, NJW 1995, 2317 ff.

Mediation in der Schweiz, Referate anlässlich des Schweizerischen Forums für Mediation vom 20. 4. 1994 in Luzern, Beiträge von Josef Duss-von Werdt, Maja Fehlmann, Klaus Fellmann, Peter Balscheit, Wilhelm Felder, Marianne Galli-Widmer, Hans Rudolf Boss, Thomas Sutter, Zürich 1994.

MEIER-HAYOZ ARTHUR/FORSTMOSER PETER, Grundriss des Schweizerischen Gesellschaftsrechts, 8. Auflage, Bern 1998.

MEIER-SCHATZ CHRISTIAN J., Europäisches Anwaltsrecht und Schweizer Rechtsanwälte, in: Beziehungen Schweiz–EG, Abkommen, Gesetze und Richtlinien, Kommentare, hrsg. von Hans-Joachim Meyer-Marsilius/Walter R. Schluep/Werner Stauffacher, Bd. 4, Kapitel 6.6/VIII, Zürich 1991, 1 ff. (zit. Europäisches Anwaltsrecht).

– Über die privatrechtliche Haftung für Rat und Anlagerat, in: Mélanges Piotet, 1990, 151 ff. (zit. Privatrechtliche Haftung).

MEILI ALFRED, Wie wird der Anwalt die Zukunft überleben, Der Schweizer Anwalt 75/1981, 23.

MEINS JON, Die Vertragsverhandlung/Leitfaden zum Entwerfen, Verhandeln und Abschliessen von Verträgen, 2. Auflage, Stuttgart 1993.

MERZ HANS, Berner Kommentar, Einleitung und Personenrecht, Einleitung Bd. I, ZGB 1–10, Bern 1966.

MEYER ANTON, Entwicklung der Freien Berufe in den USA – Perspektiven für die Bundesrepublik Deutschland, in: Forschung über Freie Berufe Jahrbuch 1985/86, hrsg. vom Institut für Freie Berufe, Nürnberg 1987.

MEYER FERDINAND, Formen der Zusammenarbeit von Anwälten aus Schweizerischer Sicht, DACH-Schriftenreihe, Band 4, Wien 1994, 39 ff.

MEYER MAX, Kartellistische Zunftordnung der Anwälte und Notare, Behinderung einer marktgerechten Entwicklung, Neue Zürcher Zeitung Nr. 98, 28. 4. 1992, 39.

MINELLI LUDWIG A., Das Reklameverbot für Anwälte im Kanton Zürich, Der Schweizer Anwalt 168/1997, 20 ff.

MITTEIS HEINRICH/LIEBERICH HEINZ, Deutsche Rechtsgeschichte, 19. Auflage, München 1992.

MORGAN THOMAS D./ROTUNDA RONALD D., Problems and materials on professional liability, 4e éd., Mineola 1987.

MOSER MARTIN, Die Haftung für Dienstleistungen im Lichte eines zertifizierten Qualitätsmanagementsystems, AJP 1997, 181 ff.

MOUSSERON JEAN MARC, Technique contractuelle, Paris 1988.

MÜLLER CHRISTOF, Geldwäscherei: Motive – Formen – Abwehr, Zürich 1992.

MÜLLER ERZBACH RUDOLF, Die Relativität der Begriffe und ihre Begrenzung durch den Zweck des Gesetzes, Jena 1913.

MÜLLER GEORG, Der Jurist als Experte, SJZ 75/1979, 169 ff.
MÜLLER HANSRUEDI, Der Verteidiger in der zürcherischen Strafuntersuchung, RPS 1979, 167 ff. (zit. Verteidiger).
– Die Grenzen der Verteidigertätigkeit, RPS 1996, 176 ff. (zit. Grenzen).
MÜLLER JÖRG PAUL, Funktion des Rechtsanwaltes im Rechtsstaat – Mittel und Grenzen der Staatsaufsicht, Staat und Politik Nr. 31, Bern 1985, 7 ff.

NADAI EVA/GERBER PETER, Weniger ist mehr, Konzepte zur Umverteilung der Arbeit zwischen den Geschlechtern, hrsg. von der Eidg. Kommission für Frauenfragen, Bern 1997.
NATER HANS, Anwaltsrubrik, SJZ 94/1998, 22 f.
NATER HANS/KELLERHALS ANDREAS, Zur Freizügigkeit der Rechtsanwälte in der Schweiz unter besonderer Berücksichtigung des GATS, SJZ 91/1995, 85 ff.
NEUENSCHWANDER MARKUS, Die Schlechterfüllung im schweizerischen Vertragsrecht, Diss., Bern 1971.
NICHOLAS-GERVAIS VERA/PORET PIERRE, Summary and Conclusions, in: International Trade in Professional Services, Advancing Liberalisation Through Regulatory Reform, OECD Proceedings, Paris 1997, 9 ff.
NICOLAÏDIS KALYPSO, Mutual Recognition Agreements and Other Approaches, Proposals by Participants, in: International Trade in Professional Services, Advancing Liberalisation Through Regulatory Reform, OECD Proceedings, Paris 1997, 133 ff.
NIETZER WOLF M., Gesellschaftsformen amerikanischer Anwaltskanzleien, AnwBl 1995, 67 ff.
NIGG HANS, Die zivilrechtliche Aufklärungspflicht des Anwalts, in: Die Sorgfalt des Anwalts in der Praxis, Publikation der «Winterthur», Bern 1997 (zit. Sorgfalt).
– Die zivilrechtliche Aufklärungspflicht des Rechtsanwaltes, SVZ 62/1994, 202 ff. (zit. Aufklärungspflicht).
– Zivilrechtliche Beratungs- und Aufklärungspflichten des Anwalts, DACH-Schriftenreihe Band 8, Wien 1997, 67 ff. (zit. Beratungs- und Aufklärungspflicht).
NOBEL PETER, Der Anwalt im Spannungsfeld zwischen Beratung und Organschaft, in: Die Sorgfalt des Anwalts in der Praxis, Publikation der «Winterthur», Bern 1997, 45 ff.
NOLL PETER, Die Strafverteidigung und das Disziplinarrecht der Rechtsanwälte, RPS 1981, 179 ff.
NOLLFERS F., Der Rechtsanwalt in der Schweiz, thèse, Zürich 1986.

OESCH MAX P., Schweizer Anwälte: Hoher Stellenwert, Der Schweizer Anwalt 107/1987, 6.
OFTINGER KARL/STARK EMIL W., Schweizerisches Haftpflichtrecht, Allgemeiner Teil, Bd. I, 5. Auflage, Zürich 1995.

OPPENHOFF WALTER, Vortrag 1967, AnwBl 1967, 267 ff.
OSENBRÜGGEN EDUARD, Studien zur deutschen und schweizerischen Rechtsgeschichte, Schaffhausen 1868.
OSWALD CHRISTOPH, Analyse der Sorgfaltspflichtverletzung im vertraglichen wie ausservertraglichen Bereich, Diss., Zürich 1988.

PAUL WOLF, Anwaltsberuf im Wandel – Rechtspflegeorgan oder Dienstleistungsgewerbe? Fakten und Überlegungen zur empirischen Verdeutlichung des Verhältnisses von Anwalt und Gesellschaft in Deutschland, in: Anwaltsberuf im Wandel, Rechtspflegeorgan oder Dienstleistungsgewerbe, Frankfurt a. M. 1982.
PESTALOZZI CHRISTOPH M./WETTSCHWILER SUZANNE, Kommentar zum Schweizerischen Privatrecht, Obligationenrecht I, 2. Auflage, OR 602–618, Basel/Frankfurt a. M. 1996.
PETER HENRY, Der Schweizer Rechtsanwalt und das Ausland, in: Die Sorgfalt des Anwalts in der Praxis, Publikation der «Winterthur», Bern 1997, 31 ff.
PEYER HANS CONRAD, Verfassungsgeschichte der alten Schweiz, Zürich 1978.
PFEIFER MICHAEL, Der Rechtsanwalt in der heutigen Gesellschaft, ZSR 115/1996 II, 253 ff. (zit. Rechtsanwalt).
– Marktgerechte Entwicklung der Rechtsberatung, Tendenzen zur Liberalisierung des Standesrechts, Neue Zürcher Zeitung, no 129, 5.6.1992, 35 (zit. Entwicklung).
– Votum anlässlich der Jahresversammlung des Schweizerischen Juristenvereins vom 7.6.1996 in Lausanne, ZSR 1996 II, 546 ff. (zit. Votum).
PFISTER DIETER, Le marketing pour les avocats, L'avocat suisse n° 160/1996, 21.
PICOT FRANÇOIS, La bonne foi en droit public, Rapporti e comunicazioni della Società svizzera dei giuristi 2/1977.
PIETH MARK, Zur Einführung: Geldwäscherei und ihre Bekämpfung in der Schweiz, in: Bekämpfung der Geldwäscherei – Modellfall Schweiz?, hrsg. von Mark Pieth et al., Basel 1992, 1 ff.
POLEDNA TOMAS, Staatliche Bewilligungen und Konzessionen, Bern 1994.
POPP PETER, Vertragsverletzung als strafbare Untreue, ZBJV 1993, 283 ff.
PORET PIERRE, Issues for Consideration, in: International Trade in Professional Services, Advancing Liberalisation Through Regulatory Reform, OECD Proceedings, Paris 1997, 19 ff.
POTT DIETRICH, Die anwaltliche Berufshaftpflichtversicherung, in: Anwaltshaftung und Versicherung, Essen 1995.
PREUX BRUNO DE, Auswirkungen des Entwurfes für ein Bundesgesetz zur Bekämpfung der Geldwäscherei (GwG) auf den Anwaltsberuf, Der Schweizer Anwalt 166/1997, 12 ff.
PROKSCH ROLAND, Die Geschichte der Mediation, in: Scheidung ohne Richter (Neue Lösungen für Trennungskonflikte), hrsg. von Heiner Krabbe, Reinbek 1991, 170 ff.

PRÜTTING HANS, Die rechtliche Organisation der Rechtsberatung aus deutscher und europäischer Sicht, Veröffentlichung der Wissenschaftlichen Vereinigung für Internationales Verfahrensrecht e.V., Integritätsprobleme im Umfeld der Justiz, Bd. 7, Bielefeld 1994, 2 ff.
PURY DAVID DE/HAUSER HEINZ/SCHMID BEAT (Hrsg.), Mut zum Aufbruch – Eine wirtschaftspolitische Agenda für die Schweiz, Zürich 1995.

QUACK HANS-JÜRGEN, Sinn und Grenzen anwaltlicher Unabhängigkeit heute, NJW 1975, 1337 ff.

RECHENBERG WOLF-GEORG, Die EWIV – Ihr Sein und Werden, ZGR 3/1992, 299 ff.
REHBERG JÖRG, Aktuelle Probleme der Begünstigung, ZBJV 1981, 357 ff. (zit. Begünstigung).
– Strafrecht IV, Delikte gegen die Allgemeinheit, 2. Auflage, Zürich 1996. (zit. Strafrecht IV).
REHBINDER ECKARD, Vertragsgestaltung, 2. Auflage, Berlin 1993.
REHBINDER MANFRED, Berner Kommentar, Obligationenrecht, Der Arbeitsvertrag, Bd. VI, OR 319–330a, Bern 1985.
REUMONT EUGÈNE, Permanence et devoirs de la profession d'avocat, Bruxelles 1947.
REY HEINZ, Ausservertragliches Haftpflichtrecht, Zürich 1995.
REYMOND JACQUES-ANDRÉ, La responsabilité des avocats associés et de leurs collaborateurs, Der Schweizer Anwalt 6/1989, 17 ff.
RIEDER GUIDO, Zur Unabhängigkeit des Anwaltes von Dritten, L'avocat suisse 112/1988, 7 ff.
RINSCHE FRANZ-JOSEF, Die Haftung des Rechtsanwalts und des Notars, 4. Auflage, Köln/Berlin/Bonn/München 1992.
RIPERT GEORGES, La règle morale dans les obligations civiles, Paris 1925.
RIVKIN DONALD, Prohibitions on Incorporation and Alternative Approaches, Proposals by Participants, in: International Trade in Professional Services, Advancing Liberalisation Through Regulatory Reform, OECD Proceedings, Paris 1997, 37 ff.
ROTHE LOTHAR, Rechtliche Aspekte der Zertifizierung von Qualitätsmanagementsystemen, QZ 1993, 475 ff.
ROTHENBÜHLER FRITZ, Freizügigkeit für Anwälte, Diss. Freiburg, Bern 1995.
ROWLAND DANIEL, Restrictions on Partnerships between Foreign and Locally Qualified Professionals and Alternative Approaches, Proposals by Participants, in: International Trade in Professional Services, Advancing Liberalisation Through Regulatory Reform, OECD Proceedings, Paris 1997, 74 ff.
ROYCE JOSIAH, La filosofia della fedeltà, Bari 1911.
RÜEDE THOMAS/HADENFELDT REINER, Schweizerisches Schiedsgerichtsrecht nach Konkordat und IPRG, 2. Auflage, Zürich 1993.

RUESCHEMEYER DIETRICH, Lawyers and their society: a comparative study of the legal profession in Germany and in the United States, Cambridge (Mass.), Harvard University Press 1973.

RUOSS RETO T., Anwaltliche Sorgfalt und die Folgen anwaltlicher Unsorgfalt in einer Sozietät, in: Die Sorgfalt des Anwalts in der Praxis, Publikation der «Winterthur», Bern 1997.

RUSSOTTO JEAN, Le rôle de l'avocat. L'avenir du libre échange en Europe, in: Jacot-Guillarmod Olivier (éd.), vers un espace économique européen, Bd. 2, Zürich/Bern 1990, 201 ff.

SANSONETTI RICCARDO, Les intermédiaires financiers assujettis à la LBA et leur affiliation, in Journée 1997 de droit bancaire et financier, volume 4, 1997, Berne 1997.

SAV-Publikation, Die Berufspflicht des Rechtsanwaltes, Publikation des SAV in Zusammenarbeit mit den Versicherungsgesellschaften «Helvetia-Unfall», «Winterthur», und «Waadt», 2. Auflage, 1985 (zit. SAV-Publikation).

SCHÄFER RALPH, Die Europäische Wirtschaftliche Interessenvereinigung (EWIV) als Institut sui generis, Rechtsgrundlagen – Zielsetzungen – praktische Erfahrungen, Formen anwaltlicher Zusammenarbeit in Europa, DACH-Schriftenreihe Band 4, Wien 1995, 9 ff.

SCHAUB RUDOLF P., Massnahmen in der Anwaltskanzlei zur Vermeidung von Haftpflichtfällen, Die Haftung des Rechtsanwalts, Wien 1997, 89 ff.

SCHIEFER WOLFGANG, Anwalt im Zeitalter der Dienstleistung – Herausforderung zum Wandel, NJW 1987, 1969 ff.

SCHIEFER WOLFGANG/HOCKE ULRICH, Marketing für Rechtsanwälte, Deutscher Anwaltsverband, 2. Auflage, Bonn 1996.

SCHILLER KASPAR, Neue Möglichkeiten der Kooperation von Anwaltsbüros, Der Schweizer Anwalt 124/1990, 21 (zit. Neue Möglichkeiten).

– Transparenz und Lauterkeit, Der Schweizer Anwalt 159/1995, 5 f. (zit. Transparenz und Lauterkeit).

SCHILTZ LOUIS, Quel avocat pour l'Europe du XXIe siècle, Der Schweizer Anwalt 107/1987, 16.

SCHLOSSER HANS, Grundzüge der Neueren Privatrechtsgeschichte, 8. Auflage, Heidelberg 1996.

SCHLÜCHTER FABIO, Haftung aus anwaltlicher Tätigkeit unter Einbezug praktischer Fragen der Haftpflichtversicherung, AJP 1997, 1359 ff.

SCHLUEP WALTER R., Das Anwaltsgeheimnis – Über Sinn und Funktionen des Anwaltsgeheimnisses im Rechtsstaat, Zürich 1994.

– Über Sinn und Funktionen des Anwaltsgeheimnisses im Rechtsstaat, mit Vorwort von a. Bundesrichter Dr. Adolf Lüchinger, in Schriftenreihe «Das Anwaltsgeheimnis», Zürich 1994.

SCHLUTZ JOACHIM H., Deutschland: Rechtliche Auswirkungen der ISO-Zertifizierung, insbesondere auf Produkthaftungsklagen, in: Produkt- und Umwelthaftpflicht international – Recht und Versicherung 4/1996, 122 ff.

SCHMID JÖRG, Die Geschäftsführung ohne Auftrag, Freiburg 1992.
SCHMID NIKLAUS, Strafprozessrecht, 3. Auflage, Zürich 1997.
SCHMIDHAUS BRUNO, Kommentar zum schweizerischen Kartellgesetz, Zürich 1997.
SCHNEIDER MICHAEL, Technical experts in international arbitration, ASA 1993, 446 ff.
SCHNELL BEAT, Notariat und Wirtschaftskriminalität, Der Bernische Notar 1996, 193 ff.
SCHÖNENBERGER WILHELM/JÄGGI PETER, Zürcher Kommentar, Obligationenrecht, Allgemeine Einleitung, Bd. V/1a, OR 1–17, 3. Auflage, Zürich 1973.
SCHOPENHAUER ARTHUR, L'arte di ottenere ragione, Milano 1991.
SCHRÖDER RICHARD/EBERHARD FREIHERR VON KÜNSSBERG, Deutsches Rechtswörterbuch (Wörterbuch der älteren deutschen Rechtssprache), Erster Band Weimar 1914–1932, Leipzig 1956.
SCHUBARTH MARTIN/ALBRECHT PETER, Kommentar zum schweizerischen Strafrecht, Schweizerisches Strafgesetzbuch, Besonderer Teil, 2. Band, Delikte gegen das Vermögen, Bern 1990.
SCHUMACHER RAINER, Beweisprobleme im Bauprozess, in: Festschrift für Kurt Eichenberger, Aarau 1990, 157 ff. (zit. Beweisprobleme).
– Die Haftung des Architekten aus Vertrag, in: Das Architektenrecht, 3. Auflage, Zürich 1995, 113 ff. (zit. Die Haftung des Architekten).
– Die Haftung des Grundstückverkäufers, in: Der Grundstückkauf, hrsg. von Alfred Koller, St.Gallen 1989 (zit. Die Haftung des Grundstückverkäufers).
– Vertragsgestaltung für grosse Infrastrukturbauten: Sicht eines Praktikers, BR 1997, 3 ff. (zit. Vertragsgestaltung).
SCHWALLER KONRAD, Die Advokatur nach solothurnischem Recht, in: Festgabe für Franz Josef Jeger, Solothurn 1973, 165 ff.
SCHWANDER PAUL, Einige Gedanken zur Anwaltshaftung, Der Schweizer Anwalt 104/1996, 4 ff.
Schweizerischer Anwaltsverband, Betriebswirtschaftliches Gutachten 1984, Bern 1985.
SEGHEZZI HANS DIETER, Integriertes Qualitätsmanagement, Das St. Galler Konzept, München/Wien 1996 (zit. Integriertes Qualitätsmanagement).
– Qualitätsmanagement, Ansatz eines St.Galler Konzepts, Integriertes Qualitätsmanagement, Stuttgart/Zürich 1994 (zit. St.Galler Konzept).
SEGHEZZI HANS DIETER/CADUFF DIRK, Qualitätsmanagement, in: Jean-Paul Thommen (Hrsg.), Betriebswirtschaftslehre, Band 3, 4. Auflage, Zürich 1996, 371 ff.
SEILER HANS HERMANN, Münchener Kommentar zum Bürgerlichen Gesetzbuch, Schuldrecht, Besonderer Teil, Bd. 4, §§ 662–676, 3. Auflage, München 1997.
SENN MARCEL, Rechtsdenken und Menschenbild. Bedeutung und Auswirkung von Baruch de Spinozas Menschenbild auf das Rechtsdenken, in: Festgabe

für Claudio Soliva, hrsg. von C. Schott und E. Petrig Schuler, Zürich 1994, 311 ff. (zit. Rechtsdenken und Menschenbild).
- Rechtsgeschichte – ein kulturhistorischer Grundriss, Zürich 1997 (zit. Rechtsgeschichte).
- Rechtsgeschichtliche Einsichten zur Bedeutung und Funktion des formellen Rechts, in: Mitteilungen aus dem Institut für zivilgerichtliches Verfahren in Zürich, 1994, 7 ff. (zit. Formelles Recht).

SENTI RICHARD/WEBER ROLF H., Das allgemeine Dienstleistungsabkommen (GATS), in: GATT 94 und die Welthandelsorganisation, Herausforderung für die Schweiz und Europa, hrsg. von Daniel Thürer/Stefan Kux, Zürich 1996, 129 ff.

SIEG OLIVER, Internationale Anwaltshaftung, Die Haftung des deutschen Rechtsanwalts bei der Anwendung ausländischen Rechts und bei der Zusammenarbeit mit ausländischen Anwälten, Diss. Münster, Heidelberg 1996.

SIEGRIST HANNES, Advokatur, Bürger und Staat, Sozialgeschichte der Rechtsanwälte in Deutschland, Italien und der Schweiz (18.–20. Jahrhundert), Ius commune, Veröffentlichungen des Max-Planck-Instituts für Europäische Rechtsgeschichte, Sonderheft 80, Frankfurt 1996.

SIEGWART ALFRED, Zürcher Kommentar, Obligationenrecht, Die Personengesellschaften, Bd. V/4, OR 530–619, Zürich 1938.

SITTA H., Wir Rechtsanwälte – übermorgen, Österreichisches Anwaltsblatt, 1994/95, 325 ff.

SKOURIS WASSILIOS, Advertising and Constitutional Rights in Europe, Baden-Baden 1994.

SLONGO URBAN, Rechtsgeschäftsplanung und -gestaltung aus der Sicht des beratenden Anwalts, in: Beiträge zur Methode des Rechts, St. Galler Festgabe zum Schweizerischen Juristentag 1981, Bern 1981, 361 ff.

SOLDATI FABIO, L'avocat un peu moins indépendant, Der Schweizer Anwalt 170/1997, 22 ff.

SPÄLTI D., Die rechtliche Stellung der Bank als Vermögensverwalterin, Diss., Zürich 1989.

SPINOZA BARUCH DE, Politischer Traktat, hrsg. von Wolfgang Bartuschat, Hamburg 1994.

STÄRKLE ELISABETH, Wie wirkt sich Mediation auf Frauen aus?, Basler Magazin, Nr. 44, 2. 11. 1996, 15.

STAUDINGER JULIUS VON/WITTMANN ROLAND, J. von Staudingers Kommentar zum Bürgerlichen Gesetzbuch mit Einführungsgesetz und Nebengesetzen, Zweites Buch, Recht der Schuldverhältnisse, §§ 657–687 BGB, 12. Auflage, Berlin 1991.

STEFFEN BERND, Qualitätsstrategien im Prüfwesen mit Blick auf den europäischen Binnenmarkt, in: Qualitätsstrategien, Anforderungen an das Management der Zukunft, hrsg. von H. D. Seghezzi/J.R. Hansen, München/Wien 1993, 47 ff.

STEIGER WERNER VON, Schweizerisches Privatrecht, Handelsrecht, Band VIII/1, Basel/Stuttgart 1976.
STERCHI MARTIN, Kommentar zum bernischen Fürsprecher-Gesetz, Bern 1992.
STEULLET ALAIN, Remarques sur les réserves d'usage en droit jurassien, RJJ 1995, 305 ff.
STÖHLKER KLAUS J., Der Schweizer Anwalt: Unterwegs vom Generalisten zum Spezialisten, Der Schweizer Anwalt 91/1984, 2 ff.
STRATENWERTH GÜNTER, Darf der *Verteidiger* dem Beschuldigten raten zu schweigen?, SJZ 1978, 217 ff. (zit. Verteidiger).
– Der behördlich erzwungene Verzicht auf das Bankgeheimnis, in: Beiträge zum schweizerischen Bankenrecht, hrsg. von Rudolf von Graffenried, Bern 1987, 227 ff. (zit. Bankgeheimnis).
– Schweizerisches Strafrecht, Besonderer Teil I, Straftaten gegen Individualinteressen, 5. Auflage, Bern 1995 (zit. Strafrecht BT I).
– Geldwäscherei – ein Lehrstück der Gesetzgebung, in: Bekämpfung der Geldwäscherei – Modellfall Schweiz?, hrsg. von Mark Pieth et al., Basel 1992, 97 ff. (zit. Geldwäscherei).
STRAUMANN LEILA/HIRT MONIKA/MÜLLER WERNER, Teilzeitarbeit in der Führung, Arbeitswelt Band 12, Zürich 1996.
STROBEL WILHELM, Der Markt anwaltlicher Dienstleistungen – Die ökonomische Zukunft der Rechtsberatung, AnwBl 1988, 307 ff.
STUDER WALTER, Die Begünstigung im Sinne von Art. 305 StGB, Diss., Zürich 1984.
Studienkommission für die Gesamtrevision des Haftpflichtrechts, Bericht an den Vorsteher des Eidgenössischen Justiz- und Polizeidepartements, hrsg. vom Bundesamt für Justiz, Bern 1991.
STUTZER MAYA, Der Anwalt zwischen Würde und Werbung, Der Schweizer Anwalt 168/1977.

TERCIER PIERRE, Die Anwälte und der Wettbewerb, Der Schweizer Anwalt 161/1996, 3 ff. (zit. Die Anwälte und der Wettbewerb).
– La partie spéciale du Code des Obligations, Zürich 1988 (zit. CO partie spéciale).
– Les avocats et la concurrence, Vortrag in Lausanne vom 11.11.1995 vor der Präsidentenkonferenz des SAV, L'avocat suisse 160/1996, 4 ff. (zit. Les avocats et la concurrence), Der Schweizer Anwalt 161/1996, 3 ff. (zit. Die Anwälte und der Wettbewerb).
– Les contrats spéciaux, 2. Auflage, Zürich 1995 (zit. Les contrats spéciaux).
THEURILLAT PIERRE, «Monopole» et libre circulation de l'avocat, Revue jurassienne de jurisprudence 1994, 199 ff.
TRECHSEL STEFAN, Schweizerisches Strafgesetzbuch, Kurzkommentar, 2. Auflage, Zürich 1997.
TREUHAND-KAMMER (Hrsg.), Revisionshandbuch der Schweiz 1992.

TROBERG PETER, Kommentar zum EWG-Vertrag, hrsg. von Groeben/Thiesing/ Ehlermann, Dienstleistungen, Bd. 1, Art. 59–66, 4. Auflage, Baden-Baden 1991.

TSCHANNEN OLIVIER, Les avocats dans la société industrielle moderne, recherches empiriques et théories sociologiques, Revue européenne des sciences sociales, Bd. XXVI, Genève 1988, 163 ff.

TUHR ANDREAS VON/ESCHER ARNOLD, Allgemeiner Teil des schweizerischen Obligationenrechts, Bd. II, 3. Auflage, Zürich 1974.

UMBRICHT ROBERT, 10 Punkte zur Organisation der Anwaltspraxis, Der Schweizer Anwalt 120/1989, 29 ff.

UNGER FRITZ/WOLF MATTHIAS, Erfolgreiches Anwaltsmarketing, Strategien für Rechtsanwälte, Heidelberg 1993.

URY WILLIAM, Getting Past No, Negotiating your Way from Confrontation to Cooperation, Bantam Books, New York 1993.

VALLENDER KLAUS A., Schweizerisches Steuer-Lexikon, Grundbegriffe des Steuerrechts 1, Zürich 1989.

VEREIN ZÜRCHERISCHER RECHTSANWÄLTE (Hrsg.), Handbuch über die Berufspflichten des Rechtsanwaltes im Kanton Zürich, Zürich 1988.

VIELI CELIO, Der Anwalt als Partei im Zivilrecht, Zürich 1994.

VOGEL OSCAR, Anwaltliche Ethik und Fairness im Prozess, in: Professional Ethics and Procedural Fairness, a cura di Gerhard Walter, Berna/Stoccarda 1991, 67 ff. (zit. Anwaltliche Ethik).

– Grundriss des Zivilprozessrechts und des internationalen Zivilprozessrechts der Schweiz, 4.Auflage, Bern 1995 (zit. Grundriss).

– Streit und Streiterledigung – Von der Beweissicherung bis zum Bauprozess, BRT 1985, 70 ff. (zit. Streit und Streiterledigung).

WAIBEL-KNAUS H., Darf ein Anwalt gegen einen ehemaligen Klienten ein Mandat übernehmen, RSJ 82/1986, 388.

WATTER ROLF/PLANTA THOMAS VON, Register- und firmenrechtliche Probleme bei Personengesellschaften, in: Jahrbuch des Handelsregisters 1993, Zürich 1993.

WEBER MAX, Rechtssoziologie, in: Wirtschaft und Gesellschaft, Grundriss der verstehenden Soziologie, hrsg. von Max Weber, Studienausgabe, 5. Auflage, Tübingen 1972, 387 ff.

WEBER PIERRE C., La responsabilité de l'expert à l'égard des parties et du Tribunal arbitral, ASA 1993, 190 ff.

WEBER ROLF H., Dienstleistungsfreiheit, in: Das Abkommen über den Europäischen Wirtschaftsraum, hrsg. von Roger Zäch/Daniel Thürer/Rolf H. Weber, Zürich 1992, 137 ff. (zit. Dienstleistungsfreiheit).

– Kommentar zum schweizerischen Privatrecht, Obligationenrecht I, OR 394–406, 2. Auflage, Basel/Frankfurt a. M. 1996.

- Praxis zum Auftragsrecht und zu den besonderen Auftragsarten, Bern 1990 (zit. Praxis).
- Sorgfaltswidrigkeit – quo vadis?, ZSR 1988 I, 39 ff. (zit. Sorgfaltswidrigkeit).

WEGMANN PAUL, Die Berufspflichten des Rechtsanwaltes unter besonderer Berücksichtigung des zürcherischen Rechts, Diss., Zürich 1969 (zit. Diss).
- Handbuch über die Berufspflichten des Rechtsanwaltes im Kanton Zürich, Zürich 1988 (zit. Handbuch).

WEIL HEINZ, EU B 1997, 530 ff.

WEILER HEINRICH/KAYSER GÜNTER, Einkommen und Kosten von Rechtsanwälten, Notaren und Patentanwälten, AnwBl 1982, 352 ff.

WEISSLER ADOLF, Geschichte der Rechtsanwaltschaft, Leipzig 1905.

WERRO FRANZ, Le mandat et ces effets, Freiburg 1993.

WESS ROBERT, Victory Secrets of Attila the Hun, Doubleday, New York 1993.

WESSNER PIERRE, La responsabilité professionnelle de l'avocat au regard de son devoir général de diligence, RJN 1986, 12 ff.

WETTMANN REINHART W./JUNGJOHANN KNUT, Inanspruchnahme anwaltlicher Leistungen, Zugangsschwellen, Beratungsbedarf und Anwaltsimage, eine Studie der Prognos AG und der Infratest-Kommunikationsforschung, Köln/Essen 1989, AnwBl Sonderheft März 1987.

WIDMER PETER, Managementprobleme grösserer Anwaltsfirmen, Der Schweizer Anwalt 119/1989, 17 ff.

WIEACKER FRANZ, Nachwort, in: Das Profil des Juristen in der europäischen Tradition, Symposium aus Anlass des 70. Geburtstages von Franz Wieacker, hrsg. von Klaus Luig/Detlef Liebs, Ebelsbach 1980.

WIEDERKEHR KATRIN, Frauenförderung ist Hochschulförderung, Zürich 1988.

WIEGAND JÜRGEN, Leitfaden für das Planen und Bauen mit Hilfe der Wertanalyse, Wiesbaden/Berlin 1995.

WIEGAND WOLFGANG, Bemerkungen zu BGE 120 II 331 ff., Der Basler Anwaltsgebührentarif, Basel/Frankfurt a. M. 1985 (zit. Bemerkungen zu BGE 120 II 331 ff.).
- Kommentar zum schweizerischen Privatrecht, Obligationenrecht I, OR 18, 97–109, 119, 2. Auflage, Basel/Frankfurt a. M. 1996.
- Zur Funktion und Bedeutung des Privatrechts – Bemerkungen aus Anlass einer Studienreform, in: Juristenausbildung als Denkmalpflege?, hrsg. von Gunther Arzt/Pio Caroni/Walter Kälin, Bern 1994, 127 ff. (zit. Funktion und Bedeutung des Privatrechts).
- Zur Haftung für Dienstleistungen, Urteilsanmerkung Zivilrecht zu BGE 115 II 62 ff., recht 1990, 134 ff. (zit. Haftung für Dienstleistungen).
- Bemerkungen zu BGE 120 II 331 ff. im Rahmen der Besprechung der privatrechtlichen Rechtssprechung des Bundesgerichts im Jahre 1994; in: ZBJV 132 (1996) 321 ff. (zit. ZBJV 1996).

WINTERS KARL-PETER, Der Rechtsanwaltsmarkt: Chancen, Risiken und zukünftige Entwicklung, Reihe: Wege zur erfolgreichen Anwaltspraxis, Bd. 1, Köln 1990.

WOLF ERIK, Quellenbuch zur Geschichte der deutschen Rechtswissenschaft, Frankfurt a. M. 1950.
WOLFFERS FELIX, Der Rechtsanwalt in der Schweiz, Diss. Bern, Zürich 1986.
WOLFRAM CHARLES W., «Multi-Disciplinary Partnerships» in the Global and Domestic Law Practice of European and American Lawyers, ABA Presidential Showcase; The Global Economy – Implicatons for Law and Legal Practice, Sunday, August 3, 1997; 1997 Annual Meeting, San Francisco, California 1997.
WÜNSCH HORST, Europäische Wirtschaftliche Interessenvereinigung, GesRZ 1994, 157 und 280 ff.
WÜRSCH DANIEL A., Die amerikanische Limited Liability Company, ein aufgewecktes Patenkind der GmbH, SZW 6/1996, 249 ff.

ZÄCH ROGER, Grundzüge des Europäischen Wirtschaftsrechts, Zürich/Baden-Baden/Wien 1996.
ZANKL PETER, Die anwaltliche Praxis in Vertragssachen, hrsg. vom Deutschen Anwaltsverein e.V., Stuttgart/Berlin/Köln 1990.
ZAWAR ROLF DIETER, Neuere Entwicklungen zu einer Methodenlehre der Vertragsgestaltung, JuS 1992, 134 ff.
ZEENDER ALOIS, Les risques de l'administrateur du point de vue des assureurs, CEDIDAC, Heft 8, Lausanne 1987.
ZEHNDER HANNES, Die Haftung des Architekten für die Überschreitung seines Kostenvoranschlags, 2. Aufl., Diss., Freiburg 1994.
ZEUMER KARL, Quellensammlung zur Geschichte der deutschen Reichsverfassung in Mittelalter und Neuzeit, Teil 2, Von Maximilian I. bis 1806, 2. Auflage, Tübingen 1913, Nachdruck Aalen 1987.
ZIMMERMANN REINHARD, The Law of Obligations, Roman Foundations of the Civilian Traditions, Cape Town/Johannesburg 1992.
ZINDEL GAUDENZ G./PULVER URS, Kommentar zum schweizerischen Privatrecht, Obligationenrecht I, Der Werkvertrag, OR 363–379, 2. Auflage, Basel/Frankfurt a. M. 1996.
ZUCK RÜDIGER, Berufsrecht und Berufsmoral, Einige Anmerkungen zum Wandel des anwaltlichen Berufsbilds, Juristenzeitung 1989, 353 ff.
– Vertragsgestaltung bei Anwaltskooperationen, Köln 1995.
ZUFFEREY JEAN-BAPTISTE, Les décisions de l'expert officiel: responsabilité de l'Etat contre responsabilité de l'architecte ou de l'ingénieur, in: Colloque SVIA 1991, La responsabilité de l'expert, Lausanne 1991, 21 ff.
ZÜRCHER EMIL, Schweizerisches Anwaltsrecht, Zürich 1920.
ZUTT JÜRG, Unmodernes, Modernes, Postmodernes, Notizen zur deutschen Advokatur, in: Sonderdruck aus Festschrift für Heinz Rowedder zum 75. Geburtstag, München 1994.

Abkürzungsverzeichnis

a.E.	am Ende
a.M.	anderer Meinung
a.o. GV	ausserordentliche Generalversammlung
ABA	American Bar Association
ABl.	Amtsblatt der Europäischen Gemeinschaften (bis 1958: Amtsblatt der Europäischen Gemeinschaft für Kohle und Stahl) (Brüssel)
Abs.	Absatz
AG	Aktiengesellschaft
AHV	Alters- und Hinterlassenenversicherung
AICPA	American Institute of Certified Public Accountants
AJP	Aktuelle Juristische Praxis
AkkBV	VO über das schweizerische Akkreditierungssystem und die Bezeichnung von Prüf-, Konformitätsbewertungs-, Anmelde- und Zulassungsstellen vom 17.6.1996 (Akkreditierungs- und Bezeichnungsverordnung) (SR 946.512)
AnwBl	Anwaltsblatt, Nachrichten für die Mitglieder des Deutschen Anwaltsvereins, Bonn
AnwG LU	Gesetz über den Beruf des Rechtsanwalts (Luzern)
AnwG ZH	Gesetz über den Rechtsanwaltsberuf (Zürich)
AnwG	Anwaltsgesetz
AnwV NW	Verordnung über die vertragliche Vertretung der Parteien vor den Gerichten (Nidwalden)
Art.	Artikel
Aufl.	Auflage
BankG	Bundesgesetz über die Banken und Sparkassen
BEHG	Bundesgesetz über die Börsen und den Effektenhandel
BewG	Bundesgesetz über den Erwerb von Grundstücken durch Personen im Ausland
BG	Bundesgesetz
BGBM	Bundesgesetz vom 6. Oktober 1995 über den Binnenmarkt (SR 943.02)
BGE	Bundesgerichtsentscheid
BGFA	Bundesgesetz über die Freizügigkeit der Anwältinnen und Anwälte (Entwurf, 1997)
BGH	Bundesgerichtshof
BJM	Basler Juristische Mitteilungen
BK	Berner Kommentar
BR	Baurecht (Mitteilungen zum privaten und öffentlichen Baurecht)

BStP	Bundesgesetz über die Bundesstrafrechtspflege
BV	Bundesverfassung vom 29. Mai 1874 (SR 101)
BVG	Bundesgesetz über die berufliche Alters-, Hinterlassenen- und Invalidenvorsorge (SR 831.40)
bzw.	beziehungsweise
ca.	circa
CCBE	Commission Consultative des Barreaux de la Communauté Européenne
d.h.	das heisst
DACH	Deutsch-Österreichisch-Schweizerisch-Liechtensteinische Anwaltsvereinigung
DB	Der Betrieb (Düsseldorf)
DBG	Bundesgesetz über die direkte Bundessteuer
Diss.	Dissertation
e.V.	eingetragener Verein
EDV	Elektronische Datenverarbeitung
EG	Europäische Gemeinschaft
EGV	Vertrag zur Gründung der Europäischen Gemeinschaft vom 25. März 1957
EJPD	Eidgenössisches Justiz- und Polizeidepartement
EMRK	Konvention zum Schutze der Menschenrechte und Grundfreiheiten
Erw.	Erwägung
etc.	et cetera
EU B	St. Galler Europarechtsbrief
EU	Europäische Union
EuGH	Gerichtshof der Europäischen Gemeinschaft
ev.	eventuell
EWG	Europäische Wirtschaftsgemeinschaft
EWIV	Europäische wirtschaftliche Interessenvereinigung
EWR	Europäischer Wirtschaftsraum
f.	folgende (Seite)
ff.	folgende (Seiten)
FG BE	Gesetz über die Fürsprecher (Bern)
Fn.	Fussnote
GA	Geschäftsausschuss
GATS	General Agreement on Trade in Services
GesRZ	Zeitschrift für Gesellschafts- und Unternehmensrecht «Der Gesellschafter» (Österreich)

GmbH	Gesellschaft mit beschränkter Haftung
GP	General Partnership
GV	Generalversammlung
GwG	Bundesgesetz zur Bekämpfung der Geldwäscherei im Finanzsektor vom 17. Juni 1996 (AS 1998 892; SR 455.0)
HGB	Deutsches Handelsgesetzbuch für das Deutsche Reich vom 10. Mai 1897
HRegV	Handelsregisterverordnung vom 7. Juni 1937 (SR 221.411)
Hrsg.	Herausgeber
hrsg.	herausgegeben
i.S.	in Sachen
i.V.m.	in Verbindung mit
i.w.S.	im weiteren Sinn
IBA	International Bar Association
insb.	insbesondere
IPBPR	Internationaler Pakt über die Bürgerlichen und Politischen Rechte
ISO	International Organization for Standardization
KSP	Kommentar zum Schweizerischen Privatrecht
LGVE	Luzerner Gerichts- und Verwaltungsentscheide
lit.	litera
LLC	Limited Liability Company
LLP	Limited Liability Partnership
LP	Limited Partnership
ltd.	private limited company
m.E.	meines Erachtens
m.w.H.	mit weiteren Hinweisen
MDR	Monatsschrift für Deutsches Recht (Hamburg)
N	Note
NJW	Neue Juristische Wochenschrift
NJW-RR	NJW-Rechtsprechungs-Report Zivilrecht
Nr.	Nummer
NV	VO über die Notifikation technischer Vorschriften und Normen sowie die Aufgaben der Schweizerischen Normen-Vereinigung vom 17.6.1996 (Notifikationsverordnung) (SR 946.511)
NZZ	Neue Zürcher Zeitung

OECD	Organisation for Economic Cooperation and Development
OG	Bundesgsetz über die Organisation der Bundesrechtspflege (SR 173.110)
OLG	Oberlandesgericht
OR	Bundesgesetz betreffend die Ergänzung des Schweizerischen Zivilgesetzbuches, 5. Teil: Obligationenrecht, vom 30.3.1911 (SR 220)
par.	paragraphe
PC	Professional (Service) Corporation
PK	Präsidentenkonferenz
plc.	public limited company
PPK	Paritätische Pensionskasse des SAV
PR	Public Relations
Pra	Praxis des Bundesgerichts
QM	Qualitätsmanagement
RLV 97	Gemeinsamer Standpunkt (EG) Nr. 35/97 vom Rat festgelegt am 24. Juli 1997 im Hinblick auf den Erlass der Richtlinie 97/.../EG des Europäischen Parlaments und des Rates vom ... zur Erleichterung der ständigen Ausübung des Rechtsanwaltsberufs in einem anderen Mitgliedstaat als dem, in dem die Qualifikation erworben wurde (97/C 297/02)
RPW	Recht und Politik des Wettbewerbs (Publikationsorgan der schweizerischen Wettbewerbsbehörden)
Rz.	Randziffer
SAS	Schweizerische Akkreditierungsstelle
SAV	Schweizerischer Anwaltsverband
scil.	scilicet (nämlich)
SEC	Securities and Exchange Commission
SHAB	Schweizerisches Handelsamtsblatt (Bern)
SJV	Schweizerischer Juristenverein
SJZ	Schweizerische Juristen-Zeitung
Slg.	Amtliche Sammlung der Rechtsprechung des Europäischen Gerichtshofs (Luxemburg)
SNV	Schweizerische Normen-Vereinigung
sog.	sogenannt
SQS	Schweizerische Vereinigung für Qualitäts- und Management-Systeme
SR	Systematische Sammlung des Bundesrechts
StE	Der Steuerentscheid, Sammlung aktueller steuerrechtlicher Entscheidungen (Basel)

StGB	Schweizerisches Strafgesetzbuch vom 21. Dezember 1937 (SR 311.0)
SZW	Schweizerische Zeitschrift für Wirtschaftsrecht (Zürich, bis 1989: SAG)
THG	BG über die technischen Handelshemmnisse vom 6.10.1995 (SR 946.51)
TQM	Total Quality Management
UebBest. BV	Übergangsbestimmungen zur Bundesverfassung
UIA	Union Internationale des Avocats
UNO	United Nations Organisations
usw.	und so weiter
V	Vorstand
v.a.	vor allem
VAV	Versicherungskasse des SAV
VersR	Versicherungsrecht
vgl.	vergleiche
VO	Verordnung
VSB	Vereinbarung über die Standesregeln zur Sorgfaltspflicht der Banken 1992
VZR	Verein Zürcherischer Rechtsanwälte (neu: Zürcher Anwaltsverband)
WTO	World Trade Organisation
z.B.	zum Beispiel
ZBJV	Zeitschrift des Bernischen Juristenvereins
ZGB	Schweizerisches Zivilgesetzbuch vom 10. Dezember 1907 (SR 210)
ZGR	Zeitschrift für Unternehmens- und Gesellschaftsrecht (Frankfurt a.M.)
ZHR	Zeitschrift für das gesamte Handelsrecht (Heidelberg; seit 1962: Zeitschrift für das gesamte Handels- und Wirtschaftsrecht)
Ziff.	Ziffer
ZK	Zürcher Kommentar
ZR	Blätter für Zürcherische Rechtsprechung
ZSR	Zeitschrift für Schweizerisches Recht

Liste des abréviations

AF	Arrêt fédéral
art.	article
ATF	Recueil officiel des arrêts du Tribunal Fédéral Suisse
BO	Bulletin officiel de l'Assemblée fédérale
CC	Code civil suisse du 10 décembre 1907 (RS 210)
CCfr	Code civil français
CCQ	Code civil québécois
CEDH	Convention de sauvegarde des droits de l'homme et des libertés fondamentales du 4 novembre 1950 (Conv. européenne des droits de l'homme) (RO 1974, 2151)
CO	Loi fédérale du 30 mars 1911 complétant le code civil suisse (RS 210)
FF	Feuille fédérale
FSA	Publication de la Fédération suisse des avocats
JdT	Journal des Tribunaux
let.	lettre
LF	loi fédérale
n.	note
n°	numéro
OJ	Loi fédérale d'organisation judiciaire du 16 décembre 1943 (RS 173.110)
p. ex.	par exemple
PC	Code procédure civile
PJA	Pratique Juridique Actuelle
RDS	Revue de droit suisse
RO	Recueil officiel des lois fédérales
RPS	Revue pénale suisse
RS	Recueil systématique des lois et ordonnances de 1848–1947 ou Recueil systématique du droit fédéral (nouveau recueil)
RSDA	Revue suisse du droit des affaires
RSJ	Revue suisse de jurisprudence
s., ss	suivant(e)s
SJ	Semaine Judiciaire
SZS	Revue suisse des assurances sociales et de la prévoyance professionnelle, SZS/SZS

Abbreviazioni

art.	Articolo
BOA	Bollettino dell'Ordine degli Avvocati del Canton Ticino
Boll. uff.	Bolletino ufficiale dell'Assemblea federale
Cavv	Codice professionale dell'Ordine degli avvocati del Canton Ticino
CC	Codice civile svizzero del 10 dicembre 1907 (RS 210)
CO	Legge federale del 30 marzo 1911 di complemento del codice civile svizzero (RS 220)
Cost.	Costituzione federale della Confederazione Svizzera, del 29 maggio 1874 (RS 101)
CP	Codice penale svizzero del 21 dicembre 1937 (RS 311.0)
CPC	Codice di procedura civile
DTF	Raccolta ufficiale delle decisioni del Tribunale federale
FF	Foglio federale
FSA	Federazione Svizzera degli Avvocati
LBCR	Legge federale dell'8 novembre 1934 su le banche e le casse di risparmio (RS 952.0)
LC	Legge federale del 20 dicembre 1962 sui cartelli e le organizzazioni analoghe (RS 251)
LF	Legge federale
no.	numero
p.	pagina
RDS	Rivista di diritto svizzero
Ref	Regolamento d'esecuzione
RS	Raccolta sistematica del diritto federale
RTT	Rivista tributaria ticinese
RU	Raccolta ufficiale delle leggi, decreti e regolamenti della Confederazione Svizzera
SZS	Rivista svizzera delle assicurazioni sociali e della previdenza professionale, SZS/SZS

Gesetzesverzeichnis

Bund

Bundesverfassung der Schweizerischen Eidgenossenschaft vom 29. Mai 1874 (BV, SR 101).

Bundesgesetz vom 6. Oktober 1995 über den Binnenmarkt (BGBM, SR 943.02).

Entwurf zum Bundesgesetz über die Freizügigkeit der Anwältinnen und Anwälte (Anwaltsgesetz, BGFA, wurde am 16. April 1997 in die Vernehmlassung geschickt).

Schweizerisches Strafgesetzbuch vom 21. Dezember 1937 (StGB, SR 311.0).

Schweizerisches Zivilgesetzbuch vom 10. Dezember 1907 (ZGB, SR 210).

Bundesgesetz betreffend die Ergänzung des Schweizerischen Zivilgesetzbuches (Fünfter Teil: Obligationenrecht) vom 30. März 1911 (OR, SR 220).

Botschaft zum Bundesgesetz zur Bekämpfung der Geldwäscherei im Finanzsektor (Geldwäschereigesetz, GwG) vom 17. Juni 1996 (BBl 1996 III 1101, tritt voraussichtlich Mitte 1998 in Kraft).

Handelsregisterverordnung vom 7. Juni 1937 (HRegV, SR 221.411).

Kantone

Basel-Stadt: Advokaturgesetz vom 15. Oktober 1970.

Bern: Gesetz über die Fürsprecher vom 6. Februar 1984.

Luzern: Gesetz über den Beruf des Rechtsanwaltes vom 30. November 1981.

St. Gallen: Anwaltsgesetz vom 11. November 1993.

Thurgau: Anwaltsgesetz vom 8. Mai 1996.

Zürich: Gesetz über den Rechtsanwaltsberuf (Anwaltsgesetz) vom 3. Juli 1938.

Materialienverzeichnis

Aktionsprogramm zur stärkeren Sensibilisierung der Juristen für das Gemeinschaftsrecht («Aktion Robert Schuman»), Vorschlag der Kommission vom 19. November 1996, ABl. C 378 vom 13.12.96, 17 ff.

Beschluss des Rates vom 22. Dezember 1994 zur Änderung des Protokolls über die Satzung des Gerichtshofs der Europäischen Gemeinschaft (94/993/EG), ABl. L 379 vom 31.12.94, 1 ff.

Botschaft vom 17. Juni 1996 über die Änderung des Strafgesetzbuches (Gesetzgebung über Geldwäscherei und mangelnde Sorgfalt bei Finanzgeschäften; *Botschaft Geldwäscherei*).

Botschaft vom 30. Juni 1993 über die Änderung des Schweizerischen Strafgesetzbuches und des Militärstrafgesetzes (Revision des Einziehungsrechts, Strafbarkeit der kriminellen Organisation, Melderecht des Financiers; *Botschaft Melderecht des Financiers*).

Botschaft zum Bundesgesetz zur Bekämpfung der Geldwäscherei im Finanzsektor (Geldwäschreigesetz; GwG; *Botschaft GwG*).

Erläuternde Mitteilung der Kommission über die Freiheit des grenzüberschreitenden Dienstleistungsverkehrs (93/C 334/03), Abl. C 334 vom 9.12.93, S. 3 ff.

Erläuternder Bericht zum Bundesgesetz über die Freizügigkeit der Anwältinnen und Anwälte (Anwaltsgesetz, BGFA).

GATS, Switzerland, Final List of Article II (MFN) Exemptions, GATS/EL/83, April 1994.

GATS, Switzerland, Schedule of Specific Commitments, GATS/SC/83, April 1994.

Gemeinsame Massnahme betreffend ein Förderungs- und Austauschprogramm («GROTIUS»), Vorschlag der Kommission vom 31. Mai 1996, ABl. C 236 vom 14. 8. 96, 13 ff.; Annahme durch den Rat am 28. Oktober 1996, ABl. L 287 vom 8. 11. 96, 3 ff.

Gemeinsamer Standpunkt (EG) Nr. 35/97 vom Rat festgelegt am 24. Juli 1997 im Hinblick auf den Erlass der Richtlinie 97/.../EG des Europäischen Parlaments und des Rates vom ... zur Erleichterung der ständigen Ausübung des Rechtsanwaltsberufs in einem anderen Mitgliedstaat als dem, in dem die Qualifikation erworben wurde (97/C 297/02), ABl C 297 vom 29.9.97, 6 ff.

Protokoll der 130. Jahresversammlung des Schweizerischen Juristenvereins vom 7.–8. Juni 1996, Berichte und Diskussionen zum Thema «Die Stellung des Anwalts in der heutigen Gesellschaft», ZSR 1996 II 542 ff.

Richtlinie 77/249/EWG des Rates vom 22. März 1977 zur Erleichterung der tatsächlichen Ausübung des freien Dienstleistungsverkehrs der Rechtsanwälte, ABl L 78 vom 26.3.77, 17 ff.

Richtlinie 89/48/EWG des Rates vom 21. Dezember 1988 über die allgemeine Regelung zur Anerkennung der Hochschuldiplome, die eine mindestens dreijährige Berufsausbildung abschliessen, ABl L 19 vom 24.1.89, 16 ff.

Vorentwurf vom Januar 1994 zum Bundesgesetz zur Bekämpfung der Geldwäscherei im Finanzsektor *(Vorentwurf)*.

I. Geschichtliche Aspekte des Anwaltsberufes

Marcel Senn

Das Berufsbild des Rechtsanwalts im geschichtlichen Wandel seit der frühen Neuzeit[*]

Inhaltsübersicht

I. Problemstellung und Forschungsstand
   A. Verwissenschaftlichung und Professionalisierung des Prozessrechts als Vorausbedingungen des Anwaltsstandes
   B. Rechtshistorisches Forschungsdefizit

II. Prozessbeistandschaft im Gerichtsverfahren zwischen Mittelalter und Neuzeit
   A. Gerichtsverfahren im Spätmittelalter
      1. Rechtshonoratioren als Fürsprecher
      2. Advokaten und Prokuratoren als Mandatare
   B. Gerichtsverfahren zu Beginn der Neuzeit
      1. Institutionalisierung der Prozessvertretung
      2. Das erste Standesreglement auf Reichsebene

III. Lokalisierung des Problemfeldes
   A. Kritik am Anwaltsstand
   B. Beurteilung der Kritik
   C. Historische Lösungsansätze
      1. Preussischer Vorschlag als Ausweg?
      2. Standesregeln als Vermittlungscode?

IV. Diskussion von Lösungsansätzen
   A. Problemlösungsansätze auf soziologischer Ebene
      1. Optimierung des Fachjuristen?
      2. Gibt es eine systemtheoretische Lösung?
   B. Problemlösungsansatz aus historischer Sicht
      1. Verbesserter Problembeschrieb
      2. Anwaltliches Selbstverständnis im Wandel

I. Problemstellung und Forschungsstand

A. *Verwissenschaftlichung und Professionalisierung des Prozessrechts als Vorausbedingungen des Anwaltsstandes*

Nach heutigem Verständnis ist der Anwaltsberuf ein Produkt der Verwissenschaftlichung, Bürokratisierung und Professionalisierung des Verfahrens-

---

[*] Für Anregungen und Kritik danke ich Prof. Dr. Marie Theres Fögen, Rechtsanwältin, Dr. Hans Reiser, Rechtsanwalt, und meinem Assistenten lic. iur. Markus Hofmann.

rechts, das sich von der materiellen Rechtsordnung seit Ende des 15. Jh. verselbständigt hat. Verwissenschaftlichung und Professionalisierung bedeuten eine sukzessive Konvergenz von Theorie und Praxis, die damals durch eine Intensivierung der universitären Ausbildung in den römischen und kirchlichen Rechten erreicht wird. Das gemeine Recht fungiert als Kommunikationsbasis unter den Juristen in Europa und als begriffliches sowie methodisches Vorbild für die immer häufiger als rückständig und unpraktikabel betrachteten einheimischen Rechtsordnungen, die es – wie das zeitgenössische Modewort lautet – zu «reformieren» gilt[1].

Der Vorgang der Verwissenschaftlichung und Professionalisierung des Rechtsdenkens und der Rechtsanwendung wird mit dem Fachausdruck «Rezeption» bezeichnet. In deren Verlauf erfolgen verschiedene grundlegende Neuerungen, deren bedeutendste Errungenschaft die Trennung des materiellen vom formellen Recht darstellt. Die Entwicklung erstreckt sich vom 14. ins 18. Jh. Die Professionalisierung der Rechtsvertretung im Prozess und in der Beratung ist ein Derivat zunehmender Spezialisierung in diesem Ausdifferenzierungsprozess. Allerdings resultiert daraus auch eine Geringschätzung des Verfahrensrechts im Vergleich mit dem materiellen Recht, insbesondere in der universitären Ausbildung[2].

B. *Rechtshistorisches Forschungsdefizit*

Entsprechend der dogmatischen Geringschätzung des Prozessrechts wurde dessen Geschichte und unserem Thema im besonderen bisher keine grosse Aufmerksamkeit zuteil. Die Bedeutung des Themas und der Forschungsstand kontrastieren auffallend. Wir verfügen zwar zur allgemeinen Geschichte des Prozessrechts über vorwiegend ältere Abhandlungen mit dem Schwerpunkt im (spät)mittelalterlichen Prozessrecht sowie seit den 1980er Jahren über Werke zur Spruchpraxis des Reichskammergerichts im 16. Jh.[3]. Die einzige Gesamtdarstellung des Prozessrechts der Neuzeit erschien im Jahre 1953 von ERICH DÖHRING, sie wurde seither allerdings nicht mehr aufgelegt[4]. Zum thematischen Aspekt des Anwaltsrechts ist die bibliographische Situation noch karger. Der Zürcher Rechtshistoriker KARL SIEGFRIED BADER stellte in seiner grundlegenden Monografie über «Vorsprecher und Anwalt» im Jahre 1931 fest, es handle sich um die bislang erste quellengestützte Untersuchung

---

[1] SENN (Rechtsgeschichte), 146 ff., 151 ff.
[2] SENN (Formelles Recht), 11 ff.
[3] Vgl. die Literaturangaben bei MITTEIS/LIEBERICH, 396 f., 400.
[4] Bezeichnenderweise war der Verfasser der lesenswerten Publikation «nur» ein Berufsrichter und kein Hochschulprofessor mit Wirkungsbereich in Forschung und Lehre. Ein «Sachzwang» zur Neuauflage bestand deshalb nicht.

zur Geschichte des Anwaltsrechts eines zeitlich und territorial bestimmten Bereiches[5]. Diese Feststellung hat an Aktualität nichts eingebüsst. Von daher ist die vorliegende Darstellung als Anregung zur eingehenderen Untersuchung eines vernachlässigten Forschungsgegenstandes und als Beitrag zur Diskussion eines historischen Dilemmas, aus dem heraus der moderne Anwaltsberuf erst entstanden ist, zu verstehen.

II. Prozessbeistandschaft im Gerichtsverfahren zwischen Mittelalter und Neuzeit

A. *Gerichtsverfahren im Spätmittelalter*

1. Rechtshonoratioren als Fürsprecher

Parallel zum Ausbau der Universitäten in Italien und Frankreich und zur textexegetischen Schule von Bologna beginnen auch die jeweils einheimischen Laienkreise das königliche Lehnrecht, die provinziellen Landrechte und städtischen Kommunalrechte sowie die Ordnungen in den Dörfern und Grundherrschaften nach 1200 aufzuzeichnen[6]. Auf diese Aufzeichnungen stützen wir unsere heutigen Vorstellungen über das Prozesswesen jener Zeit ab. Zwischen diesen Aufzeichnungen und der forensischen Realität können freilich erhebliche Differenzen bestehen, weil uns jene Rechtsaufzeichnungen öfters eine idealisierte Darstellung der regionalen Rechtsordnungen überliefern. Diese Aufzeichnungen stellen meistens Arbeiten aus privatem Antrieb dar. Erst mit der Zeit werden sie zum Gebrauchsgegenstand einer im 14./15. Jh. vermehrt lesekundigen Gerichtsgemeinschaft.

Überdies steht im mittelalterlichen Prozess die friedliche Beilegung von Streitereien im Mittelpunkt. Das gerichtliche Verfahren soll an die Stelle der unzähligen Fehden zwischen rivalisierenden Gruppen oder Familien treten. Es soll die «privaten» Kleinkriege um Fahrhabe sowie Körper- und Ehrverletzungen beseitigen helfen und dient somit dem «höheren» Ziel, Kirche, Reich und Länder zu sichern. Weder stehen individuelle Interessen noch die Sonderung von Zivil- oder Strafverfahren im Zentrum. Das damalige Gerichtsverfahren stellt vielmehr einen ersten Erfahrungsbereich «staatsähnlicher» Integrationsleistung dar.

Die friedliche Streitbeilegung wird bewusst als öffentliche Konfliktbewältigung inszeniert, die durch den politischen Repräsentanten oder dessen Stellvertreter geleitet wird. Dieser Repräsentant, der die gerichtliche Streiterledigung nach festen Regeln «einrichtet», heisst entsprechend «Richter». Er ent-

---

[5] BADER, Vorwort.
[6] SENN (Rechtsgeschichte), 73 ff., 117 ff.

scheidet allein Verfahrensfragen. Die «Sachentscheidung» dagegen ist einem Gremium von Urteilern überantwortet. Sie stellen «nur» den Ausgang des Streits fest. Da es sich zunächst um einen dem privaten Zweikampf nachgebildeten, formalisierten «öffentlichen» Streit handelt, der mit der Zeit zu einem Wortgefecht transformiert wird, ist die Funktion der Urteiler keine materiellrechtliche Problembewältigung als vielmehr die Feststellung eines Streitergebnisses, welches nach festen Regeln erkämpft oder mit den richtigen Worten erfochten wird. Die Parteien werden sich der autoritativen Feststellung der Urteiler betreffend den Ausgang des Streits regelmässig beugen, d.h. auf Widerspruch verzichten. Dieser Verzicht erzeugt zwischen den Beteiligten Frieden, mithin Ruhe und Ordnung. Oder anders ausgedrückt: Es ist nun wieder alles beim «Alten» und somit auch beim «Rechten».

Die Herauskristallisierung von materiell-rechtlichen Aspekten ist eine Folge der Zunahme der Allgemeinbildung und des Erfahrungswissens, der Ethisierung der Lebenssachverhalte und der Thematisierung von ökonomischen Interessen seit dem Hochmittelalter. Dadurch fliessen vermehrt «materielle» Erwägungen ins Verfahren ein. Die Chance des Widerspruchs und der Bedarf an dessen professioneller Bewältigung wachsen gleichmässig.

Richten wir nun unser Augenmerk auf die Gruppe der Urteiler, also jene, die nicht einfach «Volks»zugehörige, sondern wie die Ältesten eines Dorfs oder niedere Adlige in den bedeutenderen Landgerichten «Rechts»erfahrene sind. Sie sind keine «Professionellen» wie die Juristen, die immer stärker ins Verfahren eintreten, sondern «Honoratioren»[7]. Sie verstehen also ihr praktisches Geschäft, auf der Urteilerbank zu Gericht zu sitzen und *ihr* Recht zu sprechen, so wie sie es nach mündlicher Überlieferung oder eigenem Gedächtnis kennen. Sie verfügen jedoch weder über eine fachspezifische Ausbildung – sie können nur ausnahmsweise lesen – noch üben sie ihre Tätigkeit im Sinne einer Erwerbstätigkeit als Partei- oder Interessenvertreter aus. Sie sind zum Dienst aufgebotene und ehrenamtlich tätige Diener an ihrer Rechtsordnung. Aus dieser Haltung und Stellung heraus beraten sie die Parteien auch vor und während des Prozesses kraft ihres Erfahrungswissens und sozialen Ansehens, aber nur um «das Recht», das sie kennen, und mithin die alte Ordnung, wieder herstellen zu helfen.

Hieraus entwickelt sich das Institut des Für- oder Vorsprechers im Gerichtsverfahren. Die Urteiler treten nicht erst am Ende des Verfahrens als diejenigen in Erscheinung, die das Recht feststellen, sondern sie sind auch schon dessen Mittler zwischen Partei und Gericht während des Verfahrens. Deshalb sprechen sie die richtigen Rechtsformeln im Wortgefecht für eine Partei, die das Gesprochene als eigenes Wort zu bestätigen hat. Diese fürsprechende Dienstleistung der Gerichtsmitglieder schützt den allgemeinen Rechtsfrieden, indem sie eine mit dem regionalen Recht weniger oder nicht

---

[7] DIESTELKAMP, 111.

vertraute Person – etwa den ortsfremden Kaufmann oder unbeholfenen Mann – vor Formfehlern[8] und damit vor Rechtsverlust zufolge eines Versprechers bewahrt[9].

Der Fürsprecher hilft zwar einer bestimmten Partei im Verfahren, aber er handelt nicht in ihrem Interesse, sondern im Sinne des Rechts selbst. Er vertritt noch kein besonderes Interesse im Gerichtsverfahren. Es ist das Charakteristikum der Funktion eines Fürsprechers, auch für eine Partei im Dienste an der Rechtsordnung zu wirken[10]. Daher muss diese Funktion unentgeltlich bleiben[11], um die divergierenden Interessenebenen klar auseinanderzuhalten. Als Beispiel hierfür sei auf das Verbot aus dem Stadtzürcher Recht des 14. Jh. hingewiesen, wonach der Urteiler im Schultheissengericht ausdrücklich kein Entgelt annehmen darf, weil er als Beamter im Dienste des Rechts und der Obrigkeit steht und wirkt[12].

Erst im Umfeld der Rezeption entwickelt sich die Institution des Fürsprechers durch berufsmässige Ausbildung mit anschliessender erwerbsmässiger Tätigkeit zur Profession im modernen Sinne. Die bisherige ehrenamtliche Unterstützung der Parteien im Prozess durch Rechtshonoratioren wird nunmehr zu einem selbständigen Beruf und damit zu einem regulären Erwerbszweig. Dabei zeichnen sich zwei Formen der Unterstützung ab: Als «Füroder Vorsprecher» anstelle der Partei im Prozess oder als «Beobachter und Berater» vor oder während des Prozesses im Interesse einer Partei.

2. Advokaten und Prokuratoren als Mandatare

Dieses Verfahren wird nun an den Gerichten zunehmend «juristisch» diszipliniert, je mehr (auch nur teilweise) universitär ausgebildete Fachleute vorhanden und ins Gerichtsverfahren einbezogen werden. Sie bringen im Vergleich mit den traditionellen Urteilern und deren Kenntnissen ein neues Wissen ins Spiel: Sie kennen ein überregional geltendes – *gemeines* – Recht, das gerade für Kauf- und Handelsleute interessant ist, insofern es berechenbarer als die verschiedenen Lokal- und Provinzialrechte ist, die nur den Einheimischen vertraut sind. Insbesondere fallen die begriffliche Transpa-

---

[8] Es handelt sich nicht einfach (wie belustigende Geschichten feilbieten) um überzogenen Formalismus. Es sind zunächst nur strenge und klare Prozessformen, die funktional mit unseren heutigen Mechanismen des richtigen Prozessverlaufs vergleichbar sind. Unseren Bürgern von heute sind die Institute der Rechtskraft, der Verwirkungsfrist und der unterschiedlichen Prozessmaximen auch nicht ohne weiteres verständlich, insbesondere dann nicht, wenn ihnen daraus Nachteile entstehen. Nicht anders ist es den Menschen damals ergangen, als sie sich über Formalismus beklagten.
[9] CORDES, 1065.
[10] OSENBRÜGGEN, 285 f.
[11] WEISSLER, 53 f.
[12] BLUNTSCHLI I, 392 f.

renz, die überörtliche Anwendbarkeit und die beschleunigte Verfahrenserledigung, wie sie das kirchliche Prozessrecht kennt[13], ins Gewicht. Das an den überlieferten Texten des römischen Rechts geschulte und sich an der kirchlichen Praxis orientierende Rechtsdenken stellt somit ein Leitbild für eine neue qualitative Ausrichtung dar. In diesem Sinne ändert sich auch die Funktion der bisherigen Prozessbeistandschaft im Dienste der Friedensordnung zu einer Prozessvertretung von konkret individualisierten Rechtsinteressen. Der Wandel von der fürsprechenden Rechtsbeistandschaft zur anwaltlichen Vertretung bestimmter Interessen im Prozess wird durch den sprachlichen Befund belegt. Der Begriff «Anwalt» wird gegen Ende des 15. Jh. allgemein gebräuchlich, nachdem er seit der zweiten Hälfte des 14. Jh. immer häufiger erscheint[14].

Die Doppelfunktion von Fürsprecher und Berater lässt sich nunmehr – wie übrigens manch anderes Institut des einheimischen Rechts auch – mit einem aus dem römischen bzw. kanonischen (kirchlichen) Recht bekannten Institut im 15./16. Jh. begrifflich konsolidieren. Alte Inhalte oder Bedeutungen werden somit in neue Formen überführt. Die neuen Formen des klassischen römischen Rechts vermögen sich dank ihrer begrifflichen Klarheit und Einfachheit zu etablieren. Die Rezeption macht sich über einen allgemeinen Latinisierungstrend auch äusserlich signifikant. So übernimmt von nun an ein «procurator» die forensische Funktion des Vor- oder Fürsprechers, der vor Gericht für die Partei handelt. Die bisherige Rolle des Beobachters und Beraters, der das juristische Problem nach römischrechtlicher Denkweise professionell durchdringt, deckt sich nun mit derjenigen des «advocatus». Schon im Verlauf des 17. Jh. vereinigen sich die beiden Funktionen im Berufsbild des Parteianwalts[15].

B. *Gerichtsverfahren zu Beginn der Neuzeit*

1. Institutionalisierung der Prozessvertretung

Die institutionelle Vertretung von Parteien vor Gericht stellt einen Akt der Professionalisierung dar, der sich parallel zur allgemeinen Bürokratisierung des Prozesswesens im 15./16. Jh. vollzieht. Die Professionalisierung der Rechtsprechung bedeutet somit auch eine Monopolisierung der Rechtsprechungskompetenz. Bürokratisierung bedeutet Ordentlichkeit, Regel- und Gleichmässigkeit in den Verfahrensabläufen. Die Bürokratisierung wird durch Ver-

---

[13] Sehr gut dargestellt bei: KROESCHELL II, 22 ff., 35 ff., 46 ff.
[14] SCHRÖDER/VON KÜNSSBERG I, 766 ff.
[15] BUCHDA, 184 ff. Im angelsächsischen Rechtskreis bestehen die beiden Funktionen wie bisher getrennt weiter, SCHLOSSER, 207 f.

stetigungen der Abläufe erzeugt. Der Vorgang der Versteigung hat Leitbildfunktion; er wird wie eine Marketingstrategie von oben nach unten durchgeführt[16].

2. Das erste Standesreglement auf Reichsebene

Unter Kaiser *Maximilian I.* werden auf den Reichstagen zu Worms und Augsburg zwischen 1495 und 1500 Massnahmen zur Reichsreform beschlossen und mit Hilfe der Reichsstände in den Folgejahren teilweise umgesetzt. Die Tatsache sei in Erinnerung gerufen, dass auch die alten eidgenössischen Stadtstaaten und Länder bis zum Westfälischen Frieden von 1648 zum Reich zählen[17].

Die Reformen zielen auf eine Professionalisierung des Justizwesens. Die Reichskammergerichtsordnung vom 7. August 1495 (RKGO)[18] regelt unter anderem, dass das höchste Gericht des Reiches zur Hälfte mit Juristen, also ausgebildeten Fachkräften zu besetzen ist (§ 1), und sie gibt den Prokuratoren und Advokaten erstmals eine Art Standesreglement in die Hand (§§ 6–10). Die Professionalisierung der Rechtsprechung soll aber nicht nur auf Seiten des Gerichts, sondern insbesondere auch auf Seiten der Parteien zu erheblichen Verbesserungen führen. Um dieses Ziel zu gewährleisten, werden Schutzbestimmungen zugunsten der Vertretenen erlassen, die nicht aus der Sicht von heute, sondern vor dem Hintergrund der Entwicklung des damaligen Fürsprecherwesens zu lesen sind. Die Rechtsordnung soll die Parteien vor Verzögerungspraktiken und vor finanzieller Ausbeutung durch die neue Berufsgattung der professionellen Mandatare schützen (§ 6).

Einen entscheidenden Schritt in diese Richtung stellt die im Anschluss an den Augsburger Reichsabschied von 1555 erfolgte Revision der RKGO vom 25. September 1555 dar[19]. Die Anzahl der Sprecher und Berater vor Gericht wird beschränkt, die Standesehre durch Charakterisierung negativer Vorfälle angeprangert und die Anforderungen an Ausbildung und charakterliche Eigenschaften der Anwälte werden deutlich heraufgesetzt. Das hat Grund, wie unter Titel XVIII. § 1 des Ersten Teils bestimmt und begründet wird: «*Als Wir auch mercklich Klag vermercken, dass viel Partheyen in ihren Sachen durch ungeschickte und ungelehrte Procuratores grösslich zu Verlust und Schaden kommen, sind Wir bewegt dem Fürsehung zu thun; setzen, ordnen und wollen demnach, dass fürhin durch Cammer-Richter und Beysitzer über vier und zwantzig Advocaten und Procuratores nicht angenommen, darzu dass dieselbi-*

---

[16] Voraussetzung für ein erfolgreiches Management ist die Institutionalisierung eines obersten Gerichts mit gut funktionierendem Kanzleibetrieb.
[17] PEYER, 75 ff.
[18] BUSCHMANN, 174 ff.
[19] Die RKGO von 1495 wurde bis 1555 insgesamt siebenmal revidiert.

ge, ehe und zuvor sie zugelassen oder angenommen, durch Cammer-Richter und Assessorn ihrer Lehr, Geschicklichkeit, Redlichkeit, rechter, natürlicher, ehelicher Geburt, Wesens und Haltens halben, und ob sie der Rechten gewürdigt, und an welchem Ort, wohl examinirt, und derhalben gnungsam erfunden und erkandt werden sollen, mit denen es der Religion halben, wie hievor von den Assessorn und Beysitzern geordnet, auch zu halten[20].» Das heisst, dass man «*zum wenigsten fünff Jahre lang in Rechten studiert, auch in gerichtlichen Händeln advocirt und practicirt haben*» soll[21]. Die sehr hohen Voraussetzungen für die Zulassung zur gewerbsmässigen Prozessvertretung vor der höchsten Instanz des Reichs bedeuten einen numerus clausus. Sie sprechen überdies für eine blühende Geldwirtschaft und die reizende Chance, als Parteivertreter daran zu partizipieren. Die Autonomie des reformierten Rechtssystems soll daher als Allgemeingut vor privativen Geldinteressen einzelner Anwälte abgegrenzt werden.

III. Lokalisierung des Problemfeldes

A. *Kritik am Anwaltsstand*

Im Zeitalter von Humanismus und Reformation legt man in den gesellschaftlich führenden Kreisen des öffentlichen und kirchlichen Lebens grossen Wert auf gründliche Ausbildung und charakterlich integre Haltung. Dieser Sachverhalt spiegelt sich im neuen Menschen- und Berufsbild des Juristen, welches im Vergleich mit den antiken Idealvorstellungen eines pflichtbewussten Menschen formuliert wird[22]. Es artikuliert sich jedoch auch in den häufig negativen Umschreibungen des Verhaltens und Wirkens des neuen anwaltlichen Erwerbszweiges.

Anschaulich bringt SEBASTIAN BRANT (1458–1521)[23] in seinem «Narrenschiff» den Sachverhalt auf den Punkt[24]: «*Vogt, Advokat, wer sonst noch stimmt / Und hat Gewalt, will auf dem Tisch / Auch haben einen Zuber Fisch.*[25] / Die

---

[20] ZEUMER II, 373.
[21] ZEUMER II, 372.
[22] SENN (Rechtsgeschichte), 135 ff.
[23] SEBASTIAN BRANT stammte aus Strassburg, studierte die Rechte in Basel, wo er hernach auch selber lehrte. 1502 wurde er kaiserlicher Rat von Maximilian I., der – wie erwähnt – die Reichsreform massgeblich vorantrieb. In seiner Basler Zeit gab BRANT 1494 eine Satireschrift betitelt «Das Narrenschiff» heraus, die bis ins 17. Jh. immer wieder neu aufgelegt wurde. Die Schrift hat 112 Bilder, welche vermutlich auf Vorlagen des jungen Albrecht Dürer beruhen. Sie will durch Verspottung der menschlichen Schwächen belehren und bessern, wie BRANT in der Vorrede äussert.
[24] BRANT, 258 f.
[25] Es soll die Erfahrungstatsache unterstrichen werden, dass, wer Macht und folglich auch das Sagen hat, einen gut gedeckten Tisch haben will.

können dann die Sache breiten, Ihr Garn wohl nach dem Wildbret spreiten, / So dass ein Sächlein wird zur Sache, / Ein kleines Rinnsal zum Bache. / Man muss jetzt teure Redner dingen / Und sie von fernen Landen bringen[26], / Dass sie die Sache wohl verklügen / Und mit Geschwätz die Richter trügen. / Dann muss man viele Tage anstellen, / Damit der Tagsold mög' anschwellen / Und wer verritten und verzehrt, / Mehr, als die Sache selbst ist wert.[27] / In Petterle[28] verzehrt mancher mehr, / Als der Prozess ihm bringt nachher, / Und meint die Wahrheit doch zu blenden, / Wenn er die Sach nicht bald lässt enden.» BRANT schliesst unter dem Gesichtspunkt der Überschrift «Zanken und vor Gericht gehen» mit den eindringlichen Worten:«*Ich wollt, wem wohl mit Zanken wär, / Dass der am Arsch trüg Hecheln[29] schwer!*»

BRANT stellt die blinde Streitsucht der Menschen als närrisches Treiben dar. Justitia selbst wird zur Närrin. Ein Narr verbindet ihr nämlich die Augen, so dass sie nichts mehr wahrnimmt. Justitia ist vom Narren geblendet, sie kann nichts mehr unterscheiden. Ihre Blindheit ist Ausdruck der Ohnmacht der Justiz, die das Recht nicht länger zu gewährleisten vermag[30]. Ihre Wahrnehmungsunfähigkeit wird erst im Barockzeitalter zur Würde oder Fähigkeit derart umgedeutet, dass die Justiz ohne Ansehen der Person urteilen kann.

Auch der Freiburger Rechtsprofessor und Redaktor des berühmt gewordenen reformierten Stadtrechts von Freiburg im Breisgau von 1520, ULRICH ZASIUS (1461–1535), macht seinem Reformeifer gegenüber den Anwälten seiner Zeit Luft, als er schreibt[31]: «*Wie viele sind aber heute noch unter den Advokaten, die in Rechtssachen nicht davon ablassen können, gestützt auf allerlei Formvorschriften, Ränke zu schmieden. Gern greifen sie die Gelegen-*

---

[26] Gemeint ist die Ausbildung an einer fremden Universität in Frankreich oder Italien statt an einer neugegründeten «deutschen» Heimatuniversität wie Basel, Freiburg, Tübingen oder auch den älteren Universitäten wie Köln.

[27] Das Kostenrisiko des Prozessierens mit einem Anwalt wird für jedermann als existenzbedrohend dargestellt. Die RKGO von 1495 kennt schon das Armenrecht.

[28] Es handelt sich um ein Wortspiel mit Petersilie und Petitorio und will sagen: Nach gewonnenem Prozess bleibt so gut wie nichts übrig, weil der Differenzbetrag zwischen Anwaltshonorar und einem für den Kläger – in petitorio – günstigen Entscheid so gering ist, dass selbst die Petersilie auf dem Braten, den man nach gewonnenem Prozess verzehrt, noch mehr kostet! WEISSLER, 215, bestätigt diesen Sachverhalt mit Bezug auf die niedergerichtlichen Verhältnisse in Trier und Bayern auch für die Zeit nach 1500, insofern die Vorsprecher zwar (wie es sich gehört) kein Entgelt annahmen, dafür aber sehr gerne auf Kosten der Partei «prassten» und «schlemmten».

[29] Hecheln sind Geräte (Drahtbürsten), die in der Hanf- und Flachsaufbereitung verwendet wurden. Im übertragenen Sinne – wir sprechen noch heute von jemanden «durchhecheln» – soll mit Bezug auf den ehrenwerten menschlichen Hinterteil ein schmerzhafter Vorgang der Reinigung bzw. Busse (anstatt:«den Arsch versohlen») ausgedrückt werden. So lauten die Anfangsworte: «Gar oft die Hechel der empfind't, wer immer zanket wie ein Kind», BRANT, 257.

[30] BAUMANN, 20 ff.

[31] WOLF, 10 f.

heit dazu aus der Glosse oder den Kommentaren auf und streiten über die Formalien, auch wo die Tatsachen völlig klar sind.» Deutlicher noch[32]: «*Durch die Flut der Kommentare werden nur die Kniffe der Advokaten genährt. Indem jeder Verfasser aus eigenem Gutdünken Neues hinzufügt, gibt er den Advokaten Gelegenheit, das Recht zu verdrehen. Diese Schurken vergiften die Gerichte, verspotten die Richter, stören die Ruhe, suchen die Ordnung des Staates zu untergraben und sind den Göttern wie den Menschen verhasst.*» ZASIUS wusste sehr wohl, wovon er berichtete, denn er war selbst in der Praxis tätig[33].

B. *Beurteilung der Kritik*

Die beiden angeführten Beispiele der Kritik stammen von bedeutenden Zeitgenossen und veranschaulichen in ihrer Zuspitzung der Artikulation, wie hervorragende Juristen ihre anwaltlich erwerbstätigen Kollegen zu Beginn des 16. Jh. wegen fachlicher und charakterlicher Mängel scharf rügen. Diese Kritik bleibt kein Internum des Juristenstandes. Auch das Volk verspottet den Juristenstand auf seine Weise. In unzähligen Schwänken, Possen und Redeweisen wird der Charakter der Anwälte als geldgierig, unehrlich und gewissenlos denunziert[34].

Diese Äusserungen sind vor dem Hintergrund eines verschieden interpretierten Begriffs von «Ökonomie» zu verstehen[35]. Eine ökonomische Prozessführung zielt auf speditive und effiziente Rechtsgewährleistung, was sich damals sowohl im Sinne christlicher und antiker Gerechtigkeitsvorstellungen als auch in der kaiserlichen Reformgesetzgebung ausdrückt. Sie konkurriert jedoch mit dem Ökonomiebegriff im Sinne des privaten Gelderwerbs, wie ihn die neue Erwerbsgruppe der Anwälte versteht. Die beiden Zielvorstellungen stehen zwar nicht notwendig, aber doch regelmässig miteinander in Konflikt. Die rationelle Abwicklung *von* möglichst vielen Rechtsfällen im Sinne des Erhalts des Rechtssystems differiert mit der Zielvorstellung der Anwälte, *aus* wenigen Rechtsfällen möglichst viele und hohe geldwerte Vorteile zu privatisieren.

---

[32] WOLF, 10.
[33] Als BRANT in Basel wirkte, war ZASIUS noch Schreiber der Eidgenössischen Tagsatzung und freiberuflicher Notar im aargauischen Baden (1489–94). Ferner war er während rund zwanzig Jahren als Verwaltungsjurist und Gerichtsschreiber tätig, zunächst in seiner Vaterstadt Konstanz, dann in Buchhorn und Baden sowie ab 1494 in Freiburg i.Br., wo er seit 1505 als Ordinarius für Römisches Recht an der Universität wirkte. Doch blieb er auch als Rechtskonsulent der Stadt Freiburg und dadurch der Praxis verbunden, BURMEISTER, 107, 115.
[34] JOCHIMSEN/KÖNDGEN/WUNDERLICH, 30 ff., 78 ff.
[35] Auf den aristotelischen Grundlagenbegriff kann hier nicht eingegangen werden.

C. Historische Lösungsansätze

1. Preussischer Vorschlag als Ausweg?

Hohn und Spott denunzieren die Anwälte und unterhalten die Menge, bewirken indes nichts. Gefragt ist konstruktive Kritik. Der Reformeifer Preussens zeitigt eine diskutable Lösung mit der Mischform des beamteten Anwalts im 18. Jh. Unter *Friedrich dem Grossen*, der dem Anwaltsstand und den fachgebildeten Juristen zeitlebens misstraute, schaffte der damalige Gross-Kanzler *Johann Heinrich Casimir von Carmer* den freien Anwaltsstand per Dekret von 1780 ab. An deren Stelle führte er Assistenzräte und Justizkommissare ein. Die ersteren sind mit Richtern in Zivilsachen vergleichbar, welche Referentenaudienzen durchführen. Die Justizkommissare dagegen engagieren sich vor allem in der Strafverteidigung. Diese Regelung galt bis ins 19. Jh. in modifizierter Form. Das neue Institut gab indessen schon bald zu heftiger Kritik Anlass[36]. Bestand im 16./17. Jh. Grund zur Klage wegen Skrupellosigkeit und Schmarotzertum, so wurde im 19. Jh. die Gleichgültigkeit und das Desinteresse der beamteten Anwälte gerügt[37].

2. Standesregeln als Vermittlungscode?

Daher wurde der unabhängige Anwaltsstand im Zeitalter des Liberalismus wieder eingeführt. Danach tritt der Anwalt, der von einer Partei zur Wahrung ihrer individuellen Interessen gerufen wird, ausschliesslich für Parteiinteressen ein. Um jedoch den bekannten Auswüchsen zu begegnen, organisiert sich der Anwaltsstand in Kammern oder Verbänden selbst. Sie sind autonome Systeme des Rechts und regulieren sich über sog. «Standesregeln» selbst.

Die Idee hierzu lässt sich bis ins 16. Jh. zurückverfolgen, wo erstmals in Österreich diese neue Form der Selbstkontrolle erprobt wurde. Im Zeitalter der absolutistischen Staatskontrolle wurde sie jedoch zurückgedrängt. Die Idee gewinnt erst wieder gegen Ende des 19. Jh. Auftrieb, wie auch die Centenar-Feier des Schweizerischen Anwaltsverbands bestätigt.

Zwischen dem allgemeinen Interesse an der Durchsetzung einer Rechtsordnung und den je besonderen Interessen von Mandant und Anwalt sollen «Standesregeln» vermitteln[38]. Deren Effizienz ist allerdings beschränkt. Zwar lässt sich mit der autonomen Selbstkontrolle einiges erreichen, doch die

---

[36] DÖHRING, 113 ff.
[37] GNEIST, 15 f.
[38] Deutlich kommt dieses Bestreben in den neuen Standesregeln des Luzerner Anwaltsverbandes zum Ausdruck, FELLMANN/SIDLER, 17 ff., 30, 78 f., 99.

Auferlegung von Bussen bei Verstössen ist langfristig keine erfolgreiche Prävention. Nur in äusserst schweren Fällen führen sie zum (zeitlich limitierten) Patententzug. Die Standesregeln dienen folglich mehr den eigenen Interessen der Anwälte als Berufsstand, die Qualität ihrer Dienstleistungen zu sichern und Quereinsteiger zu disziplinieren[39].

Die historische Erfahrung mit den städtischen Zunftordnungen, aber auch gegenwärtige Erfahrungen im internationalen Bereich des Schutzes von geistigem Eigentum zeigen, dass solche Regeln in Zeiten allgemeiner Veränderungen der Rahmenbedingungen durch «Billiganbieter» dennoch erfolgreich unterlaufen werden. Bestand und Anwendung solcher Selbstdisziplinierungsregeln hängen noch stärker als andere Regeln vom ökonomischen Umfeld ab.

IV. Diskussion von Lösungsansätzen

A. *Problemlösungsansätze auf soziologischer Ebene*

1. Optimierung des Fachjuristen?

Der Rechtssoziologe MAX WEBER hat das moderne Recht im Kriterium seiner formalen Qualität erkannt[40]. Mit Bezug auf den Kreis der Verwalter des Rechts lassen sich Typen unterscheiden, die sich als charismatische Propheten, präjudizierende Honoratioren oder ausgebildete Fachjuristen bezeichnen lassen. Da wir uns im säkularen Felde bewegen, haben wir den priesterlichen Typus[41] nicht abgehandelt, sehen jedoch mit Bezug auf die beiden anderen Typen sogleich, dass sich unsere Differenzierung unter Ziff. II. mit der hier getroffenen Unterscheidung deckt.

Doch die Unterscheidung, welche die formale Qualität des Rechts als das Ergebnis des geschichtlichen Fortschritts preist[42], kollidiert mit der Realität, insofern die Logik der Selbstbeschreibung mit zwei Implikationen operiert: Erstens unterstellt sie, dass der Fachjurist aufgrund seiner universitären Ausbildung notwendig der bessere Rechtsanwender als der intelligente Laie sein müsse[43], und zweitens, dass die formale Rechtssicherheit das zentrale Rechtsinteresse der modernen Gesellschaft überhaupt darstelle.

Die Erfüllung von formalen Voraussetzungen bedeutet nicht schon Rechtsverwirklichung. Diesem Trugschluss freilich unterliegt unser heutiges Denken

---

[39] BGE 106 Ia 103 ff.,108, 122 ff.; 108 Ia 320.
[40] MAX WEBER, 503 ff.
[41] Im Sinn der Digesten 1.1.1.
[42] MAX WEBER, 512.
[43] Nicht thematisiert wird, dass sich Anwälte nicht nur durch Fähigkeiten und Geschick, sondern auch durch Beziehungen und Anpassung behaupten.

allzu oft, das sich auf der Grundlage des Positivismus nach der Abspaltung des
formalen Rechtsdenkens von der Ethik als Selbstverständnis konstituiert hat.
Die eigene historische Bedingtheit in den Denkformen des 18./19. Jh. wäre
statt dessen zu problematisieren und daher nicht einfach als grosser Gewinn,
sondern auch unter den Faktoren der Folgelasten zu verbuchen.

Die Qualität der Rechtsverwirklichung ist keineswegs von der Ausbildung
der Rechtsanwender allein abhängig. Wenn die Ausbildung der Juristen tatsächlich
auf das Training des *intellektuellen Differenzierungsvermögens der
Juristen als Menschen* statt auf Aneignung akademischer Attitüden und Akkumulation
von Praxiswissen zielte, dann wäre eine längst wünschenswerte
Qualitätssteigerung nicht mehr so fern. Je theoretisch profunder die Ausbildung
erfolgt und je weniger sie auf rasch verwertbare Erfolge giert, desto
tauglicher wird das Differenzierungsvermögen der angehenden Juristen. Der
Wert und Nutzen einer solchen Ausbildung für die Praxis bleibt jedoch so
manchem verwehrt. Denn die Konvergenz von Theorie und Praxis entspricht
keinem Automatismus. Entsprechend funktioniert auch die pragmatische
Gleichung nicht, wonach Fachwissen Sicherheit durch begriffliche und methodische
Transparenz erzeugt, Transparenz Kalkulierbarkeit von Erfolg und
Misserfolg bedeutet, wodurch Unvorhersehbares im Rechtsverkehr der «kalkulierten»
bürgerlichen Beziehungen ausgeschlossen werden kann. Die Wissenschaft
bezeichnet diesen Kontext zwar ebenso gerne wie selbstgefällig als
Rationalität des Rechtssystems. Doch einmal abgesehen davon, dass sich die
bürgerliche Gesellschaft hiermit selbst als der vollendete und letzte Stand der
Dinge beschreibt, sind die argumentativen Schlupflöcher ebenfalls unübersehbar.
WEBER selbst hat die Ambivalenz dieses abstrakten Rechts, das in der
Hand der sozial und ökonomisch Mächtigen zur Waffe wird, problematisiert[44].

2. Gibt es eine systemtheoretische Lösung?

Die Systemtheorie von NIKLAS LUHMANN thematisiert das vorliegende Problem
marginal[45]. Sie löst das Dilemma gegenläufiger Interessen zwar nicht,
verweist uns jedoch auf einen Problemlösungsansatz, der unter lit. B nachfolgend
zu entwickeln ist. Der Anwalt erfüllt nach LUHMANNs Auffassung eine
funktionale Rolle, nämlich diejenige der Legitimation einer bestimmten Entscheidung
nach den geltenden Rechtsregeln, wodurch er dem Rechtssystem
zudient[46].

Die systemtheoretische Optik zielt dabei auf die Beschreibung des Selbsterhalts
des Rechtssystems, dessen komplexe Realität sie allerdings nur reduziert
erfasst. Die Funktion des Anwalts läuft keineswegs auf dessen, sondern

---
44 MAX WEBER, 470 f.
45 LUHMANN (Recht der Gesellschaft), 301 ff., 319, 328 ff., 452 ff., insb. 331 f.
46 LUHMANN (Legitimation), 107–111.

auf den eigenen Selbsterhalt hinaus, insofern auch der Anwalt funktional als autonomes Teilsystem begriffen wird. Die Systemtheorie übersetzt lediglich die real gegenläufigen Interessen und beschreibt die Tätigkeit des Anwalts als rechtlich codiert. Dadurch gelingt es ihr zwar, die Fremdinteressen als dem Rechtssystem immanent und nicht als «dagegen» gerichtet darzustellen. Die Begründung erscheint ebenfalls einsichtig: Die Anwaltstätigkeit wird über den «positivistischen» Code von «recht/unrecht» kommuniziert.

Doch trifft die systemtheoretische Beschreibung dadurch weder den geschichtlichen Befund noch das Kernproblem des Dilemmas. Das Rechtssystem wird durch die Tätigkeit der Anwälte keineswegs «nur/immer» reproduziert. Die real gegenläufigen Ziele der Interessen am Selbsterhalt werden bloss *beobachtend* umgedeutet. Ein theoretischer Beschrieb eines Kontexts aber ist nicht schon die Praxis seiner individuellen Akteure, sondern stets der Versuch einer Selbsterklärung oder -darstellung. Das Dilemma also bleibt. Es lässt sich zwar «positivistisch» nach dem Code «recht/unrecht» fürs erste auflösen, jedoch nicht nach dem Code «gerecht/ungerecht» beantworten, der jedem individuellen Denken als Fragehorizont und unabhängig von dessen Willen offen bleibt und den es nur durch seine Eigenleistung schliessen kann: Du sollst dein Geld verdienen, du sollst das Interesse deines Klienten durchsetzen, du sollst die Regeln deines Standes beachten, du sollst die Bestimmungen der tausend Gesetze deines Staates befolgen, du sollst die Grenzen der anderen Staaten kennen. Der theoretische Totalitarismus des Alles-Erklären-Könnens im Sinne eines formal-systemischen Funktionalismus entspringt einer Respektlosigkeit gegenüber der Wirklichkeit, die fundamentalistisch und daher problematisch ist.

Die Realität lässt sich nicht theoretisch umdeuten. Der Anwalt als Selbständigerwerbender hat in erster Linie ein *ökonomisches* Interesse am Fall. Die Rechtsordnung verlangt dagegen eine Bestätigung ihres Systems durch den *ökonomischen* Einsatz ihrer systembezogenen Mittel. Das Kernproblem besteht darin, *dass der Selbsterhalt des Rechtssystems im Spannungsfeld mit dem zwar nicht notwendig, aber doch wahrscheinlich divergierenden Interesse des Anwalts durch formale Aspekte der Legalität nur unzureichend geklärt und geschützt wird und werden kann.*

Die systemtheoretische Optik zeigt somit nur, aber immerhin mittelbar, wie dem aufgezeigten Dilemma beizukommen ist, nämlich wenn sie die anwaltliche Funktion als Sprecher- und Beobachterrolle im Prozess begreift und zwar *nicht durch beschreibende Umdeutung, sondern durch dessen wirkliche Umgestaltung in der Realität.* Die systemtheoretisch beschriebene Funktion des Anwalts entspricht annähernd derjenigen des Fürsprechers im spätmittelalterlichen Prozess. *Dessen* Funktion war in der Tat (!) aus der Sicht des Rechtssystems selbstreferentiell, weil sie nicht auf die Realisierung eines partikularen Interesses ausgerichtet war, sondern als Katalysator im Restaurationsprozess einer «gebrochenen» Rechtsordnung wirkte. Der systemische Aspekt des individuellen Interesses wird nicht übersetzt und somit verdeckt eingeschlossen, sondern gebannt und somit offen ausgeschlossen.

B. Problemlösungsansatz aus historischer Sicht

1. Verbesserter Problembeschrieb

Historisch tritt das beschriebene Dilemma gegen Ende des 15. Jh., also mit Beginn der Ausdifferenzierung und Professionalisierung des Verfahrensrechts, in Erscheinung. Die grundlegenden Veränderungen im damaligen Prozessrecht werden sowohl zur Stabilisierung der Rechtsordnung als auch zur Realisierung individualisierter Interessen eingesetzt. Daraus ergibt sich ein Spannungsfeld gegenläufiger Interessen, welches die Zeitgenossen als Blindheit der Justiz oder Spitzfindigkeit eines Gelehrtenstandes kritisieren. Das Dilemma wird somit der Bürokratisierung oder Verwissenschaftlichung des Rechts angelastet. Die zunehmende Formalisierung des Rechts indessen tendiert zur Tautologie und – *das ist* entscheidend – dadurch zur Instrumentalisierung des Rechts als Vehikel für andere Zwecke und zwar nicht nur fallweise, sondern generell.

Der Selbstzweck der Rechtsordnung besteht aber nicht in der Verstetigung ihrer Begrifflichkeit. Solches Vorgehen hiesse die Erzeugung einer vermeintlichen Realität gutheissen. Die systemtheoretische Optik blendet die material-ethische Idee «gerecht/ungerecht» als Differenzkriterium nur aus. Die jeweils gegebene Satzung wird dadurch als «das Recht» schlechthin dogmatisiert, und sie unterläuft dadurch die Intention ihres Erzeugers, nämlich des wissenschaftlichen Positivismus, dass formales Recht immer nur *ein* mögliches Recht ist, das erst durch den Prozess der Rechtsetzung einerseits und der rechtsstaatlichen gewaltenteiligen Rechtsanwendung andererseits gewährleistet wird.

Die Nachhaltigkeit des Prinzips «auctoritas non veritas facit legem» als Qualitätssiegel des modernen Rechtsdenkens, das sich zugleich als Gesetzgebungstechnik definiert, ist offensichtlich. Man glaubt seit HOBBES[47] und KANT[48], den Realitätsbezug des Rechts über den Begriff der Zwangsgewalt zu finden. Indessen war noch nie Recht, was bloss Gewalt war. Es gibt auch kein Vorrecht des politisch oder ökonomisch Stärkeren – sei er ein Herr, Staat, Unternehmen –, seine Interessen zu Lasten der Allgemeinheit als «Recht» zu behaupten und als «Zwangsbefugnis» durchzusetzen. Das ist blanker Unsinn eines Machtdenkens, welches über seine begrenzte Funktionstüchtigkeit nicht aufgeklärt ist. SPINOZA dagegen hat Wirkungsbereich und Grenze des natürlichen Machtdenkens als Grundlage des Rechts im *Politischen Traktat* genau

---

[47] HOBBES, 234 f.
[48] KANT (Einleitung in die Rechtslehre), 336 ff.

analysiert[49]. An diesem Punkt stellt sich daher seit je *die Frage der Gerechtigkeit. Sie ist das natürliche, mithin einzig unauslöschbare Grundrecht, angemasste oder formal legitim erscheinende Berechtigungen zurückzuweisen und zu hinterfragen, und zwar mit dem Recht des Intellekts aus Interesse an der Sache selbst.* Auch das ist ein Können; man kann nicht nur mit Schwert oder Brachialgewalt, sondern auch mit dem Rasiermesser des Intellekts sein Recht verteidigen. Im übrigen haben die Menschen seit je Anschauungen, die sie überzeugen, mehr akzeptiert, als Diktate, denen sie unterworfen wurden[50].

Die Verlagerung des Kriteriums der Effizienz des Rechts auf den momentanen, mittels Gewalt erzielbaren Erfolg, ist blosser Leistungsausweis eines Machtdiktats. Man muss solcher Anschauung klar entgegenhalten: Auctoritas imperans facit legem, sed quaestio intellectualis constituit ius. Denn jede Rechtsordnung funktioniert erst dauerhaft auf der Grundlage des gegenseitigen Vertrauens, und sie ist daher keineswegs alleine als deren Gegensatz zu begreifen[51].

2. Anwaltliches Selbstverständnis im Wandel

Im Mittelpunkt steht der Anwalt des Rechts, mithin ein Sachwalter und nicht der käufliche Parteianwalt. Die heutige Funktion des Rechtsanwalts muss daher vom Rollenverständnis des Streiters für parteiische Interessen entkoppelt und wieder stärker auf diejenige des Streiters für das Recht selbst ausgerichtet werden[52]. Nicht zur Diskussion steht die Autonomie des Anwalts gegenüber Parteien, Berufsverband oder Staat. Der Anwalt handelt ausschliesslich nach seiner Überzeugung.

Konflikte lassen sich bekanntlich auf verschiedene Weise lösen: Man kann der Frage nachgehen, wer hatte Recht. Unterstellen wir, dass die Antwort einfach sei, so lautet die Lösung: Der eine hat Recht, der andere Unrecht. Die Vergangenheit ist dadurch geklärt. Doch jedes Problem hat auch eine Zukunftsdimension: Das Problem lässt sich nicht nur rückblickend, sondern auch vorausblickend – gewissermassen salomonisch – lösen. Die Beteiligten – einschliesslich die Richtenden – begreifen dann das Problem als eine gemeinsame Entwicklungschance, ein Unrecht auch mit Blick auf die unmittelbare Zukunft auszugleichen und die Lösung «prospektiv statt retrospektiv» zu

---

[49] SPINOZA, insb. Kap. 2 § 15.
[50] Dass auch Demagogie und Populismus Formen des Diktats und somit hier nicht gemeint sind, sollte nach dem Gesagten klar sein.
[51] Was LUHMANN (Recht der Gesellschaft), 82, genau sieht und 1969 (Vertrauen), 34 ff., aus noch nicht systemtheoretisch verschlossener Sicht thematisierte. Ferner: SENN (Rechtsdenken und Menschenbild), 321, 323.
[52] Dass gegebenenfalls auch das Interesse einer Partei das ausschliesslich berechtigte sein kann, für das einzutreten ist, wird betont. Die Betonung liegt dabei auf *entschiedenes Eintreten* und nicht auf fanatisch-fundamentalistischem Kampf.

gestalten». Entsprechend unterschiedlich lässt sich das Rollenverständnis des Anwalts auffassen: Entweder als Vertreter, der nur die Behauptung und Vernichtung des einen gegen das andere Interesse im Auge hat, oder als Vermittler, der wie ein Ombudsmann oder Mediator wirkt. Die Realität der Anwaltspraxis ist keineswegs beschränkt auf die oft verklärte Streitkultur.

Anwälte betrachten die Konflikte zwischen ihren Parteien oft selbst wie Richter und vermitteln sie im rechtsverbindlichen Gespräch. Insbesondere ist auf das aktuelle Phänomen hinzuweisen, dass die bedeutenden Streitigkeiten des Wirtschaftslebens öfters durch schiedsgerichtliche Verfahren als durch staatliche Institutionen erledigt werden. Den Schiedsgerichten stehen meistens Anwälte als urteilende Richter vor. Diese in der Praxis erfolgreiche Form der Streiterledigung funktioniert deshalb, weil sie eine ebenso rasche wie sichere Klärung von Konflikten durch Konsens im Interesse der Beteiligten herbeiführt, und weil Autonomie und Professionalität der anwaltlichen Richter ausser Frage stehen. Diese Form der Streiterledigung ist offensichtlich auch zufriedenstellend honoriert[53]. Es ist also nicht einzusehen, weshalb Anwälte in der Wahrnehmung ihrer Aufgabe weniger unabhängig sein sollen, wenn sie die Interessen ihrer Parteien nicht bloss einseitig, sondern umfassend als ein Teilproblem der Rechtsordnung und mit Blick auf die Zukunft sehen und daher die divergierenden Rechtsinteressen in längerfristig lebensfähigere Bahnen lenken. Dadurch erhalten sie das Rechtssystem funktionstüchtig. Dieses Rollenverständnis gilt es entsprechend zu institutionalisieren.

Ein Wandel in der Auffassung des Berufsbildes des Anwalts ist angesichts der zunehmenden Überforderung staatlicher Institutionen unabdingbar. Die Mängel des Rechtssystems sind heute offensichtlich. Die Rechtsordnungen können immer weniger die Lebenswelt, zu deren Steuerung sie bestimmt sind, regulieren und disziplinieren[54]. Immer mehr Fälle berühren nicht nur sachlich verschiedene Rechtsgebiete, sondern sie spielen immer öfters in mehrere staatliche (nationale, kantonale) Rechtsordnungen hinein. Das Faktum des Auseinanderbrechens von Lebenssachverhalt und Rechtsordnung verleitet daher zur Ausreizung des Rechtssystems, und führt zu dessen Kollaps. Kollabierte Systeme werden schnell ersetzt. Doch das dumpfe Gefühl, dass das Recht bloss ein Machtinstrument ohne Bezug zur Idee des Rechts selbst ist, kann in einer gesellschaftlich verheerenden Weise bestimmend werden. Die Idee des Rechts ist es aber allemal, die verschiedenen Prozesse, welche Gesell-

---

[53] Zwar hat die Art der Konfliktbewältigung offensichtlich mit Geld zu tun, insofern Interessen zu befriedigen sind. Doch das Recht selbst ist nicht vom Akt der Finanzierung abhängig und folglich sollten weder das *Honorar* des Anwalts noch die *Gebühr* des Gerichts nach der Höhe des Streitwerts im Einzelfall bemessen werden, sondern das Entgelt sollte als *Beitrag zur Wahrung der Rechtsordnung*, die im Interesse aller liegt, und daher nach der Art des Konflikts und der wirtschaftlichen Leistungsfähigkeit der Beteiligten definiert werden. Denn sie müssen das Rechtssystem ohnehin über das Steuersystem mitfinanzieren.

[54] SENN (Formelles Recht), 27 ff.

schaft und Wirtschaft bewirken, *autonom* zu steuern und auszugleichen und nicht zu deren Instrument zu verkommen.

Die Geschichte des Anwaltsberufs jedenfalls zeigt deutlich, dass Änderungen von Zeit zu Zeit erfolgen. Es ist somit mehr eine Frage, ob man sich von den Ereignissen treiben lässt, oder ob man es vorzieht, die Sache aus Überzeugung und Interesse selbst anwaltlich an die Hand zu nehmen. Dem Anwalt wird daher inskünftig eine gesellschaftspolitisch stärker vermittelnde Funktion zukommen.

Hans Ulrich Walder

Der Anwaltsberuf im 19. Jahrhundert mit Ausblicken ins 20. Jahrhundert

Inhaltsübersicht

I. Einleitung
II. Das Bild der Rechtsanwaltschaft
III. Die Befugnisse der Rechtsanwaltschaft
IV. Patentvoraussetzungen
V. Rechtsanwaltschaft und Klientschaft
VI. Haftung des Rechtsanwalts
VII. Strafverteidigung
VIII. Rechtsanwaltschaft und Honorar
IX. Rechtsanwaltschaft unter sich
X. Schlussbemerkung

I. Einleitung

«Wer durch eine solche Hölle von ‹Gesetz und Recht› gegangen ist, hat um der Unzähligen willen, die ähnlicher Drangsal anheimfallen, das auszusprechen, was sich ihm an elementarer Form dabei aufgedrängt hat

Anwälte, die in einem Prozesse die Personen der Gegenpartei wissentlich in falsches Licht gesetzt, wissentlich mit unwahren Beschuldigungen belastet, wissentlich zu Unrecht in Schaden gebracht haben, müssten durch ihren Stand selber, zur Wahrung der Ehre, ausgeschlossen und vom Gesetz wegen Missbrauchs ihres verantwortungsvollen Berufes mit dem Verbot seiner ferneren Ausübung bestraft werden. Ein Staat der Zukunft ist denkbar, der weise geworden in Ansehung der lebensbedrängenden Gefahren des jetzigen Rechtsbeistandswesens dieses auf eine ganz andere Grundlage stellte. Ein Staat, der Rechtsklage und Verteidigung nur durchführen liesse von Persönlichkeiten, die er, der Staat selber, dem Kläger und dem Beklagten zuweise aus einer von ihm gewählten, von ihm besoldeten Prozessbeamtenschaft. Damit wäre jede Möglichkeit der Ausbeutung der Parteien beseitigt, jedes materielle Interesse des Rechtsbeistandes an Dauer und Ausgang des einzelnen Streitfalles dahin. Ein Meer von Kummer und Kränkung bliebe der Menschheit erspart; eine Unsumme von Intelligenz und Arbeitskraft, jetzt zerstörend tätig, würde aufbauenden Zwecken zugeführt.

Die Göttin der Gerechtigkeit wird mit verbundenen Augen dargestellt. Möchte sie die Binde, vor dem Tun ihrer Diener, zuweilen einen Augenblick abnehmen».

Diese Worte beziehen sich auf einen Ehescheidungsprozess, den der Verfasser des dreibändigen Werkes «Aus dem Bilderbuch eines Lebens»[1] kurz vor dem Ersten Weltkrieg trotz seines Wohnsitzes in Bayern vor dem schweizerischen Gericht seines Heimatortes führen musste[2]. Sieht man davon ab, dass er aus einem sehr subjektiven Gesichtswinkel heraus zu seiner Schlussfolgerung kam (über die Person seiner Ehefrau, mit welcher er immerhin zwei Töchter hatte, erfahren wir kaum etwas), so ist sie vor allem deshalb bemerkenswert, weil damit ein Grundthema der Advokatur berührt wird: Öffentliches Amt oder freier Beruf? Dass heute wenigstens in Westeuropa und in allen demokratisch aufgebauten Staatswesen die letztere Form praktiziert wird, ist durchaus nicht selbstverständlich, war doch der «Vorsprecher» (auch Fürsprecher, redner, redesman oder Spruchman genannt) im alten germanischen Recht nicht Stellvertreter der Partei (ursprüngliche Vorsilbe ist eben das «vor» und nicht das «für»), auch nicht von ihr eingesetzt und bezahlt, sondern ein Wortführer im Dienste der Öffentlichkeit. Es genügte indessen im Laufe der Zeit der Beistand des Vorsprechers nicht mehr, weil die Parteien nicht selbst vor den Schranken erscheinen wollten oder konnten[3]. Musste das vom Vorsprecher Gesagte von der Partei genehmigt werden, damit es sie binde, so trat später der procurator für die abwesende Partei als ihr Stellvertreter auf. Neben ihm gab es die Funktion der Advokaten, deren Pflicht es war, Parteien, die ihren Prozess selbst führten, zu beraten oder Schriftsätze für sie herzustellen. Die Bezeichnungen begannen sich schliesslich zu überschneiden, und so finden wir etwa in der 66. Satzung des Gesetzbuches über das gerichtliche Verfahren in Civil-Rechtssachen für die Stadt und Republik Bern von 1821[4] als Oberbegriff die Advokaten, die entweder Fürsprecher oder Prokuratoren waren. Neben ihnen gab es gemäss 67. Satzung noch die Agenten. Desgleichen unterschied das zürcherische Gesetz betreffend die Einrichtung des Advokaturwesens zwischen Prokuratoren und Fürsprechern.

Entscheidend ist jedoch, dass die Entwicklung zum freien Berufsstand, wenn er auch – wie etwa im Kanton Zürich – unter numerus clausus stand, sich im 19. Jahrhundert verfestigte, dass aber die Voraussetzungen für die Berufsausübung und die Kontrolle der sich ihr widmenden Personen geordnet werden mussten. Waren vorerst nur bescheidene gesetzliche Grundlagen vorhanden (für den Kanton Bern war die Thematik im Rahmen des bereits zitierten Gesetzes und wohl auch im Zusammenhang mit dem Strafprozess geregelt),

---

[1] Es handelt sich um WALTHER SIEGFRIED (1858–1947), einen zu seiner Zeit bekannten schweizerischen Schriftsteller.
[2] Art. 7g Abs. 1 NAG.
[3] Vorher liess die alte Vorstellung vom Zweikampf der Parteien eine Stellvertretung als unmöglich erscheinen. War jemand etwa infolge Krankheit nicht in der Lage, vor den Richter zu treten, musste die Gegenpartei seine Genesung abwarten.
[4] Vgl. darüber EMIL SCHURTER/HANS FRITZSCHE, Das Zivilprozessrecht der Schweiz Bd. II/1, 60 ff.

so kamen doch verschiedenartige legislative Aktivitäten hinzu, die miteinander zu vergleichen hier weder möglich noch nützlich wäre. Doch hat der bernische Gesetzgeber in diesem Bereich schon durch sein Anwaltsgesetz vom 10. Dezember 1840 Pionierarbeit geleistet, die zu würdigen einem zürcherischen Berufsgenossen besondere Freude bereiten muss[5].

II. Das Bild der Rechtsanwaltschaft

Auffallend ist der Umstand, dass die Rechtsanwaltschaft noch im 19. Jahrhundert praktisch ausschliesslich im Zusammenhang mit der forensischen Tätigkeit behandelt und erwähnt wird. Es ist nicht ohne weiteres verständlich, dass noch heute das «Anwaltspatent» zwar nötig ist, um vor Gericht aufzutreten, und dass diese Befähigung mit dem Entzug des Patents dahinfällt, dass aber selbst der Verlust jeglicher Vertrauenswürdigkeit in finanziellen Dingen niemanden daran hindert, als Berater in rechtlichen Belangen, als Mitwirkender bei der Gründung von Gesellschaften oder als Testamentsvollstrecker tätig zu sein[6]. Gerade dieser Umstand zeigt, dass das öffentliche Amt, welches mit dem Auftreten vor Gericht ursprünglich und später in reduzierter Form (numerus clausus) verbunden war, als Grund für besondere fachliche und charakterliche Anforderungen betrachtet wurde.

III. Die Befugnisse der Rechtsanwaltschaft

1. Im bereits erwähnten Gesetz über die Advokaten vom 10. Dezember 1840, erlassen vom Grossen Rat der Republik Bern «in Betrachtung der Notwendigkeit, das Verhältnis der Advokaten mit den Grundsätzen der Staatsverfassung in Übereinstimmung zu bringen», wurde die Unterscheidung zwischen Prokuratoren und Fürsprechern aufgehoben. Die 66. Satzung des schon zitierten Gesetzbuches hatte bestimmt, dass beide Kategorien berechtigt seien, «in Sachen anderer die wesentlichen Bestandtheile im Prozess zu Protokoll (zu) geben»; der Fürsprecher allein jedoch durfte «die Rechtssachen anderer vor

---

[5] Erst mit den Übergangsbestimmungen zur Zivilprozessordnung vom 7. Juli 1918 wurde allerdings im Kanton Bern durch Art. 420 Abs. 1 bis zum Erlass eines neuen Gesetzes über die Advokatur dem Grossen Rat die Befugnis erteilt, «auf dem Wege eines Dekretes die Bildung einer Anwaltskammer zu beschliessen, welcher sowohl praktizierende Anwälte als auch Gerichtspersonen als Mitglieder angehören» sollten. «Die Disziplinaraufsicht über die Anwälte wird der Anwaltskammer übertragen». Das Dekret wurde am 28. November 1919 erlassen, und am 7. Februar 1984 durch ein neues Anwaltsgesetz abgelöst.

[6] Immerhin kann im Kanton Zürich die zuständige Direktion des Regierungsrates nach § 5 des Gesetzes über Geschäftsagenten, Liegenschaftsvermittler und Privatdetektive vom 16. Mai 1943 solchen Personen diese Tätigkeiten verbieten.

dem Appellationsgerichte besorgen»[7]. Von den «Agenten» der 67. Satzung ist im Gesetz von 1840 nicht die Rede. Für sie galt danach folgendes: «In Geschäften, die bey einem Termin zu Protokoll verhandelt werden müssen, dürfen sie die nöthigen Diktaturen besorgen und in allen Rechtsgeschäften Kundmachungen ohne Schlüsse, Vorladungen und Kostenverzeichnisse abfassen.» Das war aber nicht alles, konnten doch die Agenten, später Rechtsagenten genannt, auch die Funktion eines Rechtsbeistandes ausüben: «Erscheinen beyde Parteyen bei dem zur Beurtheilung angesetzten Termine vor dem Amtsgerichte, so hat jede derselben das Recht ihre Sache dieser Behörde nach Anleitung der Akten mündlich in öffentlicher Sitzung vorzutragen oder durch einen Agenten vortragen zu lassen[8].»

2. Die Verbeiständung durch einen Agenten dürfte kostengünstiger gewesen sein als jene durch einen Advokaten[9]. Davon machte Uli der Pächter Gebrauch in seinem Prozess bezüglich des von seinem Gegner angefochtenen Verkaufs einer Kuh. Wie der Prozess anlief, wissen wir nicht. Wir erfahren von JEREMIAS GOTTHELF (1797–1854) zunächst nur, dass es Uli als Beklagter – entgegen dem dringenden Rat Vrenelis – auf diesen Prozess ankommen liess[10].

Später lesen wir, der «kleine Handel» sei «von kundigen Händlern» zu einer grossen Geschichte aufgeblasen worden[11]. Uli habe vom Prozess geträumt und «manchmal im Traume den besten Advokaten ‹Trotz› plädiert», was aber nicht bedeuten muss, dass er wirklich einen Advokaten beizog und nicht – mit Hilfe des Agenten – den Prozess formell bis zur Schlussverhandlung in Ansehung der 68. Satzung[12] selber geführt hatte[13]. Das advokaturähn-

---

[7] Entsprechend bestimmte § 25 des zürcherischen Gesetzes von 1804: «In Civil- und Criminal-Sachen sind die Fürsprecher sowohl zu schriftlichen als mündlichen Vorträgen vor dem Obergericht und dem Ehegericht ausschliesslich befugt, mit Vorbehalt der Ausnahmen, welche die eingeführte Criminal-Procedur erfordert.» Damit finden wir in beiden Kantonen jene Einrichtung, die für die Prozesse vor dem Schweizerischen Bundesgericht bei der Vorbereitung des Bundesgesetzes über das Bundesgericht (Entwurf vom Juli 1997) geprüft, von der Expertenkommission aber verworfen worden ist.

[8] 291. Satzung. Jedenfalls ist nur von diesem die Rede, wenn es in Uli der Pächter, 14. Kapitel, heisst, Ulis Agent habe ihm schon mehr als einmal gesagt: «Wenn du mir etwas Geld auf Abschlag geben könntest, so wäre es mir anständig: es sind böse Zeiten, es geht nichts ein, und gewiss, weisst wohl, lauft jede Sache besser gesalbet als ungesalbet.»

[9] Uli der Pächter, 13. Kapitel. Nichtsdestoweniger belasten die Prozesskosten Uli sehr: «Er hatte von seinem Gelde gekündet, aber es half nicht viel, wenn unten in einer Flasche ein Loch ist, kann man lange oben eingiessen, die Flasche wird nicht voll. Ein solches Loch war der Prozess. Es lebt selten ein Pächter auf Erden, welcher das Prozedieren ertragen mag, ohne die Auszehrung zu bekommen.»

[10] Uli der Pächter, 13. Kapitel.

[11] Uli der Pächter, 14. Kapitel.

[12] «Es bleybt jeder Partey freygestellt ihren eigenen Prozess sowohl mündlich als schriftlich selbst zu verhandeln, doch darf sie für ihre Arbeiten höchstens den dritten Teil der Advokatur-Gebühr in Rechnung bringen.»

[13] Dagegen spricht der Umstand, dass Uli immer wieder von neuen Terminen erfuhr, welche den Fortgang des Prozesses verschleppten. Darüber sagt die bei SCHURTER/FRITZ-

liche Gebaren im Traum deutet ebenfalls darauf hin, dass Uli am Prozess aktiv beteiligt war, dessen Führung somit auch während der Dauer des Prozesses bis zur ausführlich dargestellten Schlussverhandlung nicht einem Advokaten überlassen hatte.

3. In § 12 des Gesetzes von 1840 wurde die Tätigkeit der bisherigen Prokuratoren von derjenigen der bereits patentierten und neu zu patentierenden Fürsprechern abgegrenzt; von den Agenten ist nicht mehr die Rede, doch wurde für sie am 21. September 1848 ein eigenes Gesetz erlassen.

IV. Patentvoraussetzungen

Nach Art. 3 des bernischen Gesetzes mussten für die Zulassung zur Patentprüfung vier Voraussetzungen erfüllt sein: Bürgerrecht der Republik Bern, guter Leumund, zurückgelegtes 23. Altersjahr, hinreichende (theoretische und praktische) juristische Ausbildung. Nach Art. 5 wurden eine mündliche Prüfung in den verschiedensten Rechtsgebieten[14], eine schriftliche juristische Abhandlung sowie verschiedene Probearbeiten im Zusammenhang mit pendenten oder erledigten Prozessen verlangt. Eine vom Obergericht ernannte Kommission nahm die Prüfung ab.

V. Rechtsanwaltschaft und Klientschaft

Das bernische Gesetz über die Advokatur vom 10. Dezember 1840 enthält in Art. 16 ein eigentliches Standesrecht. Der erste Satz verlangt von den Anwälten, dass sie «den Parteien, welche ihnen ihr Zutrauen schenken, nach dem besten Wissen raten; die gütliche Ausgleichung von Rechtsstreitigkeiten möglichst befördern; niemals ein Rechtsgeschäft übernehmen oder verfechten, wo nach ihrer Ansicht das Recht nicht auf Seite der zu beratenden Partei ist, es sei denn dasselbe ihnen von Amtes wegen übertragen worden ...». Diese Vermahnungen sind uns geläufig und dürften – mutatis mutandis – auch für

---

SCHE II/2, 255 wörtlich angeführte Botschaft zur ZPO von 1883: «Bisher fand dieses Verfahren regelmässig in Tagfahrten oder Terminen statt: ein Termin für die Klageverurkundung und meistens noch ein paar weitere Termine für die Vorlage der ferneren Prozessschriften. Die Folge davon war, dass die Advokaten einen grossen Teil ihrer Zeit auf kostspieligen Reisen und Erscheinungen mit einfachen Terminbegehren verbringen mussten; statt im Bureau zu arbeiten und dadurch den Prozessgang beschleunigen zu können, waren sie häufig genötigt, ihre beste Zeit auswärts zuzubringen und inzwischen die Geschäfte zu Hause liegen zu lassen.»

[14] Darunter auch «Kenntnis der Rechtsgeschichte und der germanischen Rechtsverhältnisse», besonders hinsichtlich der Erblehensrechte.

Rechtsagenten gegolten haben. Derjenige von Uli sagte ihm dennoch nach seinem Begehren um weiteren Vorschuss: «Du gewinnst, dann kriegst alles wieder, es fehlt Dir nichts[15].» Und kurz vor der Schlussverhandlung meinte er, welcher keine eigene Vertretungsbefugnis hat, Uli müsse dabei sein, müsse auch einmal wissen, wie dies gehe, und sehen, wie der Gegner ein Gesicht mache, wenn er verspiele; er werde sich verwundern[16]. Immerhin behielt der Agent recht; der Prozess wurde zugunsten seines Klienten entschieden.

Kaum etwas weiss man von den persönlichen Beziehungen zwischen Advokaten und ihrer Klientschaft. Der Gerichtstag, den GOTTHELF schildert, lässt die Rechtsfreunde separat von ihren Kunden auftreten[17]: «Endlich, als das Volk sich gehäuft hatte, die übliche Stunde längst geschlagen, kamen sie daher, die Helden des Tages, die Agenten und Fürsprecher, wie Divisionärs und Brigadiers auch erst kommen, wenn die Bataillone aufmarschiert sind und oft schon lange stehn.»

VI. Haftung des Rechtsanwalts

In diesen Zusammenhang gehört auch die Frage der Verantwortlichkeit. Werden heute derartige unerfreuliche Fälle mit Hilfe der Haftpflichtversicherungen und in der Regel ohne gerichtliche Auseinandersetzung erledigt, waren die Verhältnisse im 19. Jahrhundert noch wesentlich anders. In BGE 19, 527 ff. vom 15. Juli 1893 ist geschildert, wie der (namentlich erwähnte) Beklagte einen Prozess übernahm, den eine bekannte schweizerische Versicherungsgesellschaft gegen die Kinder eines verstorbenen Versicherten führte, in welchem es um die Frage ging, ob Unfalltod vorliege. Der beklagte Kollege hatte den Fall in dem Moment übernommen, da eine gerichtliche Expertise den Parteien zugestellt worden war. Das Gutachten lautete nicht günstig für die Gesellschaft. Es lief (nach bernischem Prozess) eine Frist von 14 Tagen zur Einreichung allfälliger Erläuterungsfragen. Diese wurde nicht benützt, sondern in Aussicht genommen, in zweiter Instanz eine Oberexpertise zu beantragen, zu welchem Zweck das gerichtliche Gutachten dem Privatexperten der beklagten Gesellschaft zur Meinungsäusserung übergeben wurde. Inzwischen hatte der erstinstanzliche Gerichtspräsident den Aktenschluss verhängt, die dagegen erhobene Beschwerde blieb erfolglos. Fünf Tage vor dem «Abspruchstermin» erklärte der die Gesellschaft vertretende Kollege die Reform «bis und mit der richterlichen Verfügung vom 2. Januar 1889, d.h. bis und mit der Eröffnung des Expertengutachtens und der Ansetzung der Frist

---

[15] Uli der Pächter, 14. Kapitel.
[16] Uli der Pächter, 15. Kapitel.
[17] Uli der Pächter, 16. Kapitel.

zur Einreichung von Erläuterungsfragen»[18]. Daraufhin wurde den Parteien erneut Frist zur Stellung von Erläuterungsfragen angesetzt. Diese Frist lief erneut unbenützt ab, ebenso die «Frist zur Besorgung der Reformdiligenzien». Das hatte fatale Folgen, denn die Reform der beklagten Versicherungsgesellschaft wurde durch Verfügung des Gerichtspräsidenten als «förmlicher Abstand über die zwischen den Parteien hängige Streitfrage», somit als Klageanerkennung, erklärt. Da nunmehr die Versicherungsgesellschaft die Versicherungssumme samt Zinsen und Kosten bezahlen musste und drei weitere Gesellschaften aus Rückversicherung hafteten, welche ihre Schadenersatzansprüche an die beklagte Gesellschaft abtraten, wurde die Haftungsfrage für den Fürsprecher aktuell. Das Bundesgericht sah («in Übereinstimmung mit der Vorinstanz») eine Verantwortlichkeit des Kollegen nicht in der versäumten Stellung der Ergänzungsfragen auf die erste Fristansetzung hin, da ihm die fachlichen Auskünfte, deren er bedurft hätte, seitens der Klientin bzw. der sie beratenden medizinischen Experten nicht rechtzeitig zugegangen waren[19]; abgesehen davon war er zum Verzicht auf solche Fragen befugt. Da die «Reformerklärung» dem Zweck gedient hatte, Zeit für Vergleichsverhandlungen zu gewinnen, wurde dem Fürsprecher auch nicht angelastet, dass er die Frist für Ergänzungsfragen ein weiteres Mal versäumt hatte.

Anders urteilte das Bundesgericht bei den «Reformdiligenzien». Hier unterlief dem Fürsprecher ein folgenschwerer Irrtum, hatte er doch geglaubt, die Unterlassung derselben habe «einfach zur Folge, dass die Verfügungen, gegen welche die Reformerklärung sich richte, in Kraft bleiben». Das wäre dem Rechtsanwalt zum Verhängnis geworden, wäre ihm nicht der Umstand zu Hilfe gekommen, dass die Versicherungsgesellschaft angesichts des ungünstigen Standes des Prozesses im betreffenden Zeitpunkt nicht nachweisen konnte, dass sie den Prozess im Urteilsfalle nicht auch verloren hätte.

VII. Strafverteidigung

Die mehrfach zitierte Bestimmung[20] verlangt ferner, die Advokaten sollen «bei Verteidigungen in Straffällen sich nur von der Idee der Gerechtigkeit leiten lassen, niemals durch rechtswidrige oder unmoralische Mittel gegen bessere Überzeugung zu hindern suchen, dass den Angeklagten die verschul-

---

[18] «Die Reform, die bisher nur als Totalreform anerkannt war, ist nun (nach dem Vorbild der Bundeszivilprozessordnung von 1850) auch hinsichtlich einzelner Teile des Verfahrens zulässig», SCHURTER/FRITZSCHE II/2, 255 f., zur bernischen ZPO von 1883.
[19] Fristerstreckungsgesuche scheinen damals entweder nicht zulässig oder nicht üblich gewesen zu sein. Heute ist das unterlassene Fristerstreckungsgesuch des nicht dokumentierten Rechtsanwalts doch auch schon als Kunstfehler anzusehen.
[20] Art. 16 des bernischen Gesetzes über die Advokatur vom 10. Dez. 1840.

dete Strafe treffe, sondern vielmehr nur der Anwendung unverdienter oder übermässiger oder zweckwidriger Strafen entgegenwirken». Diese Umschreibung erfasst in prägnanter Weise das, was den Gewissenskonflikt eines jeden Verteidigers irgendeinmal auszulösen vermag.

VIII. Rechtsanwaltschaft und Honorar

Nach dem bereits zitierten Art. 16 des bernischen Anwaltsgesetzes von 1840 sollen sich die Advokaten «mit den tarifmässigen Gebühren begnügen, nie ein Mehreres für eine Verrichtung oder Schrift fordern, als der Tarif dafür zulässt, und in dem Kostenverzeichnisse getreulich ansetzen, was sie dafür empfangen haben». Von einem Moderationsverfahren ist allerdings nicht die Rede, doch scheinen Disziplinarmassnahmen nach Art. 17 gerade auch für Advokaten in Betracht zu kommen, welche ihre Klienten überfordern. In Verlegenheit hätte jener Fürsprecher kommen können, von dem ein Klient sagte: «Das letztemal, als ich bei ihm war, war er nicht daheim und hat ihm vielleicht seine Frau vergessen zu sagen, die Fische seien von mir. Ich sagte ihr meinen Namen dreimal, vergessen wird sie ihn doch nicht haben[21].»

IX. Rechtsanwaltschaft unter sich

Praktisch nichts findet man in den verfügbaren Quellen darüber, wie sich das Verhältnis unter Kollegen gestaltete, bevor es Berufsverbände gab. Das «Schweizerische Anwaltsrecht» von EMIL ZÜRCHER (erschienen 1920) führt das Thema «Kollegialität» nicht einmal im Register auf. Demgegenüber findet sich in ADOLF WEISSLERS «Geschichte der Rechtsanwaltschaft» ein beachtlicher Abschnitt über die «Anwaltvereine» und über den ersten deutschen Anwaltstag zu Mainz im Jahre 1843. Dass die Rechtsanwälte[22] im letzten Jahrhundert eher allein zu praktizieren pflegten, lässt sich anhand des ersten Adressbuches der Stadt Zürich aus dem Jahr 1875 vermuten, welches übrigens auch das Werbeinserat eines Geschäftsagenten (ehemaliger Direktionssekretär der Nordostbahn) enthält[23]. Das Adressbuch von 1900 nennt dann unter 63 Kanzleien nur deren acht mit zwei, eine einzige mit drei Kollegen.

---

[21] Uli der Pächter, 16. Kapitel.
[22] Für die besondere Situation der Frauen sei, um nicht Bekanntes zu wiederholen, auf die Publikation von VERENA STADLER-LABHART, Erste Studentinnen der Rechts- und Staatswissenschaft in Zürich, Zürcher Taschenbuch 1981, 74–112, verwiesen.
[23] Bis zum Anwaltsgesetz von 1938 gab es vereinzelte Hervorhebungen von Einträgen und sogar das Inserat eines Steuerspezialisten. 1900 empfahl sich ein Kollege sogar halbseitig

X. Schlussbemerkung

Eine eigentliche Geschichte der Rechtsanwaltschaft im 19. und 20. Jahrhundert würde Studien in allen Landesteilen voraussetzen. Die Stellung und das Ansehen der Kollegen hängen mit der Staatsverfassung und der Justizverfassung so sehr zusammen, dass ohne nähere Beziehungen zu denselben das Thema nicht ausgeleuchtet werden kann. Wie wenig es anderseits braucht, um negativ beurteilt zu werden, zeigt das einleitende Zitat. Dem Schreibenden war es jedoch vergönnt, im 19. Jahrhundert Geborene zu erleben, die ein Berufsethos zu pflegen wussten, das nicht von ungefähr kam, das ihnen vielmehr von noch früheren Generationen mitgegeben worden sein muss.

«zur Besorgung folgender Rechtssachen» und nannte auch seine Audienzstunden: «Nachmittags 2–5 Uhr». Das hörte 1943 schlagartig auf, und erst in den 90er Jahren unseres Jahrhunderts zeigen sich wieder schüchterne Versuche.

Dorothea Riedi

Geschichte des Schweizerischen Anwaltsverbandes (SAV)

Inhaltsübersicht

I. Einleitende Bemerkungen

II. Die Gründung und Erweiterung des SAV
   A. Die Gründung im Jahre 1898
      1. Das Einladungsschreiben des Vereins bernischer Advokaten
      2. Die Gründungsversammlung vom 5. Juni 1898
      3. Sitzung des provisorischen Komitees vom 27. August 1898
   B. Der Anschluss weiterer Sektionen
   C. Probleme mit den Sektionen

III. Interne Organisation
   A. Statutenänderungen
   B. Organisation des SAV
   C. Ziele des SAV und Mittel zu ihrer Verwirklichung

IV. Ausgewählte Themen
   A. Übersicht über die wichtigsten Themen
   B. Die Dienstleistungen des SAV für seine Mitglieder und andere Personen
      1. Allgemeines
      2. Die Hilfskassen
         a. Die ordentliche Hilfskasse
         b. Die Hilfskasse für eingezogene Anwälte und andere Hilfsmassnahmen während und im Nachgang der beiden Weltkriege
      3. Verbandseigene Versicherungen
         a. Krankenkasse
         b. Versicherungskasse des SAV (VAV)
         c. Paritätische Pensionskasse des SAV (PPK)
         d. AHV-Ausgleichskasse
   C. Rechtsauskunft
      1. Die Rechtsauskunft des SAV
      2. Die Rechtsauskunft der kantonalen Sektionen
   D. Eidgenössisches Anwaltsgesetz
   E. Beziehungen zu internationalen Anwaltsvereinigungen
      1. Union Internationale des Avocats (UIA)
      2. International Bar Association (IBA)
      3. Conseil des Barreaux de la Communauté Européenne (CCBE)
      4. Deutsch-Österreichisch-Schweizerisch-Liechtensteinische Anwaltsvereinigung (DACH)

I. Einleitende Bemerkungen[1]

Die vorliegende Festschrift ist dem SAV zu seinem einhundertjährigen Bestehen gewidmet. Der SAV kann also auf eine entsprechend lange und manchmal auch bewegte Verbandsgeschichte zurückblicken. Es ist unmöglich, diese Geschichte auf dem hier zur Verfügung stehenden Platz umfassend wiederzugeben; vielmehr können nur einzelne Aspekte dieser Zeit aufgegriffen werden.

Das Schwergewicht des Beitrages liegt auf der Gründung des Verbandes, der Zeit des Aufbaus und Anschlusses der verschiedenen Sektionen sowie auf den vom SAV angestrebten und verwirklichten Zielen. Daneben wird der Umgang des SAV mit einigen ausgewählten Themen beleuchtet. Ganz bewusst wird nicht auf die heute aktuellen Fragen im Zusammenhang mit dem zweiten Weltkrieg eingegangen; diesbezüglich wird auf den Bericht der Bergier-Kommission verwiesen.

Als Grundlage dieses Beitrages dienten fast ausschliesslich Protokolle und Schreiben aus dem Archiv des SAV. Es wäre wünschenswert und auch interessant, all dieses Material einer gründlicheren und ausführlicheren Untersuchung zu unterziehen.

II. Die Gründung und Erweiterung des SAV

A. *Die Gründung im Jahre 1898*

1. Das Einladungsschreiben des Vereins bernischer Advokaten

Die Initiative zur Gründung des SAV kam vom Verein bernischer Advokaten, der die schon bestehenden Anwaltsverbände zu einer Gründungsversammlung einlud; es waren dies der Verein Zürcherischer Advokaten, die Advokatenkammer von Basel Stadt, der Advokatenverein des Kantons Luzern sowie der Ordre des Avocats du Barreau de Genève. Auffallend ist, dass es sich mit Ausnahme von Luzern ausschliesslich um Universitätskantone handelte.

2. Die Gründungsversammlung vom 5. Juni 1898[2]

Nachdem sich die anwesenden Vertreter der eingeladenen Anwaltsverbände ein Bild über die kantonal verschiedenen Voraussetzungen zur Ausübung des

---

[1] Ich danke Frau Dr. Catherine Gasser für ihre Anregungen und die kritische Durchsicht des Manuskriptes sowie meinem Vater Thomas Riedi für die Korrekturarbeit. Dem SAV danke ich für sein Entgegenkommen und die uneingeschränkte Einsicht in sämtliche Unterlagen.
[2] Protokoll 5.6.1898.

Anwaltsberufes gemacht hatten, erläuterte der Verein bernischer Advokaten die Gründe seiner Initiative:

Zentrales Anliegen war die Hebung des Ansehens des Anwaltsstandes sowie eine genügende wissenschaftliche Vorbildung als Voraussetzung zur Ausübung des Anwaltsberufes[3]. Hier zeigten sich offensichtlich auch die Bedenken der Kantone mit strengen Voraussetzungen an die Berufsausübung der Anwälte. Diese befürchteten nämlich, dass die Anerkennung ausserkantonaler Anwaltspatente aufgrund von Art. 33 BV i. V. m. Art. 2 UebBest BV und die diesbezügliche Praxis des Bundesgerichts ihre eigenen strengen Voraussetzungen gefährden könnten.

Direkter Anlass zur Initiative des Vereins bernischer Advokaten war jedoch der internationale Kongress in Brüssel von 1897, an welchem die Gründung eines internationalen Advokatenvereins beschlossen worden war. Ein internationaler Anwaltsverband sei für die Entwicklung des Anwaltsstandes notwendig. Voraussetzung zur Mitarbeit in diesen internationalen Gremien, von deren Wichtigkeit man für die Entwicklung des schweizerischen Anwaltsstandes überzeugt war, war die Schaffung einer nationalen Organisation.

Ferner trug auch die Tatsache, dass der stetig zunehmende Verkehr zwischen den Staaten internationale Verträge über alle möglichen Materien des Rechts verlangte, dazu bei, dass neue Wege gesucht wurden. Um «auf der Höhe der Aufgaben der Advokatur»[4] zu bleiben, sei es notwendig, dass sich internationale Anwalts- und Juristenorganisationen bildeten; dies bedinge aber, dass eine nationale Organisation der Anwaltschaft bestehe, welche die Interessen der Schweizer Anwaltschaft in den internationalen Vereinigungen vertreten könne.

Ein weiteres zentrales Anliegen war die Verbesserung der kantonalen Gerichtsinstanzen. Die Gerichte und deren Besetzung sowie die kantonale Prozessgesetzgebung würden in vielen Kantonen zu wünschen übrig lassen. «Nur eine starke schweizerische Anwaltsvereinigung wird nach und nach die Beseitigung dieser Missstände bewirken können[5].»

Als grösste Probleme wurden die verschiedenen Gesetze und Ordnungen der Advokatur der einzelnen Kantone erkannt.

Die an der Gründungsversammlung verabschiedeten Statuten legten das Schwergewicht auf eine starke Zentralleitung (Vorstand und Geschäftsausschuss), welche rasch und energisch eingreifen konnte, und auf strenge Anfor-

---

[3] Vgl. hierzu die Ausführungen anlässlich des Juristentages 1897 in ZSR N.F. XVI 1898, 814 f. Bereits hier wurde der Erlass eines eidgenössischen Anwaltsgesetzes gestützt auf Art. 33 Abs. 2 BV als wünschenswert erachtet, angesichts des Standes der Rechtsvereinheitlichung aber als sehr schwierig eingestuft; der Anwaltsstand habe jedoch durch die Gründung einer Standesorganisation die Möglichkeit, sich selbst einer strengen Disziplin zu unterwerfen.

[4] Protokoll 5.6.1898.

[5] Protokoll 5.6.1898.

derungen an die wissenschaftliche Ausbildung der SAV-Mitglieder[6]. Es galt das Vorortssystem: Ein Mitgliedskanton wurde zum Vorort für 3 Jahre gewählt, d.h. der Präsident, beide Vizepräsidenten, beide Sekretäre, der Kassier sowie der Archivar mussten im Vorortkanton ansässig sein; die übrigen acht Mitglieder des Vorstandes waren Vertreter aus den verschiedenen Landesteilen[7]. Dieses System bewirkte, dass alle drei Jahre neue Leute die Führung des SAV übernahmen und dementsprechend neue Ideen, Haltungen und Ansichten zum Tragen kamen[8].

Die erste Aufgabe des SAV war die Gründung von Sektionen, welche den Anforderungen des SAV entsprachen und deren Beitritt zum SAV. Auf schweizerischer Ebene war vorgesehen, die Initiative zur Schaffung eines eidgenössischen Anwaltsgesetzes zu ergreifen. International sollten Beziehungen zu anderen nationalen Anwaltsorganisationen und der Beitritt zu landesübergreifenden Anwaltsorganisationen angestrebt werden.

An der Gründungsversammlung wurde auch die Beziehung zum Schweizerischen Juristenverein (SJV) diskutiert. Man sah eine enge Zusammenarbeit vor, betonte aber die unterschiedliche Ausrichtung der beiden sich nicht konkurrenzierenden Vereine; während der SJV eher ideale Ziele verfolge, habe der SAV eher praktische Bestrebungen im Auge.

Die Gründungsmitglieder waren überzeugt, dass die Gründung des SAV eine wichtige, wenn nicht gar die wichtigste Etappe in der Geschichte der Schweizer Advokatur darstelle. Die Annäherung sämtlicher schweizerischer Advokaten, die Pflege der Kollegialität und der freundschaftliche Verkehr sollten dem Anwaltsstand selbst dienen und zum Nutzen des rechtsbedürftigen Publikums gereichen.

---

[6] Im einzelnen enthielten die Statuten folgende Vereinbarungen (Protokoll 5. 6. 1898): Ein Anwalt wurde Mitglied des SAV, wenn er Mitglied einer dem SAV angegliederten Sektion war (§ 2); Einzelmitgliedschaft war für Anwälte aus jenen Kantonen möglich, welche über keine kantonale Sektion verfügten, die sich dem SAV angliedern konnte, wenn bei den Anwälten die persönlichen Voraussetzungen der Mitgliedschaft vorlagen (§§ 4 und 6); die Aufnahme neuer Sektionen erfolgte durch eine 2/3 Mehrheit an der Generalversammlung (§ 5; GV); die Generalversammlung am alljährlichen Anwaltstag war oberstes Organ des SAV (§§ 11 ff.); die weiteren Organe des SAV waren der Vorstand (§§ 18 ff.; V), der Geschäftsausschuss (§§ 26 f.; GA) und die Revisoren (§§ 28 ff.); zuständig für die Vertretung nach aussen waren der Präsident und der erste Sekretär bzw. der Stellvertreter; der GA bestand aus dem Präsidenten, einem Sekretär, dem Kassier und dem Archivar (§ 26).

[7] Eine Konsequenz des Vorortssystems war der Wegfall langer Reisewege für Vorstands- und Geschäftsausschusssitzungen. Dies schien in der damaligen Zeit durchaus ein praktisches Bedürfnis; so wurde z.B. im Anschluss an den ersten Weltkrieg festgehalten, dass die erste Vorstandssitzung seit über zwei Jahren stattfinden sollte, sobald sich die Zugsverbindungen wieder gebessert haben, Protokoll GA 17.5.1919.

[8] Eine gewisse Konstante in der Führung des SAV trat eigentlich erst mit der Einführung eines Sekretärs/Geschäftsführers anlässlich der Statutenänderung im Jahre 1956 ein.

3. Sitzung des provisorischen Komitees vom 27. August 1898[9]

An der Gründungsversammlung vom 5. Juni 1898 wurde ein provisorisches Komitee gebildet, welches die Geschäfte führen sollte, bis feststand, dass sich der Verband in der Tat konstituiert hatte und die Verbandsorgane ordentlich bestellt werden konnten. Der Präsident dieses provisorischen Komitees stellte an der Sitzung vom 27. August 1898 fest, dass der Verein Zürcherischer Advokaten am 18. Juni 1898, der Verein bernischer Advokaten am 1. Juli 1898, der Ordre des Avocats du Barreau de Genève am 4. Juli 1898 und der Advokatenverein des Kantons Luzern am 31. Juli 1898 den Beitritt zum SAV beschlossen hatten[10]. Der SAV hatte sich somit per 4. Juli 1898 konstituiert, denn mit diesem Datum waren drei Sektionen dem SAV beigetreten.

B. Der Anschluss weiterer Sektionen

An der Gründungsversammlung hatten die Vertreter beschlossen, dass sich die Gründungsmitglieder aktiv einsetzen sollten, um in weiteren Kantonen Anwaltsverbände zu gründen, welche sich danach dem SAV anschliessen sollten. So war denn auch der Anschluss weiterer Sektionen in den ersten Jahren des SAV nicht nur ein permanentes Thema, sondern das Daraufhinwirken auch die wichtigste Aktivität des Verbandes. Der SAV stand interessierten Anwälten bei der Gründung eines Anwaltsverbandes in ihrem Kanton beratend zur Seite und half in jenen Kantonen, in welchen die Anwaltschaft bis anhin kaum über ein Netzwerk oder irgendwelchen Zusammenschluss verfügte, eine Organisation aufzubauen. Die Aufnahme der weiteren kantonalen Sektionen in den SAV kann man in drei Abschnitte aufteilen. Eine erste Gruppe von Aufnahmen fand schon bald nach der Gründung statt; es waren dies:

1899[11]	Verein St. Gallischer Advokaten
	Ordre des Avocats Vaudois
	Ordre des Avocats Valaisans
	Solothurnischer Anwaltsverein
1900[12]	Conférence des Avocats Neuchâtelois
	Association des Avocats Fribourgeois
1901[13]	Schaffhauser Anwaltskammer

---

[9] Protokoll 27.8.1898.
[10] Die Advokatenkammer von Basel Stadt liess mitteilen, dass es ihr leider noch nicht gelungen sei, eine beschlussfähige Versammlung abzuhalten; der Beitritt erfolgte aber mit Beschluss vom 1.9.1898 (Protokoll 27. 8. 1898; 5.10.1898).
[11] Protokoll GV 24.9.1899.
[12] Protokoll GV 26.8.1900.
[13] Protokoll GV 13.10.1901; der SAV zählte nun 426 Mitglieder in 12 Sektionen.

In der Folge zeigten sich Schwierigkeiten bei der Aufnahme weiterer Sektionen, welche meist in den kantonalen Verhältnissen begründet lagen. So war man z.B. im Aargau zuerst der Ansicht, dass die Mitgliedschaft beim SJV vollkommen genüge[14]. Schwieriger war die Lage im Kanton Tessin, da dort offenbar die Anwälte untereinander zerstritten waren[15]. So ging denn auch im Spätherbst 1905 das erste Gesuch um Einzelmitgliedschaft von einem Tessiner Anwalt ein; der SAV-Vorstand war der Ansicht, dass diesem Gesuch entsprochen werden sollte, falls es nicht gelingen würde, eine Tessiner Sektion zu gründen[16]. Im Frühling 1906 wurde die Gutheissung des Gesuches um Einzelmitgliedschaft erneut hinausgeschoben, da man davon ausging, dass die Gründung einer Tessiner Sektion kurz bevorstehe[17]. In der Tat ging denn auch das Gesuch um Aufnahme der Tessiner Sektion noch im Sommer 1906 ein[18]. Ein Unikum war wohl der Beschluss der Generalversammlung des Jahres 1907, welcher den Vorstand ermächtigte, über alle noch im Jahre 1907 eingehenden Aufnahmegesuche selbst zu entscheiden[19]; die Generalversammlung des Jahres 1908 musste demzufolge die Aufnahme der Sektionen Schwyz und Unterwalden nur noch genehmigen. So wurde denn eine zweite Gruppe in den Jahren 1906 bis 1908 aufgenommen:

1906[20] Aargauischer Anwaltsverband
          Thurgauischer Anwaltsverband
          Advokatenverein des Kantons Zug
          Società Ticinese degli Avvocati
1907[21] Bündnerischer Anwaltsverband
1908[22] Advokatenverein des Kantons Schwyz
          Anwaltsverband Unterwalden

Die noch nicht im SAV vertretenen Kantone hatten Mühe, sich zu organisieren und einen kantonalen Anwaltsverband zu gründen, weil sie entweder nur wenige Anwälte hatten oder aber sich eine Mehrheit der Anwälte passiv verhielt[23]. Eine grundsätzliche Diskussion löste das Aufnahmegesuch des Basellandschaftlichen Anwaltsverbandes und dessen Erklärung, dass seine Mitglieder dennoch Mitglieder der Anwaltskammer von Basel Stadt bleiben wollten, aus. Nach eingehenden Beratungen kam der SAV-Vorstand zum Schluss, dass eine Doppelmitgliedschaft möglich sei, wenn der betreffende

---

[14] Protokoll GA 25.4.1902.
[15] Protokoll V 1.6.1902.
[16] Protokoll V 19.11.1905.
[17] Protokoll V 29.4.1906.
[18] Protokoll V 16.6.1906.
[19] Protokoll GV 29.9.1907.
[20] Protokoll GV 17.6.1906.
[21] Protokoll GV 29.9.1907.
[22] Protokoll GV 28.6.1908.
[23] Vgl. etwa Protokoll V 28.1.1927.

Anwalt in beiden Kantonen eine Kanzlei führe; er müsse allerdings mitteilen, bei welcher Sektion er als SAV-Mitglied gelten möchte[24]. Bereits vor der Gründung des Kantons Jura hatte sich der Ordre des Avocats Jurassiens gebildet. Seine Mitglieder waren auch Mitglieder des Berner Anwaltsverbandes. Der Ordre des Avocats Jurassiens konnte aber bis zur Gründung des Kantons Jura nicht als Sektion des SAV aufgenommen werden, da die Statuten nur eine beigetretene Sektion pro Kanton erlaubten.

Bis zum heutigen Tag wurden weiter aufgenommen:

1911[25]	Urner Anwaltsverband
1927[26]	Glarner Anwaltsverband
1946[27]	Appenzellischer Anwaltsverband
1953[28]	Basellandschaftlicher Anwaltsverband
1979[29]	Ordre des Avocats Jurassiens

C. Probleme mit den Sektionen

Im grossen und ganzen darf behauptet werden, dass der SAV zu jeder Zeit ein stabiler Verband war und kaum grössere Spannungen und Interessenskonflikte mit seinen Sektionen auszutragen hatte; die tatsächlich vorkommenden Uneinigkeiten waren zu keiner Zeit existenzbedrohend. Dies war für den SAV wichtig, da es von grosser Bedeutung war, dass alle Kantone im Verband vertreten waren. Nur so konnte er dem Anspruch, eine schweizerische Dachorganisation zu sein, genügen. Er scheute denn auch keine Mühen, bei Problemen in den Sektionen wenn möglich auszuhelfen. Die Bemühungen seien folgend am Beispiel der Tessiner Sektion aufgezeigt:

Dank intensiver Bemühungen und Hilfeleistung des SAV konnte die Società Ticinese degli Avvocati 1906 in den SAV aufgenommen werden[30]. Aufgrund ausbleibender Jahresbeiträge lag 1910 der Vorschlag eines Vorstandsmitgliedes auf Statutenänderung vor: Sektionen, welche mit mehr als einem Jahresbeitrag in Verzug seien, sollten automatisch vom SAV ausgeschlossen werden[31]. Dieser Vorschlag wurde jedoch umgehend klar verworfen, denn der SAV war als Dachorganisation interessiert, seine Sektionen als Mitglieder zu behalten. In der Zwischenzeit hatte sich die Società Ticinese degli Avvocati aufgelöst, und es wurde ein neuer Verband gegründet. Auf Anfrage des SAV

---

[24] Protokoll V 9.5.1953.
[25] Protokoll GV 25.6.1911.
[26] Protokoll GV 26.6.1927.
[27] Protokoll GV 16.6.1946.
[28] Protokoll GV 10.5.1953.
[29] Protokoll GV 16.6.1979.
[30] Protokoll GV 17.6.1906.
[31] Protokoll V 10.9.1910.

beim neuen kantonalen Verband zeigte sich dieser an einer formellen Wiederaufnahme uninteressiert; daraufhin betrachtete der SAV die Tessiner Sektion formell nicht mehr als Mitglied des SAV[32]. Die Erklärung des SAV, die Tessiner Sektion als nicht existent zu betrachten, mag hart anmuten, war jedoch notwendig, um den Tessiner Anwälten die Einzelmitgliedschaft beim SAV und somit die Publikation im Mitgliederverzeichnis zu ermöglichen; gemäss den Statuten war eine Einzelmitgliedschaft nur für Anwälte aus jenen Kantonen möglich, welche über keinen kantonalen Anwaltsverband verfügten. In der Folge gab es denn auch einige Tessiner Einzelmitglieder.

Im Jahre 1918 konstituierte sich nach Auflösung des alten wiederum ein neuer Tessiner Verband[33]. Infolge ausbleibenden Aufnahmegesuches beschloss der Vorstand, dass Einzelmitgliedschaften von Tessiner Anwälten nicht mehr zulässig seien, da ein kantonaler Verband bestehe[34]. 1923 wurde dieser in den SAV wieder aufgenommen[35].

III. Interne Organisation

A. *Statutenänderungen*

Im Laufe des einhundertjährigen Bestehens des Verbandes wurden die Statuten mehrmals geändert[36]. Im folgenden werden jedoch nur die grösseren und wichtigeren Statutenänderungen dargelegt.

In den Fünfzigerjahren nahm, nicht zuletzt infolge der nun häufigen Vernehmlassungen, die Tätigkeit des Verbandes sehr zu; dies bedingte einen Ausbau der Organisation des SAV, welcher durch Abschaffung des Vorortes, Zentralisierung des Geschäftsausschusses und Einführung eines halbamtlichen Sekretärs erreicht werden sollte[37]. Da die meisten Sektionen diesen Ausbau befürworteten, konnte an der nächsten Generalversammlung eine entsprechende Änderung in die Statuten aufgenommen werden[38].

Eine Totalrevision der Statuten wurde 1976/77 angestrebt. Ein Kernstück der Totalrevision war die Ersetzung der Generalversammlung durch eine reine Delegiertenversammlung, da diese föderalistischer sei und die Generalversammlung in den letzten Jahren schlecht besucht worden war. Im weiteren wurde die Schaffung einer Präsidentenkonferenz als konsultatives Organ vorgeschlagen, welche einen besseren Kontakt zu den kantonalen Verbänden

[32] Protokoll V 22.6.1912.
[33] Protokoll GA 17.5.1919.
[34] Protokoll V 4.10.1919.
[35] Protokoll GV 24.6.1923.
[36] Z.B. die Änderung der Anzahl Mitglieder im Geschäftsausschuss und Vorstand.
[37] Protokoll V 31.1.1956.
[38] Protokoll GV 9.6.1956.

und einen besseren Informationsaustausch bewirken sollte[39]. An der Generalversammlung des Jahres 1977 wurde jedoch mit 34 zu 27 Stimmen das Nichteintreten auf die Statutenänderungen beschlossen; Hauptargument der Gegner war, nicht die kantonalen Verbände, sondern die einzelnen Anwälte seien Mitglieder des SAV, die Abschaffung der Mitgliedergeneralversammlung schaffe somit eine Stimmung der «médiocrité» im Verband und bedeute zugleich einen Rückschritt, da der SAV in der Folge zu einem «Club von Kantonsvertretern» werde[40].

An der Generalversammlung des Jahres 1981 gab es wieder eine Eintretensdiskussion über eine Statutenrevision; umstritten war die Beschränkung des Stimmrechts auf die Delegierten, denn die anwesenden «normalen» Mitglieder sollten nur eine «beratende Stimme» am Anwaltstag haben[41]. Die Statutenrevision wurde jedoch mit grosser Mehrheit angenommen[42].

B. Organisation des SAV

In den ersten 60 Jahren seines Bestehens wurde die Organisation des SAV durch das Vorortssystem bestimmt[43]. 1956 wurde dieses System durch einen Sekretär und die Zentralisierung des Geschäftsausschusses ersetzt[44]. Auch weiterhin schwankte die hauptsächliche Aktivität zwischen dem Vorstand und dem Geschäftsausschuss hin und her; ein grosser Teil der anfallenden Arbeiten erledigte nun aber der Sekretär bzw. Geschäftsführer. 1977 wurde die Präsidentenkonferenz als Organ in den Statuten verankert[45]; damit wollte man einen besseren Kontakt zu den kantonalen Sektionen sicherstellen[46]. Dem gleichen Anliegen diente auch die in den letzten Jahren eingeführte Sekretärenkonferenz. Ende der Achtzigerjahre wurde die Reorganisation des Sekretariates in die Wege geleitet, welche sich infolge der weiterhin zunehmenden Aktivitäten des Verbandes aufdrängte. Die Reorganisation führte zur festen Sitzverlegung des Sekretariates nach Bern. Damit wurde man dem Anliegen einer zentralen Lage gerecht und zudem wurde ein besserer Kontakt mit den Bundesbehörden möglich. Die Erledigung der administrativen Aufgaben wur-

[39] Bulletin 53/1976, 5 f.
[40] Protokoll GV 25.6.1977.
[41] Protokoll GV 20.6.1981.
[42] Protokoll GV 20.6.1981.
[43] Vgl. dazu die Ausführungen unter II A 2.
[44] Vgl. dazu die Ausführungen unter III A.
[45] Die angeblich erste Präsidentenkonferenz war vom SAV für den Oktober 1976 einberufen worden, Bulletin 53/1976, 6. Doch bereits in den Jahren 1940 (im Zusammenhang mit der Einführung des Hilfsfonds für mobilisierte Anwälte) und 1955 (wo zweimal Fragen des Berufsschutzes im Zentrum standen) waren Präsidentenkonferenzen abgehalten worden.
[46] Bulletin 53/1976, 5 f.

de an einen vollamtlichen Sekretär übertragen, damit der Geschäftsführer sich ganz auf den Kontakt nach aussen und das Einbringen von Impulsen konzentrieren konnte. Zudem wurde dem Vorstand wieder vermehrt Arbeit übergeben und intern neue feste Kommissionen (auch mit Nichtvorstandsmitgliedern besetzt) eingerichtet.

C. Ziele des SAV und Mittel zu ihrer Verwirklichung

Die Gründungsstatuten nennen folgende Aufgaben des SAV: Wahrung der Rechte und des Ansehens des schweizerischen Anwaltsstandes, Förderung des kollegialen Verhältnisses zwischen den Anwälten, Förderung der Verbesserung des Rechts und der Rechtspflege im In- und Ausland, Schaffung und Pflege von Beziehungen zu ausländischen Anwaltsverbänden und internationalen Anwaltsvereinigungen. An diesen (statutarischen) Zielen hat sich bis heute keine wesentliche Änderung ergeben[47].

In den ersten zwanzig Jahren seit der Gründung des Verbandes war der Aufbau kantonaler Sektionen und deren Anschluss an den SAV wichtigstes Ziel; dieses konnte denn auch dank grossem Einsatz der verschiedenen Vorstandsmitglieder und Kontaktpersonen in den jeweiligen Kantonen umgesetzt werden[48].

Ebenfalls zu Beginn der Verbandsgeschichte stellte sich die Frage, ob ein verbandseigenes Publikationsorgan geschaffen werden sollte. Diese Frage wurde während Jahren diskutiert und ist im Zusammenhang mit den damaligen Bestrebungen nach einer Reduktion der vielen juristischen Zeitschriften zu sehen[49]. Schliesslich wurde mit der Schweizerischen Juristen Zeitung (SJZ) ein Vertrag abgeschlossen: Die SJZ sollte den Zusatz «Offizielles Publikationsorgan des SAV» erhalten[50]; im Gegenzug würde der SAV für diese Zeitschrift bei seinen Mitgliedern Werbung betreiben[51]. Allerdings benutzte der SAV die Möglichkeit der Publikation von verbandsspezifischen Angelegenheiten wenig; es wurden aber Berichte der Anwaltstage und einige der dort gehaltenen Referate veröffentlicht. Der Vertrag mit der SJZ geriet Jahre später in Vergessenheit; so stellte der SAV 1993 fest, dass 1907 ein Vertrag mit der SJZ abgeschlossen, dieser aber nie gekündigt worden war[52]. In den Fünfzigerjahren wurde im Zusammenhang mit der Ausdehnung der

---

[47] Vgl. etwa Bulletin 146/1993, 3 ff.
[48] Vgl. dazu die Ausführungen unter II B.
[49] So lautete denn auch ein Thema des Anwaltstages des Jahres 1912; vgl. FICK, Über die Frage der Zentralisation der in der Schweiz bestehenden juristischen Zeitschriften, SJZ 9/1912, 23 ff.
[50] Diesen Untertitel trug die SJZ noch bis vor kurzem.
[51] Ein Obligatorium des Abonnements der SJZ liess sich nicht durchsetzen.
[52] Protokoll V 5.11.1993.

Verbandsaktivitäten und dem geplanten verstärkten Auftreten nach aussen die Frage eines eigenen Publikationsorganes wieder aktuell; auch wollte man ein Medium haben, um die eigenen Mitglieder direkt informieren zu können[53]. 1958 gab der SAV die erste Ausgabe der «Mitteilungen»[54] heraus. Dieses Publikationsorgan erscheint heute mit vergrössertem Umfang und in mehreren Ausgaben pro Jahr unter dem Titel «Der Schweizer Anwalt».

Ein weiteres wichtiges Anliegen des SAV war und ist auch heute noch der Anschluss an internationale Organisationen. Seine Bestrebungen zeigten bereits in den ersten Jahren positive Resultate. Für weitere Ausführungen verweise ich auf IV E.

Die Förderung des Berufsstandes und eine gründliche Ausbildung der Mitglieder war von Anfang an zentrales Thema: Diese Aufgabe beschäftigte den SAV zuerst (und auch später immer wieder) in Form der Befürwortung eines eidgenössischen Anwaltsgesetzes und der Diskussion um die Vereinheitlichung der Prozessordnungen. Seit der Zwischenkriegszeit setzte sich der SAV zudem immer wieder mit der Konkurrenz durch Treuhänder, Banken und Rechtsschutzgesellschaften sowie mit Studienreformen und ähnlichen Themen auseinander, welche unter dem Begriff «Berufsschutz» zusammengefasst werden können.

Bereits in den Gründungsstatuten war die Verbesserung der Gerichtsorganisation ein angestrebtes Ziel; im Zusammenhang mit dessen Umsetzung suchte der SAV schon früh den Kontakt zum Bundesgericht[55] und lud anlässlich der Anwaltstage Vertreter der kantonalen Behörden des Austragungsortes und Bundesvertreter ein. Um das gute Verhältnis zum Bundesgericht nicht zu gefährden, und weil dies auch nicht in der Kompetenz des SAV liege, äusserte der Vorstand mehr als einmal die Absicht, Bundesgerichtsurteile nicht zu kritisieren[56]. Er setzte sich in den frühen Verbandsjahren aber etwa dafür ein, dass von beiden Parteien beantragte Verschiebungen berücksichtigt werden sollten[57], diskutierte die Einführung einer Robe für Anwälte vor Bundesgericht[58] und äusserte sich in den Fragen des Anwaltstarifes sowie des Verfahrensrechtes (OG) vor Bundesgericht.

Die Mitwirkung bei der eidgenössischen Gesetzgebung wurde vor allem ab Mitte der Fünfzigerjahre intensiviert, da die «Anwaltschaft berufen und legitimiert (...) [sei], bei der Vorbereitung und Ausgestaltung Eidg. Rechtes in

---

[53] Bulletin 1/1958, 6.
[54] Der Name änderte sich mit der Zeit mehrmals; vorliegend wird dieses Publikationsorgan als Bulletin zitiert.
[55] Z.B. in Form von (jährlichen) Treffen (vgl. etwa Protokoll V 10.6.1988) oder einer gestifteten Statue für das neue Gebäude in Lausanne (Protokoll GV 26.6.1927).
[56] Vgl. z.B. Protokoll GA 19.9.1970; V 26.3.1982. Der Vorstand war jedoch gewillt, Kritiken der kantonalen Anwaltsverbände im Bulletin zu publizieren.
[57] Protokoll GA 13.9.1906.
[58] Protokoll GV 14.7.1929; V 28.6.1930.

wesentlich vermehrtem Masse als bisher zur Mitarbeit» herangezogen zu werden; zudem würden sich die Expertenkommissionen aus Interessenvertretern zusammensetzen, wohingegen der «Mitarbeit von selbständig tätigen Anwälten, die an keine Marschroute gebunden (...) [seien] und keine Sonder-Interessen zu verfechten (...) [hätten], grosse Bedeutung zukommen» dürfte[59]. Der SAV verstand sich hier also nicht als Interessenvertreter der Anwälte, sondern als Förderer einer qualitativ guten Gesetzgebung zum Wohle der rechtsuchenden Bürger[60]. In der Folge führte der SAV bei den Sektionen eine Umfrage über die Mitarbeit bei Vernehmlassungen durch. Da an der Umfrage nur drei Sektionen teilnahmen, musste der Vorstand feststellen: «Das Ergebnis dieser Anfrage kommt einer Interessenlosigkeit gleich[61].» Dennoch schuf der SAV verbandsinterne Ausschüsse zur Ausarbeitung von Vernehmlassungen[62]. Heute stellen die Vernehmlassungen immer noch einen wichtigen Teil der Verbandstätigkeit dar. Der SAV betreibt auch Lobbying bei den Anwälten und Juristen im National- und Ständerat[63].

Ein ebenfalls wichtiges Anliegen des SAV war seine Sozialverantwortung gegenüber seinen Mitgliedern. Dies zeigte sich in der Schaffung von verschiedenen Versicherungen und Hilfsfonds zugunsten der Mitglieder wie z.B. die heute noch bestehende Paritätische Pensionskasse SAV (PPK); mehr zu diesem Thema unter IV B.

Infolge der verstärkten Konkurrenz der Rechtsschutzgesellschaften, Treuhänder und Banken machte sich der Vorstand Ende der Sechzigerjahre Gedanken über vermehrte und allenfalls professionellere Public Relations (PR). Nachdem zuerst ein Verbandsmitglied einige Jahre den Posten eines «Delegierten für Informationsfragen» bekleidet hatte[64], dieses Amt aber infolge finanzieller Engpässe ein paar Jahre unbesetzt blieb[65], fasste der Vorstand Ende der Siebzigerjahre ins Auge, einen professionellen PR-Berater anzustellen, um sich gegen die weiterhin starke Konkurrenz der Banken und Treuhänder zu wehren. Der SAV sollte aktiv werden und sich direkt an das (rechtsuchende) Publikum wenden. Dem Bürger sollten auch die rechtsberatenden Dienstleistungen der Anwälte und deren präventiver Charakter besser bewusst gemacht werden. Dieses Vorhaben löste unter den Sektionen heftige Auseinandersetzungen aus[66]: Insbesondere die Vertreter der welschen Kantone sprachen sich gegen PR durch den SAV aus, denn PR sei Sache der Kantone; die Befürworter führten jedoch an, dass es sich die kleinen Kantone

---

59 Entwurf Jahresbericht des Präsidenten für den Anwaltstag vom 10.6.1951.
60 Bulletin 1/1958, 7.
61 Protokoll GA 23.7.1953.
62 Schreiben des Präsidenten SAV an die Mitglieder vom 30.10.1953.
63 Z.B. anlässlich der vom SAV organisierten Parlamentariertreffen.
64 Protokoll GA 26.9.1969; GA 17.12.1969.
65 Protokoll GA 7.6.1974.
66 Protokoll V 16.6.1979.

nicht leisten könnten, selbst PR zu betreiben und deshalb darauf angewiesen seien, dass die Dachorganisation dies übernehme. Schliesslich konnte ein Kompromiss gefunden werden, indem die Westschweizer Kantone und der Tessin in der PR-Kommission Übergewicht erhielten und die Anstellung des PR-Beraters nur versuchsweise und befristet erfolgte[67].

Bei der definitiven Einführung des PR-Beauftragten drei Jahre später wurden nochmals grundsätzliche Fragen diskutiert; unter anderem wurde die Ansicht vertreten, PR durch den SAV sei eine Frage der Solidarität, da sich die kleineren Kantone eigene PR gar nicht leisten könnten; im weiteren wurde festgehalten: «Wir (die Anwälte) haben die professionelle Arbeit nötig, genauso wie unsere Klienten unsere Arbeit nötig haben[68].» Die Befürworter konnten sich durchsetzen und die an der Generalversammlung beschlossene Erhöhung des Jahresbeitrages kam vollumfänglich den verstärkten PR-Bemühungen zugute[69].

IV. Ausgewählte Themen

A. *Übersicht über die wichtigsten Themen*

Es ist nicht möglich, alle Themen, mit welchen sich der SAV im Laufe der Zeit auseinandergesetzt hat, aufzuzählen. Im folgenden sollen diejenigen Themen aufgezählt werden, mit denen er sich während einer Epoche besonders stark auseinandergesetzt hat oder die ihn seit seiner Entstehung immer wieder beschäftigt haben:

bis 1910: Ausbau des Verbandes, eidg. Anwaltsgesetz, Vereinheitlichung der Zivilprozessordnungen, Anschluss an internationale Vereinigungen, Schaffung eines Publikationsorganes;
bis 1920: eidg. Anwaltsgesetz, Schaffung der Krankenkasse, Hilfsfonds;
bis 1930: eidg. Anwaltsgesetz, Union Internationale des Avocats (UIA);
bis 1939: Werbeverbot, Berufsgeheimnis, Berufsschutz, Hilfsfonds;
bis 1945: eidg. Anwaltsgesetz, Hilfsfonds für mobilisierte Anwälte, Berufsschutz;
bis 1950: eidg. Anwaltsgesetz, Hilfsgesuche ausländischer Anwälte, International Bar Association (IBA) und UIA, Washingtoner Abkommen, Dollarübernahme durch die Schweizerische Nationalbank;
bis 1960: Vernehmlassungen zu eidg. Vorlagen, verbandseigene Versicherung, Berufsschutz, Berufsbildung, Schaffung der «Mitteilungen»;

---

[67] Protokoll GV 16.6.1979.
[68] Protokoll GV 19.6.1982.
[69] Protokoll GV 19.6.1982.

bis 1970: Vernehmlassungen, Versicherungskasse des SAV (VAV), Berufsschutz, Vereinheitlichung der Zivilprozessordnungen, Berufsbildung, PR;
bis 1980: Vernehmlassungen, Berufsbildung, VAV und 2. Säule, Rechtsauskunft, PR;
bis 1990: Vernehmlassungen, Berufsschutz, PR, Steuerexpertenkommission, Aufgabenteilung zwischen dem SAV und den kantonalen Verbänden, Reorganisation des SAV;
bis heute: Vernehmlassungen, Aufgabenteilung zwischen dem SAV und den kantonalen Verbänden, Reorganisation SAV.

B. Die Dienstleistungen des SAV für seine Mitglieder und andere Personen

1. Allgemeines

Seit seiner Gründung war der SAV bemüht, soziale Verantwortung zu übernehmen und Kolleginnen und Kollegen in Not zu helfen bzw. diesen die Möglichkeit zu geben, sich gegen Notfälle abzusichern. Deshalb wurde auch immer wieder die Frage verschiedener verbandseigener Versicherungen diskutiert und in einigen Fällen auch umgesetzt.

2. Die Hilfskassen

a. Die ordentliche Hilfskasse

Bereits 1902 wurde die Schaffung eines Unterstützungsfonds angeregt[70]. Erst 1936 wurde jedoch die ordentliche Hilfskasse durch Ausscheidung von Fr. 25 000.– aus dem SAV-Vermögen geschaffen[71]. Bevor Auszahlungen gemacht werden durften, musste ein Vermögen von Fr. 50 000.– akkumuliert werden[72]; dies wurde erst mit der Überführung des Vermögens der Hilfskasse für eingezogene Anwälte[73] in die ordentliche Hilfskasse nach Ende des Zweiten Weltkrieges erreicht[74]. In der Folge wurden kleinere Beträge an schweizerische Kollegen in Form von à-fonds-perdu-Beträgen oder Darlehen ausbezahlt[75].

---

[70] Protokoll V 1.6.1902.
[71] Protokoll GV 8.6.1936.
[72] Protokoll GV 17.6.1945.
[73] Vgl. dazu hinten IV B 2 b.
[74] Protokoll GA 28.8.1945.
[75] Protokoll GA 11.2.1946; GA 30.3.1953; GA 18.1.1954.

Der letzte ausbezahlte Betrag ging 1963 an erdbebengeschädigte Anwälte im ehemaligen Jugoslawien in Form eines Geldbetrages von Fr. 2000.–[76]. Später wurde der ordentliche Unterstützungsfonds in die Versicherungskasse des SAV (VAV) eingebracht.

b. Die Hilfskasse für eingezogene Anwälte und andere Hilfsmassnahmen während und im Nachgang der beiden Weltkriege

1915 diskutierte der Vorstand, ob der SAV sich für kriegsgefangene Anwälte aktiv einsetzen sollte oder nicht; man war sich nicht einig, ob eigene Massnahmen ergriffen werden sollten oder ob ein Anschluss an eine bestehende Hilfsorganisation sinnvoller wäre[77]. In der Folge kam man überein, nur im Sinne der Vermittlung von Kontakten zur Familie des kriegsgefangenen Kollegen aktiv zu werden[78]. Der SAV bemühte sich aber, indem er an die zuständigen Behörden schrieb, vor allem um eine Besserung der Haftverhältnisse oder erkundigte sich über den Verbleib von ausländischen Kollegen[79]; Anfragen bezüglich Korrespondenz mit kriegsgefangenen Anwälten verwies er an die jeweiligen Landesanwaltsverbände[80].

An der Generalversammlung des Jahres 1940 wurde die Schaffung einer Hilfskasse für eingezogene Anwälte beschlossen; finanziert wurde dieser Fonds durch einen einmaligen Beitrag jedes SAV-Mitgliedes in der Höhe von Fr. 50.–[81]. Dies ergab ein Kapital von über Fr. 50 000.–[82]. Obwohl verschiedene kleinere Beiträge ausbezahlt wurden[83], wies diese Hilfskasse Ende des Zweiten Weltkrieges ein noch grösseres Vermögen auf[84]. Dieses Vermögen wurde in die ordentliche Hilfskasse überführt[85], nachdem zuvor noch Fr. 20 000.– für Hilfe an kriegsgeschädigte ausländische Anwälte entnommen worden sind[86].

---

[76] Protokoll GA 11.12.1963.
[77] Protokoll V 3.10.1915.
[78] Protokoll GA 26.10.1915.
[79] Protokoll GA 26.10.1915; GA 14.12.1915; GA 18.1.1916; GA 22.2.1916; GA 4.4.1916.
[80] Protokoll GA 31.3.1917.
[81] Protokoll GV 29.9.1940.
[82] Jahresrechnung 1941/1942.
[83] Schreiben Präsident SAV an Anwaltskammer Basel Stadt vom 15.5.1942.
[84] Annähernd Fr. 60 000.– (Protokoll V 15.6.1946).
[85] Protokoll GA 28.8.1945.
[86] Protokoll V 15.6.1946; GV 16.6.1946. Das Geld wurde ausgegeben für Arbeitsmaterial an französische Anwälte, Lebensmittelpakete an österreichische Kollegen und einen einmaligen Beitrag an Anwälte aus Griechenland (Protokoll GA 3.7.1946; GA 13.9.1946; GA 25.8.1947).

3. Verbandseigene Versicherungen

a. Krankenkasse

An der Generalversammlung des Jahres 1916 wurde die Einführung einer verbandseigenen Krankenkasse beschlossen[87] und deren Statutenentwurf an der Generalversammlung von 1919 angenommen[88]. Was in der Folge mit der Krankenkasse geschah, lässt sich leider anhand der Protokolle nicht verfolgen.

b. Versicherungskasse des SAV (VAV)

1947 beschloss der Vorstand des SAV die Schaffung einer verbandseigenen Alters- und Hinterlassenenversicherung[89]. Die Umsetzung dieses Zieles zog sich jedoch in die Länge, so dass erst zehn Jahre später deren Gründung erfolgte[90]. Der SAV und die VAV mussten sich in den folgenden Jahren stark für das Bestehen der VAV einsetzen. Dass beide bereit waren, mit allen Mitteln dafür zu kämpfen, zeigt deutlich die Aussage des SAV-Präsidenten anlässlich der Generalversammlung von 1965: «Aber Sie werden verstehen, dass wir unser Lieblingskind, die VAV, nicht erwürgen lassen dürfen[91].»

Die Schwierigkeiten rührten einerseits daher, dass die erwartete Mitgliederzahl nicht erreicht wurde[92], andererseits waren sie Folge der Androhung des Eidgenössischen Versicherungsamtes, die VAV seiner Aufsicht zu unterstellen[93]. Dazu kam eine Auseinandersetzung aufgrund einer Verfügung des EJPD. Die VAV bemühte sich nämlich, die von ihrer Versicherungskasse übernommenen Risiken durch eine Versicherungsunternehmung decken zu lassen. Aus diesem Grund schloss sie mit den Lloyd's Versicherern in London einen Vertrag. Lloyd's verpflichtete sich, die von der VAV erbrachten Leistungen im vertraglich festgelegten Umfang zu decken. In der Folge untersagte das Eidgenössische Justiz- und Polizeidepartement den Lloyd's Versicherern, die-

---

[87] Protokoll GV 23.7.1916.
[88] Protokoll GV 5.10.1919. Die Verzögerung ist darauf zurückzuführen, dass der SAV zu den Reglementsentwürfen die Stellungnahme der Sektionen einholte und infolge des Ersten Weltkrieges nicht jedes Jahr eine Generalversammlung abgehalten wurde.
[89] Protokoll V 4.10.1947.
[90] Protokoll a.o.GV 13.4.1957.
[91] Protokoll GV 12.6.1965.
[92] Vor der Gründung der VAV hatten sich anlässlich einer Umfrage 615 SAV-Mitglieder an einer VAV-Mitgliedschaft interessiert gezeigt, Protokoll GV 18.6.1955. Bei der Gründung zählte die VAV aber nur gerade 30 Mitglieder, wobei sich diese Zahl in der Folge auf etwa 140 erhöhte, Protokoll GA 14.11.1958, GV 14.6.1969. Zur weiteren Erhöhung der Mitgliederzahl war geplant, auch Notaren die Mitgliedschaft in der VAV anzubieten. Dieses Vorhaben durchkreuzte jedoch das Eidgenössische Versicherungsamt, indem es androhte, die VAV diesfalls der Versicherungsaufsicht zu unterstellen, Jahresbericht 1961/62; Protokoll GA 9.5.1962.
[93] Protokoll GV 1.6.1957.

sen Vertrag weiterzuführen. Es forderte sie auf, ihn zu kündigen, da sie einen (direkten) Versicherungsvertrag mit Einwohnern der Schweiz eingegangen seien, wozu sie keine Bewilligung hätten. Der beanstandete Vertrag könne nicht als Rückversicherungsvertrag qualifiziert werden, da die VAV dem Sicherstellungsgesetz nicht unterstellt sei und daher nicht als Erstversicherer angesehen werden könne. Gegen diese Verfügung führten der SAV und die VAV Verwaltungsgerichtsbeschwerde beim Bundesgericht. Mit Urteil vom 5. November 1965[94] obsiegten die Beschwerdeführer[95].

Auf den 1. Januar 1965 wurden die Leistungen der VAV ausgebaut, indem nun auch Invalidenrenten ausgerichtet wurden[96]. Im weiteren wurde auf den 1. Januar 1979 das Angebot um eine Verdienstausfallversicherung ergänzt[97].

An seiner Sitzung vom 10. Dezember 1976 befasste sich der Geschäftsausschuss des SAV mit dem Problem der Überalterung in der VAV[98]. Im Jahre 1992 wurde die VAV in die PPK überführt, da die VAV nicht BVG-konform war[99].

c. Paritätische Pensionskasse des SAV (PPK)

1972 diskutierte der Vorstand, ob die VAV im Rahmen des Obligatoriums der 2. Säule nicht ausgebaut werden sollte[100]. Zwei Jahre später erfolgte eine entsprechende Anfrage bei den kantonalen Verbandspräsidenten; dabei wurde darauf hingewiesen, dass diese Lösung zwar keine finanziellen Vorteile bringe, sehr wohl aber im standespolitischen Interesse liege[101]. Infolge des geringen Echos auf die Anfrage beschloss der Geschäftsausschuss, die Idee der 2. Säule fallen zu lassen[102].

Im Dezember 1983 wurde auf Initiative der VAV hin und mit dem SAV als Stifter die Paritätische Pensionskasse des SAV gegründet[103]. 1992 wurde die VAV in die PPK überführt, welche heute noch besteht[104].

---

[94] BGE 91 I 374 ff.: Das Bundesgericht qualifizierte den Vertrag zwischen der VAV und den Lloyd's Versicherern als Rückversicherung und erklärte ihn daher für zulässig.
[95] Da die VAV auf ihre Anfragen betreffend Rückversicherung der Risiken bei sechs schweizerischen Versicherungen negative Antworten erhalten hatte und diese konzessionierten Lebensversicherungen in der Vernehmlassung, zu der sie im Rahmen des vorliegenden Verfahrens eingeladen wurden, verlauten liessen, sie hätten einen Boykott gegen die VAV beschlossen, wurde das Urteil der Kartellkommission zugestellt (vgl. zum ganzen Protokoll GA 11.6.1965; GA 19.11.1965; Bulletin 14/1966, 20 ff.).
[96] Bulletin 13/1965, 3.
[97] Bulletin 61/1978, 1.
[98] Protokoll GA 10.12.1976.
[99] Protokoll V 21.8.1992.
[100] Protokoll V 3.11.1972.
[101] Schreiben an die Präsidenten der kantonalen Anwaltsverbände vom 18.1.1974.
[102] Schreiben an die Präsidenten der kantonalen Anwaltsverbände vom 15.5.1975.
[103] Protokoll V 17.6.1983; V 13.1.1984.
[104] Protokoll V 21.8.1992.

d. AHV-Ausgleichskasse

Die Frage einer verbandseigenen AHV-Ausgleichskasse wurde mehrmals diskutiert, doch stets wieder verworfen, da sich einerseits ein Obligatorium für die SAV-Mitglieder nicht durchsetzen liess und sich andererseits viele kantonale Sektionen bereits schon sehr früh anderen Ausgleichskassen angeschlossen hatten[105].

C. *Rechtsauskunft*

1. Die Rechtsauskunft des SAV

Der SAV gibt grundsätzlich keine Rechtsauskünfte; er sieht sich vielmehr in der Rolle des Vermittlers. So werden denn auch Dritte soweit möglich mit ihren Anfragen an die jeweils zuständigen (kantonalen) Verbände verwiesen.

2. Die Rechtsauskunft der kantonalen Sektionen

Anlass der verbandsinternen Diskussion zur Einrichtung von unentgeltlichen Rechtsauskunftsstellen war eine Anfrage der Schweizerischen Zentralstelle für Flüchtlingshilfe im Jahre 1975[106]. Eine Umfrage bei den anwesenden Mitgliedern des Geschäftsausschusses ergab, dass nur gerade der kantonale Verband von Zürich eigene Rechtsauskunftsstellen unterhielt[107]. Der SAV war der Ansicht, der Bedarf an derartigen Institutionen sei abzuklären. Allfällige Lösungen sollten die Standesregeln, so etwa das Werbeverbot, strikte einhalten[108]. Das Thema wurde in der Folge an der Präsidentenkonferenz diskutiert; mehrheitlich war man der Meinung, diese Lücke dürfe nicht vom Staat gefüllt werden, denn dies sei Aufgabe der Anwaltschaft; ebensowenig wurde aus föderalistischen Gründen eine gesamtschweizerische Lösung gewünscht; der SAV solle aber den Informationsfluss zwischen den kantonalen Verbänden sicherstellen und fördern[109]. In den folgenden Jahren organisierten sich die kantonalen Verbände. Ende Juni 1982 gab es bereits in elf Kantonen unentgeltliche Rechtsauskunftsstellen[110]. Im April 1988 hatten 17 kantonale Anwaltsverbände eine unentgeltliche Rechtauskunft geschaffen[111]. Heute

---

105 Protokoll GA 19.5.1969; V 21.1.1993.
106 Protokoll GA 13.6.1975.
107 Protokoll GA 13.6.1975.
108 Schreiben an Präsidenten/Sekretäre der Sektionen vom 8.12.1975.
109 Protokoll PK 29.10.1976.
110 Tabelle Stand Ende Juni 1982.
111 Tabelle Stand Ende April 1988.

gibt es in fast allen Kantonen von den kantonalen Anwaltsverbänden organisierte und unterhaltene unentgeltliche Rechtsauskunftsstellen[112].

D. *Eidgenössisches Anwaltsgesetz*

Die Schaffung eines eidgenössischen Anwaltsgesetzes war schon vor der Gründung des SAV Diskussionsthema[113]. Bei Gründung des SAV war klar, dass dieses Vorhaben eines der Ziele des neugegründeten Verbandes sein würde. So widmete sich der Verband in seinen ersten Jahren auch intensiv diesem Thema und stellte 1901 dem EJPD zuhanden der eidgenössischen Räte einen Entwurf zu[114]. Dieser Entwurf sah einen eidgenössischen Befähigungsausweis vor, der in allen Kantonen zur Berufsausübung berechtigen sollte. Voraussetzungen zu dessen Erlangen waren das Schweizer Bürgerrecht, ein guter Leumund, eine humanistische Matur, ein mindestens dreijähriges Rechtsstudium, zwei Jahre Praxis und das Bestehen eines Examens. Der Entwurf scheiterte, da sowohl der Bundesrat wie auch das Bundesgericht, welches der Bundesrat um ein Gutachten in dieser Frage gebeten hatte, der Ansicht waren, dass zuerst die Vereinheitlichung des materiellen Zivil- und Strafrechts abgewartet werden sollte[115]; besser wäre es, erst nach Vereinheitlichung des Prozessrechts mit der Schaffung eines Anwaltsgesetzes zu beginnen[116]. Das Bundesgericht erachtete den Entwurf des SAV zudem als verfassungswidrig, denn die Handels- und Gewerbefreiheit solle grösstmögliche Freizügigkeit garantieren; die strengen Anforderungen, die der SAV an das Erlangen des Befähigungsausweises stelle, würden dem aber gerade zuwiderlaufen[117].

Nach Annahme des ZGB durch das Volk widmete sich der SAV erneut der Frage des eidgenössischen Anwaltsgesetzes[118], konnte das Vorhaben aber – wohl nicht zuletzt infolge des Ersten Weltkrieges – nicht beenden.

[112] Vgl. dazu den Anhang im Mitgliederverzeichnis. Die kantonalen Anwaltsverbände entwickelten und praktizieren verschiedene Systeme; die Vielfalt reicht von einem Gutscheinsystem über Präsenzstunden der Anwälte im Turnus in einem öffentlichen Gebäude oder dem eigenen Büro bis hin zu verbandseigenen Räumlichkeiten (Protokoll PK 29.10.1976; Tabelle Stand Ende April 1988).
[113] Vgl. MEYER, Schaffung eines schweizerischen Anwaltspatentes, SJZ 22/1925, 54.
[114] Schreiben SAV an EJPD vom 25.5.1901.
[115] Protokoll V 24.10.1902; GA 27.12.1903; LEEMANN, Ein eidgenössisches Anwaltspatent, SJZ 5/1908, 7.
[116] LEEMANN, Ein eidgenössisches Anwaltspatent, SJZ 5/1908, 7.
[117] LEEMANN, Ein eidgenössisches Anwaltspatent, SJZ 5/1908, 6; dem hielt der SAV entgegen, dass das Bundesrahmengesetz für Medizinalpersonen von 1877, welches sich auf dieselbe Verfassungsnorm stütze, auch strenge Anforderungen stelle: PEZOLT, Die Grundlagen für die Schaffung von Schweizerischen Anwaltspatenten, SJZ 10/1913, 115.
[118] Protokoll GV 23.6.1912; GV 14.9.1913.

1925 veranlasste die Motion von Nationalrat Zurburg im SAV eine neue Diskussion um die Schaffung eines eidgenössischen Anwaltsgesetzes[119]. Nebst den Argumenten des Schutzes des rechtsuchenden Publikums, der Verhinderung von Missbräuchen und der Hebung des Ansehens des Anwaltsstandes im allgemeinen kam zunehmend auch die Ansicht auf, dieses Bundesgesetz sei notwendig, um im internationalen Vergleich nicht schlecht dazustehen[120].

Anfangs der Vierzigerjahre entschloss sich der SAV, einen neuen Art. 33 BV vorzuschlagen, um mit einem klaren Auftrag an den Gesetzgeber in der Bundesverfassung das eidgenössische Anwaltsgesetz zu forcieren[121]. Eine SAV-Kommission arbeitete in der Folge einen Entwurf des neuen Art. 33 BV sowie des dazugehörenden Anwaltsgesetzes aus[122]. Der SAV unterbreitete diesen Vorentwurf den Sektionen; von den eingegangenen fünfzehn Stellungnahmen äusserten sich deren dreizehn negativ zum Vorhaben und der Verband gab das Vorhaben auf[123].

In den Neunzigerjahren gab es erneute Diskussionen im Zusammenhang mit der Freizügigkeit[124]. Man war sich einig, auf ein eidgenössisches Anwaltspatent aus föderalistischen Überlegungen zu verzichten; an den Minimalanforderungen für die uneingeschränkte Anerkennung der Berufausübungsbewilligung hat sich jedoch in den fast 100 Jahren kaum etwas geändert[125] und der SAV legte erneut entsprechende Entwürfe vor[126].

E. Beziehungen zu internationalen Anwaltsvereinigungen

Bereits in den Gründungsstatuten waren der Aufbau und die Pflege von Beziehungen zu ausländischen Anwaltsverbänden und zu internationalen Anwaltsvereinigungen ein wichtiges Ziel des SAV. Wie in II A 2 ausgeführt,

---

[119] MEYER, Schaffung eines schweizerischen Anwaltspatentes, SJZ 22/1925, 53 ff.
[120] MEYER, Schaffung eines schweizerischen Anwaltspatentes, SJZ 22/1925, 57; Protokoll GV 7.6.1942.
[121] Protokoll GA 11.9.1942; V 21.11.1942; man war der Ansicht, dass im Anschluss an den Zweiten Weltkrieg eine Totalrevision der Bundesverfassung anstehe, und wollte in diesem Zusammenhang den neuen Art. 33 BV einbringen.
[122] BLASS, Vorentwurf für einen neuen Text von BV Art. 33 betr. Ausübung des Anwaltsberufes sowie für ein schweizerisches Anwaltsgesetz, 15.4.1944; der bereits vorliegende Entwurf des Anwaltsgesetzes sollte die Umsetzung des angestrebten Verfassungsartikels beschleunigen.
[123] Protokoll GA 9.5.1947; V 14.6.1947; GV 15.6.1947.
[124] Vgl. hierzu etwa ZIMMERLI, Bundesrahmengesetz zur Ausübung des Anwaltsberufes in der Schweiz?, recht 1992, 113 ff.; NATER/KELLERHALS, 89 ff.; JETZER/ZINDEL/PETRALIA, 174 ff.; Bulletin 147/1993, 6 ff.; 162/1997, 16 ff.; 163/1997, 9.
[125] Vgl. etwa NATER/KELLERHALS, 90.
[126] Vgl. etwa Bulletin 147/1993, 6 ff. und EJPD, Bundesgesetz über die Freizügigkeit der Anwältinnen und Anwälte, Erläuternder Bericht, 5, 20.

war der internationale Anwaltskongress von Brüssel im Jahre 1897 direkter Anlass des Einladungsschreibens des Vereins bernischer Advokaten zur Gründung des SAV, denn schon damals wurde die Wichtigkeit von guten internationalen Kontakten und der Teilnahme an internationalen Vereinigungen erkannt. Es erstaunt deshalb nicht weiter, dass der SAV schon früh und im Laufe der Zeit recht ausgiebig seine internationalen Beziehungen pflegte.

1. Union Internationale des Avocats (UIA)[127]

An der Generalversammlung des Jahres 1928 wurde der zuvor erfolgte Beitritt des SAV bei der UIA genehmigt[128]. Auch wenn der SAV zu Beginn nicht sehr aktiv am internationalen Verbandsgeschehen teilnahm, so war die Notwendigkeit der Beteiligung offensichtlich und auch unumstritten. Treffend hält denn auch ein Mitglied des Vorstandes hinsichtlich der Entsendung eines Delegierten an einen UIA-Kongress fest: «Notre participation à l'U.I.A. est plutôt de principe qu'agissant[129].» Allerdings wurde das Engagement des SAV in der UIA in den folgenden Jahren verstärkt, und 1960 fand der UIA-Kongress in der Schweiz statt[130].

2. International Bar Association (IBA)[131]

Die IBA lud den SAV mehrmals zum Beitritt ein. Dieser lehnte jedoch ab, da die IBA keine reine Anwaltsvereinigung sei[132]. Der SAV entschloss sich aber,

---

[127] Die UIA ist eine internationale Anwaltsvereinigung und hat die Förderung des Berufsstandes als Verteidiger der Bürgerrechte, die Förderung der Rechtswissenschaft, die Schaffung einer internationalen Rechtsordnung, die Mitarbeit als Berater bei ähnlichen Organisationen und die Vermittlung von Kontakten und Ideen zwischen ihren Mitgliedern zum Ziel, Bulletin 167/1997, 23. Sie bietet ihren Mitgliedern Tagungen über spezielle Themen, regelmässig erscheinende Publikationen, die Einsicht in Ergebnisse internationaler und nationaler Berichte zu bestimmten rechtlichen Themen sowie eine Kartei der Spezialgebiete und Sprachen ihrer Mitglieder; zudem arbeitet sie mit dem Europarat und der UNO zusammen, Bulletin 59/1978, 17.
[128] Protokoll GV 17.6.1928.
[129] Protokoll V 17.2.1949.
[130] Bulletin 59/1978, 17.
[131] Die IBA stellt den Zusammenschluss verschiedener nationaler Anwaltsorganisationen dar, kennt aber auch Einzelmitglieder. Ihre Ziele sind die Förderung von Rechtseinheit und Rechtswissenschaft auf dem Gebiete des internationalen Rechts, von rechtsstaatlicher Rechtspflege und den Grundsätzen der UNO sowie der freundschaftlichen Beziehungen zwischen den Anwälten. Die IBA veranstaltet Kongresse und Seminare und gibt verschiedene Publikationen heraus; zudem unterhält sie ein Human Rights Institute. Vgl. dazu Bulletin 21/1968, 18 ff.; 72/1981, 8 f.; 166/1997, 38 f.
[132] Protokoll GA 24.1.1947; GA 25.8.1947.

um nicht abseits zu stehen, Beobachter an IBA-Kongresse zu entsenden[133]. Die Delegierten des SAV plädierten für einen Beitritt des Verbandes zur IBA. Auch wenn es gewisse Punkte zu beanstanden gebe, so vertrete die IBA doch dieselben moralischen Interessen wie der SAV und ihr guter Wille sei evident; der Präsident hielt jedoch fest, dass «pour l'instant nous pouvons rester dans notre réserve sympathique. Mais ... ce serait une erreur que notre attitude accrédite l'idée que la Suisse demeure à l'écart des mouvements internationaux»[134]. Erst drei Jahre später beschloss der Vorstand, dass der SAV der IBA beitreten solle und führte folgende Gründe an: Da die IBA nicht politisch sei, stelle der Beitritt keine Verletzung der schweizerischen Neutralität dar; zudem sei die IBA keine Konkurrenz der UIA und biete die Behandlung vieler guter Themen und interessante Referate an; vor allem aber würde es seitens der IBA als völlige Interessenlosigkeit aufgefasst, wenn der SAV trotz der jahrelangen Bemühungen der IBA immer noch nicht beitreten würde[135]. Die Generalversammlung folgte den Ausführungen des Vorstandes und beschloss 1952 einstimmig den Beitritt zur IBA[136].

3. Conseil des Barreaux de la Communauté Européenne (CCBE)[137]

Der SAV konnte nur einen Beobachterstatus bei der CCBE einnehmen, da die Schweiz nicht der EU angehört. Die Beiträge an die CCBE waren im Vergleich zu anderen internationalen Organisationen sehr hoch[138]. Nach einer weiteren Beitragserhöhung beschloss der Vorstand den Austritt[139], konnte jedoch von der Durchführung dieses Entschlusses absehen, da die CCBE die Beiträge auf Druck verschiedener Beobachterländer senkte und eine aktivere Mitarbeit der Beobachterländer einführte[140].

An der Generalversammlung des Jahres 1991 wurden die Standesregeln der CCBE unterzeichnet; da nur die kantonalen Verbände verbindlich Standesregeln für ihre Mitglieder festlegen können, hatte demnach auch jeder kantonale Verband über die Unterzeichnung zu befinden[141]. Die Unterzeichnung der Standesregeln der CCBE drängte sich auf, da die CCBE die Herausgabe eines Anwaltsausweises für den internationalen Verkehr mit Behörden

---

[133] Protokoll GA 21.6.1948.
[134] Protokoll V 17.2.1949.
[135] Protokoll GV 15.6.1952.
[136] Protokoll GV 15.6.1952.
[137] Die CCBE geht auf eine Arbeitsgruppe der UIA, die Commission Consultative des Barreaux de la Communauté Européenne, zurück, welche am UIA-Kongress 1960 geschaffen wurde, Bulletin 127/1990, 36. Sie wurde 1987 selbständig und änderte ihren Namen in Conseil des Barreaux de la Communauté Européenne.
[138] Protokoll V 20.6.1986.
[139] Protokoll V 29.8.1986.
[140] Protokoll V 7.11.1986; V 16.1.1987.
[141] Protokoll GV 7.6.1991.

und Gerichten beschlossen hatte und diese Ausweise auch den Beobachterländern offenstanden, sofern sich diese den Standesregeln der CCBE unterwarfen[142].

4. Deutsch-Österreichisch-Schweizerisch-Liechtensteinische Anwaltsvereinigung (DACH)[143]

DACH wurde am 3.5.1989 gegründet und besteht vor allem aus Einzelmitgliedern aus Deutschland, Österreich, der Schweiz und dem Fürstentum Liechtenstein[144]. Ihr Zweck besteht in der Zusammenarbeit deutschsprachiger Anwälte, dem Erfahrungs- und Informationsaustausch ihrer Mitglieder sowie der Vermittlung und Vertiefung des jeweiligen Landesrechts. Die Vereinigung organisiert jährlich zwei Tagungen zu grenzüberschreitenden Themen und gibt auch eine wissenschaftliche Schriftenreihe heraus.

---

[142] Bulletin 124/1990, 5 f.
[143] Bulletin 166/1997, 40 ff.
[144] Somit ist also nicht der SAV selbst Mitglied der Vereinigung, empfiehlt aber seinen Mitgliedern den Beitritt und unterstützt die Bestrebungen der DACH.

II. Ökonomische Aspekte des Anwaltsberufes

MICHAEL PFEIFER und PETER WIDMER

Rechtsberatungsmarkt Schweiz[1] – Nimmt der Anwalt teil am Aufbruch[2] oder ist er Auslaufmodell[3]?

Inhaltsübersicht

I. Einleitung
II. Abgrenzungen/Einschränkungen
III. Quantitatives
   A. Internationale Quantifizierung
   B. Quantifizierung des Rechtsberatungsmarktes Schweiz
IV. Qualitatives
V. Gibt es überhaupt einen Rechtsberatungsmarkt und einen Rechtsanwaltsmarkt Schweiz?
   A. Der Markt
   B. Die Realität
VI. Der Anspruch von Anwaltsbüros, als Anbieter auf dem Markt dennoch ernst genommen zu werden

I. Einleitung

Über das Thema Markt für anwaltliche Dienstleistungen[4], allgemeiner Rechtsberatungsmarkt, oder um in der Terminologie des GATS für Profes-

---

[1] Dass in Zeiten von Globalisierung und Internationalisierung der Märkte ein Markt Schweiz und die Schweiz zum Gegenstand besonderer Interessen gemacht werden, bedarf beinahe der Rechtfertigung. Diese findet sich bei NICOLAS G. HAYEK, Der Schweizer Unternehmer – aktiver Rebell und kreativer Reformer, Gastreferat an der Delegiertenversammlung des VORORT vom 12.9.1997 in Zürich, Zürich 1997, 51: «Die Schweiz ist lebens- und erhaltenswert».

[2] DE PURY/HAUSER/SCHMID, 10, wollen das Bewusstsein aller (also auch der Anwälte) für die «Notwendigkeit und Dringlichkeit eines permanenten Mentalitätswandels» schärfen.

[3] Diesen Ausdruck verwendete HUFF im Titel seines Vortrags «Der Anwalt von heute – Auslaufmodell morgen» vom 24.4.1997 vor der deutschen Rechtsanwaltskammer.

[4] TERCIER (Die Anwälte und der Wettbewerb) spricht auch vom «Markt» für anwaltliche Dienstleistungen, wenn er sagt, «dass sich die Tätigkeit von Anwälten auf eine Vielzahl von Märkten» erstreckt.

sional Business Services[5] zu bleiben, Markt für Legal Services[6], wurden in den letzten Jahren einige Bücher geschrieben und insbesondere im Rahmen von GATS und auf Veranlassung internationaler Organisationen empirische Studien angefertigt[7]. Der vorliegende Festschriftbeitrag will weder wiederholen noch konkurrenzieren. Vielmehr soll nach einer auf die erwähnten Arbeiten verweisenden und bezugnehmenden Analyse des Ist-Zustandes, verbunden mit einigen quantitativen Überlegungen und Spekulationen, anhand einer bewusst provokativen Fragestellung versucht werden, Entwicklungstendenzen zu erkennen und in ihrer Bedeutung abzuschätzen. Dabei wird es unumgänglich sein, einzugrenzen, zu vereinfachen, Prioritäten und Schwergewichte zu setzen, und insgesamt unter Verzicht auf viele eventuell auch wichtige Feinheiten der Darstellung im holzschnittartig, Konturen zeichnenden Generellen zu bleiben. Der Festschriftbeitrag erhebt bewusst nicht den Anspruch, allgemein gültig zu sein, er konzentriert sich auf Denkanstösse und auf die Artikulierung von hinter vorgehaltener Hand zu guten Freunden und Kollegen, nicht jedoch öffentlich, gemachten Äusserungen und Vermutungen.

II. Abgrenzungen/Einschränkungen

Der Rahmen des Festschriftbeitrages zwingt vom Umfang her, von der Konzeption der punktuellen Darstellung möglichst vieler, kaleidoskopartig zusammenspielender, ineinander überführender Gesichtspunkte zur Prägnanz. Beides führt zur Beschränkung und Begrenzung, zum Verzicht auf auch noch Interessantes und Wichtiges. Der Eindeutigkeit der Aussage wird ihre Differenziertheit[8] geopfert.

a) Von der Terminologie her: Der Rechtsanwaltsmarkt ist etwas anderes als etwa der Orangenmarkt oder der Getreidemarkt. Rechtsanwälte[9] können

---

[5] Diese Bezeichnung verwendet das Draft Chapter on Professional Business Services, 2.
[6] Zu den Professional Business Services zählen «Legal Services» und «Accounting Services» sowie «Consulting Engineering and Architecture», Draft Chapter on Professional Business Services, 6.
[7] Z.B. OLIVIER TSCHANNEN, Les avocats dans la société industrielle moderne, recherches empiriques et théories sociologiques, Revue européenne des sciences sociales, Genf, Bd. XXVI (1988), 163 ff.
[8] Trotzdem soll nicht auf eine einigermassen sorgfältige, wenn schon nicht gerade wissenschaftliche Darstellung verzichtet werden. Aus diesem Grund wurde auch nicht auf Fussnoten verzichtet, deren Berechtigung aber auch Problematik dargestellt wird, NZZ Nr. 5 vom 8.1.1998, 37: «Kleine Ehrenrettung der Fussnote».
[9] Während noch 1978 HARALD MEYER in seinem Beitrag «Die Rechtsanwältinnen kommen» in Der Schweizer Anwalt 60/1978, 7, durchaus in Einklang mit der damaligen Meinung sagen konnte, «einst war der Beruf des Juristen und Rechtsanwalts fast ausschliesslich Männern vorbehalten. Nun *dringen* auch vermehrt Frauen in diesen

nicht einfach gekauft werden, sie sind nicht beliebig austauschbar. Anwaltliche Dienstleistungen lassen sich aber, wie alle Dienstleistungen, miteinander vergleichen, sowohl in der Qualität als auch im Preis. Auf dieser Vergleichbarkeit rechtsberatender oder besser rechtlicher Dienstleistungen liegt der Akzent des Beitrags. Der Begriff des «Rechtsanwaltsmarktes» wurde geprägt von WINTERS[10], der darunter den Markt für anwaltliche Dienstleistungen versteht[11]. Ob «anwaltliche Dienstleistung», «Rechtsdienstleistungen», «rechtliche Dienstleistung» oder «Legal Services» des GATS, der EU und anderer internationaler Organisationen, immer werden darunter Dienstleistungen im Zusammenhang mit der Anwendung von Spezialwissen durch den Dienstleistungserbringer im rechtlichen Bereich verstanden, unabhängig davon, ob in der Form von Beratung oder gerichtlicher Vertretung erbracht.

b) Zeitlich: Gestern – heute – morgen: So sehr ein Blick in die Geschichte der Legal Services interessieren würde, muss im Rahmen dieses Beitrags aus naheliegenden, vorerwähnten Gründen darauf verzichtet werden. Die Darstellung konzentriert sich auf den heutigen Markt, auf dem die Autoren anbieten.

c) Geographisch: Global – international – national – lokal: Der «Internetanwalt» ist heute möglich. Denkbar wäre eine brain-base an einem unter allen Kosten- und Ressourcengesichtspunkten optimalen Standort à la Rechenzentrum der Swissair in Bombay, mit Online-Verbindungen in alle Welt[12], verbunden mit einer mobilen Task-Force von Einsatzleitern à la IKRK-Delegierten, die im konkreten Einzelfall über lokal verankerte Kanzleien arbeiten. Recht ist jedoch immer noch, oder wie auch behauptet wird, immer mehr, als Folge der Globalisierung mit zwar vereinheitlichten oder harmonisierten Regeln[13], aber einem grossen lokalen, nationalen, einzelfallbezogenen, Umsetzungsbedarf, national, oder hat, präziser ausgedrückt, (auch) in den meisten Fällen einen nationalen Bezug. Aus diesen Gründen und von der Aufgabenstellung des Titels her ist es der Schweizer Markt, der interessiert.

d) Von der Form des Festschriftbeitrages her ist keine umfassende, flächendeckende Bestandesaufnahme möglich. Diese liegt hinsichtlich des

---

Berufsstand *ein*» (Hervorhebung beigefügt), gebietet heute politisch-gesellschaftliche Korrektheit den Hinweis darauf, dass mit der Bezeichnung «Anwalt» immer auch die «Anwältin» gemeint ist.

[10] WINTERS, S. VII.
[11] WINTERS, 284.
[12] In DE PURY/HAUSER/SCHMID, 18 ff., ist im Zusammenhang mit dem «Übergang zur Informationsgesellschaft» von einem «Bedeutungsverlust der Standorte» die Rede.
[13] CLEMENT, 444: «Obwohl in ganz Europa ein Vereinfachungsprozess in den Rechtsberufen initiiert wurde, stellen vielfältige nationale Systeme und Regulierungen nach wie vor Hindernisse auf dem Weg zum Europäischen Rechtsberatungsmarkt dar. Insb. Deutschland, die Schweiz und Österreich sind noch sehr restriktiv, Liberalisierungstendenzen zeigen sich hingegen in den USA, Grossbritannien und Skandinavien.»

heutigen Umfelds, in dem Rechtsanwälte sich bewegen, mit den Referaten zum Schweizerischen Juristentag 1996[14] vor. Es soll nicht das dort zum «Markt anwaltlicher Dienstleistungen»[15] Gesagte wiederholt und ausgewalzt werden. Vielmehr eignet sich dieser Beitrag für die Darstellung einiger *ausgewählter besonderer Aspekte* des Markts anwaltlicher Dienstleistungen. Bei der Auswahl ergab sich nicht überraschend die Fokussierung auf die grossen und grösseren Anwaltskanzleien[16], auf die nationalen oder zumindest regionalen «Players», denn dort, bei ihnen wird die Entwicklung stattfinden[17]. Bewusst vernachlässigt wurden die lokal ausgerichteten Kanzleien und Rechtsanwälte, die mit einer bewussten, intensiven Pflege ihrer traditionellen, gesellschaftlichen, lokalen Kontakte die nächste Zukunft ohne grössere Veränderungen angehen können[18].

III. Quantitatives

Vor jeder Beurteilung eines Rechtsberatungsmarktes Schweiz gilt es, diesen zumindest ansatzweise zu quantifizieren. Aussagen über einen Markt hängen in der Luft, wenn nicht wenigstens in grober Annäherung bekannt ist, über welche Grössenordnung diskutiert wird. Mangels entsprechender volkswirtschaftlich gesicherter Zahlen für den Rechtsberatungsmarkt Schweiz ist man auf Schätzungen angewiesen. Dabei erweist es sich als sinnvoll, zunächst existierende internationale Untersuchungen beizuziehen, und diese dann mit Schätzungen zur Situation in der Schweiz zu vergleichen. Diesbezüglich kann zunächst auf Untersuchungen im Rahmen von GATS hingewiesen werden.

---

[14] Siehe DREYER (L'avocat), und PFEIFER (Rechtsanwalt).
[15] PFEIFER (Rechtsanwalt), 285 ff.
[16] «Grösse» ist ein relativer Begriff. Wenn wir von grossen Anwaltsbüros in der Schweiz sprechen, so müssen wir uns immer darüber im klaren sein, dass solche, die wir für gross halten, im Verhältnis zu anderen Ländern, insbesondere im angelsächsischen Bereich, doch recht klein sind. Entscheidend ist einzig, dass die Organisation eines Büros dazu führt, dessen Vorteile (die Möglichkeit von Teambildung, der Austausch von Ideen und Kenntnissen, die Freisetzung von Zeit für wissenschaftliche Arbeiten, die Mitarbeit an Seminarien und Kongressen und die Möglichkeit Infrastruktur zu finanzieren) zur Geltung zu bringen, PETER WIDMER, in: Managementprobleme grösserer Anwaltsfirmen, Der Schweizer Anwalt 119/1989, 17.
[17] CLEMENT, 443.
[18] HUFF, 141: «Die kleinen Sozietäten werden auf jeden Fall überleben, denn mit ihrer intensiven Mandantenbetreuung, sozusagen dem *Kontakt vor Ort* (Hervorhebung beigefügt), werden sie weiter benötigt.»

A. Internationale Quantifizierung

In einem First Draft of a Chapter on Professional Business Services eines OECD Regulatory Reform Project finden sich bezüglich «Professional Business Services»[19] folgende Zahlen: Das Total aller Professional Business Services soll in den USA 1990 220,9 Billionen[20] USD und im gleichen Jahr in Frankreich 230,5 Billionen[21] FRF betragen haben[22]. Die «US legal industry» soll nach der gleichen Quelle 1992 einen Output[23] von 95 Billionen[24] USD bei 777 000 Anwälten[25] gehabt haben[26]. In den 12 EU-Staaten sollen 1992 rund 400 000 Professional Business Services Erbringende etwa 4 Billionen[27] ECU erwirtschaftet haben[28]. Die internationale Quantifizierung ist mit äusserster Vorsicht zu interpretieren, einerseits weil das, was als Legal Professional Service bezeichnet wird, von Land zu Land schwanken kann, andererseits weil die individuellen Angaben nicht oder nur schwer überprüft werden können.

B. Quantifizierung des Rechtsberatungsmarktes Schweiz

Für die Schweiz selbst fehlen empirische Untersuchungen quantitativer Natur für den Rechtsberatungsmarkt. Darauf wurde schon wiederholt hingewiesen[29]. Es bieten sich Schätzungen unterschiedlicher Art an. Eine mögliche Annäherung ergibt sich von der Anzahl der mit Rechtsberatung Beschäftigten her. Dabei ist nicht allein auf die «frei» praktizierenden Rechtsanwälte oder die Mitglieder des SAV abzustellen. Auch Treuhandgesellschaften und Banken erbringen rechtliche Dienstleistungen an Dritte und beschäftigen dafür Rechtsanwälte und Juristen. Neben diesem Rechtsberatungsmarkt im engeren Sinne, auf dem selbständige und angestellte Anwälte rechtliche Dienstleistungen an Dritte erbringen, ist auch ein Rechtsberatungsmarkt im weiteren Sinne zu beachten. Auf ihm erbringen angestellte Anwälte rechtliche Dienst-

---

[19] Dazu zählen neben «Legal Services» und «Accounting Services» auch «Consulting Engineering and Architecture» (siehe Fn. 5).
[20] Entspricht in unserer Terminologie Milliarden.
[21] Siehe Fn. 20.
[22] Draft Chapter on Professional Business Services, 3.
[23] Das Draft Chapter on Professional Business Services verwendet den Ausdruck annual «output» synonym mit annual «turnover», vgl. 6 und 7.
[24] Siehe Fn. 20.
[25] Von den 177 000 registrierten Anwälten sollen die überwiegende Mehrzahl im «Legal Services Sector» arbeiten.
[26] Draft Chapter on Professional Business Services, 6.
[27] Siehe Fn. 20.
[28] Draft Chapter on Professional Business Services, 6.
[29] PFEIFER (Rechtsanwalt), 280.

leistungen für ihren Arbeitgeber. Sie werden als Rechtskonsulent, Unternehmensjurist, Syndicus oder in-house counsel bezeichnet. Streng genommen gehören auch die in der Verwaltung tätigen Rechtsanwälte und Juristen zu dieser Kategorie von Rechtskonsulenten. Dennoch werden im Folgenden die Verwaltungsjuristen nicht berücksichtigt. Soweit sie hoheitliche Dienstleistungen erbringen, gehören sie nicht zum Rechtsberatungsmarkt. Soweit die rechtliche Dienstleistung nicht hoheitlich ist (z.B. ein Zivilprozess des Staates gegen eine Unternehmung aus Mängelhaftung), wird sie oft an selbständige Rechtsanwälte ausgegeben und ist dort erfasst. Der verbleibende, nicht hoheitliche Teil dürfte gering genug sein, um ihn zu vernachlässigen. Da alle zu berücksichtigenden Umsätze nicht bekannt sind, muss in einer zweiten Annäherung von einem aus dem angenommenen Durchschnittsverdienst erschlossenen indirekten Umsatz ausgegangen werden. Alle erwähnten Anbieter rechtlicher Dienstleistungen arbeiten und wollen leben resp. überleben und müssen dafür entweder als für Dritte tätige Rechtsanwälte eigenen Umsatz erzeugen (Rechtsberatungsmarkt im engeren Sinne) oder als für einen eigenen Arbeitgeber tätige Rechtsanwälte eben solchen externen Umsatz vermeiden. Es scheint deshalb zur Bestimmung der Grösse des Marktes der von diesen Anbietern erbrachten rechtlichen Dienstleistungen gerechtfertigt, die positiven und negativen Umsätze zu addieren. Diese «Umsatzannäherungsrechnung» geht vom geschätzten Total der in der rechtlichen Dienstleistung Tätigen aus und ordnet ihnen ein geschätztes Durchschnittseinkommen zu, von dem dann auf einen geschätzten Durchschnittsumsatz geschlossen wird. Es ergibt sich dann etwa folgende Rechnung: Anzahl der im Schweizerischen Anwaltsverband organisierten Anwälte[30] vermehrt um die im Bereich der Rechtsberatung für Dritte tätigen Angestellten von Banken und Treuhandgesellschaften[31] und die Unternehmensjuristen. Wenn man davon ausgeht, dass die (noch) Big Six und die grossen Banken zusammen mindestens 500 Rechtsanwälte und Juristen (in der rechtlichen Dienstleistung Arbeitende) beschäftigen dürften, und diese Zahl dann im Hinblick auf alle Treuhandgesellschaften und Banken verfünffacht wird, so ergibt sich ein geschätztes Total von zirka 2500 bei Banken und Treuhandgesellschaften in der rechtlichen Dienstleistung Tätigen. Im Gegensatz zu den Anwälten ist der Organisationsgrad der Unternehmensjuristen klein, und die Anzahl der Mitglieder des Vereins Schweizerischer Unternehmensjuristen muss deshalb um einen geschätzten

---

[30] Die Berechtigung des Abstellens auf den Mitgliederbestand des Schweizerischen Anwaltsverbandes als Ausgangsgrösse für die aktiv tätigen Anwälte ergibt sich aus dem beinahe hundertprozentigen Organisationsgrad der Anwälte und dem zwischen Spitzenverdienern und nicht mehr aktiven Anwälten sich einpendelnden Ausgleich.

[31] Herrn Prof. Dr. Edgar Fluri, Vorsitzender der Geschäftsleitung der STG-Coopers & Lybrand, und Herrn Dr. Othmar Strasser, 1. Rechtskonsulent der Zürcher Kantonalbank, sei dafür gedankt, dass sie die Plausibilität der Schätzungen mit sich diskutieren liessen.

Faktor vergrössert werden[32]. Gesamtschweizerisch wären demnach etwa 2200 Unternehmensjuristen tätig. Wenn angenommen wird, dass alle diese Rechtsberatung erbringenden Dienstleister, Anwälte, Angestellte von Banken und Treuhandgesellschaften und Unternehmensjuristen, total also ca. 10 000 Personen[33], ein Durchschnittssalär von etwa CHF 100 000.– im Jahr erzielen und dafür einen jährlichen Umsatz von CHF 200 000.–[34] realisieren müssen, dann ergibt sich ein Rechtsberatungsmarkt Schweiz in der Grössenordnung von CHF 2 Mrd. Die Grössenordnungen stimmen eigentlich optimistisch, insbesondere wenn sie mit den Überlegungen zum Qualitativen[35] im Sinne der möglichen neuen Dienstleistungen im Rechtsberatungsmarkt zusammen gewürdigt werden. Sie sind Ausdruck eines starken Wachstums der unternehmensbezogenen Dienstleistungen[36] und Ausdruck einer zunehmenden Arbeitsteilung zwischen der Industrie und dem Dienstleistungssektor zugunsten des Dienstleistungssektors[37].

IV. Qualitatives

Dass der Bedarf an rechtlichen Dienstleistungen zunimmt und damit der Rechtsberatungsmarkt[38] wächst, ist notwendige Konsequenz der zunehmenden Komplexität des Wirtschaftsgeschehens und der Tendenzen zur Verrecht-

---

[32] Der Verband Schweizerischer Unternehmensjuristen zählt zurzeit 270 Mitglieder, insbesondere im Raume Zürich ansässig. Wenn der Organisationsgrad mit deutlich unter 50% angenommen, und die Zahl der im Raume Zürich tätigen Unternehmensjuristen deshalb um 60% vermehrt wird, wenn dann das Verhältnis der in der Region Zürich tätigen Unternehmensjuristen als im Vergleich zu gesamtschweizerisch tätigen Unternehmensjuristen mit 20% angenommen wird (entspricht dem Verhältnis der im Kanton Zürich tätigen Anwälte im Vergleich zu in der Schweiz tätigen Anwälten), so ergibt sich eine geschätzte Gesamtzahl von in der Schweiz tätigen Unternehmensjuristen von zirka 2200.

[33] Nicht auszuschliessen sind bei dieser Annahme gewisse sich aus Überschneidungen von Mitgliedschaft im SAV, dem Verband Schweizerischer Unternehmensjuristen und der Tätigkeit als Bank- oder Treuhandjurist ergebende Ungenauigkeiten.

[34] Das wäre von der Grössenordnung vergleichbar mit dem Durchschnittsumsatz, gerechnet auf der Basis der für 1992 die USA verfügbaren Zahlen. Bei 777 000 Lawyers und inem Output von 95 Mrd. USD ergibt sich ein Durchschnittsumsatz von USD 122 000.–.

[35] Siehe IV hiernach.

[36] In bezug auf den Weltmarkt ist in DE PURY/HAUSER/SCHMID, 17, von einem «globalen Wachstumsschub» die Rede.

[37] CLEMENT, 442.

[38] Eine vom hier behandelten Thema her besonders interessierende Wechselwirkung zwischen Verrechtlichung und Wettbewerb erwähnt JENS DROLSHAMMER, Wettbewerbsrecht, Bern 1997, S. XVIII, wenn er darauf hinweist, dass die Belastbarkeit der schweizerischen Wirtschaftsverfassung bei der Bestimmung des Grades der Verrechtlichung des Wettbewerbssystems sich noch weisen müsse.

lichung und Internationalisierung[39]. HUFF sieht denn auch für Deutschland «im rechtsberatenden Bereich ... noch viel neues, zusätzliches Beratungspotential, ... aus dem sich erhebliche Wachstumsraten herleiten lassen»[40]. Auch für die Schweiz dürfte gelten, dass «der Rechtsanwalt ... noch immer als Reparaturbetrieb verstanden»[41] wird und folglich sein Métier ausbaufähig erscheint. Aber auch in der Schweiz haben die rechtsberatenden Berufe die Zeichen der Zeit erkannt und sind zur umfassenden Beratung ihrer Mandanten übergegangen. Sie haben erkannt, dass das Erbringen rechtlicher Dienstleistung ein «Business» ist[42]. Die Anwälte beziehen längst schon neben der forensischen Tätigkeit und der Rechtsberatung auch die Rechtsgestaltung[43] in ihre Tätigkeit mit ein. Daneben öffnen sich für in der Erbringung herkömmlicher rechtlicher Dienstleistung Tätige auch Aktivitätsfelder ausserhalb der rein oder eher rechtlichen Tätigkeit, die u. a. mit den Stichworten «Mediation»[44] und «Kinderanwalt»[45] bezeichnet werden können.

V. Gibt es überhaupt einen Rechtsberatungsmarkt und einen Rechtsanwaltsmarkt Schweiz?

A. *Der Markt*

Ist der Rechtsberatungsmarkt Schweiz, zumindest für Rechtsberatung gemäss den eingangs dargestellten Abgrenzungen, überhaupt etwas, was selbständige im SAV zusammengeschlossene Rechtsanwälte heute und in der nahen Zukunft interessiert? Ein Markt zeichnet sich ja definitionsgemäss aus durch Produkte, Nachfrager und Anbieter. Für die Zwecke des vorliegenden Beitrages wurden die Produkte – und dass es sich auch bei rechtlichen Dienstleistungen um Produkte handelt, ist unbestritten[46] – in den einleitenden Abgrenzungen dargestellt. Bei den Anbietern handelt es sich im Rahmen dieses Beitrages, der in der Jubiläumsschrift des Schweizerischen Anwaltsverbandes erscheint, zunächst um im SAV zusammengeschlossene, selbständig tätige

---

[39] CLEMENT, 444; PFEIFER (Rechtsanwalt), 293 ff.
[40] HUFF, 140.
[41] HUFF, 139.
[42] PFEIFER (Votum), 547.
[43] Siehe das Votum des Kollegen RAINER SCHUMACHER am Schweizerischen Juristentag 1996 zur Vertragsgestaltung, ZSR 115, 1996, 557.
[44] Siehe Botschaft des Bundesrates vom 15. November 1995 über die Änderung des Schweizerischen Zivilgesetzbuches (... Scheidung ...), BBl Nr. 1 I 1996, 1 ff., insb. 151 ff.
[45] Siehe NILS PETER AMMITZBOELL, Der Kinderanwalt – problematische Neuerung, NZZ Nr. 233 vom 8. Oktober 1997, 15.
[46] OECD Regulatory Reform Project, Draft Chapter on Professional Business Services, submitted to a meeting on 13–14 November 1996, 5.

Rechtsanwälte. Natürlich bieten auch Treuhandgesellschaften und Banken resp. deren angestellten Anwälte und Juristen ähnliche Produkte an und sogar die durch hausinterne Rechtskonsulenten erbrachten rechtlichen Dienstleistungen sind ein Produkt des Rechtsberatungsmarktes. Dabei spielt es keine Rolle, in welcher Rechtsform die Anbieter das Produkt erstellen, was in den Beiträgen zu den möglichen Rechtsformen anwaltlicher Tätigkeit dieser Festschrift sowie im Festvortrag anlässlich des Schweizerischen Anwaltstages 1998, in dem NOBEL eine Lanze für die Organisationsfreiheit bricht, bestätigt wird. Nachfrager ist allemal die schweizerische Wirtschaft[47].

B. Die Realität

Wirklich (auch vom Quantitativen her) «grosse» Rechtsberatungsgeschäfte (oder um verständlicher zu sein «Deals») erfordern in einer immer komplexer und komplizierter werdenden «Welt» wirtschaftlich globalen Zuschnitts zwangsläufig Spezialisierung, Professionalität im Sinne vertiefter Kenntnisse und grosser, nur durch eine gewisse Menge erwerbbarer, Erfahrungen, Effizienz im Sinne organisatorischer und instrumentaler Optimierung und internationale Kontakte und Koordinierung, unter Umständen auch ein wenig Aufmerksamkeit und Aggressivität[48]. Dass bei den grossen Fusionen der letzten Zeit (Novartis und UBS sind lediglich zwei zurzeit gerade besonders wirkungsvolle Reizworte) in der «Champions League» immer wieder die an einer Hand aufzuzählenden Zürcher Anwaltskanzleien zum Zuge kamen, ist durchaus symptomatisch[49]. In der Wahrnehmung des Publikums waren nur sie genügend spezialisiert, genügend professionell und effizient, d.h. in der Lage, ein dem «Allfinanzsystem»[50] gleichwertiges Paket auf dem Gebiet der Rechtsdienstleistung anzubieten. Ob ihre internationale Koordination genügte, darf bezweifelt werden, auf alle Fälle erhielten sie nicht den globalen Lead, sei es, dass sie dafür als nicht geeignet oder kompetent genug erachtet wurden oder

---

[47] Wenn die schweizerische Wirtschaft ein Produkt verlangen sollte, das die Anwälte in der Schweiz gar nicht anbieten und dann dieses Produkt bei anderen Anbietern einkauft, dann gibt es zwar den im Titel dieses Beitrages erwähnten Rechtsberatungsmarkt Schweiz immer noch, der Rechtsanwaltsmarkt existiert dann aber gar nicht (mehr).
[48] Insofern widerspricht sich LIATOWITSCH, 20, wenn er im gleichen Atemzug von den Anwälten Flexibilität und Toleranz fordert und sich andererseits beklagt, wenn sich Vertreter von «grossen und renommierten schweizerischen Büros ... bei medienträchtigen Katastrophen ... den Rechtsabteilungen grosser Konzerne andienen».
[49] Nach LIATOWITSCH, 14, ist allerdings schon, wer zwei Publikumsgesellschaften fusioniert hat, «gemacht».
[50] Dass das ausschlaggebend sei, meint auch CLEMENT, 444: «Über den Systemansatz hinausgehend, liegt die Zukunft der Rechtsberatungsbranche in der ‹Full Service Betreuung›. Hierzu zeigen sich Parallelen zum Allfinanzkonzept der Banken und Versicherungen.»

die Unternehmen ihn selbst in der Hand behalten wollten. Im letzteren Fall käme es in Zukunft darauf an, etwas Besseres zu offerieren, als es die In-House-Lösung bietet. Wenn sich ein Grossteil der Basler, Berner und Genfer Anwälte (um nur völlig zufällig einige Beispiele zu nennen) den Vorwurf gefallen lassen müssen, nicht rechtzeitig die Anforderungen der Zeit erkannt zu haben, sich nicht in optimalen oder optimaleren Grössenordnungen, die erst eine heute vom Markt geforderte Spezialisierung, Professionalität und Effizienz gestatten, organisiert zu haben, dann ist auch zuhanden der erwähnten Zürcher Büros zumindest die Aufforderung erlaubt, internationale Dimensionen nicht zu vernachlässigen. Tatsache ist, dass weltweit bei wirklich «grossen Deals» (Fusionen und Akquisitionen, Börsengänge, Privatisierungen, Finanzierungen usw.) für die rechtlichen Dienstleistungen nicht Rechtsanwaltsbüros, sondern die Big Six[51], allenfalls Investmentbanken, international den Ton angeben. Sowieso tritt bei den wirklich «grossen Deals» die rechtliche Dienstleistung zuweilen in den Hintergrund gegenüber den finanziellen Dienstleistungen der Banken und Arrangeure (CSFB sei als zufälliges Beispiel erwähnt). Niemand wird ernsthaft behaupten, die Rechtsberatung durch eine der Big Six oder durch eine global tätige Bank sei in sich besser, als die durch ein Anwaltsbüro erbrachte Rechtsberatung. Das Gesamtprodukt aller Rechts- und Finanzdienstleistungen lässt sich aber anscheinend beim Lead durch eine der Big Six oder durch eine Grossbank oder durch einen banknahen M&A-Berater oder Arrangeur global besser steuern und koordinieren[52]. Ganz abgesehen davon, scheint die nicht zu unterschätzende und immer wichtiger werdende psychologische Akzeptanz des Auswahlverfahrens bei den verantwortlichen Organen, aber auch beim Publikum (u.a. den Aktionären) und sogar bei allfällig später im Zuge gerichtlicher Überprüfung wichtig werdenden Kontrollinstanzen für Banken und Big Six und gegen Anwaltskanzleien zu sprechen. Hier, im Bereich globaler Steuerung und Koordinierung, besteht ein evidentes Manko selbst grosser Anwaltsbüros[53]. Es bleibt nichts, als für «grosse Deals» das ernüchternde Fazit zu ziehen: In bezug auf das heute vom Kunden begehrte Produkt im Bereich der Rechtsberatung von «big deals» halten nur einige wenige Zürcher Büros zurzeit mit, und auch sie sind, wenn auch nicht zwei Entwicklungsgenerationen zurück, wie die anderen

[51] Sie werden zurzeit in der gegenwärtigen Phase der Fusionsverfahren einerseits der Einfachheit, anderseits der Unsicherheit halber noch so bezeichnet.
[52] Ein Schlüsselbegriff in diesem Zusammenhang ist das «one-stop-shopping», dessen primärer Kundennutzen in Zeitgewinn und besseren Möglichkeiten zur diskreten Behandlung von Planungen liegen soll. Die Nutzer des «one-stop-shopping» seien bislang Institutionen, die regelmässig Transaktionen abwickeln. Die genannten Vorteile sind abzuwägen gegen Nachteile, wie eine gewisse gesteigerte Abhängigkeit und ein suboptimaler Service bei einzelnen Teilleistungen, Prof. Dr. STEVENS MÜLLER, M&A-Review 1996, 528.
[53] Baker & McKenzie sind ein bis heute vereinzelt gebliebener Versuch von Anwälten, eine den Big Six ebenbürtige Option zu schaffen.

grösseren Büros in der Schweiz, in bezug auf internationale Kontakte eine Generation hinter dem anderweitig vorhandenen Standard der Anbieter zurück[54].

Dabei gilt es allerdings zu beachten, dass die Weltklasse der M&A-Anwälte lediglich aus ungefähr 12 Anwaltsfirmen besteht, die ausschliesslich in der City of London und in Manhattan angesiedelt sind. Den Wettbewerb mit diesen Marktführern, die engste Beziehungen zu den führenden Investmentbanken unterhalten, vermögen auch die Anwälte in Deutschland und Frankreich, aber auch in Manchester, Chicago, Atlanta und Los Angeles nicht zu bestehen. Wenn Schweizer Anwälte aufsteigen und so z.b. die nächste Grossfusion in der Schweiz als Global Lead Counsel führen wollten, so könnten sie das – genau wie ihre kontinental-europäischen Kollegen – nur durch Einbettung in eine internationale Grossanwaltsfirma. Ob sich solche europäischen oder gar interkontinentalen Firmen mit Teilnahme der Londoner und New Yorker Spitzenfirmen bilden werden, ist die grosse Frage[55] im Rechtsanwaltsmarkt der nächsten fünf (nicht zehn) Jahre[56].

Wenn vom Mitspielen in der «Champions League» die Rede war[57], dann ergibt sich daraus notwendigerweise, dass die folgenden Ausführungen nicht unbesehen auch für die unteren Ligen gelten. Rechtsanwälte, denen ihre lokale, ortsbezogene Praxis genügt, die sich auf das dank der eigenen Persönlichkeit erworbene Beziehungs- und Vertrauensnetz verlassen und dieses nicht ausbauen möchten, für sie gelten die Ausführungen dieses Festschriftbeitrages höchstens cum grano salis. Damit wird keineswegs dieser Art der Ausübung des Rechtsanwaltsberufs gegenüber Geringschätzung ausgedrückt, sondern lediglich einmal mehr, im Sinne der Abgrenzung, die Segmentierung des Rechtsberatungsmarktes bestätigt. Ähnlich wie sich im schweizerischen Aktienrecht die Einheit der Aktiengesellschaft zwar als Idealvorstellung noch aufrecht erhält, jedoch in der Praxis der täglichen Rechtswirklichkeit nicht einhalten lässt, in der Realität eine Spaltung also bereits stattgefunden hat, ist die Spaltung resp. Segmentierung des Rechtsberatungsmarktes längst Realität.

[54] Dieses Manko an internationalen Kontakten wird nicht nur in der Schweiz empfunden, gleiches gilt z.B. auch für Frankreich, siehe La Tribune (Paris) vom 24.12.1997, 18, finance et droit, mit dem Beitrag «Bâtir des réseaux transnationaux pour mieux concurrencer les ‹big six›».

[55] Dieser Frage widmet sich u. a. ein von JENS DROLSHAMMER geleiteter Ausbildungsblock «Legal Profession and International Business Law» im Rahmen des M.B.L.-HSG-Nachdiplomstudiums in Europäischem und Internationalem Wirtschaftsrecht am Europainstitut der Universität St. Gallen.

[56] Soeben wurde ein Zusammengehen von Freshfields (UK) und Deringer Tessin Herrmann & Sedemund (D) angezeigt sowie über andere Kombinationen spekuliert, siehe Financial Times vom 26.1.1998, 16, «Freshfields to set up German law alliance».

[57] Der vorliegende Festschriftbeitrag bezieht sich schwergewichtig auf das gängigerweise mit der Bezeichnung Wirtschaftsrecht versehene Segment des Rechtsberatungsmarktes, und selbst in diesem Segment auf den insbesondere von quantitativen Kriterien bestimmten Teilbereich mittlerer und grösserer Firmenklientschaft.

VI. Der Anspruch von Anwaltsbüros, als Anbieter auf dem Markt dennoch ernst genommen zu werden

Wenn nach der vorstehenden Bestandesaufnahme und dem Fazit dennoch für Anwaltsbüros der Anspruch erhoben wird, mit anderen, allenfalls grösseren und potenteren, Unternehmungen in Wettbewerb zu treten und als Anbieter ernst genommen zu werden, dann bedarf das der Begründung. Was unterscheidet denn, unterstellt Anwaltsbüros schafften es entsprechende Produkte anzubieten, Anwaltsbüros von beispielsweise Grossbanken und den Big Six? Auf einen dem Charakter dieses Festschriftbeitrages gerecht werdenden Differenzierungsgrad heruntergebrochen, bleibt von vielen möglichen behaupteten Unterschieden letztlich lediglich einer ausschlaggebend: Die *Unabhängigkeit* der im Anwaltsbüro tätigen Anwälte und das deshalb von den Klienten in sie gesetzte Vertrauen.

Üblicherweise werden folgende positiven Eigenschaften eines Anwalts als für seine Wahl sprechende Argumente aufgezählt. Unabhängigkeit, und zwar sowohl als organisatorische und finanzielle Unabhängigkeit verstanden[58]. Vor allem ein positiv formulierter Aspekt der organisatorischen Unabhängigkeit spielt eine ausschlaggebende Rolle. Als Korrelat zur *Unabhängigkeit* soll das *Vertrauen* in den Anwalt ausschlaggebend sein. Daneben spielt die *Professionalität*, d. h. seine Kenntnis und seine Erfahrung, für dieses Vertrauen eine Rolle[59]. All das bringt der Anwalt nur dank seiner Effizienz[60] zum Tragen[61], sprich auf den Markt zu den Nachfragern.

Bei näherer, nüchterner und unvoreingenommener Betrachtung ist aber zuzugeben, dass die meisten der für die Wahl eines (selbständigen) Anwalts ins Feld geführten Argumente auch für die Wahl einer Rechtsabteilung einer Grossbank oder der Big Six gelten. *Unabhängigkeit* im Sinne der fehlenden Identität von Auftraggeber und Beauftragten kann auch bei den Grossbanken und bei den Big Six gegeben sein. Gleiches gilt in bezug auf die *finanzielle* Unabhängigkeit. Auch das *Vertrauen* der Nachfrager dürfte durchaus vorhanden sein, insbesondere auch hinsichtlich des Haftungssubstrats bei Schadenersatz aus Berufsfehlern. Über die zweifellos ebenfalls mögliche *Effizienz* müssen keine Worte verloren werden.

---

[58] PFEIFER (Rechtsanwalt), 307 ff.; PFEIFER (Votum), 548; DREYER (L'avocat), 415, unterscheidet die ökonomische, moralische und intellektuelle Seite der Unabhängigkeit.

[59] DREYER (L'avocat), 475.

[60] Wobei die Effizienz mit der moralischen Unabhängigkeit, die auch als ethische Aufforderung an den Anwalt bezeichnet werden kann, durchaus in einem Spannungsverhältnis steht, siehe HEIDI LI FELDMANN, Can Good Lawyers be Good Ethical Deliberators, in: Law Quadrangle Notes: The University of Michigan Law School, Vol. 39, Nr. 2 (1996), 51 ff.

[61] HEMPEL, 2.

Dennoch, *ein* Argument haben die Anwaltsbüros den Rechtsabteilungen der Grossbanken und der Big Six voraus: Ihre Unabhängigkeit[62] im Sinne der Checks and Balances[63]. Weshalb sollte, was für die Trennung von Buchhaltung (Accounting) und Revision (Auditing) gilt, nicht auch für die Trennung zwischen Revision und Rechtsberatung gelten?[64] Checks and Balances wird in dieser Hinsicht verstanden als Nebeneinander von miteinander in Beziehung stehenden, sich beeinflussenden, aber eigenes Gewicht aufweisenden Funktionen, die voneinander organisatorisch und einflussmässig getrennt[65] sind wie Exekutive, Legislative und Judikative. Eine über ihre Verbindung mit Revision und Unternehmungsberatung der operativen Funktion des Managements (und damit der exekutiven Gewalt im Unternehmen) und den strategischen Funktionen des Verwaltungsrats und der Generalversammlung (und damit der exekutiven/legislativen Gewalt im Unternehmen) nahestehende Rechtsberatung durch Treuhandgesellschaften erfüllt, als rechtliches Gewissen der Unternehmung der judikativen Gewalt vergleichbar, die Anforderungen an deren Unabhängigkeit nicht. Diese Unabhängigkeit bieten, anders als Banken und die Big Six, zurzeit nur Anwaltsbüros. Sie arbeiten zwar eng mit Banken und Treuhandgesellschaften zusammen[66], insofern ergänzen sich die angestammten Tätigkeiten dieser Konkurrenten durchaus, sie bieten aber auch ein eigenes «core-business» an, die rechtliche Beurteilung und Gestaltung von Sachverhalten zuhanden von Nachfragern, unbeeinflusst von anderen wirtschaftlichen Beziehungen[67] zu diesen Nachfragern (wie Banken-, Buchhaltungs- und Revisionsdienstleistungen). Für dieses Angebot wollen

---

[62] Von einem «need for independence» und der Gefahr einer wachsenden Zahl von Interessenkonflikten ist die Rede in einem Artikel in der Times of London vom 15.1.1998 mit dem Titel «‹no› ist the true and fair view», in dem die Monopolies and Mergers Commission (UK) aufgefordert wird, gegenüber den geplanten Fusionen von Price Waterhouse und Coopers & Lybrand sowie KPMG mit Ernst & Young hart zu bleiben und sie nicht zuzulassen. Schön auch der Schluss des Artikels: «regulation is no substitute for competition».

[63] Zum aus dem Verfassungsrecht entliehenen Begriff der Checks and Balances siehe NOWAK/ROTUNDA/YOUNG, Constitutional Law, third edition, American Casebook Series, West Publishing Company, St. Paul, Minnesota (USA) 1987; HALLER/KÖLZ, Allgemeines Staatsrecht, Basel 1996, 149. Entscheidend ist der Zusammenhang mit der Gewaltentrennung und -hemmung.

[64] Dem Vernehmen nach sollen einige der Big Six schon die Ausgliederung und Verselbständigung ihrer Rechtsabteilungen erwägen. Wenn dies eintritt, werden sich grosse Anwaltsbüros noch intensiver um internationale Zusammenarbeit und Koordination bemühen müssen als bisher.

[65] Checks and Balances ist ein Begriff der Lehre von der Gewaltentrennung, HALLER/KÖLZ, Allgemeines Staatsrecht, 149.

[66] MICHAEL PFEIFER, Marktgerechte Entwicklung der Rechtsberatung, Tendenzen zur Liberalisierung des Standesrechts, NZZ Nr. 129 vom 5.6.1992, 35.

[67] Unabhängig davon, ob diese Beziehungen direkt zum Nachfrager oder indirekt über eine Konzern- oder Gruppenstruktur besteht.

Anwälte ernst genommen werden und davon erhoffen sie sich u.a.[68] einen Wettbewerbsvorteil[69].

Ob sich die Anwälte ausserhalb des für sie reservierten forensischen Bereichs – dessen überragende Bedeutung für die Anwaltschaft der ganzen Welt man nie unterschätzen sollte – behaupten können, insbesondere als Berater für grosse Transaktionen, wird letztlich davon abhängen, ob sie glaubhaft den Anspruch aufrechterhalten können, die besseren Leute zu haben. Die besseren Anwälte werden sie dann haben, wenn Anwaltsfirmen profitabler sind als die grossen Accounting Firms. Das ist bisher der Fall, weil Rechts- und Steuerberater in den grossen Treuhandfirmen ihre Profitabilität durch die geringeren Erträge im angestammten Revisionsgewerbe verwässert sehen. Deshalb gehen die besten jungen Juristen fast weltweit in die Anwalts- und nicht in die Treuhandfirmen. Wo dies nicht der Fall ist, kann man davon ausgehen, dass die Anwaltschaft ihre überlegene Profitabilität aus irgendwelchen Gründen eingebüsst hat, z.B. in Frankreich und Spanien, im Gegensatz zu Deutschland und England. Es wäre für die Anwaltschaft ein schwerer Fehler, zu übersehen, dass der Wettbewerb gegen die Treuhandfirmen ein Kampf um die überlegene Profitabilität ist.

---

[68] Einen weiteren wettbewerbswirksamen «Erfolgsfaktor für die Zukunft» sieht FELLMANN (Standesregeln), 34, in der Verankerung von als «Mechanismen anwaltlicher Selbstkontrolle» verstandenen Standesregeln im verbandsinternen Disziplinarwesen.

[69] Dieser scheint um so wichtiger, als in DE PURY/HAUSER/SCHMID, 21 ff., dargestellt wird, wie sich die «Konkurrenz» auf den Weltmärkten bei zunehmender Globalisierung und Öffnung «schockartig intensiviert».

André Thouvenin

Das Anwaltsbüro als Unternehmen

Inhaltsübersicht

I. Einleitung
   A. «Unternehmen» als Risiko
   B. «Unternehmen» als Widerspruch

II. Die traditionelle Tätigkeit des Anwalts
   A. Das Produkt
   B. Der Betrieb

III. Veränderungen
   A. Veränderungen des Umfelds
      1. Wirtschaftliche Veränderungen
      2. Technische Veränderungen
   B. Veränderungen der Anforderungen
      1. Nachfrage nach Spezialisten
      2. Anforderungen an die Produktepalette
      3. Anforderungen technischer Art
      4. Zeitlicher Druck

IV. Konkurrenz
   A. Konkurrenz innerhalb der Anwaltschaft
   B. Konkurrenz durch andere Dienstleister

V. Das Unternehmen
   A. Die betriebswirtschaftliche Definition
   B. Anwaltsbüro als Unternehmen?

VI. Die Organisation des «Unternehmens Anwaltskanzlei»
   A. Unternehmensbereiche
      1. Versorgungsbereich
         a. Vorbemerkungen
         b. Die verschiedenen Bereiche
      2. Vollzugsbereich
      3. Führungsbereich
   B. Organisationsformen
      1. Organisation im Kleinbetrieb und in der traditionellen Anwaltskanzlei
      2. Organisationsformen im «Unternehmen Anwaltskanzlei»
   C. Rechtliches Gewand
      1. Einfache Gesellschaft
      2. Kollektivgesellschaft oder juristische Person?

VII. Zusammenfassung
   A. Notwendigkeit
   B. Nutzen

I. Einleitung

A. «*Unternehmen*» *als Risiko*

«Unternehmen» als Tätigkeit verstanden beinhaltet etwas «tun», «machen», «in die Wege leiten», damit auch: etwas riskieren, und gerade darin liegt der Reiz unserer Arbeit als Rechtsanwälte.

Eine eigene Kanzlei eröffnen ist eine Herausforderung, ebenso die damit verbundene Arbeit, die Chance, etwas – für seine Klienten – bewirken, etwas verändern zu können. Die damit verbundenen Risiken – vor allem für den Klienten – sind den Anwälten sehr wohl bewusst. Die für den Anwalt verbundenen Risiken in bezug auf berufliche Fehler sind dem Anwalt oder der Anwältin latent ebenfalls bewusst.

Das *eigentliche* Risiko jedoch, «unternehmerisch» zu scheitern, wird vor einer Kanzleieröffnung sicherlich kurz erwogen, häufig jedoch negiert, weil schliesslich jeder Anwalt und jede Anwältin nach der Anwaltsprüfung für sich in Anspruch nehmen kann, ein in der Regel anspruchsvolles Examen bestanden und damit die Fähigkeiten (wohl besser: das Wissen) zur Berufsausübung bewiesen zu haben. Dass und welche weitere Anforderungen neben dem geprüften rein fachlichen Wissen an den Anwalt und die Anwältin gestellt werden, wird ihm oder ihr erst im Laufe der Zeit bewusst. Dabei nehmen diese Ansprüche im Laufe der Tätigkeit eher zu als ab, sei es durch das Wachstum der Anwaltskanzlei, sei es durch die Veränderungen im beruflichen Umfeld oder durch die Konjunktur.

B. «*Unternehmen*» *als Widerspruch*

Der Begriff «Anwaltsbüro» lässt das Bild des traditionellen Anwalts aufkommen, der in vielseitiger Tätigkeit einen grossen Bereich der Rechtsgebiete abdeckt, in der Regel jedoch *alleine* in einer Kanzlei tätig ist, sein Anwaltsbüro betreibt.

Der Begriff «Unternehmen» im Sinne von Betrieb, von Unternehmung assoziiert Grösse. Vor dem geistigen Auge erscheint eine Liegenschaft oder ein Komplex von Liegenschaften mit Fabrikations- und Lagerhallen, einem Verwaltungsgebäude, allenfalls Liefer- und Lastwagen usw. Die Bilder «Anwaltsbüro» und «Unternehmen» erscheinen daher als widersprüchlich, als spannungsgeladen. Diesen Widersprüchen nachzugehen, ist das Ziel dieser Arbeit.

II. Die traditionelle Tätigkeit des Anwalts

A. Das Produkt

Der Anwalt und die Anwältin sind im Kernbereich traditionell Vertreter der Parteien vor Gerichten und Behörden und ein Stück weit Schlichter zwischen den zerstrittenen Parteien. Neben der Vertretung in Prozessen stellt die Beratung von Klienten, insbesondere auch von Firmen, bei der Abfassung und Auflösung von Verträgen, in gesellschaftsrechtlichen Fragen usw., einen wesentlichen (oder je nach Kanzlei auch ausschliesslichen) Teil der Tätigkeit eines Anwalts dar. Der Beratungsbereich wird seit Jahren – und zunehmend – auch von Treuhandfirmen, Banken und Versicherungen beansprucht, d.h. die Anwaltschaft sieht sich hier einer starken Konkurrenz gegenüber, die erst noch nicht gesetzlich an Werbebeschränkungen gebunden ist[1].

B. Der Betrieb

Das traditionelle Bild des Anwalts, eines fachlich qualifizierten Berufsmanns mit auch menschlich hohen Qualitäten, der in seiner eigenen Kanzlei als Einzelanwalt arbeitet und gesellschaftliches Ansehen und Wohlstand geniesst, unterliegt schon seit einiger Zeit der Veränderung. Die Mitgliederumfrage, welche der Schweizerische Anwaltsverband im Jahre 1984 durchführte, weist einen Drittel der Anwälte und Anwältinnen als Einzelpraxen aus[2]. Unabhängig davon, ob diese Zahlen völlig zutreffen, zeigt sich doch, dass das Bild des traditionellen Anwalts heute nur noch bedingt mit der Wirklichkeit übereinstimmt.

---

[1] Näheres dazu in «Der Rechtsberatungsmarkt in der Schweiz» von MICHAEL PFEIFER/PETER WIDMER, in dieser Festschrift, 57 ff. Vgl. dazu WINTERS, 49 ff., der sich ausführlich mit der Situation in Deutschland befasst; COMMICHAU, 318.

[2] Ich schliesse allerdings nicht aus, dass dieser Anteil heute wieder etwas höher ist, speziell bei jüngeren Anwälten, die mangels besserer beruflicher Möglichkeiten infolge des Stellenabbaus oder Anstellungsstopps in Verwaltungen, Versicherungen, Banken usw. mit einer minimalen Infrastruktur eine eigene Kanzlei eröffnen (oder wohl besser: eröffnen müssen). Zu den Einzelpraxen wären allerdings meiner Ansicht nach auch die Anwälte zu zählen, die statistisch unter «Kanzleigemeinschaften» figurieren, jedoch lediglich die Unkosten teilen und im übrigen völlig auf eigene Rechnung arbeiten. Vgl. dazu «Der Rechtsanwaltmarkt in der Schweiz» von MICHAEL PFEIFER/PETER WIDMER, in dieser Festschrift, 57 ff.

III. Veränderungen

A. *Veränderungen des Umfelds*

1. Wirtschaftliche Veränderungen

Das wirtschaftliche Umfeld in der Schweiz hat sich in den letzten zehn Jahren stark verändert, sei es durch die Schliessung von Firmen infolge der Rezession und den damit verbundenen Entlassungen von Angestellten, sei es durch Fusionen und Firmenzusammenschlüsse, wie BBC Brown Boveri/ABB, Schweizerische Kreditanstalt/Schweizerische Volksbank, Sandoz/Ciba-Geigy und neuestens Credit Suisse/Winterthur Versicherungen. Dazu kommen die Veränderungen im Umfeld der Schweiz, insbesondere in Europa, vor allem durch die Europäische Union und die damit verbundenen Auswirkungen wirtschaftlicher und rechtlicher Art auf die in der Schweiz tätigen Firmen.

2. Technische Veränderungen

Die elektronische Datenverarbeitung wird in Anwaltskanzleien seit etlichen Jahren genutzt, d. h. Dokumente werden auf Personalcomputern erstellt und gespeichert und nicht mehr auf Schreibmaschinen geschrieben. Ebenso wird zunehmend die vom Anwalt aufgewendete Zeit für seine Dienstleistungen und Auslagen elektronisch erfasst. Weitere Softwareprogramme, die einen raschen Zugriff auf eigene oder fremde Dateien (wie eigenes Archiv/Know-how-Sammlungen oder Entscheidungen von kantonalen Gerichten und des Bundesgerichts, eine rasche Koordination von Terminen, die Überwachung von Fristen usw.) gewährleisten, gibt es seit einigen Jahren; ihr Einsatz ist jedoch in kleineren und mittleren Anwaltskanzleien noch nicht sehr stark verbreitet.

Die technische Entwicklung geht jedoch weiter. Nachdem der Fax den Telex abgelöst hat, stehen bereits noch schnellere Kommunikationsmittel zur Verfügung, mit denen mit Klienten, mit Partnern an anderen Standorten, mit Korrespondenzanwälten usw. im Dialog schriftlich kommuniziert und Nachrichten deponiert werden können (E-Mail). Über Internet können Datenbanken jeglicher Art abgefragt, Informationen ins eigene System abgespeichert werden usw.

B. *Veränderungen der Anforderungen*

1. Nachfrage nach Spezialisten

Die Rechtsfragen, die sich heute den Unternehmungen und Privaten stellen, sind erheblich komplexer geworden. Mietzinserhöhungen und Kündigungen von Wohnungen haben (grösstenteils) auf Formularen zu erfolgen und sind dem Ehegatten des Mieters zuzustellen. Bei Entlassungen hat der Arbeitgeber dem Arbeitnehmer einerseits form- und zeitgerecht ein Zeugnis auszustellen, andererseits muss der Arbeitgeber beachten, dass der Mitarbeiter oder die Mitarbeiterin eine Begründung für die Kündigung fordern und diese als missbräuchlich anfechten kann. Im Baurecht werden von Dritten häufig Rechtsmittel eingereicht, um sachfremde Ziele zu erreichen, beim Bau grösserer Produktionsbetriebe sind Luftreinhaltevorschriften zu beachten, sind Umweltverträglichkeitsprüfungen vorzunehmen usw. Die Einführung der Mehrwertsteuer hat zu einer im Vergleich zur Warenumsatzsteuer merklich höheren Zahl von Abgabepflichtigen geführt. Die Mehrwertsteuer-Regelungen sind teilweise unklar und Konflikte dadurch programmiert usw.

Diese erhöhte Komplexität führt einerseits dazu, dass sich der einzelne Anwalt zunehmend beschränken muss, d.h. er kann (und soll) lediglich einen Teilbereich des Rechts abdecken, um im wahrsten Sinne des Wortes fachkundig zu sein – und vor allem auch: zu bleiben.

Dem steht das Bedürfnis der Klienten gegenüber, für eine bestimmte Frage einen «Spezialisten» – *den* Spezialisten! – konsultieren zu können, wobei unser Berufsstand diesen meiner Ansicht nach berechtigten Anliegen nicht oder nur äusserst schlecht entgegenkommt, waren doch bis vor wenigen Jahren jegliche Hinweise auf «bevorzugte Tätigkeitsgebiete»[3] ein Sakrileg, das es standes- oder aufsichtsrechtlich zu ahnden galt. Einzelne Kantone, wie beispielsweise Zürich, Bern, Luzern, Solothurn, Basel-Stadt, Basel-Land, St. Gallen und Aargau, lassen heute den Hinweis auf «bevorzugte Tätigkeitsgebiete» in ihren Verzeichnissen und in Firmenbroschüren von Anwälten zu, in anderen Kantonen, insbesondere in der welschen Schweiz, ist dies nach wie vor strikte untersagt. Von der Zulässigkeit der Bezeichnung «Spezialist» bzw. einer Fachprüfung für ein bestimmtes Rechtsgebiet und der Zulässigkeit, ein solches bestandenes Sonderexamen öffentlich bekanntzugeben, beispielsweise durch eine Bezeichnung «Fachanwalt für ...», sind wir in der Schweiz jedoch wohl noch weit entfernt.

2. Anforderungen an die Produktepalette

Der (künftige) Anwalt und die (künftige) Anwältin müssen sich angesichts der dargelegten Entwicklung sehr wohl – am besten nicht erst unmittelbar *vor* Eröffnung ihrer Kanzlei, sondern schon während der Ausbildung – überlegen, welches Rechtsgebiet er oder sie speziell pflegen, in welchem Bereich er/sie sich vertiefte Kenntnisse aneignen, sich spezialisieren wollen. Diese Bereiche gilt es während des Praktikums in einer Anwaltskanzlei und während einer nachfolgenden Anstellung bei einem Anwalt weiter zu vertiefen.

[3] Vgl. dazu «Anwalt und Werbung» von MIRKO ROŠ, in dieser Festschrift, 307 ff.

3. Anforderungen technischer Art

Die oben unter III A Ziffer 2 genannte technische Entwicklung wird vorwiegend von Unternehmungen, zunehmend aber auch von Privaten genutzt. Korrespondenzen, Stellungnahmen an Vertragspartner, die offiziell (noch) nicht vom Anwalt stammen, sollten direkt beim Kunden auf dessen Briefpapier ausgedruckt oder ab seiner Adresse über E-Mail seinen Partnern zugestellt werden. Der Klient möchte direkt (über E-Mail) mit seinem Anwalt, seiner Anwältin korrespondieren, er möchte die Antwort gleich erhalten, Rückfragen stellen können usw. D.h. die Anwaltskanzlei sieht sich – wenn sie im technischen Bereich nicht von sich aus bereits aktiv wurde – mit diesen Wünschen, diesen Forderungen ihrer Klienten nach direkter Kommunikation konfrontiert. Hier gilt es mitzuhalten, wenn die Kanzlei wettbewerbsfähig bleiben will.

4. Zeitlicher Druck

Die schnelleren Kommunikationswege führen zu höheren Erwartungen bei den Klienten. Bei einer Anfrage, die am Morgen beim Anwalt eingeht, erwartet der Klient häufig unmittelbar, jedenfalls noch am gleichen Vormittag, allerspätestens im Laufe des Nachmittags, eine Antwort. Mit der Verbreitung von E-Mail wird der Anspruch des Klienten auf eine sofortige Antwort zunehmen. Der Anwalt wird damit noch häufiger als bis anhin zumindest eine erste schriftliche Stellungnahme – früher bloss telefonisch und damit etwas unverbindlicher – sofort abgeben müssen.

IV. Konkurrenz

A. *Konkurrenz innerhalb der Anwaltschaft*

Anwälte konkurrenzieren sich selbstverständlich schon länger, auch wenn sie sich bisher und weiterhin als «Kollegen» und «Kolleginnen» bezeichnen und erfreulicherweise in der Regel auch einen kollegialen Umgang pflegen. Mit der zunehmend höheren Zahl der Anwälte[4] nimmt jedoch die Konkurrenzierung – und damit die Anforderung an die Fachkenntnisse und eine effiziente Organisation der Anwaltskanzlei – weiter zu[5].

---

[4] Die Anzahl Mitglieder im Schweizerischen Anwaltsverband hat sich allein im Zeitraum von 1977 bis 1995 von 2497 auf 5167 erhöht, somit in lediglich 18 Jahren mehr als verdoppelt; PFEIFER (Der Rechtsanwalt), 377 f.

[5] Vgl. dazu «Der Rechtsanwaltsmarkt in der Schweiz» von MICHAEL PFEIFER/PETER WIDMER, in dieser Festschrift, 57 ff.

B. Konkurrenz durch andere Dienstleister

Die verstärkte Konkurrenzierung durch Treuhandgesellschaften, insbesondere im Bereich der Rechtsberatung und des Gesellschaftsrechts, durch Versicherungen und Banken (die auch im Erb- und Güterrecht tätig sind) ist ein Faktum und ein Thema, das die Anwaltschaft (nicht nur in der Schweiz) seit längerem beschäftigt[6]. Dabei handelt es sich um Unternehmungen, die ihre eigenen Dienstleistungen, ihre «Produktepalette», mit Rechtsberatung abrunden und damit offenbar auf dem Markt nicht nur Akzeptanz, sondern eine zunehmende Nachfrage finden und diese Nachfrage auch durch Marketingmassnahmen fördern[7].

Bei einer genaueren Analyse stellt sich hier allerdings die Frage, ob sich die Anwaltschaft nicht eingestehen muss, den Zug der Zeit zur Zusammenarbeit mit anderen Dienstleistungs-Erbringern, zu Unternehmens-Zusammenschlüssen, zur Führung von «Anwalts-Unternehmungen» vergleichbarer Grösse und auch zur Kommunikation ihrer eigenen Leistungsfähigkeit (Stichwort: Werbebeschränkungen oder -verbot) schlicht verpasst und damit unwiderruflich Marktanteile verloren zu haben.

V. Das Unternehmen

A. Die betriebswirtschaftliche Definition

Das Unternehmen bzw. die Unternehmung wird in der Betriebswirtschaft als «eine dauernde, wirtschaftliche Leistungen für Dritte erstellende, über Vermögen verfügende, einheitlich geleitete Zusammenfassung menschlicher Arbeitskraft» definiert[8].

B. Anwaltsbüro als Unternehmen?

Wen der Begriff «Unternehmen» für die Anwaltskanzlei schreckt, sei an den Urtyp der Unternehmung erinnert, d.h. an «die Einzelunternehmung, bei der ein einzelner Eigentümer ist und bei der Kapital und Leistung in einer Person vereinigt sind»[9], eine Definition, die auf jeden selbständig tätigen Anwalt und

---

[6] Vgl. dazu «Der Rechtsanwaltsmarkt in der Schweiz» von MICHAEL PFEIFER/PETER WIDMER, in dieser Festschrift, 57 ff. Für Deutschland sei auf WINTERS, 49 ff. und COMMICHAU, 318 verwiesen.
[7] Vgl. dazu «Anwalt und Werbung» von MIRKO ROŠ, in dieser Festschrift, 307 ff.
[8] DUBS, 61.
[9] DUBS, 130.

jede selbständig tätige Anwältin zutrifft[10]. Was wohl beim vorliegenden Thema Einzelne erschreckt haben mag, ist – wenn es nicht bereits der Begriff «Unternehmer» war – der Begriff «Unternehmen» oder «Unternehmung» für das Anwaltsbüro.

Ist eine solche Organisationsform künftig erforderlich, ja unumgänglich? Ich bin der Ansicht, um im Wettbewerb zu bestehen, um dem einzelnen Anwalt ein grösstes Mass an Professionalität, aber auch Entlastung bei ihm nicht vertrauten Rechtsfragen, eine profunde Stellvertretung bei Ferien, Krankheit oder anderen Abwesenheiten zu bieten, um die erforderlichen Betriebsmittel anschaffen und rationell nutzen, Personal, auch juristische Angestellte, sachgerecht einsetzen und im erforderlichen Mass Marketing betreiben zu können – und damit insgesamt ein ausreichendes Einkommen zu erzielen – sind «*Anwalts-Unternehmen*» *in Zukunft unumgänglich*[11]. Dabei

---

[10] Ähnlich auch MÄHLER, 1: «Wer als selbständiger Rechtsanwalt seinen Beruf ausübt, wird dadurch zwangsläufig Inhaber eines kleinen Betriebes, den er schon zur Wahrung seiner ökonomischen Existenz wirtschaftlich betreiben muss. Er muss unternehmerisch, d.h. betriebswirtschaftlich denken...»; GELLNER, 159: «Der *Anwalt* ist zugleich *Unternehmer*. Er muss die Möglichkeit haben, seinen Beruf so zu gestalten, wie dies ein freier Unternehmer tun darf»; UNGER/WOLF, 13: «Es ist durchaus angebracht, den Anwalt als einen Unternehmer auf dem Gebiet des Dienstleistungs- und Informationsmarktes zu bezeichnen»; WINTERS, 95: «Der Anwalt schuldet nicht nur Rechtsrat oder Rechtsvertretung, er erbringt seine Dienstleistung vor allem nicht allein. Die gesamte Dienstleistung wird vom *Unternehmen ‹Anwaltskanzlei›* erbracht, bei dem der Anwalt den wichtigsten Teil der Dienstleistung liefert»; kürzer und leicht sarkastisch GLEISS, 13: «Dass der Rechtsanwalt Unternehmer ist, wird der Umwelt immer klarer, langsam auch ihm selber.»

[11] Ähnlich PFEIFER (Der Rechtsanwalt), 333.
Vgl. dazu auch die sechs Thesen zur erfolgreichen Anwaltskanzlei der Zukunft von WINTERS, 284 f.:
«*These Nr. 1: Qualität ist wichtiger denn je.* Grundlage des anwaltlichen Erfolges ist die Qualität der anwaltlichen Dienstleistung. Der zunehmende Wettbewerb wird daher mehr als bisher die guten von den schlechten Anwaltskanzleien trennen. Schulung und Fortbildung von Anwälten wie Mitarbeitern haben daher höchste Priorität. Dabei entscheidet nicht nur die Qualität der Rechtsberatung, sondern die Qualität komplexer Problemlösungen einschliesslich des ausserrechtlichen Beratungspotentials.
These Nr. 2: Anwaltliches Marketing scheidet die Gewinner von den Verlierern. Eine ausgeprägte Marktorientierung und eine Marketing-Strategie entscheiden über die Wachstumsmöglichkeiten von Anwaltskanzleien. Nur bei einer Marketing-Planung und der Anwendung von Marketing-Methoden sind überdurchschnittliche Wachstumsraten zu erreichen. Auch qualitativ hochwertige Dienstleistung kann anwaltliches Marketing nicht überflüssig machen – dies gilt allerdings auch umgekehrt.
These Nr. 3: Moderne Anwaltskanzleien kommen ohne Kanzlei-Management nicht mehr aus. Die Anwendung moderner Management-Methoden bei der Führung der Kanzlei entscheidet wesentlich über deren Leistungsvermögen. Dies gilt für die Organisationsstruktur, die Kommunikationstechnik, die Ausstattung – aber vor allem für die Personalauswahl und -führung. Qualifikation und Motivation der Mitarbeiter spielen eine entscheidende Rolle.

denke ich keineswegs nur an Grosskanzleien – wie sie heute in der Schweiz teilweise schon bestehen[12] – sondern auch an «Anwalts-KMU», d.h. Kanzleien mit 5 bis 10 oder 10 bis 20 oder 30 Partnern[13].

VI. Die Organisation des «Unternehmens Anwaltskanzlei»

A. *Unternehmensbereiche*

1. Versorgungsbereich

a. Vorbemerkungen

Die im Titel und im folgenden verwendeten Begriffe werden in der Betriebswirtschaftslehre im Zusammenhang mit der Beschreibung und Organisation der Unternehmung verwendet. Sie mögen auf den ersten Blick befremden.

These Nr. 4: Nur bei ständigen Investitionen kann der Erfolg der Anwaltskanzlei gesichert werden. Über Erfolg und Misserfolg von Anwaltskanzleien werden in Zukunft mehr als bisher Investitionsbereitschaft und -volumen entscheiden. Dies gilt nicht nur für Investitionen in moderne Technik und Informationsmittel (z.B. Datenbanken), sondern vor allem für Personalinvestitionen durch Schulung, Ausbildung und Fortbildung. Dies setzt eine entsprechende Finanzplanung einschliesslich einer Planung der Entnahme von Überschüssen voraus.

These Nr. 5: Die erfolgreiche Anwaltskanzlei kommt ohne Planung nicht mehr aus. Die erfolgreiche Anwaltskanzlei der Zukunft verfügt über ein Unternehmenskonzept, eine Marketing-Strategie sowie über Personalplanung und Finanzplanung. Dabei geht es nicht um umfangreiche Papiere, sondern um die Erfassung der Ziele, Massnahmen und Verantwortlichkeiten auf wenigen Seiten. Auch Einzelanwälte und kleinere Sozietäten brauchen eine solche Planung, schon deswegen, weil Planung zum Überdenken der eigenen Situation zwingt.

These Nr. 6: Über den Erfolg der Anwaltskanzlei entscheidet künftig die Kompetenz zur Unternehmensführung in gleicher Weise wie Rechtskenntnisse. Die ‹Management-Strukturen› der Anwaltskanzleien sind heute noch in vielen Fällen ‹archaisch›. Damit unterstützt die Management-Struktur oft nicht die eigentliche anwaltliche Dienstleistung, schafft vielmehr oft zusätzliche Reibungsverluste und Probleme. Die Fähigkeit zur Unternehmensführung und eine entsprechende Management-Struktur zeichnen in Zukunft die erfolgreiche Anwaltskanzlei aus. Dies ist ohne eine Trennung von Management-Verantwortlichkeit und Sachbearbeitungs-Verantwortlichkeit nicht möglich. Eine moderne Anwaltskanzlei ist ohne einen ‹Managing-Partner›, der seine Arbeitskraft teilweise oder ganz – abhängig von der Grösse der Kanzlei – dem Management widmet, nicht denkbar.»

[12] Den schweizerischen Verhältnissen entsprechend (noch?) nicht mit 100 bis 200 Partnern, sondern beispielsweise mit 30 bis 50 Partnern und 50 bis 100 Angestellten.

[13] Dabei stellt sich die Frage, ob in Zukunft nicht nur vorwiegend wirtschaftsrechtlich tätige Kanzleien diese Grösse aufweisen sollten, sondern beispielsweise auch Familienrechtskanzleien, Strafrechtskanzleien, Kanzleien für öffentliches Recht und/oder Verwaltungsrecht sowie Steuerrechtskanzleien.

Wie sich jedoch zeigen wird, treffen sie auch für das «Unternehmen Anwaltskanzlei» zu, das anstelle eines materiellen Produkts – wie z.B. eine Maschine – eine Dienstleistung herstellt und abliefert, eine Dienstleistung bestehend in einer rechtlichen Beratung, einem Gutachten oder der mit einem Prozess verbundenen Leistungen des Anwalts und seiner Unternehmung.

b. Die verschiedenen Bereiche

Auch die «Unternehmung Anwaltskanzlei» muss sich ihre *Betriebsmittel* beschaffen, die in den folgenden Funktionsbereichen besorgt und verwaltet werden:
– Personalwesen;
– Anlagenwirtschaft;
– Materialwirtschaft;
– Informationswesen;
– Finanzwesen[14].

Sofern in einer kleineren oder mittleren Kanzlei nicht ein oder zwei Partner als «Managing-Partner» die gesamte Leitung der Kanzlei innehaben, sind in jeder Kanzlei die genannten Bereiche einzelnen Partnern oder Angestellten (Geschäftsführer/in, Buchhalter/in, Personalchef/in) zuzuteilen, um die Anwaltskanzlei rationell zu führen.

2. Vollzugsbereich

Unter diesen Begriff fallen alle Bereiche, welche die Unternehmung mit den Klienten verbinden bzw. mit den Leistungen auf dem Markt in unmittelbarem Zusammenhang stehen[15]. Der bei Produktionsunternehmungen übliche Bereich «Forschung und Entwicklung» entfällt bei der Anwaltskanzlei, die anderen Bereiche – Produktion und Absatz – werden in dieser reinen Form in einer Anwaltskanzlei kaum vorkommen.

Sofern in einer grösseren Kanzlei mehrere juristische Mitarbeiter tätig sind, erbringen diese ihre Leistungen in Teams unter der Verantwortung eines Partners und können damit als Produktionseinheit im Sinne der erwähnten betriebswirtschaftlichen Definition gelten.

Wesentlich scheint mir, dass der Bereich «Absatz» bewusst wahrgenommen und organisiert wird. Abgesehen davon, dass selbstverständlich unabhängig von der Organisation einer Kanzlei jeder Partner und jede Partnerin, ja jeder Mitarbeiter und jede Mitarbeiterin, Marketing für sich und die Kanzlei betreiben soll und kann[16], ist das «Unternehmen Anwaltskanzlei» darauf angewie-

---

[14] Zu diesen Funktionsbereichen vgl. DUBS, 113.
[15] DUBS, 113.
[16] So auch WINTERS, 218: «Erfolgreiches Marketing plant daher systematisch Organisation und Ausstattung der Kanzlei, die Tätigkeit seiner Mitarbeiter, den Umgang mit Klienten

sen, dass der Bereich «Absatz», d.h. Marketing, von einem Verantwortlichen (Partner oder Mitarbeiter) betreut wird. Von diesem haben Anregungen und Ideen für das Marketing der Kanzlei auszugehen, dieser hat darauf zu achten, dass die Partner und Mitarbeiter die erarbeiteten Marketingkonzepte und -ideen umsetzen, er unterstützt sie dabei, führt Anlässe für die Kanzlei (wie Seminarien) durch usw.

3. Führungsbereich

Je nach Grösse einer Anwaltskanzlei sind die Tätigkeiten in den einzelnen Bereichen zu koordinieren. Die Bereiche müssen auch überwacht werden, es sind Ziele zu setzen, Massnahmen zu beschliessen, anzuordnen und zu überwachen[17]. Abhängig von Grösse und Struktur einer Anwaltskanzlei ist dies Aufgabe eines Partners oder weniger Partner in Zusammenarbeit mit einem Geschäftsführer, einem Büro-Manager usw., wie der hiefür angestellte Mitarbeiter oder die Mitarbeiterin auch heissen mag.

B. *Organisationsformen*

1. Organisation im Kleinbetrieb und in der traditionellen Anwaltskanzlei

Klassisches Bild für einen traditionell organisierten Kleinbetrieb ist der Handwerker, der Schreiner-, Maler- oder Gipsermeister, ein ausgewiesener Fachmann, der seine Leistung mit wenigen Mitarbeitern, Hilfsarbeitern und Lehrlingen ausführt, in der Regel *mit* diesen zusammen am Arbeitsort oder beim Kunden arbeitet und die Mitarbeiter dabei gleichzeitig anweist und überwacht.

Der Handwerker/Unternehmer ist dabei für alles zuständig: Wareneinkauf, Produktion, Vertrieb (d.h. Marketing), Messen, Ausstellungen, Kundenkontakte, Administration wie Kalkulation, Offerten, Rechnungsstellung, Zahlungsverkehr, Liquiditätsbeschaffung und/oder -kontrolle, Mahnwesen, Steuern usw. Dass dabei häufig die Administration wegen der vordringlichen beruflichen Arbeiten zu kurz kommt oder fehlerhaft ausgeführt wird, weil das erforderliche Wissen fehlt, liegt auf der Hand.

 und die Kommunikation mit potentiellen Klienten. Alle Mitarbeiter des Unternehmens Anwaltskanzlei betreiben, positiv oder negativ, Marketing. Dies ist keine Spezialaufgabe für einen Sozius, der dazu abgestellt wird, oder den Senior-Sozius (der ‹akquiriert nur noch›)»; wichtig auch WINTERS, 218: «Marketing betrifft alle Bereiche der Anwaltskanzlei, weil alle Bereiche Auswirkungen auf die anwaltlichen Dienstleistungen haben und der Klient mit fast allen Bereichen der Anwaltskanzlei in Berührung kommt.»
 Vgl. im übrigen «Anwalt und Werbung» von MIRKO ROŠ, in dieser Festschrift, 307 ff.
[17] DUBS, 113.

Erfolgreich sind solche Kleinbetriebe häufig nur deshalb, weil der Firmeninhaber entweder ausgezeichnet delegieren kann und sich dadurch Zeit für die Administration verschafft sowie über die zusätzlich erforderlichen fachlichen Kenntnisse für diese Bereiche verfügt, oder weil die Administration von seiner Partnerin und/oder von Familienangehörigen erledigt wird.

Ähnlich sieht es teilweise in den kleineren bis mittleren Anwaltskanzleien aus[18]. Überspitzt gesagt: weil jeder Anwalt, jede Anwältin schliesslich *auch* Unternehmer ist (oder sich zumindest dazu berufen fühlt), befasst er oder sie sich auch mit sämtlichen Fragen, welche die Kanzlei betreffen. Selbst bei Anwaltskanzleien, in denen nicht lediglich die Unkosten geteilt werden, werden häufig:
- sämtliche Entscheidungen über Anschaffungen von EDV- und Telefonanlagen, Softwareprogrammen bis zur Papierschneidemaschine und dem Locher an Partnersitzungen besprochen;
- sind Lohnerhöhungen und Gratifikationen von allen Partnern (nach ausführlicher Diskussion) zu genehmigen;
- stellt entweder jeder Rechtsanwalt «seine» oder jede Rechtsanwältin «ihre» Sekretärin an;
- oder werden Anstellungsgespräche von zwei oder mehreren Partnern, je nach Terminproblemen für die gleiche Stelle bei mehreren Bewerbern möglichst noch von unterschiedlichen Partnern, geführt usw.;
- ist jeder Partner lediglich für «sein» Marketing zuständig, niemand oder alle zusammen für das Marketing der Kanzlei (bis hin zur geringfügigsten Änderung des Briefpapiers).

Solche Organisationsformen gewähren zwar dem einzelnen Anwalt ein sehr grosses Mass an Freiheit, Selbständigkeit und Mitbestimmung sowie insbesondere das Gefühl, selber «Herr und Meister» in seinem Unternehmen zu sein. Sie bedeuten jedoch gleichzeitig auch eine nicht zu vernachlässigende Verschwendung von teurer produktiver Zeit.

2. Organisationsformen im «Unternehmen Anwaltskanzlei»

Anwaltskanzleien sind so vielfältig wie andere Unternehmungen auch. Es gibt daher nicht einfach *eine* Organisationsform für sämtliche Anwaltskanzleien. Die folgenden Organisationsformen[19] können daher nur «Grundgerüste» darstellen. Am naheliegendsten ist es jedoch, die Organisation nach den vorne

---

[18] Wobei ich mit dieser Aussage keineswegs die Fähigkeiten sämtlicher Berufskollegen bezweifeln möchte, auch diese Leistungen fach- und sachgerecht zu erbringen. Kernfrage ist jedoch, ob dies wirtschaftlich sinnvoll ist.
[19] Vgl. dazu DUBS, 115 f.

erwähnten Funktionsbereichen zu gliedern, d.h. die Kompetenzen aufzuteilen für:
- Personal;
- Infrastruktur (Liegenschaft – eigene oder in Miete –, Maschinen, Anlagen – mit oder ohne EDV-Hardware);
- Material (eventuell integriert in den Bereich Infrastruktur);
- EDV;
- Marketing (Werbung, Public Relations, Corporate Identity);
- Finanzen (Zeiterfassung, Fakturierung, Buchhaltung, Mahn- und Zahlungswesen).

Verantwortlich, kompetent für einen Bereich kann je ein Partner, ein qualifizierter Mitarbeiter oder eine qualifizierte Mitarbeiterin (z.b. für EDV, Finanzen) sein. Die Gesamtleitung im Sinne einer Koordination kann mehreren Partnern übertragen werden oder einem Partner (eventuell periodisch wechselnd), der als «Vorsitzender» zu den Partnersitzungen und Gesellschafterversammlungen einlädt, an denen periodisch Rechenschaft über die übernommenen Bereiche abgelegt, neue Ziele festgesetzt und Rechnungen abgenommen werden.

Neben diesen rein organisatorischen Bereichen arbeiten die Partner für die Klienten der Kanzlei einzeln oder bei Bedarf mit anderen Partnern oder mit Mitarbeitern zusammen, so dass ihnen bezüglich der eigentlichen Anwaltstätigkeit ein grösstmögliches Mass an Selbständigkeit verbleibt. Die Organisationsstruktur stellt sich damit bildlich wie folgt dar:

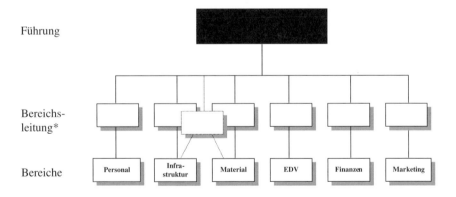

* je nach Bereich mit Stabstelle/n

Bei grösseren Kanzleien kann sich eine andere Organisationsstruktur aufdrängen, bei welcher die Marktorientierung im Vordergrund steht, d.h. es werden ganze Arbeitsteams für bestimmte Klientengruppen (oder nach grösseren Rechtsgebieten) zusammengefasst, und diesen marktorientierten Bereichen wird der gleichwertige Bereich Verwaltung beigestellt[20]. Bildlich stellt sich diese Organisationsstruktur damit wie folgt dar:

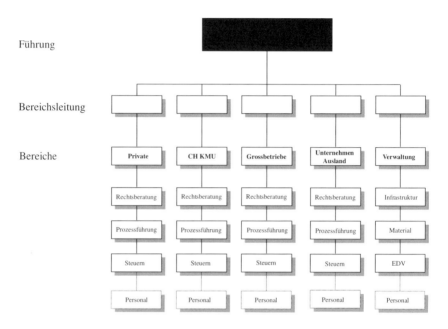

[20] Denkbar ist auch, dass der Bereich Verwaltung nicht den gesamten Versorgungs- und Vollzugsbereich umfasst, indem beispielsweise die Kompetenz für das Personal (oder das Marketing) den einzelnen Marktbereichen zugestanden wird.
Als Beispiel für eine ähnliche Struktur kann auf die im Steuerentscheid 1995 A 24.32 Nr. 1c im Sachverhalt geschilderte Organisationsstruktur der vom Entscheid betroffenen Anwaltskanzlei verwiesen werden:
«Die Organisationsstruktur weist ein nach dem Mehrheitsprinzip entscheidendes oberstes Organ, einen Partner als geschäftsführenden administrativen Leiter und neun Beratungsgruppen auf. Schliesslich umfasst der Betrieb auch eine Abteilung, welche Dienstleistungen erbringt, die nicht zum eigentlichen anwaltlichen Tätigkeitsbereich gehören. ... Im Weiteren verfügt die Gemeinschaft über eine Organisationsstruktur, die einem kaufmännischen Unternehmen eigen ist.»

C. Rechtliches Gewand

1. Einfache Gesellschaft

Kanzleigemeinschaften von Anwälten haben in der Regel die Form von einfachen Gesellschaften gemäss Art. 530 ff. OR[21].

2. Kollektivgesellschaft oder juristische Person?

Seit einigen Jahren wird auch über andere Rechtsformen für Anwaltskanzleien diskutiert, sei dies in der Schweiz oder beispielsweise in Deutschland, sei dies aus organisatorischen oder vorwiegend aus steuerlichen Gründen. Die Ansichten sind (noch) kontrovers, die Rechtslage ist, soweit ich dies beurteilen kann, noch nicht eindeutig geklärt[22, 23]. Für eine detailliertere Auseinandersetzung mit den wirtschaftlich und rechtlich bedeutungsvollen Fragen im Zusammenhang mit der Zulässigkeit von Kollektivgesellschaften und juristischen Personen für die Anwaltskanzlei kann auf den Aufsatz «Rechtsformen der Zusammenarbeit» von PETER NOBEL verwiesen werden[24].

---

[21] HÖCHLI, 30; WATTER/VONPLANTA, 73.
Vgl. dazu auch «Rechtsformen der Zusammenarbeit» von PETER NOBEL, in dieser Festschrift, 339 ff.

[22] Vgl. dazu Steuerentscheid 1995 A 24.32 Nr. 1a ff. und Steuerentscheid 1996 A 24.32 Nr. 2a.
In seinem (nicht zur Publikation vorgesehenen) Entscheid vom 16. Mai 1997 über die staatsrechtliche Beschwerde gegen das im Steuerentscheid 1996 A 24.32 Nr. 2a ff. publizierte Urteil des Verwaltungsgerichts des Kantons Zürich geht das Bundesgericht zwar davon aus, angesichts seiner bisherigen Rechtsprechung könnte das betroffene Anwaltsbüro als ein anderes nach kaufmännischer Art geführtes Gewerbe im Sinne von Art. 552 OR qualifiziert werden. In der Folge stellt es jedoch auf den übereinstimmenden Willen der Gesellschafter ab, auf den es in erster Linie ankomme. Entscheidend sei somit der Gesellschaftsvertrag, in welchem sich die Partner ausdrücklich als einfache Gesellschaft bezeichnet hätten, die nicht erfolgte Eintragung im Handelsregister und der fehlende Hinweis auf die behauptete Gesellschaftsform auf dem Briefpapier. Die Frage, ob anwaltsrechtliche Hindernisse einer Einstufung als Kollektivgesellschaft entgegenstünden, lässt das Bundesgericht offen.

[23] Für die Organisation einer Anwaltskanzlei in Form einer Kollektivgesellschaft und/oder einer AG bzw. in Form einer Kapitalgesellschaft sprechen sich aus: PFEIFER (Der Rechtsanwalt), 322, 329 f., 375; gemäss HARTSTANG, 35: Der Ausschuss «Neues Berufsrecht» des Deutschen Anwaltsvereins; HÖCHLI, 30.
Mit der Frage, ob juristische Personen für eine Anwaltskanzlei zulässig seien, befassen sich auch WINTERS, 182 ff.; HOCHSTRASSER, 352; HARTSTANG, 35 f.; SCHLÜCHTER, 11; BAUDENBACHER-KSP, Art. 553 N 1; WATTER/VON PLANTA, 74.
In Deutschland wird die Frage aufgeworfen, ob es richtig sei, dass die Anwaltschaft bei der BGB-Gesellschaft stehen bleibe, während Wirtschaftsprüfungsgesellschaften in Form einer GmbH eine Selbstverständlichkeit seien. HARTSTANG, 37.

[24] Vgl. in dieser Festschrift, 339 ff.

VII. Zusammenfassung

A. *Notwendigkeit*

Die Anforderungen an den Anwalt haben erheblich zugenommen und nehmen weiterhin zu, in fachlicher und technischer Hinsicht. Damit stellt sich die Frage, ob ein Anwalt oder eine Anwältin noch alleine oder in einer blossen Unkostengemeinschaft tätig sein kann.

Die Frage stellen heisst ein Stück weit auch, sie zu beantworten: Aus den in den Kapiteln III und IV dargelegten Gründen bin ich der Ansicht, dass der Zusammenschluss zur «Unternehmung Anwaltskanzlei» für den Anwalt und für die Anwältin unumgänglich ist, um im Wettbewerb bestehen zu können.

B. *Nutzen*

Der Nutzen einer «Unternehmung Anwaltskanzlei» für den Einzelnen ist vielfältig: Bei Abwesenheit des Anwalts oder der Anwältin – sei es wegen Ferien, Krankheit, Weiterbildung oder Terminen auswärts – ist die Vertretung jederzeit gewährleistet – was die Klienten in der Regel ausserordentlich schätzen –, der Anwalt und die Anwältin verfügen – in den allermeisten Fällen – über eine besser ausgebaute Infrastruktur (Bibliothek, EDV usw.), die Betriebsmittel sind nicht nur vom einzelnen Anwalt oder der einzelnen Anwältin aufzubringen, es können juristische Mitarbeiter angestellt und eingesetzt werden, auch wenn der Einzelne diese nicht auslasten würde, das Unternehmen kann Marketing betreiben usw. Die Gesamtheit dieser Möglichkeiten sollte erfahrungsgemäss dazu führen, dass der Partner und die Partnerin der «Unternehmung Anwaltskanzlei» ein ausreichendes Einkommen erzielt und sich insgesamt wettbewerbsmässig besser stellt als seine/ihre Kollegen in Einzelpraxen[25, 26].

---

[25] Vgl. dazu das betriebswirtschaftliche Gutachten zuhanden des schweizerischen Anwaltstages 1985 im Bulletin SAV April 1985.

[26] Diesen Vorteilen sind grundsätzlich auch die allenfalls als nachteilig empfundenen Einschränkungen des Einzelnen gegenüberzustellen, wie z.B.: Entscheidungen durch Beschlüsse der Partner anstelle von solchen des Einzelanwalts, vorgegebene, feste Strukturen anstatt flexible Organisation der Einzelunternehmung, eventuell höhere Verwaltungskosten usw.

III. Rechtliche Aspekte des Anwaltsberufes

Tomas Poledna

Anwaltsmonopol und Zulassung zum Anwaltsberuf – Streiflichter in vier Thesen

Inhaltsübersicht

I. Einleitung
II. Das Anwaltsmonopol ist kein Monopol im verwaltungsrechtlichen Sinn
III. Anwaltschaftliche Unabhängigkeit steht im Mittelpunkt der anwaltschaftlichen Sonderordnung
IV. Das Binnenmarktgesetz als Freizügigkeitsordnung
   A. Grundsätze
   B. Zulassung ausserkantonaler Rechtsanwälte
   C. Folgerungen
   D. Binnenmarktgesetz und Ausländer
V. Ergänzung des Binnenmarktgesetzes durch das eidgenössische Anwaltsgesetz?

I. Einleitung

Das Anwaltsmonopol und die Zulassung zum Anwaltsberuf sind tragende Säulen des anwaltschaftlichen Berufsrechts und zeichnen dieses als Sonderordnung aus. Mit dem vorliegenden Beitrag zur 100-Jahr-Feier des Schweizerischen Anwaltsverbandes kann kein umfassender Überblick zu den beiden Themen gegeben werden. Es geht vielmehr darum, neuere Entwicklungen aufzunehmen und Schlaglichter auf besonders interessante Fragen zu werfen. Dies soll in vier Thesen erfolgen, die zwar nicht immer einen innerlichen thematischen Bezug zueinander aufweisen, jedoch deutlich und teilweise aufgrund aktueller höchstrichterlicher Entscheide die rechtlichen Gravitationsfelder der laufenden wie auch der auf uns zukommenden Diskussionen aufzeigen.

II. Das Anwaltsmonopol ist kein Monopol im verwaltungsrechtlichen Sinn

Die Regelungen des Anwaltsberufes fallen grösstenteils unter den Begriff des materiellen Verwaltungsrechts. Die selbständige wie auch die unselbständige Ausübung dieses Berufes steht unter dem Schutz der Handels- und Gewerbefreiheit (HGF) gemäss Art. 31 BV[1]. Die Berufsausübung des Rechtsanwaltes kann – wie jede andere Berufsausübung – eingeschränkt werden. Die Einschränkungen dürfen ihrerseits nicht soweit gehen, dass der Grundsatz der HGF beeinträchtigt wird. Gemäss der bundesgerichtlichen, in der Doktrin intensiv debattierten und keineswegs unbestritten gebliebenen, Terminologie sind wirtschafts- oder standespolitische Massnahmen unzulässig, die den freien Wettbewerb behindern, um gewisse Gewerbezweige oder Bewirtschaftungsformen zu sichern oder zu begünstigen. Zulässig sind dagegen andere im öffentlichen Interesse begründete Massnahmen, wie namentlich polizeilich motivierte Eingriffe zum Schutz der öffentlichen Ordnung, Gesundheit, Sittlichkeit sowie von Treu und Glauben im Geschäftsverkehr oder sozialpolitisch begründete Einschränkungen. Solche Massnahmen bedürfen einer gesetzlichen Grundlage, müssen im überwiegenden öffentlichen Interesse liegen und haben sich als verhältnismässig zu erweisen; überdies müssen sie den Grundsatz der Rechtsgleichheit, insbesondere im Sinne der Wettbewerbsneutralität, beachten[2].

Es stellt sich nun die Frage, was die Umschreibung der HGF mit dem Anwaltsmonopol zu tun hat, definiert die HGF doch auf den ersten Blick nicht mehr als ein Grundrecht der Rechtsanwälte. Rechtsdienstleistungen sind jedoch nicht allein Rechtsanwälten vorbehalten. Banken, Treuhänder, Rechtsschutzversicherungen, Anlage- und Steuerberater, Rechtskonsulenten und Notare etwa sind (weit verstanden) im gleichen Berufssegment wie die Rechtsanwälte tätig. Aus der HGF folgt für alle Anbieter von rechtlichen Dienstleistungen derselbe Anspruch, frei über die Art und den Inhalt der beruflichen Tätigkeit entscheiden zu können. Diese Freiheit wird unter dem Begriff des *Anwaltsmonopols* jedoch erheblich eingeschränkt: In der Regel[3] ist es Nichtanwälten verboten, beruflich als Prozessvertreter in Zivil- und Strafverfahren aufzutreten. In einzelnen Kantonen ist Nichtanwälten auch die berufsmässige Vertretung vor Verwaltungsjustizbehörden untersagt[4]. Hingegen ist die nichtforensische Tätigkeit in keinem Kanton dem Anwaltsberuf vorbehalten[5]. Aus dieser Abgrenzung von den allein den Rechtsanwälten vorbehaltenen Tätigkeiten zu den anderen Rechtsdienstleistungen ergibt sich das die heutige Diskussion bestimmende Spannungsfeld rund um das Anwaltsmonopol. Das Anwaltsmonopol ist somit unter dem Aspekt der HGF für

---

[1] BGE 123 I 15; 119 Ia 374; 113 Ia 279.
[2] BGE 122 I 130; 121 I 129; 118 Ia 175.
[3] Der Kanton Solothurn kennt kein Anwaltsmonopol. In der Praxis hat dies zu keinen Schwierigkeiten geführt, da die Ausübung des Rechtsanwaltsberufes in anderen Kantonen von einem Anwaltspatent abhängig gemacht wird und eine ausserkantonale Betätigung von Solothurner Rechtsanwälten eines entsprechenden Ausweises bedarf.
[4] Z.B. im Kanton Bern, STERCHI, Art. 2 N 2. Im Kanton Aargau ist das verwaltungsgerichtliche Verfahren den Rechtsanwälten vorbehalten. Der Kanton Zürich etwa lässt dagegen auch Nichtanwälte zur berufsmässigen Vertretung in Verwaltungsjustizverfahren zu.
[5] WOLFFERS, 79.

den Nichtanwalt weitaus interessanter und bedeutender als für den zugelassenen Rechtsanwalt.

Wie ist nun der Begriff des Anwaltsmonopols rechtsdogmatisch zu fassen? Unter einem Monopol wird je nach Wissenschaftsrichtung etwas anderes verstanden: Nach der wirtschaftswissenschaftlichen Betrachtungsweise handelt es sich beim Monopol um eine Marktform, bei welcher nur ein Anbieter oder nur ein Nachfrager besteht[6]. Bei den rechtlichen Monopolen ist zwischen Privatmonopolen und öffentlichen Monopolen zu unterscheiden. Im Zusammenhang mit dem Anwaltsmonopol sind vor allem die öffentlichen Monopole (auch Verwaltungsmonopole genannt) von Bedeutung. Bei einem derartigen Monopol wird eine vornehmlich wirtschaftliche Tätigkeit dem Gemeinwesen vorbehalten; bekannt ist die Übertragung des Monopols zur Ausübung an Private in der Form der Beleihung oder Monopolkonzession[7]. Bestimmendes Merkmal ist auch hier der eingeschränkte Kreis von Anbietern und/oder Abnehmern.

Dagegen handelt es sich um kein echtes Monopol, wenn der Zugang zur Berufsausübung grundsätzlich allen Personen offen steht und kein rechtlicher Numerus clausus an möglichen Konkurrenten besteht. Der Zugang zum Anwaltsberuf erfolgt aufgrund einer klassischen wirtschaftspolizeilichen Bewilligung, welche zum Schutz des rechtsuchenden Publikums die persönlichen und fachlichen Eigenschaften und Fähigkeiten der Berufsausübenden sicherstellen soll[8]. Die Bewilligungsanforderungen werden dabei in subjektive und objektive Zulassungsbedingungen unterschieden; deren Bezeichnung beruht auf dem gleichen Gedanken, der zur Unterscheidung von freien und gebundenen Erlaubnissen geführt hat: Subjektive Voraussetzungen liegen im Erreichbarkeitsbereich des Gesuchstellers, objektive hingegen können von diesem nicht beeinflusst werden[9]. Die Anforderungen an die Erteilung einer Bewilligung zur Ausübung des Anwaltsberufes (geläufig als Anwaltspatent bezeichnet) gehören ausnahmslos[10] zu den subjektiven Voraussetzungen; demnach spricht man auch davon, dass bei Erfüllung der Voraussetzungen ein Anspruch auf eine Bewilligungserteilung besteht. Demzufolge handelt es sich beim Anwaltsmonopol um *kein echtes Monopol im Rechtssinn*, sondern um eine blosse polizeiliche Bewilligung, die mit zahlreichen anderen polizeilichen Bewilligungen[11] vergleichbar ist.

---

[6] Statt vieler GYGI/RICHLI, 70 ff., auch zum folgenden.
[7] Hierzu POLEDNA, Rz. 187 und 231.
[8] SCHWALLER, 176; THEURILLAT, 205 f.
[9] POLEDNA, Rz. 202.
[10] Die Voraussetzungen des Alters und – teilweise – des Schweizer Bürgerrechts werden hierbei ausgeklammert. Sie bilden keine wesentlichen Kriterien für die Abgrenzung zwischen anspruchsbegründenden und nichtanspruchsbegründenden Erlaubnissen.
[11] Vgl. BGE 93 I 410 zum Installationsmonopol, welches vom Bundesgericht als unechtes Monopol und als polizeiliche Bewilligung qualifiziert wurde.

Das Anwaltsmonopol könnte allenfalls auch als polizeiliches Monopol verstanden werden: Für gewisse Berufsgattungen bestehen polizeiliche Monopole, welche dann als zulässig angesehen werden, wenn der Schutz eines Polizeigutes allein durch eine Monopolisierung der Tätigkeit erreicht wird[12]. Wesentlich für solche Monopole ist, dass die Tätigkeit entweder vom Gemeinwesen selbst ausgeübt wird oder dann mit einer polizeilichen Monopolkonzession einem Dritten oder mehreren Dritten zur Ausübung übertragen wird, wobei die Zahl der Ausübenden regelmässig eingeschränkt ist. Der Begriff des Anwaltsmonopols lässt sich auch auf diesem Weg *nicht erklären*. Die anwaltschaftliche Tätigkeit ist weder allein einem Gemeinwesen vorbehalten noch wird ihre «Monopolisierung» mit der Beschränkung auf einen nicht erweiterbaren Kreis von Berechtigten begründet; vielmehr ist sie ausdrücklich allen die Zulassungsvoraussetzungen erfüllenden Privaten überlassen. Demnach lässt sich das Anwaltsmonopol auch nicht den polizeilichen Monopolen zuordnen.

Beim Anwaltsmonopol handelt es sich demnach *weder um ein echtes Monopol im rechtlichen Sinn noch um ein solches im wirtschaftlichen Sinn*[13]. Der Kreis der Anwälte ist grundsätzlich offen; die Voraussetzungen zur Zulassung sind – auch wenn die Anforderungen, insbesondere fachlicher Art, hoch liegen – durch jede Person erfüllbar. Das Anwaltsmonopol bezeichnet demnach eine Tätigkeit, die aufgrund einer einfachen polizeilichen Bewilligung ausgeübt wird. Dadurch unterscheidet sich die Anwaltstätigkeit nicht von anderen polizeilich geregelten Berufsarten, wie etwa den Medizinalpersonen[14] oder Architekten[15]. Trotz ähnlicher Berufszugangsregelungen verwendet man den Begriff des «Monopols» für eine andere Berufsgattung als Synonym für eine bewilligungspflichtige Tätigkeit nicht; man kennt weder das Ärzte- oder Architektenmonopol, noch spricht man vom Adoptions- oder Stellenvermittlungsmonopol oder vom Tanzlehrer- und Bergführermonopol, geschweige denn vom Banken- oder Versicherungsmonopol. Das Anwaltsmonopol bezeichnet in der verwaltungsrechtlichen Terminologie somit nichts anderes als ein *Verbot mit Erlaubnisvorbehalt*.

Das Anwaltsmonopol kann demnach nur als überholte rechtshistorische Bezeichnung für eine Tätigkeit verstanden werden, die jedermann zur Ausübung offen steht, der die polizeilich motivierten Zugangserfordernisse erfüllt. Diese Abgrenzung des Anwaltsmonopols von den echten rechtlichen und wirtschaftswissenschaftlichen Monopolen ist nicht allein von begrifflich-dogmatischer Bedeutung. Angesichts der Deregulierungs-, Liberalisierungs- und Privatisierungsbestrebungen in echten Monopolbereichen ist die Unter-

---

[12] GYGI/RICHLI, 74 f. Beispiele von Polizeimonopolen sind die Wasserversorgung, Kaminfeger, Schlachthof, Plakatanschlag und Autoabbruchplatz.
[13] THEURILLAT, 205 f.
[14] BGE 114 Ia 166.
[15] BGE 112 Ia 33 f.

scheidung von grosser praktischer Bedeutung[16]. Das Anwaltsmonopol kann nicht mit den (echten) Dienstleistungsmonopolen verglichen werden, die zunehmend der rechtlich offenen Wettbewerbswirtschaft zugänglich gemacht werden; man muss deshalb auch auf der begrifflichen Ebene darauf bedacht sein, die Unterschiede klarzustellen[17]. Den im Rechtsdienstleistungsbereich tätigen Nichtanwälten könnte es leicht fallen, aus dem geläufigen – jedoch hinsichtlich der tatsächlichen Rechtsnatur unzutreffenden – Begriff des Anwaltsmonopols Entmonopolisierungspostulate abzuleiten. Das Anwaltsmonopol findet seine Rechtfertigung im polizeilichen Schutz des Publikums; allfällige Deregulierungen sind allein unter diesem Blickwinkel zu betrachten.

III. Anwaltschaftliche Unabhängigkeit steht im Mittelpunkt der anwaltschaftlichen Sonderordnung

Die Rechtsanwälte unterstehen einer beruflichen Sonderordnung[18]. Diese regelt nicht allein die Zulassung zur Ausübung des Anwaltsberufes, sondern kennt zahlreiche Ausübungsvorschriften und ein Aufsichtswesen. Wesentliche Elemente dieser Sonderordnung sind die Achtung der Standeswürde, die Pflicht zur Wahrung der anwaltschaftlichen Unabhängigkeit, das Verbot aufdringlicher (kommerzieller) Werbung, die Beachtung des Anwaltsgeheimnisses, die Übernahme amtlicher Prozessvertretungen, das Verbot von Interessenkollisionen und die Unterstellung unter ein (zumindest teilweise) staatlich bestimmtes Honorarwesen. Zudem untersteht die Anwaltstätigkeit der staatlichen Aufsicht und kennt eine eigene Disziplinarordnung.

Von den aufgeführten Wesensmerkmalen des anwaltschaftlichen Berufsrechts geniesst die anwaltschaftliche Unabhängigkeit eine besondere Stellung und kann als Angelpunkt der anwaltschaftlichen Tätigkeit überhaupt bezeichnet werden[19]. Die anwaltschaftliche Unabhängigkeit gehört regelmässig zu den ersten in den Anwaltsgesetzen und den Standesregeln genannten Pflichten des Rechtsanwaltes[20].

[16] Vgl. hierzu CHRISTOPH GELKING, Deregulierung der Freien Berufe, Frankfurt a.M. u.a. 1997.
[17] Der Begriff des Anwaltsmonopols hält sich bis in die neueste Zeit. Vgl. etwa DREYER (L'avocat), 499 ff.
[18] Vgl. dazu WOLFFERS, 111 ff. und 133 ff.; POLEDNA, Rz. 230.
[19] So wird etwa das Verbot kommerzieller Werbung mit dem Gebot der Wahrung der Unabhängigkeit der Anwaltschaft in Zusammenhang gebracht, BGE 123 I 17.
[20] So definiert etwa Art. 11 lit. a des Entwurfes des eidgenössischen Anwaltsgesetzes die erste eidgenössische Berufsregel wie folgt: «sie üben ihren Beruf unabhängig, in eigenem Namen und auf eigene Verantwortung aus».
Art. 1 der Standesregeln des Luzerner Anwaltsverbandes vom 5. Mai 1995 bestimmt: «Der Anwalt übt seinen Beruf in voller Unabhängigkeit aus.»
Ziff. 2.1. der Standesregeln der Rechtsanwälte der Europäischen Gemeinschaft vom

Die Unabhängigkeit wird nach drei Seiten definiert: Der Rechtsanwalt soll zum einen vom Staat unabhängig sein; insoweit wirkt er bei der Verwirklichung des objektiven Rechts mit[21]. Zum anderen ist der Rechtsanwalt auch von seinem Klienten unabhängig[22], da er diesem nur als objektiv urteilender Helfer dienlich sein kann. Keinesfalls darf sich ein Rechtsanwalt für seinen Klienten über die Berufs- und Standespflichten hinwegsetzen oder sich mit dessen persönlicher Lage derart identifizieren, dass ihm eine fachgerechte Vertretung und Beratung verunmöglicht würde[23]. Schliesslich soll der Rechtsanwalt von Drittinteressen unabhängig wirken.

Die Unabhängigkeit bezieht sich nicht allein auf die Berufsausübung, sondern steht in engem Zusammenhang zum Anwaltsmonopol. Die Dreiecksbeziehung Klient – Anwalt – staatliche Rechtspflege und die Einbindung des Rechtsanwaltes in divergierende Interessen erfordern von diesem ein besonders hohes Mass an Unabhängigkeit nach allen Seiten. Der Rechtsanwalt darf und soll die Interessen des Klienten unter verschiedensten Gesichtspunkten optimal vertreten; zugleich soll er jedoch den staatlichen Rechtspflegeapparat nicht überlasten und seinen Teil zur effizienten und kostengünstigen Rechtsverwirklichung beitragen. Die Möglichkeit des Beizuges eines unabhängigen Rechtsanwaltes hat zudem eine besondere rechtsstaatliche Komponente, die insbesondere in Art. 6 Abs. 3 lit. c EMRK positivrechtlich zum Ausdruck gelangt[24]. Der Rechtsanwalt ist als Mittler zwischen Klient und Gericht tätig und partizipiert dadurch an der allen an der Rechtsfindung Beteiligten eigenen Unabhängigkeit[25]. Mit der besonderen Stellung des Rechtsanwaltes sind zahlreiche Verhaltenspflichten verbunden, die auf die Wahrung der Unabhän-

---

28. Oktober 1988 äussert sich zur Unabhängigkeit wie folgt: «2.1.1. Die Vielfältigkeit der dem Rechtsanwalt obliegenden Pflichten setzt seine Unabhängigkeit von sachfremden Einflüssen voraus; dies gilt insbesondere für die eigenen Interessen des Rechtsanwaltes und die Einflussnahme Dritter. Diese Unabhängigkeit ist ebenso wichtig für das Vertrauen in die Justiz wie die Unparteilichkeit des Richters. Der Rechtsanwalt hat daher Beeinträchtigungen seiner Unabhängigkeit zu vermeiden und darf nicht aus Gefälligkeit gegenüber seinem Mandanten, dem Richter oder einem Dritten das Standesrecht ausser Acht lassen.
2.1.2. Die Wahrung der Unabhängigkeit ist für die aussergerichtliche Tätigkeit ebenso wichtig wie für die gerichtliche Tätigkeit, denn der anwaltliche Rat hat für den Mandanten keinen Wert, wenn er nur aus Gefälligkeit, aus persönlichem Interesse oder unter Druck dritter Personen erteilt wird.» Vgl. weiter die Nachweise bei DUPONT-WILLEMIN, 9 ff.

21 FELLMANN/SIDLER, 8; WOLFFERS, 54.
22 HUGO VON DER CRONE, 393.
23 WOLFFERS, 53; FELLMANN/SIDLER, 8; BGE 106 Ia 104 f.
24 Art. 6 Abs. 3 lit. c EMRK lautet: «Jeder Angeklagte hat mindestens die folgenden Rechte: ... c) sich selbst zu verteidigen oder den Beistand eines Verteidigers seiner Wahl zu erhalten und, falls er nicht über die Mittel zur Bezahlung eines Verteidigers verfügt, unentgeltlich den Beistand eines Pflichtverteidigers zu erhalten, wenn dies im Interesse der Rechtspflege erforderlich ist.»
25 JÖRG PAUL MÜLLER, 12.

gigkeit zielen. Durch die Verknüpfung des Anwaltsmonopols als Zulassungsschranke für eine besondere Art juristischer Betätigung ergibt sich erst der Sinngehalt der anwaltschaftlichen Unabhängigkeit: Die anwaltschaftliche Unabhängigkeit ist der Schlüssel zur «monopolisierten» Betätigung und bildet deren wesentlichstes Element.

Das Gebot der anwaltschaftlichen Unabhängigkeit ist nirgends in der Schweiz in seiner strengen Form verwirklicht; je nach Kanton sind erhebliche Unterschiede festzustellen[26]. Auch der Entwurf des Bundesgesetzes über die Freizügigkeit der Anwältinnen und Anwälte erhebt die anwaltschaftliche Unabhängigkeit zur eidgenössischen Berufspflicht, will diese jedoch nicht inhaltlich abschliessend determinieren, sondern überlässt deren Festlegung den einzelnen Kantonen[27]. Dies führt im Ergebnis dazu, dass der Eintrag ins Anwaltsregister in einem freizügigeren Kanton genügen würde, um in allen Kantonen zugelassen zu werden; immerhin verlangt die Botschaft, dass die im Monopolbereich tätigen angestellten Personen (eine minimale) Unabhängigkeit achten.

Die anwaltschaftliche Unabhängigkeit wird in den letzten Jahren von *zwei Seiten in Frage gestellt*. Zum einen geht es um die bei einer Treuhandgesellschaft, einer Bank oder einer Rechtsschutzversicherung angestellten Rechtsanwälte. Je nach Kanton sind hierbei verschiedene Lösungen zu beobachten. Nach der strengeren Ansicht ist jede Mandatsführung für Klienten des Arbeitgebers verboten, selbst wenn die anwaltschaftliche Tätigkeit arbeitsvertraglich mit besonderen Kautelen «unabhängig» gestaltet wird[28]. Andere Kantone sind hier grosszügiger und lassen die Tätigkeit von Rechtsanwälten – etwa für Treuhandfirmen – auch im Monopolbereich zu. Der Kanton Zürich verlangt eine besondere arbeitsvertragliche Zusicherung der Unabhängigkeit des angestellten Rechtsanwaltes.

Das Bundesgericht erhielt kürzlich Gelegenheit, seine eigene Praxis zusammenzufassen und sich zur strittigen Frage der arbeitsvertraglichen Zusicherung der Unabhängigkeit für einen angestellten Rechtsanwalt zu äussern[29]. Ein bei einer in Bern ansässigen Rechtsschutzversicherung tätiger Inhaber eines Berner Fürsprecherpatentes mit Zulassungsbewilligung im Kanton Luzern vertrat in diesem Kanton Versicherte seiner Arbeitgeberin. Dabei bestand zwischen ihm und der Rechtsschutzversicherung eine arbeitsvertragli-

---

[26] Hierzu eingehend FELLMANN/SIDLER, 10 ff.; PFEIFER (Rechtsanwalt), 335 ff.; DREYER (L'avocat), 414 ff.; WOLFFERS, 57 ff. Ausdrücklich ist das Gebot der Unabhängigkeit nur in den Kantonen der französischen Schweiz und im Kanton Bern in den Anwaltsgesetzen verankert. In den übrigen Kantonen wird es jedoch zum Teil aus dem Verbot der Interessenkollisionen abgeleitet oder dann als selbstverständlich vorausgesetzt. Im Kanton Aargau wird der Rechtsanwalt als unabhängiges Organ der Rechtspflege bezeichnet, EICHENBERGER, 195.

[27] Botschaft Anwaltsgesetz, Ziff. 233.21.

[28] Vgl. dazu FELLMANN/SIDLER, 11 f.

[29] BGE 123 I 193 ff.

che Vereinbarung, mit welcher dem Fürsprecher bei den persönlichen Mandaten die Unabhängigkeit zugesichert wurde; zudem wurde standesrechtlichen Regeln der Vorrang vor arbeitsvertraglichen Bestimmungen eingeräumt. Weiter wurde dem Fürsprecher die Freiheit bei der Annahme und der Niederlegung von Mandaten zugebilligt, ihm die Möglichkeit zur Mandatierung eines freiberuflichen Anwaltes gegeben, die Respektierung des Anwaltsgeheimnisses sowie die Verpflichtung der Wahrung des Berufsgeheimnisses durch die Angestellten der Rechtsschutzversicherung festgehalten und der Fürsprecher zum Handeln in eigenem Namen verpflichtet. Zur Schaffung klarer Verhältnisse sollte er zudem auf sein Arbeitsverhältnis zur Rechtsschutzversicherung hinweisen. Ihrerseits verzichtete die Rechtsschutzversicherung auf Werbung mit dem Anwaltstitel von Mitarbeitern. Die Luzerner Aufsichtsbehörde über die Rechtsanwälte hat sich dabei auf den Standpunkt gestellt, der Anwalt dürfe bei der Mandatsführung nicht in einem Subordinationsverhältnis zu einem Dritten stehen, der nicht selber den Berufs- und Standespflichten der Anwälte unterstehe.

Das Bundesgericht befasste sich in einem sorgfältig und eingehend begründeten Urteil mit den gegenteiligen Positionen. Es stellte zunächst fest, dass der Grundsatz der anwaltschaftlichen Unabhängigkeit weltweit anerkannt und von herausragender Bedeutung sei[30]. Allerdings liessen sich verschiedene Ausgestaltungen erkennen, die sich zwischen den Polen des völligen Verbotes von Erwerbstätigkeit ausserhalb des Anwaltsberufes und deren Zulassung mit einigen eng begrenzten Ausnahmen bewegten. Bezogen auf den Leiter des Rechtsdienstes einer Rechtsschutzversicherung hat das Bundesgericht jedoch erkannt, dass dieser als Rechtsanwalt eine Doppelfunktion ausüben würde. Daraus müsse zwar nicht in jedem Fall eine Interessenkollision resultieren, doch sei die «Möglichkeit einer Gefährdung der Unabhängigkeit und der eigenverantwortlichen Berufsausübung als Anwalt augenscheinlich»[31]. Dem Anwalt sei ein lohnabhängiger Zweitberuf zwar gestattet (etwa bei einer von der unselbständigen Berufsausübung unabhängigen anwaltschaftlichen Tätigkeit oder in einer gänzlich anderen Berufsgattung), solange der Rechtsanwalt sich nicht mit der gleichen Angelegenheit wie als Arbeitnehmer zu befassen habe[32]. Vorliegend habe der Fürsprecher einerseits die Interessen der Rechtsschutzversicherung zu beachten, die ein finanzielles Interesse daran habe, den Aufwand der gerichtlichen Vertretung in Grenzen zu halten, anderseits diejenigen des Kunden, der für die erbrachten Prämienleistungen optimalen Rechtsschutz verlange.

Das Bundesgericht hat zu Recht die (kantonal definierten) engen Grenzen der anwaltschaftlichen Unabhängigkeit geschützt und hat damit in beträchtli-

---

[30] BGE 123 I 195.
[31] BGE 123 I 199.
[32] BGE 123 I 200.

chem Mass seine frühere, eher «monopolfeindliche» Rechtsprechung[33] korrigiert. Der Anwaltsstand untersteht einer besonderen Berufsordnung mit eigens geregelten und insgesamt recht ausgewogenen Pflichten und Rechten. Die Unabhängigkeit des Rechtsanwaltes gehört zu den höchsten Gütern, welche das öffentliche Interesse an dieser Sonderordnung rechtfertigen; um so strenger sind allfällige Übergriffe zu beurteilen. Mit seinem Urteil ermöglicht es das Bundesgericht, den Anwaltsberuf als freien Beruf, der in voller Unabhängigkeit ausgeübt werden kann, aufrechtzuerhalten. Dennoch hat das Bundesgericht nicht alle Brücken abgebrochen, die einer nebenberuflichen Tätigkeit von (selbständigen und unselbständigen) Anwälten zur Verfügung stehen. Als Grundsatz gilt jedoch, dass der rechtsuchende Klient jederzeit die Gewissheit haben soll, dass er durch einen Rechtsanwalt beraten und vertreten wird, der weder direkt noch indirekt durch anderweitige Drittinteressen beeinflusst werden kann.

Auf der anderen Seite sind es die Rechtsanwälte selbst, welche ihre Unabhängigkeit in Frage stellen, zumindest dem künftig zu erwartenden Auftreten nach. Das überkommene, bis vor wenigen Jahrzehnten vorherrschende Bild des Einzelanwaltes, der ausschliesslich anwaltschaftlich tätig ist, wird abgelöst durch das Aufkommen mittlerer und grösserer Anwaltsfirmen, die zum Teil eng mit Nichtanwälten zusammenarbeiten und bei welchen das unternehmerische Denken immer mehr auch die unmittelbare anwaltschaftliche Tätigkeit prägt. Assoziationen oder engste Kooperationen mit Nichtanwälten, die Wahl der Rechtsform einer juristischen Person als Organisationsgefäss für die anwaltliche Tätigkeit und grenzüberschreitende Sozietäten[34] werden zu einer Segmentierung des anwaltlichen Dienstleistungsangebotes führen. Gleichzeitig wird durch den Wandelungsprozess die engere Verflechtung mit nichtanwaltlichen Partnern und eine stärkere Ausrichtung auf die Bedürfnisse der Gesellschafter gefördert, was die anwaltschaftliche Unabhängigkeit grundsätzlich in Frage stellt.

In der schweizerischen Diskussion noch recht neu ist die Auseinandersetzung mit dem Betrieb eines Anwaltsbüros in Form einer juristischen Person. Es ist den Referenten zum Juristentag 1996, Michael Pfeifer und Dominique Dreyer, zu verdanken, dass sie dieses in der Schweiz noch immer weitgehend tabuisierte Thema breiter aufgegriffen und Lösungsansätze gefunden haben[35]. Auszugehen ist vom Grundsatz der Unabhängigkeit des Rechtsanwaltes von Dritten. Der Rechtsanwalt soll auch innerhalb einer juristischen Person die Gewissheit haben, dass er seinen Beruf in voller Unabhängigkeit wahrnehmen

---

[33] Insb. BGE 113 Ia 282. Vgl. dazu STERCHI, Art. 9 N 6b.
[34] Hierzu JÖRG NERLICH, Multinationale und transnationale Anwaltssozietäten in Europa, in: Anwaltliche Tätigkeit in Europa, Schriftenreihe des Instituts für Anwaltsrecht Bd. 10, Bonn 1994, 37 ff.
[35] PFEIFER (Rechtsanwalt), 325 ff.; DREYER (L'avocat), 454 ff. Vgl. weiter den Beitrag von PETER NOBEL in dieser Festschrift, 339 ff.

kann, dies ohne Rücksichtnahme auf die Interessen Dritter. Zudem soll er in der Lage sein, die anwaltschaftlichen Pflichten zu befolgen, und er soll auch seine Rechte vollumfänglich ausüben können. Laut der neuesten bundesgerichtlichen Rechtsprechung ist dabei die Frage der Unabhängigkeit des Rechtsanwaltes aufgrund der konkreten Umstände des Einzelfalles zu beurteilen. Wird grundsätzlich ein Anstellungsverhältnis bei einem Nichtanwalt mit der anwaltschaftlichen Unabhängigkeit bei der Betreuung von Klienten des Nichtanwaltes als unvereinbar erklärt, so liegt die Lage bei der Wahl einer juristischen Person jedoch anders: Nicht jede Form einer von Rechtsanwälten betriebenen juristischen Person schliesst die Wahrung der Unabhängigkeit aus[36]. Den Bedürfnissen nach Unabhängigkeit des Rechtsanwaltes kann bei der Ausgestaltung der Struktur der juristischen Person in genügendem Mass Rechnung getragen werden. Dabei sind mindestens folgende Rahmenbedingungen zu beachten: Zum einen ist sicherzustellen, dass nur Rechtsanwälte Gesellschafter und damit Kapitalgeber sind oder zumindest die Mehrheit der Kapital- und Stimmanteile in der Hand der Rechtsanwälte liegen[37]. Zum anderen sollen die Statuten festlegen, dass die Ausübung des Rechtsanwaltsberufes unabhängig und in eigener (fachlicher und disziplinarischer) Verantwortung erfolge.

IV. Das Binnenmarktgesetz als Freizügigkeitsordnung

A. *Grundsätze*

Das Binnenmarktgesetz gewährleistet für die Ausübung der Erwerbstätigkeit auf dem gesamten Gebiet der Schweiz den freien und gleichberechtigten Zugang zum Markt[38]. Die Gewährleistung gilt nur für Personen mit Niederlassung oder Sitz in der Schweiz, schliesst somit alle Personen (Schweizer und Ausländer) mit Niederlassung oder Sitz im Ausland aus. Im Mittelpunkt des Binnenmarktgesetzes steht der freie Zugang zum Markt. Jede berechtigte Person hat das Recht, Dienst- und Arbeitsleistungen auf dem gesamten Gebiet der Schweiz anzubieten, soweit die Ausübung der betreffenden Erwerbstätigkeit im Kanton ihrer Niederlassung oder ihres Sitzes zulässig ist[39]. Dabei ist das Herkunftsprinzip zu beachten. Das Anbieten von Dienst- und Arbeitsleistungen richtet sich nach den Vorschriften des Kantons oder der Gemeinde ihrer Niederlassungen oder des Sitzes der Anbieterin oder des Anbieters[40].

---

[36] MAYEN, 2320.
[37] Hierzu und zum folgenden PFEIFER (Rechtsanwalt), 326 ff., insb. 328 f. mit Hinweisen auf die Rechtslage in Deutschland.
[38] Art. 1 Abs. 1 BGBM.
[39] Art. 2 Abs. 1 BGBM.
[40] Art. 2 Abs. 2 BGBM.

Die Rechte gelten jedoch nicht unbeschränkt, sondern können – analog zu den grundrechtlichen Einschränkungen – gemäss Art. 3 BGBM begrenzt werden. Die Einschränkungen sind danach nur dann zulässig, wenn sie (kumulativ) gleichermassen für ortsansässige Personen gelten, im überwiegenden öffentlichen Interesse liegen und sich als verhältnismässig erweisen[41]. Dabei wird insbesondere die Gewährleistung eines hinreichenden Ausbildungsstandes für bewilligungspflichtige Tätigkeiten als genügendes öffentliches Interesse aufgeführt[42]. Von besonderer Bedeutung ist Art. 4 BGBM, welcher die Anerkennung von kantonalen oder kantonal anerkannten Fähigkeitsausweisen zur Ausübung einer Erwerbstätigkeit regelt. Danach gelten diese – vorbehältlich der vorstehend erwähnten Einschränkungen gemäss Art. 3 BGBM – auf dem gesamten Gebiet der Schweiz. Bestehen Beschränkungen nach Art. 3 BGBM, so hat die betroffene Person Anspruch darauf, dass in einem einfachen, raschen und kostenlosen Verfahren geprüft wird, ob ihr aufgrund ihres Fähigkeitsausweises der freie Zugang zum Markt zu gewähren ist oder nicht[43].

B. Zulassung ausserkantonaler Rechtsanwälte

Das Binnenmarktgesetz wurde in seinen Auswirkungen auf die akademischen Berufe unterschätzt; insbesondere bei den Ärzten und Zahnärzten wird es vermutlich für Inhaber (gleichwertiger) ausländischer Ausbildungsausweise über liberale Kantone den Zugang zum schweizerischen Gesundheitsmarkt eröffnen. Aber auch für die Rechtsanwälte, welche sich bis anhin auf Art. 5 Übergangsbestimmungen BV berufen konnten, hat es eine wesentliche Erleichterung bei der ausserkantonalen Tätigkeit mit sich gebracht: Im Entscheid vom 30. Mai 1997 hat das Bundesgericht die staatsrechtliche Beschwerde eines Zürcher Rechtsanwaltes geschützt, der sich gegen die Zulassungsregelung des Kantons Bern zur Wehr setzte[44]. Der Rechtsanwalt stellte am 26. Juli 1996 beim Obergericht des Kantons Bern ein Gesuch um Erteilung der Berufsausübungsbewilligung, dies unter Berufung auf Art. 5 Übergangsbestimmungen BV und auf Art. 4 Abs. 2 BGBM. Seinem Gesuch legte er das zürcherische Fähigkeitszeugnis für den Rechtsanwaltsberuf aus dem Jahre 1986 sowie Berufsausübungsbewilligungen mehrerer Kantone bei. Am 21. August 1996 reichte er ein aktuelles Zeugnis des Obergerichts des Kantons Zürich nach, worin dieses bestätigt, dass der Beschwerdeführer nach wie vor im Besitz des zürcherischen Fähigkeitsausweises für den Rechtsanwaltsberuf ist und bisher keine Disziplinarstrafen gegen ihn ausgefällt wurden. Zugleich teilte er dem Berner Obergericht mit, dass er die zusätzlichen Erfordernisse

[41] Art. 3 BGBM.
[42] Art. 3 Abs. 2 lit. e BGBM.
[43] Art. 4 Abs. 2 BGBM.
[44] Pra 87/1998 Nr. 2.

gemäss bernischer Rechtspraxis (Leumundszeugnis, Auszug aus dem Zentralstrafregister, Befreiung Dritter vom Amts- und Berufsgeheimnis) als unverhältnismässig betrachte. Das Obergericht des Kantons Bern wies das Gesuch ab und auferlegte dem Rechtsanwalt eine Verfahrensgebühr von Fr. 400.–.

Das Bundesgericht stellte zunächst fest, dass der Rechtsanwalt gegen die Abweisung zu Recht die staatsrechtliche Beschwerde und nicht die Verwaltungsgerichtsbeschwerde angerufen habe, obschon er im wesentlichen die Verletzung von Bundesrecht rüge. Nach Erörterung von in der Zwischenzeit praktisch nicht mehr relevanten Fragen des Übergangsrechts wandte sich das Bundesgericht der materiellen Seite der Beschwerde zu. Als erstes hielt es fest, dass kein Grund bestehe, die Binnenmarktgesetzregelung nicht auf die wissenschaftlichen Berufsarten anzuwenden. Sodann führte es als Kernaussage an, dass der Beschwerdeführer mit dem zürcherischen Anwaltspatent und als im Kanton Zürich niedergelassener und dort tätiger Rechtsanwalt über das Recht verfüge, seine Dienstleistung auf dem gesamten Gebiet der Schweiz anzubieten, und dass sein Fähigkeitsausweis von allen Kantonen anzuerkennen sei[45]. Das Beibringen eines Leumundszeugnisses sowie die Befreiung Dritter vom Amts- und Berufsgeheimnis hätten zwar als Anforderungen an die Bewilligungserteilung einen rein formalen Charakter und wären leicht zu erfüllen; trotzdem müssten sie als Beschränkungen des freien Zugangs zum Markt angesehen werden, der nur unter den Voraussetzungen von Art. 3 BGBM zulässig sei. Das Erfordernis des guten Leumundes liege durchaus im öffentlichen Interesse; zu prüfen sei jedoch unter dem Blickwinkel von Art. 3 Abs. 3 lit. a und lit. b BGBM, ob die doppelte Kontrolle des Leumundes verhältnismässig sei, insbesondere, ob die Schutzwirkung nicht bereits durch Vorschriften des Herkunftsortes erzielt werde, wobei Nachweise und Sicherheiten berücksichtigt würden, welche der Anbieter bereits am Herkunftsort erbracht habe. Das Bundesgericht stellte hierzu fest, dass die Ausübung des Anwaltsberufes regelmässig an einen guten Leumund bzw. an das Erfordernis der Ehrenhaftigkeit geknüpft werde. Dabei dürfe angenommen werden, dass sich die kantonalen Anwaltsordnungen in dieser Hinsicht nicht wesentlich unterscheiden würden. Damit würde die Schutzwirkung, welche der Kanton Bern anstrebe, bereits durch die Vorschriften des Herkunftsortes erzielt. Im Ergebnis wurde die Berner Regelung als in Widerspruch zum Binnenmarktgesetz stehend und als den Grundsatz der derogatorischen Kraft des Bundesrechts verletzend angesehen. Der Kanton habe jedoch nach wie vor die Möglichkeit, bei Vorliegen *hinreichend konkreter Anhaltspunkte* für ein disziplinarisch relevantes Vorgehen eigene Massnahmen zu ergreifen; ansonsten sei er an die Vermutung der Ehrenhaftigkeit und Vertrauenswürdigkeit gebunden. Offen gelassen wurde die Frage, ob vom ausserkantonal tätigen Rechtsanwalt überhaupt ein Bewilligungsgesuch eingereicht werden müsse.

---

[45] Vgl. auch DREYER (L'avocat), 421 ff. und 438 ff.

Im weiteren wurde auch die Befreiung Dritter vom Amts- und Berufsgeheimnis als unverhältnismässig betrachtet. Zu den Kosten wurde festgehalten, dass im Verfahren der Überprüfung der Zugangsbeschränkungen nach Art. 3 BGBM keine Verfahrenskosten auferlegt werden dürften. Ausgenommen seien Fälle, da der Gesuchsteller rechtsmissbräuchlich handle oder wegen mangelhafter Mitwirkung unnötige Kosten verursache.

C. *Folgerungen*

Das Urteil des Bundesgerichts hat mehrere offene Fragen bezüglich der Anwendung des Binnenmarktgesetzes geklärt:
- Das Binnenmarktgesetz verwirklicht das «Cassis-de-Dijon»-Prinzip vollständig. Dies heisst, dass vom Herkunftskanton einmal geprüfte Zulassungsvoraussetzungen bei ausserkantonalen Tätigkeiten nicht nochmals zu prüfen sind. Das Verbot der doppelten Kontrolle gilt selbst für formelle Prüfungen, die seitens des ausserkantonal tätigen Rechtsanwaltes ohne grossen Aufwand bewältigt werden könnten.
- Die Kantone haben ausserkantonale Fähigkeitsausweise «global» anzuerkennen, ausgenommen, es bestehen hinreichend konkrete Anhaltspunkte disziplinarisch relevanten Verhaltens. Zudem kann ein Kanton grundsätzlich die Gleichwertigkeit des ausserkantonalen Befähigungsausweises in Frage stellen; in diesem Fall ist der Kanton zur Prüfung verpflichtet, ob der ausserkantonale Rechtsanwalt seine Kenntnisse im Rahmen einer Ausbildung oder einer praktischen Tätigkeit anderweitig erworben hat (Art. 4 Abs. 3 BGBM).
- Ein allfälliges Prüfungsverfahren ist ohne Auferlegung von Verfahrenskosten durchzuführen.
- Offen gelassen wurde die Frage, ob die ausserkantonale Tätigkeit eines Rechtsanwaltes überhaupt einer formellen Bewilligung bedarf. Meines Erachtens können die Kantone hier nicht mehr als eine *formlose Anzeigepflicht*[46] bei *erstmaligem Tätigwerden* fordern. Zwar sieht Art. 4 Abs. 2 BGBM bei Beschränkungen nach Art. 3 BGBM ein einfaches, rasches und kostenloses Verfahren vor, mit welchem die Gleichwertigkeit des Fähigkeitsausweises zu prüfen ist. Bei einer solchen Prüfung im Hinblick auf Art. 3 BGBM kann es jedoch nur um *spezifische Anforderungen* bezüglich ausserkantonaler Ausweise gehen, die ausdrücklich im Hinblick auf die Tätigkeit Ausserkantonaler getroffen worden sind: Gemäss Art. 4 Abs. 1 BGBM gelten ausserkantonale Fähigkeitsausweise auf dem gesamten Gebiet der Schweiz; ihr Geltungsbereich kann durch die Kantone gestützt auf Art. 3 BGBM eingeschränkt werden, doch muss diese Einschränkung – dies

---
[46] Vgl. hierzu POLEDNA, Rz. 145.

folgt zwingend aus dem Verhältnismässigkeitsgrundsatz – auf die konkrete Situation des ausserkantonalen Anwaltes zugeschnitten sein. Dies ergibt sich auch aus Art. 2 Abs. 2 BGBM. Diese Bestimmung verpflichtet die Kantone dafür zu sorgen, dass ihre Vorschriften sicherstellen, dass jede Person das Recht hat, ihre Dienst- und Arbeitsleistungen auf dem gesamten Gebiet der Schweiz anzubieten, soweit die Ausübung der betreffenden Erwerbstätigkeit im Kanton ihrer Niederlassung oder ihres Sitzes zulässig ist. Bis 1. Juli 1998 haben die Kantone dafür besorgt zu sein, dass ihre Vorschriften im Einklang mit dem Binnenmarktgesetz stehen. Somit kann aus den *allgemeinen innerkantonalen* Zulassungsbeschränkungen nicht abgeleitet werden, diese würden sich auch auf die Tätigkeit ausserkantonaler Rechtsanwälte beziehen, soweit sie nicht explizit für diese anwendbar erklärt worden sind. Auszugehen ist somit von der Grundregel, wonach ein kantonales Anwaltspatent schweizweit Geltung hat und *nur bei besonderen konkreten Umständen* kantonalen Einschränkungen unterworfen ist. Somit genügt eine Anzeigepflicht überall dort, wo keine besonderen Beschränkungen eingeführt wurden, um allfälligen kantonalen Interessen Rechnung zu tragen.

D. *Binnenmarktgesetz und Ausländer*[47]

Das Binnenmarktgesetz hat nicht nur für schweizerische, sondern auch für ausländische Inhaber eines kantonalen Anwaltspatentes mit schweizerischer Niederlassung Geltung. Das kantonale Anwaltspatent gilt kraft Art. 4 Abs. 1 BGBM für das gesamte Gebiet der Schweiz, unabhängig davon, ob bei ausserkantonaler Tätigkeit für den Erwerb des Anwaltspatentes das Schweizer Bürgerrecht Zulassungsvoraussetzung ist oder nicht. Meines Erachtens gilt demnach für ausländische Träger kantonaler Anwaltspatente die bisherige Rechtsprechung des Bundesgerichts nicht mehr unbesehen, wonach für die Zulassung zum Anwaltsberuf auf das Bürgerrecht abgestellt werden kann, soweit die Vertrautheit mit den politischen und gesellschaftlichen Verhältnissen des Landes verlangt wird[48]. Bei einem Inhaber eines (ausser-)kantonalen Anwaltspatentes ist – gleich wie beim guten Leumund – zu vermuten, dass er über die besagte Vertrautheit verfügt. Der Kanton könnte demnach erst dann einschreiten, wenn klare Anhaltspunkte vorliegen, dass die Vertrautheit trotz der Vermutung nicht besteht. Anders verhält es sich, wenn der (ausländische)

---

[47] Zur Freizügigkeit unter dem Blickwinkel des GATS und in der Europäischen Union vgl. den Beitrag von URS M. WEBER-STECHER in dieser Festschrift, 549 ff., sowie PFEIFER (Rechtsanwalt), 366 ff.; Botschaft Anwaltsgesetz, Ziff. 141 und 142.

[48] Hierzu BGE 119 Ia 40. Weitaus restriktiver war das Bundesgericht noch in BGE 116 Ia 237 ff. Vgl. dazu die Kritik bei POLEDNA, Rz. 162. Ebenfalls kritisch zur heutigen Rechtsprechung PFEIFER (Rechtsanwalt), 368.

Rechtsanwalt über keinen kantonalen Fähigkeitsausweis verfügt. Er kann sich in diesem Fall weder auf das Binnenmarktgesetz noch auf Art. 5 Übergangsbestimmungen BV berufen[49]. Der Ausschluss eines solchen Anwaltes verstösst auch nicht gegen die Verteidigungsrechte des Angeklagten gemäss Art. 6 Abs. 3 lit. c EMRK. Die freie Wahl des Anwaltes kann selbst nach Auffassung der Europäischen Kommission für Menschenrechte ausnahmsweise eingeschränkt werden, wenn dies im Interesse der Justiz notwendig ist. Hat danach jemand die Möglichkeit, einen in der Schweiz patentierten Anwalt zu wählen, verletzt der Entscheid, einen im Ausland tätigen Anwalt vor Gericht nicht zuzulassen, die Konventionsgarantie nicht[50]. Die Rechtfertigung des Ausschlusses wird darin gesehen, dass der ausländische Anwalt in der Regel nur geringe Kenntnisse des kantonalen Rechts und des Bundesrechts hat, und auch nicht mit den lokalen Gegebenheiten und dem Prozessrecht vertraut ist. Weiter wurden von der Kommission praktische Gründe für die Einschränkung aufgeführt.

V. Ergänzung des Binnenmarktgesetzes durch das eidgenössische Anwaltsgesetz?

Der Entwurf eines eidgenössischen Anwaltsgesetzes[51] regelt die interkantonale Freizügigkeit von Rechtsanwälten. Bezüglich des Verhältnisses des Anwaltsgesetzes zum Binnenmarktgesetz erwähnt die bundesrätliche Botschaft, dass eine Überprüfung der Ausbildungsanforderungen der Rechtsanwälte – wie sie nach dem Binnenmarktgesetz möglich wäre – gegenüber heute einen Rückschritt bedeuten würde. Problematisch sei zudem die Prüfung der persönlichen Voraussetzungen, für welche das Binnenmarktgesetz kein Verfahren vorsehe. Art. 4 Abs. 3 BGBM beziehe sich allein auf die Prüfung der erforderlichen Kenntnisse und nicht auf die persönlichen Voraussetzungen. Die Prüfung der persönlichen Voraussetzungen könnte folglich Gegenstand eines Verfahrens sein, welches die Erhebung einer Gebühr rechtfertige. Die Botschaft führt weiter wörtlich aus: «Als Ergänzung zum Binnenmarktgesetz und für eine bessere Verwirklichung der Freizügigkeit der Anwältinnen und Anwälte muss deshalb festgelegt werden, welche fachlichen und persönlichen Voraussetzungen verlangt werden können, in welchem Zeitpunkt sie durch wen geprüft werden und wie die Gerichtsbehörden die notwendigen Informationen über die vor ihnen auftretenden Anwältinnen und Anwälte einholen können. Die Bestimmungen des vorliegenden Anwaltsgesetzes ergänzen und

---

[49] Vgl. zum letzteren BGE 120 Ia 247 ff.; 119 Ia 35 ff.
[50] Vgl. hierzu Europäische Kommission für Menschenrechte vom 24. Februar 1997, VPB 1997 Nr. 117.
[51] In der Folge ist verkürzt nur vom Anwaltsgesetz statt vom Entwurf des Anwaltsgesetzes die Rede.

konkretisieren somit für den Anwaltsberuf die vom Binnenmarktgesetz verfolgten Ziele.»

Die Ausführungen der Botschaft zum Anwaltsgesetz sind in der Zwischenzeit durch das Bundesgerichtsurteil vom 30. Mai 1997 im wesentlichen überholt worden[52]. Das Bundesgericht gelangte dabei – wie vorstehend dargelegt – direkt gestützt auf das Binnenmarktgesetz zu Folgerungen, welche den Freizügigkeitsanliegen des Anwaltsgesetzes weitgehend entsprechen. Es hat sich bezüglich der Prüfung der persönlichen Voraussetzungen gegen eine zweifache kantonale Kontrolle ausgesprochen, und hat somit die volle und unentgeltliche Freizügigkeit bereits eingeführt, Ausnahmen im Einzelfall vorbehalten. Der kantonale Prüfungsspielraum wird dadurch praktisch ausgeschaltet: Auch die Fachprüfung zur Erlangung des Fähigkeitsausweises bietet hinsichtlich der Freizügigkeit nach der Klärung der Frage der Notwendigkeit einer Anwaltsprüfung[53] in der Praxis keine nennenswerten Schwierigkeiten[54]; der Fähigkeitsausweis ist bereits gemäss Art. 5 Übergangsbestimmungen BV anzuerkennen.

Man fragt sich angesichts der bundesgerichtlichen Rechtsprechung, worin der praktische Wert des Anwaltsgesetzes bei der Herstellung der Freizügigkeit noch liegen soll. Dabei ist zunächst die Struktur des Entwurfes des Anwaltsgesetzes aufzuzeigen:
– Zentrales Instrument des Anwaltsgesetzes ist das *Anwaltsregister*. Gemäss Art. 3 des Anwaltsgesetzes können in der gesamten Schweiz ohne weitere Bewilligung alle Personen auftreten, die im Anwaltsregister eingetragen sind.
– Wer Parteien vor Gerichtsbehörden vertreten will («Monopol»tätigkeit), hat sich ins Anwaltsregister einzutragen, und zwar im Kanton der Geschäftsadresse.
– Die Eintragung ins Anwaltsregister erfolgt nach Prüfung der fachlichen und persönlichen Voraussetzungen.
– Das Anwaltsgesetz regelt weiter bestimmte *eidgenössische Berufsregeln* und die Bezeichnung einer kantonalen Aufsichtsbehörde (Art. 11 f.). Sodann sind das Disziplinarverfahren und die -massnahmen festgehalten (Art. 14 ff.). Erwähnenswert ist schliesslich die Regelung der Honorare.

Das Anwaltsgesetz befasst sich – entgegen seinem vollen Titel «Bundesgesetz über die Freizügigkeit der Anwältinnen und Anwälte» – somit auch mit den Grundsätzen der *Ausübung* des Anwaltsberufes in der Schweiz[55]. Es enthält eine Reihe von «minimal standards»[56], die für die Ausübung des

---

[52] Pra 87/1998 Nr. 2
[53] BGE 111 Ia 108 ff.
[54] PFEIFER (Rechtsanwalt), 367; WOLFFERS, 64.
[55] Art. 1 Entwurf Anwaltsgesetz.
[56] Es handelt sich keinesfalls um Maximalanforderungen, da es den Kantonen freisteht, strengere Zulassungsbestimmungen vorzusehen.

Anwaltsberufes nicht nur im interkantonalen Verhältnis, sondern – will man auch ausserhalb des Kantons tätig sein, was als Regel anzusehen ist – bereits innerkantonal zu erfüllen sind[57]. Theoretisch könnte es nach Einführung des Bundesgesetzes zwar zwei oder drei Klassen von Anwälten geben, nebst den im Anwaltsregister eingetragenen «eidgenössischen» Anwälten auch «kantonale» Anwälte sowie rein beratend tätige Anwälte. Eine derartige Aufteilung des Berufsstandes ist jedoch kaum in grösserem Ausmass zu erwarten; vielmehr ist davon auszugehen, dass durch das Anwaltsgesetz ein Anpassungs- und Nivellierungsdruck auf die kantonalen Anwaltsordnungen entsteht, der auch die nicht unter den persönlichen Anwendungsbereich des Anwaltsgesetzes fallenden anwaltschaftlichen Tätigkeitsfelder erfassen wird[58].

Zu den durch das Anwaltsgesetz festgelegten Zulassungsbedingungen gehören einerseits die fachlichen Voraussetzungen. Gefordert wird einerseits ein dreijähriges juristisches Studium mit einem Lizentiatsabschluss bzw. einem gleichwertigen Diplom einer schweizerischen Hochschule sowie ein mindestens einjähriges Praktikum in der Schweiz, das mit einem Examen über die theoretischen und praktischen juristischen Kenntnisse abgeschlossen wird[59]. Anderseits sind persönliche Voraussetzungen zu erfüllen (Handlungsfähigkeit, fehlende strafrechtliche Verurteilung wegen Handlungen, die das Ansehen des Berufsstandes schädigen, guter Leumund, keine Verlustscheine und kein Konkurs in den vergangenen zehn Jahren).

Die Festlegung minimaler fachlicher und persönlicher Voraussetzungen für den Zugang zur schweizerischen Freizügigkeit bildet den ersten wesentlichen Unterschied zum Binnenmarktgesetz[60]. Während nach dem Binnenmarktgesetz in der Regel die (nicht näher festgelegte) Zulassung in einem Kanton genügt, sind nach dem Anwaltsgesetz *Mindestzulassungsanforderungen* zu beachten. Hier zeigt sich, dass mit dieser Regelung weiter eine dem Binnenmarktgesetz anhaftende Unsicherheit beseitigt wird, die gegenwärtig zwar nicht aktuell ist, jedoch an Relevanz gewinnen könnte: Besteht ein Gefälle zwischen zwei kantonalen Anwaltsordnungen betreffend die persönlichen und fachlichen Zulassungsvoraussetzungen, so könnte sich der eine, strengere Kanton durchaus auf den Standpunkt stellen, gestützt auf Art. 3 Abs. 2 lit. c und e sowie auf Art. 3 Abs. 3 BGBM sei er befugt, seine höhere Standards durchzusetzen. Diese Unsicherheit wird mit dem Anwaltsgesetz beseitigt,

---

[57] Rechtlich bleiben die Kantone nach wie vor frei, in ihren Anwaltsgesetzen die Zulassungsordnung festzulegen. Vgl. dazu Botschaft Anwaltsgesetz, Ziff. 231.2.
[58] So auch Botschaft Anwaltsgesetz, Ziff. 232.3.
[59] Für die italienischsprachigen Landesteile sind bezüglich des Studiums Ausnahmen vorgesehen.
[60] Vgl. dazu auch NATER/KELLERHALS, 90 f.

welches zwar ein Gefälle an Zulassungsbedingungen zulässt, jedoch erst *ab einem bestimmten Minimum* volle Freizügigkeit einführt[61].

Sodann haben im Anwaltsregister eingetragene Personen nebst den kantonalen auch die eidgenössischen Berufsregeln des Anwaltsgesetzes zu beachten. Diese legen unter anderem fest, dass der Anwaltsberuf unabhängig, in eigenem Namen und auf eigene Verantwortung auszuüben ist, verbieten Vereinbarungen über die Beteiligung am Prozessgewinn als Ersatz für das Honorar sowie verpflichten zum Abschluss einer Berufshaftpflichtversicherung. Der Erlass des Anwaltsgesetzes behält somit – entgegen einer ersten Beurteilung – auch vor dem Hintergrund der neuesten bundesgerichtlichen Rechtsprechung zur anwaltschaftlichen Freizügigkeit als Ergänzung zum Binnenmarktgesetz[62] seine *praktische Bedeutung* als Instrument zur Verwirklichung der *vollen anwaltschaftlichen Freizügigkeit*. Darüber hinaus wird es künftig auch eine (faktische) Grundlage für eine interkantonale Angleichung der Zulassungs- und Ausübungsregeln des Anwaltsberufes sein, selbst in den nicht direkt geregelten anwaltschaftlichen Tätigkeitsbereichen.

---

[61] Vgl. hierzu ULRICH ZIMMERLI, Bundesrahmengesetz zur Ausübung des Anwaltsberufs in der Schweiz?, recht 1992, 121.

[62] Offen gelassen wird die Frage, ob man ohne Eintrag ins Anwaltsregister, aber unter Berufung auf das Binnenmarktgesetz um eine ausserkantonale Zulassung ersuchen kann. Als lex posterior und lex specialis müsste das Anwaltsgesetz dem Binnenmarktgesetz vorgehen; um der Rechtssicherheit willen sollte sich der Vorrang des Anwaltsgesetzes zumindest aus dem historischen Willen des Gesetzgebers ergeben.

Jörg Schwarz

Das Anwaltsgeheimnis – Einige Gedanken zur heutigen Rechtslage in der Schweiz

Inhaltsübersicht
I. Einleitung
II. Rechtspolitischer Hintergrund des Anwaltsgeheimnisses
III. Die rechtlichen Grundlagen des Anwaltsgeheimnisses in der Schweiz
    A. Völkerrecht und Verfassung
    B. Gesetzesrecht
        1. Privatrecht
        2. Strafrecht
        3. Kantonales Anwaltsrecht
        4. Standesrecht
    C. Die Sanktionen bei einer Verletzung des Anwaltsgeheimnisses
        1. Schadenersatz/Genugtuung
        2. Strafrechtliche Konsequenzen
            a. Allgemeines
            b. Umfang des strafrechtlichen im Vergleich zum privatrechtlichen Geheimnisschutz
        3. Disziplinarstrafen
        4. Verbandsstrafen
IV. Die Grenzen des Anwaltsgeheimnisses
    A. Allgemeine Bemerkungen
    B. Zeugnisverweigerungsrecht
    C. Bemerkungen zu einigen bundesrechtlichen Melderechten und Anzeigepflichten
        1. Lex Friedrich
        2. Geldwäscherei
        3. Bundessteuerrecht
    D. Offenlegen von Geheimnissen aus dem «kommerziellen Bereich»
    E. Honorarinkasso
V. Wer ist dem Anwaltsgeheimnis unterworfen?

I. Einleitung

Es geht in diesem Beitrag nicht darum, einen vollständigen Überblick über die rechtlichen Grundlagen und Probleme des Anwaltsgeheimnisses in der Schweiz zu geben; eine solche umfassende Untersuchung würde selbstverständlich einen wesentlich grösseren Umfang haben. Ziel und Zweck dieses Beitrages ist es einzig, einerseits die rechtlichen Grundlagen des schweizerischen Anwaltsgeheimnisses aufzuzeigen und anderseits darzulegen, wie einige gegenwärtig aktuelle Fragen im Zusammenhang mit dem Anwaltsgeheimnis gelöst werden könnten.

II. Rechtspolitischer Hintergrund des Anwaltsgeheimnisses

Jede freiheitlich konzipierte Rechtsordnung schützt die Geheimsphäre der ihr Unterworfenen. Der Schutz der Geheimsphäre wird etwa in Art. 8 EMRK und Art. 17 IPBPR ausdrücklich statuiert. Wenn auch die gesetzlich geschützte Geheimsphäre in verschiedenen Rechtsordnungen durchaus verschieden definiert wird[1], so wird doch das Anwaltsgeheimnis als Ausfluss des Schutzes der Geheimsphäre des Einzelnen überall geschützt.

Dies erklärt sich daraus, dass eine funktionierende Rechtsordnung dem ihr Unterworfenen nicht nur formal Zugang zu den Gerichten gewähren muss, sondern auch Rahmenbedingungen zu schaffen hat, die es ihm gestatten, Experten zur Durchsetzung seines Rechts beizuziehen[2]. Bei diesen Experten handelt es sich um die Rechtsanwälte. Die Hilfe eines Rechtsanwalts wird aber nur dann ohne Bedenken in Anspruch genommen, wenn sichergestellt ist, dass der Rechtsuchende seinem Anwalt geheime Tatsachen anvertrauen kann, ohne riskieren zu müssen, dass er dadurch seine Geheimnisse einer breiten Öffentlichkeit offenbart[3].

So betrachtet ist das Anwaltsgeheimnis eine notwendige Voraussetzung – und auch Garantie – für eine funktionierende, freiheitlich verfasste Rechtsordnung. Diese Bedeutung des Anwaltsgeheimnisses wird auch von der Rechtsprechung ausdrücklich anerkannt. So verweist das Obergericht des Kantons Zürich in einem Entscheid aus dem Jahre 1962 auf das «erhebliche Interesse der Allgemeinheit an der Wahrung des Rechtsanwaltsgeheimnisses»[4].

Wir können demnach festhalten, dass der Schutz von Geheimnissen, die ein Rechtsanwalt von seinem Klient erfährt, zu einer freiheitlich verfassten Rechtsordnung gehört. Damit ist allerdings noch nichts darüber gesagt, welchen Umfang das Anwaltsgeheimnis hat und unter welchen Umständen es aufgehoben werden kann.

---

[1] Man vergleiche nur etwa die gesetzgeberischen Grundaussagen zum Problem des Schutzes des Bankgeheimnisses in der Schweiz (strafrechtlicher Schutz) und den USA (weitgehende Offenlegungspflichten).
[2] WOLFFERS, 87; SCHLUEP, 37 f.
[3] Vgl. die Hinweise bei SCHLUEP, 12, 37.
[4] ZR 61 Nr. 19.

III. Die rechtlichen Grundlagen des Anwaltsgeheimnisses in der Schweiz

A. *Völkerrecht und Verfassung*

Einleitend sei nochmals darauf verwiesen, dass Art. 8 EMRK und Art. 17 IPBPR die Geheimsphäre schützen. Damit wird indirekt auch ein völkerrechtlicher Grundstein für die Achtung des Anwaltsgeheimnisses gesetzt. Wenn Art. 6 Ziff. 3 lit. c EMRK und Art. 14 Abs. 3 lit. d IPBPR einem Angeklagten zudem ausdrücklich den Beizug eines Verteidigers garantieren, so wird auch hier zumindest im Bereich der Strafverteidigung das Anwaltsgeheimnis vorausgesetzt, macht doch eine Verteidigung ohne privilegierten, geheimnisgeschützten Verkehr zwischen Verteidiger und Angeklagtem letztlich keinen Sinn und würde sich in einer Formalie erschöpfen[5]. Das Bundesgericht hat im Jahre 1991 in bezug auf das Anwaltsgeheimnis ausgeführt, dieses stütze sich insbesondere auch auf die EMRK ab: «Cette protection équivaut ... à celle découlant des art. 8 et 6 par. 3 let. c CEDH, dans la mesure où cette dernière disposition assure à l'accusé le droit de conférer librement avec son avocat[6].»

Was das Verfassungsrecht anbelangt, so anerkennt die schweizerische Rechtsordnung das ungeschriebene Grundrecht der persönlichen Freiheit, welches auch die Geheimsphäre und damit nicht zuletzt das Anwaltsgeheimnis schützt[7].

B. *Gesetzesrecht*

1. Privatrecht

Das Vertragsverhältnis zwischen Anwalt und Klient qualifiziert sich regelmässig als Auftrag[8]. Dabei haftet der Rechtsanwalt als Beauftragter seinem Klienten als Auftraggeber für getreue und sorgfältige Ausführung des ihm übertragenen Geschäftes[9]. Aus der im Gesetz statuierten Treuepflicht des Beauftrag-

---

[5] Es sei hier zusätzlich darauf verwiesen, dass gemäss Art. 10 Ziff. 2 EMRK die Ausübung der Meinungsäusserungsfreiheit Einschränkungen unterworfen sein kann, «um die Verbreitung von vertraulichen Nachrichten zu verhindern».
[6] BGE 117 Ia 345.
[7] BGE 102 Ia 521: «La tutela del segreto professionale dei medici, avvocati, notai ecc. riveste un'importanza tale che il mantenimento di tale segreto, almeno nei suoi effetti più importanti, rimane coperto dal diritto fondamentale della libertà personale.»; siehe auch BGE 109 Ia 158 f., 117 Ia 345.
[8] Art. 394 ff. OR.
[9] Art. 398 Abs. 2 OR.

ten folgt allgemein eine Geheimhaltungspflicht[10]. Der Anwalt ist somit – ohne dass dies in dem ihm erteilten Auftrag besonders statuiert werden müsste – vertraglich verpflichtet, alle ihm anvertrauten Informationen geheimzuhalten, soweit sein Klient der Offenbarung nicht zustimmt.

Über diese vertragliche Geheimhaltungspflicht des Anwalts hinaus gebietet aber auch der Persönlichkeitsschutz gemäss Art. 28 Abs. 1 ZGB dem Anwalt, Informationen aus der Geheimsphäre einer Person nicht weiterzuverbreiten[11]. Soweit eine Information in den Bereich von Art. 28 ZGB fällt, hat nicht nur der Klient des Anwalts, sondern grundsätzlich auch ein Dritter Anspruch auf Geheimhaltung[12], handelt es sich doch beim Persönlichkeitsschutz nach Art. 28 ZGB um ein absolutes Recht[13].

Es kann somit festgehalten werden, dass der Anwalt seinem Klienten gegenüber aus Privatrecht – sei es auf vertraglicher Basis, sei es auf der Basis des Persönlichkeitsschutzes – zur Verschwiegenheit verpflichtet ist. Zudem kann sich gestützt auf Art. 28 ZGB auch Dritten gegenüber eine Pflicht zur Geheimhaltung von im Laufe der Berufstätigkeit erhaltenen Informationen ergeben.

Die privatrechtliche Geheimhaltungspflicht des Anwaltes seinem Klienten gegenüber überdauert das Mandatsverhältnis[14]. Dies ergibt sich aus dem Wesen der Treuepflicht des Beauftragten, ist doch das Interesse des Klienten am Schweigen des Anwaltes auch nach Beendigung des Mandatsverhältnisses in aller Regel nicht geringer als während der Ausführung des Mandates[15, 16].

2. Strafrecht

Gemäss Art. 321 Ziff. 1 StGB werden Rechtsanwälte (und Verteidiger[17]), die ein Geheimnis offenbaren, das ihnen infolge ihres Berufes anvertraut worden

---

[10] FELLMANN-BK, Art. 398 N 40 ff.
[11] SCHLUEP, 23 f.; BGE 91 I 205 f.
[12] Der Dritte hat allerdings keinen Anspruch darauf, dass der Anwalt den Dritten betreffende geheime Informationen, die der Anwalt im Rahmen eines bestimmten Mandates erhielt, bei der Bearbeitung eben dieses Mandates nicht im Interesse seines Klienten verwendet. Hingegen darf der Anwalt derartige geheime Informationen nicht an Dritte oder an Mandanten, die zum Mandat, mit dem die Information zusammenhängt, keinen Bezug haben, weitergeben. Vgl. auch CORBOZ (Le secret), 85 f., 96.
[13] EGGER-ZK, Art. 28 N 51; BGE 121 III 171.
[14] FELLMANN/SIDLER, 49; Anwaltskammer des Kantons Luzern, 19. April 1977, LGVE 1977 I Nr. 401; BGE 112 Ib 607.
[15] FELLMANN-BK, Art. 398 N 77; BGE 106 II 225 f.
[16] Zur (heiklen) Frage, wann die auf Auftragsrecht gestützte Geheimhaltungspflicht untergeht, vgl. FELLMANN-BK, Art. 398 N 80.
[17] Diese Präzisierung hat nur dann eine eigenständige Bedeutung, wenn ein Verteidiger kein Anwaltspatent besitzt, was etwa im Bereich der Bundesstrafgerichtsbarkeit der Fall sein kann, da Rechtslehrer an schweizerischen Hochschulen auch dann als Strafverteidiger zugelassen werden, wenn sie kein Anwaltspatent besitzen (Art. 35 Abs. 3 BStP).

ist oder das sie in dessen Ausübung wahrgenommen haben, auf Antrag mit Gefängnis oder mit Busse bestraft. Damit wird die grundsätzlich auf privatem Recht beruhende Pflicht des Anwaltes zur Verschwiegenheit strafrechtlich verstärkt. Die Verletzung der auf Privatrecht beruhenden Pflicht des Anwaltes, keine ihm von seinen Klienten oder sonstwie in Ausübung des Berufes offenbarte Geheimnisse weiterzuverbreiten, wird mit den Mitteln des Strafrechts geahndet[18].

Von Art. 321 StGB werden nicht nur die Rechtsanwälte, sondern auch ihre Hilfspersonen erfasst. Ebenso wird im Gesetz[19] ausdrücklich festgehalten, dass die Verletzung des Berufsgeheimnisses auch nach Beendigung der Berufsausübung strafbar bleibt.

Art. 321 StGB erfasst nur Geheimnisse, die der Anwalt *infolge oder in Ausübung seines Berufes* wahrgenommen hat. Somit ist die Frage, was den Beruf des Anwaltes ausmacht, sehr wichtig, da Art. 321 StGB nur bestimmte Berufsgeheimnisse einem strafrechtlichen Schutz unterstellt. Es ist nämlich unumstritten, dass die Aufzählung der dieser strafrechtlichen Vorschrift unterliegenden Berufe abschliessend ist[20]. In bezug auf die Definition des Berufs des Anwaltes steht fest, dass sich dieser insbesondere dadurch auszeichnet, dass ein Anwalt Dritte gewerbsmässig vor Gericht vertreten kann. Die berufliche Tätigkeit eines Anwaltes beinhaltet aber nicht nur die forensische Tätigkeit, sondern sie hat auch – unter Umständen sogar fast exklusiv – beratenden Charakter; die reine Rechtsberatung ist allerdings nicht den Anwälten vorbehalten. Aufgrund dieser Rahmenbedingungen kann der Beruf des Anwalts im Sinne von Art. 321 StGB und damit der Kernbereich anwaltlicher Tätigkeit etwa wie folgt definiert werden: Beim Anwalt handelt es sich um eine juristisch ausgebildete natürliche Person, die über die notwendige Bewilligung verfügt, um gewerbsmässig Dritte juristisch zu beraten, deren Interessen zu wahren und vor Gerichten zu vertreten[21].

Gestützt auf diese Definition werden etwa Informationen, die ein Anwalt im Rahmen eines Verwaltungsratsmandates erhält, von Art. 321 StGB nicht

---

[18] Dies ist bei weitem kein Einzelfall. Ähnlich ist die Konstellation beim Bankgeheimnis; das Bankgeheimnis beruht – ähnlich wie das Anwaltsgeheimnis – primär auf einer (stillschweigenden) vertraglichen Abmachung zwischen der Bank und dem Kunden, dass die Bank die ihr bekannten Informationen über die finanzielle Situation des Kunden geheimhält, sowie auf Art. 28 ZGB; es wird durch Art. 47 BankG strafrechtlich verstärkt.
[19] Art. 321 Ziff. 1 Abs. 3 StGB.
[20] BGE 95 I 448, 83 IV 197.
[21] Diese Definition lehnt sich an CORBOZ an, der in seiner Definition allerdings noch weiter geht: «... l'avocat est une personne physique ayant des connaissances juridiques et l'autorisation requise pour exercer professionnellement et de manière indépendante l'activité consistant à donner des conseils, défendre les intérêts d'autrui et intervenir devant tous les tribunaux du ressort pour assister ou représenter son client», CORBOZ (Le secret), 82.

erfasst. Ein Verwaltungsratsmandat fällt nicht in die oben skizzierte Definition der Berufstätigkeit des Anwalts. Zudem wird von der Praxis und der Lehre darauf verwiesen, dass bei einem Verwaltungsratsmandat das kaufmännische Element derart überwiege, dass diese Tätigkeit nicht mehr als eine anwaltliche betrachtet werden könne[22]. Ebenso werden Aktivitäten eines Anwaltes, die normalerweise von Vermögensverwaltern, Treuhändern oder Banken wahrgenommen werden – es geht hier etwa um die Mitarbeit von Anwälten bei der Gründung und Verwaltung von «Offshore-Gesellschaften»[23], bei der Vermögensverwaltung aber auch um blosse Inkassomandate – nicht vom Schutz von Art. 321 StGB erfasst[24].

Art. 321 StGB schützt nur die Geheimhaltung im Kernbereich anwaltlicher Tätigkeit und will nicht jegliche Verletzung der auftragsrechtlichen Geheimhaltungspflicht durch den Inhaber eines Anwaltspatents strafrechtlich ahnden.

3. Kantonales Anwaltsrecht

Die meisten – wenn auch nicht alle[25] – kantonalen Anwaltsgesetze enthalten Vorschriften über das Anwaltsgeheimnis. Als typisch darf § 14 Abs. 1 AnwG ZH gelten: *«Der Rechtsanwalt wahrt Geheimnisse, die ihm um seines Berufes willen anvertraut werden oder die er bei Ausübung seines Berufes wahrnimmt. Er legt diese Pflicht auch seinen Mitarbeitern und Angestellten auf und wacht über ihre Erfüllung.»* Es erscheint – zumindest auf den ersten Blick – als sinnvoll, wenn die kantonalen Anwaltsgesetze das Berufsgeheimnis des Rechtsanwaltes ausdrücklich festhalten. Unabdingbar ist dies allerdings nicht, wie etwa das Beispiel des Kantons Luzern zeigt, wo das Anwaltsgeheimnis im Anwaltsgesetz nicht statuiert wird. Wie dargelegt, beruht die Pflicht des Rechtsanwalts zur Geheimhaltung einerseits auf Privatrecht und anderseits auf Strafrecht – und damit auf Bundesrecht – unabhängig davon, ob das kantonale Recht diese Geheimhaltungspflicht im Anwaltsgesetz zusätzlich auch noch statuiert.

Man kann sich allenfalls fragen, ob die ausdrückliche Fixierung des Anwaltsgeheimnisses im kantonalen Anwaltsgesetz notwendige Voraussetzung für die Disziplinierung eines Anwaltes wegen Verletzung des Anwaltsgeheimnisses darstellt. Wie verhält es sich im Kanton Luzern, in dem das Anwaltsgeheimnis im Anwaltsgesetz nicht statuiert ist? In § 12 AnwG LU wird festgehal-

---

22 BGE 112 Ib 608; vgl. auch KRNETA (Der Anwalt als Organ), 12.
23 Etwa liechtensteinische Stiftungen oder Anstalten, in der Karibik oder auf den Kanalinseln domizilierte Aktiengesellschaften usw.
24 TRECHSEL, Art. 321 N 19; BGE 112 Ib 608 f.; 114 III 107 f.; 115 Ia 199 f.; 120 Ib 119.
25 So enthält etwa das luzernische Gesetz über den Beruf des Rechtsanwalts keinerlei Hinweise auf das Anwaltsgeheimnis.

ten, dass die Aufsichtsbehörde Verletzungen «der dem Anwalt obliegenden Berufs- und Standespflichten»[26] disziplinarisch ahnden kann. Da die Verletzung des Anwaltsgeheimnisses einen Verstoss gegen die dem Anwalt gestützt auf Vertrag und Persönlichkeitsrecht obliegenden Pflichten und ein strafrechtlich verpöntes Verhalten darstellt, kann die Aufsichtsbehörde auch ohne Statuierung des Anwaltsgeheimnisses im kantonalen Anwaltsgesetz einen das Berufsgeheimnis verletzenden Anwalt disziplinieren. Die Aufsichtsbehörde des Kantons Luzern hat denn auch schon verschiedentlich Anwälte wegen Verletzung des Anwaltsgeheimnisses mit Disziplinarstrafen belegt[27].

Es ist somit davon auszugehen, dass die ausdrückliche Statuierung des Anwaltsgeheimnisses in den meisten kantonalen Anwaltsgesetzen keine eigenständige Bedeutung hat[28]. Dies wird in Zukunft erst recht gelten, da gemäss dem jetzt vorliegenden Entwurf für ein Bundesgesetz über die Freizügigkeit der Anwältinnen und Anwälte (BGFA) das Anwaltsgeheimnis zur eidgenössischen Berufsregel erklärt werden soll[29].

4. Standesrecht

Die Standesregeln der kantonalen Anwaltsverbände enthalten in aller Regel Vorschriften über die Geheimhaltung[30]. Ausser in den Kantonen, in denen die Anwaltsverbände öffentlich-rechtlich organisiert sind[31], gelten die Standesregeln als rein vereinsrechtliche Normierungen[32]. Das Bundesgericht hat privaten Standesregeln allerdings gelegentlich über den Kreis der Vereinsmitglieder hinaus Bedeutung zugesprochen[33], so dass auch Anwälte, die nicht Mitglieder eines privaten kantonalen Anwaltsverbandes sind, sich an diese halten müssen. Trotz der bundesgerichtlichen Rechtsprechung hat die in den Stan-

---

[26] § 12 Abs. 1 AnwG LU.
[27] Beispiele: Aufsichtsbehörde über die Rechtsanwälte des Kantons Luzern, 25. März 1994, LGVE 1994 I Nr. 26; Anwaltskammer des Kantons Luzern, 19. April 1977, LGVE 1977 I Nr. 401.
[28] A.M. Handbuch, 95 f., das in diesem Bereich ausdrücklich auf WEGMANN verweist. Der das Handbuch herausgebende VZR selbst hält allerdings in den im Handbuch ebenfalls abgedruckten Postulaten die Bestimmung von § 14 des Gesetzes über den Rechtsanwaltsberuf für obsolet (232). Auch für CORBOZ hat das kantonale Recht entscheidende Bedeutung, CORBOZ (Le secret), 79.
[29] Art. 11 lit. b Entwurf BGFA, Der Schweizer Anwalt Nr. 169, 19 ff.
[30] Im Sinne eines Beispiels sei auf Art. 20 der Standesregeln des Luzerner Anwaltsverbandes verwiesen: «Der Anwalt, seine Mitarbeiter und Angestellte sind dem Klienten gegenüber zu Treue und Verschwiegenheit verpflichtet. Die Schweigepflicht besteht auch nach Abschluss des Mandates.»; vgl. FELLMANN/SIDLER, 47.
[31] Kantone Jura und Tessin.
[32] FELLMANN (Standesregeln), 28.
[33] BGE 98 Ia 360.

desregeln verankerte Geheimhaltungspflicht keine eigenständige Bedeutung, da sie letztlich nur Bundesrecht wiederholt.

C. Die Sanktionen bei einer Verletzung des Anwaltsgeheimnisses

1. Schadenersatz/Genugtuung

Aus dem bisher Gesagten ergibt sich zwangsläufig, dass der das Berufsgeheimnis verletzende Anwalt seinem Klienten wegen Vertragsverletzung (ungetreue Ausführung des Auftrages im Sinne von Art. 398 Abs. 2 OR) gestützt auf Art. 97 Abs. 1 OR schadenersatzpflichtig wird. Darüber hinaus kann der Anwalt seinem Klienten oder auch einem Dritten, dessen Geheimnisse widerrechtlich offenbart wurden, gestützt auf Art. 41 Abs. 1 OR i.V.m. Art. 28 ZGB schadenersatzpflichtig werden. Grundsätzlich wäre auch die Zahlung einer Genugtuung gestützt auf Art. 49 Abs. 1 OR i.V.m. Art. 28 ZGB bzw. Art. 99 Abs. 3 OR denkbar. Möglich ist die Zusprechung einer Genugtuung allerdings nur, «sofern die Schwere der Verletzung es rechtfertigt und diese nicht anders wiedergutgemacht worden ist».[34]

2. Strafrechtliche Konsequenzen

a. Allgemeines

Wie bereits ausgeführt, wird gemäss Art. 321 Ziff. 1 Abs. 1 StGB der Rechtsanwalt, der ein Geheimnis vorsätzlich[35] offenbart, auf Antrag mit Gefängnis, d.h. mit Freiheitsstrafe bis zu drei Jahren[36], oder Busse bestraft.

b. Umfang des strafrechtlichen im Vergleich zum privatrechtlichen Geheimnisschutz

Art. 321 StGB schützt – gemäss der allgemeinen strafrechtlichen Lehre im Bereich der geschützten Geheimnisse[37] – lediglich Tatsachen, die weder offenkundig noch allgemein zugänglich sind und an deren Geheimhaltung der Geheimnisherr objektiv ein berechtigtes Interesse hat und die er auch tatsäch-

---

[34] Art. 49 Abs. 1 OR; vgl. hierzu auch FELLMANN-BK, Art. 398 N 96.
[35] Art. 18 Abs. 1 i.V.m. Art. 321 StGB.
[36] Art. 36 StGB.
[37] TRECHSEL, Art. 162 N 2, Art. 321 N 18; REHBERG (Strafrecht IV), 420, 431.

lich geheimhalten will[38]. Der privatrechtliche Geheimnisschutz geht insofern weiter, als hier nicht entscheidend ist, was objektiv geheimhaltungswürdig ist, da es – vorbehältlich Art. 2 ZGB – allein auf das Geheimhaltungsinteresse des Auftraggebers ankommt[39]. Insofern ist der strafrechtliche Schutz des Anwaltsgeheimnisses theoretisch enger als der privatrechtliche Schutz, wobei in der Praxis diese Unterscheidung wohl kaum je zum Tragen kommen wird.

Es versteht sich von selbst, dass sich der privatrechtliche Schutz des Anwaltsgeheimnisses anders als der strafrechtliche auch auf die fahrlässige Verletzung bezieht[40].

Wie ausgeführt, erfasst Art. 321 StGB nur den Kernbereich anwaltlicher Tätigkeit. Der privatrechtliche Schutz, den der Klient eines Anwaltes geniesst, geht auch insofern weiter als der strafrechtliche Schutz, als die auf Art. 398 Abs. 2 OR gestützte Verpflichtung des Beauftragten zur Diskretion und Geheimhaltung und der Persönlichkeitsschutz gemäss Art. 28 ZGB selbstverständlich nicht auf diesen Kernbereich beschränkt sind. Auch wenn der Anwalt ausserhalb dieses Kernbereichs tätig ist, bleibt der privatrechtliche Schutz des Auftraggebers gegenüber dem Beauftragten bestehen, unabhängig davon, ob man diese Geheimnisverpflichtung noch unter den Titel «Anwaltsgeheimnis» subsumieren will oder nicht. Der Klient, der – aus welchen Gründen auch immer – einen Anwalt mit Treuhand- oder Vermögensverwaltungsaufgaben betraut, vertraut stillschweigend darauf, dass der Anwalt Diskretion wahrt. Auch bei diesen Aufträgen, die sich ausserhalb des Kernbereichs anwaltlicher Tätigkeit bewegen und daher den Schutz von Art. 321 StGB nicht geniessen[41], besteht sowohl die auftragsrechtliche Treuepflicht gemäss Art. 398 Abs. 2 OR als auch der Schutz der Persönlichkeit gemäss Art. 28 ZGB.

3. Disziplinarstrafen

Neben Schadenersatz (und allenfalls Genugtuung) und der strafrechtlichen Verantwortlichkeit gestützt auf Art. 321 StGB hat der das Berufsgeheimnis verletzende Rechtsanwalt auch Disziplinarmassnahmen zu gewärtigen. Die Verletzung des Anwaltsgeheimnisses stellt eine so elementare Missachtung der beruflichen Pflichten des Anwaltes dar, dass diese disziplinarisch geahndet werden muss.

---

38 Vgl. hierzu BGE 80 IV 27, 103 IV 284.
39 Aufsichtskommission über die Rechtsanwälte des Kantons Zürich, 2. April 1980, SJZ 76 247 Nr. 29 = ZR 79 Nr. 61; FELLMANN-BK, Art. 398 N 53.
40 Art. 41 Abs. 1 OR bzw. Art. 99 Abs. 1 OR.
41 TRECHSEL, Art. 321 N 19; in diesem Bereich steht dem Anwalt auch grundsätzlich kein Zeugnisverweigerungsrecht zu; BGE 112 Ib 607 ff.

Gegenüber der strafrechtlichen weist die disziplinarische Sanktion einige Besonderheiten auf. Es ist insbesondere darauf hinzuweisen, dass eine disziplinarische Massnahme anders als die strafrechtliche Verfolgung nicht von einem Antrag des betroffenen Klienten abhängig ist[42]. Zudem kann die Aufsichtsbehörde einen das Berufsgeheimnis fahrlässig verletzenden Anwalt disziplinieren[43], während eine Bestrafung gestützt auf Art. 321 StGB nur bei vorsätzlicher Begehung möglich ist[44].

Strafverfahren und Disziplinarverfahren sind grundsätzlich voneinander unabhängig, so dass die strafrechtliche Ahndung eines bestimmten Verhaltens eine disziplinarische Verfolgung desselben Verhaltens nicht ausschliesst[45].

Disziplinarische Sanktionen sind primär dann zu ergreifen, wenn ein Anwalt seine Geheimhaltungspflicht im Kernbereich anwaltlicher Tätigkeit verletzt. Verletzungen der auftragsrechtlichen Schweigepflicht gemäss Art. 398 Abs. 2 OR, die nicht unter den Anwendungsbereich von Art. 321 StGB fallen, weil es sich etwa um Treuhand- oder Vermögensverwaltungsaufträge des Klienten handelt, vermögen eine disziplinarische Massnahme aber zumindest dann zu rechtfertigen, wenn die Geheimnisverletzung des Anwalts diesen als nicht mehr vertrauenswürdig erscheinen lässt[46].

4. Verbandsstrafen

Verstösse gegen die Standesregeln, bei denen es sich mit Ausnahme der Standesregeln der öffentlich-rechtlichen Anwaltsverbände um privatrechtliche Normen handelt, können gegenüber den Mitgliedern zu Verbandssanktionen führen[47]. So sehen denn auch die Statuten der meisten Anwaltsverbände als Disziplinarstrafen Ermahnung, Verweis und Geldbusse vor; bei besonders schweren Verstössen kann auch der Ausschluss aus dem Verein beschlossen werden[48]. Diese Sanktionen sind bei jeder Verletzung der Geheimhaltungspflicht, unabhängig davon, ob die Verletzung der Geheimhaltungspflicht unter Art. 321 StGB fällt oder nicht, möglich. Dies erklärt sich dadurch, dass die Standesregeln in aller Regel den Anwalt ganz allgemein – unabhängig von seiner Tätigkeit – der Geheimhaltungspflicht unterstellen.

---

[42] TRECHSEL, Art. 321 N 25.
[43] Handbuch, 28.
[44] Art. 18 Abs. 1 i.V.m. Art. 321 StGB.
[45] BGE 97 I 835 ff.
[46] Der Umstand, dass ein Anwalt generell als nicht mehr vertrauenswürdig erscheint, genügt für die Disziplinierung; Bundesgerichtsurteil vom 22. Februar 1996 i.S. Hans W. Kopp (Prozess-Nr. 2P.174/1995), kommentiert bei FELBER, 35 f.; Aufsichtskommission über die Rechtsanwälte des Kantons Zürich, 3. Februar 1994, ZR 94 Nr. 10.
[47] FELLMANN (Standesregeln), 28.
[48] FELLMANN (Standesregeln), 28.

IV. Die Grenzen des Anwaltsgeheimnisses

A. Allgemeine Bemerkungen

Etliche kantonale Anwaltsgesetze sowie Art. 321 StGB halten fest, dass das Berufsgeheimnis dann nicht mehr beachtet werden muss, wenn der Geheimnisherr, d. h. der Klient, seine Einwilligung zur Offenbarung des Geheimnisses gibt[49] bzw. wenn die Aufsichtsbehörde die Geheimnisoffenbarung bewilligt[50]. Soweit kantonale Vorschriften, wie etwa § 14 Abs. 2 AnwG ZH, noch weitere Gründe für die Aufhebung des Anwaltsgeheimnisses vorsehen – die entsprechende zürcherische Vorschrift ermächtigt den Anwalt, Geheimnisse zu offenbaren, wenn ein höheres Interesse dies als notwendig erscheinen lässt – ist fraglich, ob diese Vorschriften vor Bundesrecht, insbesondere Art. 321 StGB, Bestand haben. Das Bundesgericht hat diese Frage einmal anhand von § 14 Abs. 2 AnwG ZH aufgeworfen, ohne sie allerdings zu beantworten[51]. Meines Erachtens sind in den kantonalen Anwaltsgesetzen über die grundsätzlich formlos gültige Einwilligung des Geheimnisherrn und die Ermächtigung der Aufsichtsbehörde hinaus statuierte Gründe für die Aufhebung des Anwaltsgeheimnisses bundesrechtswidrig.

Es versteht sich von selbst, dass der Klient in seinem Entscheid, ob er seine Einwilligung zur Offenbarung bestimmter Tatsachen durch seinen Anwalt geben will oder nicht, frei ist. Insofern darf der Klient als Geheimnisherr durchaus «willkürlich» handeln. Die Einwilligung des Klienten ist nur dann gültig, wenn dieser urteilsfähig ist und die Einwilligung einen Akt wirklicher Selbstbestimmung darstellt. Der Klient muss die Bedeutung und Tragweite der Einwilligung beurteilen können. Er muss bei seiner Entscheidung frei sein und darf nicht durch ausserhalb der Sache liegende Umstände, wie etwa Drohung oder Zwang, beeinflusst werden[52].

Was die Ermächtigung durch die Aufsichtsbehörde anbelangt, so bedingt sie ein begründetes Gesuch des entsprechenden Anwalts[53].

---

[49] Art. 321 Ziff. 2 StGB; Beispiele für kantonale Vorschriften: § 14 Abs. 2 AnwG ZH; § 25 Abs. 2 AnwV NW; letztere Vorschrift enthält die Bestimmung, wonach der Geheimnisherr seine Einwilligung schriftlich zu erteilen habe; dies widerspricht insofern Bundesrecht, als Art. 321 Ziff. 2 StGB keine schriftliche Einwilligung verlangt.
[50] Art. 321 Ziff. 2 StGB; Kantonale Vorschriften: § 14 Abs. 2 AnwG ZH, Art. 41 FG BE.
[51] BGE 97 I 836.
[52] Zur Einwilligung des Geheimnisherrn in die Offenbarung von Geheimnissen allgemein STRATENWERTH, 235 f.
[53] Handbuch, 120 f.; Art. 41 Abs. 2 FG BE statuiert ausdrücklich, dass nur der Anwalt selbst um Befreiung vom Berufsgeheimnis ersuchen kann.

B. Zeugnisverweigerungsrecht

Soweit dem Anwalt offengelegte Geheimnisse dem Schutz von Art. 321 StGB unterstehen, steht diesem grundsätzlich auch ein Zeugnisverweigerungsrecht zu. Die Lehre geht gestützt auf Art. 321 StGB davon aus, dass die Kantone verpflichtet sind, in ihren Verfahrensgesetzen (Zivil- und Strafprozessordnungen, Verwaltungsverfahrensgesetze) das Zeugnisverweigerungsrecht des Anwalts dem Grundsatz nach festzuschreiben[54]. Art. 321 Ziff. 3 StGB behält allerdings eidgenössische und kantonale Vorschriften über die Zeugnis- und Auskunftspflicht ausdrücklich vor. Als Grundsatz gilt, dass der Anwalt gestützt auf Gesetzesregeln, welche allgemeine, jedermann treffende Auskunftspflichten statuieren, kein Zeugnis geben und keine Auskünfte erteilen darf[55]. Dieses Prinzip ist allerdings erst kürzlich vom Bundesgericht in bezug auf die ebenfalls Art. 321 StGB unterstehenden Rechnungsrevisoren insofern durchbrochen worden, als das Bundesgericht einen Zürcher Entscheid, wonach Rechnungsrevisoren in einem Strafprozess zum Zeugnis verpflichtet seien, bestätigte, obwohl sich diese Zeugnispflicht einzig auf die allgemeine kantonale Generalklausel, wonach jedermann im Strafverfahren Zeugnis abzulegen habe, stützte[56].

Demgegenüber erlaubt es Art. 321 Ziff. 3 StGB den Kantonen (und – was selbstverständlich ist – dem Bund), auch Anwälte in bezug auf *bestimmte* Sachverhalte und unter *bestimmten* Umständen zu Auskünften und zum Zeugnis zu verpflichten. Solche in das von Art. 321 StGB geschützte Berufsgeheimnis eindringende Normen müssen einerseits klar (auch) die Anwälte umfassen und dürfen andererseits nur eindeutig abgrenzbare Informationen betreffen und nicht etwa eine allgemeine Zeugnis- und Auskunftspflicht der Anwälte statuieren[57].

Nicht mit der Frage, inwieweit die Kantone Anwälte auch im Kernbereich der anwaltlichen Tätigkeit zum Zeugnis oder zur Edition verpflichten können, zu verwechseln ist der Umstand, dass Anwälte ausserhalb des Kernbereichs ihrer Tätigkeit – so etwa bei Verwaltungsratsmandaten, bei der Vermögensverwaltung oder auch bei Inkassotätigkeiten – das Zeugnis grundsätzlich nicht

---

54 Vgl. Hinweise bei CORBOZ (Le secret), 98, insb. Fn. 95.
55 TRECHSEL, Art. 321 N 35; CORBOZ (Le secret), 98.
56 Urteil des Bundesgericht vom 31. Januar 1996 (Prozess-Nr. 1B.460/1995); auszugsweise publiziert in Pra 85 751 ff., insb. 757; kommentiert bei FELBER, 33 f.
57 CORBOZ (Le secret), 98; vgl. auch BGE 91 I 102 f.; zur Diskussion stand Art. 90 Abs. 3 Satz 1 der Strafprozessordnung des Kantons Graubünden, wonach im Falle eines Verbrechens der Kantonsgerichtsausschuss auf Antrag des Staatsanwalts in Würdigung aller Verhältnisse zu entscheiden habe, ob Ärzte, Anwälte und Notare Zeugnis abzulegen hätten. Nach Ansicht des Bundesgerichts ist eine solche kantonale Regelung nicht bundesrechtswidrig. Der entsprechende kantonale Entscheid wurde aus anderen Gründen (rechtliches Gehör) aufgehoben.

verweigern können, da in diesem Bereich eben nicht mehr vom eigentlichen
«Anwaltsgeheimnis» gesprochen werden kann[58].

In bezug auf das Strafverfahren ist insbesondere auf die Situation hinzuweisen, in der ein Anwalt selbst in ein Strafverfahren verwickelt ist. Soweit der Anwalt als Angeschuldigter einvernommen wird, kann er nicht zur Aussage gezwungen werden und steht auch nicht unter der Wahrheitspflicht[59]. Will der Anwalt daher bei seiner Verteidigung auf Informationen zurückgreifen, die vom Berufsgeheimnis geschützt sind, so hat er entweder die Einwilligung seines Klienten einzuholen oder die Aufsichtsbehörde um Dispens anzugehen. Eine ohne Einwilligung des Klienten bzw. ohne Dispens offenbarte, vom Anwaltsgeheimnis geschützte Information könnte zu einem (zusätzlichen) Strafverfahren wegen Verletzung von Art. 321 StGB führen. Im Rahmen einer Edition von Akten eines angeschuldigten Anwalts kann gemäss bundesgerichtlicher Rechtsprechung das Anwaltsgeheimnis nicht gegen die Beschlagnahme von Akten ins Feld geführt werden[60]. Demnach können – sofern der Anwalt selbst angeschuldigt ist – bei ihm ohne weiteres Akten beschlagnahmt werden[61]. Es ist sehr fraglich, ob dieser Grundsatz wirklich so uneingeschränkt gelten kann. Meines Erachtens ist zumindest zu fordern, dass im Strafprozess gegen einen Berufsgeheimnisträger eine «Schleuse» eingebaut wird, die dafür sorgt, dass nicht «unnötigerweise» Geheimnisse von Klienten offengelegt werden[62].

C. *Bemerkungen zu einigen bundesrechtlichen Melderechten und Anzeigepflichten*

Das Bundesrecht statuiert in verschiedensten Gesetzen Melde-, Anzeige- und Mitteilungspflichten. Es besteht im Rahmen dieses Beitrages keine Möglichkeit, auf alle diese Pflichten detailliert einzugehen.
Einige Fälle erscheinen allerdings erwähnenswert:

1. Lex Friedrich

Art. 22 Abs. 3 BewG sieht vor, dass jedermann den Bewilligungsbehörden gegenüber auskunftspflichtig ist, der berufsmässig oder vertraglich bei der

---

[58] BGE 112 Ib 608 f.; 114 III 107 f.; 115 Ia 199 f.; 120 Ib 119.
[59] NIKLAUS SCHMID, 176 ff.
[60] BGE 116 Ib 111; 102 IV 241.
[61] Vgl. hierzu auch CORBOZ (Le secret), 103 f.
[62] Vgl. hierzu TRECHSEL, Art. 321 N 34: Das Bundesgericht lässt in BGE 102 IV 216 f. zwar die Untersuchung von Papieren eines Rechtsanwalts zu, ordnet aber an, dass die Akten, soweit sie nicht für das Strafverfahren relevant sind, dem Rechtsanwalt sofort wieder herausgegeben werden. Es verweist dabei auf Art. 69 Abs. 1 BStP; ähnliche Überlegungen finden sich auch in LGVE 1993 I Nr. 19.

Vorbereitung, dem Abschluss und dem Vollzug eines Rechtsgeschäfts über den Erwerb von Grundstücken mitwirkt. Gemäss Art. 31 BewG wird die Verweigerung von Auskünften bestraft, wobei straflos bleibt, wer sich auf das Anwaltsgeheimnis berufen kann. Hier stellt sich die Frage, ob der Anwalt die Auskunft verweigern *kann,* oder ob er die Auskunft nicht vielmehr verweigern *muss.* Meines Erachtens darf der Anwalt, solange er von Gesetzes wegen nicht zur Auskunftserteilung verpflichtet ist, vorbehältlich der Einwilligung des Klienten oder einer Bewilligung durch die Aufsichtsbehörde, trotz der in Art. 22 Abs. 3 BewG statuierten generellen Auskunftspflicht keine Auskunft geben. Dies gilt aber selbstverständlich nur im Kernbereich anwaltlicher Tätigkeit, so z.B. wenn der Anwalt den Käufer oder Verkäufer bei der Redaktion des Grundstückkaufvertrages berät, nicht aber wenn der Anwalt lediglich als Vermögensverwalter des Käufers oder Verkäufers fungiert.

2. Geldwäscherei

Art. 9 Abs. 1 GwG sieht eine allgemeine Meldepflicht von Finanzintermediären vor, die wissen oder den begründeten Verdacht haben, dass die in eine Geschäftsbeziehung zu einem Kunden involvierten Vermögenswerte im Zusammenhang mit Geldwäscherei gemäss Art. 305bis StGB stehen, oder dass diese Vermögenswerte aus einem Verbrechen herrühren oder der Verfügungsmacht einer kriminellen Organisation im Sinne von Art. 260ter Ziff. 1 StGB unterliegen. Von dieser Meldepflicht sind Anwälte ausdrücklich ausgenommen, «soweit ihre Tätigkeit dem Berufsgeheimnis nach Artikel 321 StGB untersteht»[63]. Hier ist zumindest die Ausgangssituation für den Anwalt klar. Soweit der Anwalt im anwaltlichen Kernbereich tätig ist, so etwa als Verteidiger, muss er keine Meldung erstatten, was letztlich bedeutet, dass er keine Meldung erstatten darf. Ausserhalb dieses Kernbereichs, z.B. wenn ein Anwalt im Rahmen eines Auftrages zur Vermögensverwaltung von der kriminellen Herkunft von Geldern erfährt, ist er meldepflichtig[64].

Gemäss Art. 305ter StGB müssen diejenigen, die berufsmässig fremde Vermögenswerte annehmen, aufbewahren, anlegen oder übertragen helfen, die Identität des wirtschaftlich Berechtigten mit der nach den Umständen gebotenen Sorgfalt feststellen. Art. 305ter Abs. 2 StGB ermächtigt die gleichen Personen, den schweizerischen Strafverfolgungsbehörden und einzelnen Bundesbehörden Wahrnehmungen zu melden, die darauf schliessen lassen, dass Vermögenswerte aus einem Verbrechen herrühren. Diese Vorschrift ist für Anwälte insofern von Bedeutung, als sie nicht im Kernbereich der anwaltlichen Tätigkeit, sondern etwa als Vermögensverwalter aktiv sind. Art. 305ter Abs. 2 StGB gibt ihnen die Ermächtigung, Wahrnehmungen zu melden. So-

---

[63] Art. 9 Abs. 2 GwG.
[64] DE PREUX, 23 f.

weit allerdings ein Anwalt im Rahmen einer zum Kernbereich gehörenden Tätigkeit (z.b. als Verteidiger) Wahrnehmungen macht, so ist er zu einer Meldung gestützt auf Art. 305ter Abs. 2 StGB nicht berechtigt. Dies ergibt sich daraus, dass Art. 305ter StGB nur ein Melderecht, nicht aber eine Meldepflicht statuiert. Zudem nimmt das Geldwäschereigesetz, das eine Meldepflicht statuiert, die Anwälte, soweit es sich um Tätigkeiten im anwaltlichen Kernbereich handelt, von dieser Meldepflicht aus.

3. Bundessteuerrecht

Art. 127 DBG verpflichtet Gläubiger und Schuldner eines Steuerpflichtigen, diesem über Bestand, Höhe, Verzinsung und Sicherstellung ihrer Forderungen bzw. Schulden schriftliche Bescheinigungen auszustellen[65]. Gleiches gilt für Beauftragte, die Vermögen eines Steuerpflichtigen in Besitz oder Verwaltung haben bzw. hatten[66]. Diese Pflicht besteht primär dem Steuerpflichtigen gegenüber. Reicht der Steuerpflichtige eine entsprechende Bescheinigung der Veranlagungsbehörde allerdings trotz Mahnung nicht ein, so kann diese die Bescheinigungen grundsätzlich von Dritten direkt einfordern.

Art. 127 Abs. 2 DBG behält gesetzlich geschützte Berufsgeheimnisse ausdrücklich vor. Dies bedeutet, dass die Veranlagungsbehörde vom Anwalt nicht direkt den Klienten betreffende Bescheinigungen einfordern kann; dies gilt allerdings nur soweit, als eine allfällige Bescheinigung den Kernbereich anwaltlicher Tätigkeit betreffen würde. Ausserhalb dieses Kernbereichs ist der Anwalt der Veranlagungsbehörde gegenüber grundsätzlich zur direkten Ausstellung von Bescheinigungen verpflichtet[67].

Umstritten ist, ob der Anwalt seinem Mandanten eine Bescheinigung auszustellen hat, wenn der Mandant diese Bescheinigung nur aufgrund einer entsprechenden Aufforderung der Steuerbehörde einverlangt. BÖCKLI ist der Ansicht, dass der Anwalt berechtigt, ja verpflichtet sei, das Anwaltsgeheimnis selbst entgegen der Weisung seines Klienten zu wahren, wenn eine Behörde die Preisgabe einer Information durch Druckausübung auf den Klienten erzwingen will[68]. Naturgemäss sieht dies die Eidgenössische Steuerverwaltung anders, indem sie der Ansicht ist, der Steuerpflichtige sei verpflichtet, von seinem Anwalt die Herausgabe von Bescheinigungen zu verlangen und der Anwalt sei angesichts solcher Weisungen seines Klienten nicht berechtigt, sich auf das Anwaltsgeheimnis zu berufen[69]. Die – theoretische – Lösung des Problems dürfte wohl darin liegen, dass der Anwalt seinem Klienten eine

---

[65] Art. 127 Abs. 1 lit. b DBG.
[66] Art. 127 Abs. 1 lit. d DBG.
[67] A.M. BÖCKLI, 132 Fn. 162; gleich wie hier SCHLUEP, 44.
[68] BÖCKLI, 130.
[69] Hierzu die Ausführungen bei SCHLUEP, 44 f., und BÖCKLI, 130.

Bescheinigung immer dann auszustellen hat, wenn er davon überzeugt ist, dass der Klient wirklich will, dass die Bescheinigung ausgestellt wird. Soweit der Klient – um dem Druck der Steuerbehörde vermeintlich nachzugeben – nur gegen aussen den Eindruck vermitteln will, er gebe seinem Anwalt Weisung, eine Bescheinigung auszustellen, in Tat und Wahrheit aber dem Anwalt gegenüber zu verstehen gibt, dass er erwartet, dass dieser sich auf das Anwaltsgeheimnis berufe, liegt keine gültige Entbindung vom Anwaltsgeheimnis vor, und der Anwalt kann die Bescheinigung gar nicht ausstellen[70].

D. *Offenlegen von Geheimnissen aus dem «kommerziellen Bereich»*

Der Umstand, dass der Anwalt auch in den Bereichen, die nicht von Art. 321 StGB geschützt sind, aufgrund von Privatrecht zur Verschwiegenheit verpflichtet ist, führt dazu, dass Anwälte bei Tätigkeiten ausserhalb des anwaltlichen Kernbereichs Geheimnisse ebenfalls nur aufgrund einer Einwilligung ihres Klienten offenbaren dürfen. Es sei hier auf ein Beispiel verwiesen: Gestützt auf die aus dem Jahre 1992 stammende Vereinbarung über die Standesregeln zur Sorgfaltspflicht der Banken (VSB)[71] verlangen Banken vom Kontoinhaber grundsätzlich die Offenlegung des wirtschaftlich Berechtigten an den deponierten Vermögenswerten, wenn der Kontoinhaber nicht selbst an diesen Vermögenswerten wirtschaftlich berechtigt ist[72]. Hiervon gibt es eine Ausnahme für Rechtsanwälte (und Notare), wobei sich diese Ausnahme nur auf den Kernbereich anwaltlicher Tätigkeit bezieht[73]. Soweit also ein Anwalt für einen Klienten etwa als Vermögensverwalter tätig ist, wird die Bank von ihm die Offenlegung des wirtschaftlich Berechtigten verlangen. Wenn auch eine solche Offenlegung nicht gestützt auf Art. 321 StGB strafbar ist[74], könnte die Offenbarung der Identität des Klienten für den Vermögensverwalter-Anwalt durchaus zu Schadenersatz- oder gar Genugtuungsfolgen führen, sofern der Klient nicht wusste, dass bei Deponierung der Vermögenswerte bei einer Schweizer Bank dieser seine Identität bekannt würde. Der vorsichtige Anwalt wird in einem solchen Fall den Klienten vorgängig ausdrücklich darauf aufmerksam machen, dass er seine Identität der Bank gegenüber offenbaren muss, da sonst die Bank das Konto nicht eröffnet.

---

70 Zu dieser Problematik STRATENWERTH, 236 ff.
71 Diese Standesregeln der Banken sollen in absehbarer Zukunft modifiziert werden.
72 Art. 3 Abs. 1 VSB.
73 Art. 5 VSB.
74 Es handelt sich nicht um eine Tätigkeit im Kernbereich des Anwaltsberufes.

E. Honorarinkasso

Auf ein Problem sei noch speziell hingewiesen. Es kommt immer wieder vor, dass Anwälte ihre Honorarforderung gegen ehemalige Klienten auf dem Rechtsweg eintreiben müssen. Darf dies der Anwalt ohne weiteres tun oder bedarf er hierfür einer von der Aufsichtsbehörde ausgesprochenen Entbindung vom Berufsgeheimnis? Die Aufsichtskommission über die Rechtsanwälte im Kanton Zürich geht in ihrer Praxis vom nicht zu bestreitenden Umstand aus, dass bereits der Name des Klienten, die Tatsache, dass ein bestimmter Klient den Rechtsanwalt aufgesucht hat und die Art des Mandates geheimnisgeschützt sind. Die Aufsichtskommission folgert daraus, dass jegliches Offenbaren solcher Informationen an Dritte, und handle es sich um ein Betreibungsamt, einen Friedensrichter oder eine Gerichtsinstanz, eine Verletzung des Anwaltsgeheimnisses darstellt. Demnach muss der Anwalt, der gegen einen Klienten gerichtlich oder auf dem Betreibungsweg vorgehen will, vorgängig bei der Aufsichtsbehörde die Aufhebung des Berufsgeheimnisses beantragen[75]. Diese Einholung eines Geheimhaltungsdispenses bei der Aufsichtsbehörde wird – meines Erachtens zu Recht – gelegentlich als inhaltslose und rechtlich nicht begründbare Formalität qualifiziert[76].

In der Tat lässt sich durchaus argumentieren, die Bestreitung oder Nichtbezahlung einer Anwaltsrechnung impliziere klientenseitig die Inkaufnahme ihrer rechtlichen Geltendmachung und müsse damit als beschränkter Geheimhaltungsdispens qualifiziert werden[77]. Dies muss meines Erachtens zumindest dann gelten, wenn es nicht um Bagatellbeträge[78] geht (bei Bagatellbeträgen ist das Interesse des Anwalts am Inkasso deutlich kleiner als das Interesse des Klienten an der Geheimhaltung) und sich die Rechnungsstellung des Anwalts als vertretbar, d.h. weder als offensichtlich unbegründet noch eindeutig übersetzt, darstellt. Zudem wird man wohl in der Regel verlangen müssen, dass der Anwalt nur nach vorgängiger Warnung des Schuldners betreibt bzw. gerichtlich gegen diesen vorgeht[79].

Interessant ist in diesem Zusammenhang ein Entscheid der luzernischen Aufsichtsbehörde über die Urkundspersonen, der 1996 gefällt wurde: Ein Anwalts-Notar hatte im Hinblick auf die Einleitung der Betreibung gegen eine Urkundspartei die Aufsichtsbehörde um Dispens von der Geheimhal-

---

[75] Aufsichtskommission über die Rechtsanwälte im Kanton Zürich, 1. Juni 1988, ZR 87 Nr. 99; STERCHI, Art. 41 N 4c; eine detaillierte Darlegung der Praxis findet sich bei VIELI, 57 ff.
[76] So ausdrücklich in bezug auf das hinsichtlich dieses Aspektes weitgehend mit dem Anwaltsgeheimnis zusammenfallende Berufsgeheimnis des Notars: BRÜCKNER, 334 f.
[77] BRÜCKNER, 334.
[78] Bei Bagatellbeträgen verweigern die Aufsichtsbehörden gelegentlich den Dispens: STERCHI, Art. 41 N 4c; kritisch zu dieser Praxis VIELI, 58.
[79] Ähnliche Überlegungen ergeben sich diesbezüglich im Bereich des Bankgeheimnisses; AUBERT/BÉGUIN/BERNASCONI/GRAZIANO VON BURG/TREUILLAUD, 174 f.

tungspflicht ersucht. Die Aufsichtsbehörde trat auf dieses Gesuch nicht ein, dies mit der Begründung, ein Geheimhaltungsdispens sei nicht notwendig, da es dem Notar trotz Berufsgeheimnis möglich sein müsse, seine berechtigten Honorarforderungen durchzusetzen[80]. Angesichts des Umstandes, dass es in bezug auf das Honorarinkasso zwischen Anwälten und freiberuflichen Notaren, erst recht, wenn sie gleichzeitig Anwälte und Notare sind, kaum einen Unterschied gibt, wird es interessant sein zu sehen, ob diese luzernische Praxis im Bereich des Notariatsrechts Auswirkungen auf die gleich geartete Problematik im Anwaltsrecht haben wird.

Eine Möglichkeit, dem Problem des Dispenses für das Honorarinkasso aus dem Weg zu gehen, besteht darin, dass die Aufsichtsbehörde über die Rechtsanwälte ihre Dienste als Schiedsgericht für Honorarstreitigkeiten zwischen dem Anwalt und seinen Klienten zur Verfügung stellt[81]. Es sei hier auf § 20 Abs. 1 AnwG LU hingewiesen: *«Die Aufsichtsbehörde entscheidet anstelle der ordentlichen Gerichte zivilrechtliche Streitigkeiten zwischen Anwalt und Auftraggeber, sofern die Parteien schriftlich die Zuständigkeit der Aufsichtsbehörde vereinbart haben.»* Die luzernischen Anwaltsvollmachten sehen denn auch häufig vor, dass zivilrechtliche Streitigkeiten zwischen Anwalt und Klient von der Aufsichtsbehörde entschieden werden.

In der Praxis versuchen die Anwälte in etlichen Kantonen das Problem des Dispenses für ein Honorarinkasso dadurch zu umgehen, dass im Vollmachtsformular ausdrücklich vorgesehen wird, dass der Klient für den Fall eines Honorarprozesses zum voraus auf das Anwaltsgeheimnis verzichtet. Diese Praxis wird von etlichen kantonalen Aufsichtsbehörden zumindest geduldet. Meines Erachtens ist dieses Vorgehen allerdings äusserst fragwürdig. Der Klient kann den Verzicht auf das Berufsgeheimnis zumindest solange, als noch von einem «Geheimnis», also einer weder offenkundig noch allgemein zugänglichen Tatsache, gesprochen werden kann, jederzeit widerrufen. Zudem ist durchaus fraglich, ob die zum voraus gegebene Einwilligung zur Offenbarung von grundsätzlich geheimnisgeschützten Informationen angesichts des Umstandes, dass der Klient im Zeitpunkt der Unterzeichnung nicht weiss und nicht wissen kann, welche Konsequenzen diese Offenbarung haben wird, rechtlich überhaupt gültig ist. Aus diesen Gründen ist meines Erachtens dieser Weg, das «administrative Problem» des Einholens eines Dispenses bei der Aufsichtsbehörde vor dem Einleiten von Inkassomassnahmen gegen einen ehemaligen Klienten zu umgehen, nicht sehr erfolgversprechend. Der von der luzernischen Aufsichtsbehörde über die Urkundspersonen im obenerwähnten Fall skizzierte Gedanke, wonach ein Geheimhaltungsdispens gar nicht not-

---

[80] Aufsichtsbehörde über die Urkundspersonen des Kantons Luzern i.S. Rechtsanwalt und Notar T., 6. Dezember 1996 (Prozess-Nr. AU 96 22/9).
[81] Vgl. VIELI, 43, wonach das Anwaltsgeheimnis gegenüber der Aufsichtsbehörde nicht zu beachten sei.

wendig sei, wenn es darum geht, berechtigte Honorarforderung durchzusetzen, ist aus meiner Sicht vielversprechender.

V. Wer ist dem Anwaltsgeheimnis unterworfen?

Während in den USA alle Anwälte – unabhängig davon, ob sie freiberuflich oder als «in-house counsel» als Angestellte in einem Unternehmen tätig sind – den Schutz des Anwaltsgeheimnisses («attorney-client privilege») in Anspruch nehmen können[82], wird dies in der Schweiz grundsätzlich anders gesehen. Die herrschende Lehre geht davon aus, dass nur die freierwerbenden Anwälte, zusätzlich allenfalls noch anderweitig beschäftigte Inhaber eines Anwaltspatentes, soweit sie eigentliche anwaltschaftliche Dienstleistungen erbringen, von Art. 321 StGB erfasst werden[83]. Nach schweizerischem Verständnis können sich Mitarbeiter eines Rechtsdienstes einer grossen Unternehmung, die über ein Anwaltspatent verfügen, nicht auf das Anwaltsgeheimnis berufen.

Es ist hier nicht der Ort, diese Frage abschliessend zu untersuchen. Es seien aber zumindest einige Hinweise erlaubt:
– Der freierwerbende Anwalt und der bei einem Anwalt angestellte, ebenfalls über ein Anwaltspatent verfügende Mitarbeiter unterstehen klarerweise Art. 321 StGB sowie der Disziplinaraufsicht der Aufsichtsbehörden und haben die auftragsrechtlich abgestützte Treuepflicht, die auch eine Diskretions- und Geheimhaltungspflicht beinhaltet, zu wahren.
– Die sog. «in-house counsels» unterstehen, da sie ihre Dienste nur einem einzigen Klienten, nicht aber der Öffentlichkeit anbieten, *in bezug auf ihre Tätigkeit für das sie beschäftigende Unternehmen* nicht der Disziplinaraufsicht[84]. Die Treuepflicht eines Unternehmensjuristen gegenüber seinem «Klienten» gründet klarerweise nicht auf der Vorschrift von Art. 398 Abs. 2 OR, sondern vielmehr auf der arbeitsvertraglichen Bestimmung von Art. 321a OR. Der Geheimnisverrat eines Unternehmensjuristen wird nicht gestützt auf Art. 321 StGB strafrechtlich verfolgt, sondern gestützt auf Art. 162 StGB (Verletzung von Fabrikations- und Geschäftsgeheimnissen) sowie je nach Branche allenfalls weiteren besonderen Geheimhaltungsvorschriften. Hier ist insbesondere an das Bankgeheimnis (Art. 47 BankG)

---

[82] PFEIFER (Rechtsanwalt), 318 f.
[83] PFEIFER (Rechtsanwalt), 319; TRECHSEL, Art. 321 N 5.
[84] Dies kann allerdings eine Aufsichtsbehörde nicht daran hindern, ein einmal erworbenes Anwaltspatent auch einem «in-house counsel» zu entziehen, wenn dieser als nicht mehr vertrauenswürdig erscheint und die Öffentlichkeit daher in Zukunft vor einem solchen Inhaber eines Anwaltspatents, der sich theoretisch jederzeit selbständig machen könnte, geschützt werden muss.

und das Berufsgeheimnis des Effektenhändlers (Art. 43 BEHG) zu denken.

– Was die bei Treuhandgesellschaften tätigen Inhaber eines Anwaltspatents anbelangt, die einer breiten Öffentlichkeit vor allem im beratenden Bereich ähnliche Dienstleistungen erbringen wie Anwälte, so ist vorerst festzuhalten, dass auch Treuhandgesellschaften in aller Regel in einem Mandatsverhältnis zu ihren Kunden stehen und somit diesen Kunden gestützt auf die auftragsrechtliche Vorschrift von Art. 398 Abs. 2 OR zu Verschwiegenheit verpflichtet sind. Diese Pflicht trifft allerdings direkt den Vertragspartner des Klienten, also die Treuhandgesellschaft, und nur indirekt den juristischen Mitarbeiter.

Heikel ist die Frage, ob Treuhand-Anwälte auch der Strafdrohung von Art. 321 StGB unterstehen. Die Frage ist nicht zuletzt deshalb brisant, weil – wie sich insbesondere in der bundesgerichtlichen Rechtsprechung[85] zeigt – die Anwendbarkeit der strafrechtlichen Vorschrift von Art. 321 StGB dazu führt, dass grundsätzlich Zeugnisverweigerungsrechte bestehen. Da nur der Anwalt, nicht aber die Treuhandgesellschaft dem Anwaltsgeheimnis unterstehen kann, ist zumindest klar, dass der Treuhand-Anwalt nur dann der strafrechtlichen Sanktion unterliegt – und dementsprechend ein Zeugnisverweigerungsrecht hat – wenn ihm das Mandat ad personam erteilt wurde. Bearbeitet er ein Mandat, das der Treuhandgesellschaft als solcher erteilt wurde, liegt die Fallbearbeitung ausserhalb des Anwendungsbereichs von Art. 321 StGB. Weiter steht mit Sicherheit fest, dass der Treuhand-Anwalt, wenn überhaupt, nur im Kernbereich anwaltlicher Tätigkeit, zu der allerdings nicht nur die forensische, sondern auch die beratende juristische Tätigkeit gehört, der Strafandrohung von Art. 321 StGB untersteht und sich auf das entsprechende Zeugnisverweigerungsrecht berufen kann[86]. Sofern der Treuhand-Anwalt Art. 321 StGB untersteht, hat dies insbesondere auch zur Folge, dass er das Geheimnis – ausdrückliche Einwilligung des Geheimnisherrn vorbehalten – seinem Arbeitgeber, der Treuhandgesellschaft, grundsätzlich nicht offenbaren darf. Er darf allerdings, wie jeder andere Anwalt, Hilfspersonen beiziehen, die ihrerseits aber wieder dem Anwaltsgeheimnis unterstehen.

Was die Disziplinaraufsicht anbelangt, so sei hier nur darauf verwiesen, dass Treuhand-Anwälte zumindest insofern der Disziplinaraufsicht der Aufsichtsbehörde unterstehen, als sie in der Öffentlichkeit erkennbar als Rechtsanwälte auftreten[87].

---

[85] BGE 112 Ib 608; 114 III 107 f.; 115 Ia 199 f.; 120 Ib 119.
[86] Klar ablehnend: CORBOZ (Le secret), 83, der die Frage allerdings als «question controversée» bezeichnet.
[87] Aufsichtskommission über die Rechtsanwälte im Kanton Zürich, 4. April 1996, ZR 95 Nr. 44; eine gegen diesen Entscheid eingereichte staatsrechtliche Beschwerde wurde abgewiesen: BGE 123 I 12 ff.

Benoît Chappuis

Signification et fonction des règles déontologiques

Table des matières

I. Introduction
II. Le droit du mandat
III. Le champ d'application des règles déontologiques
   A. La publicité
   B. Les tarifs
   C. La reprise du mandat
   D. Les réserves d'usage
IV. Conclusion

I. Introduction

A s'en tenir à l'étymologie, on pourrait se contenter d'affirmer que la déontologie est la *science des devoirs*. Or, aujourd'hui, hormis la philosophie où la déontologie ressortit à la morale, cette notion n'est guère utilisée dans le langage courant pour s'appliquer à d'autres cas que celui des devoirs professionnels: il s'agit alors d'une série d'obligations imposées ou que s'imposent les membres d'une profession.

Pour ce qui est des avocats, il est clair (en tout cas dans les systèmes juridiques contemporains qui nous sont proches) que ces obligations déontologiques ne sont de loin pas les seules qui s'imposent aux membres de la profession. La loi est devenue depuis longtemps la source première des obligations professionnelles de l'avocat. La question du rapport entre l'une et les autres se pose alors tout naturellement.

S'interroger sur la fonction et la signification des règles déontologiques c'est se poser la question de savoir comment ces règles sont perçues par le droit étatique. Cette question se présente sous un double aspect: il faut déterminer si le droit étatique prête parfois sa force à la mise en œuvre des règles déontologiques et il faut, inversement, déterminer si le droit étatique prohibe certaines de ces règles.

La portée des règles professionnelles n'est pas une question nouvelle. Elle a déjà été de nombreuses fois commentée et débattue, principalement en ce qui concerne les rapports existant entre ces normes et le droit disciplinaire appliqué par les autorités publiques en exécution de la législation cantonale. Dans notre système législatif helvétique, la place de la déontologie n'est pas univoque, ne serait-ce déjà qu'en raison de la cohabitation du droit fédéral et des législations cantonales. La variété de ces dernières est aussi source possible de variété de solutions; les avocats y sont habitués.

Avant même qu'une loi fédérale ne réglemente prochainement la profession d'avocat[1] et n'aborde la question du respect des *«règles professionnelles»* et la relation entre la loi et les us et coutumes[2], le droit fédéral joue un rôle déterminant en ce qu'il définit les obligations contractuelles du mandataire et donc les obligations de l'avocat envers son client. Les règles professionnelles sont-elles compatibles avec les exigences découlant du droit du mandat, voilà une question dont la réponse n'est pas forcément aisée à trouver.

L'évolution des mentalités et, partant, des législations entrées récemment en vigueur ou en cours d'élaboration rend la question particulièrement d'actualité. Les tendances législatives récentes obligent en effet à s'interroger sur le contenu et la finalité des règles professionnelles. Ainsi en va-t-il tout particulièrement de la nouvelle loi sur la concurrence[3] qui, par le but qu'elle poursuit, bouscule bien des habitudes et oblige à s'interroger sur les entraves à la concurrence que les règles professionnelles pourraient constituer.

L'heure est, dans tous les domaines, à la déréglementation et à l'ouverture des marchés[4]. La question qui se pose aux avocats consiste à se demander si, dans ce contexte, l'existence de normes déontologiques a encore un sens ou si ces dernières ne sont pas purement et simplement menacées de disparition: ce qui ne sera pas déréglementé par ordre du législateur deviendra, inversement, de plus en plus réglementé par ce même législateur par le biais de nouvelles lois.

C'est à un survol du rôle que jouent les normes déontologiques actuellement qu'il est proposé de se livrer ici. Les dimensions réduites de la présente étude interdisent qu'une analyse exhaustive de chacune des questions traitées soit effectuée. Seuls quelques sujets seront choisis. Ils seront traités non dans le cadre d'un exposé systématique mais à titre d'illustration des problèmes existants et comme base de réflexion quant aux rôles possibles et souhaitables

---

[1] Cf. avant-projet de loi fédérale sur la libre circulation des avocats (a–p LLCA).
[2] Art. 10 et 11 a–p LLCA. L'art. 10 al. 1 énonce que «l'avocat est soumis aux règles professionnelles fédérales et aux règles professionnelles du canton au registre duquel il est inscrit». Le rapport explicatif à l'appui de l'avant-projet souligne (p. 32) qu'«un simple renvoi, dans une loi cantonale, aux règles déontologiques, pose pourtant certains problèmes de base légale. L'adaptation des législations cantonales à la LLCA (...) devrait donner l'occasion aux cantons de redéfinir la frontière entre règles professionnelles cantonales et règles déontologiques».
[3] TERCIER (Les avocats et la concurrence), 4; BOVET (Recommandations), 11.
[4] On peut à cet égard citer, sur le plan national, la loi sur le marché intérieur (RO 1996, 1738) et, sur le plan international, l'Accord général sur le commerce des services (GATS; General agreement on trade in services) entré en vigueur le 1er juillet 1995; sur la portée de cet accord, cf. DREYER (L'avocat), 425 ss.

des normes déontologiques dans notre ordre juridique[5]. Ne sera en particulier pas traitée la question cruciale de l'indépendance de l'avocat. Elle mériterait de faire le sujet d'une étude à elle seule vu son importance actuelle dans le cadre du développement des professions de services juridiques[6].

II. Le droit du mandat

En sa qualité de mandataire (art. 394 CO), l'avocat doit agir dans l'intérêt exclusif de son client. Il doit mettre en œuvre tout ce qui, selon une appréciation prudente des circonstances, lui semble requis par la situation donnée[7]. Il ne saurait en principe prendre en considération d'autres éléments que les limites qui lui sont imposées par l'ordre juridique.

Il est toutefois admis que l'avocat est soumis à des règles professionnelles qui peuvent être édictées par la législation cantonale ou établies par les associations professionnelles[8]. Ces règles servent en tout cas à l'interprétation du contrat de mandat et il n'est pas besoin que les parties précisent expressément, lors de la conclusion du contrat, que le mandataire doit respecter les règles professionnelles pour qu'il soit tenu de le faire[9]. C'est ainsi que certains auteurs parlent du rôle *normatif* des règles déontologiques[10]. Il arrive d'ailleurs fréquemment que les règles professionnelles se superposent purement et simplement aux règles de droit civil, ainsi l'interdiction de la violation du secret professionnel[11]. Il n'y a donc pas de contradiction de principe ou de nature entre l'existence de normes professionnelles et les exigences du droit du mandat.

Cela dit, les associations professionnelles poursuivent statutairement la défense des intérêts de leurs membres ce qui amène le Tribunal fédéral à considérer que l'Ordre des avocats est *«une instance de nature corporative visant à promouvoir les intérêts bien compris de la profession»*[12]. Cette défense statu-

---

[5] Il faut citer ici l'étude très récente de Fellmann (Standesregeln), 27 ss.
[6] Le Tribunal fédéral a rendu très récemment un arrêt important (ATF 123 I 193) consacrant dans une large mesure le principe de l'indépendance de l'avocat en le déniant au cadre supérieur d'une assurance de protection juridique plaidant pour des clients assurés auprès de son employeur.
[7] Fellmann-BK, art. 394–406, art. 398, N 408.
[8] Fellmann-BK, art. 398, N 177.
[9] Fellmann-BK, art. 398, N 178.
[10] Cf. Dreyer (L'avocat), 466, qui, se basant sur Engel (Contrats), 457, retient que les règles déontologiques «donnent aussi la mesure (étendue, contenu) des obligations contractuelles de l'avocat comme mandataire et contribuent ainsi à qualifier la faute professionnelle».
[11] Cf. Corboz (Le secret professionnel), 79, qui énonce que le secret «est consacré par les lois cantonales sur la profession, ainsi que par les us et coutumes de chaque barreau; son respect est protégé par le droit pénal».
[12] Arrêt du 7 avril 1987 de la IIe Cour de droit public du Tribunal fédéral, Y c. Commission du barreau du canton de Genève, SJ 1987, 529, 534.

taire et *«corporatiste»* peut évidemment induire la promulgation de normes dont le but premier est la protection des membres de l'association. Dès l'instant que de telles normes prennent place dans les us et coutumes[13] et sont amenées à interférer avec les obligations découlant du mandat, une pesée d'intérêts assez délicate devient nécessaire[14], à l'exemple des règles faisant obligation à l'avocat de transmettre les pièces d'une procédure à l'avocat de la partie adverse. Selon la portée que l'on donne à ces normes, l'avocat qui les respecte risque de privilégier l'avocat de la partie adverse – par voie de conséquence cette dernière également – au détriment de son propre client. Afin d'illustrer le propos, on citera la décision rendue par le Conseil de l'Ordre de Genève en matière de transmission de pièces dans le cadre d'un séquestre[15]:

«Il convient de rappeler la portée que les règles de courtoisie doivent avoir dans le cadre du mandat d'avocat. Ces normes sont destinées à aménager le débat judiciaire de façon que les relations entre avocats soient compatibles avec les règles de la courtoisie et de la bonne foi. Elles ne sont en revanche pas destinées à remplacer les règles du droit de fond et de procédure, encore moins à entrer en conflit avec elles et en limiter la portée. Autrement dit, l'avocat ne peut pas être amené, au motif du respect des règles de courtoisie entre confrères, à violer ses devoirs découlant du mandat tels qu'établis par le droit fédéral (art. 394 CO). Les règles du mandat l'obligent à faire valoir les droits et prérogatives du mandant sans être amené à prendre en considération, voire à privilégier, des intérêts de tiers ou des règles non opposables au client. En matière de transmission de pièces, les directives et circulaires du Conseil de l'Ordre respectent ce principe puisqu'elles obligent l'avocat, tout en le laissant préalablement au bénéfice de l'effet de surprise prévu par la loi pour l'obtention de la mesure, à transmettre ses pièces dans des cas où la loi donne le droit à la partie adverse d'en prendre connaissance. La norme déontologique laisse ainsi intacts les droits du client tout en évitant des désagréments pratiques à l'avocat telles que vacation au Tribunal pour consulter les pièces, préparation urgente de l'audience, etc.»

C'est le principe que les règles déontologiques doivent suivre, en matière de procédure notamment: la déontologie que s'impose l'avocat ne doit pas le conduire à affaiblir la défense des intérêts de son client. Le Tribunal fédéral a consacré ce principe en affirmant que *«les intérêts de son client tracent à l'avocat une limite aux devoirs dictés par la collégialité*[16]*»*. On s'inspirera à cet égard de l'excellente formulation des us et coutumes lucernois qui énoncent que *«Die Kollegialität darf die Interessen des Klienten nicht beeinträchtigen*[17]*»*.

---

[13] Par exemple les règles de courtoisie et de collégialité entre confrères.
[14] KARPIK, 429, l'a bien montré qui parle de «l'arbitrage entre l'intensité de l'engagement dans la défense du client et les exigences de l'harmonie corporative».
[15] Décision partiellement citée in La lettre du Conseil, n° 17, mars 1997, Ordre des avocats de Genève, 4.
[16] ATF 105 II 149 = JdT 1980 I 177, 182.
[17] Art. 37 al. 3 des «Standesregeln des Luzerner Anwaltsverbandes».

En revanche, le Tribunal fédéral, dans l'arrêt précité, a refusé de suivre l'argumentation d'une des parties qui contestait *«toute portée au droit corporatif que constitueraient les us et coutumes du barreau»*. Notre Haute cour a retenu que *«pour appliquer les règles de la bonne foi, il faut certainement tenir compte des usages professionnels»*. Ces usages serviront donc toujours, à tout le moins, à tracer les limites de l'abus de droit.

III. Le champ d'application des règles déontologiques

Dans la plupart des cantons, l'association des avocats est de pur droit privé et l'adhésion n'est pas nécessaire pour la pratique du barreau. Il s'ensuit que les règles adoptées par ces associations ne sont pas en elles-mêmes applicables aux avocats qui ne sont pas membres de l'association. Le Tribunal fédéral, dans une jurisprudence vieille d'une vingtaine d'années[18], a jugé que *«même si le recourant ne fait pas partie de l'Association bernoise des avocats, rien ne s'oppose à ce que l'autorité disciplinaire applique les règles professionnelles de cette association. Ces règles explicitent dans le détail ce que la loi détermine de façon générale; en ce sens, elles ont une portée qui dépasse le cercle privé des membres de l'association et valent de façon générale pour l'activité des avocats dans le canton de Berne.»* Par cette décision, le Tribunal fédéral a donné une grande envergure à la portée des normes déontologiques. Ces normes de caractère privé devenaient ainsi l'expression incontournable, sinon unique, des devoirs professionnels auxquels tout avocat était soumis. Le Tribunal fédéral a eu l'occasion de confirmer cette approche lors d'arrêts subséquents. C'est ainsi qu'il a retenu que l'expression de l'*«usage»* auquel la loi sur la profession d'avocat se réfère se trouve en général dans les us et coutumes publiés par l'Ordre des avocats du canton en cause[19] et qu'il n'apparaît, pour le moins, pas déraisonnable de s'y référer, même lorsque l'avocat n'est pas membre de l'association professionnelle[20]. Toutefois, le Tribunal fédéral a souligné que les *«us et coutumes ne servent qu'à interpréter la notion d'usage et ne constituent pas en tant que tels la base légale de la décision entreprise»*[21] de sorte qu'il ne peut être retenu que les us et coutumes sont en eux-mêmes une source de droit autonome et contraignante pour tout avocat.

---

[18] ATF 98 Ia 356 = JdT 1973 I 206: il s'agissait d'un recours de droit public formé par un avocat bâlois contre une sanction disciplinaire qui lui avait été infligée dans le canton de Berne. L'avocat avait accordé à sa cliente un prêt pour un montant total de 210 000 frs, ce qui contrevenait à la disposition 3 des us et coutumes selon laquelle l'avocat doit garder toute son indépendance dans l'exercice de sa profession.
[19] ATF 108 Ia 319; 106 Ia 107.
[20] SJ 1987, 530 ss.; ATF 105 Ia 74.
[21] SJ 1987, 530 ss.

Progressivement, des critiques[22] se sont élevées à l'encontre du rôle d'intérêt public des règles déontologiques et donc de leur application à l'ensemble des avocats exerçant dans un canton, certains auteurs[23] insistant sur le fait que ces normes sont parfois destinées à défendre les intérêts des membres de l'association. L'entrée en vigueur de la nouvelle LCart est venue accentuer cette remise en cause de la sphère d'influence des règles déontologiques[24].

Il est intéressant de regarder de plus près cette évolution au travers des domaines sensibles que sont la publicité, les tarifs, la reprise de mandat et les réserves d'usage.

A. La publicité

Un des principes déontologiques les plus ancrés dans les esprits est la quasi-interdiction de toute publicité. C'est aussi lui qui a fait l'objet des critiques les plus répétées[25]. Désuète, on ne parviendrait guère à comprendre l'exacte justification de cette norme. Certains auteurs n'hésitent pas à remettre en cause de façon fondamentale l'attitude des avocats dans ce domaine en les encourageant à pratiquer sans plus tarder le marketing: *«sans une évolution radicale, l'avenir ne pourra plus être maîtrisé et une vérité s'impose brutalement: il faut vivre avec son temps ou s'en aller»*[26]. La démarche heurtera encore bien des esprits et nécessitera une profonde remise en cause de la perception que les avocats ont de leur métier et de leur fonction au sein de la société[27].

La restriction, voire l'interdiction de la publicité, soit est prévue expressément par les lois cantonales, soit découle de la clause générale sur la dignité de l'avocat[28]. Dans tous les cas, les us et coutumes locaux contiennent une telle norme; les lignes directrices de la FSA énonçaient encore tout récemment que *«l'avocat renonce à toute publicité et à toute recherche de clients»*[29].

Ce qui nous intéresse c'est moins le débat de fond que le rôle reconnu aux us et coutumes par la jurisprudence en la matière. Le Tribunal fédéral s'est exprimé[30] sur la constitutionnalité d'un blâme prononcé en application de

---

[22] Cf. les auteurs cités par FELLMANN (Standesregeln), 27 ss.
[23] BOVET (Recommandation), 21.
[24] TERCIER (Les avocats et la concurrence), 6 ss. FELLMANN (Standesregeln), 29.
[25] FELLMANN (Standesregeln), 32.
[26] PFISTER, 22.
[27] Il est intéressant à cet égard de se référer à l'analyse de DOTEZAC DE ROSNAY (La communication de l'avocat).
[28] DREYER (L'avocat), 460.
[29] Chiffre 6 des Lignes directrices relatives aux «us et coutumes» préconisés par la FSA pour les barreaux cantonaux dans sa teneur du mois de mars 1974.
[30] SJ 1987, 529 ss.

l'art. 14 de la Loi genevoise sur la profession d'avocat[31]. Cette disposition, qui interdit toute démarche publicitaire, réserve expressément les annonces autorisées par l'usage. Elle a été jugée constitutionnelle, l'usage définissant quelles sont les démarches publiques de l'avocat compatibles avec la dignité professionnelle. Or, le Tribunal fédéral relève que l'expression de cet usage se trouve en général dans les us et coutumes publiés par l'Ordre des avocats du canton en cause[32]. Le Tribunal fédéral a ainsi reconnu un rôle essentiel aux us et coutumes dans la délimitation de la publicité admissible tout en réservant le fait que l'usage puisse avoir une autre source, notamment la jurisprudence.

Cela étant, DREYER l'observe justement, le Tribunal fédéral n'a fait, à ce jour, qu'examiner la constitutionnalité des restrictions à la publicité apportées par les diverses législations. Il n'a porté en revanche aucun jugement sur la règle elle-même de sorte que *«des réglementations cantonales plus libérales pourraient être adoptées sans violer le droit fédéral (encore inexistant en la matière)»*[33].

Or, force est de constater qu'un vent de changement souffle en la matière[34]. La jurisprudence elle-même semble modifier progressivement son approche de la question. Dans un arrêt rendu le 12 février 1997[35], le Tribunal s'est prononcé sur la constitutionnalité d'une sanction disciplinaire basée sur l'art. 7 al. 2 de la loi zurichoise sur le barreau qui interdit la publicité importune et mensongère. Le Tribunal fédéral a certes, dans une large mesure, confirmé sa jurisprudence antérieure selon laquelle des méthodes publicitaires commerciales peuvent être exclues pour des motifs d'intérêt public comme la protection de la bonne foi en affaires et le maintien de la crédibilité et l'indépendance des avocats. S'il a ainsi confirmé que le but des normes limitant le droit à la publicité ne prête pas le flanc à la critique, il a en revanche retenu que *leur application nécessitait certaines adaptations au vu des circonstances sociales changées.* Le Tribunal fédéral n'a pas été pleinement acquis aux arguments d'une partie de la doctrine qui affirme que *«la dignité de la profession n'a rien à perdre d'une meilleure information; au contraire»*[36]. Mais il

---

[31] LPAv (RSGe E 6,10) qui énonce que «l'avocat doit s'abstenir de toute sollicitation de clientèle ainsi que de toute démarche publicitaire, quelle qu'en soit la forme, sauf en ce qui concerne les annonces autorisées pas l'usage, notamment en cas d'installation, de changement d'adresse ou d'association».
[32] SJ 1987, 533 et arrêts cités.
[33] DREYER (L'avocat), 462.
[34] De nombreuses études sur la publicité et le marketing des avocats ont été effectuées récemment; on peut citer: TERCIER (Les avocats et la concurrence), 13 ss; FELLMANN, (Standesregeln), 32 ss; BOVET (Les avocats), 24 et (Recommandations), 13 ss; DOTEZAC DE ROSNAY (La communication des avocats) et (Perspectives); DREYER (L'avocat), 460 ss.
[35] Arrêt du 12 février 1997 dans la cause M. contre Association des avocats zurichois et commission de surveillance des avocats du canton de Zurich, ATF 123 I 12.
[36] TERCIER (Les avocats et la concurrence), 13; FELLMANN (Standesregeln), 34, pour qui «die Standesregeln müssen vielmehr im Mittelpunkt des anwaltlichen Marketings stehen».

semble bien avoir laissé la porte ouverte au changement en précisant à propos des normes cantonales qui interdisent la publicité importune et trompeuse[37]: «*La publicité discrète et matériellement correcte peut satisfaire le besoin d'information du public et ne doit pas être complètement interdite à l'avocat*». Le Tribunal fédéral, après avoir reconnu la possibilité d'un besoin d'information, a constaté que les limites entre publicité commerciale et information admissible n'étaient pas faciles à tracer. En l'état, se référant à la doctrine la plus récente[38], il s'est contenté de prendre acte du changement en train de s'opérer.

Il est à cet égard intéressant de constater que le Tribunal fédéral, dans un arrêt postérieur de quelques mois[39], relatif à la publicité permise aux pharmaciens, a longuement cité sa décision du 12 février 1997 en la commentant lui-même dans les termes suivants: «*le Tribunal fédéral a confirmé en principe sa jurisprudence antérieure, se réservant d'examiner le moment venu les adaptations qui pourraient être nécessaires au vu des circonstances actuelles*»[40].

Compte tenu de cette réserve du Tribunal fédéral en faveur d'adaptations nécessaires d'une part et du rôle qui est reconnu aux us et coutumes dans la délimitation de l'usage en matière de publicité d'autre part *(cf. supra)*, les modifications et les ouvertures qui seront opérées en la matière par les différents Ordres cantonaux ou par la FSA sont appelées, dans l'immédiat et dans un proche avenir, à jouer un rôle déterminant dans l'évolution prochaine de ce qui sera considéré comme étant admissible. Il faut à cet égard relever que la FSA a pris conscience de cet enjeu et vient de franchir un pas important puisque, lors de son assemblée générale du 6 juin 1997 à Saint-Gall, elle a modifié le chiffre 6 des *Lignes directrices relatives aux «us et coutumes» préconisés par la FSA pour les barreaux cantonaux* pour déclarer, à certaines conditions, la publicité comme étant permise aux avocats[41]. Elle suivait en cela les recommandations de sa commission sur la loi sur les cartels pour qui «*toute mesure restreignant la publicité des avocats et non justifiée par la dignité de la profession peut désormais être considérée comme contraire à la nouvelle loi sur les cartels*»[42]. De la même façon, l'Ordre des avocats de Lucerne a modifié ses us et coutumes, le 5 mai 1995, ouvrant assez largement la porte à la publicité[43].

---

[37] Traduction libre de l'arrêt du 12 février 1997, 10.
[38] Dreyer (L'avocat), 460 ss.; Pfeifer (Rechtsanwalt), 343 ss; Fellmann/Sidler, 37 ss.
[39] Arrêt du 24 juin 1997 (2P.278/1996), ATF 123 I 123 également publié in MEDIA LEX 3/97, 161 ss.
[40] ATF 123 I 123, 210.
[41] Le nouveau texte a la teneur suivante: «La publicité est permise à l'avocat dans les limites du droit fédéral et cantonal et en respectant la dignité de la profession ainsi que le secret professionnel». Pour comparer avec l'ancien texte, cf. supra note 29.
[42] Bovet (Recommandations), 11.
[43] On peut comparer l'ancien texte des règles lucernoises «Der Anwalt unterlässt jegliche Reklame ...» (art. 6) au nouveau «Der Anwalt enthält sich aufdringlicher Werbung» (Art. 14). Cf. Fellmann/Sidler, 110 et 126. Zurich, Bâle-Ville et Berne ont suivi la même évolution.

La pression que représente la concurrence d'autres groupes professionnels fait qu'il est urgent que les us et coutumes définissent de façon positive – et non plus sous forme de dérogations à une interdiction générale – les limites de la nécessaire information que les avocats doivent pouvoir donner d'eux-mêmes au public. Sur ce point, la pérennité et l'influence des règles déontologiques vont, plus que jamais, dépendre de la pertinence et l'adéquation des règles aux problèmes posés[44].

B. Les tarifs

On vient de le voir, la publicité des avocats est un domaine où l'autorité publique (autorité disciplinaire administrative, tribunaux, etc.) reçoit l'influence des us et coutumes et où les changements seront, sans doute dans une mesure appréciable, élaborés par les Ordres des avocats eux-mêmes. Il en va tout autrement dans le domaine des tarifs qui a été soumis à une évolution beaucoup plus nette et rapide, sur l'ordre du législateur.

Dans les recommandations de la commission *«Avocats et nLCart»* adoptées par la conférence des Bâtonniers des 8–9 novembre 1996 suite à l'entrée en vigueur de la nouvelle loi sur les cartels[45], la FSA a insisté sur le caractère exclusivement indicatif que devront, à l'avenir, revêtir les tarifs. Lors de son assemblée générale du 6 juin 1997, la FSA a modifié le chiffre 13 de ses lignes directrices en en supprimant la référence au tarif auquel l'avocat pouvait être tenu. Le nouveau texte se contente d'énoncer que *«à défaut de convention, l'avocat fixe ses honoraires conformément aux règles et usages du canton où il exerce»*. Cette évolution a paru être éventuellement insuffisante à la Commission de la concurrence[46].

BOVET[47] a justement fait valoir toutefois que de simples recommandations tarifaires n'entraînent pas nécessairement une suppression de la concurrence efficace et que la Commission ne semble pas, dans un premier temps, avoir pleinement saisi la portée de la modification opérée par la FSA. Selon lui, le fait de demander des honoraires dans les limites d'un tarif, qui constituerait effectivement l'expression d'un usage, admis comme tel par les participants au

---

[44] Reste évidemment réservée la situation des barreaux dans lesquels la loi elle-même prohibe la publicité; un changement législatif sera nécessaire. Comme le souligne TERCIER (Les avocats et la concurrence), 14, les avocats qui souhaitent le changement et qui sont membres de tels barreaux sont «les plus malheureux».

[45] BOVET (Recommandations), 11.

[46] Dans sa prise de position du 24 mars 1997, la commission a relevé que «cette modification, si elle est en soi positive, n'exclut pas que l'application des recommandations puisse avoir les mêmes effets qu'une entente de prix, au sens de l'art. 5 al. 3 let. a Lcart, au cas où ces recommandations supprimeraient la concurrence efficace».

[47] BOVET (Les avocats), 4 ss.

marché (avocats et clients) et les autorités de taxation, devrait être considéré comme un comportement naturel.

Ainsi, dans les cantons où les Ordres ont édicté des tarifs, ces derniers sont appelés à devenir un pur instrument d'orientation, que ce soit pour les clients, à qui ils devraient permettre de se faire une idée de ce que les services d'un avocat pourraient leur coûter ou pour les autorités de taxation, à qui ils devraient servir de base de réflexion lors de contestations d'honoraires[48]. Il appartiendra, cas échéant, aux Ordres cantonaux de démontrer que, nonobstant l'existence de recommandations tarifaires, une concurrence efficace existe sur le marché.

Le temps semble donc révolu où certaines autorités administratives ou judiciaires se basaient purement et simplement sur les us et coutumes pour juger du caractère admissible ou non des honoraires. Il n'est pas besoin de remonter loin dans le temps pour rencontrer de telles décisions. On peut citer comme exemple la décision de la commission de surveillance des avocats du canton de Bâle du 12 octobre 1994[49]. Elle se rapporte à une procédure disciplinaire à l'encontre d'un avocat ayant soumis à l'assistance judiciaire des honoraires exagérés. Dans les considérants de cette décision, la commission rappelle qu'en application de la loi sur les avocats, les honoraires doivent correspondre au tarif officiel. Dans le cadre de l'assistance judiciaire, la loi ne prévoit rien de plus que le principe d'honoraires raisonnables. Ainsi, la commission s'est principalement basée sur un article des us et coutumes qui prévoit que lorsque l'assistance judiciaire est octroyée, l'avocat est obligé de se contenter de la rémunération reçue à ce titre.

Le domaine des tarifs a donc enregistré une perte d'influence extrêmement notable des us et coutumes suite à l'entrée en vigueur de la nouvelle loi sur les cartels. On retiendra qu'il n'y a en cela rien d'étonnant puisque d'innombrables autres secteurs de l'économie ont été soumis à cette nouvelle donne. Il s'agit là du but même de la nouvelle réglementation.

C. La reprise du mandat

Dans un grand nombre de cantons, les us et coutumes prévoient que l'avocat n'accepte pas de reprendre un mandat sans s'être assuré que son prédécesseur a été rétribué[50]. Il s'agit à l'évidence d'une règle qui tend à la protection de

---

[48] Ces mêmes préoccupations ressortent également de l'art. 19 a–p LLCA.
[49] BJM 1995, 276 ss.
[50] Ce n'est pas le cas à Genève où l'art. 19 des us et coutumes énonce que «l'avocat ne se charge pas d'une cause précédemment confiée à un confrère sans en informer ce dernier; il s'emploie auprès du client pour que le confrère dessaisi soit rétribué». Le non-paiement des honoraires du premier avocat n'empêche pas l'acceptation du mandat par le second.

l'intérêt des membres de l'association plutôt qu'à celle du public et des clients. Cela n'a pas empêché l'autorité de surveillance des avocats valaisanne de sanctionner récemment un avocat pour avoir repris un mandat d'un confrère sans que ce dernier ait été payé[51]. Selon l'autorité de surveillance, l'article des us et coutumes concernant la reprise du mandat est une des expressions des devoirs confraternels prévus par la loi cantonale sur les avocats.

Le problème s'est récemment déplacé sur le terrain pénal. Le Tribunal fédéral a jugé[52] que celui qui fait dépendre du versement d'un acompte sur des honoraires impayés la remise immédiate à son mandant de documents absolument nécessaires à la conduite d'un procès en cours, commet une contrainte au sens de l'art. 181 CP, car il menace son mandant d'un dommage sérieux. Le recourant avait invoqué pour sa défense l'article des us et coutumes argoviens autorisant l'avocat à exercer une contrainte indirecte à l'encontre de son précédent client afin de recouvrer ses honoraires. Le recourant n'étant pas avocat, le Tribunal fédéral[53] précise qu'aucun droit de rétention des pièces réservé à l'avocat ne pouvait lui être appliqué. Le Tribunal fédéral ne s'est pas vraiment prononcé sur le rapport entre ces normes; on ne peut donc déduire la solution qui aurait été retenue si le recourant avait été inscrit au barreau.

Le Tribunal fédéral n'a pas tranché la question et il n'aura vraisemblablement jamais à le faire. Suite à la recommandation de sa commission «*Avocats et nLCart*», la FSA a modifié le chiffre 20 de ses lignes directrices, réglant la reprise de mandat[54], et a invité les ordres cantonaux à modifier leurs propres règles de façon à aller dans le même sens[55]. Les raisons retenues pour cette modification étaient évidemment le caractère anticoncurrentiel et préjudiciable aux intérêts du justiciable de ces dispositions.

Cela a pour conséquence qu'une règle déontologique largement répandue dans les barreaux suisses et dont la validité avait été reconnue à diverses reprises par les organes étatiques est appelée à disparaître ou à perdre considérablement de son influence.

D. Les réserves d'usage

S'il est une question qui peut mettre en lumière le rôle ambigu des règles déontologiques face au droit étatique c'est bien celle de la portée des réserves

---

[51] RVJ 1992, 264 ss.
[52] ATF 122 IV 322.
[53] ATF 122 IV 331, consid. 3d.
[54] L'ancien texte exigeait de l'avocat qu'il n'acceptât le mandat que si son prédécesseur avait été rétribué. Si les honoraires étaient contestés, l'acceptation du mandat n'était possible qu'après consignation de la somme par le client. Aujourd'hui l'art. 20 énonce que « sous réserve des règles sur le secret professionnel, l'avocat qui reprend un dossier en cours, précédemment confié à un confrère en informe son prédécesseur».
[55] BOVET (Recommandations), 11.

d'usage. Le respect par les tribunaux des réserves d'usage est une question perpétuellement abordée sans que jamais une réponse univoque ne lui soit donnée. La pratique des diverses autorités judiciaires cantonales est variable lorsqu'un avocat, en violation de ses règles déontologiques, produit en justice des pièces frappées par les réserves d'usage. L'ampleur de la question ne permet pas qu'on y consacre ici une étude fouillée. Quelques éléments suffiront à mettre en lumière la problématique.

Il n'est pas douteux qu'un tel comportement constitue une faute de nature disciplinaire que les autorités étatiques n'hésitent pas à sanctionner. Selon la cour supérieure du canton d'Argovie[56], le fait de porter à la connaissance des autorités judiciaires les propositions transactionnelles faites entre avocats viole les us et coutumes et représente une violation des devoirs professionnels, violation qui appelle une sanction disciplinaire. Cette norme déontologique, expression d'un devoir professionnel, a ainsi été considérée d'intérêt public.

L'aspect disciplinaire est une chose, la prise en compte des réserves d'usage par les tribunaux – puisqu'elle signifie l'incorporation en procédure civile de normes privées et leur protection par l'autorité publique – en est une autre. Les tribunaux ne peuvent pas, sans autre, incorporer des règles extérieures à leur procédure ou limiter le champ d'application de cette dernière.

La première difficulté provient de la nature même des réserves d'usage (nature conventionnelle, conséquence du secret professionnel, etc.) qui est discutée et qui varie selon les cantons[57]. A quel titre et pourquoi respecte-t-on les réserves d'usage? Qui – l'avocat, son client, voire les autorités – y est-il tenu?

La seconde difficulté est celle qu'il y a à trouver, en procédure civile, une solution cohérente et uniforme quant au sort qu'il faut réserver aux différentes sortes de preuves illicites (ou recueillies de façon illicite) ou en violation de règles diverses[58]. Or, la production de ces pièces couvertes par les réserves d'usage entre dans cette catégorie.

En ce qui concerne les tribunaux, les décisions publiées sont pratiquement inexistantes. Dans une décision isolée, le Tribunal cantonal vaudois a jugé que la production de pièces frappées des réserves d'usage n'en était pas moins *«opérante»* et que la violation éventuelle de règles déontologiques que cette production pourrait constituer ne relèverait que de la compétence de l'Ordre des avocats[59]. Bon nombre de praticiens connaissent sans doute bien d'autres

---

[56] AGVE 1995, 68.
[57] Cf. l'étude de STEULLET, Remarques sur les réserves d'usage en droit jurassien, RJJ 1995, 305 ss et la circulaire du conseil de l'Ordre des avocats de Genève du 5 janvier 1989 in le Recueil systématique ad art. 20 des us et coutumes qui présente les diverses solutions existantes, tant au plan national qu'au plan international.
[58] Il faut citer ici l'étude de GAILLARD, SJ 1998 (à paraître). Le sort des preuves illicites dans le procès civil, qui dresse un état des lieux complet de la question.
[59] JdT 1981 III 137, 139.

décisions émanant d'autorités cantonales qui tantôt admettent tantôt rejettent des pièces produites en violation de règles déontologiques. Ainsi, la juridiction des prud'hommes de Genève a récemment[60] retenu, en application de l'art. 20 des us et coutumes[61], que les pièces frappées de la mention *«sous les réserves d'usage»* ne peuvent être produites en justice, ajoutant que ces pièces doivent être considérées comme *des moyens de preuve non conformes*.

Il n'y a, à notre connaissance, pas de jurisprudence fédérale sur la question. Il faut donc se risquer au raisonnement suivant. Nous avons vu *supra*[62] qu'en matière de procédure civile, le Tribunal fédéral[63] a retenu que *«pour appliquer les règles de la bonne foi, il faut certainement tenir compte des usages professionnels»* ce qui l'a amené à examiner l'éventuelle irrecevabilité d'une exception de chose jugée compte tenu de l'existence alléguée d'un accord entre les avocats. Selon l'une des parties, l'avocat de l'autre aurait renoncé, contractuellement envers son confrère, à soulever une telle exception. En raison des faits de la cause, le Tribunal fédéral a nié qu'un tel accord fût intervenu. Il n'en a pas moins jugé que si les règles de la bonne foi sont applicables, en procédure civile, dans un premier temps aux parties elles-mêmes, ces dernières doivent également se laisser opposer l'attitude de leur avocat. Le Tribunal fédéral a ajouté: *«il est parfaitement normal, (...), et conforme aux règles de la bonne foi d'être plus exigeant pour la partie représentée par un juriste que pour celle qui n'entend rien au droit»*. Or, *«pour appliquer les règles de la bonne foi, il faut certainement tenir compte des usages professionnels»* dit encore notre Haute cour.

Ce dernier constat amène à considérer que la jurisprudence fédérale contient les éléments suffisants pour que la production par un avocat de pièces frappées de réserves d'usage puisse être considérée comme une violation des règles de la bonne foi et, partant, constitutive d'un abus de droit de sorte que les pièces incriminées seraient écartées des débats. Un abus de droit se constate de cas en cas et non de manière générale et abstraite. C'est dire que même si la jurisprudence devait suivre l'avis exprimé ici cela ne signifierait pas encore le respect systématique par les tribunaux de cette norme déontologique mais bien, de cas en cas, la sanction procédurale du comportement spécifique d'un avocat.

L'importance de cette norme pour la pratique quotidienne de la profession est grande: dans l'intérêt de leurs clients, les avocats doivent pouvoir négocier

---

[60] Jugement du 21 mai 1997 (non destiné à la publication) dans la cause n° C/1934/1997-9.
[61] Art. 20 lit a): L'avocat n'a pas le droit, sans le consentement préalable de son confrère, de produire en justice tout ou partie des lettres qu'il en a reçues ou qu'il lui a envoyées, lorsqu'elles se réfèrent à des propositions transactionnelles, sauf si ces dernières ont abouti à un accord complet. b) Il est admissible, en revanche, de produire toutes autres lettres échangées entre avocats, sauf si elles contiennent la mention «sous les réserves d'usage» ou toute autre formule analogue.
[62] Cf. supra: II. Le droit du mandat, in fine.
[63] ATF 105 II 149 = JdT 1980 I 177, 182.

sous la protection de cette règle de confidentialité[64]. Dès lors que l'incorporation de la norme déontologique ne peut se faire en toute efficacité dans le droit de procédure, il appartient aux Ordres de veiller, avec une attention soutenue, à son respect par le biais du droit disciplinaire.

IV. Conclusion

Le constat est incontestable: le rôle des us et coutumes est à un tournant. Faut-il parler de crise[65]? On peut véritablement s'interroger. L'évolution des mentalités, les pressions de la concurrence non soumise à de telles règles et les modifications législatives ont et vont amener plus de changements en quelques années que n'en ont connu les us et coutumes depuis la dernière guerre. Ce n'est pas dire pour autant que la notion même d'us et coutumes soit surannée. Que nombre de ces normes soient désuètes est probable. Il faut alors les changer, voire supprimer certaines d'entre elles[66]. Leur nécessité n'est en revanche pas discutable. Les avocats jouissent du monopole de la représentation en justice – il est vrai parfois sérieusement entamé[67] – de même que les clients bénéficient de la protection du secret professionnel. Cette place à part s'accompagne d'un surcroît d'exigences[68]. Y renoncer reviendrait à affaiblir la profession voire à en menacer à terme l'existence. En revanche, la déontologie doit être tout entière tournée vers l'intérêt du client et du justiciable à l'exclusion de toute autre considération. A cet égard, il n'y a nulle contradiction à constater d'une part que les Ordres ont des activités de nature corporatiste et d'autre part à exiger d'eux que les normes de déontologie professionnelle qu'ils promulguent soient destinées à sauvegarder non pas les intérêts directs des avocats mais bien ceux de leurs clients. La plupart des associations d'avocats comptent au nombre des buts qu'elles poursuivent la protection de l'honneur et du prestige du barreau ainsi que ceux de ses membres. Quelle meilleure façon d'atteindre ce but que de forger des règles qui assurent la qualité des services rendus au public par chacun des membres de l'association? On se gardera, ce faisant, d'utiliser l'intérêt du client comme un pré-

---

[64] La confidentialité des propos échangés en cours de négociation n'est pas l'apanage des règles déontologiques. Certaines lois de procédure civile qui connaissent la conciliation instituent un système qui présente des analogies. Par exemple l'art. 57 de la LPC genevoise. «En cas de non-conciliation, aucune partie ne peut se prévaloir, dans la suite du procès, de ce qui a été déclaré à l'audience de conciliation, soit par les parties, soit par le juge.»

[65] FELLMANN (Standesregeln), 29; Cf. aussi KARPIC, 429.

[66] A l'instar de ce que vient de faire la FSA (cf. supra) tant en matière de publicité qu'en matière de reprise de mandat et de tarifs.

[67] DREYER (L'avocat), 502.

[68] DREYER (L'avocat), 417.

texte[69] servant à justifier le maintien de normes dont le but véritable serait de nature cartellaire. Il est vrai que la relation entre la défense corporative et celle du client est délicate. KARPIK[70] l'a bien résumé lorsqu'il affirme que la profession «*est, dans un équilibre fragile, tiraillée entre deux loyautés au moins partiellement contradictoires et sans cesse menacée de verser d'un côté ou de l'autre*».

Dans un métier où l'affrontement est quotidien, en tout cas pour l'activité judiciaire, un code de déontologie (une sorte de droit de la guerre) est indispensable. Identiquement, la résolution des conflits entre confrères est une nécessité parce que ces conflits aggravent ceux, préexistants, des clients alors que le rôle des avocats serait d'en trouver l'issue.

Il serait paradoxal qu'au moment où les comités d'éthique ou de déontologie se multiplient ou se renforcent dans les milieux les plus divers, les avocats viennent à abandonner la leur en la laissant vieillir et tomber en désuétude. Cela dit, la nécessaire remise en cause de nos habitudes et de notre conception des choses est de taille[71]. Il faut donc s'y atteler sans tarder à l'orée du troisième millénaire censé représenter l'entrée dans une nouvelle ère[72].

---

[69] BOVET (Les avocats), 26, qui montre toutefois que, sur le plan de la loi sur les cartels, la protection du client n'est pas forcément la planche de salut que certains croient avoir trouvée et que d'aucuns dénoncent comme étant une «clause bateau».
[70] KARPIK, 429.
[71] On peut se référer aux deux récentes études de DOTEZAC DE ROSNAY.
[72] On notera le titre révélateur du rapport de DREYER: L'avocat dans la société actuelle. De la nécessité de passer du XIXe au XXIe siècle.

Franz Schenker

Gedanken zum Anwaltshonorar

Inhaltsübersicht

I. Einleitung
II. Zum Erfolgshonorar
   A. Eingeschränkte Privatautonomie
   B. Das Verbot eines Erfolgshonorars
   C. Die Begründung des Verbots
   D. Die Überprüfung des Verbots
     1. Erstes Beispiel: Kirschtorten-Fall
     2. Zweites Beispiel: Transaktionshonorar
     3. Drittes Beispiel: Prozessführung
     4. Viertes Beispiel: Schiedsgerichtsverfahren
     5. Fünftes Beispiel: Pauschalhonorar
     6. Sechstes Beispiel: Billiglohn
   E. Würdigung
     1. Die Berechtigung von Erfolgshonoraren
     2. Fehlendes öffentliches Interesse am Verbot
III. Zur Honorarschätzung
   A. Die Aufklärungspflicht
     1. Generelles
     2. Der Genauigkeitsgrad
   B. Die Verletzung der Schätzungspflichten
     1. Schadenersatzpflicht
     2. Honorarreduktion
     3. Vertragsauflösung

I. Einleitung

Nach herrschender Lehre und Rechtsprechung unterstehen sowohl die forensische wie auch die nicht-forensische Tätigkeit des Anwalts dem Auftragsrecht[1]. Auch wenn der Anwalt als unentgeltlicher Rechtsbeistand tätig ist, gilt grundsätzlich Auftragsrecht[2]. Umstritten ist, ob die Erstattung eines Gutach-

---

[1] Vgl. statt vieler Fellmann-BK, Art. 394 N 144.; Honsell, 267; Rolf H. Weber (Praxis), 34; Engel (Contrats), 457 ff.
[2] Für die Honorierung des Anwalts greift in diesem Fall jedoch öffentliches Recht ein. Vgl. Fellmann-BK, Art. 394 N 146; detailliert Engel (Contrats), 460.

tens oder die Abfassung eines Vertrags allenfalls dem Werkvertragsrecht untersteht[3].
Für die Tätigkeit des Beauftragten ist gemäss Art. 394 Abs. 3 OR eine *Vergütung* zu leisten, wenn sie verabredet oder üblich ist. Die Honorierung des Anwalts für seine Tätigkeit ist zweifellos «üblich», so dass dem Anwalt für seine Tätigkeit ein Honorar grundsätzlich auch ohne besondere Vereinbarung zusteht. Im Werkvertragsrecht bildet die Verpflichtung des Bestellers zur Leistung einer Vergütung einen wesentlichen Vertragsbestandteil[4]. Die Honorierung des Beauftragten und die Vergütung des Unternehmers im Werkvertrag bilden Gegenstand von zahlreichen Publikationen und veröffentlichten Urteilen jüngeren und älteren Datums. Es macht wenig Sinn, die meistens hervorragenden Ausführungen im Rahmen dieses Beitrages zu wiederholen; *das Rad braucht nicht neu erfunden zu werden.* Das Jubiläum des Anwaltsverbands veranlasst mich vielmehr, zu zwei Fragen des Anwaltshonorars, die in der Praxis immer wieder eine Rolle spielen, Stellung zu nehmen, nämlich zur Frage nach der Zulässigkeit des Erfolgshonorars und zur Frage nach Honorarschätzungen.

II. Zum Erfolgshonorar

A. *Eingeschränkte Privatautonomie*

Ein kürzlich erschienener Führer über Europas Wirtschaftsanwaltsbüros zitiert einen Senior-Partner eines grossen schweizerischen Anwaltsbüros wie folgt: «*The high level of competitiveness led law firms to a willingness to negotiate rates, itemize billing and work within a budget. There has been real pressure on the rates and we feel it*[5].» Dieses Zitat bestätigt, dass der Grundsatz der *Vertragsfreiheit* (Art. 19 OR) auf dem Gebiet des Anwaltshonorars spielt. Der Preis der anwaltlichen Dienstleistung wird grundsätzlich durch Angebot und Nachfrage bestimmt; der Vertragsinhalt reflektiert das Ergebnis des Spiels von Angebot und Nachfrage.

Bekanntlich ist die Vertragsfreiheit mit Bezug auf Anwaltshonorare aber durch öffentlich-rechtliche Erlasse der Kantone eingeschränkt. Staatliche Gebührenordnungen über die forensische Tätigkeit von Anwälten setzen der privatrechtlichen Parteiautonomie Schranken. Einige wenige Kantone haben die Gebührenordnungen für forensische Tätigkeiten als zwingendes Recht ausgestaltet. In anderen Kantonen gelten die staatlichen Gebührenordnungen

---

[3] Vgl. z.B. für Werkvertragsrecht GAUCH (Werkvertrag), 99; für Auftragsrecht FELLMANN-BK, Art. 394 N 145.
[4] Vgl. z.B. GAUCH (Werkvertrag), 33; ZINDEL/PULVER-KSP, Art. 363 N 4.
[5] The European Legal 500, law firms in Europe, edited by JOHN PRITCHARD, London 1997, 768.

als dispositives Recht; private Vereinbarungen gehen vor. Nebst den staatlichen Gebührenordnungen bestehen Honorartarife der kantonalen Anwaltsverbände, die ganz verschiedenartige Inhalte aufweisen. Einzelne solcher Verordnungen beruhen auf Delegationsnormen, die in kantonalen Gesetzen enthalten sind, andere sind rein privater Natur.

B. Das Verbot eines Erfolgshonorars

Die Vertragsfreiheit wird auch durch das Verbot des Erfolgshonorars eingeschränkt. Ich will in der Folge den Begriff des Erfolgshonorars und den Anwendungsbereich des Verbots überprüfen. Vorab sei aber die Terminologie geklärt, denn der Begriff wird bisweilen unterschiedlich verwendet. Die Bezeichnung «Erfolgshonorar» dient in der vorliegenden Arbeit als Oberbegriff für das *pactum de quota litis* und das *pactum de palmario*.

Beim *pactum de quota litis* beteiligt sich der Anwalt am Prozessergebnis entsprechend dem Erfolg[6]. Ich bezeichne diese Abrede in der Folge auch als «Erfolgsbeteiligung». Sie wird vielfach als nichtig erachtet[7].

Mit dem *pactum de palmario* verspricht der Mandant dem Anwalt eine Erfolgsprämie. Die kantonalen Anwaltsgesetze verbieten regelmässig auch die Erfolgsprämie[8].

Von *Bundesrechts* wegen ist das Erfolgshonorar des Anwalts nicht verboten (ein Erfolgshonorar ist nicht an sich unsittlich; auf diesen Punkt werde ich später noch eingehen). Die *kantonalen* Verbote von Erfolgshonoraren sind öffentlich-rechtliche Beschränkungen des Bundeszivilrechts (vgl. Art. 6 Abs. 1 ZGB). Es gilt daher bei jeder kantonalen Vorschrift zu überprüfen, welche Verabredungen in welchen Fällen vom Verbot betroffen sind und welche Verabredungen in Anwendung der Vertragsfreiheit gestattet sind. So ist z.B. das *pactum de palmario* im Kanton Genf nicht verboten[9]. In anderen Kantonen ist eine beschränkte Mitberücksichtigung des Erfolgs erlaubt[10]. Zu prüfen ist zudem bei jeder kantonalen Norm, ob sie das Erfolgshonorar generell oder nur für forensische Tätigkeit untersagt[11]. Ein generelles Verbot von Erfolgshonoraren für Anwälte besteht daher nicht.

---

[6] Vgl. z.B. Handbuch Berufspflichten, 154 f. N 50; TERCIER (Die Anwälte und der Wettbewerb), 11 f., (Les avocats et la concurrence), 3 ff.
[7] Vgl. z.B. BOVET, Der Schweizer Anwalt 163/1996, 24.
[8] FELLMANN-BK, Art. 394 N 455.
[9] BOVET, Der Schweizer Anwalt 163/1996, 24.
[10] Vgl. z.B. FELLMANN/SIDLER, 79 f. mit Bezug auf die Standesregeln im Kanton Luzern; FREY, 40 für den Kanton Basel-Stadt.
[11] Im Kanton Zürich soll das Verbot des Erfolgshonorars für die forensische Tätigkeit und für Bemühungen im Verwaltungsverfahren gelten; vgl. ZR 83/1984, Nr. 7, 16 ff.; Handbuch Berufspflichten, 154 f. Die Erfolgsbeteiligung ausserhalb des Verfahrens vor Behörden soll indes zulässig sein, vgl. ZR 54/1955 Nr. 83, 156; Handbuch Berufspflichten, 154. Die Rechtsprechung ist allerdings nicht immer klar, vgl. GATTIKER, 39 f.

C. Die Begründung des Verbots

Zur Begründung des Verbots des Erfolgshonorars werden mehrere Argumente angeführt:

Das Verbot der Erfolgsbeteiligung soll dem Schutz des Klienten vor *Übervorteilung* dienen[12]. Der Klient müsse seinem Anwalt rückhaltlos vertrauen dürfen. Er müsse der Sorge enthoben sein, dass sich dessen berufliche Tätigkeit gegen ihn selbst wende; die Gefahr der Ausbeutung sei bei einem Erfolgshonorar besonders gross[13]. Hervorgehoben wird das öffentliche Interesse an der *Unabhängigkeit* und Unbefangenheit des Anwalts. Mit der Vereinbarung eines Erfolgshonorars bzw. der Beteiligung am Streitobjekt sei die Unabhängigkeit und Unbefangenheit nicht mehr gewährleistet. Der Anwalt würde nicht mehr in fremder Sache, sondern mindestens teilweise in eigener Angelegenheit tätig[14]. Aus dem gleichen Grunde wird dem Anwalt bekanntlich regelmässig untersagt, dass er sich eine streitige Forderung abtreten lässt.

Das Erfolgshonorar verschaffe dem Anwalt *falsche Anreize*. Der Anwalt bearbeite unter Erfolgshonorar so viele Fälle, wie irgend möglich, anstatt weniger Fälle, diese dafür aber sorgfältig. Entlohne man den Anwalt pro bearbeiteten Fall unabhängig vom Ausgang, so verfüge der Anwalt über die richtigen Anreize[15].

Das System des Erfolgshonorars sei mit dem *Ansehen und der Würde* des Anwalts nicht vereinbar[16]. Schnell erinnert man sich an (Zerr-)Bilder amerikanischer Prozesse. Nach einem verbreiteten Vorurteil erlaubt es die in den USA zulässige «Contingency fee» (Erfolgsbeteiligung) *überrissene Honorare* zu erzielen. Vom Erfolgshonorar sei es nur ein kleiner Schritt zum verpönten «Ambulance chasing»[17].

D. Die Überprüfung des Verbots

Die angeführten Gründe für das Verbot des Erfolgshonorars scheinen dieses Verbot zu legitimieren. Da aber von Klientenseite her die Frage nach einem Erfolgshonorar in der Praxis immer wieder auftaucht, gilt es doch, die Berech-

---

[12] ZR 91/92, 1992/93, Nr. 15, 54; ZR 83/1984, Nr. 7, 22; Handbuch Berufspflichten, 153; Höchli, 83.
[13] Handbuch Berufspflichten, 153; Gattiker, 38.
[14] Vgl. z.B. BGE 113 Ia 284; ZR 91/92, 1992/93, Nr. 15, 54; ZR 83/1984, Nr. 7, 24; Handbuch Berufspflichten, 153; Höchli, 83.
[15] Emons, Volkswirtschaftliches Institut der Universität Bern, Tätigkeitsbericht für das akademische Jahr 1996/1997, 2.
[16] ZR 83/1984, Nr. 7, 24.
[17] Vgl. z.B. den Artikel «Klagen als Volkssport in den USA», Neue Zürcher Zeitung, 11. April 1997, 7.

tigung des Verbotes zu hinterfragen. Zu diesem Zweck will ich in der Folge einige Beispiele analysieren. Dabei soll geprüft werden, ob es berechtigte Interessen des Klienten gibt, gegebenenfalls eben doch ein Erfolgshonorar zu vereinbaren (*nota bene:* Keines der Beispiele ist frei erfunden).

1. Erstes Beispiel: Kirschtorten-Fall

Ein amerikanischer Tourist bestellt in einem schweizerischen Restaurant eine Kirschtorte. Unvermutet beisst er auf einen Nagel. Glücklicherweise verletzt sich der Tourist nicht, er ist aber «seriously shocked». Er versucht, ein schweizerisches Anwaltsbüro zu beauftragen, mögliche Anspruchsgrundlagen zu prüfen und einen allfälligen Prozess auf der Grundlage eines *pactum de quota litis* einzuleiten.

Dieses Beispiel, das verbreiteten Vorurteilen über die angebliche amerikanische Prozesssucht entspricht, zeigt, dass keine Prozessflut über die schweizerischen Gerichte hereinbrechen würde, wenn das Verbot des Erfolgshonorars aufgehoben würde. Wird der amerikanische Klient nämlich über die Aussichtslosigkeit seines Falles aufgeklärt und gleichzeitig darauf hingewiesen, dass er bei Prozessverlust die Gerichtskosten tragen und zudem noch eine Entschädigung für den Gegenanwalt bezahlen müsse, so erlischt das Interesse an einer Prozessführung – auch auf Erfolgsbasis – wohl sehr schnell. Es fände sich zudem kaum ein schweizerischer Anwalt, der einen aussichtslosen Prozess auf der Grundlage eines *pactum de quota litis* führen würde. Das Risiko einer Übervorteilung des Mandanten besteht in der gegebenen Konstellation nicht, ebensowenig wie das Risiko einer Beeinträchtigung des Ansehens der Standeswürde oder der Vertrauenswürdigkeit des Anwaltes. Ein falscher Anreiz für die Tätigkeit des Anwaltes ist auch nicht vorhanden (weshalb sollte sich der Anwalt für etwas einsetzen, das ihm ja doch nichts einbringt?). Das Risiko einer Übervorteilung des Mandanten würde bloss dann bestehen, wenn ein pflichtvergessener Anwalt seinen Klienten über die Prozessrisiken täuscht, z.B. indem er (anders als im «Kirschtorten-Fall») dem Klienten in einem nicht aussichtslosen Fall vorspiegelt, die Gewinnchancen seien minimal, um damit eine Erfolgsbeteiligung zu erreichen. In einem solchen Fall würde der Klient indes wegen der drohenden Kosten- und Entschädigungsfolgen eines verlorenen Prozesses kaum bereit sein, einen Prozess dennoch zu wagen.

2. Zweites Beispiel: Transaktionshonorar

Einem schweizerischen Anwaltsbüro wird von einem internationalen Grosskonzern offeriert, die rechtliche Beratung im Zusammenhang mit einer geplanten Fusion vorzunehmen, bei den Vertragsverhandlungen zu assistieren, die notwendigen Eingaben an Kartell- und andere Behörden vorzubereiten und verschiedene Verträge in diesem Zusammenhang zu entwerfen. Für den Fall, dass die Fusionsverhandlungen scheitern sollten, erwarte der Mandant, dass ein tiefes Honorar verrechnet werde; im Erfolgsfalle könne das Anwaltsbüro indes einen substantiell höheren Stundenansatz verrechnen.

Die vorgeschlagene Vereinbarung, ein *pactum de palmario,* das sich auf die nicht-forensische Tätigkeit des Anwalts bezieht, beruht auf ökonomischen Erwägungen des Mandanten. Gelingt es ihm, sein Projekt zu realisieren, erwartet er einen wirtschaftlichen Mehrwert für sich, aus dem er die hohe Anwaltsrechnung bezahlen wird. Gelingt ihm dies nicht, ist also ausser Spesen nichts gewesen, so versucht der Klient, wenigstens seine Spesen möglichst gering zu halten. Die Gefahr einer Übervorteilung des Mandanten durch den Anwalt besteht nicht, nicht zuletzt, weil auf dem Gebiet der gesellschaftsrechtlichen Transaktionen (Mergers and Acquisitions, Takeovers usw.,) eine gut eingespielte und erfahrene nicht-anwaltliche Konkurrenz besteht, welche von den anwaltlichen Standesregeln nicht erfasst wird. Zudem haben Grosskonzerne regelmässig erfahrene interne Rechtsberater, die sich bei der Honorarfrage nicht übervorteilen lassen. Die durch die Stellung als Anwalt geschaffene besondere Vertrauenswürdigkeit spielt im vorliegenden Fall eine geringe oder gar keine Rolle. Es geht dem Klienten darum, die besten und erfahrensten Spezialisten auf dem Gebiet beizuziehen. Verhindert das Sonderrecht der Anwälte, dass diese die gleiche Vertragsfreiheit beanspruchen dürfen wie ihre nicht-anwaltlichen Konkurrenten, so wird sich langfristig die Erfahrung und Spezialisierung bei den Nicht-Anwälten vertiefen; die Anwaltschaft wird von der nicht-anwaltlichen Konkurrenz verdrängt.

3. Drittes Beispiel: Prozessführung

Ein potentieller Klient, der eine Klage bei einem schweizerischen Gericht anheben will, bittet den Anwalt um die Verrechnung eines niedrigeren Honorars bei Verlust des Prozesses als im Falle des Obsiegens. Er begründet dieses Anliegen mit seiner angespannten Finanzlage.

Ein pflichtbewusster Anwalt wird diesen Mandanten vorab auf die Möglichkeit der unentgeltlichen Prozessführung aufmerksam machen und prüfen, ob die Voraussetzungen dafür gegeben sind. Sind diese nicht gegeben, so wird der Anwalt in all den Kantonen, in denen ein *palmarium* verboten ist, das Anliegen des potentiellen Klienten abweisen müssen. Gerade bei Klienten, die zwar vermögend genug sind, dass sie die Voraussetzungen für eine unentgeltliche Prozessführung nicht erfüllen, aber ansonsten nicht als wohlhabend gelten dürfen, wirkt das Verbot des Erfolgshonorars als Zutrittsschranke zu den Gerichten. Obwohl ein Prozess nicht aussichtslos ist, wird es manche Partei unterlassen, einen solchen anzuheben, wenn ihr nicht wenigstens der eigene Anwalt mit einer zumindest teilweise vom Erfolg abhängigen Gebührenvereinbarung entgegenkommen kann[18]. Die Erschwerung des Zugangs zur Rechtspflege darf aber in keinem Falle den Zweck von Standesregeln bilden. Die vom Klienten vorgeschlagene Lösung würde keine besonderen Risiken einer allfälligen Übervorteilung mit sich bringen. Wäre aber die Unabhängigkeit des Anwalts, die Unbefangenheit beeinträchtigt? Sicher hätte der Anwalt ein eigenes, finanzielles Interesse am Ausgang des Prozesses. Auch ohne Verabredung eines Erfolgshonorars hat aber wohl jeder Anwalt ein eigenes Interesse am erfolgreichen Prozessausgang. Vom Erfolg hängt u.a. seine Reputation und u.U. auch die Zahlungsfähigkeit seines Klienten ab[19]. Zu Recht wird in der Literatur[20] darauf aufmerksam gemacht, dass auch der unentgeltliche Rechtsbeistand regelmässig am Obsiegen interessiert ist, da er vom Gegner ein normales Honorar fordern kann, während die Gerichtskasse bekanntlich nur eine mässige Entschädigung bezahlt; der Gesetzgeber nimmt in diesem Fall also ein eigenes, finanzielles Interesse des Rechtsanwaltes ohne weiteres in Kauf.

4. Viertes Beispiel: Schiedsgerichtsverfahren

Der potentielle Klient, ein noch finanzschwaches ausländisches Unternehmen mit interessanten technologischen Erfindungen, leidet unter existentiellen Problemen. Sein Vertragspartner weigert sich unter vagen Vorwänden, die zum Fortbetrieb des Unternehmens dringend benötigten Lizenzgebühren zu überweisen. Der Lizenzvertrag unterliegt schweizerischem Recht, zur Streitbeilegung ist ein Schiedsverfahren in der Schweiz vorgesehen. Der Klient schlägt dem Anwalt eine Erfolgsbeteiligung vor. Er ist nicht in der Lage, einen substantiellen Vorschuss zu bezahlen.

Als im Ausland domizilierte Gesellschaft hat der Klient keine Chance, in den Genuss unentgeltlicher Prozessführung zu kommen[21], ganz abgesehen davon, dass es keine unentgeltliche Prozessführung im Schiedsverfahren gibt. Darf der Anwalt kein Erfolgshonorar vereinbaren, zwingt er die Gesellschaft, ein Schiedsverfahren ohne Prozessvertreter durchzuführen (was die Prozesschancen wohl massiv beeinträchtigen würde) oder aber einen Vertreter beizuziehen, der nicht den schweizerischen anwaltlichen Standesregeln untersteht. Ein solcher Vertreter kann gefunden werden, zumal vor internationalen Schiedsgerichten in der Schweiz nicht verlangt wird, dass ein schweizerischer Rechtsanwalt die Parteivertretung wahrnimmt. Der in erster Linie gewünsch-

---

[18] Vgl. HÖCHLI, 86.
[19] ZR 86/1987, Nr. 12, 31; Handbuch Berufspflichten, 153; HÖCHLI, 85.
[20] Handbuch Berufspflichten, 153; HÖCHLI, 85.
[21] Vgl. ZR 96/1997, Nr. 109, 229; BGE 119 Ia 337 ff. lässt die Frage offen, ob juristischen Personen unter bestimmten Voraussetzungen unentgeltliche Rechtspflege zu bewilligen ist.

te Parteivertreter, ein schweizerischer Anwalt, kann die Vertretung wegen des Verbots der Erfolgsbeteiligung nicht übernehmen.

5. Fünftes Beispiel: Pauschalhonorar

Der Klient verabredet mit dem Anwalt einen pauschalen Betrag, der sämtliche Bemühungen für eine Rechtsvorkehr abdecken soll.

Eine solche Vereinbarung hat auf den ersten Blick nichts mit einem Erfolgshonorar zu tun. Der Anwalt arbeitet von vornherein, unabhängig von einem Erfolg, zum vereinbarten Preis. Unproblematisch ist die Vereinbarung indes nicht, denn gleich wie bei einem Erfolgshonorar hat der Anwalt beim Pauschalhonorar ein eigenes, finanzielles Interesse an der Angelegenheit. Es ist darauf gerichtet, den eigenen Aufwand so minimal wie möglich zu halten, um das Verhältnis zwischen Aufwand und festem Honorarbetrag zu maximieren. Das Risiko der Übervorteilung des Klienten kann daher bei einer Pauschalhonorierung nicht ausgeschlossen werden; eine unerfahrene Partei lässt sich gegebenenfalls zur Vereinbarung eines überhöhten Pauschalhonorars überzeugen.

Gemeinhin werden Pauschalhonorare nicht als unzulässig erachtet[22]. Der Pauschalpreis unterliegt nicht dem Verbot des Erfolgshonorars, obwohl die damit verbundenen Risiken für Anwalt und Klient mit den Risiken beim Erfolgshonorar vergleichbar sind. Als unzulässig dürfte die Vereinbarung eines Pauschalhonorars bloss dann erachtet werden, wenn ein Zwangstarif zur Anwendung gelangt und die Pauschale nicht vom Zwangstarif abgedeckt wird.

6. Sechstes Beispiel: Billiglohn

Der Anwalt verpflichtet sich einer Partei gegenüber zum voraus, auf das Honorar ganz zu verzichten oder aber seine Arbeit zu einem sehr günstigen Preis (unter Tarif) zu leisten.

Unter dem revidierten Kartellgesetz sind die von zahlreichen kantonalen Verbänden früher statuierten (privatrechtlichen) Verbote des Unterschreitens der tarifmässigen Gebühren dahingefallen; die Konventionstarife dürfen keine Zwangselemente mehr enthalten, auch nicht hinsichtlich der Minima und Maxima[23]. Solange kein kantonaler Zwangstarif anwendbar ist, ist die Verabredung des günstigen oder gar honorarfreien Tätigwerdens eines Anwalts

---

[22] Vgl. z.B. BGE 113 Ia 285. Im Kanton Waadt ist nach Art. 29 der 2 Usages du Barreau die Verabredung eines Pauschalpreises für einen oder mehrere Prozesse untersagt; BOVET, Der Schweizer Anwalt 163/1996, 24.

[23] Vgl. FELLMANN (Standesregeln), 31.

zulässig. Keine Rolle spielt dabei, ob der günstige Tarif pauschal vereinbart oder anderswie, z.B. nach (günstig bemessenem) Aufwand, berechnet wird. Berechtigte Beweggründe für eine solche günstige Vereinbarung bestehen jedenfalls, sei es, dass ein Anwalt – aus Mitgefühl oder zur Hebung seines Ansehens – *pro bono* arbeiten will, sei es, dass er eine Spezialisierung auf einem neuen Gebiet sucht.

Was hat eine solche Billiglohn-Verabredung mit Erfolgshonorar zu tun? Nichts. Interessant wird eine solche Vereinbarung nur dann, wenn die Parteien zusätzlich vereinbaren, dass der Anwalt bei Erfolg eben nicht nur den Billiglohn fordern kann (oder gar ganz auf sein Honorar verzichtet), sondern ein Honorar beanspruchen darf, das normaler tariflicher Höhe entspricht. Eine solche Erfolgsabrede erregt nicht den Verdacht, dass der Klient gegebenenfalls übervorteilt wird (sofern das tarifmässig bestimmte Honorar bei Erfolg nicht seinerseits den Klienten übervorteilt). Es verschafft dem Anwalt auch keine falschen Anreize; er setzt sich für den Erfolg des Mandanten ein, als ob er von Anfang an eine tarifmässige Vergütung verabredet hätte. Die Unabhängigkeit und Unbefangenheit des Anwalts wird nicht mehr beeinträchtigt, als wenn er als unentgeltlicher Rechtsbeistand für den Klienten agieren würde. Und die Würde des Anwaltes wäre mit einer derartigen Verabredung mit Sicherheit nicht beeinträchtigt, erlaubt sie doch wenig begüterten Parteien, leichter in den Genuss anwaltlicher Dienstleistungen zu kommen.

E. *Würdigung*

1. Die Berechtigung von Erfolgshonoraren

Die genannten Beispiele 2–4 zeigen, dass Situationen bestehen, in denen ein gerechtfertigtes Bedürfnis nach einem Erfolgshonorar besteht. In Beispiel 2 (Transaktionshonorar) wirkt das Verbot des Erfolgshonorars als Förderungsmittel für die nicht-anwaltliche Konkurrenz des Anwaltsstandes. Bei Beispiel 3 (Prozesshonorar) hat das Verbot zur Folge, dass der Zugang zur Rechtspflege tendenziell erschwert wird. Beispiel 4 (Schiedsverfahren) zeigt, dass das Verbot des Erfolgshonorars es den Parteien erschwert, zu ihrem Recht zu kommen, wenn sie in finanziell schwacher Position sind und nicht vom Recht auf unentgeltliche Prozessführung profitieren können.

Würden bei Aufhebung des Verbots des Erfolgshonorars sämtliche Dämme brechen und Fälle wie Beispiel 1 (Kirschtorten-Fall) unsere Gerichte überschwemmen? Ich meine nein. Sowohl von seiten des Anwaltes wie auch von seiten des Klienten aus gesehen, bestehen nur beschränkte Interessen, ein Erfolgshonorar überhaupt zu vereinbaren. Charakteristisch am Erfolgshonorar ist das Risiko des Anwalts, bei einem Misserfolg eben nicht bezahlt zu werden. Fälle mit hohem Risiko oder aussichtslose Fälle (vgl. den Kirschtorten-Fall) wird kein vernünftiger Anwalt auf Erfolgsbasis annehmen. Von Seite des Klienten bestehen ebenfalls nur eingeschränkte Interessen an der Vereinbarung eines Erfolgshonorars. Beim *pactum de quota litis* gibt der Klient einen Teil des ihm zustehenden Erfolgs ab; beim *pactum de palmario* bezahlt er eine Erfolgsprämie. Beides wird er nicht freiwillig akzeptieren, sondern nur dann, wenn die äusseren Umstände es nicht erlauben, dass er auf einer «regulären» Honorarvereinbarung besteht (vgl. Beispiele 3 und 4, Prozesshonorar, Schiedsverfahren), oder wenn er durch den Beizug eines Anwalts in einer Rechtsangelegenheit zu einem Mehrwert kommt, den er anders nicht erhielte (vgl. Beispiel 2, Transaktionshonorar).

2. Fehlendes öffentliches Interesse am Verbot

Unter dem revidierten Kartellgesetz gibt es keine Rechtfertigung mehr für das Verbot von Erfolgshonoraren, das durch *privatrechtliche* Organisationen (Vereine, kantonale Anwaltsverbände) statuiert wird. Solche Verbote sind unzulässige Preisabsprachen, welche die Privatautonomie der Parteien und damit den Markt beschränken und keinen Schutz verdienen (vgl. Art. 5 Abs. 3 lit. a KG). Es stellt sich aber die Frage, ob die auf *kantonalem öffentlichen Recht* beruhenden Verbote des Erfolgshonorars gerechtfertigt sind, oder ob Erfolgshonorare als sittenwidrig gelten müssen (Art. 20 OR).

Das kantonale öffentliche Recht darf die privatrechtliche Vertragsinhaltsfreiheit in Anwendung von Art. 6 Abs. 1 ZGB beschränken, sofern das Bundesprivatrecht keine abschliessende Regelung enthält, die kantonale öffentlichrechtliche Regelung einem schutzwürdigen öffentlichen Interesse entspricht und Bundesprivatrecht weder vereitelt noch erheblich erschwert wird[24].

Wie oben dargelegt, wird das öffentliche Interesse u.a. mit der *Gefahr der Übervorteilung* des Klienten durch den Rechtsanwalt begründet. Diese Gefahr ist nicht von der Hand zu weisen. Sie besteht indes genauso bei anderen Honorarvereinbarungen. Der unerfahrene Klient kann beispielsweise zu einem überhöhten Stundenansatz überredet werden oder zu einem Pauschalhonorar, das den Aufwand des Anwaltes nicht angemessen berücksichtigt, sondern diesem einen überproportionalen Ertrag einbringt. Auch die Anwendung der Tarife, die auf den Streitwert abstellen, kann dazu führen, dass bei hohen Streitwerten, aber relativ geringem Aufwand, ein Honorar berechnet wird, das den Klienten übervorteilt[25].

---

[24] Vgl. z.B. BGE 119 Ia 61; GMÜR, 114; HÖCHLI 83.
[25] Vgl. z.B. den unveröffentlichten Entscheid des Bundesgerichts vom 27.9.1984 (P 396/84), in dem ein aufgrund der Zürcherischen Anwaltsgebührenverordnung berechneter Stundenansatz von Fr. 1700.– auch unter Berücksichtigung eines sehr hohen Streitwertes (mehr als Fr. 100 Mio.) gestützt auf Art. 4 BV als offensichtlich übersetzt beurteilt wurde.

Das öffentliche Interesse an der *Unabhängigkeit* und *Unbefangenheit* des Anwalts dient nicht zur Begründung des Verbots des Erfolgshonorars. Der Gesetzgeber akzeptiert, dass der Anwalt bei anderen Honorarvereinbarungen ein eigenes Interesse finanzieller Art besitzt, das dem Interesse des Mandanten entgegenlaufen kann. Bei Verabredung der Honorierung nach der aufgewendeten Zeit hat der Anwalt ein Interesse, möglichst viel und lange an einem Mandat zu arbeiten. Bei Verabredung einer Honorarpauschale ist die Situation umgekehrt; hier ist der Anwalt interessiert, möglichst wenig Aufwand treiben zu müssen, um das vereinbarte Mandat zu erledigen. Bei der unentgeltlichen Prozessführung ist der Anwalt am Erfolg interessiert, weil er von der Gegenpartei ein normales Honorar fordern kann, anders als das reduzierte Honorar, welches er von der Gerichtskasse bei Misserfolg erhält. In all diesen Fällen verstösst der Anwalt gegen seine Treuepflicht, wenn er seine eigenen Interessen vor die Interessen des Mandanten, die er von Gesetzes wegen zu wahren hat, stellt. In all diesen Fällen nimmt der Gesetzgeber an, dass der Anwalt pflichtgemäss die Interessen des Mandanten den eigenen vorzieht. Es ist nicht einzusehen, weshalb der Gesetzgeber dem Anwalt dieses Vertrauen nicht auch schenkt, wenn es um die Verabredung eines Erfolgshonorars geht.

Die Wahrung des *Ansehens und der Würde* des Anwaltsstandes kann durch die Vereinbarung eines Erfolgshonorars beeinträchtigt werden. Der obgenannte Kirschtorten-Fall (Beispiel 1) würde dem Anwalt des Klägers kaum zur Ehre gereichen. Der gleiche Kirschtorten-Fall kann aber auch Gegenstand eines Prozesses bilden, ohne dass ein Erfolgshonorar verabredet wurde. Die Verabredung eines Erfolgshonorars wird den Anwalt eher veranlassen, einen weitgehend aussichtslosen Fall abzulehnen, als wenn das Honorar «regulär», d.h. nicht erfolgsabhängig bestimmt wird. Die Beispiele 3, 4 und 6 (Prozesshonorar, Schiedsverfahren, Billiglohn) zeigen, dass es Situationen gibt, in denen die Vereinbarung eines Erfolgshonorars dem Ansehen und der Würde des Anwaltsstandes dient. Das öffentliche Interesse an der Wahrung des Ansehens und der Würde des Anwaltsstandes kann daher nicht zur Begründung des Verbotes der Erfolgshonorare herbeigezogen werden.

Führt die Zulässigkeit der Erfolgsbeteiligung gegebenenfalls zu Honoraren, die *ungebührlich hoch* ausfallen? Hat der Anwalt seinen unerfahrenen Klienten nicht übervorteilt, hat er ihn korrekt aufgeklärt und erbringt er die geschuldete Leistung, spricht nichts gegen hohe Honorare. Weshalb soll eine mündige, urteilsfähige Partei bei ihren vertraglichen Zusagen nicht behaftet werden? Ist der Anwalt unlauter vorgegangen, stellt das Zivilrecht die notwendigen Mittel zur Korrektur zur Verfügung. Zur Anwendung kommen z.B. die Regeln über Übervorteilung oder Sittenwidrigkeit. Ungemach droht dem unlauteren Anwalt im weiteren, indem er gegebenenfalls für nicht korrekte Aufklärung über die Erfolgschancen schadenersatzpflichtig wird (und evtl. auch seinen Honoraranspruch deswegen verliert). Nicht zu vergessen sind sodann die disziplinarischen Folgen, die dem unlauteren Anwalt drohen. Die Probleme beim Erfolgshonorar mit hohen Vergütungen sind denjenigen bei «regulären» Honorarsystemen nicht unähnlich. Auch bei diesen ergeben sich u.U. Honorare, die als übermässig korrigiert werden müssen[26].

Bisweilen wird argumentiert, kantonale Zwangstarife für forensische Tätigkeit des Anwalts dienten einem sozialpolitischen Zweck, nämlich der *Erschwinglichkeit der Rechtspflege*[27]. Der Zwangscharakter von Tarifen, namentlich das Verbot tieferer Honorare als der «regulären» für den Fall des Unterliegens, kann aber gerade dazu führen, dass der Zugang zur Rechtspflege erschwert wird (vgl. Beispiel 3). Mit Recht wird daher in der Lehre angeführt, dass Zwangstarife wohl keine ausreichende Verfassungsgrundlage haben[28].

Führt ein Erfolgshonorar zu *falschen Anreizen* des Anwalts, weil er so viele Fälle wie irgend möglich mit minimaler Anstrengung bearbeitet, anstatt weniger Fälle, dafür um so sorgfältiger? Der Anreiz, so viele Fälle wie irgend möglich mit minimaler Anstrengung zu bewältigen, ist für Erfolgshonorare nicht charakteristisch; er besteht bei jedem Honorarsystem. Dies gilt besonders bei Systemen, bei denen das Honorar ganz oder substantiell vom Streitwert abhängt, oder bei Pauschalhonoraren. Nur bei der Honorierung nach reinem Zeitaufwand besteht der Anreiz nicht (vorausgesetzt, dass der Anwalt einen ihm genügenden Stundenansatz verrechnen kann); in diesem Falle besteht aber der falsche Anreiz, zu viel Zeit für einen Fall aufzuwenden. Für das System des Erfolgshonorars spricht vielmehr, dass der Anwalt eben unmittelbar am Erfolg des Klienten interessiert ist und den – richtigen – Anreiz hat, dem Klienten zum Erfolg zu verhelfen.

Verstösst die Vereinbarung eines Erfolgshonorars gegen die *guten Sitten* (Art. 20 Abs. 1 OR)? Ich meine nein[29]. Sittenwidrig sind Verträge, die gegen die herrschende Moral, gegen das allgemeine Anstandsgefühl oder gegen die der Gesamtrechtsordnung immanenten ethischen Prinzipien und Wertmassstäbe verstossen[30]. Die obigen Beispiele 2–4 belegen, dass es Situationen gibt, in denen die Vereinbarung von Erfolgshonoraren durchaus berechtigt sein kann und nicht gegen das allgemeine Anstandsgefühl verstösst. Da zudem gewisse Formen des Erfolgshonorars unter bestimmten kantonalen Regeln auch heute nicht verboten sind[31], kann kaum davon gesprochen werden, dass

---

[26] Vgl. z.B. BGE 93 I 122 f.; unveröffentlichter BGE vom 27.9.1984 (P 394/84).
[27] BGE 66 I 57; WOLFFERS, 158 f.
[28] GMÜR, 150.
[29] Anders für das *pactum de quota litis* TERCIER (Die Anwälte und der Wettbewerb), 11, (Les avocats et la concurrence), 2 f.
[30] Vgl. z.B. BGE 115 II 235; HUGUENIN-KSP, Art. 19/20 N 32.
[31] Vgl. z.B. die Regelung im Kt. Genf, wo das *pactum de palmario* erlaubt ist. Vgl. BOVET, Der Schweizer Anwalt 163/1996, 24. Nach den Standesregeln des Luzerner Anwaltsverbandes ist ein *palmarium* zulässig, sofern der Prozesserfolg nicht das einzige Kriterium für die Honorarbemessung bleibt, FELLMANN/SIDLER, 79 f.

Erfolgshonorare an sich gegen die der Gesamtrechtsordnung immanenten ethischen Prinzipien und Wertmassstäbe verstossen. Die Vereinbarung eines Erfolgshonorars ist daher nicht sittenwidrig[32]. Von der Frage, ob Erfolgshonorare an sich sittenwidrig sind, ist die Frage zu unterscheiden, ob eine Honorarvereinbarung auf Erfolgsbasis im *Einzelfall* zu einem sittenwidrigen (oder andersweitig rechtswidrigen) Ergebnis führt. Diese andere Frage stellt sich aber nicht bloss bei einer Honorarvereinbarung auf Erfolgsbasis, sondern bei jedem Honorierungssystem. Ungebührlich hohe Honorarrechnungen können und müssen durch die Rechtsordnung korrigiert werden, ungeachtet ob sie auf einer Erfolgsvereinbarung oder auf einer anderen Honorarabrede basieren.

All diese Erwägungen führen mich zur Folgerung, dass *kein schutzwürdiges öffentliches Interesse* am Verbot des Erfolgshonorars besteht[33]. Missbräuche sind bei allen Honorarsystemen möglich. Diese Missbräuche verdienen es, korrigiert zu werden, sowohl beim Erfolgshonorar gleich wie bei den übrigen Honorarsystemen. Die Möglichkeit von Missbräuchen darf indessen nicht dazu führen, dass in die grundsätzlich bestehende Vertragsfreiheit eingegriffen wird und eine mögliche Art der Honorarverabredung verboten wird, die in bestimmten Fällen sinnvoll ist und den Interessen der Parteien entgegenkommt. Fehlt es indes an einem schutzwürdigen öffentlichen Interesse, so besteht keine Grundlage für einen Eingriff durch kantonales öffentliches Recht in das Bundeszivilrecht[34]. Die kantonalen Vorschriften über das Verbot des Erfolgshonorars haben m.E. daher keine genügende Rechtsgrundlage und sind aufzuheben.

Die in dieser Arbeit vertretene Auffassung bedeutet nicht, dass die Kantone keine generellen Vorschriften über die Honorierung des Anwalts für seine forensische Tätigkeit erlassen dürften. Die verbreiteten Regeln[35], dass bei der Bemessung des Anwaltshonorars neben dem Streitwert die Schwierigkeit des Falles und der notwendige Zeitaufwand in Betracht gezogen werden müssen, sind m.E. als öffentlich-rechtliche Beschränkungen des Bundeszivilrechts zulässig. Nicht zulässig ist es m.E. indessen, eine Art der Honorarbemessung, das Erfolgshonorar, generell zu verbieten. Solange der allgemein gesetzte gesetzliche Rahmen für die Höhe von Honoraren durch ein auf Erfolgsbasis berechnetes Honorar nicht gesprengt wird, ist gegen Erfolgshonorare nichts einzuwenden. Dies gilt unabhängig davon, ob es sich im Einzelfall um ein *pactum de quota litis* oder ein *pactum de palmario* handelt.

---

[32] Vgl. auch HÖCHLI, 82; GAUTSCHI-BK, Art. 394 N 45c und Art. 395 N 87.
[33] Vgl. HÖCHLI, 87 ff. für das *pactum de palmario* mit Einschränkungen.
[34] Vgl. z.B. BGE 119 Ia 61; GMÜR 114.
[35] Vgl. z.B. § 33 des zürcherischen Anwaltsgesetzes; § 12 des Advokaturgesetzes des Kantons Basel-Stadt; Art. 31 des Anwaltsgesetzes des Kantons St. Gallen.

III. Zur Honorarschätzung

A. *Die Aufklärungspflicht*

1. Generelles

«*Wieviel wird es denn kosten?*» Diese Frage des Mandanten bei Mandatsbeginn kennt jeder praktisch tätige Anwalt, und keiner mag sie. Erfahrungsgemäss ist es nur bei einfachen, nicht von Komplikationen bedrohten Rechtsvorkehrungen möglich, zum voraus eine Schätzung des Honorars mit einer gewissen Präzision abzugeben. Besonders schwierig ist die Schätzung des Honorars im Falle, dass die Honorierung nach Aufwand entschädigt werden soll. Welcher Anwalt weiss denn schon zum voraus, mit welchen Manövern der Gegenseite in Vertragsverhandlungen oder gar im Prozess zu rechnen ist, welche Sachverhaltselemente unvermutet eine Rolle spielen werden usw.? Dennoch ist die Frage des Mandanten nach der Höhe des Honorars selbstverständlich berechtigt. Der Beauftragte hat den Auftraggeber über die Zweckmässigkeit des Auftrags, Kosten, Gefahren und Erfolgschancen, namentlich auch über die mutmassliche Honorarhöhe, aufzuklären[36].

Nach erfolgter Mandatierung ist der Anwalt durch Auftragsrecht verpflichtet, seinen Auftraggeber über Änderungen der möglichen Honorarkosten zu orientieren. Gleich wie der Architekt seinen Bauherrn auf Mehrkosten bei Bestellungsänderungen hinweisen muss[37], ist auch der Anwalt verpflichtet, seinen Mandanten auf die Auswirkungen von Weisungen des Auftraggebers und von unerwarteten Entwicklungen auf das Honorar hinzuweisen.

Das Gesetz schreibt nicht vor, *wie* die Honorarschätzung vorgenommen werden muss. Da die Aufklärungspflicht über das mutmassliche Honorar den Zweck hat, den Klienten vor bösen Überraschungen betreffend den Honorarbetrag zu schützen, kann der Anwalt die Schätzung in jeder Weise vornehmen, die den Zweck erfüllt. So kann er z.B. einen ungefähren Betrag nennen, eine Spanne angeben, in der sich der Honorarbetrag mutmasslicherweise befinden wird, er kann Vergleichswerte angeben usw. Meines Erachtens genügt es auch, wenn der Anwalt bei einem festgesetzten Stundenansatz den ungefähr zu erwartenden zeitlichen Aufwand bekannt gibt.

Keine Honorarschätzung ist nötig, wenn die Parteien ein Pauschalhonorar vereinbart haben. Ist der Mandant fachkundig, bedarf es bloss der Aufklärung über diejenigen Aspekte, die er nicht schon selbst kennt[38].

---

[36] Vgl. z.B. GMÜR, 28 f.; FELLMANN-BK, Art. 398 N 151; DERENDINGER, 57 f.
[37] Vgl. z.B. ZEHNDER, 114 f.
[38] Ist der Mandant z.B. Richter von Beruf, bedarf er keiner Aufklärung über das mögliche Honorar bei Anwendung eines dem Mandanten bekannten kantonalen Gebührentarifs; wurde mit diesem Mandaten indes eine Honorierung nach Zeitaufwand verabredet, bezieht sich die Aufklärungspflicht auf den mutmasslichen zeitlichen Aufwand.

2. Der Genauigkeitsgrad

Sowohl vor Mandatsannahme wie während der Mandatsbesorgung ist die Schätzung des Honorars vom Anwalt «getreu und sorgfältig» (vgl. Art. 398 OR) vorzunehmen. Die Schätzung muss so gut wie möglich, d.h. so gut wie es die Umstände erlauben, sein. Wo die Toleranzgrenze liegt, kann nicht generell festgehalten werden. Es kommt auf den *Einzelfall* an.

Im Werkvertragsrecht hat sich als Faustregel herausgebildet, dass die Toleranzgrenze, die nicht überschritten werden darf, bei 10% liegt[39]. Diese Faustregel darf nicht auf die Tätigkeit des Anwalts, die dem Auftragsrecht untersteht, übertragen werden. Die vom Anwalt vorzunehmenden Bemühungen lassen sich oft nicht zum voraus abschätzen, namentlich bei forensischer Tätigkeit und in Verhandlungssituationen. Vom Anwalt darf aber auch in dieser Lage erwartet werden, dass er dem Klienten eine vernünftige Grössenordnung angeben kann, in der sich das Honorar voraussichtlich bewegen wird, denn schliesslich geht es darum, den Mandanten vor bösen Überraschungen zu schützen.

B. Die Verletzung der Schätzungspflichten

1. Schadenersatzpflicht

Verletzt der Anwalt die Pflicht, seinen Klienten über die mutmassliche Honorarhöhe *vor* Vertragsabschluss aufzuklären, beruht seine Haftung auf *culpa in contrahendo*[40]. Verletzt der Anwalt die Pflicht, seinen Klienten *während* der Auftragsabwicklung auf neue Umstände aufmerksam zu machen, welche Einfluss auf die ursprüngliche Honorarschätzung haben, so stützt sich die Haftung des Anwalts auf Art. 398 OR. Kommt ausnahmsweise Werkvertragsrecht auf die Beziehung Anwalt-Klient zur Anwendung, ist der Anwalt gestützt auf die allgemeine Sorgfaltspflicht (Art. 364 Abs. 1 OR) verpflichtet, dem Klienten eine übermässige Kostenüberschreitung ohne Verzögerung anzuzeigen; verletzt der Anwalt diese (werkvertragliche) Anzeigepflicht, wird er schadenersatzpflichtig[41].

2. Honorarreduktion

Zusätzlich zum Recht auf Schadenersatz steht dem Auftraggeber das Recht zu, unter Umständen das Honorar des Beauftragten zu reduzieren, wenn der

---

[39] BGE 115 II 462; GAUCH (Werkvertrag), 277; ZINDEL/PULVER-KSP, Art. 375 N 12.
[40] Vgl. GAUCH (Werkvertrag), 84; ZEHNDER, 27.
[41] GAUCH (Werkvertrag), 283.

Beauftragte das Mandat nicht korrekt erfüllt hat[42]. Es kommt auf die Brauchbarkeit der Gesamtleistung des Anwalts an; die Honorarforderung des Beauftragten ist nach Massgabe der Brauchbarkeit herabzusetzen[43]. Ist die Gesamtleistung unbrauchbar, entfällt der Honoraranspruch.

Muss ein Anwalt, der seinen Klienten pflichtwidrig über Honorarfragen nicht aufklärt, eine Kürzung seines Honorars hinnehmen? Wird die Brauchbarkeit der Leistung des Anwalts durch die Nichtaufklärung nicht tangiert, ist die Frage zu verneinen[44]. Ist die Leistung des Anwalts für den Klienten indes nicht oder nur teilweise brauchbar und hätte der Klient bei korrekter Aufklärung über die mutmassliche Honorarhöhe das Mandat anders (billiger) ausführen lassen oder gar nicht erteilt, so ist das Honorar zu reduzieren oder gar zu streichen[45].

Arbeitet der Anwalt ausnahmsweise in einem werkvertraglichen Rechtsverhältnis, so kommt Art. 375 Abs. 1 OR zur Anwendung.

3. Vertragsauflösung

Bekanntlich kann ein Auftrag von jeder Partei jederzeit widerrufen oder gekündigt werden (Art. 404 Abs. 1 OR). Dieses *ex nunc* wirkende[46] Kündigungsrecht steht dem Klienten selbstverständlich auch dann zu, wenn er erfährt, dass die ursprüngliche mutmassliche Honorarschätzung des Anwalts nicht zutrifft. Der Zweck der Aufklärungspflicht des Anwalts besteht gerade darin, den Auftraggeber in die Lage zu versetzen, bei Veränderung der Umstände, welche die Erreichung des Auftragserfolgs beeinflussen, den Auftrag zu widerrufen oder wenigstens zu modifizieren[47]. Das Kündigungsrecht des Klienten besteht daher, ungeachtet ob der Anwalt seine Aufklärungspflicht erfüllt oder missachtet.

Arbeitet der Anwalt ausnahmsweise im Werkvertragsverhältnis, kann der Klient nach Massgabe von Art. 375 Abs. 1 OR vom Vertrag zurücktreten[48].

Art. 375 Abs. 1 OR erlaubt es dem Besteller, vom Vertrag zurückzutreten, wenn ein verabredeter ungefährer Kostenansatz unverhältnismässig (d.h. in der Regel um mehr als 10%) überschritten wird. Ein solcher Rücktritt wirkt

---

[42] BGE 108 II 197; ROLF H. WEBER-KSP, Art. 394 N 43; DERENDINGER, 209; TERCIER (Les contrats spéciaux), 503.
[43] DERENDINGER, 209; ROLF H. WEBER-KSP, Art. 394 N 43; ROLF H. WEBER (Praxis), 71; HONSELL, 281.
[44] DERENDINGER, 215.
[45] Vgl. ZR 93/1994, Nr. 86, 264 ff.
[46] FELLMANN-BK, Art. 404 N 29; ROLF H. WEBER-KSP, Art. 404 N 7; HONSELL, 282.
[47] DERENDINGER, 57.
[48] Vgl. dazu die detaillierten Ausführungen bei GAUCH (Werkvertrag), 273 ff.; ZINDEL/PULVER-KSP, Art. 375 N 1 ff.

ex tunc[49]. Kann das Rücktrittsrecht des Art. 375 Abs. 1 OR *analog im Auftragsrecht* zur Anwendung gebracht werden, so dass der Mandant mit Wirkung *ex tunc* einen Auftrag aufheben kann, wenn der Anwalt einen ungefähren Honoraransatz unverhältnismässig überschreitet? Die Frage ist meines Erachtens *zu verneinen*[50]. Der durch die Verletzung der Aufklärungspflicht vom Mandanten erlittene Schaden wird durch die Schadenersatzpflicht des Anwalts aufgewogen; die Leistung des Anwalts ist zudem nur im Rahmen der Brauchbarkeit zu vergüten (vgl. vorne). Mittels Schadenersatz und Honorarreduktion wird das vertragliche Äquivalenzverhältnis wiederhergestellt. Es gibt keinen Grund, durch analoge Anwendung von Art. 375 Abs. 1 OR im Auftragsrecht vom so wiederhergestellten vertraglichen Äquivalenzverhältnis abzuweichen.

---

[49] GAUCH (Werkvertrag), 274; ZINDEL/PULVER-KSP, Art. 375 N 32.
[50] Anderer Ansicht ist WERRO, 261.

François Bohnet

L'avocat, l'indigent et la victime

L'aide juridique fondée sur la LAVI au regard de l'assistance judiciaire

Table des matières

I. Introduction
II. La nature juridique de l'aide fondée sur la LAVI
III. Les conditions de l'aide juridique
   A. L'aide immédiate et l'aide à plus long terme
   B. Les conditions communes aux deux types d'aide
      1. La qualité de victime
      2. Les proches de la victime
      3. Le lieu de commission de l'infraction, la nationalité et le domicile de la victime ou des ses proches
      4. Le devoir de renseigner
   C. Les conditions spécifiques de l'aide immédiate
   D. Les conditions spécifiques de l'aide à plus long terme
      1. La situation personnelle de la victime
      2. Le besoin de l'aide
         a. Des prétentions non dénuées de chances de succès
         b. L'impossibilité d'obtenir l'assistance judiciaire ou administrative
         c. L'auteur de l'atteinte ou ses assurances ne peuvent prendre en charge les frais
IV. Les modalités de la prise en charge des frais
V. Les voies de droit

I. Introduction

En regard de l'assistance judiciaire, l'aide juridique à la victime est une nouveauté. L'étendue de celle-là a fait l'objet de nombreuses réflexions, et a été nettement élargie ces deux dernières décennies. Garantie uniquement, par l'art. 4 de la Constitution en tout cas, pour les causes civiles jusque dans les années 1970, elle a été, dès cette période, accordée également en procédure pénale[1], puis, depuis une dizaine d'années, en procédure administrative contentieuse[2] et non contentieuse (en particulier en droit des assurances socia-

---

[1] ATF 100 Ia 180, JT 1976 IV 22; Forster, 458.
[2] ATF 112 Ia 14.

les[3]), ainsi que récemment en droit des poursuites[4]. Un arrêt de principe du 13 octobre 1993[5] lui assure une emprise globale: *Le droit constitutionnel à l'assistance judiciaire ne dépend ni de la nature juridique ou du fondement de la décision, ni de celle de la procédure en question. L'assistance judiciaire peut être accordée pour toutes les procédures officielles dans lesquelles le requérant est engagé ou qu'il va engager pour protéger ses droits.* Le bénéficiaire de l'assistance judiciaire a été peu à peu défini par la jurisprudence, au travers de la notion fondamentale de l'indigence[6]. Quant à l'avocat d'office, sa position face à l'Etat est claire[7]: *l'avocat d'office accomplit une tâche étatique régie par le droit public cantonal. Lors de sa désignation, il s'établit, entre l'avocat et l'Etat, un rapport juridique spécial en vertu duquel l'avocat a contre l'Etat une prétention de droit public à être rétribué dans le cadre des prescriptions cantonales applicables*[8].

Globalement, cette institution est connue. Son armature a été solidement fixée, et si les arrêts du Tribunal fédéral, publiés et non publiés, sont toujours nombreux au sujet de l'assistance judiciaire, on peut surtout s'attendre aujourd'hui à des précisions de jurisprudence.

Nos connaissances du régime de l'aide juridique fondées sur la LAVI sont tout autres. La loi sur l'aide aux victimes d'infractions est elle-même une parfaite nouveauté[9]. Une nécessité sociale certes, mais une pure création légale, que ne précède aucune pratique patiemment élaborée[10]. L'aide aux victimes prévue par la LAVI se compose de trois volets distincts, résumés à l'art. 1 al. 2 LAVI, à savoir les conseils et l'assistance (art. 3 et 4 LAVI), la protection de la victime et la sauvegarde de ses droits dans la procédure pénale (art. 5 à 10 LAVI) et l'indemnisation (art. 11 à 17 LAVI). L'aide juridique fait partie du premier volet. De manière générale, la LAVI prévoit la création de centres de consultation, en mesure de fournir aux victimes des informations et une aide médicale, psychologique, sociale, matérielle et juridi-

---

[3] ATF 114 V 228; 117 V 408.
[4] ATF 118 III 27, JT 1994 II 66, SJ 1993, 457; 118 III 33, JT 1994 II 137; 119 III 28, JT 1995 II 75; 119 III 113, JT 1996 II 105, SJ 1994, 378; 121 I 60, SJ 1995, 694.
[5] ATF 119 Ia 264, JT 1994 I 603. Le catalogue de l'ensemble de la jurisprudence fédérale publiée et de la jurisprudence fédérale non publiée de ces dernières années est dressé dans FRANÇOIS BOHNET, LAJA annotée – jurisprudence fédérale et neuchâteloise en matière d'assistance judiciaire, 1997, Juristes progressistes, case postale 660, 2001 Neuchâtel.
[6] Nous y reviendrons plus bas.
[7] Le régime de sa responsabilité l'est moins, il est vrai. Voir GAUTSCHI-BK, Art. 349 N 30b, Art. 395 N 6b; WESSNER, 15; FELLMANN-BK, Art. 394 N 146 ss; DREYER (l'avocat), 479 ss.
[8] ATF 122 I 1, SJ 1996, 379. Voir déjà ATF 60 I 12, JT 1934 I 342.
[9] La loi a été adoptée le 4 octobre 1991 et est entrée en vigueur le 1er janvier 1993. Pour un historique de l'élaboration, voir GOMM/STEIN/ZEHNTNER, introduction N 14 ss ainsi que KOLLER, 579.
[10] GOMM/STEIN/ZEHNTNER (Plädoyer), 28.

que[11]. L'aide juridique a encore été peu étudiée[12]. Quant aux relations, complexes, entre celle-ci et l'assistance judiciaire, elles sont examinées depuis peu par les cours cantonales[13], et récemment par le Tribunal fédéral[14]. Un point semble n'avoir fait l'objet d'aucune discussion: celui de la position de «l'avocat LAVI» face à l'Etat.

L'assistance judiciaire et l'aide juridique fondée sur la LAVI se recoupent partiellement mais ne se confondent pas. Les traiter conjointement présente deux attraits: d'une part celui de faciliter la distinction des deux régimes, d'autre part celui d'amener quelques réponses aux diverses interrogations soulevées par l'aide juridique fondée sur la LAVI, en s'inspirant des solutions retenues en matière d'assistance judiciaire.

On examinera ci-après, au regard de l'assistance judiciaire, la nature de l'aide juridique fondée sur la LAVI, les conditions d'octroi de celle-ci, les modalités de la prise en charge des frais, ainsi que les voies de droit.

II. La nature juridique de l'aide fondée sur la LAVI

L'aide juridique est réglée à l'art. 3 al. 2, 3 et 4 de la LAVI. Elle est garantie par le droit fédéral[15], les cantons pouvant aller au-delà du minimum prévu par la LAVI[16], tout comme pour l'assistance judiciaire[17], à la différence près que, dans ce domaine-ci, la garantie fédérale est uniquement de niveau constitutionnel[18]. La LAVI se fonde sur l'art. 64ter de la Constitution fédérale qui dispose, en particulier, que *la Confédération et les Cantons veillent à ce que les victimes d'infractions contre la vie et l'intégrité corporelle bénéficient d'une aide*. Cette disposition ne crée aucun droit direct en faveur des victimes

---

[11] FF 1990 II 910.
[12] GOMM/STEIN/ZEHNTNER y consacrent quelques pages de leur traité (Art. 3 N 22 ss), KELLER/WEDER/MEIER, 30, de même que KOLLER, 583 et KLEY-STRULLER, 179 quelques lignes.
[13] En particulier, Tribunal administratif du canton de Berne, 18 avril 1994, Plädoyer 1994/3, 63 ss; Chambre d'accusation fribourgeoise, 27 juin, RFJ 1995, 121; Conférence des Présidents des tribunaux pénaux bâlois, 27 septembre 1994, cité par GOMM/STEIN/ZEHNTNER, Art 3. N 52; Tribunal administratif fribourgeois, 20.7.1995, RFJ 1996, 114; voir également Conseil d'Etat lucernois, 6 décembre 1994, Plädoyer 1995/2, 64.
[14] ATF 121 II 209; 122 II 211, SJ 1996, 544; 122 II 315; 123 II 548.
[15] ATF 122 II 317–318; Tribunal fédéral, 13.7.1995, P. (1A 66/1995), cons. 1a.
[16] GOMM/STEIN/ZEHNTNER, remarques Art. 1 et 2 N 1.
[17] ATF 121 I 61, SJ 1995, 694; 120 I 179, JT 1995 I 283.
[18] Le droit à l'assistance découle de l'art. 4 Cst.; il est une conséquence du principe de l'égalité de traitement (ATF 115 Ia 113, JT 1984 I 184) et de la prohibition du déni de justice (ATF 105 Ia 290–291 [droit d'être entendu]; ATF 99 Ia 330, JT 1974 I 253, 254; déjà ATF XIII, 251). Il convient de réserver les dispositions fédérales spécifiques, par exemple 15203 F, 65 PA, 87 lit. f LAMal.

d'infractions, la règle ne détermine ni qui est débiteur de l'aide ni quel genre d'aide est due[19]. Un arrêt non publié du 12 juillet 1996 paraît en décider autrement, pour ce qui est de l'aide juridique en tout cas, en examinant une décision cantonale non seulement au regard de l'art. 3 LAVI mais également, à côté de l'art. 4 Cst., de l'art. 64ter Cst.[20]

La LAVI est conçue comme une loi cadre[21]. Il revient en particulier aux cantons d'organiser les centres de consultation et de régler de quelle manière l'aide sera fournie. Si, dans leur réglementation d'introduction à la LAVI, la grande majorité des cantons ne précise rien quant aux limites de l'aide juridique, laissant le soin aux centres de consultation et aux tribunaux de les définir, certains ont tenté de délimiter la portée de cette aide, prenant ainsi le risque de porter atteinte à la garantie fédérale[22]. Les critères retenus dans ces réglementations seront discutés ci-après, lors de l'examen des conditions de l'aide juridique.

III. Les conditions de l'aide juridique

A. *L'aide immédiate et l'aide à plus long terme*

L'art. 3 al. 3 LAVI prévoit deux types d'aide, qui peuvent être médicale, psychologique, sociale, matérielle ou juridique, l'aide immédiate et l'aide à plus long terme. D'après le Conseil fédéral[23], la première doit permettre à la victime de surmonter les conséquences immédiates de l'infraction, la seconde, soit de préserver l'intégration sociale des victimes, soit de les sortir de l'isolement dans lequel l'infraction et ses conséquences directes ou indirectes peuvent les avoir plongés. Concrètement, le Message[24] indique, pour l'aide juridique, que la première phase comprend des consultations juridiques simples destinées à aider la victime dans les démarches qu'elle pourrait être appelée à entreprendre ultérieurement (dénonciation, plainte pénale, déclaration aux assurances, etc.), ainsi que des informations sur les résultats de la poursuite pénale, les mesures à plus long terme concernant toutes les questions de procédure: conseils à la victime en matière d'assurances, renseignements sur les possibilités de dédommagement offertes et assistance dans les démarches

---

[19] BLAISE KNAPP, Commentaire de l'art. 64ter de la Constitution, Bâle, Zürich et Berne 1988, N 7.
[20] Tribunal fédéral, 12 juillet 1996, N (1A. 305/1995), cons. 3i, 18 ss.
[21] FF 1990 II 912, 918; GOMM/STEIN/ZEHNTNER, Introduction, N 20 ss, Remarques Art. 1 et 2 N 1 ss.
[22] GOMM/STEIN/ZEHNTNER, Art. 3 N 39. Voir ATF 123 II 551 (interprétation du droit vaudois conforme au droit fédéral).
[23] FF 1990 II 912, N 111.
[24] FF 1990 II 926.

entreprises en vue d'obtenir l'indemnité et la réparation morale prévues par la LAVI, assistance pour l'exercice de prétentions civiles de la victime, tant dans une procédure pénale, un procès civil distinct, que par le biais de l'exécution forcée, ou en dehors de toute procédure judiciaire.

Déterminer quand on entre dans la seconde phase se révèle évidemment difficile. On ne devrait en tout cas pas interpréter le Message de manière trop restrictive et limiter l'aide immédiate aux premiers conseils, en excluant toute démarche d'ordre procédural[25]. L'aide immédiate doit en tout cas comprendre les actes de cet ordre de nature conservatoire, comme le dépôt d'une plainte pénale, la rédaction d'un recours, en matière d'assurances sociales par exemple, ou encore l'envoi d'une réquisition de poursuite[26]. L'aide immédiate ne se confond toutefois pas avec l'aide urgente[27]. Le recours, par exemple, contre une décision d'un juge d'instruction intervenant plusieurs mois après le dépôt d'une plainte pénale ne devra plus être considéré comme de l'aide immédiate. On devra toujours, avec le Message, partir du principe que cette aide doit permettre à la victime de surmonter les *conséquences immédiates* de l'infraction, et admettre quelques tempéraments, tenant aux effets spécifiques de l'infraction sur la victime. Lorsque les conséquences d'une atteinte à l'intégrité corporelle ne se font sentir que longtemps après la réalisation de l'infraction, comme parfois en cas d'irradiation atomique ou d'intervention chirurgicale inadéquate, lorsque la victime ne prend conscience de l'atteinte qu'ultérieurement, en particulier dans le domaine de l'inceste, ou lorsque, toujours en matière de mœurs, elle ne dénonce l'infraction que longtemps après sa commission, les premières mesures prises par le centre de consultation constitueront bien de l'aide immédiate[28]. En revanche, quand il s'agit de recourir, à bref délai, contre la décision classant une plainte – pour laquelle une aide juridique immédiate avait été accordée –, décision tombée plusieurs mois après le dépôt de la plainte, on sort du cadre de l'aide immédiate[29].

Le Tribunal fédéral ne s'est à ce jour pas penché de près sur la distinction entre aide immédiate et aide à plus long terme, se contentant, dans un arrêt non publié du 12 juillet 1996[30], de reprendre le texte du Message. Seule une casuistique détaillée permettra de dégager des critères fiables.

---

[25] Voir, pour le domaine de la circulation routière, KOLLER, 584 in limine.
[26] Les frais de procès ne seront pas pris en charge au titre de l'aide immédiate. Voir GOMM/STEIN/ZEHNTNER, Art. 3 N 67. En revanche, une avance de frais pourrait certainement l'être.
[27] Dans ce sens, Tribunal administratif neuchâtelois, 22.8.1997 (183/97), 5.
[28] Voir, par analogie, ATF 123 II 243, cons. D.
[29] GOMM/STEIN/ZEHNTNER, Art. 3 N 30, 43, ont une conception plus large de l'aide immédiate, la rapprochant de l'aide urgente: «Sieht sich das Opfer vor ein Problem gestellt, dessen Lösung keinen Aufschub erträgt, so handelt es sich um einen Fall von Soforthilfe» (75).
[30] Tribunal fédéral, 12 juillet 1996, N (1 A. 305/1995); voir également ATF 122 II 315, résumé in PJA 1/1997, 88 ss, avec commentaire de FERTIG, 89, N 5.

En pratique, les cantons recourent souvent au système des quotas, fixant par principe la limite de l'aide juridique immédiate à un certain nombre d'heures de consultation chez un avocat, par exemple, à Neuchâtel, 4 heures. Ce système n'a pour lui que sa simplicité. Il pousse finalement les avocats à travailler au forfait, ce qui ne sera pas toujours à l'avantage des victimes, leurs clients.

Le Valais, le Jura et Soleure ont tenté de définir, dans leur réglementation d'application, les limites de l'aide immédiate. Le principe retenu par le dernier, soit que *l'aide immédiate est celle qui est nécessaire immédiatement après l'infraction,* est trop étroit[31]. Quant aux réglementations valaisanne et jurassienne, elles précisent que l'aide immédiate *s'entend d'un dépannage comprenant en particulier (...) une consultation juridique simple (au moins une d'après la réglementation jurassienne) destinée à aider la victime dans les démarches qu'elle pourrait être appelée à entreprendre ultérieurement*[32]. La règle valaisanne est trop rigide puisqu'elle limite l'aide juridique immédiate à la couverture d'une consultation juridique simple; elle ne tient pas compte des particularités que peut présenter chaque cas, contrairement à la règle jurassienne, qui laisse le soin au centre de consultation d'apprécier le nombre de consultations à prendre en charge au titre de l'aide juridique immédiate. Ces deux réglementations semblent exclure toute démarche d'ordre procédural ce qui, de nouveau, est trop restrictif.

Délimiter l'aide immédiate et l'aide à plus long terme n'est pas qu'un exercice théorique. La distinction a des conséquences pratiques, les conditions placées à l'obtention de ces deux aides ne se superposant pas entièrement.

B. Les conditions communes aux deux types d'aide

1. La qualité de victime

Comme l'indique l'intitulé de la loi, la condition sine qua non de l'aide est d'être la victime d'une infraction[33]. Sont seules visées les infractions comprenant ou pouvant comprendre *une atteinte directe à l'intégrité corporelle, sexuelles ou psychique* (art. 2 al. 1 LAVI). Un examen approfondi de la notion

---

[31] Verordnung zur Einführung des Opferhilfegesetzes, du 12 mars 1993, § 6 al. 2.
[32] Décret valaisan d'application du 11 novembre 1992 de la loi fédérale sur l'aide aux victimes d'infraction, art. 3 al. 4; Ordonnance jurassienne portant exécution de la loi du 4 octobre 1991 sur l'aide aux victimes d'infraction, du 4 janvier 1994, art. 5.
[33] Principe repris expressément au § 10 de l'ordonnance soleuroise d'introduction à la LAVI, du 12 mars 1993.

dépasserait le cadre de cette contribution[34] et on se contentera de dresser ici une liste exemplative des cas les plus courants, la question de principe étant de savoir *si l'infraction a causé directement une atteinte non insignifiante dans l'intégrité physique, psychique ou sexuelle*[35].Tombent sous le coup de la loi, notamment, les infractions contre la vie et l'intégrité corporelle (à l'exclusion des voies de fait), le brigandage, les infractions contre la liberté, les crimes et délits contre les mœurs (à l'exception des outrages à la morale publique) ainsi que l'inceste et l'émeute[36].

Pour qu'il y ait victime, seuls les éléments constitutifs objectifs d'une infraction[37], au sens décrit ci-dessus, doivent être réalisés. Il est sans importance que l'auteur ait agi intentionnellement, par négligence ou qu'il soit, du point de vue pénal, totalement ou partiellement irresponsable[38].

Que la victime ait une part de responsabilité dans l'infraction ne justifie en rien une réduction ou une suppression de l'aide[39]. On peut faire ici un parallèle avec l'assistance judiciaire, la jurisprudence ayant depuis longtemps établi que l'on ne peut en refuser le bénéfice au requérant indigent par sa faute, sauf abus de droit[40]. Pour qu'une aide soit fournie, il faut qu'il y ait une victime, et le Tribunal fédéral réserve l'hypothèse de la rupture du lien de causalité, à savoir le cas où il n'y a plus d'atteinte au sens de l'art. 2 al. 1 LAVI, parce qu'absence de lien adéquat entre celle-ci et le comportement de l'auteur. La rupture du lien ne devra être admise qu'avec beaucoup de retenue[41].

Pour que l'aide soit accordée, il n'est pas nécessaire que l'auteur de l'acte ait fait l'objet d'une condamnation pénale ou d'une poursuite pénale, ni qu'il ait été identifié ou découvert[42]. D'après le Tribunal fédéral, *la reconnaissance de la qualité de victime comme condition de la consultation et des aides selon l'art. 3 LAVI ne présuppose pas que les éléments constitutifs et l'illicéité d'une infraction soient déjà établis; il suffit qu'ils entrent en considération*[43].

---

[34] On peut sur ce point renvoyer aux développements de GOMM/STEIN/ZEHNTNER, Art. 2 N 5 ss; les mêmes (Plädoyer), 28 ss; KOLLER, 580; CORBOZ (Les droits), 56 ss; voir également ATF 122 II 322, et les arrêts cités.
[35] CORBOZ (Les droits), 56.
[36] FF 1990 II 925.
[37] Il faut un comportement rendu illicite par une norme pénale, ce qui exclut le cas où l'auteur peut invoquer un fait justificatif. CORBOZ (Les droits), 57 et la doctrine citée.
[38] FF 1990 II 925.
[39] ATF 122 II 323; GOMM/STEIN/ZEHNTNER, Art. 3 N 61; KOLLER, 581; KELLER/WEDER/MEIER, 31.
[40] Tribunal fédéral, 7.7.1995, F. (4P. 103/1995); ATF 108 Ia 108, JT 1983 I 610; 104 Ia 31, 34; 99 Ia 437, JT 1976 I 57; 58 I 292, JT 1933 I 617; KELLER/WEDER/MEIER, 31 réservent également l'abus de droit pour l'octroi de l'aide LAVI.
[41] Retenue dont a fait preuve le Tribunal fédéral dans l'ATF 122 II 315 précité.
[42] FF 1990 II 925.
[43] ATF 122 II 321.

Il revient au centre de consultation de se prononcer sur la qualité de victime d'un requérant[44]. L'examen devrait être différent en cas d'aide immédiate ou d'aide à plus long terme[45]. L'aide immédiate doit être accordée, en raison de sa nature, sans que l'on opère de trop longues investigations, en se fondant sur les allégués du lésé[46] et sur la vraisemblance des actes et de l'atteinte[47], tels qu'ils ressortent par exemple d'un rapport de police. A ce stade, l'absence de lien de causalité adéquat entre atteinte et comportement reproché ne devrait être admise qu'en cas d'évidence. A défaut de jurisprudence établie, le centre de consultation décrira de manière large le cercle des infractions tombant sous le coup de la LAVI.

Pour l'aide à plus long terme, le centre de consultation peut faire preuve de plus de retenue. En cas de doute, et sauf urgence[48] (par exemple s'il y a un délai de recours), il est en droit de subordonner l'octroi de cette aide supplémentaire aux premiers résultats de la procédure pénale. Lorsque le statut de victime du requérant est incertain, le centre de consultation doit se contenter d'un examen prima facie pour accorder, si les autres conditions de celle-ci sont remplies, l'aide d'un avocat pour la rédaction d'une demande d'indemnisation, au sens de l'art. 16 al. 3 LAVI, l'examen détaillé revenant à l'autorité chargée de statuer sur cette demande. On peut tirer ici un parallèle avec les chances de succès du procès en matière d'assistance judiciaire. Tout comme l'autorité chargée d'examiner une requête d'assistance judiciaire en matière civile et administrative, le centre de consultation doit établir un pronostic, entre autres sur les chances que détient le requérant d'être bien considéré comme une victime au sens de la LAVI. Il s'agira d'un examen à prime abord[49]. De même[50], s'il apparaît ultérieurement que l'intéressé n'a pas la qualité de victime, l'aide ne peut être retirée que pour l'avenir. Il faut réserver ici le cas où une aide a été accordée alors que le bénéficiaire s'est abusivement fait passer pour une victime, par exemple en inventant un viol pour toucher des prestations de l'Etat, ou en accusant un individu d'avoir

---

[44] Voir en particulier la loi vaudoise d'application de la loi fédérale du 4 octobre 1991 sur l'aide aux victimes d'infraction, du 16 décembre 1992, art. 3: «le centre s'assure que la personne requérante est une victime au sens de l'art. 2, al. 1 LAVI. A cet effet, il peut requérir toutes pièces utiles, notamment auprès des autorités.» En Valais, cette tâche revient à la commission cantonale d'aide aux victimes, chargée de la coordination des centres de consultation (art. 3e du règlement du 12 avril 1995 concernant la commission cantonale d'aide aux victimes d'infractions).

[45] ATF 122 II 321. Voir FERTIG, 89, N 5.

[46] Voir ATF 119 IV 342–343.

[47] CORBOZ (Les droits), 58; MAURER, 381.

[48] L'urgence justifie un examen moins strict, comme l'a admis le Tribunal fédéral en matière de preuve de l'indigence (ATF 108 Ia 108, JT 1983 I 610, SJ 1983, 156).

[49] Tribunal fédéral, 2.2.1993, Plädoyer 1993/2, 64; voir également ATF 117 Ia 284; ATF 112 Ia 18.

[50] ATF 101 Ia 34, JT 1976 I 61.

commis une infraction sur sa personne, pour causer du tort à celle-ci. Dans de tels cas, le centre de consultation doit pouvoir exiger le remboursement des frais engagés[51, 52], tant pour l'aide immédiate que pour l'aide à plus long terme, même sans base légale[53], au titre de l'enrichissement illégitime[54].

2. Les proches de la victime

Les proches de la victime sont, aux conditions posées à l'art. 2 al. 2 LAVI, assimilés à la victime elle-même. Aux termes de cette disposition, les proches sont le conjoint, les enfants, les père et mère ainsi que d'autres personnes unies à la victime par des liens analogues, formule qui englobe, selon le Message, les frères, sœurs, compagnon et amis très proches[55]. Ne sont donc pas uniquement visés les liens fondés sur le droit de la famille, et la doctrine indique en particulier que les concubins doivent être ici assimilés à des conjoints[56].

L'aide immédiate et l'aide à plus long terme doivent également être accordées aux proches[57], si les autres conditions auxquelles elles sont subordonnées sont remplies[58].

3. Le lieu de commission de l'infraction, la nationalité et le domicile de la victime ou des ses proches

L'octroi de l'aide juridique ne dépend ni du lieu de commission de l'infraction (y compris celui de son résultat), ni de la nationalité ou du domicile de la victime et de ses proches[59]. L'aide doit être accordée pour toutes les démarches juridiques pouvant intervenir en Suisse, en particulier, en cas d'infraction à l'étranger, pour les démarches auprès d'un assureur en Suisse[60].

---

51 GOMM/STEIN/ZEHNTNER, Art. 3 N 67.
52 A savoir l'aide fournie par des tiers prise en charge par le centre. Pour l'aide fournie directement par le centre il est en revanche difficile de partir des dispositions sur l'enrichissement illégitime.
53 Contrairement aux lois cantonales sur l'assistance judiciaire (par exemple art. 21 de la loi neuchâteloise sur l'assistance judiciaire et administrative), les réglementations cantonales d'introduction à la LAVI ne prévoient généralement pas expressément le remboursement de l'aide financière accordée à tort.
54 Voir ATF 88 I 213, JT 1963 I 293.
55 FF 1990 II 925.
56 GOMM/STEIN/ZEHNTNER, Art. 2 N 29; CORBOZ (Les droits), 59.
57 Art. 2 al. 2a LAVI.
58 ATF 122 II 318; Tribunal fédéral, 12 juillet 1996, N (1A. 305/1995).
59 ATF 122 II 318.
60 ATF 122 II 318; GOMM/STEIN/ZEHNTNER, Art. 11 N 4.

Le centre de consultation devrait également accorder son aide à la victime d'une infraction commise à l'étranger mais domiciliée ou résidant en Suisse et qui désire connaître ses droits, même si finalement aucune démarche concrète ne peut être envisagée en Suisse.

4. Le devoir de renseigner

La victime doit donner toutes les informations nécessaires à l'examen de son cas. Ce principe, expressément repris dans quelques cantons[61], va de soi. Si la victime ne fournit pas les explications et les preuves nécessaires, le centre de consultation peut refuser son aide sans violer la LAVI. On peut se référer ici à la jurisprudence du Tribunal fédéral concernant l'obligation de collaborer en matière d'assistance judiciaire[62]. Il est clair également que les centres de consultations doivent informer les victimes de leur droit à une aide[63].

C. Les conditions spécifiques de l'aide immédiate

L'aide immédiate doit être accordée à toute victime ou personne assimilée à celle-ci, indépendamment de sa situation financière. Les revenus et la fortune n'ont pas à être pris en compte[64].

Les démarches juridiques doivent être adaptées à la situation en cause[65]. Nous l'avons vu, accorder à la victime un nombre d'heures forfaitaires de consultation chez un avocat à titre d'aide immédiate est un procédé par trop schématique. L'aide immédiate est nécessaire dans une autre mesure en cas d'assassinat d'un père de famille qu'en cas d'accident de la circulation avec un blessé léger. Suivant la nature de l'atteinte et la profession de la victime, il se peut qu'aucune démarche de cet ordre ne se justifie. Les proches n'auront par exemple pas droit à une aide juridique lorsque les conséquences d'un accident de la circulation routière ont été largement discutées avec la victime. L'avocat légèrement blessé dans un accident de la circulation routière n'aura nul besoin d'une consultation juridique. A ce stade déjà les démarches entreprises doivent apparaître nécessaires au vu de l'ensemble des circonstances. Dire que l'aide immédiate doit être accordée sans réserve et de manière non restric-

---

[61] § 9 de l'ordonnance argovienne, § 4 de l'ordonnance soleuroise, § 6 de l'ordonnance schaffhousoise.
[62] ATF 120 Ia 179, JT 1995 I 283; Tribunal fédéral, 26.3.1996, C. (4P. 7/1996); ATF 104 Ia 326, JT 1981 I 627.
[63] ATF 123 II 244.
[64] GOMM/STEIN/ZEHNTNER, Art. 3 N 37.
[65] GOMM/STEIN/ZEHNTNER, Art. 3 N 23.

tive[66] est trop absolu. S'il est vrai que les conditions placées à l'obtention d'une aide à plus long terme ont un caractère plus strict, ce que la loi exprime en utilisant, à son égard, l'expression *au besoin,* l'aide immédiate ne doit pas être accordée *sans besoin.*

D. Les conditions spécifiques de l'aide à plus long terme

Aux termes de l'art. 3 al. 3 et 4, l'aide est fournie, *au besoin,* pendant une période assez longue, *dans la mesure où la situation personnelle de la victime le justifie.* D'un point de vue théorique, on peut dire que ces deux critères ne se recoupent pas, et que le premier englobe le second[67]: si pour que le besoin d'une aide se fasse sentir, il faut que la situation personnelle de la victime la justifie, celle-ci pourrait justifier une aide qui serait superflue, parce qu'elle serait octroyée sous une autre forme, en particulier par le biais de l'assistance judiciaire.

1. La situation personnelle de la victime

Examinons tout d'abord dans quels cas la situation personnelle de la victime justifierait une aide juridique à plus long terme.

Il faut, en premier lieu[68], tenir compte de sa capacité financière. Le Tribunal fédéral se réfère à l'art. 12 al. 1 LAVI[69]: la victime peut avoir droit à une aide si son revenu ne dépasse pas le triple de la limite supérieure du montant fixé à la loi sur les prestations complémentaires à l'assurance-vieillesse, survivant et invalidité[70]. L'aide n'est donc pas réservée aux indigents[71], au sens de l'assistance judiciaire. Est indigent *tout requérant qui ne peut faire face aux frais de justice et aux frais d'avocat sans entamer son minimum vital et celui de sa famille*[72]. Il n'est pas exclu qu'une personne dont le revenu dépasse de peu le triple de la limite supérieure LPC soit indigente au sens précité. Le Tribunal fédéral a en effet indiqué qu'il faut tenir compte de tous les engagements financiers du requérant[73]. Il convient de prendre en compte, dans le calcul de

---

[66] GOMM/STEIN/ZEHNTNER, Art. 3 N 34.
[67] GOMM/STEIN/ZEHNTNER ne font pas cette distinction. Voir Art. 3 N 61.
[68] ATF 122 II 219, SJ 1996, 544 (non résumé sur ce point).
[69] ATF 122 II 219, SJ 1996, 544 (non résumé sur ce point).
[70] Actuellement selon l'ordonnance 1997 concernant les adaptations dans le régime des prestations complémentaires à l'AVS/AI, la limite supérieure est:
pour les personnes seules 17 090 fr.
pour les couples 25 635 fr.
[71] FF 1990 II 938.
[72] ATF 120 Ia 179, JT 1995 I 283; 119 Ia 11, JT 1995 II 58.
[73] ATF 120 Ia 179, JT 1995 I 283; 119 Ia 11, JT 1995 II 58; 118 Ia 369, JT 1995 I 541.

son minimum vital, les amortissements de ses dettes[74]. Seuls étant déduits du revenu au sens de la LPC les intérêts des dettes, il se peut que l'amortissement de celles-ci grèvent de manière très importante le revenu d'un requérant, et qu'il remplisse de ce fait les conditions de l'indigence. Le principe général étant que l'aide juridique fondée sur la LAVI doit être admise au-delà des cas de stricte nécessité, de façon plus généreuse[75], le critère de l'art. 12 al. 1 de la LAVI doit être pondéré dans ce sens[76].

Selon GOMM/STEIN/ZEHNTNER[77], lorsque le revenu déterminant de la victime au sens de la LPC ne dépasse pas la limite supérieure fixée selon la LPC, la prise en charge des frais devrait être intégrale. Si elle est supérieure à cette limite, la prise en charge devrait être réduite, comme le prévoit l'art. 13 LAVI pour le calcul du montant de l'indemnité. Le principe doit être tempéré dans le sens indiqué ci-avant: lorsque le requérant est indigent au sens où l'entend le Tribunal fédéral en matière d'assistance judiciaire, ce qui sera souvent le cas lorsque son revenu se situe entre la limite supérieure du revenu LPC et le double de cette limite, la prise en charge devrait être complète, comme elle l'est en cas d'octroi de l'assistance judiciaire.

L'analogie avec les art. 12 et 13 de la LAVI devrait s'arrêter là. L'art. 13 al. 2 LAVI, aux termes duquel «le montant de l'indemnité peut être réduit lorsque, par un comportement fautif, la victime a contribué dans une mesure importante à créer ou aggraver le dommage» ne devrait pas être retenu en matière d'octroi de l'aide juridique à plus long terme[78]. Comme nous l'avons vu, la prise en charge doit être refusée lorsque l'atteinte n'est pas dans un rapport de causalité adéquat avec le comportement incriminé[79].

Le revenu au sens de la LPC tient compte, dans une certaine mesure, de la fortune de la victime. L'art. 3 al. 1 lettre b) de la LPC prévoit en effet que le 10e de celle-ci (le 15e pour les bénéficiaires AVS), dans la mesure où elle dépasse 20 000 francs pour les personnes seules, 30 000 francs pour les couples, doit être comptabilisé. En matière d'assistance judiciaire, la fortune est plus largement prise en compte, lorsque le requérant peut en disposer dans un délai raisonnable[80] et qu'elle n'a pas le caractère d'une réserve de secours destinée à couvrir les besoins futurs de la personne indigente[81].

---

[74] Tribunal fédéral, 20.10.1993, H. (5P. 285/1993), faisant référence à d'autres arrêts non publiés.
[75] ATF 122 II 323–324, résumé in PJA 1/1997, 89; 121 II 209.
[76] Voir également KELLER/WEDER/MEIER, 32 et Tribunal administratif fribourgeois, 20.7.1995, RFJ 1996, 118–119.
[77] Art. 3 N 59.
[78] Voir III B 1, note 39.
[79] ATF 122 II 323
[80] ATF 118 Ia 369, JT 1995 I 541.
[81] Tribunal fédéral, 6.5.1994, Plädoyer 1995/1, 53; Tribunal fédéral, 11.12.1994, J. (5P. 520/1993); Tribunal fédéral, 17.5.1993, B. (H 62/93).

Le revenu LPC prend en compte la situation financière du conjoint, puisque pour les personnes mariées on se fonde sur le revenu du couple. On tient également compte de la situation financière du conjoint en matière d'assistance judiciaire, tant pour les procès touchant des droits strictement personnels que pour les causes de nature patrimoniale[82].

Pour les mineurs, on prendra pour référence, tout comme en matière d'assistance judiciaire[83], la situation financière des parents, en examinant la limite de leur revenu fixée selon la LPC. Quant à la limite du revenu fixée spécialement pour les orphelins, elle ne devrait pas être prise en compte, dans la mesure où elle correspond à la moitié de la limite déterminée pour les personnes seules, pour tenir compte du montant des rentes d'orphelins. La limite devrait être celle fixée pour les personnes seules.

Lors de l'examen de la capacité financière de la victime, il faut également tenir compte d'une éventuelle assurance protection juridique. L'aide juridique doit être refusée si l'assurance entre sans autre en jeu. Si, pour un motif ou un autre, celle-ci conteste que sa couverture s'étende à la situation en cause, l'aide juridique doit être accordée par le centre de consultation, à tout le moins, dans un premier temps, pour attaquer l'assurance[84].

La loi parlant de la *situation personnelle* de la victime et non simplement de sa *situation financière*, d'autres critères sont encore à prendre en compte[85], et l'on devrait pouvoir, assez naturellement, appliquer les critères de l'assistance judiciaire[86] pour la désignation d'un avocat d'office, à savoir:
- La complexité des questions juridiques posées.
- Les connaissances juridiques de la victime.
- L'importance de la prétention que fait valoir la victime.
- Les connaissances linguistiques de la victime[87].
- Le comportement de l'auteur de l'atteinte, et la représentation de celui-ci par un avocat.

Ces critères ont été retenus en matière civile, puis administrative[88]. Le Tribunal fédéral a posé les mêmes principes pour l'octroi de l'assistance

---

[82] ATF 119 Ia 11, JT 1995 II 58; 108 Ia 10, JT 1983 IV 59; 103 Ia 101; 85 I 5, JT 1959 I 380.
[83] ATF 119 I 134, JT 1996 I 286; 119 Ia 11, JT 1995 II 58; 67 I 65, JT 1941 I 530.
[84] Voir GOMM/STEIN/ZEHNTNER, Art. 3 N 37.
[85] L'ordonnance jurassienne d'application, du 11 janvier 1994, se réfère uniquement, à son art. 3, à la limite de l'art. 12 al. 1 LAVI, ce qui revient (à moins que le législateur jurassien ait posé là, en ce qui concerne la situation personnelle de la victime, une condition nécessaire mais non suffisante) à octroyer un droit de manière plus large que ne l'impose le droit fédéral, les critères, autres que financiers, pouvant être pris en compte de par le droit fédéral ayant toujours pour effet de limiter l'octroi de l'aide. Contra: KELLER/WEDER/MEIER, 32 in fine. Voir également Tribunal administratif fribourgeois, 20.7.1995, RFJ 1996, 118.
[86] ATF 121 I 318; 119 Ia 264, JT 1994 I 603; 110 Ia 88, JT 1986 I 604.
[87] Tribunal fédéral, 1.6.1994, A. (1P. 487/1993).
[88] ATF 119 Ia 264, JT 1994 I 603.

judiciaire au lésé dans la poursuite pénale, précisant qu'il convient de tenir compte, à côté de la gravité et de la difficulté du cas, notamment de l'âge, de la situation sociale, des connaissances linguistiques ainsi que de la santé physique et psychique du lésé[89]. A ce jour, le Tribunal fédéral n'a que rarement reconnu le droit à l'assistance judiciaire pour le lésé, appliquant ces critères de manière restrictive[90]. Dans la mesure où l'aide juridique octroyée au lésé pour la défense de ses droits dans la procédure pénale est un des buts essentiels de la loi[91], dont un volet vise en particulier à améliorer la position de la victime dans la procédure pénale, il convient d'avoir des exigences moins élevées pour celle-ci qu'en matière d'octroi de l'assistance judiciaire[92]. Les mêmes critères doivent être retenus, mais à un autre degré. En matière civile et administrative, on devrait pouvoir reprendre sans autre la jurisprudence du Tribunal fédéral en matière d'octroi d'un avocat d'office.

Bien évidemment, les critères autres que financiers ne doivent être pris en compte que pour les frais d'avocat, la prise en charge des frais de justice et des dépens dus à l'autre partie ne dépendant que de la situation financière de la victime, tout comme c'est le cas en matière d'assistance judiciaire pour l'avance des frais de justice[93].

La notion de *situation personnelle de la victime* définie, passons à l'examen de la notion du *besoin*.

2. Le besoin de l'aide

Pour que la victime ait besoin d'une aide juridique à plus long terme, il faut, en particulier, que la prétention qu'elle compte faire valoir n'apparaisse pas d'emblée mal fondée et, lorsqu'elle doit être exercée devant les tribunaux ou l'administration, que la victime ne puisse bénéficier de l'assistance judiciaire ou administrative gratuite. Il convient également d'examiner si les frais d'avocat peuvent être pris en charge par l'auteur de l'atteinte ou ses assurances.

---

[89] Tribunal fédéral, 15.3.1995, M. (1P. 697/1994).
[90] La jurisprudence est résumée par FORSTER, 465 ss et dans l'arrêt du Tribunal fédéral M. du 15.3.1995 (1P. 697/1994).
[91] Tribunal fédéral, 12 juillet 1996, N. (1A. 305/1995): «Die Opfer von Gewaltverbrechen haben ein eigenes schützenswertes Interesse an der Überführung des Täters. Zum einen ist bekannt, dass dessen Ermittlung und Bestrafung zur besseren und schnelleren psychischen Verarbeitung von Verbrechenstraumata beim Opfer beitragen kann. Zum andern kann die Eruierung des Täters auch Auswirkungen auf die Zusprechung von allfälligen Entschädigungs- und Genugtuungsansprüchen (bzw. auf deren Höhe) nach sich ziehen.»
[92] Voir Conseil d'Etat lucernois, 6 décembre 1994, Plädoyer 1995/2, 64, cons. 6a.
[93] ATF 119 Ia 264, JT 1994 I 603.

a. Des prétentions non dénuées de chances de succès

La prétention que compte faire valoir la victime ne doit pas être vouée à l'échec, à défaut de quoi, l'aide n'a pas de raison d'être[94]. La jurisprudence du Tribunal fédéral sur la notion de chances de succès en matière d'assistance judiciaire devrait être appliquée par analogie: *Tout droit à l'assistance suppose que les chances de succès et les risques d'échec se tiennent à peu près en balance, ou que celles-là ne soient qu'un peu plus faibles que ceux-ci. Un procès en matière civile est dépourvu de chances de succès lorsque les perspectives de le gagner sont notablement plus faibles que les risques de le perdre et qu'elles ne peuvent guère être considérées comme sérieuses, de sorte qu'une personne raisonnable et de condition aisée renoncerait à s'y engager en raison des frais qu'elle s'exposerait à devoir supporter*[95]. Ce critère s'appliquera de manière générale en matière d'aide juridique à plus long terme au sens de la LAVI, y compris en matière extrajudiciaire.

b. L'impossibilité d'obtenir l'assistance judiciaire ou administrative

Lorsque la prétention que compte faire valoir la victime n'est pas manifestement mal fondée et que la situation financière de celle-ci justifierait l'octroi d'une aide juridique, il convient encore de déterminer si cette aide ne peut être fournie par le biais de l'assistance judiciaire ou administrative.

Le principe fondamental est en effet le suivant: *L'aide juridique octroyée en application de l'art. 3 LAVI se distingue de l'assistance judiciaire à laquelle elle ne se substitue pas. Dans le domaine de l'aide judiciaire aux victimes, la LAVI assume ainsi une fonction subsidiaire à celle de l'assistance judiciaire*[96]. Cela signifie qu'il faudra dans chaque cas examiner si la victime peut être aidée par le biais de l'assistance judiciaire ou administrative. Si tel est le cas, l'aide juridique fondée sur la LAVI n'aura pas à être accordée[97]. En revanche, dans

---

[94] ATF 121 II 209: «l'aide aux victimes d'infractions au sens de la LAVI ne donne pas à la victime un droit inconditionnel à la prise en charge de ses frais d'avocat; au regard de l'art. 3 al. 4 LAVI, le centre de consultation peut refuser de prendre en charge ces frais lorsqu'il semble évident que ceux-ci seraient engagés en pure perte».

[95] ATF 119 Ia 253; 115 Ia 113, JT 1980 I 184.

[96] ATF 123 II 551; 122 II 323–324; 121 II 209; Tribunal administratif bernois, 18.4.1994, Plädoyer 1994/3, 63 ss. Au vu de la jurisprudence fédérale, il n'est plus possible de soutenir que lorsqu'il convient d'aider une victime au niveau judiciaire, l'assistance judiciaire n'entre pas en ligne de compte, seule s'appliquant les dispositions de la LAVI (Chambre d'accusation fribourgeoise, 27.6.1994, RFJ 1995, 121; conférence des Présidents des tribunaux pénaux bâlois, 27 septembre 1994, cité par GOMM/STEIN/ZEHNTNER, Art. 3 N 52).

[97] A noter que la loi vaudoise d'application de la loi fédérale du 4 octobre 1991 sur l'aide aux victimes d'infraction, du 16 décembre 1992, prévoit, à son art. 7, que le centre peut lui-même requérir l'assistance judiciaire pour la victime.

l'hypothèse ou l'assistance ne peut être octroyée, soit parce qu'elle n'est pas garantie dans le domaine en question, soit parce que le requérant n'est pas indigent, alors l'aide juridique fondée sur la LAVI entrera en jeu[98], si les conditions de celle-ci sont réalisées[99].

La question ne se pose généralement pas pour les conseils extrajudiciaires, un droit d'assistance découlant directement de l'art. 4 Cst. ayant été jusqu'à présent constamment dénié[100] sur ce point. Il est vrai que le législateur cantonal peut introduire une telle protection, mais le cas est rare en pratique. Genève, par exemple, prévoit une telle prise en charge, mais à des conditions plus strictes que celles de l'aide juridique fondée sur la LAVI[101]. Faute de pouvoir obtenir l'assistance dans ce domaine, la victime demandera au centre de consultation de lui fournir son aide et, par exemple, de prendre en charge les frais d'avocat pour une tentative de règlement amiable d'un litige. L'aide d'un avocat sera nécessaire en particulier pour des conseils en matière de droit des assurances et de responsabilité civile. Les démarches nécessaires avant procès sont à prendre en charge par le centre de consultation LAVI[102].

En cas de procès, lorsque la victime n'est pas indigente, mais que sa situation personnelle justifie une aide fondée sur la LAVI, le centre de consultation devra prendre en charge les frais en résultant[103].

Dans la procédure pénale, lorsque l'assistance d'un avocat ne sera pas considérée comme nécessaire, l'autorité chargée d'accorder l'assistance judiciaire appliquant les critères très stricts retenus par le Tribunal fédéral[104], le centre de consultation examinera si la situation personnelle de la victime justifie l'octroi d'une aide juridique, en tenant compte du fait que la protection des intérêts de la victime dans le procès pénal est un des buts fondamentaux

---

[98] «L'art. 3 al. 4 LAVI ne confère pas à la victime un droit à l'assistance judiciaire qui irait au-delà de ce que lui garantit le droit cantonal et l'art. 4 Cst.» (Tribunal fédéral, 15 mars 1995, M, cité aux ATF 121 II 212 et 122 II 323–324), ce qui veut dire que lorsque les conditions de l'assistance judiciaire ne sont pas remplies, c'est bien l'aide juridique fondée sur la LAVI, à ses conditions, qui entre en jeu, et non l'assistance judiciaire en tant que telle qui est élargie. Voir Tribunal administratif neuchâtelois, 22.8.1997 (183/97). Pour une autre interprétation, KOLLER, 584.

[99] Selon l'art. 5 de la loi neuchâteloise d'introduction à la LAVI, du 23 juin 1997, l'aide juridique fondée sur la LAVI se limite à l'aide immédiate. D'après le Tribunal administratif neuchâtelois, 22.8.1997 (183/97), «on peut se demander si cette disposition est conforme au droit fédéral». A notre sens, elle ne l'est pas. Voir également ATF 123 II 548.

[100] ATF 121 I 321, SJ 1996, 204; Tribunal fédéral, 10.6.1992, S (1P. 859/1991); ATF 117 Ia 22, 26.

[101] Voir le règlement genevois sur l'assistance juridique, du 18.3.1996, art. 2.

[102] GOMM/STEIN/ZEHNTNER, Art. 3 N 51 ss.

[103] ATF 121 II 209; 122 II 218.

[104] Voir ch. III D 1 in fine.

de la LAVI[105]. Le Message indique que l'aide juridique comprend *l'accompagnement au cours de la procédure pénale*[106]. Le droit à l'assistance judiciaire tiré de l'art. 4 Cst. ne garantit qu'un droit *d'accès* à la justice[107]. L'art. 4 Cst. ne confère pas à l'assisté le droit d'être libéré définitivement des frais judiciaires et il ne le dispense pas de rembourser à la partie victorieuse les frais de justice que celle-ci a avancés, ni de lui payer les dépens qui lui ont été alloués[108]. Le droit cantonal peut libérer l'assisté de l'obligation de rembourser les frais de justice avancés par la partie adverse, mais il doit alors mettre cette obligation à la charge de l'Etat[109]. Il peut également le libérer de l'obligation de payer les dépens à la partie adverse sans avoir à faire intervenir la caisse de l'Etat[110]. Cela signifie que lorsque l'indigent revient à meilleure fortune, le remboursement des prestations peut être exigé, et que dans l'hypothèse où il perd son procès, il risque d'être contraint de payer les dépens à la partie adverse. L'aide juridique fondée sur la LAVI est d'une autre nature. Elle n'est pas conçue comme une simple avance des frais. On ne peut demander à la victime le remboursement des frais engagés[111], même si sa situation financière s'améliore ultérieurement[112].

Dans cette mesure, alors même que l'assistance judiciaire serait accordée pour une procédure particulière, le centre de consultation garantira la prise en charge des frais versés préalablement par la partie adverse ou des dépens qui lui seraient dus[113]. En cas de retour à meilleure fortune, la victime ne devra pas se voir contrainte de rembourser les frais d'avocat d'office, puisque si elle n'avait pas été indigente et que l'aide juridique fondée sur la LAVI lui aurait été octroyée, aucune obligation de remboursement n'aurait pu lui être imposé, même en cas d'amélioration de sa situation financière.

Dans les nombreux cas où la victime ne peut avoir la certitude que l'assistance judiciaire ou administrative lui sera accordée[114], le centre de consultation devrait intervenir comme garant de la prise en charge des frais nécessai-

---

[105] Conseil d'Etat lucernois, 6 décembre 1994, Plädoyer 1995/2, 64; voir ch. III D 1 in fine.
[106] FF 1990 II 927.
[107] ATF 122 I 6; 111 Ia 276, JT 1987 I 53; voir déjà ATF 62 I 213, JT 1937 I 282.
[108] ATF 117 V 410; 117 Ia 513; 113 II 343; 112 Ia 18; ATF 97 I 631, JT 1973 I 25.
[109] ATF 117 Ia 513; 97 I 631, JT 1973 I 25.
[110] ATF 117 Ia 513; 97 I 631, JT 1973 I 25.
[111] A moins que celle-ci se soit fait faussement passer une victime, ou qu'elle ait menti sur sa situation personnelle. Voir ch. III B 1 in fine.
[112] Tribunal administratif bernois, 18.4.1994, Plädoyer 1994/3, 63 ss, cons. 4 d; GOMM/STEIN/ZEHNTNER, Art. 3 N 57, 63.
[113] GOMM/STEIN/ZEHNTNER, Art. 3 N 57, 63.
[114] En particulier pour la procédure pénale (Conseil d'Etat lucernois, 6 décembre 1994, Plädoyer 1995/2, 64).

res, ou en avancer les montants[115], pour l'hypothèse où l'assistance serait finalement refusée[116].

c. *L'auteur de l'atteinte ou ses assurances ne peuvent prendre en charge les frais*

Le centre de consultation ne prend en charge les frais d'avocat pour l'aide en matière judiciaire et extrajudiciaire que si ceux-ci ne peuvent pas être répercutés sur l'auteur de l'atteinte, ou lorsque cette personne est elle-même insolvable[117].

Il convient de distinguer entre les frais d'avocat en matière judiciaire et en matière extrajudiciaire. En matière judiciaire, la partie qui succombe doit verser à l'autre une indemnité à titre de dépens, qui ne permet le plus souvent que de couvrir une part des honoraires d'avocat[118]. Le principe est généralement admis en matière civile, administrative et pénale. La partie des frais d'avocat non couverte par l'indemnité de dépens, peut l'être par l'allocation de dommages-intérêts, mais uniquement lorsque le droit cantonal l'admet, ce qui en fait un poste du dommage au sens de l'art. 41 CO[119]. A Neuchâtel par exemple, il n'y a nulle lacune du droit cantonal, mais un silence qualifié de la loi et l'octroi de dépens complémentaires sur la base du droit fédéral est exclu. On constate que même en cas de gain du procès, et dans l'hypothèse où l'auteur de l'atteinte ne serait pas insolvable, les frais d'avocat de la victime ne seront que rarement couverts entièrement. Ils ne le seront pas du tout si le responsable est insolvable ou si le procès entamé par la victime, non dénué de chances de succès, est finalement perdu. Par conséquent, le centre de consultation doit, à tout le moins, garantir la prise en charge des frais d'avocat, au tarif horaire fixé par lui, pour l'hypothèse où ceux-ci ne seraient pas couverts par l'auteur de l'atteinte. Suivant les cas, et c'est un peu paradoxal, les honoraires d'avocat, à leur tarif habituel, sont répercutés sur l'auteur de l'atteinte ou ses assurances, alors que seule la part de ces honoraires, calculés à l'aide d'un tarif horaire, naturellement inférieur, fixé par le centre de consultation, doit être pris en charge par celui-ci, sans que l'avocat puisse demander la différence à la victime[120]. Il est clair en revanche que ni l'auteur de l'atteinte, ni ses assurances, ne peuvent se prévaloir du tarif horaire fixé par le centre de

---

[115] Tribunal administratif bernois, 18.4.1994, Plädoyer 1994/3, 63 ss, cons. 5, cons. 6; GOMM/STEIN/ZEHNTNER, Art. 3 N 57; Conseil d'Etat lucernois du 6 décembre 1994, Plädoyer 1995/2, 64.
[116] GOMM/STEIN/ZEHNTNER, Art. 3 N 57.
[117] Voir GOMM/STEIN/ZEHNTNER, Art. 3 N 38 ss, N 47 ss; KELLER/WEDER/MEIER, 33; Tribunal administratif bernois, 18.4.1994, Plädoyer 1994/3, 63 ss, cons. 5.
[118] Voir, par exemple, l'art. 143b du Code de procédure civile neuchâtelois.
[119] ATF 97 II 267, cons. 5 b; RJN 1984, 50.
[120] Voir, en matière d'assistance judiciaire, ATF 108 Ia 11, SJ 1982, 450, ainsi que RJN 6 I 461.

consultation pour limiter leur devoir de prise en charge. Autre possibilité: prévoir une prise en charge définitive des frais par le centre de consultation, celui-ci se faisant céder les droits de la victime contre l'auteur de l'atteinte et ses assurances, à concurrence des montants versés. La cession est prévue au paragraphe 9 de l'ordonnance schaffhousoise. Un droit de subrogation légal en faveur de l'Etat, à concurrence du montant versé, ne figure dans la loi fédérale que pour l'indemnisation et la réparation morale[121]. Les cantons ont la possibilité de combler ce vide sans porter atteinte au droit fédéral[122]. A défaut de disposition cantonale, les centres de consultation doivent se faire expressément céder les prétentions de la victime à l'égard de l'auteur de l'atteinte ou de ses assurances.

Quant aux frais d'avocat en matière extrajudiciaire, le Tribunal fédéral a admis le principe selon lequel les frais liés à l'intervention nécessaire d'un avocat avant l'ouverture d'un procès qui ne sont pas compris dans les dépens fixés par la procédure cantonale constituent un élément du dommage[123]. Tout dépend à nouveau du droit cantonal[124]. Pour le reste, on peut se référer à ce qui a été indiqué ci-dessus pour les frais d'avocat en matière judiciaire.

IV. Les modalités de la prise en charge des frais

Nous l'avons vu, la LAVI est une loi cadre. Les centres de consultation sont organisés par les cantons[125]. Il peut s'agir d'institutions de droit privé ou de droit public qui ne doivent pas obligatoirement jouir de la personnalité juridique mais dont l'autonomie dans leurs secteurs d'activités doit être garantie.

Le droit fédéral détermine les conditions de l'aide juridique, immédiate et à plus long terme, mais ne fixe pas de quelle manière cette aide doit être dispensée, se contentant de préciser que l'aide juridique (de même que l'aide médicale, psychologique, sociale et matérielle) peut être fournie par les centres eux-mêmes ou par des tiers[126]. Il revient aux cantons de déterminer de quelle manière l'aide juridique sera fournie.

Si le centre de consultation s'adjoint les services d'un juriste, les conseils juridiques à la victime peuvent être dispensés directement par le centre.

---

[121] KELLER/WEDER/MEIER, 32.
[122] Une règle générale aux termes de laquelle *les organismes veillent au recouvrement des prestations mises à leur charge par la LAVI auprès de tiers obligés, notamment auprès de l'auteur de l'infraction et de ses assureurs* prévue à l'art. 3 du décret valaisan, et à l'art. 4 de l'ordonnance jurassienne paraît suffisante.
[123] ATF 97 II 267, cons. III 5; 113 II 340, cons. 7, JT 1988 I 693; ATF 117 II 101, JT 1991 I 712.
[124] Voir par exemple, en matière civile, art. 143 al. 2 CPC neuchâtelois qui prévoit l'allocation de dépens supplémentaires pour l'activité avant procès. RJN 1987, 74; RJN 6 I 155, 167.
[125] Art. 3 al. 1 LAVI; FF 1990 II 926; GOMM/STEIN/ZEHNTNER, Art. 3 N 1 ss.
[126] Art. 3 al. 2 LAVI.

Certaines procédures, pour lesquelles le monopole de l'avocat n'existe pas, peuvent être menées directement par le centre de consultation, par exemple une procédure de poursuite ou une conciliation en matière de bail. Le juriste du centre de consultation pourrait également aider la victime à rédiger un acte de procédure simple en son nom, comme par exemple une plainte pénale.

Il est en revanche exclu de confier toutes les procédures devant être introduites par une victime à un employé du centre titulaire d'un brevet d'avocat, son indépendance n'étant pas garantie.

Comme l'indique expressément le Message, *l'assistance reste fondamentalement une tâche cantonale. Il faut en particulier laisser suffisamment de liberté aux cantons pour qu'ils puissent harmoniser les uns avec les autres les différents volets et formes de l'aide sociale*[127]. Les cantons doivent donc rester relativement libres dans leur manière de régler l'aide fournie par des tiers[128].

Cette liberté a des limites. L'intérêt de la victime, au centre de la réglementation fédérale, justifie que l'on écarte certaines solutions. Lorsque l'aide d'un avocat est nécessaire, le choix de la victime devrait être le plus libre possible, et ne se voir restreint que par des critères objectifs, comme le domicile dans le canton et l'exercice régulier de la profession[129]. La marge de manœuvre de la victime n'a pas à être plus restreinte que celle de l'indigent, lors de son choix d'un avocat d'office. En matière d'assistance judiciaire, le choix peut être limité par des critères d'ordre pratique: *la réglementation en vigueur dans plusieurs cantons, selon laquelle ne peuvent être désignés comme défenseurs d'office que les avocats domiciliés dans le canton qui exercent régulièrement la profession, peut se justifier par des motifs objectifs*[130]. Limiter le choix de la victime à quelques avocats, auxquels le centre de consultation aurait confié l'ensemble des dossiers LAVI, ou même aux avocats d'un ordre cantonal, comme le fait la réglementation jurassienne[131] ne se justifie pas objectivement

---

[127] FF 1990 II 915, N 122.

[128] Une organisation cantonale défaillante ne doit pas porter atteinte aux droits de la victime. Le Tribunal fédéral a ainsi invité le canton de Schwytz à prendre en charge les frais d'avocat d'un enfant victime d'abus sexuels et ceux de sa mère, dont une part de l'activité aurait pu être l'œuvre d'un centre mieux organisé. Tribunal fédéral, 12.7.1996 (1A 305/1995).

[129] Le canton de Zurich se contente d'exiger que le mandataire soit au bénéfice d'un brevet d'avocat reconnu dans un canton suisse (directives de la direction de justice du 21 novembre 1994, citées par KELLER/WEDER/MEIER, 33). Le paragraphe 10 de l'ordonnance argovienne indique que les désirs de la victime sont à prendre en compte dans la mesure du possible.

[130] ATF in SZ 1998, 193; 113 Ia 71, JT 1984 IV 157; 95 I 409, JT 1970 I 598; 67 I 1, JT 1941 I 343.

[131] Article 7 de l'arrêté instituant les structures d'aide aux victimes d'infractions, du 11 janvier 1994: «l'aide juridique est fournie par l'ordre des avocats jurassien». Dans le canton de Neuchâtel, le centre cantonal de consultation a conclu, avec l'accord du Conseil d'Etat, une convention avec l'ordre des avocats neuchâtelois, comme le lui

et peut porter atteinte aux intérêts de la victime, en particulier si elle a d'ores et déjà des contacts avec un avocat déterminé, qui connaît sa situation et auquel elle fait entière confiance, ce qui peut se révéler tout particulièrement important en matière d'atteinte à l'intégrité physique, sexuelle ou psychique. De même, un choix plus limité qu'en matière d'assistance judiciaire signifierait, vu le caractère subsidiaire de l'aide LAVI par rapport à celle-là, que la victime indigente pourrait choisir tel avocat d'office pour sa défense dans une procédure, mais ne pourrait s'adjoindre l'aide de celui-ci par exemple pour des conseils extrajudiciaires couverts par la LAVI.

Le centre de consultation peut en revanche refuser que l'aide juridique soit dispensée par un avocat ne voulant pas travailler au tarif qu'elle a fixé[132]. Un tarif horaire devrait à tout le moins permettre à l'avocat de couvrir ses frais généraux, soit au moins 40% du revenu professionnel brut, voire la moitié de celui-ci. Ce principe, dégagé en matière d'indemnité de l'avocat d'office[133], doit également trouver application en matière d'aide juridique fondée sur la LAVI, quand bien même «l'avocat LAVI» ne serait pas contraint par le droit cantonal d'accepter cette charge[134]. Une rémunération inférieure restreindrait à l'évidence le choix de la victime, et porterait atteinte à ses intérêts garantis par le droit fédéral. Les centres de consultation pourront se référer à la jurisprudence fédérale en matière de rémunération de l'avocat d'office pour déterminer le tarif qui doit être au minimum garanti. En particulier, le Tribunal fédéral a jugé récemment qu'un tarif horaire de 120 francs ne permettait plus, à Genève, d'assurer aux défenseurs d'office une rémunération équitable[135]. La prise en charge des frais d'avocat ne pourra donc être faite à un tel tarif, à Genève en tout cas. Les centres de consultation retiennent souvent un tarif horaire de 150 francs[136].

Un canton peut-il ériger le mandat de «l'avocat LAVI» en tâche étatique régie par le droit public cantonal, comme c'est le cas pour l'assistance judiciaire[137]? A première vue, cela paraît concevable, puisqu'il s'agit d'une pure question d'organisation, et qu'elle ne porte aucune atteinte aux intérêts de la victime. Comme dans le domaine de l'assistance judiciaire[138], le droit cantonal

---

      permet l'art. 3 de l'arrêté concernant l'exécution provisoire de la loi fédérale sur l'aide aux victime d'infractions, du 17 février 1993, encore en vigueur. L'art. 4 de la nouvelle loi d'introduction, du 23 juin 1997, reprend en substance l'art. 3 de l'arrêté.

[132] Aucun canton ne détermine, à ce jour, un tarif directement dans sa réglementation d'introduction. La loi d'introduction neuchâteloise, du 23 juin 1997 (art. 5 al. 1), se réfère à la rémunération de l'avocat d'office.

[133] ATF 122 I 1, SJ 1996, 379; SJ 1996, 667.

[134] En matière d'assistance judiciaire, voir ATF 122 I 117, SJ 1996, 530; 80 I 154, JT 1955 I 60; 65 I 4, SJ 1940, 80.

[135] ATF 122 I 1, SJ 1996, 379; SJ 1996, 667.

[136] Voir les directives zurichoises citées ci-dessus. La politique schwytzoise est identique: Tribunal fédéral, 12 juillet 1996, N. (1a 305/1995).

[137] ATF 122 I 1, SJ 1996, 379; 117 Ia 22; 113 Ia 71, JT 1987 IV 157.

[138] ATF 80 I 154, JT 1955 I 630; 65 I 4, SJ 1940, 81.

devrait pouvoir imposer aux avocats qui ont reçu l'autorisation générale de pratiquer l'obligation d'accepter une telle charge, peu important à cet égard qu'il pratique effectivement de manière habituelle ou non dans le canton. En revanche, en prenant toujours pour référence le droit de l'assistance judiciaire[139], une pareille charge ne devrait pouvoir être imposée à l'avocat qui ne mène qu'à l'occasion un procès déterminé dans le canton.

Qu'en est-il de l'éventuel remplacement de l'avocat chargé d'aider la victime? Dans l'hypothèse où un canton devrait ériger ce mandat en tâche étatique, la jurisprudence établie pour le remplacement de l'avocat d'office s'appliquera par analogie: *Ni l'avocat, ni l'assisté ne peuvent mettre fin au mandat. Seules des circonstances exceptionnelles, tel un comportement inadmissible de l'assisté ou du mandataire d'office peuvent motiver la décharge et le remplacement de l'avocat d'office*[140]. La situation est différente lorsque l'avocat est lié à la victime par un pur mandat privé. Même si le droit de résilier en tout temps doit être sauvegardé de part et d'autre (art. 404 CO), le centre de consultation devrait pouvoir imposer son assentiment à toute révocation ou répudiation, celles-ci pouvant avoir une incidence financière. A défaut d'accord, en cas de révocation en tout cas, l'aide pourrait être refusée pour l'avenir, n'étant plus justifiée par la situation personnelle de la victime, celle-ci refusant l'aide aux conditions auxquelles elle lui a été accordée.

Examinons enfin le régime de la responsabilité du centre, et celle de «l'avocat LAVI».

Dans la mesure où les cantons sont chargés de fournir une aide juridique, ils engagent leur responsabilité lorsque celle-ci est déficiente[141], à tout le moins dans les cas où les centres dispensent l'aide directement. Les cas de ce type doivent être résolus au regard des lois cantonales sur la responsabilité de l'Etat[142]. La condition de l'illicéité posera souvent problème[143].

La responsabilité de l'avocat dont les honoraires ont été pris en charge par le centre de consultation est soumise aux règles du mandat (art. 394 ss CO). Dans l'hypothèse où un canton érigerait le mandat de «l'avocat LAVI» en tâche étatique régie par le droit public cantonal, la responsabilité du mandataire serait soumise au droit public[144], les lois cantonales sur la responsabilité de l'Etat s'appliquant là aussi.

---

[139] ATF 67 I 332, JT 1942 I 154; confirmé par l'ATF 122 I 117, SJ 1996, 530.
[140] ATF 105 Ia 301–302, JT 1981 IV 64.
[141] GOMM/STEIN/ZEHNTNER, Art. 3 N 6.
[142] Le cas échéant (art. 61 al. 1 CO), le régime de la responsabilité sera soumis aux art. 41 ss CO.
[143] Voir WESSNER, 17.
[144] Ce point est controversé pour l'avocat d'office: GAUTSCHI-BK, Art. 349 N 30b, Art. 395 N 6b; WESSNER, 15; FELLMANN-BK, Art. 394 N 146 ss; DREYER (L'avocat), 479 ss.

V. Les voies de droit

L'aide juridique fondée sur la LAVI est garantie par le droit public fédéral. Les cantons organisent librement les voies de recours devant leurs autorités, l'art. 98a OJF leur imposant toutefois d'instituer une instance judiciaire (tribunal administratif ou commission) en dernier ressort. Dans le canton de Neuchâtel par exemple, les décisions du centre de consultation LAVI doivent être attaquées devant le Département des finances et des affaires sociales puis, le cas échéant, devant le Tribunal administratif.

Contrairement à la requête d'assistance judiciaire[145], la demande de prise en charge des frais au sens de la LAVI n'entre pas dans la compétence de l'autorité saisie de la cause ou que le requérant se propose de saisir. La décision du centre de consultation n'est donc pas une décision incidente[146]; elle n'est pas prise dans le cours d'une procédure.

Au niveau fédéral, le recours de droit administratif est ouvert[147], même très largement, puisque, d'après un arrêt non publié du 12 juillet 1996[148], lorsqu'une victime se plaint d'une part d'un refus de prise en charge des frais au sens de l'art. 3 al. 4 LAVI, d'autre part du montant de l'indemnité accordée à son avocat d'office pour les démarches judiciaires, le tout fera l'objet d'un recours de droit administratif. Cela est surprenant, dans la mesure où le droit à l'assistance judiciaire dans une procédure cantonale n'est garanti que par les art. 4 Cst. et 6 CEDH, qui n'ouvrent que la voie de recours de droit public. L'aide juridique fondée sur la LAVI étant subsidiaire à l'assistance judiciaire[149], on ne peut pas dire que celle-ci est incluse dans celle-là et que, lorsqu'elle doit être octroyée à une victime, elle constitue du droit public fédéral. Dans un arrêt antérieur, mais publié celui-là[150], le Tribunal fédéral examine toutefois, pour une même affaire, le refus de l'assistance judiciaire par le biais du recours de droit public, et le refus de l'aide juridique fondée sur l'art. 3 LAVI par le biais du recours de droit administratif.

---

[145] Par exemple, art. 6 de la loi neuchâteloise (LAJA).
[146] En matière d'assistance judiciaire, le refus d'octroyer l'assistance judiciaire est qualifiée de décision incidente: Tribunal fédéral, 6.5.1994, Plädoyer 1995/1, 53; ATF 111 Ia 276, JT 1987 I 53, SJ 1986, 237; 99 Ia 442, JT 1976 I 57; RJN 1989, 166.
[147] ATF 123 II 548; 121 II 118, cons. 1b; Tribunal fédéral, 13 juillet 1995, P. (1a 66/1995); Tribunal fédéral, 12 juillet 1996, N. (1a 305/1995).
[148] N. (1a 305/1995).
[149] ATF 122 II 323–324; 121 II 212; Tribunal administratif bernois, 18.4.1994, Plädoyer 1994/3, 63 ss. L'ATF 123 II 548 parle *d'assistance judiciaire au titre de l'aide prévue à l'art. 3 al. 4 LAVI*, mais cela ne change rien au fait que seule l'aide fondée sur la LAVI constitue du droit public fédéral. L'assistance judiciaire au sens strict est garantie uniquement par le droit cantonal et les articles 4 Cst. et 6 CEDH, (sous réserve de dispositions fédérales spécifiques, par exemple art. 15203 F, 65 PA, 87 lit. f LAMal), que l'assisté soit ou non une victime.
[150] Arrêt du 17 mai 1995, ATF 121 II 209.

Dans un arrêt non publié du 13 juillet 1995[151], c'est encore par le biais de recours de droit administratif que le Tribunal fédéral a examiné la décision d'un tribunal administratif cantonal rejetant une demande d'assistance judiciaire dans le cadre d'un recours pour déni de justice de l'autorité cantonale chargée d'examiner une demande de prise en charge des frais au sens de l'art. 3 al. 4 LAVI. Pour le Tribunal fédéral, la décision attaquée se fondait principalement sur du droit matériel fédéral et non sur du droit cantonal[152]. Autant dire qu'il n'est pas évident, dans certaines hypothèses, de choisir la voie de recours. Notons toutefois que le Tribunal fédéral traitera, le cas échéant, un recours qualifié de droit public comme un recours de droit administratif – et vice versa –, s'il en remplit les conditions[153].

Enfin, si l'arrêt non publié du Tribunal fédéral du 12 juillet 1996[154], d'après lequel l'aide juridique aux victimes est directement garantie par l'art. 64ter Cst., venait à être confirmé, un recours de droit public contre un arrêté cantonal (au sens de l'art. 84 al.1 OJF) pourrait être envisagé[155].

---

[151] P. (1A 66/1995).
[152] Cons. 1C.
[153] ATF 123 II 549; 118 Ia 118. Mais lorsque le recourant, assisté d'un mandataire professionnel, choisit expressément une voie de droit alors qu'il ne peut ignorer que celle-ci n'est pas ouverte, une conversion d'office est impossible. Voir ATF 120 II 270.
[154] Tribunal fédéral, 12 juillet 1996, N. (1A. 305/1995), cons. 3i, 18 ss.
[155] Que l'on pense par exemple à l'art. 5 de la loi neuchâteloise d'introduction, qui porte à notre sens atteinte à la garantie fédérale. Voir note 99.

Walter Fellmann

Die Haftung des Anwaltes

Inhaltsübersicht

I. Anspruchsgrundlage der Haftung des Anwaltes gegenüber dem Klienten
II. Voraussetzungen der Haftung
   A. Überblick
   B. Schaden
   C. Vertragsverletzung
      1. Allgemeines
      2. Treue- und Sorgfaltspflichten
      3. Neben- und Nebenleistungspflichten des Anwaltes
         a. Aufklärungs- und Benachrichtigungspflicht
            aa. Vorvertragliche Aufklärungspflichten
            bb. Aufklärungspflichten im Auftragsverhältnis
            cc. Benachrichtigungspflicht
         b. Diskretions- und Geheimhaltungspflicht
      4. Die spezifischen Sorgfaltspflichten des Anwaltes
         a. Überblick
         b. Rechtsprüfung
            aa. Allgemeines
            bb. Gesetzeskenntnis
            cc. Kenntnis der Judikatur
            dd. Kenntnis der Fachliteratur
         c. Beratung und Belehrung
         d. Sorgfalt bei der Prozessführung
         e. Sorgfalt in der Organisation der Kanzlei
   D. Kausalzusammenhang
   E. Verschulden
III. Schadenersatzbemessung
IV. Freizeichnung
V. Haftung für Dritte
   A. Überblick
   B. Haftung bei Substitution
      1. Haftung bei befugter Substitution
      2. Haftung bei unbefugter Substitution
   C. Haftung für Hilfspersonen
VI. Haftung des Anwaltes gegenüber Dritten
   A. Einleitung
   B. Die Haftung des Anwaltes nach Art. 41 OR
   C. Vertrag mit Schutzwirkung für Dritte

I. Anspruchsgrundlage der Haftung des Anwaltes gegenüber dem Klienten

Ausgangspunkt der meisten Anwaltshaftungsverfahren bildet der Vorwurf des Klienten, der Anwalt habe ihn nicht richtig beraten oder im Prozess Sorgfaltspflichten verletzt. Dieser Vorwurf bedeutet nichts anderes, als dass der Anwalt den Vertrag nicht richtig erfüllt und sich dadurch schadenersatzpflichtig gemacht habe. *Anspruchsgrundlage* der Anwaltshaftung ist daher in aller Regel der *Anwaltsvertrag*.

Die nicht gehörig bewirkte Erfüllung eines Vertrages kann zwar gleichzeitig ein *Delikt* im Sinne des ausservertraglichen Schadenersatzrechts sein; man denke etwa an die Verletzung der Ablieferungspflicht von Klientengeldern im Rahmen einer strafrechtlich relevanten und damit im Sinne von Art. 41 OR widerrechtlichen unrechtmässigen Aneignung. Eine *Berufung auf das Deliktsrecht* ist indessen meistens *nicht interessant,* da der Kläger dem Haftpflichtigen hier ein Verschulden nachweisen muss, während im Vertragsrecht bei Vorliegen einer Vertragsverletzung das Verschulden vermutet wird. Dazu kommt, dass im Deliktsrecht die Verjährungsfristen wesentlich kürzer sind als im Vertragsrecht und die Haftung für Hilfspersonen nach Art. 55 OR weniger weit geht, als eine Haftung nach Art. 101 OR[1]. Die deliktsrechtliche Haftung des Anwaltes gegenüber dem Klienten wird daher im folgenden nicht behandelt. Einige – allerdings nur summarische – Hinweise finden sich immerhin bei der Behandlung der Haftung des Anwaltes gegenüber Dritten[2].

Das Rechtsverhältnis zwischen Anwalt und Klient qualifiziert sich als *einfacher Auftrag* im Sinne der Art. 394 ff. OR. Das gilt nicht nur für Verfahren vor Gerichten und Verwaltungsbehörden. Der Einsatz des Anwaltes untersteht vielmehr im ganzen Bereich der forensischen und nichtforensischen Tätigkeit dem Auftragsrecht[3]. Das Auftragsrecht findet auch dann Anwendung, wenn der Anwalt im Zivilprozess oder im Verwaltungsverfahren als unentgeltlicher Rechtsbeistand (auf Kosten des Staates) tätig wird[4]. Hier greift öffentliches Recht nur insofern ein, als der als unentgeltlicher Rechtsbeistand bestellte Anwalt vom Staat honoriert wird und dem Klienten nicht (zusätzlich) Rechnung stellen darf[5].

Anders liegt der Fall beim *amtlichen Strafverteidiger.* Dieser wird vom Staat bestellt und dem Angeschuldigten beigegeben. Hier erteilt demnach der Staat

---

[1] Vgl. BUCHER (OR AT), 337.
[2] Vgl. IV hinten.
[3] Vgl. CHRIST, 12; DESSEMONTET, 107 ff.; FELLMANN-BK, Art. 394 N 144; KELLERHALS, 11; KÖNIG, 7; LEUENBERGER, 21; LEVIS, 11; SCHLÜCHTER, 1359; ROLF H. WEBER-KSP, Vorbem. Art. 394–406 N 2. Zur Streitfrage, ob dies auch für die Erstellung eines Gutachtens gilt, vgl. HÜRLIMANN in dieser Festschrift 389 ff.
[4] Vgl. FELLMANN-BK, Art. 394 N 146; HÖCHLI, 18; a.M. KELLERHALS, 16 f.; WOLFFERS, 47.
[5] Vgl. FELLMANN-BK, Art. 394 N 146; HÖCHLI, 18; WOLFFERS, 164 f.

den Auftrag. Der amtliche Verteidiger nimmt im Strafverfahren öffentliche Aufgaben wahr. Er steht in einem *öffentlich-rechtlichen Pflichtverhältnis*[6]. Das Verhältnis zwischen dem Anwalt und dem Angeschuldigten untersteht damit dem (kantonalen) öffentlichen Recht. Soweit Auftragsrecht kraft Verweisung Anwendung findet, gilt es als stellvertretendes kantonales Recht[7]. Auf die speziellen Fragen, die sich im Zusammenhang mit der Haftung eines Anwaltes stellen, der in einem öffentlich-rechtlichen Pflichtverhältnis steht, kann aufgrund des beschränkten Raumes, der für den vorliegenden Beitrag zur Verfügung steht, im folgenden nicht näher eingetreten werden.

Anspruchsgrundlage für die *vertragliche Haftung des Anwaltes* bildet *Art. 398 Abs. 2 i.V.m. Art. 97 OR*. Danach haftet der Beauftragte dem Auftraggeber für getreue und sorgfältige Ausführung des ihm übertragenen Geschäftes. Während sich die Vertragsverletzung in der Regel als «Ausbleiben der Erfüllung» manifestiert[8], steht beim einfachen Auftrag die *nichtgehörige Erfüllung durch unsorgfältiges Verhalten* im Vordergrund. Diese nichtgehörige Erfüllung kann darin bestehen, dass der Beauftragte den Auftrag selbst (und damit die geschuldete Hauptleistung) nicht sorgfältig erbringt. Die Vertragsverletzung kann aber auch in der *Verletzung allgemeiner Verhaltenspflichten* bestehen, die sich aus der Treuepflicht des Beauftragten ableiten. Daneben erstreckt sich Art. 398 Abs. 2 OR aber auch auf die Tatbestände der *Nichterfüllung* im Sinne nachträglicher Unmöglichkeit oder *Verzug*[9].

II. Voraussetzungen der Haftung

A. *Überblick*

Fordert der Klient gestützt auf Art. 398 i.V.m. Art. 97 OR vom Anwalt Schadenersatz, hat er zu *beweisen,* dass dieser den *Anwaltsvertrag verletzt hat,* er dadurch einen *Schaden* erlitten hat und zwischen diesem Schaden und der Vertragsverletzung ein *adäquater Kausalzusammenhang* besteht[10]. Dass der Anwalt die Vertragsverletzung verschuldet hat, muss er demgegenüber nicht beweisen. Bei der Haftung nach Art. 398 Abs. 2 OR handelt es sich vielmehr um einen vertraglichen Haftungstatbestand im Sinne von Art. 97 OR und damit um eine *Verschuldenshaftung mit umgekehrter Beweislast:* Bei Vorliegen einer Vertragsverletzung wird ein Verschulden vermutet. Die Haftung des

---

[6] FELLMANN-BK, Art. 394 N 147; GAUTSCHI-BK, Art. 394 N 30a; WOLFFERS, 47; ZBJV 121/ 1985, 518 f.; BGE 113 Ia 71.
[7] Vgl. FELLMANN-BK, Art. 394 N 147.
[8] Art. 97 ff. OR.
[9] FELLMANN-BK, Art. 398 N 328 ff. m.w.H.
[10] Vgl. DERENDINGER, Rz. 233 ff. und 329 ff.; FELLMANN-BK, Art. 398 N 332; KELLERHALS, 20 ff.; KÖNIG, 7 f.; LEVIS, 10 ff.; ROLF H. WEBER-KSP, Art. 398 N 32.

Anwaltes entfällt daher nur, wenn dieser beweist, dass ihm keinerlei Verschulden zur Last fällt[11].

B. Schaden

Der Schaden wird als «unfreiwillige Verminderung des Reinvermögens» definiert[12]. Ein Schaden «kann in einer Verminderung der Aktiven, einer Vermehrung der Passiven oder in entgangenem Gewinn bestehen und entspricht nach allgemeiner Auffassung der Differenz zwischen dem gegenwärtigen Vermögensstand und dem Stand, den das Vermögen ohne das schädigende Ereignis hätte»[13]. Dieser Schadensbegriff gilt auch im Auftragsrecht. Auch hier setzt die Zusprechung von Schadenersatz eine *Vermögenseinbusse* voraus. Die Verletzung eines blossen Affektionsinteresses stellt keinen Schaden dar; hier ist allenfalls Genugtuung und/oder die Übernahme der Verfahrenskosten geschuldet[14].

Die Vermögensverminderung kann in verschiedener Gestalt auftreten: Es kann sich um *positiven Schaden* (damnum emergens) oder um *entgangenen Gewinn* (lucrum cessans) handeln. Positiver Schaden liegt vor, wenn das schädigende Ereignis direkt das Vermögen des Auftraggebers vermindert oder die Passiven vermehrt. Entgangenen Gewinn haben wir vor uns, wenn dem Auftraggeber infolge des schädigenden Ereignisses Einnahmen entgehen. Beide Schadensarten können durch ein und dasselbe Schadensereignis eintreten: Verpasst der Anwalt eine Frist und geht der Prozess deshalb verloren, hat er nicht nur für die nutzlosen Prozesskosten aufzukommen, sondern den Auftraggeber auch für den entgangenen Gewinn zu entschädigen[15].

Erfüllt der Anwalt seinen Auftrag schlecht, ist der Klient so zu stellen, wie «wenn die Vertragsverletzung nicht erfolgt, der Auftrag mithin gehörig (vertragsgerecht) erfüllt worden wäre»[16]. Der Auftraggeber hat Anspruch auf Ersatz seines Erfüllungsinteresses[17]. Die bestehende Vermögenslage muss daher mit einem *hypothetischen Vermögensstand* verglichen werden, der sich naturgemäss nicht immer leicht errechnen lässt[18].

Besondere Probleme, die eng mit der Frage nach dem Bestehen eines adäquaten Kausalzusammenhanges zwischen dem Anwaltsfehler und dem

---

[11] Vgl. DERENDINGER, Rz. 339 ff.; FELLMANN-BK, Art. 398 N 332; KELLERHALS, 39; KÖNIG, 8; LEVIS, 9; ROLF H. WEBER-KSP, Art. 398 N 32; WERRO, Rz. 802.
[12] BGE 104 II 199; vgl. auch SCHLÜCHTER, 1360.
[13] BGE 104 II 199; vgl. auch BGE 115 II 481.
[14] Vgl. SCHLÜCHTER, 1360; SCHWANDER, 10; BGE 87 II 290 ff. = Pra 51/1962 Nr. 29.
[15] Vgl. KELLERHALS, 55; KÖNIG, 27; LEVIS, 47.
[16] DERENDINGER, Rz. 228.
[17] GAUTSCHI-BK, Art. 398 N 29 a; vgl. auch FELLMANN-BK, Art. 398 N 337 ff.; KELLERHALS, 55; KÖNIG, 27 ff.; ROLF H. WEBER-KSP, Art. 398 N 30.
[18] BORGMANN/HAUG, § 29 Rz. 64; vgl. auch KELLERHALS, 55; KÖNIG, 27 f.; LEVIS, 47.

Schaden verknüpft sind[19], ergeben sich, wenn Ansprüche des Klienten wegen eines Anwaltsfehlers (Fristversäumnis oder dergleichen) nicht zur gerichtlichen Beurteilung kommen[20]. Grundlage einer allfälligen Schadenersatzforderung ist alsdann der *hypothetische Prozessverlauf* bzw. die Frage, wie das Gericht den Prozess entschieden hätte[21]. In der Schweiz gibt es dazu keine gefestigte Rechtsprechung. Nach herrschender Lehre ist entscheidend, ob der Kläger bei ordnungsgemässer Prozessführung «begründete Aussicht» auf eine ihm günstige Entscheidung gehabt hätte[22].

Im Gegensatz zur Lage in der Schweiz existiert in Deutschland eine gefestigte Rechtsprechung. Für die Beurteilung der Frage, wie das Gericht den Anspruch entschieden hätte, ist nach der Praxis des BGH massgebend, wie nach Auffassung des jetzt über den Schadenersatzanspruch erkennenden Gerichts richtigerweise hätte entschieden werden müssen[23]. Geht es um einen Ermessensentscheid, ist die Praxis der Behörde, die ohne den Anwaltsfehler hätte entscheiden müssen, massgebend[24]. Hat sich die Rechtslage durch Gesetzesänderung oder Praxisänderung gewandelt, richtet sich die Beurteilung nach der seinerzeitigen Praxis. Einem Anwalt kann daher auch vorgeworfen werden, dass er die ursprünglich geltende, günstige steuerliche Lage nicht ausgenützt hat[25]. Diese Grundsätze können ohne weiteres auf die Rechtslage in der Schweiz übertragen werden.

Dass eine erfolgreiche Ausführung des Auftrages möglich gewesen wäre, muss (und kann) der Auftraggeber vielfach nicht mit letzter Sicherheit beweisen[26]. Mit der vorbehaltlosen Übernahme des Auftrages begründet der Beauftragte jedoch das *Vertrauen,* das angestrebte Ziel lasse sich tatsächlich auch verwirklichen. Es rechtfertigt sich daher, im Falle der Nichterfüllung von der *Vermutung* auszugehen, das vom Auftraggeber gewünschte Resultat hätte sich mit dem nötigen Einsatz verwirklichen lassen[27]. Dem Beauftragten steht allerdings der Gegenbeweis offen[28]. Keine Vermutung hinsichtlich eines positiven Verfahrensausganges greift Platz, wenn der Anwalt seinen Auftraggeber bereits bei Übernahme des Auftrages über die Unsicherheit des Erfolgseintrittes

---

[19] Vgl. dazu II D hinten
[20] Vgl. KELLER, 423, der es pointiert formuliert: «Eine Fristversäumnis kann geradezu ein Segen sein, indem sie dem Säumigen, dessen Begehren ohnehin verworfen worden wäre, weitere Kosten erspart.»
[21] Vgl. KELLER, 423; KELLERHALS, 55; KÖNIG, 27 f.; LEVIS, 47 und 50.
[22] KÖNIG, 27; vgl. auch KELLERHALS, 55; LEVIS, 50; BGE 87 II 364, wo die Haftpflicht eines Anwaltes mit der Begründung bejaht wurde, der Klient hätte den Vaterschaftsprozess ohne den Anwaltsfehler vermutlich gewonnen.
[23] BORGMANN/HAUG, § 29 Rz. 79; vgl. etwa NJW 1994, 1211; NJW 1993, 1323 f.; NJW-RR 1990, 1241 ff.; NJW 1988, 3013.
[24] BORGMANN/HAUG, § 29 N 79.
[25] BORGMANN/HAUG, § 29 N 79; vgl. NJW 1993, 2799; NJW-RR 1992, 1110.
[26] Vgl. KELLERHALS, 26 ff.; LEVIS, 50.
[27] FELLMANN-BK, Art 398 N 213; vgl. auch DERENDINGER, Rz. 216.
[28] FELLMANN-BK, Art. 398 N 340.

aufgeklärt hat[29]. In diesem Fall trifft den Auftraggeber für die Behauptung, der Auftrag hätte erfolgreich abgewickelt werden können, die volle Beweislast.

War für den Fachmann von Anfang an zu erkennen, dass der Auftrag in der vom Auftraggeber angestrebten Art keinen Erfolg versprach, hat es der Anwalt aber (schuldhaft) versäumt, den Auftraggeber auf diesen Umstand aufmerksam zu machen, muss er ihn so stellen, wie wenn der Auftrag nie erteilt worden wäre. Zu ersetzen ist alsdann das negative Interesse. Der Anwalt hat vorab für die Kosten des Verfahrens aufzukommen. Gleichzeitig verliert er jeden Anspruch auf ein Honorar[30].

C. Vertragsverletzung

1. Allgemeines

Der Anwalt verletzt seine Pflicht, die ihm übertragenen Geschäfte und Dienste «vertragsgemäss»[31], d.h. getreu und sorgfältig[32] zu besorgen, wenn er seine Leistung *in qualitativer oder quantitativer Hinsicht nicht in der nach dem Vertrag geschuldeten Art und Weise* erbringt. Dabei besteht der «Kunstfehler» des Anwaltes darin, die allgemein anerkannten und praktizierten Regeln seines Berufes verletzt zu haben[33]. Der Verstoss gegen den Vertrag kann in einer Verletzung der Hauptpflicht liegen, die übertragenen Geschäfte oder Dienste vertragsgemäss zu besorgen, d.h. die Interessen des Auftraggebers nach besten Kräften zu wahren und den Auftrag sachgemäss und sorgfältig auszuführen[34]. Die Vertragsverletzung kann jedoch auch in einem Verstoss gegen Nebenleistungspflichten oder blosse Nebenpflichten bestehen[35]. Nebenleistungspflichten sind etwa die in Art. 400 OR aufgeführten Rechenschaftspflichten (Pflicht zur Rechenschaftsablegung, Auskunft und Aufklärung sowie Herausgabepflicht) als auch die Geheimhaltungspflicht und gewisse (selbständig klagbare) Schutzpflichten[36]. Nebenpflichten stellen die aus der Treuepflicht abgeleiteten Obhuts- und Schutzpflichten dar, welche sich üblicherweise nur mit Unterlassungsklagen durchsetzen lassen[37].

Für den Auftrag ist es charakteristisch, dass der *fehlende Erfolgseintritt* für sich allein den Beauftragten noch *nicht schadenersatzpflichtig* macht; für den

---

[29] Vgl. FELLMANN-BK, Art. 398 N 215.
[30] Vgl. FELLMANN-BK, Art. 398 N 221 und Art. 394 N 496 ff., insb. N 505 m.w.H.
[31] Art. 394 Abs. 1 OR.
[32] Art. 398 Abs. 2 OR.
[33] Vgl. KELLERHALS, 20; SCHLÜCHTER, 1360; Pra 72/1983 Nr. 283.
[34] Vgl. eingehend FELLMANN-BK, Art. 394 N 234 ff.
[35] Vgl. DERENDINGER, Rz. 237 ff.; FELLMANN-BK, Art. 398 N 341 ff.; ROLF H. WEBER-KSP, Art. 398 N 18 ff.; WERRO, Rz. 784 ff.
[36] Vgl. eingehend FELLMANN-BK, Art. 394 N 259 ff., insb. N 262 ff. und Art. 398 N 32 ff.
[37] Vgl. eingehend FELLMANN-BK, Art. 394 N 259 ff., insb. N 267 ff. und Art. 398 N 32 ff.

Erfolg hat der Beauftragte nämlich nicht einzustehen. Er schuldet lediglich ein sorgfältiges Verhalten, das in jeder Situation auf das Erreichen des Vertragszweckes ausgerichtet ist[38]. Gleichzeitig muss er alle Massnahmen treffen, die zum Schutz des Integritätsinteresses des Auftraggebers erforderlich sind. Der Beauftragte schuldet einen Dienst bestimmter Qualität[39]. Er verletzt den Vertrag daher, wenn er gegen diese Pflicht zu sorgfältigem und sachgemässem Verhalten und Vorgehen verstösst[40]. Solange aber «das Tun und Lassen des Anwaltes dem Wissen, Können und Handeln entspricht, welches man etwa von einem Anwalt erwarten darf und muss, trifft ihn kein Vorwurf»[41].

Trotzdem ist die *Tätigkeit des Anwaltes erfolgsbezogen.* Durch die Erteilung eines Auftrages bezweckt der Klient nämlich «die Bewirkung eines bestimmten, in seinen Augen günstigen Resultates»[42]. Der beauftragte Anwalt hat deshalb sein Möglichstes zu tun, um das Geschäft oder die übernommenen Dienste dem Wunsch des Auftraggebers entsprechend und damit erfolgreich abzuschliessen[43].

2. Treue- und Sorgfaltspflichten

Nach Art. 394 Abs. 1 OR verpflichtet sich der Anwalt mit der Annahme eines Auftrages, «die ihm übertragenen Geschäfte oder Dienste vertragsgemäss zu besorgen.» Er ist gehalten, «nach besten Kräften die Interessen des Auftraggebers zu wahren und den Auftrag sorgfältig und sachgemäss auszuführen»[44]. Der beauftragte Anwalt muss danach «alles tun, was zur Bewirkung der geschuldeten Leistung erforderlich ist, und alles vermeiden, was diese Leistung beeinträchtigen könnte»[45].

Die Pflicht zur «getreuen Ausführung»[46] des Auftrages ist für das Vertragsverhältnis zwischen Anwalt und Klient von grundsätzlicher Bedeutung[47]. Die Treuepflicht ist Ausfluss des Vertrauensverhältnisses zwischen Rechtsanwalt und Klient. Da dem Vertrauensverhältnis im Anwaltsrecht entscheidende

---

[38] Vgl. KELLER, 421.
[39] Vgl. DERENDINGER, Rz. 86 ff. und 189 ff.; FELLMANN-BK, Art. 398 N 341 ff.; OSWALD, 105 f.
[40] Vgl. FELLMANN-BK, Art. 398 N 344 f.; DERENDINGER, Rz. 86 ff. und 189 ff.; KELLERHALS, 20 f.; KÖNIG, 7 f. und 9 f.; LEVIS, 38; OSWALD, 105 und 117 ff.; ROLF H. WEBER-KSP, Art. 398 N 24 ff; BGE 117 II 566 ff.
[41] KELLER, 421.
[42] DERENDINGER, Rz. 88.
[43] FELLMANN-BK, Art. 394 N 99; vgl. auch DERENDINGER, Rz. 91; ROLF H. WEBER-KSP, Art. 398 N 24; WERRO, Rz. 559 ff.
[44] STAUDINGER/WITTMANN, § 662 N 2.
[45] VON TUHR/ESCHER, 115; vgl. auch DERENDINGER, Rz. 80; FELLMANN-BK, Art. 394 N 234; KELLERHALS, 68 ff.; KÖNIG, 9 f.; LEVIS, 13; ROLF H. WEBER (Auftragsrecht), 76; ROLF H. WEBER-KSP, Art. 398 N 24; BGE 113 II 247 f.
[46] Art. 398 Abs. 2 OR.
[47] Vgl. STERCHI, Art. 10 N 1.

Bedeutung zukommt, sind die Treuepflichten sehr streng[48]. Ausdruck dafür sind u.a. die rigorosen Standesregeln der Anwaltsverbände, die im Interesse des rechtsuchenden Publikums und eines geordneten Ganges der Rechtspflege das Vertrauen in die Person des Anwaltes und der Anwaltschaft insgesamt gewährleisten und eine qualitativ hochstehende Dienstleistung sicherstellen sollen[49]. Diese Standesregeln bestimmen auch das Vertragsverhältnis zwischen Anwalt und Klient: Zum einen können sie vom Richter als Auslegungshilfe beigezogen werden[50]. Zum andern darf der Klient darauf vertrauen, dass sich sein Anwalt an die Standesregeln hält[51].

Die *Treuepflicht* beinhaltet zur Hauptsache die Pflicht, die Interessen des Klienten nach besten Kräften wahrzunehmen und alles zu unterlassen, was diese Interessen schädigen könnte[52]. Die Treuepflicht ist alsdann Grundlage einer Vielzahl von Neben(-leistungs-)pflichten des Anwaltes, die zur Hauptleistungspflicht, der Besorgung der übertragenen Geschäfte oder Dienste, hinzukommen[53]. Das Gesetz enthält keine Aufzählung der verschiedenen aus der Treuepflicht fliessenden Neben(-leistungs-)pflichten des Beauftragten. Art. 398 Abs. 2 OR qualifiziert sich daher als Generalklausel. Die Ausgestaltung der Treuepflicht im Einzelfall richtet sich nach der Natur des in Frage stehenden Geschäftes bzw. der übernommenen Dienste. In ihrem Kern fordert sie vom beauftragten Anwalt die Ausrichtung seines Handelns auf den nach dem Vertrauensprinzip zu berücksichtigenden Leistungszweck[54].

Die *Sorgfaltspflicht* stellt eine Konkretisierung der Treuepflicht bei der Ausführung des Auftrages dar. Sie verlangt, dass sich der Beauftragte bei der Leistungshandlung selbst sachgemäss verhält. Damit ist gleichzeitig gesagt, dass ohne eine sonstige Leistung keine Sorgfalt denkbar ist. Sorgfalt setzt vielmehr stets das Vorhandensein einer primären Leistung voraus. Während die Haupt- und Nebenleistungspflichten bestimmen, was der Schuldner zu tun hat, bestimmt die Sorgfaltspflicht, wie er diese Verbindlichkeit zu erfüllen hat. Bezugspunkt der Sorgfalt ist die Qualität der Leistung im Hinblick auf das Leistungsziel[55]. Als Sorgfaltspflichtverletzung gilt jede Abweichung von ei-

---

48 Vgl. BRAND, 12 ff.; KELLERHALS, 124; KÖNIG, 20; LEVIS, 15 f.
49 FELLMANN-BK, Art. 398 N 177 f.; vgl. auch FELLMANN/SIDLER, 1 ff.; FELLMANN (Standesregeln), 33 f.; SCHWANDER, 8.
50 Vgl. FELLMANN-BK, Art. 398 N 178; ROLF H. WEBER-KSP, Art. 398 N 10.
51 FELLMANN-BK, Art. 398 N 178.
52 FELLMANN-BK, Art. 394 N 251; vgl. auch KELLERHALS, 124; KÖNIG, 20; LEVIS, 13; ROLF H. WEBER-KSP, Art. 398 N 8; WERRO, Rz. 503 ff.
53 FELLMANN-BK, Art. 394 N 253; vgl. auch KELLERHALS, 124 ff.; LEVIS, 15 ff.; ROLF H. WEBER-KSP, Art. 398 N 9 f.
54 FELLMANN-BK, Art. 398 N 24; vgl. auch MERZ-BK, Art. 2 N 216; ROLF H. WEBER-KSP, Art. 398 N 8 f.
55 Vgl. FELLMANN-BK, Art. 394 N 254 ff. und Art. 398 N 16 ff.; ROLF H. WEBER-KSP, Art. 398 N 24 ff.; OSWALD, 44 f.

nem nach den Interessen des Gläubigers beurteilten, sachgerechten Handeln[56]. Die *Problematik des Sorgfaltsbegriffes* besteht darin, dass die Sorgfaltspflichtverletzung einerseits ein Tatbestandsmerkmal der Schlechterfüllung und damit der Vertragsverletzung darstellt, auf der anderen Seite aber auch im Zusammenhang mit dem Verschulden von Bedeutung ist. Dort zählt die Sorgfaltspflichtverletzung zur Definition der Fahrlässigkeit, die als Verletzung der erforderlichen Sorgfalt verstanden wird[57]. Diese Doppeldeutigkeit des Begriffes der Sorgfaltspflichtverletzung (auf der objektiven Seite als Bestandteil der Vertragsverletzung, auf der subjektiven Seite als Teil des Verschuldensvorwurfes) zieht in der Praxis erhebliche Abgrenzungsschwierigkeiten nach sich. Das Hauptproblem liegt bei der Substantiierung der Vertragsverletzung und bei der Verteilung der Beweislast. So setzt die Zusprechung von Schadenersatz voraus, dass der Gläubiger eine Vertragsverletzung nachweist, die in einer Abweichung vom erwarteten, sachgerechten und damit sorgfältigen Verhalten besteht. Gelingt dieser Beweis, kann sich der Schuldner gestützt auf Art. 97 Abs. 1 OR exkulpieren. Dazu muss er nachweisen, dass ihn kein Verschulden, also wiederum keine Sorgfaltspflichtverletzung trifft. Da im Vertragsrecht von einem objektivierten Verschuldensbegriff auszugehen ist, fallen der Begriff der Sorgfaltspflichtverletzung und derjenige der Fahrlässigkeit praktisch zusammen[58]. Die beiden Beweise decken sich daher weitgehend.

3. Neben- und Nebenleistungspflichten des Anwaltes

a. Aufklärungs- und Benachrichtigungspflicht

aa. Vorvertragliche Aufklärungspflichten

Der Anwalt ist nicht erst nach Abschluss des Vertrages zur Aufklärung des Klienten verpflichtet. Er hat ihn vielmehr schon bei der Anbahnung des Vertragsverhältnisses über all jene Punkte aufzuklären, welche der Klient nicht kennt und auch nicht zu kennen verpflichtet ist, die aber für seinen Entschluss, den Auftrag zu erteilen, wesentlich sind[59]. Ist ihm nach der ersten Instruktion durch den Klienten nicht alles klar, hat er sich mittels Fragen einen Überblick zu verschaffen[60]. Die Aufklärungspflicht bezieht sich dabei einer-

---

56 OSWALD, 116 ff.; vgl. auch FELLMANN-BK, Art. 398 N 21; GIGER (Berührungspunkte), 390 ff.; ROLF H. WEBER (Sorgfaltswidrigkeit), 50 f.
57 Vgl. FELLMANN-BK, Art. 398 N 20; GAUCH/SCHLUEP, Rz. 2736; GIGER (Berührungspunkte), 388 f.; ROLF H. WEBER (Sorgfaltswidrigkeit), 46 ff.
58 BUCHER (OR AT), 347; vgl. auch FELLMANN-BK, Art. 398 N 22; WOLFGANG WIEGAND-KSP, Art. 97 N 43; ROLF H. WEBER-KSP, Art. 398 N 32.
59 Vgl. FELLMANN-BK, Art. 398 N 150; GONZENBACH (culpa in contrahendo), 103; KRAMER-BK, Art. 22 N 21; LEVIS, 16 f.; NIGG (Aufklärungspflicht), 205 f.
60 NIGG (Aufklärungspflicht), 205.

seits auf den Vertragsinhalt, namentlich auf die zu erwartenden *Honoraransprüche*. Andererseits können sich aber auch *Informationen über den Beauftragten* selbst als notwendig erweisen. So hat der Anwalt seinen Klienten etwa darauf aufmerksam zu machen, dass er sich dem Auftrag aus fachlichen Gründen nicht gewachsen fühlt oder es ihm nur mit unverhältnismässigem Aufwand möglich ist, sich in das Mandat einzuarbeiten[61]. Stellt der Anwalt *unzutreffende Vorstellungen* oder gar einen *Irrtum* seines Klienten fest, hat er diesen Punkt zu bereinigen. Er muss den künftigen Auftraggeber beispielsweise darauf hinweisen, dass die zu erwartenden Honorare in keinem Verhältnis zum erhofften Gewinn stehen[62].

Eine Verletzung der vorvertraglichen Aufklärungspflichten macht den Beauftragten nach den Grundsätzen der Haftung für *culpa in contrahendo* schadenersatzpflichtig[63].

bb. Aufklärungspflichten im Auftragsverhältnis

Die Aufklärungspflichten nach Abschluss des Auftrages decken sich in weiten Teilen mit den vorvertraglichen Pflichten. Der Anwalt ist daher gehalten, *Unklarheiten aufzudecken*, zweideutige *Rechtslagen zu klären* und seinen Klienten rechtzeitig über Grund und Folgen allfällig veränderter Umstände zu orientieren. Als Fachmann muss er dem Auftraggeber unaufgefordert über die *Zweckmässigkeit* des Auftrages und allfälliger Weisungen sowie über die *Kosten und Gefahren* Auskunft geben. Er hat ihn überdies ungesäumt darauf hinzuweisen, wenn er erkennt, dass das vom Klienten gesteckte Ziel nicht (mehr) oder nur mit unverhältnismässigem (zusätzlichem) Aufwand zu erreichen ist[64].

Der Anwalt hat seinen Klienten insbesondere über die *Erfolgschancen* seines Einsatzes aufzuklären. Er darf ihn nicht leichtfertig oder gar mutwillig zu einem Prozess verleiten, sondern muss ihn nach bestem Wissen und Gewissen über die Aussichten und die Gefahren eines Rechtsstreites unterrichten. Dabei hat er ihn *mit der nötigen Deutlichkeit* über alle Risiken aufzuklären. Es verstösst daher gegen die Aufklärungs- und damit gegen die Treuepflichten des Beauftragten, wenn der Anwalt einen Prozess einleitet, der von vornherein jeder Erfolgsaussicht entbehrt und dies seinem Klienten verschweigt oder

---

[61] Vgl. FELLMANN-BK, Art. 398 N 151 ff.; NIGG (Aufklärungspflicht), 205; KRAMER-BK, Art. 22 N 25 ff.
[62] Vgl. FELLMANN-BK, Art. 398 N 155; GONZENBACH (culpa in contrahendo), 104; KRAMER-BK, Art. 22 N 25; NIGG (Aufklärungspflicht), 205; SCHÖNENBERGER/JÄGGI-ZK, Art. 1 N 576; BGE 90 II 455 f.
[63] Vgl. FELLMANN-BK, Art. 398 N 157; GONZENBACH (culpa in contrahendo), 103 ff.
[64] Vgl. FELLMANN-BK, Art. 398 N 159 ff.; DERENDINGER, Rz. 131 ff.; KELLERHALS, 124; LEVIS, 18 f. und 37; NIGG (Aufklärungspflicht), 202 ff., insb. 206 ff. mit einem detaillierten Überblick über die verschiedenen Aufklärungstatbestände; ROLF H. WEBER-KSP, Art. 400 N 2 und 5; BGE 115 II 64 f.

gar Gegenteiliges behauptet[65]. Auf der anderen Seite darf der Anwalt selbstverständlich zu erkennen geben, er schätze die Gewinnchancen als gut ein. Es dürfte aber ratsam sein, nie Euphorie aufkommen zu lassen, sondern vielmehr immer wieder klar und deutlich darauf hinzuweisen, dass es bei einer prozessualen Auseinandersetzung keine Erfolgsgarantie gibt[66].

Diese Grundsätze gelten nicht nur bei der Einleitung eines Prozesses, sondern auch beim Entscheid über die *Ergreifung eines Rechtsmittels.* Sobald das Urteil vorliegt, hat der Anwalt daher die Zulässigkeit und die Erfolgsaussichten der in Frage kommenden Rechtsmittel zu prüfen und den Klienten über das Resultat seiner Abklärungen und die laufenden Fristen zu informieren[67].

Erteilt der Klient dem Anwalt *Weisungen,* die aus der Sicht des Fachmannes unzweckmässig sind, hat ihn der Anwalt aufzuklären und unter Umständen ausdrücklich *abzumahnen*[68].

cc. Benachrichtigungspflicht

Der Anwalt hat dem Klienten während der Laufzeit des Auftrages ständig die zur Sicherung des Auftragszweckes *notwendigen Informationen* zukommen zu lassen. Er ist verpflichtet, seinen Auftraggeber über alles zu orientieren, von dem er annehmen muss, dass es dessen Entschluss und damit den Inhalt des Vertragsverhältnisses ändern könnte[69]. Der Anwalt hat daher den Klienten in jedem Fall über die *Urteilsfällung* und eine allfällige *Appellation* der Gegenpartei zu informieren. Ist die Wahl des Vorgehens seinem Ermessen überlassen, muss er den Klienten über die *getroffenen Massnahmen* in Kenntnis setzen und auf mögliche Folgen vorbereiten[70].

b. Diskretions- und Geheimhaltungspflicht

Die Diskretions- und Geheimhaltungspflicht ist als Ausfluss des besonderen Vertrauensverhältnisses zwischen Anwalt und Klient eine der wesentlichen und grundlegenden Pflichten jedes Rechtsanwaltes. Neben der durch das Berufsgeheimnis des Art. 321 StGB geforderten Geheimhaltung folgt aus der Treuepflicht eine *umfassende vertragliche Schweigepflicht*[71]. Dabei geht

---

[65] LGVE 1977 I Nr. 361; vgl. auch DERENDINGER, Rz. 131; FELLMANN-BK, Art. 398 N 160; KELLERHALS, 82 ff.; KÖNIG, 14; LEVIS, 16 f., die diese Pflicht allerdings den vorvertraglichen Pflichten zuordnet; NIGG, 210 ff.; SCHLÜCHTER, 1360.
[66] NIGG (Aufklärungspflicht), 210.
[67] NIGG (Aufklärungspflicht), 212; vgl. auch Urteil Kantonsgericht St. Gallen vom 10.12.1990 mit Bemerkungen von WILLI FISCHER, AJP 1992, 131 ff.
[68] Vgl. DERENDINGER, Rz. 131; FELLMANN-BK, Art. 398 N 162; FISCHER, 265 ff.; NIGG (Aufklärungspflicht), 208 f.
[69] DERENDINGER, Rz. 131; vgl. auch FELLMANN-BK, Art. 398 N 173 ff.
[70] Vgl. FELLMANN-BK, Art. 398 N 174.
[71] Vgl. FELLMANN-BK, Art. 398 N 39 ff.; JOSEF HOFSTETTER, 84; KELLERHALS, 125 ff.; KÖNIG, 20 f.; LEVIS, 21; ROLF H. WEBER-KSP, Art. 398 N 11 ff.; WOLFFERS, 133 ff.

es nicht primär um die Wahrung von Geheimnissen, sondern vielmehr generell um Verschwiegenheit. Die Pflicht zur Verschwiegenheit qualifiziert sich als Nebenleistungspflicht des beauftragten Anwaltes, die selbständige Nebenzwecke verfolgt und dem Auftraggeber einen selbständigen Erfüllungs- bzw. Unterlassungsanspruch vermittelt[72]. Nach der Intensität der Schweigepflicht ist zwischen dem Gebot zur *Diskretion* und der eigentlichen *Geheimhaltungspflicht* zu unterscheiden[73]. Die Geheimhaltungspflicht verbietet jede Weitergabe einer Tatsache an Dritte. Unter Umständen macht sie sogar besondere Vorkehren zum Schutz des Geheimnisses notwendig. Die Diskretionspflicht gebietet dem Beauftragten, die Angelegenheiten des Auftraggebers vertraulich und taktvoll zu behandeln. Sie hat vor allem dort Bedeutung, wo kein Geheimnis vorliegt, weil die betroffene Tatsache offenkundig oder doch allgemein zugänglich ist, ihre zusätzliche Verbreitung den Auftraggeber jedoch mehr als nötig ins Gerede bringen könnte[74].

Wegen ihrer grundlegenden Bedeutung geniesst die Geheimhaltungspflicht in *beschränktem Rahmen* sogar *strafrechtlichen Schutz*. Nach Art. 321 StGB sind der Anwalt und seine Hilfspersonen zur Geheimhaltung all dessen verpflichtet, was ihnen infolge ihres Berufes anvertraut worden ist oder was sie in dessen Ausübung wahrgenommen haben. Der vertragliche und der strafrechtliche Geheimnisschutz decken sich indessen nicht. Art. 321 StGB schützt nur den – objektiv – als berechtigt anerkannten Willen des Geheimnisherrn, eine Tatsache geheimzuhalten. Bei der vertraglichen Schweigepflicht geht es demgegenüber nicht primär um die Wahrung von Geheimnissen, sondern generell um Verschwiegenheit. Entscheidend ist hier nicht, was objektiv geheimhaltungswürdig ist; massgebend ist vielmehr allein das Geheimhaltungsinteresse des Auftraggebers, wie es für den Beauftragten erkennbar war bzw. nach den Umständen erkennbar sein musste. Ob dieses Interesse des Auftraggebers auch objektiv und damit strafrechtlich als geheimhaltungswürdig erscheint, bleibt unerheblich[75].

4. Die spezifischen Sorgfaltspflichten des Anwaltes

a. Überblick

Zur Sorgfalt, für die der Anwalt als Fachmann einstehen muss, gehört einerseits *gewissenhaftes Verhalten,* andererseits aber auch die zur Ausübung des

---

[72] Vgl. FELLMANN-BK, Art. 398 N 45.
[73] Vgl. FELLMANN-BK, Art. 398 N 48; JOSEF HOFSTETTER, 84 ff.; ROLF H. WEBER-KSP, Art. 398 N 11 f.
[74] Vgl. FELLMANN-BK, Art. 398 N 57; Josef HOFSTETTER, 86; ROLF H. WEBER-KSP, Art. 398 N 12.
[75] Vgl. FELLMANN-BK, Art. 398 N 53; CHRISTOPH GUTZWILLER (Geheimhaltungspflicht), 353; Handbuch Berufspflichten, 99 f.; SJZ 76/1980, 247.

Anwaltsberufes erforderlichen *Fachkenntnisse.* Gewissenhaftigkeit allein vermag nämlich juristisches Können nicht zu ersetzen[76]. Die sorgfältige Ausübung des Anwaltsberufes verlangt daher vom Anwalt zum einen die erforderlichen Rechtskenntnisse, zum anderen die Fähigkeit, diese Kenntnisse im Einzelfall sowohl bei der Rechtsprüfung als auch bei der Beratung und Belehrung sachgerecht anzuwenden[77]. Daneben spielt auch die Sorgfalt bei der Prozessführung und in der Organisation der Kanzlei eine wichtige Rolle.

b. *Rechtsprüfung*

aa. Allgemeines

Der Klient darf voraussetzen, dass der Anwalt die massgebenden Gesetze, die publizierte höchstrichterliche Rechtsprechung und die Standardliteratur kennt[78]. Beim einzelnen Anwalt kann man zwischen den Rechtskenntnissen als *präsentes Wissen* einerseits und dem *zu erarbeitenden Wissen* andererseits unterscheiden. Schadenersatzrechtlich kommt es indessen ausschliesslich auf den «für die Auftragserledigung erforderlichen Wissensstand» an[79].

Sind für die Ausübung des Mandates *Spezialkenntnisse erforderlich,* deren Erarbeitung dem «Allgemeinpraktiker» nur mit unverhältnismässigem Aufwand möglich ist, hat dieser den Auftraggeber entsprechend aufzuklären und ihn allenfalls an einen *Spezialisten* zu verweisen[80]. Auf jeden Fall darf der Anwalt nur Mandate aus Rechtsgebieten übernehmen, die er kennt oder bei denen er sich die erforderliche Kenntnis innert nützlicher Frist verschaffen kann[81]. Das Gebot, nur Mandate zu übernehmen, für welche die erforderlichen Kenntnisse vorhanden sind oder innert nützlicher Frist erarbeitet werden können, gehört sogar zu den Standespflichten jedes Rechtsanwaltes[82].

bb. Gesetzeskenntnis

Rechtskenntnis setzt *Kenntnis und Beachtung der einschlägigen Gesetze* einschliesslich neuer Gesetze sowie der Gesetze auf speziellen Gebieten voraus[83]. Angesichts der Flut neuer Gesetze auf Bundesebene sowie in den

---

[76] KELLERHALS, 68.
[77] Zu den Haftungsrisiken des sog. «Geschäftsanwaltes» vgl. eingehend NOBEL, 45 ff.
[78] Vgl. KELLERHALS, 70 ff.; LEVIS, 14 f. und 32 ff.
[79] Vgl. BORGMANN/HAUG, § 19 Rz. 33.
[80] FELLMANN-BK, Art. 398 N 151 f. und Art. 398 N 410; vgl. auch KELLERHALS, 70; NOBEL, 51; SCHLÜCHTER, 1365.
[81] FELLMANN-BK, Art. 398 N 409.
[82] Vgl. etwa FELLMANN/SIDLER, 52 f.; GYGI, 540.
[83] Vgl. BORGMANN/HAUG, § 19 Rz. 34; KELLERHALS, 70 ff.; LEVIS, 32 ff.; RINSCHE, Rz. I 99; SCHLÜCHTER, 1365.

Kantonen und Gemeinden versteht es sich von selbst, dass niemand vom Anwalt erwarten kann, alle Gesetze «auswendig» zu kennen. Der Klient darf aber verlangen, dass sich der Anwalt die erforderlichen Gesetzeskenntnisse im Einzelfall innert nützlicher Frist aneignet[84]. Das gilt auch dort, wo Spezialgebiete wie etwa Steuerrecht oder Sozialversicherungsrecht in Frage stehen[85]. Der Anwalt hat sich schliesslich auch in die massgebenden Staatsverträge einzuarbeiten[86].

Ausländisches Recht muss der Anwalt demgegenüber grundsätzlich nicht kennen. Stellt sich erst später heraus, dass der Fall einen Bezug zum Ausland aufweist, von dem der Anwalt nichts wusste und auch nichts wissen musste, und hat er seinen Klienten unter dem Blickwinkel des ausländischen Rechts unzureichend beraten oder aufgeklärt, haftet er nicht. Anders liegen die Dinge, wenn die Bearbeitung ausländischen Rechts Gegenstand des konkreten Anwaltsvertrages ist, oder wenn ein Anwalt seinem Klienten gegenüber eine Spezialisierung kundtut, die zu dem begründeten Vertrauen Anlass gibt, der Anwalt verfüge auch über Kenntnisse in der massgebenden ausländischen Rechtsordnung[87]. In diesen Fällen hat der Anwalt auch die jeweiligen ausländischen Rechtsnormen richtig anzuwenden[88]. Verfügt der betroffene Anwalt nicht über die erforderlichen Kenntnisse des ausländischen Rechts, ist es ratsam, dem Klienten den *Beizug eines ausländischen Spezialisten* zu empfehlen. Um nicht für die Wahl und Instruktion einstehen zu müssen, sollte die Beauftragung des ausländischen Fachmannes vom Klienten ausgehen[89].

cc. Kenntnis der Judikatur

Zur sorgfältigen Bearbeitung eines Falles gehört auch die *Kenntnis der höchstrichterlichen Rechtsprechung*, soweit diese veröffentlicht ist[90]. Steht kantonales Recht in Frage oder fehlt ein höchstrichterliches Präjudiz, hat der Anwalt zudem die *Judikatur der kantonalen Gerichte* zu beachten[91]. Fraglich ist, wie es sich mit Urteilen verhält, die nicht in die amtlichen Entscheidsammlungen aufgenommen, aber in juristischen Zeitschriften oder in Datenbanken veröffentlicht wurden. Bedenkt man, dass sich die Anzahl der Periodika (insbesondere auf Spezialgebieten) in den letzten Jahren vervielfacht hat, lässt

---

[84] Vgl. BORGMANN/HAUG, § 19 Rz. 34; KELLERHALS, 70 ff.; LEVIS, 32 ff.; RINSCHE, Rz. I 99.
[85] Vgl. LEVIS, 33 f.; RINSCHE, Rz. I 101.
[86] Vgl. LEVIS, 33 f.; RINSCHE, Rz. I 106.
[87] Vgl. dazu eingehend PETER, 33 ff.
[88] SIEG, 118 ff., insb. 131 mit umfassenden Hinweisen auf die teilweise kontroverse deutsche Lehre und Rechtsprechung.
[89] BORGMANN/HAUG, § 19 Rz. 40.
[90] Vgl. KNAPPEN, 10.
[91] Vgl. BORGMANN/HAUG, § 19 Rz. 43 und 47; KELLERHALS, 73 ff.; LEVIS, 33; RINSCHE, Rz. I 111; SCHLÜCHTER, 1365.

sich die Forderung nach einer lückenlosen Kenntnis der Rechtsprechung sicherlich nicht aufrechterhalten. Es gibt Entscheide, die in jedem grösseren Kommentar aufgeführt sind und die daher jeder Anwalt kennen muss. Es gibt aber auch Urteile, die wenig bekannt und schwer auffindbar sind, weil die wichtigen Aussagen weder in der Überschrift noch im Register zum Ausdruck kommen[92]. Man wird vom Anwalt daher nur verlangen dürfen, dass er sich die für den Einzelfall notwendigen Kenntnisse der höchstrichterlichen oder der kantonalen Rechtsprechung verschafft, die in den *allgemein zugänglichen Entscheidsammlungen oder Zeitschriften* veröffentlicht worden ist. Zumindest vom Allgemeinpraktiker kann nicht verlangt werden, auch Urteile zu kennen, die nicht amtlich publiziert, sondern nur in Spezialzeitschriften veröffentlicht wurden[93].

Wann von der neueren Rechtsprechung Kenntnis zu nehmen ist, lässt sich nicht allgemein sagen. Bei der Übernahme eines Mandates wird man dem Anwalt eine *gewisse Einarbeitungszeit* in die neuste Judikatur des betreffenden Gebietes zugestehen müssen. Schwieriger zu beantworten ist die Frage, ob auch Urteile zu berücksichtigen sind, die nach der Übernahme eines Mandates publiziert wurden, in einem hängigen Verfahren aber noch berücksichtigt werden könnten. Grundsätzlich darf vom Anwalt verlangt werden, dass er von neuen Urteilen etwa innert Monatsfrist Kenntnis nimmt und auch die allgemeinen Fachzeitschriften periodisch auswertet[94].

dd. Kenntnis der Fachliteratur

Das Studium der einschlägigen *Fachbücher* stellt die effizienteste Methode dar, sich über die herrschende Rechtsprechung und die verschiedenen Lehrmeinungen einen *Überblick* zu verschaffen[95]. Bei der Beratung des Klienten und bei der Prozessführung hat der Anwalt letztlich aber auf die Rechtsprechung, vor allem auf die *Präjudizien des Bundesgerichtes*, abzustellen. Eine *abweichende Literaturmeinung* mag wissenschaftlich zwar interessant sein. Da die Gerichte eine bestehende Praxis aber nur sehr zurückhaltend ändern, birgt die Befolgung einer abweichenden Literaturmeinung schwer kalkulierbare Risiken. Besteht daher eine gefestigte Rechtsprechung, darf der Anwalt abweichenden Meinungen nur folgen, wenn er den Klienten entsprechend aufgeklärt hat und dieser die damit verbundenen Unsicherheiten in Kauf nimmt. Vertritt der Anwalt im Prozess eine abweichende Meinung, muss er sich in jedem Fall umfassend mit den Präjudizien und dem Widerhall, den diese in der Lehre gefunden haben, auseinandersetzen. Gegenüber einem Präjudiz ver-

---

[92] FRIEDLÄNDER, § 28 Rz. 5.
[93] RINSCHE, Rz. I 113.
[94] Vgl. BORGMANN/HAUG, § 19 Rz. 49 und 51 mit Hinweisen auf die entsprechende deutsche Judikatur.
[95] RINSCHE, Rz. I 119.

mag in der Regel nur die Überzeugungskraft der Argumentation zu bestehen. In welchem Umfang sich der Anwalt in seiner Rechtsschrift mit der Lehre und der Rechtsprechung auseinandersetzt, ist allerdings letztlich eine Frage der Prozesstaktik, die sich nicht allgemein gültig beantworten lässt[96].

Liegen für ein bestimmtes Problem *keine Urteile* vor, hat sich der Anwalt selbst eine Meinung zu bilden. Für diesen Fall ist das Studium der Lehrbücher und Kommentare unerlässlich. Findet der Anwalt dabei eine *herrschende Meinung* vor, hat er sich bei seinen Entscheiden vorwiegend daran zu orientieren[97].

c. Beratung und Belehrung

Der Anwalt hat den Klienten *umfassend zu beraten* und dafür zu sorgen, dass alle voraussehbaren und vermeidbaren Nachteile für den Klienten auch tatsächlich vermieden werden. Er muss ihm die Schritte anraten, die geeignet sind, das angestrebte Ziel zu erreichen. Der Anwalt muss alles vorkehren, was nach der Lage der Verhältnisse und bei Würdigung der gegebenen Situation als geboten erscheint[98]. Ist die Rechtslage nicht «klar», weil der konkrete Sachverhalt rechtlich auf verschiedene Weise beurteilt werden kann, muss sein Ratschlag bzw. das gewählte Vorgehen mindestens vertretbar sein[99]. Die Beratungspflicht umfasst alle mit einem bestimmten Sachverhalt verbundenen Rechtsfragen. Der Anwalt hat sich daher auch mit allfälligen steuerrechtlichen Konsequenzen des gewählten Vorgehens auseinanderzusetzen. Wirtschaftliche Beratung und die Beantwortung allgemeiner Geschäftsfragen gehören demgegenüber grundsätzlich nicht zum Aufgabenkreis des Anwaltes. Er hat den geschäftsunkundigen Klienten aber unter Umständen darauf hinzuweisen, dass er sich mit diesen Fragen nicht befasst. Berät er den Klienten in solchen Belangen (allenfalls sogar ohne über die dafür notwendige Ausbildung zu verfügen!), haftet er auch für einen falschen Ratschlag[100].

Der *Umfang und die Art der Beratung* und Belehrung hat sich nach der *Persönlichkeit des Klienten* zu richten. Erkennt der Anwalt, dass sein Klient mit den Risiken eines Geschäftes und der ins Auge gefassten rechtlichen Massnahme vertraut ist, darf er auf eine eingehende Belehrung verzichten. So muss der Anwalt beispielsweise den Grundstücksmakler nicht über mögliche Grundstückgewinnsteuern belehren. Ist der Klient sogar selbst Rechtsanwalt oder durch einen eigenen Rechtsdienst vertreten, darf der Anwalt solange auf eine Aufklärung über allgemeine rechtliche Risiken oder die Erfolgsaussich-

---

[96] Vgl. BORGMANN/HAUG, § 19 Rz. 57 f.; KELLERHALS, 73 ff., insb. 78 ff.; RINSCHE, Rz. I 118 f.
[97] Vgl. BORGMANN/HAUG, § 19 Rz. 58; KELLERHALS, 78 f.; RINSCHE, Rz. I 119.
[98] KELLERHALS, 68; vgl. auch FELLMANN-BK, Art. 398 N 407 f.
[99] Vgl. SCHLÜCHTER, 1365.
[100] Vgl. BORGMANN/HAUG, § 19 Rz. 69.

ten eines Rechtsmittels verzichten, als die Streitsache keine Spezialkenntnisse verlangt, über die nur er verfügt[101].

Nach Art. 397 OR ist der Beauftragte an die *Weisungen des Auftraggebers* gebunden und hat diese grundsätzlich zu befolgen. Diese Pflicht trifft auch den Anwalt. Die Übernahme eines Mandates verpflichtet den Anwalt jedoch nicht, sich den Wünschen und Weisungen des Klienten kritiklos unterzuordnen. Verlangt wird von ihm vielmehr *«denkender Gehorsam»*[102]. Gewinnt der Anwalt daher den Eindruck, eine Weisung sei unklar oder unzweckmässig oder vertrage sich mit bereits erhaltenen Anweisungen nicht, ist er gehalten, seinen Klienten auf diesen Umstand aufmerksam zu machen, damit das Problem geklärt werden kann[103].

Die Zweckmässigkeit einer Weisung beurteilt sich stets mit Blick auf das vom Klienten anvisierte Ziel. Stellt eine Weisung die Erreichung des Auftragszweckes in Frage, hat der Anwalt den Klienten davon abzubringen[104]. Der Beauftragte muss nämlich stets davon ausgehen, der Auftraggeber würde eine Weisung nicht erteilt haben, wenn er deren Unzweckmässigkeit erkannt hätte[105]. Die Abmahnung muss bestimmt und klar sein. Sie muss unmissverständlich zum Ausdruck bringen, dass die Weisung aus der Sicht des Fachmannes unzweckmässig ist und ihre Befolgung deshalb die Interessen des Klienten bzw. das Ziel des Mandatsverhältnisses gefährden und eine ordnungsgemässe Vertragserfüllung verunmöglichen könnte[106]. Die Abmahnung befreit den beauftragten Anwalt zwar nicht von der Pflicht, die Weisungen seines Auftraggebers zu befolgen[107], wohl aber von einer möglichen Haftung für die Folgen der unzweckmässigen Weisung[108]. Unter Umständen darf er das Mandat (aus wichtigem Grund) niederlegen. Die entsprechenden Voraussetzungen sind vor allem dann erfüllt, wenn die Weiterführung des Auftrags den Ruf des Anwaltes als Fachmann schädigen oder ihn zu standeswidrigem Benehmen oder gesetzwidrigem Vorgehen zwingen würde[109]. Die Pflicht zur Abmahnung entfällt, wenn der Auftraggeber selbst sachverständig oder sachverständig beraten ist und damit über jene fachlichen Spezialkenntnisse verfügt, die es

---

[101] BORGMANN/HAUG, § 19 Rz. 73 ff.
[102] SEILER, § 665 N 2; vgl. auch FELLMANN-BK, Art. 397 N 101 f.; FISCHER, 265; KELLERHALS, 82 ff. und 117 ff.; LEVIS, 21 ff.
[103] Vgl. DERENDINGER, Rz. 119; FELLMANN-BK, Art. 397 N 103; JOSEF HOFSTETTER, 80; KELLERHALS, 82 f.; LEVIS, 21 ff.; ROLF H. WEBER-KSP, Art. 397 N 8.
[104] Vgl. SCHLÜCHTER, 1364 f.
[105] Vgl. DERENDINGER, Rz. 119; FELLMANN-BK, Art. 397 N 105 f.; FISCHER, 265 f.; JOSEF HOFSTETTER, 80; LEVIS, 21 f.; ROLF H. WEBER-KSP, Art. 397 N 8.
[106] FELLMANN-BK, Art. 397 N 110.
[107] Vgl. DERENDINGER, Rz. 120; FELLMANN-BK, Art. 397 N 116; JOSEF HOFSTETTER, 80; ROLF H. WEBER-KSP, Art. 397 N 8; missverständlich demgegenüber LEVIS, 21 f., wonach der Anwalt an rechts- und berufsrechtswidrige Weisungen grundsätzlich nicht gebunden sei.
[108] Vgl. FELLMANN-BK, Art. 397 N 115 f.; ROLF H. WEBER-KSP, Art. 398 N 10.
[109] Vgl. FELLMANN-BK, Art. 397 N 97 f. und 116; JOSEF HOFSTETTER, 79; KELLERHALS, 121; ROLF H. WEBER-KSP, Art. 398 N 7.

ihm gestatten, die erteilten Weisungen auf ihre Richtigkeit hin zu überprüfen und allfällige Fehler zu erkennen[110].

Sind verschiedene Massnahmen möglich, hat der Anwalt grundsätzlich die sicherste zu ergreifen[111]. Der Sicherheitsaspekt stellt allerdings «lediglich eine Komponente in der Abwägung verschiedener Möglichkeiten dar»[112]. Die Frage der Sicherheit beurteilt sich dabei nach Massgabe der Möglichkeiten einer erfolgreichen Durchführung des Auftrags[113]. Erhebt beispielsweise ein Anwalt trotz Zweifel an der Durchsetzbarkeit des Anspruchs wegen Verjährung die entsprechende Einrede nicht, haftet er, wenn die Klage des Prozessgegners gutgeheissen wird, sich später aber herausstellt, dass der Anspruch verjährt gewesen ist[114].

Vorsicht ist gegenüber der Forderung geboten, der Anwalt habe stets den «sichersten und gefahrlosesten Weg» zu gehen[115]. Dies führt zum einen zu einer unzulässigen Verschärfung des Haftungsmassstabes und fordert zum andern eine unzulässige Ex-post-Betrachtung direkt heraus[116]. Dieser Ansatz ist von vornherein untauglich, «wenn es um Prognosen mit kaum ausräumbaren Unsicherheitsfaktoren oder um Zweckmässigkeitsfragen geht, die primär im Tatsächlichen und nicht sosehr im Rechtlichen ihre Grundlage haben»[117].

d. *Sorgfalt bei der Prozessführung*

Da die Führung eines Prozesses mit erheblichen Kosten verbunden ist, hat der Anwalt vor Einleitung eines Rechtsstreites die *Erfolgsaussichten* genau zu prüfen[118]. Zwar darf er auf Seiten seines Klienten das Bewusstsein voraussetzen, dass jeder Rechtsstreit mit Risiken behaftet ist. Indessen hat er seinen Auftraggeber ausdrücklich über die zu erwartenden Kosten und das damit verbundene *Kostenrisiko* aufzuklären[119]. Stellt der Anwalt fest, dass die Erfolgschancen gering sind, muss er den Klienten mit Nachdruck auf die Gefahren des Unterliegens aufmerksam machen. Nach der in Deutschland geltenden Praxis, die auch auf schweizerische Verhältnisse anwendbar ist, darf der Anwalt den Klienten schon bei einem Zweifel über die Erfolgsaussichten

---

110 Zu den verschiedenen Varianten vgl. eingehend FELLMANN-BK, Art. 397 117 ff. m.w.H.
111 Vgl. FELLMANN-BK, Art. 398 N 412; vgl. eingehend BORGMANN/HAUG, § 21 Rz. 113 ff.; LEVIS, 36; RINSCHE, Rz. I 131 ff; SCHLÜCHTER, 1361; BGH NJW 1983, 1665; BGH NJW 1986, 581; VersR 1984, 785.
112 SCHLÜCHTER, 1361.
113 Vgl. BORGMANN/HAUG, § 21 Rz. 113; LEVIS, 36; RINSCHE, Rz. I 131.
114 Vgl. VersR 89, 47 (OLG Düsseldorf).
115 Vgl. dazu eingehend KNAPPEN, 11 f.
116 BORGMANN/HAUG, § 21 Rz. 123; vgl. auch NIGG (Aufklärungspflicht), 210 f.; RINSCHE, Rz. I 136; SCHLÜCHTER, 1361.
117 BORGMANN/HAUG, § 21 Rz. 121.
118 Vgl. NIGG (Aufklärungspflicht), 210 ff.
119 Vgl. NIGG (Aufklärungspflicht), 211 ff.

nicht im Unklaren lassen. Dabei genügen allgemeine Formulierungen wie ein Hinweis auf den «offenen» Ausgang des Prozesses nicht. Erforderlich ist vielmehr eine klare (schriftliche und damit beweisbare) Belehrung, die dem Klienten die *Risiken deutlich vor Augen führt*[120]. Erscheint der *Prozess weitgehend aussichtslos,* bedarf der Gang vor den Richter besonderer Rechtfertigungsgründe. Zu denken ist etwa an berechtigte Erwartungen auf ein (vergleichsweises) Einlenken der Gegenpartei. Um nicht später mit dem Vorwurf der Unsorgfalt konfrontiert zu werden, empfiehlt es sich, eine entsprechende Taktik mit dem Klienten im Detail abzusprechen und dessen Zustimmung schriftlich zu fixieren[121]. Soweit der Klient entsprechend belehrt worden ist und zum gewählten Vorgehen sein Einverständnis gegeben hat, kann in der Prozessführung auch bei nur geringen Erfolgsaussichten keine anwaltliche Pflichtverletzung gesehen werden[122].

Die Forderung nach einer eingehenden Aufklärung, verbunden mit der Pflicht zur Abmahnung, heisst jedoch nicht, dass der Anwalt dem Klienten bei jeder *Unsicherheit* vom Prozess abraten müsste. Es gehört vielmehr gerade zur Aufgabe des Anwaltes, bei einer nicht ganz eindeutigen Rechtslage zugunsten des Klienten zu versuchen, mit einer für ihn günstigen Rechtsauffassung durchzudringen[123].

Der Anwalt hat insbesondere der Vorbereitung des Prozesses Beachtung zu schenken. Sind vor Einleitung des Verfahrens bestimmte rechtliche Voraussetzungen zu schaffen, wie etwa die Inverzugsetzung des Prozessgegners, die Erhebung von Mängelrügen[124], die Ansetzung von Nachfristen usw., hat der Anwalt die erforderlichen Massnahmen zu treffen[125]. Besonderes Augenmerk hat er auf die Unterbrechung laufender Verjährungsfristen zu richten[126]. Alsdann muss er die tatsächliche Situation gewissenhaft prüfen[127] und mit Blick auf die gewünschte rechtliche Subsumption in seinen Rechtsschriften sorgfältig darstellen. Der Anwalt hat den Klienten daher auf die verschiedenen Anspruchsgrundlagen hinzuweisen[128] und ihm so Gelegenheit zu geben, alle

---

[120] Vgl. BORGMANN/HAUG, § 20 Rz. 86 m.w.H.; KNAPPEN, 10; RINSCHE, Rz. I 431 ff.; SCHLÜCHTER, 1360; VersR 86, 286 (OLG Düsseldorf); VersR 94, 813 (OLG Köln).
[121] Zum Ganzen vgl. BORGMANN/HAUG, § 20 Rz. 83 ff.; FELLMANN-BK, Art. 398 N 412; KELLERHALS, 82 ff.; KÖNIG, 10 ff.; LEVIS, 36.
[122] BORGMANN/HAUG, § 20 Rz. 88; vgl. auch RINSCHE, Rz. I 432.
[123] BORGMANN/HAUG, § 20 Rz. 87; vgl. auch NIGG (Aufklärungspflicht), 211; SCHLÜCHTER, 1361.
[124] Vgl. etwa Pra 72/1983 Nr. 283, S. 765 ff.
[125] Vgl. RINSCHE, Rz. I 431.
[126] Vgl. KNAPPEN, 9; VersR 92, 447 (BGH); VersR 90, 899 (BGH).
[127] Vgl. NIGG (Aufklärungspflicht), 206 f. und Fn. 41, wonach sich der Anwalt dabei stets zu vergegenwärtigen habe, dass die Sichtweise des Klienten meist subjektiv und bezüglich der Tatsachen oftmals zu seinen Gunsten selektiv sei.
[128] Er muss dem Klienten beispielsweise den Unterschied zwischen Rücktritt und Schadenersatz wegen Nichterfüllung und die Konsequenzen eines entsprechenden Vorgehens erläutern, VersR 95, 212.

sachdienlichen Informationen bekanntzugeben und mögliche Beweismittel vorzulegen[129]. Soweit nötig hat er den Sachverhalt mittels Studium der ihm übergebenen Akten und Beiziehung der verfügbaren Beweisstücke zu klären. Erscheinen diese Unterlagen lückenhaft oder ungenügend, muss er bei seinem Klienten weitere Informationen verlangen. Da «nur der Rechtskundige wissen kann, welche Tatsachen für die Beurteilung der sich stellenden Rechtsfragen von Bedeutung sind», hat der Anwalt den Mandanten nötigenfalls zielgerichtet zu befragen[130]. Dabei hat er ihn auf die drohenden Nachteile einer nicht vollständig bewiesenen Anspruchsgrundlage aufmerksam zu machen[131]. Grundsätzlich darf der Anwalt dabei auf die Richtigkeit der Ausführungen seines Klienten vertrauen. Ist ihm indessen eine Kontrolle der Angaben des Klienten – beispielsweise anhand von Akten oder mittels Augenschein – möglich, muss er die massgebenden Rechtstatsachen selbst überprüfen[132]. Eine Überprüfung ist im weiteren geboten, wenn begründeter Anlass besteht, an der Wahrheit der Aussagen des Klienten zu zweifeln, oder wenn die Angaben ungenau sind[133]. In diesem Fall muss der Anwalt den Klienten auf Unstimmigkeiten hinweisen und zur Klärung der Sachlage auffordern[134]. Ist der Sachverhalt geklärt, muss der Anwalt beim Klienten die erforderlichen Beweismittel einfordern und dem Gericht nach Massgabe des anwendbaren Prozessrechts rechtzeitig vorlegen[135].

Besondere Aufmerksamkeit muss der Anwalt der *Einhaltung der prozessualen Vorschriften,* insbesondere der Wahrung der Fristen widmen[136]. Leitet er die Aufforderung des Gerichts zur Leistung eines Kostenvorschusses an den Klienten weiter, hat er sich durch Rückfrage zu vergewissern, dass dieser die Verfügung erhalten hat[137]. Gleiches gilt bei der Zustellung eines Urteils an den Klienten mit der Bitte, sich zu einem allfälligen Weiterzug zu äussern[138].

Die Rechtsschriften des Anwaltes haben den formellen Anforderungen zu genügen. Speziell sorgfältig sind die Anträge zu formulieren. In der Begründung sind die Ansprüche des Klienten in sachlicher und in rechtlicher Hinsicht sorgsam zu substantiieren. Besteht die Gefahr einer Veränderung des Prozessgegenstandes, hat der Anwalt unter Umständen vorsorgliche Massnahmen zu

---

129   Vgl. KNAPPEN, 10; VersR 92, 51 (BGH).
130   NIGG (Aufklärungspflicht), 206 Fn. 41; vgl. auch KELLERHALS, 85.
131   FELLMANN-BK, Art. 398 N 415; vgl. auch KELLERHALS, 84 ff.; RINSCHE, Rz. I 434.
132   Vgl. AnwBl 95, 44 (BGH); BGE 117 II 563.
133   Wird dem Anwalt für die Eintragung eines Bauhandwerkerpfandrechts nur eine Strassenadresse genannt, hat er durch Rückfrage oder Abklärungen an Ort und Stelle für Klarstellung zu sorgen: BGE 117 II 563 ff. (= Pra 81/1992 Nr. 185); vgl. dazu auch MERZ ZBJV 129/1993 252 f. und TERCIER, BR 1993, 48 f.
134   Vgl. FELLMANN-BK, Art. 398 Rz. 415; KELLERHALS, 84 ff.; SJZ 56/1960 78.
135   Vgl. VersR 93, 747 (OLG Koblenz).
136   Vgl. KELLER, 422; KELLERHALS, 87 ff.; KÖNIG, 10 ff.; SCHLÜCHTER, 1363; BGE 85 II 46.
137   Vgl. SCHLÜCHTER, 1363; BGE 110 Ib 94.
138   Vgl. SCHLÜCHTER, 1363; BGE 106 II 173.

erwirken[139]. Auch im Verlauf des Verfahrens muss der Anwalt die Interessen des Klienten sorgsam wahren. Fordert er beispielsweise (auf eine entsprechende Beweisverfügung hin) die noch nicht aufgelegten Urkunden oder weitere notwendige Beweismittel beim Mandanten nicht ein, haftet er für die Folgen der Klageabweisung, wenn der Klient den Prozess bei Vorlage dieser Beweismittel gewonnen hätte[140].

In Bezug auf *taktische Überlegungen* steht dem Anwalt ein weiterer Ermessensspielraum offen. Die Grenze ist auch hier die Pflicht, «den übernommenen Auftrag gewissenhaft und sorgfältig zu erfüllen»[141]. Wirft der Klient dem Anwalt einen taktischen Fehler vor, etwa einen Zeugen nicht genannt, eine Expertise nicht eingeholt oder ein ungünstiges Beweismittel vorgelegt zu haben, wird der Richter im Haftpflichtprozess die massgebenden Umstände besonders sorgfältig und fallbezogen analysieren müssen[142]. Im Einzelfall ist dem Anwalt zu empfehlen, dem Klienten auch seine taktischen Überlegungen zu vermitteln und sich dessen Zustimmung zu sichern.

Schliesst der Anwalt einen Vergleich, muss er den Klienten über dessen Tragweite belehren und seine Zustimmung einholen[143]. Übersieht er einen massgebenden Aspekt, haftet er für allfälligen Schaden, wenn der Mandant den Vergleich bei richtiger Beratung nicht abgeschlossen hätte[144].

e. Sorgfalt in der Organisation der Kanzlei

Der Anwalt hat seine Kanzlei so zu organisieren und zu führen, dass die Interessen seines Klienten in jeder Situation optimal gewahrt sind[145]. So müssen etwa *Fristen* auch während der Abwesenheit des Anwaltes eingehalten werden[146]. Er hat daher für die Bestellung eines Stellvertreters und für dessen Instruktion besorgt zu sein. Zur ordnungsgemässen Organisation gehört auch die Schaffung eines Systems zur Erfassung und Kontrolle der laufenden Fristen. Überhaupt darf er die Abwicklung seiner Geschäfte nicht dem Zufall überlassen[147].

Zwar wird man die Anwaltschaft (noch) nicht zur Einführung eines *zertifizierten Qualitätsmanagementsystems* auf der Grundlage der *ISO-Normen* verpflichten können[148]. Berücksichtigt man indessen, dass Versäumnisse infolge

---

[139] Vgl. KELLERHALS, 86 ff.; KÖNIG, 10 ff.
[140] Vgl. KNAPPEN, 10; VersR 93, 747 (OLG Koblenz).
[141] LEVIS, 36.
[142] LEVIS, 36 und Fn. 11.
[143] Vgl. AnwBl 95, 43 (BGH).
[144] Vgl. VersR 88, 1048 (OLG Düsseldorf); vgl. auch KNAPPEN, 11; BGE 91 II 438 ff.
[145] Vgl. SCHLÜCHTER, 1364; allgemein zur Büroorganisation, UMBRICHT, 29 ff.
[146] Vgl. KELLER, 423.
[147] LEVIS, 30; vgl. etwa BGE 63 II 422; 87 IV 147; 82 II 254; 85 II 46; 99 II 121; 110 Ib 94.
[148] Vgl. dazu eingehend MÜLLER in dieser Festschrift 373 ff. vgl. auch MOSER, 181 ff. und SCHAUB, 91 ff.

von Arbeitsüberlastung und Organisationsmängeln zu den häufigsten Ursachen einer Haftung des Anwaltes zählen[149], wird augenfällig, dass ein solches System gute Dienste leisten würde. Entsprechend zu relativieren sind denn auch die etwas vorschnellen Einwände der Verantwortlichen des Schweizerischen Anwaltsverbandes[150]. Zwar sagt ein ISO-Zertifikat über die juristische Qualität der Dienstleistungen eines Anwaltes nichts aus. Es belegt aber immerhin, dass er sich bemüht, seinen Betrieb so zu strukturieren, dass organisatorische und fachliche Fehler systematisch ausgemerzt werden[151].

D. Kausalzusammenhang

Der Anwalt muss den Schaden nur ersetzen, wenn zwischen der Vermögensverminderung seines Auftraggebers und der Vertragsverletzung ein *adäquater Kausalzusammenhang* besteht. Sein Fehler muss als natürliche Ursache des Schadens erscheinen und aufgrund juristischer Wertung nach dem gewöhnlichen Lauf der Dinge und der allgemeinen Erfahrung geeignet sein, den Schadenseintritt herbeizuführen oder ihn jedenfalls zu begünstigen[152]. Ob zwischen der Vertragsverletzung und dem Schaden ein adäquater Kausalzusammenhang besteht, ist Rechtsfrage; ob der natürliche Kausalzusammenhang gegeben ist, ist Tatfrage[153].

Im Schadenersatzrecht vermag auch ein negatives Geschehen, eine sogenannte *Unterlassung,* Ursache eines Schadens zu sein. Massgebend ist dabei die Antwort auf die Frage, ob der Schaden entfiele, wenn die unterbliebene Handlung ausgeführt worden wäre. Eine Unterlassung wird aber nur dann als Ursache eines Schadens betrachtet, wenn eine *Pflicht zum Handeln* bestand[154] und die unterlassene Handlung den Schaden sicher oder höchstwahrscheinlich verhindert hätte; dass der Schaden nur möglicherweise ausgeblieben wäre, genügt nicht[155].

Verletzt der Anwalt beispielsweise seine Aufklärungspflicht, muss er einen allfälligen Schaden nur ersetzen, wenn dieser tatsächlich auf der unterlassenen oder fehlerhaften Aufklärung beruht. Diese Voraussetzung ist erfüllt, wenn der Klient «bei ordnungsgemässer Aufklärung anders, nämlich in der Weise entschieden hätte, dass der Schaden nicht eingetreten wäre»[156]. Der

---

[149] Zu den Hauptursachen der anwaltlichen Verantwortlichkeit vgl. KNAPPEN, 7 ff.
[150] Vgl. SCHILLER (Transparenz und Lauterkeit), 5.
[151] Zu der Bedeutung der ISO-Normen für die Anwaltschaft vgl. MÜLLER in dieser Festschrift 373 ff.
[152] Vgl. FELLMANN-BK, Art. 398 N 457; DERENDINGER, Rz. 229 ff.; KELLERHALS, 23 ff.; KÖNIG, 7 f.; LEVIS, 8; ROLF H. WEBER-KSP, Art. 398 N 32.
[153] Vgl. FELLMANN-BK, Art. 398 N 460 m.w.H.
[154] Vgl. FELLMANN-BK, Art. 398 N 458; REY, Rz. 593 und 602; OFTINGER/STARK, § 3 Rz. 52.
[155] BORGMANN/HAUG, § 27 Rz. 38.
[156] NIGG (Aufklärungspflicht), 213.

Anwalt haftet demgegenüber nicht, wenn der Schaden auch bei ordnungsgemässer Aufklärung eingetreten wäre. So bleibt etwa die fehlerhafte Aufklärung über die Möglichkeiten eines Rechtsmittels ohne Folgen, wenn eine Anfechtung des Urteils ohnehin aussichtslos geblieben wäre[157].

Wie NIGG zutreffend feststellt, lässt sich in der Praxis freilich nur in den wenigsten Fällen klar feststellen, wie die Sache ohne den Anwaltsfehler ausgegangen wäre. Bei der Verletzung der Aufklärungspflicht liegt der Grund dafür vor allem im Umstand begründet, dass der Entscheid, den der Klient getroffen hätte, unbekannt bleibt[158]. Im Schadenfall muss daher der Richter entscheiden, wie sich der Klient bei pflichtgemässer Aufklärung wahrscheinlich verhalten hätte. Ist davon auszugehen, der Schaden wäre bei gehöriger Aufklärung mit an Sicherheit grenzender Wahrscheinlichkeit nicht eingetreten, hat der Anwalt den Schaden vollumfänglich zu ersetzen. Problematischer sind die Fälle, bei denen sich nicht eindeutig eruieren lässt, wie die Angelegenheit bei sorgfältigem Vorgehen des Anwaltes verlaufen wäre. Die Antwort ist vor allem deshalb schwierig, weil hier nicht nur die Wahrscheinlichkeit des (direkten) Kausalzusammenhanges zwischen der Sorgfaltspflichtverletzung des Anwaltes und dem Schaden zu diskutieren, sondern zumeist gleichzeitig auch bei der Schadensberechnung von Hypothesen auszugehen ist[159].

Weitere Probleme ergeben sich im Zusammenhang mit der *Beweislast:* Wer hat zu beweisen, wie sich der Klient bei ordnungsgemässer Aufklärung und Beratung verhalten hätte? Im Zusammenhang mit der Haftung des Arztes für Aufklärungsfehler hat das Bundesgericht die Beweislast für die Behauptung, der Patient hätte auch bei ordnungsgemässer Aufklärung in den Eingriff eingewilligt, grundsätzlich dem Arzt zugewiesen[160]. Diese Beweislast wird nur dadurch gemildert, dass das Bundesgericht im Beweisverfahren auch dem Patienten gewisse Mitwirkungspflichten auferlegt[161]. In Analogie zur Arzthaftung könnte nun die Meinung aufkommen, im Anwaltshaftungsprozess wegen fehlerhafter oder unterlassener Aufklärung und Beratung habe der Anwalt zu beweisen, dass das Verfahren auch bei ordnungsgemässer Aufklärung denselben Verlauf genommen hätte, d.h., dass die Sache auch bei sorgfältiger Aufklärung schief gelaufen wäre.

Eine solche Beweislastverteilung erscheint im Anwaltshaftungsprozess jedoch nicht angebracht. Im Gegensatz zur Haftung des Arztes wegen unterlassener Aufklärung, geht es hier nämlich nicht nur um die Einwilligung des Klienten und damit um die Rechtmässigkeit bzw. Rechtswidrigkeit des Vorgehens an und für sich. Bei der Klärung der Frage, wie sich der Klient bei

---

[157] NIGG (Aufklärungspflicht), 213.
[158] NIGG (Aufklärungspflicht), 213.
[159] Vgl. II B vorne.
[160] Vgl. etwa BGE 113 Ib 425; 115 Ib 181; 117 Ib 202.
[161] Vgl. BGE 117 Ib 206 ff.

sorgfältigem Vorgehen seines Anwaltes verhalten hätte, sind vielmehr vielschichtige hypothetische Geschehensabläufe zu diskutieren.

Auf der anderen Seite darf der Richter sich dieser Problematik aber auch nicht dadurch entziehen, dass er die Beweislast für hypothetisches Verhalten kurzerhand dem Klienten auferlegt. Im Zusammenhang mit diesen Beweisfragen wird er vielmehr dem Umstand Rechnung tragen müssen, «dass bei hypothetischen Abläufen Beweise so gut wie nie mit letzter Sicherheit erbracht werden können»[162]. Einen Lösungsansatz dieser Probleme bietet der Vorschlag von NIGG, dem Betroffenen «entsprechend einer differenzierten Wahrscheinlichkeitsbeurteilung» eine Teilsumme zuzusprechen[163]. Auch dieser Vorschlag bietet freilich keine einfachen Lösungen an. In den meisten Fällen ist nämlich nicht nur die Wahrscheinlichkeit des Verhaltens des Klienten (und weiterer Personen) zu beurteilen. In aller Regel steht auch der Schaden selbst ziffernmässig nicht fest. Zur Festlegung einer allfälligen Teilsumme müsste der Richter daher auch bezüglich des Gesamtschadens von Hypothesen ausgehen. Will er sich nicht dem Vorwurf aussetzen, im Ergebnis eher Genugtuung als Schadenersatz zuzusprechen, wird er die Umstände des Falles und eine gerechte Verteilung der Beweislast sehr sorgfältig abwägen müssen.

E. Verschulden

Für die Folgen einer Vertragsverletzung hat der Anwalt nur einzustehen, wenn er die Vertragsverletzung zu verantworten hat. Verantwortlich ist er, wenn ihn an der Vertragsverletzung ein *Verschulden* trifft oder er – wie beispielsweise bei der Haftung für Hilfspersonen nach Art. 101 OR – aufgrund des Gesetzes für den Schaden einzustehen hat[164].

Ein Verhalten ist schuldhaft, «wenn es dem Handelnden *persönlich zum Vorwurf gereicht*», weil «er in der gegebenen Situation anders hätte handeln sollen und anders hätte handeln können»[165]. Der Vorwurf gründet darin, dass sich der Anwalt unrichtig verhalten hat, obgleich es ihm bei Anwendung der nötigen Sorgfalt oder Aufmerksamkeit oder bei gutem Willen möglich gewesen wäre, sich richtig zu verhalten[166].

Der Anwalt hat für *Vorsatz* und *Fahrlässigkeit* einzustehen. Fahrlässig handelt, wer – bewusst oder unbewusst – aus mangelnder Sorgfalt Schaden verur-

---

[162] NIGG (Aufklärungspflicht), 214.
[163] NIGG (Aufklärungspflicht), 215, vgl. auch die entsprechenden Vorschläge der Studienkommission für die Gesamtrevision des Haftpflichtrechts in ihrem Bericht vom August 1991, 144 f.
[164] Vgl. FELLMANN-BK, Art. 398 N 462; KELLERHALS, 32 ff.; KÖNIG, 8; LEVIS, 8 f.; ROLF H. WEBER-KSP, Art. 398 N 32; WOLFGANG WIEGAND-KSP, Art. 97 N 42 ff.
[165] LARENZ (OR AT), 276.
[166] LARENZ (OR AT), 276; vgl. auch FELLMANN-BK, Art. 398 N 463 m.w.H.

sacht. Der Massstab, an dem das Verhalten des Schuldners gemessen wird, ist objektiviert. Massgebend sind daher nicht die Umstände und individuellen Fähigkeiten des einzelnen Anwaltes. Richtungsweisend ist vielmehr die im Verkehr erforderliche Sorgfalt. Wer sich daher als Anwalt verpflichtet, eine Leistung zu erbringen, hat zu gewährleisten, dass er über die erforderlichen (beruflichen) Fähigkeiten verfügt[167].

Der *Begriff der Sorgfalt* tritt *in zwei Bezügen* auf: *Bei der Vertragsverletzung* dient er als Grundlage für die Bestimmung der Qualität, die bei der Ausführung des Auftrages an die Leistung zu stellen ist. Hier wird ein Höchstmass an Sorgfalt verlangt[168]. *Im Zusammenhang mit dem Verschulden* umschreibt er demgegenüber den Fahrlässigkeitsmassstab. Auf der Stufe des Verschuldens ist nicht mehr die gänzlich objektivierte Stufe menschenmöglicher Sorgfalt massgebend[169]. Hier wird das erforderliche Können vielmehr auf ein Standardmass herabgesetzt. Die Fähigkeiten des Einzelnen werden zwar nicht in allen Einzelheiten, aber doch nach einigen schematischen Gesichtspunkten als Faktor berücksichtigt[170]Haftung für Dienstleistungen), 141 ff.. Aufgrund des objektivierten Verschuldensbegriffs im Vertragsrecht sind der Begriff der Sorgfaltspflichtverletzung und derjenige der Fahrlässigkeit praktisch identisch. Ist daher eine Vertragsverletzung nachgewiesen, gilt meistens zugleich als bewiesen, «dass die von einem durchschnittlichen Schuldner in dieser Situation zu erwartende Sorgfalt nicht aufgewendet wurde»[171]. Für eine Exkulpation bleibt in dieser Situation praktisch kein Raum[172].

Am *objektivierten Verschuldensbegriff* ändert auch Art. 398 Abs. 1 OR nichts, der auf die Sorgfaltspflichten des Arbeitnehmers im Arbeitsverhältnis verweist. Damit meinte der Gesetzgeber nämlich nicht, der Beauftragte hafte nach Arbeitsvertragsrecht. Beabsichtigt war lediglich, die erforderliche Sorgfalt auf die konkreten Verhältnisse auszurichten. Danach bestimmt sich das Mass der Sorgfalt, für die der Beauftragte einzustehen hat, nach dem einzelnen Auftragsverhältnis, unter Berücksichtigung des Bildungsgrades oder der Fachkenntnisse, die zur Ausführung des Auftrages verlangt werden sowie der Fähigkeiten und Eigenschaften des Beauftragten, die der Auftraggeber gekannt hat oder hätte kennen sollen. Zur Anwendung gelangt damit *ein bereichsspezifischer bzw. berufsspezifischer Sorgfaltsmassstab*[173].

---

167 Vgl. eingehend FELLMANN-BK, Art. 398 N 470 ff. m.w.H; vgl. auch KELLERHALS, 32 ff.; LEVIS, 8 f.; WOLFGANG WIEGAND-KSP, Art. 97 N 42 f.
168 OSWALD, 103; vgl. auch FELLMANN-BK, Art. 398 N 473; ROLF H. WEBER-KSP, Art. 398 N 24.
169 OSWALD, 103; vgl. auch FELLMANN-BK, Art. 398 N 473; ROLF H. WEBER-KSP, Art. 398 N 24.
170 OSWALD, 103 und 120 ff.; vgl. auch FELLMANN-BK, Art. 398 N 473; ROLF H. WEBER (Sorgfaltswidrigkeit), 46 ff., 51 f.; WOLFGANG WIEGAND (
171 WOLFGANG WIEGAND-KSP, Art. 97 N 43; vgl. auch KELLER, 422.
172 WOLFGANG WIEGAND-KSP, Art. 97 N 43.
173 Vgl. eingehend FELLMANN-BK, Art. 398 N 479 ff.; vgl. auch ROLF H. WEBER-KSP, Art. 398 N 23.

Kann sich der Anwalt daher nicht auf Zufall, höhere Gewalt[174] oder auf Selbstverschulden seines Klienten berufen, «muss er positiv dartun, er habe alles getan, was man ihm billigerweise zumuten könne, um die Vertragspflichten zu erfüllen»[175]. Dabei ist von der «Sorgfalt und Umsicht» auszugehen, «die man von einem tüchtigen Vertreter seines Standes verlangt»[176].

III. Schadenersatzbemessung

Der Schadenersatzbemessung geht die *Schadensberechnung* voraus. Mit ihr wird ermittelt, wie gross der Schaden ist, den der Klient infolge der nichtgehörigen Erfüllung des Auftrages durch den Anwalt erlitten hat. Wie im übrigen Vertragsrecht wird der Schaden auch im Auftragsrecht anhand des *«positiven Interesses»* oder des *«negativen Interesses»* berechnet[177]. Neben den bereits im Zusammenhang mit dem Schadensbegriff[178] und dem Kausalzusammenhang[179] beschriebenen Problemen ergeben sich bei der Schadensberechnung im Auftragsrecht keine Besonderheiten.

Auch die Frage der *Schadenersatzbemessung* ist im Auftragsrecht nicht speziell geregelt. Es finden deshalb die Bestimmungen des Allgemeinen Teils, insbesondere *Art. 99 Abs. 2 und 3 OR* sowie – entsprechend dem Verweis in Art. 99 Abs. 3 OR – die *Art. 43 und 44 OR* Anwendung. Das Mass der Haftung des Beauftragten richtet sich deshalb «nach der besonderen Natur des Geschäftes und wird insbesondere milder beurteilt, wenn das Geschäft» für ihn «keinerlei Vorteile bezweckt»[180]. Bei der Bestimmung der Grösse des Ersatzes hat der Richter «sowohl die Umstände als die Grösse des Verschuldens zu würdigen»[181]. Haben Umstände, für die der Auftraggeber «einstehen muss, auf die Entstehung oder Verschlimmerung des Schadens eingewirkt oder die Stellung» des Beauftragten «sonst erschwert, so kann der Richter die Ersatzpflicht ermässigen oder gänzlich von ihr entbinden». Würde der Beauftragte, «der den Schaden weder absichtlich noch grobfahrlässig verursacht hat, durch die Leistung des Ersatzes in eine Notlage versetzt, so kann der Richter auch

---

[174] In BGE 63 II 422 verneinte das Bundesgericht beispielsweise eine Exkulpation wegen eines längeren Krankenhausaufenthaltes aufgrund eines komplizierten Beinbruches; anders noch BGE 51 II 450 (Lungenentzündung).
[175] KELLERHALS, 39.
[176] KELLERHALS, 38.
[177] Vgl. FELLMANN-BK, Art. 398 N 337 ff. m.w.H.
[178] Vgl. II B vorne.
[179] Vgl. II D vorne.
[180] Art. 99 Abs. 2 OR.
[181] Art. 43 Abs. 1 i.V.m. Art. 99 Abs. 3 OR; vgl. FELLMANN-BK, Art. 398 N 507; KELLERHALS, 57 f.; WOLFGANG WIEGAND-KSP, Art. 99 N 18.

aus diesem Grunde die Ersatzpflicht ermässigen»[182]. Die Voraussetzungen für eine Ermässigung wegen der Gefahr einer wirtschaftlichen Notlage dürften indessen kaum je erfüllt sein, da Anwälte meistens standesrechtlich verpflichtet sind, eine Haftpflichtversicherung abzuschliessen[183].

Grundsätzlich hat der Beauftragte den von ihm verursachten *Schaden ganz zu ersetzen*. Für eine (teilweise) Entlastung müssen gewichtige und zwingende Gründe ins Feld geführt werden können. So ist insbesondere eine Reduktion wegen der Geringfügigkeit des Verschuldens nur statthaft, «wenn es sich um relativ und absolut bedeutende Beträge handelt, die den Schuldner erheblich schwerer belasten würden, als es der Grösse seines Verschuldens (vielleicht eines blossen Versehens) entspricht»[184]. Da der Anwalt regelmässig haftpflichtversichert ist bzw. es jedenfalls sein müsste[185], hätten die in Frage stehenden Summen den Deckungsumfang der üblichen Policen erheblich zu überschreiten. Auch eine Reduktion des Haftungsumfanges wegen eines geringen Honorars kann nur mit äusserster Zurückhaltung in Erwägung gezogen werden. Ohne zwingende Gründe darf nämlich das Entgelt des Beauftragten nicht in Beziehung zur Grösse des Schadens des Auftraggebers gesetzt (und dieser damit relativiert) werden[186].

IV. Freizeichnung

Grundsätzlich kann auch die Haftung des Beauftragten *für leichte (und mittlere) Fahrlässigkeit* vertraglich beschränkt oder ganz wegbedungen werden[187]. Da solche Haftungsbeschränkungen jedoch dem fundamentalen Interesse des Auftraggebers widersprechen[188], ist ein vertraglicher Haftungsverzicht in jedem Fall nur gültig, wenn er in voller *Kenntnis der massgebenden Umstände* abgegeben wird[189]. Verlangt der Beauftragte daher vom Auftraggeber die Zustimmung zu einer (teilweisen) Wegbedingung seiner Haftung, muss er ihn über die Bedeutung und Tragweite der gewünschten Haftungsbeschränkung *aufklären*[190].

---

[182] Art. 44 i.V.m. Art. 99 Abs. 3 OR; vgl. FELLMANN-BK, Art. 398 N 507; KELLERHALS, 57 f.; ROLF H. WEBER-KSP, Art. 398 N 31; WOLFGANG WIEGAND-KSP, Art. 99 N 19.
[183] Vgl. FELLMANN/SIDLER, 22 f.
[184] BECKER-BK, Art. 99 N 40; a.M. offenbar KELLERHALS, 58.
[185] So etwa Ziff. 3.9.1. der Standesregeln der Rechtsanwälte der Europäischen Gemeinschaft oder Art. 6 der Standesregeln des Luzerner Anwaltsverbandes, vgl. dazu FELLMANN/SIDLER, 22 f.
[186] FELLMANN-BK, Art. 398 N 512.
[187] Vgl. FELLMANN-BK, Art. 398 N 513; DERENDINGER, Rz. 350; ROLF H. WEBER-KSP, Art. 398 N 34; a.M. GAUTSCHI-BK, Art. 398 N 25 und Art. 395 N 71 ff.
[188] SCHUMACHER, Rz. 415 ff.
[189] SCHUMACHER, Rz. 418.
[190] FELLMANN-BK, Art. 398 N 517.

Zu beachten ist, dass Haftungsbeschränkungen, die über das übliche Mass hinausgehen, in aller Regel *gegen Standesrecht verstossen*[191]. Ob eine Freizeichnungsklausel, die sich an die Schranken der Art. 100 oder 101 OR hält, wegen Verstosses gegen Standesrecht nach Art. 20 Abs. 1 OR nichtig ist, erscheint allerdings zweifelhaft[192].

V. Haftung für Dritte

A. *Überblick*

Nach Art. 398 Abs. 3 OR ist der Beauftragte berechtigt, die Besorgung des Auftrages an einen *Dritten* zu übertragen, wenn er dazu *ermächtigt* oder durch die Umstände *genötigt* ist, oder wenn eine Vertretung übungsgemäss als zulässig betrachtet wird. Ist eine Substitution zulässig, kann er statt eines Substituten auch eine Hilfsperson beiziehen. *Untergeordnete Aufgaben* darf er in jedem Fall einem *Erfüllungsgehilfen* übertragen, also auch dann, wenn eine Substitution nach Art. 398 Abs. 3 OR nicht zulässig ist[193]. Voraussetzung ist, dass der Beizug des Erfüllungsgehilfen bloss der Unterstützung seines eigenen Leistungshandelns dient, wie es beispielsweise bei der Übertragung von Schreibarbeiten an eine Sekretärin der Fall ist[194]. Unzulässig ist der Beizug eines Erfüllungsgehilfen nur, wenn es bei der fraglichen Tätigkeit gerade auf die Persönlichkeit des Beauftragten ankommt, wenn also die Qualität der Leistung von seiner Eigenschaft abhängt. Auf die persönlichen Eigenschaften des beauftragten Anwaltes kommt es aber nur an, wenn keine vertretbare Leistung in Frage steht[195].

Das Verhältnis zwischen Anwalt und Klient ist in aller Regel durch ein persönliches Vertrauensverhältnis geprägt. Eine *freie Übertragbarkeit* des Auftrages vom einen auf den andern Anwalt ist daher *nicht denkbar*. Eine generelle übungsgemässe Zulässigkeit der Substitution nach Art. 398 Abs. 3 OR scheidet damit von vornherein aus[196]. Für spezielle Situationen ist eine entsprechende Übung aber denkbar. So entspricht es einer *Usanz*, dass innerhalb einer Kanzleigemeinschaft der eine Anwalt für den andern bei *Ferienabwesen-*

---

[191] Vgl. FELLMANN-BK, Art. 398 N 517; ROLF H. WEBER-KSP, Art. 398 N 34; SCHAUB, 95; ZBJV 105/1969 372.
[192] A.M. Anwaltskammer des Kantons Luzern, ZBJV 105/1969 372, wonach eine vertragliche Beschränkung der Haftung auf grobe Fahrlässigkeit nichtig sei.
[193] FELLMANN-BK, Art. 398 N 529 m.w.H.; vgl. auch ROLF H. WEBER-KSP, Art. 398 N 3.
[194] Vgl. FELLMANN-BK, Art. 398 N 532 f.; KELLERHALS, 150 f.; LEVIS, 38.
[195] FELLMANN-BK, Art. 398 N 529.
[196] Vgl. BECKER-BK, Art. 398 N 13; FELLMANN-BK, Art. 398 N 582; KELLERHALS, 142 f.; LEVIS, 39; ROLF H. WEBER-KSP, Art. 398 N 5.

heit oder in anderen Verhinderungsfällen einspringt[197]. Zu beachten ist auch, dass sich die meisten Anwälte das Recht der Substitution zusammen mit der erforderlichen Vollmacht vom Auftraggeber (vertraglich) einräumen lassen. In diesem Fall sind sie im Sinne von Art. 398 Abs. 3 OR «ermächtigt», den Auftrag gegebenenfalls an einen Dritten zu übertragen[198]. Wie die folgenden Ausführungen zeigen, führt dies freilich nur dann zu einer Reduktion der Haftung im Sinne von Art. 399 Abs. 2 OR, wenn die Substitution im Interesse des Auftraggebers erfolgt.

Liegt keine ausdrückliche Ermächtigung zur Substitution vor, ist der Beizug eines (selbständigen) Dritten nur zulässig, wenn der Anwalt durch die Umstände dazu genötigt wird. Eine solche *Notsituation* kann beispielsweise vorliegen, wenn ein Anwalt wegen *Krankheit* oder aus anderen Gründen ausserstande ist, den Auftrag selbst aus- oder weiterzuführen oder eine Hilfsperson bei der Ausführung zu überwachen und es nicht möglich ist, beim Auftraggeber für die Fortführung des Mandates Weisungen einzuholen[199].

Überträgt ein Anwalt die Ausführung seines Auftrages ganz oder teilweise an Dritte, fragt sich, ob eine (zulässige oder unzulässige) *Substitution oder bloss der Beizug eines Erfüllungsgehilfen* vorliegt. Dabei sind wertende, weder bloss juristisch-technische noch allein auf die äusseren Umstände abstellende Überlegungen massgebend: Die Frage nach der Unterscheidung zwischen Erfüllungsgehilfe und Substitut steht nämlich in einem engen Zusammenhang mit der Frage nach der Zulässigkeit der Substitution und der Rechtfertigung des durch Art. 399 Abs. 2 OR begründeten Haftungsprivilegs. Entscheidend ist deshalb, ob im konkreten Fall eine auf gehörige Sorgfalt bei der Wahl und Instruktion des Dritten reduzierte Haftung gerechtfertigt ist. Eine Substitution des Auftrages im Sinne von Art. 398 Abs. 3 OR liegt demnach nur dann vor, wenn der Beauftragte die Erfüllung durch einen wirtschaftlich selbständigen Dritten vornehmen lässt, ohne diesen zu leiten oder zu beaufsichtigen und sich das damit verbundene Haftungsprivileg bei der gegenseitigen Abwägung der Interessen des Auftraggebers und des Beauftragten rechtfertigen lässt bzw. rechtfertigen liesse, wenn die Substitution zulässig wäre[200]. Damit sich das Haftungsprivileg des Erstbeauftragten aber rechtfertigen lässt, hat der Beizug des Substituten im Interesse des Auftraggebers zu erfolgen. Liegt die Substitution dagegen allein im Interesse des Beauftragten (weil sie ihm z.B. zur Vergrösserung seiner geschäftlichen Kapazität oder seines Umsatzes dient), lässt sich das Haftungsprivileg nicht begründen[201].

---

[197] ROLF H. WEBER-KSP, Art. 398 N 5.
[198] Vgl. KELLERHALS, 142 f.
[199] Vgl. FELLMANN-BK, Art. 398 N 584 f.; KELLERHALS, 142; LEVIS, 39 Fn. 129; ROLF H. WEBER-KSP, Art. 398 N 5.
[200] FELLMANN-BK, Art. 398 N 542.
[201] Vgl. FELLMANN-BK, Art. 398 N 545 m.w.H.; vgl. auch ROLF H. WEBER-KSP, Art. 398 N 3 und 399 N 3; BGE 107 II 245; 112 II 353 f.

B. Haftung bei Substitution

1. Haftung bei befugter Substitution

War der Anwalt zur Übertragung des Auftrages an einen Dritten ermächtigt, haftet er nach Art. 399 Abs. 2 OR nur für *gehörige Sorgfalt* bei der *Wahl* und *Instruktion* des Dritten. Das gleiche gilt, wenn die Substitution übungsgemäss als zulässig betrachtet wird oder der beauftragte Anwalt durch die Umstände zur Übertragung der Auftragsausführung an einen Dritten genötigt war. Haftungsbegründend ist in diesen Fällen eine Sorgfaltspflichtverletzung bei der Auswahl (Beizug eines unfähigen Substituten) oder Instruktion (Erteilung ungenügender oder unrichtiger Anweisungen) des Dritten[202]. Die Beweislast für diese Vertragsverletzung trifft den Auftraggeber. Ist dieser Nachweis erbracht, wird ein Verschulden des beauftragten Anwaltes vermutet. Er hat daher für den Schaden einzustehen, sofern er nicht beweist, dass ihm im Zusammenhang mit der (objektiv) unsorgfältigen Auswahl und/oder Instruktion des Substituten keinerlei Verschulden zur Last fällt[203].

2. Haftung bei unbefugter Substitution

Hat der beauftragte Anwalt die Besorgung seines Auftrages unbefugterweise einem Dritten übertragen, haftet er für dessen Handlungen, wie wenn es seine eigenen wären. Art. 399 Abs. 1 OR begründet eine *milde Kausalhaftung*. Der beauftragte Anwalt kann sich daher nicht mit dem Nachweis entlasten, an der unbefugten Substitution treffe ihn kein Verschulden, da er beispielsweise irrtümlich angenommen habe, er sei zur Substitution berechtigt[204]. Demgegenüber steht ihm aber der Entlastungsbeweis offen, ihn selbst würde kein Verschulden treffen bzw. es würde keine Vertragsverletzung vorliegen, wenn er gleich wie der Substitut gehandelt hätte[205]. In der Praxis hat diese Einschränkung freilich wenig Gewicht, weil sich der Anwalt seiner Verantwortung in aller Regel nicht mit dem Hinweis entziehen kann, er persönlich hätte den Auftrag noch schlechter erfüllt, als der beigezogene Substitut[206].

C. Haftung für Hilfspersonen

Für das Verhalten seiner Hilfspersonen haftet der Anwalt nach Art. 101 OR. Danach hat er seinem Auftraggeber den Schaden zu ersetzen, den der Erfül-

---

[202] Vgl. FELLMANN-BK, Art. 399 N 52 ff.; ROLF H. WEBER-KSP, Art. 399 N 2.
[203] Art. 97 Abs. 1 OR; vgl. FELLMANN-BK, Art. 399 N 53.
[204] Vgl. FELLMANN-BK, Art. 399 N 30, ROLF H. WEBER-KSP, Art. 399 N 5.
[205] FELLMANN-BK, Art. 399 N 21 ff. und N 31.
[206] Vgl. FELLMANN-BK, Art. 399 N 22.

lungsgehilfe in Ausübung seiner Verrichtungen verursacht. Ein Verschulden des beauftragten Anwaltes ist nicht erforderlich; der Beauftragte *haftet* für das Verhalten seiner Hilfspersonen *kausal.* Massgebend ist allein, dass die Handlung des Erfüllungsgehilfen dem Beauftragten als Vertragsverletzung vorzuwerfen wäre, wenn er sie selbst vorgenommen hätte. Ob den Erfüllungsgehilfen selbst ein Verschulden trifft, bleibt dabei unerheblich[207].

VI. Haftung des Anwaltes gegenüber Dritten

A. *Einleitung*

Dass der Anwalt seinem Klienten für den Schaden haftet, den er durch eine Sorgfaltspflichtverletzung verschuldet hat, bedarf vom Grundsatz her keiner näheren Begründung. Die Haftung des Anwaltes gegenüber seinem Klienten wird denn auch nirgendwo prinzipiell in Frage gestellt. Weniger beachtet wird die Tatsache, dass der Anwalt bei der Ausübung seines Berufes vielfältige Tätigkeiten verfolgen kann, bei denen immer wieder Kontakte zu Dritten entstehen, die im Rahmen dieser Beziehung auch eine Vermögensverminderung erfahren können. So kann der Anwalt als Testamentsvollstrecker den Erben Schaden zufügen, als Vormund sein Mündel schädigen, als Verwaltungsrat[208] die Gläubiger der Gesellschaft um berechtigte Ansprüche prellen oder als Konkursverwalter die Vermögensinteressen der Gläubiger des Gemeinschuldners beeinträchtigen. Bei der Redaktion eines Schenkungsvertrages im Auftrage des Schenkers kann dem Anwalt ein Fehler unterlaufen, der später die Interessen des Beschenkten tangiert. Schliesslich kann aber auch das blosse Erweisen einer Gefälligkeit schief laufen und der vermeintlich Begünstigte zu Schaden kommen.

All diesen Fällen ist gemeinsam, dass zwischen Anwalt und Drittem kein Anwaltsvertrag im Sinne der Art. 394 ff. OR vorliegt[209]. Soweit die Haftung aus solchen Tätigkeiten im Gesetz speziell geregelt ist, wie dies etwa für die Haftung des Verwaltungsrates[210] oder die Haftung des Vormundes[211] der Fall ist, wird im folgenden nicht näher darauf eingetreten. Im nächsten Abschnitt soll lediglich ein kurzer Überblick über mögliche Haftungstatbestände gegeben werden, für die das Gesetz bezüglich der Tätigkeit des Anwaltes keine spezifische Regelung vorsieht:

---

[207] Vgl. FELLMANN-BK, Art. 398 N 636; KELLERHALS, 151 ff.; KÖNIG, 8; LEVIS, 38 f.
[208] Vgl. eingehend HIRSCH, 4 ff.
[209] Vgl. BELL, 15 ff.; BORGMANN/HAUG, § 32 Rz. 1 ff.
[210] Art. 754 OR.
[211] Art. 426 ZGB.

B. Die Haftung des Anwaltes nach Art. 41 OR

Nach Art. 41 OR haftet, wer einem anderen *schuldhaft und widerrechtlich Schaden zufügt*. Im Gegensatz zur vertraglichen Haftung setzt die Haftung aus Delikt keine vorbestehenden Rechtsbeziehungen zwischen den Parteien voraus; im Gegenteil: Grundlage der Forderung ist gerade und allein die unerlaubte Handlung. Greift daher der Anwalt im Rahmen eines Mandates in geschützte Rechtsgüter der Gegenpartei oder eines anderen Dritten ein, haftet er, wenn die Voraussetzungen des Art. 41 OR erfüllt sind. Daran ändert nichts, dass die Schädigung allenfalls im Auftrage des Klienten erfolgte[212]. Es gibt jedenfalls keinen allgemeinen Rechtfertigungsgrund, der es dem Anwalt erlauben würde, bei der Verfolgung der Interessen seines Klienten in geschützte Rechtspositionen Dritter einzugreifen, ohne dafür selbst Verantwortung übernehmen zu müssen[213]. Zwar haftet unter Umständen auch der Klient für das Verhalten seines Anwaltes[214]. Dies schliesst jedoch die persönliche Haftung des Anwaltes selbst nicht aus; sie führt lediglich dem Geschädigten gegenüber zu einer Mehrheit von Ersatzpflichtigen.

Die *Haftung des Anwaltes* gegenüber Dritten setzt eine *widerrechtliche Handlung* voraus. Die schädigende Handlung (oder Unterlassung) muss mithin gegen geschriebene oder ungeschriebene Gebote oder Verbote der Rechtsordnung verstossen, die dem Schutz des verletzten Rechtsgutes dienen. Nach herrschender Lehre und Rechtsprechung schuldet der Haftpflichtige somit nur Schadenersatz, wenn die schädigende Handlung ein absolutes Rechtsgut wie Leib, Leben, Persönlichkeit oder Eigentum verletzt (Erfolgsunrecht) oder gegen eine Schutznorm verstösst (Verhaltensunrecht) und so einen Vermögensschaden verursacht[215].

Die Voraussetzung der Widerrechtlichkeit setzt der Überwälzung eines Schadens vor allem dort Schranken, wo ein *reiner Vermögensschaden* zur Diskussion steht. Nach herrschender Lehre und Rechtsprechung ist die Verursachung eines reinen Vermögensschadens nur dann widerrechtlich, wenn der Haftpflichtige gegen eine spezifische Schutznorm verstossen hat, deren Zweck darin besteht, das Vermögen gegen Schädigungen dieser Art zu schützen; das Vermögen für sich allein ist kein generell geschütztes Rechtsgut[216]. Im Ergebnis hängt die Ersatzfähigkeit solcher Schäden also davon ab, ob sich im Strafgesetzbuch oder in einem andern Gesetz eine Bestimmung finden lässt, der neben «kollektiven Schutzfunktionen» auch die Bedeutung einer «indivi-

---

212 Vgl. BELL, 27.
213 Vgl. etwa BGE 109 IV 39 ff.; 107 IV 34 f.
214 Vgl. eingehend BORGMANN/HAUG, § 35 Rz. 43 ff.
215 Vgl. etwa OFTINGER/STARK, § 4 Rz. 1 ff.; FELLMANN (Haftpflichtrecht), 885 f. m.w.H.
216 Vgl. etwa OFTINGER/STARK, § 4 Rz. 35 ff.; REY, Rz. 703 f.

duellen Schutznorm» (Schutz des Vermögens gegen Beeinträchtigungen durch solche Störungen) zukommt[217].

Diese Grundsätze gelten auch für das *Verhalten des Anwaltes*. Liegt daher kein *Eingriff in ein absolutes Rechtsgut* vor (etwa das Recht der Persönlichkeit der Gegenpartei), muss das Vorgehen des Anwaltes in aller Regel *strafrechtlich relevant* sein, um dem Dritten gegenüber eine Schadenersatzpflicht zu begründen[218]. Mögliche Straftatbestände sind insbesondere die strafrechtlichen Bestimmungen zum Schutz des Vermögens. Haftungsgrundlage können aber auch krasse Verstösse gegen die dem Anwalt obliegenden *Berufs- oder Standespflichten* sein. Zu denken ist an unredliche Prozessführung durch bewusst unwahren Tatsachenvortrag, durch Beibringung gekaufter Zeugen oder Benutzung verfälschter Beweismittel, aber auch an Missbrauch des Verfahrens als blosses Druckmittel[219]. In solchen Fällen dürften allerdings gleichzeitig auch die Voraussetzungen des Art. 41 Abs. 2 OR erfüllt sein.

Ein Anwendungsfall für eine Haftung des Anwaltes aus Delikt ist die Erteilung eines *Rates*, einer *Auskunft* oder einer *Empfehlung*, soweit ihr kein Vertrag zugrunde liegt[220]. Tatsächlich wertet das Bundesgericht Gefälligkeiten, welche weder in Ausübung eines Gewerbes noch gegen Entgelt erfolgen, als ausservertragliches Handeln. Dabei hat es den Grundsatz entwickelt, dass aus Art. 41 OR schadenersatzpflichtig wird, wer aufgrund seines Fachwissens in Anspruch genommen wird, wunschgemäss Auskünfte erteilt oder Gefälligkeitsleistungen erbringt und dabei wider besseres Wissen oder leichtfertig unrichtige Angaben macht oder wesentliche Tatsachen verschweigt, die ihm bekannt sind und von denen er sich sagen muss, dass ihre Kenntnis den in Frage stehenden Entschluss beeinflussen könnten[221]. Nach der hier vertretenen Auffassung dürfte freilich in den meisten Fällen einer Erteilung von Rat, Auskunft oder Empfehlung durch einen *Anwalt* ein *Auftragsverhältnis* vorliegen[222]. Im Ergebnis wird ein ausservertragliches Handeln nur gegeben sein, wenn Ratschläge unaufgefordert erteilt werden[223].

C. *Vertrag mit Schutzwirkung für Dritte*

Die deutsche Lehre und Rechtsprechung anerkennen, dass sich die aus dem Grundsatz von Treu und Glauben abgeleiteten Schutzpflichten, die dem Gläu-

---

[217] Bericht Studienkommission, 43; vgl. auch FELLMANN (Haftpflichtrecht), 885; REY, Rz. 705 ff.; HONSELL, § 4 Rz. 26 ff.
[218] Vgl. BELL, 28.
[219] BELL, 33.
[220] Vgl. eingehend BELL, 33 ff.; KAISER, 25 ff.; KUHN, 347 ff.
[221] BGE 116 II 699; vgl. auch BGE 111 II 474 E.3; 112 II 350 E.1a.
[222] Vgl. FELLMANN-BK, Art. 394 N 212 m.w.H.; vgl. auch BGE 112 II 350.
[223] FELLMANN-BK, Art. 394 N 209.

biger gegenüber immer bestehen, unter bestimmten Umständen auch auf die Rechtsgüter eines Dritten erstrecken können. Sie haben deshalb solchen, *am Vertrag zwar nicht beteiligten Personen,* die man aber aufgrund ihrer Nähe zum Leistungsverhalten des Schuldners und ihrer Beziehung zum Gläubiger in ähnlicher Weise wie diesen als schutzbedürftig ansah, als «Gläubiger eines sekundären Leistungsanspruches» anerkannt und ihnen gestützt darauf eigene *vertragliche Schadenersatzansprüche* zuerkannt[224]. Man spricht in solchen Fällen von einem Vertrag mit Schutzwirkung für Dritte. Die Einbeziehung des Dritten in die Schutzwirkung des Vertrages wird jedoch auf die Fälle begrenzt, in denen dem Schuldner die Auswirkungen seines Leistungsverhaltens auf Dritte erkennbar sind und die Rücksichtnahme auf das Interesse des Gläubigers an deren Schutz der Billigkeit entspricht[225].

Auch in der Schweiz plädiert ein Teil der Lehre für die Anerkennung der Figur eines Vertrages mit Schutzwirkung für Dritte[226]. Das Bundesgericht hat sich in dieser Frage bis heute noch nicht festgelegt[227]. Nach der hier vertretenen Auffassung ist das Institut eines Vertrages mit Schutzwirkung für Dritte in bestimmten Fällen durchaus geeignet, zu sachgerechten Lösungen zu führen. Möglich ist seine Anwendung insbesondere auch auf den Anwaltsvertrag[228]. Dies gilt vor allem dort, wo die Erteilung des Auftrages in der für den Anwalt *erkennbaren Absicht* erfolgt, dass das *Ergebnis einem Dritten zugute kommen* soll, wie dies etwa bei der Redaktion eines Testamentes zur Begünstigung eines Dritten der Fall ist[229]. Der Anwalt haftet danach dem Dritten für den Schaden, der diesem aus einer vertragswidrigen und schuldhaften Pflichtverletzung entstanden ist[230].

Der in den *Schutzbereich* des Vertrages einbezogene Personenkreis sollte allerdings *eng gezogen* werden, darf doch auch der Anwalt nicht «in unzumutbarer Weise mit uferlosen Schadenersatzpflichten gegenüber Dritten belastet werden»[231]. Von vornherein ausgeschlossen sind sicherlich Personen, deren Interessen den Interessen des Klienten zuwiderlaufen[232].

---

[224] LARENZ (OR AT), 226.
[225] LARENZ (OR AT), 227.
[226] Vgl. etwa GAUCH/SCHLUEP, Rz. 4048 ff.; BUCHER (OR AT), 485; KRAMER-BK, Allgemeine Einleitung, N 144 f.; GONZENBACH-KSP, Art. 112 N 23.
[227] Vgl. etwa BGE 117 II 320; 120 II 331 ff.; 121 III 310.
[228] Vgl. BELL, 85.
[229] Vgl. NJW 1965, 1955 (Einbeziehung der Tochter des Klienten in den auf Mitwirkung an ihrer testamentarischen Erbeinsetzung gerichteten Anwaltsvertrag).
[230] Vgl. BELL, 125.
[231] BELL, 97.
[232] BELL, 125.

Fabio Soldati

Il dovere di informazione dell'avvocato nei confronti del cliente

Indice

I. Premessa
II. Consulenza e informazione
   A. La consulenza
   B. L'informazione
III. Dovere d'informazione
   A. Durata
   B. Dovere d'informare anche se non richiesti
   C. Obbligo di avvertire il cliente in caso di prescrizione o di pregiudizi incombenti
   D. Informazioni sull'esito del processo
   E. Informazioni sui costi
IV. Conseguenze di un'informazione carente
V. Conclusioni

I. Premessa

«L'avvocato investito del patrocinio in una causa ha il dovere di informare il cliente sullo svolgimento del processo. La totale omissione dell'attività informativa viola il dovere di correttezza. Più grave è la violazione se l'avvocato occulti al cliente, nonostante la richiesta di notizie, l'esito (nella specie: infausto) della lite, una volta definito il giudizio[1].» Questa non è semplicemente una massima teorica bensì una citazione tratta da un caso realmente accaduto e giudicato dal Consiglio dell'ordine di Milano. Purtroppo non sono rari i casi in cui l'avvocato non informa adeguatamente il proprio cliente e cosi facendo innesca tutta una serie di conseguenze sia di carattere disciplinare che civile.

Un altro caso alquanto significativo è stato recentemente deciso dalla commissione di disciplina dell'Ordine degli avvocati del Canton Ticino. Uno studio legale ha affidato una pratica ad un giurista esterno, che ha avuto la sfrontatezza (nel vero senso della parola) di presentarsi ai clienti spacciandosi per uno dei titolari. Egli, per di più, ha lasciato precludere la vertenza e

---

[1] Danovi, 285.

nemmeno ha trasmesso ai clienti la sentenza[2]. È evidente che tale fattispecie ha comportato una severa violazione deontologica dei titolari dello studio (oltre alle azioni di responsabilità) poiché sono stati omessi i doveri basilari dell'avvocato, ovvero quelli di seguire la pratica con diligenza ed informare il cliente.

Il contratto tra l'avvocato ed il suo cliente è retto dalle norme del mandato ai sensi degli art. 394 ss CO[3]. Uno dei principi cardine della professione è l'esecuzione fedele e diligente dell'incarico ricevuto come peraltro esplicitamente stabilito dall'art. 398 cpv. 2 CO[4], dai codici deontologici cantonali (ad esempio l'art. 11 Cavv per il Canton Ticino) e dalle direttive della FSA, art. 10.

Il dovere di fedeltà deriva direttamente dal rapporto di fiducia che s'instaura (perlomeno all'inizio) di ogni attività professionale[5]. Lo stesso comprende l'obbligo di assistere il cliente, di rispettarlo e di evitargli nella misura del possibile ogni pregiudizio. In linea di principio il dovere di fedeltà non è sancito dal codice penale, bensì mediante le norme del diritto civile ed i codici deontologici[6].

Dall'obbligo di difendere il proprio assistito con fedeltà e diligenza deriva il dovere di fornirgli una completa assistenza e informazione[7]. Dall'avvocato, in quanto persona qualificata e retribuita, ci si attende un livello di professionalità molto alto[8].

«Ausfluss der Treuepflicht ist insbesondere, dass der Beauftragte den Auftraggeber beraten und informieren muss. Mit regelmässiger Beratung hat er dem Auftraggeber bei der Wahl der geeigneten Massnahmen behilflich zu sein[9].»

Nel seguito esamineremo la durata del dovere d'informazione e in che misura l'avvocato sia tenuto ad un'informazione completa anche quando il cliente non la richiede esplicitamente. Inoltre accenneremo all'estensione del dovere d'informare e in quali forme esso si realizza.

II. Consulenza e informazione

Consulenza e informazione sono due termini vicini e non sempre è possibile una chiara distinzione.

---

[2] BOA n° 12, dicembre 1996, 18.
[3] STF 117 II 566; DREYER (L'avocat), 465; TERCIER (CO partie spéciale), n° 2913; ENGEL (Contrats), 457.
[4] WOLFFERS, 141; TERCIER (CO partie spéciale), n° 2987.
[5] HONSELL, 216; BUCHER (OR BT), 230.
[6] STERCHI, 40.
[7] TERCIER (CO partie spéciale), n° 2989; WOLFGANG WIEGAND (Haftung für Dienstleistungen), 135.
[8] HOFSTETTER-KSP, Bd. VII 1, 115.
[9] STF 115 II 65.

A. La consulenza

L'avvocato fornisce ai suoi clienti consulenza, ovvero presta consigli sulle scelte e possibilità affinché il cliente possa realizzare al meglio, ovviamente entro i limiti della legalità, i suoi interessi[10].

Egli deve in particolare dissuadere il cliente che intende dargli un mandato a lui pregiudizievole[11]. Proprio per il fatto che l'avvocato conosce la materia ed è un professionista nel suo campo, deve valutare se le istruzioni del cliente siano compatibili con lo scopo che quest'ultimo si prefigge. Qualora tale scopo non sia raggiungibile egli ha il dovere di dissuadere il suo mandante poiché vi è la presunzione che se il cliente conoscesse l'inutilità del mandato, egli non l'avrebbe conferito[12]. In sostanza la consulenza rappresenta l'attività dell'avvocato «in senso classico» oltre naturalmente a quella di patrocinatore nelle procedure civili, penali ed amministrative[13].

B. L'informazione

L'informazione si differenzia dalla consulenza in quanto concerne il dovere dell'avvocato di tenere al corrente il proprio mandante sugli sviluppi del mandato. In particolare gli deve segnalare ogni circostanza importante per le scelte del cliente[14].

In sostanza la differenza tra la consulenza e l'informazione è che mediante la prima si forniscono consigli, mediante la seconda si forniscono dati.

Ovviamente l'avvocato che informa il proprio cliente è tenuto a fornirgli pure le indicazioni che ritiene utili per assisterlo al meglio. Di conseguenza l'attività informativa è strettamente connessa alla consulenza e spesso una si confonde nell'altra.

L'obbligo d'informazione può esser regolato espressamente nei codici professionali. In Italia, ad esempio, l'art. 35 del codice deontologico forense stabilisce espressamente:

> «L'avvocato è tenuto a dare al proprio assistito tutte le informazioni relative all'attività in corso, quando lo reputi opportuno ovvero quando la parte assistita ne faccia richiesta. È obbligo altresì dell'avvocato segnalare la necessità del compimento di determinati atti al fine di evitare prescrizioni o pregiudizi.»

Negli Stati Uniti troviamo la seguente norma:

> «A lawyer shall keep a client reasonably informed about the status of a matter and promptly comply with reasonable requests for information[15].»

---

[10] WOLFFERS, 33.
[11] TERCIER (CO partie spéciale), n° 2991.
[12] GAUTSCHI-BK, art. 397 n° 18a.
[13] PFEIFER (Rechtsanwalt), 274.
[14] TERCIER (CO partie spéciale), n° 2990.
[15] ABA Rules, rule 1.4.

Nella maggior parte dei codici professionali svizzeri e nelle direttive della Federazione Svizzera degli Avvocati non troviamo norme così esplicite. Ma come detto sopra, il dovere d'informazione è già intrinseco al dovere di fedeltà, principio questo esplicitamente stabilito dal codice delle obbligazioni che ritroviamo in tutti i codici professionali.

Le norme deontologiche hanno un effetto normativo per quanto concerne i diritti e i doveri degli avvocati e precisano la portata del mandato[16].

«Was ein Anwalt tun darf, ergibt sich im einzelnen aus den Standesregeln[17].»

È pacifico che l'informazione deve esser vera. Per quanto ciò possa apparire ovvio capita che degli avvocati arrivino a dare informazioni false pur di sottacere l'esito negativo di una procedura. Il Consiglio nazionale forense italiano, in una sentenza del 18 luglio 1970, ha stabilito che viola i doveri di diligenza e lealtà l'avvocato che abbia fornito ai clienti notizie false su procedure mai iniziate, pur avendo ricevuto per ciascuna di essa un mandato e un fondo spese, e che abbia incassato una somma di denaro a seguito di una transazione senza fornirne alcuna notizia in merito, versandola al cliente a distanza di tempo, in più riprese e solo dopo ripetute minacce di esposti al consiglio dell'Ordine. La sanzione è stata la sospensione dell'esercizio della professione per la durata di otto mesi, in quanto risultava l'esistenza di una grave situazione economica e una disorganizzazione dello studio non direttamente imputabili solo all'avvocato[18].

Ricapitolando, oggetto del dovere d'informazione è tutto ciò che può essere rilevante per il cliente[19]. Questi deve essere informato in modo tale da poter partecipare adeguatamente alle decisioni.

III. Dovere d'informazione

A. *Durata*

Il dovere d'informazione è presente in ogni momento del mandato. All'inizio, durante il suo svolgimento, al momento dell'estinzione ma pure più tardi se ciò si rivela necessario nell'interesse del cliente. Quando il rapporto di mandato cessa e viene riconosciuto lo scarico, il dovere d'informazione non viene a cadere[20].

«Lors même que l'approbation serait devenue définitive, elle ne saurait libérer le mandataire du devoir d'informer pleinement et sincèrement le mandant sur tous les

---

[16] ENGEL (Contrats), 457.
[17] STF 108 Ia 319.
[18] DANOVI, 288.
[19] HOFSTETTER-SPR VII 2, 90; STF 115 II 65.
[20] HOFSTETTER-SPR VII 2, 92; AUBERT, 320.

faits et droits qui sont considérés comme importants d'après la conception des affaires et en relation avec le mandat[21].»

Per quanto concerne la posizione degli eredi del mandante, vale il medesimo principio applicabile alle banche, ovvero prevale il dovere sancito dal diritto privato e pubblico di rispettare il segreto professionale[22].

Il cliente ha il diritto di chiedere delle informazioni anche più volte. Ovviamente saranno poi dovuti i costi supplementari.

B. *Dovere d'informare anche se non richiesti*

Il dovere d'informare spontaneamente il proprio cliente deriva dal già menzionato dovere di fedeltà[23]. L'informazione deve essere continua e regolare affinché il cliente sia in grado di decidere quale via percorrere:

> «Der Beauftragte hat als Fachmann auch unaufgefordert über die Zweckmässigkeit des Auftrages und der Weisungen, die Kosten und Gefahren sowie die Erfolgschancen Auskunft zu geben[24].»

Si osserva che di diversa opinione è HOFSTETTER che non condivide il principio di un obbligo così generalizzato d'informare anche senza esplicita richiesta. A suo modo di vedere la questione va esaminata valutando le condizioni contrattuali, le direttive o le circostanze del singolo caso[25].

Nella famosa sentenza Credito Svizzero, Succursale di Chiasso, c/W. Inc. (più nota come caso Texon) il Tribunale federale ha così precisato gli obblighi di informazione del mandatario:

> «Ne consegue che, in quanto mandatario incaricato di vigilare agli interessi della sua cliente, il Credito Svizzero doveva fare tutto il necessario per eseguire regolarmente e fedelmente l'affare affidatogli e gli incombeva in particolare d'informare senza indugi il mandante su ogni circostanza che poteva impedire o rendere difficile l'adempimento del proprio compito[26].»

Ne deduciamo che il mandatario deve informare il suo cliente tempestivamente («senza indugio») in merito a tutte le circostanze che possono influenzare la realizzazione del mandato[27]. In particolare il cliente deve sempre avere gli elementi per decidere se revocare l'incarico o modificarne i termini[28].

---

[21] AUBERT, 321.
[22] AUBERT, 341.
[23] DERENDINGER, 131.
[24] STF 115 II 65.
[25] HOFSTETTER-SPR VII 2, 90.
[26] STF 100 II 372.
[27] HOFSTETTER-SPR VII 1, 104.
[28] DERENDINGER, 57.

La necessità d'informare dipende naturalmente dalla personalità del mandante. Infatti più questi è erudito e meglio conosce la materia, meno s'impone per l'avvocato un'informazione su ogni dettaglio della pratica. In particolare un'informazione non è necessaria se il mandante già conosce i rischi e le conseguenze del contratto (ad esempio quando un legale di una banca affida un mandato ad un avvocato esterno). La portata del dovere d'informazione non dipende dunque tanto dal tipo di pratica bensì dalle conoscenze del mandante. Se il cliente ha la possibilità di ottenere informazioni di carattere legale da un'altra fonte, in tal caso il dovere d'informazione dell'avvocato va relativizzato (si pensi ad esempio agli avvocati che ottengono dei mandati dalle assicurazioni giuridiche).

Anche il modo di fornire le informazioni dev'essere adeguato alle capacità del cliente di capirle. C'è infatti una tendenza degli avvocati di parlare con i loro clienti usando un gergo difficilmente accessibile a chi non è dell'ambiente. Termini quali petizione, attore, convenuto, allegazioni, perenzione, procedura sommaria, ecc. sono chiari per chi è addetto ai lavori ma non all'artigiano che cerca assistenza per incassare la sua fattura.

L'informazione deve essere completa. Per fare un esempio, in Ticino (probabilmente a causa dell'informatizzazione e l'uso dei computer) gli acconti per le spese giudiziarie in corso di procedura (e quindi non solo all'inizio della causa) vengono richiesti con la comminatoria di stralcio in caso di mancato pagamento entro il termine stabilito. Di conseguenza è sufficiente un lieve ritardo per vedersi stralciata la causa con tutte le conseguenze immaginabili. L'avvocato, a mio avviso, non può limitarsi a rendere attento il cliente che il mancato pagamento comporta l'estinzione della causa. Egli dovrà informarlo che il termine è perentorio, non sanabile, non soggetto a ricorsi o altri rimedi e che lo stralcio comporterà un carico di spese e ripetibili. In Ticino l'avvocato ha comunque il dovere deontologico di richiedere «congrui anticipi» (art. 16 Cavv.) che dovrebbero almeno in parte ridurre i rischi connessi con i ritardi nei pagamenti.

In che misura l'avvocato può scostarsi dalle istruzioni ricevute senza informare il cliente?

È pacifico che motivi pratici possono indurre l'avvocato ad agire senza informare preventivamente il suo cliente. Inoltre il Tribunale federale ha stabilito che l'avvocato ha il diritto di scostarsi da istruzioni che gli sembrano inappropriate e quindi può stabilire autonomamente la procedura da seguire, il modo di allegare i fatti e le tesi di diritto. Tuttavia nei casi di transazione (che per definizione è un atto in cui una persona rinuncia parzialmente all'esercizio di un proprio diritto per giungere ad un compromesso) l'art. 397 CO non ammette eccezioni. L'avvocato deve informare il proprio cliente sulle condizioni dell'accordo e non può derogare senza il suo consenso[29].

---

[29] JdT 1966, 190.

C. Obbligo di avvertire il cliente in caso di prescrizione o di pregiudizi incombenti

La prescrizione e la perenzione sono il vero incubo di ogni avvocato. Secondo un recente studio il 25% dei casi di responsabilità nella nostra professione concerne il mancato rispetto dei termini processuali ai quali si aggiungono ancora 18% di casi per mancata osservanza della prescrizione o perenzione[30].

È un principio acquisito che l'avvocato non sfugge alla propria responsabilità quando manca un termine di perenzione o prescrizione «qu'un avocat doit connaître»[31]. In Svizzera i termini di prescrizione sono spesso brevi (ad esempio nel campo della responsabilità civile) e di conseguenza la casistica non manca.

La questione della prescrizione dovrebbe essere fra le prime che vengono esaminate quando si assume un mandato e spesso ci si rende conto di esser già al limite della sua decorrenza[32].

In caso di dubbio l'avvocato diligente suggerisce di procedere all'interruzione o mediante la convocazione di un esperimento di conciliazione, o mediante il classico precetto esecutivo o direttamente mediante l'introduzione della causa. Si annota per inciso che recentemente è stata messa in discussione la validità della rinuncia a sollevare l'eccezione di prescrizione[33].

L'avvocato che ritiene inopportuna una causa giudiziaria deve informare tempestivamente il cliente della sua decisione di modo da evitare che a causa di prescrizioni o perenzioni il cliente, che comunque intende procedere giudizialmente, non possa più rivolgersi ad un altro legale.

Cosa succede se l'avvocato riceve il mandato di procedere giudizialmente per un credito già caduto in prescrizione?

L'avvocato deve informare il suo cliente che la prescrizione è già intervenuta[34] in quanto è ovviamente compito e diritto del cliente decidere se promuovere comunque la causa (infatti l'eccezione della prescrizione non è esaminata d'ufficio e può anche darsi che non venga sollevata dalla controparte). Se in corso di causa controparte solleva effettivamente l'eccezione di prescrizione occorre nuovamente informare il cliente affinché possa decidere se continuare comunque (ad esempio per tentare una transazione).

Se la possibilità dell'acquirente o del committente di far valere una pretesa prescritta dipende da una notifica di difetti (art. 201 o 370 CO) che può ancora avvenire per tempo, l'avvocato ha l'obbligo di informare il suo cliente tempe-

---

[30] KISSLING/LANZ, 204.
[31] ENGEL (Contrats), 458.
[32] ENGEL (Contrats), 458.
[33] SJZ 93/1997, 261
[34] DREYER (L'avocat), 470.

stivamente e, in caso di necessità, deve provvedere a tale notifica personalmente[35].

La commissione di disciplina del Canton Ticino, in una recente sentenza del 22 ottobre 1997 (n° 194) ha stabilito che un avvocato ha violato l'obbligo generale di evitare procedure inutili poiché ha spiccato un precetto esecutivo contro un collega senza che vi fosse necessità alcuna. La commissione ha ritenuto tale atteggiamento particolarmente grave dal profilo del dovere di colleganza e ha aggiunto che qualora l'esecuzione fosse stata esplicitamente richiesta dai clienti, l'avvocato avrebbe dovuto opporsi, spiegando loro che il precetto esecutivo, e le spese da esso causate, erano in quelle precise circostanze del tutto inutili.

D. Informazioni sull'esito del processo

Una delle prime domande di ogni cliente, a parte quella sui costi dell'avvocato, è quella relativa alle possibilità di successo della sua vertenza. Si tratta evidentemente di una delle questioni più difficili e comunque gravida di conseguenze poiché, a seconda della risposta, il cliente decide se intentare o meno una procedura.

Si tratta per l'avvocato di una valutazione dei rischi e, non da ultimo, dei costi e dei tempi valutando in particolare se vi è proporzione fra i diversi fattori. Purtroppo il processo civile è pieno di imponderabili (basta una rogatoria all'estero per bloccare per mesi l'avanzamento della procedura). E proprio per tutta una serie di elementi imprevedibili l'avvocato non è oggettivamente in grado di garantire un processo vittorioso. D'altronde è unanimemente riconosciuto che, in linea di principio, l'avvocato non è responsabile dell'esito del processo[36].

L'avvocato ha però il dovere di informare il proprio cliente nel modo più completo possibile sui rischi e le possibilità di successo. Inoltre deve poter dare un giudizio oggettivo e di conseguenza non deve «sposare la causa».

L'avvocato deve spiegare al cliente onestamente il proprio punto di vista e rimane comunque pienamente libero nel decidere i mezzi di attacco o difesa, ritenuto che non può evidentemente usare mezzi contrari al diritto[37]. L'art. 4 Cavv stabilisce che l'avvocato si avvale solo di mezzi consentiti dalla legge. L'art. 26 Cavv impone inoltre all'avvocato la veritiera esposizione dei fatti. In altre parole, egli non può scientemente affermare il falso[38]. L'immagine stessa dell'avvocato ne subirebbe grave discredito. Tali principi derivano dalla doppia funzione dell'avvocato sia come parte integrante del sistema giudiziario,

---

35 GAUCH/AEPLI/CASANOVA, 255.
36 ENGEL (Contrats), 458.
37 DREYER (L'avocat), 471.
38 STERCHI, 46; WEGMANN (Handbuch), 40.

ovvero collaboratore della giustizia[39] e contemporaneamente patrocinatore del suo cliente. Ovviamente quest'ultima componente deve esser dominante[40]. Qualora nel corso della causa egli dovesse raggiungere il convincimento che con ogni probabilità il processo è perso deve informare il proprio cliente per potergli dare almeno la possibilità di limitare i danni (ad esempio mediante una transazione sulle ripetibili). Comunque anche in caso di possibilità di successo ridotte ai minimi termini l'avvocato non sopporta alcuna responsabilità se ha avvertito debitamente il cliente e questi gli ha ciò nonostante conferito l'incarico.

L'avvocato deve informare il proprio cliente sui termini di ricorso contro una sentenza sfavorevole mediante lettera raccomandata, oppure deve accertarsi personalmente se il cliente è disposto ad accettare la decisione oppure se intende impugnarla[41]. Il Tribunale federale ha infatti osservato che gli invii per posta normale sono insiti di rischi. L'esperienza dimostra che talvolta una lettera viene consegnata all'indirizzo sbagliato, oppure va persa tra i giornali e le pubblicità.

«Der Anwalt kann dem aber dadurch vorbeugen, dass er entweder Mitteilungen über laufende Fristen eingeschrieben zustellen lässt oder sich rechtzeitig durch Rückfrage beim Klienten vergewissert, ob dieser sich mit einem Urteil abfinden oder weiterziehen will[42].»

Il Tribunale federale ha stabilito che il medesimo principio vale per il rispetto del termine per versare gli anticipi. L'avvocato deve verificare che l'ordinanza mediante la quale viene richiesto l'anticipo spese con la comminatoria di stralcio sia effettivamente pervenuta al cliente e che quest'ultimo abbia provveduto tempestivamente al pagamento richiesto[43].

E. *Informazioni sui costi*

Normalmente il cliente è a conoscenza che il servizio che gli presta un avvocato ha un costo (all'ora o a dipendenza del valore di causa), che la giustizia non è gratuita (rispetto ad altri Stati le tasse giudiziarie sono piuttosto consistenti) e che, in caso di soccombenza, è necessario risarcire almeno parzialmente i costi sopportati dalla controparte.

Di conseguenza non vi è un obbligo generalizzato d'informare – senza un'esplicita richiesta – il cliente sui costi che la vertenza comporta, a meno che l'avvocato si renda conto che il suo cliente ha una disponibilità di mezzi limitata e che pertanto la causa lo può compromettere in modo marcato. Vi

---

[39] STF 106 Ia 104.
[40] WOLFFERS, 33.
[41] GAUCH/AEPLI/CASANOVA, 255.
[42] STF 106 II 174.
[43] STF 110 Ib 94.

sono tuttavia alcuni codici professionali che prevedono esplicitamente tale dovere. In Ungheria vi è un progetto di legge secondo il quale la procura deve comprendere l'onorario e le spese presumibili. In particolare se l'avvocato rende attento il proprio patrocinato che il processo è molto rischioso, vi è la presunzione di consapevolezza del cliente di incorrere in costi importanti.

Diversa è la situazione se l'avvocato informa esplicitamente il cliente sui possibili costi e la sua valutazione si avvera sbagliata. In tal caso l'avvocato potrebbe esser responsabile per i maggiori costi sopportati dal suo cliente.

A mio avviso uno dei primi doveri dell'avvocato, prima di introdurre una causa, è la verifica della situazione finanziaria della controparte mediante una richiesta al competente ufficio esecuzioni. Infatti, qualora a carico della controparte risultino già esistere numerosi attestati di carenza di beni vi è seriamente da chiedersi se per il cliente abbia senso iniziare un processo per il quale dovrà comunque anticipare i costi. Si tratta dunque di un'informazione importante che l'avvocato diligente deve dare al suo cliente prima del processo.

L'avvocato ha pure il dovere di informare il cliente della possibilità di domandare l'assistenza giudiziaria se gli è noto che il suo patrocinato non è in grado di far fronte ai costi della causa. Deve essergli pure data l'informazione che l'assistenza giudiziaria è concessa solo dal momento in cui è richiesta (ovvero non ha effetto retroattivo).

IV. Conseguenze di un'informazione carente

Nel caso in cui il dovere d'informazione dell'avvocato non è adempiuto, vi possono essere conseguenze sia di carattere deontologico che di carattere civile. Il caso qui sotto descritto[44] ne è un esempio che illustra i diversi principi sopra menzionati.

L'avvocato ha introdotto una causa contro il suo cliente per ottenere il pagamento del saldo di una sua fattura per circa Fr. 30 000.– emessa a seguito di una vertenza in una successione. Il tribunale di prima istanza ha respinto la pretesa per i seguenti motivi: Nonostante non si potesse rimproverare al legale una mancata diligenza nella trattazione della pratica data l'oggettiva complessità, gli è stato rimproverato di non aver informato il suo cliente in modo sufficiente sulle conseguenze relative ai costi e alle ripetibili. Tale mancanza era importante poiché vi sarebbe stata la possibilità di raggiungere un accordo bonale. All'avvocato è stato pertanto negato il diritto di percepire l'onorario.

Secondo il tribunale, nell'ambito del dovere d'informazione dell'avvocato non è sufficiente dare delle indicazioni sui pericoli e sulle possibilità di successo ma occorre pure dare le necessarie indicazioni di carattere economi-

---

[44] ZR 93/1994 n° 86.

co e segnatamente sulle conseguenze dei costi in caso di soccombenza. In tale ambito l'avvocato non aveva agito con diligenza e non aveva pertanto diritto all'onorario. Infatti l'avvocato ha diritto ad un onorario sulla base dell'art. 394 cpv. 3 CO ai sensi del quale una rimunerazione è dovuta quando stipulata o voluta dall'uso, in quanto elemento principale della «actio mandati contraria». Evidentemente il presupposto è che il mandato sia stato adempiuto correttamente[45]. Mancando tale condizione la pretesa d'onorario decade:

> «Gehört ein gewisses Sorgfaltsmass per definitionem zur Auftragsausführung (BGE 83 II 529), so bewirkt die dem Beauftragten zuzurechnende Sorgfaltsverletzung, dass die Auftragsausführung fehlerhaft wird. (...). Die Gegenleistung ist nicht geschuldet. Die Ansprüche aus der actio mandati contraria gelangen nicht zur Entstehung[46].»

Nel caso in discussione[47] il tribunale è giunto alla conclusione che l'avvocato non avrebbe dovuto indurre i suoi clienti ad ottenere ad ogni costo una sentenza, senza preventivamente informarli chiaramente dei rischi e dei costi in caso di soccombenza. Data pertanto come dimostrata una violazione del dovere d'informazione (e pertanto di diligenza) il contratto di mandato è stato considerato non adempiuto e la pretesa d'onorario è stata respinta. Per completazione si annota che per contro è stata respinta la domanda riconvenzionale del cliente tendente al rimborso delle spese e ripetibili da lui pagate in quanto al momento dell'emanazione di questa sentenza l'avvocato veniva ritenuto responsabile per un'errata valutazione giuridica solo nei casi di errori gravi ed evidenti. Recentemente il Tribunale federale ha fatto proprie le indicazioni di parte della dottrina[48] ed ha stabilito che in principio l'avvocato, come qualsiasi altro mandatario, risponde di ogni colpa e segnatamente anche in caso di negligenza lieve[49]. Sono dunque terminati i bei tempi[50].

Dall'Austria riceviamo un altro esempio significativo. Un cliente di un avvocato è stato condannato ad una pena di reclusione di quattro mesi da espiare. Il legale è stato a sua volta condannato a risarcire al suo cliente il mancato guadagno di un mese in quanto non lo ha debitamente informato che, essendo un periodo prenatalizio, se si fosse presentato subito per l'espiazione della pena avrebbe beneficiato di un'amnistia con la riduzione della pena di un mese. Il tribunale austriaco ha stabilito che, anche se il mandato era stato conferito solo per il patrocinio penale, l'obbligo d'informare si estendeva pure alle condizioni dell'amnistia[51].

---

[45] GAUTSCHI-BK, 394 n° 835 a.
[46] GAUTSCHI-BK, Art. 402 n° 9b.
[47] ZR 93/1994 n° 86.
[48] ENGEL (Contrats), 460.
[49] STF 117 II 567; GAUCH/AEPLI/CASANOVA, 255.
[50] KISSLING/LANZ, 105.
[51] OGH 27.3.1990, 5 Ob 44/90.

V. Conclusioni

Il Tribunale federale ha riconosciuto esplicitamente che l'esercizio della professione è denso di rischi e pericoli[52] e occorre comunque tener presente le imperfezioni connesse alla natura umana.

«L'exercice de sa profession deviendrait impossible si le mandant pouvait le rendre responsable après coup de tout insuccès, compte tenu, d'une part, de la complexité de la législation et des faits, des aléas des procédures et, d'autre part, de certaines imperfections humaine mineures qui se manifestent nécessairement lors de l'exercice d'une telle profession, empreinte de risques[53]».

Tuttavia, proprio siccome l'avvocato si presenta al pubblico con un diploma di capacità professionale, ovvero un'autorizzazione all'esercizio della professione riconosciutagli dallo Stato, e non da ultimo in considerazione del fatto che l'avvocato esercita la sua attività previo compenso, il cliente si attende d'esser orientato in modo completo e costante sulle possibilità giuridiche e pratiche a disposizione. La violazione dell'obbligo di informare significa un'esecuzione non diligente del mandato e di conseguenza comporta delle responsabilità civili e disciplinari.

---

[52] SJ 1984, 204.
[53] STF 117 II 566.

Franz Werro
avec la collaboration de Anne-Catherine Hahn

Les conflits d'intérêts de l'avocat

Table de matière
I. Introduction
II. Le fondement de l'obligation d'éviter les conflits d'intérêts
   A. La délimitation entre le devoir de diligence et l'obligation de fidélité
      1. Le principe
      2. L'origine de l'obligation de fidélité
      3. Les conséquences de la délimitation
   B. Le lien entre l'obligation de fidélité et celle d'éviter les conflits d'intérêts
      1. Le fait d'agir pour le compte d'autrui
      2. Le fait d'agir dans l'intérêt d'autrui
      3. L'intérêt d'autrui et l'obligation d'éviter les conflits d'intérêts
III. Les devoirs découlant de l'obligation d'éviter les conflits d'intérêts
   A. Le devoir d'éviter la collusion entre ses intérêts propres et ceux du client
      1. L'interdiction d'accepter des pots-de-vin
      2. La collusion avec d'autres relations contractuelles
      3. Le problème de la rémunération
      4. Le droit de l'avocat d'exprimer ses convictions personnelles
   B. Le devoir d'assurer son indépendance économique
      1. L'interdiction de dépendre directement du mandant
      2. La possibilité de représenter les clients de l'employeur
      3. Le statut de collaborateur et l'exercice du barreau à temps partiel
   C. L'interdiction de la double représentation
      1. La double représentation selon les art. 32 ss CO
      2. La double représentation dans les règles déontologiques
      3. Le problème de la double représentation dans le contrat
   D. Les autres devoirs de loyauté
      1. Le devoir de discrétion en général
      2. Le devoir de discrétion dans les grandes études
      3. Le devoir de limiter le cumul de fonctions
IV. Les sanctions de l'obligation d'éviter les conflits d'intérêts
   A. L'interdiction de contracter et la représentation sans pouvoir
   B. La nullité du contrat
   C. La résiliation du contrat
      1. La distinction entre le pouvoir et le droit de résilier
      2. La résiliation suite à une violation de l'obligation d'éviter les conflits d'intérêts
   D. Les actions réparatrices
      1. L'action en dommages-intérêts pour violation du contrat
      2. La responsabilité extracontractuelle du double représentant
      3. L'action en réparation du tort moral
V. Conclusion

I. Introduction

L'avocat doit gérer les intérêts que son client lui confie, en évitant de se laisser influencer par les siens ou ceux d'un tiers. Dire qu'il se trouve dans un conflit d'intérêts suggère que cette impartialité est compromise. Le risque d'un tel conflit n'est pas propre à la profession d'avocat. Il existe à chaque fois que quelqu'un se charge de gérer l'affaire d'autrui[1]. Comme c'est là toutefois l'essentiel de l'activité de l'avocat, l'obligation contractuelle d'éviter les conflits d'intérêts revêt pour lui une importance particulière. Tout naturellement, cette obligation trouve aussi son expression dans les règles déontologiques de la profession, ainsi que dans les lois cantonales qui régissent l'activité de l'avocat.

Le risque de conflit d'intérêts se présente dans plusieurs situations. Il existe de manière évidente lorsque l'avocat accepte d'agir pour deux parties impliquées dans la même affaire. Mais il se manifeste aussi lorsqu'en plus de la défense des intérêts d'une personne déterminée, l'avocat exerce une autre activité, professionnelle ou administrative. Le risque surgit enfin lorsqu'il se laisse guider par ses intérêts personnels, économiques ou autres, plutôt que par ceux de son client. Dans toutes ces hypothèses, l'avocat s'expose à ne pas agir comme l'exigerait l'obligation de fidélité qu'il doit à son client, dès lors qu'il a accepté d'agir pour le compte de ce dernier ou de lui fournir un conseil.

L'obligation d'éviter les conflits pose des problèmes complexes, aux confins de plusieurs domaines du droit. Elle s'inscrit au cœur de la relation entre l'avocat et son client, mais elle marque aussi les devoirs de l'avocat vis-à-vis de l'Etat en tant qu'auxiliaire de la justice. Dans la présente étude, nous nous limiterons essentiellement aux aspects de droit privé de la question. Nous examinerons d'abord le fondement de l'obligation d'éviter les conflits d'intérêts (II). Nous verrons ensuite quels sont, pour l'avocat, les devoirs concrets qui en découlent (III). Nous terminerons par l'examen des sanctions qui s'attachent à la violation de ces devoirs (IV).

II. Le fondement de l'obligation d'éviter les conflits d'intérêts

L'obligation d'éviter les conflits d'intérêts trouve sa source principale dans l'obligation de fidélité de celui qui agit à la place d'autrui, notamment quand il le fait en vertu d'un mandat (art. 398 al. 2 CO). Parfois, elle peut aussi trouver son fondement dans l'obligation de diligence du mandataire. Après avoir délimité ces deux obligations, nous définirons les critères qui caractérisent le fondement de l'obligation d'éviter les conflits d'intérêts.

---

[1] Cf. HANS CASPAR VON DER CRONE, 1: «Interessenkonflikte sind pathologische Sachverhalte im Rahmen der Interessenwahrung.»

A. La délimitation entre le devoir de diligence et l'obligation de fidélité

L'art. 398 al. 2 CO dispose que le mandataire est responsable envers le mandant de la bonne et fidèle exécution du mandat. Le texte de cette disposition semble imposer à tout mandataire une obligation de diligence et une obligation de fidélité. A notre avis, cette seconde obligation a un champ d'application limité; elle ne s'impose que dans certains mandats.

1. Le principe

L'obligation de diligence s'impose à tout mandataire. Elle est l'objet même du mandat qui oblige ce dernier à faire tout ce que l'on peut raisonnablement attendre de lui pour obtenir le résultat visé par les parties au contrat[2].

De façon plus spécifique, l'obligation de fidélité ne s'impose qu'à celui qui gère une affaire pour le compte d'autrui. En vertu du rapport de confiance spéciale entre les parties dans ce cas, cette obligation exige du mandataire des devoirs particuliers de loyauté destinés à sauvegarder les intérêts du mandant et à empêcher le mandataire d'abuser des pouvoirs de gestion qui lui sont confiés[3].

Cette délimitation est le plus souvent méconnue. La pratique confond les deux obligations et retient que *tout* mandataire est tenu d'une obligation de fidélité[4]. S'il en est ainsi, c'est parce qu'on n'a jamais réussi à se départir complètement de la conception du mandat tel qu'il était compris dans l'ancien droit.

2. L'origine de l'obligation de fidélité

Avant l'adoption du premier Code fédéral des obligations en 1881, *le contrat de mandat avait pour seul objet la représentation directe,* comme c'est encore le cas en droit français notamment[5]. En tant que représentant, le mandataire était tenu de diverses obligations spécifiquement destinées à protéger les intérêts du mandant et à empêcher le «détournement de pou-

---

[2] Cf. notamment WERRO, n. 95 ss; TERCIER (Les contrats spéciaux), n. 3917.
[3] Cf. WERRO, n. 46 et les réf. citées; cf. en particulier, pour le droit allemand, LARENZ, OR AT § 56, 343.
[4] La doctrine aussi admet généralement une conception plus large de l'obligation de fidélité. A ce sujet, cf. notamment FELLMANN-BK, art. 394 n. 268; art. 398 n. 23 ss; BIZZOZERO, 100.
[5] En droit français ou en droit québécois, «le mandat ou la procuration» est le contrat par lequel une personne donne le pouvoir à une autre de la représenter dans un acte juridique avec un tiers (cf. art. 1984 CCfr; cf. ég. art. 2130 CCQ).

voir». Le représentant était ainsi tenu d'une obligation de fidélité, comprenant celle d'éviter les conflits d'intérêts; il était aussi tenu d'autres obligations «fiduciaires»: celles de suivre les instructions du mandant, de rendre des comptes et d'exécuter personnellement le mandat avec l'interdiction de déléguer (cp. art. 1993 ss CCfr; art. 2138 ss CCQ[6]).

Le Code fédéral des obligations de 1881 transforma quelque peu cette conception. *Il sépara la représentation du mandat et fit de ce contrat celui qui a pour objet la gestion d'affaire*[7]. Les obligations découlant de la représentation demeurèrent toutefois attachées au contrat de mandat. C'est ainsi que le mandataire, devenu gérant d'affaire, resta tenu vis-à-vis de son mandant d'une obligation de fidélité, mais également des autres obligations destinées à protéger le mandant contre les abus que peut commettre celui qui a reçu le pouvoir d'agir pour le compte d'autrui[8]. Cela ne posait pas de problèmes dans la mesure où un gérant d'affaire ne se distingue guère d'un représentant.

Le Code des obligations de 1911 modifia une nouvelle fois l'objet du mandat. Celui-ci fut étendu pour comprendre, en plus de la gestion d'une affaire («gérer l'affaire») toute espèce de service, y compris des *prestations de services de fait* («rendre un service»). Devenaient objet du mandat (art. 394 al. 1 CO) non seulement les activités d'intermédiaire, mais également toutes les activités factuelles, comme celles qui consistent à donner des conseils ou à prodiguer des soins médicaux, pour autant qu'elles ne relèvent pas d'autres contrats spéciaux (art. 394 al. 2 CO)[9].

Le législateur de 1911 a ainsi transformé le mandat en un contrat général de service («Sammelbecken der Dienstverträge»)[10]. Il n'a toutefois pas limité le champ d'application de l'obligation de fidélité et des autres obligations «fiduciaires», pourtant propres à l'activité du seul intermédiaire. C'est pourquoi, dans l'application du droit actuel, l'art. 398 al. 2 CO impose aujourd'hui de façon générale une *obligation de fidélité* à tout mandataire, qu'il soit médecin ou gérant de fortune[11]. De la même façon, la pratique impose à tout mandataire un devoir de rendre des comptes ou de suivre des instructions, sans

---

[6] En droit québécois, l'art. 2138 CCQ prévoit ainsi que le mandataire doit agir avec honnêteté et loyauté dans le meilleur intérêt du mandant et éviter de se placer dans une situation de conflit entre son intérêt personnel et celui de son mandant.
[7] Cf. WERRO, n. 32, 45 ss et les références à l'ancien droit.
[8] Cf. WERRO, n. 511 ss.
[9] A noter que la gestion d'affaires sans mandat (art. 419 ss CO) connaît une notion plus large de la gestion d'affaires que celle de l'art. 394 CO. En plus des actes juridiques, elle comprend aussi des actes purement factuels; cf. JÖRG SCHMID, n. 171.
[10] Cf. JOSEF HOFSTETTER, 6, 60.
[11] La doctrine ne relève pas ce fait et admet que tout mandataire est tenu d'une obligation de fidélité; cf. FELLMANN-BK, art. 394 n. 105, 267; TERCIER (Les contrats spéciaux), n. 3932. Pour une approche qui limite l'obligation de fidélité au contrat d'intermédiaire: WERRO, n. 45 ss et n. 492 ss.

voir qu'il s'agit là en réalité d'obligations qui ne s'imposent de façon spécifique qu'à un représentant.

3. Les conséquences de la délimitation

Dans le droit actuel, l'affirmation d'une obligation de fidélité à la charge de tout mandataire est source de confusion et d'imprécision. Pour clarifier les choses, il faudrait reconnaître que la bonne exécution d'un service de fait, comme le traitement médical ou la planification architecturale, dépend de la diligence du mandataire, mais non de sa loyauté ou de sa fidélité au sens propre du terme.

Certes, *l'exécution diligente de la prestation de fait* exige que le mandataire n'agisse pas à l'encontre des intérêts du mandant. Il doit prendre toutes les mesures que l'on peut raisonnablement attendre de lui pour obtenir le résultat escompté. Il est vrai aussi qu'à ce titre, un mandataire peut être tenu d'éviter un conflit d'intérêts même s'il n'est pas un intermédiaire. Ainsi, le conseiller financier qui recommande à son client de faire un investissement dans une société en difficulté dont il détient lui-même une part, sans que son client ne le sache, viole son obligation d'éviter les conflits d'intérêts. Mais celle-ci n'est qu'une facette de son obligation de diligence, et non pas de son obligation de fidélité: si le client subit un dommage, il reprochera à son conseiller d'avoir mal travaillé, et non pas d'avoir manqué de loyauté[12].

La distinction pourrait paraître purement théorique. A notre avis, elle ne l'est pas. En effet, dans la mesure où elle découle du devoir de diligence, l'obligation d'éviter les conflits d'intérêts n'est sanctionnée que si elle aboutit à un résultat défavorable pour le client. Il en va différemment lorsque c'est l'obligation de fidélité qui est en cause; nous le verrons plus loin, en relation avec les sanctions de cette obligation. L'acte qui résulte de la violation de l'obligation de fidélité peut ne pas avoir d'effet juridique, soit parce qu'il est nul, soit parce qu'il est le fait d'une représentation sans pouvoir.

B. Le lien entre l'obligation de fidélité et celle d'éviter les conflits d'intérêts

Seul l'intermédiaire est tenu d'une obligation de fidélité telle que nous l'avons définie. Il en est ainsi parce qu'il agit pour le compte et dans l'intérêt d'autrui.

---

[12] Cf. WERRO, n. 147; *contra* FELLMANN-BK, art. 394 n. 108, qui retient une obligation de fidélité également pour les mandats portant sur une prestation de fait.

1. Le fait d'agir pour le compte d'autrui

Le fondement premier de l'obligation de fidélité consiste dans le fait qu'une personne agit comme représentant ou comme intermédiaire. Doit être considéré comme tel celui qui agit pour le compte d'autrui et dispose de ce fait d'un pouvoir de gestion qui lui permet d'engager ce dernier. Pour l'affaire dont il se charge, l'avocat est *l'alter ego* de son mandant. C'est parce qu'il représente son client vis-à-vis de tiers que l'avocat est tenu d'une obligation de fidélité.

Le mandataire n'est pas tenu d'une obligation de fidélité parce qu'il agit à la place du mandant, incapable de s'occuper lui-même de son affaire, faute de temps ou de connaissances spécifiques. Ce fait n'est pas sans importance, mais il n'est pas déterminant. De manière décisive, le mandataire est tenu d'une obligation de fidélité parce qu'il a, *en sa qualité d'intermédiaire, le pouvoir d'engager le mandant, directement ou indirectement*. Il agit pour le compte d'autrui.

2. Le fait d'agir dans l'intérêt d'autrui

Quand une personne agit pour le compte d'autrui, elle doit nécessairement le faire dans l'intérêt de ce dernier, en évitant que cet intérêt soit en conflit avec un autre. Dès lors que l'intermédiaire agit avec la volonté que les effets juridiques de ses actes se produisent dans le patrimoine de son mandant, il a un devoir spécial de sauvegarder les intérêts de ce dernier[13]. L'intérêt d'autrui est ici compris *dans un sens étroit*.

Il ne faut pas confondre ce sens étroit de l'intérêt d'autrui avec son sens général qui consiste à rendre un service pour le seul bénéfice d'une autre personne *(Fremdnützigkeit)*. Dans ce dernier sens, le fait d'agir dans l'intérêt d'autrui est inhérent à tout mandat et sert de critère de délimitation par rapport au contrat d'entreprise. En effet, lorsque la prestation promise consiste dans un ouvrage (art. 363 CO), le débiteur du service agit non pas pour le seul bénéfice du maître, mais également pour le sien. Il a un intérêt juridiquement protégé à mener le travail à terme ou, subsidiairement, à exiger une indemnité complète en cas de résiliation anticipée du contrat (art. 377 CO). Il en va différemment dans le cas du mandat. Le mandataire agit sans que sa prestation de diligence ne soit en principe déterminée lors de la conclusion du contrat. Il n'a dès lors pas un intérêt protégé à l'exécution de ce contrat. C'est la raison pour laquelle l'art. 404 al. 2 CO limite l'indemnité due en cas de

---

[13] Cf. WERRO, n. 45. On notera par contraste que celui dont les actes de gestion profitent par ricochet à une autre personne n'est pas l'intermédiaire de cette dernière; il ne peut être considéré comme un gérant d'affaires, cf. ATF 122 III 364.

résiliation, au cas où elle intervient en temps inopportun, à des dommages-intérêts négatifs[14].

3. L'intérêt d'autrui et l'obligation d'éviter les conflits d'intérêts

L'obligation d'éviter les conflits d'intérêts fait partie de l'obligation de fidélité de l'intermédiaire. Les devoirs qui en découlent imposent à celui qui gère l'affaire pour le compte d'autrui de faire passer l'intérêt de ce dernier avant tout autre. L'obligation d'éviter les conflits d'intérêts a pour objet d'empêcher que les actes de l'intermédiaire aient des effets préjudiciables sur le patrimoine du mandant[15].

Ce risque est évident dans la représentation directe, mais il existe également dans la représentation indirecte, où le mandant est appelé à ratifier les actes conclus pour lui par le mandataire. Le mandant doit dans les deux cas pouvoir compter sur la loyauté et sur l'honnêteté du mandataire à qui il confie son affaire. Chaque fois que le mandataire est un intermédiaire, il est tenu des obligations fiduciaires *(fiduciary duties)* que nous avons citées plus haut[16].

Comme tout intermédiaire, l'avocat est tenu d'une obligation de fidélité et par conséquent de celle d'éviter les conflits d'intérêts. Les devoirs qui en découlent pour lui doivent être concrétisés au regard de la situation dans laquelle se trouve l'avocat par rapport à son client. C'est ce que nous allons voir maintenant.

III. Les devoirs découlant de l'obligation d'éviter les conflits d'intérêts

De l'obligation d'éviter les conflits d'intérêts découlent pour l'avocat des devoirs concrets de loyauté. Nombre de ces devoirs ont été repris dans les règles déontologiques édictées par les associations professionnelles[17]. Du point de vue civil, ces règles sont utiles dès lors qu'elles peuvent être considérées comme l'expression des règles de l'art. Elles peuvent aussi être reprises ou précisées par les parties; qui les intègrent expressément dans leur contrat.

Dans les développements qui suivent, nous vérifierons quels sont les devoirs de l'avocat dont le client peut exiger le respect au nom de l'obligation de fidélité qui lui est due, en les distinguant de ceux qui échappent à cette obligation

---

[14] Cf. WERRO, n. 155, 298 ss.
[15] Cf. WERRO, n. 494; MARKESINIS/MUNDAY, 73.
[16] Cf. p.ex. MARKESINIS/MUNDAY, 74 ss.
[17] Selon l'ATF 98 Ia 360 = JdT 1973 I 209, les us et coutumes auraient un effet obligatoire même au-delà de l'association professionnelle qui les a édictés. Pour une critique justifiée, cf. FELLMANN (Standesregeln), 28 s.

parce qu'ils relèvent d'autres considérations. Nous le ferons en fonction des différentes situations dans lesquelles il existe un risque de conflit d'intérêts.

A. Le devoir d'éviter la collusion entre ses intérêts propres et ceux du client

Engagé pour défendre les intérêts de son client, l'avocat doit veiller à ne pas se laisser influencer par ses intérêts personnels. La pratique des autorités chargées d'appliquer les règles déontologiques révèle qu'un certain nombre de comportements sont de ce fait prohibés. L'avocat ne doit *pas poursuivre des objectifs incompatibles avec les intérêts du mandant et il doit éviter de s'identifier – de façon morale ou économique – à la cause de son client*. Ces interdictions ne reposent toutefois pas toutes sur le même fondement: certaines ont pour but d'assurer la fonction de l'avocat comme auxiliaire de la justice; d'autres servent spécifiquement les intérêts du client. Seules ces dernières devraient pouvoir être comprises dans l'obligation de fidélité que l'avocat doit à son client.

1. L'interdiction d'accepter des pots-de-vin

Les intérêts du client sont gravement compromis lorsque, en plus de la rémunération que lui assure ce dernier, l'avocat accepte des avantages personnels d'un tiers qui les lui donne en vue d'influencer, dans son propre intérêt, l'exercice du mandat[18]. Ce risque existe notamment lorsque des commissions secrètes sont payées à l'avocat qui, en tant que représentant indirect de son mandant, est en négociation contractuelle avec le tiers.

Dans de tels cas, l'avocat se fait acheter et il ne peut plus, en conséquence, exercer sa position d'intermédiaire avec l'indépendance nécessaire pour la sauvegarde des intérêts du mandant[19]. Du point de vue civil, l'interdiction d'accepter des pots-de-vin et des commissions secrètes découle donc directement de l'obligation de fidélité du mandataire, engagé à agir pour le compte et dans l'intérêt de son mandant. L'avocat qui enfreint cette interdiction viole son obligation et engage sa responsabilité contractuelle.

2. La collusion avec d'autres relations contractuelles

Un conflit entre les intérêts propres de l'avocat et ceux du mandant peut aussi résulter du fait que les deux parties au contrat d'avocat sont liées par d'autres

---

[18] Cf. SJ 1981, 192; ZR 55/1956 n° 152.
[19] Cf. WERRO, n. 506; MARKESINIS/MUNDAY, 86. Cf. ZR 55/1956 n° 152: «Käuflichkeit gehört (...) zu den schlimmsten Vorwürfen, die man einem Anwalt gegenüber erheben kann.»

relations contractuelles. Selon la proximité de cet autre engagement avec le mandat de l'avocat, celui-ci risque de préférer ses propres intérêts à ceux du mandant. A cet égard, on peut citer l'exemple d'un avocat qui, tout en assistant une cliente dans son divorce, lui accorde un prêt parce qu'elle rencontre des difficultés financières. Le prêt est garanti par un gage immobilier portant sur le logement de la famille. En cas d'insolvabilité de la cliente, l'avocat demandera selon toute vraisemblance la réalisation du gage et agira ainsi à l'encontre des intérêts de sa cliente[20].

En droit civil, il faut aussi admettre que l'avocat n'a pas le droit de conclure avec ses clients des contrats qui compromettent l'exécution désintéressée de son mandat. S'il le fait, il manque à son obligation de fidélité et il engage sa responsabilité contractuelle.

3. Le problème de la rémunération

L'obligation de fidélité que nous avons retenue s'impose en raison des risques d'abus qui existent lorsque quelqu'un agit pour le compte d'autrui. Peut-on également déduire de cette obligation l'interdiction civile pour l'avocat de se faire rémunérer en fonction du résultat *(pactum de quota litis et pactum de palmario)*[21]? C'est ce que l'on affirme en général en ajoutant que la bonne administration de la justice s'en trouverait menacée[22]. A notre avis, c'est surtout ce dernier argument qui est décisif. L'interdiction du *pactum de quota litis* et de ses variantes relève plus de l'image de la profession dans le public que de la protection individuelle des intérêts du client. Selon nous, la méfiance des ordres des avocats à l'égard de la rémunération en fonction du résultat s'explique avant tout par le souci de la réputation d'une profession libérale qui cherche à se distinguer des métiers dits «commerciaux».

La défense des intérêts individuels du mandant ne justifie pas, en revanche, l'interdiction absolue de ce système de rémunération. Lorsqu'un avocat chargé de représenter la victime d'un accident de circulation se fait promettre un pourcentage des dommages-intérêts obtenus, les intérêts de l'avocat et ceux du client sont en principe convergents. Le risque d'un conflit semble même moins grand que lorsqu'on applique un tarif horaire, où le plus grand nombre d'heures sera rémunéré sans égard au résultat obtenu. Cela ne veut pas dire que toute rémunération qui est fonction du résultat sera admissible. Comme pour les autres systèmes de rémunération, les instances de modération de-

---

[20] Cf. ATF 98 Ia 361 = JdT 1973 I 210.
[21] Cf. à titre d'exemple pt. 13 des directives FSA; art. 14 al. 2 des Us et coutumes genevois; § 10 al. 1 de la loi zurichoise sur la profession. Alors que le *pactum de quota litis* est une participation au bénéfice résultant d'un procès, le *pactum de palmario* est un honoraire versé en cas d'obtention du résultat.
[22] Cf. ZR 91/92, 1992/1993 n° 5.

vraient être appelées à corriger les excès contraires aux intérêts légitimes du client. On ne saurait toutefois retenir, comme on le fait aujourd'hui, que tout *pactum de quota litis* ou *de palmario* est contraire à l'obligation de fidélité du mandataire.

4. Le droit de l'avocat d'exprimer ses convictions personnelles

On admet en général que l'exercice du barreau impose à l'avocat de faire preuve de retenue dans l'expression de ses convictions personnelles. On retient également qu'il doit conserver un certain recul par rapport à la cause qu'il défend[23]. Ces devoirs sont justifiés dans la mesure où ils permettent de sauvegarder la «fonction publique de l'avocat» et d'assurer la bonne administration de la justice. Cette fonction est compromise lorsque l'avocat s'oppose à la justice à laquelle il est censé participer en tant «qu'homme de loi» en incitant, par exemple, à la révolte contre l'Etat[24].

En revanche, il convient de souligner que ces devoirs ne servent qu'indirectement les intérêts du client. Dès lors, il faut admettre du point de vue civil que celui qui manque à son devoir de retenue dans l'expression de ses convictions personnelles viole peut-être son obligation de diligence, mais pas son obligation de fidélité.

B. *Le devoir d'assurer son indépendance économique*

Dans la conception consacrée de la profession d'avocat, celui qui l'exerce travaille à son propre compte, en toute *indépendance morale et économique*[25]. Qu'en est-il de l'avocat employé? On peut se demander si le devoir d'indépendance est compatible avec le statut de travailleur qu'a l'avocat dans certaines situations. La réponse dépend de la position de l'avocat par rapport au client.

1. L'interdiction de dépendre directement du mandant

Le devoir d'indépendance de l'avocat n'exige pas nécessairement qu'il travaille à son propre compte. Ce devoir suppose en revanche que l'avocat con-

---

[23] Pour plus de détails, cf. DREYER (L'avocat), 415.
[24] Cf. les déclarations des avocats bernois dans l'ATF 106 Ia 115 = JdT 1982 I 579: «... Strafverteidigung heisse Kampf auf der Seite der Beschuldigten, Kampf gegen die Strafverfolgungsmethoden des Staates, ... der Staat habe ein mörderisches Haftregime eingerichtet....». Cf. aussi ZR 91/92, 1992/1993 n° 70 où une avocate avait lancé un «appel à tous les citoyens ayant un sentiment de justice correctement développé».
[25] Cf. art. 10 al. 2 de la loi genevoise sur la profession d'avocat: «Il ne peut, dans l'exercice de son mandat, se trouver dans un lien de dépendance à l'égard d'une personne physique ou morale. Même dans le cas où il est collaborateur d'un autre avocat, l'avocat constitué conserve sa liberté d'action.» Cf. aussi FELLMANN (Standesregeln), 30, 34; RIEDER, 7 ss.

serve sa liberté d'action et de pensée. Tel ne saurait être le cas lorsque l'avocat est engagé à agir au nom et pour le compte de son employeur. C'est ce qu'on retient en droit public[26]. C'est également ce que l'on doit admettre en droit civil.
L'avocat employé par son mandant perd sa qualité d'intermédiaire. Il sait que son comportement en tant que représentant peut avoir des effets sur sa situation comme employé. Il n'a ni la liberté ni le recul nécessaires pour apprécier en toute indépendance la situation de son employeur. Le respect de son obligation de fidélité vis-à-vis de ce dernier ne peut être assuré.

2. La possibilité de représenter les clients de l'employeur

Autre est la question de savoir si l'avocat peut être engagé de façon permanente pour défendre les clients de son employeur. Certaines législations cantonales considèrent qu'un tel engagement est incompatible avec le devoir d'indépendance de l'avocat (p.ex. l'avocat d'une compagnie d'assurances)[27]. Elles refusent à un tel avocat le droit de représenter le client en justice. D'autres législations, en revanche, admettent le contraire pour autant que l'employeur s'engage à ne pas demander des comptes à son employé, qu'il renonce à prendre connaissance des dossiers et que l'avocat employé utilise un papier à lettre distinct[28].
Qu'en est-il du point de vue du droit civil? On doit admettre que le statut de l'avocat tel qu'il vient d'être décrit n'est pas sans risques pour les intérêts du client. L'avocat recevra peut-être des instructions de son employeur; en raison de sa dépendance, il y a le danger qu'il accorde à ces instructions une importance incompatible avec les intérêts du client.
Le risque de conflit existe en tout cas lorsque *l'employeur a un intérêt à l'issue de l'affaire* défendue par l'avocat. Le Tribunal fédéral considère que c'est le cas notamment lorsqu'une assurance de protection juridique emploie un avocat pour assister ses clients dès lors que c'est elle qui assume les frais judiciaires et les frais d'avocat[29]. L'intérêt de l'assurance à minimiser ces coûts

---

[26] Cf. ATF non publié du 17 octobre 1980, dans l'affaire Walo ILG; à ce sujet, cf. DUPONT-WILLEMIN, 18.
[27] Bâle-Campagne: BJM 1993, 334 ss; Lucerne: LGVE 1985 I n° 33 et ATF 123 I 193; pour le Jura: DUPONT-WILLEMIN, 22; cf. aussi DREYER (L'avocat), 416 s.
[28] WOLFFERS, 59 s., cite la pratique saint-galloise et bernoise. Dans la pratique zurichoise, il est admis qu'un avocat employé défende en justice son employeur ou les clients de celui-ci; il faut toutefois que le contrat entre l'avocat et son employeur lui assure une liberté suffisante d'agir. L'obligation de fidélité à l'égard du client doit avoir la priorité sur le devoir de loyauté à l'égard de l'employeur, cf. ZR 79/1980 n° 126.
[29] Cf. ATF 123 I 193: Le Tribunal fédéral a jugé que l'autorité de surveillance du canton de Lucerne peut, sans violer la protection de la liberté de commerce et de l'industrie, interdire à un avocat employé par une assurance de protection juridique de représenter les clients de l'assurance.

entre en conflit avec l'intérêt du client à obtenir la meilleure protection juridique possible. Dans le but d'éviter le conflit d'intérêts, il est donc préférable que l'assurance mandate un avocat indépendant. En tout cas, si un avocat ne respecte pas les intérêts de son client en raison de l'obéissance qu'il doit à son employeur, il faut retenir qu'il viole son obligation de fidélité et engage ainsi sa responsabilité et celle de son employeur.

La situation n'est pas la même *lorsque l'issue du litige est indifférente à l'employeur*. Le Tribunal fédéral a jugé ainsi qu'un avocat peut s'occuper de la gestion des intérêts du client de son employeur lorsque celui-ci est une association d'aide sociale dont le but est d'assister des personnes dans le besoin[30]. Du point de vue civil, le risque devrait pouvoir être écarté; il conviendra cependant de s'assurer dans le cas concret qu'en dépit de sa subordination juridique et de sa dépendance économique, l'avocat dispose d'une marge de décision suffisante. Cela suppose en principe que l'employeur n'ait pas le droit de donner des instructions quant à la manière d'exécuter le mandat, que le secret professionnel soit sauvegardé et que la liberté de l'avocat d'accepter ou de refuser un mandat reste entière.

3. Le statut de collaborateur et l'exercice du barreau à temps partiel

Le devoir d'indépendance n'interdit pas à l'avocat d'être collaborateur dans une étude. De concert avec ce dernier, l'avocat ou les associés employeurs[31] assument l'obligation de fidélité vis-à-vis du client[32]. Par ses actes, le collaborateur engage sa propre responsabilité civile et celle de son employeur. Dès lors, la dépendance économique de l'avocat employé ne présente pas ici de risque particulier pour la sauvegarde des intérêts du mandant. C'est l'image traditionnelle de la profession qui veut que l'avocat travaille pour son propre compte et sous sa seule responsabilité. En revanche, pour le client, l'autonomie qui accompagne le statut d'indépendant est indifférente pourvu que l'avocat conserve toute sa liberté d'action[33].

La même conclusion s'impose lorsqu'un juriste salarié exerce le barreau à temps partiel. L'obligation d'éviter les conflits d'intérêts ne s'oppose pas à ce que le juriste d'entreprise travaille accessoirement comme avocat, en acceptant des *mandats qui n'ont aucun lien avec son activité salariée*. Si des restrictions existent à cet égard dans les règles déontologiques, elles sont motivées par le souci de «la dignité du barreau» et de l'image de la profession auprès

---

[30] Cf. ATF 113 Ia 279 = JdT 1989 I 186.
[31] Pour les différentes formes de collaboration au sein d'une étude, cf. KISSLING/LANZ, 208.
[32] Cf. HEBERLEIN, 8; GODFREY, 12.
[33] Cf. art. 10 al. 2 2e phrase de la loi genevoise sur la profession d'avocat: «Même dans le cas où il est collaborateur d'un autre avocat, l'avocat constitué conserve sa liberté d'action.»

du public, mais elles ne contribuent pas à une meilleure défense des intérêts du mandant[34].

C. L'interdiction de la double représentation

Dans les cas examinés ci-dessus, on a vu que l'avocat risque de compromettre les intérêts de son client en raison de sa situation personnelle. Le problème est différent en cas de double représentation. Ce terme désigne l'hypothèse où, dans la même affaire, un mandataire représente deux parties à la fois. Ici, c'est l'opposition entre les intérêts de deux clients qui est en cause. Pour savoir si l'interdiction de la double représentation s'impose dans le contrat d'avocat, il est utile d'examiner quelles sont les règles prévues dans le droit civil de la représentation et dans les règles professionnelles.

1.   La double représentation selon les art. 32 ss CO

Le Code des obligations ne règle pas la double représentation de manière explicite. La jurisprudence retient cependant qu'une telle représentation est en principe interdite[35]. On estime que le double représentant agit sans pouvoir *(falsus procurator)* et que ses actes n'engagent dès lors ni l'un ni l'autre de ses mandants (cf. art. 38 al. 1 CO)[36].

On fait cependant deux réserves: 1. La double représentation est licite si les deux représentés y ont consenti, fût-ce à leur détriment. L'autorisation peut être donnée de manière tacite ou être fondée sur la seule communication externe au tiers (art. 33 al. 3 CO). Il suffit qu'à la lumière du principe de la confiance, le représentant ait pu se croire autorisé à conclure un acte juridique en tant que double représentant[37]. 2. En l'absence de consentement, la double représentation est exceptionnellement admissible si, *en raison de la nature de l'affaire*, il n'y a pas de risque objectif d'une violation des intérêts des représentés. C'est par exemple le cas lorsque le représenté, chargé de conclure un contrat, est lié par les prix du marché ou de la bourse. L'absence du risque

---

[34]   C'était par exemple le cas de la règle genevoise, cassée par le TF, selon laquelle toute activité professionnelle autre que l'exercice du barreau était interdite aux avocats, cf. ATF non publié du 25 octobre 1985, cité chez DUPONT-WILLEMIN, 14. Aujourd'hui, seules les activités incompatibles avec la dignité du barreau sont interdites, cf. art. 7 let. c de la loi genevoise sur la profession d'avocat et art. 5 des Us et coutumes genevois.
[35]   Cf. ATF 112 II 503, 506 = JdT 1987 I 167; 106 Ib 148: «Nach schweizerischem Recht sind aber sowohl der Vertrag mit sich selbst als auch die Doppelvertretung wegen der Gefahr der Benachteiligung einer Vertragspartei grundsätzlich untersagt...». Pour arriver à cette solution, la jurisprudence se fonde sur l'art. 1 al. 2 et 3 CC, cf. ATF 89 II 324 = JdT 1964 I 226.
[36]   Cf. ATF 112 II 506 = JdT 1987 I 167; 106 Ib 148.
[37]   Cf. ATF 93 II 481 = JdT 1969 I 232.

d'avantager l'une des parties au détriment de l'autre justifie que les deux soient représentées par une seule personne[38].

2. La double représentation dans les règles déontologiques

La double représentation est parfois interdite par les normes de droit public qui règlent l'exercice de la profession d'avocat[39]. Fréquemment, elle l'est aussi de manière stricte par les règles déontologiques adoptées par les associations professionnelles d'avocats; le droit de la profession est donc plus sévère que le droit civil de la représentation.

Dans les règles professionnelles, la double représentation est frappée d'une interdiction absolue en matière contentieuse. La représentation en justice *de parties adverses* est ainsi toujours interdite[40]. Le consentement des mandants n'y change rien. *En dehors des affaires contentieuses,* les autorités de surveillance n'autorisent l'avocat à conseiller deux parties que lorsque le risque d'un conflit est minime et, qu'en plus, les mandants ont donné leur consentement[41]. Encore faut-il que les intérêts des parties soient convergents. Si après l'avoir été, ils cessent de l'être, l'interdiction de la double représentation renaît. Le consentement éclairé des parties ne libère pas l'avocat de sa responsabilité s'il enfreint cette interdiction en poursuivant son double mandat[42].

---

[38] Cf. ATF 93 II 481 = JdT 1969 I 232.

[39] Cf. par exemple art. 4 al. 2 de la loi genevoise sur la profession d'avocat: «Un avocat ne peut représenter simultanément des parties ayant des intérêts opposés» et § 11 al. 2 de la loi zurichoise: «Den Inhabern, Mitarbeitern und Substituten des gleichen Anwaltsbüros ist es untersagt, in derselben Streitsache verschiedene Parteien gegeneinander zu vertreten.»

[40] A titre d'exemple cf. la norme B. 11 des directives de la FSA; l'art. 11 al. 1 des Us et coutumes genevois ou l'art. 13 de l'*International Code of Ethics*, selon lequel «A lawyer should never represent conflicting interests in litigation». Selon l'Ordre des avocats vaudois, «le mandat conféré par deux parties adverses à un même avocat et pour le même procès doit être prohibé de façon absolue», cf. L'avocat suisse 1/1964/1, 15.

[41] Commentaire ad art. 11 des Us et coutumes genevois, 4; HEBERLEIN, 7. C'est aussi la position adoptée dans le Code de déontologie des avocats de la communauté européenne, cf. pt. 3.2.1: «L'avocat ne doit être ni le conseil ni le représentant ou le défenseur de plus d'un client dans une même affaire, s'il y a un conflit entre les intérêts de ces clients ou un risque sérieux d'un tel conflit.» Les normes de l'*International Bar Association* sont plus souples; elles suggèrent qu'un avocat peut se charger de la défense d'intérêts contradictoires après avoir informé les parties des risques de conflit (cf. art. 13 de l'*International Code of Ethics):* «In non-litigation matters, the lawyer should [... represent conflicting interests] only after having disclosed all conflicts or possible conflicts of interests to all parties concerned and only with their consent.»

[42] A ce sujet, cf. un exemple soumis à l'appréciation des autorités zurichoises, ZR 86/1987 n° 104: Un avocat avait été mandaté par la bailleresse d'un terrain agricole pour négocier un contrat avec le nouveau fermier. Il essayait aussi d'obtenir un contingentement de lait pour le terrain en cause. Après avoir essuyé un refus sur ce point, le fermier mandata le même avocat pour présenter un recours en son nom. La bailleresse prit en charge ses

3. Le problème de la double représentation dans le contrat

L'interdiction de la double représentation que nous avons mise en évidence dans les règles déontologiques est plus stricte que celle qui découle du droit de la représentation. Cette solution sert sans doute en partie l'image de l'avocat[43]. Néanmoins, elle assure également la sauvegarde directe des intérêts du mandant telle qu'elle doit être garantie par un mandataire professionnel. C'est la raison pour laquelle il faut à notre avis retenir en principe qu'elle s'impose aux parties dans le contrat en vertu de l'obligation de fidélité de l'avocat. L'interdiction de la double représentation doit être retenue même si les parties n'ont pas intégré les règles déontologiques dans leur contrat. Il doit en aller de même si elles y ont dérogé. La question de savoir si la procuration donnée à deux mandants a des effets demeure réservée: la solution sur ce point est régie par le droit civil de la représentation.

La violation de l'obligation de fidélité par suite de double représentation doit être admise à notre avis sans exception en matière contentieuse. En cas de doute, elle doit l'être également en dehors d'un litige. Ainsi, en dépit de l'existence d'une pratique contraire, on ne devrait pas admettre qu'un avocat établisse la convention de divorce au nom des deux époux[44]. Bien que la convention soit par la suite ratifiée par le juge (art. 158 ch. 5 CC)[45], le risque d'une solution déséquilibrée est trop grand. L'avocat consulté par les deux époux devrait inviter l'un des deux à se faire assister par un confrère (cf. art. 11 al. 2 des Us et coutumes genevois), mais sa responsabilité devrait rester entière lorsqu'après coup, l'un des époux consentant s'estime lésé[46].

Demeurent réservées les situations dans lesquelles les intérêts des parties sont convergents, comme ce peut être le cas lors de la constitution d'une

---

honoraires. Par la suite, les mandants commencèrent à se disputer à propos du paiement du fermage. Au nom de la bailleresse, l'avocat fixa un délai au fermier pour s'exécuter, sous menace de résolution du contrat. L'autorité estima qu'à ce moment-là, il avait violé son obligation de fidélité à l'égard du fermier. Il ne pouvait s'en justifier en prétendant que les mandants auraient connu ou même assumé le risque d'un conflit d'intérêts.

[43] Dans une circulaire datant de 1963, adressée aux avocats bâlois, le tribunal d'appel a retenu que l'estime des tribunaux ainsi que celle de la profession d'avocat excluent la double représentation en matière de divorce, même si les deux époux ont donné leur consentement, cf. BJM 1963, 250. L'ordre des avocats lucernois s'est exprimé dans le même sens dans une circulaire de 1948, en insistant sur l'aspect d'intérêt public: «Es liegt im Interesse der Öffentlichkeit und der Parteien, ja auch im wohlverstandenen Interesse der Anwälte, eine solche Doppelvertretung im eigentlichen Sinne (c.-à-d. malgré le consentement des parties) nicht zuzulassen»; cf. RSJ 1948, 76.

[44] Cf. aussi FELLMANN-BK, art. 398 n. 114; FELLMANN/SIDLER, 58.

[45] Le pouvoir d'examen du juge est d'ailleurs très limité, son intervention étant réservée aux cas de violation de la loi ou de déséquilibre évident, du moins dans la mesure où seuls les effets patrimoniaux du divorce sont en cause; cf. ATF 99 II 362; 102 II 68.

[46] D'un autre avis, cf. le commentaire ad art. 11 des Us et coutumes genevois, 5: «Si l'époux sollicité [à contacter un confrère] ne donne pas suite à cette invite, il prend ses propres responsabilités en acceptant de souscrire au texte qui lui est proposé.»

société ou lors du règlement d'un litige à l'amiable. Demeurent également réservés les cas dans lesquels les affaires des deux mandants sont distinctes. Toutefois, ce qui est admissible en droit administratif ne l'est pas forcément en droit civil. L'exemple qui suit permet de le montrer[47]. Les autorités administratives ont admis que l'avocat d'un entrepreneur chargé de travaux de construction ayant entraîné un glissement de terrain défende contre son voisin le maître de l'ouvrage et qu'il introduise contre ce dernier une action en paiement du prix de l'ouvrage construit. D'un point de vue civil, il est douteux en l'occurrence que l'avocat n'ait pas violé son obligation d'éviter un conflit d'intérêts.

D. Les autres devoirs de loyauté

Dans les cas que nous avons vus jusqu'à maintenant, le risque d'un conflit provenait, soit de l'opposition entre les intérêts personnels de l'avocat et ceux de son mandant, soit de l'opposition des intérêts de deux mandants. Dans diverses autres situations, il existe également un risque de conflit en raison du cumul de fonctions de l'avocat ou de l'usage d'informations obtenues dans le cadre d'un mandat antérieur.

1. Le devoir de discrétion en général

L'obligation d'éviter les conflits impose à l'avocat un devoir particulier de discrétion[48]. De ce devoir, il résulte l'interdiction d'utiliser les informations obtenues dans l'accomplissement d'un mandat. Cette interdiction subsiste après la fin du mandat; c'est même là qu'elle prend toute son importance[49]: elle doit empêcher l'avocat d'utiliser des informations acquises dans un mandat antérieur.

Le devoir de discrétion ne vaut que *pour les informations confiées à l'avocat en sa qualité de mandataire*[50]. La difficulté est que, si elles sont pertinentes pour un nouveau mandat, *le devoir de discrétion envers l'ancien mandant s'opposera au devoir de rendre compte* (art. 400 al. 1 CO) qu'a l'avocat à l'égard du nouveau. Tous deux dérivés de l'obligation de fidélité, ces devoirs sont en conflit l'un contre l'autre. L'avocat devrait donc refuser le nouveau mandat; il

---

[47] Cf. ZR 86/1987 n° 105.
[48] De manière plus générale, cf. ATF 117 Ia 348 s, sur le secret professionnel.
[49] Cf. FELLMANN-BK, art, 398 n. 69, 77 ss; DERENDINGER, 66; LGVE I 1977, n. 401. Grâce au principe de la succession universelle, les héritiers peuvent invoquer le devoir de discrétion même après la mort du mandant; cf. FELLMANN/SIDLER, 57.
[50] Cf. FELLMANN/SIDLER, 47 s; KRNETA (Anwaltsgeheimnis), 38 ss.

ne peut en aller autrement que si l'ancien mandant accepte l'éventuelle transgression du devoir de discrétion[51].

Au demeurant, savoir quand il y a incompatibilité entre deux mandats dépend de leur proximité et du temps qui s'est écoulé depuis le premier. S'il est exclu que, dans une même affaire, l'avocat change de côté pour assurer tout à coup la défense de l'adversaire, on ne saurait en revanche postuler une *interdiction générale d'assister un client à l'encontre d'un ancien mandant*[52]. Lorsque plusieurs années se sont écoulées après la fin d'un mandat, l'ancien client ne peut pas s'opposer à ce que l'avocat assume la représentation de son adversaire dans une affaire indépendante de la sienne[53]. L'avocat est un prestataire de services qui, une fois un mandat clos, doit pouvoir offrir ses services à d'autres mandants.

Toutefois, des nuances s'imposent lorsqu'un avocat se trouve dans une *position de confiance particulière*, par exemple parce qu'il est consulté de manière régulière par un client. Dans un tel cas, on pourrait assumer l'existence d'une *convention-cadre*, obligeant l'avocat à respecter ses obligations de fidélité de façon permanente, même si, au moment où il est consulté par une autre personne, il ne traite aucun dossier concret de son client habituel.

Le *devoir de discrétion* apparaît dans ces cas *comme le moyen* d'assurer le respect de l'obligation d'éviter les conflits entre les intérêts de différents mandants. Il sert aussi à éviter la collision avec les intérêts propres de l'avocat. C'est pourquoi, lorsque celui-ci poursuit son client pour le paiement des honoraires ou qu'il doit se défendre dans un procès en responsabilité professionnelle, l'avocat doit d'abord être libéré de son devoir de discrétion, soit par le mandant, soit par l'autorité de surveillance[54].

2. Le devoir de discrétion dans les grandes études

L'obligation de fidélité et le devoir de garder le secret sur des informations confidentielles s'impose à tout avocat, qu'il travaille comme indépendant ou en association avec d'autres avocats. Dans la pratique, les risques de conflits

---

[51] Cf. ZR 86/1987 n° 103 et n° 104.
[52] Cf. les art. 24 et 25 des Us et coutumes lucernois: «Der Anwalt übernimmt nach der Beendigung eines Auftragsverhältnisses von der früheren Gegenpartei ein Mandat nur, wenn dieses mit dem seinerzeitigen Auftrag in keinem Zusammenhang steht und die Vertraulichkeit der Informationen des ehemaligen Klienten gewährleistet ist. Der Anwalt übernimmt einen Auftrag gegen einen ehemaligen Klienten ohne dessen Einverständnis nur, wenn im neuen Verfahren nicht Kenntnisse zu verwerten oder zu erörtern sind, die er in einem früheren Verfahren als Berufsgeheimnis erfahren hat.»
[53] Cf. ZR 88/1989 n° 84; WAIBEL-KNAUS, 388, qui cite un cas schwytzois où une violation des règles professionnelles a été niée parce que les connaissances acquises en rapport avec le mandat passé n'étaient ni nécessaires ni utilisées dans l'exécution du mandat ultérieur.
[54] Cf. VIELI, 57 s.

se multiplient cependant avec la grandeur des études et l'importance des dossiers. Rappelons à cet égard que l'interdiction de la double représentation vaut, bien sûr, pour l'ensemble de l'étude, aussi dispersée soit-elle sur le plan géographique[55]. Il est inconcevable que deux bureaux appartenant à la même étude représentent simultanément des parties adverses.

Au-delà du problème de la double représentation cependant, la seule formation de grandes études et les nombreux changements dans leur composition comportent des risques pour le respect du devoir de discrétion. *Un système de gestion des informations* est dès lors indispensable pour connaître l'ensemble des clients actuels et anciens. Les problèmes peuvent surgir dans le travail quotidien et, plus encore, lors de la fusion de cabinets d'avocats qui, avant de se mettre ensemble, défendaient les intérêts de mandants opposés.

Dans l'hypothèse de la fusion, on peut admettre que chacun des bureaux a le droit de poursuivre ses mandats antérieurs, mais à condition que les clients donnent leur consentement sur ce point et que le flux d'informations non désiré à l'intérieur de l'étude soit empêché par un système efficace de cloisonnement («Chinese walls»)[56].

En plus, dans leur travail quotidien, les avocats d'une étude répartis en plusieurs endroits doivent, avant d'accepter un nouveau mandat, s'assurer qu'ils ne portent pas atteinte aux intérêts des anciens clients de leurs collègues dans un autre bureau. Au demeurant, un système efficace pour la gestion des informations et pour la mise en place de «Chinese walls» devrait, à notre avis, dispenser l'avocat de requérir le consentement des anciens clients. La responsabilité civile de l'étude pour une éventuelle violation du devoir de discrétion reste cependant entière.

3. Le devoir de limiter le cumul de fonctions

Le respect de l'obligation de fidélité du mandataire est également menacé *lorsque l'avocat exerce, en plus de ses activités de représentant et de conseiller juridique, une fonction commerciale qui n'est pas protégée par le secret professionnel.* Ainsi, les informations que l'avocat détient en tant que membre d'un conseil d'administration ne tombent pas sous le coup de ce secret, contrairement à celles qu'il connaît en tant qu'avocat[57]. Appelé à témoigner en justice, ce dernier sera selon toute vraisemblance incapable de séparer les informations protégées par le secret professionnel de celles qui ne le sont pas en raison de leur nature «commerciale».

---

[55] Cf. art. 11 al. 4 de la loi genevoise sur la profession d'avocat et l'art. 13 de l'*International Code of Ethics:* «This rule [l'interdiction de la double représentation] also applies to all lawyers in a firm»; HEBERLEIN, 8.
[56] Cf. GODFREY, 12.
[57] Cf. ATF 112 Ib 608; 114 III 105 = JdT 1990 II 98; 115 Ia 197 = JdT 1991 IV 142.

La double position d'organe et d'avocat d'une société comporte d'autres risques, dus au fait que les intérêts de la société en tant que mandante de l'avocat ne sont pas forcément compatibles avec ceux du conseil d'administration dont il fait partie. Au nom de la société, l'avocat pourrait être amené à contester une décision qu'il a contribué à prendre[58]. Cette position n'est pas compatible avec l'obligation civile de fidélité qu'il doit à son client.

Plus complexe encore est la situation de l'avocat qui, mandaté par un tiers, siège dans le conseil d'administration en tant qu'*«homme de paille»*. D'une part, il a une obligation de fidélité envers son mandant. D'autre part, il est un organe de la société vis-à-vis de laquelle il risque d'engager sa responsabilité selon les art. 754 ss CO, sans pouvoir opposer à cette dernière les instructions internes reçues par son mandant[59]. Dans cette dernière situation toutefois, où les devoirs de l'avocat dépassent le cadre de ses activités classiques, ce sont plutôt les intérêts de la société que ceux du mandant qui sont menacés.

Un risque de conflit d'intérêts contraire à l'obligation de fidélité du mandataire existe également lorsqu'en plus de son mandat, l'avocat est *membre d'une autorité administrative*. En tant que titulaire d'une fonction publique, l'avocat peut être tenu de devoirs qui risquent de compromettre les intérêts de son client. De la même façon, les intérêts de l'Etat risquent d'être mis en danger par l'obligation de fidélité que l'avocat doit à son client. Il paraît dès lors évident qu'on ait interdit au chef d'un département cantonal de justice chargé de la surveillance administrative sur les juges et les greffiers de travailler en même temps comme avocat[60].

De manière générale, on doit admettre que le statut de fonctionnaire de l'Etat est de nature à mettre en danger le respect de l'obligation de fidélité de l'avocat[61]. Si l'avocat compromet les intérêts de son client parce qu'il entend sauvegarder les intérêts de l'Etat, il viole son obligation de fidélité et engage sa responsabilité.

IV. Les sanctions de l'obligation d'éviter les conflits d'intérêts

La pratique qu'on vient d'examiner a permis de concrétiser les devoirs de l'avocat. Certains devoirs sont sanctionnés par les mécanismes du droit public. Nous n'en traiterons pas dans cette étude; il convient toutefois de noter que si le contentieux civil est limité, c'est sans doute parce que ces mécanismes sont efficaces et qu'ils empêchent la survenance même de situations qui pourraient

---

[58] Cf. DUPONT-WILLEMIN, 24; KRNETA (Anwaltsgeheimnis), 29 s.
[59] Cf. KRNETA (Anwaltsgeheimnis), 17.
[60] Pour cet exemple réel (!), cf. AUER, 9 s.
[61] Le tribunal administratif du canton de Berne a cependant admis qu'un fonctionnaire cantonal représente, à titre accessoire, des tiers devant les tribunaux; à ce sujet, cf. DUPONT-WILLEMIN, 13.

être sources de conflits d'intérêts. Ici, nous nous bornerons à examiner les sanctions du droit civil. Parmi ces sanctions, certaines ont un caractère purement préventif, en ce sens que l'obligation d'éviter les conflits empêche l'acte qui lui serait contraire d'avoir des effets juridiques. D'autres ont un effet correcteur: elles permettent au client, soit de résilier le contrat, soit d'agir en réparation.

A. *L'interdiction de contracter et la représentation sans pouvoir*

Lorsque l'avocat se rend compte qu'en acceptant un nouveau mandat, il risque de porter atteinte aux intérêts d'un mandant, il doit refuser le deuxième mandat. La sanction préventive de l'obligation d'éviter les conflits d'intérêts consiste donc dans une *interdiction de contracter*[62]. Cette interdiction est le meilleur moyen de protéger les intérêts du mandant, car elle intervient avant qu'un conflit ne survienne.

Une fois que l'avocat a accepté le deuxième mandat, le conflit d'intérêts sera plus difficile à résoudre. Comme il aura alors un devoir de loyauté à l'égard des deux mandants, il devra en principe se démettre des deux mandats et non pas seulement de l'un des deux. Il faut toutefois noter que le client qui aurait donné un pouvoir de représentation à un avocat qui agit pour un autre n'est pas sans protection. En effet, lorsqu'un avocat agit comme double représentant sans le consentement des deux parties, son pouvoir de représentation tombe, et ni l'ancien ni le nouveau mandant ne seront liés par les actes juridiques conclus par le *falsus procurator* (art. 38 al. 1 CO). Ses actes et ses connaissances ne peuvent être opposés aux mandants[63].

En revanche, *lorsque les deux parties ont consenti à la double représentation*, la procuration est valablement donnée. Elles n'ont plus alors la possibilité d'éviter que les actes juridiques conclus par l'avocat ne les obligent. Les seules sanctions à la disposition des parties sont alors la *réduction des honoraires*[64] *ou une action en dommages-intérêts*.

Il en va différemment dans le cas de *la représentation indirecte*. En l'absence d'une procuration, le transfert des droits ne se fait pas automatiquement (cf. art. 401 s. CO). Selon l'art. 402 al. 1 CO, *le remboursement des frais et la reprise des engagements contractés* dépend de la bonne exécution du contrat. Ce n'est que si l'avocat s'est comporté «en mandataire fidèle et diligent»[65] que ses actes engagent le mandant. Le client dispose ici d'un veto qui le met à l'abri d'actes

---

[62] Cf. FELLMANN/SIDLER, 57; HEBERLEIN, 8.
[63] Cf. ATF 112 II 506 = JdT 1987 I 167 (concernant l'imputation de la mauvaise foi du représentant).
[64] Cf. WERRO, n. 1058, 1067.
[65] Cf. ATF 110 II 285 = JdT 1985 I 18; 78 II 51 = JdT 1952 I 519.

juridiques conclus en violation de l'obligation de fidélité et dont il ne voudrait pas.

B. La nullité du contrat

Lorsque l'avocat conclut un contrat en violation de l'interdiction d'éviter les conflits, la nullité du contrat peut être admise si son comportement est illicite ou contraire aux mœurs (art. 20 al. 1 CO).

Si le contrat est illicite parce qu'il viole une norme de droit public, la nullité ne peut toutefois être retenue que lorsqu'elle est prévue par cette norme[66]. Le fait qu'une loi cantonale sur la profession d'avocat (cf. art. 4 al. 2 de la loi genevoise, § 11 al. 2 de la loi zurichoise) prévoit simplement l'obligation d'éviter les conflits ne suffit pas. De même, l'avocat qui accepte de conclure un nouveau contrat, incompatible avec le premier, viole peut-être son obligation de fidélité, mais ce manquement est sans influence sur la validité du deuxième contrat[67]. L'illicéité ne peut pas non plus se fonder sur la violation des règles déontologiques qui, en tant que *règles adoptées par une association de droit privé,* ne lient en principe que les membres de l'association[68].

Il reste qu'un contrat conclu en violation de l'obligation de fidélité peut être nul parce qu'il est contraire aux *bonnes mœurs.* Il en est ainsi lorsqu'un tiers promet un *pot-de-vin* à l'avocat[69]. Selon les conceptions encore admises, il en va de même lorsque l'avocat et son mandant conviennent d'un *pactum de quota litis.* Ce point de vue est critiquable. A notre avis, il y a de bonnes raisons pour admettre que la rémunération en fonction du résultat n'est pas systématiquement contraire aux bonnes mœurs[70]. Comme on l'a vu plus haut, si les règles professionnelles l'interdisent, c'est pour des motifs qui tiennent à l'image de la profession plus qu'à la sauvegarde des intérêts du client. Or, avec l'aide d'instances de modération, ceux-ci ne sont pas plus menacés par ce système de rémunération que par ceux qui sont admis.

C. La résiliation du contrat

On vient de voir que, malgré l'existence d'un conflit actuel ou potentiel avec un mandat existant, le deuxième mandat assumé par l'avocat est le plus

---

[66] Cf. ATF 102 II 404 = JdT 1978 I 496; 119 II 224 = JdT 1994 I 598.
[67] Cf. GAUCH/SCHLUEP, n. 652, 725 ss.
[68] Cf. cependant l'ATF 98 Ia 360 = JdT 1973 I 209 déjà cité; FELLMANN (Standesregeln), 28 s.
[69] SJ 1981, 192; ZR 55/1956 n. 112.
[70] A noter que dans un arrêt zurichois récent, on a admis que le seul fait que la convention d'honoraire tienne compte de l'issue de l'affaire ne suffisait pas pour la considérer comme nulle, cf. ZR 91/92, 1992/93, n. 15. D'un autre avis, cf. ZUFFEREY-WERRO, n. 842, 1147 ss.

souvent civilement valable. Il s'ensuit que le client qui se rend compte de l'existence du conflit résiliera le plus souvent aussi vite que possible son contrat pour empêcher la lésion de ses intérêts.

1. La distinction entre le pouvoir et le droit de résilier

La résiliation du mandat est possible en tout temps (art. 404 al. 1 CO) et par chacune des parties, sans égard aux inconvénients qu'elle peut causer. Ce *pouvoir de résilier* est particulièrement important pour le mandant qui veut se libérer sans tarder d'un mandataire déloyal. Bien qu'il constitue une entorse au principe de *pacta sunt servanda,* le *pouvoir intangible de résilier* le contrat est nécessaire pour protéger les intérêts du mandant[71].

Autre est la question du *droit de résilier* le contrat, c'est-à-dire du point de savoir si une partie peut résilier son contrat sans le violer. La partie qui résilie le contrat en temps inopportun le fait sans droit et s'expose à une action en dommages-intérêts sur la base de l'art. 404 al. 2 CO. Selon la jurisprudence, une résiliation intervient en temps inopportun lorsqu'elle est donnée sans motif valable et en des circonstances qui causent à l'autre partie des désavantages particuliers. Les dommages-intérêts dus se limitent toutefois à la réparation du préjudice particulier subi à raison du moment de la résiliation; ils ne couvrent pas l'intérêt que la partie lésée avait à l'exécution correcte du contrat[72].

2. La résiliation suite à une violation de l'obligation d'éviter les conflits d'intérêts

L'avocat qui viole son obligation de fidélité s'expose à la résiliation du mandat. Le client a non seulement le pouvoir de résilier le contrat en tout temps, mais il en a le droit. Dès lors que la résiliation est justifiée par la violation de l'obligation de fidélité, elle ne saurait en effet être tenue pour inopportune. Le client dispose d'un juste motif; la résiliation immédiate n'engage pas sa responsabilité[73].

A noter que l'avocat qui se rend compte qu'il a violé son obligation de fidélité aura aussi un intérêt à mettre fin au contrat. Si son pouvoir de résiliation est intangible, comme celui qu'a le client, il ne peut, en revanche, se prévaloir d'un droit à la résiliation. Selon le moment choisi, sa résiliation peut causer un préjudice au mandant, par exemple parce que des délais continuent à courir. L'avocat engage alors sa responsabilité selon l'art. 404 al. 2 CO.

---

[71] Cf. WERRO, n. 291 ss.
[72] Cf. ATF 110 II 382 = JdT 1985 I 274; 109 II 462 = JdT 1984 I 210.
[73] Cf. WERRO, n. 311.

Souvent, les règles professionnelles imposent à l'avocat un préavis et l'obligation de tenir compte des intérêts de son mandant avant de résilier le contrat[74]. De telles restrictions ne peuvent pas affecter le pouvoir de résiliation; même sans préavis, le mandat prendra alors immédiatement fin[75]. En définissant le «temps opportun», ces normes peuvent toutefois servir à préciser la notion du temps opportun tel qu'il est envisagé à l'art. 404 al. 2 CO.

D. Les actions réparatrices

L'application de l'art. 404 al. 2 CO ne permet pas de remettre le mandant dans la situation qui serait la sienne si l'obligation d'éviter les conflits n'avait pas été violée. Pour obtenir une indemnisation qui dépasse l'intérêt négatif, le lésé doit envisager d'autres remèdes.

1. L'action en dommages-intérêts pour violation du contrat

Afin d'obtenir la réparation du préjudice résultant de la violation de l'obligation d'éviter les conflits d'intérêts, le client peut intenter une *action en dommages-intérêts pour violation du contrat*.

Pour savoir par quel comportement du mandant le contrat a été violé, il faut se fonder sur la distinction entre obligation de fidélité et obligation de diligence, telle que nous l'avons décrite. En tant qu'intermédiaire, le mandataire ne doit accepter aucun nouveau mandat qui mettra en cause son obligation d'éviter un conflit d'intérêts. La seule acceptation d'un deuxième mandat peut constituer une violation de l'obligation de fidélité et obliger l'avocat à réparer le dommage qui en résulte.

Par contre, lorsque l'avocat n'agit pas en tant qu'intermédiaire, le client doit prouver que son mandataire a violé son obligation de diligence. Il doit démontrer dans ce cas que l'affaire aurait connu une autre issue que celle qu'elle a eue si l'avocat avait donné la priorité aux intérêts du mandant. Ici, l'obligation d'éviter les conflits n'est sanctionnée que s'il y a un résultat préjudiciable aux intérêts du mandant.

2. La responsabilité extracontractuelle du double représentant

L'action contractuelle qui vient d'être décrite peut exister *en concours avec une action extracontractuelle* lorsque l'avocat agit comme représentant direct de deux parties adverses. Ce faisant, il intervient sans procuration d'aucune

---

[74] Cf. art. 34 des Us et coutumes lucernois.
[75] Cf. WERRO, n. 330.

des deux parties; il engage sa responsabilité en tant que *falsus procurator* (art. 39 al. 1 et 2 CO).

Selon que le mandataire a agi avec ou sans faute, le lésé a droit à la réparation de *l'intérêt négatif ou positif*. Avec des dommages-intérêts négatifs, le mandant doit être replacé dans la situation dans laquelle il se serait trouvé s'il n'avait pas conclu le contrat. A ce titre, il peut réclamer, par exemple, les frais de justice inutilement engagés[76]. Avec des dommages-intérêts positifs, le mandant doit être replacé dans la situation qui aurait été la sienne si l'obligation d'éviter les conflits d'intérêts n'avait pas été violée[77].

3. L'action en réparation du tort moral

La protection qui découle de l'action en dommages-intérêts reste cependant précaire. Le mandant aura souvent beaucoup de mal à prouver *l'existence d'un dommage* provoqué par la violation de l'obligation d'éviter les conflits. Dans l'exemple du divorce conventionnel géré par un seul avocat, on peut encore assez facilement vérifier si l'un des époux aurait pu obtenir une rente plus élevée. Le cas échéant, le lésé pourra alors réclamer la différence à l'avocat. En revanche, l'appréciation du dommage, qui peut résulter du fait que l'avocat a utilisé des informations confidentielles dont il a pris connaissance lors d'un mandat précédent, est infiniment plus délicate.

Dans ces cas, le mandant devrait pouvoir se fonder sur l'art. 49 CO et réclamer une réparation pour tort moral. Les exigences de l'art. 49 CO sont à première vue plus sévères que celles d'une action en dommages-intérêts puisque le mandant doit prouver une atteinte illicite à la personnalité d'une certaine gravité. Pourtant, l'art. 49 CO peut se révéler un remède efficace lorsqu'un intérêt affectif est en cause. Le Tribunal fédéral a en effet envisagé cette possibilité pour sanctionner une violation d'un devoir de diligence de l'avocat[78]; on pourrait aussi l'admettre pour la violation de l'obligation de fidélité.

---

[76] Cf. ATF 46 II 413 = JdT I 1921 II 42, pour un avocat qui a interjeté un recours sans avoir de procuration pour le faire.
[77] Cf. ATF 106 II 133 = JdT I 261 à propos du loyer que le tiers devait payer pour un local de remplacement parce que le contrat de bail conclu avec l'autre partie était nul faute de pouvoir de représentation.
[78] Cf. ATF 87 II 292 = JdT 1962 I 290. Dans ce cas, une cliente avait, sans succès, mandaté un avocat pour s'opposer à l'expropriation de son terrain. L'indemnité qu'elle avait reçue compensait la diminution de son patrimoine, mais pas son intérêt affectif à rester propriétaire du terrain.

V. Conclusion

Il résulte de notre étude que l'obligation d'éviter les conflits d'intérêts peut se fonder sur l'obligation de diligence qui s'impose à celui qui rend un service à autrui. En principe toutefois, elle découle de l'obligation de fidélité que doit respecter celui qui gère une affaire pour le compte et dans l'intérêt d'autrui. C'est donc quand l'avocat agit comme intermédiaire qu'il est spécifiquement tenu de l'obligation d'éviter le conflit d'intérêts et de respecter les devoirs de loyauté qui en découlent.

Pour distinguer les devoirs de l'avocat vis-à-vis de son client de ses autres devoirs publics, les autorités chargées de la surveillance du barreau peuvent très bien s'inspirer de la définition et du contenu de l'obligation de fidélité telle qu'elle est prévue dans le droit du mandat. Inversement, les tribunaux civils peuvent préciser les devoirs civils de l'avocat en tenant compte des règles déontologiques ou des règles du droit public qui régissent la profession. L'exemple de l'interdiction de la double représentation l'illustre bien. Toutefois, ils ne devraient le faire que si et dans la mesure où ces règles tendent bel et bien à préserver les intérêts du client. Tel n'est pas le cas de celles qui protègent la dignité de la profession. Ainsi, la règle qui interdit à l'avocat de faire état de ses convictions personnelles ou celle qui sanctionne le *pactum de quota litis* sont moins conçues dans l'intérêt du client que dans le souci de donner une certaine image de la profession d'avocat. Elles ne devraient pas être sanctionnées civilement comme une violation de l'obligation de fidélité.

Droit civil, droit public et règles déontologiques ne se complètent pas seulement pour déterminer le contenu de l'obligation d'éviter les conflits d'intérêts, mais également pour en assurer la sanction. La mise en œuvre et le respect de cette obligation dépendent de manière importante des sanctions de droit privé. Le faible contentieux civil indique cependant que les sanctions du droit administratif préviennent de manière adéquate la survenance même de situations qui pourraient être source de conflits d'intérêts. Une fois qu'elles ont été prononcées, ces sanctions permettent sans doute aussi un règlement civil du litige hors procès.

Thomas Stäheli

Anwalt und Kartellrecht

Inhaltsübersicht

I. Einleitung
II. Die massgeblichen kartellrechtlichen Bestimmungen
   A. Verbot wettbewerbsbeschränkender Verhaltensweisen
   B. Anwalt als Unternehmen?
   C. Staatliches und privates Anwaltsrecht
   D. Ergebnis
III. Wettbewerbsbeschränkungen im Anwaltsrecht
   A. Honorar
   B. Werbung
   C. Anwaltswechsel
   D. Die Unabhängigkeit
   E. Verbot von Hausbesuchen
IV. Ergebnis

I. Einleitung

Auf den 1. Juli 1996 wurde bekanntlich das revidierte Kartellgesetz, bzw. wie es neu heisst, das Gesetz über Kartelle und andere Wettbewerbsbeschränkungen, in Kraft gesetzt. Mit Blick auf diese Gesetzesrevision wurde auch eine intensive Diskussion darüber geführt, inwieweit das Anwaltsrecht mit den neuen kartellrechtlichen Bestimmungen vereinbar sei. Den Anstoss zu dieser Diskussion gab ein Beitrag des Präsidenten der Wettbewerbskommission, Prof. Pierre Tercier, im Bulletin des Schweizerischen Anwaltsverbands[1]. Verschiedene Autoren äusserten sich in der Folge zu diesem Themenbereich, vorab im Bulletin des SAV. Der SAV selbst setzte eine Expertenkommission ein, welche die Problematik analysierte und mit Empfehlungen an den SAV aufwartete.

Nachfolgend seien, nach einem Überblick über die massgeblichen Bestimmungen des revidierten Kartellgesetzes, die verschiedenen möglicherweise wettbewerbsbeschränkenden Bestimmungen im Anwaltsrecht auf ihre Zulässigkeit unter dem neuen Kartellrecht geprüft.

---

[1] Tercier (Die Anwälte und der Wettbewerb), 3 ff.

II. Die massgeblichen kartellrechtlichen Bestimmungen

A. *Verbot wettbewerbsbeschränkender Verhaltensweisen*

Das Kartellgesetz verbietet ganz allgemein wettbewerbsbeschränkende Verhaltensweisen. Das Verbot erfasst vorab sogenannte horizontale Wettbewerbsbeschränkungen, d.h. Abreden zwischen Unternehmen der gleichen Wirtschaftsstufe. Diese Abreden werden herkömmlicherweise als klassische Kartelle bezeichnet.

Die vom Gesetz ebenfalls erfassten vertikalen Wettbewerbsbeschränkungen, d. h. Wettbewerbsbeschränkungen zwischen Unternehmen verschiedener Wirtschaftsstufen wie etwa zwischen Hersteller und Vertriebshändler, werden im allgemeinen als weniger wettbewerbsschädigend angesehen. Sie spielen im Gebiet des Anwaltsrechts kaum eine Rolle.

Die allgemeine Zielsetzung des kartellrechtlichen Verbotes von wettbewerbsbeschränkenden Abreden ist eine volkswirtschaftliche. Es soll vermieden werden, dass ein Berufsstand oder eine Branche durch Absprachen zum Beispiel künstlich die Preise hochhält und so einen volkswirtschaftlich nicht gerechtfertigten, weil nicht auf Effizienz beruhenden, Monopolgewinn erzielen kann. Dies ist in der Regel nur dort möglich, wo Marktzutrittsschranken bestehen, etwa aufgrund staatlicher Regulierung oder weil der Markteintritt mit hohen Kosten verbunden ist. Ansonsten genügt der normale Wettbewerbsdruck von Aussenseitern, das volkswirtschaftlich unerwünschte Erzielen von Monopolrenditen zu vermeiden.

Die Anwaltstätigkeit ist eine stark regulierte Tätigkeit. Insbesondere bedarf es für die Zulassung zum Anwaltsberuf eines besonderen Fähigkeitsausweises, dessen Erlangen in den meisten Kantonen mit einem nicht unerheblichen Aufwand verbunden ist. Man kann daher feststellen, dass Marktzutrittsschranken bestehen. Zudem fehlt in einem grossen Teil der anwaltlichen Tätigkeit der internationale Wettbewerbsdruck. Ebenfalls ist, zumindest für die forensische Tätigkeit, der Wettbewerbsdruck über die Sprach- und Kantonsgrenzen hinaus beschränkt.

Aufgrund dieser Marktzutrittsschranken ist daher grundsätzlich denkbar, dass die Anwaltschaft durch kartellistische Abreden verpönte Monopolgewinne erzielen könnte.

Dem steht jedoch die durch die Erfahrung erhärtete Tatsache gegenüber, dass ein Kartell um so leichter auseinanderbricht, je mehr Mitglieder es aufweist. Wenn in einem Markt nur drei bis fünf oder vielleicht auch zehn Anbieter da sind, so können sie ein funktionierendes Kartell bilden. Unterbietet ein Kartellmitglied heimlich die vom Kartell festgesetzten Preise, so besteht eine gute Chance, dass die anderen Mitglieder dies erfahren, sei es, weil die günstigeren Preise von einem Kunden einem anderen Kartellmitglied mitgeteilt werden, sei es einfach nur, weil ein Kartellmitglied seine Marktanteile auffällig steigern kann. Diese Kontrolle entfällt jedoch, wenn die Zahl der Anbieter auf dem Markt gross ist. Mit den über 5700 Mitgliedern des SAV (Stand 1.1.1998[2]) kann ein solches «hartes» Kartell auf die Dauer nicht funktionieren.

Verboten sind aber nach Kartellgesetz nicht nur solche Abreden, die effektiv eine Wettbewerbsbeschränkung bewirken, sondern auch solche, die eine Wettbewerbsbeschränkung bloss zum Ziel haben. Zudem können kurz- oder mittelfristig – bevor das Auseinanderbrechen des Kartells allen Mitgliedern bekannt wird – ungerechtfertigte Monopolgewinne erzielt werden. Schliesslich können auch subtilere Abreden als eigentliche Preis-, Mengen- oder Gebietskartelle durchaus wettbewerbsbeschränkend wirken.

B. Anwalt als Unternehmen?

Das Kartellgesetz findet nur Anwendung auf unternehmerische Tätigkeiten[3]. So sind etwa wettbewerbsbeschränkende Vereinbarungen zwischen Arbeitnehmern (z.B. Gewerkschaften) vom Anwendungsbereich des Kartellgesetzes ausgeschlossen.

Meines Erachtens hat die Anwaltstätigkeit zumindest in grösseren Kanzleien einen überwiegend unternehmerischen Aspekt. Aber auch kleineren Kanzleien kann der Unternehmenscharakter in den meisten Fällen wohl nicht abgesprochen werden. Die vielleicht früher noch anzutreffenden Anwälte, welche vorab sozial Schwächeren aus Engagement und ohne Honorar Hilfestellung boten, sind selten geworden. Als Normalfall gilt ja auch die Vermutung, dass ein Honorar geschuldet ist, und die Anwaltstätigkeit eben keine Honorartätigkeit (bei der eine Vergütung nur freiwillig zu leisten ist) darstellt.

Die Tatsache, dass man der Anwaltstätigkeit unternehmerischen Charakter zuspricht, bedeutet nicht etwa, dass sich die Rechtsanwälte «von Gewinnstreben beherrschen lassen» müssten und nicht trotzdem als «Diener des Rechts» und «Mitarbeiter der Rechtspflege»[4] fungieren könnten. Der Anwalt hat aber neben dem Ziel der Gewinnstrebigkeit auch andere Ziele zu verfolgen, so dass ein gradueller Unterschied zu einer rein kommerziellen Tätigkeit vorliegt. Die Qualifikation der Anwaltstätigkeit als unternehmerische Tätigkeit ist im übrigen auch im deutschen und im europäischen Kartellrecht anerkannt[5].

---

[2] Der Schweizer Anwalt Nr. 173 3/1998, 11.
[3] Art. 2 KG.
[4] BGE 123 I 16.
[5] KORT, 701 ff., 704, m.w.H.

C. Staatliches und privates Anwaltsrecht

Das Kartellgesetz ist grundsätzlich nur anwendbar auf privatrechtlich vereinbarte Wettbewerbsbeschränkungen bzw. privatrechtlich abgestimmte Verhaltensweisen[6]. Immer dann, wenn der Grund für eine abgestimmte Verhaltensweise in einer staatlichen Regelung liegt, besteht kein kartellrechtlich zu beanstandender Sachverhalt. Das Anwaltsrecht ist geprägt sowohl von staatlichen Regelungen wie auch von privatrechtlichem Verbands- oder Standesrecht. Das Ineinandergreifen von privatrechtlichen und staatlichen Regelungen ist manchmal nicht leicht durchschaubar. So enthält etwa das zürcherische staatliche Anwaltsrecht ziemlich abstrakt umschriebene Verhaltensregeln für Anwälte. Für die Auslegung dieser Regeln pflegt die Aufsichtskommission jedoch die privatrechtlich aufgestellten Verbandsregeln des Zürcher Anwaltsverbandes (vormals Verband Zürcher Rechtsanwälte) heranzuziehen. Zudem ist die Anwaltschaft in der Aufsichtskommission stark vertreten, so dass man von einer Aufsicht sprechen kann, welche einer Selbstregulierung nahesteht.

Während sich in der Schweiz noch kaum eine Rechtsprechung herausgebildet hat zur Frage, wieweit «staatlich verordnete bzw. sanktionierte Kartelle» als staatliche Regelungen gelten, welche Immunität vor dem Kartellgesetz geniessen, oder ob solche Tatbestände auch dem Kartellgesetz unterworfen sind, hat sich in der EU eine strenge Praxis durchgesetzt. Danach sind auch solche Tatbestände vom Kartellgesetz erfasst, soweit sie von Verbänden aufgestellt und vom Staat bloss sanktioniert sind.

Allgemein gilt daher, dass die im Anwaltsgesetz staatlich verankerten Wettbewerbsbeschränkungen kartellrechtlich unanfechtbar sind, währenddem das private Standesrecht einer Überprüfung unter kartellrechtlichen Gesichtspunkten zugänglich ist. In Kantonen, in welchen eine staatliche Regelung blosse Sanktionierung der vom Anwaltsverband aufgestellten Regeln ist, dürfte auch eine derartige staatliche Regelung einer kartellrechtlichen Überprüfung unterliegen.

D. Ergebnis

Die Anwaltstätigkeit als grundsätzlich unternehmerische Tätigkeit untersteht dem Kartellgesetz. Soweit Anwälte privatrechtlich wettbewerbsbeschränkende Abreden treffen, können sie unzulässig sein. Nicht einer kartellrechtlichen Überprüfung zugänglich ist das staatlich normierte Anwaltsrecht.

---

[6] Art. 3 Abs. 1 KG.

III. Wettbewerbsbeschränkungen im Anwaltsrecht

Wettbewerbsrechtlich relevant sind die folgenden anwaltsrechtlichen Regelungen: Regelungen über die Honorargestaltung, die Werbung, den Anwaltswechsel, die Unabhängigkeit sowie das Verbot von Hausbesuchen. Diese Regelungen seien nachfolgend auf ihre wettbewerbsbeschränkende Wirkung und mögliche Rechtfertigungen untersucht.

A. *Honorar*

Absprachen über das Honorar sind grundsätzlich wettbewerbsbeschränkend. Das Honorar ist der Preis, welchen der Konsument für die anwaltliche Dienstleistung zu bezahlen hat. Es ist zusammen mit der Qualität der Dienstleistung einer der primären Wettbewerbsfaktoren und wirkt sich direkt am Markt aus.

Entsprechend streng geht das Kartellgesetz mit Absprachen über Preise um. Sofern solche zwischen im horizontalen Verhältnis stehenden Wettbewerbern getroffen werden, kommt eine gesetzliche Vermutung zum Zuge, nach welcher die Beseitigung wirksamen Wettbewerbs vorliegt und, sofern diese Vermutung nicht widerlegt werden kann, die Abrede als unzulässig gilt[7]. Die Wettbewerbskommission hat in ihrer Stellungnahme zum Entwurf zu einem Freizügigkeitsgesetz für Rechtsanwälte zudem klar dargetan, dass sie auch unverbindlichen Honorarempfehlungen ablehnend gegenübersteht[8].

Soweit staatliche Regulierungen den Anwälten die Honorarhöhe vorschreiben, etwa in kantonalen Anwaltsgesetzen, Gebührenverordnungen usw., können sie kartellrechtlich nicht angegriffen werden. Wenn die Wettbewerbskommission ungenügenden Wettbewerb feststellt, könnte sie den für den Erlass solcher staatlicher Tarifvorschriften zuständigen Behörden eine Empfehlung abgeben, etwa zur Abschaffung der staatlichen Tarife oder zur Einführung bzw. Vergrösserung einer Bandbreite, innerhalb welcher das Honorar festgelegt werden darf[9].

Soweit auf privatrechtlicher Ebene Absprachen über Honorare getroffen werden, sind sie vermutungsweise unzulässig[10]. So enthielten zum Beispiel die Statuten des Verbands Zürcher Rechtsanwälte bis vor kurzem eine Bestimmung, die es untersagte, geringere als die in der Gebührenordnung vorgesehenen Ansätze in Rechnung zu stellen[11]. Nach Inkrafttreten des neuen Kartellgesetzes wurde diese horizontale Preisabsprache abgeschafft. Theoretisch wäre der Versuch einer Rechtfertigung dieser Wettbewerbsbeschränkung denkbar gewesen. Das schweizerische Kartellgesetz verbietet solche Abreden

---

[7] Art. 5 Abs. 3 KG.
[8] RPW 1997/3, 388.
[9] Art. 45 Abs. 2 KG.
[10] Art. 5 Abs. 3 KG.
[11] § 3 Abs. 2 a Statuten VZR.

ja nicht schlechthin. Nachdem aber bereits in der Literatur die Meinung vertreten wurde, die Vorschrift hätte vor allem den Schutz der Anwälte zum Ziel[12], wäre eine Rechtfertigung gegenüber der Wettbewerbskommission nicht leicht gefallen. Zudem schien sich im allgemeinen das Interesse an der Beibehaltung dieser Bestimmung in Grenzen zu halten.

Das Verbot, ein Erfolgshonorar zu verlangen, ist zwar in der Schweiz allgemein anerkannt, ist aber auch als vermutungsweise unzulässige[13] wettbewerbsbeschränkende Abrede zu qualifizieren, soweit es nicht in staatlichen Erlassen festgeschrieben ist, wie das z.b. für den Kanton Zürich gilt[14]. Auch hier dürfte eine Rechtfertigung schwierig sein. Einerseits zeigt ein Blick über die Grenzen (insbesondere zu den Vereinigten Staaten), dass ein Rechtssystem auch ohne Verbot des Erfolgshonorars durchaus funktionieren kann und der immer wieder angerufene «Schutz des Publikums» auch mit weniger wettbewerbsbeschränkenden Massnahmen gewährleistet sein kann. Anderseits wurde auch in der Schweiz schon verschiedentlich auf die Fragwürdigkeit des Verbotes hingewiesen[15]. Soweit allerdings das Verbot im staatlichen Anwaltsrecht festgeschrieben ist, wie etwa im Zürcher Anwaltsgesetz, gibt es kartellrechtlich nichts zu beanstanden[16].

B. *Werbung*

Im Kartellrecht der EU werden zwischen Wettbewerbern vereinbarte Werbebeschränkungen grundsätzlich als wettbewerbsbeschränkend eingestuft. Im schweizerischen Kartellrecht findet die Vermutung der Unzulässigkeit keine Anwendung auf Werbebeschränkungen. Eine Einzelfallprüfung kann jedoch auch nach schweizerischem Kartellrecht die wettbewerbsbeschränkende Wirkung und damit die Unzulässigkeit von Werbebeschränkungen nach schweizerischem Recht ergeben.

Das schweizerische Anwaltsrecht zeichnet sich durch äusserst strenge Werbevorschriften aus. Diese sind meist in staatlichen Erlassen verankert und werden in privatrechtlichen Vereinbarungen bzw. Verbandsstatuten konkretisiert. Dabei wird nicht selten gestützt auf eine sehr allgemein gehaltene Gesetzesbestimmung im privatrechtlichen Normenwerk etwas über das Ziel hinausgeschossen. So enthält das Zürcher Anwaltsgesetz eine Regel, wonach sich der Anwalt «aufdringlicher Werbung enthält»[17]. Der Zürcher Anwaltsverband hat gestützt darauf im Reglement VI sowie in der Praxis des Vorstandes

---

[12] WEGMANN (Handbuch), 152.
[13] Art. 5 Abs. 3 KG.
[14] § 10 Abs. 1 Anwaltsgesetz ZH.
[15] WEGMANN (Handbuch), 153.
[16] Art. 3 Abs. 1 lit. b KG.
[17] § 7 Abs. 2 Anwaltsgesetz ZH.

genaueste Regeln erarbeitet, bei welcher Gelegenheit mit welchen Mitteln an die Öffentlichkeit gelangt werden darf. Zum Beispiel dürfen Inserate bei Praxiseröffnung, Adressänderung, Änderung von Telefonnummern usw. geschaltet werden, jedoch nur in bestimmter «unaufdringlicher» Grösse. Selbstverständlich ist auch reglementiert, welche Angaben in der Werbung enthalten sein dürfen. So dürfen z.B. nur bevorzugte Tätigkeitsgebiete, nicht jedoch Hinweise auf berufliche Spezialisierungen angegeben werden[18].

Mittlerweile ist dieses Reglement aber in Überarbeitung, unter anderem, weil die Verträglichkeit mit dem neuen Kartellgesetz fraglich ist.

Auch die Richtlinien des SAV stehen der zürcherischen Regelung kaum nach. Gemäss Ziffer 6 und 7 unterlässt der Anwalt jegliche Reklame und jeglichen Kundenfang und gibt seinen Namen nur dann bekannt, wenn dies sachlich begründet ist. Inserate sind auch nur bei ganz bestimmten Gelegenheiten zulässig. Die vom SAV eingesetzte Kommission «Anwälte und neues Kartellrecht» hat dem SAV die einzig richtige Empfehlung abgegeben. Sie empfiehlt, die Ziffern 6, 7 und 8 der Richtlinien SAV wie folgt zu ersetzen: «Die anwaltliche Werbung ist innerhalb der eidgenössischen und der kantonalen gesetzlichen Schranken unter Wahrung der Würde des Anwaltsstandes und Respektierung des Berufsgeheimnisses erlaubt[19].»

In der Tat lassen sich privatrechtlich zwischen Wettbewerbern vereinbarte Werbebeschränkungen aus kartellrechtlicher Sicht kaum je rechtfertigen. Wo Werbebeschränkungen notwendig sind (aus gesundheits- oder sozialpolitischen Überlegungen), da ist der Staat gefordert, die notwendigen Regelungen zu treffen. Da in den meisten, wenn nicht sogar in allen Kantonen, Werbebeschränkungen für die Anwälte in staatlichen Erlassen vorhanden sind, sind weitergehende privatrechtlich durch die Standesorganisationen festgelegte Werbebeschränkungen kartellrechtlich nicht zu rechtfertigen. Dasselbe gilt für allfällige zusätzliche Sanktionen von privatrechtlichen Standesgerichten usw.

Allerdings ist nicht zu verkennen, dass auch bei den Anwälten ein Bedürfnis nach Rechtssicherheit besteht. Dazu tragen die oft sehr allgemein gehaltenen staatlichen Vorschriften («Verbot aufdringlicher Empfehlung») herzlich wenig bei. So wurde das entsprechende Zürcher Verbot von der Aufsichtskommission zum Teil im Sinne der detaillierten Regelung des Reglements VI des VZR interpretiert. Umgekehrt lässt sich die Bestimmung, wie MINELLI überzeugend dartut, dahingehend verstehen, dass jede Werbung erlaubt ist, solange keine «stark lästige, störende, das Ansehen der Anwaltschaft insgesamt in Mitleidenschaft ziehende Wirkung der Massnahme» vorliegt[20]. Die Gefahr, dass bei einer Liberalisierung tatsächlich Auswüchse in der Werbung stattfinden werden, ist gering[21].

[18] § 2 Ziff. 2 Reglement VI VZR.
[19] BOVET, 14.
[20] MINELLI, 32.
[21] LIATOWITSCH, 17.

Die Wettbewerbskommission hat angekündigt, dass sie im laufenden Jahr sämtliche kantonalen Werbebeschränkungen einer Prüfung unterziehen werde[22]. Sollte auch diese Überprüfung nicht die erforderliche Klarheit bringen, wäre es wohl wünschbar, dass die Anwaltsverbände *unverbindliche* Richtlinien aufstellten, was ihrer Ansicht nach als aufdringlich zu qualifizieren sei. Die Aufsichtsbehörden dürften diese Richtlinien aber nicht zur Auslegung des staatlichen Werbeverbotes heranziehen, sondern hätten allein gestützt auf das staatliche Recht über die Zulässigkeit bzw. Unzulässigkeit von Werbemassnahmen zu urteilen. Höchstens bei der Bemessung von allfälligen Sanktionen könnte die privatrechtliche Richtlinie bei der Verschuldensprüfung berücksichtigt werden.

C. Anwaltswechsel

Zahlreiche Standesordnungen wie auch die Richtlinien des SAV (Ziff. 20) enthalten Bestimmungen, wonach ein Mandat nicht von einem Vorgänger ohne dessen Einverständnis übernommen werden darf, solange dieser nicht bezahlt ist. Solche Bestimmungen sind klar wettbewerbsbeschränkend. Entsprechend hat auch etwa der Zürcherische Anwaltsverband die diesbezügliche Bestimmung durch eine blosse Informationspflicht gegenüber dem Vorgänger ersetzt. Auch die Empfehlungen der vom SAV eingesetzten Kommission gehen dahin.

Gegen eine blosse Informationspflicht ist kartellrechtlich kaum etwas einzuwenden. Sie dürfte von der in staatlichen Erlassen verankerten Pflicht zur Schaffung klarer Verhältnisse gedeckt sein. Insbesondere wird so nämlich vermieden, dass ein Klient doppelt vertreten ist, wenn er es unterlässt, dem Vorgänger den Mandatsentzug klar mitzuteilen.

D. Die Unabhängigkeit

Die Unabhängigkeit der Rechtsanwälte wird oftmals als zentraler Wettbewerbsvorteil gegenüber der von Banken, Treuhandgesellschaften usw. offerierten Rechtsberatung herausgestrichen[23]. Erstaunlicherweise ist die Unabhängigkeit nur in den Anwaltsgesetzen der welschen Kantone sowie im Kanton Bern staatlich verankert[24]. Sie wird aber auch in den deutschschweizerischen Kantonen vorausgesetzt[25].

---

[22] RPW 1997/3, 388.
[23] STUTZER, 18; FELLMANN (Standesregeln), 33 f.
[24] Erläuternder Bericht zum Freizügigkeitsgesetz, Ziff. 233.21.
[25] WEGMANN (Handbuch), 189 f.; vgl. auch BGE 123 I 17.

Die Verpflichtung zur Unabhängigkeit soll auch im vorgeschlagenen Gesetz über die Freizügigkeit der Anwälte festgeschrieben werden. Man darf daher davon ausgehen, dass eine öffentlich-rechtliche Grundlage für die Verpflichtung der Anwälte zur Unabhängigkeit besteht. Damit entfällt die kartellrechtliche Angriffsfläche auf entsprechende privatrechtliche Standesordnungen, soweit diese eine Verpflichtung zur Unabhängigkeit festschreiben.

E. Verbot von Hausbesuchen

Die Richtlinien des SAV (Ziff. 17) enthalten nach wie vor ein Verbot, Klienten ausserhalb der eigenen Büros zu beraten. Soweit dieser Richtlinie überhaupt noch nachgelebt wird, ist sie klar wettbewerbsbeschränkend. Sie wirkt sich direkt am Markt aus. Vernünftige Rechtfertigungsgründe sind nicht ersichtlich. Soweit ein solches Verbot nicht im staatlichen Recht verankert ist, hält es vor dem Kartellgesetz nicht stand[26].

IV. Ergebnis

Kartellrechtlich kritisch sind vor allem im privaten Standesrecht vereinbarte Beschränkungen bezüglich Honorarhöhe und Werbebeschränkungen. Honorarempfehlungen sind dann unzulässig, wenn sie über eine branchenspezifische Kalkulationshilfe hinausgehen und faktisch beachtet werden. Werbebeschränkungen sollten und dürfen die Anwälte sich nicht selbst auferlegen. Da grosse Unsicherheit besteht über die Tragweite der staatlich verankerten Werbeverbote, besteht ein Risiko, dass privatrechtlich vereinbarte Werbebeschränkungen kartellrechtlich unzulässig sind.

Immerhin ist darauf hinzuweisen, dass die Wettbewerbskommission die Anwaltsverbände bzw. die Verbandsmitglieder nicht direkt für einen Verstoss gegen das Kartellrecht sanktionieren kann. Erst wenn sie das Vorliegen einer Wettbewerbsbeschränkung festgestellt und die Anwaltsverbände zur Aufgabe der Praktiken aufgefordert hat, kann, wenn dieser Aufforderung nicht nachgelebt wird, eine Busse verhängt werden.

Aus kartellrechtlicher Sicht ist mangels zu gewärtigender Sanktion daher keine besondere Eile notwendig, die Standesordnungen anzupassen. Vielmehr ist es aber der Markt, der nach mehr Transparenz verlangt und damit eine Abschaffung übermässiger zünftischer Beschränkungen für geboten erscheinen lässt. Zudem sollten sich die Anwaltsverbände aus Imagegründen nicht auf ein Verfahren vor der Wettbewerbskommission einlassen.

---

[26] FELLMANN (Standesregeln), 31 m.w.H.

Mario Postizzi

Il dovere di fedeltà dell'avvocato verso il cliente sotto la lente del Codice penale

Indice

I. Prologo
II. Dovere di fedeltà: dal concetto etico al concetto giuridico
III. Dovere di fedeltà dell'avvocato nei confronti del cliente
IV. L'infedeltà penale dell'avvocato come tradimento e abuso del dovere di fedeltà verso il cliente
V. Dovere di fedeltà ed eccesso di fedeltà del difensore penale: alcuni spunti sul reato di favoreggiamento

I. Prologo

L'impersonale «chiunque» dà vita alla quasi totalità delle norme della parte speciale del nostro Codice penale e la circostanza di essere avvocato non costituisce, di regola, alcun segno distintivo. Se quest'ultimo, nel corso della sua attività professionale, opera in modo delittuoso cade nelle maglie di alcuni disposti legali che, al tempo stesso, limitano il quadro dei potenziali autori ma non sono di esclusiva pertinenza della classe forense. Ad esempio, vi è appropriazione indebita qualificata se il fatto è stato commesso da un avvocato nell'esercizio della professione[1]. Su un piano più particolare si pone l'art. 321 CP, che indica espressamente l'avvocato tra gli autori, se rivela segreti a lui confidati in ragione della sua professione. Quando si parla specificatamente di avvocato e Codice penale il discorso cade solitamente sul segreto professionale. Può dunque sembrare sorprendente la scelta di non affrontare questo tema in uno studio volutamente dedicato agli aspetti penali dell'attività dell'avvocato. La ragione è semplice. Questo contributo rientra in una raccolta di studi sul ruolo, sull'attività, sulla funzione dell'avvocato e il problema della violazione del segreto professionale è già argomento diffusamente trattato. L'angolazione di questa riflessione è particolare. La lente utilizzata permette un'osservazione ristretta. Obiettivo dichiarato è di fornire qualche riflessione sull'implicazione penale del dovere di fedeltà secondo due percorsi diversi. Il primo vuole fotografare il tradimento e l'abuso dell'avvocato a danno del cliente. Il discorso sarà limitato a qualche accenno, partendo dall'esempio concreto del reato di amministrazione infedele. Il secondo, quasi fosse una

---

[1] Hurtado Pozo, Droit pénal partie spécial I, 218 n. 777.

lettura a rovescio, vuole mettere a fuoco non l'infedeltà ma l'eccesso di fedeltà dell'avvocato verso il cliente, con riferimento specifico al reato di favoreggiamento. Il dovere di fedeltà verrà preliminarmente delineato sulla base di una sommaria verifica tridimensionale, con fugaci approdi di diritto privato e professionale, dopo un'iniziale osservazione etica. Sarà una scorribanda in aree parzialmente al di fuori del diritto penale. La divagazione non è però inutile perché porta in dotazione alcuni strumenti di orientazione e di misurazione adatti per il passaggio nell'area strettamente di pertinenza penale.

II. Dovere di fedeltà: dal concetto etico al concetto giuridico

1. Il dovere di fedeltà ha certamente un'armatura etica nel suo sottofondo, che il giurista non può ignorare. Una rapida incursione nella realtà sottostante all'esperienza giuridica permette di andare oltre al dato meramente tecnico. La norma legale non è più semplicemente uno strumento «incandescente» da dilatare e piegare, durante la lotta giudiziaria, per risolvere con successo e a proprio vantaggio un caso pratico. Ribaltando e modificando leggermente il titolo di una breve pubblicazione di CHAÏM PERELMAN, ci si può chiedere «quel che il giurista può imparare da una riflessione filosofica»[2]. Non si tratta di spiegare il diritto attraverso la filosofia, «mais de voir ce qu'il peut y avoir de philosophie dans le droit»[3]. Un'esposizione quantitativamente ridotta è già una nutriente provvista di viaggio per solcare il territorio giuridico. L'accurata e dotta indagine di NICOLAI HARTMANN pone in risalto l'*ethos della fedeltà* e insiste sulla forza della perseveranza, sulla capacità di promettere, di impegnarsi, di dispiegare in anticipo un futuro comportamento[4]. Fedele è chi mantiene la parola data. JOSIAH ROYCE, con slancio idealistico tipicamente americano, sviluppa una *filosofia della fedeltà*, che si fonda sulla volontaria, pratica e completa dedizione di una persona ad una causa alla quale ha aderito[5]. Fedele è chi adempie in modo puntuale e conforme i propri doveri. Questo adempimento richiede fermezza, coerenza, stabilità, costanza di comportamento per realizzare lo scopo per il quale si è coinvolti.

2. Si parla concretamente e specificatamente di fedeltà a stretto contatto con una situazione di difficoltà, di rischio, di conflitto, quando sono o possono essere toccati da vicino gli interessi di chi deve fedeltà. La capacità di dedizione viene in effetti messa a dura prova da tutta una serie di contromotivi egoistici e di interessi personali, che vanno in ultima analisi sacrificati. Si deve far largo il senso di responsabilità a dispetto delle perdite d'occasione e dei

---

2 CHARLES PERELMAN, Ce qu'une réflexion sur le droit peut apporter au philosophe, Archives de Philosophie du droit, n. 7, Parigi, 1962.
3 RIPERT, 1.
4 HARTMANN, 464 ss.
5 ROYCE, 1 ss.

pericoli. Doveroso è pure un giudizio (morale) sulla causa per la quale ci si deve impegnare. La fedeltà, come tale, non assume un incondizionato riconoscimento di virtù; può esorbitare e uscire dai limiti e dalle regole; vagare ed entrare in una zona d'ombra o grigia; dirottare verso valori radicali ed incondizionati non nobili e virtuosi, ma moralmente riprovevoli; diventare *fedeltà dell'infedele*. Tutto dipende dai valori ai quali si deve fedeltà. Persistere nella stupidità, ad esempio, è una stupidità in più o una circostanza aggravante della stupidità[6]. Nel linguaggio comune si può parlare di fermezza incrollabile anche di fronte alla solidarietà e alla pervicacia tra due delinquenti per portare a compimento, a tutti i costi, un'impresa criminale.

3. L'ordinamento giuridico ha codificato la parola fedeltà. Si tratta di un termine tecnico da impiegare quando si realizzano condizioni precise. Definire un concetto vuol dire, nella sostanza, fissare i suoi limiti e porre in risalto le sue caratteristiche. Nel caso della fedeltà questa operazione può essere compiuta cercando preliminarmente una relazione con i concetti di *dovere,* di *buona fede* e di *interesse.* Quando noi parliamo di dovere di fedeltà (e non è un giuoco di parole) diamo un'immagine speculare perché si dovrebbe parlare, più coerentemente e realisticamente, di fedeltà verso uno o più doveri. Sono i doveri che danno concretamente tono e colore alla fedeltà, al punto che la stessa assume l'aspetto di raccoglitore, di involucro, di stampo in cui sono riversati, a seconda dei casi, specifici doveri. In altri termini, sono i doveri che si propongono come punti di riferimento, di specificazione e di concretizzazione di un modo di comportarsi etichettato come fedeltà. Per questa ragione all'unità della parola fedeltà fa riscontro una pluralità di significati che vengono scolpiti dallo spessore e ritagliati dall'intensità dei doveri imposti a chi deve fedeltà. La dottrina parla di «relatività dei concetti giuridici»[7], quando un termine è utilizzato in diversi settori dell'ordinamento giuridico, con un significato che muta a dipendenza della disciplina trattata e del contesto sistematico. In realtà è il peso specifico del dovere che varia provocando un contenuto differenziato della fedeltà. Orientare la fedeltà in direzione di un dovere risulta più che opportuno, quando si deve affrontare – come in questo caso – il tema dell'infedeltà, che si prospetta prima di tutto come infedeltà ad un dovere, come comportamento non conforme al dovere.

4. Storicamente il dovere di fedeltà e il principio della buona fede hanno origine comune con filiazione diretta nella parola *fides,* la cui ricchezza semantica ed importanza giuridica è fondamentale ancora ai nostri giorni[8]. La dottrina si affatica, con disquisizioni sottili, per cercare di stabilire se tra i due

---

[6] JANKELEVITCH, 130
[7] MÜLLER-ERZBACH, 1 ss; ENGISCH (Juristisches Denken), 78.
[8] Sulla forza semantica della «fides» si veda LOMBARDI, 3 ss; FREYBURGER, 9 ss. Per il tema che qui interessa va ricordato che Cicerone, nelle sue Orazioni, parla di «fides defensionis» per inquadrare i doveri del difensore in sede giudiziaria (FREYBURGER, 160 ss).

concetti la differenza sia qualitativa o quantitativa[9]. L'operazione è ardua perché è particolarmente difficile tracciare un confine nitido; vi sono punti in comune e zone di reciproca interferenza. Il quadro offerto è rappresentato da una gradazione di colori, con le varie tonalità che penetrano e si sfumano l'una nell'altra. Questo dipende anche dal fatto che la fedeltà, la fiducia e la lealtà sono parole-chiavi comunemente associate alla buona fede[10]. Chi preferisce una lettura in senso quantitativo vede nel dovere di fedeltà un potenziamento del principio della buona fede nell'ambito di particolari rapporti personali e di fiducia tra uno o più soggetti[11].

5. Per individuare i tratti caratteristici del dovere di fedeltà si deve far capo alla nozione di interesse, che incide sulla fisionomia del rapporto obbligatorio e, conseguentemente, sui doveri che richiedono un comportamento fedele. In un'ottica generale la connotazione centrale del dovere di fedeltà si riconduce alla realizzazione e al promovimento di un interesse comune o di un interesse altrui. Nel contratto di società semplice tra i soci vi è una convergenza di interessi, che si fondano, si conciliano e si saldano per il raggiungimento di uno scopo comune. Nel contratto di mandato il dato saliente ed indiscusso è l'interesse del mandante, che diventa misura e limite dell'attività del mandatario. In sostanza quest'ultimo è tenuto «*nach besten Kräften* die Interessen des Auftraggebers zu wahren»[12]. Il dovere di fedeltà va al di là del diligente adempimento della prestazione. Richiede di fare tutto il possibile nell'interesse del mandante, evitando parallelamente tutto ciò che può danneggiarlo[13]. Il dovere di fedeltà è dunque fisiologicamente accostato ad un interesse. Non è punto d'arrivo ma mezzo e tramite posto in relazione funzionale con un determinato interesse meritevole di tutela e protezione. Questa mi sembra essere la ragione di fondo per giustificare la scarsa propensione del dovere di fedeltà di assurgere, nell'ambito penale, a bene giuridico protetto[14]. Ad esempio, con riferimento al reato di amministrazione infedele, il bene giuridico protetto è rappresentato dal patrimonio. La violazione del dovere di fedeltà, che può essere concettualmente ridotta ad una «Negation der Pflichterfül-

[9] FELLMANN-BK, art. 394 n. 251; v. STEIGER, 294 s.; EICHLER, 28 s.
[10] PICOT, 136.
[11] v. STEIGER, 293, che puntualizza: «Während Treu und Glauben (im Sinn von Art. 2 ZGB) den Schutz eines objektiv gerechtfertigten Vertrauens anstrebt und Schranken setzt, gebietet die Treuepflicht die Wahrung und Förderung der Interessen anderer, mit denen man durch ein Rechtsverhältnis ‹*mit persönlichem Einschlag*› verbunden ist» (nello stesso senso, EICHLER, 30).
[12] FELLMANN-BK, art. 394 ni 234 e 251.
[13] DTF 115 II 64 s. cd. 3 a.
[14] La discussione sul dovere di fedeltà quale bene giuridico protetto è stata fatta, ad esempio, nell'ambito del reato di sfruttamento della conoscenza di fatti confidenziali (art. 161 CP). Questa norma legale tutela più interessi: l'integrità del mercato borsistico, l'uguaglianza di prospettive tra gli investitori (considerato dalla dottrina quale interesse decisivo e prevalente) e il dovere societario di fedeltà e di lealtà (DTF 118 Ib 558 cd. 4e; 118 Ib 456 cd. 5c).

lung»[15], assume il carattere di elemento distintivo dell'ossatura e della struttura del reato. Rientra pertanto nel quadro della condotta tipica sanzionata nella fattispecie legale.

6. Per tornare al principio della buona fede, la situazione di partenza è assai diversa. Questo principio pone un limite all'esercizio e al perseguimento di un proprio interesse. È insito un «antagonisme cooperatif»[16], una funzione equilibratrice per tenere conto degli interessi contrapposti di un altro soggetto. Attorno alla stessa idea gravita la delimitazione tra il dovere di fedeltà e di lealtà. I due concetti non coincidono e non devono essere utilizzati come sinonimi[17]. La lealtà presuppone una contrapposizione di interessi, che risultano estranei (per questo si parla comunemente di concorrenza sleale e non di concorrenza infedele). Il dovere di fedeltà si inserisce come regolatore di conflitti interni; quello di lealtà come principio per governare e disciplinare conflitti esterni. La puntualizzazione è utile perché, come vedremo, sul piano dei valori, il reato di favoreggiamento viene scolpito nella tensione dialettica tra il dovere di fedeltà del difensore verso il cliente e il dovere di lealtà verso le autorità giudiziarie. Anche tra dovere di fedeltà e fiducia vi è una linea di demarcazione. La persona fedele è portata ad essere affidabile e la fiducia va vista sostanzialmente come motore di accensione e di avviamento del rapporto giuridico. Con il concetto di fiducia si ha cura di individuare il motivo interno (in primis la persuasione di correttezza del professionista) che induce il cliente a rivolgersi ad un avvocato, affinché quest'ultimo possa provvedere alle emergenze del caso. Nel settore forense la fiducia è un elemento psicologico indispensabile perché il cliente è obbligato, dove c'è monopolio legale, a servirsi dei professionisti iscritti all'albo. Non appena vi è stato il contatto del cliente con l'avvocato è il dovere di fedeltà che si delinea, al punto di sussistere indipendentemente dalla fiducia e nonostante la sua mancanza. All'impalpabilità, quasi vaporosa, della fiducia si fa spazio l'elemento costante e concreto del dovere di fedeltà, calato nella struttura del rapporto contrattuale e intatto anche dopo che lo stesso sia estinto[18].

[15] SCHUBARTH/ALBRECHT, art. 159 n. 21.
[16] ENGEL (Cent ans de contrat), 21.
[17] Non sempre (mi riferisco al testo di legge in lingua italiana) la terminologia è corretta. Ad esempio gli art. 14 e 20 LFI parlano di «dovere di lealtà», quando il marginale dovrebbe indicare «dovere di fedeltà» (il testo in lingua tedesca parla opportunamente di «Treuepflicht», art. 14 e 20 AFG); l'art. 866 CO parla di «buona fede» (il testo in lingua tedesca, più precisamente, di «Treuepflicht», art. 866 OR). Nell'ambito della distinzione tra dovere di fedeltà e dovere di lealtà, non risulta nemmeno corretta la formulazione indicata nel DTF 77 II 267 cd. 1: «Denn ein Wettbewerb, der auf der Missachtung einer Treuepflicht, einer Verletzung von Treu und Glauben beruht, ist missbräuchlich.» L'accenno al principio della buona fede è pertinente; al dovere di fedeltà qui andrebbe sostituito il dovere di lealtà.
[18] A dipendenza del maggiore o minore accento posto sulla fedeltà o sulla fiducia la relazione tra i due concetti assume una diversa connotazione. Ad esempio EICHLER, 31, ritiene essenziale la fiducia e dà al dovere di fedeltà una connotazione accessoria.

III. Dovere di fedeltà dell'avvocato nei confronti del cliente

1. Il contratto di mandato disciplina il rapporto tra avvocato e cliente. La dedizione funzionale del primo deve realizzare, tutelare e promuovere gli interessi del secondo. La radice del dovere di fedeltà sta nella cura dell'interesse altrui (si salda pertanto indissolubilmente alla prestazione principale), che diventa «*oberste Pflicht des Beauftragten*»[19]. La visione non è però completa se non si tiene conto delle importanti ramificazioni di questo dovere. Il rapporto obbligatorio non è lineare ma è complesso, con la conseguenza di far emergere tutta una serie di obblighi accessori e integrativi, che consentono compiutamente di attuare la prestazione nell'esclusivo interesse del mandante. Questi obblighi non sono altro che una specificazione del dovere di fedeltà risultante dallo scavo interpretativo e dall'evoluzione della giurisprudenza, sempre attenta a percepire le sfumature del caso concreto. Questo appunto può essere chiarito con un esempio. Il Tribunale federale, a partire dalla seconda metà degli anni '80, ha analizzato con grande attenzione la portata del segreto professionale e dell'obbligo di deporre dell'avvocato, con una distinzione tra attività «classica» forense e attività commerciale e finanziaria. Nei confronti delle autorità giudiziarie il diritto-dovere di tutelare il segreto professionale si riconduce esclusivamente alla prima e non alla seconda attività. Se l'avvocato accetta un mandato in un campo nel quale non è data la protezione del segreto professionale, deve rendere attento il mandante e segnalare che può essere tenuto a fornire le informazioni richieste in sede giudiziaria. La prassi giurisprudenziale, che si inserisce nell'ampio discorso legato al tema del riciclaggio di denaro, richiede all'avvocato di porre in essere, sin dall'inizio, le necessarie informazioni rientranti strutturalmente nel dovere di fedeltà, che costituisce pertanto una *clausola generale e riassuntiva* di tutta una serie di doveri posti a carico del mandatario (e dunque anche dell'avvocato)[20]. Particolare attenzione è stata finora prestata ai doveri di discrezione, di segretezza, di informazione, di segnalazione, di consulenza, di rimozione di conflitti di interesse, che arricchiscono il rapporto obbligatorio e sono strumentali rispetto alla corretta e diligente realizzazione della prestazione principale[21]. Mette conto anche di ricordare la particolare persistenza ed intensità del dovere di fedeltà, che nasce già con il primo contatto tra avvocato e cliente.

---

[19] DTF 108 II 198 cd. 2 a. La cura dell'interesse altrui è centrale nel contratto di mandato: si parla di «Hauptkriterium der Ausführungsobligation» (GAUTSCHI-BK, art. 396 n. 49 a); di «Zweck des Auftrages» e di «Leistungsziel» (FELLMANN-BK, art. 394 n. 237). Operare nell'interesse altrui vuol dire rimuovere e lasciare da parte i propri interessi. La dottrina francese, con riferimento all'avvocato, parla di «désintéressement» (BRAND, 13, GYGI, 13).

[20] FELLMANN-BK, art. 394 n. 253; art. 398 n. 24–26.

[21] TERCIER, 494 n. 4040–4045; FELLMANN-BK, art. 394 n. 269.

Con colorita espressione è stato detto che «l'avocat défendra les intérêts de la personne que l'hasard aura amenée à presser le bouton de la sonnette»[22].
2. L'orizzonte per l'avvocato è più vasto rispetto a quello del mandatario. Il primo deve tenere conto dei doveri professionali che si combinano con quelli fondati sul contratto di mandato. Vi è così un intreccio di obblighi dettati dal diritto privato e pubblico. È vero che la violazione di un dovere professionale è sanzionata in via disciplinare. È però altrettanto vero che la norma professionale finalizzata alla protezione diretta del cliente diventa «Inhalt des Vertragsverhältnisses»[23]; concorre a disciplinare il rapporto contrattuale; fornisce la misura e l'estensione dei doveri dell'avvocato nei confronti del cliente, quantomeno a titolo di supporto interpretativo[24]. Si tratta di un fenomeno di trasposizione reso possibile dalla sovrapposizione dello stesso dovere (di fedeltà) e facilitato dalla particolarità delle norme che regolano un rapporto specifico (avvocato – cliente) e non generale (mandante – mandatario). Una violazione del diritto professionale è dunque, in molti casi, violazione del dovere di fedeltà riconducibile al contratto di mandato[25]. Il giudizio sul comportamento dell'avvocato viene fatto con un apprezzamento complessivo, consapevoli che tra norme sul mandato e regole professionali non si possono erigere rigorose e impermeabili siepi di confine. Osservato da altra angolazione, alla confluenza del diritto pubblico con il diritto privato, il Leitmotiv non cambia, nel senso che il dovere di fedeltà persiste nel richiedere all'avvocato di difendere *nel modo migliore possibile* gli interessi del suo cliente. Il difensore penale, ad esempio, dovrà commisurare il proprio comportamento processuale tanto positivo (di intervento) quanto negativo (di astensione) ad un parametro che miri alla concreta realizzazione dell'interesse dell'accusato e alla soluzione migliore della sua vicenda giudiziaria[26]. Interesse, ben intenso, da considerare nel momento in cui il patrocinatore è chiamato ad operare e non a dipendenza dei risultati concreti della scelta operata.
3. L'architettura del dovere di fedeltà può essere completata cercando una sua correlazione con il dovere di indipendenza, che le norme professionali esigono dall'avvocato. Quest'ultimo non è uno strumento cieco al completo servizio del cliente[27] e la necessità di attuare acriticamente la volontà altrui porta ad uno stato di obbedienza e non di fedeltà. Il contrasto coinvolge l'interesse e la volontà del cliente che possono non coincidere, con inquietanti

---

[22] REUMONT, 7.
[23] In questo senso si esprimeva, già nel 1920, ZÜRCHER, 208.
[24] DTF 115 II 64 cd. 3a; 108 II 59; FELLMANN-BK, art. 398, n. 178; ENGEL (Contrats), 457.
[25] FELLMANN-BK, art. 398, n. 178.
[26] Il Tribunale Federale ha chiaramente stabilito che compito del difensore è «die Rechtssuchenden bei der Verfolgung ihrer subjektiven Rechtsschutzinteressen zu beraten und zu unterstützen» (DTF 106 I a 104 cd. 6 b).
[27] SJZ 41/1945, n° 63, 107; HALLER, 11, parla di «nötige Distanz». Dover essere fedeli non significa difendere le tesi più infondate e assurde e nemmeno accettare supinamente gli ordini più disparati del cliente.

situazioni sul piano deontologico[28]. Il terreno è estremamente delicato perché l'art. 397 CO richiama la necessità di eseguire il mandato in modo conforme alle istruzioni ricevute dal cliente. La soluzione più convincente e pratica porta a differenziare tra scopi e mezzi[29]. Di regola compete al cliente indicare gli scopi che intende raggiungere. La scelta dei mezzi è però di dominio dell'avvocato. La facoltà del cliente di dare istruzioni trova un ben specifico limite nel diritto dell'avvocato di decidere i modi, gli argomenti giuridici e la tattica processuale[30]. La possibilità di scegliere e decidere rappresenta il correlato del dovere di responsabilità, che pende costantemente sulle spalle dell'avvocato. Le norme professionali e sul mandato trovano una linea armonica nell'art. 404 CO, che rappresenta una concreta valvola di sicurezza per garantire, in modo effettivo, l'indipendenza dell'avvocato. Si è detto giustamente che la soluzione adottata tiene presente in modo esemplare la dignità delle libere professioni[31]. In conclusione, il dovere di fedeltà deve convivere con l'autonomia operativa dell'avvocato ma, al tempo stesso, la deve pretendere. L'indipendenza è costantemente minacciata tutte le volte che ci si trova confrontati con un conflitto di interessi[32].

IV. L'infedeltà penale dell'avvocato come tradimento e abuso del dovere di fedeltà verso il cliente

1. La prevaricazione è un'emblematica situazione di tradimento della fedeltà dovuta al cliente. L'avvocato abusa della sua posizione; devia dalla retta via; sfrutta illecitamente una situazione di vantaggio; rivolge l'arma contro il proprio cliente. Si tratta di un comportamento esecrabile e infamante, che getta un'ombra nera e sinistra sull'avvocato che se ne è reso colpevole. È sufficiente ricordare la dura sanzione inflitta a Roma dalle XII Tavole: «patronus si clientem fraudem fecerit, sacer esto». L'infedeltà del patrono è vista come una «fraus» (nella quale è insito l'inganno), che può diventare «perfidia» nei casi di particolare brutalità. Il nostro legislatore ha rinunciato ad inserire nel Codice penale il reato di prevaricazione, disciplinato nel passato a livello cantonale (ad esempio nel Canton Ticino, con una formulazione molto dettagliata, nella quale era pure prospettato il reato per negligenza) e attualmente

---

[28] BRAND, 15 dà prevalenza al dovere professionale di indipendenza rispetto all'art. 397 CO. In realtà questa conclusione è troppo perentoria. Va completata alla luce della giurisprudenza del Tribunale Federale a proposito delle istruzioni inappropriate e inopportune del cliente.
[29] MARTIN-ACHARD (L'exercice), 181a; WEGMANN (Diss.), 151.
[30] DTF 91 II 439 cd. 6a; 106 Ia 105 cd. 6b.
[31] GAUTSCHI-BK, art. 394 n. 29 b in fine.
[32] DREYER (L'avocat), 465. Sull'importanza del dovere di indipendenza per tutelare gli interessi del cliente si veda NOLL, 180 f.

in Germania (§ 356 «Parteiverrat») e in Italia (art. 380 «Patrocinio e consulenza infedele»). La prevaricazione nel nostro ordinamento giuridico assume un'intonazione penale nella misura in cui possa configurarsi un reato di amministrazione infedele[33], che va considerato a tutti gli effetti come un reato di tradimento della fedeltà dovuta. È sufficiente, in proposito, ricordare un passaggio di una sentenza del Tribunale Federale: «La gestion déloyale consiste dans l'infidélité à l'égard de celui envers lequel on est engagé. L'auteur doit avoir agi avec conscience et volonté contre les intérêts pécuniaires qui lui étaient confiés; il doit s'être rendu coupable d'une déloyauté, en quelque sorte d'une *trahison de ces intérêts*».[34] Il reato di amministrazione infedele è un reato d'abuso, che si realizza con l'illecito sfruttamento di una particolare posizione che pone l'amministratore a stretto contatto con il patrimonio altrui. Al riguardo va ricordato che i codici professionali cantonali, seguendo le direttive della FSA, impongono all'avvocato di amministrare diligentemente e fedelmente i beni di pertinenza del cliente; di immediatamente trasmettere a quest'ultimo le somme incassate; di essere in grado di sempre restituire quanto a lui affidato. Questa regola professionale rientra espressamente nel dovere di fedeltà[35].

2. La struttura del reato di amministrazione infedele costituisce l'elaborazione più matura e completa della parte speciale del Codice penale con riguardo al tema del dovere di fedeltà. Sulla scia di quanto è stato esposto nei precedenti capitoli sorge naturale e spontanea una domanda. Il dovere di fedeltà imposto a livello penale dall'art. 158 CP può essere allineato al dovere di fedeltà codificato dal diritto privato e professionale? La risposta non può essere univoca ma graduale. Da un profilo generale va segnalato che l'ossatura del dovere di fedeltà non cambia. In effetti nell'ambito del reato di amministrazione infedele vi è un puntuale accostamento all'interesse altrui (in questo caso patrimoniale o pecuniario), che va perseguito e possibilmente realizzato[36]. Inoltre la dottrina e la giurisprudenza pongono in grande rilievo la necessità di accertare concretamente il contenuto e la portata dei doveri che si riconducono al concetto di fedeltà[37]. Nell'ambito penale, però, il dovere di fedeltà ha una sua peculiarità, un suo humus particolare. Non basta un semplice inadempimento di natura contrattuale o la semplice violazione di un dovere accessorio rispetto alla prestazione principale[38]. Come ha puntualizzato GÜN-

---

[33] DUBACH, 75 a.
[34] DTF 86 IV 16 cd. 5.
[35] VOGEL (Anwaltliche Ethik), 80; STERCHI, art. 10 n. 8.
[36] Così testualmente SCHUBARTH/ALBRECHT, art. 159 n. 4: «Geschäftsführer ist nur, wer fremdes Vermögen zwecks *Wahrnehmung fremder Interessen übernimmt*».
[37] STRATENWERTH (Strafrecht BT I), 386 s. n. 12; CORBOZ (Les principales), 156 n. 8. A dipendenza del dovere assunto, in via normativa o convenzionale, l'amministratore sarà tenuto a conservare; ad aumentare il patrimonio; a limitare una diminuzione di valore.
[38] DTF 120 IV 246 cd. 2a; CORBOZ (Les principales), 155 n. 3; STRATENWERTH (Strafrecht BT I), 384 n. 7; POPP, 296; 301. Un deficit di puntuale informazione può in ogni caso avere

TER STRATENWERTH «bei Art. 158 geht es vielmehr um Pflichten, die *alle wesentlichen Merkmale einer Garantenpflicht* aufweisen»[39].

3. L'art. 158 CP distingue due comportamenti tipici di amministrazione infedele: la violazione dell'obbligo di gestire fedelmente e l'abuso della facoltà di rappresentanza. Il legislatore ha voluto questa soluzione (disegnata sullo schema del «Treubruchstatbestand» e «Missbrauchstatbestand» del diritto penale germanico) per aumentare la potenzialità della norma legale e per evitare che il primo comportamento tipico fosse interpretato in misura troppo estesa. Per il nostro tema la forma di amministrazione infedele rappresentata da un abuso della facoltà di rappresentanza risulta di maggiore interesse. È vero che l'avvocato è spesso chiamato ad amministrare il patrimonio dei suoi clienti[40]. È però altrettanto vero che quando l'avvocato si limita all'amministrazione patrimoniale svolge un compito di carattere finanziario, che non può essere considerato come attività «classica» forense. In tal caso egli opera alla stessa stregua di un gestore di patrimoni o di un fiduciario. È dunque obbligato a rispettare le condizioni poste dall'art. 305ter CP e non potrà evitare di essere oggetto di esame testimoniale o di atti di perquisizione da parte dell'autorità giudiziaria[41]. La seconda variante viene invece ricondotta al comportamento del rappresentante che sfrutta la sua posizione ed abusa del suo potere cagionando in tal modo un danno al patrimonio del rappresentato. Tra le varie ipotesi vi è anche quella del pregiudizio causato «*à la suite d'une collusion avec le cocontractant*»[42]. Se il rappresentante è un avvocato siamo in presenza di un vero e proprio atto di prevaricazione sanzionato penalmente quale amministrazione infedele. L'atto di collusione si dispiega come intesa clandestina e maliziosa a pregiudizio del proprio cliente per conseguire o far conseguire a terzi un fine illecito. Si riscontra allora un elemento morale a dipendenza del tradimento degli interessi del proprio cliente, con l'aggravante di perfezionare un accordo con chi è portatore di un interesse contrario rispetto a quello che doveva essere tutelato e realizzato. Vi è inoltre un elemento materiale consistente nel pregiudizio economico a carico del cliente e nell'indebito profitto

---

valore d'indizio sull'intenzione di danneggiare ed essere pertanto rilevante per l'accertamento dell'aspetto soggettivo.

[39] STRATENWERTH (Strafrecht BT I), 384 n. 5, parla espressamente di «Verletzung einer *besonderen* Treupflicht». Per inciso, su un piano generale, va fatto notare che il dovere di fedeltà richiesto nel reato di amministrazione infedele non si sovrappone a quello elaborato nel reato di appropriazione indebita. La distinzione è determinata dalla caratteristica del reato di appropriazione indebita che presuppone un affidamento. Conseguentemente si parla di dovere di fedeltà, con espresso riferimento all'art. 138 CP, anche nell'ambito dei contratti di locazione, affitto, commodato e deposito che, da un punto di vista civilistico, non fondano un dovere di fedeltà STRATENWERTH (Strafrecht BT I), 260 n. 51; in senso analogo SCHUBARTH/ALBRECHT, art. 159 n. 4.

[40] HURTADO POZO, 337 n. 1244, menziona espressamente l'avvocato tra i «gérants de biens».

[41] PRA, 1996, n. 197, 748 cd. 2b.

[42] CORBOZ (Les principales), 158 n. 16; STRATENWERTH (Strafrecht BT I), 389 s. n. 23.

del rappresentante e/o di terzi. A ben vedere lo schema dell'abuso della facoltà di rappresentanza non è altro che la manifestazione di una violazione del dovere di fedeltà. Abusare del dovere di rappresentanza significa sostanzialmente violare, a scopo di lucro, il dovere di curare fedelmente ed in modo esclusivo gli interessi patrimoniali altrui. È facilmente intuibile che questa forma di abuso va considerata come caso particolarmente grave di tradimento del dovere di fedeltà.

V. Dovere di fedeltà ed eccesso di fedeltà del difensore penale: alcuni spunti sul reato di favoreggiamento

1. Il percorso subisce a questo punto un brusco cambiamento di rotta. Vengono abbandonati i luoghi dell'abuso e del tradimento della fedeltà alla ricerca di una nuova meta. L'attenzione è ora rivolta al difensore penale ed al suo modo di veleggiare e di destreggiarsi nelle agitate acque poste al confine tra dovere ed eccesso di fedeltà. Sin dall'inizio non si possono sottacere le difficoltà per trovare una valida e sicura carta di navigazione. L'attività difensiva è un mare magnum che abbraccia un'enorme quantità e varietà di momenti e di possibili manifestazioni. Qualcuno ha persino cercato di redigere un prontuario o un vademecum, nel quale sono stati sezionati e sminuzzati un buon numero di atteggiamenti difensivi[43]. Il tentativo non è di grande aiuto in un groviglio di situazioni nelle quali spicca la polarità (tra plausibilità ed orrori!) e non la convergenza di vedute. Ci si trova spesso di fronte a rompicapi che non ammettono soluzioni di principio in via astratta. È facile avere la sensazione del mal di mare nel precario equilibrio imposto dal divieto di ingannare l'autorità giudiziaria (Scilla?) ed il divieto di tradire il proprio cliente (Cariddi?). Ridotta all'osso la lotta omerica è tra il dovere di fedeltà verso il cliente ed il dovere di lealtà verso l'autorità giudiziaria. La lealtà viene relativizzata dall'obbligo di fedeltà fondato sull'incarico ricevuto (e protetto costituzionalmente) di tutelare gli interessi del cliente e sul principio del segreto professionale. La lealtà processuale può invece essere pretesa quando da una situazione di *dovere di fedeltà* si passa ad *un eccesso di fedeltà*, con conseguente mancato rispetto delle regole del giuoco (fair play) processuali. Le aree di competenza della fedeltà e della lealtà, spesso, sono difficili da decifrare. L'esasperazione capillare della dottrina tedesca (e parzialmente anche di quella italiana) attorno al tema del favoreggiamento del difensore penale è una conseguenza

---

[43] BEULKE, 157 ss., partendo dal § 257 del Codice penale tedesco, individua oltre un centinaio di situazioni in una tavola sinottica nella quale sono riportate le varie posizioni dottrinali. Nel contenuto dibattito dottrinale svizzero si può far risaltare la posizione divergente tra STRATENWERTH (Verteidiger), 217 s.; e HANSRUEDI MÜLLER (Verteidiger), 189, a proposito del consiglio del difensore al cliente di non rispondere alle domande dell'autorità inquirente.

diretta della serrata, controversa e, per certi versi, interminabile *querelle* sulla natura giuridica, sul ruolo e sulla funzione del difensore penale in sede processuale. L'atteggiamento della dottrina svizzera è sostanzialmente diverso. Non vi è torpore o indifferenza sull'argomento ma sdrammatizzazione. Basti pensare, con un certo sollievo e conforto, alle parole di NIKLAUS SCHMID quando dichiara che «die Verteidigertätigkeit ist nicht selten eine Gratwanderung: um so verfehlter wäre es, an diese straf- oder disziplinarrechtlich *einen allzu strengen Massstab* anzulegen»[44].

2. Se ci si avventura ai limiti estremi dell'attività difensiva si è a contatto con le domande ultime, cariche di problemi, di tensioni e di tormenti. La misura del disagio è in linea con le opinioni contrastanti della dottrina, come si è visto povera di orientamenti univoci. Un avvertimento è doveroso. Cercare di individuare le Colonne di Ercole della condotta difensiva non vuol dire che, in tutte le circostanze, ci si dovrà temerariamente spingere fino all'estremo, incuranti dei rischi e dei pericoli. Una difesa penale che cerca esclusivamente un punto di rottura, con atteggiamenti radicali e barricadieri, è spesso destinata all'insuccesso, al naufragio giuridico e morale. Ci vuole autoregolazione e non sregolatezza per superare correttamente gli scogli più difficili. Grinta, coraggio, destrezza, spirito critico, abilità, astuzia (quest'ultima nei limiti del «dolus bonus») devono coniugarsi con avvedutezza, saggezza, esperienza, tatto e professionalità. Il difensore abile e prudente parla ed interviene quando si deve e come si deve. Trova la giusta e corretta armonia tra scopi da perseguire e mezzi da impiegare. Le sue scelte non sorgono precipitosamente ed emotivamente, ma dopo aver indagato, con attenzione e puntiglio, le varie possibilità di intervento tenendo debitamente conto della situazione concreta. In chiave di opportunità questa linea di condotta è essenziale. La riflessione deve però allargarsi al piano della legalità. In questo contesto coglie nel segno PETER NOLL quando sostiene che «eine rechtswidrige Begünstigung jedenfalls nicht schon dann vorliegt, wenn der Verteidiger den Beschuldigten dadurch ‹der Strafverfolgung entzieht›, dass er die Verteidigungsrechte und die Verteidigerpflichten voll ausschöpft, sondern erst dadurch, dass er dies mit *rechswidrigen Mitteln* tut...»[45]. Questo autore inquadra però correttamente l'enunciazione e non la soluzione del problema. In effetti la questione di fondo, che resta ancora aperta, è di stabilire quando un mezzo impiegato va considerato illecito con conseguente applicazione dell'art. 305 CP. La disputa è dunque sui mezzi impiegati (leciti o illeciti) e si presenta piuttosto sotto un aspetto pratico e non teorico, nel quadro generale delle note massime «fraus omnia corrumpit» e «malitiis non est indulgendum».

---

[44] NIKLAUS SCHMID, 77 s. n. 275.
[45] NOLL, 181 s.

3. Il bene giuridico protetto dal reato di favoreggiamento non è la lotta alla delinquenza ma l'amministrazione della giustizia. Un comportamento *processualmente* corretto è funzionale alla procedura e non può essere penalmente rilevante. L'area dell'illecito penale è più contenuta rispetto al settore deontologico, per cui le norme professionali non portano un sostanziale contributo per delimitare l'intervento difensivo lecito dal reato di favoreggiamento[46]. L'attività del difensore trova radice e linfa nel diritto costituzionale (che potenzia i diritti processuali) ed è fisiologicamente e concettualmente diversa dalla condotta prospettata nel reato di favoreggiamento. Le iniziative difensive non solo non ostacolano ma contribuiscono a realizzare l'amministrazione della giustizia. Non entra in linea di conto la tipicità della condotta delineata dall'art. 305 CP, per cui non occorre impiegare la scialuppa di salvataggio offerta dall'art. 32 CP. Accettare questa seconda soluzione significherebbe declassare la difesa penale, considerarla come male necessario o presenza tollerata del panorama processuale. Nel contesto dell'amministrazione della giustizia il difensore penale, in forza dei principi costituzionali, ha il compito fondamentale di tutelare *efficacemente* gli interessi dell'accusato; di sostenere unilateralmente le sue ragioni processuali e sostanziali. Siamo nuovamente nel cuore del dovere di fedeltà. Per una migliore comprensione, si può far risaltare la duplice accessorietà del reato di favoreggiamento: rispetto al diritto sostanziale presuppone *a monte* un reato già commesso per cui è «auxilium post factum»; rispetto al diritto processuale non riesce ad avere rilevanza ed autonomia se l'aiuto difensivo resta nei binari tracciati ed imposti dalla procedura.

4. Fintanto che il difensore penale può fondare la sua condotta ed il suo intervento sul dovere di fedeltà non si può parlare di reato di favoreggiamento. *Il dovere di fedeltà diventa, processualmente parlando, obbligo di assistenza.* È curioso costatare che, nella realtà multiforme disciplinata dall'ordinamento giuridico, in una specifica situazione di dovere si rispecchia immancabilmente un diritto. Questa equazione è logica perché il diritto di difesa è, prima di tutto, corretto adempimento del dovere di fedeltà. Nel caso di *eccesso di fedeltà* ci si muove su un piano completamente diverso. L'eccesso di fedeltà rimane certamente un comportamento finalizzato all'interesse del cliente. Viene però meno l'essenziale componente del dovere[47] e, come in un giuoco di specchi, la premessa e la condizione di esercizio del diritto di difesa in senso processuale. Il difensore si muove al di là e contro la funzionalità del processo[48]. La sua

---

[46] STUDER, 162.
[47] Facendo un passo a ritroso, in un contesto diverso (ma sempre di intonazione penale) che ci riporta al reato di amministrazione infedele, MARTIN SCHUBARTH, art. 159 n. 25, con concisione e chiarezza, afferma «Ist der Geschäftsführer auch *zu illegalen Handlungen* verpflichtet?... Der Geschäftsführer, der solche Handlungen unterlässt, handelt jedenfalls nicht pflichtwidrig im Sinne von Art. 159. Denn die Weigerung, Gesetzesverletzungen zu begehen, kann jedenfalls nicht strafrechtswidrig sein.»
[48] Come dichiara FAESSLER, 127, «le procès, dès lors, sera boiteux».

attività fuoriesce dal comportamento di assistenza e dai binari procedurali con deragliamento di rilevanza penale. Il «difensore» non è più «Rechtsanwalt» ma «Verbrechensanwalt», ormai ridotto alla bassezza del trasgressore. Non assiste più ma favorisce con una condotta tipica rientrante nell'art. 305 CP. Non si può certamente parlare di adempimento di un dovere di fedeltà quando vengono portati aiuti concreti e materiali all'accusato per sottrarlo al procedimento penale. Aiutare a far scappare il cliente; fornirgli una carta di legittimazione falsa; bonificargli del denaro per allungare la sua latitanza; eliminare, alterare, manipolare elementi di prova sfavorevoli[49]; influenzare o corrompere testimoni; far uscire clandestinamente documenti o notizie dal carcere[50] sono chiaramente *«rechtswidrige Mittel»* che possono essere ricondotti al reato di favoreggiamento perché il difensore *«positiv störend* in die Wahrheitsforschung eingreift»[51]. Il Tribunale Federale, recentemente, ha avuto modo di stabilire che «wer als Verteidiger Beweismittel an einen Ort wegschafft, wo die Untersuchungsbehörden kaum Anlass zur Suche haben, macht sich wegen Begünstigung strafbar»[52]. Non vi è più, in tali circostanze, spazio operativo per il dovere di fedeltà nei confronti del cliente. Vi è, al contrario, eccesso di fedeltà che fa scattare una violazione del dovere di lealtà di rilevanza penale nei confronti delle autorità giudiziarie[53].

5. I punti estremi dello scenario possono essere finalmente indicati. Essi sono racchiusi tra una situazione in cui il difensore riesce a restare *«stimulierungsneutral»*[54] e un'altra, di indirizzo opposto, in cui diventa *«positiv störend»* per l'accertamento processuale della verità. È pacifico che il difensore, nella prima variante, agisce lecitamente nel pieno rispetto del dovere di fedeltà. Nella seconda variante vi è certamente violazione dell'art. 305 CP per eccesso di fedeltà causato dall'impiego di mezzi illeciti. Il vero problema è di sapere come ci si deve muovere tra questi due poli opposti per non andare alla deriva

---

[49] Modificare la situazione di fatto, ad esempio, nell'ambito di un incidente stradale di rilevanza penale può portare, a determinate condizioni, ad una duplice conseguenza. Se viene sottratto dal procedimento penale il responsabile vi è reato di favoreggiamento; se, in aggiunta, viene ingannato il giudice, con pregiudizio economico della parte avversaria, vi è concorso tra favoreggiamento e truffa processuale (DTF 122 IV 197). Nascondere il bottino può creare situazione di concorso ideale tra favoreggiamento e ricettazione, se il difensore dovesse bonificare degli importi al cliente-latitante, REHBERG (Strafrecht IV), 353.

[50] NOLL, 182; REHBERG (Begünstigung), 380; HANSRUEDI MÜLLER (Grenzen), 182. Se il trafugamento non porta all'inquinamento o alla collusione di prove, resta aperta semplicemente la procedura disciplinare.

[51] GALLAS, 268; WOLLFERS, 35.

[52] Cito la massima, pubblicata nella rivista plädoyer 4/96, 639, della decisione 5 giugno 1996.

[53] Leale viene da «loyal» che discende da «loi». Comportarsi lealmente vuol dire agire conformemente alla legge, attenersi alla legge (VON JHERING, 257 s. nota 1). Va decisamente rigettata la dialettica eristica di SCHOPENHAUER, 15 ss, ovvero l'arte di disputare in modo da ottenere ragione «per fas et nefas» (con mezzi leciti e illeciti).

[54] BOTTKE, 756.

o per non infrangersi contro gli scogli. Tra attività sicuramente lecite e comportamenti sicuramente illeciti si aprono *zone grigie* (nelle quali può, talvolta, trovare spazio l'aspetto deontologico) e *zone di turbolenza* (nei casi estremi si potrebbe persino parlare di *zone sismiche*) suscettibili di opposte valutazioni. Dare una risposta sicura non è facile, perché «was bleibt, ist der Spielraum zwischen unzulässiger Obstruktion und reiner Rechtsberatung, und insofern bestehen offenbar Meinungsverschiedenheiten»[55]. Come nel giuoco dell'oca, la navigazione ci ha riportati al punto di partenza. Il viaggio non è risultato però inutile perché ha rafforzato il convincimento sul fatto che il dovere di fedeltà possa offrire un valido contributo nella demarcazione dell'area di influenza penale dell'art. 305 CP. Non è qui possibile di dar conto delle molteplici manifestazioni difensive nei vari momenti processuali. Mi limito all'esempio del rapporto tra difensore penale e cliente-latitante, che mi sembra particolarmente problematico e rappresentativo per mettere alla prova la portata del dovere di fedeltà.

6. È indiscutibile che il difensore può conferire con il cliente-latitante che si è sottratto al procedimento penale e non deve, in alcun modo, fornire elementi all'autorità inquirente sul luogo dove quest'ultimo si nasconde, se non vuol violare l'art. 321 CP. Deriva dall'obbligo di fedeltà il compito di informare, di consigliare, di dare le necessarie indicazioni sui diritti processuali e sostanziali per la corretta salvaguardia degli interessi del cliente-latitante. In effetti «Gegenstand der Informationspflicht bildet alles, was für den Auftraggeber von Bedeutung ist»[56]. È lecita, ad esempio, l'indicazione dei paesi in cui è esclusa la possibilità di procedura estradizionale, anche se è risaputo che il cliente-latitante sfrutterà a suo vantaggio la conoscenza acquisita. È vero che, così facendo, il cliente si sottrae al procedimento penale. È però altrettanto vero che la consulenza del difensore resta di natura tecnico-giuridica, rimane pertanto *«stimulierungsneutral»*. Il fedele difensore dovrà fornire un'informazione ampia e completa sulle conseguenze processuali determinate dallo stato di latitanza del cliente; esortarlo a valutare se gli convenga un giudizio in contumacia; segnalargli i pericoli, i costi, le ansie di una vita errabonda e da fuggitivo; porre schiettamente davanti ai suoi occhi lo stato delle cose, i pro ed i contro. La decisione finale spetta al cliente. Se quest'ultimo dovesse rendersi latitante si pone il serio problema dell'informazione sugli sviluppi processuali. Di regola tra difensore e accusato ci deve essere libera e corretta circolazione delle informazioni. Nel caso di latitanza si impone al difensore grande circospezione e prudenza. Il rischio di collusione e di inquinamento delle prove è accentuato. Vi è il pericolo di rappresaglie nei confronti di vittime e testimoni nonché di possibili abusi determinati dalle informazioni ottenute. Proprio di fronte a questa situazione estremamente delicata il difensore dovrà dar prova

---

[55] STRATENWERTH (Verteidiger), 217.
[56] DTF 115 II 65 cd. 3a. Sulla rilevanza di un'informazione completa del difensore si veda NOLL, 182.

di tatto e di saggezza cercando una linea comportamentale che possa mantenere il più alto profilo professionale. Sono di conseguenza vietati e sconsigliati contatti con altri accusati o complici che si trovano in carcere o in libertà per l'evidente e concreto rischio di collusione a dipendenza delle informazioni ricevute o trasmesse. L'evoluzione o la particolarità processuale potrà concretamente permettere qualche tenue allentamento ma lo stato generale dovrà essere di costante allerta per evitare l'apertura di un procedimento penale per il reato di favoreggiamento. Il comportamento timido e compassato del difensore penale potrebbe apparire poco in sintonia con il dovere di fedeltà, che richiede efficienza e piena tutela degli interessi del cliente. Occorre però cogliere la distinzione di fondo. Il dovere di fedeltà, lo si è già detto, va letto in chiave processuale. Pertanto un atteggiamento disfunzionale rispetto alla procedura può portare ad una posizione di abuso e di eccesso non più rientrante nel dovere di assistenza.

7. Se il difensore si limita a suggerire al proprio cliente di darsi alla fuga, dunque di sottrarsi all'arresto, non commette alcun reato di favoreggiamento. Il passaggio da consulente giuridico a suggeritore non comporta conseguenze di natura penale. La risposta può apparire, a prima vista, sorprendente. Ha però una sua logica riconducibile non tanto al dovere di fedeltà quanto alla struttura dell'art. 305 CP. L'istigazione all'autofavoreggiamento è considerata lecita nel nostro ordinamento giuridico. L'intero peso operativo per sottrarsi al procedimento penale, nel caso di semplice suggerimento, è lasciato e rimane sulle spalle del cliente. Nella misura in cui il favoreggiamento non realizza anche un'altra fattispecie legale, esso non è punibile quando favorisca il suo autore[57]. Se, al contrario, il difensore va oltre il semplice suggerimento e dà concrete indicazioni su *come* sfuggire all'arresto può trovare applicazione l'art. 305 CP[58]. Segnalare una via di fuga ha lo stesso significato di aiutare a fuggire. Si tratta di un aiuto psicologico determinante e causale per eludere le ricerche dell'autorità inquirente. La differenza rispetto a quanto è stato affermato in precedenza è facilmente intuibile. Un conto è riferire che una determinata nazione non concede alla Svizzera l'estradizione; un conto è fornire concrete ed essenziali indicazioni su come ci si possa arrivare, senza correre il rischio di farsi arrestare. Di fronte ad un cliente che intende darsi alla latitanza, l'atteggiamento del difensore penale dovrà essere particolarmente prudente. Egli dovrà mantenere una condotta passiva e la sua attività di consulenza dovrà limitarsi alle informazioni di carattere tecnico e processuale, domandandosi costantemente se le informazioni ed i consigli prestati rientrano ancora nel dovere di fedeltà e di assistenza o non siano già espressione di un eccesso che può aprire la strada all'art. 305 CP.

[57] DTF 118 IV 255; 115 IV 230; REHBERG (Begünstigung), 393, vede la possibilità di una procedura disciplinare, nel caso di consiglio dato dal difensore al cliente di sottrarsi al procedimento penale attraverso la fuga.
[58] CASSANI, art. 305 n. 28.

8. Stimolante è la spinosa questione relativa alla comunicazione di imminenti misure coercitive (arresto, perquisizione, sequestro, intercettazioni telefoniche) che l'autorità inquirente intende emanare. Se questa segnalazione viene fatta da un terzo vi è concreta ipotesi di favoreggiamento. Diversa e delicata è invece la situazione quando è il difensore penale ad avvisare il cliente. Il problema, invero, è più accademico e scolastico che pratico, non tanto perché non possa concretamente realizzarsi quanto perché è difficilmente proponibile in una forma tanto diretta e radicale. Senza perifrasi, il difensore penale avveduto potrebbe dare la stessa informazione con un approccio diverso, che si collocherebbe ancora nell'ambito di una consulenza giuridica o di un suggerimento fatto al cliente di darsi alla fuga[59]. La tempestiva informazione al cliente su misure coercitive che l'autorità inquirente intende adottare presenta un sicuro interesse teorico perché, al centro della discussione, viene posto nuovamente il dovere di fedeltà. In effetti il difensore penale è schiacciato tra questo dovere verso il cliente e il dovere di lealtà verso l'autorità. È di tutta evidenza che se optasse per il rispetto del dovere di lealtà il pregiudizio a carico del cliente sarebbe molto grave per le sue conseguenze. Basti pensare alla decisione di arresto. Se, al contrario, dovesse dare chiara prevalenza al dovere di fedeltà verrebbero certamente vanificate importanti iniziative processuali e indagatorie. Una prima parziale soluzione può essere data ponendo al centro dell'attenzione il *modo* con cui il difensore penale è venuto a conoscenza delle intenzioni dell'autorità inquirente. Secondo questo orientamento se la notizia fosse acquisita con mezzi illeciti si realizzerebbe il reato di favoreggiamento. Se, invece, il difensore fosse venuto a conoscenza della notizia casualmente (ad esempio a seguito di un'incauta dichiarazione del magistrato) o nell'ambito della sua attività di assistenza (ad esempio sulla base della consultazione di atti processuali) la trasmissione al cliente risulterebbe legittima. Ne consegue che determinante non è il fatto che la notizia, come tale, dovesse rimanere ancora segreta ma la sua acquisizione «mit rechtswidrigen Mitteln». Questa conclusione non convince però completamente. In effetti, su un piano logico, l'eventuale illecito va ricondotto all'azione di acquisizione della notizia, che doveva rimanere segreta, e non alla successiva segnalazione al cliente. In altri termini si dovrebbe colpire il comportamento «a monte» e non quello «a valle». Se, ad esempio, qualcuno avesse corrotto un agente di polizia e fosse venuto a sapere di un imminente ordine di arresto nei confronti di un terzo, ci si deve chiedere se la segnalazione del difensore preventivamente informato possa essere data o meno al cliente. Conformemente alla giurisprudenza già ricordata precedentemente a proposito dell'istigazione all'au-

---

[59] Va però segnalato che, in linea generale, è difficile operare una netta distinzione tra i vari doveri accessori ed integrativi rientranti nell'ampio concetto del dovere di fedeltà. Basti al riguardo l'indicazione di FELLMANN-BK, art. 398 n. 176: «Die Aufklärungs- und Benachrichtigungspflichten können kaum streng auseinandergehalten werden; sie fliessen vielmehr oftmals zusammen.»

tofavoreggiamento, la semplice segnalazione al cliente è lecita. In ogni caso un divieto posto al difensore penale di informare il cliente porrebbe il primo in una situazione conflittuale, innaturale e dilemmatica. Non appare ragionevole esigere dall'avvocato di mantenere il segreto nei confronti del suo cliente. Nella misura in cui si volesse far rientrare la sua segnalazione nell'ambito della condotta tipica rientrante nell'art. 305 CP, vi sarebbero motivi sufficienti, proprio in forza del dovere di fedeltà, di tener conto della situazione particolare del fatto, così da ritenere lecito il comportamento. Le cause di giustificazione nel diritto penale derivano dall'intero ordinamento giuridico. Se l'autorizzazione di intervento può essere fondata sul diritto privato o professionale è escluso che si possa parlare di antigiuridicità della condotta tipica. Sotto questo aspetto trova concreta applicazione il principio dell'unità dell'ordinamento giuridico[60].

---

[60] ENGISCH (Einheit), 1 ss.

GEORG FRIEDLI*

Anwalt und Geldwäscherei

Inhaltsübersicht

I. Einleitung
II. Geldwäscherei als soziales Phänomen
   A. Allgemeines
      1. Versuch einer Umschreibung
      2. Erscheinungsformen der Geldwäscherei
         a. Das Problem der Geldwäscher
         b. Die Methoden der Geldwäscher
   B. Berührungspunkte des Anwaltsberufs zur Geldwäscherei
      1. Der Anwalt als Empfänger von Geldern
      2. Der Anwalt als Empfänger von Informationen
III. Die normative Erfassung der Geldwäscherei
   A. Im allgemeinen
      1. Überblick
      2. Insbesondere die VSB
      3. Insbesondere das Strafgesetzbuch
      4. Insbesondere das Geldwäschereigesetz (GwG)
   B. Einzelfragen zum Thema Anwalt und Geldwäscherei
      1. Haupttätigkeit oder akzessorische Tätigkeit
      2. Berufsmässige oder gelegentliche Vermögensverwaltung
      3. Sammelkonten und Klientengelderkonten
      4. Selbstregulierungsorganisationen
      5. Der Anwalt als direkter Täter im Sinne von Art. 305bis StGB
IV. Schlussbemerkungen

I. Einleitung

Literatur und Judikatur im folgenden Artikel wurden berücksichtigt bis 1. April 1998.

In der neunzehnten Auflage des Duden (Band 1, Die Rechtschreibung), welche im Jahre 1986 gedruckt wurde, sucht man den Ausdruck «Geldwäscherei» noch vergeblich (immerhin wird der Ausdruck «Geldwaschanlage» erwähnt, wenn auch nicht mit genau der Bedeutung, welche heute gebräuchlich sein dürfte). Dies ändert aber nichts daran, dass es bereits 1986 Geldwäscher gegeben hat. Geldwäscherei ist zunächst ein soziales Phänomen, welches unabhängig von einem Geldwäschereiartikel im Strafgesetzbuch oder von einem Geldwäschereigesetz existiert.

   * Ich danke Herrn Fürsprecher Gregor Marcolli für dessen wertvollen Beitrag zu diesem Artikel.

Im folgenden (Ziff. II) wird deshalb – unabhängig von jeder rechtlichen Würdigung – vorab kurz umschrieben, welche Handlungsweisen gemeint sind, wenn von Geldwäscherei die Rede ist. Anschliessend wird gezeigt, inwiefern der Anwalt in Ausübung seines Berufs mit solchen Handlungsweisen in Berührung kommen kann.

In einem zweiten – ausführlicheren – Teil (Ziff. III) wird zuerst darauf eingegangen, wie insbesondere der schweizerische Gesetzgeber die Geldwäscherei normativ erfasst hat – unter besonderer Berücksichtigung der Frage, inwiefern der Anwalt durch die entsprechenden Regeln betroffen ist. Anschliessend wird eine Reihe von Einzelfragen besprochen, welche besonders den Anwalt angehen.

Den Abschluss (Ziff. IV) bilden einige persönliche Bemerkungen zur Angemessenheit der Normen, welche der Gesetzgeber im Rahmen der inzwischen umfassenden Geldwäschereigesetzgebung erlassen hat oder in nächster Zukunft noch erlassen wird.

II. Geldwäscherei als soziales Phänomen

A. *Allgemeines*

1. Versuch einer Umschreibung

Ein Mensch, welcher ein Verbrechen begangen hat, wird versuchen, sich eine neue Identität zu beschaffen, um sich auf diese Weise der Entdeckung durch die Strafverfolgungsbehörden zu entziehen. Das gleiche Bedürfnis besteht für Gelder, soweit diese auf illegale Weise erworben wurden. «Geldwäscherei» ist die Metapher für einen Vorgang, dessen Ziel darin besteht, Gelder, welche aus einem Verbrechen herrühren, mit einer neuen, scheinbar legalen Identität zu versehen[1]. Dadurch soll einerseits die Einziehung der Gelder verunmöglicht und anderseits eine wichtige Spur, welche zu den Urhebern der Gelder führt, verwischt werden[2, 3].

2. Erscheinungsformen der Geldwäscherei

a. Das Problem der Geldwäscher

Geldwäscherei und organisiertes Verbrechen sind eng miteinander verknüpft[4]. Der Kleinkriminelle, welcher alten Frauen die Handtaschen stiehlt,

---

[1] Zum Begriff der Geldwäscherei vgl. GRABER, 55 ff.; ACKERMANN, N 4 ff.
[2] Vgl. GRABER, 56.
[3] Zum Begriff der Geldwäscherei vgl. auch TRECHSEL, 958, welcher auf die Definition der President's Commission on Organized Crime verweist.
[4] Vgl. CHRISTOPH MÜLLER, 25.

wird bereits mangels Umsatz keine Probleme bekunden, die auf diese Weise erbeuteten Mittel wieder in den legalen Wirtschaftskreislauf einfliessen zu lassen (beispielsweise indem er damit seinen Lebensunterhalt bestreitet). Anders stellt sich die Situation für kriminelle Organisationen dar, deren Umsätze die Milliardengrenze überschreiten[5]. Solche Organisationen – zu ihnen zählen insbesondere die Drogenkartelle – stehen vor ganz praktischen Problemen, wenn es darum geht, einer Unmenge von Banknoten – womöglich in kleiner Stückelung – einen legalen Hintergrund zu verschaffen[6].

b. Die Methoden der Geldwäscher

Das Phänomen der Geldwäscherei kann mit einfachen Modellen nicht ohne weiteres erfasst werden; zu zahlreich sind die verschiedenen Spielarten. Gebräuchlich[7] ist die Beschreibung durch ein Dreiphasenmodell, welches zwischen der Plazierung von Bargeld («placement stage»), dem Verwirrspiel («layering stage») und der Integration («integration stage») unterscheidet[8]. Gemäss diesem Modell wird das Geld, welches zunächst typischerweise in der Form von Banknoten in kleiner Stückelung vorliegt, in einer *ersten Stufe* in den Finanzbereich eingespiesen (Bargeld wird in elektronisches Geld umgewandelt). Die Einspeisung erfolgt oft in kleineren Beträgen, welche vom Kontrollsystem der Finanzinstitute gerade noch nicht erfasst werden. Die Einschleusung grösserer Beträge wird etwa vorgenommen, indem die für die Kontrolle zuständigen Personen (Bankangestellte) bestochen werden. Eine weitere Möglichkeit besteht darin, kontaminiertes Bargeld unter die Einnahmen legaler Gewerbebetriebe (Spielkasinos, Kinos, Pizzerien) zu mischen. Die *zweite Phase* (Verwirrspiel) kennzeichnet sich dadurch, dass die Herkunft des Geldes durch zahlreiche Transaktionen, an welchen mitunter Sitzgesellschaften beteiligt sind, und unter Zuhilfenahme von Berufs- oder Geschäftsgeheimnissen, verschleiert wird. Im Rahmen der *dritten Phase* (Integration) schliesslich fliesst das Geld unter Beigabe einer neuen Biographie in die Verfügungsgewalt des wirtschaftlich Berechtigten zurück. Dieser Rückfluss kann beispielsweise in der rechtlichen Form eines Darlehens erfolgen: Der wirtschaftlich Berechtigte nimmt sein eigenes Geld als Darlehen wieder zurück (loan-back-system).

---

[5] Nach einer Schätzung der Vereinten Nationen hat der weltweite Umsatz im Drogensektor bereits 1987 mindestens 300 Milliarden US-Dollar betragen; STRATENWERTH (Geldwäscherei), 102.
[6] Gemäss GRABER, 53 hat der Umsatz der Drogenhändler einen solchen Umfang angenommen, dass die aus dem Drogenhandel stammenden Dollars nicht mehr gezählt, sondern gewogen werden.
[7] Vgl. ferner auch die Übersicht bei CHRISTOPH MÜLLER, 99 ff.
[8] Vgl. PIETH, 13.

B. Berührungspunkte des Anwaltsberufs zur Geldwäscherei

1. Der Anwalt als Empfänger von Geldern

Der Anwalt tritt von Berufs wegen täglich mit Geldern in Kontakt. Er erhält von seinen Klienten Kostenvorschüsse und Honorarzahlungen. Prozesserlöse, Kautionen oder Gerichtskostenvorschüsse fliessen möglicherweise über das Klientengelderkonto des Anwalts. Der als Willensvollstrecker tätige Anwalt muss unter Umständen Vermögenswerte aus einer hängigen Erbteilung anlegen. Ferner kann der Anwalt – beispielsweise wenn er als Schiedsrichter tätig ist – in die Situation kommen, Sperrkonten führen zu müssen. Als ausseramtlicher Konkursverwalter vereinnahmt der Anwalt treuhänderisch den Erlös aus dem Verkauf von Aktiven der Konkursitin. Schliesslich kommt es vor, dass Anwälte für ihre Klienten zugleich auch als Vermögensverwalter tätig sind. Die Aufzählung ist nicht vollständig.

In allen diesen Fällen stellt sich für den Anwalt die Frage, ob und wie weit er die Herkunft der Gelder hinterfragen muss, welche auf oder über seine Konten fliessen. Ferner stellt sich die zusätzliche Frage, wie der Anwalt zu reagieren hat, wenn Anhaltspunkte dafür bestehen, dass Mittel, welche ihm zufliessen, illegaler Herkunft sein könnten. Darf ein Anwalt von seinem Klienten, den er im Rahmen eines Verfahrens wegen Geldwäscherei vertritt, überhaupt Kostenvorschüsse oder andere Zahlungen entgegennehmen? Wie soll der Anwalt reagieren, welcher von seinem verhafteten Klienten den Auftrag erhält, ein Schliessfach bei einer Bank zu leeren, um auf diese Weise die nötigen Mittel für eine Kaution zu beschaffen?

2. Der Anwalt als Empfänger von Informationen

Der Anwalt ist aber nicht nur Empfänger von Geldern, sondern zusätzlich auch Empfänger von Informationen. Eine wirksame Ausübung des Anwaltsberufs – insbesondere auch eine wirksame Verteidigung im Rahmen von Strafprozessen – setzt voraus, dass der Klient und sein Anwalt frei kommunizieren können, ohne dass der Klient befürchten müsste, die dem Anwalt anvertrauten Informationen würden in die Hände der Strafverfolgungsbehörden gelangen. Unter anderem um dieser Tatsache Rechnung zu tragen, ist die Information, welche der Klient dem Anwalt weitergibt, durch das Anwaltsgeheimnis strafrechtlich geschützt (Art. 321 StGB). Das Anwaltsgeheimnis ist ein Stütz- und Eckpfeiler jedes Rechtsstaates. Mit der berechtigten, ja notwendigen Anerkennung dieses Geheimbereiches wird in Kauf genommen, dass zugunsten der Rechte des einzelnen Schwierigkeiten bei der Wahrheitsfindung entstehen können[9]. Das Anwaltsgeheimnis geht dabei wesentlich weiter

---

[9] Dazu SCHLUEP/LÜCHINGER, Über Sinn und Funktionen des Anwaltsgeheimnisses im Rechtsstaat, S. 3 ff.

als beispielsweise das Bankgeheimnis. Die Strafprozessordnungen räumen den Anwälten nämlich – anders als etwa den Banken – regelmässig ein Schweigerecht ein, wenn deren Berufsgeheimnis tangiert ist[10].

Umgekehrt besteht zumindest die abstrakte Gefahr, dass das Anwaltsgeheimnis von Geldwäschern zu Zwecken missbraucht wird, für die es nicht gedacht ist; das Anwaltsgeheimnis lädt dazu ein, Gelder auf anonyme Art – im Namen des Anwalts und nicht im Namen des tatsächlich wirtschaftlich Berechtigten – zu plazieren. Ferner verlangt die Bekämpfung des organisierten Verbrechens drastische Massnahmen. Das Anwaltsgeheimnis – so die Befürchtung – könnte dabei hinderlich wirken.

Aus dem Gesagten folgt, dass das Anwaltsgeheimnis einerseits und die Bekämpfung der Geldwäscherei anderseits zueinander in einem latenten *Spannungsverhältnis* stehen. Es bestehen verschiedene, theoretische Möglichkeiten, dieses Spannungsverhältnis aufzulösen. Dabei stellen sich ganz konkrete Fragen. Darf oder muss der Anwalt, welcher erfährt, dass die ihm von seinem Klienten treuhänderisch zu Anlagezwecken übertragenen Vermögenswerte aus einem Verbrechen stammen, die Strafverfolgungsbehörden informieren? Wie verhält es sich, wenn der Klient, gegen den wegen Geldwäscherei ermittelt wird, dem Anwalt gesteht, dass der Kostenvorschuss aus illegalen Mitteln finanziert wurde? Darf oder muss der Anwalt in einem solchen Falle den Untersuchungsrichter orientieren? Auf diese Fragen wird zurückzukommen sein (Ziff. III lit. B), nachdem die Grundzüge der schweizerischen Geldwäschereigesetzgebung skizziert wurden (Ziff. III lit. A).

III. Die normative Erfassung der Geldwäscherei

A. Im allgemeinen

1. Überblick

Inzwischen bestehen auf internationaler und auf nationaler Ebene zahlreiche Normenwerke, welche die Bekämpfung der Geldwäscherei zum Ziel haben.

Auf internationaler Ebene sind die Empfehlungen des Basler Ausschusses für Bankenaufsicht bei der Bank für Internationalen Zahlungsausgleich vom 12. Dezember 1988, die Empfehlungen der Financial Action Task Force on Money Laundering (FATF) vom 7. Februar 1990 und die Richtlinie der Europäischen Gemeinschaften vom 10. Juni 1991 zur Verhinderung der Nutzung des Finanzsystems zum Zwecke der Geldwäsche zu erwähnen. Den genannten Normenwerken ist gemeinsam, dass sie sich nicht primär an den Bürger,

---

[10] GRABER, 71; vgl. dazu auch BGE 112 Ib 606 f.

sondern an Staaten wenden. Einen detaillierten Überblick zu den Bemühungen betreffend Bekämpfung der Geldwäscherei auf internationaler Ebene gibt ferner DIETZI[11].

Auf nationaler Ebene ist auf die Vereinbarung über die Standesregeln zur Sorgfaltspflicht der Banken (VSB), die Straftatbestände gegen Geldwäscherei (Art. 305bis und 305ter StGB) und das am 1. April 1998 in Kraft getretene Bundesgesetz zur Bekämpfung der Geldwäscherei im Finanzsektor (Geldwäschereigesetz; GwG) hinzuweisen. Ferner hat die Eidgenössische Bankenkommission (EBK) bereits am 18. September 1991 Richtlinien zur Bekämpfung und zur Verhinderung der Geldwäscherei erlassen, welche die Praxis der Bankenkommission zur Gewähr für eine einwandfreie Geschäftstätigkeit (Art. 3 Abs. 2 lit. c BankG) konkretisieren und eine – für die Strafverfolgungsbehörden allerdings nicht verbindliche – Hilfe zur Auslegung von Art. 305bis und 305ter StGB geben wollen. Die Richtlinien vom 18. September 1991 werden per 1. Juli 1998 durch neue Richtlinien vom 26. März 1998 ersetzt.[12]

Im folgenden (Ziff. 2 ff.) werden die Grundzüge jener Normen, welche die Anwälte direkt betreffen können (VSB, Straftatbestände gegen Geldwäscherei und Geldwäschereigesetz), je in ihren Grundzügen skizziert.

2. Insbesondere die VSB

Bereits vor zwanzig Jahren hat die Schweizerische Bankiervereinigung mit der VSB ein Regelwerk formuliert, welches die Bekämpfung der Geldwäscherei zum Gegenstand hat. Die VSB stellt einen privatrechtlichen Vertrag dar, in welchem sich die Banken gegenüber der Schweizerischen Bankiervereinigung verpflichtet haben, bestimmte Sorgfaltsmassregeln einzuhalten. Die VSB enthält detaillierte Normen zur Frage, unter welchen Umständen und in welcher Form die Banken ihre Vertragspartner identifizieren müssen. Unter bestimmten Voraussetzungen – insbesondere wenn Zweifel daran bestehen, dass der wirtschaftlich Berechtigte mit dem Vertragspartner identisch ist – auferlegt die VSB den Banken zusätzlich die Pflicht, Abklärungen über die Identität des wirtschaftlich Berechtigten zu treffen. Das am 1. April 1998 in Kraft getretene GwG lehnt sich inhaltlich stark an die Verhaltensregeln gemäss VSB an[13].

Die erste Fassung der VSB datiert vom 1. Juli 1977. Seither wurde die VSB – im Fünfjahresrhythmus – dreimal revidiert. Die gegenwärtig geltende VSB 1992 trat auf den 1. Oktober 1992 in Kraft. Sie wird per 1. Juli 1998 durch eine neue, leicht geänderte Fassung ersetzt.

Die vor Inkrafttreten der VSB 1992 herrschende VSB 1987 gab Berufsgeheimnisträgern – insbesondere Anwälten – die Möglichkeit, bei Banken in

---

[11] DIETZI, 88 ff.
[12] Rundschreiben der Eidgenössischen Bankenkommission vom 26. März 1998.
[13] Botschaft Geldwäscherei, 8.

eigenem Namen aber auf fremde Rechnung Gelder zu hinterlegen, ohne den Namen des wirtschaftlich Berechtigten preisgeben zu müssen. Es genügte, wenn der Berufsgeheimnisträger auf einer sogenannten Erklärung gemäss Formular B angab, dass ihm der wirtschaftlich Berechtigte bekannt sei und dass bei aller zumutbaren Sorgfalt kein Hinweis bestehe, welcher auf eine missbräuchliche Inanspruchnahme des Bankgeheimnisses durch den Berechtigten, insbesondere auf deliktischen Erwerb der in Frage stehenden Vermögenswerte, hinweisen würde[14]. In einem Beschluss vom 25. April 1991, welcher internationale Beachtung fand, hat die EBK die Verwendung von Erklärungen gemäss Formular B untersagt. Dieses Verbot wurde durch das Inkrafttreten der Geldwäschereibestimmungen im Strafgesetzbuch[15] veranlasst. Der Schweizerische Anwaltsverband (SAV) hat dieses Verbot mit der Begründung kritisiert, dass es der EBK nicht zustehe, eine eigene Interpretation der neu in Kraft getretenen Gesetzesbestimmungen betreffend Geldwäscherei und mangelnde Sorgfalt bei Finanzgeschäften vorzunehmen[16]. Umgekehrt hat der SAV aber auch zum Ausdruck gebracht, dass er das Verschwinden des Formulars B nicht bedaure. Bei der Ausarbeitung der VSB 1992 ist dem Verbot der Verwendung von Erklärungen gemäss Formular B Rechnung getragen worden. Neu dürfen die Banken nur noch unter viel restriktiveren Voraussetzungen auf die Feststellung des wirtschaftlich Berechtigten verzichten. Das Recht, den wirtschaftlich Berechtigten geheim zu halten, steht nicht mehr allen Berufsgeheimnisträgern, sondern nur noch Anwälten und Notaren zu. Auch diese sind jedoch von der Pflicht zur Offenlegung der wirtschaftlichen Berechtigung nur unter der Voraussetzung dispensiert, dass das zu eröffnende Konto einem genau definierten Zweck dient, welcher mit der Berufsausübung als Anwalt oder Notar in einem engen Zusammenhang steht[17]. Auf einem Formular R müssen die Anwälte und Notare bei der Kontoeröffnung erklären, das Konto zu keinen anderen als den zulässigen Zwecken zu benützen.

Bei Verletzungen der VSB können Konventionalstrafen von bis zu 10 Millionen Franken verhängt werden[18]. Geschuldet wird die Konventionalstrafe von der Bank als juristischer Person und nicht von den handelnden natürlichen Personen.

3. Insbesondere das Strafgesetzbuch

Am 1. August 1990 sind die Art. 305bis (Geldwäscherei) und 305ter StGB (mangelnde Sorgfalt bei Finanzgeschäften) in Kraft getreten. Art. 305bis StGB

---

[14] Art. 5 Abs. 2 VSB 1987.
[15] Vgl. dazu hinten Ziff. 2.
[16] Der Schweizerische Anwalt, 132/1991, 25.
[17] Art. 5 VSB 1992; SCHLUEP, N 60.
[18] Art. 11 Abs. 1 VSB 1992.

stellt die vorsätzliche und eventualvorsätzliche Mitwirkung an Geldwäschereitransaktionen als Delikt gegen die Rechtspflege unter Strafe[19]. Gemäss Art. 305ter StGB wird bestraft, wer es als Finanzintermediär (berufsmässig im Finanzsektor tätige Person)[20] bei der Annahme, Aufbewahrung, Anlage oder Übertragung von Vermögenswerten unterlässt, mit der nach den Umständen gebotenen Sorgfalt die Identität des wirtschaftlich Berechtigten festzustellen. Art. 305ter StGB stellt also im Gegensatz zu Art. 305bis StGB ein echtes Sonderdelikt und zugleich ein abstraktes Rechtsgefährdungsdelikt dar[21]. In der Botschaft wurde darauf hingewiesen, dass auch die sogenannten Geschäftsanwälte unter die Täterdefinition gemäss Art. 305ter StGB fallen. Gleichzeitig wurde aber auch klargestellt, dass der Anwalt, solange er sich «im traditionellen Tätigkeitsfeld» bewegt, auch weiterhin nicht wird «der Frage ... nachgehen müssen, wer wirtschaftlich sein Honorar bezahlt»[22].

Dieses strafrechtliche Instrumentarium wurde per 1. August 1994 erweitert. Im Rahmen eines zweiten Massnahmenpakets zur Bekämpfung des organisierten Verbrechens wurde die Einziehung aller Vermögenswerte ermöglicht, welche der Verfügungsmacht einer kriminellen Organisation unterliegen (Art. 59 Ziff. 3 StGB), zudem wurden die Beteiligung an einer kriminellen Organisation sowie deren Unterstützung ausdrücklich unter Strafe gestellt (Art. 260ter StGB) und ein Melderecht des Finanzintermediärs im Zusammenhang mit verdächtigen Finanztransaktionen eingeführt (Art. 305ter Abs. 2 StGB).

Als Finanzintermediäre im Sinne von Art. 305ter Abs. 2 StGB gelten insbesondere – gleich wie im Falle von Art. 305ter Abs. 1 StGB – auch die sogenannten Geschäftsanwälte[23]. Der SAV hatte deshalb bereits in der Gesetzgebungsphase seine Bedenken angemeldet. Er hat gefordert, Art. 305ter Abs. 2 StGB sei dahingehend zu präzisieren, dass das Melderecht auf den Anwalt, solange er sich in seinem klassischen Tätigkeitsfeld bewegt, keine Anwendung finden soll. Alternativ wurde gefordert, Art. 305ter StGB sei durch einen dritten Absatz zu ergänzen, welcher das Berufsgeheimnis gemäss Art. 321 StGB ausdrücklich vorbehält[24]. Diese Vorschläge haben keinen Eingang in den Gesetzestext gefunden. Trotzdem dürfte das Berufsgeheimnis gemäss Art. 321 StGB dem Melderecht gemäss Art. 305ter Abs. 2 StGB vorgehen. Da Anwälte nur *ausserhalb* ihrer berufsspezifischen Tätigkeit zum Täterkreis nach Art. 305 Abs. 1 StGB gehören, kann ihnen auch nur bezüglich der im Rahmen dieser Tätigkeit gemachten Wahrnehmungen ein Melderecht zustehen; daraus folgt, dass sie zuerst *vorfrageweise* herausfinden müssen, ob sie bezüglich ihrer

---

[19] Vgl. umfassend zum Tatbestand der Geldwäscherei: ACKERMANN, N 1 ff.
[20] Zum Begriff des Finanzintermediärs SANSONETTI, 115 ff.
[21] ARZT, 189 f.
[22] Botschaft Geldwäscherei, 28 f.
[23] Botschaft Melderecht des Financiers, 49; SANSONETTI, 115 ff., insbesondere 119 f.
[24] Der Schweizerische Anwalt, 149/1994, 14.

konkreten Tätigkeit noch dem Berufsgeheimnis unterstehen oder nicht[25]. Der SAV hat in diesem Zusammenhang eine Direktive zu Art. 305ter StGB erlassen, welche die Sorgfaltspflichten des Anwalts hinsichtlich der Identitätsprüfung des an Vermögenswerten wirtschaftlich Berechtigten näher konkretisieren soll[26]. Gemäss Ziff. 5 dieser Direktive bestehen keine allgemeingültigen Richtlinien zur Frage, ob eine Tätigkeit durch das Anwaltsgeheimnis geschützt ist. Es ist deshalb zu Recht darauf hingewiesen worden, dass die Direktive kaum geeignet ist, klare Verhältnisse zu schaffen[27]. Dies liegt indessen weniger an den Richtlinien selbst, als an der durch den Gesetzgeber geschaffenen unklaren Rechtslage.

4. Insbesondere das Geldwäschereigesetz (GwG)

Als drittes Massnahmenpaket gegen die Geldwäscherei ist am 1. April 1998 das GwG in Kraft getreten. Kurz zusammengefasst, auferlegt das GwG den im Finanzsektor tätigen natürlichen und juristischen Personen Sorgfaltspflichten sowie organisatorische Massnahmen zur Verhinderung der Geldwäscherei. Zudem werden Finanzintermediäre verpflichtet, den Strafverfolgungsbehörden Meldung zu erstatten und verdächtige Vermögenswerte zu sperren, sobald ein begründeter Verdacht auf Geldwäscherei vorliegt[28].

Der Geltungsbereich des GwG ist beschränkt auf sogenannte Finanzintermediäre. Wer als Finanzintermediär gilt, ist in Art. 2 GwG umschrieben. Gemäss Art. 2 Abs. 3 lit. e GwG sind namentlich Personen als Finanzintermediäre zu betrachten, welche berufsmässig Vermögen verwalten. Dazu gehören – wie schon bei Art. 305ter StGB – insbesondere die sogenannten Geschäftsanwälte[29]. In den Art. 3 ff. auferlegt das GwG den Finanzintermediären allgemeine *Sorgfaltspflichten*, welche sich weitgehend an die Sorgfaltspflichten gemäss VSB anlehnen (Identifizierung der Vertragspartei, Feststellung der wirtschaftlich berechtigten Person, Dokumentationspflicht). In der Botschaft[30] wird davon ausgegangen, dass die im GwG eingeführten Sorgfaltspflichten der Finanzintermediäre den Massstab bilden für die nach Art. 305ter Abs. 1 StGB im Rahmen von Finanzgeschäften zu beachtende Sorgfalt. Ein Finanzintermediär, der die Sorgfaltspflichten gemäss GwG beachtet, soll demzufolge laut Botschaft grundsätzlich davon ausgehen können, dass er nicht wegen eines Verstosses gegen Art. 305ter Abs. 1 StGB belangt wird. Ob diese Aussage für die am 1. April 1998 in Kraft getretene Fassung des Gesetzes noch zutrifft, ist indessen nicht ganz klar. Art. 1 des zusammen mit der Botschaft publizierten

---

[25] So die zutreffende Meinung von TRECHSEL, 974.
[26] Vgl. FRIEDLI, 129.
[27] SCHNELL, 198.
[28] Botschaft Geldwäscherei, 6.
[29] Botschaft Geldwäscherei, 18; SANSONETTI, 19 f.
[30] Botschaft Geldwäscherei, 16.

Gesetzestextes sah vor, dass das GwG «die Sicherstellung der Sorgfalt bei Finanzgeschäften im Sinne von Art. 305ter des Schweizerischen Strafgesetzbuches» regle. Im endgültigen Text ist nur noch davon die Rede, dass die «Sicherstellung der Sorgfalt bei Finanzgeschäften» geregelt werde. Der Hinweis auf Art. 305ter StGB ist entfallen.

Art. 9 GwG unterwirft Finanzintermediäre bei begründetem Verdacht auf Geldwäscherei einer *Meldepflicht*. Sofort stellt sich die Frage nach dem Verhältnis zum *Melderecht* gemäss Art. 305ter Abs. 2 StGB. Nach der Meinung des Gesetzgebers stehen die beiden Begriffe (Melderecht und Meldepflicht) zueinander nicht in Opposition, sondern sind als Abstufungen innerhalb desselben Konzepts zu verstehen. Die Meldepflicht setzt das Wissen oder den begründeten Verdacht voraus, dass eine strafbare Handlung gemäss Art. 305bis StGB tatsächlich begangen wurde, während das Melderecht einen strafrechtlichen Rechtfertigungsgrund schafft für die Meldung von Indizien, wonach Vermögenswerte krimineller Herkunft sein könnten. Wer im Sinne von Art. 305ter Abs. 2 StGB zur Meldung berechtigt ist, den muss noch nicht unbedingt eine Meldepflicht gemäss Art. 9 GwG treffen. Auch nach Einführung der Meldepflicht gemäss Art. 9 GwG rechtfertigt sich deshalb nach der Auffassung des Gesetzgebers das Fortbestehen des strafrechtlichen Melderechtes namentlich für jene Fälle, in denen der Finanzintermediär zu einem verdächtigen potentiellen Kunden keine Geschäftsbeziehung aufgenommen hat und ihn demzufolge auch keine Meldepflicht trifft[31]. Anders als die Meldepflicht setzt das Melderecht gemäss Art. 305ter Abs. 2 StGB nämlich keine bestehende Geschäftsbeziehung voraus. Bei Nichtzustandekommen einer Vertragsbeziehung kann deshalb sehr wohl noch ein Melderecht bestehen. Art. 9 Abs. 2 GwG stellt klar, dass Anwälte und Notare der Meldepflicht nicht unterworfen sind, soweit ihre Tätigkeit dem Berufsgeheimnis gemäss Art. 321 StGB untersteht. Der in die Vernehmlassung gegebene Vorentwurf zum GwG enthielt noch keinen Vorbehalt zugunsten des Anwaltsgeheimnisses und sah vor, dass unverzüglich Meldung erstatten muss, «wer weiss oder einen begründeten Verdacht hat, dass eine strafbare Handlung nach Art. 305bis des Schweizerischen Strafgesetzbuches begangen wurde»[32]. Diese Formulierung hätte zum paradoxen Ergebnis geführt, dass der Anwalt, welcher im Rahmen seiner beruflichen Tätigkeit von einem Kapitalverbrechen Kenntnis erhält, nicht Meldung erstatten darf (Art. 321 StGB), während der Anwalt, dem ein Fall von Geldwäscherei bekannt wird, Meldung erstatten muss. Auf diese Ungereimtheit wurde im Rahmen des Vernehmlassungsverfahrens von verschiedener Seite hingewiesen. Diesen Einwänden wurde in Art. 9 Abs. 2 GwG Rechnung getragen. Art. 10 GwG sieht schliesslich vor, dass der Finanzintermediär die Vermögenswerte, welche mit einer Meldung im Sinne von Art. 9 GwG im

---

[31] Botschaft Geldwäscherei, 31.
[32] Vorentwurf, Art. 8.

Zusammenhang stehen, unverzüglich sperren muss und entsprechend nicht mehr herausgeben oder darüber verfügen darf.

Der Hauptteil des Gesetzes – insgesamt siebzehn Artikel – ist dem Vollzug – also im wesentlichen der Aufsicht über die Finanzintermediäre – gewidmet. Dabei ist das Gesetz vom Grundsatz der Selbstregulierung geprägt[33]. Den Finanzintermediären wird es freigestellt, sogenannte Selbstregulierungsorganisationen zu bilden, welche Vollzugs- und Aufsichtsfunktionen übernehmen. Der in die Vernehmlassung gegebene Vorentwurf zum GwG sah die Einführung von Selbstregulierungsorganisationen noch nicht vor. Im Vernehmlassungsverfahren wurde aber darauf hingewiesen, dass bestehende und funktionierende Selbstregulierungsorganisationen (zu denken ist dabei insbesondere an die VSB) durch die Einführung des GwG nicht zerstört werden sollten. Ferner bietet die Einführung von Selbstregulierungsorganisationen den Vorteil, dass die Sorgfaltsmassstäbe berufsgruppenspezifisch angepasst werden können. Die Selbstregulierungsorganisationen werden von der – ebenfalls durch das GwG eingeführten – Kontrollstelle für die Geldwäscherei anerkannt, wenn sie bestimmte Voraussetzungen erfüllen, die in Art. 24 GwG umschrieben sind. In Art. 25 überträgt das GwG den Selbstregulierungsorganisationen überdies die Pflicht, Reglemente zu erlassen, welche die im GwG umschriebenen Sorgfaltspflichten konkretisieren. Konkurrierend zu den Selbstregulierungsorganisationen übernimmt auch die bereits erwähnte Kontrollstelle, welche von der Eidgenössischen Finanzverwaltung geführt wird (Art. 17 GwG), Aufsichtsfunktionen gegenüber Finanzintermediären wahr. Sie beaufsichtigt (abgesehen von der Anerkennung und Beaufsichtigung der Selbstregulierungsorganisationen) diejenigen Finanzintermediäre, welche darauf verzichtet haben, sich einer Selbstregulierungsorganisation anzuschliessen und deshalb direkt der Kontrollstelle unterstehen (Art. 18 Abs. 1 lit. b GwG). Die soeben erwähnte Möglichkeit – direkte Unterstellung unter die Kontrollstelle für die Bekämpfung der Geldwäscherei – steht übrigens Anwälten und Notaren, welche als Finanzintermediäre tätig sind, nicht zu. Diese sind *verpflichtet,* sich einer Selbstregulierungsorganisation anzuschliessen (Art. 14 Abs. 3 GwG). Der Grund für die Ausnahme, welche übrigens in die Vereinsfreiheit eingreift, liegt in der besonderen Ausgestaltung des Berufsgeheimnisses von Anwälten und Notaren, welches jegliche Weitergabe von Geheimnissen untersagt, die im Rahmen der ursprünglichen Berufstätigkeit anvertraut worden sind. Damit nicht übereinstimmend ist das Amtsgeheimnis, dem die Mitarbeiterinnen und Mitarbeiter der Kontrollstelle für Geldwäscherei unterstehen. Anders als Anwälte und Notare können sie sich nicht auf ein absolutes Zeugnisverweigerungsrecht für die im Rahmen ihrer amtlichen Tätigkeit gemachten Feststellungen berufen. Es wäre deshalb mit dem Berufsgeheimnis von Anwälten und Notaren sowie mit dem Grundrecht des Ange-

---

[33] Botschaft Geldwäscherei, 45.

schuldigten auf ein faires Gerichtsverfahren nicht vereinbar, wenn Informationen vom Anwalt direkt an die Kontrollstelle fliessen würden[34].

Abgesehen von den Selbstregulierungsorganisationen und der Kontrollstelle sieht das GwG schliesslich eine Meldestelle für Geldwäscherei, welche der bereits früher geschaffenen Zentralstelle zur Bekämpfung des organisierten Verbrechens unterstellt ist, als weitere Vollzugsorganisation vor (Art. 23 GwG). Die Meldestelle ist zuständig für die Entgegennahme von Meldungen im Sinne von Art. 9 GwG. Bei begründetem Verdacht auf Geldwäscherei leitet sie die Meldungen an die zuständigen Strafverfolgungsbehörden weiter (Art. 23 Abs. 4 GwG). Ihr kommt somit eine Relaisfunktion zwischen Finanzintermediären und Strafverfolgungsbehörden zu[35]. Es fragt sich, weshalb das Gesetz – zur Vermeidung unnötigen Verwaltungsaufwands – nicht eine direkte Meldepflicht an die Strafverfolgungsbehörden angeordnet hat. Die Botschaft beantwortet diese Frage dahingehend, dass die Einführung einer Meldestelle für Geldwäscherei eine unnötige Belastung der kantonalen Strafverfolgungsbehörden mit zu wenig fundierten Meldungen vermeide. Ferner – so die Botschaft – sei die Meldestelle für Geldwäscherei als spezialisierte Fachstelle in der Lage, die wirklich geldwäschereiverdächtigen von den weniger substantiellen Sachverhalten zu unterscheiden und so eine effiziente Vorprüfung für die kantonalen Strafverfolgungsbehörden vorzunehmen[36].

In übergangsrechtlicher Hinsicht sieht das GwG vor, dass die Selbstregulierungsorganisationen bei der Kontrollstelle innerhalb eines Jahres ab Inkrafttreten des Gesetzes (also bis zum 31. März 1999) ein Gesuch um Anerkennung zu stellen und das Selbstregulierungsreglement zur Genehmigung einzureichen haben (Art. 41 Abs. 2 GwG). Die Finanzintermediäre müssen sich innerhalb eines weiteren Jahres (also bis zum 31. März 2000) entweder einer Selbstregulierungsorganisation angeschlossen oder direkt bei der Kontrollstelle ein Gesuch um Bewilligung gestellt haben (Art. 41 Abs. 3 GwG). Für Anwälte und Notare kommt – wie bereits erwähnt wurde – nur die erste dieser beiden Möglichkeiten in Frage (Art. 41 Abs. 4 GwG).

B. *Einzelfragen zum Thema Anwalt und Geldwäscherei*

1. Haupttätigkeit oder akzessorische Tätigkeit

Das Bundesgericht hat sich im Entscheid 112 Ib 606 zur Frage nach der inhaltlichen Tragweite des Zeugnisverweigerungsrechts des Anwalts geäussert. Diesem Entscheid kommt auch bei der Auslegung der Geldwäschereigesetzgebung – soweit diese Anwälte betrifft – grundlegende Bedeutung zu. Das

---

[34] Botschaft Geldwäscherei, 37.
[35] Botschaft Geldwäscherei, 44.
[36] Botschaft Geldwäscherei, 30.

Bundesgericht hat damals entschieden, dass im Hinblick auf das Anwaltsgeheimnis und das damit korrespondierende Zeugnisverweigerungsrecht des Anwalts zwischen eigentlicher Anwalts- und akzessorischer Geschäftstätigkeit zu unterscheiden sei[37]. Konkret hat das Bundesgericht ausgeführt, dass der Anwalt unter Berufung auf das Berufsgeheimnis und das korrespondierende Zeugnisverweigerungsrecht nicht Auskünfte über vertrauliche Tatsachen verweigern darf, die er im Zusammenhang mit einer Tätigkeit erfahren hat, welche sich in einer blossen Vermögensverwaltung oder Geldanlage erschöpft[38]. Diese Praxis wurde später in weiteren Entscheiden bestätigt[39]. In einem neueren Urteil[40] schliesslich hat das Bundesgericht festgehalten, dass der Anwalt sich nicht auf Art. 321 StGB berufen kann und ihm folglich das Zeugnisverweigerungsrecht nicht zusteht für Tatsachen, von denen er im Rahmen eines blossen Inkassomandates Kenntnis erhalten hat.

Die soeben beschriebene Differenzierung, welche das Bundesgericht zwischen Haupttätigkeit und akzessorischer Tätigkeit des Anwalts vornimmt, ist insofern von Bedeutung, als der Anwalt der Meldepflicht gemäss Art. 9 Abs. 1 GwG nur unterworfen ist, soweit seine Tätigkeit nicht dem Berufsgeheimnis untersteht, er also akzessorisch tätig ist. Das gleiche muss für das Melde*recht* gemäss Art. 305ter Abs. 2 StGB gelten, auch wenn dies aus dem Wortlaut des StGB – anders als aus dem Wortlaut des GwG – nicht ausdrücklich hervorgeht[41]. Die mit der Unterscheidung zwischen Haupttätigkeit und akzessorischer Tätigkeit verbundenen Schwierigkeiten liegen auf der Hand, zumal neuerdings[42] offenbar auch Inkassomandate als akzessorisch zu qualifizieren sind. Was aus der Sicht des Gläubigers zunächst ein blosses Inkassomandat darstellt, kann vom renitenten und erfindungsreichen Schuldner unter Umständen zu einer auch rechtlich umstrittenen Auseinandersetzung aufgebauscht werden. Vor dem Hintergrund dieser *Abgrenzungsproblematik* wurde von Anwaltsvertretern gefordert, Meldungen von Anwälten im Sinne von Art. 9 GwG seien nicht direkt an die Meldestelle für Geldwäscherei, sondern zunächst an die Selbstregulierungsorganisation zu adressieren, welche sodann entscheiden müsse, ob die Meldung geheimhaltungswürdige Sachverhalte im Sinne von Art. 321 StGB enthalte und ob sie an die Meldestelle weitergeleitet werden könne. Diesem Einwand wurde leider nicht Rechnung getragen. Seitens des Bundesrates und des Parlaments wurde die Meinung vertreten, es gehöre zur Aufgabe der Angehörigen des Anwaltsstandes in ihrer Praxis zwischen angestammter und akzessorischer Tätigkeit zu unterscheiden[43]. Fer-

---

[37] BGE 112 Ib 607.
[38] BGE 112 Ib 606, Regeste.
[39] BGE 114 III 105; 115 Ia 197; 117 Ia 341.
[40] BGE 120 Ib 112.
[41] TRECHSEL, 974.
[42] BGE 120 Ib 112.
[43] Botschaft Geldwäscherei, 32.

ner – so wurde argumentiert – bestehe die Möglichkeit, sich durch die Selbstregulierungsorganisation oder durch den kantonalen Anwaltsverband beraten zu lassen, was aber nichts daran ändere, dass die Verantwortlichkeit letztlich beim Anwalt liege[44].

Die Lösung, welche das GwG trifft, ist unbefriedigend. Besonders seitdem das Bundesgericht entschieden hat, dass auch Inkassomandate nicht unter das Anwaltsgeheimnis fallen, ist eine zuverlässige Abgrenzung zwischen Haupttätigkeit und akzessorischer Tätigkeit des Anwalts kaum mehr möglich[45]. Zwar wird diese Abgrenzungsproblematik auf den ersten Blick durch Art. 11 GwG etwas entschärft, wonach ein Finanzintermediär, welcher Meldungen nach Art. 9 GwG oder nach Art. 305ter Abs. 2 StGB erstattet, nicht wegen Verletzung von Art. 321 StGB haftbar gemacht werden kann, «wenn er mit der nach den Umständen gebotenen Sorgfalt vorgegangen ist». Indessen bleibt unklar, ob sich dieser Haftungsausschluss nur auf den Fall bezieht, dass die Meldung unberechtigt war, weil sich der Verdacht auf Geldwäscherei nicht bestätigt hat, oder auch auf den Fall, dass die Meldung nicht hätte erfolgen dürfen, weil die Haupttätigkeit des Anwalts betroffen war. Die Botschaft[46] liefert auf diese Frage ebenfalls keine Antwort.

Der SAV hat auf diese unbefriedigende Situation reagiert, indem er ein «Informationsblatt zum Geldwäschereigesetz» verfasste und unter seinen Mitgliedern verteilen liess. In diesem Informationsblatt lädt der Vorstand des SAV die Präsidenten der kantonalen Anwaltsverbände ein, ihre Mitglieder anzuhalten, vor jeder Meldung bei der Meldestelle gemäss Art. 9 GwG den Vorstand ihres Verbandes zu avisieren. Das Ziel dieser Vorgehensweise besteht in der Abklärung der sich im Zusammenhang mit Meldungen gemäss Art. 9 GwG stellenden Fragen (Intermediäreigenschaft des Anwaltes im Sinne von Art. 1 und 2 GwG; Dispensation von der Meldepflicht gemäss Art. 9 Abs. 2 GwG aufgrund des Berufsgeheimnisses; Vorliegen eines begründeten Verdachtes im Sinne von Art. 9 Abs. 1 GwG).

2. Berufsmässige oder gelegentliche Vermögensverwaltung

Von der soeben besprochenen Abgrenzung zwischen Haupttätigkeit und akzessorischer Tätigkeit ist die ganz andere Abgrenzung zwischen berufsmässiger und gelegentlicher Vermögensverwaltung zu unterscheiden. Melderechtigt im Sinne von Art. 305ter Abs. 2 StGB und meldepflichtig gemäss Art. 9 GwG sowie anschlusspflichtig im Sinne von 14 GwG sind nämlich zum vornherein nur diejenigen Anwälte, welche zugleich als Finanzintermediäre ge-

---

44 Botschaft Geldwäscherei, 33.
45 Der betreffende Entscheid 120 Ib 112 wird übrigens in der Botschaft Geldwäscherei nicht erwähnt, obwohl er bereits ergangen war, als diese verfasst wurde.
46 Botschaft Geldwäscherei, 34.

mäss Art. 305ter Abs. 1 StGB oder Art. 2 Abs. 3 lit. e GwG gelten, also berufsmässig Vermögen verwalten. Verwalter ist, wer im Rahmen eines Mandatsverhältnisses die Vollmacht hat, über fremde Vermögenswerte frei oder im Rahmen einer im voraus festgelegten Anlagestrategie zu verfügen. Vom Gesetz nicht erfasst ist demgegenüber die reine Beratung in Vermögensfragen ohne eigentliche Verwaltungstätigkeit[47]. Nicht jeder Vermögensverwalter ist aber zugleich Finanzintermediär. Diese Qualifikation trifft bloss Personen, welche die Vermögensverwaltung berufsmässig betreiben. Als berufsmässig gilt die Tätigkeit, welche eine regelmässige Einnahmequelle verschaffen soll, wobei nicht notwendig ist, dass jemand ausschliesslich vom Entgelt dieser Tätigkeit seinen Lebensunterhalt zu bestreiten sucht[48]. Als berufsmässiger Vermögensverwalter gilt demnach nicht nur derjenige, welcher die Vermögensverwaltung als Haupttätigkeit ausübt. Vielmehr fallen auch Nebenerwerbe unter den Begriff, sofern sie nur berufsmässig erfolgen, also eine regelmässige Einnahmequelle verschaffen[49].

Genau gleich wie die Abgrenzung zwischen Haupttätigkeit und akzessorischer Tätigkeit bietet auch die Abgrenzung zwischen berufsmässiger und bloss gelegentlicher Vermögensverwaltung Abgrenzungsschwierigkeiten. Im Zweifelsfalle wird der Anschluss an eine Selbstregulierungsorganisation zu empfehlen sein. Art. 36 Abs. 1 GwG bedroht nämlich Personen, die als Finanzintermediäre tätig werden, ohne sich einer Selbstregulierungsorganisation anzuschliessen, mit Bussen bis zu Fr. 200 000.–. Im Wiederholungsfalle beträgt die Busse mindestens Fr. 50 000.–. Mit diesen strengen Strafen soll verhindert werden, dass die Bekämpfung der Geldwäscherei durch unkontrollierte Anbieter von Finanzdienstleistungen unterlaufen werden, welche sich einen Wettbewerbsvorteil verschaffen, weil sie keiner Aufsicht unterstehen[50]. Art. 36 Abs. 2 GwG wiederholt überflüssigerweise den im Nebenstrafrecht allgemein geltenden Grundsatz, wonach auch die fahrlässige Tatbegehung strafbar ist[51].

3. Sammelkonten und Klientengelderkonten

Von besonderer Bedeutung aus anwaltlicher Sicht ist ferner Art. 4 Abs. 2 GwG, wonach der Finanzintermediär bei Sammelkonten oder Sammeldepots verlangen muss, dass die Vertragspartei eine vollständige Liste der wirtschaftlich berechtigten Personen beibringt und dass sie jede Änderung der Liste unverzüglich meldet.

---

[47] Botschaft Geldwäscherei, 19.
[48] TRECHSEL, 970; SCHLUEP, N 58 sowie Fn. 142.
[49] Botschaft Geldwäscherei, 17.
[50] Botschaft Geldwäscherei, 56.
[51] Art. 333 Abs. 3 StGB.

Aufgrund dieser Bestimmung könnte man meinen, dass die Bank, bei welcher der Anwalt sein Klientengelderkonto führt, inskünftig mit einer Liste zu bedienen sei, welche die an den auf diesem Konto hinterlegten Werten berechtigten Personen aufführt. Diese mit dem Anwaltsgeheimnis nicht zu vereinbarende Befürchtung trifft glücklicherweise nicht zu. Klientengelderkonten fallen nämlich nicht unter den Begriff der Sammelkonten im Sinne von Art. 4 Abs. 2 GwG. Solange das Klientengelderkonto im Rahmen der angestammten, berufsspezifischen Tätigkeit geführt wird, muss und darf der Kontoinhaber (also der Anwalt) die wirtschaftlich berechtigten Klienten gegenüber dem kontoführenden Finanzintermediär (typischerweise eine Bank) nicht nennen. Vielmehr ist weiterhin die Erklärung gemäss Formular R im Sinne von Art. 5 VSB zu verwenden[52].

Für Sammelkonti sieht im übrigen Ziff. 25 Ausführungsbestimmungen VSB eine Sonderregelung vor. Diese hat sich in der Praxis kaum bewährt und wird in der per 1. Juli 1998 in Kraft tretenden VSB 1998 neu formuliert.

4. Selbstregulierungsorganisationen

Es wurde bereits dargelegt, dass die als Finanzintermediäre tätigen Anwälte gemäss Art. 14 Abs. 3 GwG verpflichtet sind, sich einer Selbstregulierungsorganisation anzuschliessen. Ferner wurde darauf hingewiesen, dass der Anschluss innerhalb von zwei Jahren nach Inkrafttreten des GwG zu erfolgen hat (Art. 42 Abs. 4 GwG).

Der SAV hat bereits vor längerer Zeit eine Projektgruppe eingesetzt, welche sich mit der berufsspezifischen Umsetzung des GwG auseinandersetzt. Diese Projektgruppe hat einen ersten Entwurf eines Selbstregulierungsreglements erarbeitet[53]. Ferner wird eine Selbstregulierungskommission aufzubauen sein. Noch unklar ist in diesem Zusammenhang die Frage, ob der Aufbau regional oder gesamtschweizerisch organisiert wird. So oder so steht es den Betroffenen frei, ausserhalb des SAV und der kantonalen Anwaltsverbände eigene Selbsthilfeorganisationen zu gründen, welche von der Kontrollstelle für die Geldwäscherei anerkannt werden, sofern sie die gesetzlichen Voraussetzungen erfüllen. Ebenfalls noch nicht geregelt ist die Finanzierung der neu zu schaffenden Selbstregulierungsorganisationen. Fest steht nur, dass die betreffenden Kosten nicht vom Staat getragen werden, sondern von den Selbstregulierungsorganisationen auf die Betroffenen überwälzt werden müssen. Der Anschluss an eine Selbstregulierungsorganisation wird deshalb aller Voraussicht nach mit der Erhebung einer Gebühr verbunden sein.

---

[52] Botschaft Geldwäscherei, 26.
[53] Im April 1998 war der Entwurf dieses Reglements noch nicht zugänglich.

5. Der Anwalt als direkter Täter im Sinne von Art. 305bis StGB

Die bisherigen Ausführungen betrafen vorwiegend die Gruppe der sogenannten Geschäftsanwälte, welche als Finanzintermediäre unter Art. 305ter StGB und unter das GwG fallen. Nach einer Schätzung in der Botschaft[54] umfasst diese Gruppe ungefähr 400 bis 500 Personen. Der Grossteil der praktizierenden Anwälte gehört ihr somit gar nicht an. Das will aber nicht heissen, dass ein Anwalt, welcher nicht als Finanzintermediär tätig ist, durch die Gesetzgebung über die Geldwäscherei nicht auch tangiert werden könnte. Vielmehr läuft der Anwalt – gewissermassen von Berufs wegen – ein gewisses Risiko, als Geldwäscher im Sinne von Art. 305bis StGB bestraft zu werden. Anders als Art. 305ter und das GwG richtet sich Art. 305bis StGB an jedermann, also auch an Anwälte, welche nicht als Finanzintermediäre tätig sind.

Als weitgehend unbestritten dürfte bei der Anwendung von Art. 305bis StGB der Grundsatz gelten, dass der Anwalt weder treuhänderisch noch auf eigene Rechnung (Honorare, Vorschüsse) Gelder entgegen nehmen soll, von denen er weiss oder annehmen muss, dass sie aus einem Verbrechen herrühren. Durch die Entgegennahme solcher Gelder würde nämlich die Ermittlung der Herkunft, die Auffindung oder die Einziehung erschwert, womit der Tatbestand von Art. 305bis Abs. 1 StGB in der Regel erfüllt sein wird[55]. Zwar sind auch bei solchen Konstellationen zahlreiche Fragen ungeklärt[56]. Es würde jedoch den vorliegenden Rahmen sprengen, auf diese Detailfragen im einzelnen einzugehen.

Grössere Probleme wirft eine Konstellation auf, welche in der Literatur[57] mitunter als Problematik des dolus superveniens präsentiert wird. Konkret geht es um die Frage, ob der Tatbestand der Geldwäscherei auch mit Bezug auf Vermögenswerte erfüllt werden kann, die der Empfänger gutgläubig entgegengenommen hat und von denen er erst später erfährt, dass sie aus einem Verbrechen herrühren. Es wird in diesem Zusammenhang etwa das Beispiel des Anwaltes erwähnt, der von seinem Klienten einen Vorschuss verlangt hat und nach Eingang dieses Vorschusses, aber noch vor Rechnungsstellung, erfährt, dass das betreffende Geld aus einem Verbrechen herrührt. Zu denken ist ferner an Gelder, die der Anwalt im Hinblick auf eine Kautionszahlung oder im Rahmen eines Inkassomandates entgegengenommen hat[58]. Auch hier ist es denkbar, dass der Anwalt nach der Entgegennahme, aber vor der Weiterleitung der Gelder, von deren deliktischer Her-

---

[54] Botschaft Geldwäscherei, 18.
[55] GRABER, 134 f. vertritt die Auffassung, dass die Entgegennahme schmutziger Vermögenswerte per se den Tatbestand der Geldwäscherei erfüllt; diese Auffassung wird von GUGGISBERG, 57, abgelehnt.
[56] GUGGISBERG, 55 ff.
[57] GUGGISBERG, 58 ff.
[58] GUGGISBERG, 58 f.

kunft Kenntnis erhält. Genau genommen handelt es sich bei den erwähnten Beispielen indessen gar nicht um Fälle des dolus superveniens. Dolus superveniens setzt nämlich ein Dauerdelikt voraus[59], eine Qualifikation, welche auf Art. 305bis StGB nicht zutrifft. Damit ist auch gesagt, dass bloss passives Verhalten den Tatbestand der Geldwäscherei nicht erfüllen kann. Der Anwalt, welcher als Vorschuss, als Kaution oder im Rahmen eines Inkassomandates Gelder entgegengenommen hat, von welchen er erst nachträglich erfährt, dass sie aus einem Verbrechen herrühren, macht sich solange nicht wegen Geldwäscherei strafbar, als er über diese Gelder nicht disponiert (es sei denn, man wollte die vorgängige gutgläubige Entgegennahme der Gelder als einen Fall der Ingerenz betrachten, welcher eine Garantenpflicht generiert. Dies ist jedoch eine weit hergeholte Konstruktion, welche abzulehnen ist). Kritisch wird die Rechtslage aber dann, wenn der Anwalt über gutgläubig entgegengenommene Gelder, von deren deliktischer Herkunft er in der Zwischenzeit erfahren hat, verfügt (als Dispositionen kommen der Honorarbezug aus einem Vorschuss, die Weiterleitung einer Kaution an das Gericht oder die Weiterleitung des im Rahmen eines Inkassomandates vereinnahmten Betrages an den Klienten in Frage). Eine solche Disposition kann ohne weiteres als selbständige Tathandlung im Sinne von Art. 305bis StGB betrachtet werden. Die in der Literatur vertretene Annahme, dass es sich dabei – erstens – um Fälle von dolus superveniens handeln würde und dass – zweitens – die Bestrafung des dolus superveniens im Bereiche der Geldwäscherei abzulehnen sei[60], dürfte aus den bereits genannten Gründen von falschen Voraussetzungen ausgehen (Geldwäscherei stellt kein Dauerdelikt dar, so dass dolus superveniens zum vornherein nicht zur Diskussion steht). Hingegen sprechen rein praktische Überlegungen gegen eine Kriminalisierung solcher Handlungen[61]. Der Anwalt, welcher Gelder entgegennimmt, von deren deliktischer Herkunft er erst nachträglich erfährt, muss die Möglichkeit haben, sich auf legalem Wege aus dieser Konfliktsituation zu befreien. Diese Möglichkeit wäre nicht gegeben, wenn die Disposition über solche Gelder kriminalisiert würde. Dem Anwalt steht nämlich keine gangbare Alternative zur Rückgabe der Gelder an den Klienten oder zur Weiterleitung an einen vom Klienten bestimmten Dritten zur Verfügung. Insbesondere scheidet gegen den Willen des Klienten die Möglichkeit einer Meldung im Sinne von Art. 305ter Abs. 2 StGB und Art. 9 GwG in der Mehrzahl der Fälle aus. Solche Meldungen setzen voraus, dass der Anwalt zugleich als Finanzintermediär qualifiziert werden kann (also die Vermögensverwaltung berufsmässig betreibt); überdies muss ein Fall aus dem Bereich der akzessorischen Berufstätigkeit zur Diskussion stehen, damit das Melderecht oder die Meldepflicht greift. Schliesslich kann die Lösung der beschriebenen Konstella-

---

[59] TRECHSEL, 58.
[60] GUGGISBERG, 59.
[61] GUGGISBERG, 59.

tionen auch nicht darin bestehen, dass der Anwalt einfach auf den entgegengenommenen Geldern sitzenbleibt, zumal sich der Anwalt dadurch der Veruntreuung (Art. 138 StGB) schuldig machen könnte (kritisch wäre allerdings das Tatbestandsmerkmal der Aneignung). Der Gesetzgeber hat mit Art. 305bis StGB also eine eigentliche «Strafbarkeitsfalle» produziert. Aus rein praktischen Gründen – und entgegen dem Wortlaut von Art. 305bis StGB – darf deshalb die Disposition über gutgläubig entgegengenommene Vermögenswerte, deren deliktische Herkunft erst nachträglich bekannt wird, nicht unter Strafe gestellt werden.

IV. Schlussbemerkungen

Es ist zu begrüssen, dass die Schweiz entschiedene Bemühungen zur Bekämpfung der Geldwäscherei unternommen hat. Auch wenn die Erfolgsaussichten dieses Kampfes leider zweifelhaft sind – nach Schätzungen liegt die Dunkelziffer auch in den USA trotz rigoroser Gesetzgebung hoch[62] –, ist es sich ein zivilisierter Staat gewissermassen aus Gründen der «Hygiene und Körperpflege» schuldig, dem organisierten Verbrechen mit Entschlossenheit zu begegnen. Das Ziel ist klar.

Es ist leider eine Illusion zu glauben, mit einem immer dichter werdenden Normen- und Regelwerk könne das vielschichtige Phänomen «Geldwäscherei» in den Griff bekommen werden. Die Gesetze und deren Vollzug sind nur ein Teil der möglichen Massnahmen, um das angestrebte Ziel zu erreichen. Diesem dürfen nicht Eckpfeiler unserer Rechtsordnung, an die sich die grosse Mehrheit der Finanzintermediäre hält, geopfert werden. Es gilt auch hier: Weniger wäre mehr. Erinnert sei an das Verwirrung stiftende Nebeneinander von Melderecht und Meldepflicht, an das Nebeneinander von Privatrecht (VSB), Aufsichtsrecht (Bankenrecht, Geldwäschereigesetz) und von Strafrecht (Art. 305bis, Art. 305ter). Der Gesetzgeber hat mehr als nur genug getan, um die Geldwäscherei in den Griff zu bekommen. Gefordert sind nun andere.

Eine andere Frage stellt es deshalb dar, mit welchen *Mitteln* das unbestrittene Ziel verfolgt wird. Hier verdient der schweizerische Gesetzgeber nicht nur Lob. Zwar ist es vorbehaltlos gutzuheissen, wenn die Geldwäschereigesetzgebung den Berufsverbänden der betroffenen Gruppen Raum zur Selbstregulierung lässt. Diesem mutigen Schritt, mit welchem gesetzgeberisches Neuland betreten wird, stehen aber verschiedene Fehlleistungen gegenüber, welche nicht nur das GwG, sondern auch Art. 305bis und Art. 305ter StGB betreffen. Auf die perfide «Strafbarkeitsfalle», welche der Gesetzgeber – wie wir annehmen wollen unabsichtlich – in Art. 305bis StGB eingebaut hat, wurde bereits hingewiesen. Ferner enthält Art. 305ter StGB unbestimmte Rechtsbe-

---

[62] STRATENWERTH (Geldwäscherei), 102.

griffe («nach den Umständen gebotene Sorgfalt»), welche unter dem Gesichtspunkt des Legalitätsprinzips eigentlich nicht in eine Strafnorm gehören würden. Wenn die im Rahmen von Art. 305ter StGB verlangte Sorgfalt nun durch einen verwaltungsrechtlichen Erlass (GwG) und durch die Reglemente der Selbstregulierungsorganisationen konkretisiert werden, trägt dies auch nicht unbedingt zur Klärung der Situation bei. Zwar dürfte noch Einigkeit darüber herrschen, dass kaum wegen mangelnder Sorgfalt bei Finanzgeschäften bestraft werden kann, wer die Vorschriften des GwG und des Selbstorganisationsreglements seiner Berufsgruppe einhält. Der Umkehrschluss wird aber nicht ohne weiteres zulässig sein. Wer den – vielleicht überspannten – Anforderungen eines Selbstorganisationsreglements nicht genügt, muss sich noch nicht ohne weiteres strafbar machen. Dies hat um so mehr zu gelten, als Art. 305ter StGB unter anderem auch Freiheitsstrafen vorsieht. Solche Straftatbestände bedürfen einer Grundlage in einem formellen Gesetz[63]. Diese Bedingung wird von den Reglementen der Selbstregulierungsorganisationen klarerweise nicht erfüllt, was zur Folge hat, dass diese nicht als offizielle Auslegungshilfe zu Art. 305ter StGB betrachtet werden dürfen.

Weitere schwerwiegende Vorbehalte sind gegenüber der Meldepflicht gemäss Art. 9 GwG angebracht. Ganz allgemein wäre ein blosses Melderecht, wie es in Art. 305ter Abs. 2 StGB bereits verankert ist, ausreichend, und einer Meldepflicht vorzuziehen. Praktische Erfahrungen, wie sie insbesondere in Deutschland gemacht wurden, zwingen zu diesem Schluss. Ob die Einführung der Meldepflicht eine übermässige Zahl von Meldungen der im Finanzsektor tätigen Personen und Institute an die zuständigen Behörden zur Folge hat, wird erst die Praxis zeigen. Durch eine Meldung im Zweifelsfall kann jedenfalls die Verantwortung weitgehend abgeschoben werden. Eine grosse Anzahl Meldungen führte einerseits zu einer Aufblähung des Verwaltungsapparats, anderseits würde sie eine stringente und effiziente Kontrolle der wirklich verdächtigen Sachverhalte behindern. Die Meldepflicht bringt im Verhältnis zum Melderecht keine entscheidenden Verbesserungen, welche die mit der Meldepflicht verbundenen Nachteile aufzuwiegen vermöchte. Hinzu kommen für den Betroffenen subtile Abgrenzungsfragen, die er für seinen Entscheid über das weitere Vorgehen lösen muss. Für den Anwalt stellen sich im Zusammenhang mit der Meldepflicht noch zusätzliche spezifische Probleme, auf welche bereits hingewiesen wurde. Eine Meldepflicht kann für ihn nur bestehen, soweit er akzessorisch tätig ist. Das GwG unterlässt es, griffige Kriterien zur Abgrenzung von der hauptberuflichen zur akzessorischen Tätigkeit zu definieren. Es begnügt sich mit einem lakonischen Hinweis auf den Geltungsbereich des Berufsgeheimnisses gemäss Art. 321 StGB. Die betreffende Praxis ist aber ihrerseits im Fluss. Wie bereits dargelegt wurde, hat das Bundesgericht erst kürzlich entschieden, dass auch blosse Inkassomandate nicht unter das

---

[63] TRECHSEL, 5.

Anwaltsgeheimnis fallen sollen. Die sich daraus für die Auslegung von Art. 9 Abs. 2 GwG ergebenden Konsequenzen sind noch nicht in ihrer vollen Tragweite absehbar. Eine solche Unsicherheit ist dem Rechtsanwender nicht zumutbar. Die beste und einfachste Lösung hätte deshalb darin bestanden, die Anwälte von der Meldepflicht gemäss Art. 9 GwG generell auszuklammern. Einem Berufsstand, dessen Angehörige vom Bundesgericht schon als «Diener des Rechts»[64], als «Hilfsorgane der Rechtspflege»[65] und als «freie Diener am Recht»[66] bezeichnet wurden, darf auch zugetraut werden, dass er seine Verantwortung im Rahmen des Melderechtes gemäss Art. 305ter Abs. 2 StGB in eigener Initiative wahrnimmt. Einzelne Missbräuche, die leider vorgekommen sind, dürfen noch nicht zu einer eigentlichen Missbrauchsgesetzgebung veranlassen, welche durch ihren unklaren Inhalt mehr Probleme schafft als sie löst. Ein griffiges, berufsspezifisches Disziplinarrecht, das auch durchgesetzt wird, wäre für solche Fälle eine echte Alternative.

Kurzum: Einmal mehr muss die Praxis Fragen klären, deren Beantwortung eigentlich in der Kompetenz des Gesetzgebers stünde.

---

[64] BGE 73 I 9.
[65] BGE 96 I 578.
[66] BGE 105 Ia 74.

Mirko Roš

Anwalt und Werbung –
Ein Tabu im Wandel der Zeit

Inhaltsübersicht

I. Richtlinie des SAV vom 6. Juni 1997 – Entwicklungstendenzen
II. Die Rolle der «Würde des Anwaltsberufes» im Bereich der Werbung
III. Begründung von Werbeverboten in den freien Berufen
IV. Fall der Werbeverbote – Die Entwicklung in den USA
    1. Commercial speech als Teil der Informationsfreiheit
    2. Solicitation – der gezielte «Klientenfang»
    3. Wartefrist bei solicitation
    4. Fernseh- und Radiowerbung
    5. Die Nennung bevorzugter Tätigkeitsgebiete
    6. Internet Homepage
V. Standesregeln der Rechtsanwälte der Europäischen Gemeinschaft
VI. Europäische Beispiele
    1. Italien
    2. Portugal
    3. Griechenland
    4. Spanien
    5. Deutschland
VII. Schweiz
    1. Die Praxis des Bundesgerichts – BGE 123 I 12 ff.
    2. Kritik an der bundesgerichtlichen Rechtsprechung
VIII. Positive Vorbilder als Wegbereiter

I. Richtlinie des SAV vom 6. Juni 1997 – Entwicklungstendenzen

Am 6. Juni 1997 beschloss die Delegiertenversammlung des Schweizerischen Anwaltsverbandes, die bisherigen, recht strengen standesrechtlichen Einschränkungen anwaltlicher Werbung in den Richtlinien des SAV für die Pflichten-Codices der kantonalen Anwaltsverbände (Ziff. 6 bis 8) aus dem Jahre 1974 aufzuheben und durch folgende Neuregelung zu ersetzen:

> *«Die anwaltliche Werbung ist innerhalb der eidgenössischen und kantonalen gesetzlichen Schranken unter Wahrung der Würde des Anwaltsberufes und Respektierung des Berufsgeheimnisses erlaubt.»*

Es bleibt den kantonalen Verbänden vorbehalten, im Rahmen dieser Grundsätze präzisierende Vorschriften zu erlassen»[1].

Die Aufhebung der bisherigen, in der Praxis häufig an ein Werbeverbot[2] grenzende Regelung erfolgte ohne Gegenstimme. Der Schweizerische Anwaltsverband hat damit ein klares Zeichen gesetzt, sich an ein lange geltendes Tabu heranzuwagen, ja dieses überwinden zu wollen[3]. Nebst dem seit Anfang 1996 in Kraft stehenden Kartellgesetz, das Werbeverbote grundsätzlich als Behinderungen des Wettbewerbs betrachtet, soweit sie nicht durch die Erhaltung des Ansehens des Berufsstandes gerechtfertigt sind, gaben auch die zunehmende Konkurrenz der Werbung treibenden Banken, Treuhandfirmen und Rechtsschutzversicherungen Anlass zur Revision[4]. Da in jenen Bereichen häufig keine berufsspezifischen oder jedenfalls wesentlich liberalere Werbevorschriften gelten, kommt es zu Wettbewerbsverzerrungen[5]. Die Anwälte sind durch die (in der Regel von ihnen im Rahmen von Standesorganisationen und entsprechenden kantonalen Gesetzgebungen früher selbst geschaffenen bzw. angeregten) Werbebeschränkungen heute benachteiligt. Sie können sich den Einflüssen der Werbung aus anderen Kantonen und anderen Staaten je länger je weniger entziehen. Dies um so weniger, als die technischen Entwicklungen in der heutigen Informationsgesellschaft insbesondere auch durch das Internet

---

[1] Neufassung von Ziff. 6 der Richtlinien der Pflichten-Codices des SAV vom 6. 6. 1996. Vgl. dazu PETER LIATOWITSCH, Anwaltliche Werbung und Standesrecht, Der Schweizer Anwalt 170/1997, 12 ff.

[2] MINELLI weist in seinem Aufsatz «das ‹Reklameverbot› für Rechtsanwälte im Kanton Zürich», Der Schweizer Anwalt 168/1997, 20 ff. nach, dass die Praxis der Aufsichtskommission über die Rechtsanwälte im Kanton Zürich sehr viel strenger ist, als es das zürcherische Anwaltsgesetz eigentlich erfordern würde. Gemäss § 7 Abs. 2 AnwG ist dem Anwalt nämlich lediglich vorgeschrieben, sich «aufdringlicher Empfehlung» zu enthalten. Werbung muss daher grundsätzlich gestattet sein. Dies scheine offenbar seinerzeit von der Aufsichtskommission übersehen worden zu sein, wenn sie etwa in ZR 70, 85 gerügt habe: «Die Nennung des Namens des Anwalts in der Presse wird in manchen Fällen den Anschein machen, dass die Nennung ein werbendes Element mitenthalte.»

[3] In verschiedenen Kantonen haben sich im Laufe der letzten Jahre deutliche Liberalisierungstendenzen gezeigt, so z.B. im Luzerner Anwaltsverband, der seine Standesregeln aus dem Jahre 1981 im Jahre 1995 revidierte. In Ziff. 6 der Standesregeln vom 2. 6. 1981 hiess es noch: «Der Anwalt unterlässt jegliche Reklame und jeglichen Kundenfang». Art. 14 der neuen Standesregeln vom 5.5.1995 lautet nun: «Der Anwalt enthält sich aufdringlicher Werbung». Vgl. FELLMANN/SIDLER, Art. 14 N 1.

[4] Vgl. PETER LIATOWITSCH, Zur Lockerung der Werbeverbote in den Pflichten-Codices des SAV, Der Schweizer Anwalt 168/1997, 15 ff. sowie ebd. MAYA STUTZER, Der Anwalt zwischen Würde und Werbung, 17 ff.

[5] Für die Mitglieder der Schweizerischen Bankiervereinigung umschreiben die «Empfehlungen zum Verhalten der Banken in der Werbung» vom 1.1.1994 etwa, dass sie sich aufdringlicher und marktschreierischer Werbung enthalten sollen. Vgl. dazu KNAAK/RITSCHER, 153 Rz. 414.

völlig neue Verhältnisse geschaffen haben[6]. Die in den meisten Staaten heute zu beobachtenden Änderungen des Standesrechts stellen deshalb auch den Versuch dar, sich dem Wettbewerb und den marktwirtschaftlichen Gegebenheiten anzupassen. Entscheidend ist letztlich aber der Umstand, dass sich das Berufsbild des Anwalts im Laufe der letzten Jahrzehnte sehr stark geändert hat. Man mag dies bedauern oder nicht – man kommt nicht darum herum, festzustellen, dass sich auch der Anwalt bzw. der Anwaltsberuf in einem sich ständig schneller ändernden wirtschaftlichen Umfeld befindet. Die Untersuchungen von PFEIFER, Der Rechtsanwalt in der heutigen Gesellschaft[7], sowie von DREYER, L'avocat dans la société actuelle[8], die im Rahmen des Schweizerischen Juristenvereins 1996 publiziert wurden, legen davon ein eindrückliches Zeugnis ab. SITTA fasst die Rolle des Rechtsanwalts im heutigen bzw. zukünftigen Umfeld wie folgt zusammen: «*Der Rechtsanwalt der Zukunft ist ein Unternehmer, der eine erstklassige Dienstleistung erbringt*[9].» Zudem wird der Anwalt auch in Europa mehr und mehr als «geschäftlicher Berater mit juristischer Ausbildung» verstanden, wie dies besonders auch für den angloamerikanischen Raum gilt[10]. Das Verständnis der Entwicklungstendenzen, die zu diesem Wandel geführt haben, ist unabdingbar, um nachvollziehen zu können, weshalb heute in einer Vielzahl von Ländern deutliche Liberalisierungen hinsichtlich des ehemals streng gehandhabten Werbeverbots erfolgt sind. Als wesentliche Entwicklungstendenzen fallen dabei insbesondere auf:
a) die Differenzierung der Rechtsordnung,
b) die Pluralisierung der Gesellschaft,
c) die Internationalisierung und
d) die quantitative Entwicklung[11]:

Meines Erachtens sind es vor allem die zunehmende Regelungsdichte und die Erwartungen der Klienten, die eine ständig grösser werdende Spezialisierung erfordern. Das rechtsuchende Publikum erwartet heute geradezu und zu Recht, dass es Informationen über Spezialisierungen von Anwälten erhält. Gemäss einer deutschen Untersuchung aus dem Jahre 1987 haben 83% der Befragten den Wunsch geäussert, die Anwälte sollten ihre Spezialgebiete nennen. Die Mehrzahl der Befragten hielt es schon damals für mit ihrem Bild

---

[6] Vgl. PHILIPPE RICHARD, L'avocat et la publicité. La dignité: limite naturelle et indispensable à la libéralisation de la publicité de l'avocat, Der Schweizer Anwalt 168/1997, 16 f.
[7] PFEIFER (Rechtsanwalt), 253 ff.
[8] DREYER (L'avocat), 395 ff.
[9] SITTA, 325 ff.
[10] Vgl. dazu die Berichterstattung von P. PIETSCH über die DACH-Tagung in Nürnberg, 18.–20.9.1997 zum Thema «Anwaltswerbung und -marketing», Der Schweizer Anwalt Nr. 171 11/1997, 18 ff.
[11] PFEIFER (Rechtsanwalt), 292 unter Berufung auf: Anwaltsberuf im Wandel – Verhandlungen der vereinigten Fachgruppen für Zivilrechtsvergleichung und für Grundlagenforschung anlässlich der Frankfurter Tagung für Rechtsvergleichung 1992, Frankfurt 1992.

vom Anwalt vereinbar, wenn Anwälte regelmässig in Zeitungsanzeigen auf ihre Kanzlei aufmerksam machen[12]. Ebenfalls aus Deutschland berichtet KÖHLER, dass sich bei seiner Befragung von Freiburger Anwälten zeigte, dass 96,1% aller Anwälte der Ansicht waren, die Anwälte sollten mit ihren Spezialgebieten werben dürfen[13]. Die Ansprüche an den Anwalt steigen in jeder Beziehung. Die klassische, forensische Tätigkeit des Anwalts wird zwar immer eine besondere Bedeutung haben – die Erwartungen des Klienten, dass er für seine Vielzahl von Problemen einen geeigneten Anwalt findet, der ihm insbesondere auch beratend zur Seite steht, hat aber wesentlich an Bedeutung gewonnen. WINTERS fasst die Anpassungserfordernisse, denen sich der deutsche Rechtsanwalt heute ausgesetzt sieht, wie folgt zusammen: «*Bessere unternehmerische Führung, mehr Dienstleistung, stärkere Marktorientierung ... Die rechtlichen und wirtschaftlichen Strukturen der anwaltlichen Tätigkeit werden sich ändern – auch dann wenn die Anwaltschaft selbst sie erhalten möchte*[14].» Die Frage, ob und inwieweit Anwälte für ihre Tätigkeit werben sollen bzw. werben dürfen, wird entscheidend von der Frage mitbestimmt, in wessen Interesse eine entsprechende Werbung liegt bzw. gegen welche Interessen sie allenfalls verstossen kann. Information durch Werbung kann genauso im Interesse der Öffentlichkeit liegen wie deren Schutz vor Irreführung durch Werbung.

Im Folgenden soll anhand einiger Beispiele dargestellt werden, wie sich die Werbeschranken in verschiedenen Ländern geändert haben und welche Massnahmen zur «*Wahrung der Würde des Anwaltsberufes*» in Zukunft in der Schweiz ergriffen werden sollten. In diesem Zusammenhang sind natürlich die Erfahrungen, welche in anderen Ländern und vor allem in den USA diesbezüglich im Laufe der letzten Jahre gemacht wurden, von besonderem Interesse. Die Frage der Wahrung des Berufsgeheimnisses wird demgegenüber hier nur ganz kurz gestreift[15].

---

[12] WETTMANN R.W./JUNGJOHANN K., Inanspruchnahme anwaltlicher Leistungen – Zugangsschwellen, Beratungsbedarf und Anwaltsimage, AnwBl. 1987, Sonderheft März 1987.
[13] KÖHLER, 230.
[14] WINTERS, 104.
[15] Besondere Probleme stellen sich bei der Frage, ob Werbung (z.B. in Kanzleibroschüren oder Homepages) mit den Klientennamen gemacht werden darf. Selbst wenn die Klienten zustimmen – was selbstverständlich Voraussetzung sein müsste – ist diesbezüglich grösste Vorsicht angebracht: Zunächst ist zu berücksichtigen, dass mit einem solchen Anliegen möglicherweise ein gewisser Zwang auf den Klienten ausgeübt wird, denn dieser wagt es möglicherweise nicht in jedem Fall, dem Anwalt die Verwendung seines Namens zu verbieten. Während im Bereich der Vertretung von Firmen diesbezüglich weniger Bedenken bestehen, es insbesondere für Anwälte und deren Klienten sinnvoll sein kann, durch die Nennung langjähriger Klientenbeziehungen Dritten Kenntnisse z. B. einer bestimmten Branche zu kommunizieren, wird dies im Bereich von Privatpersonen in der Regel nicht der Fall sein. Der Klient, der einen Anwalt sucht, der sich z.B. im Transportrecht auskennt, mag sehr interessiert sein, zu erfahren, dass der von ihm in

II. Die Rolle der «Würde des Anwaltsberufes» im Bereich der Werbung

Man muss sich allerdings fragen, ob der Verweis in den Richtlinien des SAV auf die «Wahrung der Würde des Anwaltsberufes» nicht einem trojanischen Pferd gleich die vermeintlich zugesicherte Werbefreiheit gleich wieder zunichte machen kann. Denn traditionsgemäss wurden bzw. werden Beschränkungen der Werbung durch Rechtsanwälte gerade damit begründet, dass Werbung mit der «Würde des Anwaltsberufes» eben nicht vereinbar sei. Hierin liegt wohl auch der Grund, weshalb das Thema «Werbung» traditionellerweise für den Anwalt ein Tabu darstellt; ein Tabu, dem er sich nur mit sehr gemischten Gefühlen nähert. Amerikanische und deutsche Studien haben erkennen lassen, dass die Anwälte selbst der Werbung sehr viel skeptischer entgegenstehen als ihre Klienten[16]. Dies gibt zu denken und muss Anlass zum Umdenken sein, insbesondere wenn allenfalls davon auszugehen ist, dass der Grund darin liegt, dass die Anwälte sich vor der Werbung ihrer Berufskollegen fürchten, sei es weil sie möglicherweise zu Recht negative Auswirkungen durch zunehmenden Wettbewerbsdruck befürchten, sei es, weil sie sich als traditionell konservativer Berufsstand mit neuen Herausforderungen schwer tun. Nach WINTERS belegen die Erfahrungen aus den USA, dass Anwaltswerbung eher zu niedrigeren als zu höheren Gebühren führte. Zu einem niedrigeren Qualitätsniveau habe dies aber nicht geführt, weil gerade in Routinefällen durch eine entsprechende Spezialisierung, Standardisierung und Rationalisierung die Erledigung von Rechtsfällen auch qualitativ verbessert werden konnte[17]. Letztlich wird der Anwalt aber erkennen müssen, dass Werbung als Teil einer klaren Marketingstrategie genauso zu seinen Berufsaufgaben gehört wie die sorgfältige und gewissenhafte Ausübung seiner übrigen Berufsaufgaben. Das Bekenntnis des Anwalts, dass er im Interesse seiner Berufsausübung eine Marketingstrategie braucht, zu der als Teilfunktion auch Werbung gehört, wenn er seine Tätigkeit und seine Klientenstruktur nicht einfach dem Zufall überlassen will, dient

---

Betracht gezogene Anwalt seit vielen Jahren regelmässig die bedeutenden Transportunternehmen A und B beraten hat. Einerseits kann ihm dies dazu dienen, z.B. eine Referenzauskunft einzuholen, anderseits kann ihm dies auch schon in einem sehr frühen Stadium einen Hinweis auf einen möglichen Interessenkonflikt geben. Die Nennung des Namens einer Privatperson scheint mir demgegenüber sehr viel problematischer. Denn der Name allein, mag er auch noch so bekannt sein, sagt noch gar nichts über die Art der Tätigkeit des Anwalts aus. Dieser gerät damit in Versuchung, auch gleich noch zu erklären, dass er die berühmte Sängerin nicht etwa in urheberrechtlichen Fragen beraten hat, sondern in ihrem jahrelangen Scheidungsprozess. Und damit wird die Gefahr einer Verletzung des Anwaltsgeheimnisses sehr rasch sehr gross. Die Werbung mit dem Namen von Privatpersonen birgt damit ganz besonders die Gefahr, irreführend und somit unzulässig zu sein.

16 WINTERS, 233.
17 WINTERS, 233.

«auch und gerade der *Verbesserung der eigenen Leistung*»[18] und damit natürlich dem Klienten und dem gesamten Rechts- und Wirtschaftssystem. Die «Würde des Anwalts» erfordert es m. E. heute geradezu, dass er sich klar und offen zur Werbung bekennt – und entsprechend seinen Bedürfnissen auch angemessen Marketing und Werbung treibt. Dies scheint mir ehrlicher und damit für den ganzen Berufsstand ehrenvoller als die traditionellerweise mehr oder weniger verdeckten Wege, deren sich Anwälte manchmal bedienen. Das Problem lautet daher nicht, ob Werbung an sich mit der Würde des Anwaltsberufes vereinbar ist, sondern welche Art der Werbung ein Anwalt betreiben soll.

III. Begründung von Werbeverboten in den freien Berufen

In der Fuldischen Advokatenordnung von 1775 findet sich folgende vielzitierte Bestimmung:

> «*Keiner soll sich unterstehen auf dem Lande herumzuziehen, Prozesse zu werben, die Bauern aufzutreiben und bei ihnen zu zechen. Ein jeder Beamter, der in seinem anvertrauten Gebiete einen solchen antrifft, und in dererlei unerlaubten Beginnen betrifft, soll den Advocaten kurzum arretieren, dessen Unfug kurz und summarisch untersuchen, und selbigen mit Bericht ad regimen anher zur Hauptwache ansenden, wonach dann gegen ihn als einen gefährlichen Aufwickler procedirt und er nach seinen Verdiensten, Umständen cassiert oder noch gar am Leibe gestraft werden soll*[19].»

MÄLZER weist in ihrer Untersuchung zu den Werbemöglichkeiten in der europäischen Union darauf hin, dass diese Vorschrift eher Ausfluss der Sicherung der Macht des Herrschers war und nicht einer ständischen Organisation. Das Recht diente damals der Aufrechterhaltung der Ordnung des Herrschers. MÄLZER hält dafür, dass die Bezeichnung des Rechtsanwalts als «gefährlicher Aufwickler» die schlechte Stellung widerspiegle, die man den Advokaten damals zubilligte. Ihr schlechtes Ansehen sei der Ausgangspunkt der Entwicklung des Werberechts gewesen[20]. Für die Anwälte herrschten damals wahrlich schwere Zeiten: Friedrich Wilhelm I. dekretierte denn auch in einem Schreiben vom 15.11.1793 an den Präsidenten des Kammergerichts:

> «.... *wenn ein Advocat oder Procurator, ... sich unterstehen wird, ... Leute auf(zu)wiegeln, ..., und in angethanen oder abgedroschenen Sachen .... Memorialien zu übergehen, alsdann Se. Königl. Majestät einen solchen Advocaten oder Procurator ... ohne alle Gnade und Pardon aufhängen und neben ihm einen Hund hängen lassen wollen*[21].»

Heute sind die Anwälte, zumindest in den rechtsstaatlichen Demokratien, wenigstens davor geschützt, für ihre Kritik, und insbesondere ihre Kritik an

---

[18] WINTERS, 216.
[19] WEISSLER, 190.
[20] MÄLZER, 134 f.
[21] WEISSLER, 321.

der Rechtspflege, in oben geschilderter Weise sanktioniert zu werden. Das Bundesgericht gesteht den Anwälten hinsichtlich ihrer Kritik an der Rechtspflege ausdrücklich weitestgehende Freiheit zu und hält sogar fest, es sei geradezu «*Pflicht des Anwalts, Missstände aufzuzeigen und Mängel des Verfahrens zu rügen*»[22].

Mit der Entwicklung der ständischen Organisationen im 19. Jahrhundert, deren Bestreben es war, das Ansehen der Berufsstände zu heben, entstanden auch die Werbeverbote für Rechtsanwälte. Ein wesentlicher Faktor war dabei offenbar die Überlegung, sich damit vor unliebsamer Konkurrenz zu schützen. Dies wurde auch offen zugegeben, aber natürlich nicht ohne sich auch den Schein zuzulegen, einer höheren Standessitte verpflichtet zu sein. «*Will man nicht die Tätigkeit des Anwalts auf das Niveau des gewöhnlichen Gewerbebetriebes herabsinken lassen, so wird man auch nicht gestatten dürfen, dass der Rechtsanwalt das Publikum mit förmlichen Reklamen an sich zu ziehen suche, welche für den Geschäftsmann als erlaubte Mittel einer durch keine Standesrücksicht eingeschränkten Konkurrenz gelten dürfen, dem Anwaltsstande aber fremd bleiben müssen*[23].» In der Folge entschied in Deutschland der Ehrengerichtshof im Jahre 1883 ein erstes Mal, dass Werbung mit der Würde des Rechtsanwalts schlechthin unvereinbar und daher unzulässig sei[24]. HOCKE weist darauf hin, dass sich diese Aussage seither wie ein roter Faden durch die Rechtsprechung zog und sich in den Standesrichtlinien niederschlug[25].

IV. Fall der Werbeverbote – Die Entwicklung in den USA

1. Commercial speech als Teil der Informationsfreiheit

Unbestritten ist, dass die Entwicklung in den Vereinigten Staaten hinsichtlich der Frage der Lockerung, ja der weitestgehenden Aufhebung des Werbeverbots im Bereich des Anwaltsrechts von massgebender Bedeutung ist. Eine besondere Rolle kommt hier der Tätigkeit der amerikanischen Kartellbehörde zu, die im Jahre 1975 die einflussreiche American Medical Association einklagte und den Standpunkt vertrat, dass die standesrechtlichen Vorschriften, welche die Werbung verboten, den Wettbewerb zwischen Ärzten hemmten und deshalb gegen die Kartellgesetze verstiessen[26]. Noch vor fünfzig Jahren hatte der U.S. Supreme Court entschieden, dass «commercial speech», also jede Art von kommerzieller Werbetätigkeit, nicht durch das im First Amendment enthaltene Recht der freien Meinungsäusserung geschützt sei[27]. Erst im

[22] BGE 105 Ia 108.
[23] HOCKE, 26.
[24] MÄLZER, 136.
[25] HOCKE, 26 f.
[26] HOCKE, 76.
[27] VALENTINE v. CHRESTENSEN, 316 U.S. 52, 54 (1942).

Jahre 1976 änderte er seine Rechtsprechung[28]. Ein Jahr später erging dann der für die Anwaltschaft bahnbrechende Entscheid *Bates v. State Bar of Arizona*[29]. Die beiden Anwälte Bates & O'Steen hatten unter dem Titel *«Do you need a lawyer? Legal services at very reasonable fees»* in der Tageszeitung *«Arizona Republic»* ein etwa fünfzehn Zentimeter langes, einspaltiges Inserat erscheinen lassen, um auf ihre *«legal clinic»* aufmerksam zu machen: Dieses Inserat stellte eine klare Verletzung der damaligen standesrechtlichen Regelung der American Bar Association (ABA) dar[30]. Der U.S. Supreme Court entschied in der Folge, dass ein generelles Verbot von Anwaltswerbung verfassungswidrig sei, ein solches Werbeverbot verstosse gegen die Meinungsäusserungsfreiheit des Anwalts und gegen die Informationsfreiheit des Publikums. *Werbung an sich mindere die Standeswürde in der Öffentlichkeit nicht herab*, was sich ja auch am Beispiel der Bankiers und Ingenieure zeige. Werbung sei nicht an sich irreführend, sondern könne durchaus den Interessen der Klienten dienen, indem sie diesen zu einer *«informed decision»* verhelfe. Anderseits liess der Oberste Verfassungsgerichtshof der Vereinigten Staaten den Bundesstaaten die Möglichkeit offen, *«unwahre oder irreführende»* (false or misleading) Werbung zu verbieten. Im Jahre 1982 entschied der U.S. Supreme Court *In re R.M.J.*[31], dass ein Bundesstaat auch Vorschriften über nicht irreführende Anwaltswerbung erlassen könne, sofern er diesbezüglich ein erhebliches öffentliches Interesse nachweise, das zudem mit der kleinstmöglichen Beeinträchtigung der Meinungsäusserungsfreiheit durchzusetzen sei. Ausgangspunkt bildete eine Massenbriefsendung eines Anwalts, in welcher dieser einen weiten, nicht limitierten Personenkreis über seine Praxiseröffnung und seine Spezialgebiete informiert hatte. Dieses Vorgehen wurde vom U.S. Supreme Court geschützt, da der Staat Missouri nicht nachweisen konnte, dass für ein Verbot dieser Tätigkeit ein erhebliches öffentliches Interesse bestand[32].

2. Solicitation – der gezielte «Klientenfang»

Während eine generelle, sich an eine unbestimmte Vielzahl von Personen richtende Werbung in den USA somit grundsätzlich unter dem Gesichts-

---

[28] Virginia State Board of Pharmacy v. Virginia Citizens Consumer Council, 425 U.S. 748, 765 (1976).
[29] 97 S. Ct. 2691 (1977). Vgl. zum Fall Bates auch GRIFFITH, 289 f.
[30] Die entsprechende Vorschrift der ABA lautete: «A lawyer shall not publicise himself, or his partner, or associate, or any other lawyer affiliated with his firm, as a lawyer through newspaper or magazine advertisments, radio or television announcements, display advertisments in the city or telephone directories or other means of commercial publicity, nor shall he authorize or permit others to do so in his behalf.» MÄLZER, 17 Fn. 2.
[31] In re R.M.J., 455 U.S. 191 (1982).
[32] BISCHOF, 576 ff.

punkt der Meinungsäusserungsfreiheit erlaubt ist, bestehen unterschiedliche Restriktionen hinsichtlich der sog. *«solicitation»*, d. h. hinsichtlich des direkten mündlichen oder schriftlichen Anwerbens einer bestimmten Person, von welcher der Anwalt annimmt, dass sie aufgrund eines bestimmten Umstands (Schulbeispiel ist der Verkehrsunfall) der Dienste eines Anwalts bedürfe. Nachdem der U.S. Supreme Court im Jahre 1977 im Fall *Bates* der anwaltlichen Werbung die Türen weit aufgestossen hatte, schützte er bereits im Jahre 1978 im Fall *Ohralik* die Disziplinierung eines Anwalts, der zwecks Akquisition eines Mandates im Spital ein Unfallopfer aufgesucht hatte[33]. Während die auch als «persönlicher Kundenfang»[34] bezeichnete «solicitation» grundsätzlich als unerlaubt gilt, zeigen die Entscheide *Zauderer*[35] und *Shapero*[36], dass auch hier die Grenzen nicht ganz einfach zu ziehen sind: Im Fall *Zauderer* wurde es als zulässig erachtet, dass sich ein Anwalt mittels Inserat einem bestimmten Personenkreis anerboten hatte, nämlich allen Frauen, die ein bestimmtes Verhütungsmittel (Dalkon Shield) verwendet hatten. Besonderen Anstoss hatte der Anwalt offenbar auch dadurch erregt, dass er in seinem Inserat eine Zeichnung des Verhütungsmittels zeigte. Im Verfahren vor dem U.S. Supreme Court wurde geltend gemacht, dass dies mit der Würde des Anwaltsstandes nicht vereinbar sei. Der U.S. Supreme Court verwarf diesen Einwand mit der Begründung, dass die Zeichnung korrekt und in keiner Weise täuschend war[37]. Noch weiter ging der U.S. Supreme Court im Fall *Shapero,* in welchem er es als zulässig erachtete, dass ein Anwalt gezielt Grundeigentümer angeschrieben hatte, denen eine konkursamtliche Liegenschaftenversteigerung bevorstand. BISCHOF fasste die diesbezügliche Rechtslage in den USA wie folgt zusammen: «Damit scheint ein einzelstaatliches Verbot der direkten Klientenwerbung nur noch für den Fall mündlicher (oder allenfalls telefonischer) Anwerbung zu gelten, während Kundenbriefe nicht mehr verboten, sondern lediglich noch einer Bewilligungspflicht unterworfen werden können, sofern nicht eine konkrete Gefahr der Irreführung besteht[38].»

---

[33] Ohralik v. Ohio State Bar Association, 436 U.S. 447 (1978).
[34] BISCHOF, 578.
[35] Zauderer v. Office of Disciplinary Counsel of the Supreme Court of Ohio, 471 U.S. 626, 105 S.Ct. 2265 (1985).
[36] Shapero v. Kentucky Bar Association, 108 S.Ct. 1916 (1988).
[37] 471 U.S. 647–48 (1985). Das Inserat hatte dem Anwalt angeblich 106 Klientinnen zugeführt, wobei der Umstand, dass der Anwalt seine Tätigkeit auf reiner Erfolgsbasis auszuführen versprach, wohl nicht unwesentlich war. Indessen schützte der U.S. Supreme Court den Entscheid der Vorinstanz (Supreme Court of Ohio) insoweit, als der Anwalt disziplinarisch bestraft wurde, weil er die Klientinnen nicht darauf aufmerksam gemacht hatte, dass sie für Gerichtskosten haftbar werden könnten.
[38] BISCHOF, 578.

3. Wartefrist bei solicitation

In den USA ist die Rechtsprechung zur Frage der Werbetätigkeit von Rechtsanwälten weiterhin stark in Entwicklung[39]. Um unerwünschten Auswüchsen im Zusammenhang mit soliciting vorzubeugen, sehen die *«Florida Bar Rules of Professional Conduct»* u. a. vor, dass Werbeschreiben (direct mail) an Unfallopfer bzw. deren Verwandte *erst nach einer Frist von 30 Tagen* erfolgen dürfen. Diese Regelung wurde im Fall *Went for it, Inc.* vom United States Court of Appeals for the Eleventh Circuit als zu weitgefasst und damit als verfassungswidrig erkannt[40], vom U.S. Supreme Court jedoch geschützt: *«The bar's rule is reasonably well tailored to its stated objective of eliminating targeted mailings whose type and timing are a source of distress to Floridans, distress that has caused many of them to lose respect for the legal profession*[41].*»* In den USA ist die Entwicklung in diesem Bereich noch längst nicht abgeschlossen. Die New York State Bar Association verabschiedete im Juni 1996 eine revidierte Standesordnung, die sich sehr an die heute insoweit gefestigte Rechtsprechung des Supreme Court anlehnt, wonach Werbung nicht verboten werden könne, wenn sie nicht «false, deceptive or misleading» sei. Einschränkungen bestehen weiterhin und zu Recht v.a. im Bereich des «solicitating» zum Schutz des Publikums vor ungebührlicher Belästigung[42].

4. Fernseh- und Radiowerbung

Die *Florida Bar Rules of Professional Conduct* enthalten die Vorschrift, dass Radio- und Fernsehwerbung nur von einer Person gesprochen werden darf, wobei ausser Musik keine anderen Hintergrundgeräusche zu hören sein dürfen. Die Stimme darf nicht jene einer dem Publikum bekannten Persönlichkeit sein. Jede Werbung muss mindestens den Namen des für die Werbesendung verantwortlichen Anwalts nennen. Zudem müssen Werbesendungen für anwaltliche Dienstleistungen einen sog. disclaimer enthalten, in diesem Fall den Hinweis, dass der Entscheid über die Wahl eines Anwalts nicht allein aufgrund von Werbesendungen gefällt werden sollte. Jede Art von schauspielerischen Inszenierungen (dramatizations) ist verboten. Illustrationen müssen einen

---

[39] Vgl. EDWARD L. BIRK, Protecting truthful advertising by attorney – CPAs – Ibanez v. Florida Department of Business & professional regulation, Board of accountancy, 114 S. Ct. 2084 (1994), 1995 Florida State University Law Review, auch in: http://www.law.fsu.edu/lawreview/issues/231/birk.html.
[40] Went for it, 21 F.3d 1038.
[41] 115 S. Ct. 2371.
[42] SHARON STERN GERSTMAN, Lawyer Advertising: Where have we been and where are we going? New York State Bar Journal, May/June 1997, Vol. 96 No.4; auch wiedergegeben in http://www.nysba.org/media/barjournal/gerstman.html.

konkreten Informationsgehalt haben. Honorarangaben müssen mindestens 90 Tage lang verbindlich sein[43].

5. Die Nennung bevorzugter Tätigkeitsgebiete

In einer Reihe von US-amerikanischen Bundesstaaten bestehen Vorschriften zum Schutz des Publikums vor Irreführungen im Zusammenhang mit (angeblicher) Spezialisierung. In sieben Bundesstaaten wird ausdrücklich verboten, dass Anwälte etwa Angaben darüber machen dürfen, welchen Prozentsatz ihrer Tätigkeit sie welchem Rechtsgebiet widmeten[44]. In fünfzehn Staaten bestehen Vorschriften, dass sog. disclaimers der Werbung beigefügt sein müssen, wenn Anwälte eine Beschränkung auf bestimmte Rechtsgebiete bzw. bevorzugte Tätigkeitsgebiete hervorheben. Diese disclaimers hängen damit zusammen, dass es in all diesen Staaten keine Prüfungen gibt, die einzelne Anwälte als besondere Fachanwälte ausweisen würden[45]. Vgl. z.B. Rule 3.135 (5) (b) (ii) Kentucky Rules of the Supreme Court (1990): «*This is an advertissement. Kentucky law does not certify specialities of legal practice*[46].»

6. Internet Homepage

In neuerer Zeit wird insbesondere die Frage der Werbung durch das Internet stark diskutiert. Als wichtigster Grundsatz darf festgestellt werden, dass es den Anwälten in allen Bundesstaaten erlaubt ist, eine Homepage zu betreiben[47]. Am 25. März 1996 schrieb das National Law Journal, dass damals bereits mehr als 85% der 200 grössten Anwaltskanzleien Homepages besassen oder bis Mitte 1996 besitzen würden[48]. Ein Jahr später wurden dann in der gleichen Zeitung weitere diesbezügliche Angaben gemacht. Demzufolge sollen damals nur 29% aller US-amerikanischen Kanzleien mit mehr als 50 Anwälten eine Homepage besessen haben – immerhin aber 68% aller Kanzleien mit mehr als 500 Anwälten, nämlich 13 von 19 Kanzleien[49]. Die Zahl der Homepages wird wohl rasch zunehmen.

[43] Florida Bar Rules of Professional Conduct, rule 4–7.2 (1993). Wird mit Erfolgshonoraren geworben, müssen sämtliche möglichen Kosten erwähnt werden, für die der Klient allenfalls haftbar werden kann.
[44] Arkanas, Iowa, Maryland, Maine, Michigan, Mississippi, South Dakota.
[45] Alabama, Alaska, Delaware, Hawaii, Illinois, Iowa, Kentucky, Mississippi, Missouri, Nevada, Noth Carolina, Rhode Island, South Dakota, Tennessee, Washington.
[46] Die vollständigen Texte der disclaimers der genannten fünfzehn Staaten findet sich in: Counsel. net. attorney websites, http://www.counsel.net/websites/ restrictions.
[47] Vgl. Counsel. net. attorney websites, http://www.counsel.net/websites/ restrictions.
[48] TODD A. CORHAM, Uses for a Firm's Web Site Go Beyond Marketing, National Law Journal, March 25, 1996.
[49] JAFFE (Hrsg.), Firms Setting up Sites in Internet, National Law Journal, 3.13.1997.

Meines Erachtes eignen sich Homepages in ganz besonderem Masse, sowohl dem Informationsbedürfnis des Publikums als auch dem Werbebedürfnis des Anwalts unter Wahrung der Würde des Anwaltsstandes entgegenzukommen. Denn das Medium Internet erfordert ein Tätigwerden des potentiellen Klienten. Er wird nicht durch unerwünschte Werbung belästigt – er sucht vielmehr selbst Informationen, und er erwartet diese auch in einer dem Medium Internet entsprechenden Form[50]. Hinsichtlich des Inhalts einer Homepage müssen natürlich die gleichen Vorschriften gelten wie für die übrige Werbung.

V. Standesregeln der Rechtsanwälte der Europäischen Gemeinschaft

Die am 28. Oktober 1988 in Strassburg angenommenen Standesregeln der Rechtsanwälte der Europäischen Gemeinschaft widerspiegeln die unterschiedliche Rechtslage in den Ländern der damaligen Europäischen Gemeinschaft: Sie lassen eine persönliche Werbung eines Rechtsanwalts im Rahmen der jeweiligen lokalen Standesregeln zu und legen ausdrücklich fest: «*Persönliche Werbung, insbesondere Werbung in der Presse, gilt als an jenem Ort vorgenommen, wo sie zulässig ist, wenn der Rechtsanwalt nachweist, dass sie mit dem Ziel erfolgte, Mandanten oder potentielle Mandanten an diesem Ort zu erreichen und die Kenntnisnahme an einem anderen Ort unbeabsichtigt erfolgt[51].*»

VI. Europäische Beispiele

In den meisten Staaten der Europäischen Union wurde in den letzten zehn oder fünfzehn Jahren das Recht auf Werbung für Rechtsanwälte sehr stark liberalisiert, so insbesondere in Grossbritannien, Irland, den Niederlanden, Dänemark und neu auch in Deutschland. Eine moderatere Liberalisierung ist in Frankreich, Belgien und Luxemburg feststellbar[52]. Strengere Einschränkungen der Werbetätigkeit von Anwälten finden sich nur noch in einigen wenigen Staaten. So insbesondere in Italien, Spanien, Portugal und Griechen-

---

50 Die Empfehlungen des Vorstandes SAV betreffend Internet und andere Informationsnetze vom 9.11.1996 lehnen sich m.E. noch zu stark an traditionelle Anwaltsverzeichnisse an.
51 Vgl. Ziff. 2.6.1., Statuten und Richtlinien 93, herausgegeben vom SAV, 58.
52 Vgl. MÄLZER, 64. Deutschland ist aufgrund der Novelle der Berufsordnung vom 11.3.1997 nun neu der liberaleren Ländergruppe zuzurechnen.

land. Die nachfolgenden Beispiele mögen die Notwendigkeit einer Revision belegen:

1. Italien

In Italien[53] untersagt Art. 17 Standesrechtskodex jede Form der direkten oder indirekten Werbung. Insbesondere ist jede Form der direkten Mandatswerbung wie das Aufsuchen von potentiellen Mandanten oder das Versprechen reduzierter Gebühren streng verboten. Obwohl es möglich ist, im Anschluss an die juristische Grundausbildung im Rahmen einer zweijährigen Zusatzausbildung in verschiedenen Rechtsgebieten den Titel eines «Specialista» zu erwerben, erlaubt das Anwaltsrecht deren Verwendung nicht. Dahinter verbirgt sich die zweifellos überkommene Vorstellung der Allwissenheit des Anwalts, die dem Publikum offenbar immer noch suggeriert werden soll[54]. Die Mailänder Anwaltskammer hat demgegenüber als erste eine Liste mit Tätigkeitsschwerpunkten zugelassen. Dies entspricht auch der heute im Rahmen des Schweizerischen Anwaltsverbandes vorherrschenden Vorstellung. Die Problematik liegt jedoch darin, dass es im alleinigen Ermessen bzw. in der Selbsteinschätzung des jeweiligen Anwalts liegt, was er als Tätigkeitsschwerpunkt bezeichnet. Das Publikum kann dadurch getäuscht werden, indem es von einer Spezialisierung ausgeht, die möglicherweise gar nicht vorhanden ist. Derartige Befürchtungen dürfen aber nicht überschätzt werden, zumal die Gefahr, ohne derartige Hinweise an einen im entsprechenden Rechtsgebiet wenig qualifizierten Anwalt zu gelangen, wohl höher ist, als bei Zulassung solcher Hinweise[55]. MÄLZER weist in ihrer Untersuchung darauf hin, dass in Italien Gesetzeslage und Praxis doch erheblich auseinanderfallen. Die Praxis ist wesentlich liberaler, als es die Vorschriften vermuten lassen. Einerseits würden sich viele Anwälte auf ihren Briefköpfen und Kanzleischildern als «Specialista» bezeichnen, anderseits werde auch ausgiebig von den Massenmedien Gebrauch gemacht. Anwälte würden nach besonders spektakulären Prozessen in Interviews im Fernsehen auftreten, zu besonders interessanten Veröffentlichungen in Radio oder Fernsehen Stellung beziehen und sich auf Titelseiten von Illustrierten als Staranwälte feiern lassen, natürlich unter Nennung ihrer Namen[56].

---

[53] Vgl. dazu MICHELA COCCHI, Jurist International, Décembre 1997, 32 f., in Französisch, 28 f. bzw. Englisch, 30 f.
[54] MÄLZER, 125.
[55] WINTERS, 231.
[56] MÄLZER, 126. Sie weist allerdings auch darauf hin, dass derartiges in der Literatur kontrovers diskutiert werde. Allerdings scheint dies m.E. nicht nur einem Interesse mancher Anwälte, sondern auch und möglicherweise v.a. einem Interesse des Publikums und besonders der Medien zu entsprechen.

2. Portugal

In Portugal gilt es demgegenüber als mit der Würde eines Anwalts nicht vereinbar, dass ein Anwalt überhaupt im Rahmen einer Fernsehsendung auftritt[57].

3. Griechenland

In Griechenland wird wenigstens die Angabe von Tätigkeitsgebieten auf dem Briefbogen der Kanzlei als zulässige Information des Mandanten gewertet, die mit der Würde des Anwaltsberufs vereinbar sei[58].

4. Spanien

In Spanien ist es den Anwälten untersagt, ihre Dienste durch Anzeigen oder sonstige Verbreitung direkt oder indirekt anzubieten[59]. Ferner dürfen sie keine Rundschreiben versenden, in welchen sie ihre Dienste anbieten. Ausser auf den Kanzleischildern selbst dürfen nirgendwo Hinweise auf die Kanzlei angebracht sein. Beiträge in Zeitschriften oder Reportagen dürfen nur mit dem Namen, keinesfalls aber mit dem Zusatz «Rechtsanwalt» gekennzeichnet sein[60]. Interessanterweise scheint aber in letzter Zeit in Spanien grosse Bewegung in die Frage der Werbung durch Anwälte gekommen zu sein – ein Umstand, der vom Europäischen Gerichtshofs für Menschenrechte im Fall *Casado Coca*[61] wohlwollend vermerkt wurde. Letzteres dürfte wesentlich mitverantwortlich dafür gewesen sein, dass im konkreten Fall die Kleinanzeige in einer lokalen Hauseigentümerzeitung von Rechtsanwalt Casado Coca, mit welcher er seine Dienste unter Nennung seines Namens, Berufs, Adresse und Telefonnummer anerbot, (noch) nicht zu einer Verurteilung Spaniens wegen Verletzung der Informationsfreiheit führte: «Eu égard à ce qui précède, la Cour estime que la réaction des autorités compétentes ne pouvait, *à l'épo-*

---

[57] MÄLZER, 118 f.
[58] MÄLZER, 115.
[59] Art. 31 Estatuto General de la Abogacia (1982). Vgl. dazu das Urteil des Europäischen Gerichtshofs für Menschenrechte (EuGH) vom 24. 2. 1994, Casado Coca c. Espagne, Serie A, Nr. 285-A. Der EuGH anerkannte einstimmig, dass kommerzielle Werbung ebenfalls unter die in Art. 10 EuGH geschützte Informationsfreiheit falle (Ziff. 35 f.). Die Beschwerde wurde aber unter Verweis darauf, dass in Spanien Änderungen in diesem Bereich erwogen würden (Ziff. 54) und die nationalen Instanzen besser geeignet seien, die gebotene Interessenabwägung vorzunehmen (Ziff. 55), trotzdem abgewiesen.
[60] MÄLZER, 122 mit Verweis auf ein Rundschreiben der Madrider Anwaltskammer aus dem Jahre 1983.
[61] Casado Coca c. Espagne, Serie A, Nr. 285-A.

que (1982–1983), passer pour disproportionnée au but recherché[62].» Ein Gutachten über die freien Berufe in Spanien, das von der Regierung in Auftrag gegeben wurde, kam im Jahre 1992 zum Schluss, dass die Liberalisierung der freien Berufe nicht nur im Informationsinteresse des Verbrauchers liege, sondern auch die Preise der Dienstleistungen reduzieren würde. Neben der Informationsbeschränkung des Verbrauchers führe das Verbot auch zu einer Wettbewerbsbeschränkung junger Anwälte[63]. Diese Berufsbeschränkung verstosse gegen Art. 35 der Spanischen Verfassung, der allen Spaniern die freie Berufswahl garantiere[64].

5. Deutschland

In Deutschland ist es im Bereich der Werbetätigkeit von Anwälten in den letzten Jahren zu wesentlichen Änderungen gekommen: Die gesetzliche Grundlage zur Regelung der Werbetätigkeit von deutschen Anwälten findet sich in § 43 b BRAO:

> *«Werbung ist dem Rechtsanwalt nur erlaubt, soweit sie über die berufliche Tätigkeit in Form und Inhalt sachlich unterrichtet und nicht auf die Erteilung eines Auftrags im Einzelfall gerichtet ist.»*

Am 11.3.1997 trat in Deutschland die revidierte Berufsordnung für die Rechtsanwälte in Kraft[65]. Deren §§ 6–10 enthalten detaillierte Regelungen über die Berufspflichten im Zusammenhang mit der Werbung. § 6 der revidierten Berufsordnung lautet:

> *«(1) Der Rechtsanwalt darf über seine Dienstleistungen und seine Person informieren, soweit die Angaben sachlich unterrichten und berufsbezogen sind.*

[62] Casado Coca c. Espagne, Serie A, Nr. 285-A, Ziff. 56, Hervorhebung vom Verfasser.
[63] Interessanterweise argumentierte die Europäische Kommission für Menschenrechte früher diesbezüglich gerade umgekehrt: «Was den Zweck des Werbeverbots für Rechtsanwälte betrifft, so anerkennt die Kommission ein legitimes Interesse am Schutz der Öffentlichkeit und Dritter, insbesondere anderer Anwälte, die sich bei Praxiseröffnung eine aufwendige Werbekampagne nicht leisten können und deshalb Gefahr laufen, von grossen Anwaltskanzleien verdrängt zu werden.» Vgl. dazu den Kommentar von STEFAN TRECHSEL zum Entscheid der EuGH vom 7.3.1991, Beschwerde Nr. 14622/89, Hempfing gegen Bundesrepublik Deutschland, Der Schweizer Anwalt Nr. 139, 7/1992, 6 ff. Auch dies belegt, dass offenbar reichlich unklar ist, wer hier eigentlich vor wem zu schützen ist. Der Ansicht der Europäischen Kommission für Menschenrechte kann jedenfalls insoweit nicht zugestimmt werden, als sie vorgibt, eine Waffengleichheit im Wettbewerb dadurch herzustellen, dass Werbeverbote quasi zum Schutz junger Anwälte beitragen würden. Die EuGH hat später in ihrem Bericht i.S. Pablo Casado Coca gegen Spanien eine Verletzung der Informationsfreiheit von Art. 10 EuGH gerügt – im Gegensatz zum EuGH. Zusammenfassung des Entscheides, AJP/PJA 11/94, 1452 ff. mit Bemerkungen von JÜRG LINDENMANN.
[64] MÄLZER, 122.
[65] Vollständiger Text in: http:/www.brak.de/berufsrecht.html.

(2) Praxisbroschüren, Rundschreiben und andere vergleichbare Informationsmittel sind zulässig. In ihnen dürfen weitere als die in § 7 erlaubten Hinweise gegeben werden.
(3) Die Angabe von Erfolgs- und Umsatzzahlen ist unzulässig. Hinweise auf Mandate und Mandanten sind nur in den in Absatz 2 benannten Informationsmitteln oder auf Anfrage zulässig, soweit der Mandant ausdrücklich eingewilligt hat.
(4) Der Rechtsanwalt darf nicht daran mitwirken, dass Dritte für ihn Werbung treiben, die ihm selbst verboten ist.»

Weitere Vorschriften betreffen Interessen- und Tätigkeitsschwerpunkte (§ 7), Kundgabe beruflicher Zusammenarbeit (§ 8), Kurzbezeichnungen (§ 9) und Briefbögen (§ 10).

Schon vor Erlass der neuen Berufsordnung vom 11. 3. 1997 entwickelte sich eine beachtliche Liberalisierung der Werbepraxis[66]. Dies ist v.a. auf zwei Entscheidungen des Bundesverfassungsgerichts vom 14. 7. 1987, in denen dem kodifizierten Standesrecht der Charakter einer Quasi-Rechtsnorm abgesprochen wurde, zurückzuführen[67].

VII. Schweiz

1. Die Praxis des Bundesgerichts – BGE 123 I 12 ff.

Das Bundesgericht befasste sich am 12. Februar 1997 eingehend mit den im Kanton Zürich heute noch geltenden Werbebeschränkungen (BGE 123 I 12 ff.). Der Entscheid ist infolge seiner grundsätzlichen Erwägungen über den Anwaltsberuf von grundlegender Bedeutung. Das Bundesgericht tönt in diesem Entscheid zwar die sich im Laufe der letzten Jahrzehnte im Anwaltsbereich stark geänderten Verhältnisse an, scheint aber die Konsequenzen daraus noch nicht gezogen zu haben. Das Bundesgericht betrachtet das Recht auf Werbung zwar als Teil der Handels- und Gewerbefreiheit[68], schränkt es im Bereich der Anwaltstätigkeit aber unter Verweis auf die traditionellen standesrechtlichen Beschränkungen sehr stark ein. Demgemäss habe Werbung *«zurückhaltend»*[69] zu sein und müsse einen *«hohen Informationsgehalt»* aufweisen. Werbung dürfe *«keine unrichtigen Erwartungen erwecken»* und habe auf *«sensationelles und reklamehaftes Sich-Herausstellen»* gegenüber Berufskollegen zu verzichten. Das Bundesgericht liess sich in seinem Entscheid

---

[66] Vgl. STEFAN BREUER, Anwaltliche Werbung: Inhalt und Grenzen, Bonn 1994.
[67] BVerfGE 76, 171 ff. Vgl. dazu RÜDIGER ZUCK, Verfassungswidriges anwaltliches Berufs- und Standesrecht, Monatsschrift für Deutsches Recht 1988, 106 ff.
[68] So auch BGE 106 Ia 103. Vgl. ferner KNAAK/RITSCHER, Das Recht der Werbung in der Schweiz, Basel 1996, 18 m.w.H., wonach das Recht auf Werbung teilweise auch der Meinungsäusserungsfreiheit bzw. der Pressefreiheit zugeordnet wird.
[69] WEGMANN zeigt auf, dass das Verbot aufdringlicher Werbung zeitweise so extensiv gehandhabt wurde, dass sogar die Erwähnung des Berufes im ausserberuflichen Verkehr unzulässig war! WEGMANN (Handbuch), 230.

offenbar stark von einem Entscheid des Deutschen Bundesverfassungsgerichtshofs, die dieser zehn Jahre früher gefällt hatte, beeinflussen[70]. In beiden Entscheiden wird zwar der Grundsatz, dass ein Werbeverbot vor dem Grundsatz der Verhältnismässigkeit standhalten müsse, richtigerweise hervorgehoben, aber in beiden Entscheiden wird dann doch einem sehr fragwürdigen, vom standesrechtlichen Denken des 19. Jahrhunderts geprägten Berufsbild das Wort geredet. Das Schweizerische Bundesgericht liess zwar erkennen, dass die Auffassungen über *«die Grenzen zwischen zuverlässiger Information und verpönter kommerzieller Werbung»* (sic!) in jüngster Zeit einem gewissen Wandel unterworfen seien[71], und dass die ältere Rechtsprechung mit Blick auf die veränderten gesellschaftlichen Verhältnisse allenfalls gewisser Anpassungen bedürfe. Es hielt dann aber an folgender Vorstellung fest: «*Das Publikum soll darauf vertrauen können, dass Rechtsanwälte, wenngleich Gewerbetreibende, sich in ihrer Berufsausübung nicht von Gewinnstreben beherrschen lassen, sondern in erster Linie ihre Verantwortung als ‹Diener des Rechts› und ‹Mitarbeiter der Rechtspflege› wahrnehmen und in dieser Funktion die Rechtsuchenden bei der Verfolgung ihrer subjektiven Rechtsschutzinteressen beraten und unterstützen (BGE 106 Ia 104), sie gegebenenfalls aber auch davon abhalten, aussichtslose Prozesse zu führen*[72]. *Kommerzielle Werbemethoden dürfen darum im Interesse des Schutzes von Treu und Glauben im Geschäftsverkehr und zur Erhaltung der Vertrauenswürdigkeit und der Unabhängigkeit der Anwaltschaft ausgeschlossen werden, während zurückhaltende und sachlich zutreffende Werbung dem Bedürfnis des Publikums nach Information entgegenkommt und dem Anwalt deshalb nicht grundsätzlich verwehrt sein kann*[73].»

2. Kritik an der bundesgerichtlichen Rechtsprechung

Es ist m. E. in keiner Weise ersichtlich, inwiefern die *Unabhängigkeit* des Anwalts durch den Umstand, dass er Werbung treiben könnte, gefährdet würde. Das Bundesgericht begründet diese Behauptung jedoch nicht näher. Seltsam mutet auch die Befürchtung an, der Anwalt könnte durch kommerzielle Werbung seine Vertrauenswürdigkeit einbüssen. Wenn er tatsächlich derart unschickliche Werbung betreiben sollte, dass *seine Vertrauenswürdigkeit* dadurch in Frage gestellt würde, ist es wohl allemal besser, dass er sich damit einem breiten Publikum (unfreiwillig) als wenig vertrauenswürdiger Anwalt offenbart, als dass ihn der Staat in bevormundender Weise davon abhält und damit indirekt das Publikum über seine Vertrauenswürdigkeit

---

[70] BVerGE 76, 196 ff.
[71] BGE 123 I 17.
[72] Das Bundesgericht lehnt sich damit fast wörtlich an entsprechende Ausführungen des Bundesverfassungsgerichts an, BVerGE 76. Vgl. ferner MÄLZER, 138.
[73] BGE 123 I 17.

irreführt. Im Übrigen bietet in diesem Bereich das UWG einen genügenden Schutz, weshalb es des völlig verschwommenen Begriffs des Anwalts als «*Diener des Rechts*» in diesem Zusammenhang nicht bedarf. Das Deutsche Bundesverfassungsgericht musste in einem neuen Entscheid vom 24.7.1997 dem Bundesgerichtshof, der farbliche und graphisch gestaltete Anwaltsnotarbriefbögen als standeswidrige Werbung qualifiziert hatte, vorwerfen, die Ansicht des Bundesgerichtshofs beruhe auf einer «*grundsätzlich unrichtigen Anschauung von der Bedeutung der Berufsfreiheit*»[74]. Ein entsprechender Vorwurf ist wohl dem Schweizerischen Bundesgericht mit Bezug auf den Entscheid BGE 123 I 17 zu machen.

VIII. Positive Vorbilder als Wegbereiter

Die Wahrung der Würde des Anwaltsstandes erfordert es m.E., dass sich Anwältinnen und Anwälte heute mit aller Deutlichkeit dazu bekennen, als Gewerbetreibende eine qualitativ hochstehende Dienstleistung anzubieten und dafür auch werben zu dürfen – was letztlich auch der Erwartungshaltung und den Interessen ihrer Klientschaft entspricht. Dass diese Werbung nicht irreführend bzw. unlauter sein und das Berufsgeheimnis nicht verletzen darf, versteht sich von selbst. Allfällige Verstösse gegen diese Gebote können unter dem Anwendungsbereich des UWG bzw. des StGB (Berufsgeheimnis) geahndet werden. Darüber hinaus bedarf es m. E. an sich keiner *Gesetze* zur Regelung anwaltlicher Werbung. Standesrichtlinien werden jedoch als *Orientierungshilfen* sehr dienlich sein, denn die Schweizerischen Anwälte werden, wenn dereinst die auf kantonaler Ebene noch bestehenden, mehr oder weniger starken Einschränkungen der Werbetätigkeit gelockert werden, erst noch lernen müssen, mit der neu gewonnenen Freiheit zu ihrem eigenen und ihrer Klienten Vorteil auch stil- und damit würdevoll umzugehen. Hier drängt es sich m. E. auf, dass der SAV analog der American Bar Association (ABA) Hilfestellung leistet. Bei der ABA können nicht nur eine Vielzahl von Publikationen, Studien, ja sogar periodisch erscheinende Newsletters zur Frage der Werbung durch Anwälte bestellt werden, sondern sogar Videos mit Fernsehspots, die im Rahmen der von der ABA jährlich vergebenen «*Awards for Dignity in Lawyer Advertising*» ausgezeichnet wurden[75]. Auszeichnungen gibt es auch für vorbildliche Inserate und Marketingaktionen. Im Jahre 1996 wur-

---

[74] 1 BvR 1863/96, Beschluss der 2. Kammer des Ersten Senats vom 24.7.1997, abgedruckt in EuGRZ 19/20, 1997, 512 ff.

[75] Weitere Informationen sind erhältlich bei der ABA Commission on Advertising, American Bar Association, 541 N. Fairbanks Court, Chicago, IL 60611 sowie unter http://www.abanet.org/legalserv/adpubs.html. Mit dieser Fussnote werbenden Charakters von hoffentlich «hohem Informationsgehalt» und wohl kaum «marktschreierischer Aufmachung» (da in einer Fussnote versteckt!) schliesse ich diesen Beitrag ab.

den erstmals auch Homepages in den Wettbewerb miteinbezogen. Dies scheint mir der richtige Weg zu sein, die Würde des Anwaltsstandes im Bereich der Werbung zu fördern: Durch *positive Vorbilder* und flankierende Massnahmen, wie z.b. der Verleihung eines Preises für stilvolle Anwaltswerbung. Dieser Vorgehensweise kommt – passenderweise – ihrerseits ein gewisser werbender Charakter zu. Denn damit trägt die ABA einerseits dazu bei, gute Beispiele bekannt zu machen, und sie wirbt anderseits auch für sich und ihre Anliegen, insbesondere dafür, für stilvolle Werbung einzustehen. Der SAV könnte in ähnlicher Weise eine wichtige Führungsfunktion wahrnehmen und im Interesse des ganzen Berufsstandes den Stil anwaltlicher Werbung, die durchaus auch auf regionale Unterschiede Rücksicht zu nehmen haben wird, massgebend prägen. Demgegenüber sollten sich die Gerichte und Aufsichtsbehörden nur insoweit mit dem Thema «Anwaltswerbung» befassen (müssen), als Verstösse gegen das UWG oder das Berufsgeheimnis in Frage stehen. Eine darüberhinausgehende gesetzliche Regelung des Anwaltswerberechts ist m. E. höchstens im Bereich des «solicitating», also des gezielten Anwerbens eines Einzelkunden, zu prüfen. Hier besteht durchaus ein öffentliches Interesse, dass Einzelpersonen nicht aufgrund konkreter Vorfälle unter erschwerten Bedingungen (Unfall, Verhaftung usw.) dem Druck oder der Belästigung durch gezielte Werbemassnahmen ausgesetzt werden.

Die kantonalen Gesetzgeber und Anwaltsverbände sind aufgerufen, die bisherigen restriktiven Werbebeschränkungen aufzuheben und damit die Voraussetzungen für eine glaubwürdige, offene und transparente Werbetätigkeit der Anwaltschaft zu schaffen. Die Werbung für Dienstleistungen im Rechtsbereich entspricht nicht nur den Erfordernissen eines (kartell-)freien Wettbewerbs und dem Wunsch des Publikums nach leichter Zugänglichkeit zu anwaltlichen Dienstleistungen, sondern offenbar auch dem Wunsch der Anwaltschaft selbst, die sich im Rahmen des SAV zu den einleitend dargestellten neuen Richtlinien bekannte. Es wird sich zeigen, wie die Anwaltschaft in der Schweiz ihre fast schon angeborene Hemmschwelle gegenüber der Werbung abzubauen vermag. Dabei gilt es manche Vorurteile zu überwinden und einen adäquaten Stil zu finden: Werbung ist letzlich eine Stilfrage.

Philippe Richard
Ancien Bâtonnier de l'Ordre des Avocats du Canton de Vaud

La publicité personnelle de l'avocat

Table des matières

I. Les temps changent
II. Justification et opportunité de l'admission de la publicité personnelle de l'avocat
III. Libéralisation totale en matière de publicité ou maintien de certaines limites; sauvegarde en matière de publicité personnelle de l'avocat du respect des principes fondamentaux de la profession, en particulier de la dignité et du secret professionnel
IV. Conclusions

La question de la publicité personnelle de l'avocat couvre la publicité faite par des groupes d'avocats aussi bien que par les avocats individuellement, par opposition à la publicité fonctionnelle organisée par les barreaux pour l'ensemble de leurs membres. Seule la publicité personnelle ou individuelle de l'avocat fait l'objet des présentes réflexions.

I. Les temps changent

Durant très longtemps, les avocats ne songeaient pas à utiliser la publicité personnelle. Cette idée leur était même inconcevable. L'exclusion de toute activité commerciale, en tout cas à leurs yeux, le respect du secret professionnel, la liberté et la noblesse de leur profession, de même que la dignité du barreau expliquaient sans doute cette situation.

A cette première phase en a succédé une seconde où la publicité personnelle a été interdite par la loi et les usages et règlements internes des barreaux, sous réserve d'exceptions limitativement énumérées pour admettre des insertions dans des listes d'adresses, répertoires téléphoniques et professionnels et des annonces d'ouverture ou de transfert d'études, d'entrée ou de départ d'un associé ou d'un collaborateur.

Une troisième étape vient d'être franchie. Selon le chiffre 6 des lignes directrices de la Fédération Suisse des Avocats relatives aux us et coutumes, adopté le 6 juin 1997, «*la publicité est permise à l'avocat dans les limites du droit fédéral et cantonal et en respectant la dignité de la profession, ainsi que le secret professionnel. La compétence des barreaux cantonaux de préciser la portée de ces règles est réservée*[1].»

---
[1] Cf. chiffre 6 des lignes directrices de la FSA relatives aux us et coutumes adopté par la Conférence générale le 6 juin 1997.

Le 2 mai 1997, à Berlin, la Fédération des Barreaux d'Europe a adopté une résolution sur la publicité personnelle de l'avocat par laquelle elle souhaite «*en matière de publicité individuelle ou collective de l'avocat, que tous les barreaux adoptent les règles qui, dans le strict respect des principes fondamentaux de la profession que sont le secret professionnel, l'indépendance, la modération et la dignité, et sans être une entrave à la libre concurrence, assurent le droit légitime du public à recevoir des informations sur l'identité et la qualification des avocats*[2].»

De son côté, le Conseil des Barreaux de la Communauté européenne étudie aussi une libéralisation de l'art. 2.6 qui traite de la publicité personnelle de l'avocat, en prévoyant dans un document de travail encore en discussion à ce jour de donner à l'avenir le droit à l'avocat d'informer le public des services qu'il fournit, à condition que cette information soit objective et serve un intérêt public légitime[3].

La tendance actuelle en matière de publicité personnelle de l'avocat est ainsi de l'autoriser, tout en sauvegardant en revanche les principes fondamentaux de la profession, en particulier le secret professionnel et la dignité, et en veillant à éviter toute entrave à la libre concurrence.

Cette troisième étape n'est pas encore achevée dans la plupart des cantons suisses et dans certains états étrangers où demeure ancrée dans la loi et dans les usages et règlements internes des barreaux l'interdiction de la publicité personnelle des avocats sous réserve de quelques exceptions limitativement énumérées.

A mon avis, cette troisième étape n'a pas été tellement provoquée par une meilleure reconnaissance des droits découlant de la liberté du commerce et de l'industrie[4, 5, 6, 7, 8] ou encore de la liberté d'expression garantie par l'art. 10

---

[2] Cf. résolution sur la publicité personnelle de l'avocat adoptée le 3 mai 1997 par l'assemblée générale de la Fédération des Barreaux d'Europe.
[3] Cf. Me MICHEL VAN DOOSSELAERE, Président du CCBE, Rapport à la Fédération des Barreaux d'Europe sur le code de Déontologie du CCBE et la publicité de l'avocat, chiffre III, 4 ss.
[4] Cf. ATF 123 I 12 du 12 février 1997 dans la cause X. c/Verein Zürcherischer Rechtsanwälte und Aufsichtskommission über die Rechtsanwälte im Kanton Zürich, et les références citées au considérant 2 a, 15.
[5] Cf. ATF 123 I 201 du 24 juin 1997 dans la cause Pharmacie Victoria SA et Joseph Ghaliounghi c/Conseil d'Etat du canton de Genève, notamment considérant 6 b, 209 s.
[6] Cf. DREYER (L'avocat), 461 et note 193.
[7] Cf. JEAN-PIERRE MÜLLER, Liberté d'expression, Commentaire Constitution fédérale, vol. III.
[8] Cf. ANNE REISER, Rapport sur la publicité personnelle de l'avocat du Conseil de l'Ordre des avocats de Genève à la Commission de la publicité professionnelle de la FBE, 4.

CEDH[9, 10, 11]. Elle ne s'explique pas non plus à ce stade par la circulation encore en devenir des avocats[12, 13, 14]. Cette troisième étape découle, en revanche, essentiellement du développement du droit de la concurrence dans la Communauté européenne et de l'anticipation par les avocats suisses des conséquences de l'entrée en vigueur, le 1er juillet 1996, de la nouvelle loi fédérale du 5 octobre 1995 sur les cartels et autres restrictions à la concurrence[15].

La Fédération Suisse des Avocats, pour sa part, a su comprendre et mettre immédiatement en pratique le message amical mais sans équivoque du Président de la Commission fédérale des cartels, le Professeur TERCIER, donné lors de son exposé du 11 novembre 1995 devant la conférence des bâtonniers des barreaux suisses[16]. Comme il l'a alors déclaré, il s'agissait de retenir que la profession d'avocat devait changer, parce que son environnement changeait et qu'il fallait, en conséquence, s'adapter, modifier et évoluer, non pour abandonner ce qui en fait l'essentiel, mais au contraire pour le sauvegarder.

II. Justification et opportunité de l'admission de la publicité personnelle de l'avocat

Le droit, pour l'avocat, de faire de la publicité personnelle découle tout d'abord de la liberté du commerce et de l'industrie[17, 18, 19, 20, 21].

---

[9] Cf. jugement du 24.2.1994 de la Cour européenne des droits de l'Homme, Casado Coca c/Espagne; N° 8/1993/403/481, considérants 33 à 35, 13 s, Série A 285.
[10] Cf. FF 1994, 995 ss.
[11] Cf. FF 1994, 1193 ss.
[12] Cf. Loi fédérale du 6 octobre 1995 sur le marché intérieur, FF 1995 IV, 522 ss.
[13] Cf. projet de loi fédérale sur la libre circulation des avocats actuellement en circulation avec le rapport explicatif établi par le DFJP.
[14] Cf. accord en gestation sur la libre circulation des personnes entre La Suisse et l'Union Européenne.
[15] Cf. Loi fédérale sur les cartels et autres restrictions à la concurrence, LCart du 6 octobre 1995 entrée en vigueur le 1er juillet 1996.
[16] Cf. TERCIER (Les avocats et la concurrence), 4 ss, notamment 13 s.
[17] Cf. ATF 123 I 12 du 12 février 1997 dans la cause X. c/Verein Zürcherischer Rechtsanwälte und Aufsichtskommission über die Rechtsanwälte im Kanton Zürich, et les références citées au considérant 2 a, 15.
[18] Cf. ATF 123 I 201 du 24 juin 1997 dans la cause Pharmacie Victoria SA et Joseph Ghaliounghi c/Conseil d'Etat du canton de Genève, notamment considérant 6 b, 209 s.
[19] Cf. DREYER (L'avocat), 461 et note 193.
[20] Cf. JEAN-PIERRE MÜLLER, Liberté d'expression, Commentaire Constitution fédérale, vol. III, ch. 8.
[21] Cf. ANNE REISER, Rapport sur la publicité personnelle de l'avocat du Conseil de l'Ordre des avocats de Genève à la Commission de la publicité professionnelle de la FBE, 4.

La liberté d'expression qualifiée de principe fondamental du droit fédéral et cantonal[22, 23], et reconnue comme droit constitutionnel non écrit de la Confédération[24, 25], ne paraît pas garantir en tant que tel le droit à la publicité personnelle de l'avocat vu le but commercial que celle-ci poursuit. En effet, selon la jurisprudence du Tribunal fédéral, seule une activité en vue d'un but idéal pourrait bénéficier de cette liberté d'expression[26, 27, 28, 29].

En revanche, à la lumière de la jurisprudence Casado Coca[30], la publicité personnelle de l'avocat se fonde aussi sur la liberté d'expression garantie par l'art. 10 CEDH à toute personne, sans distinction fondée sur la nature lucrative ou non du but recherché.

Des restrictions peuvent toutefois être apportées à l'exercice de ces libertés du commerce et de l'industrie et d'expression. Ces restrictions doivent alors reposer sur une base légale jugée suffisante et respecter le principe de la proportionnalité par rapport au but recherché. Sous réserve des droits des tiers, la liberté d'expression ne peut être limitée qu'au nom d'un intérêt public prépondérant[31, 32, 33].

Or aujourd'hui, l'adéquation entre l'interdiction de toute publicité personnelle de l'avocat et l'existence d'un intérêt public prépondérant la justifiant disparaît.

Une part de plus en plus importante de l'activité de l'avocat ne se déploie plus désormais dans le domaine judiciaire, mais sur le marché du conseil où l'avocat ne jouit d'aucun monopole et où il est en concurrence avec les fiduciaires, les banques, les assurances et les autres sociétés ou entreprises de conseils. D'ailleurs, même sur le terrain judiciaire, l'avocat ne jouit plus autant que par le passé d'un monopole. Que l'on pense seulement à la représentation des parties en justice devant certains tribunaux spécialisés (le tribunal des

---

[22] Cf. ATF 87 I 117 du 3 mai 1961 dans la cause Sphinx-Film SA c/Conseil d'Etat du canton de Neuchâtel.
[23] Cf. JEAN-PIERRE MÜLLER, op. cit., chiffre 1.
[24] Cf. ATF 91 I 485 du 31 mars 1965 dans la cause Association de l'Ecole française et consorts c/Conseil d'Etat et Tribunal administratif du canton de Zurich.
[25] Cf. JEAN-PIERRE MÜLLER, op. cit., chiffre 1.
[26] Cf. DREYER (L'avocat), 461 et note 193.
[27] Cf. ATF 96 I 588 ss du 24 juin 1970 dans la cause Aleinick c/Cour de Justice et Procureur général du canton de Genève.
[28] Cf. ATF 100 Ia 453 du 2 octobre 1974 dans la cause AWAG Aussenwerbungs AG et Hoirs Stegmann c/Lausanne, Municipalité et Vaud, Conseil d'Etat.
[29] Cf. JEAN-PIERRE MÜLLER, Liberté d'expression, ch. 8, Commentaire de la constitution fédérale, vol. III.
[30] Cf. jugement du 24.2.1994 de la Cour européenne des droits de l'Homme, Casado Coca c/Espagne; N° 8/1993/403/481, considérants 33 à 37, 13 s, Série A 285.
[31] Cf. DREYER (L'avocat), 461 et notes 195 ss.
[32] Cf. jugement du 24.2.1994 de la Cour européenne des droits de l'Homme, Casado Coca c/Espagne; N° 8/1993/403/481, considérants 38 à 56, 16 ss, Série A 285.
[33] Cf. l'avocat suisse 139/1992, 6 ss avec les commentaires de TRECHSEL, 11 ss.

baux à loyer, parfois même dans certains cantons, comme le canton de Vaud, le tribunal administratif et non plus seulement, comme par le passé, le tribunal de prud'hommes).

Or, les concurrents des avocats en matière de conseils, les fiduciaires, les banques, les assurances et autres sociétés de conseils, ne se privent pas, pour leur part, de faire de la publicité personnelle. L'interdiction de la publicité pénalise de plus en plus les avocats dans ces domaines qui pourtant se développent de jour en jour et qui ne bénéficient d'aucun monopole.

Les accords du GATT/OMC (cycle d'Uruguay), les textes d'application de l'Uruguay Round à l'avenir[34, 35], la loi du 6 octobre 1995 sur le marché intérieur[36, 37], la prochaine loi fédérale sur la libre circulation des avocats, LLCA et le futur accord sur la libre circulation des personnes entre la Suisse et l'Union Européenne[38] vont accélérer inexorablement la circulation des avocats. Cette évolution législative constitue aussi, avec l'ouverture qu'elle implique nécessairement, un affaiblissement de l'intérêt public qui a pu justifier l'interdiction de toute publicité personnelle. L'accès à de nécessaires informations sur l'avocat deviendra, en raison de ce même phénomène, de plus en plus indispensable pour permettre aux clients et au public de choisir leur avocat en meilleure connaissance de cause. En outre, au regard du respect du principe de la proportionnalité, le maintien de l'interdiction de toute publicité personnelle de l'avocat créera une discrimination inacceptable entre avocats étrangers et suisses et entre avocats suisses dans la mesure où les avocats étrangers ou issus d'autres cantons bénéficieraient de règles plus libérales en matière de publicité personnelle.

L'Internet a, de son côté, bouleversé la communication et l'information et rendra sans doute bientôt illusoire l'interdiction de toute publicité personnelle à l'avocat.

A mon avis, l'application de la nouvelle loi sur les cartels et autres restrictions à la concurrence[39] aura tôt ou tard pour effet de qualifier de restriction inadmissible à la libre concurrence l'interdiction de la publicité personnelle de l'avocat; en effet, elle privent les client de la possibilité de choisir un avocat en toute connaissance de cause. Le Professeur TERCIER, Président de la Commission fédérale des cartels, prône clairement une libéralisation de la publicité des avocats[40]. Sur le plan européen, le droit de la concurrence de l'Union

---

[34] Cf. FF 1994, 995 ss.
[35] Cf. FF 1994, 1193 ss.
[36] Cf. Loi fédérale du 6 octobre 1995 sur le marché intérieur, FF 1995 IV, 522 ss.
[37] Cf. loi fédérale sur la libre circulation des avocats actuellement en consultation.
[38] Cf. accord en gestation sur la libre circulation des personnes entre la Suisse et l'Union Européenne.
[39] Cf. Loi fédérale sur les cartels et autres restrictions à la concurrence, LCart du 6 octobre 1995 entrée en vigueur le 1er juillet 1996.
[40] Cf. TERCIER (Les avocats et la concurrence), 4 ss, notamment 13 s.

européenne est en passe de peser de plus en plus sur la libéralisation des services, y compris dans le cadre des professions libérales, celle d'avocat incluse, et en matière de publicité[41].

Enfin et surtout, la publicité personnelle de l'avocat répond au besoin des clients qui doivent pouvoir librement choisir leur avocat en connaissance de cause dans ce bouleversement de l'environnement. Le public a le droit légitime à une nécessaire information sur l'avocat.

Cette évolution irréversible de la profession d'avocat, l'ouverture des marchés sur le plan international et sur le plan suisse, le bouleversement entraîné par l'Internet et le développement des moyens de communication et d'information et surtout le développement du droit de la concurrence, qui entend mettre fin aux restrictions inadmissibles à la concurrence, ne justifient plus l'interdiction de la publicité personnelle des avocats au regard du respect du principe de la proportionnalité par rapport au but recherché par cette interdiction.

Cette évolution législative et technique de la profession justifie et rend ainsi opportune et nécessaire l'admission de la publicité personnelle de l'avocat, dans son principe.

III. Libéralisation totale en matière de publicité ou maintien de certaines limites; sauvegarde en matière de publicité personnelle de l'avocat du respect des principes fondamentaux de la profession, en particulier de la dignité et du secret professionnel

Suffit-il, en matière de publicité personnelle de l'avocat, de compter sur les règles de la concurrence déloyale et sur les dispositions légales relatives au secret professionnel? PIERRE TERCIER dans son exposé du 11 novembre 1995 devant la Conférence des Bâtonniers des Barreaux suisses se pose lui-même cette question[42].

Ou se justifie-t-il d'imposer aux avocats le respect des principes fondamentaux de la profession, en particulier de la dignité et de ce qui en découle?

Selon la jurisprudence actuelle du Tribunal fédéral relative aux avocats, ceux-ci sont tenus d'avoir une attitude digne et correcte dans leurs rapports avec leurs clients et le public en général. Les avocats ne devraient ainsi pas user de moyens de publicité de nature à jeter le discrédit sur leur profession.

---

[41] Cf. Me MICHEL VAN DOOSSELAERE, Président du CCBE, Rapport à la Fédération des Barreaux d'Europe sur le code de Déontologie du CCBE et la publicité de l'avocat, chiffre IV, pp. 7 ss.

[42] Cf. TERCIER (Les avocats et la concurrence), 4 ss, notamment 13 s.

En l'état, le Tribunal fédéral considère comme admissible la publicité faite avec retenue, comportant des informations objectives, répondant à un besoin du public. Le Tribunal fédéral en déduit que les cantons sont fondés à interdire une publicité tapageuse, importune, mercantile ou trompeuse. Les méthodes publicitaires à caractère sensationnel sont proscrites. Pour délimiter ce qui est licite de ce qui ne l'est pas, il y a lieu de tenir compte des habitudes et des opinions généralement admises dans la profession et le canton. Dans le dernier arrêt rendu en la matière, le Tribunal fédéral s'est réservé d'examiner le moment venu les adaptations qui s'avéreraient nécessaires au vu des circonstances actuelles[43]. Cette jurisprudence correspond assez largement aux règles en vigueur dans nombre de pays de la Communauté européenne, Grande-Bretagne[44], Pays-Bas[45], Allemagne[46] et aux nouvelles directives de la FSA. D'autres pays de la Communauté européenne qui interdisent en principe la publicité personnelle des avocats, comme la France[47], la Belgique[48], l'Italie[49], l'Espagne[50], reconnaissent toutefois à l'avocat le droit de donner des informations objectives procurant au public une nécessaire information.

Cette jurisprudence correspond aussi, en l'état, à la jurisprudence de la Cour européenne des droits de l'Homme dans la cause Casado Coca[51].

Plusieurs considérations justifient toujours de limiter le droit pour l'avocat de faire de la publicité personnelle.

Tout d'abord, et cette circonstance est à elle seule décisive, l'avocat n'est pas uniquement un prestataire de services juridiques, mais également un auxiliaire de la justice, dans le cadre d'un monopole dont il bénéficie dans la représentation des parties en matière judiciaire.

Dans l'arrêt Casado Coca contre l'Espagne, la Cour européenne des droits de l'Homme a relevé que l'avocat, en sa qualité d'auxiliaire de la justice,

---

[43] Cf. ATF 123 I 12 du 12 février 1997 dans la cause X. c/Verein Zürcherischer Rechtsanwälte und Aufsichtskommission über die Rechtsanwälte im Kanton Zürich, considérant 2 c/aa, 16 ss.
[44] Cf. rapport de Me TIMOTHY H. JOHNSON à la Fédération des Barreaux d'Europe du 2 mai 1997 sur la publicité personnelle en Grande-Bretagne.
[45] Cf. rapport de Me BEELAERTS VAN BLOKLAND à la Fédération des Barreaux d'Europe du 2 mai 1997 sur la publicité personnelle en Hollande.
[46] Cf. rapport de Me HEIDLAND à la Fédération des Barreaux d'Europe du 2 mai 1997 sur la publicité personnelle des avocats en Allemagne.
[47] Cf. rapport du Bâtonnier BENICHOU à la Fédération des Barreaux d'Europe du 2 mai 1997 sur la publicité personnelle des avocats en France.
[48] Cf. rapport de Me BUYLE à la Fédération des Barreaux d'Europe du 2 mai 1997 sur la publicité personnelle des avocats en Belgique.
[49] Cf. rapport de Me EUGENIO CAPONI à la Fédération des Barreaux d'Europe du 2 mai 1997 sur la publicité personnelle des avocats en Italie.
[50] Cf. rapport de Me JOSE A. LOIS FERNANDEZ à la Fédération des Barreaux d'Europe du 2 mai 1997 sur la publicité personnelle des avocats en Espagne.
[51] Cf. jugement du 24.2.1994 de la Cour européenne des droits de l'Homme, Casado Coca c/Espagne; N° 8/1993/403/481, considérant 46, 16, Série A 285.

bénéficie du monopole et de l'immunité de plaidoirie, mais doit faire preuve de discrétion, d'honnêteté et de dignité dans sa conduite[52].

D'autre part, la déontologie constitue à la fois la spécificité de la profession d'avocat et l'un de ses atouts essentiels par rapport aux autres prestataires de services juridiques. La compétence professionnelle de l'avocat peut, en effet, être partagée avec d'autres professionnels du droit, mais sa déontologie constitue sa force. Outre le respect du secret professionnel et l'interdiction du conflit d'intérêts, cette déontologie comporte le respect de la dignité de la profession et ce qui en découle, la discrétion et la délicatesse.

En renonçant à la dignité, les avocats porteraient ainsi directement atteinte à leur spécificité et à leurs atouts face à leurs concurrents du droit.

En matière de publicité personnelle de l'avocat, le maintien du respect des principes fondamentaux de la profession d'avocat et au premier chef de la dignité suffit, en revanche, à atteindre le but recherché par la jurisprudence du Tribunal fédéral dans ce domaine, soit maintenir son crédit à une profession qui n'est pas seulement fournisseur de prestations de services juridiques, mais qui a aussi la qualité d'auxiliaire de la justice. L'application en conséquence du principe de la proportionnalité conduit, dans les circonstances actuelles, à renoncer à interdire la publicité personnelle de l'avocat pour l'autoriser, moyennant le respect de la dignité et du secret professionnel.

Par ailleurs, en l'état, mais la situation évolue et même rapidement, l'admission de la publicité avec les réserves du respect de la dignité et du secret professionnel prend déjà, à mon avis, suffisamment en compte les nécessaires exigences de la loi fédérale du 5 octobre 1995 sur les cartels et autres restrictions à la concurrence, la liberté du commerce et de l'industrie et la liberté d'expression garantie par l'art. 10 CEDH, compte tenu de la qualité d'auxiliaire de la justice de l'avocat.

Le grand avantage du maintien du critère de la dignité en matière de publicité personnelle de l'avocat est que ce critère n'est pas figé et qu'il peut subsister, malgré une évolution inexorable de la profession d'avocat et de son environnement, y compris législatif et technique.

La dignité est un concept qui évoluera nécessairement avec le temps, le développement de la circulation des avocats, le développement des moyens de communication et d'information, tels l'Internet, et la prise en compte du risque de discrimination entre avocats suisses et entre avocats suisses et étrangers, de sorte que la jurisprudence en matière de publicité personnelle de l'avocat pourrait évoluer dans la même mesure de manière tout à fait justifiée.

---

[52] Cf. jugement du 24.2.1994 de la Cour européenne des droits de l'Homme, Casado Coca c/Espagne; N° 8/1993/403/481, considérant 46, 16, Série A 285.

Le critère des habitudes et opinions généralement admises dans la profession et le canton, posé par des anciens arrêts rendus en la matière[53, 54], et confirmé encore dans le dernier arrêt[55] devrait, en revanche, être abandonné à l'avenir, car trop restrictif, surtout au plan géographique.

A l'époque de la circulation des avocats et du développement du droit de la concurrence et des moyens de communication et d'information, il ne se justifie plus de se fonder sur un critère géographique aussi réduit que le canton. Il sera nécessaire, au contraire, de tenir compte de la circulation des avocats et de l'ouverture du marché et d'éviter la discrimination entre avocats étrangers et suisses et entre avocats suisses de différents cantons. Il s'agit-là de circonstances nouvelles qui justifieront l'adaptation et le réexamen de la jurisprudence du Tribunal fédéral relative à la publicité personnelle des avocats, en adoptant un critère à tout le moins commun à l'ensemble de la Suisse, voire, suivant le degré d'ouverture sur l'Europe, qui tienne compte de l'évolution de la Communauté européenne en la matière.

La notion de dignité pourrait bien s'assouplir plus vite que l'on pense si les autorités suisses en matière de concurrence suivaient les mêmes chemins que la Commission européenne; celle-ci favorise en effet la libéralisation aussi poussée que possible des services, y compris en matière de publicité et préconise même l'usage de la publicité comparative pour les professions libérales[56]. Elle s'oppose en cela à l'avis du Parlement européen qui reconnaît la justification d'une interdiction de la publicité comparative, par un souci légitime d'intérêt général dans l'exercice de la compétence d'autorégulation prévue par l'ordre juridique général. Le Conseil des ministres devra trancher prochainement cette querelle au niveau européen.

L'application du droit communautaire de la concurrence oblige déjà les barreaux européens à démontrer que l'interdiction de la forme de publicité comparative est nécessaire pour le bon accomplissement de la mission de l'avocat. Les barreaux européens sont ainsi mis en demeure de démontrer déjà que les règles de la profession ne peuvent plus constituer des obstacles non nécessaires au commerce, qu'elles doivent être fondées sur des critères objectifs et transparents, tels que la compétence et l'aptitude à fournir le service, et ne doivent pas être plus rigoureuses que nécessaire pour assurer la qualité du service.

---

[53] Cf. ATF 87 I 262 du 4 octobre 1961 dans la cause X. c/Vaud, Chambre des avocats, considérant 2.
[54] Cf. ATF 96 I 34 ss du 18 mars 1970 dans la cause X. c/Aufsichtskommission über die Rechtsanwälte im Kanton Zürich, résumé en français in JdT 1971 I 118.
[55] Cf. ATF 123 I 12 du 12 février 1997 dans la cause X. c/Verein Zürcherischer Rechtsanwälte und Aufsichtskommission über die Rechtsanwälte im Kanton Zürich, considérant 2 c/aa.
[56] Cf. Me MICHEL VAN DOSSELAERE, Rapport à la FBE, 7 ss, sous chiffre IV.

Cette évolution européenne en cours se manifestera tôt ou tard en Suisse. Elle doit inciter d'ores et déjà les avocats à anticiper et à se préparer à démontrer l'intérêt du respect de la dignité dans le cadre de l'accomplissement de la mission de l'avocat.

Dans ces nouvelles circonstances actuelles, il apparaît, en conséquence, injustifié de libéraliser complètement la publicité personnelle de l'avocat et opportun au contraire de la subordonner au respect des principes fondamentaux de la profession d'avocat que sont le secret professionnel et la dignité.

IV. Conclusions

La Fédération Suisse des Avocats et la Fédération des Barreaux d'Europe ont déjà préconisé la voie de l'admission de la publicité personnelle de l'avocat, mais en l'assortissant de l'exigence d'observer une conduite digne et de respecter le secret professionnel. Ce faisant, ces organismes, représentatifs des barreaux suisses et européens, ont su pour leur part réagir rapidement en libéralisant, pendant qu'il en était encore temps, les règles de la publicité personnelle de l'avocat.

Que les barreaux cantonaux reçoivent et comprennent à leur tour ce message et sachent sauvegarder ainsi l'essentiel de leur spécificité et de leurs atouts, à savoir les principes fondamentaux de la profession et au premier chef la dignité et le secret professionnel, en admettant à leur tour et en faisant admettre par leur législation cantonale la publicité personnelle de l'avocat, tout en l'assortissant de l'exigence de respecter ces principes professionnels fondamentaux. Qu'ils s'efforcent dans cette tâche d'éviter aussi toute discrimination entre avocats suisses et entre avocats suisses et étrangers.

De toute manière, la libéralisation en matière de publicité personnelle de l'avocat s'accomplira nécessairement et inexorablement en fonction de l'application du droit de la concurrence, de la circulation des avocats et de l'avancée des moyens de communication et d'information. Ce nouvel environnement législatif et technique finira par rendre vaine l'interdiction de toute publicité personnelle de l'avocat. Avec l'évolution du droit de la concurrence et les bouleversements techniques en matière de communication, des restrictions, au demeurant justifiées, à la publicité personnelle de l'avocat risquent même de devenir illusoires. Dans ce cas, ces restrictions deviendraient uniquement discriminatoires, ce qu'il faudrait alors veiller à éviter.

La limite la plus sûre aux excès de la publicité personnelle des avocats, qui subsistera fort heureusement de toute manière, demeurera alors l'inefficacité d'une publicité tapageuse et inopportune qui desservira leurs auteurs.

IV. Besondere Aspekte des Anwaltsberufes

Peter Nobel

Rechtsformen der Zusammenarbeit von Anwälten[1]: Organisationsfreiheit für Anwälte!

«Being a lawyer has been said to be a noble call, which must be remote from being a successful businessman. This may no longer look possible in the industrialized legal market.»

ABA-Präsidentenkonferenz 1997

Inhaltsübersicht

I. Einführung:
   Der Anwaltsberuf als freier Bildungsberuf zwischen Staat und Publikum
   A. Der Anlass ist schwer zu verstehen
   B. Historische Anmerkungen
   C. Gemeinsamer Markt für Anwälte?
   D. Ein «freier» Beruf?

II. Bekanntes repetieren
   A. Der traditionelle Kanon (mit Aufweichungstendenzen)
      1. Aufsichtsrecht
      2. Standesrecht
   B. Die Zahlen und die praktischen Vorgänge

III. Der Wettbewerbsdruck aktualisiert sich vorerst an der Unabhängigkeitsfrage
   A. Konkurrenz und anwaltliche Standeswerte
   B. Zutrauenswürdigkeit und Unabhängigkeit
   C. Unabhängigkeit der angestellten Anwälte: Föderalistisches Patchwork
   D. Eidgenössisches Anwaltsgesetz: Noch wenig Klarheit

IV. Haftungs- und Steuerfragen führen zur direkten Thematisierung von rechtlicher «Organisation»
   A. Haftung
   B. Der Basler Fall
   C. Steuerrechtliche Aspekte
   D. Kaufmännisches Gewerbe?

V. Rechtsvergleichender Überblick
   A. Deutschland
   B. Europäische Union
   C. Grossbritannien
   D. USA

---

[1] Der Vortragsstil wird beibehalten.

VI. Organisationsfreiheit für Anwälte
   A. Zwischenfrage: Warum kein Verein?
   B. Die Kollektivgesellschaft
   C. Die GmbH
   D. Die AG
VII. Schlussbemerkungen

I. Einführung: Der Anwaltsberuf als freier Bildungsberuf zwischen Staat und Publikum

A. *Der Anlass ist schwer zu verstehen*

Beim Publikum kann die Themenstellung nur Kopfschütteln auslösen: Die kundigen und listenreichen Anwälte, grössere und kleinere Kanzleien landauf und landab, beraten ihre Klientschaft zu rechtlichen Organisationsproblemen im Bereiche wirtschaftlicher Tätigkeit, und da soll es noch Unklarheiten bei der Organisation der Anwälte selbst geben. Dies tönt ja kaum glaubhaft.

Oh Schande! – es ist aber wahr. Es herrscht weder Transparenz und Klarheit noch Rechtssicherheit im Bereich der Aussenorganisation von Anwaltskanzleien, Fragen türmen sich auf Fragen und die Antworten hängen – wie könnte es bei unserer Bundesgerichtspraxis auch anders sein – «stets vom Einzelfall ab». Was ist denn beim Betrieb einer Kanzlei durch mehrere Anwälte und ihre Mitarbeiter und Hilfspersonen unklar, und was wird in der anwaltsrechtlichen Literatur gelegentlich diskutiert[2]? Ich fasse die Punkte in Frageform:
– Wird trotz der heutigen Notwendigkeit eines kaufmännisch geführten Betriebs kein kaufmännisch geführtes «Gewerbe» betrieben (Art. 552 OR, Art. 52 Abs. 3 HRegV)?
– Erfolgt die Beauftragung an einen oder mehrere Anwälte (Art. 403 OR)?
– Besteht eine Schuldnersolidarität (Art. 143 OR)?
– Was gilt für eine allfällige Deliktshaftung, die zwar vertretungsfeindlich ist, aber heute auch Vertrauenshaftung heissen kann (BGE 120 II 331 ff.)?
– Besteht wegen der regelmässigen Absicht, gemeinsame Ziele mit gemeinsamen Kräften zu erreichen, eine einfache Gesellschaft, ev. infolge kautelarischer Turnübungen nur nach innen oder dann auch nach aussen?
– Wie ist die Vertretungsordnung aus der Sicht eines gutgläubigen Dritten (Klienten), besonders bei einer einfachen Gesellschaft, zu betrachten?
– Kann der solidarischen Haftung gemäss Art. 544 Abs. 3 OR entgangen werden (BGE 116 II 707 ff.)?
– Besteht gar eine «Kollektivgesellschaft» mit der integralen Haftungsfolge für Verträge und Delikte nach Art. 567 OR?

[2] V.a. RUOSS, 83 ff. und 98 ff.; ferner PETER MAX GUTZWILLER, 55; FERDINAND MEYER, 46; REYMOND, 17.

Die klaren, standardisierten und haftungsbeschränkenden handelsrechtlichen Organisationsformen will man dem Anwalt aber noch immer verschliessen. Besonders die Anwalts-AG soll nicht möglich sein.

Um dies nachzuvollziehen und die Zukunft der Vergangenheitsbewältigung einzuleiten, sind auch einige historische Bemerkungen hilfreich, da es im Kern um nichts weniger als den Wandel des Anwaltsberufes selbst geht[3].

B. Historische Anmerkungen

Der Rechtsanwalt gehörte stets mit zu den öffentlich wirkenden Fachjuristen, denen nicht erst heute eine Vielfalt von Aufgaben zukommt. Schon die Römer unterschieden bekanntlich: agere, cavere und respondere, also gerichtliche, kautelarisch-notarielle und fachmännisch Rat erteilende Tätigkeiten.

Betonen möchte ich aber vor allem, dass auch der Anwalt, neben Richtern und Verwaltungsjuristen, Teil ist – wie FRANZ WIEACKER schön sagte – der «Einheit einer die antik-römische und okzidentale Gesellschaft auszeichnenden und konstituierenden Erscheinung: der Typus des technischen Experten für die Lösung sozialer Konflikte nicht durch Gewalt oder schlichte Beilegung, sondern gemäss einer intellektuellen und verallgemeinerungsfähigen Regel»[4]. Rechtsanwalt ist ein intellektueller, faszinierender Beruf, auch heute noch.

Die Geschichte des Anwaltsstandes – für die neuere Zeit, vor allem die entscheidende des 18. und 19. Jahrhunderts, faszinierend und rechtsvergleichend geschrieben von einem Schweizer in Deutschland, nämlich HANNES SIEGRISTS «Advokatur, Bürger und Staat»[5] – ist wechselhaft und teilweise voll von Misstrauen, sowohl von der Obrigkeit als auch von der Öffentlichkeit. So war es auch möglich, den Anwaltsstand, sozusagen wie beim Sandwich, als bestes Stück einzuklemmen und mit Regulierungsanforderungen zu konfrontieren. Die Anwälte selbst verdrängten solchen Druck teilweise durch Flucht in eine idealisierende eigene Standesordnung einerseits und durch den Aufbau eines Selbstverständnisses des individualistischen geistigen Kämpfers anderseits. Für die Schweiz überwogen für die Herausbildung des «geregelten freien Bildungsberufes» des Advokaten aber doch – wie für die USA – die freiheitlich-liberalen Aspekte in Berufsauffassung und Organisation sowie die unternehmerischen und wirtschaftsbürgerlichen Komponenten auf der materiellen Seite. Die Professionalisierung orientierte sich doch mehr an einem zunehmenden Marktgeschehen als an der Staatsorientierung. Stets ist die

---

[3] Dieser Wandel ist heute (wieder) ein intensiv diskutiertes Thema; vgl. PFEIFER (Rechtsanwalt), 261 ff.; DREYER (L'avocat), 401 ff.; Berichte und Diskussionen zum Thema «Die Stellung des Anwalts in der heutigen Gesellschaft», ZSR 1996 II, 542 ff.
[4] WIEACKER, 427.
[5] Vgl. SIEGRIST.

Stellung der Advokaten aber auch mit der politischen Auseinandersetzung verbunden.

So zog etwa Jeremias Gotthelf gegen die Radikalen in ihrer Verkörperung als Anwälte ins Feld, welche er wortgewaltig als typische Vertreter des liberalen Rechtsstaates und der «gottlosen, materialistischen und fortschrittsorientierten Gesellschaft» beschrieb[6].

Anwälte waren in der Schweiz auch immer Agenten des Wandels. So sollte es auch heute sein.

C. Gemeinsamer Markt für Anwälte?

Die Herstellung des «Gemeinsamen Marktes» in der Schweiz durch die Bundesverfassung von 1874 brachte dem Anwalt nur eine hinkende Liberalisierung. Zugestanden wurde, was auch das Bundesgericht immer wieder bestätigte[7], die Handels- und Gewerbefreiheit (Art. 31 BV), versehen aber mit der an sich widersprüchlichen Fessel der Erhebung zur wissenschaftlichen Berufsart – besser der französische Text: profession libérale – im Sinne von Art. 33 BV[8], was in der Wirklichkeit nicht nur das Erfordernis eines Fähigkeitsausweises, sondern auch die kantonalen Aufsichtsstrukturen zur Folge hatte. Diese haben sich, im Verhältnis zu anderen Aufsichtsbereichen, etwa über die Banken, jedoch nur die Behebung ärgerer Missstände zum Ziel gesetzt und sich nicht etwa zu einer permanenten Berufsausübungskontrolle entwickelt. Mit den allgemeinen Formeln der Anwaltsgesetze, besonders derjenigen die «Unabhängigkeit» heissen, werden aber immer noch immer auch die hier interessierenden Organisationsfragen verknüpft.

Schon immer sicherte die Bundesverfassung in der Übergangsbestimmung von Art. 5 auch die interkantonale Freizügigkeit der Anwälte, die mancherorts zwar mit administrativen Hindernissen und gefahrvollen prozessualen Insignien versehen wurde, aber grundsätzlich immer gegeben war. Nun sollen diese Hindernisse mit dem Binnenmarktgesetz[9] und dem Entwurf des Bundesgesetzes über die Freizügigkeit der Anwältinnen und Anwälte[10] ein Ende finden.

---

[6] Er nennt sie «Blutsauger, Charakterlumpen, Heiden und Türken» und vergleicht das Verhältnis zwischen Anwalt und Klient mit einer Sanduhr: Was dem Klienten wegrinne, laufe dem Advokaten ins Maul, DÜRRENMATT, 172 f.
[7] Vgl. z.B. BGE 122 I 116, 119 Ia 374, 113 Ia 279.
[8] Das Waadtländer Kantonsgericht ist bekanntlich der Auffassung, dass der Anwalt als Angehöriger einer wissenschaftlichen Berufsart keine groben Denkfehler begehen dürfe, Der Schweizer Anwalt 136/1992, 13.
[9] Bundesgesetz vom 6. Oktober 1995 über den Binnenmarkt (Binnenmarktgesetz, BGBM, SR 943.02).
[10] Bundesgesetz über die Freizügigkeit der Anwältinnen und Anwälte (Anwaltsgesetz, BGFA), liegt im Entwurf vor, wurde am 16. April 1997 in die Vernehmlassung geschickt.

Auch die Freizügigkeit im internationalen Markt ist in den letzten Jahren besonders in Europa zum Thema geworden[11]. Für die Schweiz ergibt sich nach dem universellen Durchbruchsentscheid des Bundesgerichts (BGE 119 Ia 35) im Moment, dass zwar für ausländische Anwälte die Möglichkeit besteht, in der Schweiz zugelassen zu werden, schweizerische Anwälte hingegen noch nicht von einer entsprechenden verbesserten Ausgangslage im Ausland profitieren können[12]. Wünschenswert wäre die Regelung der internationalen Freizügigkeit auf Bundesebene und ein bilaterales Abkommen mit der EU[13].

Die Zusammenarbeit mit ausländischen Anwälten, sei es ad hoc oder auf einer institutionalisierten Basis, gehört aber bereits zum modernen Organisationsbild vieler Kanzleien; es gibt sogar seit längerem internationale Anwaltsfirmen[14].

---

[11] Am 24. Juli 1997 erliess der Rat der Europäischen Gemeinschaft einen gemeinsamen Standpunkt im Zusammenhang mit dem Erlass der Richtlinie zur Erleichterung der ständigen Ausübung des Rechtsanwaltsberufes in einem anderen Mitgliedstaat als dem, in dem die Qualifikation erhoben wurde. ABl. Nr. C 297 vom 29.9.1997, 6. In dieser geplanten Niederlassungsrichtlinie ist vorgesehen, dass jeder Rechtsanwalt das Recht hat, die Anwaltstätigkeit auf Dauer in jedem anderen Mitgliedstaat unter seiner ursprünglichen Berufsbezeichnung auszuüben, wobei die Berufs- und Standesregeln im Aufnahmestaat zu beachten sind. Nach mindestens dreijähriger effektiver und regelmässiger Tätigkeit im Aufnahmestaat besteht ein Anspruch auf Gleichstellung mit den Rechtsanwälten des Aufnahmestaates, sofern diese Tätigkeit im Recht des Aufnahmestaates, einschliesslich des Gemeinschaftsrechts erfolgte, vgl. NATER, 23. Vgl. zur anwaltlichen Tätigkeit in Europa auch «Formen anwaltlicher Zusammenarbeit in Europa» (verschiedene Autoren), DACH-Schriftenreihe Band 4, Wien 1995; PETER, 1 ff.; HENSSLER/NERLICH, 1 ff.; NATER/KELLERHALS, 85 ff.

[12] JETZER/ZINDEL/PETRALIA, 175.

[13] Vgl. JETZER/ZINDEL/PETRALIA, 175. Die Autoren verweisen in diesem Zusammenhang auf einige Hauptpunkte des seit dem 1. Juli 1995 in Kraft stehenden GATS (General Agreement on Trade and Services), wonach Anwälte aus dem Ausland gleich behandelt werden müssen (Art. II), nach Art. VII für die Anerkennung ausländischer Diplome das Prinzip der bedingten Meistbegünstigungspflicht gilt und die im Rahmen des GATS von einem Kanton mit Drittstaaten eingegangenen Freizügigkeitsabkommen nicht automatisch auch für die übrigen Kantone verbindlich seien. Die bestehenden fremdenpolizeilichen und arbeitsrechtlichen Schranken blieben aufgrund des von der Schweiz in der Verpflichtungsliste angebrachten Vorbehalts bestehen, so dass kein freier Personenverkehr bestehe. Im Bereich der legal services habe sich die Schweiz nur zur Beibehaltung des status quo verpflichtet, womit den Anwälten aus dem Ausland die Beratung im schweizerischen Recht und die Vertretung vor schweizerischen Gerichten verwehrt bleibe, JETZER/ZINDEL/PETRALIA, 175; vgl. auch PFEIFER (Rechtsanwalt), 370.

[14] Z.B. Baker & McKenzie ist eine «Partnership» nach dem Recht des Staates Illinois, USA. Die «Partnership» kann wie folgt charakterisiert werden: – sie führt eine eigene Firma («Baker & McKenzie»);
– sie kann unter ihrer Firma Rechte erwerben und Verbindlichkeiten eingehen;
– sie kann unter ihrer Firma vor Gericht klagen und verklagt werden;
– sie hat ein eigenes Sondervermögen;
– sie ist rechts- und parteifähig;
– sämtliche Partner haften mit ihrem persönlichen Vermögen unbeschränkt.

Allen diesen neuen Bestrebungen zum Trotz, die mehr auf eine Tätigkeit mit physischen Niederlassungen, Zulassung zu fremden Standesorganisationen und Zulassung zu gerichtlicher Vertretung in «fremden» Jurisdiktionen ausgerichtet sind, darf man erfreulicherweise doch feststellen, dass ein Anwalt Klientenbeziehungen stets universal pflegen konnte.

Vermehrt in den Vordergrund tritt aber das Bewusstsein, dass auch der Anwalt in kompetitiveren Märkten operiert, die sich ihrerseits verändern, nicht nur geographisch, sondern auch inhaltlich. Dies wirkt zusammen: Die territoriale Öffnung ist auch eine Marktöffnung.

D. Ein «freier» Beruf?

Ein Beruf wird heute als «freier Beruf» bezeichnet, wenn er steuerlich oder sozial entsprechend eingestuft ist.

Bestimmungskriterien der Freiberuflichkeit bilden etwa:
- die hohe Qualität der Ausbildung,
- die Unabhängigkeit in der Berufsausübung,
- die vornehmlich ideelle Leistung,
- die persönliche Verantwortlichkeit,
- das Vertrauensverhältnis,
- die Standespflicht[15].

Organisationsfragen, d.h. die Beschränkungen von deren Freiheit, werden nur versteckt in der «Unabhängigkeit der Berufsausübung» angesprochen; sie sind aber ernsthaft. So sagte das Zürcher Verwaltungsgericht zur rechtlichen Situation des Anwaltsstandes als wissenschaftliche Berufsart unter Bezugnahme auf Art. 33 BV noch im Jahre 1995, die Kantone hätten

«öffentlich-rechtliche Regelungskompetenz, welche nach Art. 6 Abs. 1 ZGB durch das Bundeszivilrecht nicht beschränkt wird oder umgekehrt die Regelung des Bundeszivilrechts, vor allem das Vertragsrecht, einschränken können. Entgegen der Auffassung des Beschwerdegegners muss sich daher das Gesellschaftsrecht des Obligationenrechts (OR) Einschränkungen durch kantonales Recht gefallen lassen»[16].

Nach Auffassung des Bundesgerichts sind jedoch Einschränkungen der Handels- und Gewerbefreiheit, die sich auf wirtschaftspolitische Gründe stützen (d.h. Massnahmen, die in das Spiel des freien Wettbewerbs eingreifen, um gewisse Gebiete gewinnbringender Tätigkeiten zu bevorzugen und die wirtschaftliche Tätigkeit nach einem bestimmten Plan zu lenken), nicht zulässig.

Das oberste Organ der «Partnership» ist die Generalversammlung der Partner, die ordentlicherweise einmal jährlich stattfindet. Gewisse Aufgaben sind an das «Policy Committee» (d.h. eine Art Parlament mit Vertretern aller Büros) sowie an das «Executive committee» und den «Chairman» delegiert.

15 Vgl. KRÄUTER/OBERLANDER/WIESSNER, 23.
16 Verwaltungsgericht des Kantons Zürich, 27.9.1995, Erw. 3 a.

Die kantonalen polizeilichen Regeln müssten die polizeilichen Güter und damit auch den guten Glauben im Geschäftsverkehr vor illegalen oder täuschenden Handlungen schützen[17]. Greifen die heutigen Regeln aber nicht bereits in das freie Spiel des Wettbewerbs ein?

Eine direkte Konkurrenzierung unter Anwälten wurde vor allem standesrechtlich abgefedert, indem die sogenannte «aufdringliche Empfehlung», d.h. Werbung, verpönt und dies auch von der Aufsichtsrechtsprechung sanktioniert wurde[18]: «Der Zweck dieser Werbebeschränkung, die durch Art. 31 Abs. 2 BV gedeckt ist, liegt in der Gewährleistung der Vertrauenswürdigkeit des Anwaltsberufs als einer wissenschaftlichen Berufsart, und diese erfordert auch aus kritischer Sicht ein Verbot kommerzieller Werbemethoden[19].»

Diese vornehme Haltung änderte an einem Wandel der Strukturen jedoch nichts. Neue Anbieter für juristische Beratungsleistungen tauchten ungebremst auf, vor allem Banken und Treuhandgesellschaften, welche sich um die Erbringung juristischer Dienstleistungen mitbewerben, sogar mit «wissenschaftlichen Methoden». Sie organisieren sich auch in korporativer Form, sind Aktiengesellschaften. Sind da die Spiesse noch gleich lang?

Ich stelle hier die Forderung nach Organisationsfreiheit für Anwälte auf. Dies verlangt ein gewisses Ausholen.

II. Bekanntes repetieren

A. *Der traditionelle Kanon (mit Aufweichungstendenzen)*

1. Aufsichtsrecht

Erlauben Sie mir, Bekanntes in kurzen Sätzen in Erinnerung zu rufen:

Die Anwaltsgesetze regeln die Zulassungsbedingungen (Ausbildung, Erfahrung, Prüfung). Ausländer kann man nicht mehr einfach fernhalten[20]. Im

---

[17] Vgl. den nicht publizierten Entscheid der II. Abteilung des Bundesgerichts vom 12.12.1996, 2P.151/1995, Erw. 4 b.
[18] Vgl. BGE 123 I 12, wo sich eine Treuhandgesellschaft auch nach der Auffassung des Bundesgerichts in aufdringlicher Weise als grösste «law firm» der Schweiz bezeichnete; ferner BGE 96 I 34, wo verschiedene Anwälte in einem Adressbuch ihren Namen, Vornamen und akademischen Titel fett drucken liessen und ein einzelner seinem Namen noch die Bezeichnung «Alt-Nationalrat» beifügen liess; dann ausführlich ZR 70 Nr. 84, 85 und 86 zur Zulässigkeit der Nennung des Namens des Anwalts in der Presse. Vgl. auch ZR 88 Nr. 38, wo verschiedene Anwälte mit Bild in einem Wirtschaftsmagazin porträtiert wurden. Wie aufdringlich Anwaltswerbung sein kann, wird wohl jedem und jeder von uns schon in den USA – bei einem Blick in die «Yellow Pages» – aufgefallen sein. Vgl. in diesem Zusammenhang auch die kritische Stellungnahme des Aufsatzes von LIATOWITSCH (Anwaltliche Werbung), 12 ff.
[19] ZR 95 Nr. 44.
[20] BGE 116 Ia 237 ff.; 119 Ia 35 ff.

Vordergrund stehen sodann allgemeine und nicht einfach zu konkretisierende, ja altertümliche Formeln, welche vor allem die Zutrauenswürdigkeit[21] von Anwälten und ihre Unabhängigkeit fordern[22]. In diesem Zusammenhang ist auch die Verpönung von Interessenkonflikten zu sehen[23]. Zutrauenswürdig-

[21] *Vgl. zur Zutrauenswürdigkeit des Anwalts z.B. Art. 8 des bernischen Fürsprechergesetzes vom 6. Februar 1984:*
«Der Fürsprecher hat der Achtung und der Vertrauenswürdigkeit gerecht zu werden, die sein Beruf voraussetzt.
Er befolgt die allgemein anerkannten Regeln seines Berufsstandes und des kollegialen Verhaltens.»
Art. 19 AnwG SG vom 11. November 1993:
«Der Rechtsanwalt erweist sich in der Berufsausübung gegenüber Rechtsuchenden, anderen Beteiligten und Behörden als vertrauenswürdig.»
Allgemeiner formuliert § 7 AnwG ZH vom 3. Juli 1938:
«Der Rechtsanwalt ist verpflichtet, seine Berufstätigkeit gewissenhaft auszuüben und sich durch sein Verhalten in der Ausübung des Berufes und sein sonstiges Geschäftsgebaren der Achtung würdig zu zeigen, die sein Beruf erfordert.
Er enthält sich aufdringlicher Empfehlungen.»
Sehr allgemein formuliert das Luzerner Anwaltsgesetz (Gesetz über den Beruf des Rechtsanwalts vom 30. November 1981, Ausgabe vom 1. Januar 1995), welches keine expliziten Berufsregeln enthält, in § 3:
«Das Anwaltspatent wird vom Obergericht Bewerbern erteilt, welche:
a. Schweizer Bürger, handlungsfähig und beruflich vertrauenswürdig sind; (...).»
Der anwaltsrechtlich geforderte gute Leumund liegt nach WOLFFERS vor, wenn die moralischen Eigenschaften des Betreffenden erwarten lassen, dass er die vom Anwalt verlangte Charakterstärke besitzt. Allerdings wird die Zutrauenswürdigkeit meist durch strafbare Handlungen tangiert, WOLFFERS, 72 f. Grundsätzlich gleicher Auffassung wie WOLFFERS sind auch FELLMANN/SIDLER, 7 ff.

[22] *Vergleiche zur Unabhängigkeit des Anwalts beispielsweise Art. 9 des bernischen Fürsprechergesetzes:*
«Der Fürsprecher übt seinen Beruf unabhängig, in eigenem Namen und auf eigene Verantwortung aus (...).»
Art. 21 Abs. 1 AnwG SG:
«Der Rechtsanwalt übt den Beruf unabhängig, in eigenem Namen, auf eigene Verantwortung und auf eigene Rechnung aus. Vorbehalten bleibt die Begründung eines Angestelltenverhältnisses mit einem anderen Rechtsanwalt.»
Art. 21 Abs. 2 AnwG SG:
«Er lehnt einen Auftrag ab, wenn mit Dritten ein Rechtsverhältnis besteht, das seine Unabhängigkeit beeinträchtigt.»
Die Unabhängigkeit ist für die anwaltliche Tätigkeit von zentraler Bedeutung und bildet eine Voraussetzung für die uneingeschränkte Vertrauenswürdigkeit des Anwalts. Sie soll aber auch dem Schutz des freien und unabhängigen Anwaltsstandes dienen, ohne dass sie jedoch rein standespolitischen Interessen, die mit der Handels- und Gewerbefreiheit nicht vereinbar seien (insbes. Konkurrenzschutz), nutzbar gemacht werden könnte, STERCHI, 25.

[23] *Vgl. zum Interessenkonflikt z.B. Art. 13 des bernischen Fürsprechergesetzes:*
«Der Fürsprecher muss einen Auftrag ablehnen, wenn er in einem gleichen Sachzusammenhang einen anderen Auftraggeber mit entgegenstehenden Interessen bereits beraten hat, oder wenn er die Interessen eines Dritten, die er zu wahren betraut ist, beeinträchtigen könnte.»

keit ist eine Steigerungsform des guten Leumundes und am ehesten mit der (bankrechtlichen) Gewähr für einwandfreie Geschäftstätigkeit, besonders in ihrer funktionellen Ausprägung der Erhaltung von Vertrauen, zu vergleichen[24]. Unabhängigkeit ist schwieriger zu fassen:

> «So viele Autoren sich zur Unabhängigkeit des Anwalts äusserten, so viele Definitionen des Begriffs der Unabhängigkeit sind zu finden[25].»

Man scheint damit aber mehr eine Festigkeit in den Standpunkten als eine kanzleiorganisatorische Verankerung zu meinen[26].

Die interkantonale Freizügigkeit wird vor Bundesgericht bereits unter Zuhilfenahme des Binnenmarktgesetzes gestärkt: Man darf ohne Leumundszeugnis nach Bern kommen[27].

§ 20 AnwG TG vom 8. Mai 1996 lautet:
«Anwälte oder Anwältinnen haben Interessenkollisionen zu vermeiden. Namentlich muss ein Auftrag abgelehnt werden, wenn im gleichen Sachzusammenhang schon andere Auftraggebende mit entgegengesetzten Interessen beraten wurden oder wenn zu wahrende Interessen von Dritten beeinträchtigt werden könnten.»

[24] Der Anwalt müsse mit seinem Verhalten die Achtung und Vertrauenswürdigkeit seines Berufsstandes wahren. Angesprochen sei das gesamte – berufliche wie ausserberufliche – Verhalten des Fürsprechers, wobei das ausserberufliche Verhalten allerdings nur soweit von Bedeutung sei, als es Rückschlüsse auf die berufliche Vertrauenswürdigkeit des Fürsprechers zulasse und geeignet sei, diese zu erschüttern, ohne aber dermassen aus dem Rahmen zu fallen, dass es, auch ohne die berufliche Vertrauenswürdigkeit direkt zu kompromittieren, mit der Würde eines Fürsprechers schlechthin nicht mehr zu vereinbaren sei und damit dem Ansehen des Berufsstandes schade, STERCHI, 31.
[25] PFEIFER (Rechtsanwalt), 307.
[26] Trotz vielfältiger Definitionen scheinen die Autoren jedoch grundsätzlich einer Meinung. Es wird etwa gesagt, der Anwalt müsse gegenüber Staat und Behörden, Klienten und Dritten unabhängig sein, er müsse gegenüber dem Staat wagen, alles zu tun und zu sagen, was zur Wahrung der Interessen seines Klienten nötig sei, er dürfe nicht von seinem Klienten abhängig sein und bloss wiederholen, was sein Klient ihm mitteile, und er dürfe seine Instruktionen nicht von einem Dritten erhalten. Die Unabhängigkeit müsse wirtschaftlich, moralisch und intellektuell bestehen, was auch eine gewisse Distanz gegenüber dem Klienten beinhalte, DREYER (L'avocat), 414 f.
Nach Auffassung von DREYER ist ein gehaltsempfangender Anwalt (mit Ausnahme der «collaborateurs») nicht unabhängig; die Unabhängigkeit könne und dürfe nur durch den Anwalt selbst garantiert werden. In intellektueller Hinsicht dürfe der Anwalt jedoch nicht zum Waffenarm des Klienten werden, DREYER (Votum), 544. Ausserdem ist er der Auffassung, dass durchaus beurteilt werden könne, ob der vergesellschaftete und der mit anderen Anwälten seine Kanzlei als Aktiengesellschaft oder Gesellschaft mit beschränkter Haftung betreibende Anwalt als unabhängig gelten könne. PFEIFER stimmt WOLFFERS zu, der sich auf den Standpunkt stellt, die anwaltliche Unabhängigkeit sei ein Produkt aus wirtschaftlichen und sozialen Faktoren und ergebe sich nicht allein aus der für die Interessenwahrung gewählten juristischen Form, PFEIFER (Rechtsanwalt), 308 Fn. 322, unter Hinweis auf WOLFFERS, 60.
Nach WOLFFERS ist die Unabhängigkeit des Anwalts von der Partei Grundvoraussetzung für eine wirksame Interessenwahrung einerseits und die Erfüllung der Rechtspflegefunktion des Anwalts andererseits.
[27] Pra 87/1998, 12 ff.

Den Patentinhabern wird auch heute noch ein (schmaler werdender) Monopolbereich zugeschieden, nämlich die *gerichtliche Vertretung*. Hier erscheint der Anwalt immer noch mit einem (bisher noch kaum in klare Regeln aufgeschlüsselten) Pathos als der «Diener des Rechts und Mitarbeiter der Rechtspflege»[28]. Es bestehen auch noch immer staatliche Tarife. Für grosse Prozesse bilden diese sogar die lukrativste Quelle der Anwaltstätigkeit. Der Kompensationscharakter, der in solchen Tarifen steckt (grosse Prozesse zahlen kleine, verlustbringende), wird jedoch von der Wirklichkeit Lügen gestraft; es gibt eben keine Gauss'sche Glockenkurve der Mandatsverteilung.

Die Tätigkeit einer Anwaltskanzlei grösserer Dimensionen geht heute aber weit über die forensische Tätigkeit hinaus und offeriert eine breite Dienstleistungspalette. Dies hat auch dazu geführt, dass das Anwaltsgeheimnis als klientenbezogene *Errungenschaft des Rechtsstaates,* aber auch als wirksames Schutzschild des Anwalts, Einschränkungen und Differenzierungen erleiden musste. Der Anwalt ist zwar stets unter Strafandrohung an das Anwaltsgeheimnis gebunden (Art. 321 StGB), doch kann er dafür nicht mehr lückenlos das Zeugnisverweigerungsrecht in Anspruch nehmen, nämlich nach der aufreizend schönen Wendung des Bundesgerichtes besonders dort nicht mehr, wo es sich um eine Tätigkeit handelt, «bei der nicht das anwaltliche, sondern das kaufmännische Element überwiegt und die auch regelmässig von Banken oder Treuhandbüros wahrgenommen wird»[29]. In diesem Zusammenhang ist auch versucht worden, die Vermögensverwaltung von den Finanzströmen aus «genuiner» anwaltlicher Tätigkeit abzugrenzen, und zwar mit dem Formular R für den Berufsgeheimnisträger unter der Sorgfaltspflichtvereinbarung der Banken[30].

---

[28] BGE 123 I 16.
[29] BGE 120 Ib 119 Erw. 4.
[30] *Vgl. Vereinbarung über die Standesregeln zur Sorgfalt der Banken (VSB 92), Art. 5, N 39 und Formular R im Anhang:*
«(...) der Abwicklung und der damit, soweit tunlich, verbundenen kurzfristigen Anlage von Gerichtskostenvorschüssen, Kautionen, öffentlich-rechtlichen Abgaben usw. sowie von Zahlungen an oder von Parteien, Dritte(n) oder Behörden (Kennzeichnung: ‹Klientengelder-Abwicklungskonto/-depot›);
– der Hinterlegung und der damit, soweit tunlich, verbundenen Anlage von Vermögenswerten aus einer hängigen Erbteilung oder Willensvollstreckung (Kennzeichnung z.B. ‹Erbschaft› oder ‹Erbteilung›);
– der Hinterlegung und der damit, soweit tunlich, verbundenen Anlage von Vermögenswerten aus einer hängigen Güterausscheidung im Rahmen einer Ehescheidung oder -trennung (Kennzeichnung: ‹Güterausscheidung, Ehescheidung›);
der Sicherheitshinterlegung und der damit, soweit tunlich, verbundenen Anlage von Vermögenswerten in zivilrechtlichen oder öffentlich-rechtlichen Angelegenheiten (Kennzeichnung z.B. ‹Escrow-Konto/Depot›, Sperrdepot/Aktienkauf, Sicherheitshinterlegung Grundstückgewinnsteuer usw.);
– der Hinterlegung und der damit, soweit tunlich, verbundenen Anlage von Vermögenswerten in zivilrechtlichen oder öffentlich-rechtlichen Angelegenheiten vor ordentlichen Gerichten oder Schiedsgerichten und in Verfahren des Zwangsvollstreckungsrechts

Selbst das neue Geldwäschereigesetz behandelt Anwälte privilegiert[31].

Konkrete organisatorische Vorschriften sind in den Anwaltsgesetzen direkt nur selten zu finden; man müsste sie (wie etwa im Bankbereich) aus den Gewährsanforderungen herausinterpretieren. Immerhin bestimmt Artikel 9 des bernischen Fürsprechergesetzes von 1984 unter der Überschrift Unabhängigkeit:

«1 Der Fürsprecher übt seinen Beruf unabhängig, in eigenem Namen und auf eigene Verantwortung aus. Er darf mit anderen Fürsprechern ein Mitarbeiterverhältnis begründen.

2 Der Fürsprecher darf in Form der einfachen Gesellschaft oder Kollektivgesellschaft mit anderen Fürsprechern und Notaren ein gemeinsames Büro führen.

3 Übernahme und Ausübung des Mandates sind ihm untersagt, wenn er mit Dritten in einem Rechtsverhältnis steht oder nachträglich ein solches eingeht, das seine Unabhängigkeit beeinträchtigt.»

Hier wird also die Kollektivgesellschaft bereits explizit erlaubt. Dies entspricht heute überwiegender Literaturmeinung[32].

2. Standesrecht

Daneben hat sich ein bedeutendes Standesrecht herausgebildet. Hier wurde das Augenmerk in einer Art von Innenkehr vor allem auf den kollegialen Verkehr und auf die Wahrung der Standesinteressen gerichtet. Dies führte auch zu eher neidischen Restriktionen im Werbebereich und gegenüber den Versuchen zu einer Alleinstellung.

In den letzten Jahren sind hier zwar Lockerungen eingetreten, z.B. in bezug auf die Nennung von Spezialisierung und die Werbung überhaupt[33]. Auch die Namensgebung von Kanzleien wird zunehmend liberalisiert[34]; Tote dürfen

(Kennzeichnung als Vorschüsse, Sicherstellung, Gerichtskaution, Konkursmasse, Schiedsgerichtsverfahren usw.).»

[31] Vgl. Art. 9 Abs. 2 GwG.
[32] Nachweise bei RUOSS, 84 ff.
[33] Nach Ansicht des Bundesgerichts dürften kommerzielle Werbemethoden im Interesse des Schutzes von Treu und Glauben im Geschäftsverkehr und zur Erhaltung der Vertrauenswürdigkeit und der Unabhängigkeit der Anwaltschaft ausgeschlossen werden, während zurückhaltende und sachlich zutreffende Werbung dem Bedürfnis des Publikums nach Information entgegenkomme und dem Anwalt deshalb nicht grundsätzlich verwehrt sein dürfe, BGE 123 I 17. Siehe auch § 2 des VZR-Reglements VI betreffend Anwalt und Öffentlichkeit vom 24. November 1989 (Ausgabe Januar 1997) betreffend Inhalt der erlaubten Werbung.
[34] *§ 5 des VZR-Reglementes regelt die Bezeichnung des Anwaltsbüros:*
«1. Die Bezeichnung von Anwaltsbüros hat sich ausschliesslich aus den Namen bestehender oder ehemaliger Partner zusammenzusetzen. Es kann eine Kurzbezeichnung in der Art gewählt werden, dass nur eine beschränkte Anzahl der Partner in dieser Kurzbezeichnung aufgeführt wird.
Die Namen ehemaliger Partner dürfen nur verwendet werden, sofern die Kontinuität

bleiben. Dann wurde tatsächlich auch erlaubt, sich mit Nichtanwälten zu verbinden[35], fast eine Revolution, die aber praktisch noch wirkungslos zu sein scheint, obwohl über die Frage von MDP's (multidisciplinary partnerships) international eine gewaltige Diskussion geführt wird.

Standesorganisations-Tarife scheinen einstweilen noch Bestand zu haben, obwohl das kritische Auge der Wettbewerbsbehörde bereits auch darauf gefallen ist[36].

Organisationsfragen enthält das Standesrecht im übrigen nicht. Es geht wie das Bild in der Öffentlichkeit von anwaltlichen Individuen aus[37]. Die Mitglieder der Standesorganisation sind nicht etwa die Kanzleien, sondern die «Anwälte» selbst. Die Anwaltsverbände kennen keine Kollektivmitglieder.

B. Die Zahlen und die praktischen Vorgänge

Blicken wir in die Wirklichkeit.

Die statistischen Zahlen sehen beispielsweise im Kanton Zürich wie folgt aus:

1560 Rechtsanwälte sind dem VZR als Mitglieder gemeldet. Im Januar 1998 bestanden 3 Advokaturbüros mit über 30 Anwälten, 5 Büros mit über 20, 10 Advokaturen mit über 10 Rechtsanwälten. Die restlichen Anwälte waren in Büros mit weniger als 10 Rechtsanwälten beschäftigt.

Für die gesamte Schweiz ergibt sich aus den mir verfügbaren Zahlen folgendes Bild:

Von den 1346 Kanzleien, die beim SAV erfasst sind, beschäftigen im Moment 34 Kanzleien mehr als 10 Anwälte, 170 beschäftigen zwischen 5 und 10 Anwälte und in 712 Kanzleien sind zwischen 2 und 3 Anwälte tätig.

---

des Anwaltsbüros in persönlicher und zeitlicher Hinsicht gewahrt ist. Überdies muss deutlich gemacht werden, welcher Partner ausgeschieden ist.
2. Wenn sich Anwälte mit Nichtanwälten zusammenschliessen, ist in Mitteilungen gemäss § 3 deutlich zu machen, welchen Beruf die Nichtanwälte ausüben.»

[35] *Vgl. beispielsweise § 2 Abs. 3 der VZR-Statuten (Ausgabe Januar 1997):*
«Mitglieder (des VZR) können sich auch mit Nichtanwälten zusammenschliessen oder mit natürlichen Personen bzw. Gemeinschaften von Personen mit unbeschränkter Haftung, die nicht als Anwälte im Kanton Zürich zugelassen sind und deren Tätigkeit in engem Zusammenhang mit der Anwaltstätigkeit steht. Bei einem solchen Zusammenschluss muss der Charakter eines Anwaltsbüros gewahrt bleiben. Die Vereinsmitglieder eines solchen Zusammenschlusses sind dafür besorgt, dass diese Personen die gesetzlichen, die standes- und die vereinsrechtlichen Bestimmungen einhalten.» Vgl. auch § 5 Abs. 2 des Reglements VI betreffend Anwalt und Öffentlichkeit vom 24. November 1989 (Ausgabe Januar 1997, siehe oben).

[36] TERCIER (Die Anwälte und der Wettbewerb), 3 ff.

[37] «Der Advocat hat seine eigene Zärtlichkeit, seine eigene Physiognomie, ja seine eigene Astronomie», H. G. LICHTENBERG.

In zentralen Bereichen sind grosse Kanzleien entstanden, die sich ohne Zweifel als Firmen geben und geben wollen. Die grossen Büros treten sogar als Institutionen auf und identifizieren sich, nachdem sie die ewigen Namenswechsel satt hatten, in der Regel über die Namen von Gründern, deren Berufsdynamik sie perpetuieren möchten, um so die geforderte Kontinuität zu gewährleisten.

Diesbezüglich lassen sich auch im Handelsregister bereits Beispiele finden, die aber noch eine Art Vorspiel darstellen[38]: Es geht da um Namensschutz, um die Zwecksetzung der Zur-Verfügung-Stellung der Infrastruktur für eine Anwaltskanzlei und der gemeinsamen Führung einer Anwaltskanzlei, anscheinend aber auch schon um die Kanzleien selbst. Kanzleien gründen auch Aktiengesellschaften zur Besorgung von Geschäften des Treuhandwesens, vor allem für Verwaltung, Beratung in Steuersachen und Buchführung von Gesellschaften[39]. Es gibt auch Kanzleien, die «bloss» zur sicheren Verankerung von Willensvollstreckungsmandaten eine Aktiengesellschaft gegründet haben.

III. Der Wettbewerbsdruck aktualisiert sich vorerst an der Unabhängigkeitsfrage

A. *Konkurrenz und anwaltliche Standeswerte*

Konkurrenz und Wettbewerb scheinen somit – auch wenn der Wind selbst kollegial kälter geworden ist – weniger zwischen den freien Anwälten zu herrschen, als mit den Dritten, die sich akzessorisch und zunehmend strategisch ebenfalls der Rechtsberatung und sogar der Vertretung zuwenden, so die Banken und die Treuhandgesellschaften mit angestellten oder alliierten Anwälten sowie die Rechtsschutzversicherungen. Die grossen Revisions- und Beratungsfirmen wollen ihren globalen Klienten ein möglichst umfassendes Leistungspaket anbieten. «Diese Tendenz hat sich in letzter Zeit auch im Versuch manifestiert, zu den traditionellen Tätigkeiten durch einen Ausbau der Zusammenarbeit mit Anwaltskanzleien auch rechtliche Beratungen hin-

---

[38] So z.B. Lenz & Staehelin AG (SHAB vom 20.3.1996) und Pestalozzi Gmür & Patry in Zürich, wobei letztere als Kollektivgesellschaft unter der Firma Heiz, Arnold, Bollmann, Karrer, Walter, Pestalozzi, Jordi, Ramstein, Desax, Furter, Zimmermann, Boss, Hutter, Straub & Höhn besteht (SHAB vom 4.1.1996); zudem wurde im Kanton Zürich in einigen Fällen die Rechtsform der Kollektivgesellschaft für den Betrieb eines Anwaltsbüros verwendet. So z.B. Nägeli, Streichenberg und Partner, Zweck Betrieb eines Anwaltsbüros; Haymann & Baldi, Zweck Betrieb eines Anwaltsbüros und verwandte Tätigkeit; Tappolet & Partner, Zweck Steuerberatungs- und Anwaltskanzlei, Ruoss, 85, insb. Fn. 38.

[39] BK-Services AG in Zürich (Bär & Karrer; SHAB vom 20.12.1988).

zuzufügen»[40]. Es musste sich jedoch selbst diejenige Treuhandgesellschaft, welche sich als angeblich «grösste law firm» der Schweiz bezeichnete, erst vor kurzer Zeit in einer letztlich aber wohl zum Scheitern verurteilten, standesrechtlichen Abwehrmassnahme sagen lassen, dass das Publikum darauf vertrauen können sollte, dass «Rechtsanwälte, wenngleich Gewerbetreibende, sich in ihrer Berufsausübung nicht von Gewinnstreben beherrschen lassen, sondern in erster Linie ihre Verantwortung als ‹Diener des Rechts› und ‹Mitarbeiter der Rechtspflege› wahrnehmen und in dieser Funktion die Rechtsuchenden bei der Verfolgung ihrer subjektiven Rechtsschutzinteressen beraten und unterstützen (...)»[41]. Solche kontrafaktischen Sätze genügen zur Stützung des Anwaltsstandes nicht mehr.

Die Anwälte haben Einbrüche von Banken und vor allem der Treuhandgesellschaften in den Rechtsberatungsbereich hingenommen[42], ohne selbst in deren Gebiete systematisch vorzudringen. Hier könnte durchaus an neue Organisationsformen gedacht werden, die zwar die Rechtsberatung in den Vordergrund stellen, aber dann auch das Expertenwissen der Revisionstätigkeit einbringen oder den Klienten schlicht auch «Private Banking», den scheinbaren Rettungsanker des Bankgewerbes, anbieten.

B. *Zutrauenswürdigkeit und Unabhängigkeit*

Verbunden mit dem bestehenden Wettbewerbsdruck wird auch die Frage der Unabhängigkeit neu gestellt. Bei der Bestimmung dieser Unabhängigkeit täte aber Klärung Not, will man sie nicht weiterhin mit dem Begriff des Anwalts tautologisieren, etwa: «Le terme d'avocat, au sens de l'avocat inscrit au barreau, doit être synonyme d'indépendance[43]!»

Insgesamt wird in der Literatur die Unabhängigkeitsfrage ohne klare, organisations- und kriteriumsbezogene Differenzierung hochstilisiert. Man denkt fast an Goethe:

[40] NZZ vom 19. September 1997, 25. Vgl. auch NZZ vom 15. Januar 1998, 23: «Seit einiger Zeit besteht unter den grossen Wirtschaftsprüfern ein Trend, eigene Rechtskanzleien aufzubauen oder enge Zusammenarbeitsverträge einzugehen.»
[41] BGE 123 I 16.
[42] Vgl. die pointierte Wiedergabe von Argumenten durch das Bundesgericht im nicht publizierten Entscheid vom 12. Dezember 1996 (2 P. 151/1995), wonach die Banken, Versicherungen und Treuhandgesellschaften mit ihren besoldeten Anwälten den unabhängigen Anwalt eine reine Erinnerung aus einer vergangenen Epoche verwandeln werden: «In conclusione, ritengono che le citate sentenze svuotano di ogni senso il requisito dell'indipendenza dell'avvocato (...) e che, se tale prassi viene confirmata, ciò giocerà a favore dei gruppi finanziari (banche, assicurazioni, fiduciarie) i quali, con i loro avvocati stipendiati, trasformeranno l'avvocato indipendente in un mero ricordo di un'epoca passata» (Erw. 6 b bb).
[43] DREYER (L'avocat), 414; gleicher Meinung GROSS, ZSR 1996 II, 551.

«Es ist nichts natürlicher, als dass Unabhängigkeit uns in unserem eigenen Wesen bestärke, wodurch der Charakter, in einer Folge von mehreren Jahren, immer schroffer werden muss[44].»

Hier braucht es also eine Erweiterung der Überlegungen. Hinweise auf die Definition des Begriffs der Unabhängigkeit finden wir gerade bei den Regeln zur Revisionstätigkeit. Das Aktienrecht verlangt bekanntlich in Art. 727c OR, dass die Revisoren vom Verwaltungsrat und von einem Aktionär, der über die Stimmenmehrheit verfügt, unabhängig zu sein haben. Dies hindert aber nicht, Gesellschaften zuzulassen (Art. 727d OR)[45]. Explizitere Bestimmungen finden sich in den «Richtlinien der Treuhandkammer zur Unabhängigkeit»[46], wonach unter der Unabhängigkeit des Revisors dessen Fähigkeit verstanden wird, «frei und unbeeinflusst vom geprüften Unternehmen bzw. dessen verantwortlichen Organen oder interessierten Dritten zu handeln und aufzutreten».

Jede offensichtliche Weisungsgebundenheit, aber auch eine weniger leicht erkennbare beteiligungsmässige, hierarchische oder wegen anderer Zusammenhänge gegebene Unterwerfung des Revisors in seinen Revisionshandlungen und Beurteilungen ist zu vermeiden[47].

Im Zusammenhang mit der Unabhängigkeit ist jedoch auch die Tätigkeit der Treuhand- und Revisionsgesellschaften im Rechtsbereich zu sehen. Interessanterweise findet man hier auch autoritative Meinungen, die vom «auditor» sogar grössere Unabhängigkeit als vom «Advokat» verlangen. Die amerikanische Securities and Exchange Commission ist beispielsweise folgender Auffassung:

«A firm of auditors should not perform legal services for an audit client. The rationale of the Commission is that the audit function is a disinterested, ‹neutral› function, while law, for example, involves advocacy activities from the client's partisan perspective. The Commission's concern is that mixing the functions would retard an accountant from performing the public-spirited function of, for example, reporting fraud of an audited company – a report that would be antithetical to the expectations of a lawyer for the company[48].»

---

[44] Am Rhein, Main und Neckar 1814/15, Kunst und Altertum, Frankfurt.
[45] Das Erfordernis der Unabhängigkeit der Revisionsstelle der AG findet sich auch in Art. 727d, 729, 731 und 731 OR sowie in Art. 86a HRegV.
[46] Treuhand-Kammer, 378 ff.
[47] BÖCKLI, N 1788a.
[48] WOLFRAM, 37; Die Securities and Exchange Commission und das American Institute of Certified Public Accountants haben in diesem Zusammenhang die Schaffung eines «Independence Standard Board» bekanntgegeben, welches «Independence Standards» für Revisoren etablieren soll; vgl. News Release 97–41: «SEC and AICPA announce the creation of a new independence standard board», zu finden unter http://edgar.sec.gov/news/press/97–41.txt.

C. Unabhängigkeit der angestellten Anwälte: Föderalistisches Patchwork

Die Frage der angestellten Anwälte und ihrer Unabhängigkeit akzentuierte die Problematik der Unabhängigkeit und stellt eine kummervolle Frontlinie, die ihre widersprüchlichen Spuren auch in der Rechtsprechung, etwa im Verhältnis Zürich, Luzern und Tessin, hinterliess. Es ist dies mit bundesgerichtlicher Zustimmung eine föderalistische Angelegenheit, residuales Diversicum, geblieben. Es ergeben sich daraus aber wesentliche Gesichtspunkte für die Prüfung organisatorischer Modelle.

Die Aufsichtskommission über die Rechtsanwälte des Kantons Zürich befasste sich schon im Entscheid vom 4. Juni 1980 eingehend mit der Unabhängigkeit eines in einem Anstellungsverhältnis stehenden Rechtsanwalts und führte aus, dass das Zürcher Anwaltsgesetz einem Rechtsanwalt nicht schlechthin verbietet, sich in ein Anstellungsverhältnis zu begeben und Klienten seiner Arbeitgeberfirma als Anwalt zu beraten und gegebenenfalls vor Gericht zu vertreten. Der Rechtsanwalt müsse jedoch in einem solchen Fall durch schriftlichen Vertrag mit seiner Arbeitgeberfirma jene Kautelen vereinbaren, die zur Gewährleistung einer unabhängigen Berufsausübung – sei diese forensischer oder anderer Art – und zur Einhaltung der Standespflichten unerlässlich sind, und er habe die ihm vertraglich einzuräumenden Rechte durchzusetzen. Das Gericht erstellt sogar einen kautelarischen Katalog arbeitsvertraglich notwendiger Regeln[49]. Später wurde sogar mit «mutatis mutandis» operiert[50].

Die Aufsichtsbehörde über die Rechtsanwälte des Kantons Luzern war in ihrem Entscheid vom 25. September 1985 anderer Auffassung:

---

[49] ZR 79 Nr. 126.
[50] «Aus den vorstehenden Erwägungen ergibt sich, dass der in einem festen Anstellungsverhältnis bei einer Treuhand- oder anderen Gesellschaft tätige Rechtsanwalt mit zürcherischem Fähigkeitsausweis oder einer entsprechenden Berufsausübungsbewilligung den Regeln des Anwaltsgesetzes mit Bezug auf seine im Kanton Zürich vorgenommenen Handlungen ebenso untersteht wie ein freiberuflich tätiger Rechtsanwalt. Das bedeutet jedoch nicht, dass er sich bei seiner beruflichen Tätigkeit genau gleich zu verhalten hätte wie dieser, denn das Mandatsverhältnis wird seitens des Klienten nicht direkt zum Anwalt, sondern zur Gesellschaft begründet und der Klient, bzw. Kunde erwartet vom angestellten Anwalt auch andere Leistungen, als dies bei der Mandatierung eines selbständig tätigen Anwalts der Fall wäre. Das Anwaltsgesetz lässt es denn auch durchaus zu, die darin festgelegten Standesregeln entsprechend der konkreten Situation des Rechtsanwalts zu interpretieren. So sind etwa die Generalklauseln zur Geschäftsführung (§ § 7 und 8 AnwG) auch auf die Tätigkeit in einem Anstellungsverhältnis anwendbar, hingegen muss etwa die Verpflichtung zur Unabhängigkeit bei einem als Treuhänder oder Liegenschaftsverwalter angestellten Anwalt wegen der Natur dieses Auftragsverhältnisses entfallen und auch andere, ihrem Sinn nach auf die rechtspflegerische Tätigkeit zugeschnittene Regeln gelangen nicht zur Anwendung», ZR 95 Nr. 42, Erw. 3.

«Der Schutz des Vertrauens in die Rechtsanwaltschaft erfordert, dass sich dieser bei der Ausübung seiner Tätigkeit nicht von fremden Interessen leiten lässt (...). Der Anwalt darf deshalb bei der Mandatsführung nicht in einem Subordinationsverhältnis zu einem Dritten stehen, der nicht selber den Berufs- und Standespflichten der Anwälte untersteht. Durch das für den Arbeitsvertrag begriffswesentliche Abhängigkeitsverhältnis, das den Arbeitnehmer der Weisungsgewalt des Arbeitgebers unterstellt (...), mangelt es ihm an der notwendigen Unabhängigkeit. Es ist ihm lediglich wie jedem Angestellten einer Firma erlaubt, als Vertreter für diese selber Prozesshandlungen vorzunehmen. (...) Der Widerspruch zwischen den Pflichten eines Arbeitnehmers und Berufs- und Standespflichten des Anwalts lässt sich auch durch eine besondere Gestaltung des arbeitsvertraglichen Verhältnisses nicht aufheben. (...) Im Interesse des Vertrauens in die Rechtsanwaltschaft muss es dem angestellten Anwalt daher verboten sein, zwar in eigenem Namen, im internen Verhältnis mit seinem Arbeitgeber jedoch als Arbeitnehmer Dritte in Verfahren mit Anwaltsmonopol zu vertreten[51, 52].»

Diese Linie wurde beibehalten, vom Bundesgericht weiterhin geschützt und ermöglichte diesem kürzlich, ausführlich zur Unabhängigkeitsfrage Stellung zu nehmen und einen Überblick über die bisherige Rechtsprechung zu geben[53]. Aus der Doppelfunktion eines angestellten Anwalts, der in casu Leiter des Rechtsdienstes einer Rechtsschutzversicherung und in der gleichen Sache tätiger Rechtsanwalt war, brauche nicht in jedem Fall eine Interessenkollision zu resultieren. Doch sei die Möglichkeit einer Gefährdung der Unabhängigkeit und der eigenverantwortlichen Berufsausübung als Anwalt offensichtlich, da hier die vertretenen Interessen sich völlig widersprechen könnten: wirtschaftliche Interessen der Versicherung versus optimaler Rechtsschutz. Das Bundesgericht stützte damit (noch) den Entscheid der Aufsichtsbehörde des Kantons Luzern, dem Beschwerdeführer die kantonale Berufsausübungsbewilligung nicht zu erteilen, obwohl zwischen der Versicherung und dem Anwalt eine Vereinbarung über «die Unabhängigkeit der angestellten Anwälte der Y.-Rechtsschutz bei der Ausübung von persönlichen Mandaten» mit detaillierten Regelungen bestand.

In einem Entscheid vom 12. Dezember 1996[54] ging es wiederum um die Unabhängigkeit des angestellten Anwalts, diesmal im Kanton Tessin. Aus der Unabhängigkeit des Anwalts, welche ein grundlegendes Prinzip sei, erwüchsen nicht nur Pflichten, sondern auch Rechte, so beispielsweise das Anwaltsgeheimnis. Diese könnten nur den unabhängigen Anwälten gewährt werden[55]. Das StGB spricht aber nur von einem Anvertrauen[56] «infolge ihres Berufes».

[51] LGVE 1985 I, 33 Erw. 6 b und 6 c.
[52] Vgl. auch BJM 1993, 335: «Als Angestellte unterstehen sie (die angestellten Rechtsanwälte) der Weisungsbefugnis ihrer Vorgesetzten, die in der Regel nicht Inhaber eines Anwaltspatentes sind. Es fehlt ihnen daher für die Ausübung des Advokaturberufs erforderliche Unabhängigkeit.»
[53] BGE 123 I 193.
[54] 2 P. 151/1995.
[55] 2 P. 151/1995, Erw. 6 a.
[56] Art. 321 StGB.

Grundsätzlich dürfe ein angestellter Anwalt neben seiner Anstellung auch selbständig als Anwalt tätig sein, sofern seine Unabhängigkeit gewahrt bleibe und er die Standesregeln beachte. Eine andere Auffassung würde gegen Art. 31 BV verstossen.

Es ergaben sich aber drei Situationen: Zum einen die Möglichkeit der Vertretung der Arbeitgeberin, was nach Ansicht des Bundesgerichts mit der Unabhängigkeit des Anwalts nicht vereinbar ist:

«Infatti, non vi è più indipendenza dell'avvocato quando questi rappresenta la datrice di lavoro stessa o quando assume mandati ove è sottoposto all'influenza di quest'ultima[57].»

Zum zweiten diejenige Situation des angestellten Anwalts, der neben seiner Angestelltentätigkeit eigene Klienten betreut. Das Bundesgericht lässt diese Tätigkeit zu, verlangt jedoch klare vertragliche Vereinbarungen zwischen angestelltem Anwalt und Arbeitgeberin[58].

Zum dritten die Situation der Verteidigung und Beratung von Klienten der Arbeitgeberin. Ob und wie diese Tätigkeit zulässig ist, lässt das Bundesgericht in diesem Entscheid offen, weist aber darauf hin, dass in dieser Situation die Gefahr einer Einschränkung oder Beschränkung der Unabhängigkeit viel realer und stärker sei, als wenn es sich um «fremde» Klienten handle. Fraglich sei, ob die Situation mit vertraglichen Vereinbarungen geregelt werden könne[59].

D. *Eidgenössisches Anwaltsgesetz: Noch wenig Klarheit*

Der Entwurf des Anwaltsgesetzes nennt in der Bestimmung betreffend eidgenössischer Berufsregeln (Art. 11 BGFA) selbstverständlich auch die Unabhängigkeit des Anwalts:

«Für Anwältinnen und Anwälte gelten folgende eidgenössische Berufsregeln:
a. sie üben ihren Beruf unabhängig, in eigenem Namen und auf eigene Verantwortung aus;
(...).»

Der erläuternde Bericht führt dazu aus, dass die Unabhängigkeit der Anwältinnen und Anwälte eine wesentliche Voraussetzung für die Ausübung ihres Berufes sei. Auch wenn Anwältinnen und Anwälte in einem Unternehmen angestellt sind, seien sie verpflichtet, unabhängig, in eigenem Namen und auf eigene Verantwortung zu handeln. Würden jedoch angestellte Anwältin-

---

[57] 2 P. 151/1995, Erw. 6 b cc; man registriere den Widerspruch zur Luzerner Auffassung.
[58] 2 P. 151/1995, Erw. 6 b cc, mit ausführlichen Formulierungsvorschriften. Solche finden sich auch in ZR 79 Nr. 126.
[59] 2 P. 151/1995, Erw. 6 b cc.

nen und Anwälte aufgrund der «liberalen» Praxis eines Kantons im Anwaltsregister eingetragen, könnten die anderen Kantone ihnen das Recht auf ihrem Gebiet Parteien vor Gericht zu vertreten, nicht aufgrund der Tatsache, dass sie angestellt seien, verweigern. Die Unabhängigkeit werde vermutet und auch verlangt, sobald es ein Kanton zulasse, dass Anwälte in dem ihnen vorbehaltenen Monopolbereich tätig würden[60].

Der Erläuterungsbericht sieht also eine föderalistische Lösung vor, sozusagen «Home Canton Control» und in deren Rahmen Freizügigkeit, aber keine Klarheit, was die Kantone weiterhin dürfen. Zu fordern ist hier jedoch bundesrechtliche Einheit. Die Formulierung der Berufsregel der Unabhängigkeit des Anwalts darf nicht die Zukunft verschliessen und bedarf einer moderneren Formulierung, etwa in dem Sinne, dass Anwälte in ihrer Organisation frei sind, sofern sie ihre Unabhängigkeit im Entscheid gewährleisten. Für einen Zwang zum stctigen Auftreten «in eigenem Namen» besteht kein genügend begründbares Bedürfnis mehr. Es ist auch bereits ein Widerspruch zum geltenden Recht feststellbar, z.B. des Kantons Bern, der die Kollektivgesellschaft erlaubt.

Gerade die internationale Gültigkeit des Kriteriums der Unabhängigkeit der Berufsausübung zeigt, dass die Pflicht zur persönlichen Ausübung nicht so weit gehen kann, dass die körperschaftliche Organisation verboten ist, wie nachfolgend ein Blick ins Ausland zeigt. Dort versucht man, die Zukunft zu gestalten, um nicht mehr durch die «dicken Mauern des selbstgesetzten Standesrechts vom Wettbewerb abgeschottet»[61] zu sein.

IV. Haftungs- und Steuerfragen führen zur direkten Thematisierung von rechtlicher «Organisation»

A. Haftung

Sobald mehrere beisammen sind, wird die Frage der potentiellen Haftung aktuell. Man ist lange auch um dieses Problem herumgeschlichen, hat davon gemunkelt, wollte die Konsequenzen nie so ganz wahrhaben, hatte mit dem Kern der Verdrängung aber doch zu rechnen. Dieser Kern ist das hohe Risiko, dass in einem Haftungsfalle, verursacht von einem, alle Mitglieder einer Kanzlei an die Kasse gebeten werden könnten.

Es wird jeden Anwalt beschäftigen, nicht zuletzt vielleicht beim Studium der Versicherungspolice[62], wie es mit seiner Haftung steht, wenn er an einem

---

[60] Bericht zum BGFA, 36.
[61] BAKKER, 247.
[62] *Eine moderne Musterversicherungspolice sagt heute etwa:*
«Versichert ist die Haftpflicht

Fall nicht beteiligt war, aber an die Kanzlei Ansprüche gestellt werden. Die Lage ist hier, gelinde gesagt, unsicher. Gegenüber vertraglichen Ansprüchen könnte man sich allerdings absichern, etwa indem im Vollmachtsformular klar spezifiziert wird, dass Haftungsansprüche sich nur gegen die Anwälte und ihre Hilfspersonen richten können, die an dem Mandat tatsächlich mitarbeiten. Eine solche Lösung stört aber etwas, was immer wieder essentiell ist, nämlich den suchenden Dialog innerhalb der Kanzlei. Eine vertragliche Wegbedingung deliktsrechtlicher Haftung ist sodann verpönt.

Der Impetus der Frage nach den Organisationsformen kommt denn auch zunehmend von der Haftungsfrage her. So wurde auch schon ganz direkt – über die zunehmende Behandlung der Haftungsfragen in bezug auf Sozietäten hinaus[63] – die Frage gestellt, ob der Betrieb einer Anwaltskanzlei nicht sogar schon heute eine Kollektivgesellschaft darstelle, wo die Gesellschafter «für alle Verbindlichkeiten der Gesellschaft solidarisch und mit ihrem ganzen Vermögen» haften (Art. 568 Abs. 1 OR).

Lange wurden die vertraglichen Arrangements der Anwaltssozietäten, die kautelarisch äusserst vielfältig sind und mit einigen famosen Ausnahmen auch genügten, in der Regel unwidersprochen der Figur der *einfachen Gesellschaft* zugeordnet (was einmal mehr Beleg dafür ist, dass die einfache Gesellschaft nur bei der Gründung «einfach» ist). Dies trifft zu, ob es sich um eine blosse Kostenteilungs- oder auch um eine Gewinnverteilungsgesellschaft, im weitestgehenden Fall «Eintopfgesellschaft», handelt. Da und dort wurde aber Wert darauf gelegt, oder dies wenigstens versucht, im Aussenverhältnis gerade nicht wie eine «Firma» (wobei ich aber nicht etwa Grisham's Firm meine[64]) zu erscheinen.

Art. 543 OR ist in bezug auf die Anordnung der Folge solidarischer Haftung zwar grundsätzlich grosszügig, lässt der Interpretation aber doch Raum[65].

a) des Versicherungsnehmers in den Eigenschaften, die sich aus Antrag und Police ergeben (versichertes Risiko).
Ist eine Personengesellschaft oder eine Gemeinschaft zu gesamter Hand Versicherungsnehmer oder wurde der Vertrag für Rechnung Dritter abgeschlossen, so sind die Gesellschafter, die Angehörigen der Gemeinschaft zu gesamter Hand oder die Personen, auf welche der Vertrag lautet, dem Versicherungsnehmer in Rechten und Pflichten gleichgestellt;
(...).»

[63] RUOSS, 89 ff.
[64] GRISHAM JOHN, The Firm, New York 1991.
[65] *Die Bestimmung lautet bekanntlich wie folgt:*
«1 Wenn ein Gesellschafter zwar für Rechnung der Gesellschaft, aber in eigenem Namen mit einem Dritten Geschäfte abschliesst, so wird er alleine dem Dritten gegenüber verpflichtet.
2 Wenn ein Gesellschafter im Namen der Gesellschaft oder sämtlicher Gesellschafter mit einem Dritten Geschäfte abschliesst, so werden die übrigen Gesellschafter dem Dritten gegenüber nur insoweit berechtigt und verpflichtet, als es die Bestimmungen über die Stellvertretung mit sich bringen.

Die Bestimmung, die zwischen Handeln in eigenem Namen und demjenigen der Gesellschaft unterscheidet, Gesellschafts- und Stellvertretungsrecht vermischt und (unwiderlegbare?) Geschäftsführungsvermutungen aufstellt[66], ist keine Quelle von Rechtssicherheit.

B. Der Basler Fall

In Basel spielte sich rund um eine von einem Advokaten an eine Bank ausgestellte, unzutreffende Bescheinigung eine Jürg Jenatsch-reife Geschichte ab, die am Thema der Mithaftung seiner Partner auch für die Fragen des anwaltlichen Organisations-Status viel hergibt[67].

Klargestellt wurde schon vom Zivilgericht, dass die Eintragung im Handelsregister als Kollektivgesellschaft zwar nur deklaratorischer Natur ist[68], eine Qualifikation als kaufmännisches Gewerbe wegen der besonderen persönlichen Beziehung zwischen Advokat und Klient, dem Abstellen auf die Kenntnisse und intellektuellen Fähigkeiten und nicht die finanzielle Kreditwürdigkeit in Frage stehe; dies aber nur solange, als die ausgeübte Berufstätigkeit sich nicht über ihren Stammbereich ausweite, mithin dem dann aber unklar bleibenden «Leitbild der freien Berufe» entspreche[69]. Auf die Klage gegen die socii wurde daher nicht eingetreten.

Das Appellationsgericht, in «feiner» Besetzung, ging in der Bestätigung dieses Entscheides tiefer und suchte nach einem «Beweis, dass die Beklagten als gemeinsames kaufmännisches Unternehmen aufgetreten sind und damit von Gesetzes wegen auch ohne Eintrag eine Kollektivgesellschaft bildeten». Dieser «Beweis» musste aus der Tatsachenwelt aber gar nicht erbracht werden (und wäre gewiss auch misslungen), da man – von der Literatur verlassen[70] – seiner Möglichkeit *Gewohnheitsrecht* (im formellen Sinne) entgegensetzen zu können glaubte, wenn auch mit Vorsicht, denn auch «bei der Auslegung des Gewohnheitsrechts» sei «auf den Grund, die Aufgabe und Rechtfertigung seiner Regel zurückzugehen»:

> 3 Eine Ermächtigung des einzelnen Gesellschafters, die Gesellschaft oder sämtliche Gesellschafter Dritten gegenüber zu vertreten, wird vermutet, sobald ihm die Geschäftsführung überlassen ist.»

[66] BGE 116 II 707.
[67] Entscheid des Zivilgerichts Basel-Stadt vom 6. Oktober 1995; Appellationsgericht Basel-Stadt vom 2. September 1997; ein Bundesgerichtsurteil dürfte zu erwarten sein.
[68] «Ist bei einer Anwaltsgemeinschaft die Rechtsform der Kollektivgesellschaft anzunehmen, kommen für ihre Regelung die Regelung von Art. 563 ff. OR zur Anwendung. Gemäss Art. 563 OR dürfen mangels entgegenstehenden Handelsregistereintrags Gutgläubige annehmen, jeder einzelne Gesellschafter sei zur Vertretung der Gesellschaft ermächtigt.» Vgl. Ruoss 92, mit Hinweisen auf Meier-Hayoz/Forstmoser.
[69] Unter Hinweis auf Baudenbacher-KSP, Art. 552 N 36. Auch hier wird dieses Leitbild nicht erörtert.
[70] Zitiert werden konnte nur Brunner.

«Sie werden hier gesehen in der wissenschaftlichen Ausbildung, den besonderen Aufgaben und dem für ihre Erfüllung nötigen Vertrauen, auch dem besonderen Ansehen der freien Berufe. (...).

Erforderlich zur Annahme einer kaufmännischen Kollektivgesellschaft ist stets ein gemeinsames Gewerbe. Das bedeutet in dem hier allein interessierenden Aussenverhältnis, dass die Gesellschafter ihre Leistungen den Kunden als gemeinsame anbieten, erbringen und in Rechnung stellen. Hier spielen dann aber die Besonderheiten der liberalen Berufe, die ihre traditionelle Sonderstellung begründen: Wahl durch den Kunden im Vertrauen weniger auf ihre finanzielle Kraft als auf ihre Tüchtigkeit, ferner auf ihre Bereitschaft, das Interesse des Klienten bei Konflikt über das eigene Gewinnstreben zu stellen, endlich auch ihr Verständnis für die individuelle Situation des Klienten und ihre Diskretion. Hierin gründen ja auch sowohl ihre Privilegien wie Berufsgeheimnis und forensisches Monopol als ihre besonderen Standespflichten, Unterordnung unter Aufsicht und Bewilligungspflicht, Ausschluss der Haftungsbeschränkung durch Aktiengesellschaften und Reklameverbot. Wohl greift die Tätigkeit vieler, wenn nicht der meisten Anwälte längst weit über den forensischen Bereich hinaus, steht ihre Tätigkeit immer mehr in Konkurrenz zu derjenigen der Treuhandgesellschaften, Banken, Wirtschafts- und Steuerberater, die ihrerseits immer mehr auch juristische Beratung anbieten; zuweilen lassen sich denn auch Anwaltsbüros als Kollektivgesellschaften im Handelsregister eintragen oder in Handelskammern aufnehmen oder geben bekannt, jemand sei als ‹Partner› in ihre ‹Firma› eingetreten.

Dennoch überwiegt jedenfalls heute noch das persönliche, individuelle Verhältnis des Klienten zum Anwalt. (...) Im Zweifel ist daher auch heute noch anzunehmen, dass der Anwalt das Mandat des Klienten in eigenem Namen empfängt und erfüllt, daher persönlich und allein für seine richtige Erfüllung einsteht[71].»

Als tragend wird der persönliche Charakter der Dienstleistung betrachtet, ja man könnte sagen, der höchstpersönliche Charakter.

Daran ändere nichts:
- das gesellschaftliche Auftreten gegenüber Angestellten, Vermietern, Lieferanten, Versicherungen usw.;
- die Ordnung der internen Verhältnisse;
- die Gestaltung der Vollmacht, die mehr eine Legitimation als einen Auftrag für die weiteren Kanzleianwälte begründe;
- die Gestaltung des Briefkopfes, jedenfalls solange die Anwälte einzeln erscheinen: Für Bezeichnungen wie X. & Partner wurde die Frage aber offen gelassen;
- die Verwendung des Plurals als Höflichkeitsform und die «Art, wie Briefe an den Anwalt adressiert werden[72]».

In diesem Entscheid wird damit zur Aufrechterhaltung des Scheines einer nur einfachen Gesellschaft ein Slalom um die reale Welt gemacht. Gewohnheitsrecht, als Tradition, soll die neue Konstellation der Realien aushebeln.

---

[71] Appellationsgericht Basel-Stadt vom 2. September 1997, Erw. IV.
[72] Appellationsgericht Basel-Stadt vom 2. September 1997, Erw. IV. a.E.

Die longa consuetudo ist aber nicht gleichzusetzen mit der opinio necessitatis: die wankt nämlich.

Könnte man Haftungsbegrenzung aber nicht auch auf eine natürlichere Weise haben, z. B. um die Frucht der im eben zitierten Entscheid als «verboten» bezeichneten Aktiengesellschaft?

C. Steuerrechtliche Aspekte

Ein weiterer Strang kommt aber sicherlich auch von den gegenteilig laufenden steuerlichen Überlegungen her, wo ein haftungsmässiger Nachteil gerade zu einem steuerlichen Vorteil führen kann.

Die Anwaltschaft fügte sich in die am Kanzleiort veranlagte Besteuerung des anwaltlichen Einkommens und drängte lange Zeit nicht nach dem Status von Kollektivgesellschaften, der die Zuweisung des anteiligen Ergebnisses an den vom Arbeitsort verschiedenen Wohnort zugelassen hätte[73]. Das Zürcher Verwaltungsgericht hat dann in einem typischen «in dubio pro fisco»-Entscheid[74] geschlossen, eine anwaltliche Kollektivgesellschaft gehe schon anwaltsrechtlich, und zwar wegen dem Auftrag als Vertragsgrundlage, nicht. Meines Erachtens ist sehr fraglich, ob, wie das Verwaltungsgericht aus der Unterstellung der anwaltlichen Tätigkeit unter das Auftragsrecht meint herauslesen zu dürfen, der Anwalt in seiner Berufstätigkeit bereits aus Auftragsrecht zur *persönlichen Berufsausübung*[75] in der Weise verpflichtet sei, dass gesellschaftsrechtliche (und selbstverständlich korporative) Organisationsformen ausgeschlossen seien[76]. Da hätte man sich auch damit befassen müssen, dass es doch auch zahlreiche an juristische Personen erteilte Aufträge gibt. Ein Argument des Verwaltungsgerichts betrifft nämlich Art. 564 Abs. 1 OR (der auch Art. 718a Abs. 1 OR entspricht), wonach die zur Vertretung befugten Gesellschafter einer Kollektivgesellschaft ermächtigt sind, im Namen der Gesellschaft alle Rechtshandlungen vorzunehmen, die der Gesellschaftszweck mit sich bringen kann. Hier sei offensichtlich, dass diese Vorschrift im

---

[73] Die Grundsätze der Besteuerung einer Anwaltskanzlei gestalten sich wie folgt: Selbständige Anwälte sind freiberuflich tätig und erzielen durch die ihnen bezahlten Honorare selbständiges Erwerbseinkommen. In einem sog. Anwaltskollektiv zusammenarbeitende Anwälte bilden untereinander auch nach steuerlicher Betrachtung eine einfache Gesellschaft, VALLENDER, 20. Beteiligungen am Gewinn von einfachen Gesellschaften sind am Geschäftsort der Gesellschaft steuerbar; dasselbe gilt für das Arbeitsentgelt des einfachen Gesellschafters, HÖHN (Steuerrecht), § 38 N 23.

[74] StE 1996, A 24 ff.

[75] Ein Argument gegen das Urteil des Verwaltungsgerichts Zürich kann darin gesehen werden, dass ein Auftrag auch an mehrere erteilt werden kann und diese nach Art. 403 Abs. 2 OR solidarisch haften, RUOSS, 93.

[76] StE 1996, A 24 ff., Erw. 3 b.

Rahmen des anwaltlichen Auftrages unhaltbar wäre[77]. Diese Ableitung ist aber befremdlich und verkennt, dass im Aussenverhältnis auch bei Aufträgen immer vertragliche Spezifizierungen erfolgen. Vertretungsmacht von Organen und Vertragsinhalte sind zwei Paar Schuhe.

Das Bundesgericht hat sich in einem nicht veröffentlichten Urteil zum erwähnten Zürcher Steuerentscheid, wobei es zwar den kantonalen Entscheid im Ergebnis stützte, zu einer gewissen Öffnung durchgerungen. Es führt dazu aus:

«Aufgrund dieser Rechtsprechung (betreffend Eintragungspflicht Steuerpflichtiger) *könnte* das Anwaltsbüro, dessen Teilhaber der Beschwerdeführer ist, zwar auch als ein anderes nach kaufmännischer Art geführtes Gewerbe im Sinne von Art. 552 OR und Art. 53 lit. c der Handelsregisterverordnung vom 7. Juni 1937, d. h. als Kollektivgesellschaft qualifiziert werden. Massgebend für die Beurteilung der Frage, ob eine einfache Gesellschaft oder eine Kollektivgesellschaft vorliegt, ist jedoch in erster Linie der *übereinstimmende Wille der Gesellschafter*»[78].

Hier soll also der freie Anwaltswille regieren; dies tönt interessant, bleibt in der Praxis aber noch zu klären!

D. *Kaufmännisches Gewerbe?*

Die Anwälte sind wirtschaftlich tätig, auch wenn sie nicht für die Wirtschaft, sondern sogar gegen diese tätig sind; das wird niemand bestreiten.

Sie führen nach meiner Auffassung ein nach kaufmännischer Art geführtes Gewerbe, nämlich «eine selbständige, auf dauernden Erwerb gerichtete wirtschaftliche Tätigkeit» (Art. 52 Abs. 3 HRegV). Anders kann man weder den Gewährsanforderungen der Zuverlässigkeit, noch den staatlichen Anforderungen an Steuerunterlagen und -abrechnungen sowie des Sozialversicherungsrechts nachkommen. Auch der Personaleinsatz erfolgt ja kaufmännisch (in Anwaltsbüros kann man z.B. auch ohne weiteres eine kaufmännische Lehre absolvieren).

Eine Anwaltskanzlei ist weder ein Handels- noch ein Fabrikationsgewerbe, sondern ein «anderes nach kaufmännischer Art geführtes Gewerbe», weil es «nach Art und Umfang des Unternehmens einen kaufmännischen Betrieb und eine geordnete Buchführung» erfordert (Art. 53 lit. C HRegV)[79].

Die Realien lassen die Frage dringlich werden, warum Anwälte sich nicht gewerblich mit Hilfe der Rechtsnormen des Handelsrechts sollen organisie-

---

[77] StE 1996, A 24 ff., Erw. 3 e.
[78] Hervorhebungen durch den Verfasser.
[79] Geht man auch einmal schlicht und bloss die Liste der «insbesondere» zu den Handelsgewerben gehörenden Tätigkeiten des Art. 53 HRegV durch, so fallen Treuhand- und Sachwaltergeschäfte (Ziff. 4) auf und auch die «Auskunftserteilung irgendwelcher Art» (Ziff. 5).

ren können. Was hindert aber eigentlich die Organisationsfreiheit der Anwälte? Werden Zutrauenswürdigkeit und Unabhängigkeit tangiert oder sogar so alte Zöpfe wie die «Standeswürde» verdrängt? Oder darf schlicht nicht sein, was nicht sein soll?

Oder geht eher ein Kamel durch ein Nadelöhr als eine Anwaltskanzlei durch das Tor des Handelsgesellschaftsrechts? Die Vergangenheit, Tradition, Ideologie und die bisherige Selbstdarstellung dürfen den Blick für die moderne Wirklichkeit nicht verstellen. Ich halte es auch für legitim, wenn eine Anwaltskanzlei in einem modernen, den Eindruck einer einheitlichen Organisation vermittelnden Rechtskleid am Markt auftreten will und sich so kommerziell eine «corporate identity» kreieren möchte. Auch dafür sollte sie die handelsrechtlichen Organisationsformen nutzen können.

Zum besseren Verständnis der verschiedenen Organistationsformen von Anwaltskanzleien zunächst noch ein rechtsvergleichender Rundgang.

V. Rechtsvergleichender Überblick

A. Deutschland

Mit der Einführung des Gesetzes zur Schaffung von *Partnerschaftsgesellschaften* und zur Änderung anderer Gesetze vom 25. Juli 1994, welches am 1. Juli 1995 in Kraft trat, wird in Deutschland den freien Berufen eine Möglichkeit geboten, sich zur gemeinsamen Berufsausübung zusammenzuschliessen. Die Partnergesellschaft stellt den Gesellschaftern ein selbständiges Sondervermögen zur Verfügung und erleichtert die Haftung durch die Möglichkeit der Haftungskonzentration, indem der Gesellschafter für sein eigenes Verhalten voll haftet, die Haftung für das Verhalten seiner Gesellschafter jedoch wegbedingen kann.

Mit Entscheid vom 24. November 1994 hat das Bayerische Oberlandesgericht die Zulässigkeit der *Anwalts-GmbH* bestätigt, da zum einen kein gesetzliches Verbot einer solchen bestehe und zum andern die früheren standesrechtlichen Bedenken und unvereinbaren Gegensätze zwischen berufsständischen Grundsätzen und der GmbH neu betrachtet werden müssten, da sich auch das Verständnis des Rechtsanwaltsberufes erheblich geändert habe. Im März 1995 wurde denn auch in Deutschland erstmals eine Anwalts-GmbH eingetragen[80]. Es wird diskutiert, ob eine Anwalts-GmbH überhaupt

---

[80] Rechtsanwälte Korts & Rodenbusch GmbH, Köln, vgl. BELOW, 110.

wünschenswert ist und wie diese de lege ferenda aussehen könnte[81]. Aus der Diskussion geht hervor, dass von Seiten der Anwaltschaft ein starkes Bedürfnis nach einer Haftungsbegrenzung durch die Anwalts-GmbH besteht, da die Haftungsrisiken anwaltlicher Tätigkeit, insbesondere bei Grosssozietäten, immer mehr Sorgen bereiten. Dazu sollte in Anbetracht der Konkurrenz gegenüber den Wirtschaftsprüfungs- und Steuerberatungsgesellschaften den Anwälten die Möglichkeit gegeben werden, die GmbH als Rechtsform für ihre Tätigkeit zu wählen[82]. «Der einzelne Anwalt soll indes – wie jeder andere Leistungsanbieter am Markt auch – selbst entscheiden können, welche Organisationsform seinen spezifischen Bedürfnissen am besten Rechnung trägt[83].»

B. *Europäische Union*

In der EU besteht das Modell der *Europäischen wirtschaftlichen Interessenvereinigung* (EWIV). Die entsprechende Verordnung wurde am 25. Juli 1985 verabschiedet und ermöglicht die Schaffung einer supranationalen, eigenständigen europäischen Gesellschaftsform zum Zweck der grenzüberschreitenden Kooperation zwischen Unternehmen und/oder Unternehmern[84]. Der Zweck der EWIV darf gemäss Art. 3 Abs. 1 der Verordnung nicht in der Gewinnerzielung, sondern ausschliesslich (wie bei der Genossenschaft) in der Förderung der wirtschaftlichen Tätigkeit ihrer Mitglieder liegen. Das heisst jedoch nicht, dass ein Verbot der Gewinnerzielung besteht. Gewinne aus den Tätigkeiten der Vereinigung gelten als Gewinne der Mitglieder und sind auf diese in dem im Gründungsvertrag vorgesehenen Verhältnis oder, falls dieser hierüber nichts bestimmt, zu gleichen Teilen aufzuteilen. Mitglieder der EWIV können sowohl natürliche Personen, welche eine eigene wirtschaftliche Tätigkeit ausüben, als auch Gesellschaften im Sinne des Art. 58 Abs. 2 EGV, als auch andere juristische Einheiten des öffentlichen oder des privaten Rechts sein, wobei stets mindestens zwei Mitglieder Angehörige verschiedener Mitgliedstaaten sein müssen. Als natürliche Personen gelten solche, die eine gewerbliche, kaufmännische, handwerkliche, landwirtschaftliche oder freiberufliche Tätigkeit in der Gemeinschaft ausüben oder dort andere Dienstleistungen erbringen; damit sind also auch Anwälte gemeint. Zu beachten ist aber, dass die EWIV selbst keinen freien

---

81 Vgl. die Aufsätze von HENSSLER, DITTMANN und HELLWIG und die anschliessende Diskussion in der ZHR 1997, 305 ff.
82 ZHR 1997, 366 f.
83 HENSSLER, 307.
84 Vgl. LUTTER, 746 ff.

Beruf gegenüber Dritten ausüben darf[85]. Auch Schweizer Büros scheinen mit solchen EWIV assoziiert zu sein[86].

C. Grossbritannien

Grundsätzlich bestimmt Rule 7 (7) der «Solicitor's Practice Rules»:

«A solicitor shall not practice through any body corporate except a recognised body (...)[87].»

Die Anerkennung der Anwaltsgesellschaft durch die Law Society als «recognised body» ermöglicht jedoch seit 1992 den solicitors in England und Wales, ihre gemeinsame Praxis in körperschaftlicher Form auszuüben, wobei die Voraussetzungen, welche zur Erlangung des Status» eines «recognised body» erfüllt sein müssen, in den «Solicitors Incorporated Practice Rules 1988» (SIPR) genannt werden. Grundsätzlich stehen den solicitors alle nach englischem Gesellschaftsrecht zulässigen Gesellschaftsformen offen: die unlimited company, die private limited company (ltd.) und die public limited company (plc.), wobei nur anwaltliche Tätigkeiten erbracht werden dürfen. Da auch nicht in der Gesellschaft aktiv mitarbeitende Anwälte Gesellschafter werden können, legen die SIPR besonderes Gewicht auf die Sicherung der Unabhängigkeit vor Einflussnahme berufsfremder Gesellschafter. Der Schutz der anwaltlichen Unabhängigkeit wird auch durch «Strohmannklauseln» gewährleistet. So dürfen Gesellschafter von Anwaltsgesellschaften ihre Anteile nicht für Rechnung oder im Interesse Dritter halten. Sie dürfen hingegen Anteile zugunsten und im Interesse anderer solicitors, registrierter ausländischer Rechtsanwälte oder Anwaltsgesellschaften, halten, wenn diese entweder selbst Gesellschafter, Geschäftsführer oder Angestellte der Gesellschaft sind. Der «Strohmann» ist in diesen Fällen verpflichtet, die Gesellschaft über die Identität und den Umfang des Interesses des Hintermannes zu informieren. Diese Informationen müssen auch der Law Society mitgeteilt werden. Die aus der Inkorporation resultierende Haftungsprivilegierung geht einher mit hohen Anforderungen an die Berufshaftpflichtversicherung, welche bezüglich

---

[85] 1992 bestanden in der EU 25 Kooperationen von Rechtsanwälten oder Rechtsanwaltssozietäten, vgl. FREIHERR VON RECHENBERG, 300. Eine Abfrage im Internet ergab Hinweise auf Anwaltsvereinigungen wie LIBRALEX EWIV oder CONSULEGIS EWIV. Vgl. zur EWIV auch HOPT/BAUMBACH/DUDEN, Anhang nach § 160; KLEIN-BLENCKERS, 2224 ff.; WÜNSCH, 157 ff. und 280 ff.; GUKELBERGER, 21 ff.; SCHÄFER, 9 ff. (dort wird eine «ars legis»-EWIV genannt, die aus mehr als 40 Kanzleien innerhalb Europas bestehe); ZUCK, 44 ff.; HETZ, 137 ff.

[86] Suter Rechtsanwälte in Zürich bezeichnen sich in ihrem Prospekt als «Associate Member of Correspondent Law Firms of Price Waterhouse EEIG, Brussels».

[87] Abgedruckt in HAMMETT/VERDIN/HUGHES/TAYLOR, Annex 1a, 12.

der Höhe über die Versicherungserfordernisse bei Einzelanwälten hinausgehen kann. Als nachteilig empfunden wird jedoch die Publizitätspflicht[88].

D. USA

Aufgrund der vermehrten Verurteilungen amerikanischer Anwaltskanzleien zu hohen Schadenersatzzahlungen stellte sich für amerikanische Anwälte die Frage nach der Begrenzung ihrer Haftung. Den Anwälten stehen dabei neben den Personengesellschaften (Partnerships) auch die Kapitalgesellschaften (Corporations) offen. Neben der gewöhnlichen Corporation (der Subchapter C Corporation, zugleich eine Publicly Held Corporation) ist die *Subchapter S Corporation* (eine Close Corporation) beliebt. Es handelt sich hierbei rechtlich um eine Corporation, steuerlich aber um eine Partnership, wenn an ihr nicht mehr als 35 Gesellschafter (seit 1996 beträgt die Höchstzahl 75) beteiligt sind, diese alle ihren Wohnsitz in den USA haben und nur Aktien gleicher Klasse bestehen. Gerade diese zwingenden Voraussetzungen führten jedoch dazu, dass diese Form der Corporation für Anwälte weniger in Betracht kam, vor allem weil oft die vorgeschriebene Höchstmitgliedszahl überschritten wurde oder die einzelnen Gesellschafter unterschiedliche Einlagen einbrachten und dementsprechend unterschiedliche Anteilsrechte erhielten[89].

Bei der Partnership wählen die amerikanischen Anwälte bevorzugt eine *Limited Partnership* (LP) im Gegensatz zur *General Partnership* (GP). Die Kommanditäre (Limited Partners) haften nur mit ihrer Einlage, die Komplementäre (General Partners) dagegen unbeschränkt, wobei die Kommanditäre von der Geschäftsführung ausgeschlossen sind. Seit den sechziger Jahren besteht des weiteren die Möglichkeit der gesetzlich geregelten Professional (Service) Corporation (PC). Diese dient der Erbringung von freiberuflichen Leistungen in Form einer Kapitalgesellschaft, wobei es sich um Dienstleistungen handeln muss, die nur mit Genehmigung der zuständigen Behörde erbracht werden dürfen. Die Haftung wird im «Model Professional Corporation Supplement» (MPCS) modellhaft geregelt, einzelstaatlich bestehen jedoch grosse Unterschiede: Vom völligen Ausschluss der persönlichen Haftung bis zur umfassenden Haftung für alle Verbindlichkeiten der Gesellschaft, unabhängig aus welchem Rechtsgrund, ist alles vorhanden. Oft besteht eine auf berufliche Verfehlungen beschränkte Handelnden-Haftung[90].

Im Jahre 1977 wurde im Staat Wyoming erstmals die *«Limited Liability Company»* (LLC) gesetzlich vorgesehen, bei welcher wie bei der GmbH in

---

[88] Vgl. BAKKER, 245 ff.
[89] Vgl. NIETZER, 67 ff.
[90] Vgl. HENSSLER, 328.

erster Linie das Gesellschaftsvermögen haftet. Eine persönliche Haftung gegenüber Gesellschaftsgläubigern besteht bei der LLC nicht[91].

Die LLC unterliegt ausschliesslich dem Recht ihres Gründungsstaates (State of Incorporation); dementsprechend kennen alle Bundesstaaten eine gesetzliche Regelung der LLC, wobei nicht alle die Anwalts-LLC ausdrücklich gesetzlich vorsehen. Bei entsprechender Ausgestaltung ihrer Satzung gilt die LLC steuerlich als Partnership und haftungsrechtlich als Corporation.

Im Vergleich zu der Limited Partnership und der Subchapter S Corporation ist die LLC zum einen dann empfehlenswert, wenn die Voraussetzungen für die Gründung einer Subchapter S Corporation nicht vorliegen (nicht mehr als 75 Gesellschafter, alle mit Wohnsitz in den USA, nur Aktien gleicher Klasse), und wenn eine gesellschaftsrechtliche Lösung gefunden werden soll, um die Schwierigkeit der LP zu vermeiden, wonach ein Mitglied deshalb persönlich für die Verpflichtungen der Gesellschaft einstehen soll, um an der Unternehmensführung teilnehmen zu können. Zum anderen ist die LLC für amerikanische Anwälte auch aus folgendem Grund interessant: Limited Liability Statutes begrenzen die Verantwortung bzw. die auf fehlerhafter Beratung beruhende Haftung jedes Anwalts auf seine von ihm eigens erbrachte persönliche Tätigkeit und auf solche, die von seinen weisungsabhängigen Kollegen erbracht wurden (Doctrine of Supervisory Liability, Doctrine of Respondeat Superior); damit wird die Stellvertreterhaftung (Doctrine of Vicarious Liability) ausgeschlossen, somit besteht keine Verantwortung bzw. Haftung für die eigenständige Arbeit eines anderen Partners. Die gesamtschuldnerische Haftung mit dem Privatvermögen für die Verbindlichkeiten der Gesellschaft wie z.B. aus Vertrag bleibt aber bestehen.

Eine *Limited Liability Partnership* (LLP) ist von ihrer Struktur her eine General Partnership, in der ein Partner sich unter bestimmten gesetzlichen Voraussetzungen vor der Inanspruchnahme wegen Fehlern seines Partners schützen (wenn die Vicarious Liability ausgeschlossen werden) kann. Die Haftungsfreistellung der Partner der LLC geht hier jedoch noch weiter, indem die entsprechenden Gesetze einen Haftungsschutz des einzelnen Partners auch dann vorsehen, wenn sich Ansprüche gegen die Kanzlei aus Vertragsrecht oder aus Delikt stellen. Die Supervisory Liability wird jedoch auch bei der LLC beibehalten[92].

In der Essenz ergibt sich hier, dass die Tore zu organisatorischem Neubeginn bereits weit aufgestossen worden sind, aber eine auf Dauer angelegte Konsolidierung noch nicht erreicht ist (und vielleicht gar nie mehr erreicht werden wird).

Jedenfalls werden der haftungsbeschränkenden Inkorporation keine Hindernisse mehr entgegengestellt.

---

[91] Zur LLC vgl. WÜRSCH, 249 ff.
[92] Vgl. NIETZER, 68 ff.

VI. Organisationsfreiheit für Anwälte

Wenden wir uns also der Frage zu, was denn die Folgen eines introitus der Anwälte ins Reich der Handelsgesellschaften, der dritten Abteilung des OR, wäre, wobei ich in den Vordergrund die Kollektivgesellschaft, die AG und das sich zurzeit generell mit neuer Phantasie füllende Produkt der GmbH stelle.

A. *Zwischenfrage: Warum kein Verein?*

Ist der Schweizer nicht allein, so greift er in der Regel zum Verein. Könnten Anwaltskanzleien sich nicht auch als *Vereine* konstituieren? Der Gedanke liegt nahe, nachdem sich sogar das Volcker-Komitee und die an den Holocaust-Untersuchungen beteiligten Treuhandgesellschaften aus Gründen der Haftungsbeschränkung als Vereine ins Handelsregister eintragen liessen. Die Rechtsprechung liess den wirtschaftlichen Verein wieder zu[93], und wenn die Anwaltstätigkeit auch wirtschaftlich und gewerblich ist, so darf man doch fragen, ob geradezu ein «Unternehmen» bestehe. Überdies verbindet der Verein «ideal» wirtschaftliche und soziale Komponenten. Darüber liesse sich aber trefflich streiten; die Verwendbarkeit der Vereinsform für Anwälte wäre jedoch näher zu prüfen.

B. *Die Kollektivgesellschaft*

Die Kollektivgesellschaft scheint mir eigentlich die sachadäquateste Gesellschaftsform zu sein, und zwar auch wiederum diejenige, wo es analog zur HRegV um die Konstitution eines «anderen nach kaufmännischer Art geführten Gewerbes» (Art. 552 Abs. 1 OR) geht[94].

Der wohl für viele zu gewichtige Nachteil ist hier aber, dass die Gesellschafter «ohne Beschränkung ihrer Haftung gegenüber den Gesellschaftsgläubigern» in die Gesellschaft einzutreten haben (Art. 552 Abs. 1 OR) und auch haften müssen für Schäden aus unerlaubter Handlung, die ein Gesellschafter in Ausübung seiner geschäftlichen Verrichtung begeht (Art. 567 Abs. 3 OR). Die Haftungsfrage kann man den einzelnen aber getrost zur Abwägung überlassen. Es wird ohne Zweifel Partnerschaften geben, die derart eng sind, dass sie die gemeinsame Haftung tragen wollen[95], vielleicht gerade auch in Abwä-

---

[93] Vgl. BGE 90 II 333 ff.
[94] Vgl. Ruoss, 80 ff.; Auch Meier-Hayoz/Forstmoser können sich vorstellen, dass sich eine Anwaltsgemeinschaft als Kollektivgesellschaft konstituiert, § 12 N 103.
[95] Vgl. Baker & McKenzie, die grundsätzlich eine Zwitterstellung zwischen personenbezogener und kapitalbezogener Gesellschaftsstruktur aufweist; es haften sämtliche Partner (weltweit 545) mit ihrem persönlichen Vermögen unbeschränkt.

gung der steuerlichen Vorteile, die einen grossen Teil einer Versicherungsprämie tragen können.

Gewinnt die Haftungsfrage an Bedeutung, so bleibt nur die Inkorporation, die Schutz verleiht, wobei diese angesichts der persönlichen Haftung der Handelnden und des Verantwortlichkeitsrechtes auch nicht überzubewerten ist. Als Nachteil tritt sodann die Doppelbesteuerung hinzu, es ist ja nicht vorgeschrieben, dass die Gesellschaft selbst einen wesentlichen Gewinn auszuweisen hat.

C. *Die GmbH*

Die GmbH, die zur Zeit ihrer Entstehung «juridisches Maultier» genannt wurde, bietet, auch nach einer allfälligen Reform, nicht nur den Vorteil der haftungsbeschränkenden juristischen Persönlichkeit, sondern insbesondere der flexibel gestaltbaren, gesellschafterbestimmten Organisation. Diese Flexibilität ist gewiss ein grosser Vorteil im Verhältnis zur standardisierten Form der AG und verschafft auch die Möglichkeit, Senioritäts- und Erfahrungsunterschiede differenziert gestaltend einzubringen. Die personalistische Organisationsform der Anwalts-GmbH bringt auch weniger Misstöne in das Vertrauensverhältnis zwischen Anwalt und Klient.

Ein weiterer Vorteil der GmbH ist auch die Möglichkeit, Nebenleistungspflichten vorzusehen, wobei es hier insbesondere um Standespflichten und auch um Treue- und Solidaritätspflichten gegenüber der Gesellschaft gehen kann.

Leider hat die GmbH hierzulande kein gutes Image gewinnen können und es bleibt – trotz der Reformbestrebungen – fraglich, ob sich dies in Zukunft ändern kann.

D. *Die AG*

Die AG ist bei uns immer noch die gewohnteste Form zur Aufnahme einer inkorporierten, gewerblichen Tätigkeit. Kann man sich aber eine Anwaltskanzlei-AG mit Verwaltungsrat und Direktion vorstellen? Natürlich kann man das.

Es ist aber insbesondere Folgendes zu bedenken:

Es bestünde die Möglichkeit, eine Regel aufzustellen, die nur Anwälte als Aktionäre vorsehen würde. Dies ginge aber deshalb zu weit, weil die heutigen Regeln bereits weitere Assoziationen zulassen. An diese Sachlage ist auch der Zweck anzupassen, wobei es der Entwicklung anheimgestellt ist, wo bei der Zwecksetzung die Grenzen (des Schwergewichtes) anwaltlicher Tätigkeit verlassen werden.

Heute bestehen bereits Leitungsausschüsse und Geschäftsführungen in Anwaltsbüros und es ist nicht unüblich, dass das technische Büro-Management sogar Nicht-Anwälten obliegt. Die anwaltliche Geschäftsführung kann aber gewiss nur Anwälten zukommen.

Wichtig erscheint mir, dass die praktizierenden Anwälte Organe der Gesellschaft mit dem Recht zur Aussenvertretung sind. Es dürfen ihnen gegenüber auch keine Weisungen der Gesellschaftsorgane ergehen, die ihre anwaltsrechtlich geforderte Unabhängigkeit in der Mandatsausübung gefährden. Dies ist statutarisch und reglementarisch gestaltbar. Es ist so gut gestaltbar wie bei den heutigen angestellten Mitarbeitern.

Vertragspartner des Klienten wäre aber die Gesellschaft. Die Ausführung kann aber nur durch Anwälte erfolgen, die an das Anwaltsgeheimnis gebunden sind (dies sind auch alle ihre Partner und Hilfspersonen, wie bis anhin).

Wir stehen hier sicherlich vor einer schwierigen Aufgabe, da persönliche Qualifikationsmerkmale mit einer korporativen Organisation verbunden werden müssen. Es geht bei den persönlichen Voraussetzungen der Anwaltstätigkeit zwar nicht um «natürliche Eigenschaften des Menschen» (Art. 53 ZGB) im engeren Sinne, aber es wird einstweilen noch niemand fordern, dass die Bewilligung zur Anwaltstätigkeit einer Gesellschaft verliehen werden kann (wie etwa die zur Banktätigkeit, die auch hohen Voraussetzungen unterworfen ist). Denkbar ist für mich aber auch diese Variante.

Es ist dem Recht nicht fremd, persönliche Voraussetzungen von Handelnden mit jenen von korporativen Organisationen zu verbinden. Wir kennen dies z.B. – wie gesagt – gerade aus dem Revisionswesen[96]. Dann zeigt auch das Strafrecht, und nicht nur mit der Garantenstellung bei unechten Unterlassungsdelikten, sondern auch in weiteren Bestimmungen, dass bei der Anwendung auf juristische Personen und Handelsgesellschaften auf die Organe gegriffen werden kann[97].

Das Anwaltsgeheimnis ist wichtig, kann aber kein entscheidendes Hindernis sein. Trotz des ebenso individuell ausgestalteten Arztgeheimnisses begeben wir uns auch ohne weiteres in ein Spital.

VII. Schlussbemerkungen

Lassen Sie mich zum Schluss kommen.

Eine unvoreingenommene Abwägung ergibt, dass der Verschaffung der Organisationsfreiheit für Anwälte eigentlich keine sachlich genügenden Argumente mehr entgegengehalten werden können.

---

[96] Art. 727d Abs. 2 OR, BGE 119 II 259.
[97] Art. 172 Abs. 1, 179[sexies] Ziff. 1 Abs. 2, Art. 326 und 326bis StGB.

Konstituieren wir den Anwaltsstand als einen der interessantesten Berufe, den man ergreifen kann, ohne ihn mit Daumier-Bildern weiterhin masochistisch zu persiflieren, ohne Scheu auch als «Gewerbe» im modernen Sinne[98], das an einem freien und offenen Markt operiert. Auch das Publikum kann m. E. dabei nur gewinnen.

---

[98] Als «business», wie PFEIFER (Votum), 547 zutreffend sagt.

Karin Müller

Zertifiziertes Qualitätsmanagementsystem in der Anwaltskanzlei

Inhaltsübersicht

I. Einleitung
II. Qualitätsmanagement und Zertifizierung
   A. Geschichtliche Entwicklung und Terminologie
      1. Geschichtliche Entwicklung
      2. Terminologie
   B. Betrachtungsgegenstand des Qualitätsmanagements
   C. Aufgaben des Qualitätsmanagements
   D. ISO-Zertifizierung
      1. Allgemeines
      2. Rechtsgrundlagen
         a. Allgemeines
         b. ISO-9000 Normenreihe
      3. Sinn und Zweck der Zertifizierung
III. Qualitätsmanagement in der Anwaltskanzlei
   A. Allgemeines
   B. Qualitätssensible Bereiche in der Anwaltskanzlei
   C. Das Management in der Anwaltskanzlei
   D. Haftung für Anwaltsdienstleistungen
      1. Allgemeines
      2. Haftungsverschärfende Aspekte eines Qualitätsmanagementsystems
      3. Haftungsmindernde Aspekte eines Qualitätsmanagementsystems
   E. Würdigung des Qualitätsmanagementsystems in der Anwaltskanzlei

I. Einleitung

Die Gesellschaft der westlichen Industrieländer hat sich in den vergangenen Jahrzehnten zu einer Dienstleistungsgesellschaft entwickelt. Zwei Drittel der Beschäftigten arbeiten im Dienstleistungssektor und erzeugen einen entsprechenden Anteil am Bruttosozialprodukt[1]. Parallel zu dieser Entwicklung ist eine zunehmende Dienstleistungsabhängigkeit der industriellen Produktion zu beobachten. Im sekundären Sektor wird heute der Anteil an der Wertschöpfung aus der industriellen Güterproduktion auf max. 25% geschätzt,

---

[1] Statistisches Jahrbuch der Schweiz 1997, 110 bzw. 136.

während der Anteil mit Dienstleistungscharakter sich auf etwa 75% beläuft[2]. Das gestiegene Volumen der Dienstleistungsfunktionen ist einerseits Ausdruck veränderter Bedingungen der Unternehmertätigkeit[3], anderseits verändert diese Entwicklung ihrerseits wieder diese Bedingungen. So schlägt sich die Gewichtsverschiebung vom sekundären zum tertiären Sektor auch in der Rechtsordnung, insbesondere im Haftungsrecht, nieder. In weiten Bereichen ist eine wachsende Tendenz zur Verschärfung der (zivilrechtlichen) Haftung zu beobachten[4]: «Der Verbraucherschutz hat die Dienstleistungshaftung entdeckt.»[5]

Moderne Dienstleistungssysteme, auch Anwaltskanzleien, sind gezwungen, auf die veränderten Umwelt- und Haftungsbedingungen zu reagieren und die Qualität ihres Angebotes laufend zu verbessern. Eine Möglichkeit dazu bietet die Einführung eines Qualitätsmanagementsystems, das hilft, die Qualitätsanforderungen zu definieren und ihnen alsdann auch gerecht zu werden. Ob sich die ISO-Normen für die Entwicklung von Managementsystemen im Bereich der Anwaltstätigkeit eignen, ist allerdings umstritten[6].

So äusserte sich bis anhin auch der Schweizerische Anwaltsverband zur Zertifizierung von Anwaltskanzleien nach den ISO-Normen nur mit Skepsis. In einem Schreiben an die Reaprint Verlag AG[7] vom 28. Oktober 1996 gab der Vorstand des SAV etwa zu bedenken, die Zertifizierung sage über die Qualität der Rechtsauskunft nichts aus. Der Zertifizierungshinweis könne daher beim Rechtsuchenden eine Fehlinterpretation bewirken. Im weiteren würden die mit der Zertifizierung verbundenen Kosten Anwaltskanzleien in ländlichen Gegenden ausgrenzen, obwohl diese an sich keine schlechtere Rechtspflege betreiben würden[8]. Ganz grundsätzlich wird beklagt, ISO-Normen seien für die Anwaltsdienstleistung über weite Strecken problematisch, da das persön-

---

[2] GIARINI/STAHEL, 24; vgl. auch LEHMANN (Qualitätsstrategien), 109.
[3] LEHMANN (Qualitätsstrategien), 109.
[4] FELLMANN (Selbstverantwortung), 41 ff.; ROLF H. WEBER (Sorgfaltswidrigkeit), 41; WOLFGANG WIEGAND (Haftung für Dienstleistungen), 136.
[5] KARL HOFSTETTER, 337.
[6] In Deutschland ist um diese Frage eine heftige Diskussion entstanden: Vgl. etwa ENDRÖS/WALTL, NJW 1996, 1030 ff. m.w.H.; WÜTERICH/WÜTERICH/BREUCKER, NJW 1996, 2781 f. m.w.H.
[7] Bei diesem Schreiben handelt es sich um eine Antwort des SAV auf eine Anfrage der Reaprint Verlag AG, Gossau, betreffend Teilnahme des SAV an einer *European Quality Week*. Der SAV-Vorstand hält darin fest, dass er gewisse Probleme im Zusammenhang mit der Zertifizierung von Anwaltskanzleien erkannt habe und sich dieser neuen Thematik mittels eines Fachausschusses annehmen werde. Da die Beschlussfassung über Richtlinien und Empfehlungen an die Kantonalverbände jeweils am Anwaltstag im Juni stattfinden würde, könne der SAV an der im Herbst 1996 stattfindenden Veranstaltung nicht teilnehmen. Im folgenden führt der SAV die aus seiner Sicht problematischen Punkte (Anwaltsgeheimnis, Zertifizierungshinweis, Kostenfrage) auf.
[8] Vgl. Schreiben SAV/Reaprint Verlag AG, Gossau, vom 28. 10. 1996.

lich gefärbte und objektiv nur überaus schwer messbare Produkt der Anwaltsdienstleistung sich nicht messen lasse und Testergebnisse einen irreführenden Eindruck erwecken könnten[9]. Damit ist die Sache für den SAV offenbar vom Tisch[10]. Der im Schreiben an die Reaprint Verlag AG vom 28. Oktober 1996 angekündigte Fachausschuss wurde jedenfalls bis heute nicht ins Leben gerufen. Wie so oft droht daher die defensive Haltung der Anwaltsverbände nicht nur einzelne ländliche Anwaltskanzleien, sondern die ganze Anwaltschaft Neuerungen und damit anderen Dienstleistungsanbietern gegenüber (Banken, Treuhändern usw.) auszugrenzen.

Im folgenden soll gezeigt werden, dass die Einführung eines zertifizierten Qualitätsmanagementsystems in der Anwaltskanzlei[11] im Ergebnis die Qualität der angebotenen Dienstleistungen verbessert und daher bei der Aquisition neuer Aufträge einen entscheidenden Wettbewerbsvorteil darstellen kann[12].

II. Qualitätsmanagement und Zertifizierung

A. Geschichtliche Entwicklung und Terminologie

1. Geschichtliche Entwicklung

In den 50er Jahren begannen amerikanische Industriebetriebe, neben der Endkontrolle an ihren Produkten auch die Qualität während des Produktionsprozesses zu kontrollieren. Das Augenmerk richtete sich vermehrt auf Fehlervermeidung statt auf Fehlerfeststellung. «Die Erkenntnis, dass Qualität nicht nur ein Problem der Fertigung ist, sondern sämtliche Führungsstufen durchdringen muss»[13], führte dazu, dass die Qualitätssicherung auf weitere Bereiche ausgedehnt und auch verbessert wurde. In den 80er Jahren kamen dann eigentliche Qualitätsnormen für Managementsysteme auf, so

---

[9] SCHILLER (Transparenz und Lauterkeit), 5.
[10] Inzwischen hat sich der Vorstand des SAV allerdings wieder mit dem Problem befasst und offenbar auch die Bedeutung der ISO-Zertifizierung für den Anwaltsberuf erkannt. Vgl. dazu Der Schweizer Anwalt 172/1998, 3 f.
[11] Laut Auskunft der Schweizerischen Akkreditierungsstelle (SAS), an die sämtliche akkreditierten Zertifizierungsgesellschaften ihre Zertifikatserteilungen melden, verfügten in der Schweiz per 31.12.1997 folgende Kanzleien über ein zertifiziertes Qualitätsmanagementsystem: Staub, Hilti & Partner, Gossau; Fellmann, Tschümperlin & Partner, Luzern; Platzer Strausak Partner, Solothurn.
[12] Vgl. etwa GROB, 33; auch SEGHEZZI (Integriertes Qualitätsmanagement), 210 f., 226.
[13] GROB, 5.

etwa die ISO-Normen[14] der Reihe 9000, die Vorläufer in nationalen Normen hatten[15].

2. Terminologie

Qualität[16] ist eine wesentliche Voraussetzung für nachhaltigen unternehmerischen Erfolg. Im deutschen Sprachraum hatte sich für die Gesamtheit der qualitätsrelevanten Tätigkeiten einer Unternehmung zunächst der Begriff der *Qualitätssicherung* eingebürgert. Der Begriff führte in der Folge im internationalen Bereich jedoch zu Verwirrungen, weil «Sicherung» nicht als «Sicherstellung», sondern als «Zusicherung» verstanden wurde. Bei Übersetzungen in andere Sprachen wurde *Qualitätssicherung* mit *Quality assurance* und *Assurance de la Qualité* verwechselt[17]. In der Ausgabe 1994 der ISO-Normen 9000 wurde daher der Begriff Qualitätsmanagement (QM) eingeführt.

Der Qualitätsbegriff ist ganzheitlich, umfassend und integral zu verstehen. Das *Qualitätsmanagement* umfasst daher «alle Tätigkeiten des Gesamtmanagements, die im Rahmen des QM-Systems die Qualitätspolitik, die Ziele und Verantwortungen festlegen sowie diese durch Mittel wie Qualitätsplanung, Qualitätslenkung, Qualitätssicherung/QM-Darlegung und Qualitätsverbesserung verwirklichen»[18].

Die Kundenbedürfnisse und die Anforderungen der Gesetzgebung sind einem Wandel unterworfen und beeinflussen den Qualitätsbegriff. Qualität ist daher dynamisch zu verstehen. Sie muss laufend fortentwickelt werden, um den an sie gestellten Anforderungen gerecht zu werden[19]. Die Ausrichtung der gesamten Unternehmensstrategie auf das Qualitätsziel hin wird mit dem Begriff des *Total Quality Management*[20] (TQM) umschrieben. Das TQM-Kon-

---

[14] Normen, die von der *International Organization for Standardization* (ISO) herausgegeben werden; vgl. dazu hinten II D 2.
[15] Vgl. zum ganzen SEGHEZZI (Integriertes Qualitätsmanagement), 5 ff.; MOSER, 183 f.; GROB, 5.
[16] Zum Begriff GROB, 6 ff.; SEGHEZZI (Integriertes Qualitätsmanagement), 16 ff.; SEGHEZZI (St. Galler Konzept), 5 ff.; Qualität ist nach der Begriffsbestimmung ISO 8402 die «Gesamtheit von Merkmalen (und Merkmalswerten) einer Einheit bezüglich ihrer Eignung, festgelegte und vorausgesetzte Erfordernisse zu erfüllen».
[17] Vgl. SEGHEZZI (St. Galler Konzept), 31.
[18] Begriffsdefinition nach ISO 8402; vgl. auch SEGHEZZI (Integriertes Qualitätsmanagement), 52 ff.
[19] SEGHEZZI (Integriertes Qualitätsmanagement), 18.
[20] Beim TQM handelt es sich nach der Begriffsdefinition ISO 8402 um eine auf «die Mitwirkung aller ihrer Mitglieder gestützte Managementmethode einer Organisation, die Qualität in den Mittelpunkt stellt und durch Zufriedenstellung der Kunden auf langfristigen Geschäftserfolg sowie auf Nutzen für die Mitglieder der Organisation und für die Gesellschaft zielt».

zept ist ein umfassendes Konzept, das den Schwerpunkt auf die Mitwirkung des Menschen und auf permanente Verbesserungen unter Berücksichtigung der Strukturen, des systematischen Vorgehens und der Sicherung legt. «Total Quality Management geht (...) über den Aufgabenbereich der Bewirtschaftung der Qualität deutlich hinaus.»[21] Es handelt sich nicht um ein Konzept des Qualitätsmanagements, sondern um einen generellen, auf Qualität ausgerichteten Managementansatz[22].

B. Betrachtungsgegenstand des Qualitätsmanagements

Betrachtungsgegenstand des Qualitätsmanagements können Prozesse, Systeme, materielle und immaterielle Produkte oder Kombinationen daraus sein[23]. Zu den immateriellen Produkten gehören Dienstleistungen und Software. Die Grundgedanken und die prinzipiellen Verfahrensweisen des Qualitätsmanagements sind unabhängig von Einheitsarten, Produktearten und Produktekategorien. Dies schliesst allerdings nicht aus, dass produktspezifisches Wissen und produktspezifische Eigenschaften im konkreten Fall berücksichtigt werden[24]. Im folgenden soll nur auf das Qualitätsmanagement bei Dienstleistungen, insbesondere Anwaltsdienstleistungen, eingegangen werden.

C. Aufgaben des Qualitätsmanagements

Das Qualitätsmanagement hat die Aufgabe, die Bedürfnisse der Kunden zu erfassen, möglichst optimal in Produkte und Dienstleistungen umzusetzen und gleichzeitig die Prozesse und Abläufe so zu steuern, dass möglichst nur fehlerfreie Leistungen erzeugt und, wo dies nicht möglich ist, die Auswirkungen unvermeidbarer Restrisiken begrenzt werden[25]. Letztlich geht es darum, Qualität zu planen, zu lenken, zu sichern und zu fördern. Da sich diese Tätigkeiten nicht bloss auf einzelne Unternehmensbereiche beziehen, handelt es sich dabei um sog. Querschnittaufgaben, die koordiniert werden müssen[26].

---

[21] SEGHEZZI (Integriertes Qualitätsmanagement), 213.
[22] Zum TQM vgl. FREHR, 31 ff.; SEGHEZZI (Integriertes Qualitätsmanagement), 213 ff.; SEGHEZZI (St. Galler Konzept), 57 ff.
[23] Vgl. ISO 8402 1.1, insb. 1.4; auch ISO 9001 3.1.
[24] GEIGER, 767 ff.
[25] Vgl. auch SEGHEZZI (St. Galler Konzept), 11.
[26] Eingehend zum Ganzen und zu den Begriffsdefinitionen SEGHEZZI (St. Galler Konzept), 17 ff.; SEGHEZZI (Integriertes Qualitätsmanagement), 52 ff.; SEGHEZZI/CADUFF, 377 ff.

«Qualität muss (also) gemanagt werden».[27] Dabei stehen verschiedene Werkzeuge und Methoden[28] zur Verfügung[29].

D. ISO-Zertifizierung

1. Allgemeines

Managementsysteme und insbesondere auch Qualitätsmanagementsysteme können zertifiziert werden. In den 80er Jahren sind Zertifizierungssysteme als innovative Instrumente der freien Marktwirtschaft national entstanden. Mit dem Aufkommen der ISO-Normenreihe 9000 begannen sich die Unternehmen nämlich dafür zu interessieren, ob ihre Lieferanten die Anforderungen dieser Normenreihe erfüllten. Anstelle einer eigenen Prüfung verlangten sie von ihren Zulieferanten Zertifikate als Nachweis für das Funktionieren des Qualitätssystems. Als Folge dieser Forderung liessen sich die Unternehmen von einer neutralen Institution bestätigen, dass sie den Anforderungen der ISO-Normenreihe 9000 genügten. Vor der Ausstellung eines Zertifikats vergewissern sich die Zertifizierungsinstitutionen, dass das betroffene Unternehmen tatsächlich über ein funktionierendes Qualitätssystem verfügt. Ein Zertifikat bestätigt alsdann die «Fähigkeit der Unternehmung, gleichbleibende Qualität zu liefern, nicht mehr und nicht weniger»[30].

Die Zertifizierungsgesellschaften wurden von Dachverbänden und Verbänden der herstellenden Industrie gegründet. Die bedeutendste Organisation in der Schweiz ist die Schweizerische Vereinigung für Qualitäts- und Management-Systeme (SQS). Die SQS ist wie andere Zertifizierungsstellen durch die Schweizerische Akkreditierungsstelle[31] (SAS) «akkreditiert» worden. Mit der Akkreditierung wird formell die Kompetenz einer Stelle, nach

---

[27] MASING, 5.
[28] So etwa das *Quality Function Deployment*, die Umsetzung der Bedürfnisse in Produkte und Prozesse, vgl. dazu SEGHEZZI (St. Galler Konzept), 19; SEGHEZZI (Integriertes Qualitätsmanagement), 263 ff.; GROB, 25 f. und die *Failure Mode and Effects Analysis*, die Fehlermöglichkeiten- und -einflussanalyse, vgl. dazu SEGHEZZI (St. Galler Konzept), 48; SEGHEZZI (Integriertes Qualitätsmanagement), 266 ff.; GROB, 26.
[29] Vgl. dazu eingehend SEGHEZZI (Integriertes Qualitätsmanagement), 241 ff.; GROB, 22 ff. Im Rahmen dieses Beitrages kann nicht näher auf die verschiedenen Werkzeuge und Methoden eingegangen werden.
[30] SEGHEZZI (Integriertes Qualitätsmanagement), 225, zum Ganzen 222 ff.
[31] Die SAS wird vom Eidgenössischen Amt für Messwesen betrieben. Vgl. Art. 5 Abs. 1 der VO über das schweizerische Akkreditierungssystem und die Bezeichnung von Prüf-, Konformitätsbewertungs-, Anmelde- und Zulassungsstellen vom 17.6.1996 (Akkreditierungs- und Bezeichnungsverordnung, AkkBV); SR 946.512.

international massgebenden Anforderungen bestimmte Prüfungen durchzuführen, anerkannt[32, 33].

2. Rechtsgrundlagen

a. Allgemeines

Die International Organization for Standardization (ISO) ist die heute auf internationaler Ebene massgebende Normenvereinigung. Die ISO ist ein Zusammenschluss von rund 100 nationalen Normungsorganisationen und hat zum Ziel, den internationalen Verkehr mit Gütern und Dienstleistungen mittels Standardisierungen zu erleichtern[34]. Die nationale (schweizerische) Dachorganisation für Normung ist die Schweizerische Normen-Vereinigung (SNV)[35].

Im Bestreben, die verschiedenen nationalen Normen und Leitfäden auf dem Gebiet der Qualitätssicherung[36] zu vereinheitlichen, verabschiedete die ISO 1987 die sog. ISO 9000-Normenreihe, die per 1994 revidiert wurde. Die ISO 9000-Normen sind nicht rechtsverbindlich[37], sondern haben bloss den Charakter von Empfehlungen und unterliegen damit der Selbstregulierungskraft des Marktes[38].

b. ISO 9000-Normenreihe

Die Normen der ISO 9000-Familie sind die weltweit erfolgreichsten Normen der ISO[39]. Erstmals sind damit Unternehmensführungssysteme in Normen aufgenommen worden. Zuvor haben sich Normen auf technische Sachverhalte und Begriffe beschränkt[40]. Entgegen weitverbreiteter Irrmeinung setzt die Normenreihe ISO 9000 keinen Qualitätsstandard an sich, sondern stellt lediglich die systematischen Vorgaben für die Erarbeitung eines Qualitätsmanagementsystems zur Verfügung. Die ISO 9000-Normenreihe umfasst mehrere Teile. Sie enthält allgemeine Richtlinien zur Auswahl und Anwen-

---

[32] Art. 2 AkkBV.
[33] Vgl. dazu SEGHEZZI (Integriertes Qualitätsmanagement), 226 f.; HAIZMANN, 34 ff.; für Deutschland STEFFEN, 53 ff.
[34] SCHLUTZ, 125 f. m.w.H.; MOSER, 185.
[35] Vgl. dazu VO über die Notifikation technischer Vorschriften und Normen sowie die Aufgaben der Schweizerischen Normen-Vereinigung vom 17.6.1996 (Notifikationsverordnung, NV); SR 946.511.
[36] So der damals noch verwendete Begriff.
[37] Vgl. auch Art. 3 lit. c des BG über die technischen Handelshemmnisse vom 6.10.1995 (THG); SR 946.51.
[38] Vgl. SCHLUTZ, 125; MOSER, 185.
[39] GROB, 38; SEGHEZZI (Integriertes Qualitätsmanagement), 203 ff.
[40] SEGHEZZI (Integriertes Qualitätsmanagement), 205.

dung der Qualitätsmanagementsysteme nach ISO 9001, 9002 oder 9003. Mit Hilfe der ISO 9000 wird bestimmt, welches der in den ISO 9001 bis 9003 enthaltenen Systeme zur Darlegung[41] des Qualitätsmanagementsystems einer bestimmten Unternehmung geeignet ist und wie es in der Praxis umgesetzt wird.

Die Normen ISO 9001 bis 9003 enthalten Modelle für das Qualitätsmanagement und die Qualitätssicherung i.w.S. Sie beschreiben die Anforderungen an Systeme, die auf der Basis dieser Modelle aufgebaut werden. Das am häufigsten gewählte, umfassendste Anforderungsmodell ist die Norm ISO 9001[42]. Sie beschreibt ein Qualitätsmanagement-Modell für ein Unternehmen, das die gesamte Wertschöpfung von der Erfassung der Bedürfnisse der Kunden und dem Design bzw. der Entwicklung und Produktion bis zur Anwendung der Produkte und zum Kundendienst bearbeitet. Ziel der ISO 9001 ist die Sicherstellung einer umfassenden Qualitätsfähigkeit eines Unternehmens[43]. Die Zertifizierung einer Anwaltskanzlei erfolgt nach ISO 9001.

3. Sinn und Zweck der Zertifizierung

Weist ein Unternehmen die Erfüllung der Anforderungen der ISO-Norm und das Funktionieren des Qualitätssystems nach, wird von der Zertifizierungsgesellschaft nach Durchführung des Zertifizierungsverfahrens das Zertifikat erteilt[44]. Dieses bestätigt die Fähigkeit der Unternehmung, gleichbleibende Qualität zu liefern und dadurch den Anforderungen der ISO-Norm zu genügen. Viele Unternehmungen anerkennen heute Zertifikate als Nachweis eines funktionierenden Qualitätssystems. Dabei darf aber nicht vergessen werden, dass das Zertifikat aufgrund eines Audits, das eine Momentaufnahme mit

---

[41] Unter Darlegung versteht man die Art und Weise, wie die Einführung eines Qualitätsmanagementsystems festgehalten werden muss. Wichtigstes Dokument zur externen Darlegung des Qualitätsmanagementsystems ist das QM-Handbuch. Vgl. dazu GROB, 33 ff.

[42] Auf die ISO-Normen 9002, 9003 und 9004 kann im Rahmen dieses Beitrages nicht näher eingegangen werden. Bei ISO 9002 handelt es sich um ein Modell zur Darlegung der Qualitätssicherung in Produktion und Montage und bei ISO 9003 um ein Modell zur Darlegung der Qualitätssicherung bei der Endprüfung. ISO 9004 enthält einen Leitfaden für das Qualitätsmanagement und Elemente eines Qualitätssicherungssystems. Sie stellt selbst keine Anforderungen auf, sondern dient als Anleitung für den Aufbau und die Erhaltung Qualitätsmanagementsystems. ISO 8402 ist die Begriffsnorm der ISO 9000-Normenreihe und definiert die Begriffe im Qualitätsbereich. Vgl. eingehend dazu SEGHEZZI (Integriertes Qualitätsmanagement), 203 ff.; SEGHEZZI (St. Galler Konzept), 47 ff.; GROB, 38 f.; SCHLUTZ, 126 f.

[43] SCHLUTZ, 126.

[44] Die Darstellung des Ablaufs eines Zertifizierungsverfahrens würde den Rahmen dieses Beitrages sprengen; es kann hierfür auf die Ausführungen bei SEGHEZZI (Integriertes Qualitätsmanagement), 222 ff.; MOSER, 186; SCHLUTZ, 127 f. verwiesen werden.

Stichprobencharakter darstellt, erteilt wurde. Um die Kontinuität der Qualität sicherzustellen, werden deshalb jährlich Routineüberprüfungen durchgeführt und nach drei Jahren die Funktion des Gesamtsystems in einem Wiederholungsaudit beurteilt.

Der Inhaber eines Zertifikates hat das Recht, dieses für seine geschäftlichen Zwecke zu nutzen, so z.B. als Nachweis gegenüber Kunden und Behörden oder als Nachweis der Erfüllung der Sorgfaltspflicht in Haftungsfällen. Er darf das Zertifikat als Werbe- und Marketinginstrument einsetzen, indem er das Zeichen auf Briefpapier und Werbematerial anbringt und in Anzeigen, Katalogen usw. verwendet. Dabei muss sichergestellt werden, dass durch die Verwendung des Zeichens keine Unklarheit über das zertifizierte System entsteht, insbesondere nicht der Eindruck erweckt wird, ein Produkt oder eine Dienstleistung seien zertifiziert[45]. Eine Unternehmung kann ihr Zertifikat somit auf verschiedenste Weise nutzbringend verwenden[46].

Wichtiger als das Zertifikat ist allerdings die Fähigkeit, gleichbleibende Qualität zu liefern. Auch wenn für die Zertifizierung sachliche Gründe sprechen, ist letztlich nämlich nicht die Existenz eines Zertifikates, sondern das Vorhandensein eines funktionierenden Qualitätsmanagementsystems von Bedeutung. Letzteres ermöglicht dem Unternehmen, auf wirksame Weise Fehler zu vermeiden. Indem alsdann weniger fehlerhafte Produkte in den Verkehr gelangen, kann die Anzahl der dadurch verursachten Schadensfälle vermindert werden. Das Haftungsrisiko der Unternehmung verringert sich.

III. Qualitätsmanagement in der Anwaltskanzlei

A. *Allgemeines*

«Es kann keinen Zweifel geben, dass (...) bei der Erbringung einer Dienstleistung (...) der Verlust von qualitätsbezogener Motivation unmittelbar negative Folgen haben muss. Überspitzt gesagt: Eine ohne totales Qualitätsmanagement erbrachte Dienstleistung kann keine gute Dienstleistung sein»[47]. Diese provokative Formulierung widerspiegelt den Zeitgeist. Aufgrund von veränderten Umwelt- und Haftungsbedingungen nimmt die Bedeutung von

---

[45] Zum Problem der Lauterkeit in der Anwaltswerbung vgl. FELLMANN (Anwaltswerbung), 175 ff.

[46] Vgl. dazu etwa *Das Zertifizierungsverfahren für Qualitäts- und Umwelt-Managementsysteme*, Ziff. 2.1, Ausgabe September 1995 der SGS International Certification Services AG; Ziff. 2.2 und 2.3 des *Code of Practice*, Ausgabe Juni 1994 der SGS International Certification Services AG; Ziff. 5.1 des *Regulativs für Qualitäts- und Management-Audits sowie SQS-Zertifikate*, Ausgabe Januar 1996 der Schweiz. Vereinigung für Qualitäts- und Management-Systeme.

[47] GEIGER, 785.

Qualitätsmanagementsystemen im Dienstleistungssektor stetig zu. Auch der Klient des Anwaltes ist nicht mehr bereit, Unzulänglichkeiten in der Beratung oder Vertretung als eigenes Risiko auf sich zu nehmen. Seine Erwartungshaltung hat sich verschärft, sein Qualitätsbewusstsein vergrössert.

Im tertiären Sektor lässt sich eine Tendenz zur Industrialisierung, d.h. zur arbeitsteiligen, anonymen Massenproduktion feststellen. Die Dienstleistung wird nicht mehr als individuelle Leistung eines Menschen, sondern als Produkt verstanden und entsprechend vermarktet, aber auch entsprechend «konsumiert»[48]. Während im traditionellen Dienstleistungsverhältnis die persönliche Beziehung und die Treue der Parteien eine zentrale Rolle spielten und eine Art Kontrollfunktion wahrnahmen, fällt dieser Präventivfaktor beim Konsum moderner anonymer Dienstleistungen weitgehend weg. Zwar spielt auch heute noch die Pflicht zur getreuen Ausführung des Auftrages im konkreten Vertragsverhältnis zwischen Anwalt und Klient eine zentrale Rolle[49]. Im Gegensatz zu früher steht aber in vielen Fällen die Anwaltsdienstleistung an sich, d.h. deren Qualität, im Vordergrund; die Vornahme durch einen bestimmten Anwalt ist weniger wichtig geworden.

Die gesteigerte Erwartungshaltung der Klienten und die Bereitschaft der Gerichte, diese in konkrete Verhaltenspflichten des beauftragten Anwaltes umzumünzen, haben zu einer Haftungsverschärfung im Dienstleistungssektor geführt. Zwar wurde der Vorschlag für eine EG-Richtlinie über die Haftung bei Dienstleistungen, welche die Haftung des Dienstleistungserbringers nochmals rigoros verschärft hätte, inzwischen zurückgezogen[50]. In den nationalen Rechtsordnungen unserer Nachbarstaaten wie auch im schweizerischen und europäischen Recht zeigt sich aber dennoch eine deutliche Tendenz, die Haftung für Dienstleistungen zu verschärfen[51]. Nachdem sich die Produktehaftung allgemein durchgesetzt hat, «scheint sich das Gravitationszentrum der Diskussion in Richtung Dienstleistungen zu verschieben»[52].

Auch der wachsende Wettbewerb fordert von einem modernen Dienstleistungsunternehmen besondere Anstrengungen, um sich von der Masse abzuheben; letztlich also die Leistung besserer Qualität. Anwaltskanzleien machen hier keine Ausnahme. Juristische Dienstleistungen werden heute nämlich nicht mehr nur von Anwälten erbracht. Der steigende Bedarf an solchen Dienstleistungen als Folge der Fülle und Komplexität neuer Rechtsnormen

---

48 Wolfgang Wiegand (Haftung für Dienstleistungen), 140; auch Rolf H. Weber (Sorgfaltswidrigkeit), 50.
49 Vgl. dazu Fellmann in dieser Festschrift, 185 ff.; Sterchi, Art. 10 N 1.
50 Abl. Nr. C 12/8 vom 18.1.1991; vgl. dazu Karl Hofstetter, 337 ff., insb. 342; auch Brüggemeier, 419 ff.; Grob, 42 Fn. 9.
51 Vgl. etwa das BG über Pauschalreisen und das BG über den Konsumkredit sowie die entsprechenden europäischen Richtlinien.
52 Karl Hofstetter, 337.

hat Treuhandunternehmen, Banken, Versicherungen, Revisionsstellen, Vermögensverwalter und weitere Konkurrenten auf den Platz gerufen. Gleichzeitig wächst der Wettbewerbsdruck unter den Anwälten[53]. Der Faktor Qualität gewinnt zunehmend an Bedeutung und wirkt sich daher immer öfter wettbewerbsentscheidend aus[54]. Für den Anwalt stellt sich mithin die Frage, wie er den veränderten Bedingungen zu begegnen hat, um auf dem Markt erfolgreich bestehen zu können.

B. Qualitätssensible Bereiche in der Anwaltskanzlei

Grundlage des anwaltlichen Erfolges ist die Qualität der anwaltlichen Dienstleistung. Dabei stehen juristische Kompetenz und Sachverstand zwar nach wie vor im Vordergrund. Neben den Rechtskenntnissen entscheidet aber immer mehr auch die Kompetenz zur Unternehmensführung über den Erfolg der Anwaltskanzlei[55]. Der Klient erwartet, zeit- und sachgerecht beraten zu werden. Die Sachkompetenz effizient und zeitgerecht zur Entfaltung zu bringen, muss daher Aufgabe und Ziel des Managements sein.

In der Anwaltspraxis sind somit vor allem zwei Bereiche qualitätssensibel: das Management und die Kundenbeziehung im weiteren Sinn. Diese Bereiche sind zudem wettbewerbsrelevant, denn bestimmende Merkmale der Dienstleistungsgesellschaft sind der Zeitfaktor, der wesentlich durch das Management beeinflusst wird, und die Kundenbeziehung an sich. Dauerhafter Erfolg kann nur sichergestellt werden, wenn die unternehmerischen Anstrengungen über den eigentlichen Verkauf einer Dienstleistung hinausgehen. Eine besonders aussichtsreiche Strategie stellt dabei die «Qualitätsführerschaft» dar[56].

C. Das Management in der Anwaltskanzlei

Bei der Führung einer Anwaltskanzlei entscheidet die Anwendung moderner Management-Methoden wesentlich über deren Leistungsvermögen. Eine Anwaltskanzlei muss in der Organisation, der technischen Ausstattung, der Personalauswahl und -führung ebenso wie bei der Gestaltung der Arbeitsabläufe darauf ausgerichtet sein, interne und externe Information und Kommunikation so kompetent und effizient wie möglich zu gewährleisten[57]. Dies gelingt

---

[53] Vgl. Ziff. 6 der SAV-Richtlinien vom 6. Juni 1997 und dazu FELLMANN (Anwaltswerbung), 175 ff.
[54] Vgl. zur Qualität als Wettbewerbsfaktor SEGHEZZI (Integriertes Qualitätsmanagement), 10 ff.
[55] WINTERS, 284.
[56] LEHMANN (Qualitätsstrategien), 111 m.w.H.
[57] WINTERS, 97 ff.

nur, wenn das ganze Unternehmen[58] dem Qualitätsmanagement unterworfen ist. Qualitätsbestreben darf sich – soll dem Unternehmen Erfolg beschieden sein – nicht in einzelnen Massnahmen und Handlungsanweisungen an der Oberfläche der Unternehmensprozesse erschöpfen, sondern muss alle Führungsstufen und somit den ganzen Betrieb durchdringen. Erst dann gelingt es, sämtliche Handlungen und Entscheidungen auch an den Klientenforderungen und nicht mehr ausschliesslich an betriebsinternen Ansprüchen zu orientieren[59].

Da die Anwaltsdienstleistung interaktiven Charakter besitzt, somit letztlich im Kontakt zwischen dem Anwalt bzw. seinen Mitarbeitern und dem Klienten entsteht, ist es wichtig, das Augenmerk hauptsächlich auf die beteiligten Personen zu richten. Die Qualität der Anwaltsdienstleistung hängt nämlich wesentlich von deren Motivation, Geschick, Leistungsfähigkeit und -bereitschaft ab. «Der einzelne Mitarbeiter ist (...) nicht nur Produzent, Absatz- und Marketingkanal, sondern er wird darüber hinaus vom Konsumenten selbst als ein fester Bestandteil der Dienstleistung identifiziert[60].» An die mittelbaren und unmittelbaren Kontaktpunkte, die der Klient im Verlaufe des Anwaltsdienstleistungsprozesses durchläuft, sind deshalb besondere Qualitätsanforderungen zu stellen.

Die Einführung und der gezielte Einsatz eines Qualitätsmanagementsystems garantieren zwar nicht per se Erfolg. Ein Qualitätsmanagementsystem hilft aber, die Umweltverhältnisse und Klientenbedürfnisse zu analysieren, Qualitätsanforderungen zu definieren und ihnen alsdann gerecht zu werden. Einerseits wirkt sich das Qualitätsmanagementsystem auf die internen Abläufe der Anwaltskanzlei aus. So werden etwa im sog. Qualitätsmanagement-Handbuch[61] sämtliche Arbeitsabläufe strukturiert und optimiert festgehalten. Fehlerquellen und Ineffizienzen können frühzeitig erkannt und ausgemerzt werden. Durch die Strukturierung der Abläufe wird Klarheit und Übersichtlichkeit geschaffen. Dies wiederum hilft, Vorgaben und Fristen einzuhalten. In diesem Zusammenhang soll nicht unerwähnt bleiben, dass die häufigste Ursache von Haftpflichtfällen (in der Schweiz) nach wie vor verpasste Fristen sind[62]. Aufgabe eines Qualitätsmanagementsystems ist es, die einzelnen Abläufe und Prozesse so zu steuern, dass möglichst nur fehlerfreie Leistungen erzeugt und, wo dies nicht möglich ist, die Auswirkungen unvermeidbarer Restrisiken begrenzt werden. Die Hauptleistung des Qualitätsmanagements liegt somit in der Fehlerprävention.

Daneben hilft die strukturierte Aufzeichnung der einzelnen Kanzleiabläufe, kostenintensive Stellen und Faktoren ausfindig zu machen. Die Kosten-

---

[58] Zur Anwaltskanzlei als Unternehmen THOUVENIN in dieser Festschrift, 71 ff.
[59] LEHMANN (Dienstleistungsmanagement), 75.
[60] LEHMANN (Qualitätsstrategien), 112.
[61] Vgl. dazu etwa GROB, 34 f. m.w.H.
[62] Vgl. KNAPPEN, 7.

struktur des Unternehmens kann auf diese Weise optimiert und der Betrieb wettbewerbsfähig(er) gemacht werden.

Neben diesen internen Auswirkungen hat das Qualitätsmanagement auch externe Auswirkungen. Indem die Bedürfnisse der Klienten systematisch erfasst werden, können deren Wünsche optimal in Anwaltsdienstleistungen umgesetzt werden. Dies fördert die Zufriedenheit der Kunden, was bekanntlich noch immer die wirksamste Marketingmassnahme darstellt.

D. Haftung für Anwaltsdienstleistungen

1. Allgemeines

Das Qualitätsmanagementsystem steuert die einzelnen Abläufe und Prozesse in der Anwaltskanzlei so, dass möglichst nur fehlerfreie Leistungen erzeugt werden. Das Risiko von Schadensfällen wird damit gesenkt. Die Hauptleistung des Qualitätsmanagements liegt somit in der Schadensprävention. Es wird indessen nie gelingen, alle Fehler und Fehlerquellen zu eliminieren. Im folgenden soll daher auch untersucht werden, ob und inwiefern ein zertifiziertes Qualitätsmanagementsystem Einfluss auf die Haftung des Anwaltes hat. Dabei stehen zwei Fragen im Vordergrund: erstens: Wird die Haftung verschärft, wenn die Anwaltskanzlei mit dem Zertifikat für ihre Dienstleistungen wirbt? und zweitens: Welchen Nutzen zieht ein Anwaltsbüro «im Falle eines Falles» aus dem zertifizierten Qualitätsmanagementsystem?

2. Haftungsverschärfende Aspekte eines Qualitätsmanagementsystems

Werbung kann «berechtigte Erwartungen wecken und damit haftungsrechtliche Bedeutung erlangen»[63]. Nach dem Swissair-Entscheid[64] ist klar: Wer für sein Erzeugnis wirbt, muss damit rechnen, «dass ihn nicht nur der Konsument, sondern auch der Richter beim Wort nimmt»[65]. Ein ISO-Zertifikat kann den Eindruck erwecken, die Anwälte der zertifizierten Kanzlei gingen bei der Erbringung ihrer Dienstleistungen sorgfältiger vor als durchschnittliche Anwälte. Wer mit seinem Zertifikat wirbt, muss sich daher Rechenschaft geben, welche Erwartungen er damit bei seinen Klienten objektiverweise erzeugt. Bei Verwendung des Zertifikates als Werbe- und Marketinginstrument muss deshalb sichergestellt werden, dass über die Tragweite des Zertifikates keine Unklarheiten entstehen. Eine Anwaltskanzlei, die über ein zertifiziertes Qua-

---

[63] BGE 120 II 334.
[64] BGE 120 II 331 ff.; vgl. auch WOLFGANG WIEGAND (ZBJV 1996), 321 ff.; FELLMANN (Werbung), 96 ff. m.w.H.; DRUEY, 93 ff.
[65] FELLMANN (Werbung), 98.

litätsmanagementsystem verfügt, muss sich daher hüten, beim Klienten den Eindruck zu erwecken, die Dienstleistung selbst sei zertifiziert[66, 67].

3. Haftungsmindernde Aspekte eines Qualitätsmanagementsystems

Will der Klient den Anwalt für einen Schaden belangen, können die im Rahmen der Einführung des Qualitätsmanagementsystems erstellten Dokumente gute Dienste leisten. Sie ermöglichen dem Anwalt unter Umständen, bereits den Vorwurf einer Vertragsverletzung abzuwenden. Hält er nämlich die durch das betriebseigene Qualitätsmanagement-Handbuch vorgegebenen Abläufe und Prozesse ein, besteht mindestens im administrativen Bereich (Fristenkontrolle usw.) eine gewisse Vermutung, dass die erforderliche Sorgfalt beachtet wurde[68], wenn das dem Handbuch zugrunde liegende System den ISO-Normen entspricht und von einer staatlich akkreditierten Stelle zertifiziert wurde.

Daneben dürfte der hohe Dokumentationsgrad des Qualitätsmanagementsystems die Beweisführung ganz grundsätzlich erleichtern[69]. Voraussetzung ist allerdings, dass sämtliche, insbesondere die haftungsrelevanten, Abläufe ausführlich festgehalten und die entsprechenden Dokumente laufend den veränderten Umständen angepasst werden. Dass der Anwalt im Schadensfall zu beweisen hat, dass den durch das Qualitätsmanagementsystem vorgesehenen Abläufen auch nachgelebt wurde, versteht sich von selbst[70].

Ebensowenig wie die blosse Existenz eines Zertifikates den Anwalt entlastet[71], ist dieser aber auch bei Einhaltung der Anforderungen des Qualitätsmanagementsystems vor einer Inanspruchnahme a priori gefeit. Einerseits ist es nämlich durchaus möglich, dass die Vorgaben des Qualitätsmanagementsystems nichts über die im konkreten Fall einzuhaltende Sorgfalt aussagen. Deshalb darf auch aus einem Verstoss gegen die durch das Qualitätsmanagementsystem aufgestellten Verhaltensanweisungen nicht per se auf eine Sorgfaltspflichtverletzung geschlossen werden[72]. Anderseits kann ein bestimmter Fall indessen gerade eine Abweichung von diesen Verhaltensanweisungen – und somit unter Umständen gar eine grössere Sorgfalt – verlangen[73]. Qualitätsmanagementsysteme sind somit – isoliert betrachtet – keine

---

66 Vgl. dazu auch vorne II D 3.
67 Zur Haftung des Anwaltes vgl. eingehend FELLMANN in dieser Festschrift, 185 ff.; auch MOSER, 182 m.w.H.
68 HENNINGER, 86.
69 MOSER, 190 f.
70 Vgl. auch ROTHE, 478.
71 MOSER, 191; vgl. auch ROTHE, 477 f.; GROB, 121.
72 Vgl. auch HENNINGER, 86.
73 Vgl. dazu MOSER, 192; auch VON BÜREN/VON MOOS, 1383 (in bezug auf Normen und Vorschriften über Produktesicherung).

ausschlaggebende Grundlage, die im konkreten Fall erforderliche Sorgfalt zu definieren[74].

E. Würdigung des Qualitätsmanagementsystems in der Anwaltskanzlei

Ein Qualitätsmanagementsystem hilft Qualitätsanforderungen zu definieren und ihnen alsdann gerecht zu werden. Dadurch erhöht sich die Zufriedenheit der Klienten und Mitarbeiter. Dies wiederum führt zu einer Steigerung der Wettbewerbsfähigkeit und zur Hebung des Ansehens der Anwaltskanzlei. Ein weiteres Verdienst des Qualitätsmanagements ist die Schadensprävention. Schliesslich leistet ein (zertifiziertes) Qualitätsmanagementsystem aber auch im Schadensfall gute Dienste.

Die eigentliche Krux des Zertifizierungsvorgangs ist das Anwaltsgeheimnis. Für die Durchführung des Audits benötigt die Zertifizierungsgesellschaft nämlich unter anderem Einsicht in konkrete Dossiers. Fordert sie daher Einsicht in einen bestimmten Fall, muss das entsprechende Dossier zuvor anonymisiert werden (Abdecken aller geheimnisrelevanten Daten), damit das Anwaltsgeheimnis gewahrt bleibt. Neben solchen konkreten Massnahmen muss ganz allgemein dafür gesorgt werden, dass die Experten der Zertifizierungsgesellschaft sich nur in abgeschirmten Räumen aufhalten, damit sie nicht unbeabsichtigt von vertraulichen Vorgängen Kenntnis erhalten. Von den gesamten für die Zertifizierung relevanten Daten stehen indessen nur etwa 10 bis 50% (je nach Umfang der zertifizierten Bereiche) unter dem Anwaltsgeheimnis. Werden daher klientensensible Daten vor der Einsichtnahme anonymisiert, bleibt das Anwaltsgeheimnis auch im Zertifizierungsverfahren unangetastet. Dass das Verfahren dadurch etwas komplizierter und administrativ aufwendiger wird, liegt auf der Hand.

Berechtigt sind auch die vom SAV geäusserten Bedenken bezüglich der Kosten[75]. Unbestritten stehen nämlich den Vorteilen eines zertifizierten Qualitätsmanagementsystems als Nachteil beträchtliche Kosten gegenüber. Zum einen sind die Honorare der externen Berater (ohne die es wirklich nicht geht) und der Zertifizierungsgesellschaft recht hoch. Zum andern entstehen durch die äusserst intensive Beanspruchung sämtlicher Mitarbeiter in der Aufbauphase nicht zu vernachlässigende interne Kosten. Zu beachten ist schliesslich, dass die Einführung eines zertifizierten Qualitätsmanagementsystems viel Zeit benötigt; man rechnet mit zwischen 6 und 24 Monaten[76]. In dieser Zeit wird der Betrieb aufs Äusserste beansprucht. Eine Arbeitsteilung zwischen

---

[74] Vgl. auch ROTHE, 478.
[75] Vgl. Schreiben SAV/Reaprint Verlag AG vom 28.10.1996 vorne Fn. 7.
[76] Vgl. dazu auch SEGHEZZI (Integriertes Qualitätsmanagement), 211.

verschiedenen Anwälten und mehreren Sekretärinnen ist daher unabdingbar. Dies wiederum bedingt eine gewisse Grösse der Anwaltskanzlei. Dass kleinere Kanzleien einen solchen Aufwand kaum zu erbringen vermögen, leuchtet ein. Dies ist jedoch für sich allein kein Grund, die Einführung zertifizierter Qualitätsmanagementsysteme für Anwaltskanzleien generell abzulehnen und damit mittelgrosse und grosse Kanzleien im Markt zu behindern.

Auch wenn das ISO-Zertifikat im Anwaltsdienstleistungsbereich in nächster Zukunft noch nicht zum Standard werden dürfte, wird seine Bedeutung wohl schneller als erwartet zunehmen. Das Zertifikat wird inskünftig auch «die Wertschätzung eines anerkannten Einheits-Gütesiegels für Qualität»[77] erlangen. Aller Kritik zum Trotz, werden daher einem zertifizierten Anwaltsbüro nicht zu unterschätzende Vorteile erwachsen. Dies nicht zuletzt aufgrund der Tatsache, dass durch die intensive Beschäftigung mit Qualitätsvorgaben die Qualität per se einen bewussteren Stellenwert erlangt[78]. Wer sich aber der Qualität verschreibt, hat auch auf gesättigten Märkten immer eine Überlebenschance. Nicht zu vernachlässigen ist in diesem Zusammenhang, dass zertifizierte Unternehmen bei der Vergabe von Aufträgen an Anwälte aufgrund ihrer eigenen Qualitätsvorgaben inskünftig in vielen Fällen einer zertifizierten Kanzlei den Vorzug geben werden[79].

---

[77] SCHLUTZ, 129.
[78] Vgl. auch SCHLUTZ, 130.
[79] Vgl. auch WÜTERICH/WÜTERICH/BREUCKER, NJW 1996, 2782.

Roland Hürlimann

Der Anwalt als Gutachter

Inhaltsübersicht

I. Einleitung und Übersicht
II. Arten der Gutachtertätigkeit
   A. Gegenstand eines Gutachtens
   B. Der Anwalt als Privatgutachter
   C. Der Anwalt als Schiedsgutachter
III. Die Qualifikation des Gutachtervertrages
   A. Die Streitfrage
   B. Auffassungen in der Lehre und in der Rechtsprechung
   C. Eigene Auffassung
   D. Besonderheiten bei der Qualifikation des Schiedsgutachtervertrages
IV. Die Haftung des Gutachters
   A. Die Mängelhaftung aus Werkvertragsrecht
      1. Das mangelhafte Gutachterergebnis
      2. Die vereinbarten Eigenschaften des Gutachtens
      3. Die vorausgesetzten Eigenschaften des Gutachtens
      4. Die Rechtsfolgen bei Erstattung eines mangelhaften Gutachtens
      5. Die Prüfungs- und Anzeigepflicht des Bestellers
      6. Die anwendbaren Verjährungsfristen
      7. Besonderheiten bei der Haftung des Schiedsgutachters
   B. Die Haftung aus unerlaubter Handlung
      1. Die Ausgangslage
      2. Die Haftungsvoraussetzungen
   C. Die Haftung bei Verzug
      1. Fälligkeit der Leistung
      2. Verzugsfolgen nach Art. 102 ff. OR
      3. Das vorzeitige Rücktrittsrecht nach Art. 366 Abs. 1 OR
   D. Die Haftungsregeln des Auftragsrechtes im Vergleich zum Werkvertragsrecht
      1. Die Haftungsvoraussetzungen
      2. Prüfungs- und Anzeigepflicht
      3. Anspruchsverjährung
      4. Die Rechtsbehelfe

I. Einleitung und Übersicht

Weder die Gutachtertätigkeit der Anwälte im allgemeinen noch die Rechtslage bei Erstattung einer fehlerhaften Expertise im besonderen hat die schweizerischen Gerichte bis anhin stark beschäftigt. Publizierte Urteile, die sich mit den Folgen ungenügender Gutachten zu befassen hatten, sind sogar ausgesprochen selten und betreffen praktisch ausschliesslich technische Sachverständige. Selbst bei Haftpflicht-Versicherungen, die Schadenfälle aus dem Dienstleistungsbereich in überwiegender Anzahl aussergerichtlich erledigen, scheint die Verantwortung des Anwalts aus Gutachtertätigkeit kein Thema zu sein[1]. In der Literatur schliesslich wird die anwaltliche Gutachtertätigkeit, sofern überhaupt, nur am Rande behandelt; allfällige Hinweise beschränken sich, soweit ich dies übersehen kann, meistens auf die Frage der Rechtsqualifikation, also die rechtliche Einordnung des Gutachtervertrages.

Diese Ausgangslage erstaunt, zumal die Erstattung von Gutachten in vielen Kanzleien einen wesentlichen Bestandteil der anwaltlichen Tätigkeit ausmacht und fehlerhafte Gutachten je nach involviertem Streitwert ein beträchtliches Haftungspotential in sich bergen können[2]. Die Festschrift zum hundertjährigen Geburtstag des Schweizerischen Anwaltsverbandes bietet Gelegenheit, einige Aspekte zu beleuchten, die im Zusammenhang mit der Gutachtertätigkeit von Bedeutung sein können.

Der Aufsatz versucht aufzuzeigen, dass gestützt auf die geltende Rechtsprechung des Bundesgerichts zum Geistwerkvertrag[3] nicht nur der Berufsstand der Planer, sondern auch derjenige der Anwälte damit rechnen muss, dass künftig für einzelne Leistungen – wie etwa für die Tätigkeit als Gutachter – werkvertragliche Bestimmungen zur Anwendung gelangen. Gerade am Beispiel der Gutachtertätigkeit zeigt sich jedoch, dass die Abkehr vom traditionellen Verständnis, sämtliche Leistungen des Anwaltes (und damit auch die

---

[1] Vgl. die Aufsätze und Rechtsprechungs-Übersichten in den unlängst erschienenen Publikationen der «*Winterthur*», Die Sorgfalt des Anwalts in der Praxis, Bern 1997, sowie SCHLÜCHTER, Haftung aus anwaltlicher Tätigkeit unter Einbezug praktischer Fragen der Haftpflichtversicherung, AJP 1997, 1359 ff.

[2] Der Vorwurf, mit einem unkorrekten Rechtsgutachten Schaden verursacht zu haben, kann für einen Anwalt im Einzelfall schwerwiegende Konsequenzen haben und soweit gerechtfertigt die Existenz selbst grosser Anwaltskanzleien bedrohen. Vgl. etwa die Pressemeldung in der NZZ Nr. 27 vom 2. Februar 1996: «*Kanadische Bankklage gegen britische Anwaltsfirma*. Vier kanadische Banken – die Royal Bank of Canada, die Canadian Imperial Bank of Commerce (CIBC), die Bank of Nova Scotia sowie die National Bank of Canada – haben gegen das britische Anwaltsbüro *Clifford Chance* eine Klage im Umfang von *1,3 Mrd. kan. $* erhoben. Die Klage steht im Zusammenhang mit dem Finanzkollaps des Gebäudekomplexes von Canary Wharf zu Beginn der 90er Jahre. Die Banken werfen dem Anwaltsbüro vor, sie hätten damals im Hinblick auf die Restrukturierung des Vorhabens eine wichtige Rolle eingebüsst, weil Clifford Chance 1989 ein *unkorrektes Rechtsgutachten* abgegeben habe. Canary Wharf wurde 1992 bzw. nach dem Kollaps der kanadischen Muttergesellschaft Olympia & York einer Verwaltungsbehörde unterstellt, gelangte anschliessend unter die Kontrolle von elf internationalen Banken (darunter auch die klagenden) und wurde 1995 an ein Konsortium verkauft, das von Paul Reichmann, dem ehemaligen Chef von Olympia & York, geleitet wird».

[3] Vgl. nachfolgend III.

Beurteilung der Verantwortlichkeit) ungeteilt den Vorschriften des Auftragsrechts zu unterstellen[4], keineswegs zum Nachteil des Anwaltsstandes sein muss.

Im folgenden gebe ich unter II. zunächst einen Überblick über einige wesentliche Arten der Gutachtertätigkeit. In einem Kapitel III spreche ich dann von der rechtlichen Einordnung des Gutachtervertrages. Im Kapitel IV befasse ich mich schliesslich mit Haftungsfragen.

II. Arten der Gutachtertätigkeit

A. *Gegenstand eines Gutachtens*

Die Aufgabe des Gutachters bestimmt sich nach dem Inhalt des vom Klienten erteilten Auftrages. Der Anwalt kann beigezogen werden
- *zur Beurteilung von Rechtsfragen* (z.B. Rechtsgutachten zum Zwecke der Streitschlichtung, Prozessaussichten-Beurteilung usw.);
- *zur Darstellung resp. zum Nachweis des schweizerischen oder ausländischen Rechts* (z.B. Rechtsgutachten über englisches Recht in einem Streitfall mit vermögensrechtlichen Ansprüchen);
- *zur Feststellung, Beurteilung resp. Bewertung von Tatsachen* (z.B. Feststellung des Inhalts eines Nachlasses und Schätzung des Wertes; Bonitäts- und weitere Abklärungen im Rahmen einer legal due diligence usw.);
- zur verbindlichen Feststellung einer rechtserheblichen *Tatsache* resp. zur abschliessenden Beurteilung einer *Rechtsfrage im Sinne eines Schiedsgutachtens* (z.B. verbindliche Aussersteitsetzung der Schadenshöhe oder der einzelnen Verschuldensanteile, verbindliche Bewertung von Aktien bei Ausübung statutarischer Vorkaufsrechte usw.);

Die vorstehende Aufzählung ist keineswegs abschliessend. Zu welchen Aspekten sich ein Gutachter äussern muss, bestimmt sich letztlich nach den konkreten Abmachungen mit dem Klienten. Als Thema des *Privatgutachtens* kommt neben der Beurteilung von Tat- und Rechtsfragen auch die Vermittlung von Erfahrungssätzen oder weiterer Fakten und Vorgänge in Betracht. Thema einer *Gerichtsexpertise* kann sein, was nach Massgabe der anwendbaren Prozessordnungen Beweisgegenstand bilden kann[5].

Die Erstattung von Rechtsgutachten auf Veranlassung eines Gerichts nimmt heute nur noch geringen Raum ein. Gestützt auf Art. 16 IPRG haben die Richter und Behörden den Inhalt des anzuwendenden ausländischen

---

[4] FELLMANN in dieser Festschrift, 185 ff.
[5] FRANK/STRÄULI/MESSMER, Kommentar zur Zürcherischen ZPO, Vorbemerkung zu § 171 ff. N 1 f.

Rechts *von Amtes wegen* festzustellen[6], wobei die Parteien in unterschiedlichem Umfang daran beteiligt werden können. In allen Fällen kann die rechtsanwendende Instanz die Parteien *zur Mitwirkung,* bei vermögensrechtlichen Angelegenheiten auch *zum Nachweis* des ausländischen Rechts auffordern[7]. Die Einreichung privater Rechtsgutachten im Rahmen eines Behauptungsverfahrens ist jedoch nach wie vor zulässig und wird – zumindest bei komplexer Ausgangslage – zuweilen auch praktiziert[8]. Gemeinsam ist sämtlichen aufgezählten Gutachtensarten, dass sie dem Klienten als *Entscheidungshilfe* dienen, ihm aber – selbst wenn das Gutachten mit Empfehlungen schliesst – letztlich in den wenigsten Fällen den Entscheid über das weitere Vorgehen abnehmen können.

Je nach Art der Bestellung handelt es sich beim Gutachter um einen *Privatgutachter,* um einen von zwei oder mehreren Parteien gemeinsam bestellten *Schiedsgutachter* oder aber um einen *amtlich ernannten Sachverständigen* (z. B. im Sinne von Art. 367 Abs. 2 OR) resp. um einen nach Massgabe der kantonalen Zivilprozessordnung *gerichtlich eingesetzten Experten.* In behördlichen Angelegenheiten[9] und Gerichtsverfahren[10] werden praktisch ausschliesslich technische Sachverständige benötigt, weshalb ich im Rahmen dieses Aufsatzes darauf verzichte, auf Einzelheiten des amtlich und des gerichtlich eingesetzten Gutachters einzutreten.

---

[6] Neben eigenen Abklärungen (über juristische Datenbanken, usw.) beanspruchen Richter und Behörden heute v.a. das Schweizerische Institut für Rechtsvergleichung in Lausanne-Dorigny oder z.b. das Max-Planck-Institut für ausländisches und internationales Recht in Hamburg. Gestützt auf das Europäische Übereinkommen betreffend Auskünfte über ausländisches Recht vom 7. August 1968 (SR.0.274.161) leisten sich die Gerichtsbehörden der Mitgliedstaaten zudem gegenseitig Rechtshilfe i.S. v. Auskünften.

[7] Vgl. MÄCHLER-ERNE-KSP, Art. 16 N 11 und 13; BGE 118 II 83; 119 II 93 ff. Mit Inkrafttreten des Gesetzes vom 24.9.1995 über die Angleichung des kantonalen Prozessrechts (AnglG) und der damit verbundenen Aufhebung von § 57 Abs. 2 ZPO-ZH kann der Nachweis fremden Rechts im Kanton Zürich nicht mehr Gegenstand eines Gutachtens sein: FRANK/STRÄULI/MESSMER, Kommentar zur Zürcherischen ZPO, § 57 N 18 ff.

[8] Vgl. den Sachverhalt, der ZR 88, 1989, Nr. 5, 12 ff. zugrundelag. In jenem Fall reichten die Prozessparteien insgesamt neun sich z.T. widersprechende Privatgutachten zum Inhalt des ausländischen Rechts ein (Vollstreckbarkeit eines Urteils nach englischem Recht vor dem Hintergrund der Immunity Act-Problematik), woraufhin das Handelsgericht bei Sir I. S. ein weiteres, amtliches Rechtsgutachten einholte. Zur Bedeutung und Problematik juristischer Gutachten vgl. IMBODEN, 503 ff.; GEORG MÜLLER, 169 ff.

[9] Zur Ernennung von technischen Sachverständigen im Verwaltungsverfahren (insb. im Bereich des Umwelt- und Sicherheitsrechts) neuerdings WAGNER/PFEIFFER, Zum Verhältnis von fachtechnischer Beurteilung und rechtlicher Würdigung im Verwaltungsverfahren, ZSR 1997 I, 433 ff.

[10] Zur Ernennung von technischen Sachverständigen im Zivilverfahren vgl. FRANK/STRÄULI/MESSMER, Kommentar zur Zürcherischen ZPO, Bemerkungen zu §§ 171–182; HÜRLIMANN (Der Architekt als Experte), 436 ff.

B. Der Anwalt als Privatgutachter

Wird ein Sachverständiger auf Veranlassung einer (oder mehrerer) Parteien ausserhalb eines Gerichtsverfahrens beigezogen, so handelt es sich um einen Privatgutachter. Wird er lediglich von einer Partei mit der Ausarbeitung des Gutachtens betraut, wird er zuweilen auch als Parteigutachter bezeichnet.

Privatgutachten, welche von Klienten eingeholt und dem Gericht vorgelegt werden, haben grundsätzlich nur die Bedeutung von Parteibehauptungen[11]. Ungeachtet ihrer Bedeutung als blosse Parteibehauptung sind auch Privatgutachten für die richterliche Meinungsbildung oft von entscheidender Tragweite.

C. Der Anwalt als Schiedsgutachter

Der Schiedsgutachter ist ein Sachverständiger, der von zwei oder mehreren Parteien mit der verbindlichen Feststellung einer oder mehrerer rechtserheblicher Tatsachen und/oder einzelner Rechtsfragen betraut wird[12]. Mit der vertraglichen Bestellung eines Schiedsgutachters können die Parteien einzelne umstrittene Punkte[13] ihrer Auseinandersetzung einem sachverständigen Dritten zur abschliessenden Begutachtung unterbreiten. Was vertraglicher Inhalt des Schiedsgutachtens ist, wird also gleichsam durch verbindliche Feststellung des Schiedsgutachters *ausser Streit* gestellt[14].

---

[11] GULDENER, 349; HÜRLIMANN (Der Architekt als Experte), 450; VOGEL (Grundriss), § 10 N 152; ZR 88, 1989, Nr. 5; ZR 95, 1996, Nr. 8; ZR 88, 1989, Nr. 5. Modernere Zivilprozessordnungen enthalten allerdings Vorschriften, wonach auch Privatgutachten als Beweismittel zu berücksichtigen sind (vgl. z.B. § 262 ZPO-AG; § 194 ZPO-AR).

[12] Vgl. BGE 117 II 368; ZR 94, 1995, Nr. 100; ZR 93, 1994, Nr. 34. HABSCHEID, Das Schiedsgutachten als Mittel der Streitentscheidung und der Streitvorbeugung, in: Festschrift Kralik, Wien 1986, 189 ff.; HÜRLIMANN (Das Schiedsgutachten), 109; RÜEDE/HADENFELDT, 21. Ferner die Monographien von BACHMANN, Der Schiedsgutachter, Diss. Zürich 1949; HAGENBÜCHLE, Das Schiedsgutachten im schweizerischen Recht, Diss. Zürich 1952.

[13] Gegenstand des Schiedsgutachtervertrages können wesensgemäss nur (aber immerhin) Rechtsverhältnisse sein, über welche die Parteien *frei verfügen* können (vgl. § 258 ZPO). Im übrigen sind die Beteiligten indessen weitgehend frei, den Aufgabenbereich des Schiedsgutachters zu bestimmen: Dem Schiedsgutachter können entweder *tatbeständlich* umstrittene Fragen (z.B. der Verkehrswert einer Liegenschaft, die Bewertung eines Gesellschafteranteiles nach Austritt aus einer ARGE usw.) zur Begutachtung übertragen werden. Oder dem Schiedsgutachter wird – neben oder ausserhalb einer Tatsachenfeststellung – die Aufgabe übertragen, *einzelne Rechtsfragen* (wie z.B. der Verschuldensanteil der Kontrollstelle, die Kausalität zwischen Sturmböen und Kranunfall, die Rechtzeitigkeit einer Mängelrüge usw.) verbindlich zu entscheiden; FRANK/STRÄULI/MESSMER, Kommentar zur Zürcherischen ZPO, § 258 N 2 ff.; HÜRLIMANN (Das Schiedsgutachten), 109. Nach FELLMANN-BK, Art. 394 N 165, darf der Schiedsgutachter nur Tatsachen, nicht rechtliche Tatbestandsmerkmale beurteilen.

[14] FRANK/STRÄULI/MESSMER, Kommentar zur Zürcherischen ZPO, § 258 N 2. Verbindlichkeit bedeutet, dass die Vertragsparteien und auch ein allenfalls angerufenes Schieds-

Der Beurteilung durch das ordentliche Gericht (bzw. des zuständigen Schiedsgerichtes) werden jedoch nur einzelne, nicht alle Streitpunkte der Auseinandersetzung entzogen[15]. Die abschliessende Entscheidung über den Disput hat daher durch Richter- resp. Schiedsrichterspruch zu erfolgen[16]. Das bedeutet: Dem Schieds- oder ordentlichen Gericht verbleibt die rechtliche Subsumption und die Abklärung jener Tatbestandselemente, die dem Schiedsgutachter nicht zur verbindlichen Festlegung übertragen wurden[17].

III. Die Qualifikation des Gutachtervertrages

A. *Die Streitfrage*

Weder der Anwaltsvertrag an sich, noch einzelne der typischerweise von einem Anwalt zu erbringenden Leistungen (Beratung, Prozessführung usw.) sind vom Gesetzgeber besonders geordnet worden. Auch der Gutachtervertrag, der häufig eine qualifizierte Form der rechtlichen Beratung darstellt, ist im Gesetz nicht geregelt.

---

oder ordentliches Gericht die darin enthaltenen Feststellungen als bewiesen annehmen müssen, bezüglich jener Punkte also freie Beweiswürdigung ausgeschlossen ist (ZR 93, 1994, Nr. 34). Die Bindungswirkung ist aber *nicht absolut*. Vorbehalten bleiben insbesondere schwere Verfahrens- und Inhaltsmängel. Als *unverbindlich* ist ein Schiedsgutachten namentlich zu werten, falls eine Partei bei der Ernennung des Schiedsgutachters eine *Vorzugsstellung* innehatte oder weil ein *Befangenheitsgrund* besteht. Ein rechtserheblicher Verfahrensmangel liegt ferner vor, wenn das grundlegende Prinzip der *Gleichstellung der Parteien* oder der *Grundsatz des rechtlichen Gehörs* verletzt wurde. Die sachliche Unrichtigkeit eines Schiedsgutachtens genügt (für sich allein genommen) hingegen nicht, um die Unverbindlichkeit des Schiedsgutachtens zu bewirken (ZR 94, 1995, Nr. 100). Vielmehr muss das Schiedsgutachten *offenbar ungerecht*, willkürlich, unsorgfältig, fehlerhaft sein und im hohen Grade der Billigkeit widersprechen (BGE 71 II 294; 67 II 146).

[15] BGE 117 II 368; 107 Ia 321.
[16] Von der Tätigkeit als Schiedsgutachter zu unterscheiden ist die Ernennung eines Anwaltes als Schiedsrichter. Zur Unterscheidung vgl. etwa BGE 117 Ia 365 ff. = Pra 81, 1992, Nr. 153, 561 ff.; ZR 93, 1994, Nr. 34, 129 ff.; ferner HÜRLIMANN (Das Schiedsgutachten), 108 ff. Kraft der Bestellung als Schiedsrichter untersteht der Anwalt der anwendbaren Schiedsordnung und ist ermächtigt, allein (als *Einzelschiedsrichter*) oder im Gremium (als *Mitschiedsrichter*) über einen Streitfall in seiner Gesamtheit zu entscheiden (nicht nur über einzelne strittige Punkte).
[17] ZR 93, 1994, Nr. 34, 130; FRANK/STRÄULI/MESSMER, Kommentar zur Zürcherischen ZPO, § 258 N 2, unter Hinweis auf HABSCHEID, L'expertise – arbitrage, in: Liber Amicorum for Martin Domke, 1967, 113 ff.

Für den Anwaltsvertrag im allgemeinen gehen Lehre[18] und Rechtsprechung[19] seit Jahrzehnten praktisch einhellig von einem *Mandatsverhältnis* aus, auf welches die Vorschriften der Art. 394–406 OR zur Anwendung gelangen. Dem Auftragsrecht unterstehen soll grundsätzlich die anwaltliche Tätigkeit im ganzen Bereich der forensischen und der nicht forensischen Tätigkeit[20].

Umstritten ist, ob Auftragsrecht auch dann anzuwenden ist, wenn sich die Tätigkeit des Anwaltes in der Erstattung eines Gutachtens erschöpft. Das Bundesgericht hatte vorübergehend[21] angenommen, der Anwaltsvertrag unterstehe, auch wenn er sich auf die Ausarbeitung eines Rechtsgutachtens beschränkt, vorbehaltlos den Regeln des einfachen Auftrages[22]. Das Bundesgericht leitete mit jenem Entscheid eine *Praxisänderung* ein, wonach Gegenstand eines Werkvertrages nur noch körperliche, nicht auch geistige Werke sein können. Diese Rechtsprechung ist in der Lehre kritisiert worden[23]. Im Jahre 1983 ist das Bundesgericht[24] zur sachgerechten Rechtsprechung zurückgekehrt, wonach *auch unkörperliche* Werke Gegenstand von Werkverträgen sein können. Seither hat es in weiteren Entscheiden bestätigt, dass auch das Ergebnis einer immateriellen (z.B. wissenschaftlichen oder künstlerischen) Leistung geeignet ist, Gegenstand einer werkvertraglichen Unternehmerleistung zu sein[25]. Dennoch ist die Kontroverse über die Qualifikation des Gutachtervertrages nach wie vor im Gange.

[18] Vgl. etwa FRANÇOIS DESSMONTET, Les contrats de service, ZSR 106/1987 II, 107 ff.; FELLMANN-BK, Art. 394 N 144; GAUTSCHI-BK, Art. 394 N 28, und zahlreiche weitere Autoren.

[19] Vgl. etwa BGE 117 II 563 ff. (anwaltliches Versäumnis zur Eintragung eines Bauhandwerkerpfandrechtes auf die richtige Parzelle); BGE 110 Ib 94 (anwaltliches Versäumnis, die rechtzeitige Einzahlung des Gerichtskostenvorschusses durch den Klienten zu kontrollieren); BGE 106 II 173 (anwaltliches Versäumnis, die Zustellung des Urteils mit Rechtsmittelbelehrung zu kontrollieren); BGE 106 II 250 ff. (anwaltliches Versäumnis zur Unterbrechung der Verjährungsfrist gegenüber weiteren Haftpflichtigen); ZR 93, 1994, Nr. 86 (Verletzung der Aufklärungspflicht über Kostenrisiken). Sowohl in diesen, wie auch in zahlreichen weiteren publizierten Entscheiden sind die Gerichte ohne nähere Prüfung von der Anwendbarkeit der auftragsrechtlichen Bestimmungen ausgegangen.

[20] FELLMANN-BK, Art. 394 N 144.

[21] In der Zeitspanne zwischen BGE 98 II 311 f. bis BGE 109 II 37 bzw. 465 ff.

[22] In BGE 98 II 305 ff. war die Auflösbarkeit einer sogenannten Architektenklausel zu beurteilen. Das Bundesgericht in diesem Zusammenhang jedoch wörtlich: «Die Skizzen, Vorprojekte und Pläne des Architekten sind so wenig wie das Gutachten eines Juristen, Geologen, Ingenieurs oder Mediziners ein stoffliches Werk, sondern das Ergebnis einer geistigen Arbeit, auch wenn sie durch gegenständliche Ausdrucksmittel (Schreib- und Zeichenpapier) wahrnehmbar gemacht werden ...»

[23] Vgl. die Zusammenfassung bei GAUCH (Werkvertrag), N 37 ff.

[24] Mit dem ausdrücklich als Praxisänderung bezeichneten BGE 109 II 37 ff. = Pra 72, 1983, Nr. 147 (Geometer) sowie BGE 109 II 462 ff. (freie Widerrufbarkeit des Architekturvertrages); vgl. ferner BGE 110 II 382 sowie 114 II 56.

[25] Vgl. etwa BGE 119 II 428 sowie 45 (Erstellung von Architektenplänen); BGE 115 II 250 (Anfertigung eines Mosaiks); BGE 114 II 56 (Herstellung von Ausführungsplänen und

B. Auffassungen in der Lehre und in der Rechtsprechung

In der Lehre wird die Qualifikationsfrage des Gutachtervertrages vorwiegend im Zusammenhang mit der Tätigkeit von technischen Sachverständigen erörtert; doch äussern sich einzelne Autoren explizit auch zur rechtlichen Einordnung eines anwaltlichen Gutachtens.

Eine gewichtige Lehrmeinung[26] wendet auf die Gutachtertätigkeit *Auftragsrecht* an. Begründet wird dies zum einen damit, dass ein Gutachten nicht als Werk im Sinne des Werkvertragsrechtes anerkannt werden könne. Zum andern wird gesagt, dass sich ein Gutachten nicht als Arbeitsergebnis versprechen lasse bzw. der Arbeitserfolg des Gutachters nicht garantierbar sei, weshalb die Regeln des einfachen Auftrages zur Anwendung kommen müssten[27]. Gegen die Bejahung eines Geistwerkvertrages spreche ferner, dass das Gutachten nicht die vom Bundesgericht verlangte Körperlichkeit aufweise, um als Werk im Sinne von Art. 363 OR gelten zu können[28]. Schliesslich wird gegen die Qualifikation der Gutachtertätigkeit als Werkvertrag vorgebracht, dass die strenge Prüfungs- und Anzeigepflicht des Art. 367 Abs. 1 OR der Schutzbedürftigkeit des Bestellers (des Auftraggebers) widerspreche; deshalb sei der Anwaltsvertrag auch dann dem Auftragsrecht zu unterstellen, wenn der Anwalt lediglich mit der Erstattung eines Gutachtens betraut werde[29].

Die Verfechter der *Werkvertragstheorie*[30] sind der Auffassung, dass die Gutachtertätigkeit durchaus Gegenstand einer werkvertraglichen Leistung sein könne. Die Erstattung eines Gutachtens sei jedenfalls dann dem Werkvertragsrecht zu unterstellen, wenn es sich um einen entgeltlichen Vertrag handle und das geschuldete Gutachten in einem Schriftstück oder sonstwie verkörpert abzuliefern sei[31]. Nach anderer Meinung ist bei Geist-Werkverträgen vom Kriterium der «gewissen Körperlichkeit» – nicht zuletzt angesichts der heute fortgeschrittenen optischen, akustischen und elektronischen Aufzeichnungstechniken – überhaupt abzusehen[32]. Verschiedene Autoren halten

---

Kostenvoranschlägen); BGE 113 II 266 (Errichtung und Überlassung eines Lehrgerüstes; dazu auch HÜRLIMANN, Bemerkungen zum Gerüstebauvertrag, BR 1989, 73 ff.).

[26] CHRISTE, Der Schweizer Anwalt 136/1992, 12 f.; CORBOZ (Werkvertrag), 12; FELLMANN-BK, Art. 394 N 145, 217 ff. sowie 330; GAUTSCHI-BK, Art. 394 N 34 a; GUHL/MERZ/KOLLER, 478; JOSEF HOFSTETTER, 20 f.; KAISER, 53 f.

[27] Vgl. statt vieler: KAISER, 53: «Gerade diese objektive Richtigkeit (Prozesserfolg) können nun aber Berater, Gutachter und Auskunftgeber nicht garantieren. Was man von ihnen vernünftigerweise verlangen kann, ist bloss das sorgfältige Tätigwerden. Aus diesen Überlegungen ist zu schliessen, dass unsere Sachverhalte dem Auftragsrecht zu unterstellen sind ...»

[28] Vgl. statt vieler: FELLMANN-BK, Art. 394 N 330.

[29] So insb. FELLMANN-BK, Art. 394 N 329.

[30] GAUCH (Werkvertrag), N 331; HÜRLIMANN (Der Architekt als Experte), 435 f.; PIERRE C. WEBER, 192 ff.; WESSNER, 13; ZINDEL/PULVER-KSP, Vorbemerkungen zu Art. 363 ff. N 2.

[31] GAUCH (Werkvertrag), N 331; HÜRLIMANN (Der Architekt als Experte), 435 f.

[32] ZINDEL/PULVER-KSP, Vorbemerkungen zu Art. 363 ff. N 5.

fest, dass vom Gutachter nicht bloss ein Tätigwerden (im Sinne eines Wirkens), sondern ein Ergebnis (im Sinne eines Werkes) erwartet wird[33]. Dem Gutachter werde «nicht nur ein entsprechendes Vertrauen, sondern auch eine gezielte Erfolgserwartung bezüglich des Inhaltes des Gutachtens entgegengebracht»[34].

Das *Bundesgericht* hat wie erwähnt in BGE 98 II 305 ff., insbesondere 311, den Standpunkt eingenommen, Gutachten von Juristen, Geologen, Ingenieuren oder Medizinern seien das Ergebnis einer geistigen Arbeit, weshalb auf diese Tätigkeiten vorbehaltlos Auftragsrecht zur Anwendung komme. Seit der mit BGE 109 II 37 ff. sowie 462 ff. eingeleiteten Praxisänderung hatte das Bundesgericht allerdings meines Wissens keine Gelegenheit mehr, zur Qualifikationsfrage des Gutachtervertrages im Detail Stellung zu nehmen. Zumindest konnte ich den publizierten Entscheiden keine einschlägigen Äusserungen entnehmen. Auch auf *kantonaler* Ebene finden sich praktisch keine Erwägungen zur Qualifikation des Privatgutachtervertrages[35].

C. Eigene Auffassung

Zustimmung verdient die Auffassung, wonach der Gutachtervertrag dem *Werkvertragsrecht* im Sinne der Art. 363–379 OR zu unterstellen ist. Dies gilt nach meinem Verständnis sowohl für die Gutachtertätigkeit technischer Sachverständiger wie auch für die Gutachtertätigkeit von Anwälten. Im Vertrag, der die Erstellung eines Privatgutachtens zum Gegenstand hat, wird vom Besteller ein Arbeitsergebnis erwartet, nämlich das ausgearbeitete Gutachten (mit diesen oder jenen Eigenschaften), das in einer immateriellen (unkörperlichen) Leistung besteht[36].

---

[33] Vgl. etwa GAUCH (Werkvertrag), N 332; HÜRLIMANN (Der Architekt als Experte), 435 f.; PIERRE C. WEBER, 194.

[34] GAUCH (Werkvertrag), N 332, unter Hinweis auf KLOCKE, Erstattung von Gutachten, BauR 1986, 294.

[35] Vgl. immerhin ZR 54, 1955, Nr. 183, 370 f., worin die Gutachtertätigkeit dem *Werkvertragsrecht* unterstellt wurde; ferner ZR 95, 1996, Nr. 8, 23 ff., insb. 24, worin die II. Zivilkammer des Obergerichtes, ohne im einzelnen auf die Qualifikationsfrage einzugehen, das Privatgutachten dem *Auftragsrecht* unterstellt hat. Schliesslich ist das (unpublizierte) Urteil des Handelsgerichtes des Kantons Zürich vom 22. September 1994 zu erwähnen, worin die Privatgutachtertätigkeit unter Hinweis auf GAUCH und ZINDEL/PULVER dem *Werkvertragsrecht* unterstellt wurde (S. 7).

[36] GAUCH (Werkvertrag), N 331 ff. und 49; HÜRLIMANN (Der Architekt als Experte), 136 und 435 f.; PIERRE C. WEBER, 192 ff.; ZINDEL/PULVER-KSP, Vorbem. zu Art. 363 ff. N 2. Auch nach deutschem und französischem Recht untersteht der Privatgutachtervertrag dem Werkvertragsrecht. Für Deutschland vgl. BGH NJW 1976, 1502; BAYERLEIN, 144 f., N 8 ff., insb. N 11 und dort Zitierte. Für Frankreich vgl. OLIVIER MICHEL, De l'expertise civile et des experts, Paris 1990, 271 ff.

Das vom Besteller erwartete Arbeitsergebnis bestimmt sich in erster Linie nach den konkreten Abmachungen des Gutachtervertrages, wobei der Besteller mit dem Gutachten durchaus auch eine gewisse Erfolgserwartung hegt. Zum erwarteten Erfolg kann etwa gehören, dass der Gutachter die ihm unterbreiteten Fragen erschöpfend behandelt und dabei den aktuellen Stand der Rechtsprechung und der herrschenden Lehre berücksichtigt. Die rechtliche Einordnung der Gutachtertätigkeit unter die Regeln des Werkvertragsrechtes bedeutet aber keineswegs, dass der Gutachter für die Richtigkeit seines Standpunktes bzw. seiner Prognose einstehen muss, nur weil ein Gericht in der Folge in Würdigung des Sachverhaltes zu einem anderen Ergebnis gelangt. Abgesehen davon gilt auch bei Anwendbarkeit von Auftragsrecht eine Erfolgsbezogenheit für die Erbringung der übernommenen Verpflichtungen[37].

Die Anwendung der werkvertraglichen Bestimmungen führt – wie ich in diesem Aufsatz (u.a. auch mit den nachstehenden Ausführungen zur Haftung) aufzuzeigen versuche – zu Lösungen, die dem Auftragsrecht durchaus adäquat, meines Erachtens bezüglich verschiedener Aspekte sogar sachgerechter sind.

D. Besonderheiten bei der Qualifikation des Schiedsgutachtervertrages

Umstritten ist im Zusammenhang mit Schiedsgutachten schon die *Rechtsnatur* der Vereinbarung, namentlich die Frage, ob es sich um einen prozessrechtlichen oder einen privatrechtlichen Vertrag handelt. Die Zuordnung ist insbesondere von Bedeutung, wenn die Haftung des Schiedsgutachters zur Diskussion steht. Nach der hier vertretenen Auffassung liegt ein rein *privatrechtlicher Vertrag* vor[38]. Die Zuordnung zum Privatrecht rechtfertigt sich schon deswegen, weil eine entsprechende Schiedsgutachtervereinbarung ohnehin nur im Rahmen eines Rechtsverhältnisses zulässig ist, über das die Parteien rechtsgeschäftlich frei verfügen können.

Vom Privatgutachten unterscheidet sich das Schiedsgutachten in zweifacher Hinsicht: Zum einen in bezug auf den höheren Grad der Verbindlichkeit;

---

[37] Zum Werkvertragsrecht vgl. BGE 115 II 53 f.; 111 II 171; GAUCH (Werkvertrag), N 18 ff.; für das Auftragsrecht vgl. DERENDINGER, 40 f. Nach ihm schuldet auch der Beauftragte den ausdrücklich oder stillschweigend vereinbarten Erfolg einer bestimmten Leistung, so dass die Geschäfts- oder Dienstbesorgungsobligation erst mit der Verwirklichung des gemäss Auftrag anzustrebenden günstigen Resultates dahinfällt, nicht schon nach dem ersten sorgfältigen Erfüllungsversuch. Vgl. auch FELLMANN-BK, Art. 394 N 101 ff. und dort Zitierte.

[38] So auch BGE 107 Ia 320 ff.; 71 II 294 ff.; ZR 94, 1995, Nr. 100; VOGEL (Grundriss), § 62 N 6; FELLMANN-BK, Art. 394 N 165. A.A. FRANK/STRÄULI/MESSMER, Kommentar zur Zürcherischen ZPO, § 258 N 2.

zum andern in bezug auf die notwendige Beteiligung von mindestens zwei Parteien. Beide Unterscheidungen sind nach meinem Verständnis ohne Einfluss auf die rechtliche Einordnung des Vertrages.

Was die vertragliche Qualifikation betrifft, so ist also auch die Vereinbarung mit dem Schiedsgutachter – folgt man der neueren Rechtsprechung des Bundesgerichtes zum Geistwerkvertrag – i.d.R. den *Regeln des Werkvertragsrechtes* zu unterstellen[39]. Ausnahmsweise wird öffentliches Recht zur Anwendung gelangen, wenn etwa die Beauftragung des Schiedsgutachters durch ein Gericht erfolgt.

IV. Die Haftung des Gutachters

A. *Die Mängelhaftung aus Werkvertragsrecht*

1. Das mangelhafte Gutachterergebnis

Dem Gesagten zufolge ist der Gutachtervertrag in der Regel als *Geist-Werkvertrag* im Sinne der Art. 363–379 OR zu qualifizieren[40]. Der Gutachter schuldet nicht nur die Leistung von Arbeit, sondern ein Arbeitsergebnis[41]. Demgemäss hat der Anwalt das Gutachten so abzufassen, dass es die vertraglich geforderten und vorausgesetzten Eigenschaften besitzt. Das Gutachten darf nicht mit einem Mangel behaftet sein, der den Wert resp. die Tauglichkeit zum vertraglich vereinbarten oder vorausgesetzten Gebrauch beeinträchtigt. In welchen Fällen das Gutachterergebnis als mangelhaft zu werten ist, bestimmt sich daher nach den vertraglichen Abmachungen, namentlich also danach, ob das Gutachten die vereinbarten und vorausgesetzten Eigenschaften aufweist[42].

2. Die vereinbarten Eigenschaften des Gutachtens

Grundsätzlich ist der Besteller des Gutachtens frei, Inhalt, Form und Aufbau des Gutachtens mit dem beigezogenen Experten abzustimmen. Im Rahmen der *materiellen Instruktion* werden Anwalt und Klient namentlich die The-

---

[39] HÜRLIMANN (Der Architekt als Experte), 443. Auch nach deutschem Recht kommt auf den Schiedsgutachtervertrag privates Werkvertragsrecht zur Anwendung. Vgl. dazu BAYERLEIN, 536 f.; DÖBEREINER/GRAF VON KEYSERLINGK, 65. A.A.: FELLMANN-BK, Art. 394 N 165; GAUTSCHI-BK, Art. 394 N 34 c; nach GUHL/MERZ/KOLLER, 478 f., handelt es sich um einen Innominatkontrakt; vgl. auch BGE 67 II 148.
[40] Vgl. vorne III C.
[41] Vgl. vorne III C.
[42] Vgl. GAUCH (Werkvertrag), N 1362 ff. und 1406.

menkreise festlegen müssen, zu welchen sich das Gutachten äussern soll. Ferner werden die Vertragspartner sich darüber zu einigen haben, von welchen Vorgaben (Ausgangslage, Prämissen, Einschränkungen usw.) und Zielsetzungen der Gutachter ausgehen soll[43]: Erwartet der Klient die umfassende Würdigung der aktuellen Lehre und Rechtsprechung? Oder verlangt er bei der Abfassung des Gutachtens «unternehmerisches Denken im Sinne des Willens, auf rechtlichem Neuland auch selbst gewisse Risiken einzugehen: z.b. ein Gutachten darüber zu machen, dass man die Partizipationsschein-Inhaber bei einer Kapitalherabsetzung nicht über ihre Meinung befragen» muss[44]. Zu verabreden ist schliesslich, ob der Gutachter zur Feststellung und Ermittlung des Sachverhaltes eigene Erhebungen (z.B. durch Durchsicht der Vorakten, Befragung von Beteiligten) vorzunehmen hat, oder ob er seine Erkenntnisse und Schlussfolgerungen aufgrund anderer Arbeitsmethoden und Quellen (z.B. Sachverhalt gemäss der Feststellung des Bezirksgerichts, Sachverhalt gemäss den übermittelten Dokumenten usw.) erarbeiten soll.

Dass ein Prozess im Sinne der gutachterlichen Prognose ausgeht, kann und wird ein Anwalt nicht versprechen. Ein Klient wird dies vernünftigerweise auch nicht erwarten dürfen. Ebensowenig wird ein Anwalt garantieren können, dass die unterbreitete Rechtsauffassung von einer massgeblichen Behörde (oder von einer Rechtsmittelinstanz) übernommen wird. Zu beachten hat der Gutachter jedoch gegebenenfalls eine besonders geforderte oder spontan aus eigener Initiative abgegebene *Zusicherung*[45], wie etwa die Zusage, dass er bei der Ausarbeitung seiner Expertise (z.B. bei der Bewertung eines Grundstücks aufgrund der Bau- und Zonenordnung; bei der Beurteilung von strittigen Forderungspositionen) einen bestehenden Ermessensspielraum zum Vorteil des Bestellers ausnützen werde (z.B. durch konservative Berücksichtigung von Altersentwertung und Unterhaltszustand)[46]. Weicht der Privatgutachter in unzulässiger Weise von dieser vertraglichen Zusicherung ab, ist das Privatgutachten mangelhaft. Zum vornherein problematisch sind (selbst wenn vertragskonform) *Gefälligkeitsgutachten,* in welchen der Gutachter den bestehenden Ermessensspielraum überschreitet; doch ist in diesen Fällen mit besonderer Akribie zu prüfen, was zwischen den Parteien vereinbart war.

---

[43] Der Anwalt wird sich von Vorteil nicht erst im Gutachten selbst dazu äussern, was nach seinem Verständnis die Aufgabestellung ist bzw. von welchen Vorgaben er ausgehen wird.

[44] HUGO VON DER CRONE, Was erwartet die Wirtschaft heute von einem Anwalt?, SJZ 83, 1987, 392 f.

[45] Zum Begriff der Zusicherung: GAUCH (Werkvertrag), N 1371.

[46] Vgl. für Liegenschaftsschätzungen z.B. NÄGELI/HUNGERBÜHLER, Handbuch des Liegenschaftenschätzers, 3. Auflage, Zürich 1988, 18 ff., insb. 19: «Selbstverständlich ist jedem Experten bei der Beurteilung ein Ermessensspielraum zuzubilligen. Auch die gewissenhafteste Schätzung ist nicht frei von subjektiven Wertungen. Gewisse Schätzungstoleranzen müssen daher immer in Kauf genommen werden».

3. Die vorausgesetzten Eigenschaften des Gutachtens

Vorbehältlich anderslautender Abmachung[47] darf der Besteller eines Gutachtens unter dem Gesichtspunkt der Wertqualität und der Gebrauchstauglichkeit[48] erwarten,
- dass das Gutachten *keine objektiv falschen Aussagen* enthält;
- dass die vom Gutachter getroffenen Feststellungen und Schlussfolgerungen den *aktuellen Stand* der Rechtsprechung und der herrschenden Lehre *würdigen*[49] und allenfalls abweichende Meinungen als solche kennzeichnen;
- dass das Gutachten eine *logische* Gedankenführung sowie eine *plausible und lückenlose* Begründung aufweist, welche sich sowohl bezüglich Untersuchungsweg wie auch bezüglich Argumentationskette und Schlussfolgerungen nachvollziehen lässt;
- dass das Gutachten den unterbreiteten resp. ermittelten Sachverhalt und die gestellten Rechts- und weiteren Fragen *erschöpfend behandelt,* und dass der Gutachter sich einlässlich mit den bekanntgegebenen *Einwänden* von Dritten auseinandersetzt.

Mit aller Deutlichkeit zu betonen ist, dass die in einem Gutachten geäusserte Rechtsauffassung etwa in bezug auf Prozessaussichten, jedenfalls soweit diese vertretbar ist, trotz nachfolgendem Prozessverlust *nicht* einfach als Mangel im Sinne von Art. 368 OR qualifiziert werden kann[50]. Überhaupt ist bei der Beurteilung, ob ein Mangel vorliegt, stets zu berücksichtigen, dass ein Rechtsgutachten regelmässig eine Prognose über den Ausgang eines Verfahrens und damit Prognosen betreffend das in der Zukunft liegende Sozialverhalten von Richtern enthält. Ausserdem erfolgen Gutachten häufig aufgrund einer einseitigen und damit zwangsläufig unvollständigen oder subjektiv gefärbten Sachverhaltsdarstellung durch den Klienten, die sich im nachhinein sogar als nachteilig herausstellen kann[51]. Diese Ausgangslage wie auch die Komplexität der i.d.R. zu begutachtenden Sachverhalte rechtfertigen es, nur mit einer gewissen *Zurückhaltung* von einem mangelhaften Arbeitsergebnis auszuge-

---

47 Vgl. vorne III A 2.
48 Zur Bedeutung dieser Kriterien: GAUCH (Werkvertrag), N 1409 und 1413.
49 Vgl. GAUCH (Werkvertrag), N 332.
50 Vgl. den Sachverhalt, der ZR 93, 1994, Nr. 86 zugrundelag (Verneinung einer Sorgfaltspflichtverletzung insoweit, als die unterbreitete Rechtsauffassung vertretbar war). Im verwiesenen Entscheid hält die II. Zivilkammer des Obergerichtes Zürich fest: «Eine Haftung des Anwaltes für die Richtigkeit seiner Auffassung kann aber nur dann angenommen werden, wenn das Verhalten als eine Verletzung allgemein anerkannter und praktizierter Regeln (Pra 72, 759), als grober und offenkundiger Fehler (BGE 87 II 372) oder grobes Vergessen des Anwaltes qualifiziert werden muss. Darunter fällt nicht blosse Ungeschicklichkeit in der sogenannten Prozesstaktik oder vertretbare (jedoch irrtümliche und vom Gericht nicht akzeptierte) Auffassung in Rechtsfragen ...» (S. 268).
51 Vgl. den Sachverhalt, der SJZ 56, 1960, Nr. 27, 78 zugrundelag (Sorgfaltspflicht des Anwaltes bei der Entgegennahme der Prozessinstruktion).

hen. Werden allerdings «berechtigte Erfolgserwartungen nicht erfüllt», weist das Gutachten einen Mangel auf[52].

4. Die Rechtsfolgen bei Erstattung eines mangelhaften Gutachtens

Fehlt dem Gutachten eine vereinbarte oder vorausgesetzte Eigenschaft und beeinträchtigt der so verstandene Mangel den Wert oder die Gebrauchstauglichkeit des Gutachtens, so kann sich der Besteller – rechtzeitige Mängelrüge vorausgesetzt[53] – auf die Rechtsbehelfe von Art. 368 OR berufen. Nach dieser Bestimmung kann der Besteller

- die Annahme des Gutachtens verweigern (d.h. *wandeln*), wenn dieses für ihn unbrauchbar ist oder ihm die Annahme billigerweise nicht zuzumuten ist;
- die unentgeltliche *Nachbesserung* des Gutachtens verlangen[54], sofern die Mängelbehebung nicht übermässige Kosten verursacht oder nicht sogar objektiv unmöglich ist[55];
- einen dem *Minderwert* des Gutachtens entsprechenden *Abzug an der Honorierung* des Gutachters machen[56];

---

[52] GAUCH (Werkvertrag), N 1472.
[53] Vgl. nachfolgend IV A 5.
[54] Versäumt es der Gutachter, die gerügten Mängel am Gutachten innert der angesetzten Frist zu beseitigen, so gerät er mit Ablauf dieser Frist ohne weiteres (ohne Mahnung) in *Verzug*. Der Besteller kann – gegebenenfalls nach einer weiteren angemessenen Nachfrist – nach Art. 107 Abs. 1 OR entweder nach wie vor auf Nachbesserung beharren (Art. 107 Abs. 2 OR) oder statt dessen, «wenn er es unverzüglich erklärt, auf die nachträgliche Leistung verzichten und entweder Ersatz des aus der Nichterfüllung entstandenen Schadens verlangen oder vom Vertrag zurücktreten» (Art. 107 Abs. 2 und Art. 109 OR). Nach ergebnislosem Ablauf der angesetzten Nachfrist kann der Besteller auch auf die Beseitigung der Mängel am Gutachten durch den Verfasser verzichten und *auf dessen Kosten einen Dritten* beiziehen, welcher die Mängel am Gutachten beseitigt. In den Fällen der Eigenverbesserung tritt dem Gesagten zufolge eine Schadenersatzforderung an die Stelle des Nachbesserungsanspruches.
[55] *Objektiv unmöglich* ist z.B. die Mängelbehebung, wenn gestützt auf die Ergebnisse eines Gutachtens bloss die Haftpflichtversicherung eines Schädigers eingeklagt wird und eine nachträgliche Ausdehnung der Klage auf einen weiteren Schädiger wegen Verjährung nicht mehr möglich ist. In diesen Fällen ist der mit einem mangelfreien Gutachten angestrebte Zweck nicht mehr erreichbar; der Besteller verfügt aber bei gegebenen Haftungsvoraussetzungen über einen Minderungsanspruch (Reduktion des Gutachterhonorars) und (bei Verschulden) über den Anspruch auf Ersatz des Mangelfolgeschadens.
[56] Nach Art. 368 Abs. 2 OR kann der Besteller bei Vorlage eines mangelhaften Gutachtens wahlweise auch Minderung erklären. Das Minderungsrecht wird dadurch ausgeübt, dass der Besteller die *Vergütung* des bestellten Gutachter durch einseitige Erklärung *herabsetzen* oder *Rückzahlungen* verlangen kann, soweit er bereits mehr geleistet hat, als der herabgesetzte Betrag ausmacht. Die Herabsetzung der Vergütung hat im Verhältnis des mangelhaften zum mangelfreien Gutachten zu erfolgen. Macht der Mangel das Gutach-

– bei Verschulden zusätzlich zu den übrigen Mängelrechten (nicht an deren Stelle) den *Ersatz des Mangelfolgeschadens* verlangen, der trotz Wandelung, Minderung oder Nachbesserung verbleibt[57].

Die vorerwähnten Mängelrechte stehen dem Besteller *nach Abnahme* des Gutachtens[58] zur Verfügung. Lässt sich allerdings bereits *während* der Ausarbeitung des Gutachtens (d.h. vor Abnahme) eine mangelhafte oder sonst vertragswidrige Erstellung durch Verschulden des Gutachters bestimmt voraussehen, so kann der Besteller (z.b. nach Einsicht in den Entwurf) in Anwendung von *Art. 366 Abs. 2 OR* eine angemessene Frist zur Abhilfe ansetzen mit der Androhung, dass er im Unterlassungsfalle die Verbesserung oder die Fortführung der Expertise auf Gefahr und Kosten des Gutachters einem Dritten übertragen werde[59].

Wandelungs-, Minderungs- und Nachbesserungsrecht stehen dem Besteller wahlweise zur Verfügung[60] und sind *verschuldensunabhängig*. Das heisst: Der Gutachter kann sich der Nachbesserung, der Minderung oder der Wandelung nicht mit dem Nachweis entziehen, dass ihn an der Erstellung und Ablieferung der Expertise kein Verschulden treffe. *Vorbehalten* bleibt jedoch selbstverständlich der Fall, da ein Werkmangel dem Gutachter nicht zurechenbar ist, weil den Besteller ein *Selbstverschulden* trifft (z.B. wenn der Besteller dem Gutachter einzelne relevante Dokumente vorenthält).

Die Haftung für Mangelfolgeschäden setzt demgegenüber wie erwähnt ein *Verschulden* des Gutachters voraus. Ein vorwerfbares Verschulden trifft den Gutachter nur, wenn er die Mangelhaftigkeit des Gutachtens *fahrlässig*, d.h. unter Verletzung der objektiv gebotenen Sorgfalt, oder sogar *vorsätzlich* herbeigeführt hat. Die Anforderungen an Sorgfalt und Umsicht sind in jedem Fall anhand der getroffenen Abmachungen zu beurteilen. Dabei ist namentlich auch die Komplexität der Gutachtermaterie zu berücksichtigen. Ein strenger Massstab ist allenfalls dann anzulegen, wenn sich ein Gutachter als Spezialist seines Faches empfohlen hat.

---

ten völlig wertlos, so würde durch Ausübung des Minderungsrechtes die geschuldete Vergütung auf Null reduziert; in diesen Fällen entfällt das Minderungsrecht des Bestellers; er kann aber (und das in jedem Falle) die Wandelung verlangen.

[57] Zu ersetzen sind nur Schäden, die ihre Ursache in einem Mangel des abgelieferten Gutachtens haben.

[58] Unter Abnahme des Gutachtens ist die körperliche Übertragung auf dem Wege der Besitzübertragung zu verstehen, allenfalls verbunden mit der Erklärung des Bestellers, dass er das Gutachten vorbehältlich unentdeckter Mängel als eine im wesentlichen vertragskonforme Leistung anerkennt. Vgl. DÖBEREINER/GRAF VON KEYSERLINGK, 69.

[59] Zum Recht auf Ersatzvornahme nach Art. 366 Abs. 2 OR im einzelnen GAUCH (Werkvertrag), N 605 ff.

[60] Zu den einzelnen Mängelrechten vgl. GAUCH (Werkvertrag), N 1527 ff.

5. Die Prüfungs- und Anzeigepflicht des Bestellers

Nach Ablieferung des Gutachtens hat der Besteller, sobald es nach dem üblichen Geschäftsgange tunlich ist, dessen Beschaffenheit zu prüfen und den Gutachter von allfälligen Mängeln in Kenntnis zu setzen, d.h. diese Mängel anzuzeigen (vgl. Art. 367 Abs. 1 i.V.m. Art. 370 Abs. 2 OR). Diese Prüfungs- und Anzeigepflicht des Bestellers dient dem Schutze des Gutachters, der möglichst rasch Gewissheit darüber haben soll, ob das Werk vom Besteller genehmigt oder beanstandet wird, damit er entsprechend disponieren kann[61].

Hat der Besteller aufgrund seiner Prüfung Unstimmigkeiten oder Unvollständigkeit im Gutachten erkannt, so hat er die erkannten Mängel anzuzeigen und zum Ausdruck zu bringen, dass er aufgrund der mitgeteilten Mängel nicht bereit ist, das Gutachten als vertragsgemäss zu anerkennen und dass er den Gutachter haftbar machen will[62]. In diesem Sinne hat der Besteller die Mängel nicht bloss anzuzeigen, sondern zu rügen.

Der *Pflicht zur sofortigen Mängelrüge* genügt der Besteller, wenn er die bei Prüfung erkannten Mängel unverzüglich nach Entdeckung anzeigt[63]. Für nicht rechtzeitig angezeigte Mängel gilt das Gutachten nach Art. 370 Abs. 2 OR als genehmigt, indem der Gutachter für diese Mängel von seiner Haftpflicht befreit ist. Bei verspäteter Mängelrüge verwirkt der Besteller sämtliche Mängelrechte, auch das Recht auf Ersatz eines Mangelfolgeschadens, der erst später eintritt[64].

Der Umstand, dass der Besteller bei nicht rechtzeitiger Mängelrüge seine Mängelrechte verwirkt, ist ein *beträchtlicher Eingriff* in die Rechtsstellung des Bestellers, der zum einen eine grosszügige Festlegung der Prüfungs- und Rügefrist rechtfertigt. Zum andern ist aber auch auf die berechtigten *Interessen des Gutachters* Rücksicht zu nehmen, der gestützt auf eine rechtzeitig vorgebrachte Mängelrüge oftmals ohne grösseren Aufwand in der Lage wäre, sein Gutachten «nachzubessern». Dies rechtfertigt sich um so mehr, als Gutachtermängel ihre Ursache nicht selten darin haben, dass bei Vertragsab-

---

[61] Vgl. GAUCH (Werkvertrag), N 2108, unter Hinweis auf BGE 88 II 365. Gegenstand der ordnungsgemässen Prüfung bildet die Beschaffenheit des Gutachtens. Diese Beschaffenheit hat der Besteller auf ihre Vertragsmässigkeit zu untersuchen. Der Besteller muss m.a.W. nach der ihm zumutbaren Aufmerksamkeit prüfen, ob das Gutachten die vereinbarten bzw. vorausgesetzten Eigenschaften aufweist. Zum Sorgfaltsmassstab dieser Prüfung bzw. zum Sachverstand der Beteiligten als Kriterium vgl. GAUCH (Werkvertrag), N 2119 ff. sowie insb. 2132.

[62] Vgl. BGE 107 II 175; Eine summarische Bezeichnung des Mangels genügt, wenn deren Beurteilung Sachverstand voraussetzt, der dem Besteller abgeht, GAUCH (Werkvertrag), N 2132 f.

[63] Im allgemeinen dürfte es sich rechtfertigen, Prüfungs- und Rügefrist grosszügig zu bemessen, jedenfalls dann, wenn der Besteller des Gutachtens weniger geschäftsgewandt und sachverständig ist als der Gutachtensverfasser.

[64] GAUCH (Werkvertrag), N 2160, mit den dort genannten Einschränkungen.

schluss zwischen dem Besteller und dem Gutachter *Missverständnisse* in bezug auf Inhalt oder Umfang des Gutachtens verblieben sind oder *Unklarheiten* darüber bestehen bleiben, von welchen Vorgaben und Zielsetzungen der Gutachter ausgehen soll bzw. welche Prämissen oder Einschränkungen er dem Gutachten zugrundelegen darf.

6. Die anwendbaren Verjährungsfristen

Ansprüche des Bestellers wegen Mängeln des Gutachtens (aus Mängelhaftung) verjähren nach Art. 371 Abs. 1 i.V.m. Art. 210 OR *nach Ablauf eines Jahres* seit Ablieferung des Gutachtens. Die Fünfjahresfrist des Art. 371 Abs. 2 OR kommt nicht zur Anwendung, selbst wenn sich die falsche Gutachtertätigkeit (ausnahmsweise) direkt auf ein unbewegliches Bauwerk auswirkt[65]. Eine Verjährungsfrist von *zehn* Jahren ist jedoch für absichtlich verschwiegene Gutachtenmängel zu beachten.

Die massgebende Verjährungsfrist gilt zugleich als absolute Rügefrist[66]. Der Mangel muss daher spätestens innert dieser Frist gerügt werden.

7. Besonderheiten bei der Haftung des Schiedsgutachters

Auch beim Schiedsgutachtervertrag handelt es sich nach der hier vertretenen Auffassung um einen vom Privatrecht beherrschten *Werkvertrag*[67]. Die vorgenannten Grundsätze gelten daher in analoger Weise grundsätzlich auch für den Schiedsgutachter. Zu beachten sind allerdings folgende *Besonderheiten:*

Aus der Tatsache, dass das Schiedsgutachten nur bei offensichtlicher Unrichtigkeit resp. schweren Verfahrensfehlern angefochten werden kann, folgt, dass dem Schiedsgutachter *nur gravierende,* d.h. inhaltlich oder formell krasse Fehler im Gutachten zur Last gelegt werden können. Im Ergebnis wird der richterähnlichen Teilfunktion des Schiedsgutachters dadurch Rechnung getragen, dass der Schiedsgutachter lediglich bei *grobem Verschulden* zur Verantwortung gezogen werden kann[68]. Zudem setzt die Haftung des Schiedsgutachters voraus, dass sein Gutachten wegen grober Verstösse in materieller oder formeller Hinsicht *erfolgreich angefochten* und im Entscheid über die Hauptsache für *unverbindlich* erklärt wurde.

---

[65] Art. 371 Abs. 2 OR käme ohnehin nur auf die Gutachtertätigkeit von technischen Sachverständigen («Architekt und Ingenieur») zur Anwendung. Vgl. GAUCH (Werkvertrag), N 2310; HÜRLIMANN (Der Architekt als Experte), 478; gegen die Anwendung von Art. 371 Abs. 2 OR auf mangelhafte Gutachten überhaupt PIERRE C. WEBER, 197, unter Hinweis auf BGE 109 II 34.
[66] BGE 104 II 357 f.
[67] Vgl. vorne III D.
[68] DÖBEREINER/GRAF VON KEYSERLINGK, 229.

B. Die Haftung aus unerlaubter Handlung

1. Die Ausgangslage

Durch Ablieferung einer mangelhaften Expertise kann der Gutachter nicht nur gegenüber dem Vertragspartner haftbar werden. Vielmehr kann ein mangelhaftes Gutachten im Einzelfall auch Haftungsansprüche aus unerlaubter Handlung (aus Delikt) im Sinne der Art. 41 ff. OR auslösen, wenn dadurch *einem Dritten* schuldhaft und widerrechtlich Schaden zugefügt wurde[69].

Auf einen deliktischen Schadenersatzanspruch verwiesen sind insbesondere vertragsfremde Dritte (z.B. eine durch ein Gutachten geschädigte kreditgebende Bank), welche über keine Ansprüche aus Werkvertrag oder Auftragsrecht verfügen[70].

2. Die Haftungsvoraussetzungen

Nach Art. 41 OR ist, wer «einem andern widerrechtlich Schaden zufügt, sei es mit Absicht, sei es aus Fahrlässigkeit, ... ihm zum Ersatze verpflichtet». Die ausservertragliche Haftung des Gutachters ist somit an vier Haftungsvoraussetzungen geknüpft, welche der geschädigte Besteller nachzuweisen hat[71]. Zunächst muss ein *Schaden* vorliegen, den der Schädiger *adäquat verursacht* hat. Ferner muss der Schaden *widerrechtlich* und vom Schädiger *schuldhaft* zugefügt worden sein.

---

[69] BGE 119 II 127; 102 II 311. Schadenersatzansprüche aus unerlaubter Handlung und aus Vertrag stehen in echter *Anspruchskonkurrenz* zueinander und können deshalb unabhängig voneinander geltend gemacht werden. Daher kann sich auch der Besteller (sofern die übrigen Voraussetzungen erfüllt sind) *zusätzlich* (d.h. neben dem Recht auf Ersatz des Mangelfolgeschadens alternativ) auf die Vorschriften über die Deliktshaftung berufen. Die Anspruchskonkurrenz darf jedoch in keinem Fall zu einer Kumulation der Ansprüche führen.

[70] Nach der Rechtsprechung des deutschen Bundesgerichtshofes gilt der Gutachtervertrag des technischen Sachverständigen als Vertrag mit Schutzwirkung zugunsten Dritter, wenn sich aus den Umständen des Falles Anhaltspunkte für einen auf den Schutz des Dritten gerichteten Parteiwillen ergeben (vgl. BGH NJW 1984, 355; BGH JZ 1985, 951 betreffend einer Gebäudeschätzung, welche einer Vielzahl von Kaufinteressenten als Beurteilungsgrundlage diente). In der schweizerischen Lehre wird die Rechtsfigur des Vertrages mit Schutzwirkung zugunsten Dritter zwar ebenfalls diskutiert (vgl. GAUCH/SCHLUEP, N 4048), doch hat sich diese Rechtsfigur in der schweizerischen Praxis bis anhin nicht durchgesetzt.

[71] Beweisbelastet ist nach Art. 8 ZGB der Geschädigte, BGE 86 II 53. Ausnahmsweise kann in bezug auf den Schadensbeweis von Art. 42 Abs. 1 OR abgewichen werden, wenn der Schaden für die beweisbelastete Partei ziffernmässig nicht nachweisbar ist (Art. 42 Abs. 2 OR). Diesfalls bestimmen sich Bestand und Umfang des Schadens nach richterlichem Ermessen, BGE 93 II 458, 95 II 501.

Zur Bejahung einer ausservertraglichen Haftung fehlt es in der Regel schon an der vorausgesetzten Widerrechtlichkeit. Dem schweizerischen Deliktsrecht liegt nach herrschender Lehre und Rechtsprechung[72] die sogenannte *objektive* Widerrechtlichkeits-Theorie[73] zugrunde. Danach ist die Schadenszufügung nur *widerrechtlich*, wenn sie gegen eine allgemeine gesetzliche Pflicht verstösst, indem entweder ein absolutes Recht des Geschädigten (Leib, Leben, Eigentum und Persönlichkeit) beeinträchtigt oder eine Vermögensschädigung durch Verstoss gegen eine Schutznorm bewirkt wird.

Reine Vermögensschäden lösen nach traditionellem Verständnis der Widerrechtlichkeit somit keine Schadenersatzpflicht aus, es sei denn, der Gutachter habe gegen eine einschlägige Schutznorm oder gegen Art. 41 Abs. 2 OR verstossen[74]. Ein solcher Verstoss dürfte nur ganz ausnahmsweise vorliegen.

Eine *widerrechtliche Schadenszufügung* kann nach der bundesgerichtlichen Rechtsprechung allerdings dann vorliegen, wenn ein Gutachter mit Absicht oder aus nachlässiger Leichtfertigkeit unrichtige positive Angaben macht oder wesentliche Tatsachen verschweigt, die ihm bekannt sind und von denen er sich sagen muss, dass ihre Kenntnis den in Frage stehenden Entscheid beeinflussen könnten[75]. In diesen Fällen ist zu prüfen, ob der Gutachter im Einzelfall eine *Garantenstellung* übernommen hat, die eine ausservertrag-

---

[72] Vgl. z.B. GAUCH/SCHLUEP, N 2906 ff.; GAUCH/SWEET, Deliktshaftung für reinen Vermögensschaden, in: Festschrift für Max Keller, Zürich 1989, 118 ff., mit zahlreichen Verweisen; BGE 119 II 128 f. (dazu ferner GAUCH, BR 1994, 42 ff.); 116 Ib 373 f.

[73] Die sogenannte *subjektive* Widerrechtlichkeits-Theorie vertritt GABRIEL, Die Widerrechtlichkeit in Art. 41 Abs. 1 OR, Diss. Freiburg 1987, Nr. 898 ff. Nach ihm ist jede Schädigung ohne Rechtfertigungsgrund widerrechtlich. Das starre Dogma, das durch das objektive Widerrechtlichkeitsverständnis begründet wird, erfährt allerdings weltweit (auch in der Schweiz) eine Durchlöcherung. Vgl. dazu GAUCH, Deliktshaftung der Baubeteiligten, Baurechtstagung 1989, Freiburg, Tagungsunterlage 1, 1 ff. (insb. 10 f.).

[74] Art. 41 Abs. 2 OR verzichtet zwar auf das Tatbestandselement der «Widerrechtlichkeit», knüpft aber daran an, dass die Schädigung «in einer gegen die guten Sitten verstossenden Weise» zugefügt wurde. Diese Sondervorschrift kommt in der *schweizerischen Praxis* selten zur Anwendung (vgl. immerhin ZR 95, 1996, Nr. 8, 26, unter Hinweis auf DESCHENAUX/TERCIER, La responsabilité civile, 2. Auflage, § 6 N 55). In *Deutschland* wird die Verantwortlichkeit von technischen Gutachtern regelmässig auch unter dem Aspekt geprüft, ob eine nach § 826 BGB relevante sittenwidrige vorsätzliche Schädigung vorliegt. Nach dieser Bestimmung (§ 826 BGB, welcher Art. 41 Abs. 2 OR inhaltlich entspricht) haftet ein Gutachter, der sich durch nachlässige Ermittlungen oder gar Mutmassungen (Angaben «ins Blaue» hinaus) seiner Gutachteraufgabe leichtfertig entledigt und damit eine Rücksichtslosigkeit gegenüber dem Adressaten des Gutachtens und den in seinem Informationsbereich stehenden Dritten an den Tag legt, die als gewissenlos bezeichnet werden muss. Vgl. BauR 1994, 129 ff., ferner BauR 1992, 101 ff. Nach dieser (deutschen) Rechtsprechung handelt etwa sittenwidrig und wird ersatzpflichtig, wer theoretische Berechnungen als sachverständige Auswertung deklariert und (wahrheitswidrig) auf einen Augenschein verweist, der nicht stattgefunden hat, BauR 1994, 392.

[75] BGE 111 II 474; vgl. auch BGE 116 II 695 ff. (Abgrenzung zur blossen Gefälligkeit).

liche Sorgfaltspflicht und bei deren schuldhafter Verletzung eine Schadenersatzpflicht begründet. Nach dieser Praxis kann eine Haftung des Privatgutachters aus Deliktsrecht auch gegenüber einem Dritten (z.B. gegenüber einer kreditgebenden Bank oder gegenüber einem Kaufinteressenten) jedenfalls dann in Betracht kommen, wenn dieser Dritte offensichtlich und für den Auskunftserteilenden erkennbar die bestimmungsgemäss zu seiner Kenntnis gelangenden Feststellungen als vertrauenswürdig erachten musste und sie daher zur Grundlage seiner Disposition gemacht hat[76].

Letztlich lässt sich die Haftung aus mangelhafter Auskunft somit als Anwendungsfall der *Vertrauenshaftung* (culpa in contrahendo) auffassen[77]. Wer aufgrund seines Fachwissens Auskünfte erteilt bzw. Empfehlungen abgibt, schafft und enttäuscht Vertrauen, wenn er absichtlich oder aus nachlässiger Leichtfertigkeit unrichtige Angaben macht oder wesentliche Tatsachen verschweigt. In jedem Einzelfall[78] ist zu prüfen, dass der Vertrauensansatz nicht zu ausufernden Verantwortlichkeitsgrenzen führt[79].

C. Die Haftung bei Verzug

1. Fälligkeit der Leistung

Nach den vertraglichen Abmachungen ist der Gutachter regelmässig nicht nur zur mangelfreien Herstellung und Ablieferung seines Gutachtens verpflichtet; vielmehr muss er die Expertise auch *rechtzeitig* abliefern. Die Bestimmung der Erfüllungszeit erfolgt regelmässig *durch Parteiabrede,* entweder durch Vereinbarung eines bestimmten Zeitpunktes (z.B. Ablieferung bis Ende Januar) oder durch Vereinbarung eines Zeitraumes (z.B. innert 3 Monaten). Sind die zeitlichen Erfüllungsmodalitäten vertraglich nicht bestimmt worden, greift die allgemeine Regel des Art. 75 OR, wonach die Erfüllung sogleich geleistet und gefordert werden kann. Unter «*sogleich*» ist der Zeitraum zu verstehen, den der Gutachter nach den Umständen und nach dem Schwierigkeitsgrad für die

---

[76] Vgl. die Argumentation in BGE 111 II 473; ferner BGr. 15.11.1994 i.S. W. gg. S. (Haftung aus Konzernvertrauen). Für Deutschland vgl. BGH NJW 79, 1737; DÖBEREINER/GRAF VON KEYSERLINGK, 140; BAYERLEIN, 521.

[77] Vgl. KAISER, 183 f.; vgl. auch KRAMER-BK, Allg. Einleitung in das schweizerische OR, 38 ff. Differenzierend MEIER-SCHATZ (Privatrechtliche Haftung), 158.

[78] Im Regelfall muss der Gutachter nicht damit rechnen, dass neben dem Besteller noch weitere Personen auf Schlussfolgerungen, Auskünfte oder Empfehlungen seines Gutachtens vertrauen. Von Vorteil ist aber gewiss, dass der Gutachter ausdrücklich auf die Höchstpersönlichkeit des Gutachtens hinweist und die Weitergabe bzw. die Verwendung des Gutachtens durch Dritte ausdrücklich verbietet.

[79] Vgl. die Übersicht bei MEIER-SCHATZ (Privatrechtliche Haftung), 158; KRAMER-BK, Allg. Einleitung in das schweizerische OR, 40.

Ausarbeitung und Ablieferung der Expertise benötigt, was mithin auch einen Zeitraum von zwölf oder noch mehr Monaten umfassen kann[80].

2. Verzugsfolgen nach Art. 102 ff. OR

Befindet sich der Gutachter mit der Erstellung oder Ablieferung der Expertise verschuldeterweise in Verzug, hat er dem Besteller den Schaden zu ersetzen, der diesem durch die Verspätung adäquat kausal entstanden ist (vgl. Art. 103/106 OR). *Verspätungsschaden* kann m.a.W. also nur (aber immerhin) dann gefordert werden, wenn dem Gutachter die Verspätung vorwerfbar ist, ihn diesbezüglich ein Verschulden trifft. Sind dem Besteller wegen des verschuldeten Verzuges Kosten und Auslagen entstanden, ist der Gutachter zum Ersatz dieser Verspätungsschäden verpflichtet[81].

Auf den Gutachtervertrag anwendbar sind ferner die *Verzugsbestimmungen nach Art. 107–109 OR*. Danach muss der Besteller dem Gutachter vorerst eine *angemessene Nachfrist* zur Erbringung der Leistung ansetzen oder durch die zuständige Behörde ansetzen lassen (Art. 107 Abs. 1 OR), bevor er Schadenersatz wegen Verspätung oder wegen Nichterfüllung verlangen oder allenfalls vom Vertrag zurücktreten kann[82].

Nach ergebnislosem Ablauf der Nachfrist ist der Besteller berechtigt, nach wie vor Erfüllung und Schadenersatz wegen verschuldeter Verspätung zu verlangen. Er kann aber auch (sofern er dies dem Gutachter unverzüglich erklärt) wahlweise auf die nachträgliche Ablieferung des Gutachtens verzichten und Schadenersatz wegen Nichterfüllung verlangen oder nach Massgabe von Art. 109 OR vom Gutachtervertrag zurücktreten und bei schuldhaftem Verzug Ersatz des negativen Vertragsinteresses beanspruchen[83].

---

[80] Versäumt der Gutachter, seine Expertise bei Fälligkeit abzuliefern, gerät er durch *Mahnung* des Bestellers in Verzug (vgl. Art. 102 Abs. 1 OR). Haben die Parteien für die Ablieferung des Gutachtens allerdings einen *Verfalltag* verabredet (z.B. durch kalendermässige Bestimmung des Ablieferungsdatums), so tritt automatisch Verzug ein, ohne dass es einer zusätzlichen Aufforderung (im Sinne einer Mahnung) bedarf (vgl. Art. 102 Abs. 2 OR). Die Mahnung des Bestellers muss die unmissverständliche Aufforderung an den Gutachter enthalten, dass die geschuldete Herstellung und Ablieferung der Expertise verlangt werde. Vgl. GAUCH/SCHLUEP, N 2205; ferner SCHENKER, Die Voraussetzungen und die Folgen des Schuldnerverzugs im schweizerischen OR, Diss. Fribourg 1988, 126 f.

[81] Zu den weiteren Erscheinungsformen des Verspätungsschadens vgl. GAUCH/SCHLUEP, N 2987 ff.; BGE 106 II 453 f.

[82] Falls der Besteller einer Expertise kurzfristig wissen muss, ob der säumige Gutachter leistungsfähig resp. leistungsbereit ist, kann er dem Gutachter auch die *Erklärung* abverlangen, ob er innerhalb der gesetzten Nachfrist die Expertise abliefern kann, verbunden mit der Mitteilung, dass er bei nicht rechtzeitigem Eingang dieser Erklärung auf Erfüllung verzichte.

[83] Zur Verzugslage nach den Art. 107–109 OR im einzelnen vgl. GAUCH/SCHLUEP, N 3010 ff.; GAUCH (Werkvertrag), N 659 ff. und dort Zitierte; BGE 98 II 115; 46 II 251.

3. Das vorzeitige Rücktrittsrecht nach Art. 366 Abs. 1 OR

Das Rücktrittsrecht steht dem Besteller eines Gutachtens unter den Voraussetzungen von Art. 366 Abs. 1 OR *bereits vor dem Ablieferungstermin* (d.h. vor Fälligkeitseintritt) zu. Nach dieser Bestimmung kann der Besteller, ohne den Lieferungstermin abzuwarten, vom Vertrag zurücktreten, wenn der Gutachter mit der Ausführung des Werkes «so sehr im Rückstand» ist, dass die (für die Einhaltung eines Ablieferungstermins vorausgesetzte) rechtzeitige Vollendung nicht mehr vorauszusehen ist. Nach dem Wortlaut von Art. 366 Abs. 1 OR kann pflichtwidrige Verspätung schon dann vorliegen, wenn der Gutachter die Expertise nicht rechtzeitig beginnt oder die Ausführung in vertragswidriger Weise (und ohne Schuld des Bestellers) verzögert.

Auch das Rücktrittsrecht nach Art. 366 Abs. 1 OR setzt allerdings *Mahnung* (im Sinne von Art. 102 Abs. 1 OR) und *Nachfristansetzung* (Art. 107 Abs. 2 OR) voraus; zudem müsste eine Rücktrittserklärung «unverzüglich» nach Ablauf der angesetzten Frist abgegeben werden[84].

D. *Die Haftungsregeln des Auftragsrechtes im Vergleich zum Werkvertragsrecht*

1. Die Haftungsvoraussetzungen

Auch bei der Anwendung der Haftungsregeln des Auftragsrechtes ist die *Sorgfalt* des Anwaltes dahingehend zu prüfen, ob er bei der Erstattung seines Gutachtens den getroffenen Abmachungen (Weisungen) sowie den vorausgesetzten und berechtigten Erwartungen (den allgemein anerkannten und praktizierten Regeln seines Berufsstandes) nachgekommen ist. Auch bei Rückgriff auf Auftragsrecht lässt sich die vom Anwalt geschuldete Sorgfalt *nicht generell-abstrakt* festlegen. Vielmehr ist bezogen auf jeden konkreten Einzelfall und unter Berücksichtigung der Komplexität der Gutachtermaterie abzuwägen, ob ein fehlerhaftes Gutachten vorliegt. Die Erfolgserwartung des Werkvertragsrechtes unterscheidet sich – jedenfalls bezogen auf Gutachterleistungen – nicht wesentlich von der *erfolgsbezogenen Arbeitsobligation* des Auftragsrechtes[85]. Dasselbe gilt m.E. in bezug auf die Frage des Verschuldens. Ich bin daher der Auffassung, dass die Anwendung der werkvertraglichen Haftungsvoraussetzungen *nicht zu grundsätzlich anderen* Ergebnissen führt als bei Annahme von Auftragsrecht.

---

[84] Vgl. BGE 98 II 115; GAUCH (Werkvertrag), N 683 ff.
[85] Vgl. vorne III C.

2. Prüfungs- und Anzeigepflicht

Das Recht des einfachen Auftrages kennt *keine Prüfungs- und Rügepflicht* des geschädigten Vertragspartners. Der Auftraggeber ist daher weder verpflichtet, nach Ablieferung des Gutachtens dessen Beschaffenheit zu prüfen, noch ist er dazu angehalten, den Gutachter über erkannte Mängel unverzüglich in Kenntnis zu setzen und diese zu rügen[86]. Insofern verfügt der Auftraggeber eines Gutachtens nach Auftragsrecht zweifellos über einen umfassenderen Rechtsschutz[87].

Doch gilt auch im Auftragsrecht die *Schadensminderungspflicht* des Art. 44 Abs. 1 OR, wonach ein Auftraggeber alle zumutbaren Massnahmen zu ergreifen hat, die geeignet sind, der Entstehung oder Verschlimmerung eines Schadens entgegenzuwirken, wobei Versäumnis als Selbstverschulden gewertet wird[88]. Nach meinem Verständnis bleibt daher der Besteller eines Gutachtens auch bei Anwendbarkeit der auftragsrechtlichen Regeln zur *sofortigen* Mängelanzeige gegenüber dem Gutachter verpflichtet, wenn diese Anzeige geeignet ist, Schaden zu verhüten bzw. zu vermindern. Sofern und soweit der Anwalt daher bei rechtzeitiger Mängelrüge sein Gutachten hätte nachbessern können, ist dem Auftraggeber eine verspätete Prüfung und Anzeige *als Selbstverschulden* im Sinne von Art. 44 Abs. 1 OR anzulasten. Im Unterschied zur strengen (aber nach meinem Verständnis in der Sache berechtigten) Regelung von Art. 367 Abs. 1 i.V.m. Art. 370 Abs. 2 OR verwirkt der Auftraggeber bei Anwendbarkeit des Auftragsrechtes jedoch seine übrigen Rechtsbehelfe nicht.

3. Anspruchsverjährung

Im Falle von Auftragsrecht gilt für sämtliche Vertragsverletzungen eine Verjährungsfrist von *zehn Jahren* (Art. 127 OR), währenddessen die Honorarforderung des Anwaltes mit Ablauf von fünf Jahren verjährt (Art. 128 Ziffer 3 OR). Sind Gutachtenmängel nach Werkvertragsrecht durchzusetzen, gilt die *einjährige Verjährungsfrist* des Art. 371 Abs. 1 i.V.m. Art. 210 Abs. 1 OR, vorbehältlich der Zehnjahresfrist des Abs. 3 für absichtliche Täuschung.

4. Die Rechtsbehelfe

Wird Auftragsrecht zur Anwendung gebracht, so verfügt der Klient bei gegebenen Haftungsvoraussetzungen nach Massgabe von Art. 398 i.V.m. Art. 97

---

[86] FELLMANN-BK, Art. 394 N 329.
[87] Entgegen FELLMANN-BK, Art. 394 N 329, handelt es sich beim Auftraggeber eines Gutachtens allerdings nicht durchwegs um «schutzbedürftige Rechtsunterworfene». Sehr viel häufiger dürften Banken, Versicherungen oder sonstige Konzerne mit eigenem Rechtsdienst Gutachten in Auftrag geben.
[88] Vgl. SCHUMACHER (Die Haftung des Architekten), 204.

OR über einen *umfassenden Schadenersatzanspruch*[89]; gegebenenfalls kann er alternativ bzw. kumulativ Honorarminderung geltendmachen[90]. Den Rechtsbehelf der Nachbesserung sieht das Auftragsrecht nur ausnahmsweise vor; im Regelfall hat der Auftraggeber einen Anspruch darauf, dass ihm der Gutachter die tatsächlichen oder mutmasslichen Nachbesserungskosten als Schaden ersetzt[91].

Die Rechtsbehelfe des Werkvertragsrechtes sind den Bedürfnissen beider Vertragspartner angepasster: Der *Besteller* verfügt über ein *Wahlrecht* und kann unter den in Art. 368 OR genannten Voraussetzungen Wandelung, Minderung oder Nachbesserung sowie den Ersatz des Mangelfolgeschadens verlangen. Im Interesse des Gutachters ist umgekehrt, dass der *Schadenersatzanspruch* im Grundsatz nur *subsidiär* zu den übrigen Mängelrechten geltend gemacht werden kann (nicht an deren Stelle), also nur bezüglich jenes Mangelfolgeschadens, der trotz Wandelung, Minderung oder Mängelbehebung verbleibt. In diesem Sinne wird der Besteller den Gutachter, soweit dies zeitlich und fachlich möglich ist, zur Nachbesserung auffordern müssen, *bevor* er Honorarminderung oder exorbitante Schadenersatzansprüche androhen kann.

---

[89] FELLMANN-BK, Art. 398 N 183 und 328 f.
[90] FELLMANN-BK, Art. 394 N 496 ff.; PHILIP GMÜR, Die Vergütung des Beauftragten, Diss. Fribourg 1994, N 453 ff. und 559 ff.; DERENDINGER, N 381 ff. sowie 436 ff.
[91] Vgl. SCHUMACHER (Die Haftung des Architekten), 199 (Naturalrestitution nur ausnahmsweise).

Rainer Schumacher

Der Anwalt als Vertragsgestalter

Inhaltsübersicht

I. Ein aufgedrängter Beitrag eines aufdringlichen Autors
II. Der Rechtsanwalt: der berufene Vertragsgestalter
    A. Vertragsgestaltung: (auch) eine juristische Aufgabe
    B. Die Vorzüge des Anwaltes als Vertragsgestalter
        1. Unabhängigkeit
        2. Vielseitigkeit und weiter Horizont des Rechtsanwaltes
        3. Der Anwalt als «Vertragstechniker»
        4. Die Faszination der Kreativität
        5. Das Anforderungsprofil des Anwaltes als Vertragsgestalter
III. Vertragsgestaltung in der staatlichen Rechtsgemeinschaft
IV. Die Haftung des Anwaltes für die Vertragsgestaltung
    A. Die Rechtsqualifikation des Vertragsgestaltungsvertrages
    B. Die objektive Sorgfaltspflichtsverletzung
    C. Das Verschulden
    D. Der Schaden
V. Peace now – die Friedensmission der Anwälte
    A. Öffentliche Moral
    B. Gesetzgebung
    C. Justiz
        1. Schutz der Vertragstreue
        2. Vertragsschutz durch effiziente Rechtsprechung
    D. Aus- und Weiterbildung der Anwälte
    E. Vertragsgestaltung im Alltag

I. Ein aufgedrängter Beitrag eines aufdringlichen Autors

Erst, aber immerhin, für das Studienjahr 1991/92 führte die Rechtswissenschaftliche Fakultät der Universität Freiburg (Schweiz) auf Initiative von Prof. Peter Gauch[1] neu das Wahlfach *«Praktische Vertragsgestaltung»* ein. Dafür wurde ich zum Lehrbeauftragten ernannt. Ich biete eine *systematische Einführung* in die Vertragsgestaltung an (Grundbegriffe und Grundstrukturen, wichtige Elemente des gestalteten Vertrages, Aufgaben beim Entstehen

---

[1] Prof. Peter Gauch setzt sich intensiv auch für den *praktischen* Teil der Ausbildung der Juristen ein; vgl. Gauch (Ausbildung), 123 ff.

des Vertrages) sowie *praktische Übungen* (gemeinsame Erörterung guter und schlechter Klauseln aus der Praxis sowie von ganzen Vertragsmustern). Vernetztes und kritisches Mitdenken wird gefordert und gefördert. Im Rahmen der Lizentiatsexamen kann eine mündliche Prüfung im Wahlfach *Praktische Vertragsgestaltung* abgelegt werden.

Mein erster Schüler war ich selbst. Ich stellte rasch fest, dass ich *Neuland* betreten durfte und musste[2]. Einen wesentlichen Teil unseres Lebens gestalten wir mit Verträgen. Die Vertragsgestaltung gehört zur Lebensgestaltung[3]. Trotzdem ist die Vertragsgestaltung ein «unterentwickeltes Gebiet». Eine Systematik der Vertragsgestaltung fehlt weitgehend. Die Juristenausbildung ist *einseitig* auf die forensische Tätigkeit ausgerichtet. Auch die Berufsbilder von Richter und Anwalt sind durch ihre Tätigkeiten im Prozess geprägt: Der *Richter* richtet oder schlichtet zwischen zerstrittenen Parteien. Der *Prozessanwalt* entspricht dem klassischen Bild des Rechtsanwalts.

Übermut und Neugier, mit denen ich den Lehrauftrag angenommen hatte, wurden reichlich belohnt. Ich begann die «Rechtswelt» zwar nicht mit anderen Augen, aber aus einer ganz anderen, neuen Perspektive zu betrachten. Bald einmal formulierte ich, vielleicht etwas überheblich: Streiterledigung ist die *Pathologie,* Vertragsgestaltung hingegen die *Geburtshilfe* der Verträge[4]. Die Vertragsgestaltung ist *kreativ.* Diese Kreativität darf nicht der Spontaneität überlassen werden. Sie bedarf systematischen Handelns, das sowohl analytische wie synthetische Fähigkeiten erfordert und herausfordert. Die systematische Erfassung der Vertragsgestaltung wurde zu einer faszinierenden Daueraufgabe[5].

Der Rechtsanwalt in der heutigen Gesellschaft war ein Thema des Schweizerischen Juristen- und Anwaltstages 1996. Ich durchbrach die Tradition des rituellen Referentenlobes und vermisste in meinem Diskussionsvotum einen Schwerpunkt des modernen Leistungsprofils des Rechtsanwaltes: die *Vertragsgestaltung*[6]. Ich pries den Rechtsanwalt als den idealen Vertragsgestalter. Da ich auch attraktive *Marktchancen* des Anwaltes im Bereich der Vertrags-

---

[2] Ich bin nicht der einzige, der durch die Überbetonung der richterlichen Denk- und Arbeitsweise einerseits und durch die Faszination der Vertragsgestaltung andererseits überrascht worden ist. Ein Beispiel: Im Sommer 1996 erweiterte ein *Seminar zur Vertragsgestaltung,* ein Pilotprojekt des *Institutes für Anwaltsrecht* der Universität Köln, den Horizont der Teilnehmer, für welche die Vertragsgestaltung ein völlig neuer juristischer Tätigkeitsbereich war, der eine grundsätzlich andere und bislang fremde Denk- und Vorgehensweise erfordert; vgl. den Bericht in JuS 1997, Heft 1, IX; ferner HÖHN/WEBER, S. V und 8 mit Anm. 28; LANGENFELD (Vertragsgestaltung), 1.

[3] Art. 301 Abs. 2 ZGB verwendet den Begriff *Lebensgestaltung.*

[4] So auch in meinem Votum am Schweizerischen Juristen- und Anwaltstag 1996, ZSR 1996 II, 557.

[5] Vorgesehen ist eine Publikation unter dem Titel *Vertragsgestaltung in der Praxis,* Zürich 1998.

[6] RAINER SCHUMACHER, Der Rechtsanwalt als Vertragsgestalter, ZSR 1996 II, 557 f.

gestaltung andeutete, rechnete ich selbstsicher mit einem lebhaften und natürlich zustimmenden Echo. Doch das Echo blieb schlicht aus. Ich fand weder im Versammlungssaal noch später einen Widerhall.

Ein Anwalt ist hartnäckig und gibt nicht rasch auf. Als ich letztes Jahr durch Zufall die Disposition dieser Festschrift las, missfiel mir sofort die Lücke, die ich darin ortete, dass das Thema *Der Anwalt als Vertragsgestalter* fehlte. Ich liess es nicht bei blosser Kritik bewenden, sondern schlug dieses zusätzliche Thema vor und drängte mich zugleich als Autor auf.

Ich habe hier die Vorgeschichte meines Beitrages zu dieser Festschrift niedergeschrieben, weil sie aufzeigt, dass die Vertragsgestaltung durch Anwälte immer noch ein «unterentwickeltes Gebiet» ist und die Bedeutung dieses Wirkungskreises von uns Anwälten verkannt oder unterschätzt wird.

Den Tadel eines zufälligen Lesers dieses Beitrages, ich hätte darin nur *Selbstverständliches* geschrieben, werde ich als Lob auffassen. Ich werde mich sogar doppelt freuen: Einerseits, weil jemand meinen Beitrag beachtet hat, und anderseits, weil ich verstanden worden bin. Denn es war gar nicht selbstverständlich, dass ich diesen Beitrag schrieb, und er gibt einen Teil meines Verständnisses des Anwaltsberufes wieder, den auch ich selber erst unlängst gewonnen habe.

II. Der Rechtsanwalt: der berufene Vertragsgestalter

A. *Vertragsgestaltung: (auch) eine juristische Aufgabe*

Die Gestaltung von Verträgen ist eine häufige Tätigkeit. Auf Verträgen beruht das soziale Zusammenleben der Mitmenschen. Vertragsgestaltung ist etwas Selbstverständliches, etwas Alltägliches.

«Der Mensch ist das Wesen, das sich Rechtsverhältnisse schafft[7]». Der Vertrag ist ein Rechtsgeschäft, das «Recht schafft». Die von den Parteien frei vereinbarten Vertragsregeln sind *Eigen-Normen*[8]. Die normative Vertragsgestaltung (Vorbereitung und Abschluss von Verträgen) ist deshalb eine *juristische* Tätigkeit.

Mit dem Abschluss von Verträgen verhält es sich wie mit vielen anderen Lebensbereichen: Man braucht nicht ständig den Spezialisten. Man hat eine Hausapotheke und rennt nicht wegen jedem Schmerz zum Arzt. Für viele Verträge ist der Beizug des Juristen unnötig oder wäre unverhältnismässig. Doch stellt sich nebenbei die Frage nach der *Allgemeinbildung* im Vertrags-

---

[7] OTFRIED HÖFFE, Vernunft und Recht/Bausteine zu einem interkulturellen Rechtsdiskurs, Frankfurt a.M. 1996, 10.
[8] GAUCH/SCHLUEP, N 1195; JÄGGI/GAUCH-ZK, Art. 18 N 276 und 286; art. 1134 al. 1 Code civil du 30 août 1816: «Les conventions légalement formées tiennent lieu de la loi à ceux qui les ont faites.»

wesen. Werden die jungen Leute genügend auf den Abschluss von Verträgen im Alltag vorbereitet? Wird die sittliche Einsicht gefordert und gefördert, dass ein friedliches Zusammenleben im persönlichen Umfeld von der *Vertragstreue* abhängt, nämlich davon, dass jeder Mensch die von ihm abgeschlossenen Verträge einhält?

Verträge, die bedeutend oder kompliziert oder beides zugleich sind, bedürfen der Mitarbeit des Juristen, sei es durch die beratende Überprüfung von Vertragsentwürfen, sei es durch die Redaktion von Vertragsentwürfen. Grosse Vorhaben benötigen die *Teamarbeit* der sachverständigen Vertragspartei oder deren sachverständigen Beratern einerseits und des Juristen andererseits. Ein Beispiel: Die Ingenieure sind die Profis für Tunnels und Brücken, wir Juristen sind die Profis für die Gestaltung normativer, strukturierter, klarer Verträge. Wenn ich behutsam auf Schwächen eines Vertrages hinweise, höre ich oft den Einwand: «Ich bin Ingenieur und kein Jurist.» Worauf ich jeweils prompt antworte: «Aber Sie haben sich eine juristische Tätigkeit zugemutet, dafür tragen Sie nun die Verantwortung.» Die Auslegungsregel «in dubio contra stipulatorem»[9] gilt allgemein und nicht nur, wenn der Verfasser ein Jurist war.

Wenn ein Jurist beizuziehen ist, so sollte er mit Vorteil *frühzeitig* beauftragt werden[10]. Weder kann der Jurist eine Stunde vor Vertragsunterzeichnung alles «absegnen» und den juristischen Laien beruhigen, der den Vertragsentwurf entweder selber verfasst oder von der Gegenpartei entgegengenommen hat, noch ist es häufig aus praktischen oder psychologischen Gründen möglich oder klug, nach monatelangen Vertragsverhandlungen vieles oder fast alles «über Bord zu werfen», d.h. den Vertrag von Grund auf neu zu strukturieren und neu zu redigieren.

B. *Die Vorzüge des Anwaltes als Vertragsgestalter*

Viele Vorzüge sprechen für den *Anwalt* als den besonders geeigneten Vertragsgestalter.

1. Unabhängigkeit

Der Grundsatz der Unabhängigkeit des Anwaltes ist von herausragender Bedeutung und weltweit anerkannt[11]. Eine *doppelte* Unabhängigkeit erlaubt

---

[9] Vgl. z.B. GAUCH/SCHLUEP, N 1231 f., mit zahlreichen Verweisungen; neuestens BGE 122 III 121.
[10] JÜRGEN WIEGAND (Leitfaden), 22 ff., weist nach, dass die Anfangsphasen für den Gesamterfolg ausschlaggebend sind, weil dann am meisten optimiert werden kann; dies gilt auch für die Vertragsplanung inkl. Rechtsgeschäftsplanung.
[11] Vgl. neuestens BGE 123 I 195, mit zahlreichen Verweisungen; WALTER FELLMANN, Standesregeln, SAV/FSA 169/1997, 27 ff., insb. 33 f., u.a. mit dem Hinweis, dass die

dem Anwalt, sich ganz auf die juristische Gestaltung guter Verträge zu konzentrieren. Seine Unabhängigkeit erhöht die Glaubwürdigkeit und Überzeugungskraft seiner Ratschläge und Vorschläge.

– Einerseits ist er unabhängig von den Interessen seines Auftraggebers. Er ist nicht in die «Hierarchie» seines Auftraggebers, z.B. eines Unternehmens oder eines Verbandes, eingebunden[12]. Er muss weder die Empfindlichkeiten von Vorgesetzten scheuen noch befürchten, vor Untergebenen das Gesicht zu verlieren. Der unabhängige Rechtsanwalt ist nicht vorbelastet durch wirtschaftliche oder andere Zielvorstellungen, die mit dem beabsichtigten Vertrag verknüpft werden. Er ist auch unbelastet von allfälligen bereits durchgeführten eigenen Abklärungen des Auftraggebers und von dessen Verhandlungen mit dem zukünftigen Vertragspartner. Der Anwalt kann sich auf die juristischen Probleme des Vertrages konzentrieren und muss keine Rücksicht auf geschäftspolitische oder andere Aspekte des Rechtsgeschäftes nehmen. Der Mandant, der ihn zur Vertragsgestaltung oder -beratung beigezogen hat, kann aufgrund anderer, unjuristischer Kriterien immer noch anders entscheiden und Risiken in Kauf nehmen, vor denen der Rechtsanwalt gewarnt, d.h. abgemahnt hat.

– Andererseits ist er auch unabhängig von eigenen Interessen und von denjenigen Dritter. Er ist nicht durch Interessenkollisionen eingeengt. Er muss nicht auf die eigene Karriere innerhalb der «Hierarchie» seines Auftraggebers schielen. Der Rechtsanwalt ist unbequem und unermüdlich. Er leidet nicht unter der Abnützung durch lange Vertragsverhandlungen. Er lässt sich nicht von starren Arbeitszeiten oder anderen bürokratischen Bequemlichkeiten abhalten, den Vertrag zu optimieren. Er weiss um die Kehrseite seiner Unabhängigkeit, nämlich darum, dass er haften und Schadenersatz leisten muss, wenn er unsorgfältig handelt[13].

2. Vielseitigkeit und weiter Horizont des Rechtsanwaltes

Der Rechtsanwalt befasst sich mit Verträgen aus verschiedenen, wechselnden Perspektiven, bald aus der Sicht der einen Vertragspartei (z.B. des Verkäufers oder des Unternehmers) und bald aus der Sicht der anderen Partei (z.B. des Käufers oder Bestellers), heute aus der Perspektive des Prozessanwaltes und morgen aus derjenigen des Vertragsgestalters. Das fördert ausgewogene, faire

---

Unabhängigkeit ein zentraler Marktvorteil gegenüber anderen Beratern ist, der von den Anwälten nach aussen zuwenig kommuniziert und damit ungenügend ausgeschöpft wird.

[12] Gemäss FREDMUND MALIK, Wirksame Unternehmensaufsicht, Frankfurt a.M. 1997, 171, gehören Anwälte, die in aktiver Geschäftsbeziehung zum Unternehmen stehen, nicht in den Verwaltungsrat.

[13] Zur Haftung des Anwaltes als Vertragsgestalter vgl. Ziff. IV hiernach.

Verträge. Wenn der Rechtsanwalt Verträge gestaltet oder Vertragsparteien berät, fliessen seine Erfahrungen sowohl aus der Vertragspraxis als auch aus der Gerichtspraxis ein. Gute Erfahrungen werden ausgenutzt, während schlechte Verträge, eigene und fremde, vor Gericht oder sonstwie gestrandete Verträge, dazu anspornen, es besser zu machen. Rechtsprechung und Vertragsgestaltung sind *komplementär*. Sie ergänzen sich. Die Rechtsprechung zeigt Lücken und Fehler der Vertragsgestaltung auf und bereichert damit diese. Sie regt dazu an, die Verträge noch besser zu gestalten, um noch mehr Prozesse zu vermeiden. Bisweilen belehren die Richter in ihren Urteilen sogar, wie ein Vertrag hätte gestaltet werden sollen, um der unterliegenden Partei zu ihrem (vermeintlichen) Recht zu verhelfen[14].

Der Anwalt hat einen *weiten Horizont*. Er ist nicht an sture Dogmen, starre Theorien und begriffsjuristische Schulen angekettet. Er ist aufgeschlossen und empfänglich, Neues zu sehen und das, was er denkt, zu überdenken und zu modifizieren. Er weitet seinen Horizont ständig aus und ordnet neue Kenntnisse und Erfahrungen systematisch in ein sachgerechtes, abstraktes Denksystem ein[15]. Der Anwalt befindet sich in einem ständigen Lernprozess. Er profitiert nicht nur von der laufenden Auswertung der neuesten Literatur und Judikatur, sondern auch von seinen eigenen Erfahrungen mit guten und schlechten Verträgen, die von ihm oder anderen gestaltet worden waren und die zu Auseinandersetzungen führten oder davon verschont blieben.

3. Der Anwalt als «Vertragstechniker»

Der Anwalt betreibt *regelmässig* Vertragsgestaltung. Häufig entwirft er selber Vertragstexte oder beurteilt Vertragsentwürfe der Gegenseite. Er ist dafür ausgebildet[16] und ist deshalb im Bereich der Vertragsgestaltung *erfahren*. Er beherrscht das juristische «Handwerk» der Vertragsgestaltung. Er setzt nicht nur moderne technische Hilfsmittel ein (z.B. das Textverarbeitungs- und Formatierungssystem eines PC), sondern beherrscht auch moderne Arbeitsmethoden zur Lösung komplexer Vertragsprobleme. Häufig «wandert er hin und her» zwischen verschiedenen Methoden, z.B. von der Methode «Top-down»

---

[14] Vgl. z.B. BGE 120 II 220 f. = Pra 1995, 251: Um sich den Regress gegen den Subunternehmer zu sichern, kann der Unternehmer für die Mängelhaftung eine längere Verjährungsfrist als die einjährige (in der Auslegung des Art. 371 Abs. 2 OR gemäss BGE 93 II 242) mit dem Subunternehmer vereinbaren; dies kann auch durch die Übernahme der SIA-Norm 118 geschehen, die in Art. 180 Abs. 1 eine einheitliche fünfjährige Verjährungsfrist vorsieht.

[15] Vgl. Schönenberger/Jäggi-ZK, Art. 1 N 7.

[16] Zur Ausbildung der Anwälte als Vertragsgestalter vgl. Ziff. V/lit. C hiernach, auch Ziff. I hiervor.

(von der Grob- zur Detaillösung) zur Methode «Bottom-up» (von der Detail- zur Gesamtlösung) und zurück[17].

Er benutzt die *juristische Fachsprache,* die dem Gegenanwalt und notfalls auch dem Richter vertraut ist. Er weiss, wie Vertragsklauseln klar formuliert werden, damit sie normativ wirksam sind. Er fasst die einzelnen Klauseln in Themenblöcke zusammen und gliedert den ganzen Vertrag systematisch. Er bezeichnet die Vertragsparteien genau und kennt sich im Stellvertretungsrecht aus. Er bewahrt die Vertragsentwürfe auf, weil sie später als Auslegungshilfen dienen können. Er koordiniert verschiedene Vertragsbestandteile (im Sinne getrennter physischer Erklärungsträger) wie Vertragsurkunde, Pläne und AGB in einer *Rangordnung*[18]. Zum guten Ende – nach gelegentlich monatelangen Vertragsverhandlungen mit zahlreichen Vertragsentwürfen – führt er eine sorgfältige *Schlusskontrolle* durch[19].

Zur Aufgabe des Anwaltes als Vertragsgestalter gehört es auch, verschiedene selbständige, jedoch wirtschaftlich zusammenhängende Verträge zu koordinieren, sei es mehrere (simultan oder sukzessiv abgeschlossene) Verträge der gleichen Parteien oder mehrere Verträge einer Partei mit verschiedenen Vertragsparteien. Gelegentlich, insbesondere in der Baubranche, sind zahlreiche Verträge in einem «Vertragsnetz» aufeinander abzustimmen[20].

Die vom Gesetzgeber «nominierten» und «nicht nominierten»[21] Verträge sind ohne Zahl. Wenn ein Rechtsanwalt bestimmte Arbeitsgebiete bevorzugt, pflegt er häufig auch die Gestaltung der Vertragstypen in den Bereichen, in denen er besondere Kenntnisse und Erfahrungen gewonnen hat. Der Anwalt, der beispielsweise gesellschaftsrechtliche Streitfälle behandelt, kennt sich auch in der Gestaltung von Gesellschaftsverträgen und -statuten aus. Der Bauanwalt führt nicht nur Bauprozesse, sondern gestaltet auch Werk-, Architekten- und Ingenieurverträge. Aus solcher *Spezialisierung* zieht der Auftraggeber grossen Nutzen.

4. Die Faszination der Kreativität

Vertragsgestaltung ist *kreativ.* Vertragsgestaltung geht über die blosse Beratung hinaus. Der Anwalt darf und soll eigene Ideen und Lösungsvorschläge,

---

[17] Vgl. z.B. JÜRGEN WIEGAND (Leitfaden), 15 ff., insb. 21, betreffend die Methoden «Top-down» (von der Grob- zur Detaillösung) und «Bottom-up» (von der Detail- zur Gesamtlösung).
[18] Zu den vereinbarten *Widerspruchsregeln,* d.h. zu den Kollisionsnormen für innervertragliche Widersprüche, vgl. GAUCH (Werkvertrag), N 304 ff.; GAUCH/SCHLUEP, N 1238.
[19] Zur *Schlusskontrolle* vgl. z.B. SCHUMACHER (Vertragsgestaltung), 12 Ziff. 8.
[20] Zur horizontalen, vertikalen und «unechten» Koordination vgl. SCHUMACHER (Vertragsgestaltung), 8 Ziff. 3 ff.
[21] In der Praxis haben sich verschiedene *verkehrstypische Innominatverträge* entwickelt, für die eine ausgeprägte Verkehrsübung bestehen kann; vgl. dazu JÄGGI/GAUCH-ZK, Art. 18 N 550.

auch in Varianten, einbringen und hat die Entscheide des Auftraggebers in normativen Text umzusetzen sowie als systematische Einheit zu konzipieren. Schöpferisches Wirken macht glücklich. Der Anwalt, der sich in den Streitfällen mit den unvollkommenen und auch unangenehmen Seiten seiner Mitmenschen – nicht nur der Mandanten und Gegenparteien, sondern auch der Gegenanwälte und Richter – abplagt und sich gelegentlich auch etwas verschleisst, ist besonders *motiviert,* wenn er Verträge und damit einen Teil der Zukunft seiner Auftraggeber gestalten darf, dies im Bestreben, ihnen Schwierigkeiten zu ersparen.

Vertragsgestaltung ist eine ebenso anspruchsvolle wie faszinierende Herausforderung für den Anwalt. *Gestaltung* bedeutet insbesondere das künstlerische, schöpferische Erschaffen aus einem Rohstoff. Hier sind die Weisungen und Entscheide des Auftraggebers im Laufe der Vertragsverhandlungen der «Rohstoff», den der Anwalt zum Vertrag gestaltet. Der Begriff der *Gestaltung* indiziert eine qualitativ gehobene Vorbereitung und Redaktion von Verträgen, eine «Vertragskunst», die hohen Ansprüchen genügen will. Der Anwalt liefert als Vertragsgestalter kein «Fast-food» und ist besonders sorgfältig, ja skeptisch bei der Übernahme von vorformulierten Vertragsbedingungen (AGB) sowie bei der Benutzung von Vertragsvorlagen wie alten Verträgen oder Muster- bzw. Formularverträgen, die zwar oft wertvolle Arbeitshilfen sind, jedoch nie bequem abgeschrieben werden dürfen[22].

5. Das Anforderungsprofil des Anwaltes als Vertragsgestalter

Die Ansprüche an den Anwalt als Vertragsgestalter sind hoch[23]. Zusammen mit dem, was ich soeben ausgeführt habe, ist das Anforderungsprofil wie folgt zu umschreiben:
– Der Anwalt ist fähig zum Dialog und kooperativ. Er ist bereit und willens, auf die Wünsche, Anliegen usw. seines Auftraggebers einzugehen. Er kann im Team mit seinem Mandanten und dessen Beratern (z.B. Architekt, Bauingenieur, Fachingenieur) zusammenarbeiten. Er befolgt die Weisungen seines Auftraggebers (Art. 397 OR).
– Er denkt für seinen Auftraggeber weiter. Er denkt durch, er denkt zu Ende. Er ist phantasievoll. Er kann sich mögliche Entwicklungen in der Zukunft (Risiko-Szenarien) vorstellen und geeignete Vorsorge- oder Ersatzmassnahmen vorschlagen. Er vermag Alternativen aufzuzeigen.

---

[22] Trotz der häufigen Werbung für Muster- und Formularverträge mit Schlagworten wie «unterschriftsreif» oder «rechtssicher». Es werden auch «rechtlich geprüfte Muster-Dokumente» angepriesen, um sich «teure Anwälte zu sparen». Wer «geprüft» hat, wird verschwiegen.

[23] Zum Anforderungsprofil vgl. auch HÖHN/WEBER, 5, Ziff. 2.2.

- Wegen seiner Praxisnähe ist der Anwalt als Vertragsgestalter kein Utopist, sondern ein Realist. Er hat Sinn für das rechtlich Zulässige und für das in Vertragsverhandlungen Machbare. Insbesondere vermag er die Chancen und Risiken im Prozess abzuschätzen und ist sich der Unsicherheit bewusst, die durch das richterliche Ermessen und insbesondere durch die Machtbefugnis des Richters zur Vertragsauslegung und -ergänzung wie auch zur Gesetzesauslegung und -ergänzung bedingt ist. Er weiss, dass eine umstrittene Gerichtspraxis und auch Gesetze in naher oder ferner Zukunft geändert werden können.
- Er ist belastbar und entscheidungsfreudig. Vertragsgestaltung ist spannend und spannungsgeladen, weil die Zukunft immer ungewiss bleibt und der Vertragsgestalter hilft, das zukünftige Leben für Menschen zu gestalten, die ihm oft unbekannt sind. Er darf weder oberflächlich noch ängstlich sein.
- Er besitzt die Gabe und den Willen zur Führung. Er ist kein willfähriger «Schreiber», sondern fähig und willens, mit Überzeugungskraft und Durchsetzungsvermögen Problemlösungen zu präsentieren, die im wohlverstandenen eigenen Interesse des Auftraggebers liegen. Er warnt ihn vor Risiken. Er ist für Vertragstransparenz besorgt[24].
- Er verfügt über eine solide rechtswissenschaftliche Ausbildung und über genügend Erfahrung. Er kennt sich in den Strukturen der Rechtsordnung aus. Er hat den Überblick und die Fähigkeit zum interdisziplinären Denken. Gleichzeitig kennt er seine *Grenzen*. Wenn er nicht über eigenes Spezialwissen für den betreffenden Vertragstyp oder für einzelne spezielle Vertragsklauseln (z.B. steuerrechtliche Klauseln) verfügt, lässt er sich durch Spezialisten beraten oder empfiehlt seinem Auftraggeber den Beizug weiterer Fachleute. Er ist fähig und willens zur interdisziplinären Zusammenarbeit, damit auch zur systematischen Integration der Ratschläge und Beiträge der beigezogenen Spezialisten. Damit wird er zum «Vertragsmanager».
- Er ist weder bequem noch träge, sondern hinterfragt immer wieder eigene und fremde Vertragsvorlagen, Muster, Klauseln usw. Er ist zuverlässig in Qualität und in Erfüllung der vereinbarten Termine.
- Trotzdem ist er *kostenbewusst*. Er strebt ein ausgewogenes Verhältnis zwischen seinem Arbeitsaufwand (und den entsprechenden Kosten für den Auftraggeber) einerseits und dessen Weisungen sowie der Bedeutung des Vertrages andererseits an. Moderne Arbeitsmethoden sind ihm bei der Kostenökonomie behilflich. Er weiss, dass nicht für jeden einzelnen Vertrag das Rad neu erfunden werden muss. Er benutzt – allerdings kritisch – Vertragsvorlagen (frühere Verträge von ihm selber und seinen Büropartnern, Musterverträge usw.).

---

[24] Vgl. GAUCH (Werkvertrag), N 308.

– Sprachkultur und Sprachlust zeichnen den Anwalt als Vertragsgestalter aus. Der Jurist übt einen sprachgebundenen Beruf aus[25]. Der Anwalt liest viel, nicht nur juristische Literatur, sondern das Beste, was ihm die Kultur seiner Muttersprache anbietet. «Den Stil verbessern – das heisst den Gedanken verbessern und nichts weiter» (NIETZSCHE). Klarheit kommt vor Kürze. Lieber ein Hauptwort wiederholen statt ein Demonstrativpronomen mit mehrdeutiger Rückverweisung verwenden. Fachsprache ja, aber keine Kastensprache, kein pseudowissenschaftlicher Jargon, der vernebelt statt klärt[26].

III. Vertragsgestaltung in der staatlichen Rechtsgemeinschaft

Zu den Menschenrechten gehört die *Vertragsfreiheit*[27]. Sie ermöglicht die individuelle *Lebensgestaltung*[28]. Das Erreichen der Ziele, die mit Verträgen angestrebt werden, ist jedoch mannigfach *gefährdet,* und zwar sowohl in der Vertragsabschlussphase als auch in der Erfüllungsphase. Verträge sind immer lückenhaft und oft schlecht, missverständlich oder gar irreführend formuliert. Oder die Gegenpartei will oder kann einen Vertrag überhaupt nicht oder nicht richtig erfüllen.

Bei Vertragsabschluss bindet jede Partei sich selbst, indem sie sich zu einer oder mehreren Leistungen verpflichtet[29]. Dies ist *Selbstbindung.* Jede Partei vertraut darauf, dass auch die Gegenpartei ihrer Selbstbindung treu bleibt. Der Vertragsabschluss besteht in freiwilligen gegenseitigen Freiheitsverzichten[30] im Rahmen einer distributiv vorteilhaften Freiheitskoexistenz und damit gerade zur Sicherung der freiheitlichen Menschenrechte. Komplementär zum Menschenrecht *Vertragsfreiheit* gehört die Menschenpflicht, *Verträge zu halten.* «Pacta sunt servanda.» Aber Verträge können trotzdem gebrochen, nicht oder mangelhaft erfüllt werden. Auch Verträge bedürfen der staatlichen

---

[25] GAUCH (Ausbildung), 129 f., mit dem Hinweis auf die grossen sprachlichen Schwierigkeiten der jungen Juristen. Er beklagt zu Recht einen grossen Sprachzerfall. «Manches, was man da zu lesen bekommt, gehört eher in den Bereich der transzendentalen Magie» (141, Anm. 52). In der alemannischen Schweiz wird die Sprachbeherrschung durch die Mundart erschwert.

[26] Vgl. GAUCH (Ausbildung), 134.

[27] Zur Vertragsfreiheit vgl. z.B. GAUCH/SCHLUEP, N 612 ff., mit zahlreichen Verweisungen, sowie N 314: Die Gestaltung von Rechtsverhältnissen durch den einzelnen «ist das selbstverständlichste Grundprinzip einer jeden Zivilrechtsordnung»; vgl. auch KARL OFTINGER, Die Vertragsfreiheit, in: Die Freiheit des Bürgers im schweizerischen Recht, Festgabe zur Hundertjahrfeier der Bundesverfassung, Zürich 1948, 315 ff.; BERNHARD SCHNYDER, Vertragsfreiheit als Privatrechtsbegriff, Diss. Freiburg 1960.

[28] Vgl. Fn. 3 hiervor.

[29] Zum Begriff der *Leistung* im weiten Rechtssinne vgl. z.B. GAUCH/SCHLUEP, N 35 ff.

[30] Zum Austausch gegenseitiger Freiheitsverzichte als Grundprinzip einer gerechten Friedensordnung vgl. HÖFFE, 382 ff.

Rechtsordnung, die sowohl Schutz als auch Begrenzung der Freiheit der Lebensgestaltung ist. Die Vertragsfreiheit besteht nur innerhalb der Schranken der Rechtsordnung (Art. 19 Abs. 1 OR).

Ein Element des Gerechtigkeitsbegriffes ist die *soziale Verbindlichkeit*[31]. Recht ist eine zwangsfähige Ordnung. Es ist klagbar[32]. Das letzte Wirklichkeitsprinzip der Gerechtigkeit heisst: *Institutionalisierung*. Die institutionalisierte öffentliche Rechtsordnung ist für die Gerechtigkeit unentbehrlich[33]. «Dem Grundsatz, dass Pflichten in der Regel auch durchsetzbar sein müssen, kommt ein erhebliches Gewicht zu[34].»

Verträge bedürfen deshalb eines *starken Staates*. Dieser fördert mit zwingendem Recht die Vertragsgerechtigkeit und stellt für lückenhafte Verträge sein dispositives Vertragsrecht zur Verfügung. Damit erleichtert er die Vertragsgestaltung, insbesondere diejenige von Alltagsgeschäften. Das dispositive Vertragsrecht senkt die Transaktionskosten. Im Streitfall stellt der Richter fest, ob und inwieweit Verträge verbindlich sind. Er legt Verträge aus und ergänzt sie bisweilen sogar, wobei Vertragsauslegung und -ergänzung häufig ineinander fliessen[35]. Werden Verträge nicht freiwillig erfüllt, werden sie vom Staat zwangsweise vollzogen.

Verträge begründen deshalb nicht nur die *Selbstbindung* der Vertragsparteien[36], sondern auch die *Einbindung* in die staatliche Rechtsgemeinschaft mit ihrer Rechtsordnung. Selbst wenn die Parteien ein Schiedsgericht für allfällige Vertragsstreitigkeiten vorsehen, ist dieses – wenn auch bloss marginal – der staatlichen Rechtsordnung und Gerichtsbarkeit unterworfen[37].

Die Einbindung des einzelnen Vertrages in die Rechtsordnung ist eine der wichtigsten Aufgaben der Vertragsgestaltung, die zu erfüllen der Anwalt in hervorragender Weise befähigt ist, weil er die Grundstrukturen der Rechtsordnung kennt und den Überblick besitzt. Er beherrscht die Vertragstechnik und insbesondere die *normative* Sprache. Das blosse Sprechen wird zum Ver-Sprechen.

Der Vertragsgestalter trägt eine hohe Mitverantwortung für den Vertrag und damit auch für die *Vertragsgerechtigkeit*. Darunter ist nicht nur die überlegte Koordination mit der staatlichen Rechtsordnung zu verstehen. Die Gerechtigkeit kann auch erfordern, dass das Gesetz *abgeändert* wird. Das Gesetz kann generell ungerecht sein[38] oder im Einzelfall, weshalb selbst der Richter

---

[31] Vgl. HÖFFE, 52, sowie 57 betreffend den Anspruch auf das Einhalten des Vertrages.
[32] Vgl. HÖFFE, 191.
[33] HÖFFE, 431 f.
[34] BGE 118 II 269.
[35] Vgl. GAUCH/SCHLUEP, N 1202 und 1263.
[36] Vgl. Fn. 8 hiervor betreffend die *Eigen-Normen*.
[37] Vgl. Art. 3 und Art. 36 ff. Konkordat über die Schiedsgerichtsbarkeit; Art. 176 ff. IPRG.
[38] Vgl. z.B. die Genehmigungsfiktion zufolge verspäteter Mängelrüge im Kauf- und Werkvertragsrecht; dazu die Kritiken von PIERRE CAVIN-SPR VII/1, 92; GAUCH (Werkvertrag), N 2175 ff.; EUGEN BUCHER, ZSR 1983 II, 338 ff. und 342 ff.

nicht in allen Fällen an das Gesetz gebunden ist[39]. Der Gerechtigkeitsgehalt gesetzlicher Regelungen darf nicht vorschnell bejaht werden[40]. Soll das dispositive Recht verdrängt oder abgeändert werden, muss dies mit «hinreichender Deutlichkeit zum Ausdruck gebracht werden»[41].

Es gehört zur hohen Kunst des Vertragsgestalters, trotz der Interessengegensätze der Parteien *ausgewogene* Lösungen als *überzeugende* Vorschläge anzubieten[42]. Zu vermeiden sind stereotype Haftungsbeschränkungs- und Haftungsausschlussklauseln, die den beruhigenden, jedoch oft trügerischen Anschein der Rechtmässigkeit, Vollständigkeit und Ausgewogenheit und manchmal sogar der Besserstellung der Gegenpartei erwecken[43]. Denn die Erschleichung einseitiger Verträge ist kurzsichtig. Der Streit ist vorprogrammiert, wenn eine Partei beim Vertragsabschluss das Missverständnis der Gegenpartei in Kauf nimmt, bewusst oder unbewusst, raffiniert oder unbeholfen, ebenso, wenn sie selber nur verschwommene Ideen z.B. über die Risikoverteilung und die dadurch bedingte Preisbildung und Mängelhaftung besitzt. Je gerechter, je ausgewogener ein Vertrag, desto geringer ist später der Anreiz, aus dem Vertrag auszubrechen, entweder durch Obstruktion oder durch die akribische Suche nach günstiger Auslegung oder nach Vertragslücken. Wer unausgewogene Verträge schafft, muss mit dem Risiko leben, dass der Vertrag ganz oder teilweise keinen Bestand hat, z.B. wegen der gerichtlichen Anfechtung missbräuchlicher AGB gemäss Art. 8 UWG oder wegen der Erzwingung unangemessener Geschäftsbedingungen gemäss Art. 7 Abs. 1 lit. c KG, wenn sie von einem marktmächtigen (privaten oder öffentlichen) Unternehmen eingebracht werden. Vertragsstreit kann erhebliche Reibungsverluste sowie Zeit- und Geldverluste verursachen. Nicht zu hören ist auf «Schalmeientöne» wie diejenigen, einseitige Vertragsklauseln stünden ja nur auf dem Papier und in der Praxis sei man rücksichtsvoll und fair; nur im Notfall würde man sich auf derartige Klauseln berufen. Solche stellen zum vornherein ein einschüchterndes und damit unfaires *Drohpotential* dar. Sie verschaffen der bevorzugten Vertragspartei im Konfliktsfall einen unfairen Verhandlungsvorsprung.

Die Einbindung in die Rechtsordnung erfordert, dass der Anwalt sorgfältige juristische, vor allem normative Arbeit leistet. Genauigkeit kommt vor der Rücksicht auf das Verständnisniveau der Parteien als juristische Laien. Gefährlich ist rechtliches «Halbwissen». Der Vertragsjurist muss sicherstellen, dass die Parteien nicht von sich aus Rechtsbegriffe falsch gebrauchen[44]. Der Anwalt als Vertragsgestalter wirkt als «Bindeglied» zwischen den Parteien

---

[39] Vgl. GAUCH (Werkvertrag), N 590, mit Verweisungen.
[40] LANGENFELD (Vertragsgestaltung), 75.
[41] BGE 122 III 121.
[42] Vgl. LANGENFELD (Vertragsgestaltung), 64 ff.
[43] Vgl. SCHUMACHER (Die Haftung des Grundstückverkäufers), N 789, mit Verweisungen.
[44] Vgl. LANGENFELD (Vertragsgestaltung), 12 und 44 f.

und der Rechtsordnung. Schliesslich bedarf es für den Vertragsabschluss nicht der Übereinstimmung der beidseits beratenden Juristen, sondern der Parteien selbst[45]. Der Vertragsjurist ist deshalb auch ein *«Dolmetscher»*. Er soll zwar keine juristische *«Schnellbleiche»* verpassen, aber doch sicherstellen, dass die Parteien die Tragweite des Geschäftes und die juristische Grundstruktur begreifen und gutheissen. Die zeitgenössische Fachsprache ist zu benutzen, z.B. wird anstelle des Wortes *Gewährleistung* der Ausdruck *Haftung* verwendet. Der Vertrag soll «benutzerfreundlich» für die Vertragserfüllung gestaltet, z.B. übersichtlich gegliedert werden. Und beabsichtigt eine Vertragspartei, zwingendes Recht zu missachten, mahnt der Vertragsjurist unmissverständlich ab, vorzugsweise schriftlich zwecks Beweissicherung (z.B. bei Verletzung von zwingendem Erbrecht), oder er lehnt die Mitwirkung überhaupt ab (z.B. bei beabsichtigtem Steuerbetrug).

IV. Die Haftung des Anwaltes für die Vertragsgestaltung

A. *Die Rechtsqualifikation des Vertragsgestaltungsvertrages*

Den Vertragsgestaltungsvertrag mit einem Anwalt qualifiziere ich als *Auftrag* im Sinne von Art. 394 OR[46]. Der Anwalt schuldet nicht den Vertragsabschluss als Arbeitserfolg. Zwar ist der Vertragsentwurf ein *Arbeitserfolg,* aber nicht das Ergebnis einer unternehmerischen (z.B. rein wissenschaftlichen) und damit werkvertraglichen Leistung. Im Vertragsentwurf «vermischen» sich die Weisungen des Mandanten und die Gestaltung des Anwaltes zu einem *einheitlichen* Resultat. Bei der Vertragsgestaltung ist der Anwalt in besonders grossem Ausmass von den Weisungen des Mandanten abhängig. Er wirkt bloss mit und geniesst nicht die Selbständigkeit z.B. eines Experten[47] oder des Entwerfers eines Architektenplanes[48]. Zudem gestaltet der Anwalt Rechtsfolgen für eine offene, stets ungewisse Zukunft und baut gelegentlich auch auf ebenfalls unsicheren Rechtsprechungsprognosen auf. Häufig ist die Vertragsgestaltung bloss ein Teil eines umfassenderen Anwaltsmandates mit vielfältigen Dienstleistungen.

[45] Art. 1 Abs. 1 OR; schon D 44, 7, 2: *Consensu fiunt obligationes.*
[46] Vgl. GAUCH (Werkvertrag), N 333: Ratschläge sind keine Werkleistung. Nach FELLMANN-BK, Art. 394 N 145, ist umstritten, ob Auftragsrecht anzuwenden sei, wenn sich die Tätigkeit des Anwaltes in der Abfassung eines Vertrages erschöpft. Er lässt die Frage offen. In Art. 394 N 143 erwähnt er, dass der Anwalt seiner Klientschaft bei der Abfassung von Verträgen behilflich sein kann. Die Vertragsgestaltung durch den öffentlichen *Notar* wird in diesem Beitrag nicht berücksichtigt.
[47] Vgl. ROLAND HÜRLIMANN, Der Anwalt als Experte, S. 389 ff. hiervor, der die Rechtsqualifikation als Werkvertrag u.a. mit der gezielten Erfolgserwartung des Bestellers eines Gutachtens begründet.
[48] Zum Architektenplan als *Geistwerk* vgl. GAUCH (Werkvertrag), N 49 ff.

Deshalb haftet der Anwalt für eine unsorgfältige Vertragsgestaltung nach den Haftungsregeln des *Auftragsrechtes*[49]. Hier können nur einige anwaltsspezifische Richtlinien skizziert werden.

B. Die objektive Sorgfaltspflichtsverletzung

Die vom Vertragsjuristen geschuldete Sorgfalt lässt sich nicht generell-abstrakt festlegen. Sie ergibt sich aus den konkreten Umständen des Einzelfalles, insbesondere aus dem Umfang des Anwaltsauftrages, und aus der Art des zu gestaltenden Vertrages mit seinen typischen Risiken und dessen individueller Bedeutung für den Mandanten[50]. Der Anwalt schuldet eine angemessene und fachgerechte Aufklärung über bekannte, mögliche Risiken[51]. Er darf sich dabei auf *Schlüsselrisiken* beschränken, nämlich auf solche, die häufig eintreten oder die schwere Folgen bewirken[52]. Ein Beispiel: Der Anwalt, der für einen Bauherrn einen Generalunternehmer-Werkvertrag entwirft, muss ihn über das Risiko von *Bauhandwerkerpfandrechten* aufklären[53] und Vorsorge gegen die Doppelzahlung zufolge Bauhandwerkerpfandrechte treffen[54]. Der Anwalt darf nicht Risiken verharmlosen und den Auftraggeber zu einem fehlerhaften Verhalten veranlassen[55].

Der Anwalt haftet, wenn er die *Weisung* seines Mandanten nicht befolgt[56]. Wenn er diese als rechtswidrig oder als unzweckmässig erachtet, hat er den

---

[49] Zur auftragsrechtlichen Haftung vgl. FELLMANN-BK, Art. 398 N 181 ff., insb. Art. 398 N 406 ff. betreffend Anwaltshaftung; neuestens FABIO SCHLÜCHTER, Haftung aus anwaltlicher Tätigkeit unter Einbezug praktischer Fragen der Haftpflichtversicherung, AJP 1997, 1359 ff., beide mit zahlreichen Verweisungen; in Literatur und Rechtsprechung wird die Haftung des Anwaltes für die Vertragsgestaltung entweder überhaupt nicht oder nur marginal behandelt.

[50] Vgl. sinngemäss FELLMANN-BK, Art. 398 N 383 f.

[51] Vgl. BGE 116 II 523; BGE 115 II 62 ff. = Pra 1991, 349 ff.

[52] Vgl. EMIL BRAUCHLIN, Problemlösungs- und Entscheidungsmethodik, 3. Auflage, Bern und Stuttgart 1990, 153: «Sehr häufig prägen nur ganz wenige Faktoren ein Problem entscheidend.»

[53] Zur oft fehlenden Aufklärung über das Risiko von Bauhandwerkerpfandrechten seitens der Banken vgl. RAINER SCHUMACHER, Votum am Schweizerischen Juristentag 1994, ZSR 1994 II, 563 ff.

[54] Vgl. die Vorschläge von RAINER SCHUMACHER, Das Bauhandwerkerpfandrecht, 2. Auflage, Zürich 1982, N 496 ff., ferner die Musterklauseln 314 ff.

[55] Vgl. BGE 116 II 525; vgl. auch unveröffentlichtes Urteil des Obergerichtes des Kantons Aargau vom 17. Oktober 1986, 18, erwähnt von SCHUMACHER (Die Haftung des Grundstückverkäufers), N 550 mit Fn. 95: Die Bemerkung, die Parzellierung zur Bildung des «gekauften» Grundstückes sei eine blosse Formsache, war eine pflichtwidrige Verharmlosung des Notars.

[56] Vgl. BGE 91 II 440 f.; FELLMANN-BK, Art. 397 N 144 ff. sowie Art. 397 N 53: Das Weisungsrecht ist ein Schwerpunkt des Auftragsrechtes und ein flexibles Instrument des Auftraggebers.

Mandanten ausdrücklich und unmissverständlich, vorzugsweise schriftlich, abzumahnen[57] und neue Weisungen abzuwarten. Der Anwalt kann sich nicht damit entlasten, dass sein Mandant den Vertrag unterzeichnet und damit weisungswidrige Klauseln genehmigt hätte. Der Mandant darf sich darauf verlassen, dass sein Anwalt seine Weisungen sorgfältig ausführt. Im Unterschied zum Vertragsgestalter hat der Mandant oft nicht die Übersicht über das ganze Vertragswerk, besonders wenn es umfangreich und juristisch komplex ist und allenfalls sogar aus mehreren physischen Erklärungsträgern besteht (z.B. Vertragsurkunde, protokollierte und übernommene Zwischenergebnisse der Vertragsverhandlungen sowie AGB).

Zwar dürfen an den Anwalt hohe Anforderungen gestellt werden, weil er die Vertragsgestaltung berufsmässig gegen Entgelt ausübt[58]. Doch dürfen die Anforderungen an seine Sorgfaltspflicht nicht überspannt werden. Von ihm darf nichts Unzumutbares erwartet werden[59]. Er ist kein unfehlbares Universalgenie. «Die Notwendigkeit zu entscheiden, ist immer grösser als das Mass der Erkenntnis» (KANT). Schon die Ökonomie (Kosten- und Zeitdruck) zwingt häufig zur Lücke. Zudem ist die Vertragsgestaltung auf die stets ungewisse Zukunft ausgerichtet. «Voraussagen sind problematisch, besonders wenn sie die Zukunft betreffen[60].» Selbst Rechtsprechungsprognosen[61] können sehr heikel sein[62]. Die Berufsausübung würde dem Anwalt schlicht verunmöglicht, wenn er aus der Retrospektive für jede fehlende oder unvollkommene Vertragsklausel haften würde. Gewisse untergeordnete Unvollkommenheiten und Ungeschicklichkeiten bilden keinen Haftungsgrund[63]. Der Komplexität der Rechtsordnung und der tatsächlichen Umstände ist Rechnung zu tragen.

---

57 Zum strengen Massstab an die Ausdrücklichkeit der Abmahnung vgl. BGE 95 II 51; zur Unmissverständlichkeit vgl. BGE 116 II 308.
58 Vgl. BGE 115 II 65, mit Verweisungen.
59 Vgl. sinngemäss GAUCH (Werkvertrag), N 841.
60 Unbekannter Zyniker; vgl. auch WILLIAMS TENNESSEE: «Ein Prognostiker ist ein Mann, der in lichten Momenten düstere Ahnungen hat.»
61 Vgl. RAINER KANZLEITER, Der Blick in die Zukunft als Voraussetzung der Vertragsgestaltung, NJW 1995, 905 ff.
62 Vgl. z.B. die unterschiedliche Praxis der beiden Zivilabteilungen des Bundesgerichtes betreffend das schützenswerte Interesse an der Feststellung der Widerrechtlichkeit einer verletzenden Presseäusserung trotz der genau gleich lautenden Gesetzesbestimmungen der Art. 28a Abs. 1 Ziff. 3 ZGB und Art. 9 Abs. 1 lit. c UWG in BGE 120 II 371, grundsätzlich bestätigt im BGE vom 22. März 1996, veröffentlicht in *medialex* 1996, 156 ff., sowie im BGE 122 III 449 ff., einerseits und im BGE 123 III 354 ff. anderseits; vgl. dazu die Kritik in der NZZ vom 9. Dezember 1997, 13; ferner BERNHARD SCHNYDER, ZBJV 1998, 157 f.
63 Vgl. BGE 117 II 563 ff.; FELLMANN-BK, Art. 398 N 407, so auch am Anfang Art. 398 N 388.

C. Das Verschulden

Der Anwalt kann und muss sich nicht in allen rechtlichen Spezialgebieten auskennen. Aber (auch) als Generalist muss er den Überblick über die Rechtsordnung besitzen und Risiken erkennen, welche den Rat oder die Vertragsgestaltung durch einen Spezialisten (z.B. eines Fachmannes des Steuerrechts) erfordern. Der Anwalt muss auch als Vertragsgestalter seine Grenzen kennen. Er kann unsorgfältig und schuldhaft handeln, wenn er sich selbst überfordert und Verträge gestaltet, die Spezialwissen voraussetzen, das von ihm nicht beherrscht wird[64]. Ein Ratschlag: Verträge, die einem ausländischen Recht unterstellt werden, sind von einem Anwalt des betreffenden Staates zu gestalten oder mindestens eingehend zu überprüfen. «Russisch-Roulette» wählt, wer einem Klienten die Anwendung eines fremden Rechtes empfiehlt, das er nicht kennt[65].

D. Der Schaden

Trotz schuldhafter Unsorgfalt muss ein Anwalt nicht haften, wenn kein Schaden entstanden ist oder wenn ein Schaden nicht in einem adäquaten Kausalzusammenhang mit seiner Pflichtverletzung stand. Denn die Vertragsgestaltung kann nicht einseitig optimiert werden. Wurde eine Klausel überhaupt nicht oder in ungünstiger Formulierung in den Vertrag aufgenommen, dürfte häufig kaum nachweisbar sein, dass die Gegenpartei fehlenden oder verbesserten Klauseln zugestimmt oder dass der eigene Mandant mangels Zustimmung der Gegenpartei auf den Vertragsabschluss verzichtet hätte. Ein risikoreicher, zweideutiger Vertrag kann besser sein als gar keiner[66].

V. Peace now – die Friedensmission der Anwälte

Vertragsgestaltung ist nicht nur ein verheissungsvoller Markt für Anwälte, sondern auch eine grosse sozialethische Herausforderung für alle Anwälte.

---

[64] Zum Übernahmeverschulden zufolge Selbstüberschätzung vgl. BGE 116 II 457; FELLMANN-BK, Art. 398 N 474; WALTER FELLMANN, recht 1997, 101 und 104; GAUCH (Werkvertrag), N 835; GAUCH/SCHLUEP, N 2757 f. und 2767 mit Verweisungen; schon D 19, 2, 9, 5: «quod imperitia peccavit, culpam esse».

[65] HENRY PETER, Der Schweizer Rechtsanwalt und das Ausland, in: Die Sorgfalt des Anwalts in der Praxis, Bern 1997, 31 ff., insb. 33 f., u.a. mit dem Hinweis, dass bei internationalen Verträgen auch der *Ort des Vertragsabschlusses* besondere Rechtsfragen aufwerfen kann.

[66] ECKARD REHBINDER, 25; vgl. ZANKL, N 84: «Zuviel Vorsicht kann für den Mandanten ebenso nachteilig sein wie zuviel Sorglosigkeit.»

Der Frieden hängt nicht nur von der «grossen Politik» und von ihren Friedens- und Staatsverträgen ab. Für den Frieden in seinen engen, persönlichen Wirkungskreisen ist jeder Mensch mitverantwortlich. Frieden wird auch durch jeden einzelnen Vertrag geschaffen. Verträge verwirklichen das gesellschaftliche Kooperationsmodell anstelle des Gewaltmodells.

A. Öffentliche Moral

Die rechtsgleiche Vertragsfreiheit ist ein hervorragendes Menschenrecht, und die Vertragstreue ist eine ebenso wichtige Menschenpflicht. Wir Anwälte können und müssen in Politik und Gesellschaft die moralische Sensibilität für die Vertragsgestaltung als Friedensarbeit und für die Vertragstreue fördern und stärken. In die zehn Gebote gehört: «Du sollst nicht Deine Verträge brechen!» Das Gebot der *Feindesliebe*[67] ist auch dahin auszulegen, dass mit Feinden Verträge abzuschliessen sind, um wechselseitiger Gewalt vorzubeugen.

B. Gesetzgebung

Die *Vertragsfreiheit*[68] sollte als *Grundrecht* in der Verfassung verankert werden. Die in Art. 31 Abs. 1 BV garantierte Handels- und Gewerbefreiheit setzt die umfassendere Vertragsfreiheit voraus[69].

Die Vertragstreue ist durch die Gesetze soweit und so stark wie nur möglich zu schützen. Soziale Hilfe darf nicht durch den Einbruch in die Vertragstreue geleistet werden. Das Mietrecht ist ein arger «Sündenfall»[70].

C. Justiz

1. Schutz der Vertragstreue

Der Richter soll die Vertragstreue schützen, soweit ihm dies das Gesetz gestattet. Von richterlichen Eingriffen in Verträge ist ohne Not abzusehen. Beispiele: Von dem richterlichen Recht, übermässig hohe Konventionalstrafen herabzusetzen (Art. 163 Abs. 3 OR), ist nur zurückhaltend Gebrauch zu

---

[67] Mt. 5, 44; Lk. 6, 27 und 35.
[68] Vgl. Fn. 27 hiervor.
[69] Vgl. KLAUS A. VALLENDER, Nachführung der Wirtschaftsverfassung, ZBl 1997, 490. Der Entwurf 1996 einer neuen BV (mit Botschaft des Bundesrates vom 20. November 1996) will u.a. die Vereinigungsfreiheit (Art. 19), die Wirtschaftsfreiheit (Art. 23) und die Koalitionsfreiheit (Art. 24) garantieren, erwähnt jedoch nicht die Vertragsfreiheit.
[70] Vgl. z.B. Art. 270 OR betreffend die Anfechtung des Anfangsmietzinses.

machen[71]. Das Recht des jederzeitigen Widerrufes eines Auftrags gemäss Art. 404 Abs. 1 OR ist ein Einbruch in die Vertragstreue und nur zurückhaltend zuzulassen, nämlich wenn der Widerruf die Persönlichkeit des Widerrufers schützt[72].

2. Vertragsschutz durch effiziente Rechtsprechung

Vertragliche Pflichten müssen durchsetzbar sein[73]. Die Erfüllung von Verträgen bedarf des Schutzes durch die Gerichte. Diese müssen fähig und willens sein, Verträge rasch und wirksam zu schützen[74]. Prozesse dürfen nicht lange dauern. Andernfalls besteht die Gefahr der Illegalität, der Korruption und der Mafia[75]. Um ein starker Staat zu sein, muss er sich auf seine Kernaufgaben besinnen und die Justiz personell und finanziell optimal dotieren. Wir Anwälte müssen bei der Auswahl und Wiederwahl von Richtern unsere gesellschaftliche Verantwortung kollektiv wahrnehmen[76].

[71] BGE 103 II 135.
[72] Vgl. PETER GAUCH, Art. 404 OR – Sein Inhalt, seine Rechtfertigung und die Frage seines zwingenden Charakters, recht 1992, 9 ff.
[73] Vgl. Fn. 34 hiervor.
[74] Das Bedürfnis nach wirksamem und raschem institutionellen Schutz der Vertragstreue im Handel war die Triebfeder für die Handelstribunale (tribunali della mercanzia) insbesondere in Florenz und Siena; vgl. GENE ADAM BRUCKER, Florenz, Stadtstaat – Kulturzentrum – Wirtschaftsmacht, München 1984, insb. 77 und 91; ROBERT DAVIDSOHN, Geschichte von Florenz, 4. Band, Neudruck der Ausgabe 1896–1927, Osnabrück 1969, 178 ff., insb. 285: «... und die Mercanzia erwarb ihr hohes Ansehen durch die Einfachheit ihrer Sprüche wie durch rasche Erledigung der Prozesse». Vgl. auch PETER NOBEL, Zur Institution der Handelsgerichte, ZSR 1983 I, 137 ff.; MAX GULDENER, Schweizerisches Zivilprozessrecht, 3. Auflage, Zürich 1979, 21; HANS MORF, Die Handelsgerichte in der Schweiz, Diss. Bern 1922, 2.
[75] Vgl. ULRICH SCHMID, Russlands schwieriger Weg zum Rechtsstaat / Tiefer Graben zwischen Theorie und Praxis, NZZ vom 30. Dezember 1994, 15 f.: «... da sich so etwas wie Vertragssicherheit in Russland nicht entwickelt hat... ist das Bewusstsein, dass mit der Unterschrift eine Verpflichtung eingegangen wird, praktisch nicht existent... Prozesse in Russland sind langwierig, kostspielig und meist sinnlos. Solange keine Aussicht besteht, dass der Staat aktiv wird und die Bezahlung erzwingt, nützt die Verurteilung einer Firma nichts... Die Mafia hat mittlerweile begonnen, ihre Dienste zu verkaufen. Die Liste der Angebote ist lang. Das organisierte Verbrechen offeriert, gegen entsprechende Bezahlung, Personen- und Objektschutz, es entscheidet Dispute, es garantiert, dass *Verträge honoriert* werden...» Dafür, dass die Wohlfahrt eines Volkes entscheidend von der *Vertragssicherheit* (effizienter Schutz der Vertragstreue durch die Gerichte) abhängt, weist am Beispiel von Peru eindrücklich nach HERNANDO DE SOTO, Marktwirtschaft von unten / Die unsichtbare Revolution in Entwicklungsländern, Zürich und Köln 1992, insb. 185 ff., z.B. 208: «Stabile Verträge sind eine unerlässliche Voraussetzung für langfristige Investitionen. Das Vertrauen in staatliche Zwangsmassnahmen erhöht die Risikobereitschaft der Individuen.»
[76] Bedenklich ist, wenn – so kürzlich im Bezirk Baden geschehen – derjenige Gerichtspräsident mit der höchsten Stimmenzahl wieder gewählt wird, der Prozesse und damit auch

Gleich wie wir Anwälte sind auch Richter keine Universalgenies, die sich in sämtlichen Rechtsgebieten auskennen können. Eine gewisse *Spezialisierung* ist deshalb dringend notwendig[77]. Unerfindlich bleibt, wie Laienrichter fähig sein sollen, alle Verträge, auch komplexe, zu beurteilen.

D. *Aus- und Weiterbildung der Anwälte*

Die Praxisnähe[78], die für die *Hochschulbildung* gefordert wird, verlangt auch die Ausbildung in praktischer Vertragsgestaltung[79]. Während des *Praktikums* sollen die angehenden Anwälte individuell, d.h. durch ihre Arbeitgeber, und kollektiv (z.B. durch die Anwaltsverbände oder überregionale Organisationen[80]) auch in der Vertragsgestaltung geschult werden. *Anwaltsexamen,* die diesen Namen verdienen, müssen auch die Vertragsgestaltung umfassen. Die Anwaltsverbände sollen verstärkten Einfluss auf die Auswahl der Mitglieder der Prüfungskommissionen und die Durchführung der Examen (Prüfungsaufgaben usw.) ausüben[81]. Zudem haben wir Anwälte für unsere eigene *Weiter-*

---

vertragsrechtliche Streitfälle jahrelang verschleppt. Dieser Missstand ist der Verwaltungskommission des Obergerichtes und allen Anwälten, die vor Bezirksgericht Baden auftreten, zur Genüge, ja zum Überdruss bekannt.

[77] Vgl. neuestens das Interview mit dem zurückgetretenen Präsidenten des Zürcher Kassationsgerichtes, *Guido von Castelberg,* «*Der Richter ist oft überfordert*», NZZ vom 6./7. September 1997, 55; er forderte die «bestmöglichen Richter in der grösstmöglichen Zahl».

[78] Unser Berufskollege Johann Wolfgang Goethe, der am 6. März 1771 an der Universität Strassburg das Lizentiatsexamen bestand, lobte das dortige Studium, «hier sei alles, dem Verhältnis gegen Frankreich gemäss, *eigentlich auf das Praktische gerichtet,* und nicht etwa wie auf deutschen Akademien, wo man wohl Juristen im weiten und gelehrten Sinne zu bilden suche», Dichtung und Wahrheit, 2. Teil, 9. Buch, Sämtliche Werke, Artemis-Gedenkausgabe, 2. Auflage, Zürich 1961–1966, Band 10, 395.

[79] Vgl. Ziff. I hiervor.

[80] Vgl. die *Innerschweizer Praktikantenkurse,* durchgeführt durch die *Stiftung für Rechtsausbildung* mit Sitz in Luzern.

[81] Im Kanton Aargau wurde den Kandidaten für die Anwaltsprüfungen im Frühjahr 1997 ein in der Öffentlichkeit stark beachteter Prozessfall unterbreitet, wobei für die Kandidaten klar erkennbar war, dass der Examinator und ich Gegenanwälte waren, also wussten, wem zuliebe sie den Fall zu beurteilen hatten, und der Examinator nicht objektiv werten konnte, ganz abgesehen davon, dass meine Persönlichkeitsrechte verletzt wurden und mein ehemaliger Praktikant in einen Loyalitätskonflikt getrieben wurde. Auf meinen Einspruch trat die Anwaltskommission aus formellen Gründen nicht ein, und der gleiche Examinator konnte in der nächsten Prüfungssession die Aufgabe stellen: «Die Einleitungsartikel des ZGB.» Auf die kollektive Anregung der Absolventen der Prüfungssession im Herbst 1996, die schriftlichen Examen stärker nach der Praxis zu orientieren, antwortete die Anwaltskommission apodiktisch, sie lehne es ab, am Prüfungsaufbau etwas zu ändern. GAUCH (Ausbildung), 151, weist auf den Mangel der Examinatoren an Erfahrung in der Abnahme von Examen hin.

bildung in der Vertragsgestaltung besorgt zu sein, z.B. durch Publikationen und Kurse.

E. *Vertragsgestaltung im Alltag*

Schliesslich erbringen wir Anwälte einen gewichtigen Beitrag zu einem friedlichen und gerechten Zusammenleben, indem wir im beruflichen Alltag gute und immer bessere Verträge gestalten. Wir dürfen und müssen für die Vertragsgestaltung als eine besondere Dienstleistung der Anwälte werben und in der Öffentlichkeit die Einsicht wecken und fördern, dass für die Gestaltung wichtiger Verträge der Rechtsanwalt beizuziehen ist. Damit bekämpfen wir für das Gemeinwohl den Dilettantismus, der in der Vertragsgestaltung mangels Einsicht in die juristischen Probleme und Strukturen leider immer noch grassiert.

CHRISTIAN HILTI

Der Anwalt mit besonderem Sachverstand

Inhaltsübersicht

I. Einleitung

II. Aneignung und Pflege von besonderem Sachverstand
   A. Steuerbarkeit einer Spezialisierung?
   B. Arten der Spezialisierung
   C. Ausmass und Form einer Spezialisierung

III. Strategische Allianzen und besonderer Sachverstand
   A. Begriff und Voraussetzungen
   B. Nach aussen (nicht) in Erscheinung tretende strategische Allianzen mit Spezialisten
   C. Strategische Allianzen zwischen spezialisierten Anwälten und Nicht-Juristen

I. Einleitung

Was für ein provokativ-anmassendes Thema! Wäre es nicht von den Herausgebern, sondern vom Autor selbst formuliert worden, liefe er Gefahr, der unlauteren Werbung bezichtigt zu werden. Es sei daher gleich klargestellt: Der Schreibende gehört zur Mehrheit der heutigen schweizerischen Anwaltschaft. Ich wage nämlich zu behaupten: Mindestens die Hälfte aller Schweizer Rechtsanwälte und Rechtsanwältinnen ist auf die eine oder andere Art und Weise spezialisiert, verfügt also auf dem einen oder anderen Gebiet über spezielle Erfahrungen und damit über besonderen Sachverstand.

Unter einem Anwalt mit besonderem Sachverstand ist denn auch nichts anderes zu verstehen als der gewöhnliche Spezialist, der praktisch ausschliesslich in einem spezifischen Sach- bzw. Fachgebiet tätig ist. Ob es sich dabei nun um Steuerrecht, Kapitalmarktrecht, Umweltschutzrecht oder Patentrecht handelt, ist an sich nebensächlich. Zu unterscheiden ist ein solcher Anwalt nicht etwa von einem Kollegen ohne Sachverstand, sondern von den Allgemeinpraktikern, die ein breites Angebot rechtlicher Beratung in den klassischen Gebieten des Zivilrechts, einschliesslich Vertrags- und Haftpflichtrecht sowie SchKG und Strafrecht inklusive entsprechender Prozessführung anbieten. Der Übergang vom Generalisten zum Spezialisten ist freilich fliessend, denn auch in diesen traditionellen Gebieten gibt es selbstverständlich ausgesprochene Spezialisten.

Ein Blick in die Mitgliederverzeichnisse der Anwaltsverbände belegt denn auch, dass die meisten Anwälte ein bestimmtes Arbeitsgebiet bevorzugen. Was kann nun ein Vertreter der «spezialisierten Hälfte» einer spezialisierten oder (noch) nicht spezialisierten Leserschaft in einer Festschrift an Brauchbarem mit auf den Weg geben?

Kaum auf breites Interesse dürften die spezifischen Fachkenntnisse als solche stossen. Leider kann man mit den Eigenheiten eines Marken- oder gar Patentprozesses genauso wenig Kolleginnen unterhalten wie mit ausgeklügelten Spezialfragen des Steuer- oder Kapitalmarktrechts. Zudem liessen sich diese Spezialkenntnisse kaum sinnvoll auf wenigen Seiten zusammenfassen.

Dagegen werden die meisten Anwälte – ob spezialisiert oder nicht – mit zwei Aspekten im Zusammenhang mit Spezialkenntnissen von Zeit zu Zeit konfrontiert:

Zum einen stellt sich nämlich für jede Anwältin und jeden Anwalt früher oder später die Frage, ob und inwieweit sie sich selbst spezialisieren soll, denn selbstverständlich geht jede Spezialisierung auf Kosten *genereller* und jede Generalisierung auf Kosten *spezieller* Kenntnisse[1].

Zum zweiten dürfte sich für die meisten Kollegen gelegentlich die Frage stellen, ob mit dem einen oder anderen Kollegen eine *strategische Allianz* aufgrund eigener oder fremder Sachkompetenz eingegangen werden soll, sei dies in Form eines lokalen Zusammenschlusses oder einer länderübergreifenden Kooperation.

Nicht so sehr den Spezialkenntnissen selbst, sondern viel mehr der kontinuierlichen Aneignung und der Pflege von «besonderem Sachverstand» und der Verbindung solcher Spezialkenntnisse im Rahmen strategischer Allianzen soll hier etwas näher nachgegangen werden.

II. Aneignung und Pflege von besonderem Sachverstand

Blaise Pascal soll einmal festgestellt haben, es gebe fast nichts, das wichtiger sei als die bewusste und gezielte Wahl eines Berufs, und dennoch gebe es fast nichts, das mehr vom Zufall abhängig gemacht werde.

A. *Steuerbarkeit einer Spezialisierung?*

Tatsächlich kommt der *Idealfall* einer Spezialisierung, nämlich aufgrund persönlicher Talente, Neigungen und Präferenzen, nicht allzuoft vor. Häufiger dürfte jedoch der Zufall (im volkstümlichen und nicht im juristischen Sinn!)

---

[1] Das Bonmot betreffend Generalist und Spezialist umschreibt es treffend: Der Generalist weiss wenig über vieles, und der Spezialist weiss vieles über wenig. Mit der Zeit weiss der Generalist immer weniger über immer mehr und der Spezialist immer mehr über immer weniger. – Bis schliesslich der Generalist nichts mehr über alles und der Spezialist alles über nichts mehr weiss.

Ausgangspunkt einer besonderen Spezialisierung sein. Der Umstand, dass ein Studienabgänger seine erste Stelle beim Patentamt, bei einer schweizerischen Grossbank, bei der kantonalen Steuerverwaltung oder in einer Rechtsanwaltskanzlei findet, kann den Rest seiner Laufbahn prägen.

Schon eher gezielt steuerbar ist die *geographische Positionierung* eines Spezialisten, soweit nicht berufsunabhängige Faktoren, wie z.B. die Familie oder die Liebe zur Bergwelt, den Ausschlag für ein gewähltes Domizil geben. Wer sich im Kanton Uri als Spezialist für Schifffahrtsrecht oder im Kanton Basel-Stadt als solcher für bäuerliches Erbrecht niederlässt, sieht mit grösster Wahrscheinlichkeit harten Zeiten entgegen. Dennoch können spezifische Sachkenntnisse hilfreich sein, um eine Region mit einem entsprechenden Dienstleistungsangebot abzudecken. Diesbezüglich bedarf es kaum weiterer Ausführungen.

Wesentlich weniger offensichtlich sind die verschiedenen *Formen* der Spezialisierung, die nach der ersten, meist zufälligen Grundlegung angepeilt und gepflegt werden können.

B. *Arten der Spezialisierung*

Sachlich sind vier Arten der Spezialisierung denkbar.

Normalfall bildet wohl die *Spezialisierung im juristischen Bereich,* die etwa mit jener bei den Ärzten vergleichbar ist, bei der sich der eine als Allgemeinpraktiker niederlässt und der andere sich entschliesst, als Handwerker, d.h. als Chirurg tätig zu sein (griechisch «cheír» für «Hand» und «érgon» für «Tätigkeit/Werk»). Dabei handelt es sich auch um den üblichen Fall einer professoralen Spezialisierung, die gelegentlich dazu führt, dass der Blick über das spezifische juristische Fachgebiet hinaus verloren geht.

Eine zweite Art der Spezialisierung liegt in der Verbindung von spezifisch juristischen Fachkenntnissen mit Wissen aus den benachbarten Gebieten der Volkswirtschafts- oder Betriebswirtschaftslehre, der Unternehmensführung oder dem Marketing. (Auch hier liesse sich eine Parallele zu einem Mediziner aufzeigen, der im Rahmen seiner Tätigkeit in einem Pharmaunternehmen die Forschung und Entwicklung beeinflusst oder versucht, die Präparate des Hauses auf den Markt bzw. an die Ärzteschaft zu bringen.) Wie wichtig solche Grenzüberschreitungen in juristisches Nachbarland sind, kann fast nicht ausreichend betont werden[2].

Wesentlich esoterischer wird von der eigenen juristischen Gilde eine *dritte Art der Spezialisierung* betrachtet, bei der die *Spezialkenntnisse nichts mehr mit juristischem oder benachbartem Wissen* zu tun haben. So wird ein Mediziner bewundert, wenn er nach seiner Promotion gleich auch noch ein Jurastu-

---

[2] Vgl. dazu ausführlich LEO STAUB, Unternehmungsführung und Recht, Management von Recht als Führungsaufgabe, Zürich, 1995.

dium absolviert. Und auch dem Ingenieur, der im Anschluss an sein technisches Studium ein Jurastudium hinter sich bringt, wird heute ein besonderer Respekt gezollt. Interessanterweise findet es meines Wissens noch seltener statt, dass ein Jurist im Anschluss an seine Ausbildung beispielsweise ein naturwissenschaftliches Studium anpackt. Die Praxis zeigt allerdings, dass solche Doppelstudien nur selten dazu führen, dass aus dem juristisch geschulten Mediziner ein Rechtsmediziner oder aus dem rechtlich versierten Ingenieur gleichzeitig ein Rechts- und Patentanwalt wird. Meist zwingt die Breite derart fremder Fachgebiete, dem einen oder anderen eine gewisse Präferenz einzuräumen – oder gar beide Gebiete aufzugeben und sich als Politiker zu betätigen.

Die *vierte und letzte Art einer «Spezialisierung»* wird uns nachfolgend kaum mehr interessieren, sei der Vollständigkeit halber aber dennoch erwähnt. Die Juristerei erlaubt nämlich, im Gegensatz zu vielen anderen Studiengängen, eine *Spezialisierung in gänzlich nicht-juristische Bereiche* hinein, ohne das rechtliche Fachwissen je wieder gebrauchen zu müssen. Böse Zungen würden behaupten, die Juristerei eigne sich auch für Mitmenschen, die gar nichts lernen wollen. Dagegen geben sich Juristen überzeugt, dass man im Verlauf des Jurastudiums in jedem Fall das formale Argumentationsinstrumentarium erlerne. Den Jurastudenten werden immer wieder Johann Wolfgang Goethe und Gottfried Keller als (unerreichbare) Vorbilder von Juristen vorgehalten, die es zu etwas gebracht haben. Dagegen klingt das Beispiel des Juristen, der es zum bekannten Sportreporter und Fernsehmoderator gebracht hat, geradezu abschätzig.

C. *Ausmass und Form einer Spezialisierung*

Innerhalb der einzelnen Arten von Spezialisierungen gibt es selbstverständlich auch noch die unterschiedlichsten «Tiefgänge».

Am gewagtesten ist dabei diejenige «Spezialisierung», bei der ein Generalist aufgrund persönlicher oder anderer Affinität von Zeit zu Zeit eine Spezialfrage aus einem ihm fremden Rechtsgebiet bearbeitet. Es liegt nahe, dass eine solche Rechtsberatung oft nur mit einem ausserordentlichen Aufwand seriös geleistet werden kann. Dieser lohnt sich meist nur dann, wenn längerfristig dabei ein spezifisches Know-how aufgebaut, gepflegt und immer wieder abgerufen werden kann.

Weitaus einfacher sind Spezialisierungen zu bewerkstelligen, die *ein in sich mehr oder weniger geschlossenes Rechtsgebiet* umfassen und die mit Kontinuität erarbeitet und gepflegt werden können. Schulbeispiele dafür sind z.B. das Steuer-, Banken-, Gesellschafts- oder etwa auch das Immaterialgüterrecht. In aller Regel lässt sich solches Spezialwissen nur in der Praxis, meist in entsprechenden Institutionen systematisch schulen und erwerben. Einige Jahre Erfahrung bei den Steuerbehörden, in einer Bank oder Versicherung, beim Institut für geistiges Eigentum, bei einem Amt für Umweltschutz oder einer Handelsregisterbehörde usw. bilden daher oft den Einstieg in eine erfolgreiche Spezialisierung. Vertieft und ausgeweitet werden kann ein so erworbener «besonderer Sachverstand» dann oft in einer entsprechend ausgerichteten Anwaltskanzlei. Anspruchsvoller ist der Einstieg in eine Spezialisierung oft im Rahmen der Advokatur, weil hier der Zeitdruck und die punktuelle Ausrichtung auf mandatsbezogene Problemlösungen oft nur eine bruchstückhafte Annäherung an das Spezialgebiet erlaubt. Eine seriöse Spezialisierung setzt dann die Entschlossenheit voraus, sich umfassend in die Materie einzuarbeiten. Nur wenige grössere Anwaltsbüros können sich zudem eine eigentliche *Spezialausbildung* ihrer Mitarbeiter in Form von internen Schulungen leisten.

Ein zu extremer Tiefgang führt allerdings zu einer Verengung des Blickfelds. Dies mag beispielsweise bei einem in der Verwaltung arbeitenden Spezialisten noch angehen, der sich ausschliesslich mit Fragen der Mehrwertsteuer oder mit markenrechtlichen Widersprüchen befasst. Auch eine Spezialisierung ausschliesslich auf dem Gebiet des Urheberrechts kann als Leiter einer Verwertungsgesellschaft durchaus fruchtbar sein. Längerfristig mit Sicherheit kontraproduktiv wirkt sich dagegen etwa eine Spezialisierung auf *Urheberrechte an Schulbüchern* aus, ein Beispiel, das nicht ganz zufällig aus den USA stammt.

Die Frage, wie weit eine Spezialisierung gehen soll, kann somit nicht generell, aber doch ansatzweise beantwortet werden.

Mit der Folgefrage, wie eine solche Spezialisierung gezielt gepflegt werden kann, nähern wir uns bereits dem zweiten Themenkreis, nämlich der Frage der strategischen Allianzen.

Zwei Bemerkungen zum kontinuierlichen Aufbau und zur Pflege eines Spezialgebiets sind jedoch bereits an dieser Stelle angebracht:

Solange innerhalb einer Kanzlei die Aufgabenteilung nach dem grundlegenden Prinzip einer Allgemeinpraxis erfolgt, nämlich primär danach, an welchen Anwalt sich die Anfrage persönlich richtet (adressatenorientiert) und sekundär danach, welcher Anwalt aufgrund seiner Auslastung gerade in der Lage ist, einen Auftrag zu erfüllen (zeit- bzw. dringlichkeitsorientiert), solange wird bei kooperierenden Anwälten ein kontinuierlicher Aufbau von Spezialwissen meist nicht möglich sein. Einziges Kriterium, um eine kontinuierliche Pflege von Spezialkenntnissen zu ermöglichen, ist die Aufteilung eingehender Anfragen nach Sachgebieten bzw. Sachkompetenz.

Sodann kommt der Pflege und Vertiefung des Spezialwissens in entsprechenden Fachgruppen der kantonalen Anwaltsverbände und in den Weiterbildungsangeboten von Universitäten und anderen Instituten eine kaum zu überschätzende Bedeutung zu. Wünschenswert wäre m.E. in diesem Zusammenhang auch, dass der Schweizerische Anwaltsverband bestimmte Minimalanforderungen in bezug auf die Grundausbildung eines spezialisierten

Rechtsanwalts festlegen würde und damit sicherstellen könnte, dass eine kontinuierliche Pflege seines Fachwissens gewährleistet wäre. Andernfalls setzt der Verband längerfristig einen Teil seiner Glaubwürdigkeit aufs Spiel, wenn Ratsuchende bei der Wahl ihrer Rechtsvertreter z.B. im Vertrauen auf die im SAV-Anwaltsverzeichnis aufgeführten «bevorzugten Tätigkeitsgebiete» enttäuscht werden, weil sich gelegentlich herausstellt, dass ein Rechtsanwalt gar nicht über ausreichenden «besonderen Sachverstand» verfügt, sondern während seiner Studienzeit lediglich eine Seminararbeit auf dem von ihm bevorzugten Gebiet verfasste. Bestimmte Mindest-Qualifikationskriterien für Fachanwälte (vergleichbar mit einem «FMH» bei den Ärzten) würden einer solchen Gefahr entgegenwirken.

III. Strategische Allianzen und besonderer Sachverstand

A. *Begriff und Voraussetzungen*

Jeder Spezialist wird über kurz oder lang verhungern, wenn es ihm nicht gelingt, sein Wissen in einen Kontext einzubringen und es z.B. im Rahmen von auf Dauer ausgerichteten mehr oder weniger engen Verbindungen mit Kollegen anzubieten. Solche Verbindungen werden hier als strategische Allianzen bezeichnet.

Die Zweckmässigkeit einer strategischen Allianz muss gleichzeitig aus zwei unterschiedlichen Perspektiven geprüft werden: einerseits jener des Spezialisten, der seine Spezialkenntnisse anbietet und andererseits aus der Sicht *desjenigen* Anwalts, der für seine Klientschaft einen entsprechenden Beratungsbedarf hat.

Aus der Warte des Spezialisten setzt die kontinuierliche Pflege und der Aufbau von extensiven Spezialkenntnissen selbstverständlich voraus, dass regelmässig und ausreichend spezialisierte Arbeit anfällt, was praktisch eine *kritische Mindestmenge* voraussetzt. Strategische Allianzen mit anderen Kollegen bieten die Möglichkeit, einerseits eine solche Mindestmenge sicherzustellen und andererseits den Beratungsbedarf des alliierten Büros zu decken.

Verfügt der betreffende Spezialist bereits über eine entsprechende Anzahl solcher Spezialmandate, geht es für ihn lediglich noch darum, die Kontinuität sicherzustellen. Eine strategische Allianz kann dann bereits eingegangen werden, wenn bloss ein ergänzender Beratungsbedarf von einem grösseren oder vielleicht von mehreren unabhängigen Büros gefragt ist und angeboten werden kann.

Verfügt der betreffende Spezialist hingegen noch nicht über eine entsprechende Anzahl solcher Spezialmandate, z.B. weil er sich erst von der Rechtsabteilung einer Grossbank gelöst hat und nun versucht, als freischaffender Rechtsanwalt seine Spezialkenntnisse anzubieten, dann machen strategische

Allianzen nur Sinn, wenn er soweit wie möglich seine ganzen Beratungskapazitäten auslasten kann. Praktisch wird dies meist nur mit *einem* Komplementärbüro erfüllt werden können, das einen entsprechend grossen Beratungsbedarf für seine Klientschaft hat. Wesentlich schwieriger und aufwendiger ist es in einem solchen Fall dagegen, mit zahlreichen kleineren Büros, die nur von Zeit zu Zeit eine entsprechende Nachfrage haben, strategische Allianzen einzugehen.

B. Nach aussen (nicht) in Erscheinung tretende strategische Allianzen mit Spezialisten

Eng mit den Fragen der kritischen Menge und der Anzahl der alliierten Kooperationspartner hängt auch die Frage zusammen, ob die *Allianz* sich *nur auf das Innenverhältnis* beschränken, *oder ob sie auch nach aussen in Erscheinung treten* soll.

Die letztere Form einer unter einem gemeinsamen Namen auftretenden Allianz kann in der Regel entweder nur dann eingegangen werden, wenn die Gemeinschaft ein ausreichendes Beratungspotential auf dem Spezialgebiet aufweist oder der Spezialist selbst bereits einen ausreichenden Mandantenstamm für sein Spezialgebiet einbringt, so dass zusätzlich nur noch die kritische Menge für eine gewisse Kontinuität gewährleistet sein muss. Eine solche Allianz hat den Vorteil, ein erweitertes Dienstleistungsangebot bis hin zu umfassendem «full service» unter einem Dach anbieten zu können. Das Allianzbedürfnis von solchen Grossbüros mag daher oft darauf abzielen, geographisch ein umfassenderes Dienstleistungsangebot anbieten zu können. Darin liegt ihr Vorteil zugleich aber auch ein möglicher Nachteil länderübergreifender Interessenkonflikte, administrativer Mehrkosten und ein gewisser Verlust an persönlicher Rechtsanwalts-/Kundenbeziehung.

In allen anderen Fällen, d.h. wenn weder der potentielle Allianzpartner noch der Spezialist über eine kritische Menge verfügen, sollte sich die Allianz auf das Innenverhältnis beschränken. Sonst droht der Spezialist zu verhungern. Bei einer Allianz, die nach aussen in Erscheinung tritt, wird ein Spezialist nämlich von anderen Kollegen, die sein Spezialwissen gerne in Anspruch nähmen, mit denen er jedoch keine persönliche Beziehung pflegt, häufig nicht mehr konsultiert, weil diese aufgrund seines Auftretens in einem Verbund davon ausgehen, dass Beratungsfragen, die ausserhalb seines Spezialgebiets liegen, durch die alliierten Partner intern bearbeitet werden.

Insbesondere kann sich u.U. eine nach aussen in Erscheinung tretende Allianz mit einem *ausländischen* Büro dann auch als Nachteil erweisen, wenn bei bisherigen Korrespondenten die (berechtigte oder unberechtigte) Befürchtung provoziert wird, in Zukunft würden alle Aufträge in das betreffende Ausland nur noch an den alliierten Partner vergeben. Insofern könnte man fast sagen, dass nur Grossbüros, die nicht auf einen regelmässigen Mandatseingang von verschiedenen externen Kollegen angewiesen sind, es sich leisten können, externe länderübergreifende Allianzen einzugehen.

Dagegen kann sich eine *rein interne, d.h. nach aussen nicht in Erscheinung tretende Allianz* mit verschiedenen kleineren oder grösseren Büros längerfristig in jedem Fall als fruchtbar erweisen, selbst wenn weder die betreffenden Büros noch der Spezialist bereits über einen ausreichenden eigenen Mandatsstock verfügen.

Ob eine Allianz schliesslich nach aussen als Einheit in Erscheinung tritt oder nicht, präjudiziert sodann noch keineswegs ihr internes Verhältnis: Denkbar sind interne Organisationsformen von völlig eigenständigen Einheiten über reine Unkostengemeinschaften bis hin zu echten Partnerschaften.

C. *Strategische Allianzen zwischen spezialisierten Anwälten und Nicht-Juristen*

Die Entwicklung in den letzten zehn bis zwanzig Jahren zeigt, dass Private und Unternehmen heute auf einer wesentlich breiteren, gleichzeitig aber auch spezifischeren Basis beraten werden wollen. Auf akademischer Ebene kursiert das Schlagwort der «Transdisziplinarität»[3]; auf die Praxis umgesetzt, geht es z.B. bei umweltschutzrechtlichen Problemen oft nicht nur um rein rechtliche, sondern oft auch um technische Fragen, wie beispielsweise bestimmte Grenzwerte unterschritten werden können. Gleichzeitig ist jedes Unternehmen darauf angewiesen, seine Kosten (auch für externe Beratung) tief zu halten.

Im Zuge einer liberaleren Haltung der Anwaltsverbände sind heute Kooperationen von Anwälten mit Spezialisten aus «verwandten Berufen» zulässig «deren Tätigkeit in engem Zusammenhang mit der Anwaltstätigkeit steht», sofern der *Charakter eines Anwaltsbüros* gewahrt bleibt[4]. Zu beobachten waren daher vermehrt z.B. strategische Allianzen von Anwaltskanzleien mit besonderem (komplementärem) Sachverstand mit spezialisierten Steuerkommissären oder eidgenössisch diplomierten Buchhaltern usw. Ebenso denkbar wäre zweifelsohne der Zusammenschluss eines Rechtsanwalts- mit einem Patentanwaltsbüro, sofern beide Einheiten als Personengemeinschaften organisiert sind und der anwaltschaftliche Charakter erhalten bleibt.

Mögliche standesrechtliche Hürden solcher Allianzen sind dort zu meistern, wo der eine Partner aufgrund anderer Standesregeln in die Rechtsform einer juristischen Person gekleidet sein darf, während eine solche Organisationsform den freischaffenden schweizerischen Rechtsanwälten untersagt bleibt. Eine eigentliche Fusion spezialisierter Rechtsanwälte in derartige Ge-

---

[3] Vgl. NZZ Nr. 78 vom 5./6. April 1997, 14.
[4] § 2 Abs. 2 Statuten Zürcher Anwaltsverband / Ausgabe Januar 1997.

sellschaften hinein steht ausser Frage. In jedem Fall sind bei solchen Kooperationen transparente und klare Verhältnisse gegenüber dem Kunden in Form eigenständiger Buchführung, Risikotragung und Wahrung des Anwaltsgeheimnisses durch entsprechende organisatorische Vorkehren oberstes Gebot. Zudem versteht sich von selbst, dass solche Allianzen nicht dazu führen dürfen, dass Rechtsanwälte mit zweierlei Mass beurteilt werden und sich dabei über gemeinsame Regeln beispielsweise bezüglich unlauterer bzw. aufdringlicher Werbung hinwegsetzen dürfen (BGE 123 I 12).

Bei alledem muss aber auch ein stetes Ziel anwaltschaftlicher Beratung im Auge behalten werden, nämlich Ratsuchenden mehr praktischen Nutzen zu bieten, als Kosten zu verursachen. Solange sich Kollegen an die bundesgerichtlichen Vorgaben halten, sollten Kooperationen nicht reglementarisch limitiert werden, insbesondere wenn es darum geht, unnötige Transaktionskosten zu senken und dem Kunden oft teuren «besonderen Sachverstand» möglichst effizient zur Verfügung zu stellen. Nur auf diese Weise kann m.E. längerfristig die Konkurrenzfähigkeit des Anwaltsstandes erhalten bleiben.

Unter diesem Gesichtswinkel sei der Ausblick erlaubt, wonach spezialisierte Rechtsanwälte in ferner(?) Zukunft vielleicht sogar mit Ärzten oder ehemaligen Beamten von Behörden der kantonalen oder eidgenössischen Ämter für Umweltschutz oder für Industrie, Gewerbe und Arbeit oder gar mit Verhandlungsspezialisten, wie z.b. professionellen Mediatoren, eine Bürogemeinschaft eingehen könnten. Solange der Charakter der betreffenden Rechtsanwälte in Ordnung ist, dürfte auch «der Charakter eines Anwaltsbüros gewahrt bleiben». Jedenfalls sollte sich der Anwaltsstand solchen Entwicklungen nicht a priori verschliessen. Letzlich sind es nicht wir Rechtsanwälte, welche die entsprechenden Beratungsbedürfnisse festlegen können, sondern es sind die Bedürfnisse der Beratungskonsumenten, d.h. die Nachfrage, die das Angebot bestimmt.

Insofern sollte man ein Verbot strategischer Allianzen tatsächlich auf ein ethisches Mindestmass beschränken und sich vielleicht auf die bernische Praxis in etwas modifizierter Form zurückbesinnen, wonach ein Berner Fürsprecher nicht als Viehhändler tätig sein darf[5]. Ebensowenig wird er mit einem Viehhändler zusammenspannen dürfen – selbst wenn *beide* ganz besonderen Sachverstand ausweisen können. Ob sich darüber hinaus ganz generell noch einige andere Berufe oder Gewerbe, wie z.B. Autohändler, angliedern liessen, wäre zwar nicht ausgeschlossen, sollte aber eher nach allgemeinen Grundsätzen und mit gesundem Menschenverstand im Einzelfall geprüft werden. Dem Schweizerischen Anwaltsverband stehen für das *kommende* jedenfalls ebenso spannende Zeiten bevor wie für das *vergangene* Jahrhundert.

---

[5] STERCHI, Kommentar zum bernischen Fürsprechergesetz, Art. 8 N 7.

Peter Liatowitsch

Anwaltsberuf und Mediation

Inhaltsübersicht

I. Was ist Mediation?
   A. Mediation als Form der Alternative Dispute Resolution
   B. Mediation im Vergleich zu anderen Konfliktbewältigungsmodellen
   C. Anwendungsgebiete der Mediation
   D. Sonderfall Familienmediation?
   E. Wie läuft eine Mediation ab?
   F. Grenzen und Kritik der Mediation

II. Wer betreibt Mediation?

III. Wie wird man Mediator?
   A. Die bestehenden Ausbildungsmodelle
   B. Zielsetzungen

IV. Rolle der AnwältInnen in der Mediation
   A. AnwältInnen als Parteiberater
   B. AnwältInnen als Rechtsexperten
   C. AnwältInnen als Co-MediatorInnen
   D. AnwältInnen als MediatorInnen

V. Mediation und anwaltliches Standesrecht
   A. Pflichten gegenüber der Klientschaft
   B. Kosten der Mediation, Honorarfragen, unentgeltliche Rechtspflege

VI. Mediation und Berufsbild der AnwältInnen

VII. Mediation als Chance, nicht nur für die Klienten

VIII. Zusammenfassung und Ausblick

A plan for the future is a North Star to nation and tribe[1]

I. Was ist Mediation?

A. *Mediation als Form der Alternative Dispute Resolution*

Mediation ist «ein Verfahren, bei dem eine neutrale dritte Person die Beteiligten darin unterstützt, die zwischen ihnen bestehenden Konflikte durch Ver-

---

[1] Wess, 36.

handlungen einvernehmlich zu lösen»[2]. Sie stellt sich als eine von vielen Formen der *Alternative Dispute Resolution* (ADR) dar (am ehesten zu übersetzen mit «Alternative Konfliktlösung»). Es ist u.a. das Verdienst von BLESSING[3], die Mediation auch für die schweizerische Literatur (aber geschildert im internationalen Umfeld) in diesen grösseren Zusammenhang gestellt zu haben. Warum wird in Amerika, wo der Begriff der ADR geprägt wurde, von «alternativen» Konfliktlösungen gesprochen? Weil in den USA, deutlicher und früher als anderswo[4], die Ernüchterung und Verärgerung des rechtsuchenden Publikums gegenüber der klassischen und traditionellen Justiz und in hohem Masse auch gegenüber der Anwaltschaft und den zum Teil horrenden Kosten der Verfahren deutlich wurden. Diese Problematik liess nach anderen, eben alternativen Wegen der Konfliktlösung suchen[5].

Mediation ist «die Einschaltung eines ... neutralen und unparteiischen Dritten im Konflikt, der die Parteien bei ihren Verhandlungs- und Lösungsversuchen unterstützt, jedoch über keine eigene (Konflikt-) Entscheidungskompetenz verfügt»[6]. Sie ist «ein zielgerichteter, problemlösender Prozess, in dem die Konfliktpartner eine Vereinbarung aushandeln sollen, welche die Probleme in einer für alle annehmbaren Weise löst»[7], ein «Geschehen zwischen drei Partnern, von denen zwei im Konflikt miteinander verstrickt sind»[8]. Dabei ist es die Grundlage jeder Mediation, «mit den allgemeinen Strategien des Normalisierens, des Herstellens von Wechselseitigkeit und des Fokussierens auf die Zukunft mittels Zusammenfassung und Fragen Zweifel an der ursprünglichen Position entstehen zu lassen»[9]. Die Rolle des Mediators ist es dabei, «den Einigungsprozess zwischen den Konfliktparteien zu fördern. Er ist der ‹Manager› oder der ‹Regisseur› der Verhandlungen, ist aber nicht für die thematisierten Inhalte und das Ergebnis der Verhandlungen verantwortlich. Nicht er, sondern die Konfliktpartner treffen die Entscheidungen. Der Media-

---

[2] HEYNES/BASTINE/LINK/MECKE, 12.
[3] BLESSING-KSP, Einleitung internationale Schiedsgerichtsbarkeit, N 1 ff.
[4] Zur Geschichte der Mediation vgl. u.a. PROKSCH, 170 ff.
[5] Die mächtige *American Arbitration Association* mit nahezu 40 Niederlassungen über die ganzen USA verteilt, stellt in einem Hochglanzprospekt *A Guide to Mediation and Arbitration* und mit separaten *Rules* für Schiedsgerichtsbarkeit und Mediation die Möglichkeiten von ADR vor und bringt die Unterschiede in einem einfachen Satz auf den Punkt: «Arbitration is less formal than litigation, and mediation is even less formal than arbitration.» So habe der Schiedsrichter Entscheidungsgewalt, der Mediator könne nichts entscheiden. Wie wir sehen werden, erschöpfen sich die Unterschiede aber nicht im Formalen. Wer mag, kann die Mediation Rules und noch wesentlich mehr Interessantes im Internet ab Seite *http://www.adr.org* bzw. gezielt von *http://www.adr.org/rules/medrules.html* beziehen.
[6] BREIDENBACH, 4.
[7] HAYNES/BASTINE/LINK/MECKE, 12.
[8] DUSS-VON WERDT (Menschenbild der Mediation), 6.
[9] HAYNES/BASTINE/LINK/MECKE, 42.

tor achtet auf die Einhaltung der Fairness und versucht, die Kommunikations- und Kooperationsfähigkeit der ehemaligen Partner wiederherzustellen»[10]. Mediation ist eine *Methodik,* die gleichzeitig alle manipulativen Ansätze meidet. BREIDENBACH schliesslich sieht in der Tätigkeit des Mediators zwei Ansätze: *Verhandeln und therapeutische Integration*[11].

B. Mediation im Vergleich zu anderen Konfliktbewältigungsmodellen

Im Bereich der anwaltlichen Tätigkeit können wir eine Kette der verschiedenen Konfliktlösungsmodelle ungefähr wie folgt darstellen: Am «klassischsten» Ende der Kette stünde der gewohnte Streitprozess mit den Parteien, ihren AnwältInnen und einem Gericht, das den Konflikt nach durchgeführtem Schriftenwechsel und Beweisaufnahme nach strengen, gesetzlich festgelegten Verfahrensregeln *entscheidet.* Als nächstes Glied der Kette sähen wir dann das Schiedsverfahren, immer noch mit den Parteien, Parteianwälten und einem Gericht, das *entscheidet,* aber bereits nach *flexibleren,* von den Parteien mitbestimmbaren Verfahrensregeln und mit grösserem Gewicht auf der *vermittelnden Tätigkeit* des Gerichts. Noch autonomer, weil nicht mehr durch den Entscheid einer fremden Instanz bestimmt, wäre das – im Familienkonflikt ebenfalls als klassisch zu bezeichnende – *Verhandeln* der Parteien und ihrer Anwälte, mit dem Resultat einer Vereinbarung, die – wo nötig[12] – dem Gericht zur Genehmigung oder zur Abschreibung des Verfahrens unterbreitet wird oder gar die etwas seltenere Beratung beider Parteien durch nur eine Anwaltsperson. Und schliesslich kämen wir zur Mediation, in welcher die Parteien unter der Anleitung einer Mediationsperson ihren Konflikt *selbst lösen,* diese Aufgabe also weder an ihre Anwälte noch an eine Gerichtsinstanz delegieren.

Gegenüber anderen Konfliktbewältigungsstrategien zeichnet sich die Mediation also dadurch aus, dass den Parteien ein grösstmögliches Mass an *Autonomie* nicht nur eingeräumt, sondern gezielt auch zugemutet wird. Indem der Mediator ein geeignetes Klima schafft, für eine konstruktive Kommunikation sorgt und, wie die Parteien es gelegentlich ausdrücken, einen geschützten Raum zur Verfügung stellt, schafft er die Voraussetzungen, die es den Streitenden ermöglichen sollen, selbst eine faire und dauerhafte Lösung ihres Problems zu erarbeiten und dabei möglichst viel von ihrer eigenen Würde zu bewahren. Die Mediation «gibt den Parteien ihre Eigenständigkeit und Auto-

---

[10] HAYNES/BASTINE/LINK/MECKE, 13.
[11] BREIDENBACH, 139.
[12] Sei es, weil der Prozess schon angehoben war oder weil die Materie, wie im Scheidungsfall, zwingend der staatlichen Gerichtsbarkeit unterstellt ist.

nomie zurück. Der Zuwachs an Autonomie bezieht sich sowohl auf das Ergebnis als auch auf den gewählten Weg dorthin»[13].

Es leuchtet ein, dass der Grundgedanke der Mediation dort versagen muss, wo die Parteien partout streiten wollen, oder wo auch nur eine der Parteien eine Kommunikation mit der anderen rundheraus ablehnt. Mediation setzt einen minimalen – aber ausserordentlich wichtigen und wertvollen – anfänglichen Grundkonsens voraus. Es müssen nämlich beide Parteien bereit sein, sich auf die Suche nach einer fairen Lösung zu verpflichten und zudem akzeptieren, dass sie hierfür notwendigerweise miteinander kommunizieren müssen. In Beziehungskonflikten findet das in der Erstbesprechung häufig seinen Niederschlag in der Formel «Wir möchten uns in Anstand einigen, realisieren aber, dass wir nicht mehr anständig und ruhig miteinander reden können». Scham und Trauer über diese Unfähigkeit der eigenständigen Kommunikation sind häufig die beste Motivation für eine mediative Konfliktlösung.

C. Anwendungsgebiete der Mediation

Blessing meint, und es ist ihm darin beizupflichten, die Frage sei nicht, ob ein ADR-Verfahren für die konkrete Streiterledigung geeignet sei, «sondern vielmehr, ob wir selbst (als Anwälte, Berater, involvierte Geschäftsleute oder aber Vermittler) für ADR ausreichend geeignet sind»[14].

Die Mediation ist in Europa, wo sie seit einigen Jahren Fuss gefasst hat (und beispielsweise in Frankreich und Deutschland im Begriff steht, sich zu etablieren) und in der Schweiz (wo sie noch in den Kinderschuhen steckt), vor allem im Zusammenhang mit der Lösung und Befriedung von Beziehungskonflikten, namentlich Scheidungen, bekannt geworden. Sie wird in diesem Zusammenhang oft fälschlich[15] auch als Trennungs- oder Scheidungsberatung bezeichnet, um sie von der Eheberatung zu unterscheiden, die per definitionem zum Ziel hätte, die Beziehung als eine funktionierende Partnerschaft zu erhalten. Aber die Anwendungsgebiete der Mediation gehen weit über den Bereich des Familienrechts hinaus. Sie liegen überall dort, wo ein Konflikt besteht, der mit den bisher erprobten Mitteln nicht gelöst werden konnte, wo die Parteien aber den Wunsch hegen, durch den bestehenden Streit und den Weg zu seiner Lösung ihre Person, das Ansehen ihrer Institution oder eine dritte Person oder Sache nicht weiter beschädigen zu lassen (häufig mit dem Wissen, dass sie auch in Zukunft miteinander zu tun haben werden). Wo, um nur einige Beispiele zu nennen, politische Auseinandersetzungen, Personalentscheide, Streit um Märkte und um Wettbewerbsvorteile gerichtlich

---

[13] GALLI-WIDMER (Anwalt), 39.
[14] BLESSING-KSP, Einleitung internationale Schiedsgerichtsbarkeit, N 303.
[15] Denn der Mediator betreibt keine Scheidungs- oder Trennungsberatung!

und/oder gar in den Medien ausgetragen werden, müssen wir uns fragen, ob die Verantwortlichen bedacht haben, dass der Schaden nicht ausschliesslich im ursprünglichen Konflikt liegen muss, sondern auf dem Weg seiner vermeintlichen Beseitigung noch mächtig anwachsen kann[16]. In all diesen Fällen wäre zumindest zu prüfen, ob mit den Mitteln der Mediation nicht eine Lösung des Konfliktes und eine Befriedung der Parteien mit dem geringst möglichen Schaden in Frage kommen könnte.

D. *Sonderfall Familienmediation?*

Mediative Lösungen fallen naturgemäss umso schwerer, je mehr die Protagonisten sich durch den Konflikt in ihrer Ehre, ihrem Ansehen und ihrer Selbstachtung beeinträchtigt und sich selbst auch häufig für die Entstehung des Konfliktes massgeblich verantwortlich fühlen. Schon von daher setzt die Familienmediation an einer besonders schwierigen und heiklen Aufgabe an. Diese wird noch heikler, wo Ehegatten ihren eigenen Konflikt lösen und gleichzeitig als Eltern in Wahrnehmung ihrer Verantwortung auch eine Lösung für ihre Kinder (und mit ihnen) treffen sollen. Dies allein schon rechtfertigt es, der Familienmediation in der Ausbildung ein ganz besonderes Augenmerk und vermehrten Ausbildungsaufwand zukommen zu lassen. Es darf aber auch nicht übersehen werden, dass die Scheidungskonflikte nur schon deshalb innerhalb der Mediation ein ganz besonderes Gewicht haben, weil sie zahlreich sind, und weil gerade Scheidungspaare immer häufiger nach Wegen suchen, ihren Konflikt anders als durch ein strittiges Gerichtsverfahren zu lösen. Hinzu kommt überall dort, wo die Parteien Kinder haben, die Sorge um deren Wohl, welche in der Familienmediation einen ganz besonderen Stellenwert hat[17].

Es erscheint als unausweichlich (und wird auch in den USA so praktiziert), dass zwischen der *Mediation for Business People* und der Familienmediation unterschieden wird[18]. Das liegt nicht nur am Fachgebiet selbst, sondern auch an der Kompetenz des Mediators: Viele Wirtschaftsmediatoren fühlen sich im Familienrecht nicht sicher genug, und umgekehrt fehlt es vielen Familienmediatoren sowohl von ihrer Ausbildung als auch von ihrem Selbstverständnis

---

[16] Gelegentlich wird man an die wundervolle Karikatur der brennenden Schule erinnert, um deren Löschung sich zahlreiche Feuerwehrmänner bemühen, zwischen welchen ein kleiner Junge steht, der sich von der nächsten Tankstelle ebenfalls einen Schlauch geholt hat – und Benzin ins Feuer spritzt.

[17] Es ist kein Zufall, dass in der Mediation erarbeitete Scheidungskonventionen meist sehr ausführliche Regelungen über Sorgerecht und persönlichen Umgang zwischen Eltern und Kindern enthalten, während die gerichtlich erarbeiteten diesbezüglich minimal ausgestaltet sind.

[18] Auch BREIDENBACH, 255, sieht für die Familienmediation eine «besondere Situation».

her an Rüstzeug für eine wirtschaftlich oder politisch orientierte Mediation. Hier stossen wir auf die Frage, wieviel Kenntnis der strittigen Materie der Mediator, wenn er doch Lösungen gar nicht selbst anbieten, sondern bloss deren Entstehen unter den Parteien fördern soll, eigentlich mitbringen muss. Zwei Argumente sprechen für fachlich vorgebildete Mediatoren: Zum einen spielt die *Fairnesskontrolle* in der Mediation eine wichtige Rolle, also die Fähigkeit des Mediators, die Einhaltung von Fairnessregeln zu überprüfen, was nicht nur auf einer kommunikativen Meta-Ebene, sondern auch im Entstehen der Lösung selbst wichtig sein kann. Zum anderen kann der Mediator zum kreativen Prozess der Parteien ganz anders beitragen, wenn er das gesamte Instrumentarium an möglichen (und an unmöglichen!) Lösungen kennt. Beide Argumente werden wiederum am Beispiel der Scheidungsmediation evidenter: Wie sollen die Parteien wissen, ob eine von und mit ihnen entwickelte Lösung fair ist, wenn sie weder das Gesetz noch die komplexe Gerichtspraxis dazu kennen? Was nützt den Parteien eine zwischen ihnen als fair empfundene Lösung über das Sorgerecht, wenn sie vom Gericht nicht akzeptiert werden kann? Wer als «allgemeiner Mediator» Familienmediation betreiben wollte, müsste einen juristisch ausgebildeten Co-Mediator oder Experten zuziehen[19]. Auch von daher wäre also die Forderung nach einer soliden juristischen Ausbildung für Familienmediatoren zu stellen[20]. Es fällt auf, dass bei allen anderen Formen von Mediation der «gesunde Menschenverstand» und die mediative Grundausbildung sehr viel eher genügen können, weil der Mediator dort, zumindest in den Streitparteien, Fachleute vor sich hat, die er über ihre eigenen Tätigkeits- und Berufsgebiete befragen kann. Wer z.B. einen Streit zwischen universitären Instanzen oder zwischen den Luftraumkontrolleuren und ihrer Arbeitgeberschaft zu schlichten hat, der hat *die* Experten des entsprechenden Gebietes vor sich. Das trifft aber gerade bei Trennungs- und Scheidungspaaren nicht zu.

E. Wie läuft eine Mediation ab?

MÄHLER und MÄHLER[21] teilen den praktischen Ablauf einer Mediation in fünf Phasen auf, nämlich in a) das Aushandeln eines Mediationsvertrages, b) die Erarbeitung der regelungsbedürftigen Themenkreise mit dazugehöriger Bestandesaufnahme, c) die Bearbeitung der Konfliktfelder, d) die Verdichtung

---

[19] Wobei jeder Mediator anhand seines Gewissens und seiner Berufsregeln entscheiden müsste, wie weit er in der Beratung ohne Zuzug eines Experten gehen kann.

[20] Die «klassische» Ausbildung zum Familienmediator besteht nach den Vorstellungen des Schweizerischen Vereins für Familienmediation (SVFM) je zur Hälfte, nämlich mit je zirka 30 Stunden, aus juristischem Lehrstoff und aus solchem aus dem psychosozialen Feld.

[21] MÄHLER/MÄHLER (Mediation in der Praxis), 134 ff.

der Lösungen in einer Einigung, die zum Abschluss einer Vereinbarung führt und schliesslich e) die juristische Gestaltung und Beendigung des Prozesses[22]. Nach ihrer Darstellung korrespondieren diese Stufen auf der Prozessebene mit der Förderung und Maximierung der Eigenverantwortlichkeit der Parteien, der Stärkung ihrer Autonomie, dem Aufbau einer geeigneten Kommunikation, der «wachsenden Akzeptanz im wechselseitigen Verständnis und kooperativen Verhandeln» sowie der Entwicklung eines «neuen Realitätsbezuges der Parteien im Verhältnis zueinander». Je nach Stil des Mediators wird die anfängliche Erarbeitung eines Mediationsvertrages förmlicher (z.B. schriftlich) ausfallen oder formloser darin bestehen, den Parteien den Prozess der Mediation zu erklären, sich auf die notwendigen *Spielregeln*[23] zu einigen, namentlich auf die erforderliche Neutralität des Mediators, auf die voraussichtliche Dauer der Mediation (in einer Ehesache schätze ich sie auf 10 Sitzungen, wobei ich davon ausgehe, dass nach spätestens 5 Sitzungen klar sein muss, ob die Parteien in diesem Weg ein Ziel sehen) und auf Verfahrensfragen. Zu den letzteren gehört z.b., ob der Mediator Dritte, z.B. in einer Ehesache die Kinder, mit einbeziehen soll und ob die Parteien wünschen, dass er mit ihnen Einzelgespräche[24] führe. Dies erscheint nicht immer als problemlos, weil es, gerade bei Scheidungspaaren, Phantasien darüber anregt, der Mediator könnte im Einzelgespräch seine Unabhängigkeit aufgeben und sich mit der Gegenpartei verbünden[25]. Ich bevorzuge statt dessen einen für Familienmediationen selbst entworfenen Fragebogen, der es den Parteien ermöglicht, mir Dinge anzuvertrauen, die der Gegenpartei ohne ausdrückliche Genehmigung nicht offengelegt werden. Seltsamerweise hat dieses Vorgehen nie die Vorbehalte ausgelöst, die viele Paare gegenüber Einzelgesprächen haben, und es gibt dem Mediator ausserdem die Möglichkeit, sich innert kürzester Zeit in einen Teil des psychologischen und des materiellen Umfeldes der Parteien (gegenseitig erfolgte Verletzungen, finanzielle Verhältnisse, Situation der Kinder usw.) einzuarbeiten.

---

[22] Die American Arbitration Association legt sehr viel mehr Wert auf die Vorbereitungsarbeiten. Sie sieht eine erste Phase in der grundsätzlichen Einigung darauf, sich einer Mediation zu unterziehen, eine zweite in der Wahl der Mediationsperson, eine dritte in der Vorbereitung der Mediationssitzung und erst an vierter Stelle die eigentliche Mediationssitzung, der schliesslich als fünftes die Einigung mit entsprechender Vereinbarung folgt. Der Unterschied liegt darin, dass die American Arbitration Association dem Mediator nach einem bewährten Schema erhebliche Vorbereitungsarbeiten leistet. Die Mediationsperson verfügt, wenn sie zur ersten Sitzung empfängt, bereits über konfliktrelevante Unterlagen. Vgl. American Arbitration Association (A Guide to Mediation and Arbitration), 6 ff.

[23] Auch auf die prozess- und standesrechtlichen. Vgl. unter Kap. V A.

[24] Was in der Tradition amerikanischer Mediationsverfahren als *Caucus Sessions* praktisch zu den charakteristischen Elementen von ADR gehört. Vgl. dazu BLESSING-KSP, Einleitung internationale Schiedsgerichtsbarkeit, N 300.

[25] Mit ähnlichen Vorbehalten gegenüber Einzelgesprächen auch MÄHLER/MÄHLER (Mediation in der Praxis), 142.

Wer näheren Einblick in den Ablauf der Mediation, zum Teil mit Fallbeispielen, erhalten will, sei auf das Literaturverzeichnis verwiesen[26].

F. Grenzen und Kritik der Mediation

Mediation eignet sich offensichtlich nicht für alle Fälle, und es wäre deshalb grundfalsch, sie als einzigen Weg der Tugend darzustellen, auf welchem man namentlich Beziehungskonflikte zu lösen hat. Wo nicht bei beiden Parteien die Bereitschaft und der Wunsch bestehen, sich auf diesen Prozess einzulassen, kann er, wie gesagt, auch nicht funktionieren. Ganz abgesehen davon, dass absolute *Freiwilligkeit* eine Grundvoraussetzung der Mediation ist, diese also nicht (auch nicht richterlich!) «verordnet» werden kann, wäre es töricht und falsch, die zu einer Mediation nicht disponierten Personen deswegen als unvernünftig zu disqualifizieren. Selbst wenn andere Konfliktlösungswege Aussenstehenden als «weniger vernünftig» erscheinen, darf man gelegentlich für sich in Anspruch nehmen, was ich das «verfassungsmässige Recht auf Unvernunft» nenne.

Aber nicht nur die grundsätzliche Disposition der Parteien, sondern auch deren gegenwärtiger Stand in der Bearbeitung des Konfliktes kann gegen eine Mediation sprechen. Ein häufiges Beispiel aus der Familienmediation: Schon im Erstgespräch stellt sich heraus, dass der Ehemann eine, wenn auch faire, so doch schnelle Scheidung sucht. Die Ehefrau ist nach ihren eigenen Worten «noch lange nicht so weit». Hier ist eine Mediation zumindest zeitweilig kontraindiziert, weil die Gefahr droht, dass eine Partei sich – um den Preis des fairen Gesprächsstils – auf eine materielle Diskussion einlässt, die sie eigentlich (noch) nicht führen möchte. Es erscheint als wichtig, dass auch die Mediatoren solche Situationen erkennen und sich und ihre Dienste vorübergehend verweigern, wenn sie nicht Handlanger in einem verdeckten Machtkampf werden wollen[27]. Häufig kann die Mediationsperson diesen Konflikt vorerst dadurch lösen, dass sie das Problem *Zeit* bzw. das *Tempo des Mediationspro-*

---

[26] Namentlich HAYNES (Mediation), 132 ff.; DIEZ/KRABBE, 109 ff.; HAYNES/BASTINE/LINK/MECKE, 167 ff. In diesem Werk findet sich eine Fülle von praktischen Hinweisen für den Scheidungsmediator, wenn auch vor dem Hintergrund des deutschen Rechts.
Eine ebenso dichte wie akademische Darstellung findet sich bei BREIDENBACH. Diese behandelt zwar nicht nur die Mediation und ihre Mechanik, sondern sie beinhaltet auch einen ausgezeichneten Überblick über Entstehung, Wesen und Lösung von Konflikten, sowie über die Alternative Dispute Resolution generell. Das Ganze ist mit einem breit abgestützten Literatur- und Stichwortverzeichnis versehen.

[27] MÄHLER/MÄHLER (Mediation in der Praxis), 135, raten in solchen Fällen ihren Mediationspaaren, «in eine Ambivalenzberatung einzutreten, um herauszufinden, ob die bestehenden Veränderungswünsche nicht eher innerhalb der Beziehung erfüllt werden können». Ich halte diese Alternative nun umgekehrt für den scheidungswilligen Partner für ebenso unzumutbar, denn er hat ja deutlich einen Weg zur Scheidung, nicht zur Sanierung der Ehe gesucht.

zeses thematisiert. Ist der Entschlossenere bereit, sich dem zurückhaltenderen Tempo seines Partners anzupassen[28], scheint einer Aufnahme der gemeinsamen Arbeit nichts entgegenzustehen.

Gerade hier setzt eine der wesentlichsten und ernsthaftesten Kritiken, nämlich eine feministische, ein, die – nicht ganz ohne Grund – befürchtet, im Beziehungskonflikt könne der weibliche, harmoniebedürftigere Teil, dem die Grundprinzipien der Mediation näher liegen, nicht zuletzt auch wegen der ungleich verteilten *Verhandlungsmacht,* benachteiligt werden. Hinzu kommt der Einwand, bei der Mediation als einem im wesentlichen psychologischen Prozess würden die wirtschaftlichen Scheidungsfolgen zugunsten der Eltern-Kind-Beziehung an den Rand gedrängt und entsprechend vernachlässigt[29]. Diese Kritik vermag allerdings m. E. die Mediation nicht schlechthin in Frage zu stellen, sondern nur eine solche, die es nicht versteht, diesen Bedenken gerecht zu werden. Während STÄRKLE mit ihrer Kritik vor allem US-amerikanische Modelle und eine aus dem psychosozialen Umfeld betriebene Mediation im Auge hat, sehen MÄHLER und MÄHLER[30] die *Einführung des Rechts* als eine Grundregel der Scheidungsmediation an[31]. Die Offenlegung der rechtlichen Regeln und der Gerichtspraxis in der Familienmediation ist unabdingbar, und zwar nicht nur retrospektiv, also nach gefundener Einigung zwecks Fairnesskontrolle, sondern im Hinblick auf die jederzeit kontrollierbare, während des Mediationsprozesses zu findende Lösung[32]. Damit sei keineswegs gesagt, die in der Mediation zu findenden Lösungen müssten notwendigerweise den bei Gericht oder im anwaltlichen Verhandeln üblichen Lösungsmodellen entsprechen – denn eine solche Forderung nähme der Mediation viel von ihrem kreativen Spielraum. Aber wer verzichtet, der soll es sehenden Auges tun und desgleichen, wer vom anderen einen Vorteil zugestanden erhält, den er vor Gericht nicht erfechten könnte. Von den bloss emotional stimmigen Lösungen, die STÄRKLE kritisiert, ist deshalb ohnehin nichts zu halten. Was nützt alle Einvernehmlichkeit, wenn eine der Parteien im Nachhinein erfahren muss, dass sie in der Mediation wesentlich weniger erhalten hat, als was ihr ein Gericht zugesprochen hätte, ohne dass der Mediator sie darauf aufmerksam machte oder sie zumindest rechtzeitig an einen Anwalt verwies, um die ausgehandelte Lösung überprüfen zu lassen? Gerade als AnwältInnen sind wir, wenn wir als MediatorInnen auftreten, privilegiert, weil wir das notwendige Wissen über bewährte Lösungen und über die Instrumentarien des Scheidungsrechtes besitzen. Es widerspräche jeder Vernunft und wäre auch unter standesrechtlichen Aspekten fragwürdig, wenn wir unser «juristisches Gewis-

---

[28] Also etwa von der Drohung «entweder passt Du Dich meinem Tempo an, oder ich entschliesse mich doch für eine Kampfscheidung statt für eine Mediation» abzulassen.
[29] STÄRKLE, 15.
[30] MÄHLER/MÄHLER (Mediation in der Praxis), 133 f.
[31] BREIDENBACH, 258, nennt das *«Informierte Entscheidung der Parteien».*
[32] Vgl. dazu auch BALSCHEIT, 27 und 31.

sen» ausgerechnet dort, wo wir als MediatorInnen tätig werden, vorübergehend an der Garderobe deponieren würden. Das alles beantwortet noch nicht die Frage, ob und in welchem Masse der Mediator für die Rechtsnähe der getroffenen Lösung einzustehen hat. Stimmt es, dass der Mediator nur für den Weg, nicht aber für das Resultat verantwortlich sei? Oder zumindest, dass «die Vertragsfreiheit Vorrang vor der zwar anzustrebenden, jedoch eben nicht messbaren Vertragsgerechtigkeit geniessen muss?»[33] Zweifel, deren Diskussion den Rahmen dieser Arbeit sprengen würden, dürften zumindest erlaubt sein.

Die Skepsis der AnwältInnen gegenüber der Mediation hat ihren Ursprung zum Teil auch in einer gelegentlich betont anwalts- und rechtsfeindlich gefärbten Ideologie aus psychosozialen Mediatorenkreisen. Wir AnwältInnen sollten uns deswegen aber nicht gegen die Mediation als Konfliktlösungsmethode wenden, sondern uns im Gegenteil intensiv mit ihr befassen und ihr eine eigene, von uns verantwortbare Prägung geben, indem wir unser Wissen und unsere Berufserfahrung in die Methodik mit einbringen. Solid ausgebildete anwaltliche Mediatoren werden sowohl bei Gericht als auch beim Publikum den falschen Eindruck zurechtrücken, die aus dem psychosozialen Umfeld stammenden Mediationspersonen seien die einzigen, die den Parteien zu einer menschenwürdigen Lösung ihres Konfliktes verhelfen können. In interdisziplinären Mediations-Arbeitsgruppen wird im übrigen schnell deutlich, dass die Juristen viel von SozialarbeiterInnen, PsychologInnen und PsychiaterInnen zu lernen haben und umgekehrt[34], was wohl in allen interdisziplinären Ausbildungsprogrammen so sein wird. Das wäre ein Grund mehr, falsch verstandenes Konkurrenzdenken aufzugeben und voneinander zu profitieren, zumal wir auch im Bereich der Supervision und der Intervision Interesse an einem interdisziplinären Austausch haben müssen. DIEZ und KRABBE fordern zumindest eine jeweils solide Grundausbildung in der jeweils komplementären Tätigkeit, also eine psychologische und soziologische für JuristInnen und eine juristische für MediatorInnen aus dem psychosozialen Bereich[35].

---

[33] BREIDENBACH, 206. Auf Seite 202 meint derselbe Autor, es gelte nicht, den Inhalt eines Vergleichs am Massstab des Rechts zu messen, sondern das Ziel sei, im Spannungsfeld von Privatautonomie und Verhandlungsmacht einer privatautonomen Entfaltung *genügend* Raum zu verschaffen.

[34] Der Autor war während mehrerer Jahre Mitglied einer interdisziplinären Arbeitsgruppe Mediation, die von PETER BALSCHEIT, damals Präsident des Schweizerischen Vereins für Familienmediation, und EBERHARD FREY, Familien- und Erziehungsberatung Basel-Stadt, initiiert wurde und in welcher sich z.T. erschreckend deutlich zeigte, wie wenig die juristische und die psychosoziale Seite gelegentlich von der Arbeitsweise der anderen wissen.

[35] DIEZ/KRABBE, 131. Im übrigen ist ihr Beitrag lesenswert für all jene, die einen praktischen Einblick in die von MÄHLER/MÄHLER geschilderten fünf Stufen der Mediation anhand einer konkreten Fallbeschreibung erhalten wollen.

II. Wer betreibt Mediation?

Derzeit stammen von den ohnehin noch verhältnismässig wenigen in der Schweiz tätigen Mediatoren die meisten aus dem psychosozialen Umfeld und erst eine kleine Minderheit sind AnwältInnen. Das hängt einerseits mit der vorstehend geschilderten Kontroverse zusammen und anderseits mit der irrigen Vorstellung, Mediation sei eine Alternative zum Gang zum Anwalt. Aus dieser Anwaltsfeindlichkeit heraus – frühe Mediationsmodelle im Raum Zürich haben den Parteien gar untersagt, während der Dauer des Mediationsprozesses sich auch nur anwaltlich beraten zu lassen – hat auch die Anwaltschaft anfänglich zurückhaltend, wenn nicht sogar ablehnend auf den vermehrten Ruf nach Mediationsangeboten reagiert[36].

Mittlerweile ist aber aus der Anwaltschaft selbst heraus ein neues Bewusstsein entstanden, dass MediatorIn nicht ein eigenständiger Beruf sein muss, sondern dass AnwältInnen für sich in Anspruch nehmen, die Methodik der Mediation zu erlernen und im einen Fall als Anwälte, im anderen als Mediatoren tätig zu sein. Da es sich beim Mediator nicht um eine geschützte Berufsbezeichnung oder einen geschützten Titel handelt, kann grundsätzlich jedermann Mediation erlernen und betreiben; Ziel der Anwaltschaft müsste es aber sein, die besten Mediatoren auszubilden und zur Verfügung zu stellen. AnwältInnen sind für diese Aufgabe geradezu prädestiniert, was wir jedoch keinesfalls mit der grundfalschen Aussage verwechseln sollten, wir müssten eigentlich Mediation gar nicht mehr lernen, weil wir sie immer betrieben hätten. Das Gegenteil trifft, wie noch zu zeigen sein wird, zu.

III. Wie wird man Mediator?

A. *Die bestehenden Ausbildungsmodelle*

Für die Familienmediation bestehen derzeit je zwei Ausbildungszüge in der deutschsprachigen und der französischsprachigen Schweiz[37], die sich alle an das Ausbildungscurriculum des Schweizerischen Vereins für Familienmediation (SVFM) anlehnen und deutlich am Familienkonflikt orientiert sind. Deshalb legt das sehr ausgedehnte (und recht kostspielige) Ausbildungsprogramm das Schwergewicht auf die Dynamik des Beziehungsstreites und der

---

[36] Der Schweizerische Anwaltsverband scheint, als er eine entsprechende Projektgruppe Mediation einsetzte, ursprünglich von ähnlichen Motiven geleitet worden zu sein.

[37] Nämlich ein gemeinsam vom Zentrum für Agogik (ZAK) in Basel und vom Institut für Ehe und Familie (IEF) in Zürich organisierter Ausbildungszug, ein zweiter von Christoph Wieser, Paar- und Familientherapeut sowie Scheidungsmediator in Zürich, ein weiterer gemeinsam organisiert von Cefoc/Inper in Genf bzw. Lausanne sowie einer des IFS Institut Familial Systémique in Fribourg.

Eltern-Kind-Beziehung. Weil sich dieses Ausbildungsprogramm an der Europäischen Charta zur Ausbildung von Familienmediatoren im Bereich von Trennung und Scheidung[38] ausrichtet, darf, wer diese Ausbildung erfolgreich abgeschlossen hat, davon ausgehen, nicht nur in der Schweiz, sondern auch in anderen europäischen Ländern als Familienmediator auch von den Gerichten akzeptiert zu werden.

Inzwischen haben auch verschiedene Ausbildungs- und Seminarzentren das Thema Mediation in ihre Programme aufgenommen und bieten Einführungskurse an, wobei es vorderhand noch schwer fällt, sich einen Überblick über Qualität, Methodik und Ideologie der einzelnen Kursangebote zu machen. Weil zahlreiche Kolleginnen und Kollegen sich zunehmend für das Thema Mediation interessiert haben, hat der SAV auf Anregung seiner bereits erwähnten Projektgruppe Mediation Ende Januar 1997 in Bern eine eintägige Orientierungsveranstaltung durchgeführt, deren Feedback klar aufzeigte, dass die überwiegende Mehrzahl der Teilnehmer sich wünschte, der SAV möge sich vermehrt um eine Mediationsausbildung für AnwältInnen bemühen. Hierauf hat der SAV fürs erste drei ihm kompetent erscheinende Einführungskonzepte[39] für geeignet erklärt und den Mitgliedern deren Kursangebot von insgesamt je rund fünf Tagen unterbreitet. Die Kurse hatten hinreichend Anmeldungen zu verzeichnen, und die Erfahrungen mit den ersten Kursen werden dem SAV dazu dienen, diese Angebote zu optimieren und weiter auszubauen. Voraussichtlich wird der Besuch eines solchen Kurses zu keinem Titel und keinem Zertifikat führen, sondern einzig darüber ausweisen, dass der Teilnehmer einer soliden Einführung in die Mediation beigewohnt hat. Es ist immerhin zu hoffen, dass der SVFM den AbsolventInnen eines solchen Kurses die genossene Ausbildungszeit an die Ausbildung zum Familienmediator anrechnen wird.

B. Zielsetzungen

Ich habe es bereits angedeutet: Für eine erfolgreiche Mediationstätigkeit müssen ganz besondere Eigenschaften in der Mediationsperson entwickelt und gepflegt werden. Dafür wird es wiederum notwendig sein, vieles von dem, wie wir unseren Anwaltsberuf klassischerweise erlernt haben und ausüben, kritisch zu hinterfragen und anderes neu zu lernen. BLESSING bringt das auf den Punkt mit der Feststellung, ADR verlange *«eine radikal andere Einstellung und Denkweise»*[40]. Der Persönlichkeit des Mediators komme eine ganz

---

[38] Datierend von 1992, wiedergegeben in: Mediation in der Schweiz, 57 ff.
[39] Egger, Philips und Partner in Zürich sowie Widen, Peer Communication in Zug und für die welsche Schweiz ein gemeinschaftliches Projekt von CEFOC und INPER in Genf bzw. Lausanne.
[40] BLESSING-KSP, Einleitung internationale Schiedsgerichtsbarkeit, N 303.

besondere Bedeutung zu, von ihr hänge es weitgehend ab, ob das Schlichtungsverfahren erfolgreich verlaufe oder scheitere[41]. «ADR, richtig verstanden, ist neu und verlangt einen neuen Lernprozess, welcher nie abgeschlossen ist[42].» Wer sich diese Fähigkeiten anzueignen wünscht, bedarf vorweg der Einsicht, dass sie uns weder in die Wiege gelegt wurden, noch dass wir sie in unserer Berufstätigkeit erworben haben. Wer als Anwalt argumentiert, eine solide Ausbildung zum Mediator brauche er nicht, weil er bereits in seiner bisherigen Praxis sehr auf Ausgleich bedacht gewesen sei und zahlreiche Vergleichsverhandlungen geführt habe, verkennt, dass sich der Weg, der in der Mediation zu einer Konvention führt, grundlegend vom klassischen Weg der Verhandlung unterscheidet[43].

Es erscheint viel dringender, die professionellen Konfliktlöser, allen voran die Anwaltschaft, vom Bedarf an Umdenken und Hinzulernen zu überzeugen, als die Mediation und andere ADR-Formen beim «Konsumenten» zu propagieren[44]. Dies wird die erste Aufgabe sowohl des SAV als auch der Hochschulen sein müssen. Eine zukunftsweisende Forderung an die juristische Ausbildung wäre es, jedem Erlernen eines normativen Denkens eine neue Erfahrung in freiem kreativem Denken gegenüberzustellen. Denn das, was die Mediation auch gegenüber der Schiedsgerichtsbarkeit auszeichnet, ist ihre sehr viel grössere Flexibilität mit Raum für kreativere Lösungen[45].

IV. Rolle der AnwältInnen in der Mediation

Die Rolle von AnwältInnen im Zusammenhang mit Mediation kann vielfältig sein:

A. *AnwältInnen als Parteiberater*

AnwältInnen können bereits bezeichnet und instruiert sein zu einem Zeitpunkt, da die Parteien beschliessen, sich einem Mediationsverfahren zuzuwenden. Hier ist vorweg wichtig, dass die Parteivertreter den Wunsch der Parteien unterstützen und ihn nicht als Vertrauensentzug werten. Denn die Rolle des Anwaltes wird auch in der Mediation eine wichtige sein: Rückhalt und juristischer Berater der eigenen Klientschaft zu sein und gleichzeitig den Mediationsprozess dadurch nicht zu stören, sondern zu stärken, erfordert viel Fingerspitzengefühl und Geduld. Das allein schon zeigt, warum selbst Anwäl-

---

41   BLESSING-KSP, Einleitung internationale Schiedsgerichtsbarkeit, N 306.
42   BLESSING-KSP, Einleitung internationale Schiedsgerichtsbarkeit, N 291 a.E.
43   Vgl. dazu GALLI-WIDMER (In dubio), 15 in ihrem Interview.
44   Vgl. auch BLUM, 113.
45   BLESSING-KSP, Einleitung internationale Schiedsgerichtsbarkeit, N 305.

tInnen, die selbst keine Mediationstätigkeit auszuüben wünschen, zumindest eine Basisausbildung in Mediation genossen haben sollten.

Meist werden die Parteivertreter an den Mediationssitzungen selbst nicht teilnehmen. Es wäre aber sehr wohl vorstellbar, sie entweder generell oder zumindest dort, wo es um die Einführung des Rechts und die Lösung der Rechtsprobleme geht, zuzuziehen.

B. AnwältInnen als Rechtsexperten

Vor allem FamilienmediatorInnen benötigen häufig Rechtsexperten zur Einführung des Rechts[46] in den Mediationsprozess, und zwar in der Regel selbst dann, wenn sie selbst Juristen sind. Dass diese Einführung der Rechtsregeln in der Familienmediation unabdingbar ist, wurde bereits erwähnt. Die Erfahrung zeigt, dass der anwaltliche Mediator durch seine eigene Berufserfahrung ohne weiteres in der Lage wäre, den Parteien die rechtliche Praxis – z.B. die Berechnung des Unterhaltes während der Dauer des Getrenntlebens – darzulegen. Er eckt damit aber häufig bei einer oder beiden Parteien in einem Masse an, dass sowohl seine Neutralität als auch seine Unparteilichkeit als Mediator bedroht sind. In den Augen der Parteien wird er gelegentlich zum Überbringer der schlechten (überzogenen oder ungenügenden) Nachricht und als solcher auch für deren Inhalt verantwortlich gemacht[47]. Diesem Effekt kann der Mediator entgehen, indem er entweder die Parteien je zu einem eigenen Rechtsexperten (also z.B. zum eigenen Anwalt) schickt, um sich dort beraten zu lassen, oder indem er einen externen Experten (z.B. Anwaltskollegen oder -kollegin) punktuell zuzieht. Erst recht werden nicht juristisch ausgebildete Mediationspersonen einen solchen Experten benötigen, der das Recht in den Mediationsprozess einführt. Auch hier liegt also ein anwaltliches Betätigungsfeld innerhalb der Mediation, das einiges an Fingerspitzengefühl und mindestens eine solide Grundkenntnis der «Mechanik» der Mediation erfordert.

C. AnwältInnen als Co-MediatorInnen

Verschiedene Mediationsmodelle rufen nach einer Co-Mediation mit einem männlichen und einem weiblichen Part, von welchen der eine eine juristische, der andere eine psychosoziale Grundausbildung mitbringen solle. Die Gründe, die für und gegen dieses Konzept sprechen, können im Rahmen dieser

---

[46] Ein Begriff, der von MÄHLER/MÄHLER, 133, übernommen wird.
[47] Das kann ihm selbst dann geschehen, wenn er das bestehende Recht – richtigerweise – als weitgehend dispositiv schildert.

Arbeit nicht ausführlich diskutiert werden. Sicher ist, dass es dem Mediatorenpaar ein hohes Mass an Teamfähigkeit und Konfliktfreiheit abverlangt, wenn nicht einfach die Geschlechterkonflikte und die Auseinandersetzungen zwischen produkt- und prozessorientiertem Denken von der Ebene der Parteien auf jene der Mediatoren getragen werden soll. Vorteilhaft an einem solchen Konzept sind die «Teilung» der Macht des Mediators, die Möglichkeit, dass die eine Mediationsperson sich zurücklehnt, etwas Abstand nimmt und beobachtet, während die andere sich intensiver mit den Parteien befasst, um anschliessend die Rollen zu tauschen, sowie die Möglichkeit, innerhalb der geteilten Mediatorenrolle eine Art Intervision zu betreiben und das entstehende Bild des Mediationsprozesses damit vielfältiger zu sehen. Die Entscheidung, ob Einzel- oder Co-Mediation betrieben wird, wird wohl im Einzelfall und unter Berücksichtigung der finanziellen Möglichkeiten der Konfliktparteien zu treffen sein.

Wie dem auch sei: Hier eröffnet sich eine weitere Funktion für JuristInnen, namentlich anwaltlich ausgebildete. Unnötig hinzuzufügen, dass diese Tätigkeit ohne eine solide Mediationsausbildung kaum denkbar ist.

D. *AnwältInnen als MediatorInnen*

AnwältInnen können und sollen sowohl in ihrer klassischen Funktion als Parteivertreter wie auch in ihrer «neuen» Rolle als MediatorInnen in Konfliktlösungen involvierbar sein. Den Begriff des «Anwaltsmediators» verwende ich bewusst nicht, weil er glauben macht, man könne gleichzeitig beides, Anwalt und Mediator sein. Das Gegenteil ist der Fall und tatsächlich müssen wir in der Lage sein, unsere anwaltliche Herkunft weit in den Hintergrund zu stellen, wenn wir als Mediatoren tätig sein wollen. Dem anwaltlichen Mediator wäre eine psychologisch geschulte Supervision seiner Tätigkeit zu wünschen, doch wird dies in der Regel an Zeit- und Kostenfragen scheitern. Zumindest wäre aber wünschbar, dass sich lokale oder regionale *Intervisionsgruppen* von MediatorInnen bilden, die ihre Erfahrungen und Probleme austauschen und kritische Fälle zusammen besprechen können.

V. Mediation und anwaltliches Standesrecht

A. *Pflichten gegenüber der Klientschaft*

Die Frage, ob der Anwalt/die Anwältin überhaupt gleichzeitig zwei streitende Parteien mit gegensätzlichen Interessen beraten dürfe, ist – nahezu unverständlicherweise – immer wieder diskutiert worden und wird auch in der

Schweiz je nach Kanton verschieden beantwortet. Diese und andere Fragen zur Legalität von Mediation sind von HAFFKE für den deutschen Raum einlässlich und überzeugend behandelt worden[48]. Er geht dabei auch auf die verschiedenen Mediationsmodelle sowie auf die Frage ein, ob Mediation Rechtsberatung sei, was wiederum entscheidend sein kann für die Frage, ob Nichtanwälte überhaupt Mediation betreiben dürfen. Soweit sie dabei notwendigerweise auch Rechtsberatung betreiben müssten – und es ist schwer einzusehen, wie die Scheidungsberatung ohne Rechtsberatung auskäme – würde die Mediationsperson nach HAFFKE zur Rechtsberatung befugte Personen beiziehen müssen[49]. Bezüglich der eminent wichtigen Frage des Parteiverrats ruft er zu Recht nach einer Differenzierung: Es mache einen Unterschied, ob der Anwalt auf gemeinsamen Wunsch und Auftrag beider Parteien hin vermittelnd tätig werde oder ob er, nachdem er zuerst als Mediator tätig war, später im kontradiktorischen Verfahren eine Partei gegen die andere vertrete[50]. So klar die Antwort für die Zulässigkeit einer anwaltlichen Vermittlungstätigkeit ausfällt, so klar geht aus dem Fazit des Aufsatzes hervor, dass eine spätere Parteivertretung durch den Anwalt, der zuvor als Mediator tätig war, strikte ausgeschlossen sein muss. Das muss übrigens den Parteien bereits in der ersten Sitzung klar gemacht werden: Als Parteivertreter kommt der Mediator im gleichen Fall nicht mehr in Frage[51]. Eine puristische Sicht sieht für den Mediator überhaupt keine andere Funktion im selben Fall mehr. Die Amerikaner sind auch hier weniger orthodox (und vielleicht etwas kreativer) und sehen nicht ein, warum der Mediator, wenn es die Parteien so wollen, nicht am Ende des Verfahrens nötigenfalls (d.h. falls die Mediation nicht oder nicht in allen Punkten erfolgreich war) auch als Schiedsrichter über die noch offenen Punkte sollte entscheiden können. «Wer», lautet die einfache Frage zu diesem Thema, «kennt die Parteien und ihren Konflikt mittlerweile besser als der Mediator?»[52] Daraus haben sich raffiniertere Mischformen, wie z.B. die als *MED-ARB* und *MEDALOA* bezeichneten, entwickelt[53], welche vor allem die Flexibilität und Ökonomie des Verfahrens im Auge haben. So sehr das Bedürfnis nach rigideren Mediationsregeln im familienrechtlichen Bereich einzuse-

---

[48] HAFFKE, 65 ff.
[49] HAFFKE, 92. Zu erwähnen sind in diesem Zusammenhang auch die Charta des SVFM und die Berufsregeln der Europäischen Charta der Familienmediatoren. Diese haben namentlich das Ziel, die Mediation allen zugänglich zu machen und das Honorar den jeweiligen Möglichkeiten der Klientschaft anzupassen.
[50] HAFFKE, 94.
[51] Eine ausgezeichnete Übersicht über standesrechtliche Aspekte liefern die «Richtlinien für Mediation in Familienkonflikten», Stand 1994, der Bundes-Anwaltsgemeinschaft für Familien-Mediation (BAFM) in: DUSS-VON WERDT/MÄHLER/MÄHLER, 118 ff.
[52] Vgl. BLESSING-KSP, Einleitung internationale Schiedsgerichtsbarkeit, N 313.
[53] Abkürzungen für MEDiation-ARBitration bzw. für MEDiation And Last Offer Arbitration. Vgl. dazu die Darstellung bei BLESSING-KSP, Einleitung internationale Schiedsgerichtsbarkeit, N 311 ff.

hen ist, so wenig sollten wir uns dadurch für alle anderen Einsatzbereiche den Blick auf die (sicher noch gar nicht ausgeschöpfte) Vielfalt der Verfahren und der verschiedenen Funktionen als Vermittler verstellen lassen[54].

Zu den selbstverständlichen Regeln der Mediation gehört u.a. auch, dass der Mediator in einem späteren kontradiktorischen Verfahren weder als Zeuge noch als Auskunftsperson auftreten kann, dass er nicht verpflichtet werden kann, seine Aufzeichnungen offenzulegen, ja dass der Anwalt als Mediator überhaupt dem strengen anwaltlichen Berufsgeheimnis unterliegt[55] und dass in der Mediation erarbeitete, aber nicht zur Unterzeichnung gelangte Vereinbarungsentwürfe nicht in den Prozess eingebracht werden dürfen[56].

B. *Kosten der Mediation, Honorarfragen, unentgeltliche Rechtspflege*

Vorbehalte gegenüber der Mediation werden häufig, vor allem im Zusammenhang mit der Familienmediation, geäussert. Das mag seinen Grund teilweise darin haben, dass Mediationsmodelle, die von einer Co-Mediation, also einem Mediatorenpaar ausgehen, den Eindruck grösseren Kostenaufwandes vermitteln. Dass sowohl die Einzelmediation als auch die paarweise Co-Mediation nicht notwendigerweise teurer zu stehen kommen als eine landläufige Konventionalscheidung mit zwei Anwälten, sei hier nur angedeutet[57]. Häufig wird sich das umgekehrte Problem ergeben, dass nämlich der erbrachte Zeitaufwand erheblich geringer ist und der Anwalt sich fragen muss, nach welchem Tarif er nun eigentlich seine Bemühungen in Rechnung stellen dürfe. Zumindest sollte er problemlos ein einfaches Honorar für die Scheidung einer Partei

---

[54] Das heisst aber wiederum, wie oben bereits angedeutet, dass der Familienmediation diesbezüglich ein Sonderstatus, sowohl in der Ausbildung als auch in der Tätigkeit der MediatorInnen, zuzugestehen wäre.

[55] Von diesem könnten ihn nur die Parteien gemeinsam befreien, wobei der Entscheid, ob sie als Zeuge auszusagen bereit sei, auch in diesem Fall der Mediationsperson vorbehalten ist.

[56] Eine Pflicht, die nicht den Mediator, sondern die Parteien und ihre späteren Anwälte trifft.

[57] Anhand der Situation in Basel-Stadt berechnet: Wenn wir von einem Ehemann mit Einkommen von netto Fr. 5000.– monatlich ausgehen, entspräche das dem Grundansatz *eines* Anwaltshonorares. Im mündlichen Scheidungsverfahren wäre mit 2/3 dieser Summe, also mit rund Fr. 3300.– zu rechnen. Selbst wenn wir davon ausgehen, der Anwalt der Ehefrau würde sein Honorar etwas günstiger ansetzen, kommen wir auf insgesamt rund Fr. 6000.– Anwaltshonorare. Gehen wir umgekehrt von der erwähnten Vorgabe aus, die Mediation benötige rund 10 Sitzungen zu je 90 Minuten und nehmen wir weiter an, die Mediationsperson wende zwischen den Sitzungen weitere 5 Stunden auf, so kommt eine solche Dienstleistung selbst bei einem Ansatz von Fr. 250.– pro Stunde auf «nur» Fr. 5000.– zu stehen, wobei in dieser Rechnung der zu erbringende Zeitaufwand sehr reichlich bemessen wurde.

in Ansatz bringen können. Aber wird das der Arbeit des Mediators, der das Problem der Parteien gemeinschaftlich und in einem auch für ihn kräfteraubenderen Prozess zu lösen hilft, gerecht? Wäre nicht ein Zuschlag zu den bestehenden Tarifpositionen, z.B. auf das anderthalbfache der bisherigen Position für die Scheidungsberatung einer einzigen Partei, vertretbar? Und wie steht es mit den zusätzlichen Leistungen der Mediationsperson, die im selben Verfahren meist mithilft, zuallererst die Modalitäten des Getrenntlebens zu regeln, um dann die Problematik einer Scheidungskonvention anzugehen? Kumulieren sich die entsprechenden Honorarpositionen auch in der Mediation? Und wie steht es erst, wenn die Mediation scheitert? Hat der Mediator dann «nur» Anspruch auf Entgelt seiner aufgewendeten Zeit (wäre also die Position «Scheidung» seines kantonalen Tarifes nicht anzuwenden)? Das hiesse ja umgekehrt, dass im Falle des Zustandekommens einer Konvention im Mediationsverfahren eine Art Erfolgszuschlag berechnet werden könnte.

Und wie steht es schliesslich mit der unentgeltlichen Rechtspflege? Es erscheint als selbstverständliche Forderung und sollte auch vom SAV und von den kantonalen Anwaltsverbänden gefordert werden, dass Familienmediation kein Luxussport für vermögende Paare sein darf[58], indem den unvermögenden die unentgeltliche Rechtspflege nicht bewilligt würde, und es geht auch nicht an, dass in einigen Kantonen ein entsprechendes Bewusstsein bei den Gerichten schon einzukehren scheint, während sich die Behörden und Gerichte anderenorts noch sehr schwer tun. Es besteht bei der Mediation, wie auch bei der klassischen Tätigkeit des Anwaltes, ohnehin die Möglichkeit, einem exzessiven Zeitaufwand vorzubeugen. Es werden sich Standards einbürgern, welcher Zeit- und Kostenaufwand in einer Mediation vertretbar ist. Und es darf umgekehrt als selbstverständlich betrachtet werden, dass AnwältInnen auch hier einen sozialen Beitrag leisten, indem sie sich bereit finden, als Mediatoren zu den entsprechenden reduzierten Ansätzen tätig zu sein[59].

Dass die Mediation (in Form des ursprünglich geplanten Art. 151 ZGB[60]) im neuen Scheidungsrecht keinen Eingang findet, ist bedauerlich. Das wird aber dem zunehmenden Publikumsbedürfnis nach mediativen Konfliktlösungsangeboten keinen Abbruch tun, sondern widerspiegelt nur die Angst der Kantone, die Verantwortung für eine solide Mediationsausbildung übernehmen zu müssen. Unsere Standesorganisationen, in erster Linie der SAV, wer-

---

58 Es sei hier nochmals an die Regel des SVFM und der Europäischen Charta erinnert, die Mediation jedermann zugänglich zu machen und das Honorar den Möglichkeiten der Parteien anzupassen.
59 Wenn ich hier schon fast nur Fragen und kaum ausgereifte Antworten anbieten kann, will ich auf die noch um einiges heiklere Frage, nach welchen Kriterien nichtanwaltliche Mediatoren – auch vom Gericht – zu entschädigen wären, gar nicht erst eingehen.
60 Er sollte unter dem Rubrum «Mediation in Scheidungssachen» den Wortlaut haben: «Die Kantone sorgen dafür, dass die Ehegatten sich an in der Mediation ausgebildete Personen wenden können, die ihnen helfen, sich über die Scheidung und ihre Folgen zu verständigen.»

den sich Gedanken darüber machen müssen, wie diese solide Ausbildung gewährleistet werden kann, was wir tun können, damit AnwältInnen in der Schweiz, wenn sie es wünschen, zu Mediatoren ausgebildet werden können, die den internationalen Standards in nichts nachstehen. Diesbezügliche Ausbildungskriterien sind vom SVFM ja bereits aufgestellt worden.

Nicht nur die Standesorganisationen, auch die Universitäten[61] sind gefordert, in den obligatorischen Teilen ihrer Ausbildungsprogramme für Juristen endlich das Wissen über die Entstehung, die Mechanik und die Lösung von Konflikten aufzunehmen. Denn das ist der Stoff, mit dem wir AnwältInnen es tagtäglich zu tun haben und auf dessen Bewältigung wir so ungenügend vorbereitet sind: zwischenmenschliche Konflikte.

VI. Mediation und Berufsbild der AnwältInnen

«In jedem guten Anwalt», erklärt Liebling Kreuzberg seinem linkischen Assessor im Hinblick auf dessen weiteren Berufsweg, «steckt etwas von einem Löwen... und wissen Sie was? An Ihnen ist alles nur Teddybär[62]». Treffender kann man das uns seit Jahrhunderten anerzogene Verhalten, das auch unser Berufsbild prägt, nicht karikieren. Unsere Ausbildung ist darauf ausgerichtet, im Kampf der besseren Argumente Positionen zu gewinnen, im Prozess durch Klugheit, Tücke und List zu obsiegen, also primär darauf, eine *Win-Lose-Situation*[63] herzustellen[64]. Wir sind darauf trainiert, innert nützlicher Frist *Produkte* zu liefern und sind kaum geschult, *Prozesse*[65] zu begleiten. Auch die Kommunikation zwischen uns AnwältInnen wird in sehr hohem Mass von kompetitiven Strategien[66] und von reaktiven Kommunikationsmustern geprägt[67]. Dieses angelernte Verhalten, mit dem wir zu allem Überdruss meinen, den Erwartungen unserer Klientschaft gerecht zu werden, hindert uns meist daran, den zu bearbeitenden Konflikt als einen zu sehen, an dem beide Parteien ihre Anteile haben[68]. Viel zu sehr bleiben wir bezüglich des Konflik-

---

[61] Anfänge sind bereits gemacht. So hat die Faculté de Droit der Université de Genève am 10. Oktober 1996 ein grösseres Kolloquium *La Médiation* durchgeführt.
[62] Leider nicht wörtlich, sondern nur aus der Erinnerung zitiert.
[63] Wie GALLI-WIDMER (Anwalt), 38, richtig feststellt, gibt es bei Familienkonflikten ohnehin nicht einfach Sieger und Besiegte. «Jeder Beteiligte gewinnt und verliert zugleich.»
[64] Also eine, in der eine Partei gewinnt, die andere verliert. Dies im Gegensatz zur win-win- oder zur lose-lose-Situation. Vgl. dazu auch FISHER/URY, 1 ff.; BREIDENBACH, 71 f.
[65] Ich verwende den Begriff hier im Sinne des Prozesshaften, nicht des Prozessualen.
[66] Die sich auch auf die Parteien übertragen. Sie kennen sicher das in Scheidungen häufige Spiel «Mein Anwalt ist besser als Dein Anwalt!».
[67] Vgl. zu diesen beiden Begriffen BREIDENBACH, 88 ff. und 95 ff. sowie spezifisch für die juristischen Professionen 63.
[68] Ähnlich auch BLUM, 102 f.

tes mit unseren Mandanten im *Naming, Blaming, Claiming*[69] stecken. Gerade die Einsicht der *Co-Kreation des Konfliktes*[70] wäre aber im Sinne der Mediation eine, die den Parteien die Tür für einen fruchtbaren Dialog und für zukunftsorientierte Lösungen öffnen könnte[71]. Anwaltschaftlich delegierte Parteimodelle stehen dem Geist der Mediation diametral entgegen[72].

Wer nach langjähriger Praxis selbstkritisch genug geblieben ist, gibt zu, dass er entsprechend auch im privaten Bereich ein ausserordentlich produktorientiertes Helfersyndrom entwickelt hat: schnelle kluge Ratschläge haben wir jederzeit bei der Hand; geduldige Zuhörer in einer menschlich schwierigen Situation zu sein, liegt uns wesentlich weniger. Je länger wir Scheidungsfälle betreuen, um so mehr haben wir uns angewöhnt, auch unsere Klientschaft darauf zu trimmen, was «wichtig» und was «unwichtig» sei, als wichtig anerkennen wir nämlich nur noch, was direkt mit dem Produkt Scheidungs- oder Trennungskonvention in Zusammenhang steht. Die zum Teil überstarken Gefühle der Parteien werden dabei ausgeblendet, obschon sie Bestandteil der Konfliktwirklichkeit sind[73]. Dabei vergessen wir nur zu schnell, dass es nicht um unser Leben, sondern das der Klientschaft geht, das hier geprägt wird. In seiner bösartigsten Prägung hat Honoré Daumier das Berufsbild des Anwaltes in seinen Karikaturen eingefangen als das eines niederträchtigen, geldgierigen, verlogenen, menschenverachtenden Standes. Nur mit Gedankenlosigkeit ist zu erklären, warum Daumiers Zeichnungen dennoch so stolz in den Empfangsräumen zahlreicher Anwaltskanzleien hängen.

Wir können die Augen nicht davor verschliessen, dass unsere Klienten innert einer einzigen Generation sehr viel selbstsicherer und kritischer geworden sind und dass auch die Medien sich dieser kritischen Sicht längst bemächtigt haben. Facts und Kassensturz treiben nicht umsonst ihre Spielchen mit uns, die letztlich nichts anderes ergeben, als dass wir für eine solche Überprüfung unserer Dienstleistungen nur schlecht gerüstet sind. Es ist höchste Zeit, nicht nur das schwindende Ansehen, das unsere Tätigkeit in der Öffentlichkeit geniesst, zu bedauern und den Medien dafür die Schuld zu geben, sondern auch über unsere Tätigkeit selbst kritisch nachzudenken. Dass unsere Mandanten vermehrt nach Mediation fragen, zeigt, dass diese einem Bedürfnis entspricht und dass ein wachsender Teil unserer Konsumenten nicht mehr bereit ist, die vom klassischen Justizbetrieb zur Verfügung gestellten und als unausweichlich dargestellten Wege zu gehen. Wir haben die Wahl, dies entwe-

---

69 Plastisch dargestellt von BREIDENBACH, 42, als Stufen der Benennung des Unrechts, dessen Zuschreibung an eine Person und der daraus folgenden Ableitung von Ansprüchen.
70 Den Begriff verwendet CONSTANTIN PEER in seinen Mediationsseminaren.
71 Diese Einsicht würde zudem einen Ausweg aus dem «*Dilemma des Recht-Habens*» darstellen. Dieser Begriff wird von GLOOR MAUNG, 14, verwendet.
72 GALLI-WIDMER (Anwalt), 39.
73 BREIDENBACH, 276.

der als irrationale Justizfeindlichkeit abzutun und zuzusehen, wie unser Ansehen weiterhin schwindet, oder wir können die Zeichen der Zeit verstehen und uns aktiv mit diesen Veränderungen auseinandersetzen. ADR und namentlich die Mediation gehören zu den sinnvollsten Wegen, dies zu tun.

Zeichne ich ein zu schwarzes Bild? Wenn man sich die 600 Kolleginnen und Kollegen, die sich mittlerweile in einem zweitägigen Kurs mit dem Harvard-Konzept des offenen Verhandelns *(Getting to Yes)* vertraut gemacht haben[74], vor Augen führt, so gibt dies zu berechtigten Hoffnungen Anlass, denn diesem Konzept liegt ein sehr ähnliches Menschenbild wie der Mediation zugrunde. Nicht zufällig greifen viele Autoren, die über Mediation schreiben, auf FISHER und URY und die von diesen geprägten Begriffe zurück[75]. Im anwaltlichen Alltag scheint es uns aber nach wie vor schwer zu fallen, mit diesem Konzept zu bestehen, und zwar nicht, weil das Konzept untauglich ist, sondern weil wir so willig in unsere alten Muster zurückfallen.

VII. Mediation als Chance, nicht nur für die Klienten

Mediation schliesst, wie wir sahen, ein bestimmtes *Menschenbild* ein[76]. Wer sich mit Mediation ernsthaft befasst, in die breite Literatur eintaucht, sich ausbilden lässt, der stellt fest, dass sich seine Sicht der Dinge zwar nicht radikal, in vielen Punkten aber grundlegend verändert. Diese Veränderung schliesst auch mit ein, dass wir beginnen über unser tägliches Tun als AnwältInnen kritisch nachzudenken und vieles von dem, was wir «immer so getan haben», nicht mehr allein deswegen als richtig oder optimal akzeptieren. Wir beginnen aber auch, Vorgänge in unserer Gesellschaft mit anderen Augen zu sehen. Manch einem oder einer könnte die Beschäftigung mit Mediation die Chance für eine berufliche Neuorientierung oder zumindest für eine veränderte Sinngebung sein. Ähnliches beobachte ich in der praktizierten Mediation: Das Vergnügen und die Befriedigung, eine Kommunikation zwischen den Parteien entstehen zu sehen, die nicht oder nicht mehr funktioniert hatte, und zu erleben, in welchem Masse diese Erfahrung auch die Parteien erleichtert, gehört zu den seltenen wertvollen und lustvollen (man verzeihe mir den Ausdruck in diesem Zusammenhang) Momenten der Berufsausübung. In dem Masse, wie wir erkennen, was wir in und mit den Parteien auslösen, geschieht gleichzeitig etwas mit uns und mit ihnen. Wir selbst finden uns bestätigt in der neuen Erkenntnis, dass es uns gelingen kann, zukunftsorientierte Lösungen mit den Parteien zu erarbeiten, die ihnen die Chance eines neuen Umganges

---

[74] So die Angaben von Egger, Philips und Partner, den Lizenznehmern des Harvard-Konzeptes in der Schweiz, die schon seit Jahren mit dem SAV zusammenarbeiten.
[75] FISHER/URY, 1 ff. bzw. FISHER/URY/PATTON, 1 ff.
[76] DUSS-VON WERDT (Menschenbild der Mediation), 8.

unter Respektierung der veränderten Realitäten einräumen. Und die Parteien, die diesen Prozess durchlaufen und selbst Unerwartetes geleistet haben, werden die eminent wichtige Erfahrung mitnehmen, dass sie selbst, häufig in einer der dramatischsten Situationen ihres Lebens, in der Lage waren, sich unter Verzicht auf kompetitive Strategien kooperativ zu einigen. Ich wage zu behaupten, dass Menschen, die dieses erfahren haben, aus dem Erlebten lernen und künftig anders oder zumindest mit dem Bewusstsein für bisher unbekannte Alternativen mit Konflikten umgehen. Wenn wir gelernt haben, die von unserer Meinung abweichende Auffassung unseres Gegenübers als gleichwertig zu respektieren, schaffen wir uns die Grundlage, selbst ernst genommen zu werden. Wir werden erfahren, wie wir auch ausserhalb der Mediation, im traditionellen Verhandeln, besser und schneller zu Resultaten gelangen, wenn wir darauf verzichten können, den «Gegner» (und seine Vertretung) als solchen zu sehen, und wenn es uns gelingt, statt um Positionen um Interessen zu diskutieren, ohne dabei unser Gegenüber herabzusetzen: Eine der wesentlichen Erkenntnisse, die dem *Harvard-Konzept* zugrunde liegen[77]. In diesem Sinn enthält Mediation, wie DUSS-VON WERDT schreibt, «ein zwischenpersönliches, egalitäres Grundmodell partnerschaftlicher Gleichwertigkeit im Anderssein, das eigentlich jenes der Demokratie wäre, sofern diese die Eigenrechte des Anderssein, der Minderheiten und der Schwächeren schützen soll. Mediation ist gelebte Demokratie im Miniformat[78].» Ähnliches meint wohl auch MARGALIT, wenn er definiert: «Eine anständige Gesellschaft ist eine nichtdemütigende Gesellschaft[79].»

VIII. Zusammenfassung und Ausblick

Ich komme also zusammenfassend zum Schluss, die schweizerische Anwaltschaft sollte sich vordringlich des Themas Alternative Dispute Resolution, namentlich der Mediation, annehmen, wenn sie nicht riskieren will, ein für AnwältInnen prädestiniertes Feld ganz den NichtjuristInnen zu überlassen, wo doch ein friedliches und teilweise auch fächerübergreifendes Nebeneinander von juristischen und psychosozialen Mediatoren wünschbar wäre. Uns dieses Feldes nicht anzunehmen, hiesse auch, dass es uns nicht genügend interessiere und dass AnwältInnen sich darauf beschränkten, Vertretungen im klassischen Streitverfahren zu übernehmen. Ein solches Bild wäre ebenso unzutreffend wie fatal. Es wird u.a. Aufgabe des SAV sein, das notwendige Verständnis für ADR zu vermitteln, sich um die Definition eines Ausbildungscurriculums und um mehr oder weniger einheitliche Ausbildungsstandards für

---

[77] FISHER/URY, 1 ff.
[78] DUSS-VON WERDT (Menschenbild der Mediation), 10.
[79] MARGALIT, 61 und 40: «Demütigend ist folglich die Verletzung der Autarkie einer Person, die nur dann erfolgen kann, wenn diese Person in ihrem Denken nicht autonom ist...»

anwaltliche Mediatoren zu bemühen und, soweit erforderlich, Standesregeln für die Mediation aufzustellen[80]. Und wir alle sollten uns dafür einsetzen, dass an unseren Hochschulen Grundkenntnisse in Verhandlungs- und Mediationsmethodik zur obligatorischen Ausbildung gehören werden, und dass unsere Kantonalverbände entsprechende Fort- und Weiterbildung anbieten.

Wer neugierig auf die Mediation geworden und gleichzeitig zu ungeduldig ist, auf den Ausbau der erwähnten Ausbildung zu warten, dem steht die Möglichkeit offen, sich im Selbststudium ein Grundwissen anzueignen und der findet rund herum ein reiches Angebot an Literatur und an Kursen sowie im Internet eine Fülle von teils sehr wertvollen Informationen[81].

---

[80] Derzeit sind solche in der Projektgruppe Mediation des SAV in Arbeit.
[81] Informationen im Internet z.B. bei *The Program on Negotiation at Harvard Law School* unter http://www.law.harvard.edu/Programs/PON/ und spezifischer, mit zahlreichen Links zu anderen Organisationen und Institutionen, die sich im Internet mit Konfliktanalyse und Konfliktbewältigung befassen unter http://www.law.harvard.edu/Programs/PON/faq.html. Wer unter Yahoo oder einer anderen Suchmaschine nach *Mediation* oder *ADR* sucht, wird erstaunt sein über die Fülle von Informationen.

REGINA AEPPLI WARTMANN und THOMAS WARTMANN

Anwaltsberuf und Teilzeitarbeit

Inhaltsübersicht

I. Einleitung

II. Arbeitsplatz Anwaltsbüro
   A. Verrechenbare und andere Stunden
   B. Teilzeitarbeit im Aufwind

III. Der Beschäftigungsdruck im Anwaltsberuf
   A. Zwischen Überlastung und Beschäftigungslücke
   B. Zeitraubende Nebenbeschäftigungen
      1. Bei Anwälten
      2. Bei Anwältinnen

IV. Argumente pro und contra Teilzeitarbeit
   A. Partnersicht
   B. Kollegensicht
   C. Mitarbeitersicht
   D. Klientensicht
   E. Familiensicht
   F. Verbandssicht

V. Flexibilität in der Organisation

VI. Fördert Teilzeitarbeit die Gleichstellung von Mann und Frau?

VII. Fazit und Ausblick

I. Einleitung

«*Für mich ist das unvorstellbar, dass man eine Karriere macht und engagiert arbeitet und das nur teilzeitlich*[1].»

Anlass zur Ehre, einen Beitrag an die Festschrift des Schweizerischen Anwaltsverbandes zu leisten, ist der schlichte Umstand, dass wir Mitglieder des SAV sind und im Ruf stehen, uns als Paar in Berufsarbeit und Kinderbetreuung zu teilen, und offenbar trotzdem ernst genommen werden. Es wurde deshalb die *Frage* an uns gerichtet, ob *Anwaltstätigkeit auch teilzeitlich* ausgeübt werden kann.

---

[1] Diskussionsvotum Frau X., 54, Vollzeitbeschäftigte, Teilnehmerin an einem Workshop zum Thema Teilzeitarbeit, zitiert in: STRAUMANN/HIRT/MÜLLER, 137.

Da der Wunsch nach Teilzeitarbeit bis heute vorwiegend von Frauen geäussert wird, haben wir uns gefragt, ob mit ihrer Förderung nicht auch dem Anliegen der Gleichstellung, von dem wir in unserem Berufsfeld noch sehr weit entfernt sind, gedient wäre.

Die Frage, ob eine Tätigkeit auch teilzeitlich ausgeübt werden kann, ist an sich eine, die sich vorab im *Arbeitsverhältnis* stellt. Im freien Beruf müsste die Frage eher lauten: *Wie weit kann ich meine zeitliche Verfügbarkeit in der Anwaltstätigkeit reduzieren und weiterhin so qualifizierte Dienstleistungen für meine Klientschaft erbringen, dass die Nachfrage nach meinen Leistungen anhält?*

Berufe, die im Auftragsverhältnis ausgeübt werden, sind grundsätzlich prädestiniert, auf individuelle Vorstellungen von Angebot und Nachfrage ausgerichtet zu werden. Die Frage ist aber dort relevant, wo über den Umfang verrechenbarer Stunden Rechenschaft abgelegt werden muss, also in Partnerschaften, in denen «in einen gemeinsamen Topf» gearbeitet wird, und dort, wo Anwältinnen und Anwälte im Angestelltenverhältnis tätig sind.

Es ist uns allerdings bewusst, dass es auch Kollegen gibt, die geltend machen werden, Teilzeitarbeit schrecke «gute» Klienten ab, denn diese verlangten einen 24-Stunden-Service. Es sei deshalb unabdingbar, rund um die Uhr verfügbar zu bleiben, ausser man gebe sich mit «zweitklassigen» Mandaten zufrieden.

Es übersteigt die Möglichkeiten dieses Beitrags, die Frage zu beantworten, was ein «gutes» Mandat ist und was von Seiten der Klientschaft als voller beziehungsweise zufriedenstellender Einsatz gewertet wird. Es fällt aber auf, dass eine Tendenz besteht, namentlich in «law firms» nach amerikanischem Vorbild, der *quantitativen Seite der Auftragserledigung* – in Form von «billable hours» – einen immer höheren Stellenwert einzuräumen. Dieser Tendenz möchten wir entgegentreten, indem wir einerseits auf die Privilegien (und Risiken) des freien Berufs hinweisen und anderseits die Überzeugung vertreten, dass eine auf die *Qualität der Auftragserfüllung* ausgerichtetere Sicht auch ein Beitrag zur Förderung der Gleichstellung von Frau und Mann ist.

Die Diskussion über neue Arbeitszeitmodelle und die Neuverteilung der Arbeit zwischen den Geschlechtern ist zurzeit sowohl bei Grossunternehmen und Arbeitgeberverbänden als auch bei Gewerkschaften und Frauenorganisationen aktuell. Die Anwälte und Anwältinnen sind an dieser Diskussion seltsam unbeteiligt. Eine Nachfrage beim Schweizerischen Anwaltsverband (SAV) hat ergeben, dass es keine Statistik über Teilzeitarbeit bei Anwälten und Anwältinnen gibt. Was sind die Gründe für diese Abstinenz? Wo liegen die Widerstände der Anwaltschaft gegenüber der Teilzeitarbeit? Sind sie berechtigt? Unser Beitrag versucht, einige Antworten auf diese Fragen zu geben.

II. Arbeitsplatz Anwaltsbüro

A. *Verrechenbare und andere Stunden*

Im Jahre 1984 veranlasste der SAV die Erstellung eines betriebswirtschaftlichen Gutachtens über die Tätigkeitsstruktur und die Praxiskosten der Anwälte[2]. Im Zentrum des Fragebogens stand die Ermittlung der fakturierbaren Stunden der Anwälte und Anwältinnen. Von einer theoretischen persönlichen Bruttoarbeitszeit (52 Wochen à 40 Stunden = 2080 Stunden) des Inhabers oder der Inhaberin der Praxis wurden in Abzug gebracht: Ferien, Feier- und Ausfalltage, die Zeit für Militärdienst, Krankheit, Arzt, Zahnarzt, berufliche Weiterbildung, Kongresse, Seminare, Studium der Fachliteratur und Gerichtspraxis, Leitungs- und Verwaltungsarbeiten, Sekretariatsführung, Personal- und Buchhaltungsfragen, Beschäftigungslücken und Wartezeiten. Aus der Differenz gingen die fakturierbaren Stunden eines selbständigen Anwalts hervor. Gemäss Gutachten beliefen sich diese im gesamtschweizerischen Durchschnitt auf 1468 pro Jahr und Anwalt; die jährliche Bruttoarbeitszeit betrug gemäss Befragung 2142 Stunden. Die Einteilung in Vollzeitarbeit und Teilzeitarbeit ist in freien Berufen schwieriger, da die Arbeitszeit nicht an bestimmte Tages- oder Präsenzzeiten gebunden ist.

Zeitlich separat wurden Vermögens- und Liegenschaftsverwaltungen, Verbandssekretariate, Verwaltungsratsmandate und ähnliches erfasst. Der Zeitaufwand für öffentliche Ämter, die Tätigkeit in gemeinnützigen Organisationen oder die Führung von Vormundschaften blieb unberücksichtigt, da sie mit dem Beruf nicht direkt zusammenhängen. Keine statistische Erfassung erfuhren im SAV-Gutachten die sogenannte Freiwilligenarbeit, geschweige denn die Haus- und Familienarbeit.

Im Zusammenhang mit der Diskussion über neue Arbeitszeitmodelle wird heute der Begriff Arbeit nicht mehr nur auf die bezahlte Erwerbstätigkeit beschränkt, sondern es werden auch verschiedene Formen der Nichterwerbstätigkeit, und zwar bezahlter und unbezahlter, darunter verstanden. In einer Studie zur Umverteilung der Arbeit zwischen den Geschlechtern[3] wird Arbeit wie folgt klassifiziert:

---

[2] SAV-Gutachten 1984.
[3] NADAI/GERBER, 11.

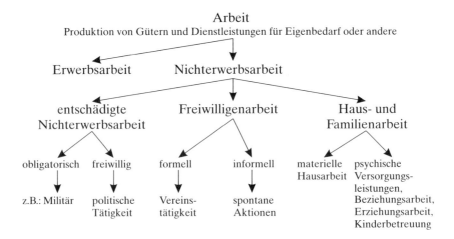

Für eine grundlegende Diskussion über Teilzeitarbeit im Anwaltsberuf muss die ganze Bandbreite von Erwerbs- und Nichterwerbsarbeit einbezogen werden. Zur erwähnten Bruttoarbeitszeit kommt die Freiwilligenarbeit (zum Beispiel Vereinsmitgliedschaften zur Steigerung des anwaltlichen Akquisitionspotentials oder politische Mandate) sowie die Haus- und Familienarbeit hinzu. Die Grenzziehung zwischen Erwerbsarbeit und Nichterwerbsarbeit ist unter diesen Umständen oft fliessend.

B. Teilzeitarbeit im Aufwind

Gemäss gängiger Definition sind Teilzeitstellen solche mit einem Arbeitspensum, das unter 90% der betriebsüblichen Arbeitszeit liegt. Vollzeitbeschäftigte arbeiten dagegen 90–100% der betriebsüblichen Arbeitszeit. Gemäss statistischem Jahrbuch der Schweiz betrug die Zahl der erwerbstätigen Personen im Jahre 1995 3,78 Mio. Personen, davon waren 2,9 Mio. (das heisst 76%) in Vollzeittätigkeiten und 0,9 Mio. (das heisst 24%) in Teilzeittätigkeiten angestellt[4].

Die Zahl der Teilzeitstellen ist seit Beginn der Rezession um 13% gestiegen. Die zusätzlichen Stellen wurden dabei vorwiegend von Frauen besetzt. Im Jahre 1996 waren 92 000 Frauen mehr in einer Teilzeitstelle tätig als fünf Jahre zuvor. Dagegen ist die Zahl der teilzeitarbeitenden Männer nur um 16 000 gestiegen[5]. Laut Berechnungen der schweizerischen Arbeitskräfteerhebung (SAKE) von 1996 gehen 92,4% der Arbeitnehmer einer Vollzeitbeschäftigung

---

[4] Statistisches Jahrbuch der Schweiz 1997, 95.
[5] Der Bund, 25. Februar 1997.

nach, während es bei den Frauen lediglich 46,3% sind. 43,6% der Arbeitnehmerinnen haben Teilzeitarbeitsverträge mit einem Pensum von weniger als 60%[6].

Die Gründe, weshalb Schweizerinnen und Schweizer teilzeitarbeitstätig sind, unterscheiden sich grundlegend nach Geschlecht. Während die wenigen Männer, die in der Schweiz nicht voll erwerbstätig sind, dies meist für ihre Weiterbildung oder wegen einer Nebenerwerbstätigkeit tun, beschränken nahezu 60% der teilzeitarbeitenden Frauen ihre Berufstätigkeit aus familiären Gründen[7]. Gemäss Volkszählung ist die Erwerbsquote der Frauen zwischen 1970 und 1990 von 49% auf 62% gestiegen. Die Erwerbsbeteiligung nimmt laut Bundesamt für Statistik mit steigendem Bildungsstand zu, dies insbesondere bei jenen, die in Paarbeziehungen leben.

Im Vergleich mit anderen europäischen Ländern ist die Teilzeitarbeit in der Schweiz stärker verbreitet. Gemäss einer neueren empirischen Untersuchung ist der Prozentsatz von *Teilzeitarbeitenden bei den Führungskräften* jedoch immer noch sehr gering (1,2%). Je höher ein Mitarbeiter oder eine Mitarbeiterin auf der Hierarchiestufe steht, desto geringer ist die Chance, eine Teilzeittätigkeit auszuüben[8]. Immerhin gibt es bei zahlreichen Grossunternehmen Regelungen zur Kader-Teilzeitarbeit. Bei der CS-Gruppe können Kadermitglieder mit Führungsfunktionen bis auf 70% reduzieren, jene ohne Führungsfunktion bis auf 50%. Der Schweizerische Bankverein lässt Kader-Teilzeitarbeit zu und entwickelt zusätzliche Konzepte, darunter eines zur Anpassung der Arbeitszeit an die Lebenssituation. Auch die Rentenanstalt lässt Kader nach Absprache teilzeitarbeiten und bereitet dazu Modelle vor[9].

Statistische Angaben über Art und Umfang der Berufsausübung von Anwältinnen und Anwälten sind nur sehr spärlich vorhanden. Im SAV-Gutachten von 1984 wurden nur Unterscheidungen nach Bruttoarbeitszeit und fakturierbaren Stunden getroffen. Dabei ging es vor allem darum, den Anteil der Betriebskosten im Verhältnis zum Umsatz beziehungsweise Gewinn zu eruieren. Eine Unterscheidung nach Geschlecht oder Präsenzzeit wurde nicht vorgenommen.

Die uns vom Schweizerischen Anwaltsverband zum Thema zur Verfügung gestellten Unterlagen lassen wenigstens Schlüsse über die Geschlechtszugehörigkeit der Verbandsmitglieder zu. Von den 5541 Mitgliedern beim Schweizerischen Anwaltsverband waren im Januar 1997 859 (15,5%) Frauen und 4682 (84,5%) Männer. Der Frauenanteil übersteigt nur in den Kantonen Genf, Neuenburg und Tessin die 20%-Marke[10]. Eine Untersuchung über die büroin-

---

[6] Cash Nr. 14, 4. April 1997.
[7] Staatsbürger, Nr. 1/1996, 13.
[8] Employeur Suisse, Nr. 8, 11. April 1996, 367.
[9] Tages-Anzeiger, 30. April 1996.
[10] Der Schweizer Anwalt, Nr. 167/1997, 21.

terne Stellung von Anwältinnen respektive über die Interdependenz zwischen ihrem Beschäftigungsgrad und ihrer Stellung existiert nicht.

III. Der Beschäftigungsdruck im Anwaltsberuf

A. *Zwischen Überlastung und Beschäftigungslücke*

«*Nur derjenige, der 100% oder mehr arbeitet, ist ein Vollmitglied der Gesellschaft, die aus Leistungsdenken besteht*[11].»

Erwerbsarbeit hat einen hohen Stellenwert in unserer Gesellschaft. Für die selbständigen Anwälte stellt sich die Frage nach dem Vorhandensein von Arbeit permanent: Arbeit haben heisst für sie, über ein Auftragsvolumen verfügen, das ihnen ihre eigene Beschäftigung und diejenige ihres Personals garantiert. Für die Selbständigerwerbenden ist nicht der Arbeitsplatz, sondern das Vorhandensein eines ausreichenden Arbeitsvorrats existentiell. Die Ausdehnung des Arbeitsvolumens ist allerdings durch die zur Verfügung stehende Zeit beschränkt. Wer mehr Aufträge als Zeit hat, schafft sich zwar einen Arbeitsvorrat, aber es leidet die zeitgerechte Erledigung, eventuell auch die Qualität der Bearbeitung der Mandate darunter. Bei knappem Auftragsvolumen drohen Beschäftigungslücken, die unmittelbar auf die Ertragssituation der Kanzlei durchschlagen. Selbständigerwerbende müssen sich deshalb bemühen, ihren Arbeitsvorrat zu optimieren. Die gefürchtete Beschäftigungslücke darf nicht eintreten, die Auftragsabwicklung soll aber so speditiv erfolgen, dass die Klientschaft zufrieden ist. Tendenziell streben selbständige Anwältinnen und Anwälte somit dauernd in Richtung Überlastung, da der Auftragseingang nur in beschränktem Masse gesteuert werden kann. Das führt zur Vorstellung, dass Anwälte permanent in Zeitnot sein müssen, um einen kontinuierlichen Umsatz sicherzustellen. Zeitnot erscheint vordergründig geradezu als ökonomische Notwendigkeit.

B. *Zeitraubende Nebenbeschäftigungen*

1. Bei Anwälten

«*Die meisten Leute in der obersten Hierarchie sind eigentlich Teilzeitangestellte*[12].»

Analysiert man die Aktivitäten vielbeschäftiger Anwälte, stellt man fest, dass sie die für ihre Anwaltstätigkeit zur Verfügung stehende Zeit zusätzlich

---
[11] Frau B., 38, Vollzeitbeschäftigte, zitiert in: STRAUMANN/HIRT/MÜLLER, 88.
[12] Herr O., Teilzeitangestellter, zitiert in: STRAUMANN/HIRT/MÜLLER, 134.

verknappen, indem sie anderen Tätigkeiten, gemäss unserer Begriffsdefinition sogenannten Nichterwerbstätigkeiten, nachgehen. Es stehen dabei folgende Aktivitäten im Vordergrund:
Militär[13];
Verwaltungsratsmandate;
politische Mandate[14];
Verbandsarbeit;
Ehrenämter mit öffentlicher Ausstrahlung;
publizistische Aktivitäten, Lehraufträge.

Diese «männlichen» Tätigkeiten werden als legitim angesehen; sie bringen entweder zusätzlichen Verdienst oder aber berufliches und gesellschaftliches Ansehen, das sich für die Kanzlei positiv auswirkt. Dass der betreffende Anwalt nur noch teilzeitlich als Anwalt arbeitet, wird nicht wahrgenommen.

2. Bei Anwältinnen

Der Bernische Anwaltsverband hat im Jahre 1994 eine Umfrage unter praktizierenden Anwältinnen durchgeführt mit Fragen nach Familienstruktur und zu betreuenden Kindern, nach wöchentlichen Arbeitszeiten, nach Reingewinn, Rechtsgebiet und Bürostruktur[15]. Bei den Antworten fällt die grosse Bandbreite des zeitlichen Berufseinsatzes auf: Die Arbeitszeit in der Advokatur bewegt sich zwischen 10 und 60 Stunden pro Woche, ehrenamtliche und politische Verpflichtungen beanspruchen 1 bis 40 Wochenstunden. Signifikant divergieren die Angaben zur Beschäftigung im Haushalt, nämlich zwischen 3 und 100 Wochenstunden[16].

Neben den Anwältinnen mit Haushalts- und Familienverpflichtungen gibt es eine wachsende Zahl von Kolleginnen, die ihre Karriere während einer bestimmten Phase ihres Berufslebens an der männlichen «Normalbiographie» (Vollzeitarbeit oder Teilzeitarbeit mit ausserhäuslicher Nichterwerbstätigkeit, keine Familienverpflichtungen), das heisst an einer männlich geprägten Berufskultur ausrichten, und bereit sind, einen überdurchschnittlichen Zeiteinsatz für den beruflichen Erfolg zu leisten.

---

[13] 1200 Diensttage bis zum Oberst i GSt.
[14] In der Legislatur 1995–1999 sind von 246 eidgenössischen Parlamentarierinnen und Parlamentariern immerhin 37 SAV-Mitglieder.
[15] Bulletin des bernischen Anwaltsverbandes 1/94, 5 ff.
[16] Die 100 Wochenstunden sind kein Verschrieb, sondern der Alltag einer berufstätigen Mutter mit drei kleinen Kindern, die offenbar nicht mehr zum Schlafen kommt.

IV. Argumente pro und contra Teilzeitarbeit

A. *Partnersicht*

«*Da kommt das Gefühl auf, was ist das denn für einer, ein linker oder so, einfach einer, der dem Gesellschaftssystem der Leistung nicht standhalten will*[17].»

Von selbständigen Anwälten, vor allem von Partnern in grösseren Kanzleien, die Anwältinnen und Anwälte im Anstellungsverhältnis beschäftigen, kann man etwa die folgenden Überlegungen zur Teilzeitarbeit hören:

Teilzeitarbeit eignet sich vorwiegend für den Beginn einer Anwaltskarriere, das heisst für junge Mitarbeiterinnen und junge Mitarbeiter.

Wer Teilzeit arbeiten will, muss gute Gründe dafür haben: Die Habilitationsschrift des jungen Anwalts, die Haushaltführung und Kinderbetreuung der verheirateten Anwältin.

Wer als Anwalt, als Anwältin Karriere machen will, muss bereit sein, sich überdurchschnittlich zu engagieren, vor allem in zeitlicher Hinsicht. Die Identifikation mit dem Betrieb manifestiert sich nicht zuletzt in hoher Büropräsenz.

Bezüglich der Karrierechancen heisst das, dass teilzeitbeschäftigte Mitarbeiter ungünstige Voraussetzungen haben, in die Partnerschaft aufgenommen zu werden. Erst im vorgerückten Partnerstadium ist Teilzeitarbeit wieder legitim, dann nämlich, wenn die Nichterwerbsarbeit der Kanzlei finanziellen Nutzen bringt oder dem persönlichen Ansehen des Partners förderlich ist.

Teilzeitarbeit kann also zum *Karrierekiller* werden, wie folgendes Beispiel zeigt:

Eine qualifizierte Mitarbeiterin, die heute Vollzeit arbeitet, konnte nicht Partnerin werden, weil sie im gleichen Betrieb früher teilzeitlich gearbeitet hatte. Die Begründung: Wer einmal Teilzeit gearbeitet habe, wolle das vielleicht wieder. Dann aber müsste sie als Partnerin wieder ausscheiden, weil es keine Partnerschaft für Teilzeitarbeitende gebe.

In den uns bekannten Fällen, in denen der Partnerschaftsstatus wegen Teilzeitarbeit verweigert wurde, ging es nie um Kritik an der Arbeitsqualität. Im Gegenteil: Meist wird festgestellt, dass der oder die Teilzeitbeschäftigte mehr leistet als das nominelle Teilpensum. So hat auch die Beratungsfirma McKinsey in einer neuen Studie ermittelt, dass Teilzeiter aller Stufen 3% bis 20% mehr arbeiten, weil sie frischer an die Arbeit gehen und unter stärkerem Legitimationsdruck stehen[18].

---

[17] Frau B., 38, Vollzeitbeschäftigte, zitiert in: STRAUMANN/HIRT/MÜLLER, 89.
[18] McKinsey & Company, Individuelle Arbeitszeitmodelle. Gemeinsam gestalten, gemeinsam gewinnen, Zürich, 1996, zitiert in: BÜRGISSER, 30.

B. Kollegensicht

«*Die Kollegen sagen mit einem Schmunzeln am Donnerstagabend: ‹Schönes Wochenende!›*[19].»

Die Vollzeitbeschäftigten sind auf ihre Teilzeitkollegen häufig schlecht zu sprechen. Sie müssen Stellvertreteraufgaben übernehmen, weil der Kollege oder die Kollegin nicht mehr im Büro ist. Das Teilzeitarrangement wird als Privileg betrachtet und oft mit Neid verfolgt. Widerstand gegen Partnerkandidaturen von Teilzeitbeschäftigten kommt oftmals von Kollegenseite mit der Begründung: «Ich arbeite zu 120%, bin am Samstag und am Sonntag im Büro, ich leiste Verzicht, sehe Frau und Kinder kaum. Ich sehe nicht ein, warum jemand in die Partnerschaft aufsteigen soll, der den ‹Föifer und's Weggli› für sich beansprucht». Der Weg zur Partnerschaft wird zum Teil absichtlich erschwert, indem der teilzeitbeschäftigten Kandidatin weniger Fälle zugewiesen werden. Sie wird mandatsmässig ausgehungert, damit sie nicht auf die für die Partnerschaft erforderliche Zahl von fakturierbaren Stunden kommt.

C. Mitarbeitersicht

«*Wenn ich jetzt mit dem Wunsch käme, teilzeitlich zu arbeiten, und es heissen würde: ‹Ja, das können Sie schon, aber dann müssen Sie einen andern Job machen›; dann überlegt man sich natürlich schon, ob es das wert ist*[20].»

Neben den Fragen um die eigene Karriere ergeben sich für die teilzeitbeschäftigten Mitarbeiterinnen und Mitarbeiter die folgenden Perspektiven: Die Teilzeitarbeit in einem Anwaltsbüro wird einerseits als Chance und anderseits als Herausforderung angesehen. Die Chance liegt darin, dass jemand während der Teilzeitarbeitstätigkeit den Anwaltsberuf kennenlernen und gleichzeitig anderen Beschäftigungen (Dissertation, Prüfungsvorbereitung) nachgehen kann. Die praktische Tätigkeit an den Mandaten profitiert von der wissenschaftlichen Zweittätigkeit, insbesondere vom Einbezug der neusten Erkenntnisse der Rechtswissenschaft und umgekehrt. Die Herausforderung bei dieser Art der Teilzeittätigkeit besteht darin, dass sie ein grosses Mass an Disziplin und ein gewisses Zeitmanagement erfordert.

Aus der Konstellation, welche die Teilzeitarbeit mit sich bringt, können auch gewisse Schwierigkeiten erwachsen: Der Teilzeitarbeitende gerät unter Druck, wenn die Arbeitszeit für die Erledigung der gestellten Aufgabe nicht ausreicht oder Telefonate auf die Nichtarbeitszeit verschoben werden müssen. Tendenziell leisten Teilzeitbeschäftigte deutlich mehr Überstunden als Vollzeitmitarbeiter. Die Kompensation solcher Überzeit stösst oftmals auf Schwie-

---

[19] Herr N., 54, Teilzeitbeschäftigter, zitiert in: STRAUMANN/HIRT/MÜLLER, 89.
[20] Frau B., 38, Vollzeitbeschäftigte, zitiert in: STRAUMANN/HIRT/MÜLLER, 116.

rigkeiten: Von Partnerseite wird geltend gemacht, leitende Angestellte, und als solche müssten sich karrierebewusste Anwältinnen und Anwälte doch verstehen, hätten keinen Anspruch auf Überstundenentschädigung. Vom Zürcher Arbeitsgericht werden jedoch angestellte Anwälte nicht als leitende Angestellte angesehen, womit sie unter den Geltungsbereich des Arbeitsgesetzes (Art. 3 ArG) fallen. Die geleisteten Überstunden sind damit grundsätzlich mit einem Zuschlag von 25% zu entschädigen (Art. 321c OR). Eine Wegbedingung dieser Entschädigung kann schriftlich erfolgen (Art. 321c Abs. 3 OR), allerdings nur im Rahmen der Überzeitbestimmungen des Arbeitsgesetzes (Art. 9 und Art. 13 ArG)[21]. Auf der anderen Seite sind Teilzeitarbeitende wegen des zeitlich beschränkten Arbeitsvolumens häufig effizienter in der Arbeitserledigung als solche, die keine anderen festen Verpflichtungen haben.

D. Klientensicht

«*Es wird erwartet, dass die Leute praktisch rund um die Uhr da sind, wenn sie in einer Kaderfunktion sind. (...) Verfügbarkeit für Sitzungen, für Auskünfte, und zwar zu verrückten Zeiten*[22].»

Für den Klienten kann die Teilzeitbeschäftigung seines Anwalts oder seiner Anwältin zu Kommunikationsproblemen führen. Wenn es eilt, ist der Anwalt nicht da, eine Stellvertretung besteht nicht oder diese kann die Ansprüche des Klienten nicht befriedigen. Eine unzulänglich organisierte Stellvertretung kann zu Zeitverzögerungen führen, oder der Klient wird gezwungen, sein Anliegen mehrfach vorzutragen. Falls ein Mandat permanente Betreuung verlangt, kann der «Schichtwechsel» zwischen zwei oder mehreren Teilzeitbeschäftigten zu Informationsdefiziten führen. Die meisten dieser Probleme können allerdings durch geeignete organisatorische Massnahmen weitgehend vermieden werden. Für den Klienten ist relevant, dass der Einsatz von Teilzeitkräften nicht zu einer finanziellen Mehrbelastung oder zu einer Störung des Vertrauensverhältnisses führt. Die Erfahrung zeigt, dass die Klienten oft bereit sind, sich auf die veränderte Situation einzustellen, und dass – bei gegenseitiger Rücksichtnahme – die Kommunikation mit der Teilzeitkraft genauso gut klappt.

E. Familiensicht

«*Wir haben beide einen interessanten Beruf. Sowohl ich wie auch meine Frau konnten uns nicht vorstellen, Kinder zu haben und diese in den ersten fünf*

---

[21] MANFRED REHBINDER-BK, Art. 321c OR N 11.
[22] Herr R., 59, Vollzeitbeschäftigter, zitiert in: STRAUMANN/HIRT/MÜLLER, 131.

Jahren praktisch nicht zu sehen. Daraus hat sich ergeben, dass es am idealsten ist, teilzeitlich zu arbeiten[23].»

Es ist offensichtlich, dass ein Vollzeiteinsatz, wie er heute in Kaderpositionen oder in Anwaltsfirmen von Mitarbeitern und Mitarbeiterinnen verlangt wird, mit den Bedürfnissen einer Familie schlecht in Übereinstimmung gebracht werden kann, wenn Kinderbetreuung und Hausarbeit nicht einfach von der Partnerin übernommen werden. Diese Problematik besteht auch in Familien, wo ein oder beide Partner im Anwaltsberuf tätig sind.

«*In diesen Fällen führt Teilzeitarbeit eben gerade nicht zu Gleichberechtigung und Chancengleichheit zwischen Partnerin und Partner, weil die Teilzeitbeschäftigung als Nebenbeschäftigung der Frau neben der ihr auferlegten Haushaltsführung verstanden wird*[24].»

Teilzeitarbeit allein bietet tatsächlich keine Gewähr dafür, dass auch die Haus- und Familienarbeit aufgeteilt wird. Teilzeitarbeit verhindert aber mindestens, dass Frauen nur die Wahl zwischen Beruf oder Familie haben.

F. Verbandssicht

Der SAV scheint sich mit dem Problem der Teilzeitarbeit im Anwaltsberuf noch nicht konkret befasst zu haben. Dieser Umstand wird an höchster SAV-Stelle immerhin bedauert. Konkrete Pläne zur Aufnahme des Themas existieren zurzeit aber noch nicht. Nach unseren Erfahrungen entspräche es einem breiten Bedürfnis, wenn sich der SAV unter Einbezug von teilzeiterfahrenen Kolleginnen und Kollegen mit der Teilzeitarbeit im Anwaltsberuf befassen und das Ergebnis seiner Abklärungen allen Mitgliedern zugänglich machen würde.

V. Flexibilität in der Organisation

«*Teilzeitarbeit wird mit frommen Wünschen erwirkt, aber mit der Wirtschaftlichkeit scheint das nicht in einen gedanklichen Zusammenhang gebracht zu werden*[25].»

Gegen die Realisierung von Teilzeitmodellen werden auch im Anwaltsstand zahlreiche organisatorische und ökonomische Hinderungsgründe ins Feld geführt.

Auf den ersten Blick zieht die Einführung von Teilzeitarbeit höhere Personalkosten nach sich. Anstelle einer Mitarbeiterin müssen zwei angestellt wer-

---

[23] Herr O., 41, Teilzeitbeschäftigter, zitiert in: STRAUMANN/HIRT/MÜLLER, 102.
[24] STRAUMANN/HIRT/MÜLLER, 101 ff., insbes. 104.
[25] Frau X., 54, Vollzeitbeschäftigte, zitiert in: STRAUMANN/HIRT/MÜLLER, 88.

den. Diese könnten den Arbeitsplatz zwar teilen, aber in der schweizerischen Kanzlei hat das eigene Büro mit all seinen persönlichen Attributen immer noch einen hohen Stellenwert, ja fast Symbolgehalt. Ein Blick in ausländische Kanzleien, wo mindestens die jüngeren Mitarbeiterinnen und Mitarbeiter oft über erstaunlich wenig Platz verfügen, zeigt aber, dass qualifizierte Anwaltsarbeit auch ohne Ausschliesslichkeitsansprüche möglich ist.

Dazu kommt, dass heute mit Hilfe von Notebook, Natel, Fax und E-Mail ein Arbeitsplatz in kurzer Frist verlegt werden kann, und zwar innerhalb wie auch ausserhalb des Büros. Dank diesen modernen und erschwinglichen Kommunikationsmitteln wird zudem die Erreichbarkeit der teilzeitbeschäftigten Person ausserhalb ihrer Büroarbeitszeit erleichtert. Eine klevere Büroorganisation lässt den Klienten, der einen permanenten Service erwartet, kaum merken, wo er seinen Anwalt oder seine Anwältin erreicht. Für den Vollzeitbeschäftigten kann die totale Erreichbarkeit zum Albtraum werden, dem Teilzeitbeschäftigten hingegen hilft sie in optimaler Weise, seine Büroabwesenheiten zu überbrücken. Es ist jedoch nicht zu bestreiten, dass eine Kanzlei mit Teilzeitbeschäftigten, sei es im Sekretariat, sei es auf Anwaltsstufe, ein erhöhtes Mass an Flexibilität und Koordinationsaufwand erfordert.

VI. Fördert Teilzeitarbeit die Gleichstellung von Mann und Frau?

1981 gab sich die Schweiz mit der Ergänzung von Art. 4 der Bundesverfassung den Auftrag, Ungleichheiten zwischen den Geschlechtern in Bildung, Beruf und Familie zu beseitigen. Die Praxis hat inzwischen gezeigt, dass dieses Ziel mit der formellen Gleichberechtigung allein nicht zu erreichen ist. Es existieren ganze Bibliotheken zum Thema Frauendiskriminierung und Gleichstellung. Auch an Vorschlägen zur Förderung der Gleichstellung fehlt es nicht. Neuere Studien weisen überdies nach, dass auch auf Seiten der Männer Benachteiligungen existieren; diese liegen aber fast völlig ausserhalb des öffentlichen Interesses. Um Fortschritte in der Gleichstellungsthematik zu erzielen, ist deshalb künftig auch vermehrt zu untersuchen, was die Männer zu diesem Prozess beitragen können und welche Faktoren ihrem Engagement im Wege stehen[26].

Der Blick in die Statistik des SAV hat gezeigt, dass unser Berufsstand von der Erfüllung des Verfassungsauftrages noch weit entfernt ist. Es ist deshalb angebracht zu prüfen, welches die Gründe für die eklatante Untervertretung der Frauen in diesem Berufsfeld sind.

Bemerkenswert in diesem Zusammenhang ist, dass das Gleichgewicht zwischen den Geschlechtern bei den Juristinnen und Juristen erst dann in

---

[26] BÜRGISSER, 111.

Schieflage gerät, wenn der Einstieg ins Berufsleben näher rückt und der normative Leistungsdruck stärker wird. Zu Beginn des Rechtsstudiums stehen sich Studentinnen und Studenten noch im Verhältnis 1:1 gegenüber, woraus geschlossen werden darf, dass die bildungsmässige Chancengleichheit der Geschlechter heute gewährleistet ist. Schon im Verlaufe des Studiums verschiebt sich das Verhältnis jedoch zugunsten der Männer (60 : 40), und bei den Doktorandinnen trifft es auf drei Männer nur noch eine Frau[27]! Bei den Absolventinnen der Anwaltsprüfung hat sich der Anteil der Frauen im Kanton Zürich in den letzten Jahren zwischen 33% und 40% eingependelt[28]. Damit liegt er immer noch ganz erheblich über demjenigen der praktizierenden Anwältinnen.

Der Rückgang des Frauenanteils vom Zeitpunkt der Aufnahme des Studiums bis zur Berufsausübung war schon öfters Gegenstand von Untersuchungen. Befragungen haben gezeigt, dass der Beruf zwar zu einem wesentlichen Bestandteil des Lebenskonzepts von Frauen geworden ist, dass sich aber die Mehrheit der Befragten von Anfang an bewusst ist, dass die männlichen Kollegen generell bessere Chancen haben, eine ihnen angemessene berufliche Tätigkeit zu finden[29].

Ausgehend von der Annahme, dass die Anwaltstätigkeit keine Anforderungen stellt, denen das männliche Geschlecht besser gewachsen wäre als das weibliche, sind die Gründe für die Untervertretung der Frauen im Anwaltsberuf somit im Arbeitsalltag und den Arbeitsbedingungen in diesem Berufsfeld zu suchen.

Im Jahre 1987 setzte der SAV eine Kommission «Chancengleichheit» ein, die sich mit der Frage der Gleichberechtigung befasste. Die Kommission führte eine Befragung unter 300 Mitgliedern durch. Diese ergab, dass Anwältinnen grundsätzlich mit zwei Arten von Problemen zu kämpfen haben: einerseits mit der dauernden Überlastung durch Familie und Beruf und anderseits mit der mangelhaften Akzeptanz seitens männlicher Kollegen, männlicher Richter und zum Teil auch Klienten. In einer Umfrage des bernischen Anwaltsverbandes aus dem Jahre 1994 und in Interviews mit Kolleginnen im SAV-Bulletin wurde mehrfach auf die Nachteile unseres Schulsystems für berufstätige Mütter hingewiesen, aber auch auf die mangelnde Bereitschaft der Männer, im Haushalt und in der Kinderbetreuung mitzuwirken. Auf die Frage, ob sie finde, dass sich der Anwaltsberuf für die Kumulierung beruflicher und familiärer Aufgaben eigne, hat die Zürcher Kollegin Dr. Bettina Girsberger die dafür notwendigen Voraussetzungen wie folgt umschrieben: «Zuverlässige Hilfe im Haushalt, eine Mutter, bei der man die Kinder für kurze Zeit

---

[27] Bundesamt für Statistik, Studierende an den schweizerischen Hochschulen, Bern 1996.
[28] Laut Angaben der Anwaltsprüfungskommission des Obergerichts des Kantons Zürich vom 14. November 1997.
[29] Vgl. KATRIN WIEDERKEHR, Frauenförderung ist Hochschulförderung, Zürich 1988.

‹abstellen› kann, Verständnis beziehungsweise ‹Mitmachen› des Ehemannes und die Möglichkeit, den Beruf zu Hause ausüben zu können»[30].

Die gute Organisation an der «Heimfront» ist zweifellos eine wichtige Voraussetzung für die Vereinbarkeit von Familie und Beruf, sie lässt aber die gesellschaftspolitische Dimension der Gleichstellung weitgehend unberücksichtigt, weil das Problem der Teilung von bezahlter und unbezahlter Arbeit ausgeklammert bleibt. Im Ergebnis hat dies zur Folge, dass Frauen mit einer guten Organisation zwar berufstätig sein können – entweder voll- oder teilzeitlich –, dass sie aber in aller Regel die Last der unbezahlten Arbeit alleine tragen. Eine neuere Untersuchung hat zu Tage gefördert, dass sich Männer unabhängig von ihrem eigenen Erwerbspensum und unabhängig von der Frage, ob Kinder zu betreuen sind, nur marginal an der Haus- und Familienarbeit beteiligen. Zu dieser Arbeit gehören im übrigen nicht nur die reproduktive materielle Hausarbeit, sondern auch psychische Versorgungsleistungen, die gerade in Beziehungen, welche Belastungen durch das Erwerbsleben ausgesetzt sind, erheblich sein können. Der Wert der unbezahlten Hausarbeit wird in der Schweiz auf 34% bis 40% des Bruttosozialprodukts geschätzt. Davon erbringen die Frauen einen Anteil von 70% bis 80%[31]. Ob sie selber erwerbstätig sind oder nicht, spielt dabei keine wesentliche Rolle. Zur Diskussion über die Gleichstellung der Geschlechter gehört deshalb nicht nur die Frage der Verteilung der Erwerbsarbeit, sondern auch diejenige über die Umverteilung der unbezahlten Arbeit.

Trotzdem darf die Frage, ob Teilzeitarbeit die Gleichstellung von Frau und Mann fördert, mit einem klaren Ja beantwortet werden. Damit haben Frauen die Möglichkeit, ihre teure Ausbildung zu verwerten, beruflich mit den Männern gleichzuziehen, wirtschaftlich unabhängig zu bleiben und karrieremässig Schritt zu halten, sofern ihnen auf ihrem Weg keine zusätzlichen Schikanen eingebaut werden.

Auch in der Diskussion über die Teilbarkeit von Richterstellen hat sich inzwischen die Erkenntnis durchgesetzt, dass diese machbar, ja sogar erwünscht ist – aus volkswirtschaftlichen wie aus gleichstellungspolitischen Gründen. Verschiedene Kantone haben die Aufteilung von Richterstellen sogar gesetzlich vorgesehen[32]. Als 1993 die Richterinnen und Richter für das neugeschaffene Zürcher Sozialversicherungsgericht gewählt wurden, bewarben sich für die 6 Stellen vier Frauen und vier Männer, drei Frauen und ein Mann für ein Teilamt, die übrigen für ein Vollamt. In Stellenprozenten berechnet besetzen die Richterinnen somit immerhin 250% von insgesamt 600% –

---

[30] Der Schweizer Anwalt (sic!), Nr. 125/1990, 5 ff. und 14 f.
[31] NADAI/GERBER, 14.
[32] Gemäss Bericht der Arbeitsgruppe «Teilzeitbeschäftigung von Berufsrichtern» (Kanton St. Gallen), eingeführt in den Kantonen Zürich, Aargau, Luzern und in Prüfung in weiteren Kantonen.

im Vergleich zum Zürcher Obergericht, wo von 35 ordentlichen Richtern lediglich zwei weiblichen Geschlechts sind, ein eklatanter Unterschied!

Die Gründe für die Skepsis gegenüber der Teilzeitarbeit dürften tiefer liegen: Ist es der Widerstand gegen ein neues Rollenverständnis der Frau? Ist es die Angst der Männer vor dem Einbezug in die wenig prestigeträchtige und unbezahlte Haus- und Familienarbeit? Oder ist es das Bedürfnis nach möglichst weitgehender Kontrolle über die Lebensgestaltung, die zum Abschieben der Teilzeitarbeitenden auf das karrieremässige Abstellgleis führt?

VII. Fazit und Ausblick

Die Vorurteile gegenüber der Teilzeitarbeit – soweit sie sich nicht auf den Sekretariatsbereich beschränkt – scheinen in der Anwaltschaft immer noch weit verbreitet zu sein. Neben mannigfachen organisatorischen Einwänden werden die Einmaligkeit der anwaltlichen Tätigkeit und die Besonderheit der Beziehungen zur Klientschaft ins Feld geführt, um die Teilzeitarbeit als unpraktikabel zu deklarieren. Dabei kann nach unseren Erfahrungen gerade ein freier Beruf von den mannigfachen Vorteilen der Teilzeitarbeit profitieren: Sie bietet die Möglichkeit, verschiedene Interessen und Lebensbereiche miteinander zu verbinden und gesellschaftliche Rollenvorschriften zu überwinden – Privilegien, die nur wenig anderen Berufsständen in gleichem Masse zur Verfügung stehen. Richtig angepackt kann Teilzeitarbeit nicht nur zu höherer Arbeitsmotivation, sondern auch zur Verlagerung von inhaltlichen Schwerpunkten in der Arbeit führen, ohne dass dafür tiefgreifende Veränderungen notwendig sind, wie sie zum Teil mit einem Arbeitsplatzwechsel einhergehen. Teilzeitarbeit ist aber nicht nur für Anwältinnen und Anwälte mit beanspruchenden Nebenbeschäftigungen attraktiv, sondern auch für solche, die aus Altersgründen an einer Arbeitsreduktion interessiert sind oder einen «Pensionierungsschock» vermeiden wollen. Teilzeitarbeit ist somit auch geeignet, zu mehr persönlicher Befriedigung und mehr Lebensqualität zu führen.

Es ist nicht unsere Absicht, Teilzeitarbeit zum Idealrezept für den ganzen Anwaltsstand zu erheben. Stets wird es Anwältinnen und Anwälte geben, die ihren Beruf mit Volldampf und ohne zeitliche Einschränkung betreiben und ins Zentrum ihres Lebens stellen wollen. Auch das gehört zu den Freiheiten der Selbständigerwerbenden. Gleichzeitig ist aber auch der Anwaltsstand dafür verantwortlich, dass die verfassungsmässig garantierten Grundrechte wie der Anspruch auf Gleichstellung von Frau und Mann realisiert werden können. Dazu bedarf es neben der herkömmlichen, auf die traditionelle männliche Biografie zugeschnittenen Arbeitsstrukturen neue Modelle, welche die Ausübung des Anwaltsberufs auf einer zeitlich flexibleren Basis ermöglichen. Die Einsetzung einer SAV-Kommission, die solche Modelle entwickelt und Vorschläge für deren Umsetzung macht, ist eine erste Voraussetzung dafür. Gleichzeitig muss sich eine neue Einstellung zur Teilzeitarbeit entwickeln.

Die Studie von McKinsey ortet die Hindernisse gegen eine vermehrte Verbreitung der Teilzeitarbeit in qualifizierten Berufen und unter Männern vor allem auf der Ebene der *Wertehaltung,* und zwar in den Bereichen Kontrolle, Kommunikation, Führung und Karriere[33], was von Prof. Dr. EBERHARD ULICH, dem Leiter des Instituts für Arbeitspsychologie an der ETH Zürich, bestätigt wird. Er hält die gängigen Einwände gegen die Teilzeitarbeit für Scheinargumente, mit denen das eigene Menschenbild und die persönlichen Wertvorstellungen übertüncht werden sollen. ULICH: *«Es wird Aufgabe der Unternehmen sein, innerhalb ihrer Betriebe eine Kultur zu entwickeln, die unterschiedliche Lebensvorstellungen und Werthaltungen toleriert. Dazu gehört, dass man lernen muss, Menschen als vollwertig zu betrachten und zu behandeln, die im Betrieb nur ‹halbe Portionen› darstellen*[34].» Dem ist nichts beizufügen.

---

[33] BÜRGISSER, 192.
[34] EBERHARD ULICH in: BÜRGISSER, 193.

Ludwig A. Minelli

Anwalt und Medien

Inhaltsübersicht

I. Einleitung

II. Kurzer Rückblick in die Weltliteratur

III. Die Darstellung des Anwaltes in den heutigen Medien
   A. Spannungsverhältnisse
   B. Verschiedene Gegensatzpaare
   C. Vorwiegend Strafverteidiger und Scheidungsanwälte
   D. Anwaltsdarstellung als Stückwerk und Verzerrung
   E. «Der Spiegel» – die grosse Ausnahme der Gerichtsberichterstattung
   F. Im argen liegende Gerichtsberichterstattung
   G. Der Einfluss überholter Standesregeln
   H. Anwälte als Objekte von Verfahren

IV. Tue Gutes und rede darüber!

I. Einleitung

Der Anwalt ist eine gesellschaftliche Figur, welche durch Jahrhunderte hindurch immer wieder in völlig unterschiedlichem Lichte gesehen worden ist und auch heute so gesehen wird. An diesem Bilde wirkten und wirken zu allen Zeiten im wesentlichen die Medien, denn nur eine verschwindende Minderheit der Bevölkerung hat je direkt mit einem Anwalt zu tun gehabt. Es besteht deshalb durchaus Anlass, das Thema «Anwalt und Medien» wenigstens ansatzweise von ein paar unterschiedlichen Gesichtspunkten aus zu beleuchten.

II. Kurzer Rückblick in die Weltliteratur

Auf dem Theater, somit im wohl ältesten Massenmedium, erschallt in *Shakespeares* Königsdrama «Heinrich VI.»[1] der Ruf: «The first thing we do, let's kill all the lawyers». Doch derselbe Autor lässt Königin Elisabeth, Gemahlin Eduard IV., in «Richard III.»[2] – in der Übersetzung von *August Wilhelm von Schlegel* – sagen: «Ich reizte niemals Seine Majestät wider den Herzog Clarence, war vielmehr ein Anwalt, welcher eifrig für ihn sprach», womit auf eine

---

[1] Im 2. Aufzug, 2. Szene.
[2] Im 1. Aufzug, 3. Szene.

der wichtigsten Tätigkeiten eines Anwaltes, die Fürsprache, der Einsatz für andere, hingewiesen wird.

Auch *Johann Wolfgang Goethe* hatte offensichtlich in bezug auf Anwälte zwei Seelen in seiner Brust. In seinen «Maximen und Reflexionen»[3] ist zu lesen: «Ein durchgreifender Advokat in einer gerechten Sache, ein durchdringender Mathematiker vor dem Sternenhimmel erscheinen beide gleich gottähnlich», wogegen er in einer Äusserung gegenüber dem Jenaer Buchverleger *Friedrich Johannes Frommann*[4] im Jahre 1827 die doch eher zwiespältig klingende rhetorische Frage aufwarf: «... Advokat, das heisst, einer, der aus jeder Sache etwas zu machen weiss?». Noch weiter ging er in einem Schreiben an *Karl Friedrich Zelter*[5] vom 29. August 1803, in dem unvermittelt steht: «Leider ruht auf dem, was Advokatenhände berühren, so leicht ein Fluch.» Der Brief als Ganzes lässt nicht erraten, was den Schreiber veranlasste, dies festzuhalten. Immerhin wissen wir, dass Goethe ab 1765 in Leipzig während dreier Jahre die Rechte studiert hatte und ein paar Jahre später, vom Mai bis September 1772, am Reichskammergericht in Wetzlar als Praktikant beschäftigt worden war[6], an welchem bereits sein Grossvater mütterlicherseits, *Johann Wolfgang Textor,* Advokat und dessen Schwiegervater *Cornelius Lindheimer,* Advokat und Prokurator gewesen waren. Zweifellos hat *Goethe* in Wetzlar Anwälte vor Gericht kennengelernt. Wohl auch in seiner späteren Tätigkeit als hoher Weimarer Staatsbeamter dürften ihm da und dort Advokaten nicht nur hilfreich, sondern gelegentlich eben auch hinderlich gewesen sein, beschäftigte er sich doch unter anderem mit Wegebau, Militär und – später – mit Staatsfinanzen – alles Gegenstände, die leicht mit Rechten Dritter in Konflikt geraten können.

William Seagle erzählt in seiner «Weltgeschichte des Rechts»[7]: «Im alten Russland gab es mit Ausnahme des Typs der ‹Winkel-Advokaten›, die in Gogols ‹Toten Seelen› auftreten, keine Anwaltschaft, bis Alexander II. im Jahre 1864 eine Reform des russischen Rechts einführte und einen grossen Teil der Grundsätze des französischen Prozesses übernahm. In den Tagen Peters des Grossen war Russland ein glückliches Land, das keine Rechtsanwälte kannte; man erzählt, dass Peter der Grosse, als er bei einem Besuch Englands im Jahre 1698 in Westminster Hall Anwälte in Roben und Perücken plädieren sah und man ihm den Sinn der Vorgänge erklärte, geäussert habe: ‹In meinem Reich gibt es nur zwei Männer, die das Recht studiert haben, und sobald ich nach Hause gekommen bin, will ich einen von ihnen aufhängen›.»

---

[3] dtv-Lexikon der Goethe-Zitate, München 1972, 6.
[4] Ebd.
[5] Ebd. Der ganze Brief findet sich in der Sophien-Ausgabe, Reprint München 1987, Bd. 109, 273 ff.
[6] Brockhaus Enzyklopädie, Wiesbaden 1969, Bd. 7, 492 ff.
[7] WILLIAM SEAGLE, Weltgeschichte des Rechts, München 1967, 204.

III. Die Darstellung des Anwaltes in den heutigen Medien

A. *Spannungsverhältnisse*

So zeigt denn ein fast zufälliger literarischer Rückblick schon das ganze Spannungsfeld, welches die Darstellung von Anwälten in der Weltliteratur beherrscht, und das sich auf das durchaus unterschiedliche Ansehen dieses Standes ausgewirkt hat.

B. *Verschiedene Gegensatzpaare*

Doch nicht nur die Darstellung des Anwaltsstandes in den Medien zeigt das Spannungsverhältnis zwischen hervorragenden Advokaten und abgefeimten Rechtsverdrehern; auch die Beziehungen zwischen Anwälten einerseits und Medien aller Art anderseits ist nur als Spannungszustand zu beschreiben. Medien veröffentlichen in der Regel, was sie von ihren Informanten erfahren; Anwälte dagegen halten dasselbe in der Regel geheim, da dieses Wissen zum Geheimnisbereich ihrer Klienten gehört: Sie sind zwar Geheimnisträger, doch selten Geheimnisherren. Auf Anfragen von Medienschaffenden reagieren Anwälte deshalb meist zurückhaltend, was deren Beliebtheit bei der Journalistenzunft nicht eben hebt; Untersuchungsbeamte, hohe Polizeioffiziere und Staatsanwälte erweisen sich meist für Medienleute als auskunftsfreudiger und demzufolge – vordergründig – als «journalistisch ergiebiger» – oder, um es mit einem journalistischen Mode-Kampfwort zu sagen, welches erstaunlicherweise und allen Ernstes sogar Eingang in die wissenschaftliche Literatur gefunden hat[8] –, «medienfreundlicher».

C. *Vorwiegend Strafverteidiger und Scheidungsanwälte*

Medien schildern sodann ohnehin vorwiegend Anwältinnen und Anwälte, die als Strafverteidiger den Anklägern widerstreiten oder welche Scheidungswillige gegeneinander vor Gericht vertreten. Von den anderen mit ihren übrigen und viel zahlreicheren «bevorzugten Arbeitsgebieten»[9], die in Anwaltskanz-

---

[8] Es ist das zweifelhafte Verdienst des in Freiburg im Uechtland neben Straf- auch Medienrecht lehrenden FRANZ RICKLIN, diesen Begriff in seinem Buch Schweizerisches Presserecht, Bern 1996, ohne jegliche kritische Auseinandersetzung «wissenschaftlich» verwendet zu haben.

[9] Unter diesem Begriff können Mitglieder des Zürcher Anwaltsverbandes seit Jahren in dessen Mitgliederverzeichnis dem Publikum mitteilen, womit sie sich bevorzugt befassen.

leien gepflegt werden, wissen Medienschaffende in der Regel kaum etwas[10], noch eignen sich in der Regel diese Arbeitsgebiete für extensive und spannende Berichte in Zeitungen, Zeitschriften, Radio, Film oder Fernsehen. Die tägliche Dramaturgie einer Boulevardzeitung oder jene eines Fernseh-Magazins verlangt im Interesse des Absatzes auf der Strasse beziehungsweise der für Werbetreibende massgebenden Zuschauerquote nach Kontroversen, nach Kampf, nach Auseinandersetzung, nach den Gegensätzen von Schwarz und Weiss, Gut und Böse, Leben und Tod. Der Leser oder Zuschauer, der solche Geschichten meist nur gerade im Sinne blosser Unterhaltung – also zum Zeitvertreib, nicht zur Verbesserung der eigenen Information – verfolgt, erwartet zudem, dass ihm das Medium gleich auch noch sagt, was er von den handelnden Personen zu halten hat. Wo kämen moderne Medien denn hin, wenn sie sich an mündigen Konsumenten orientierten ...

D. *Anwaltsdarstellung als Stückwerk und Verzerrung*

Demnach liegt die Feststellung nahe, dass das Bild, welches die Medien dem Publikum von Anwälten vermitteln, höchstens Stückwerk, meist gar blosse Verzerrung ist. Diese Feststellung dürfte vermutlich nicht allein für die Darstellung des Anwaltsstandes und seiner Tätigkeiten in den Medien zutreffen.

Das könnte anders sein: Wenn Anwälte sich selbst der Medien bedienen würden, sei es, dass sie darin aktiv über ihren Beruf informieren, sei es – besser noch – indem sie selbst zu «Medienschaffenden» werden. Etwa indem sie aus dem Fundus ihrer beruflichen Erfahrung ein ihnen wesentliches Thema anwaltlicher Tätigkeit journalistisch oder schriftstellerisch, beispielsweise als Sachbuch-, Roman- oder Theaterautor, bewältigen. Doch abgesehen davon, dass es diese Sorte von Anwälten kaum gibt[11], ist zu vermuten, dass auch in diesen Fällen schon aus Gründen der Vermarktbarkeit bei den Schilderungen wiederum solche anwaltlichen Tätigkeiten im Vordergrund stehen würden, welche geeignet sind, beim Publikum Leidenschaften zu wecken. Denn es ist unverkennbar: Aufmerksamkeit ist eines der knappsten Güter dieser Erde, und unter diesem Gesetz stehen auch die Medien.

A propos Verzerrungen: Diese finden sich nicht nur in der Zeitungs- und Zeitschriftenlandschaft, wenn es um die Darstellung der Tätigkeit von Anwälten (oder der Justiz allgemein!) geht. *Friedrich Dürrenmatts* Roman «Justiz» krankt an solchen falschen Darstellungen genauso wie die meisten Fernseh-

---

[10] Der 1997 verstorbene ehemalige Chefredaktor der Zürcher Abendzeitung «Die Tat», ERWIN JAECKLE, pflegte Journalisten als Leute zu definieren, die «über alles schreiben und von nichts etwas verstehen».

[11] Vor Jahren hat der Münchner «Staranwalt» ROLF BOSSI ein Buch publiziert, in welchem er über seine berühmten Fälle berichtet hat. ROLF BOSSI, Ich fordere Recht. 24 Jahre Strafverteidiger in Deutschland, München 1975.

spiele, in welchen Anwälte oder Gerichte dargestellt werden. Schon 1980 hat *Manfred Kuhn*[12] anhand des Romans «Mona» von *Jacques Chessex* gezeigt, in welch erheblichem Ausmass auch in der Literatur grösstenteils falsche Darstellungen des Anwaltsberufes zu finden sind. Er hat mit Bedauern festgestellt, der Verfasser habe «offensichtlich in Dingen des Rechts keine Ahnung», und bemängelte, dass der Verlag den Autor nicht beraten liess und kein Anwalt das Manuskript vor seiner Drucklegung gelesen hatte. In demselben Aufsatz hat er jedoch auch auf berühmte Anwaltsromane in der deutschen Literatur hingewiesen, deren Autoren über die erforderlichen Kenntnisse verfügt hatten, obwohl sie selbst nicht Anwälte waren. Namentlich nennt er *Jakob Wassermanns* «Laudin und die Seinen»[13] sowie *Robert Neumanns* «Macht»[14]. Der Rezensent meinte zum Schluss: «Wer dieses Leben beschreiben will, in den kleinsten Einzelheiten der Natur, des gesellschaftlichen Lebens, der Psychologie, der müsste sich die Mühe nehmen, sein Manuskript von einem Kenner der Szene – hier von einem Anwalt in Lausanne – beurteilen zu lassen, bevor er den Leser zum Narren hält.»

Nicht nur Verzerrungen bei der Darstellung von Anwaltstätigkeit sind zu beklagen; immer wieder sind von Anwälten zudem Beschwerden darüber zu hören, dass sie selbst auch dann in den Medien nicht vorkommen, wenn sie sich in einem Fall vor Gericht, über den berichtet worden ist, alle Mühe gegeben haben. Wird entgegen dieser Erfahrung dennoch über den Anwalt berichtet, dann oft nur unter Weglassung seines Namens, so wie ja auch die Namen der Richter in der Regel schamhaft verschwiegen werden[15].

E. *«Der Spiegel» – die grosse Ausnahme der Gerichtsberichterstattung*

Dieses Phänomen dürfte nicht nur regelmässigen Lesern zürcherischer Zeitungen bekannt sein, welche diese Blätter vom Gesichtspunkte der Anwaltschaft aus beobachten; wäre es Gegenstand einer wissenschaftlichen Untersuchung, könnte es wahrscheinlich für weite Gebiete nicht nur der Schweiz bestätigt werden. Presseorgane, worin der Auftritt von Anwälten in wichtigen Prozessen vor Gericht hinreichend dargestellt wird, so etwa in den immer wieder höchst lesenswerten Betrachtungen des Gerichtsreporters *Gerhard Mauz* im deutschen Nachrichtenmagazin *«Der Spiegel»*, bilden die absolute Ausnahme. Da werden Ross und Reiter mit Vornamen und Namen genannt,

[12] MANFRED KUHN, «Mona» und die Realität; Anmerkung zum Buch von JACQUES CHESSEX, SJZ 1980, 333.
[13] JAKOB WASSERMANN, Laudin und die Seinen, München 1996.
[14] ROBERT NEUMANN, Macht, München 1964.
[15] Eine löbliche Ausnahme bilden in jüngster Zeit gelegentlich Gerichtsberichte von DANIEL SUTER im «Tages-Anzeiger».

da wird das Vorgehen des Anwaltes vor den Schranken wie auch im Umgang mit den Medien geschildert und schliesslich wird das Ganze gewertet. Das gilt selbstredend nicht nur für die Schilderung der Tätigkeit des Anwaltes, sondern auch für die übrigen Prozess-Akteure. In dieser Weise stellt man sich die Erfüllung der «öffentlichen Aufgabe» der Presse[16] vor. Doch wo sonst wird diese tatsächlich noch wahrgenommen?

F. *Im argen liegende Gerichtsberichterstattung*

In schweizerischen Zeitungen liegt die Gerichtsberichterstattung seit Jahrzehnten im argen – wohl aus Kostengründen: Öffentliche Gerichtsverhandlungen nehmen viel Zeit in Anspruch. Da Journalisten gemäss geltendem Gesamtarbeitsvertrag nach Zeitaufwand und keineswegs mehr nach Zeilen zu entschädigen sind, sind Berichte über Gerichtsverhandlungen – schon früher meist Stiefkinder der Berichterstattung – zur Seltenheit geworden. Journalisten mit ausreichender juristischer Vorbildung sind zudem rar. Die Presse begnügt sich stattdessen allenfalls mit Urteilsberichterstattung[17]. Selbstredend hat dies zur Folge, dass das grosse Publikum die Tätigkeit von Anwälten vor Gericht noch weniger zur Kenntnis nehmen kann. Urteilen ist in der Regel nicht zu entnehmen, ob nun das Gericht selbst auf bestimmte Ideen gekommen ist, oder ob einzelne oder gar die wichtigsten seiner Entscheidungen in einem bestimmten Fall auf rechtsfortbildende Ideen der Anwälte zurückgehen.

Die höchst umstrittene neuere amerikanische Entwicklung, welche dem Medium Fernsehen praktisch unbeschränkten Zugang zu den Gerichtssälen

---

[16] Das Bundesgericht hat die «öffentliche Aufgabe» der Presse in einem sehr frühen Entscheid, BGE 37 I 388, in folgender Weise umschrieben: Sie habe «dem Leser bestimmte, die Allgemeinheit interessierende Tatsachen zur Kenntnis zu bringen, ihn über politische, ökonomische, wissenschaftliche, literarische und künstlerische Ereignisse aller Art zu orientieren, über Fragen von allgemeinem Interesse einen öffentlichen Meinungsaustausch zu provozieren, in irgendeiner Richtung auf die praktische Lösung eines die Öffentlichkeit beschäftigenden Problems hinzuwirken, über die Staatsverwaltung und insbesondere über die Verwendung der öffentlichen Gelder Aufschluss zu verlangen und allfällige Missbräuche im Gemeinwesen aufzudecken». MANFRED REHBINDER hat sich mit dem Begriff der «öffentlichen Aufgabe» der Presse immer wieder auseinandergesetzt. Vgl. MANFRED REHBINDER, Die öffentliche Aufgabe und rechtliche Verantwortlichkeit der Presse – Ein Beitrag zur Lehre von der Wahrnehmung berechtigter Interessen, Berlin 1962 sowie MANFRED REHBINDER, Öffentliche Aufgabe der Presse: Was ist das, NJW 1963, 1387 ff.

[17] Erfreulicherweise finden sich vor allem in der Neuen Zürcher Zeitung hin und wieder nicht nur Berichte über öffentliche Verhandlungen, sondern auch fundierte kritische Anmerkungen des Bundesgerichtskorrespondenten MARKUS FELBER an die Adresse des Bundesgerichtes.

verschafft hat[18], vermöchte das Manko niemals auszugleichen: Der ungleich viel höhere Aufwand für die Fernsehberichterstattung dürfte zur Folge haben, dass sich dieser nur bei Sensationsprozessen wirtschaftlich vertreten lässt. Ganz abgesehen davon, dass aufgrund der europäischen Auffassung menschlicher Würde das Eindringen nicht nur von Fernsehkameras in Gerichtssäle zu Recht als unerwünscht gilt.

G. Der Einfluss überholter Standesregeln

Selbst wenn wirklich einmal in den Medien über anwaltliche Tätigkeit berichtet wird, ist – wie bereits erwähnt – festzustellen, dass die betroffenen Anwälte verhältnismässig selten mit dem Namen erwähnt werden. Das geht nicht zuletzt auf veraltete Standesregeln zurück, die erst in jüngster Zeit verändert oder ersatzlos gestrichen werden, und die sich gelegentlich gar in Entscheidungen staatlicher Aufsichtsgremien über Rechtsanwälte kristallisiert haben. So ist in einem Entscheid der Aufsichtskommission über die Rechtsanwälte im Kanton Zürich zu lesen[19]:

> «*Die Aufsichtskommission hat es in einem früheren Entscheid als standeswidrig bezeichnet, dass es ein Anwalt zuliess, dass sein Name mit Berufsbezeichnung in der Presse erschien. In einzelnen Fällen wird es der Rechtsanwalt zwar nicht verhüten können, dass die Presse seinen Namen nenne, insbesondere nicht bei Veröffentlichungen über Vertretung in öffentlichen Gerichtsverhandlungen, bei denen der Anwalt auf die Berichterstattung der ihm möglicherweise unbekannten anwesenden Pressevertreter keinen Einfluss nehmen kann. In den meisten Fällen wird der Rechtsanwalt jedoch Einfluss nehmen können, um die Nennung seines Namens und der Berufsbezeichnung in der Presse zu verhindern; sowohl aus standespolitischen Erwägungen als auch nur um den Verdacht der nicht standesgemässen Reklame von sich fernzuhalten.*»

Solche Einschränkungen, die an ein mittelalterliches Zunftregime erinnern, wirken heute noch nach. Immerhin ist deren Nachwirkung im Abklingen; der wohltuende Einfluss von Artikel 10 der Europäischen Menschenrechtskonvention, welcher die Äusserungsfreiheit (und damit grundsätzlich auch die Reklame- und Berichterstattungsfreiheit) in bestimmten Grenzen gewährleistet[20], schafft auch hier eine Beschleunigung des Übergangs aus

---

[18] Diese Entwicklung in den USA ist in Europa erst anlässlich des Sensationsprozesses gegen den amerikanischen Sportler O. J. Simpson in Folge der Übertragungen durch CNN breit wahrgenommen worden.

[19] LUDWIG A. MINELLI, Das «Reklameverbot» für Anwälte im Kanton Zürich, Der Schweizer Anwalt 5/1997, 20 ff.

[20] Die Praxis der Strassburger Organe zeigt insbesondere für Anwälte, dass sie bei ihren Äusserungen in der Öffentlichkeit nach wie vor gewisse Rücksicht, insbesondere auf das Ansehen des ganzen Anwaltsstandes, nehmen müssen; gleichzeitig wird jedoch auch festgehalten, dass in ganz Europa eine erhebliche Tendenz zur Lockerung bisher starrer und enger Regeln zu beobachten ist. Vgl. dazu das Urteil des Europäischen Gerichtsho-

dem ehemaligen Obrigkeitsstaat, von dem noch immer einige Residuen erhalten geblieben sind, in eine Gesellschaft von Freien.

H. *Anwälte als Objekte von Verfahren*

Anwälte erscheinen hingegen «bevorzugt» dann in Medien, wenn sie in irgendeiner – vor allem negativen – Weise die Neugier von Medienmitarbeitern erregen. Dies ist insbesondere der Fall, wenn eine Behörde gegen einen Anwalt vorgeht, er somit Objekt eines Verfahrens wird[21]. Solches gilt in aller Regel als «Sensation»; diese Empfindung hindert nicht nur einfache Medienschaffende, sondern offensichtlich auch Verantwortliche in Redaktionen von Presse und Fernsehen, dem Anliegen des Persönlichkeitsschutzes von Beschuldigten – die grundsätzlich als unschuldig zu gelten haben – ausreichend Rechnung zu tragen. Dass in solchen Fällen die «Tips» vielfach direkt aus den Stuben der Ermittler[22] stammen, macht die Sache für die Frage, ob die Medien ihrer mit solchen Veröffentlichungen verbundenen Verantwortung genügen, nicht besser. Ähnlich sieht es aus, wenn Anwälte zum Gegenstand von Beschuldigungen von Seiten ehemaliger Klienten werden.

Hier hat immerhin die Praxis des Bundesgerichts im Zusammenhang mit dem Bundesgesetz über den unlauteren Wettbewerb[23] den Medien gewisse Schranken gesetzt und auf Risiken hingewiesen, denen der Gesetzgeber die Medienschaffenden ausgesetzt hat, damit überhaupt ein gewisses Gleichgewicht zwischen Medienberichterstattung und wirtschaftlichen Persönlichkeitsrechten aufrechterhalten werden kann.

---

fes im Fall Casado Coca gegen Spanien, Urteil vom 24. Februar 1994, Série A 285-A; Vgl. dazu Newsletter des Österreichischen Menschenrechtsinstitutes 1984, 94.

[21] Einige wenige Titel über solche Berichte aus den letzten Jahren (jeweils mit Angabe des vollen Namens!) als Beispiele, die beliebig zu vermehren wären: «Fürsprecher X. Y. Z. sitzt in Untersuchungshaft»; «Wolf im Schafspelz oder ‹rühriger Naivling› – Rechtsanwalt X.Y. kämpft für einmal für sich und sein berufliches Überleben»; «Wirtschaftsanwalt X. Y. in Strafuntersuchung verwickelt».

[22] Strafverfahren wegen Amtsgeheimnisverletzung in solchen Fällen verlaufen in aller Regel im Sande; nur wenn Personal aus der Zürcher Staatsanwaltschaft Medienleute bedient, werden Untersucher offenbar fündig.

[23] BGE 120 IV 32. Dieser nimmt den Persönlichkeitsschutz offensichtlich noch ernst, ganz im Gegensatz zur II. Zivilabteilung des Bundesgerichts. Vgl. LUDWIG A. MINELLI, Das Ende des Persönlichkeitsschutzes? UFITA 133/1997, 111 ff.; ferner die beissende Kritik von MARTIN SCHUBARTH an der eigenartig relativierten Wahrheitsliebe des Bundesgerichtes beim zivilrechtlichen Ehrenschutz. MARTIN SCHUHBARTH, Kommentar zum schweizerischen Strafgesetzbuch, Bd. 3, Bern 1984, Art. 173 N 137.

IV. Tue Gutes und rede darüber!

So bleibt, um zum Schluss zu kommen, die Frage, wie der Anwaltsstand denn sonst der beklagten Verzerrung seiner Darstellung in den Medien Herr zu werden vermöchte. Da dem einzelnen Anwalt in der Regel aus den unterschiedlichsten Gründen die Befolgung des Satzes «Tue Gutes und rede darüber!» nicht empfohlen werden darf, weil er sich sonst Nachteile sowohl rechtlicher als auch wirtschaftlicher und gesellschaftlicher Art einhandeln könnte, bleibt wohl nur ein einziger Ausweg: Es muss mit als eine der wesentlichen Aufgaben der Anwaltsverbände erkannt werden, dass die Darstellung der Vielfalt anwaltlicher Tätigkeit in den Medien – da sie im redaktionellen Teil höchstens punktuell zu erwarten ist – im Inseratenteil erfolgen muss. Im Rahmen einer kollektiven Werbung, wie sie etwa seit einigen Jahren vom Zürcher Anwaltsverband erfolgt, könnten vermehrt Beispiele der hilfreichen Tätigkeit von Anwälten bei verschiedensten Problemen veröffentlicht werden. Auf diese Weise würde eine Form von Transparenz und damit Einblicksmöglichkeiten für das Publikum geschaffen. Ohne Zweifel hätte diese Transparenz mit der Zeit Auswirkungen auf das Anwaltsbild, das sich die Öffentlichkeit macht, und welches auch in Zukunft von den Medien wesentlich mitbestimmt werden wird. Das ist nicht unwesentlich. Beispielsweise bestehen die meisten Parlamente überwiegend aus Nicht-Anwälten. Wo Parlamentsmitglieder Entscheidungen über Bereiche zu treffen haben, die sie selber nicht genau kennen, orientieren sie sich an den Bildern, die sie bislang durch Medien aller Art vermittelt bekommen haben. Sind diese Bilder schief, dürften auch die Entscheidungen, welche auf einer solchen Grundlage gefällt werden, entsprechend ausfallen. Deshalb darf es der Anwaltschaft nicht gleichgültig sein, welches Bild die Medien von ihr vermitteln. Das gilt um so mehr in einem Staat mit direkter Demokratie, in dem die Gesamtheit der AktivbürgerInnen möglicherweise an der Urne zu Gesetzen Stellung nehmen muss, welche die Anwaltschaft direkt betreffen.

Hans Nigg

Haftpflichtversicherung des Rechtsanwalts am Beispiel der AVB einer Versicherung

Inhaltsübersicht

I. Einleitung

II. Haftung und Deckung
   A. Haftung
   B. Deckung
   C. Die Wechselwirkung zwischen Haftung und Deckung

III. Ein Blick auf eine ausgewählte Haftungsfrage
   A. Verschiedene Problemlagen und Hypothesen
   B. Hilfsmittel für die Bewältigung der Schadenszurechnungsprobleme

IV. Versicherte Haftpflicht

V. Versicherte Personen

VI. Leistungen des Versicherers
   A. Nach der Art der Ansprüche
   B. Nach der Schadensart
   C. Nach dem Umfang

VII. Geltungsbereich
   A. Örtlicher Geltungsbereich
   B. Zeitlicher Geltungsbereich

VIII. Einschränkungen des Versicherungsumfanges

IX. Schadensbehandlung

I. Einleitung

Wie die Praxis zeigt, unterlaufen selbst bei sorgfältiger Anwaltstätigkeit immer wieder Fehler. Um sich gegen die finanziellen Folgen solcher Versehen abzusichern, ist der Abschluss einer Berufshaftpflichtversicherung angezeigt[1]. Hauptzweck einer solchen Versicherung ist die Existenzsicherung des Anwalts. Der in Anspruch genommene Anwalt soll nicht seine Ersparnisse an-

---

[1] In Deutschland besteht Versicherungspflicht, vgl. POTT, 54; auch bestimmte Schweizer Kantone verlangen eine Pflichtversicherung: so die Kantone Aargau, Solothurn, Wallis und Zug. Zug verlangt sogar eine Versicherungssumme in der Höhe von zwei Millionen. Der Kanton Luzern verlangt bei gewissen ausseramtlichen Tätigkeiten auch den Nachweis einer abgeschlossenen Berufshaftpflichtpolice.

greifen müssen². Ein willkommener Nebeneffekt einer Berufshaftpflichtversicherung ist darin zu erblicken, dass der betroffene Anwalt eine Haftungsangelegenheit erfahrenen Schadensfachleuten anvertrauen kann³, welche auch die nötige Distanz zur in Frage stehenden Sache wahren, ohne es in fachlicher Hinsicht an Engagement fehlen zu lassen⁴. Die Versicherung dient aber auch dem Schutz des rechtsuchenden Publikums, damit die Realisierung von Haftpflichtansprüchen gegen den Anwalt sichergestellt werden kann. Damit wird gleichzeitig das Vertrauen in die Anwaltschaft gestärkt.

II. Haftung und Deckung

Im Fachjargon finden die Begriffe «Haftung» und «Deckung» Verwendung. Sie bezeichnen die beiden Rechtsbeziehungen, welche jeden Haftpflichtversicherungsfall prägen.

A. *Haftung*

Haftung steht für die Frage nach der zivilrechtlichen Haftbarkeit in vertraglicher wie ausservertraglicher Hinsicht. Diese Frage stellt sich immer dann, wenn für erlittenen Schaden Ersatz begehrt wird, und zwar unabhängig vom Vorhandensein einer Haftpflichtversicherung. Angesprochen ist also das Rechtsverhältnis zwischen Anspruchsteller bzw. Geschädigtem und Haftpflichtigem bzw. Schädiger. Im Verhältnis zwischen Klient und Anwalt gründet die Geltendmachung eines Haftpflichtanspruchs in erster Linie auf auftragsrechtlicher Basis. Bekanntlich fällt es oft nicht leicht, die Haftungsfrage entschieden zu bejahen oder ebenso zu verneinen. Nebst der Lösung von sachverhaltlichen Unklarheiten und den sich daraus ergebenden beweisrechtlichen Problemen gilt es oft auch, heikle Rechtsfragen zu beantworten. Gerade im Anwalt-Klient-Verhältnis ist der Umfang der Beratungs-, Aufklärungs- und Informationspflichten des Anwalts von verschiedenen Faktoren abhängig⁵, so dass die Meinungen oft kontrovers sind und die Lösungsfindung langwierig

---

[2] Dies war schon am Ende des vergangenen Jahrhunderts der Hauptbeweggrund für die Schaffung einer Berufshaftpflichtversicherung für Anwälte. Deutsche Anwälte motivierten Versicherer zur Entwicklung eines Novums: Eine Versicherung für reine Vermögensschäden (vgl. dazu hinten VI B «Leistungen des Versicherers nach der Schadensart»). Denn bis zu dieser Zeit boten Haftpflichtversicherungen nur Schutz gegen Personen- und Sachschäden. Näheres zur Historie bei POTT, 54, und FUHRER, 50 ff.
[3] Vgl. HÜTTE, 106 ff.; SAV-Publikation, 6/7.
[4] Vgl. dazu hinten IX «Schadensbehandlung».
[5] Näheres zu dieser Problematik NIGG (Sorgfalt), 69 ff.; Grundsätzliches zur Entwicklung und Ausweitung der aus dem Loyalitätsgebot abzuleitenden Verhaltenspflichten bei WIEGAND, recht 3/1997), 85 ff.

sein kann. An dieser Stelle sei lediglich festgehalten, dass sich die derart komplexe und mit vielen Unsicherheiten befrachtete Haftungsfrage auch auf die Beantwortung der Frage des Versicherungsschutzes auswirken kann[6]. Damit ist die «Deckung» angesprochen.

B. Deckung

Die Deckungsfrage stellt sich zwischen dem Versicherer und seinem Vertragspartner, der sich als vermeintlicher oder tatsächlicher Haftpflichtiger bzw. Schädiger mit einer Schadenersatzforderung konfrontiert sieht; und der – in weiser Voraussicht – für den besagten Fall insofern vorsorgte, als er eine Haftpflichtversicherung zum Schutze seines Vermögens abgeschlossen hatte. Die Beziehung zwischen Versicherer und Versicherungsnehmer ist vertraglicher Natur. Der Inhalt dieser Verpflichtung richtet sich nach der zugrundeliegenden Police, den Allgemeinen, Ergänzenden und allenfalls Besonderen Vertragsbedingungen (AVB, EVB und BVB) sowie nach dem VVG und letztlich dem OR. Charakteristisch für die Berufshaftpflichtversicherung des Rechtsanwalts ist, dass sie in erster Linie die Deckung reiner Vermögensschäden bezweckt[7]. Deshalb wird sie als Vermögensschaden-Haftpflichtversicherung bezeichnet.

C. Die Wechselwirkung zwischen Haftung und Deckung

Wie bereits angetönt, vermag die Beurteilung der Haftungssituation die Deckungsfrage zu beeinflussen. Je nachdem, welcher Art die vom Anwalt zu verantwortende Pflichtverletzung ist, kann Versicherungsschutz bejaht oder verneint werden.

Verpasst ein Anwalt im Prozess eine Rechtsmittelfrist und führt diese Unterlassung zu einem Schaden seines Klienten, so bleibt der Versicherungsschutz in der Regel nicht versagt[8] (Fall 1).

Verleitet hingegen der Anwalt seinen Klienten beraterischerweise zu spekulativen Anlagen und verfolgt er zudem eine sorglose Anlagestrategie[9], was zu Vermögenseinbussen des Geschädigten führt, so hat die Vermögensschaden-Haftpflichtversicherung den entstandenen Schaden nicht zu decken[10]. Denn

---

[6] Vgl. sogleich unten: II C «Die Wechselwirkung zwischen Haftung und Deckung».
[7] Vgl. hinten VI B «Leistungen des Versicherers nach der Schadensart».
[8] Vgl. hinten IV «Versicherte Haftpflicht».
[9] Vgl. hinten VIII «Einschränkungen des Versicherungsumfanges».
[10] Probleme können sich allerdings dann ergeben, wenn nicht klar ist, ob ein Rechtsanwalt seinen Beruf ausübt, oder ob er als Verwaltungsrat tätig wird. Für Schäden, welche er als Verwaltungsrat zu vertreten hat, kann nur Versicherungsschutz gewährt werden, wenn im Rahmen der Berufshaftpflichtversicherung auch das Sonderrisiko für Verwaltungsratsmandate versichert ist (vgl. hinten IV «Versicherte Haftpflicht»).

die Berufshaftpflichtbedingungen der Versicherungsgesellschaften schliessen Schäden aus, welche bei Beratung in und Besorgung von eigentlichen Finanzgeschäften sowie Erteilung von Ratschlägen für spekulative oder aleatorische Geschäfte entstehen[11]. (Fall 2).

Stellt sich aber erst nach längeren Erhebungen heraus, dass dem Versicherungsnehmer ein Anspruch, welcher sich in haftungsrechtlicher Hinsicht zudem noch höchst kontrovers darstellt, bereits vor Abschluss des Versicherungsvertrages bekannt war, so ist der Versicherungsschutz nachträglich zu versagen[12]. Wegen der kontroversen Haftungsfrage wären diesfalls die aufgelaufenen Kosten für die Abwehr unberechtigter Ansprüche betroffen[13] (Fall 3). Theoretisch wäre es auch möglich, dass sich der besagte Grund für die Geltendmachung des Deckungsausschlusses erst manifestierte, nachdem die Haftungsfrage zuungunsten des Versicherungsnehmers entschieden wurde und die Versicherung ihre Leistungen bereits voll erbrachte. Konsequenz aus dieser Konstellation wäre, dass Prozesskosten und Entschädigungsleistungen – wegen begründeter Anspruchserhebung – von der Haftpflichtversicherung zurückgefordert werden könnten, nachdem diese einstweilige Deckung gegeben hatte (Variante von Fall 3).

Damit sollte dreierlei gezeigt werden:

a) Haftungs- und Deckungsfrage können sich wechselseitig beeinflussen, und zwar während längerer Zeit, theoretisch sogar über den Abschluss des Falles hinaus.

b) Haftungs- und Deckungsfrage können sich in Abhängigkeit voneinander (vgl. a), aber auch jede Fragestellung für sich allein, als derart komplex, interpretationsbedürftig, unklar und kontrovers darstellen, dass erst nach intensiven Abklärungen, langwierigen Verhandlungen oder/und langjährigen Gerichtsverfahren eine Lösung gefunden werden kann.

c) Haftung und Deckung können kongruent sein, zwingend ist dies aber nicht:
 – Im Falle, in welchem der Rechtsanwalt die verpasste Frist zu vertreten hatte (Fall 1), wurde die Haftungs- wie die Deckungsfrage bejaht. Haftung und Deckung sind somit kongruent.
 – Bei den spekulativen Geschäften war die Haftpflicht unbestritten, die Deckung hingegen wurde wegen des entsprechenden Ausschlusses verweigert (Fall 2). Hier sind Haftung und Deckung nicht kongruent. Eine

---

[11] Vgl. Art. 6 Abs. 2 lit. c AVB der «Winterthur» sowie hinten die diesbezüglichen Ausführungen unter dem Titel VIII «Einschränkungen des Versicherungsumfanges».
[12] Vgl. dazu Art. 5 Abs. 2 AVB der «Winterthur» sowie hinten VII B «Zeitlicher Geltungsbereich».
[13] Vgl. Art. 3 Abs. 1 AVB der «Winterthur» sowie hinten VI C «Leistungen des Versicherers nach dem Umfang».

solche Konstellation kann sich auch aus rein quantitativen Gründen ergeben: Übersteigt die berechtigte Forderung des geschädigten Klienten die Garantiesumme des Versicherers, so ist trotz zu bejahender Haftung der Versicherungsschutz im überschiessenden Umfange zu verweigern.

- Im Falle, wo sich erst nach zusätzlichen Erhebungen die vorbestandenen Kenntnisse des (vermeintlichen) Haftungsanspruches herausstellten (Fall 3), ergibt sich erst später, dass keine Deckung vorhanden ist. Vorerst wurde sie gewährt; allerdings nicht für Schadenersatzleistungen, was notwendigerweise die Bejahung der Haftung vorausgesetzt hätte, sondern nur für die Abwehr unberechtigter Ansprüche. Als Fazit gilt hier: Keine Haftung, aber zumindest einstweilige Gewährung der Deckung im Umfange des passiven Rechtsschutzes.
- Bei der Variante von Fall 3 sieht es folgendermassen aus: Es erfolgt ebenfalls keine Deckung, dafür wird aber die Haftung bejaht, was (wie wir wissen) zur Folge hat, dass die Abwehrkosten und die Schadenersatzleistungen voll zu Lasten des Versicherungsnehmers gehen. Diese Lage entspricht auch jener der spekulativen Geschäfte von Fall 2.
- Weder Haftung noch Deckung liegen vor, wenn in einem Prozess die geltend gemachten anwaltlichen Pflichtverletzungen verneint werden, die betreffende Anspruchserhebung jedoch in die Zeit vor Abschluss des in Betracht gezogenen Versicherungsvertrages fällt[14].

Grundsätzlich gelten obgenannte Punkte für alle Haftpflichtversicherungstypen. Beachtung verdient aber ein kleiner Unterschied: Im Gegensatz zum direkten Forderungsrecht des Geschädigten gegenüber dem Motorfahrzeug-Haftpflichtversicherer seines Schädigers (vgl. Art. 65 Abs. 1 SVG)[15] besteht für den geschädigten Klienten gegenüber dem Berufshaftpflichtversicherer seines Anwalts kein solches Direktverhältnis. Aufgrund von Art. 60 VVG besteht jedoch Gewähr dafür, dass der Geschädigte auch bei Zahlungsunfähigkeit des Anwalts zu seinem Geld kommt.

Dies bedeutet aber nicht, dass nicht der Versicherer selber mit dem Geschädigten in direkten Kontakt treten darf. Im Gegenteil: Häufig geschieht dies, um sachverhaltliche Fragen zu klären. Der blosse direkte Kontakt zwischen Versicherer und Geschädigtem bedeutet jedoch noch lange nicht, dass der Versicherer damit für den vorliegenden Fall die Deckung bejaht. Gerade in Fällen, bei denen die Beurteilung des Versicherungsschutzes nicht leicht fällt, ist es für den Versicherer notwendig, auch durch direkte Kontaktnahme überprüfen zu können, ob er deckungspflichtig wird. Im übrigen ist beispielsweise ein bei der «Winterthur» Versicherter nach Art. 13 Abs. 2 AVB der «Winterthur» verpflichtet, direkte Verhandlungen mit dem Geschädigten oder dessen Ver-

---

[14] Vgl. Art. 5 Abs. 2 AVB der «Winterthur».
[15] BREHM, N 563.

treter über Ersatzansprüche, jede Anerkennung einer Forderung, den Abschluss eines Vergleichs und die Leistung von Entschädigungen zu unterlassen, sofern nicht die Versicherungsgesellschaft hiezu ihre Zustimmung gibt[16].

III. Ein Blick auf eine ausgewählte Haftungsfrage[17]

A. *Verschiedene Problemlagen und Hypothesen*

Obschon den Hauptgegenstand dieses Artikels Deckungsfragen bilden, sei ein Schlaglicht auf die Entschädigungsfrage geworfen. Verletzt ein Anwalt seine Sorgfaltspflicht, indem er eine Rechtsmittelfrist verpasst, so hat er seinem Klienten den daraus erwachsenen Schaden zu ersetzen. Es ist aber auch schon vorgekommen, dass trotz Anwaltsfehlers kein ersatzfähiger Schaden eingetreten ist[18]. Denkbar ist aber auch die umgekehrte Konstellation: Selbst bei tadellosem Verhalten des Anwalts hat der Klient eine Vermögenseinbusse erlitten. In der Praxis präsentieren sich die Fälle aber nie mit der hier beschriebenen Klarheit, zumindest nicht von Anfang an. Treffend formuliert dies KELLER: «Wie soll man wissen, ob der Prozess, der wegen eines Fehlers verloren ging, bei richtigem Vorgehen wirklich gewonnen worden wäre? Eine Fristversäumnis kann geradezu ein Segen sein, indem sie dem Säumigen, dessen Begehren ohnehin verworfen worden wäre, weitere Kosten erspart[19].»

B. *Hilfsmittel für die Bewältigung der Schadenszurechnungsprobleme*

Obschon die Entschädigung als praktisch wichtigste Leistung des Haftpflichtversicherers in den AVB erscheint[20] und somit auch unter dem Titel «Deckungsfragen» behandelt werden könnte, hängt die Schadensermittlung von der Beurteilung der Haftungsfrage ab. In sachverhaltlicher wie rechtlicher Hinsicht können sich bei dieser wichtigen Frage erhebliche Probleme ergeben[21]. Mit welchen Unsicherheiten zu leben ist und welcher juristische Raster

---

[16] Näheres dazu hinten IX «Schadensbehandlung».
[17] Für die weitgefächerte Problematik der anwaltlichen Sorgfalt sei auf die Publikation «Die Sorgfalt des Anwalts in der Praxis» verwiesen, welche 1997 erschienen ist; zur Auflistung der einzelnen Beiträge sei auf das Literaturverzeichnis verwiesen.
[18] KELLER, 423, unter Hinweis auf BGE 87 II 290.
[19] KELLER, 423; ferner SAV-Publikation, 2.
[20] Vgl. Art. 3 Abs. 1 AVB der «Winterthur» sowie die Bemerkung unten VI C «Leistungen des Versicherers nach dem Umfang».
[21] In diesem Sinne auch KELLER, 423, welcher schreibt: «Der Schaden ist zumeist der springende Punkt in Anwaltshaftpflichtfällen.»

Orientierungshilfe leistet, soll in der Folge kurz angesprochen werden. Vorab gilt es zwei unterschiedliche Beurteilungsebenen auseinanderzuhalten: Tatfrage einerseits und Rechtsfrage andererseits.

Zur oft anzutreffenden Problematik auf der einen Ebene äusserte sich das Bundesgericht in einem Schadenersatzprozess gegen den Anwalt, der bei einer Vaterschaftsklage eine Frist verpasste, wie folgt:

«Aufgrund der im Schadenersatzprozess nachgeholten Abklärung der Verhältnisse, die für die materielle Beurteilung der verwirkten Klage erheblich gewesen wären, kann sich die Annahme, dass die Klage geschützt worden wäre, so stark aufdrängen, dass der Beweis hiefür als erbracht angesehen werden darf»[22].

Damit ist die Ungewissheit über den Ausgang des Vaterschaftsprozesses durch richterliche Überzeugung zur Gewissheit geworden. Über die Frage der Schadenszurechnung ist damit aber noch nichts ausgesagt. Wie schon bemerkt, ist aber gerade diese Frage bei Anwaltshaftpflichtfällen mit vielen Ungewissheiten belastet. Diesen Problemen trägt das Gesetz glücklicherweise Rechnung. Nach Art. 42 Abs. 2 OR genügt es nämlich, den nicht ziffernmässig nachweisbaren Schaden «in Rücksicht auf den gewöhnlichen Lauf der Dinge ... abzuschätzen». Es gilt also, auf Erfahrungswerte abzustellen, um im Sinne von Art. 42 Abs. 2 OR das Vorhandensein und die Höhe des Schadens zu ermitteln[23]. Damit ist also die Höhe der von der Haftpflichtversicherung geschuldeten Entschädigung (bei gegebener Deckung) durch die genannten Massnahmen und Hilfsmittel zu bestimmen.

IV. Versicherte Haftpflicht

Mit einer Berufshaftpflichtversicherung wird grundsätzlich Schutz für die gesamte berufliche Tätigkeit des Anwalts geboten. Konkretere Hinweise auf den genauen Umfang des Versicherungsschutzes finden sich im Antrag, wo die versicherten Risiken umschrieben werden. Abgrenzungsfragen stellen sich aber in mehrfacher Hinsicht: Gegenüber anderen Berufen[24], gegenüber privaten Tätigkeiten und bezüglich des erweiterten Aufgabenkreises des Anwalts.

[22] BGE 87 II 373.
[23] Vgl. aber zur Unterscheidung zwischen abstrakten Erfahrungssätzen und der Heranziehung der allgemeinen Lebenserfahrung, um aus erhobenen Beweisen oder aus den Umständen des konkreten Falles auf bestimmte Schadensabwicklungen zu schliessen, das Bundesgericht, Pra 84/1995, 552 f.
[24] Die Abgrenzung zu anderen Berufen findet auch bei den Einschränkungen des Versicherungsumfanges (Art. 6 AVB der «Winterthur») Konkretisierung. In Art. 6 Abs. 2 lit. c wird die Beratungstätigkeit eines Bankfachmannes umschrieben. Betätigt sich ein Rechtsanwalt als Finanzberater, so geniesst er wegen besagter Bestimmung dafür keinen Versicherungsschutz. Näheres dazu hinten, VIII «Einschränkungen des Versicherungsumfanges».

So können sich Abgrenzungsschwierigkeiten zwischen Anwalt und Notar sowie zwischen jenem und Treuhändern ergeben. Keine Probleme stellen sich dort, wo Rechtsanwälte aufgrund kantonal-rechtlicher Bestimmungen auch notarielle Aufgaben wahrnehmen können: Diesfalls werden in der Praxis regelmässig beide Tätigkeiten in der gleichen Police versichert. Wo hingegen der Anwalt keine Notarentätigkeit ausüben darf, besteht keine Veranlassung, ihm dafür Versicherungsschutz anzubieten. Überschreitet er also die Grenzen des anwaltlichen Bereichs und versucht sich unzulässigerweise als Notar, so muss ihm die Deckung versagt bleiben.

Die Abgrenzung des Anwalts zum Treuhänder lässt sich in den Kernbereichen einfach bewerkstelligen. Problematisch sind indessen die Schnittstellen: Aus den kongruenten Fachbereichen können sich leicht Folgeprobleme ergeben, welche den Beizug des entsprechenden Fachmannes erfordern. Zieht der Anwalt den spezialisierten Treuhänder nicht bei, so ist darin eine haftungsauslösende Sorgfaltspflichtverletzung zu erblicken, für welche wegen des Anwaltsfehlers Deckung gewährt wird. Tummelt er sich indessen unbekümmert im Fachbereich des Treuhänders und handelt dabei z.B. unsorgfältig, so kann er dafür keinen Versicherungsschutz in Anspruch nehmen, sofern ein diesbezüglicher Risikoumschrieb in seiner Police fehlt.

Die Unterscheidung zwischen anwaltlicher und anderer Berufstätigkeit wird in SAV, S. 5, zutreffend wie folgt klargestellt: «... aber auch reine unternehmerische Tätigkeiten, z.B. als Leiter eines ererbten Betriebes, als Inhaber eines Treuhandbüros oder als Einnehmer einer Darlehenskasse, sind nicht versichert».

Einfacher gestaltet sich die Abgrenzung zwischen beruflicher und privater Betätigung. Nichts mit seiner beruflichen Tätigkeit hat es zu tun, wenn ein Anwalt als Halter eines Tieres oder eines Motorfahrzeugs in Anspruch genommen wird[25].

Als Leitlinie zur Unterscheidung obgenannter Punkte mag folgende Umschreibung dienen: Vom Anwaltsversicherungsschutz nicht mehr erfasst ist alles, was sich im Privatbereich sowie in treuhänderischen und unternehmerischen Belangen abspielt; oder mit anderen Worten: Sobald der sachliche Zusammenhang zur anwaltlichen Tätigkeit fehlt, handelt der Anwalt entweder als Privatmann, Unternehmer oder Angestellter[26].

---

[25] SAV-Publikation, 5; vgl. auch die von Hütte, 112, angeführten Beispiele, wo die Frageform wohl eher rhetorisch gemeint ist: «Kann die nachbarliche Besorgung des Ferienhauses im Winter bereits deshalb als Ausfluss anwaltlicher Tätigkeit verstanden werden, weil der Nachbar zugleich bereits einmal Klient des Anwalts war? Gehört die auftragsgemässe Abnahme einer Küche oder einer Wohnung bei Beendigung eines Mietverhältnisses zur anwaltlichen Tätigkeit dessen, der sich beruflich auch der gewerbsmässigen Liegenschaftsverwaltung widmet?».

[26] Vgl. auch hinten VIII, wo unter dem Titel «Einschränkungen des Versicherungsumfanges» die beruflichen Tätigkeiten der Versicherungsfachleute (Art. 6 Abs. 2 lit. l AVB der «Winterthur») und der Unternehmer (Art. 6 Abs. 2 lit. f AVB der «Winterthur») vom

Nicht immer sind wir auf solche Leitplanken angewiesen. Zuweilen schaffen schon die AVB der Versicherungsgesellschaften die nötige Klarheit. Dies trifft vor allem im Bereich der sogenannten Sonderrisiken zu. Ausdrücklich wird in den AVB (Art. 1 Abs. 4) der «Winterthur» festgehalten: «Nur aufgrund besonderer Vereinbarung versichert ist die Haftpflicht für Vermögensschäden[27] aus der Tätigkeit
a) als Verwaltungs- oder Stiftungsrat;
b) als Personenversicherungsexperte;
c) als Revisor von Banken, Sparkassen und bankähnlichen Finanzgesellschaften;
d) eines Rechtsanwalts oder Notars als Revisor oder Revisionsstelle von Unternehmungen und Stiftungen;
e) als Treuhänder und/oder ‹Protector› in ausländischen Treuhänderschaften und ‹Trusts› und als ‹Officer› (‹Treasurer›, ‹Secretary›) in ausländischen juristischen Personen;
f) eines Rechtsanwalts oder Notars als Liquidator von Unternehmungen, sofern nicht bereits Versicherungsschutz gemäss Art. 20 AVB (Haftpflicht als Verwaltungsrat von Aktiengesellschaften und Genossenschaften sowie als Stiftungsrat) für die zu liquidierende Unternehmung besteht[28].»

Da diese Tätigkeiten über die üblichen Nebenfunktionen des Anwalts hinausgehen, rechtfertigt sich einerseits deren Erwähnung und andererseits deren genaue Umschreibung. Dies im Gegensatz zu den üblichen Nebenfunktionen eines Anwalts, welche noch zu seinem beruflichen Tätigkeitsbereich zu zählen sind, wie etwa Aktivitäten als Sachwalter, Konkursverwalter, Testamentsvollstrecker, Vormund, Beistand und Schiedsrichter[29]. Auch hier sind kantonale Unterschiede zu berücksichtigen[30].

V. Versicherte Personen

In der Einmannpraxis ist der Anwalt im Umfange seiner beruflichen Tätigkeit versichert[31].

Einer klaren Versicherungsregelung bedarf auch die faktisch und rechtlich nicht immer einfache Situation der Anwaltskanzleien. Hier kommt sehr deutlich zum Ausdruck, dass je nach Beurteilung der Haftungsfrage unterschiedli-

Versicherungsschutz für den Anwalt ausgeschlossen werden und damit die Abgrenzung zwischen den betroffenen beruflichen Tätigkeitsgebieten klar aufgezeigt wird.
[27] Zur Abgrenzung der Sach- und Personenschäden von den reinen Vermögensschäden vgl. sogleich hinten VI B «Nach der Schadensart».
[28] Vgl. zur Versicherung von Sonderrisiken den Überblick bei HÜTTE, 118 ff.
[29] Vgl. SAV-Publikation, 5.
[30] Vgl. vorne IV «Versicherte Haftpflicht» am Anfang.
[31] Vgl. vorne IV «Versicherte Haftpflicht».

che Konsequenzen für die Deckung resultieren. Um sich vor negativen Überraschungen zu schützen, sollten die Anwälte von Kanzleien verschiedene Haftungsszenarien antizipieren und je nach Schlussfolgerung die anstehenden Fragen beantworten. Dabei ist von zwei grundsätzlich unterschiedlichen Varianten auszugehen:

- Verstehen sich die Anwälte als lose Bürogemeinschaft zur Tiefhaltung der Unkosten und treffen sie auch die erforderlichen Massnahmen, um diesem Selbstverständnis juristisch und in kommunikativer Hinsicht Ausdruck zu verleihen[32], so ist ihr Risiko sehr gering, für Schäden solidarisch zu haften, welche ein Mitglied der Bürogemeinschaft einem Klienten verursacht hat. Diesfalls genügt es grundsätzlich, wenn jeder Anwalt für seine berufliche Tätigkeit einen Versicherungsvertrag eingeht.
- Ist eine Anwaltsgemeinschaft hingegen als einfache Gesellschaft oder als Kollektivgesellschaft zu qualifizieren, so haften die Partner solcher Kanzleien für die Folgen von Pflichtverletzungen eines Kollegen in der Regel solidarisch[33]. Unter diesen Umständen kann es angezeigt sein, die entsprechende Personengesellschaft zu versichern[34]. Je nach Grösse und Tätigkeitsbereich einer solchen Kanzlei ist sodann die Höhe der Garantiesumme zu bestimmen[35]. Die genannten Kriterien können jedoch auch dazu führen, dass sich jeder Partner einzeln versichert, dabei aber die oben erwähnte Solidarhaft mitberücksichtigt[36].

Wie wir aus den Fällen der Fristversäumnisse wissen, kommt es für die Haftungsfrage nicht darauf an, ob die Verursachung des Fehlers beim Anwalt persönlich oder beim Kanzleipersonal liegt. Dem wird durch entsprechende AVB-Klauseln Rechnung getragen[37].

---

[32] Gemäss RUOSS, 98 f., sind dies: Abschluss eines klaren, den beschränkten Zweck der Gesellschaft und die Geschäftsführung regelnden Gesellschaftsvertrages; Unterzeichnung einer Einzelvollmacht bei Annahme des Mandats; keine gemeinsamen Konti; Einforderung von Kostenvorschüssen und Rechnungstellung auf einem persönlichen Formular; keine firmenmässige Unterzeichnung von Korrespondenz.

[33] Umfassend RUOSS, 77 ff.

[34] Der entsprechende AVB-Text lautet wie folgt: «Ist eine Personengesellschaft oder eine Gemeinschaft zu gesamter Hand Versicherungsnehmer oder wurde der Vertrag für Rechnung Dritter abgeschlossen, so sind die Gesellschafter, die Angehörigen der Gemeinschaft zur gesamten Hand oder die Personen, auf welche der Vertrag lautet, dem Versicherungsnehmer in Rechten und Pflichten gleichgestellt» (Art. 2. Abs. 1 lit. a 2. Satz AVB der «Winterthur»).

[35] Näheres zur Garantiesumme hinten bei VI C «Leistungen des Versicherers nach dem Umfang».

[36] Vgl. auch HÜTTE, 133.

[37] Art. 2 Abs. 2 lit. c AVB der «Winterthur» lautet wie folgt: «Versichert ist die Haftpflicht der übrigen Arbeitnehmer und Hilfspersonen des Versicherungsnehmers aus ihren dienstlichen Verrichtungen für den versicherten Betrieb und aus ihrer Tätigkeit im Zusammenhang mit den versicherten Grundstücken, Gebäuden, Räumlichkeiten und Anlagen. Ausgenommen sind jedoch Regress- und Ausgleichsansprüche Dritter für Leistungen, die sie den Geschädigten ausgerichtet haben.»

Mit der sogenannten Vorsorgeversicherung wird bezweckt, dass sich der Versicherungsschutz auch auf neue Gesellschafter, Mitglieder von Bürogemeinschaften und juristische Mitarbeiter erstreckt, und zwar ohne sofortige Anzeige an den Versicherer[38].

VI. Leistungen des Versicherers

A. *Nach der Art der Ansprüche*

Der rechtlichen Grundlage nach sind nur Ansprüche vom Versicherungsschutz erfasst, wenn sie auf *gesetzlichen Haftpflichtbestimmungen* gründen. Unerheblich ist, ob der Geschädigte diesen Anspruch aus Vertrag, aus unerlaubter Handlung oder sonstigen Bestimmungen ableitet; unbedingt erforderlich ist indessen ein *Haftpflichtanspruch*. Demzufolge fallen Eigenschäden des Anwalts[39] weg.

Die Beschränkung auf gesetzliche Haftpflichtbestimmungen[40] ist insofern von Bedeutung, als damit verhindert wird, dass durch eigenmächtige und unbedachte Massnahmen das Berufsrisiko erweitert und dadurch unberechenbar wird. Wenn also ein Anwalt seine Haftung im Einzelfall durch vertragliche Zusagen über den gesetzlichen Rahmen hinaus erweitert, so ist ihm in diesem Umfange die Deckung zu versagen[41]. Schliesslich gilt es noch zu unterstreichen, dass der Versicherungsschutz für reine Vermögensschäden nur für gesetzliche Haftpflichtansprüche nach *Schweizer Recht* gewährt wird[42]. Somit besteht keine Deckung, wenn gegen einen Anwalt ein Haftpflichtanspruch gestützt auf eine ausländische Haftungsnorm erhoben wird[43]. Wegen

---

[38] Die Meldepflichten richten sich nach dem vereinbarten Abrechnungsmodus; vgl. dazu Art. 2 Abs. 1 und Art. 16 Abs. 1 AVB der «Winterthur».

[39] Darunter sind Schäden zu verstehen, welche nur den Anwalt treffen und nicht einen Klienten bzw. Dritten, was notabene für die Haftpflicht(-Versicherung) begriffsnotwendig ist. Näheres hinten VIII «Einschränkungen des Versicherungsumfanges», am Ende.

[40] Vgl. Art. 6 lit. e: «Der Versicherungsschutz erstreckt sich nicht auf Ansprüche aufgrund einer vertraglich übernommenen, über die gesetzlichen Vorschriften hinausgehenden Haftung ...»

[41] Vgl. auch SAV-Publikation, 9.

[42] Vgl. Art. 1 Abs. 1 lit. b AVB der «Winterthur». Diese Bestimmung wird jedoch laufend relativiert. Wenn Besondere Vertragsbestimmungen (BVB) Vertragsbestandteil bilden, so wird regelmässig Versicherungsschutz für Haftpflichtansprüche nach europäischem Recht gewährt; vgl. sogleich unten Fn. 45.

[43] In SAV-Publikation, 10, wird ein Beispiel aufgeführt, wo Punitive Damages *(diese werden in Art. 6 Abs. 2 lit. k AVB der «Winterthur» ausdrücklich ausgeschlossen)* zu Recht als nicht versichert bezeichnet werden. Es wird aber darauf hingewiesen, dass dann Versicherungsschutz zu bejahen ist, wenn eine Haftung für den gleichen Sachverhalt gemäss Art. 49 OR möglich wäre.

des weiten örtlichen Geltungsbereichs[44] kommt es für die Deckungsfrage jedoch nicht darauf an, ob sich der Anwaltsfehler im In- oder Ausland ereignet hat. Selbst eine vor einem ausländischen Gericht gegen einen Rechtsanwalt erhobene Schadenersatzklage gilt als versichert, wenn sie auf schweizerischen gesetzlichen Haftpflichtnormen gründet.

Obschon die besagte Deckungseinschränkung auf den ersten Blick hart erscheinen mag, stimmt diese Lösung mit der Rechtswirklichkeit überein. Denn in der Regel wird für den Anwaltsvertrag schweizerisches Recht (und ein ebensolcher Gerichtsstand) vorgesehen, weshalb in den weitaus meisten Fällen ohnehin nur schweizerische Haftpflichtnormen zur Anwendung gelangen.

Betätigt sich ein Büro jedoch in einem weiteren geographischen Umfeld als der Schweiz, so kann ein entsprechender Versicherungsschutz ohne weiteres vereinbart werden. In diesem Sinne bieten die Versicherer Schutz gegen Schadenersatzansprüche, die gegen die versicherten Personen erhoben werden aufgrund gesetzlicher Haftpflichtbestimmungen europäischer Staaten wegen Vermögensschäden[45].

B. *Nach der Schadensart*

Hinsichtlich der Schadensart ist die Leistung des Versicherers in erster Linie auf den Ersatz von *(reinen) Vermögensschäden* ausgerichtet. Darunter sind Schäden zu verstehen, die weder Personen- noch Sachschäden darstellen, noch sich aus solchen herleiten lassen[46]. Diese reinen Vermögensschäden sind charakteristisch für Schadensfälle aus anwaltlicher Tätigkeit. Die häufigsten Anwaltsfehler belegen dies bestens: In aussichtsreicher Position verpasst der Rechtsanwalt die Frist zur Einreichung der Klageschrift. Beim Wording eines wichtigen Vertrages gehen in der Originalfassung zwei wichtige Textbausteine, z.B. jene über die entsprechenden Vertragsstrafen und die Verzugsfristen, vergessen. Folgende Konsequenzen sind möglich: Der Millionenprozess wäre zugunsten des Klägers/Mandanten ausgegangen und die fehlenden Klauseln wirkten sich in finanzieller Hinsicht enorm negativ aus. Selbstredend wird

---

[44] Vgl. Art. 5 Abs. 1 AVB der «Winterthur». Näheres dazu bei VII A «Örtlicher Geltungsbereich».

[45] Die Klausel der «Winterthur» lautet wie folgt: «Die ‹Winterthur› bietet aufgrund des Antrags Versicherungsschutz gegen Schadenersatzansprüche, die gegen die versicherten Personen erhoben werden aufgrund gesetzlicher Haftungsbestimmungen europäischer Staaten wegen Vermögensschäden.»

[46] Vgl. dazu den Wortlaut von Art. 1 Abs. 1 lit. b AVB der «Winterthur»: «Vermögensschäden, d.h. in Geld messbare Schäden, die weder auf einen Personenschaden noch auf einen Sachschaden zurückzuführen sind»; vgl. ferner zum Begriff des reinen Vermögensschadens FUHRER, 5. Dass die Schaffung einer Versicherung für reine Vermögensschäden am Ende des letzten Jahrhunderts ein Novum darstellte, wurde bereits in Fn. 2 erwähnt.

damit das Vermögen des Klienten geschmälert, oder in der Deckungssprache: Es entsteht ein reiner Vermögensschaden.

Zusätzlich zur Vermögensschadendeckung werden auch Personen- und Sachschäden versichert. Solche können den Anwalt aus dem Publikumsverkehr im Büro treffen, sind indes von geringer Bedeutung in der Praxis[47].

C. Nach dem Umfang

Wie etwa aus Art. 3 Abs. 1 AVB der «Winterthur» klar hervorgeht, bestehen die Leistungen in inhaltlicher Hinsicht «... in der Entschädigung begründeter und in der Abwehr unbegründeter Ansprüche (Rechtsschutz). Sie sind einschliesslich Zinsen, Schadenminderungs-, Expertise-, Anwalts-, Gerichts-, Schiedsgerichts- und Vermittlungskosten, Parteientschädigungen sowie mitversicherter Schadenverhütungskosten, pro Ereignis begrenzt auf die im Vertrag aufgeführte, um den vereinbarten Selbstbehalt reduzierte Garantiesumme».

Damit ist eine ganze Reihe von Themen angesprochen:
- Da sich bei der Entschädigung begründeter Ansprüche in der Praxis häufig komplizierte Haftungs- und in erster Linie Schadensberechnungsfragen stellen, sind im Rahmen der Deckungsfragen diese Belange zu vernachlässigen[48].
- Eine Leistung von nicht zu unterschätzendem Stellenwert ist der *passive Rechtsschutz*[49]. Hier kommen vor allem die ebenfalls explizit angesprochenen Prozess-, Anwalts-, Expertise- und Schiedsgerichtskosten zum Tragen. Die Abwehr bezieht sich häufig nicht nur auf unberechtigte, sondern auch auf überhöhte Forderungen. Dabei ist auch von grossem Nutzen, dass der Versicherer über Erfahrung und sachkundige Bearbeitung verfügt. In diesem Zusammenhang sei auch betont, dass der rechtzeitige Einbezug des Versicherers emotionale Verstrickungen und unergiebige Weiterungen des Konflikts verhindert[50].
- Garantiesumme und Serienschadensklausel:
  Da die Leistung des Versicherers pro Schadenereignis auf die im Zeitpunkt der Geltendmachung[51] in der Police genannte Versicherungs- oder Garantiesumme beschränkt ist, muss definiert werden, was als ein Ereignis zu betrachten ist. Als ein Schadenereignis gilt gemäss Art. 3 Abs. 2 AVB der

---

[47] Vgl. dazu Art. 1 Abs. 1 lit. a AVB der «Winterthur».
[48] Vgl. dazu vorne III B «Hilfsmittel für die Bewältigung der Schadenszurechnungsprobleme».
[49] Vgl. vorne II «Haftung und Deckung».
[50] Vgl. HÜTTE, 106; SAV-Publikation, 6/7.
[51] Vgl. auch dazu Art. 3 Abs. 3 AVB der «Winterthur» sowie unten die Ausführungen zum zeitlichen Geltungsbereich (vgl. vor allem Art. 5 Abs. 3 AVB der «Winterthur», wo es um das Anspruchserhebungsprinzip geht).

«Winterthur»: «Die Gesamtheit aller versicherten Schäden ... in verschiedenen Angelegenheiten aus derselben Ursache, sowie die Folge mehrerer Handlungen und Unterlassungen in derselben Angelegenheit». Als ein Ereignis gilt zum Beispiel, wenn der Anwalt eine wiederherstellbare Frist verpasst und zudem die Wiederherstellung versäumt[52].

Gleiche Deckung ist indes gegeben, «wenn mehrere Versicherte verschiedene Mandate bei der gleichen Unternehmung ... ausüben. Die Zahl der Geschädigten, Anspruchserhebenden und Berechtigten ist unerheblich»[53].

Als Selbstverständlichkeit bleibt anzufügen: Wenn schon zufolge Anwendbarkeit dieser Serienschadenklausel die Garantiesumme für alle sich aus dem einen Ereignis ergebenden Haftpflichtansprüche nur einmal zur Verfügung gestellt wird, so kann der Selbstbehalt auch nur einmal erhoben werden.

– Höhe der Garantiesumme:
Wie bereits angesprochen, wird die Leistung des Versicherers in betraglicher Hinsicht begrenzt durch die in der Police vereinbarte Garantiesumme. In der Regel wird für ein Einmann-Büro eine Versicherungssumme in der Höhe von einer bis zwei Millionen Franken vereinbart. Ist der Anwalt jedoch vorwiegend beratend tätig, oder erstreckt sich sein Aufgabenbereich auf Aktivitäten als Sachwalter, Konkursverwalter, Testamentsvollstrecker, Beistand, Vormund und Schiedsrichter, so ist es angezeigt, die Garantiesumme entsprechend zu erhöhen. Denn solche Tätigkeiten sind mit einem höheren Risiko behaftet als eine vorwiegend forensisch ausgerichtete Anwaltspraxis. Empfehlenswert ist es, schon bei Vertragsabschluss die Möglichkeit der Ausübung solcher Mandate zu berücksichtigen und die Versicherungssumme entsprechend festzulegen[54]. Leitlinie sollten indessen die tatsächlichen Risiken bleiben. Dabei sollte «jede existenzbedrohende Eventualität vermieden und die Belange des Mandanten nicht vernachlässigt werden»[55].

– Im Zusammenhang mit der Frage der betraglichen Festlegung der Garantiesumme ist es angebracht, die *Maximierungsklausel* zu beachten. Danach

---

[52] Vgl. dazu auch FUHRER, 114 f., welcher ein Beispiel aus dem Tätigkeitsbereich des Treuhänders nennt. Aus der Praxis sei ein weiteres Beispiel angefügt: Ein Anwalt arbeitet für einen Klienten einen Vertrag aus, welcher fehlerhaft ist. Der Fehler wird aber nicht entdeckt, so dass der Anwalt auch für weitere Klienten den Wortlaut des fehlerhaften Vertrags benützt. Nach einiger Zeit erheben alle betroffenen Klienten Schadenersatzansprüche gegen den Anwalt, und zwar wegen des nunmehr erkannten Mangels in den entsprechenden Verträgen. Zweifellos ist hier von *einem* Ereignis auszugehen.
[53] Art. 3 Abs. 2 AVB der «Winterthur» am Ende.
[54] Höhere Garantiesummen sind allerdings zuschlagspflichtig. Ferner gilt es zu beachten, dass höhere Versicherungssummen oft als Einmalgarantie pro Versicherungsjahr vereinbart werden, vgl. SAV-Publikation, 7.
[55] SAV-Publikation, 7.

wird beispielsweise die Höchstleistung der «Winterthur» für alle Schadenfälle während der fünfjährigen Vertragsperiode auf das Dreifache der Versicherungssumme beschränkt[56]. Glücklicherweise hat diese Klausel nur marginale Bedeutung, ist es doch sehr selten, dass dasselbe Büro innerhalb von fünf Jahren mehrmals mit Haftpflichtansprüchen konfrontiert wird[57].
– Eine betragliche Schmälerung der Leistung des Versicherers stellt auch der vom Versicherungsnehmer zu tragende Teil dar. Dieser – genannt *Selbstbehalt* – beträgt bei den Vermögensschäden[58, 59] üblicherweise 10% des Schadens, höchstens jedoch 5% der abgemachten Garantiesumme. Bei einer Garantiesumme von Fr. 1 Mio. sind das höchstens Fr. 50 000.–[60]. Diese Selbstbehaltsregelung entspricht dem Zweck der Berufshaftpflichtversicherung, geht es doch darum, die Existenz des Anwalts zu sichern[61], Bagatellschäden hingegen sollen ihm nicht abgenommen werden[62].

In der Praxis spielt die Höhe des Selbstbehaltes zuweilen eine mitentscheidende Rolle, wenn es darum geht, seitens des Versicherers die Interessenlage des versicherten Anwalts zu berücksichtigen[63]. Bei hohem Selbstbehalt kann es vorkommen, dass sich der betroffene Rechtsanwalt kompromisslos und

---

[56] Vgl. dazu den vollen Wortlaut der Maximierungsklausel der «Winterthur» in Art. 3 Abs. 5 AVB: «Für sämtliche während einer Frist von 5 vollen Versicherungsjahren oder während einer kürzeren Vertragsdauer gegen die Versicherten erhobenen Schadenersatzansprüche sowie Schadenverhütungskosten zusammen sind die Leistungen der ‹Winterthur› auf das Dreifache der pro Ereignis vereinbarten Garantiesumme begrenzt. Diese Frist beginnt mit dem in der Police festgesetzten Vertragsbeginn. Nach Ablauf der vereinbarten Vertragsdauer, bei Änderung der Garantiesumme oder bei Ersatz des bestehenden durch einen neuen Vertrag beginnt eine neue Frist, sofern nichts Gegenteiliges vereinbart wird.»

[57] Vgl. HÜTTE, 114; ferner allgemein zur Maximierungsklausel auch FUHRER, 115 f.

[58] Bei Sachschäden und Schadenverhütungskosten hat der Versicherungsnehmer Fr. 100.– pro Ereignis selber zu tragen (vgl. Art. 4 Abs. 1 AVB der «Winterthur»).

[59] Selbstverständlich bezieht sich der Selbstbehalt auch auf die Kosten der Abwehr unberechtigter Ansprüche (vgl. Art. 4 Abs. 3 AVB der «Winterthur»).

[60] Präzisierend ist festzuhalten, dass selbst bei höheren Garantiesummen der Selbstbehalt nicht höher als Fr. 50 000.– angesetzt wird.

[61] Vgl. dazu vorne I «Einleitung».

[62] Aus den Anfängen der Berufshaftpflichtversicherung in Deutschland ist folgendes bekannt: «Die Regelung der Selbstbeteiligung geht auf einen ausdrücklichen Wunsch des damaligen kaiserlichen Aufsichtsamtes für Privatversicherung zurück, das schon bei der Konzessionierung der Vermögensschaden-Haftpflichtversicherung eine ausreichende Beteiligung des Anwalts verlangte. Eine volle Schadensdeckung hätte nach Auffassung des Amtes die Gefahr hervorgerufen, fahrlässigem Verhalten Vorschub zu leisten und das Verantwortungsgefühl zu mindern. Diesen Grundsatz hat das Aufsichtsamt stets als fundamental behandelt, zumal bei der exponierten Stellung der Anwaltschaft in der Öffentlichkeit auch nur der Anschein einer Beeinträchtigung des Verantwortungsbewusstseins vermieden werden muss. Mit § 51 Abs. 5 BRAO hat der Gesetzgeber dieser Auffassung Rechnung getragen» (POTT, 58).

[63] Grundsätzliches dazu vgl. IX «Schadensbehandlung».

kampfesfreudig zeigt, während er bei tieferem Selbstbehalt eher zur mandantenfreundlichen Schadenregulierung neigt[64].

VII. Geltungsbereich

A. *Örtlicher Geltungsbereich*

Mit Ausnahme der USA und Kanada gilt die Versicherung weltweit[65]. Damit wird jedoch nur (aber immerhin in geographischer Hinsicht) umschrieben, wo überall der *Schadenseintritt* als versichert gilt[66]. Dies in Abgrenzung zur Bezeichnung der *Anspruchsgrundlage*, welche in Art. 1 Abs. 1 AVB der «Winterthur» vorgenommen wird, wo – wie wir bereits wissen – nur Versicherungsschutz geboten wird für Schadenersatzansprüche, die gegen die versicherte Person erhoben werden aufgrund *schweizerischer* gesetzlicher Haftpflichtbestimmungen wegen Vermögensschäden[67].

B. *Zeitlicher Geltungsbereich*

Seit Ende der 70er Jahre[68] gilt auch in der Schweiz für Vermögenshaftpflichtversicherungen das Anspruchserhebungsprinzip, häufig auch nach dem englischen Terminus «Claims-made-Prinzip» benannt. Dieses Prinzip bedeutet, dass nur diejenigen Schadenersatzansprüche Versicherungsschutz geniessen, welche innerhalb der Vertragsdauer geltend gemacht werden.

Beim Claims-made-Prinzip sind folgende Konstellationen unproblematisch:
– Wird ein Schaden während der Versicherungsdauer verursacht und erstmals geltend gemacht, so ist Versicherungsschutz zweifellos zu gewähren.
– Der Versicherungsschutz ist klar zu verneinen, wenn ein Schaden nach Ablauf der Versicherungsdauer verursacht und geltend gemacht wird[69].

---

[64] Vgl. auch HÜTTE, 114.
[65] In zeitlicher Hinsicht präzisierend wird in Art. 5 Abs. 1 2. Satz AVB der «Winterthur» noch folgendes festgehalten: «Sie (die Versicherung) erstreckt sich dabei auf Ansprüche, die während der Wirksamkeit der Police (Vertragsdauer und Nachversicherungsdauer) gegen einen Versicherten erhoben werden.» Näheres sogleich unten B «Zeitlicher Geltungsbereich».
[66] Vgl. FUHRER, 64 ff., welcher anhand eines einleuchtenden Beispiels darstellt, weshalb diese Lösung gerade für Vermögensschäden vorteilhaft ist.
[67] Vgl. dazu den Wortlaut von Art. 1 Abs. 1 lit. b AVB der «Winterthur» und vorne VI A «Leistungen des Versicherers nach der Art der Ansprüche».
[68] Bis 1977 galt das Verursacherprinzip, wonach versichert war, was innerhalb der Vertragsdauer verursacht wurde. Vgl. zu den Gründen dieses Wechsels FUHRER, 71 f.
[69] Vgl. dazu Art. 5 Abs. 6 letzter Satz AVB der «Winterthur»: «Nicht versichert sind Ansprüche aus Schäden, die nach Vertragsende verursacht worden sind.»

– Dasselbe resultiert, wenn diese Ereignisse in die Phase vor Versicherungsbeginn fallen.

Problematisch sind jedoch diejenigen Fälle, wo Verursachung und Geltendmachung nicht in die gleiche Zeitperiode fallen. Bei der anwaltlichen Tätigkeit können sich solche Umstände durchaus ergeben, liegt doch des öftern zwischen Verursachung und Geltendmachung eines Ersatzanspruchs eine lange Zeitspanne.

Auch hier gilt es, zwei unterschiedliche Situationen zu beachten:
– Weniger heikel ist heute jene, in der ein Schaden während der Vertragsdauer verursacht und erst nach deren Ablauf geltend gemacht wird. Früher, d.h. vor der Tarifanpassung im Jahre 1990, bestand dafür kein Versicherungsschutz, wenn nicht gegen entsprechende Prämie eine Nachversicherung abgeschlossen wurde[70]. Heute erstreckt sich der Versicherungsschutz ohne Zusatzprämie *bei Aufgabe der Praxis oder dem Tod des Versicherungsnehmers*[71] auch auf Ansprüche aus Schäden, die während der Versicherungsdauer verursacht wurden, aber erst nach Erlöschen der Versicherung und innerhalb der gesetzlichen Verjährungsfristen geltend gemacht werden[72]. Nicht erfasst sind damit aber die Fälle eines Versichererwechsels und jene, in denen ein Schaden vor Vertragsbeginn verursacht und nach Ablauf der Vertragsdauer erstmals geltend gemacht wird.
– Heikler sind indessen diejenigen Fälle, in denen ein Schaden vor Versicherungsbeginn verursacht und während der Vertragsdauer erstmals geltend gemacht wird. Heikel deshalb, weil verhindert werden muss, dass im Wissen um begangene Fehler Versicherungsschutz beantragt wird. Davor schützt sich der Versicherer berechtigterweise, indem er vom Versicherten in der erwähnten Situation den Gutglaubensbeweis verlangt[73]. Somit hat der Anwalt nachzuweisen, dass er bei Vertragsbeginn von den Umständen, nach denen damit gerechnet werden muss, dass ein Anspruch gegen ihn oder gegen einen anderen Versicherten erhoben werde, *keine Kenntnis hatte oder hätte erhalten können*[74]. Daraus geht unmissverständlich hervor,

---

[70] Leider treten vereinzelt solche Fälle auch heute noch auf. Wurde es bei der Aufgabe der Praxis unterlassen, eine Nachversicherung abzuschliessen, so bekommt man die Nachteile des Claims-made-Prinzips für Spätschäden entsprechend zu spüren.

[71] Damit wird die von FUHRER, 77, geäusserte und mit einem drastischen Beispiel illustrierte Kritik gegenstandslos.

[72] Vgl. Art. 5 Abs. 6 AVB der «Winterthur». In dieser Bestimmung findet zusätzlich noch folgende Selbstverständlichkeit Erwähnung: «Nicht versichert sind Ansprüche aus Schäden, die nach Versicherungsende verursacht worden sind». Vgl. auch oben Fn. 62.

[73] Vgl. dazu FUHRER, 72 ff. und GROSS, 179.

[74] Art. 5 Abs. 2 AVB der «Winterthur». Diese Bestimmung lautet im Volltext: «Als Zeitpunkt der Anspruchserhebung gilt derjenige, in welchem ein Versicherter erstmals von Umständen Kenntnis erhält oder hätte erhalten können, nach denen damit gerechnet werden muss, dass ein Anspruch gegen ihn oder gegen einen anderen Versicherten erhoben werde, spätestens jedoch, wenn ein Anspruch mündlich oder schriftlich geltend gemacht wird.» Abs. 3 desselben Artikels erwähnt das Claims-made-Prinzip im Zusam-

dass der Zeitpunkt der Anspruchserhebung nicht erst gegeben ist, wenn ein Anspruch konkret mündlich oder schriftlich erhoben wird[75]. Es genügt, dass mit Ansprüchen bloss gerechnet werden muss[76].

VIII. Einschränkungen des Versicherungsumfanges

Die AVB für Rechtsanwälte, Notare, Treuhänder und Bücherexperten enthalten unter dem eben genannten Titel nur wenige Bestimmungen, die speziell auf die Situation des Anwalts ausgerichtet sind[77]. Ohne Anspruch auf Vollständigkeit erheben zu wollen, jedoch unter Berücksichtigung ihrer Bedeutung seien einige Ausschlussbestimmungen erwähnt bzw. kommentiert[78]:
– Keine Versicherungsdeckung wird gewährt für Schäden an Sachen, die zum Gebrauch, zur Verwahrung oder Beförderung übernommen werden[79]. Verwahrt der Anwalt Dokumente, z.B. Testamente, oder Gegenstände für seine Klientschaft und hat er für deren Beschädigung haftpflichtrechtlich einzu-

---

menhang mit der Serienschadenklausel (vgl. Art. 3 Abs. 2 AVB der «Winterthur»), welcher wie folgt lautet: «Sämtliche Ansprüche aus einem Schadenereignis gemäss Art. 3 Abs. 2 gelten als in dem Zeitpunkt erhoben, in welchem erstmals Ansprüche gemäss Abs. 2 hievor erhoben werden.»

[75] Für FUHRER, 75, ist der Anspruchserhebungszeitpunkt dann gegeben, wenn der Versicherte erstmals von einem Geschädigten mündlich oder schriftlich die Mitteilung erhält, dass dieser gegen ihn einen Schadenersatzanspruch stellen werde oder dann, *wenn der Versicherte Kenntnis von Umständen erhält, nach welchen ernsthaft damit gerechnet werden muss, dass gegen ihn Ansprüche erhoben werden.* Es versteht sich von selbst, dass mit der Wortkombination «ernsthaft damit gerechnet werden muss» der Interpretation mehrere Möglichkeiten offen stehen.

[76] Vgl. dazu auch HÜTTE, 116, welcher die hier behandelte Problematik mit folgenden eingängigen Formulierungen erfasst: «Würden Sie ein brennendes Haus noch gegen Feuer versichern, wenn sie den ‹sicheren› Brandschaden entschädigen müssten? Nicht anders ist aber auch die Situation des neuen Versicherers. Er ist nicht bereit, Schäden zu versichern, die bereits auf dem Tisch liegen oder die so sicher sind wie das Amen in der Kirche. Er beruft sich auf Art. 9 Abs. 1 VVG. Wer ‹sicher zu erwartende› Schadensmeldungen als Mitgift in ein neues Versicherungsverhältnis einbringt, darf sich nicht wundern, wenn der Versicherer diesen ‹Vertrauensbeweis› mit einer gesteigerten Genauigkeit beantwortet. Auf Kulanz kann der Kunde in solchen Fällen kaum zählen. Auch der abgelöste Versicherer zeigt in dieser Situation für Kulanz kein offenes Ohr mehr. Durch das Claims-made-Prinzip wird dem Versicherten der Wechsel des Versicherers also erheblich erschwert.»

[77] Wie HÜTTE, 116, zutreffenderweise feststellt, liegt das daran, dass die unter dem besagten Titel abgedruckten Bestimmungen teils der Betriebshaftpflichtversicherung entnommen wurden, teils auf den Notar, den Treuhänder oder den Vermögensverwalter zugeschnitten sind.

[78] Vgl. dazu auch die übersichtliche Zusammenstellung bei HÜTTE, 117.

[79] Vgl. Art. 6 Abs. 1 lit. i AVB der «Winterthur».

stehen, so geniesst er dafür keinen Versicherungsschutz. Auf Begehren hin kann jedoch eine spezielle Versicherungslösung geprüft werden.
- Keine Deckung wird gewährt für Schäden, deren Eintritt vom Versicherungsnehmer mit hoher Wahrscheinlichkeit erwartet werden mussten[80]. Gleiches gilt für Schäden, die im Hinblick auf die Wahl einer bestimmten Arbeitsweise zwecks Senkung der Kosten oder Beschleunigung der Arbeit in Kauf genommen wurden[81]. Unterlässt es z.b. ein Anwalt aus Kostengründen, seinen Bürobetrieb so zu organisieren, dass auch während seiner Abwesenheit das Nötige vorgekehrt werden kann, um Fristen einzuhalten, so ist ihm der Versicherungsschutz zu versagen, musste doch unter diesen Umständen mit hoher Wahrscheinlichkeit ein Schaden erwartet werden.
- Versicherungsschutz wird nicht gewährt auf Ansprüche aus Schäden, die aus Beratung in Finanzgeschäften entstehen. Als Beratung gilt die Empfehlung oder der Ratschlag im Zusammenhang mit Investitionen[82]. Die guten Tips für Entscheide in Warentermingeschäften oder die Empfehlung, den grössten Teil des Vermögens in vielversprechenden Aktien anzulegen, sind also nicht versichert. Dasselbe gilt für die Beurteilung der Echtheit von Wertpapieren. Wer sich im besagten Sinn verhält, verlässt das Tätigkeitsfeld eines Anwalts und geht schon deshalb des Versicherungsschutzes verlustig, weil Gegenstand der Berufshaftpflichtversicherung nur die eigentliche Anwaltstätigkeit ist[83]. Diese umfasst hingegen auch bei Finanzgeschäften die rein juristische Beratung, bei der das Fachwissen des Anwalts gefragt ist. Selbstredend gilt der oben erwähnte Ausschluss dafür nicht. Der Anwalt kann also getrost tätig werden, wenn es darum geht, die juristischen Belange der Gründung eines Anlagefonds zu klären, und zwar selbst dann, wenn dieser höchst spekulativen Zwecken dient[84].
- Eine ähnliche Unterscheidung liegt einem weiteren Ausschluss zugrunde: Keine Deckung wird gewährt für Beratung in Versicherungsfragen[85]. Dieser Ausschluss betrifft die Beratung hinsichtlich Inhalt und Bedarf von Versicherungsprodukten bzw. -lösungen und beschlägt somit das berufliche

---

[80] Vgl. auch die Darstellung des Claims-made-Prinzips, VII B «Zeitlicher Geltungsbereich».
[81] Vgl. Art. 6 Abs. 1 lit. o AVB der «Winterthur».
[82] Vgl. Art. 6 Abs. 2 lit. c AVB der «Winterthur». Was als Beratung und bezüglich deren Umfang gelten soll, wird im Volltext dieser Bestimmung wie folgt umschrieben: «Als Beratung gilt unter anderem Ratschlag/Empfehlung im Zusammenhang mit Investitionen bzw. Reinvestitionen, An- oder Verkauf sowie Vermittlung von Geld, Devisen, Aktien, Schuldscheinen, Wertpapieren aller Art, Immobilien oder von sonstigen Sach- und Vermögenswerten.»
[83] Vgl. vorne IV «Versicherte Haftpflicht».
[84] Vgl. dazu SAV-Publikation, 9, wo auch ein einschlägiges Beispiel des «todsicheren» Tips der Anlage in Aktien einer kanadischen Silbermine (ZR 72 Nr. 58) erwähnt wird, wofür selbstredend keine Deckung gegeben ist.
[85] Vgl. Art. 6 Abs. 2 lit. l AVB der «Winterthur».

Tätigkeitsgebiet des Versicherungsfachmannes und nicht jenes des Anwalts[86]. Dieser ist indes sehr wohl versichert, wenn er Versicherungs*rechts*fragen zu lösen hat.
- Fast gleich verhält es sich auch beim nächsten Ausschluss: Keine Deckung ist gegeben für Schäden aus der geschäftsführenden Tätigkeit (in erster Linie der Anwalt als faktisches Organ) in Unternehmungen[87]. Auch hier wird klargestellt, dass unternehmerische Tätigkeit nicht über die Berufshaftpflichtversicherung des Anwalts gedeckt werden kann. Das leuchtet um so mehr ein, als auch in der Betriebshaftpflichtversicherung das Unternehmerrisiko nicht versicherbar ist[88].
- Anders als die eben erwähnten Ausschlüsse ist die sogenannte Verbrechens- und Vergehensklausel ausgestaltet: Der Versicherungsschutz erstreckt sich nicht auf Ansprüche aus Schäden, die anlässlich der vorsätzlichen Begehung von Verbrechen, Vergehen sowie Übertretungen von gesetzlichen und behördlichen Vorschriften verursacht werden. Dabei ist unerheblich, ob die Ansprüche gegen den Täter selbst oder gegen seine Vorgesetzten erhoben werden, die für die Tat einstehen müssen[89]. Dass kriminelle Handlungen nicht versicherbar sind, bedarf keiner weiteren Erläuterung. Betont sei jedoch, dass nur vorsätzlich begangene Rechtsverletzungen unter diesen Ausschluss fallen, fahrlässige hingegen nicht. Bei grobfahrlässigen Schädigungen kann die Leistung aber nach Art. 14 Abs. 2 VVG gekürzt werden.
- Nicht versichert sind Ansprüche öffentlich-rechtlicher Art wie nicht abgeführte Steuern oder Sozialversicherungsbeiträge (Art. 52 AHVG) sowie Ansprüche im Zusammenhang mit Konventionalstrafen[90]. Da es sich dabei nicht um Ansprüche aufgrund gesetzlicher Haftpflichtbestimmungen handelt[91], sondern um einen öffentlich-rechtlichen Erfüllungsan-

---

[86] Vgl. dazu die obigen Bemerkungen zur Unterscheidung der Tätigkeitsbereiche von Finanzberater und Anwalt; vgl. ferner vorne IV «Versicherte Haftpflicht».
[87] Vgl. Art. 6 Abs. 2 lit. f sowie lit. g AVB der «Winterthur»; vgl. ferner vorne IV «Versicherte Haftpflicht».
[88] Vgl. Art. 6 lit. h der einschlägigen Betriebshaftpflicht-AVB.
[89] Diese wichtige Konkretisierung lautet im Volltext wie folgt: «... Dabei ist unerheblich, ob die Ansprüche erhoben werden
 – gegen den Täter selbst;
 – gegen Versicherte, welche für die Handlungen oder Unterlassungen des Täters einzustehen haben (z.B. leitende Angestellte, Mitglieder der Direktion oder der Geschäftsführung);
 – gegen Mitglieder des Verwaltungs- bzw. Stiftungsrats, welche für die Handlungen oder Unterlassungen des Täters einzustehen haben. Ist aufgrund besonderer Vereinbarung die Haftpflicht als Verwaltungs- bzw. Stiftungsrat mitversichert, übernimmt die ‹Winterthur› bezogen auf das entsprechende Mandat die Abwehr unberechtigter Ansprüche (Rechtsschutz). ...» (Art. 6 Abs. 2 lit. h AVB der «Winterthur»).
[90] Vgl. Art. 6 Abs. 2 lit. m AVB der «Winterthur».
[91] Vgl. Art. 1 Abs. 1 AVB der «Winterthur».

spruch⁹², versteht es sich von selbst, dass dafür der Versicherungsschutz versagt bleiben muss.
- Der schliesslich zu besprechende Ausschluss ist ebenso klar – vom Grundsätzlichen her betrachtet – wie nötig, um im konkreten Fall allfällige Unsicherheiten zu beseitigen. Klar ist, dass *Eigenschäden* des Versicherungsnehmers in einer Haftpflichtversicherung keine Berücksichtigung finden können. Der Versicherer hat demnach dem Anwalt Honorarverluste infolge schädigender Handlungen nicht zu ersetzen. Bekanntlich entfällt der *Honoraranspruch* gänzlich oder zumindest teilweise bei unsorgfältiger Erfüllung des Mandats[93]. Demzufolge kann der geschädigte Klient den Honoraranspruch ganz oder teilweise bestreiten. Entschädigt nun aber der Haftpflichtversicherer des Anwalts dessen Klienten, so fällt diese Bestreitungsmöglichkeit dahin. Wenn der schädigende Anwalt sein Honorar aber bereits erhalten hat, muss er es in Relation zur begangenen Pflichtverletzung zurückerstatten. Eine ungerechtfertigte Bereicherung des fehlbaren Anwalts ist auch zu verhindern, falls die Honorarschuld noch nicht beglichen wurde[94]. Den beschriebenen Umständen trägt die Honorarklausel in den AVB der «Winterthur» Rechnung, welche wie folgt lautet: «Der Versicherungsschutz erstreckt sich nicht auf Ansprüche im Umfang des Betrages, welcher der Höhe des Honorars des Versicherten in derjenigen Angelegenheit entspricht, anlässlich welcher die haftpflichtbegründende Handlung oder Unterlassung erfolgt ist[95]».

IX. Schadensbehandlung

Wie bereits an verschiedenen Stellen angesprochen, stellen sich bei Anwaltshaftpflichtfällen vielschichtige Probleme. Um Klarheit bei Haftung wie Deckung zu erlangen, bedarf es deshalb der genauen Erfassung des Sachverhalts. Schon aus diesem Grunde ist es wichtig, die ersten Anzeichen eines sich anbahnenden Haftpflichtfalles nicht zu ignorieren. Sobald sich diese verdichten, ist der Versicherer zu informieren[96]. Eine rechtzeitige und genaue Information gewährleistet auch eine sachkundige Beratung und Unterstützung seitens des Versicherers. Weder Verdrängung noch ein Vorgehen auf eigene Faust stellen angemessene Lösungsvarianten dar. Letzteres verstösst gar ge-

---

[92] Kritisch dazu ZEENDER, 71 ff.
[93] Vgl. BGE 108 II 198 f.; ferner DERENDINGER, 214 f.
[94] Vgl. dazu auch HÜTTE, 115.
[95] Art. 6 Abs. 2 lit. i AVB der «Winterthur».
[96] Dazu sind die Versicherten auch gemäss Art. 12 Abs. 1 AVB der «Winterthur» verpflichtet: «Den Eintritt eines Ereignisses, dessen voraussichtliche Folgen die Versicherung betreffen können, hat der Versicherungsnehmer der ‹Winterthur› unverzüglich anzuzeigen, spätestens aber, wenn gegen einen Versicherten ein Anspruch erhoben worden ist...».

gen die Versicherungstreue. Denn der Rechtsanwalt als Versicherungsnehmer ist verpflichtet, direkte Verhandlungen mit dem Geschädigten über Ersatzansprüche, jede Anerkennung einer Forderung, den Abschluss eines Vergleichs und die Leistung von Entschädigungen zu unterlassen, sofern der Versicherer dazu keine Zustimmung erteilt[97]. Das bedeutet hingegen nicht, dass es zuweilen auch sinnvoll sein kann, wenn der Anwalt mit dem geschädigten Klienten selber verhandelt; allerdings erst, nachdem er sich mit seinem Versicherer über das angemessene Vorgehen verständigt hat. Erfahrungsgemäss ist es aber in der Mehrzahl der Fälle von Vorteil, dem Versicherer die Regulierung der Schadensangelegenheit zu überlassen. Er kann die Angelegenheit objektiver und mit der Erfahrung aus vielen Schadensfällen angehen[98]. Dies hat sich in einer Vielzahl von Fällen über Jahre hinweg bewährt. Sollte ausnahmsweise keine Verständigung erzielt werden können und beschreitet der Geschädigte den Prozessweg, so führt die Versicherung den Prozess auf ihre Kosten[99]. Selbstredend stellt die Versicherung im Prozess einen Anwalt, denn die Erfahrung lehrt, dass man in eigener Sache nicht der beste Anwalt ist.

---

[97] Art. 13 Abs. 2 AVB der «Winterthur».
[98] Ausführlich dazu HÜTTE, 105 ff.
[99] Art. 13 Abs. 4 AVB der «Winterthur», wo noch ausgeführt wird, dass eine allfällige dem Versicherten zugesprochene Prozessentschädigung dem Versicherer zustehe, soweit sie nicht zur Deckung persönlicher Auslagen des Versicherten bestimmt sei.

ALAIN B. LÉVY

L'avocat en tant que gestionnaire de fortune

Table des matières

I. Introduction

II. L'avocat gérant de fortune
   A. L'obligation de rendre le service promis
   B. L'obligation de respecter les instructions du client
   C. L'obligation d'assurer une exécution bonne et fidèle du contrat
      1. L'obligation de diligence
      2. L'obligation de fidélité
   D. L'obligation d'information
   E. L'obligation de présenter des comptes
   F. L'obligation de discrétion
   G. L'obligation de restituer
   H. Autres obligations
   I. Les obligations du client

III. L'avocat intermédiaire financier
   A. L'obligation de diligence
   B. L'obligation de témoigner
   C. Les obligations en matière de blanchiment d'argent
      1. Obligations de diligence
      2. Obligation en cas de soupçons de blanchiment d'argent
      3. Le système de surveillance

IV. Conclusion

I. Introduction

L'avocat est un homme de loi qui non seulement représente et assiste les parties en justice, mais aussi offre des services à sa clientèle au-delà de simples conseils juridiques. Bénéficiant de la liberté économique garantie par l'art. 31 de la Constitution fédérale, l'avocat, en concurrence avec les banques et les fiduciaires, est en mesure par son professionnalisme de répondre à la demande d'une clientèle dans le domaine financier, en présentant l'avantage d'être totalement indépendant et lié par un strict secret professionnel.

    L'implication de plus en plus fréquente des avocats dans la gestion de fortune a eu pour cause, en partie du moins, l'introduction dans les années 1980 par la convention de diligence des banques de l'obligation pour les banques d'identifier l'ayant droit économique des valeurs déposées et gérées.

A l'origine, la convention préservait le secret professionnel des avocats, ce qui leur a permis d'ouvrir des comptes au nom d'entités offshore et de ne pas révéler, du moins sur base d'un document, l'identité de l'ayant droit économique de la relation bancaire. Les banques elles-mêmes ont alors conseillé à leurs clients de s'adresser à un avocat, afin qu'ils bénéficient du secret professionnel s'ajoutant au secret bancaire qui connaissait de plus en plus de limites de par le développement de l'entraide judiciaire. Cette pratique a cessé lorsque la Commission fédérale des banques est intervenue pour exiger la suppression de la formule «B» prévue par la convention de diligence.

L'activité de l'avocat dans le domaine de la gestion de fortune n'a pas pour effet de le métamorphoser en un gérant de fortune. D'une part, elle ne peut être exercée qu'à titre accessoire, car si elle l'était à titre principal, elle ferait perdre à l'avocat son statut d'indépendant qui relève de la profession libérale pour celui d'une entreprise commerciale[1]. D'autre part, elle est souvent faussement qualifiée de gestion de fortune, tandis que l'avocat se borne, comme intermédiaire financier, à constituer et administrer des sociétés, fondations ou trusts dont les avoirs sont gérés par des banques ou des gérants de fortune professionnels[2].

L'avocat n'exerce une activité de gérant de fortune que s'il est au bénéfice d'un mandat de gestion proprement dit, ce qui est assez rare compte tenu des compétences nécessaires à l'exercice de ce métier et des obligations qui en résultent.

II. L'avocat gérant de fortune

L'activité de l'avocat dans le domaine financier peut consister en la gestion de fortune ou le conseil en placements. Il y a gestion de fortune si l'avocat entreprend pour ses clients des investissements bancaires et conseil en placements s'il se borne à recommander des investissements à ses clients.

L'avocat, qui gère lui-même, place les fonds des clients en fonction des pouvoirs qui lui ont conférés et qui peuvent lui laisser une marge de discrétion ou lui fixer des limites. L'avocat doit alors sélectionner les instruments de placement et les répartir en fonction des risques et de la performance que le client désire réaliser.

La gestion de fortune suppose ainsi un contrat dont la nature reste controversée, mais auquel s'applique, selon la jurisprudence, les règles sur le mandat[3], notamment celles qui régissent la portée des instructions du client, les devoirs de fidélité et de diligence ainsi que la responsabilité du gérant.

---

[1] DREYER (L'avocat), 406.
[2] LÉVY (L'avocat), 245 ss.
[3] ATF 115 II 62; 119 II 333; SJ 1994, 729; SJ 1996, 195.

L'avocat, qui conclut un contrat de gestion de fortune, se trouve dans la même situation qu'un gérant indépendant et il est soumis aux mêmes règles qui se superposent à celles qui régissent son activité d'avocat, notamment les règles déontologiques.

L'avocat qui a une activité de gérant de fortune ne tombe pas sous le coup de la loi sur les banques à condition qu'il n'ait pas d'activité «bancaire», c'est-à-dire s'il n'accepte pas des dépôts du public à titre professionnel ou en d'autres termes:
- si la gestion est organisée de telle manière que les clients n'ont aucun avoir en compte chez l'avocat;
- si de tels avoirs résultent simplement des opérations de gérance et que le gérant n'accorde aucun intérêt sur ces dépôts et que la contre-valeur est exclusivement placée sur un compte de chèque postal ou en avoirs en banque à vue ou à terme ou en titres facilement réalisables.[4]

L'avocat qui accepte le dépôt d'avoirs de clients et effectue des opérations qu'il «décompte» comme contrepartie ou comme commissionnaire tombe, en tant que «négociant en bourse», sous le coup de l'art. 2 lettre d) de la nouvelle loi du 24 mars 1995 sur les bourses et le commerce de valeurs mobilières. Il en va de même s'il agit à titre fiduciaire et négocie en son propre nom des valeurs mobilières pour le compte de ses clients, en déposant ces valeurs sur un compte collectif auprès d'une banque. Ainsi, l'avocat qui gère les avoirs des clients auprès d'une banque n'est assujetti ni à la loi fédérale sur les banques et les caisses d'épargne ni à la loi sur les bourses et le commerce de valeurs mobilières.

Cependant, l'avocat a une activité d'intermédiaire financier et tombe sous le coup de la nouvelle loi fédérale concernant la lutte contre le blanchiment d'argent dans le secteur financier que les Chambres fédérales ont adoptée le 10 octobre 1997[5].

L'activité de gestion de fortune proprement dite de l'avocat entraîne des obligations qu'imposent les règles du mandat, notamment celle d'assurer une exécution bonne et fidèle du contrat conclu avec le client. Les règles du mandat applicables au gérant de fortune le sont aussi à l'avocat qui a une activité de gestion, mais l'avocat est au surplus tenu de respecter les propres règles de sa profession. Parmi les obligations spécifiques du gérant, il faut citer celles qui découlent de l'art. 11 LBVM applicables par analogie si le gérant n'est pas assujetti à cette loi et des directives ou normes des organisations professionnelles telles que les directives de l'Association suisse des banquiers ou le code de conduite de l'Association suisse des gérants de fortune que ne

---

[4] Cf. Circulaire CFB 81/2, BF 97, 31–5.
[5] Loi publiée dans FF 1997 IV 723 et Message du Conseil fédéral du 17 juin 1996, FF 1996 III 1057.

manqueraient pas d'appliquer les tribunaux, lors de l'examen de la responsabilité de l'avocat comme gérant.

Les obligations principales sont les suivantes[6]:

A. *L'obligation de rendre le service promis*

L'avocat gérant est tenu de rendre le service promis ou, en d'autres termes, d'exécuter la prestation à titre personnel. L'avocat doit placer les avoirs du client dans les limites contractuelles et selon les éventuelles instructions du client. Il doit suivre régulièrement les investissements qui sont en principe limités aux opérations bancaires ordinaires, sauf accord ou instructions contraires du client. L'avocat est tenu d'agir lui-même, éventuellement avec ses auxiliaires, mais il ne saurait transférer l'exécution du mandat à un tiers en se dégageant de toute responsabilité.

B. *L'obligation de respecter les instructions du client*

Le mandat peut prévoir une gestion libre ou une gestion avec des instructions. Les instructions peuvent être écrites ou orales, meme si le mandat a été conclu par écrit.

L'avocat doit se conformer aux instructions du client et ne peut s'en écarter qu'autant que les circonstances ne lui permettent pas de rechercher l'autorisation du client et qu'il y a lieu d'admettre que celui-ci l'aurait autorisé s'il avait été au courant de la situation. L'avocat doit rendre attentif le client aux dangers éventuels que les instructions lui feront courir, mais ce devoir est limité si le client est conscient des risques de par sa connaissance des mécanismes financiers. Si l'avocat reçoit des instructions qui lui apparaissent inopportunes ou irréalisables, il doit s'en ouvrir au client mais ne peut poursuivre sa gestion sans égard à ces instructions[7].

C. *L'obligation d'assurer une exécution bonne et fidèle du contrat*

L'avocat est tenu, selon l'art. 398 al. 2 CO, d'assurer une exécution bonne et fidèle du mandat. Il en résulte les deux principales obligations du gérant, celle de diligence et celle de fidélité.

---

[6] Cf. LÉVY (La gestion de fortune), 106 et de manière générale sur le contrat de gestion de fortune, BIZZOZERO, 83 ss; CHRISTOPH GUTZWILLER (Der Vermögensverwaltungsauftrag), 1 ss; HOPT, 139 ss; SPÄLTI, 1 ss; GENONI, Rechtsprobleme der externen Vermögensverwaltung, 19 ss.
[7] SJ 1994, 72; SJ 1987, 254.

1. L'obligation de diligence

L'avocat doit correctement exécuter le mandat et investir le patrimoine du client selon les principes reconnus dans la gestion de fortune, en faisant preuve de l'attention attendue d'un professionnel et requise par les circonstances. L'avocat doit ainsi mettre en œuvre des connaissances professionnelles qu'il doit avoir acquises dans le domaine proprement dit de gestion et les soins que le client peut exiger d'une personne compétente et spécialisée. Dès lors que l'avocat est un professionnel rémunéré, il doit faire preuve d'un haut degré de diligence[8]. L'avocat n'est cependant tenu que par une obligation de moyens et non de résultat[9]. Il ne répond pas d'une augmentation ou d'une diminution de la valeur du patrimoine du client dépendant de l'évolution des marchés. La diligence de l'avocat sera généralement mesurée à l'aune des principes qui résultent des directives applicables aux banques et aux gérants de fortune. Parmi ceux-ci, on retiendra:
– le devoir de choisir les placements en fonction d'informations financières de sources sûres;
– celui d'éviter la survenance de grands risques provoqués par une concentration anormale d'un nombre trop limité de placements;
– celui d'investir dans des instruments de placement aisément négociables;
– celui de ne pas effectuer d'opérations sur dérivés créant un effet de levier;
– celui de ne pas rendre le compte du client débiteur.
L'accord exprès du client reste réservé.

2. L'obligation de fidélité

L'avocat doit agir dans l'intérêt de son client et doit s'abstenir de tout comportement qui pourrait lui nuire. Il ne doit ainsi exécuter que les opérations paraissant nécessaires au vu du but recherché et s'abstenir de toute opération qui mettrait en péril le patrimoine du client. Il doit éviter tout conflit d'intérêts avec le client et au besoin résoudre le conflit en sa propre défaveur[10]. L'avocat ne saurait choisir la banque dépositaire des avoirs en fonction des avantages financiers qu'il pourrait retirer, notamment des rétrocessions qui lui sont interdites[11].

---

[8] ATF 115 II 62 = JdT 1989 I 539; SJ 1998, 198.
[9] SJ 1994, 729.
[10] ATF 115 II 62 = JdT 1989 I 539; SJ 1994, 729.
[11] Cf. Ordre des avocats de Genève, Recueil systématique des circulaires et décisions ad art. 14 des Us et coutumes, Bulletin n° 12, décembre 1990.

D. L'obligation d'information

L'avocat a le devoir d'informer le client sur les chances de succès et les risques des opérations envisagées par le mandat. Le devoir d'information porte sur tout fait important relatif au mandat et à son exécution. L'information doit être complète et exacte en fonction de la personne du client et de son degré de connaissance et d'expérience des affaires[12].

E. L'obligation de présenter des comptes

L'avocat doit rendre compte de sa gestion lorsque le client le demande ou au terme du mandat. L'étendue de ses obligations dépend de ce qui est convenu avec le client. L'avocat doit donner toutes explications sur les décomptes de la banque et notamment sur l'état des biens. Les documents de la banque dépositaire peuvent être considérés comme suffisants, mais l'avocat doit être en mesure de répondre à toute demande supplémentaire du client sur les types d'investissements, sur les diverses valeurs mobilières et, au besoin, sur les éléments qui ont conduit le choix de l'avocat dans ses investissements.

F. L'obligation de discrétion

L'avocat est tenu par le strict secret professionnel prévu par l'art. 321 du Code pénal, mais il n'est pas dispensé de témoigner comme on le précisera ci-après, dès lors que l'avocat gérant de fortune n'a pas en la matière une activité spécifique d'homme de loi.

G. L'obligation de restituer

L'avocat gérant doit restituer au client tout ce qu'il a reçu pour le compte de celui-ci et l'obligation naît dès la fin de sa relation avec le client. La restitution porte sur les avoirs patrimoniaux et les documents. L'avocat qui n'est pas dépositaire des avoirs ne peut s'opposer à leur restitution en faisant valoir un droit de rétention ou la compensation pour des créances résultant d'obligations que le client n'aurait pas respectées, notamment le paiement des commissions ou honoraires ainsi que tous les frais. L'avocat peut requérir un séquestre si les conditions fixées par la LP et les règles déontologiques sont remplies.

---

[12] ATF 115 II 62 = JdT 1989 I 539; SJ 1994, 729.

H. Autres obligations

Par ailleurs, l'avocat reste aussi tenu par toutes les règles déontologiques de la profession qui s'ajoutent aux obligations contractuelles résumées ci-dessus, notamment eu égard aux conflits d'intérêts et à la publicité.

I. Les obligations du client

Le client de l'avocat a lui l'obligation de rémunérer l'avocat et de payer des honoraires pour la gestion. Ces honoraires ne sauraient violer les normes de la profession d'avocat, même compte tenu de la nature particulière du mandat.

Les rétrocessions éventuelles consenties par la banque dépositaire doivent être créditées au client au risque pour l'avocat de violer son obligation de fidélité et ses obligations déontologiques[13].

Enfin, le client doit rembourser les impenses de l'avocat et le libérer des obligations qu'il a pu contracter pour lui. Il devrait aussi l'indemniser du dommage qui pourrait survenir même lors d'une exécution régulière du contrat, pour autant que l'avocat prouve que le dommage est survenu sans sa faute.

La violation des obligations de l'avocat entraîne sa responsabilité fondée sur les art. 97 et ss CO et 398 CO, ou aquilienne selon les dispositions des art. 41 et ss CO, si les actes reprochés à l'avocat non seulement violent le contrat mais sont aussi illicites.

III. L'avocat intermédiaire financier

L'activité de l'avocat dans le domaine financier ne va généralement pas jusqu'à la gestion de fortune proprement dite, mais consiste avant tout à représenter le client ou une personne morale ou un trust qu'il a créé pour le client, dont les actifs sont déposés ou gérés par des banques ou des gérants de fortune indépendants. L'avocat agit alors comme intermédiaire financier et est appelé à structurer des patrimoines et à manier des fonds. Cette activité a parfois été à tort considérée comme étrangère à la profession d'avocat, alors qu'elle est généralement liée à celle de conseil juridique. On a même prétendu que le client s'adressait à l'avocat uniquement pour profiter du secret professionnel, du moins lorsque la convention de diligence lui permettait, quand il représentait une société de domicile, de ne pas révéler au banquier l'identité de l'ayant droit économique des valeurs en dépôt[14]. La réalité est différente

---

[13] Cf. note 11 ci-dessus.
[14] Cf. Réponse du Conseil fédéral à deux initiatives parlementaires citée par la CFB dans son Rapport de gestion 1988, 158.

aujourd'hui dans la mesure où l'avocat n'est pas dispensé de témoigner en la matière. Le client s'adresse à l'avocat dans le domaine financier à la fois parce qu'il sollicite ses conseils en matière successorale et fiscale et parce qu'il peut compter sur ses qualités et ses compétences, l'avocat lui paraissant plus digne de confiance que n'importe quel professionnel de la finance.

L'activité de l'avocat comme intermédiaire financier comprend des obligations particulières analogues à celles du gérant de fortune.

A. *L'obligation de diligence*

L'avocat, qui ne conclut pas un contrat de gestion de fortune proprement dit avec le client et qui se borne à le représenter en ouvrant des comptes en banque au nom du client ou comme organe ou représentant d'une société ou d'une fondation, dont le client est l'ayant droit économique, est usuellement le destinataire des communications de la banque. Le mandat comprend ainsi une obligation de diligence complémentaire qui implique de surveiller les opérations conduites par la banque ou par un éventuel gérant externe. Les conditions générales des banques prévoient que le client doit présenter immédiatement ses objections contre les extraits périodiques des comptes et dépôts qu'il reçoit ou à l'égard des communications de la banque. A défaut d'objection dans le délai fixé par la banque, les extraits sont réputés exacts, ce qui implique l'approbation de tous les postes qui y figurent. Dès lors, le client de l'avocat pourrait se voir opposer la ratification des opérations qui auraient été effectuées sur le compte du titulaire, dont le mandataire était l'avocat, sans objection de l'avocat dans le délai prévu par les conditions générales. L'obligation de surveillance implique ainsi des connaissances approfondies de l'avocat dans le domaine financier et des mesures d'organisation au sein de son étude. Le degré de diligence est élevé dans la mesure où le client est en droit d'attendre une attention particulière de l'avocat compte tenu de son statut d'homme de loi.

B. *L'obligation de témoigner*

L'avocat est tenu, dans toute son activité, au secret professionnel protégé par l'art. 321 du Code pénal. La portée du secret professionnel lorsque l'avocat agit comme gérant de fortune ou intermédiaire financier a suscité de larges débats.

Le secret professionnel de l'avocat a été pour la première fois mis en cause en la matière dans un célèbre arrêt rendu le 29 décembre 1986 par le Tribunal fédéral à l'occasion d'une procédure d'entraide judiciaire en matière pénale. La jurisprudence a alors précisé que l'avocat administrateur d'une fondation liechtensteinoise ne pouvait pas invoquer le secret professionnel et le droit de refuser de témoigner qui en découle pour ne pas révéler des faits confidentiels dont l'avocat avait eu connaissance dans l'exercice «d'une activité se limitant à la gérance de fortune ou de placement de fonds»[15].

On a généralement conclu de cet arrêt que l'avocat n'était pas tenu au secret professionnel, lorsqu'il exerçait une activité dans le domaine de la gestion de fortune comme lorsqu'il est administrateur de sociétés. L'avocat a été assimilé au gérant de fortune en raison du conflit opposant l'obligation de discrétion de l'avocat résultant de l'art. 321 du Code pénal à l'obligation d'identifier l'ayant droit économique imposée aux banquiers, tout d'abord par la convention de diligence des banques, puis par l'art. 305ter du Code pénal. Cependant, le secret professionnel a été confondu avec l'obligation de témoigner envers l'autorité pénale ou administrative.

L'interposition de structures représentées par des avocats dans la relation bancaire a eu pendant longtemps pour effet que les autorités pénales ne pouvaient conduire leurs instructions et saisir des documents ou des fonds dans le système bancaire. Les clients se sont abrités derrière des prête-noms ou des sociétés représentées par des personnes tenues au secret professionnel, afin de bénéficier d'un secret bancaire renforcé, jusqu'à ce que la Commission fédérale des banques, sur base de l'arrêt du Tribunal fédéral du 29 décembre 1986, exige de l'Association suisse des banquiers, à l'occasion de la modification de la convention de diligence en 1987, qu'elle renforce l'obligation du banquier d'identifier l'ayant droit économique des valeurs déposées, notamment en obligeant l'avocat à révéler le nom de l'ayant droit économique au banquier lorsqu'il représentait une société titulaire d'un compte en banque.

La confusion entre la notion de secret professionnel et celle d'obligation de témoigner, qui résulte de la jurisprudence, reste constante. Ainsi, la nouvelle loi fédérale concernant la lutte contre le blanchiment d'argent dans le secteur financier prévoit à l'art. 9 al. 2 que les avocats ne sont pas soumis à l'obligation de communiquer au Bureau de communications leurs soupçons fondés que des valeurs patrimoniales impliquées dans la relation d'affaires ont un rapport avec une infraction au sens de l'art. 305bis du Code pénal, qu'elles proviennent d'un crime ou qu'une organisation criminelle exerce un pouvoir de disposition sur ces valeurs, *«dans la mesure où ils sont astreints au secret professionnel en vertu de l'art. 321 du Code pénal»*. Or, l'avocat est tenu au secret professionnel sanctionné par l'art. 321 du Code pénal même en matière financière[16], mais il n'est pas dispensé par la jurisprudence de l'obligation de témoigner lorsque les faits dont il a connaissance lui ont été confiés dans le cadre d'une activité professionnelle qui n'est pas spécifique ou une activité étrangère à la pratique

---

[15] ATF 112 Ib 606 = JdT 1987 IV 150; ATF 117 Ia 341 c. 6.
[16] CORBOZ (Le secret), 88; DREYER (L'avocat), 494.

usuelle du barreau[17]. Aussi, il y a lieu de distinguer, parmi les faits confiés à l'avocat, ceux qui lui sont confiés dans une activité spécifique ou non[18]. La notion d'activité spécifique évolue au fur et à mesure du rôle de l'avocat comme homme de loi dans le domaine financier. Les principales composantes de l'activité spécifique de l'avocat ont été définies lors de la modification de la convention de diligence des banques et l'entrée en vigueur de l'art. 305ter du Code pénal. L'avocat reste dans une activité spécifique lorsqu'il manie des fonds dans les hypothèses suivantes:
- le paiement d'avances ou de frais de procédure, de sûretés, de contributions de droit public, le versement en faveur ou de la part d'une partie, de tiers ou d'une autorité, ainsi que le placement à court terme de fonds qui leur sont liés;
- le dépôt de valeurs patrimoniales et les placements qui lui sont liés en relation avec un partage successoral en cours ou avec l'exécution des dernières volontés – ce qui exclut la gestion d'un trust car le partage n'est pas en cours;
- le dépôt de valeurs patrimoniales et les placements qui lui sont liés en relation avec une liquidation en cours d'un régime matrimonial ou dans le cadre d'une procédure de divorce ou de séparation de corps;
- le dépôt de valeurs patrimoniales et les placements qui lui sont liés et bloqués ou des dépôts qui sont crédités dans le cadre de contestations de droit civil et commercial, de procédure ordinaire ou arbitrale, de litiges successoraux ou de faillite.

Il peut alors refuser de révéler le nom de son client dans sa relation avec la banque en signant une formule «R».

Toute autre activité, notamment la conservation, le placement de fonds pour les clients ou l'administration de sociétés, ne relève pas de l'activité spécifique et ne dispense pas l'avocat de témoigner.

L'activité spécifique de l'avocat ne peut être définie aujourd'hui que «par défaut» en retenant que toute activité usuellement exercée par des professionnels de la finance dans un but commercial n'est pas une activité propre à l'homme de loi.

Même si l'avocat ne peut refuser de témoigner en justice ou est obligé d'informer une autorité administrative dans son activité d'intermédiaire financier, il reste tenu par le secret professionnel envers des tiers. Il viole le secret et engage sa responsabilité pénale, civile et disciplinaire s'il révèle des faits confidentiels à un tiers. L'art. 321 alinéa 3 CP réserve expressément les dispositions de la législation fédérale ou cantonale qui font obligation à l'avocat de renseigner une autorité ou de témoigner en justice.

[17] ATF 120 Ib 112 = JdT 1996 IV 92; ATF 117 Ia 341 c. 6; ATF 115 Ia 197 = JdT 1991 IV 142; ATF 114 III 105 = JdT 1990 II 100.
[18] Cf. à cet égard la circulaire de l'Ordre des avocats de Genève, Recueil systématique ad art. 3 des Us et coutumes, sur la vigilance en matière d'opérations financières.

L'obligation de témoigner permet aussi au juge de perquisitionner et saisir des pièces dans une étude d'avocats pour autant que soient respectées les limites qu'a fixées la jurisprudence à la liberté individuelle, soit l'existence d'une base légale qui repose sur les règles de la procédure fédérale ou cantonale, l'intérêt public et surtout la proportionnalité. La perquisition et la saisie ne peuvent porter que sur les documents recueillis par l'avocat dans son activité non spécifique.

La conséquence, qui résulte pour l'avocat de l'obligation de témoigner et de la faculté pour le juge de perquisitionner ou saisir des pièces, est celle d'opérer une séparation des dossiers, un tri des documents ainsi qu'une séparation des fonds que l'avocat est appelé à manier, suivant qu'ils relèvent ou non de l'activité spécifique, particulièrement dans l'hypothèse où son mandat relève à la fois des deux activités. Cette séparation des avoirs des clients est déjà exigée pour l'activité spécifique par les directives de la FSA[19] et le code de déontologie des avocats de la Communauté européenne adopté par plusieurs ordres cantonaux. Mais elle n'offre pas une protection au client en cas d'insolvabilité de l'avocat, car les art. 16 et 37b de la loi sur les banques ne sont pas applicables.

La séparation des dossiers n'implique-t-elle pas d'aller jusqu'à une séparation des deux activités au point que l'activité non spécifique de l'avocat devrait s'exercer dans des bureaux séparés, voire dans une entité que l'avocat devrait constituer? Une réponse définitive à la question ne peut être apportée aussi longtemps que subsistera une incertitude sur la distinction entre les deux types d'activité. L'avocat est difficilement divisible; s'il exerce un mandat dont une partie le dispense de l'obligation de témoigner, la protection du client ne serait plus assurée par l'entité qui agirait comme intermédiaire financier, car les règles déontologiques de la profession d'avocat ne lui seraient plus applicables.

C. *Les obligations en matière de blanchiment d'argent*

Les art. 305bis et 305ter du Code pénal relatifs au blanchiment d'argent s'appliquent à l'avocat qui ne doit pas avoir un comportement propre à entraver l'identification, l'origine, la découverte ou la confiscation de valeurs patrimoniales d'origine criminelle[20]. Le blanchiment d'argent peut porter sur toutes les valeurs patrimoniales et comprendre n'importe quelle opération financière ou transaction économique, y compris la mise en place d'une entité juridique, ce qui implique une diligence toute particulière de la part de

---

[19] Cf. Directive FSA concernant les fonds appartenant aux tiers et Code de déontologie des avocats de la Communauté européenne, ad 3.8.

[20] V. Directive FSA concernant l'art. 305ter CPS et plus généralement CORBOZ, Le blanchiment d'argent, SJ 1998, 77.

l'avocat. L'avocat peut commettre intentionnellement l'infraction lorsqu'il sait ou doit présumer que les valeurs patrimoniales qu'il manie proviennent d'un crime. L'avocat qui manie des fonds d'origine criminelle peut se rendre coupable de blanchiment d'argent au sens de l'art. 305bis CP, même dans le cadre d'un mandat qui relève de son activité spécifique d'homme de loi, la distinction entre les deux types d'activité n'ayant une portée que pour l'application de l'art. 305ter al. 2 CP[21].

La nouvelle loi fédérale concernant la lutte contre le blanchiment d'argent dans le secteur financier (LBA), qui est entré en vigueur le 1er avril 1998, prévoit des obligations de diligence et des obligations en cas de soupçons de blanchiment d'argent. Elle s'applique à l'avocat intermédiaire financier qui offre, même à titre accessoire, des services de gestion ou de placement d'avoirs de clients.

L'avocat comme intermédiaire financier est tenu par ces obligations qui sont prévues aux art. 3 à 9 LBA.

1. Obligations de diligence

L'avocat a l'obligation de vérifier l'identité du cocontractant et de l'ayant droit économique, lorsqu'il accepte un mandat comme intermédiaire financier (art. 3 et 4 LBA). Il doit clarifier l'arrière-plan économique et le but d'une transaction ou d'une relation d'affaires, lorsque celles-ci ne paraissent pas habituelles, sauf si leur légalité est manifeste, ou lorsque des indices laissent supposer que des valeurs patrimoniales proviennent d'un crime ou qu'une organisation criminelle exerce un pouvoir de disposition sur ces valeurs (art. 6 LBA). Il a l'obligation d'établir et de conserver les documents relatifs aux transactions effectuées ainsi qu'aux clarifications requises en vertu de la loi de manière à ce que des tiers experts en la matière puissent se faire une idée objective sur les transactions et la relation d'affaires, ainsi que sur le respect des dispositions de la loi (art. 9 LBA). Il doit conserver les documents de manière à pouvoir satisfaire, dans un délai raisonnable, aux éventuelles demandes d'information ou de séquestre présentées par les autorités de poursuite pénale. Le délai de conservation est de dix ans après la fin de la transaction (art. 7 LBA).

L'avocat est aussi tenu par une obligation générale d'organisation (art. 8 LBA) et il doit prendre les mesures nécessaires au sein de l'étude pour veiller à ce que le personnel reçoive une formation suffisante et que des contrôles soient effectués.

---

[21] CASSANI, Commentaire de droit pénal suisse, 98.

2. Obligation en cas de soupçons de blanchiment d'argent

L'avocat qui sait ou qui présume, sur la base de soupçons fondés, que les valeurs patrimoniales impliquées dans la relation d'affaires ont un rapport avec une infraction au sens de l'art. 305bis du Code pénal, qu'elles proviennent d'un crime ou d'une organisation criminelle exerçant un pouvoir de disposition sur ces valeurs, doit en informer sans délai le Bureau de communications en matière de blanchiment d'argent (art. 9 LBA). Selon l'art. 305ter al. 2 du Code pénal, les avocats étaient déjà en droit de communiquer aux autorités fédérales les indices fondant leurs soupçons. La LBA en fait une obligation. Les avocats ne sont toutefois pas soumis à l'obligation de communiquer leurs soupçons dans la mesure où «ils sont astreints au secret professionnel en vertu de l'art. 321 du Code pénal». Il s'agit de la dispense de témoigner, de l'art. 9 alinéa 2 LBA mentionnée ci-dessus qui s'applique aux activités professionnelles traditionnelles ou spécifiques de l'avocat. Mais n'appartiennent pas à ces activités toutes celles qui ne ressortissent pas à la profession au sens strict, soit celles qui sont usuellement exercées par des gestionnaires de fortune, des fiduciaires ou des banques. Il appartiendra à l'organisme d'autorégulation, auquel devra être affilié l'avocat, de préciser la distinction.

L'avocat doit aussi bloquer immédiatement les valeurs patrimoniales qui lui sont confiées si elles ont un lien avec les informations communiquées (art. 10 LBA). Le blocage des avoirs devra être maintenu jusqu'à réception d'une décision de l'autorité de poursuite pénale compétente, mais au maximum durant cinq jours ouvrables à compter du moment où l'avocat aura informé le Bureau de communications. Tant que dure le blocage des avoirs décidé par l'avocat, celui-ci ne devra pas informer les personnes concernées ni des tiers de la communication qu'il aura faite. Il s'agit là d'une profonde atteinte à la relation de confiance entre l'avocat et le client.

L'avocat qui procédera à une communication sur la base des soupçons fondés, qu'il agisse selon la LBA ou selon l'art. 305ter 2e alinéa du Code pénal, notamment dans l'hypothèse où la relation d'affaires n'aurait pas encore été conclue, ou qui bloque des avoirs y relatifs, ne pourra être poursuivi pour violation du secret professionnel ni être rendu responsable de la violation de son mandat s'il a fait preuve de la diligence requise par les circonstances.

3. Le système de surveillance

Le système de surveillance prévu par la LBA est fondé sur le principe de l'autorégulation. Chaque secteur d'activité ou profession aura la possibilité de créer un ou des organismes d'autorégulation chargé d'édicter une réglementation interne et de veiller au respect des obligations imposées par la loi aux membres de la profession qui exercent une activité d'intermédiaires financiers. A défaut d'organisme d'autorégulation mis en place par les secteurs d'activité ou les professions, la loi prévoit une surveillance par une autorité de contrôle rattachée à l'administration fédérale des finances.

Afin de sauvegarder le secret professionnel des avocats, la loi prévoit que les avocats, comme les notaires, agissant en qualité d'intermédiaires financiers, doivent s'affilier à un organisme d'autorégulation[22]. L'affiliation est une condition pour exercer une activité d'intermédiaire financier. L'avocat ne bénéficie pas ainsi de la liberté octroyée aux intermédiaires financiers de s'affilier ou non à un tel organisme, étant précisé qu'à défaut d'affiliation, il aurait été soumis au contrôle de l'autorité fédérale instituée par la LBA. L'affiliation obligatoire était nécessaire, car le secret de fonction des collaborateurs de l'autorité de contrôle ne concorde pas avec le secret professionnel des avocats. Les fonctionnaires de l'administration fédérale des finances n'auraient pas pu se prévaloir, à propos des constatations faites dans l'exercice de leur fonction, d'un droit absolu de refuser de témoigner au cours d'une procédure pénale[23]. Ainsi, il appartiendra aux avocats de mettre en place un organisme d'autorégulation qui aura les tâches suivantes:
- élaborer un règlement précisant les obligations de diligence et les modalités d'application de la loi;
- veiller au respect des obligations de la loi;
- mettre en place un contrôle qui sera confié à un organe de révision.

Afin de garantir la protection complète du secret professionnel pour les activités spécifiques de l'avocat, la loi prévoit que le contrôle des organismes d'autorégulation doit être confié à un organe de révision (art. 18 al. 3 LBA) qui lui-même tombera sous le coup de l'art. 321 CP.

La FSA, qui a négocié avec les autorités fédérales le régime particulier que réserve la loi aux avocats, mettra en place un organisme d'autorégulation. Mais les ordres cantonaux devront décider s'ils entendent s'affilier à cet organisme fédéral ou s'ils lui préfèrent un organisme d'autorégulation rattaché à l'ordre cantonal. La disponibilité des membres et le coût élevé de fonctionnement pourraient se révéler un empêchement dirimant. La façon selon laquelle seront représentés les ordres cantonaux au sein de l'organisme fédéral pourrait permettre de ménager les intérêts des ordres cantonaux, tout en simplifiant la tâche que commande l'application de la LBA.

La tâche de recevoir les communications, en cas de soupçons de blanchiment d'argent, est dévolue à un bureau qui a été rattaché à l'Office central de lutte contre le crime organisé. Les organismes d'autorégulation auront avant tout une mission de prévention du blanchiment. Le règlement qui définira les

---

[22] Bien que la constitutionnalité de cette obligation ne puisse être revue par le Tribunal fédéral, elle reste posée, même si elle apparaît proportionnée au but recherché, encore que l'affiliation obligatoire à une collectivité soumise au droit public a été admise même pour les avocats cf. GRISEL, 136, citant le statut des ordres d'avocats du Jura et du Tessin.
[23] MCF du 17 juin 1996, FF 1996 III 1093; v. aussi SJ 1998, 121.

conditions d'affiliation, la manière de contrôler les obligations et les sanctions, indépendamment de celles de la LBA, elle-même sera un élément essentiel à cet effet. La convention de diligence des banques servira sans aucun doute de modèle.

IV. Conclusion

De par leur position dans la vie des affaires, les avocats sont appelés à exercer une activité d'intermédiaires financiers plus que de gérants de fortune dans le prolongement des conseils juridiques et financiers qu'ils donnent à leur clientèle. Ils sont alors appelés avocats d'affaires. Le nombre d'avocats d'affaires et de notaires, qui sont intermédiaires financiers, serait d'environ quatre à cinq cents. Mais l'avocat reste avant tout un professionnel du droit soumis à de strictes obligations légales, contractuelles et déontologiques. L'avocat, sous la seule surveillance de son ordre professionnel et des autorités cantonales, ne perd son statut d'homme de loi indépendant que si dans son étude il exerce une activité dans le domaine financier à titre principal en se vouant à la finance et au commerce plutôt qu'au droit.

Jens Drolshammer

Der Rechtsanwalt als Hochschullehrer?

Inhaltsübersicht
I. Einleitung
II. Beobachtungen
III. Anregungen

I. Einleitung

Bedingungen und Anforderungen an die juristische Ausbildung wandeln sich gegenwärtig grundsätzlich. Damit stellt sich die Frage nach der Rolle und Funktion des Rechtsanwaltes als Lehrer neu und anders. Der Autor stellt – arguendo – die Prämisse, dass Rechtsanwälte in den verschiedenen Ausbildungsbereichen des gängigen Spannungsfelds zwischen «Theorie» und «Praxis» überhaupt als Lehrer tätig sein sollen, nicht in Frage. Die relevanten Fragen werden wahrscheinlich eher dahin gehen, in welcher Form, in welchen Institutionen und zu welchem Zweck? Nach Auffassung des Autors drängt sich gegenwärtig auf, über diese Fragen nachzudenken und allenfalls massgeblich umzudenken, auch wenn es sich zahlenmässig gegenwärtig in der Regel um kleine Anteile am jeweiligen Lehrkörper einer Fakultät handelt. Wir sind traditionell auf die mit einem Quasi-Monopol ausgestattete Ausbildungsinstitution Universität fixiert. Dies ist nach Auffassung des Autors in Zukunft nicht mehr zwingend. Im einzelnen könnte dies heissen, dass die Beziehungen von lehrenden Rechtsanwälten zu Universitäten anders gestaltet und neu auch die Beziehungen zu anderen Aus- bzw. Weiterbildungsinstitutionen einbezogen werden. Diese Anpassung im Wandel betrifft im übrigen auch die Forschungs- und die Publikationstätigkeit von Rechtsanwälten. Sie erfasst nach Auffassung des Autors auch das Verhältnis anderer juristischer Lehrer wie Richter, Verwaltungsbeamte und Unternehmensjuristen zu den Universitäten und anderen Aus- und Weiterbildungsinstitutionen.

In diesem Sinne hat der Autor vor Redaktionsschluss den Titel «Der Rechtsanwalt als Hochschullehrer» mit einem Fragezeichen versehen.

Der Autor hat während Jahren auf beiden Seiten des Zaunes in einer untergeordneten Funktion unter Spannung gestanden. Er ist von seiner anwaltlichen Tätigkeit in einer international ausgerichteten Sozietät von Wirtschaftsanwälten geprägt. Seine extrakurrikuläre Hochschultätigkeit erfüllt er an der Universität St. Gallen, deren Leitidee es gemäss ihres früheren Rektors

Rolf Dubs ist, die Studierenden «auf eine anspruchsvolle Praxistätigkeit vorzubereiten, die wissenschaftlich ausserordentlich gut fundiert ist».

Die nachfolgenden Ausführungen sind eine Skizze mit Hinweisen, worüber nachgedacht werden könnte. Zuspitzungen und Pointiertheiten seien nachgesehen, zumal die Herausgeber dieser Festschrift ausdrücklich zu argumentativer Rauflust aufgerufen haben.

II. Beobachtungen

1. Über das Thema des Wandels der juristischen Aus- und Weiterbildung wird wenig geschrieben[1]. Ob und wie darüber geredet wird, vermag der Autor nicht zu sagen – verba volant ... Eine Diskussion darüber fehlt gegenwärtig in der Schweiz. Wenig beachtet und untersucht ist mithin auch die Tatsache, dass in verschiedenen Aus- und Weiterbildungsbereichen auch Rechtsanwälte tätig sind.

2. Wir beschränken uns fürs erste im folgenden auf die Lehrtätigkeit von Rechtsanwälten an Rechtsfakultäten. Von der Übungsanlage her erwähnen wir hier die teilweise viel zeit- und sachgemässeren Lehrtätigkeiten von Anwälten in Aus- und Fortbildungsprogrammen neueren Datums lediglich wie z.B. denjenigen der Stiftung für juristische Ausbildung der Universität Zürich und des Zürcher Anwaltsverbandes, auf institutionalisierten Weiterbildungsstufen von Universitäten wie z.B. in St. Gallen (seit 1968) und der ETHZ (seit 1984), in Hochschulspezialprogrammen wie z.B. im neuen Nachdiplomstudium für Geistiges Eigentum an der ETHZ (seit 1997), in Spezialausbildungsgängen wie demjenigen der Treuhandkammer zum diplomierten Steuerexperten (1984) und in neuen berufsbegleitenden Nachdiplomstudien wie z.B. dem Master of European and International Business Law – M.B.L.-HSG an der Universität St. Gallen (seit 1996) und dem Nachdiplomstudium Internationa-

---

[1] Vgl. etwa PETER GAUCH, Über die Ausbildung der Juristen, in: Festgabe 150 Jahre Obergericht Luzern, Bern 1991, 123 ff.; THOMAS COTTIER, Die Globalisierung des Rechts – Herausforderungen für Praxis, Ausbildung und Forschung, ZBJV 1997, 217 ff.; JENS DROLSHAMMER, Der Einfluss des EG-Rechts und der Beziehungen Schweiz/EG auf die praktische Tätigkeit von Schweizer Juristen, in: Aktuelle Probleme des EG-Rechts nach dem EWR-Nein, Zürich 1993; JENS DROLSHAMMER, Fragen und Listen zur Bedeutung von Deregulierung und Wettbewerb, in: Lehr-, Wissenschafts- und Berufsbetrieb der Juristinnen und Juristen, Freundesgabe zum 50. Geburtstag von Peter Nobel, 41 ff.; ERNST HÖHN, Wie grau ist die Theorie? Gedanken zum Verhältnis von Doktrin und Praxis in der Jurisprudenz, AJP/PJA 1994, 411 ff.; GUNTHER ARZT/PIO CARONI/WALTER KÄLIN (Hrsg.), Juristenausbildung als Denkmalpflege? Berner Ringvorlesung 1992 aus Anlass der Reform des juristischen Studiums, Bern/Stuttgart/Wien 1994; E. KILGUS, Steht die Wissenschaft mit dem Leben im Widerspruch, hat stets das Leben recht, Rektoratsrede, gehalten anlässlich der 162. Stiftungsfeier der Universität Zürich am 29. April 1995.

les Wirtschaftsrecht an der Universität Zürich (seit 1997) oder im Kursprogramm der Swiss Banking School (seit 1986)[2]. Dies mag paradox erscheinen, zumal die Pluralisierung der Ausbildungsmöglichkeiten vor dem Hintergrund der zunehmenden Spezialisierung und des Überganges in eine permanente Weiterbildung im Bereiche des Rechts in vieler Hinsicht sach- und auch konzeptkonformere Lehrmöglichkeiten für Anwälte bietet. Wir kommen am Schluss auf diese Entwicklungen zurück.

3. Auf dieser ursprünglich «beherrschenden Höhe» der juristischen Ausbildung an den Rechtsfakultäten der Universitäten, die lange Zeit ein Quasi-Ausbildungsmonopol hatten, sollen das Grund- sowie das Doktorandenstudium im Vordergrund stehen. In diesem Bereich erwähnen wir natürlich die wenigen postmilizionären Ausnahmekönner, die gleichzeitig ein vollzeitliches anwaltliches und ein vollzeitliches Hochschulpensum im Rahmen eines Ordinariates absolvieren. In einem Zwischenbereich beziehen wir die Tätigkeit teilzeitlicher Extraordinarien, die mindestens 50% ihrer Tätigkeit in der Advokatur ausüben, habilitierter Assistenz- und Titularprofessoren und teilzeitlich tätiger Honorarprofessoren in unsere Betrachtung mit ein, wenden uns aber auch allen anderen Rechtsanwälten zu, die in irgendeiner anderen, beschränkteren Form an einer Rechtsfakultät lehrend tätig sind. Wie der Titel sagt, befassen wir uns mit der Lehr- und nicht mit der Forschungs- und Publikationstätigkeit von Rechtsanwälten, im übrigen verwandten Themata, die eine gesonderte und mindestens gleichwertige Behandlung verdienen. Wir behalten im übrigen im Auge, dass in der Gruppe von Hochschuldozenten, die hauptberuflich an Rechtsfakultäten im Rahmen von Ordinarien und Extraordinarien tätig sind, viele wiederum eine Nebentätigkeit, z.B. als Richter, Gutachter, aber auch als Rechtsanwalt, ausüben. In einer entsprechenden Festschrift fände sich dann ein Beitrag «Der Hochschullehrer als Rechtsanwalt»; eine erweiterte Optik müsste diese wechselseitigen und komplementären Ergänzungen der hauptberuflichen Tätigkeiten selbstverständlich mitumfassen.

4. Zum Gegenstand dieser Skizze gibt es keine Untersuchungen. Ohne Anspruch auf sozialwissenschaftliche Richtigkeit ergibt eine feierabendliche Durchsicht der Vorlesungs- bzw. Adressverzeichnisse der schweizerischen Rechtsfakultäten und des schweizerischen Anwaltsverbandes folgendes[3]: In Genf sind von der Gesamtzahl der aufgeführten Lehrkräfte ca. 10 Rechtsanwälte, in Lausanne 1 Rechtsanwalt, in Fribourg 3 Rechtsanwälte, in Basel 8 Rechtsanwälte, in Zürich ca. 20 Rechtsanwälte und in St. Gallen 10 Rechtsanwälte. Habilitierte Rechtsanwälte gibt es an diesen Universitäten 9, habilitier-

---

[2] Vgl. die Publikationen: Weiterbildung an der Universität St. Gallen, Gesamtprogramm 98, St. Gallen 1997; Weiterbildung an der ETH Zürich 1997, Zürich 1997; Swiss Banking School, Kursprogramm 1997, Zürich 1997.

[3] Schweizerischer Anwaltsverband, Mitgliederverzeichnis 97. Nicht in allen Kantonen sind akademische Titel wie Doktorat, Habilitation oder Professur akzeptiert.

te Assistenz- bzw. Titularprofessoren 5, Nichthabilitierte Titular- oder Honorarprofessoren 2, Extraordinarien, die gleichzeitig Anwälte sind und teilzeitlich praktizieren 23, Ordinarien 7, emeritierte Ordinarien 7. Die neue Form der Assoziierung eines vollzeitlichen Universitätslehrers mit einer Anwaltssozietät als «Konsulent» sei immerhin erwähnt. Nicht ermittelbar ist die Zahl der Ordinarien und Extraordinarien, die nicht Mitglieder des schweizerischen Anwaltsverbandes sind, aber ein Anwaltsexamen abgelegt haben.

5. Unter Berücksichtigung aller gängigen Urteile und Vorurteile, alle Projektionen übers Kreuz mitgerechnet und cum grano salis genommen, arguendo und vereinfacht zeigen die Beobachtungen für diese Skizze in etwa folgendes Bild:

a) Die Mehrheit der Rechtsanwälte sind als sogenannte Lehrbeauftragte an Rechtsfakultäten tätig. Davon ist lediglich eine Minderheit habilitiert[4]. Ebenso ist eine kleine Minderheit mit den höheren Weihen eines Titels wie Titularprofessor, Honorarprofessor etc. versehen[5]. Allerdings sind einige Rechtsanwälte gleichzeitig Ordinarien und Extraordinarien[6]. In der Regel beschränkt sich die teilzeitliche Tätigkeit der Rechtsanwälte an den Universitäten auf die Lehrtätigkeit.

b) Wenn Rechtsanwälte schreiben, so tun sie dies in der Regel ausserhalb der Universität, öfters – wie es zuweilen heisst – auch in Formen und Kategorien, die den Kriterien und Massstäben an der Hochschule gepflegter Wissenschaftlichkeit nicht gerecht werden. An Forschungsprogrammen der Universitäten – auch an Nationalen Forschungsprogrammen – beteiligen sich, von Ausnahmen abgesehen, Rechtsanwälte ebenfalls selten.

c) Wiederum generalisiert, sind Rechtsanwälte offensichtlich in der Gruppe der Hauptlehrveranstaltungen eher in Übungen und Kolloquien als in Grundvorlesungen beschäftigt, ausgenommen diejenigen, die im Rahmen von Extraordinariaten als Professoren Hauptfächer betreuen. Wenn eine Fakultät Haupt- und Nebenfächer und/oder Pflicht- oder Wahl- bzw. Pflichtwahlfächer unterscheidet, sind sie des öftern in Neben- und Wahlbereichen tätig. In vielen Fällen lehren sie in sogenannten Spezialgebieten, für die sie aufgrund ihrer sogenannten praktischen Tätigkeit in der Advokatur prädestiniert scheinen und für die es innerhalb der Lehrkörper an geeigneten oder willigen Lehrern zu fehlen scheint. Dies scheint sich in den Bereichen zu verstärken, in denen die Entwicklungen der sogenannten Realien zu einer wachsenden Diskrepanz zum traditionellen Fächerangebot der Universitäten und zu in der nicht universitären Spezialliteratur neu etablierten Lehrgebieten geführt hat. An einigen Lehrveranstaltungen von Ordinarien sind Rechtsanwälte punktuell als Gäste miteinbezogen, teilweise werden sie als Spezialisten in Doktorandenseminare eingeladen. Rechtsanwälte scheinen hier oft eine in der Regel aus

---

[4] Schweizerischer Anwaltsverband, Mitgliederverzeichnis 97.
[5] Schweizerischer Anwaltsverband, Mitgliederverzeichnis 97.
[6] Schweizerischer Anwaltsverband, Mitgliederverzeichnis 97.

Sicht der Rechtsfakultäten funktionalisierte Mittler- bzw. Brückenfunktion zu haben zwischen dem, was an Universitäten als kontrollierende Kategorisierung von «Theorie» und «Praxis» in Verkehr gesetzt wurde.

d) Die Beobachtungen zeigen zudem, dass Rechtsanwälte als Lehrbeauftragte in der Regel durchschnittlich nicht mehr als zwei Wochenstunden pro Semester lehren und teilweise ihre Lehrverpflichtung sogenannt «verblockt» erfüllen. Altersbezogen mag gelten, dass jüngere Semester stärker vertreten sind und z.B. so lange intensiv an den Rechtsfakultäten tätig sind, als sie oder die Universitäten sich noch nicht entschieden haben, ob sie selber eine hauptberufliche akademische Karriere verfolgen möchten und/oder dürfen. Es macht den Anschein, dass Lehraufträge selten auf Zeit vergeben werden und Rechtsanwälte, von denjenigen mit Professorentitel abgesehen, auch selten während einer langen Dauer und ununterbrochen an Fakultäten lehren. Wenn eine Fakultät in der konkreten Aus- und Weiterbildung von Anwaltskandidaten selber Lehrveranstaltungen anbietet, dann rekrutieren sich die Lehrer aus der Anwaltschaft, und zwar oft vor allem aus dem Kanton, in dem die Universität ihren Sitz hat. Beachtlich ist, dass sich in vielen Fällen Anwälte offenbar geographisch für ihre Lehrtätigkeit in andere Städte verschieben. Die Annahme ist wohl richtig, dass Rechtsanwälte vorwiegend lehren und nur ausnahmsweise prüfen und auch nur ausnahmsweise schriftliche Arbeiten mit Testatcharakter zu beurteilen haben.

e) In der Regel sind Rechtsanwälte Mitglieder des sogenannten Mittelbaus der Universitäten und sind eingeladen, ihre Anliegen an periodischen Sitzungen zu vertreten. An offiziellen Anlässen der Fakultäten bzw. Abteilungen sind sie, wenn überhaupt, zu Jahresveranstaltungen mit vorwiegend gesellschaftlichem Charakter jeweils eingeladen. Zu eigentlichen Fakultäts- und Abteilungssitzungen haben sie keinen Zugang; selbst wenn sich eine Universität bzw. eine Abteilung mit einer juristischen Studienreform auseinandersetzt, so werden in der Regel ausserhalb der Population der ordentlichen und ausserordentlichen Professoren die im Rahmen von Lehraufträgen lehrenden Rechtsanwälte nicht in Arbeiten für eine Studienreform einbezogen, selbst dann nicht, wenn es z.B. um Fragen des Praxisbezugs geht.

Wiederum von Ausnahmen abgesehen, haben lehrende Rechtsanwälte keinen institutionalisierten Gesprächspartner für die essentiellen Bereiche ihrer Tätigkeit an der Universität, da auch die Funktionsträger an den Fakultäten und juristischen Abteilungen nach einem Rotationsprinzip ständig wechseln. Der so lehrende Rechtsanwalt hält sich in der Regel nur für die Zeit der Lehrveranstaltung an der Universität auf. Er hat viel weniger Kontakte zur Universität und den Mitgliedern der Fakultät als man – oder er selbst – annähme oder angenommen hatte. In der Regel hat er keinen Arbeitsplatz an der Hochschule, verfügt über keinen Zugang zu Assistentenzeit und Forschungsgeldern. Auch Sekretariatsarbeiten werden in der Regel im eigenen Sekretariat in der Sozietät erledigt, wenn er Glück hat, zahlt die Universität z.B. Fotokopien, Ausbildungsunterlagen etc., die der Anwalt in der Lehrveranstaltung verwendet, auch wenn über die Methoden des New Public Management neuerdings andere Winde wehen.

f) Der Umgang der lehrenden Rechtsanwälte mit den StudentInnen mag oft unbefangener und umgänglicher sein, auch mag dem Quereinsteiger Respekt für seinen unverbrauchteren didaktischen Impetus gezollt werden. Transparent wird das allerdings nur indirekt über «hear say», da eine Universität keine transparente Beurteilung der Lehrtätigkeit der Lehrer, einschliesslich der lehrenden Rechtsanwälte, als Lehrbeauftragte kennt. Bemerkenswert scheint zumindest, dass lehrende Rechtsanwälte, wiederum von Ausnahmen abgesehen, als einzige Vertreter eines gängigen Juristen-Berufes im Sinne eines «role modelling» ihr Berufsbild im Lehrbetrieb an der Hochschule vertreten können. In diesem Sinne haben sie oft eine Mittlerfunktion zwischen sog. «Theorie» und «Praxis», was den Lehrstoff betrifft, und zwischen «Ausbildung» und «Beruf», was die Laufbahnplanung betrifft; letzteres scheint offenbar auch an humboldtianisch geprägten Universitäten, die anders als eine angelsächsische Universität bzw. «Professional School» erklärtermassen nicht nach dem Prinzip «in loco parentis» funktionieren, auch in der Schweiz immer wichtiger zu werden. Die Faszination höhersemestriger StudentInnen für den sogenannten Wirklichkeits- und Berufsbildbezug geben dem lehrenden Rechtsanwalt mindestens aus Sicht der StudentInnen eine oft unvorhergesehene und auch fühlbare Legitimation «von unten», immer vorausgesetzt, man akzeptiert die Prämisse, dass die juristische Ausbildung an einer Universität auch Teil einer praktischen Sozialwissenschaft ist, deren Aufgabe u.a. auch darin besteht, junge Menschen in einer veränderten Welt auf einen Beruf vorzubereiten. Diese Seite des «Praxisbezugs» wird natürlich hie und da durch orthodoxe Universitätskreise als gewissermassen ungewollt und leicht subversiv betrachtet.

g) Auch wenn es aus Sicht von Universitätsvertretern oft als unschicklich gilt, an Geld zu denken, geschweige denn von Geld zu reden, sei darauf hingewiesen, dass eine Semesterstunde an einer schweizerischen Universität in der Regel durch einen Betrag von CHF 2000.– bis CHF 4000.– honoriert wird. Es bestehen weder generalisierbare Angaben noch Schätzungen über den pro Lehrstunde und Semester benötigten Zeitaufwand. Für die zweistündige Lehrveranstaltung in einem Spezialbereich wendet der Autor z.B., einschliesslich Vorbereitungs- und Reisezeit gemäss anwaltlicher Zeitkontrolle, jeweils ca. 250 Stunden pro Semester auf. Von den entsprechenden Opportunitätskosten des lehrenden Rechtsanwaltes wissen oder wollen die Universitäten wenig wissen. Selbst der lehrende Anwalt errechnet diese aus verschiedenen Gründen in der Regel nicht. Die sich dahinter verbergenden Probleme der Wettbewerbsfähigkeit der Universitäten auf dem Markt für Hochschullehrer und die Probleme einer minimalen vergleichenden Leistungsgerechtigkeit der Entlöhnung verschiedener Gruppen von Lehrern, die an der gleichen Universität tätig sind, seien hier nur angesprochen. Der gängigen Perzeption auf seiten der Universität, dass das behaupteterweise notorische Einkommensgefälle zwischen freiberuflichen Rechtsanwälten und Mitgliedern von Rechtsfakultäten derweise sei, dass es einem lehrenden Rechtsanwalt zuzumuten sei, im Rahmen einer persönlichen oder sozietätsinternen Mischkalkulation auf ein marktgerechtes «Einkommen zu verzichten», waren wohl einige lehrende Kollegen schon ausgesetzt.

h) Was mag denn Anwälte dazu bewegen und motivieren, an Hochschulen zu lehren?

Die Vereinfachungen seien nachgesehen: Einiges kommt in Frage. Gewisse Anwälte setzen sich durch diese Hochschultätigkeit etwa unter einen selbst auferlegten Zwang zur eigenen Weiterbildung. Einige vermögen ihre didaktische Begabung auszuleben. Andere suchen mit Erwartungen den Kontakt zu einer hoffentlich interessanten Umgebung, zu jüngeren Menschen, späteren Mitarbeitern, möglichen Gutachtern etc. Eine wichtige Rolle scheint immer noch die helvetische Polivalenz des auch in den juristischen Berufen geltenden Milizsystems zu spielen, die einem Lehrenden zudem Status und auch sogenannte Abwechslung vermitteln soll. Unentschiedene und/oder mögliche Umsteiger auf eine vollzeitliche Hochschulkarriere scheinen dem an und für sich unattraktiven «Rüebli» des Aleatorischen und der Nichtplanbarkeit einer solchen Karriere mit dem Argument des Abverdienens akademischer Sporen während geraumer Zeit nachzurennen. Ganz allgemein scheint die Hochschule nach wie vor davon zu profitieren, dass es eine Ehre und ein Erlebnis der «besonderen Art» zu sein habe, in das Hauptgebäude einer Universität einzutreten, vor einem Auditorium von Studenten aufzutreten und im eigenen curriculum vitae diese Tätigkeit auch zu vermerken. Da sich dies in engeren beruflichen – nicht gesellschaftlichen – Umfeldern als Fata Morgana erweisen mag und sich in angelsächsisch geprägten Arbeits-Umgebungen z.B. als statusmässige «non-valeur» herausstellen kann, lässt hier zur Zurückhaltung raten.

Dass eine Hochschultätigkeit aus ganz anderen Gründen ungemein anregend und gerechtfertigt bereichernd sein kann, sei hier doch unterstrichen.

i) Wie sehen denn der eigene Arbeitgeber oder die Mitgesellschafter einer Anwaltssozietät die Lehrtätigkeit von Kollegen?

Derjenige, der als Rechtsanwalt an einer Universität tätig ist, ist oft ein Grenzgänger, dessen Tätigkeit in der einen der jeweils anderen Welt fremd ist, und es ist durchaus so, dass der lehrende Rechtsanwalt gleichzeitig in beiden Welten gewissen Spannungen ausgesetzt ist. Der Autor ist sich bewusst, dass sich diese Fragen vermehrt in Anwaltssozietäten stellen, die in Hochschulkantonen situiert sind und die eine gewisse kritische Grösse überschritten haben. Wie viele jüngere Rechtsanwälte, die ihre Hochschulprüfungen mit gutem oder gar bestem Erfolg abgeschlossen haben und teilweise Assistenten von Ordinarien geworden sind, haben nicht offen oder verdeckt – eher früher als später – mit einer sogenannten «akademischen Karriere» – möglichst parallel zur Anwaltstätigkeit – geliebäugelt? Wie viele Teilhaber solcher Sozietäten haben nicht als Arbeitgeber versucht, die Voraussetzungen dafür zu schaffen, dass mindestens die Redaktion einer Habilitationsschrift mit einer angestammten bürointernen Karriere vereinbar würde. Wie viele begabte junge Anwälte haben denn diesen «Stachanow» der besonderen Art, der zeitlich, psychisch, finanziell und bürobezogen schwerwiegende Probleme aufwerfen kann, hinter sich gebracht? Die Veränderungen der Ansprüche des gewandelten anwaltlichen Alltags in den vergangenen Jahren machten und machen jungen Rechtsanwälten und manchen Sozietäten einen Strich durch die Rechnung. Das Aleatorische einer vollzeitlichen Hochschulkarriere, deren Nichtplanbarkeit und die weitgehende Inkompatibilität mit einer modernen Anwaltskarriere haben hier in der Zwischenzeit zu anderen und teilweise auch klareren Positionsbezügen geführt. Dazu hat auch die aus verschiedenen Gründen offenbar relativ sinkende Attraktivität der akademischen Hochschulkarriere im Vergleich zu gewissen Anwaltskarrieren zu einer Ernüchterung beigetragen. Das feststellbare Ausweichen auf andere Formen des Lehrens, sei es in der Gestalt von Lehraufträgen oder sei es an Aus- und/oder Weiterbildungsinstitutionen ausserhalb der Universität, mag damit zusammenhängen, aber auch die Tatsache, dass gewisse praxisrelevante neuere Rechtsgebiete an den Hochschulen gar nicht mehr gelehrt werden, und die Tatsache, dass wesentliche Vertiefungen und Neuerungen in den Rechtsanwendungen bzw. Rechtsgestaltungen an vorderster Front im Rahmen von Mandaten in solchen Sozietäten selbst generiert und in der Rechtsanwendung konkret umgesetzt werden, bevor sie überhaupt ins Wirkungsfeld einer Rechtsfakultät gelangen, wenn überhaupt. Die gewandelte und teilweise auch abweichende Beurteilung innerhalb einer Sozietät erschwert nach der Auffassung des Autors die Lehrtätigkeit von Rechtsanwälten, die nicht Mitarbeiter, sondern Teilhaber einer Sozietät sind. Je nach Ausgestaltung der Gewinnverteilungsformel ist die Tätigkeit z.B. mit einem entsprechenden Einkommensverzicht verbunden; Spannungen können auch dadurch entstehen, dass bei gewinnverteilungsneutraler Behandlung der Hochschultätigkeit diese von Kollegen, die sich in der Sozietät vollzeitlich der Advokatur widmen, scheel betrachtet werden, zumal die entsprechende Honorierung für die Hochschultätigkeiten von den Opportunitätskosten praktizierender Rechtsanwälte massgeblich abweicht; auch über die interne Bewertung solcher Tätigkeiten im Rahmen einer Bilanzierung der zählbaren Beiträge der Teilhaber an die Sozietät besteht vielerorts kein Konsens. Es braucht mitunter eine gewisse Ruhe und Detachiertheit auf beide Seiten hin, wenn sich der lehrende Rechtsanwalt an der Universität wiederum einem gar eigenartigen Verständnis des Verhältnisses von «Theorie» und «Praxis» gegenüber sieht, seine Tätigkeit als Folge des Anwaltsgeheimnisses einerseits und als Folge eines gewissen herablassenden Unwerturteils über die «Erfindungshöhe» praktischen Advozierens anderseits gar nicht zum Arsenal einer integral verstandenen Professionalität dieser «legal community» gezählt wird. Die Vorwürfe, dogmatisch ungeschliffen und unbeholfen zu sein, von der beruflichen Aufgabe der Interessenvertretung korrumpiert und unschicklichem Geldverdienen zugetan zu sein, sind die üblichen Prisen Salz gewisser unangepasster Begegnungen an der Hochschule, die durch das doppelbödige Vergnügen mit «Herr Kollega» angesprochen zu werden, nicht immer aufgewogen werden. Das sind nach Auffassung des Autors alles Anzeichen dafür, dass kein Konsens und keine gelebten Formen der reibungslosen Akzeptanz des Zusammenwirkens von Rechtsanwälten an Hochschulen bestehen, und zwar auf beiden Seiten des Zaunes.

III. Anregungen

Eine analytische Vertiefung des Grundsachverhaltes ist mit dieser Skizze nicht bezweckt. Es scheint nach Auffassung des Autors ausgewiesen zu sein, über diesen Teilbereich des erweiterten Bezugsfeldes von «Theorie» und «Praxis» nachzudenken. Dies sollte nach Auffassung des Autors nicht im Sinne einer staatlich verordneten Generalanalyse, sondern eher durch Einzelpersonen, bestimmte Vertreter gewisser Institutionen und allfälligerweise in kleineren ad hoc-Zirkeln, erfolgen. Der sich gegenwärtig vollziehende beschleunigende Wandel von Recht, Rechtswissenschaft und Rechtsanwendung, der auch die Schweiz erfasst, erträgt – bezugnehmend und paraphrasierend auf den Titel eines gegenwärtig führenden Buches von Daniel Jergin und Joseph Stanislaw, The Commanding Hights, The Battle Between Government And The Market Place That Is Remaking The Modern World (1998) – einen Schub, damit die Fenster der Rechtsfakultäten und Anwaltssozietäten wieder oder weiter geöffnet werden; die Winde des Marktes vermöchten auch bei uns dazu beizutragen, dass die entsprechenden Verhältnisse mindestens erkannt und geklärt und allenfalls in Folge des Wandels die Ausbildungsfunktionen neu geordnet werden können. Es ginge dabei nicht um eine grundlegende Infragestellung der angestammten Funktionen von Rechtsfakultäten auf der Lizentiats- und auf der Doktorandenstufe; es ginge primär darum, dass Folgen und vor allem die Anforderungen des Wandels rechtzeitig erfasst und die unter Umständen dadurch notwendig werdenden Reallokationen von Funktionen innerhalb und ausserhalb der Universitäten in bezug auf Aus- und Weiterbildung der Juristen allgemein, insbesondere auch von Rechtsanwälten, in die richtige Richtung geleitet werden können. Dies sollte durch eine laufende, sach- und zeitgerechte Anpassung an neue Bedingungen und Wirklichkeiten erfolgen.

Im einzelnen ist nach Auffassung des Autors Folgendes erwähnenswert.

1. Als Vorbedingung müsste in der Beschäftigung mit der Rechtsordnung in der Schweiz auch der sogenannte «Rechtsbetrieb» im weiteren Sinn zum Gegenstand mündlicher und schriftlicher, auch institutionalisierter Erörterungen gemacht werden, damit überhaupt die Voraussetzungen für eine zielgerichtete Kommunikation und Auseinandersetzung mit entsprechenden Fra-

gen geschaffen werden können. Die Agenden und Publikationen der Fachverbände, die Agenden der Rechtsfakultäten, die Kategorisierungen der verschiedenen berufsständischen und wissenschaftlichen Publikationstypen in der Schweiz, aber auch die Funktion der Medien im allgemeinen mit Bezug auf Kommentierung und Kritik des Rechtsbetriebes sind nach Auffassung des Autors in der Schweiz suboptimal darauf ausgelegt, solche Themata überhaupt zu behandeln und Wissen darüber zu verbreiten[7]. Ironie des Anlasses – Hundert Jahre Schweizer Anwaltsverband –: Die Herausgeber dieser Festschrift haben die Autoren immerhin zu einer gewissen argumentativen Frechheit animiert und setzen mit der Festschrift ein sicht- und lesbares Zeichen.

2. Es wäre sinnvoll, für solche Fragen vorerst eine Übersicht im Sinne einer Bestandesaufnahme zu schaffen und darüber auch Transparenz herzustellen. Dies scheint dem Autor eine weitere Voraussetzung, dass in diesem Bereich überhaupt die Rahmenbedingungen für einen Wettbewerb der Meinungen geschaffen werden. Die Bestandesaufnahme würde im übrigen voraussichtlich die in dieser Skizze gemachte Arbeitshypothese des Umfangs und der Intensität der Lehrtätigkeit von Rechtsanwälten an Universitäten im Trend relativieren und darüber hinaus ganz andere Gebiete, in denen Rechtsanwälte lehren, ins zeitgerechte Licht rücken.

3. Der rasche Wandel würde sodann anzeigen, eine Standortbestimmung in bezug auf die rechtliche Ausbildung, insbesondere diejenige an Hochschulen zu machen, zumal sich wesentliche Voraussetzungen in verschiedenen Bereichen massgeblich verändert haben. Die Standortbestimmung würde meines Erachtens unter anderem zeigen, dass sich das Schwergewicht der Lehrtätigkeit von Rechtsanwälten in der Zwischenzeit massgeblich verschoben und von der Tätigkeit in der Grundausbildung von der Hochschule in den Bereich der Weiterausbildung verlagert hat; die Dozentenverzeichnisse der Swiss Banking School, des Nachdiplomstudiums für Geistiges Eigentum an der ETH Zürich, des Master of European and International Business Law M.B.L.–HSG, der Ausbildung zum Steuerexperten durch die Treuhandkammer und des Nachdiplomstudiums im internationalen Wirtschaftsrecht an der Universität Zürich zeigen eine relativ markante Erhöhung des Anteils der lehrenden Rechtsanwälte. Das gleiche würde wahrscheinlich in bezug auf die institutionalisierten Weiterbildungsstufen von Universitäten wie St. Gallen und Ausbildungs- und Weiterbildungsveranstaltungen von privaten Tagungsorganisatoren bestätigt. Dass sich die Voraussetzungen der Lehrtätigkeit dabei auch dadurch verändert haben, dass diese Aus- und Weiterbildungsveranstaltungen oft im Rahmen nationaler und internationaler Kooperationen durchgeführt werden, sei erwähnt. Die Tatsache, dass lehrende Rechtsanwälte sich im Rahmen der sich nun institutionalisierenden permanenten Weiterausbildung sel-

---

[7] Einen Ansatz böte meines Erachtens z.B. die neue Rubrik in der SJZ «Anwaltsrubrik», die von Kollege Dr. HANS NATER betreut wird, SJZ 1998, 1.

ber weiter ausbilden müssen, wird möglicherweise einen Einfluss darauf haben, inwiefern und inwieweit diese als Lehrer überhaupt noch zur Verfügung stehen können und wollen. Die konkreten Anforderungen der Alltagsarbeit in der Advokatur würden wahrscheinlich in diesem Zusammenhang auch zeigen, dass vor allem auch grössere Anwaltssozietäten in der Zwischenzeit wesentliche Aus- und Weiterbildungsfunktionen ihrer Mitarbeiter und Teilhaber selber übernommen haben und diese «interne Universität» in der Regel nicht Dritten überlassen, sondern durch eigene Lehrer betreiben. Die Standortbestimmung würde mit hoher Wahrscheinlichkeit auch vermehrt an den Tag bringen, dass – wie erwähnt – wesentliche Vertiefungen und Neuerungen in der Rechtsanwendung bzw. Rechtsgestaltung an vorderster Front im Rahmen von Mandaten in solchen Sozietäten generiert und in der Rechtsanwendung konkret umgesetzt werden, bevor sie überhaupt ins Wirkungsfeld einer Rechtsfakultät gelangen, wenn überhaupt. Anwaltsgeheimnis, Geschäftsgeheimnis, Zeitdruck und/oder Mangel an adäquaten Publikationsorganen tragen im übrigen nicht dazu bei, dass dieses Wissen überhaupt kommunizierbar erfasst, geschweige denn wirklich kommuniziert wird. Auch das ein anderweitig zu behandelndes, wichtiges Thema der amtlichen Tätigkeit.

4. Auch wenn die Metapher «Law is local» und «Legal Business is local Business» anziehend ist, könnte nach Auffassung des Autors eine solche Standortbestimmung, wenn sie zukunftsbezogen sein soll, nicht ausschliesslich mit Blick auf die Entwicklungen in der Schweiz erfolgen. Die dramatischen Entwicklungen in den verschiedenen Rechtsgebieten, in der rechtlichen Ausbildung und in der Advokatur im umliegenden Ausland – vor allem im angelsächsischen Raum – sind eine Tatsache und verschlagen uns Rechtsanwälten teilweise den Atem. Die entsprechende Literatur auf dem Kontinent und vor allem im angelsächsischen Raum zeugt davon[8]. Der fortschreitende Einbezug

---

[8] KLAUS BÖHLHOFF, The International Practice of Law: Globalization or Regionalization, The International Practice of Law, in: Liber Amicorum for Thomas Bär and Robert Karrer, Basel/Frankfurt et al. 1997, 31 ff.; WILLEM J.L. CALKOEN, Internationalisation of the Legal Profession, The International Practice of Law, in: Liber Amicorum for Thomas Bär and Robert Karrer, Basel/Frankfurt et al.1997, 53 ff.; SIDNEY M. CONE, International Trade in Legal Services – Regulation of lawyers and firms in global practice, Boston 1993; Y. DÉZALAY (ed.), Batailles Territoriales et Rivalités de cousinage: Juristes et comptables sur le Marché Européen du conseil aux Entreprises, 1993; Y. DÉZALAY/D. SUGERMAN (ed.), Professional Competition and the social construction of Markets, 1993; DREYER (L'avocat), 395 ff.; MARC GALANTER/THOMAS PALAY, Tournament of Lawyers – The transformation of the big law firm, Chicago 1991; MARY ANN GLENDON, A Nation under Lawyers, USA 1994; B.W. HILDEBRANDT/J. KAUFMAN, The Successful Law Firm: New Approaches to Structure and Management, 2nd ed., Clifton 1988; SOL M. LINOWITZ, The Betrayed Profession – Lawyering at the end of the twentieth century, New York 1994; DAVID MAISTER, Managing the Professional Service Firm, New York 1997; DAVID MAISTER, True Professionalism, The Courage to care about your people, your clients and your career, New York 1997; STEPHEN MAYSON, Making Sense of Law Firms – Strategy, Structure and Ownership, London 1997 (mit umfangreichem Literaturverzeichnis);

multimedialer Methoden und des Internets in die rechtliche Aus- und Weiterbildung sei hier nur am Rande erwähnt[9]. In diesem Zusammenhang sei darauf hingewiesen, dass eine möglicherweise notwendige Kommunikation mit dem Ausland in solchen Fragen nur dann möglich ist, wenn wir über unsere eigenen Verhältnisse nicht nur Bescheid wissen, sondern diese auch kommunizieren, und zwar in denjenigen Sprachen, welche die möglichen Adressaten verstehen. In diesem Sinne ist ein mögliches Nachdenken über die Funktion des Rechtsanwaltes als Hochschullehrer Bestandteil des Nachdenkens über den Wandel des Berufsbildes des Rechtsanwaltes in der heutigen Zeit in der Schweiz überhaupt.

5. In Einzelbereichen könnten nach Auffassung des Autors in bezug auf das hier angesprochene Problem die Rechtsfakultäten selber aktiv werden, indem sie z.B. in juristischen Abteilungen eine Person bestimmen, die als kontinuierlicher Gesprächspartner mit den lehrenden auswärtigen Rechtsanwälten – im übrigen auch mit anderen sogenannten Praktikern – agieren könnte, damit mindestens erreicht wird, dass Gespräche über dieses Rechtsverhältnis die Essentialia eines modernen arbeitsrechtlichen Verhältnisses im Privatbereich beinhalten.

Kantonale Anwaltsverbände – vor allem in Hochschulkantonen – oder der schweizerische Anwaltsverband könnten sich in bescheidenem Umfang eines solchen Themas ebenfalls annehmen. Es sei darauf hingewiesen, dass an den jeweiligen Jahreskonferenzen der Business Section der International Bar Association ein institutionalisiertes Spezialforum – Academics Forum – zu solchen Fragen besteht. In diesem Sinne könnten auch für die entsprechenden

---

J. NERLICH, Mulitnationale und transnationale Anwaltssozietäten in Europa, in: Anwaltliche Tätigkeit in Europa, hrsg. von M. Henssler/J. Nerlich, Bonn 1994, 53 ff.; PHILIPPE NOUEL, The International Practice of Law, in: Liber Amicorum for Thomas Bär and Robert Karrer, Basel/Frankfurt et al, 1997, 183 ff.; WALTER OHLSON, The Litigation Explosion, New York 1991; PFEIFER (Der Rechtsanwalt), 253 ff.; R. POUND, The Lawyers from Antiquity to Modern Times, St. Paul 1953; M. SALTER, On the idea of a legal world, Int. Journal of the Legal Profession, Vol. 1 1994, 283 ff.; MARK H. STEVENS, Power of Attorney: The rise of the giant law firms: New York 1987; JAMES B. STEWART, The Partners – Inside America's most powerfull law firms, New York 1993; R. SUSSKIND, The Future of Law, Oxford 1996; PETER D. TROOBOFF, Maintaining Professionalism in International Legal Practice – Challenges for the Future, The International Practice of Law, in: Liber Amicorum for Thomas Bär and Robert Karrer, Basel/Frankfurt et al, 1997, 237 ff.; D.M. TRUBEK/Y. DÉZALAY/R. BUCHANAN/J. DAVIS, Global Restructuring and the Law: Studies of Internationalization of Legal Fields and the Creation of Transnational Arenas, 44 Case Western Reserve L. Rev., 1994, 480 ff.; von den vielen neuen Periodika sind zu erwähnen International Journal of the Legal Profession, Lawyer International, The Legal Business Briefing on International and Emerging Markets, Legal Business, The American Lawyer, European Corporate Lawyer, European Counsel.

[9] Vgl. etwa Information Technology and the Future of Post-Secondary Education, OECD Documents, 1996; Internationalisation of Higher Education, OECD Documents, 1996; JOHN SEELY BROWN/PAUL DUGUID, Fast Forward, The University's Digital Future, In Change, The Magazine of Higher Learning, July/August 1996.

Publikationsorgane solche Themata geöffnet werden. Es ist in diesem Zusammenhang nach Auffassung des Autors an der Zeit, vermehrt und offen über gewisse konkrete Aspekte des Spannungsverhältnisses zwischen Anwalts- und Lehrtätigkeit an Hochschulen nachzudenken. Dazu gehören etwa die Fragen der Funktion der Habilitation, die mögliche Funktion von Extraordinaten, die beschränkte horizontale Mobilität in beiden Richtungen, auch diejenige von einer hauptberuflichen anwaltlichen in eine hauptberufliche Hochschultätigkeit; dazu gehören auch Fragen, die sich z.B. daraus ergeben, dass eine Vielzahl von Rechtsgebieten heutzutage in der Praxis unmittelbar nach dem Abschluss eines Grundstudiums infolge der Senkung des Durchschnittsalters in der Beratung und infolge der galoppierenden Spezialisierung diese Sachkenntnisse in speziellen Rechtsgebieten gar nicht mehr an der Hochschule gelehrt werden, die Gefährdung von Spezialvorlesungen, die durch externe Lehrbeauftragte betreut werden, durch Schildbürgerstreiche drastischer und oft undifferenzierter Sparprogramme usw. Die zentrale Funktion einer dogmatischen Grundausbildung im juristischen Denken sei damit überhaupt nicht in Frage gestellt. Selbstredend müssten solche Erörterungen auch Gegenfragen einer sinnvollen Ausgestaltung der sogenannten praktischen Tätigkeit von vollamtlichen Hochschulprofessoren in der Rolle als Richter, Gutachter, Rechtsanwalt oder Konsulent einbezogen werden. Die postmilizionären Doppel- und Mehrfachkarrieren sollen dabei selbstverständlich ebenfalls in Frage gestellt werden.

6. Wir schlagen den Bogen zurück zum Thema «Der Rechtsanwalt als Hochschullehrer?» mit einer Anregung zu Grundsätzlicherem. Nach Auffassung des Autors kann die Neupositionierung anwaltlicher Lehr-, Forschungs- und Publikationstätigkeit nur nach einer Klärung und neuen Umschreibung des Verhältnisses von «Theorie» und «Praxis» erfolgen, da erst daraus Grundsätze für die Gestaltung der akademischen Lehre abgeleitet werden können. Wir nehmen einen Gedankengang von Prof. Dr. E. Höhn auf, mit dem der Autor 1988 an der Universität St. Gallen praktisches Neuland zu betreten versucht hat. Ernst Höhn, im übrigen auch Rechtsanwalt und Konsulent in einer Anwaltssozietät, hat diesen Ansatz weiterentwickelt und in seiner Abschiedsvorlesung vom 25. Januar 1994 vertieft und generalisiert[10]. Er untersucht das gegenseitige Verhältnis von Doktrin und Praxis in verschiedenen Disziplinen – Rechtsanwendung, Rechtssetzung und Rechtsgestaltung – getrennt und in jeder Disziplin nach inhaltlichen und nach methodischen Fragen. In sechs Bereichen unterscheidet er drei verschiedene Arten von Beziehungen von Doktrin und Praxis, nämlich den Dialog, den Monolog und die

---

[10] Vgl. ERNST HÖHN, zitiert in Fn. 1; der Autor hat mit ERNST HÖHN im Sommersemester 1988 an der Universität St. Gallen begonnen, transaktionale und interdisziplinäre Doktorandenseminare unter Beteiligung der massgeblichen Akteure der Transaktion und unter Bezug von Originalakten durchzuführen und komplexe Transaktionen möglichst zeitverzugslos nach deren Abschluss an einer Universität zu rekonstruieren.

Ignorierung. Er stellt fest, dass vor allem in dem für die Tätigkeit der Rechtsanwälte wichtigsten Bereich der Rechtsgestaltung das Verhältnis von Doktrin und Praxis dadurch gekennzeichnet sei, dass die Doktrin die praktischen Bedürfnisse weitgehend ignoriere. Es verstehe sich von selbst, dass die Praxis unter diesen Umständen von der Doktrin auch keine Impulse erhalten könne. Dies gelte für die gesamte Rechtsgestaltung, also sowohl in inhaltlicher als auch in methodischer Hinsicht. Anschliessend behandelt Ernst Höhn die Frage, in welchem Verhältnis denn Doktrin und Praxis zueinander gestaltet sein soll. Einerseits sei zu fragen, ob die Praxis denn die Doktrin überhaupt brauche; ob sie auf die wissenschaftliche Bearbeitung des Rechtsstoffes angewiesen sei. Anderseits müsse aber auch untersucht werden, ob sich die akademische Lehre und Doktrin überhaupt primär auf praktische Bedürfnisse der Juristen ausrichten solle, anstatt sich als reine Wissenschaft zu verstehen. Dann stellt er die uns hier interessierende Frage, welche Folgerungen aus dem Gesagten für die akademische Lehre und Forschung gezogen werden sollen. Er kommt zu folgenden Grundsätzen:

«Aus dem über das ideale Verhältnis von Doktrin und Praxis Gesagten können folgende *Grundsätze* für die Gestaltung der akademischen Lehre abgeleitet werden:
– Die juristische *Praxis* muss *vermehrt* in die akademische Lehre und Forschung einbezogen werden. Das gilt namentlich für die bis heute vernachlässigte Disziplin der Rechtsgestaltung.
– Die juristische *Kreativität* muss gefördert und geübt werden, um auch anspruchsvollen Aufgaben der Rechtssetzung und Rechtsgestaltung genügen zu können.
– Neben den einzelnen Fachgebieten muss im selben Ausmass auch die *integrierte* (fachgebietsübergreifende) *Lösung von Sachproblemen* geübt und geschult werden. Das berühmte ‹vernetzte Denken› muss auch in der juristischen Ausbildung Fuss fassen. So wie die Architekturstudenten schon frühzeitig lernen, ganze Häuser, wenn auch einfache, zu bauen, so müssen die Jus-Studierenden frühzeitig lernen, Sachprobleme, die mehrere Rechtsgebiete beschlagen, zu lösen. Nur so kann der bestehenden Gefahr, dass sie vor lauter ‹Bäumen› den ‹Wald›, d.h. vor lauter Fächern das Recht nicht mehr sehen, begegnet werden.
– Anstelle einer Anhäufung von immer umfangreicherem Rechtsstoff, der gerade aktuell ist, sind vermehrt *Problemlösungen* in inhaltlicher und in methodischer Sicht zu schulen.
– Die integrierte Bearbeitung von Planungs- und Gestaltungsproblemen muss zum Anlass genommen werden, die Studierenden auf die *Auseinandersetzung mit Werthaltungen* in der Praxis vorzubereiten».

In der Folge postuliert Ernst Höhn umfangreiche praktische Berufserfahrung der Dozenten und Forscher, einen problemorientierten Studienaufbau und Lehrstühle für integrierte Problemlösungen. Es versteht sich von selbst, dass eine solche problem- bzw. issuebezogene Refokussierung und Regruppierung eines wesentlichen Teiles des Lehrstoffes andere Personen – mit hoher Wahrscheinlichkeit auch Rechtsanwälte – vermehrt an eine derweise veränderte Institution führen würde. In diesem Bereiche muss nach Auffassung des Autors eine Offenheit einsetzen, experimentiert und Neuland beschritten werden. Die Lehrfunktion von Rechtsanwälten in einem derweise neu definierten Bezugsfeld zwischen «Theorie» und «Praxis» hätte dann aus der Sicht der Anwaltschaft eine sinnvolle Mitbestimmungsfunktion auf der Stufe der akademischen Ausbildung. Die Erwartung, dass akademische Bildungsinstitutionen junge Menschen in die Praxis entlassen, die den gewandelten Anforderungen im Beruf zu genügen vermögen, ist legitim. In der Mitwirkung an der Verwirklichung dieser Erwartung liegt denn nach Auffassung des Autors auch die tiefere Legitimation jeglicher lehrender Tätigkeit von Rechtsanwälten im Bereiche der Aus- und Weiterbildung.

V. Der Anwaltsberuf in seinen internationalen Bezügen

Urs M. Weber-Stecher

Internationale Freizügigkeit im Rechtsanwaltsberuf – Hindernisse und mögliche Reformen

Inhaltsübersicht

I. Einleitung
II. Hindernisse und mögliche Reformen (OECD-Workshops: *«International trade in professional services»*)
 A. Grenzüberschreitende Dienstleistungserbringung
 B. Niederlassungsfreiheit
 C. Organisationsfreiheit
 D. Standesregeln und Berufsverbände
III. Globale Reformbestrebungen im Rahmen des GATS
 A. GATS-Grundlagen
 B. Bedeutung des GATS für die Anwaltschaft
 C. GATS-Arbeitsgruppe «Professional Services»
  1. Stand der laufenden Verhandlungen
  2. Würdigung der Zwischenergebnisse der GATS-Arbeitsgruppe
IV. Reformbestrebungen in der Europäischen Union und bilaterale Verhandlungen der Schweiz mit der EG und ihren Mitgliedstaaten über ein Personenverkehrsabkommen
 A. Grundlagen in der EU und im EWR
  1. Freier Verkehr für Dienstleistungen
  2. Niederlassungsfreiheit
   a. Vollständige Integration im Gaststaat
    aa. Integration gemäss Richtlinie 89/48/EWG
    bb. Integration gemäss Richtlinienvorschlag 97/.../EG (RLV 97)
   b. Ständige Tätigkeit unter ursprünglicher Berufsbezeichnung
 B. Bilaterale Verhandlungen mit der EG und ihren Mitgliedstaaten über ein Personenverkehrsabkommen
  1. Dienstleistungsverkehr
   a. Grundsatz
   b. Vorbehalt von Aktivitäten in Ausübung öffentlicher Gewalt
   c. Vorbehalt von Vorschriften im Allgemeininteresse
  2. Niederlassungsfreiheit
V. Zusammenfassung

I. Einleitung

Die Anforderungen an den Anwaltsberuf haben sich in den letzten Jahrzehnten entsprechend den wirtschaftlichen und gesellschaftlichen Umwälzungen mit grosser Geschwindigkeit verändert. Dies schlägt sich auch in der Struktur der Mandate nieder. Anfragen aus den Bereichen des Wirtschafts- und Steuerrechts haben stark zugenommen und die Fälle mit Auslandberührung sind angesichts der grossen Mobilität unserer Gesellschaft immer zahlreicher geworden. Ausserdem hat die Konkurrenz durch Rechts- und Steuerberater, Unternehmensberater, Banken und Versicherungen sowie Treuhänder aus dem In- und Ausland stark zugenommen[1]. Für den praktizierenden Anwalt ist es je länger je weniger möglich, als «Einzelkämpfer» sämtlichen Anliegen der international operierenden Klientel zeitgerecht und kompetent nachzukommen. Es ist für ihn von zunehmender Bedeutung, sich in neuen Formen, allenfalls auch mit Angehörigen anderer Berufsgattungen, zusammenschliessen und sämtliche Berufstätigkeiten grenzüberschreitend möglichst uneingeschränkt ausüben zu können. Zudem muss er mit breitem Fachwissen ausgerüstet sein, das über die schweizerische, ja über die europäische Rechtsordnung hinausgeht. Es stellt sich also die Frage, ob die bestehenden rechtlichen Rahmenbedingungen auf globaler und regionaler Ebene diesen neuen Begebenheiten gerecht werden.

Der hohe Liberalisierungsgrad, den wir in unseren Nachbarländern feststellen können, darf nicht darüber hinwegtäuschen, dass auf globaler Ebene noch beträchtliche Hindernisse sowohl für die grenzüberschreitende Dienstleistungserbringung als auch für die Niederlassung von Anwälten in einem anderen Staat bestehen. Dies zeigen sowohl die Erkenntnisse der OECD-Workshops[2] über «Professional services»[3] als auch die laufenden Arbeiten im Rahmen der WTO/GATS-Arbeitsgruppe über «Professional services», die in den nächsten Abschnitten kurz zusammengefasst werden. Besonders augenfällig wird der Unterschied zwischen dem globalen Liberalisierungsniveau und demjenigen in der EU im letzten Abschnitt, der den neusten Richtlinienvorschlag über die erleichterte Ausübung des Rechtsanwaltsberufs in einem anderen EU-Mitgliedstaat[4] behandelt. Den Abschluss des Beitrages bildet

---

[1] Vgl. KAWAMURA, 69; ROTHENBÜHLER, 32 f.; WEIL, EU B 1997, 532.
[2] Die OECD ist ein Thinktank der industrialisierten Demokratien, um über anstehende wirtschaftliche und soziale Probleme zu diskutieren und neue Politiken zu formulieren. Siehe dazu http://www.oecd.org/about/origins.htm: «The OECD And Its Origins». Mitgliedstaaten der OECD sind zurzeit: Australien, Belgien, Dänemark, Deutschland, England, Finnland, Frankreich, Griechenland, Holland, Irland, Island, Italien, Japan, Kanada, Luxemburg, Mexiko, Neuseeland, Norwegen, Österreich, Polen, Portugal, Tschechische Republik, Schweden, Schweiz, Spanien, Südkorea, Türkei, Ungarn, USA.
[3] Untersucht wurde die Freizügigkeit der Rechtsanwälte, Treuhänder, Architekten und Ingenieure. Nicht berücksichtigt wurden Medizinalberufe.
[4] Gemeinsamer Standpunkt (EG) Nr. 35/97 vom Rat festgelegt am 24. Juli 1997 im Hinblick auf den Erlass der Richtlinie 97/.../EG des Europäischen Parlaments und des Rates vom ... zur Erleichterung der ständigen Ausübung des Rechtsanwaltsberufs in einem anderen Mitgliedstaat als dem, in dem die Qualifikation erworben wurde (97/C 297/02), ABl C 297 vom 29.9.97, 6 ff. (zit. RLV 97).
Nach Abschluss der Arbeiten an diesem Text wurde der Richtlinienentwurf zu geltendem Recht: Richtlinie 98/5/EG des europäischen Parlaments und des Rates vom 16. Fe-

eine Prognose zum Umfang der Freizügigkeit der schweizerischen Anwältinnen und Anwälte in den Mitgliedstaaten der EU, der über das zurzeit in Verhandlung stehende bilaterale Abkommen über den Personenverkehr mit der EG und ihren Mitgliedstaaten erreicht werden könnte.

II. Hindernisse und mögliche Reformen (OECD-Workshops: «*International trade in professional services*»)

Weil der internationale Dienstleistungsverkehr, namentlich der freien Berufe, nach wie vor zahlreichen Beschränkungen unterworfen ist, hat die OECD seit 1995 drei Workshops über «*International Trade in professional services*» durchgeführt. Die Resultate der Diskussionsrunden werden jeweils in einer OECD-Publikation dem interessierten Publikum zugänglich gemacht[5].

A. *Grenzüberschreitende Dienstleistungserbringung*

Die grenzüberschreitende Anwaltstätigkeit wird in vielen OECD-Staaten durch Nationalitäts- oder Bürgerrechtserfordernisse erschwert[6]. Gründe dafür sind in erster Linie die Sicherstellung der Rechenschaftspflicht gegenüber dem Klienten, der ausreichenden Kenntnis des nationalen Rechts sowie der Erfüllung der geforderten Standards hinsichtlich Fachkompetenz und örtlicher Gepflogenheiten[7].

Grundtenor der Workshops war, dass auf Nationalitäts- und Bürgerrechtsvorschriften verzichtet werden sollte, da sie zur Erreichung der genannten Zielsetzungen in aller Regel ungeeignet sind und grundsätzlich weniger restriktive Vorschriften ausreichen würden. So würde es beispielsweise genügen, zur Erbringung einer Dienstleistung die Errichtung einer Niederlassung oder die Bezeichnung eines Agenten im Bestimmungsstaat zu verlangen. Noch weniger einschneidend wäre die Einführung einer (unter Umständen obliga-

bruar 1998 zur Erleichterung der ständigen Ausübung des Rechtsanwaltsberufs in einem anderen Mitgliedstaat als dem, in dem die Qualifikation erworben wurde, ABl L 77 vom 14.3.1998, 36 ff. Da der definitive Richtlinientext in materieller Hinsicht nicht vom Entwurf abweicht, und die gleiche Numerierung der Artikel beibehalten wurde, können die Verweise auf die Artikel des RLV 97 unmittelbar als Verweise auf die Artikel der RL 98/5/EG betrachtet werden.

[5] *Liberalisation of Trade in Professional Services,* OECD Documents 1995; *International Trade in Professional Services: Assessing Barriers and Encouraging Reform, OECD Documents 1996; International Trade in Professional Services: Advancing Liberalisation Through Regulatory Reform,* OECD Proceedings 1997.
[6] Vgl. ESKEY, 93.
[7] Vgl. ESKEY, 95 ff.

torischen) Berufshaftpflichtversicherung, finanzieller Sicherheiten (wie sog. «mandatory bonds») oder der Eintrag in ein örtliches Register[8]. Dieser wurde allerdings eher im Zusammenhang mit der Niederlassung in einem anderen Staat vorgeschlagen.

B. Niederlassungsfreiheit

Die Niederlassungsfreiheit wird in zahlreichen OECD-Staaten in erster Linie dadurch behindert, dass die in einem Staat erworbenen beruflichen Qualifikationen in einem anderen Staat nicht oder nur in beschränktem Umfang zur Ausübung der angestammten Tätigkeit berechtigen[9]. Als Hauptursache erwies sich das mangelnde gegenseitige Vertrauen. Dieses könnte jedoch durch den Abschluss *gegenseitiger Anerkennungsabkommen* zwischen den Staaten gefördert werden. Der Vorteil solcher Abkommen ist, dass die Rechtsordnungen der Vertragsstaaten nicht identische Regeln enthalten müssen. Zudem können sie zu einer Annäherung oder Harmonisierung der Rechtsordnungen beitragen. Einzig die Gefahr eines «race to the bottom» hinsichtlich der beidseitig anerkennungsfähigen Qualitätsstandards ist dabei stets im Auge zu behalten[10].

Für Länder, welchen die praktisch bedingungslose gegenseitige Anerkennung zu weit geht, ist die einseitige Anerkennung verknüpft mit Bedingungen wie einer zeitlich befristeten Zulassung oder der Durchführung von Eignungstests denkbar[11].

C. Organisationsfreiheit

In vielen OECD-Staaten ist es namentlich den Rechtsanwälten nach wie vor nicht gestattet, ihre Zusammenarbeit in Form einer juristischen Person zu organisieren[12]. Begründet wird das Verbot regelmässig mit der beschränkten

---

[8] Vgl. NICHOLAS-GERVAIS/PORET, 13.
[9] So werden Rechtsanwälte mit ausländischen Diplomen zwar in vielen Staaten zur Beratung in Fragen des internationalen Rechts und des Rechts des Herkunftsstaats zugelassen, nicht jedoch in Fragen des Rechts des Aufnahmestaats und noch weniger für Parteivertretungen vor nationalen Behörden und Gerichten.
[10] Vgl. NICOLAÏDIS, 137.
[11] Japan beispielsweise erachtet die gegenseitige Anerkennung von beruflichen Qualifikationen als verfrüht; KAWAMURA, 70.
[12] Dies gilt insbesondere für die Parteivertretung vor nationalen Behörden und Gerichten. Vgl. die Übersicht bei PORET, 22; vgl. auch DOBELLE, 27. In den USA beispielsweise steht immerhin eine beschränkte Zahl von Inkorporationsformen zur Verfügung: «In most states, lawyers are now permitted to practice as a Professional Corporation (PC), Limited Liability Company (LLC) or Limited Liability Partnership (LlP)», RIVKIN, 38.

Haftung von Körperschaften, die zu einer Verminderung der Qualität der geleisteten Dienste führen könnte, und der unter Umständen nicht gesicherten Regressmöglichkeit gegenüber Anwälten, die als Organe einer juristischen Person tätig werden[13]. Weiter wird die Organisationsfreiheit dadurch beschnitten, dass *Nicht-Berufsangehörige* und *ausländische* Berufskollegen sich nicht ohne weiteres einer Gruppe von Anwälten anschliessen können[14]. Gegen die finanzielle Beteiligung Nicht-Berufsangehöriger an Anwaltsgemeinschaften wurde insbesondere vorgebracht, dass die Anwälte dadurch einem konstanten Interessenkonflikt ausgesetzt würden. Dies sei aber nicht angängig, da Anwälte immer nur die Interessen ihrer Klienten zu vertreten hätten[15]. Für das Verbot der Beteiligung ausländischer Kollegen wurden neben protektionistischen keine nennenswerten Motive genannt[16].

Die Delegationen waren sich einig, dass weniger einschneidende Alternativen als ein Inkorporationsverbot zur Verfügung stünden, um allfällige Haftungsansprüche gegenüber Anwälten sicherzustellen. So könnte eine den Risiken angepasste Minimalkapitalisierung, die persönliche Haftbarkeit der handelnden Anwälte bei Parteivertretungen vor Gericht und die Disziplinargewalt der Berufsverbände hinreichende Sicherheit zur Erreichung der Ziele bieten[17]. Zudem ist hinsichtlich der Qualität der Arbeit nicht zu vergessen, dass Rechtsanwälte, die zugleich Aktionäre der Gesellschaft sind, für die sie ihre Dienste erbringen, kaum ein geringeres Interesse an guten Leistungen haben als die Mitglieder einer Partnerschaft[18]. Auch das Beteiligungsverbot für Nicht-Berufsangehörige schiesst über das Ziel hinaus. Es reicht beispielsweise vorauszusetzen, dass 51% des Eigenkapitals bzw. der Stimmrechte in den Händen von Berufskolleginnen und Berufskollegen vereint sind, um sicherzustellen, dass die Verantwortung bei den Berufsangehörigen liegt[19].

---

[13] Vgl. HARRISON, 34; VAN DOOSSELAERE, 58; siehe dazu auch das klare Statement des Georgia Supreme Court im Fall *Zagoria:* «It is inappropriate for the lawyer to be able to play hide-and-seek in the shadows and folds of the corporate veil and thus escape the responsibilities of professionalism», *First Bank & Trust Co. v. Zagoria,* 302 S.E. 2d 674 (1983); HARRISON, 37.

[14] Vgl. die Übersicht bei PORET, 22.

[15] KAWAMURA, 69, 70. Auch die ABA (American Bar Association) Model Rule 5.4, die mit «Avoiding Influence by Others than the Client» überschrieben ist, sieht ähnliche Restriktionen vor; RIVKIN, 37 f.

[16] Vgl. auch ASCHER, 60: «Outright prohibition of partnerships with foreigners are generally viewed as highly protectionist measures because they simply exclude foreigners on the basis of their nationality.»

[17] PORET, 24; HARRISON, 34.

[18] Zudem dürften auch die Marktkräfte zunehmend mithelfen, die Qualität der Dienstleistungen auf hohem Niveau zu halten. Für die Beratung in internationalen Rechtsfragen gilt dies bereits heute. Vgl. PORET, 25.

[19] Diese Regelung hat beispielsweise Australien in seinem «Legal Profession Act 1987» vorgesehen; ROWLAND, 79.

Schliesslich sollte auch die Bildung von Partnerschaften zwischen in- und ausländischen Berufsangehörigen zumindest im Grundsatz zugelassen werden, ist doch gerade die grenzüberschreitende und allenfalls multidisziplinäre Partnerschaft einer der effektivsten Wege, um den vielschichtigen Aufträgen der Klientel gerecht zu werden[20].

D. *Standesregeln und Berufsverbände*

Die Erbringung von anwaltlichen Dienstleistungen in verschiedenen Ländern wäre wesentlich einfacher, wenn die jeweiligen Berufs- und Standesregeln konvergenter wären. Um eine gewisse Konvergenz oder minimale Harmonisierung der Berufs- und Standesregeln zu erreichen, sollten die zuständigen Behörden und Verbände der einzelnen Staaten verstärkt zusammenarbeiten[21], wie dies beispielsweise im «Council of the Bars and Law Societies of the European Community» geschieht, dem der schweizerische Anwaltsverband als Beobachter angehört[22]. Zusätzlich sollte der *Internationalisierung der Ausbildung* vermehrt Beachtung geschenkt werden[23]. Sie kann die gegenseitige Anerkennung, die auf der ungefähren Gleichwertigkeit der akademischen Qualifikationen beruht, beachtlich erleichtern. Entsprechende Bestrebungen stecken allerdings erst in den Anfängen. Immerhin ist auf eine Initiative des Europarates in Zusammenarbeit mit der UNESCO hinzuweisen, die im April 1997 in der Annahme einer «Draft Convention on the Recognition of Qualification Concerning Higher Education in the European Region» gipfelte[24] und auf zwei Projekte der EU, die den Austausch für Rechtsberufe und die Sensibilisierung für das Gemeinschaftsrecht fördern sollen[25].

---

[20] Auch in Japan sind beispielsweise seit 1995 sog. «qualified joint enterprises» zugelassen; KAWAMURA, 69, 70.

[21] Siehe auch SENTI/WEBER, 153, die (unter Hinweis auf die Stellungnahme des SAV im Vernehmlassungsverfahren zum GATT/WTO-Abkommen vom 22.8.1994) eine Reihe von Kriterien für ein harmonisiertes Standesrecht der Anwälte auflisten.

[22] FISCH-THOMSEN, 95 ff.; WEIL, EU B 1997, 532; ROTHENBÜHLER, 57.

[23] Siehe auch MALLEA, 195 ff.

[24] Siehe dazu http://www.education.unesco.org/educprog/cepes/acadrecg.htm: «Academic Recognition and Mobility».

[25] Förderungs- und Austauschprogramm «GROTIUS», Vorschlag der Kommission vom 31. Mai 1996, ABl C 236 vom 14.8.96, 13 ff.; Annahme durch den Rat am 28. Oktober 1996, ABl L 287 vom 8.11.96, 3 ff. «Aktion Robert Schuman», Vorschlag der Kommission vom 19. November 1996, ABl C 378 vom 13.12.96, 17 ff.; Geänderter Vorschlag der Kommission, ABl L 368 vom 5.12. 1997, 6 ff.

III. Globale Reformbestrebungen im Rahmen des GATS

A. *GATS-Grundlagen*

Das GATS ist das erste Abkommen, das sich in einem umfassenden Sinn mit der Erbringung internationaler Dienstleistungen befasst[26]. Ziel des Abkommens ist eine schrittweise Liberalisierung des Dienstleistungssektors durch die Beseitigung von Hindernissen, die ausländische Konkurrenten diskriminieren. Als Ergebnis der Uruguay-Runde wurde im Sinne einer Momentaufnahme der Liberalisierungsgrad festgehalten, den die Vertragsparteien einzugehen bereit waren. Zusätzlich verpflichteten sie sich zu einer fortschreitenden Liberalisierung namentlich auch im Bereich der freien Berufe[27].

Das GATS basiert auf drei Grundelementen: Die Parteien haben in einem Rahmenabkommen mit 29 Artikeln die *allgemeinen Verpflichtungen,* so insbesondere die Meistbegünstigung[28], allgemeine Transparenzverpflichtungen, das Prinzip der Verhältnismässigkeit sowie vier generelle Ausnahmen von der Meistbegünstigung festgeschrieben[29].

Das zweite Element bilden die *spezifischen Verpflichtungs- und Ausnahmelisten* der Mitgliedsländer[30]. Diese Listen zeigen an, in welchen Sektoren und in welchem Umfang Staaten bereit sind, für ausländische Dienstleistungserbringer den heimischen Markt zu öffnen und sie gleich zu behandeln wie inländische Konkurrenten. Jedes Land bestimmt also selber – im Gegensatz beispielsweise zur EU, in welcher der Markt für alle Teilnehmer gleichzeitig geöffnet wird – wie weit es seine Märkte öffnen will[31]. Das GATS verlangt also weder automatische Marktöffnung noch Rechtsharmonisierung.

Drittes und letztes Element schliesslich bilden die *Sektoranhänge.* Darin sind, kurz gesagt, diejenigen Bereiche aufgelistet, in denen wegen Vorliegens

---

[26] In Bundesstaaten werden sämtliche Regierungsebenen verpflichtet, in der Schweiz also auch die Kantone und Gemeinden, Art. I Ziff. 3 lit. a GATS.
[27] Vgl. Art. XIX GATS.
[28] Das Prinzip der Meistbegünstigung («most favoured nation treatment», MFN) besagt, dass ein Mitgliedstaat die Rechte, die er den Angehörigen eines anderen Staates (auch eines Nicht-Mitglieds der WTO) gewährt, den Angehörigen sämtlicher Mitgliedstaaten der WTO ebenfalls gewähren muss, Art. II GATS.
[29] Die vier Ausnahmen sind: (1) Art. V GATS erlaubt es den Mitgliedstaaten, sich in Integrationsabkommen (wie beispielsweise der EU oder dem EWR) gegenseitig weitergehende Vorteile einzuräumen; (2) Art. VII statuiert die sog. bedingte Meistbegünstigung im Bereich der gegenseitigen Anerkennung der Ausbildung, Berufserfahrung usw.; (3) Art. XIV enthält die allgemeinen Ausnahmen (wie öffentliche Sicherheit, Gesundheit usw.) und Art. XIVbis sicherheitspolitische Ausnahmen; (4) Art. XIII schliesslich sieht eine Ausnahme für das öffentliche Beschaffungswesen vor.
[30] Vgl. Art. XVI und XVII GATS. Zur schweizerischen Ausnahmeliste siehe auch SENTI/WEBER, 139 f.
[31] Siehe auch SENTI/WEBER, 141 f.

besonderer Umstände keine befriedigenden Verhandlungsresultate erzielt werden konnten[32].

B. Bedeutung des GATS für die Anwaltschaft[33]

Welche Freiheiten das GATS für den schweizerischen Anwalt im Ausland mit sich bringt, kann, wie aus der eben dargestellten Struktur des Abkommens erhellt, nicht allgemein gültig gesagt werden. Vielmehr ist für jeden einzelnen Staat, in welchem eine Anwältin oder ein Anwalt seine Dienstleistung erbringen möchte, zu eruieren, welche Verpflichtungen dieser Staat im Bereich «legal services» eingegangen ist. Die Schweiz beispielsweise hat ihrerseits nur den status quo festgeschrieben, d.h. ausländischen Anwälten ist es in der Schweiz nur gestattet, Beratungen im Bereich des internationalen Rechts und ihres Landesrechts anzubieten[34].

Den Staaten steht es gemäss Art. VII GATS frei, für bestimmte Berufsgattungen die Zulassung ausländischer Dienstleistungserbringer von der Erfüllung bestimmter *Qualifikationsanforderungen* abhängig zu machen. Für die Anwaltschaft bestehen solche Anforderungen – soweit ersichtlich – in allen Staaten, weshalb für sie in Abweichung vom Grundsatz nur *bedingte Meistbegünstigung* gilt[35]. Das bedeutet, dass mit einzelnen Ländern ein erleichterter Dienstleistungsverkehr vertraglich vereinbart oder Angehörigen aus einzelnen Staaten autonom gewährt werden kann, ohne dass die vereinbarten Begünstigungen automatisch den Angehörigen sämtlicher WTO-Staaten gewährt werden müssen. Allerdings dürfen solche Vereinbarungen keine versteckten Handelshemmnisse enthalten. Zudem muss jedem interessierten WTO-Land eine angemessene Möglichkeit geboten werden, ein vergleichbares Abkommen auszuhandeln, oder im Falle der autonomen Anerkennung[36] das Recht zugestanden werden, zu belegen, dass seine nationalen Qualifikations- und Berufszulassungssysteme vergleichbare Qualität aufweisen und deshalb anerkannt werden sollten. Schliessen also beispielsweise die EU und die USA ein Abkommen über die gegenseitige Anerkennung beruflicher Qualifikationen ab, kann die Schweiz die Aushandlung eines ähnlichen Abkommens mit den USA beantragen. Umgekehrt können Drittstaaten Verhandlungen mit

---

32 So insb. in den Bereichen Luftverkehrsdienstleistungen, Finanzdienstleistungen, Fernmeldewesen und Freizügigkeit natürlicher Personen. Siehe dazu auch SENTI/WEBER, 146 ff. In den Bereichen Telekommunikation und Finanzdienstleistungen wurden in der Zwischenzeit allerdings beachtliche Liberalisierungsschritte gemacht.
33 Siehe dazu auch NATER/KELLERHALS, SJZ 91/1995, 85 ff.
34 Siehe die Schweizer Verpflichtungsliste (GATS/SC/83), 7; siehe auch SENTI/WEBER, 150 f.; NATER/KELLERHALS, SJZ 91/1995, 88.
35 Siehe dazu SENTI/WEBER, 138 f.
36 Von einer autonomen Anerkennung ist allerdings abzuraten, weil die MFN-Verpflichtung des Art. II GATS einem Gegenrechtsvorbehalt entgegensteht.

der Schweiz über die erleichterte Dienstleistungserbringung verlangen, soweit sie Gegenstand der bilateralen Verhandlungen über den Personenverkehr ist, welche die Schweiz zurzeit mit der EG und ihren Mitgliedstaaten führt[37].

C. GATS-Arbeitsgruppe «Professional Services»

1. Stand der laufenden Verhandlungen

Die Arbeitsgruppe über «*Professional services*» (WPPS) ist zurzeit daran, ausgehend von den in der Uruguay-Runde ausgehandelten GATS-Ergebnissen, die weitere Liberalisierung von freiberuflichen Dienstleistungen zu untersuchen[38]. Ziel der Arbeitsgruppe ist es insbesondere, einen *verbindlichen multilateralen Rahmen* zu schaffen, der Minimalstandards bezüglich Objektivität und Transparenz für die Anerkennung ausländischer Qualifikationen und die Bewilligung der Berufsausübung durch nationale Behörden festlegt. Eine exakte Grenzziehung zwischen der zeitweisen grenzüberschreitenden Dienstleistungserbringung und der dauerhaften Niederlassung in einem anderen Staat, wie sie im Recht der EU vorgenommen wird, erfolgt dabei nicht. Die geplanten Liberalisierungsschritte lassen indessen erkennen, dass die Niederlassungsvorschriften der Mitgliedstaaten vermehrt anvisiert werden.

Die WPPS konzentriert ihre Arbeiten in einer ersten Phase auf den Treuhandsektor; eine Adaption oder Übertragung der Ergebnisse auf sämtliche freien Berufe – folglich auch auf die Rechtsberufe – ist für einen späteren Zeitpunkt vorgesehen. Der zurzeit vorliegende Entwurf enthält etwa folgende Elemente:

Transparenz. Vorschriften, welche die Qualifikation von Berufsangehörigen regeln, Zulassungsvoraussetzungen und allfällig zu durchlaufende Bewilligungsverfahren sowie ethische Standards und Standesregeln müssen veröf-

---

[37] Da es sich beim bilateralen Abkommen über den Personenverkehr – im Gegensatz zum EGV – nicht um ein umfassendes Wirtschaftsintegrationsabkommen handelt, fällt es nicht unter Art. V GATS. Siehe dazu SENTI/WEBER, 137 f. und 152; NATER/KELLERHALS, SJZ 91/1995, 87.

[38] Siehe dazu http://www.wto.org/wto/new/press73.htm: «WTO adopts guidelines for recognition of qualifications in the accountancy sector».
Die folgenden Ausführungen beziehen sich auf interne Arbeitspapiere der laufenden Verhandlungen, weshalb eine Referenz oder Quellenangabe nicht immer möglich ist. Das letzte Papier ist eine informelle Notiz des WTO-Sekretariates vom 16. Oktober 1997, dessen Status aus folgenden Einleitungssätzen erhellt: «This note is intended merely to constitute a basis for further work on the drafting of disciplines on accountancy. It does not imply any consensus or agreement among Members on the structure of the disciplines or the specific elements contained therein.»

fentlicht werden. Zudem ist aufzuzeigen, welche Tätigkeiten nur mit einer Bewilligung ausgeübt werden dürfen.

Voraussetzungen der Berufszulassung. Um einen der freien Berufe ausüben zu können, müssen bestimmte Anforderungen in fachlicher und persönlicher Hinsicht erfüllt werden. So sollte insbesondere sichergestellt werden, dass erbrachte Dienstleistungen hohe Qualität aufweisen, nur von integren Persönlichkeiten angeboten werden, und der Klient gegebenenfalls auf den Dienstleistungserbringer Rückgriff nehmen kann. Mit welchen Massnahmen diese Ziele erreicht werden sollen, ist noch Gegenstand der Diskussionen, die unterbreiteten Vorschläge entsprechen aber weitgehend den vorne dargelegten Ergebnissen der OECD-Workshops[39]. Staaten, in welchen Personen mit im Ausland erworbenen Diplomen ein Bewilligungsverfahren durchlaufen müssen, bevor sie ihre berufliche Tätigkeit aufnehmen können, müssen die entsprechenden Verfahren nach objektiven und nicht-diskriminierenden Kriterien gestalten. Das Verfahren muss einfach sein[40] und jeweils vor nur *einer* Behörde mit Gültigkeit für das gesamte Staatsgebiet durchgeführt werden können[41]. Zudem sollen allenfalls erhobene Gebühren nur gerade zur Deckung des administrativen Aufwandes dienen.

Fachliche Qualifikationen. Die Überprüfung der fachlichen Qualifikationen eines Bewerbers mit ausländischem Diplom ist möglichst einfach zu halten. Basierend auf gemeinsam festgelegten Minimalerfordernissen, welche in der Vergleichbarkeit der Ausbildung und der Berufserfahrung gründen, ist eine *gegenseitige Anerkennung* der erworbenen Qualifikationen anzustreben, die unter Umständen mit einer Eignungsprüfung gekoppelt werden kann. Auch diese Vorschläge decken sich weitgehend mit den Ergebnissen der OECD-Workshops[42].

2. Würdigung der Zwischenergebnisse der GATS-Arbeitsgruppe

Die Arbeitsgruppe ist m.E. auf einem guten Weg. Der Verlauf und der Stand der Diskussionen zeigen jedoch, dass in näherer Zukunft für die Tätigkeit der Anwaltschaft auf *globaler* Ebene nicht sehr weitgehende Liberalisierungen erwartet werden können. Dies mag auf einen ersten Blick enttäuschen, na-

---

[39] Siehe vorne II A und B.
[40] Darin eingeschlossen ist das Erfordernis, von Bewerbern nicht zu umfangreiche Dokumentationen zu verlangen.
[41] Mit diesem Kriterium sind namentlich Bundesstaaten wie die USA und die Schweiz angesprochen, in denen der Rechtsanwaltsberuf weitgehend auf Gliedstaatenebene geregelt ist. Vgl. dazu den Bundesgerichtsentscheid vom 30.5.97 zum Binnenmarktgesetz, der die Kantone an die in Art. 3 Abs. 1 BGBM festgelegten Mindeststandards auch bei der Zulassung ausserkantonaler Rechtsanwälte bindet; BGE 123 I 320, E. 4.a. Vgl. auch NZZ Nr. 221 vom 24.9.97, 15.
[42] S. vorne II B.

mentlich vor dem Hintergrund der Liberalisierungen innerhalb der EU, die bereits heute bedeutend weitergehen. Dabei ist jedoch zu bedenken, dass Verhandlungen zwischen über 130 Staaten von ganz anderen Prämissen abhängen: Sie sind genuin langwierig und von unzähligen Einflüssen insbesondere auch politischer Natur abhängig. Hinzu kommt, dass die einschlägigen Vorschriften von Land zu Land trotz meist ähnlicher Zielsetzung stark voneinander abweichen und die Berufsangehörigen selber – teilweise auch aus protektionistischen Motiven – gegenüber neuen Liberalisierungsmassnahmen oft kritisch eingestellt sind. Dennoch sind die GATS-Verhandlungen – wie einleitend erwähnt – von nicht zu unterschätzender Bedeutung, einerseits wegen der weltweiten Ausdehnung der WTO, andererseits aber auch, weil die Schweiz in der WTO als Vollmitglied direkt mitwirken kann.

IV. Reformbestrebungen in der Europäischen Union und bilaterale Verhandlungen der Schweiz mit der EG und ihren Mitgliedstaaten über ein Personenverkehrsabkommen

A. *Grundlagen in der EU und im EWR*

Die EU spielt wie in vielen Bereichen der zwischenstaatlichen Liberalisierung auch hier eine Vorreiterrolle. So erstaunt es denn nicht, dass die meisten der auf globaler Ebene noch bevorstehenden Liberalisierungsschritte innerhalb der EU und dem EWR bereits weitgehend verwirklicht sind. Für den freien Dienstleistungsverkehr und das Niederlassungsrecht erfolgte dies in den Art. 59 ff. EGV (Art. 36 ff. EWR) bzw. Art. 52 ff. EGV (Art. 31 ff. EWR)[43] und dem jeweils zugehörigen Sekundärrecht.

1. Freier Verkehr für Dienstleistungen

Die Art. 59 und 60 EGV erfassen entgeltliche Dienstleistungen vorübergehenden Charakters, die in selbständiger Tätigkeit grenzüberschreitend erbracht werden. Entscheidendes Abgrenzungskriterium gegenüber der dauerhaften Niederlassung ist der vorübergehende Charakter der Dienstleistung[44]. Ob ihr dieser Charakter zukommt, ist gemäss dem Urteil des EuGH i.S. *Gebhard* «nicht nur unter Berücksichtigung der Dauer der Leistung, sondern auch ihrer

---

[43] Im folgenden wird der Lesbarkeit des Textes zuliebe nur auf die Bestimmungen des EGV Bezug genommen.
[44] Art. 60 Abs. 3 EGV.

Häufigkeit, regelmässigen Wiederkehr oder Kontinuität zu beurteilen»[45]. Der vorübergehende Charakter der Tätigkeit schliesst die Möglichkeit nicht aus, im Bestimmungsstaat eine bestimmte Infrastruktur (einschliesslich der Einrichtung eines Büros) aufzubauen, soweit diese Infrastruktur für die fragliche Tätigkeit nötig ist.

Aus der Sicht des praktizierenden Anwalts ist erfreulich, dass der EuGH den vorübergehenden Charakter einer Dienstleistung – trotz der subsidiären Geltung der Vorschriften über die Dienstleistungen gegenüber denen über das Niederlassungsrecht[46] – weit umschreibt. So ist es insbesondere zu begrüssen, dass die Einrichtung eines Büros nicht automatisch mit der Niederlassung im betreffenden Staat gleichgesetzt wird. Grundsätzlich ist zu hoffen, dass möglichst viele Tätigkeiten dem Dienstleistungsverkehr zugerechnet werden, da dieser weniger restriktiven Vorschriften unterworfen ist.

Gemäss der *Dienstleistungsrichtlinie für Rechtsanwälte*[47], welche die Grundsatzbestimmungen des EGV ergänzt und präzisiert, dürfen Anwälte aus EU-Staaten nicht nur Beratungstätigkeiten in allen übrigen Mitgliedstaaten anbieten, sondern auch Klienten vor deren Gerichten und Behörden vertreten[48], eine Tätigkeit, die schweizerischen Anwälten bis anhin verschlossen blieb. Anwälte aus einem anderen EU-Staat dürfen also grundsätzlich die ganze Bandbreite[49] der Anwaltstätigkeiten ausüben, müssen sich aber als ausländische Berufsangehörige zu erkennen geben, indem sie unter der Berufsbezeichnung ihres Herkunftsstaats auftreten. Dafür ist der Eintrag in einem Register des Bestimmungsstaates nicht erforderlich.

Eine wichtige Einschränkung betrifft allerdings den Bereich der *Rechtspflege:* Ein ausländischer Anwalt muss «im Einvernehmen» mit einem bei dem angerufenen Gericht zugelassenen Rechtsanwalt handeln[50]. Nachdem diese Bedingung insbesondere von Deutschland so interpretiert wurde, dass ein ausländischer Anwalt praktisch nur unter ständiger Kontrolle eines deutschen Kollegen handeln dürfe, hat der EuGH[51] auf Klage der EG-Kommission hin die fraglichen Bedingungen in einem entschieden liberaleren Sinn ausgelegt[52].

---

[45] EuGH 30.11.95, Rs. C-55/94 (Reinhard Gebhard/Consiglio dell'ordine degli avvocati e procuratori di Milano), Slg. 1995, 4195 N 27. Siehe dazu die detaillierten Erörterungen von ROLF H. WEBER in diesem Band.
[46] EuGH, Slg. 1995, 4194 N 22.
[47] Richtlinie 77/249/EWG des Rates vom 22. März 1977 zur Erleichterung der tatsächlichen Ausübung des freien Dienstleistungsverkehrs der Rechtsanwälte, ABl L 78 vom 26.3.77, 17 ff. Diese Richtlinie gilt auch für die EWR-Staaten.
[48] Art. 4 RL 77/249/EWG.
[49] Vorbehalten bleiben regelmässig nur notarielle Tätigkeiten, Art. 1 Abs. 1 Unterabsatz 2 RL 77/249/EWG.
[50] Art. 5 RL 77/249/EWG.
[51] EuGH 25.2.1988, Rs. 427/85 (Kommission/Deutschland), Slg. 1988, 1123 ff.
[52] Siehe dazu unten 2.b. Siehe auch NICOLAÏDIS, 150; WEIL, EU B 1997, 530.

2. Niederlassungsfreiheit

Art. 52 Abs. 2 EGV gewährt den Angehörigen eines Mitgliedstaats das Recht, in einem anderen Mitgliedstaat eine selbständige Tätigkeit dauernd auszuüben[53].

a.   Vollständige Integration im Gaststaat

aa.   Integration gemäss Richtlinie 89/48/EWG[54]

Will sich ein ausländischer Berufskollege im Anwaltsstand eines anderen Mitgliedstaats der EU *vollständig integrieren,* so findet sich der sekundärrechtliche Rahmen für die Anerkennung der beruflichen Qualifikationen in der Richtlinie 89/48/EWG. Als vollständig integriert gilt ein ausländischer Anwalt, wenn er sämtliche Tätigkeiten, die inländischen Rechtsanwälten offenstehen, unter der Berufsbezeichnung des Aufnahmestaats ausüben darf. Dazu zählen insbesondere die Beratung von Klienten auch im Recht des Aufnahmestaats und die Vertretung vor Gericht ohne obligatorisches Beiziehen eines inländischen Kollegen.

Die Richtlinie 89/48/EWG beruht zwar auf dem Prinzip der Gleichwertigkeit der Diplome, die ein mindestens dreijähriges Studium abschliessen, und sieht entsprechend als Grundsatz deren gegenseitige Anerkennung vor[55]. Dennoch können die Mitgliedstaaten fordern, dass ein Anwärter für die dauernde Zulassung wahlweise einen Anpassungslehrgang absolvieren oder eine *Eignungsprüfung* erfolgreich ablegen muss[56]. Namentlich für Anwälte hat sich gezeigt, dass unter anderem wegen der in praktisch allen Staaten eingeführten Eignungsprüfung[57] von der Niederlassungsfreiheit in der Praxis nach wie vor verhältnismässig wenig Gebrauch gemacht wird[58]. So verwundert es

---

[53] Sie dürfen hierzu auch ein *zweites Büro* neben demjenigen in ihrem Herkunftsstaat einrichten, EuGH 12.7.84, Rs 107/83 (Ordre des avocats au barreau de Paris/ONNO KLOPP), Slg. 1984, 2989 f. N 19.

[54] Richtlinie 89/48/EWG des Rates vom 21. Dezember 1988 über die allgemeine Regelung zur Anerkennung der Hochschuldiplome, die eine mindestens dreijährige Berufsausbildung abschliessen, ABl L 19 vom 24.1.89, 16 ff. Diese Richtlinie gilt auch für die EWR-Staaten.

[55] Art. 3 RL 89/48/EWG. Siehe dazu NICOLAÏDIS, 137 f.

[56] Art. 4 Abs. 1 Bst. b, 1. Unterabsatz RL 89/48/EWG. NICOLAÏDIS 147, spricht daher auch von «semi automatic recognition» im Gegensatz zur «full automatic recognition», die auf einem internationalen Lizenzierungssystem beruhen würde. Für Anwältinnen und Anwälte gilt insofern eine Sonderregelung, als nicht sie als Antragsteller, sondern der Gaststaat entscheidet, ob sie einen Anpassungslehrgang zu durchlaufen oder eine Eignungsprüfung abzulegen haben, Art. 4 Abs. 1 Bst. b, 2. Unterabsatz, 2. Satz RL 89/48/EWG.

[57] Dänemark bildet eine Ausnahme; WEIL, EU B 1997, 532.

[58] Siehe dazu NICOLAÏDIS, 147, Kritik: «Such lack of automaticity implies lack of predictability and remaining room for arbitrary behaviour of the part of the host country». Vgl. auch JETZER/ZINDEL/PÉTRALIA, SJZ 93/1997, 156.

denn auch nicht, dass immer wieder Stimmen laut wurden, die nach weniger restriktiven Vorschriften riefen[59].

bb. Integration gemäss Richtlinienvorschlag 97/.../EG (RLV 97)

Im RLV 97[60] ist deshalb eine besondere Regelung über die «Gleichstellung mit den Rechtsanwälten des Aufnahmestaats» vorgesehen[61]. Zunächst bestätigt er die Möglichkeit, jederzeit in einem anderen Mitgliedstaat die Anerkennung eines Diploms nach der Richtlinie 89/48/EWG zu beantragen. Das bedeutet aber in aller Regel, dass eine dieser Eignungsprüfungen abzulegen wäre[62]. Diesbezüglich bringt der RLV 97 die gewünschte Neuerung: die *Vollintegration* in den einheimischen Anwaltsstand *ohne Eignungsprüfung*. Kann der betreffende Bewerber eine mindestens dreijährige «effektive und regelmässige Tätigkeit» im Recht des Aufnahmestaats vorweisen, ist er ohne weiteres zuzulassen. Den Nachweis, dass er dieses Erfordernis erfüllt, muss der Bewerber erbringen[63]. Arbeitet ein Anwalt zwar bereits seit mehr als drei Jahren im fraglichen Aufnahmestaat, war «im Recht des Aufnahmestaats jedoch nur während eines kürzeren Zeitraums tätig», wird in einem *Gespräch* überprüft, ob er die Tätigkeit im Aufnahmestaat effektiv und regelmässig ausgeübt hat. Dabei sind sämtliche Kenntnisse und Berufserfahrungen im Recht des Aufnahmestaats sowie die Teilnahme an Kursen und Seminaren über das Recht des Aufnahmestaats zu berücksichtigen[64].

b. *Ständige Tätigkeit unter ursprünglicher Berufsbezeichnung*

Der RLV 97 will die Lücke zwischen der vollen Integration und der vorübergehenden Dienstleistungserbringung in einem anderen EU-Staat schliessen[65]. Ziel des Vorschlages ist es also, den Anwälten zu ermöglichen, ihre Klienten

---

[59] So namentlich Berufsverbände, NICOLAÏDIS, 141.
[60] Siehe vorne Fn. 4. Zum Vorschlag der Kommission vom 30. März 1995, der Stellungnahme des Europäischen Parlaments vom 19. Juni 1996 und dem geänderten Vorschlag der Kommission vom 24. September 1996 (ABl C 355 vom 25.11.96, 19 ff.) siehe auch JETZER/ZINDEL/PÉTRALIA, SJZ 93 (1997), 154 ff. Einige Hintergrundgedanken zum Spannungsfeld zwischen dem automatischen (prüfungslosen) Zugang und dem Tätigkeitsumfang im Gaststaat siehe bei NICOLAÏDIS, 159.
[61] Art. 10 RLV 97.
[62] Art. 10 Abs. 2 RLV 97.
[63] Art. 10 Abs. 1 RLV 97.
[64] Art. 10 Abs. 3 RLV 97. Siehe auch NICOLAÏDIS, 147, 149. Vgl. auch JETZER/ZINDEL/PÉTRALIA, SJZ 93/1997, 155 f., die aufgrund des unklaren Wortlautes des alten Abs. 3 noch von der unzutreffenden Annahme ausgingen, dass in jedem Fall – also auch dann, wenn ein Bewerber während drei oder mehr Jahren praktische Erfahrungen im Recht des Aufnahmestaats gesammelt hat – eine «verkürzte Eignungsprüfung in Form eines Gesprächs» zu bestehen sei.
[65] Siehe auch NICOLAÏDIS, 141.

in grenzüberschreitenden Transaktionen auch über längere Zeit zu beraten, ohne durch Bestehen einer Eignungsprüfung belegen zu müssen, dass sie einen den ansässigen Anwälten entsprechenden Wissensstand im Recht des Aufnahmestaats erworben haben[66].

Ständige Berufsausübung unter der ursprünglichen Berufsbezeichnung. Den Rechtsanwältinnen und Rechtsanwälten in der EU soll das Recht zugestanden werden, in jedem anderen Mitgliedstaat ihre Tätigkeiten auf Dauer unter der Berufsbezeichnung des Herkunftsstaats auszuüben[67]. Voraussetzung dafür ist lediglich, dass sie bzw. er die *Berufsqualifikation in einem der Mitgliedstaaten erworben* hat und sich im Aufnahmestaat – auf der Basis des Registereintrags im Herkunftsstaat – ebenfalls *in ein Register eintragen* lässt[68]. Diese Regelung wird den Bedürfnissen beider Seiten gerecht: Der Anwalt mit ausländischem Diplom kann am neuen Ort unverzüglich gewerbsmässig tätig werden und die potentiellen Klienten können ihn umgehend von seinen einheimischen Kollegen unterscheiden.

Tätigkeitsfeld. Der unter seiner ursprünglichen Berufsbezeichnung tätige Rechtsanwalt kann grundsätzlich dieselben beruflichen Tätigkeiten ausüben wie seine einheimischen oder voll integrierten Berufskollegen. Er kann also insbesondere auch *Rechtsberatung im Recht des Aufnahmestaats* erteilen[69]. Von der Freizügigkeit ausgenommen sind hingegen Notariatstätigkeiten[70]. Den Staaten steht es frei, für den Bereich der Rechtspflege zu fordern, dass ausländische Anwälte im Einvernehmen mit einem bei dem angerufenen Gericht zugelassenen Rechtsanwalt handeln, der gegebenenfalls dem Gericht gegenüber[71] die Verantwortung trägt[72]. Als Grundsatz ist jedoch vorgesehen, dass jeder Anwalt aus einem anderen Mitgliedstaat Klienten im Aufnahmestaat *gewerbsmässig vor Gericht vertreten* darf[73].

Gemäss Erwägung 10 der Präambel des RLV 97 gilt die *Verpflichtung zum einvernehmlichen Handeln* entsprechend der Auslegung des EuGH zur Paral-

---

[66] Vgl. Erwägung 5 der Präambel zu RLV 97.
[67] Art. 2 RLV 97. Sie bzw. er hat die Berufsbezeichnung in der oder einer der Amtssprachen seines Herkunftsstaats zu führen, Art. 4 Abs. 1 RLV 97.
[68] Zu den Details des Registereintrags siehe Art. 3 RLV 97. Im Gegensatz zur Richtlinie 77/249/EWG Art. 3 ist es im vorliegenden RLV 97 den Staaten überlassen, ob sie neben der Berufsbezeichnung des Herkunftsstaats zusätzlich die Angabe der Berufsorganisation, welcher der betreffende Rechtsanwalt im Herkunftsstaat angehört, oder des Gerichts, bei dem er im Herkunftsstaat zugelassen ist, verlangen wollen, Art. 4 Abs. 2 RLV 97.
[69] Art. 5 Abs. 1 RLV 97.
[70] Art. 5 Abs. 2 RLV 97.
[71] Und nicht gegenüber dem Mandanten. Vgl. EuGH, Slg. 1988, 1162 N 27, zur identischen Bedingung in Art. 5 RL 77/249/EWG.
[72] Art. 5 Abs. 3 RLV 97.
[73] Vorbehalten bleiben lediglich die besonderen Vorschriften hinsichtlich des Zugangs zu «den höchsten Gerichten», Art. 5 Abs. 3 Unterabsatz 2 RLV 97.

lelbestimmung in der Richtlinie 77/249/EWG[74]. Das bedeutet: Der ausländische Rechtsanwalt kann in Bereichen, in welchen kein Anwaltszwang besteht, auch ohne Rücksprache mit einem einheimischen Kollegen seine Mandanten vor Gericht vertreten. Sodann dürfen die nationalen Gesetzgeber nicht verlangen, dass ein einheimischer Anwalt im Verfahren Bevollmächtigter oder Verteidiger sein muss. Weiter darf der ausländische Kollege ohne Begleitung durch den einheimischen Anwalt in mündlichen Verhandlungen auftreten[75]. Aus dem Urteilstenor ist m.E. weiter herauszulesen, dass den beiden Rechtsanwälten grundsätzlich freistehen muss, *wie* sie ihr Einvernehmen gestalten wollen; sie müssen lediglich sicherstellen, dass der einheimische Anwalt gegebenenfalls dem Gericht gegenüber die Verantwortung übernehmen kann. Dabei ist nicht zu vergessen, dass auch der ausländische Rechtsanwalt an die Berufs- und Standesregeln des Aufnahmestaats gebunden ist.

Unternehmensjuristen. Sofern im Aufnahmestaat für die einheimischen Rechtsanwälte zulässig, darf jeder Anwalt aus einem anderen Mitgliedstaat ebenfalls als «abhängig Beschäftigter» für eine Anwaltskanzlei oder ein privates oder öffentliches Unternehmen unter seiner ursprünglichen Berufsbezeichnung im Aufnahmestaat tätig sein. Voraussetzung ist ebenfalls nur ein Registereintrag im Aufnahmestaat[76].

Anwaltssozietäten[77]. Mitglieder einer Anwaltssozietät in einem Mitgliedstaat dürfen in jedem anderen Mitgliedstaat, der den eigenen Anwälten die gemeinsame Berufsausübung gestattet, ihre Tätigkeit im Rahmen einer *Zweigstelle oder Niederlassung* ihrer Kanzlei ausüben[78]. Weiter müssen die Mitgliedstaaten den Berufsangehörigen aus (demselben oder verschiedenen) anderen Mitgliedstaaten die identischen Möglichkeiten bieten, sich untereinander oder mit einheimischen Anwälten in Gruppen zu organisieren[79]. Es steht ihnen aber frei, die Tätigkeit im Rahmen eines Zusammenschlusses, der von «standesfremden Personen» beherrscht ist, zu untersagen, soweit dies einheimischen Berufskollegen ebenfalls nicht gestattet ist[80].

Aufsicht. Der unter seiner ursprünglichen Berufsbezeichnung tätige Anwalt unterliegt den Berufs- und Standesregeln sowohl des Herkunftsstaats als auch des Aufnahmestaats[81]. Er kann durch den Aufnahmestaat verpflichtet

---

[74] Siehe dazu auch EuGH, Slg. 1988, 1123 ff.
[75] EuGH, Slg. 1988, 1167 f.
[76] Art. 8 RLV 97.
[77] Siehe dazu auch VAN DOOSSELAERE, 54 ff.
[78] Art. 11 Nr. 1 RLV 97.
[79] Art. 11 Nr. 2 und 3 RLV 97. «Unabhängig von den Einzelheiten der Ausübung ihrer Tätigkeit» muss es zulässig sein, den Namen der Anwaltskanzlei des Herkunftsstaates zu verwenden. Zusätzlich kann der Aufnahmestaat verlangen, dass die Rechtsform im Herkunftsstaat und/oder die Namen der im Aufnahmestaat tätigen Mitglieder der Gruppe angegeben werden, Art. 12 RLV 97.
[80] Art. 11 Nr. 5 RLV 97.
[81] Art. 6 Abs. 1 RLV 97.

werden, eine Berufshaftpflichtversicherung abzuschliessen oder einer Berufsgarantiekasse beizutreten, ausser er kann nachweisen, dass er im Herkunftsstaat hinsichtlich Modalitäten und Deckungsumfang gleichwertig abgesichert ist; für partielle Gleichwertigkeit ist die Möglichkeit einer Zusatzversicherung oder einer ergänzenden Garantie vorzusehen[82]. Zur Erleichterung ihrer Arbeit sind die zuständigen Stellen der jeweils betroffenen Mitgliedstaaten zu enger Zusammenarbeit aufgerufen[83].

Disziplinarverfahren. Verstösst ein Rechtsanwalt gegen die Regeln des Aufnahmestats, so unterliegt er bezüglich des Verfahrens, der Ahndung und der Rechtsmittel dessen Disziplinargewalt. Die zuständige Stelle des Herkunftsstaats wird unverzüglich informiert und entscheidet nach ihren Regeln über allfällige zusätzliche Konsequenzen des Verstosses im Herkunftsland. Wird dem Rechtsanwalt im Herkunftsland die Berufsausübungsbewilligung entzogen, erstrecken sich die Wirkungen des Entzugs automatisch auch auf den Aufnahmestaat[84].

B. Bilaterale Verhandlungen mit der EG und ihren Mitgliedstaaten über ein Personenverkehrsabkommen

Da die Schweiz dem EWR nicht beigetreten ist, besteht auch für die Freizügigkeit der Anwaltschaft keine rechtliche Rahmenordnung zwischen der Schweiz und der EU. Das 1972 abgeschlossene Freihandelsabkommen enthält lediglich Regeln für den freien Warenverkehr, nicht aber für den freien Dienstleistungsverkehr. Faktisch können Schweizer Anwälte ihre *Beratungstätigkeiten* im europäischen Raum allerdings bereits heute ziemlich frei ausüben, weil die meisten europäischen Staaten diesbezüglich recht liberale Regime haben[85]. Vor ausländischen *Gerichten* auftreten dürfen sie indessen nicht, und zu behördlichen Mandaten werden sie ebenfalls nicht zugelassen. Folglich ist mit Blick auf die bilateralen Verhandlungen in erster Linie zu prüfen, ob Schweizer Anwälte nach Abschluss des Personenverkehrsabkommens in den Mitgliedstaaten der EU tatsächlich sämtliche anwaltlichen Tätigkeiten ausüben dürfen. Die folgenden Überlegungen basieren auf einem provisorischen Zwischenstand der Verhandlungen.

---

[82] Art. 6 Abs. 3 RLV 97.
[83] Art. 13 RLV 97.
[84] Art. 7 RLV 97.
[85] Vgl. MEIER-SCHATZ (Europäisches Anwaltsrecht), 7.

1. Dienstleistungsverkehr

a. Grundsatz

Zurzeit ist geplant, dass nach Ablauf der Übergangsfrist grundsätzlich jede Dienstleistung auf dem Territorium der anderen Vertragspartei erbracht werden kann, sofern ihre Dauer 90 Tage pro Jahr nicht überschreitet. Das soll sowohl für natürliche als auch für juristische Personen gelten. Inhalt und Umfang der zugestandenen Rechte ergeben sich aus der vorne unter A 1. besprochenen Richtlinie 77/249/EWG, auf die im Anhang des Abkommens Bezug genommen wird. Es sieht also so aus, als dürften die schweizerischen Anwälte – sollte der Vertrag in Kraft treten – *sämtliche Dienstleistungen* einschliesslich der Parteivertretung vor Gerichten und nationalen Behörden im EU-Raum vorübergehend erbringen, ohne sich dort niederzulassen. Insbesondere dürften sie ihre Mandanten auch vor dem EuGH vertreten, dessen Satzung besagt, dass jeder Anwalt, der berechtigt ist, vor dem Gericht eines Mitgliedstaats oder eines anderen Vertragsstaats des EWR aufzutreten, auch vor dem EuGH als Vertreter oder Beistand einer Partei auftreten dürfe[86]. Allerdings müsste die Parteivertretung im Einvernehmen mit einem vor dem EuGH zugelassenen Anwalt durchgeführt werden. Insofern wären sie ihren Kollegen aus der EU nicht ganz gleichgestellt, da diese schon aufgrund der Zulassung vor den Gerichten ihres Herkunftsstaats vor dem EuGH auftreten dürfen.

b. Vorbehalt von Aktivitäten in Ausübung öffentlicher Gewalt

Das geplante Personenverkehrsabkommen sieht eine Vorschrift vor, die besagt, dass Aktivitäten, die in *Ausübung öffentlicher Gewalt* erfolgen, von der geplanten Liberalisierung ausgenommen seien. Aufgrund der einschlägigen Rechtsprechung kann indessen als gesichert gelten, dass diese Vorschrift für die Anwaltstätigkeit kein Hindernis darstellen würde. Der EuGH hat nämlich im Fall «Reyners» festgestellt, dass die anwaltlichen Tätigkeiten wie Rechtsberatung, Rechtsbeistand sowie die Vertretung oder Verteidigung eines Mandanten vor Gericht nicht als unmittelbare und spezifische Teilnahme an der Ausübung öffentlicher Gewalt bezeichnet werden können[87]. Auch gemäss der Rechtsprechung des schweizerischen Bundesgerichts kann der Anwalt zwar als «Mitarbeiter der Rechtspflege» betrachtet werden, nicht jedoch als staatliches Organ, da seine Tätigkeit im Gegenteil Unabhängigkeit vom Staat gebiete[88].

---

[86] Protokoll über die Satzung des EuGH (94/993/EG), ABl L 379 vom 31.12.94, 1 ff.; vgl. auch NATER/KELLERHALS, SJZ 91/1995, 89.
[87] EuGH, Rs. 2/74 (Jean Reyners/Belgien), Slg. 1974, 631 ff., 655 N 51.
[88] BGE 119 Ia 35, 39 f.

c. Vorbehalt von Vorschriften im Allgemeininteresse

Weiter ist eine Vorschrift vorgesehen, die es den Vertragsparteien gestatten soll, die grenzüberschreitende Dienstleistungserbringung nationalen Vorschriften zu unterwerfen, wenn *zwingende Gründe des Allgemeininteresses* dies rechtfertigen. Es stellt sich also die Frage, ob hier den Mitgliedstaaten die Möglichkeit eröffnet wird, die Bewegungsfreiheit der schweizerischen Anwälte namentlich im Bereich der Rechtspflege doch noch einzuschränken.

Auszugehen ist von den zwingenden Gründen des Allgemeininteresses, die unter Umständen eine Einschränkung der grenzüberschreitenden Dienstleistungserbringung von Anwälten rechtfertigen. Aus der Liste der möglichen Gründe, welche die EG-Kommission in ihrer erläuternden Mitteilung über die Freiheit des grenzüberschreitenden Dienstleistungsverkehrs aufführt, sind m.E. vorliegend folgende bedeutsam[89]: «Schutz der Verbraucher»; «Berufsregeln zum Schutz der Dienstleistungsempfänger»; «Berufsethos»; «Ehrbarkeit und Unabhängigkeit»; «Funktionieren des Gerichtswesens». Nun stellt sich die Frage, welchen dieser Anliegen im Allgemeininteresse die Richtlinie 77/249/EWG, auf die – wie erwähnt – im Anhang des Personenverkehrsabkommens Bezug genommen wird, nicht oder nicht genügend Rechnung trägt.

Die Verpflichtung, nur unter der Berufsbezeichnung des Herkunftslands aufzutreten, dient dem Schutz der Verbraucher bzw. der Dienstleistungsempfänger[90]. Für jeden potentiellen Kunden ist so umgehend ersichtlich, dass er einem ausländischen Anwalt gegenübersteht. Dem Schutz des Berufsethos sowie der Ehrbarkeit und Unabhängigkeit dient die Auflage, die Berufs- und Standesregeln sowohl des Herkunfts- als auch des Bestimmungsstaats zu beachten. Zusätzlich untersteht der in der Schweiz ansässige Anwalt hier einer Disziplinaraufsicht, die im Bestimmungsstaat im Sinne einer «Sitzlandkontrolle» zu berücksichtigen ist[91]. Dem Funktionieren des Gerichtswesens schliesslich wird dadurch Beachtung geschenkt, dass der im Ausland ansässige Anwalt vor den Gerichten des Gaststaates nur im Einvernehmen mit einem vor dem angerufenen Gericht zugelassenen Anwalt, der dem Gericht gegenüber nötigenfalls die Verantwortung zu tragen hat, Parteivertretungen vornehmen darf.

Angesichts dieser Verpflichtungen und Auflagen, welche direkt den Schutz der angesprochenen Allgemeininteressen bezwecken, ist schlecht ersichtlich, welche darüber hinausgehenden Allgemeininteressen eines zusätzlichen

---

[89] Erläuternde Mitteilung der Kommission über die Freiheit des grenzüberschreitenden Dienstleistungsverkehrs (93/C 334/03), ABl C 334 vom 9.12.93, 3 ff.
[90] Vgl. Erwägung 9 der Präambel zu RLV 97, ABl C 297 vom 29.9.97, 7.
[91] Die EG-Kommission betont nämlich, dass die «vom Bestimmungsstaat vorgeschriebenen Voraussetzungen keine Wiederholung der bereits im Niederlassungsstaat erfüllten gleichwertigen gesetzlichen Voraussetzungen darstellen dürfen, und dass die Aufsichtsbehörde des Bestimmungsstaats die bereits im Niederlassungsstaat vorgenommenen Kontrollen und Überprüfungen berücksichtigen muss», ABl C 334 vom 9.12.93, 5. Zum Gedanken der Sitzlandkontrolle siehe auch TROBERG, Art. 59 EGV, N 17.

Schutzes bedürften. Es stellt sich einzig die Frage, ob berechtigterweise angenommen werden darf, dass die Richtlinie 77/249/EWG in vollem Umfang zum Tragen kommt, oder ob sie, da es sich beim Personenverkehrsabkommen nur um ein Sektorabkommen handelt, welches die Schweiz nicht zu einem Mitgliedstaat der EU macht, allenfalls nur mit Einschränkungen zur Anwendung gelangt[92]. Für eine solche Annahme findet sich m.E. im Personenverkehrsabkommen, das im Anhang ohne einschränkende Präzisierungen auf die genannte Richtlinie verweist, kein Anhaltspunkt. Hinzu kommt, dass die Richtlinie 77/249/EWG – im Gegensatz zum RLV 97 – nicht ausdrücklich und ausschliesslich von der Berufsbezeichnung eines anderen *Mitgliedstaats* ausgeht. Offen bleibt allerdings, ob der RLV 97 ohne weiteres in das bilaterale Abkommen mit der Schweiz übernommen werden kann.

2. Niederlassungsfreiheit

Hinsichtlich der Niederlassungsfreiheit wären die schweizerischen Anwälte ihren europäischen Kollegen nach Ablauf einer Übergangsfrist in jeder Hinsicht gleichgestellt. Bei vollständiger Integration stünden ihnen sämtliche Tätigkeiten einschliesslich der Parteivertretung vor dem EuGH offen. Hierfür müssten sie entweder eine Eignungsprüfung erfolgreich ablegen oder – sollte der RLV 97 in das Personenverkehrsabkommen mit der Schweiz integriert werden – mindestens drei Jahre unter der schweizerischen Berufsbezeichnung im betreffenden Staat namentlich auch im Recht dieses Staates regelmässig tätig gewesen sein[93]. Es stünde ihnen aber frei, auf unbeschränkte Zeit unter ihrer herkömmlichen Berufsbezeichnung tätig zu bleiben, was allerdings mit den erwähnten Beschränkungen im Bereich der Rechtspflege verbunden wäre[94].

V. Zusammenfassung

Die OECD-Workshops über «International trade in professional services» zeigen, dass die Tätigkeiten der regulierten Berufe, besonders der Rechtsberufe, im internationalen Verkehr auch heute noch durch zahlreiche Hindernisse erschwert werden. Obwohl auf globaler Ebene das GATS bereits heute gewisse Liberalisierungen bewirkt und nach Abschluss der GATS-Verhandlungen über «Professional services» weitere Liberalisierungen zu erwarten sind, ist kaum anzunehmen, dass die internationale Freizügigkeit der Anwalt-

---

[92] Von einer uneingeschränkten Übernahme der einschlägigen Richtlinien gehen NATER/KELLERHALS, SJZ 91/1995, 89, aus.
[93] Siehe dazu vorne A 2 a bb.
[94] Siehe dazu vorne A 2 b.

schaft durch diese Verhandlungen in näherer Zukunft entscheidend verbessert wird.

Das bilaterale Personenverkehrsabkommen mit der EU brächte eine entscheidende Verbesserung der Freizügigkeit. Schweizer Anwälte könnten ihre Mandanten während 90 Tagen im Jahr im Bestimmungsland in der EU unter praktisch identischen Voraussetzungen, wie sie innerhalb der EU gelten, beraten und vor Gericht vertreten. Zudem könnten sie sich unter denselben Bedingungen wie ihre Kollegen aus der EU in einem der Mitgliedstaaten niederlassen.

Rolf H. Weber

Niederlassung oder Dienstleistung – europarechtliche Beurteilung grenzüberschreitender anwaltlicher Tätigkeiten

Inhaltsübersicht

I. Einleitung
II. Grundrechtliche Ausgangslage
   A. Massgebliche Grundrechte
      1. Niederlassungsfreiheit
      2. Dienstleistungsfreiheit
   B. Verhältnis von Niederlassungs- und Dienstleistungsfreiheit
III. Praktisches Beispiel: Fall Gebhard
   A. Sachverhalt
   B. Erwägungen des Generalanwalts
   C. Erwägungen des EuGH
IV. Beurteilung der Kriterien für Niederlassung und Dienstleistung
   A. Vorbemerkungen: Bedeutung der Zuordnung zum Niederlassungs- oder Dienstleistungsverkehrsrecht
      1. Gegenwärtiger Regulierungsstand in der EU
      2. Wesentliche Unterschiede in den Rechtsfolgen der Anwendung des Niederlassungs- bzw. Dienstleistungsrechts
   B. Anwaltstätigkeit ohne Einrichtung einer ständigen Kanzlei
   C. Eröffnung einer Zweitkanzlei
   D. Schwergewichtige Tätigkeit im Aufnahmestaat
   E. Anwaltliche Tätigkeitsausübung an verschiedenen Orten
V. Schlussbemerkungen

I. Einleitung

Die Globalisierung unternehmerischer Tätigkeiten, die steigende Personenmobilität sowie vermehrte Auslandberührungen von Sachverhalten führen auch zu einer Internationalisierung des rechtlichen Beratungsbedarfs. Grenzüberschreitend erbrachte Anwaltsdienstleistungen werden deshalb eine immer grössere Bedeutung erhalten, d.h. Rechtsanwälte dürften in stärkerem Masse über die eigenen Landesgrenzen hinaus tätig werden[1]. Trotz zurzeit

---

[1] Vgl. Rothenbühler, 32 f.; der im vorliegenden Beitrag angeführten schweizerischen Lehre lassen sich jeweilen weiterführende Hinweise auf die ausländische Lehre entnehmen.

fehlender rechtlicher Rahmenordnung im Verhältnis der Schweiz zur Europäischen Union (EU) können zumindest Beratungstätigkeiten hiesiger Anwälte im Ausland recht frei ausgeübt werden; im Zuge der bei Abschluss und Annahme der bilateralen Abkommen (v.a. des Personenverkehrsabkommens) mit der EU bewirkten indirekten Übernahme der Dienstleistungs- und Niederlassungsprinzipien des europäischen Anwaltsrechts[2] beginnt aber auch für Schweizer Anwälte die Frage vermehrt zu interessieren, welche «verfassungsrechtlichen» Normen auf den internationalen «Anwaltsmarkt» anzuwenden sind.

II. Grundrechtliche Ausgangslage

A. Massgebliche Grundrechte

Weder der Vertrag zur Gründung der Europäischen Wirtschaftsgemeinschaft (1957) noch die bisherigen Ergänzungsverträge (Einheitliche Europäische Akte, Vertrag von Maastricht, Vertrag von Amsterdam) kennen im Gegensatz zu den meisten nationalen Verfassungen einen eigentlichen Grundrechtskatalog. Mit Blick auf die Verwirklichung des Binnenmarktes ist seit der Einheitlichen Europäischen Akte (1986) immerhin das Prinzip des freien Verkehrs von Waren, Personen, Dienstleistungen und Kapital ausdrücklich verankert (Art. 7a Abs. 2 EGV). Überdies hat sich der Europäische Gerichtshof (EuGH) seit langem auf die Beachtung von Menschenrechtsschutz und staatsleitenden Grundsätzen verpflichtet[3]. Zudem legt Art. F Abs. 2 EUV fest, dass die Union in ihrer Tätigkeitsausübung die Grundrechte zu beachten habe. Für die Anwälte ist insbesondere der freie Personen- und Dienstleistungsverkehr relevant, welcher in Titel III des dritten Teils geregelt ist.

1. Niederlassungsfreiheit

Im Rahmen der Personenverkehrsfreiheit wird die Freizügigkeit der Arbeitskräfte (Art. 48–51 EGV), d.h. der unselbständig Erwerbstätigen, sowie die Niederlassungsfreiheit der selbständig Erwerbstätigen, d.h. vornehmlich der Angehörigen der sog. freien oder liberalen Berufe, und der Unternehmen (Art. 52–58 EGV) geregelt. Der massgebliche Wortlaut spricht zwar nicht von Niederlassungsfreiheit, sondern hält lediglich fest, dass die Beschränkungen

---

[2] Zur heutigen Rechtslage MEIER-SCHATZ (Europäisches Anwaltsrecht), 7; zu den bilateralen Verhandlungen der Beitrag von URS M. WEBER in dieser Festschrift, 549 ff.
[3] Statt vieler ZÄCH, 10 f., 12 f.; TOBIAS JAAG, Die Grundrechte im Europäischen Gemeinschaftsrecht, in: R. ZÄCH/D. THÜRER/R.H. WEBER (Hrsg.), Einführung in den Aufbau des EG-Rechts, Zürich 1992, 77, 83 ff.

der freien Niederlassung von EU-Angehörigen, inkl. der in der EU domizilierten Gesellschaften (Art. 58 EGV), schrittweise aufzuheben sind (Art. 52 EGV) und neue Niederlassungsbeschränkungen nicht eingeführt werden dürfen (Art. 53 EGV). Der Abbau solcher Beschränkungen ist zwar nicht so schnell wie ursprünglich erwartet erfolgt, mit der Verwirklichung des Binnenmarktes auf Anfang 1993 jedoch weitgehend zustandegekommen[4].

2. Dienstleistungsfreiheit

Der freie Dienstleistungsverkehr ist sprachlich und konzeptionell in Anlehnung an das Niederlassungsrecht konzipiert (Art. 59 EGV); materiell sind Dienstleistungen (z.b. gewerbliche, kaufmännische, handwerkliche oder freiberufliche Tätigkeiten: Art. 60 Abs. 2 EGV) jene entgeltlichen Leistungen, die nicht den Vorschriften einer anderen Grundverkehrsfreiheit des EGV unterliegen (Subsidiarität bzw. Auffangtatbestand: Art. 60 Abs. 1 EGV). Die Leistungserbringung kann sich konkret auf drei verschiedene Arten abspielen[5]:

(1) *Positive (aktive) Dienstleistungsfreiheit:* Als ursprünglicher Hauptfall in der Praxis gilt der Sachverhalt, dass der Leistende grenzüberschreitend den Leistungsempfänger zur Erbringung der Leistung aufsucht, z.b. der Anwalt sich zum ausländischen Domizil des Klienten begibt.

(2) *Negative (passive) Dienstleistungsfreiheit:* Umgekehrt ist denkbar, dass der Leistungsempfänger die nachgefragte Leistung beim Leistenden bezieht, z.b. der Klient sich in der Kanzlei des ausländischen Anwalts beraten lässt.

(3) *Korrespondenzdienstleistungsfreiheit:* Dienstleistungen sind auch erbringbar, ohne dass sich Leistender oder Leistungsempfänger grenzüberschreitend bewegen; oft ist einzig die Leistung selber transnational, z.b. die Beratungstätigkeit des Anwalts für den ausländischen Klienten per Telefon/Telefax/E-Mail.

B. *Verhältnis von Niederlassungs- und Dienstleistungsfreiheit*

Weil das ursprüngliche gedankliche Modell des freien Dienstleistungsverkehrs auf der positiven Dienstleistungsfreiheit beruhte, orientieren sich dessen Bestimmungen – wie erwähnt – am Niederlassungsrecht; überdies erklärt Art. 66 EGV vier der sieben Vorschriften zum Niederlassungsrecht

---

[4] Allgemein zur Niederlassungsfreiheit ZÄCH, 132 f., 142 ff.; zu anwaltsspezifischen Fragen ROTHENBÜHLER, 139 f.
[5] Statt vieler ROLF H. WEBER (Dienstleistungsfreiheit), 143 f.; allgemein zur Dienstleistungsfreiheit ZÄCH, 163 ff.; zu anwaltsspezifischen Fragen ROTHENBÜHLER, 140 f.

(Art. 55–58 EGV) auf den Dienstleistungsverkehr anwendbar. Die ursprünglichen Liberalisierungsprogramme der EWG-Kommission sind denn auch für beide Bereiche nahezu deckungsgleich gewesen[6]. Diese Konzeption verkennt jedoch – abgesehen von der ungenügenden Beachtung der in der Praxis immer wichtiger werdenden Korrespondenzdienstleistungen – die sachlichen Ähnlichkeiten von Waren- und Dienstleistungsverkehr[7]: Der Kerngehalt des freien Dienstleistungsverkehrs liegt nicht in der Freizügigkeit, sondern in der Freiheit des Handels mit «immateriellen» Produkten; ausschlaggebend ist nicht der Ortswechsel des Leistenden oder des Leistungsempfängers, sondern die grenzüberschreitende Leistungserbringung zwischen zwei nicht in demselben Land domizilierten Vertragsparteien.

Traditionell sehen Rechtsprechung und Lehre das relevante Unterscheidungsmerkmal zwischen dem Niederlassungsrecht, welches die Aufnahme und Ausübung selbständiger Erwerbstätigkeiten im Ausland gewährleistet, und dem einzelne Leistungen erfassenden Dienstleistungsverkehrsrecht in Dauer und Intensität der Grundrechtsbeanspruchung: Sofern der Leistende eine dauernde Tätigkeit im Ausland aufnimmt und sich in die Wirtschaft des Aufnahmestaates integriert, kommt das Niederlassungsrecht zur Anwendung; ist hingegen der Umfang der Leistungserbringung begrenzt bzw. die Tätigkeit im Ausland nur vorübergehend, liegt ein Fall des Dienstleistungsverkehrs vor[8]. Diese auch für den Anwaltsbereich wichtige Differenzierung ist nicht nur mit Blick auf einzelne anwaltliche Tätigkeitstypen im folgenden zu konkretisieren, sondern zugleich im Lichte der sachgemässen (Neu-)Orientierung der Dienstleistungs- an der Warenverkehrsfreiheit zu überdenken.

III. Praktisches Beispiel: Fall Gebhard

Der am 30. November 1995 vom Europäischen Gerichtshof (EuGH) entschiedene Fall Gebhard erläutert differenziert die Abgrenzungskriterien zwischen dem Niederlassungsrecht und dem freien Dienstleistungsverkehr. Da sich angesichts steigender Anwaltsmobilität ein ähnlicher Sachverhalt wieder (künftig gegebenenfalls auch einmal für einen Schweizer Anwalt) ergeben könnte, rechtfertigt sich eine detaillierte Analyse des Urteils[9].

---

[6] Vgl. Allgemeines Programm zur Aufhebung der Beschränkungen des freien Dienstleistungsverkehrs vom 18.12.1961, ABl 1962 2/32 vom 15.1.1962 sowie Allgemeines Programm zur Aufhebung der Beschränkungen der Niederlassungsfreiheit vom 18.12.1961, ABl 1962 2/36 vom 15.1.1962.

[7] Vgl. auch ZÄCH, 175 m.Verw.

[8] ROLF H. WEBER (Dienstleistungsfreiheit), 145 m.Verw.; eingehender der nachfolgend geschilderte Fall Gebhard.

[9] Rs. C-55/94, Slg. 1995 I 4165 ff.

A. Sachverhalt

Reinhard Gebhard, ein deutscher Staatsangehöriger, schloss erfolgreich das rechtswissenschaftliche Studium in Tübingen ab und wurde im Jahre 1977 in Stuttgart als Rechtsanwalt zugelassen. Im März 1978 zog Gebhard nach Mailand um, wo er mit seiner Frau, einer italienischen Staatsangehörigen, und seinen Kindern seither wohnte und auch besteuert wurde. Von diesem Zeitpunkt an übte Gebhard seine beruflichen Tätigkeiten schwergewichtig (abgesehen von einzelnen Stuttgarter Aufträgen, die knapp 20% der zeitlichen Beanspruchung ausmachten) in Italien aus, und zwar vorerst als Mitarbeiter («con un rapporto di libera collaborazione») einer Anwaltskanzlei in Mailand, ab Januar 1980 als «associato» in dieser Kanzlei. Im Juli 1989 eröffnete Gebhard in Mailand eine eigene Anwaltskanzlei, in welcher italienische «avvocati» und «procuratori» mit ihm zusammenarbeiteten. Nach eigenen Angaben hat Gebhard vornehmlich aussergerichtliche Tätigkeiten als Rechtsbeistand deutschsprachiger Personen in Italien (65% des Umsatzes) sowie – neben der Unterstützung italienischer Kollegen in Fragen des deutschen Rechts (5% des Umsatzes) – als Vertreter italienischsprachiger Personen in Deutschland und Österreich (30% des Umsatzes) ausgeübt.

Auf Antrag italienischer Kollegen hatte die Rechtsanwaltskammer Mailand ein Disziplinarverfahren gegen Gebhard wegen der Verwendung der Berufsbezeichnung «avvocato» eingeleitet; Gebhard beantragte seinerseits die Zulassung als Rechtsanwalt in Mailand. Mit Beschluss vom 30. November 1992 verhängte die Rechtsanwaltskammer gegen Gebhard ein sechsmonatiges Verbot der dauernden Berufstätigkeit als Rechtsanwalt in Italien, ohne jedoch zum Zulassungsanspruch Stellung zu nehmen. Gegen diese Entscheidung legte Gebhard einen Rechtsbehelf beim Consiglio Nationale Forense (CNF) ein, welcher dem EuGH im wesentlichen folgende zwei Fragen zur Vorabentscheidung (Art. 177 EGV) unterbreitete: (1) Kann gestützt auf die Anwalts-Dienstleistungs-Richtlinie 77/249 in einem nicht mit dem Niederlassungsstaat übereinstimmenden Tätigkeitsstaat eine auf Dauer ausgerichtete Tätigkeit als Rechtsanwalt ausgeübt werden? (2) Nach welchen Kriterien lässt sich die in Form der Dienstleistung ausgeübte anwaltliche Tätigkeit von derjenigen eines in einem Mitgliedstaat niedergelassenen Rechtsanwalts unterscheiden? In der – im einzelnen zu erörternden – Beantwortung dieser Fragen hat der EuGH zum Ausdruck gebracht, dass der Entscheid der Rechtsanwaltskammer Mailand nicht gegen das Gemeinschaftsrecht verstosse.

B. Erwägungen des Generalanwalts

Generalanwalt PHILIPPE LÉGER beginnt bei der Beurteilung der Vorlagefragen mit der Überlegung, dass sich Niederlassungs- und Dienstleistungsfreiheit ausschliessen; wer sich in eine nationale Wirtschaft integriert, begründet eine Niederlassung; wer hingegen lediglich in einem anderen Mitgliedstaat kurzfristig tätig wird, erbringt eine Dienstleistung[10]. Weil eine Integration in die Wirtschaft stärkere Auswirkungen als eine bloss vorübergehende Tätigkeit hat, müssen die Vorschriften des Niederlassungsrechts qualitativ strenger bzw. restriktiver sein; dies bedeutet zugleich, dass eine Person, welche unter den gleichen Bedingungen wie niedergelassene Wirtschaftsteilnehmer tätig sein will, sich nicht als Erbringerin von Dienstleistungen ausgeben darf[11]. Hernach prüft der Generalanwalt die traditionellen Abgrenzungskriterien zwischen der Niederlassungs- und der Dienstleistungsfreiheit[12]:

(1) *Zeitliches Kriterium:* Der Dienstleistungserbringer übt seine grenzüberschreitende Tätigkeit regelmässig nur für kurze Zeit und/oder von Zeit zu Zeit aus, d.h. die Tätigkeit weist Diskontinuität, nicht Dauercharakter, auf.

(2) *Räumliches Kriterium:* Der Dienstleistungserbringer übt im Gegensatz zum niedergelassenen Wirtschaftsteilnehmer seine Tätigkeit am tatsächlichen Leistungsort im Ausland nur in zweiter Linie oder nebenbei aus, d.h., er ist nicht vornehmlich dem Markt dieses Staates zugewandt und der Mittelpunkt seiner Tätigkeit liegt nicht in diesem Staat.

In der Folge stellt der Generalanwalt zutreffend fest[13], dass die Erbringung von Dienstleistungen nicht notwendig das Bestehen einer dauerhaften Einrichtung im Staat des Leistungsempfängers ausschliesst (z.B. englischer Patentanwalt überwacht dauernd die gewerblichen Schutzrechte seines wichtigsten, in Deutschland domizilierten Klienten); der Antragsteller (dienstleistender Rechtsanwalt) hat jedoch den Nachweis zu erbringen, dass eine solche ständige Einrichtung für die Ausübung seiner Tätigkeit notwendig ist und er seine Leistungen sonst nicht erbringen kann. Gestützt auf diese Überlegung formuliert der Generalanwalt folgende Grundsätze:

(1) *Vermutung 1:* Das Vorhandensein einer Kanzlei deutet auf eine Niederlassung hin: Wer über eine ständige Adresse, ein Telefon und ein Sekretariat verfügt, die es ermöglichen Dienstleistungen der Öffentlichkeit anzubieten, begründet materiell einen Anknüpfungsort, wie er für einen niedergelassenen Rechtsanwalt typisch ist, ausser wenn es sich um die Einrichtung einer Zweitkanzlei in einem anderen Mitgliedstaat handelt[14].

(2) *Vermutung 2:* Ausnahmsweise muss der dienstleistende Rechtsanwalt nachweisen können, dass die Einrichtung einer Kanzlei im (fremden) Staat der Dienstleistungserbringung für die Ausübung seiner Tätigkeiten unerlässlich ist. Ungeachtet der verbesserten Verkehrs- und Telekommunikationsmöglichkeiten hat also die Schaffung einer spezifischen Infrastruktur, die im

---

[10] GA Léger, Ziff. 18–22.
[11] GA Léger, Ziff. 23–29.
[12] GA Léger, Ziff. 31.
[13] GA Léger, Ziff. 32–58; Beispiel in Ziff. 39.
[14] GA Léger, Ziff. 61–66.

übrigen von der Dienstleistungs-Richtlinie 77/249 ausdrücklich nicht ausgeschlossen wird, geboten zu sein[15]. Bei der konkreten Beurteilung des Nachweises bleibt nach Auffassung des Generalanwalts zu beachten, (1) dass es die Überwachung der Einhaltung der Standesregeln nicht gebietet, dass der dienstleistende Rechtsanwalt keine ständige Einrichtung hat, und (2) dass die Gefahr einer «verschleierten Niederlassung» als begrenzt erscheint (Unzulässigkeit einer unwiderleglichen Umgehungsvermutung)[16].

Die Abgrenzung zwischen der Niederlassungs- und der Dienstleistungsfreiheit, die sich an der Feststellung des Mittelpunktes der rechtsanwaltlichen Tätigkeit kristallisiert, beruht demgemäss auf einem Bündel von Indizien, nämlich z.B. dem Ort des Hauptwohnsitzes, der Höhe des Umsatzes in den einzelnen Mitgliedstaaten, in denen Tätigkeiten ausgeübt werden, der Dauer des Aufenthaltes in den betroffenen Mitgliedstaaten und dem Ort der Zulassung als Rechtsanwalt. Im Fall Gebhard führt eine Wertung dieser Indizien nach Meinung des Generalanwalts zum Schluss, dass die Einrichtung einer eigenen Kanzlei in Mailand die Integration in die italienische Wirtschaft als gegeben erscheinen lässt[17].

C. Erwägungen des EuGH

Der EuGH beurteilt vorerst den Begriff «Niederlassung» und weist ihm einen weiten Geltungsbereich zu, der es den EU-Bürgern ermöglicht, in stabiler und kontinuierlicher Weise am Wirtschaftsleben eines anderen Mitgliedstaates als des Herkunftsstaates – über die Einrichtung eines zweiten Berufsdomizils hinaus – teilzunehmen und aus der dadurch bewirkten wirtschaftlichen und sozialen Verflechtung Nutzen zu ziehen[18]. Der EuGH teilt die Auffassung des Generalanwalts, dass die Einrichtung einer Kanzlei nicht zwingend für eine Niederlassung spricht und dass grenzüberschreitende rechtsanwaltliche Tätigkeiten unter Berücksichtigung der Dauer der Leistung, ihrer Frequenz (Häufigkeit und regelmässige Wiederkehr) sowie der Kontinuität zu beurteilen sind[19]. Weil Gebhard als deutscher Staatsangehöriger und Rechtsanwalt in stabiler und kontinuierlicher Weise seine Berufstätigkeit in Italien ausübt, indem er sich u.a. von seiner Kanzlei in Mailand aus an die Angehörigen dieser Gegend wendet (und im übrigen über keine eigene Infrastruktur in Stuttgart verfügt), unterliegt die Zulässigkeit seiner Leistungserbringung nach Meinung des EuGH den Vorschriften des Niederlassungsrechts[20].

[15] GA Léger, Ziff. 68–79.
[16] GA Léger, Ziff. 80–84.
[17] GA Léger, Ziff. 94.
[18] Urteil, N 25.
[19] Urteil, N 27.
[20] Urteil, N 28 ff.

Um der Beurteilung der Mailänder Rechtsanwaltskammer mit Blick auf die Erfüllung der vom Niederlassungsrecht verlangten Voraussetzungen durch Gebhard vorweg gewisse Rahmenrichtlinien zu geben, hat der EuGH im übrigen darauf hingewiesen[21], dass nationale Massnahmen, welche die Ausübung der im EGV gewährleisteten Niederlassungsfreiheit behindern oder weniger attraktiv machen können, vier Gültigkeitsvoraussetzungen erfüllen müssen, nämlich (1) die nichtdiskriminierende Anwendung, (2) die Rechtfertigung aus zwingenden Gründen des Allgemeininteresses, (3) die Eignung zur Verwirklichung des mit ihnen verfolgten Zweckes und (4) die Verhältnismässigkeit bzw. das Übermassverbot hinsichtlich der Zielerreichung.

IV. Beurteilung der Kriterien für Niederlassung und Dienstleistung

Die Abgrenzung zwischen der Niederlassungs- und der Dienstleistungsfreiheit, die in mehreren der bisher acht Entscheiden des EuGH zu Anwaltstätigkeiten[22] direkt oder indirekt angesprochen wurde und die mittelfristig auch im Rahmen des General Agreement on Trade in Services (GATS)[23] eine Rolle spielen dürfte, wird nachfolgend anhand typischer Fallkonstellationen erörtert; vorweg ist aber kurz auf die Bedeutung der Zuordnung einer spezifischen Anwaltstätigkeit zu einem der beiden Grundrechte einzugehen.

A. *Vorbemerkungen: Bedeutung der Zuordnung zum Niederlassungs- oder Dienstleistungsverkehrsrecht*

Die Diskussion über die Abgrenzungskriterien zwischen der Niederlassungs- und der Dienstleistungsfreiheit ist nicht rein akademischer Natur, sondern vielmehr von erheblicher praktischer Relevanz, und zwar sowohl aus der Sicht des betroffenen Rechtsanwalts als auch aus der Sicht seiner potentiellen Konkurrenten im Staat der tatsächlichen Leistungserbringung; in Anbetracht der Tatsache, dass die Vorschriften zum Niederlassungsrecht –

---

[21] Urteil, N 37.

[22] Reyners, Rs. 2/74, Slg. 1974, 631 ff.; Van Binsbergen, Rs. 33/74, Slg. 1974, 1299 ff.; Thieffry, Rs. 71/76, Slg. 1977, 765 ff.; Klopp, Rs. 107/83, Slg. 1984, 2971 ff.; Gullung, Rs. 292/86, Slg. 1988, 111 ff.; Kommission/Bundesrepublik Deutschland, Rs. 427/85, Slg. 1988, 1123 ff.; Vlassopoulou, Rs. C-340/89, Slg. 1991 I 2357 ff.; Gebhard, Rs. C-55/94, Slg. 1995 I 4165 ff.; allgemein dazu auch ROTHENBÜHLER, 160 ff.

[23] Zum GATS, das zwar weder eine automatische Marktöffnung noch eine Rechtsharmonisierung verlangt, vgl. SENTI/WEBER, 150 ff.; NATER/KELLERHALS, 85 ff.; ROTHENBÜHLER, 44 ff., 186 ff.; URS M. WEBER in dieser Festschrift, 549 ff.

sachlich gerechtfertigt – strenger sind als diejenigen zum Dienstleistungsrecht, tendieren nationale Rechtsanwaltskammern aus Gründen des Schutzes der einheimischen Berufsangehörigen regelmässig dahin, den Geltungsbereich des Niederlassungsrechts möglichst weit zu fassen, was nicht als sachgerecht erscheint.

1. Gegenwärtiger Regulierungsstand in der EU

Bereits im Jahre 1977 hat die EWG-Kommission die Dienstleistungs-Richtlinie 77/249 verabschiedet[24], welche die grenzüberschreitende Erbringung rechtsanwaltlicher Dienste regelt und zwischenzeitlich – wenn zwar teilweise nur unter Druck – von den Mitgliedstaaten umgesetzt worden ist[25]. Diese Richtlinie regelt im wesentlichen die Bedingungen, unter welchen ein dienstleistender Rechtsanwalt im Gaststaat vor Gerichten und Behörden auftreten kann (Art. 4), die Art des Auftretens (z.B. Berufsbezeichnung des Herkunftsstaates: Art. 5) und weitere Modalitäten der Tätigkeitsausübung (Art. 6–8)[26].

Für den Bereich des Niederlassungsrechts fehlt es weiterhin an einer harmonisierenden Richtlinie. Nach langwierigen Bemühungen hat die EU-Kommission im November 1996 einen geänderten Vorschlag für eine Richtlinie zur Erleichterung der ständigen Ausübung des Rechtsanwaltsberufs in einem anderen Mitgliedstaat als dem, in welchem die Qualifikation erworben wurde, vorgelegt[27]; nachdem nunmehr das Europäische Parlament und der Rat im Juli 1997 einen gemeinsamen Standpunkt verabschiedet haben, ist doch gelegentlich mit einer Verabschiedung der Richtlinie zu rechnen[28]. Geregelt werden soll in dieser Richtlinie die Tätigkeit von selbständigen und abhängigen Anwälten in anderen Staaten als demjenigen, in welchem die Berufsqualifikation erworben worden ist (Art. 1 Abs. 1). Im Rahmen eines grundsätzlich – mit Ausnahme des Beizugs eines einheimischen Rechtsanwaltes bei der sonst eigenen gewerbsmässigen Prozessvertretung – nicht eingeschränkten Tätigkeitsfeldes (Art. 5 Abs. 1) ist das Recht auf Berufsausübung unter der ursprünglichen Berufsbezeichnung (wenn auch mit Registereintrag im Aufnah-

---

[24] Richtlinie 77/249 des Rates vom 22. März 1977 zur Erleichterung der tatsächlichen Ausübung des freien Dienstleistungsverkehrs, ABl 1977 L 78/17 vom 26.3.1977.
[25] Vgl. z.B. für Deutschland EuGH, 25.2.1988, Rs. 427/85, Slg. 1988, 1123 ff.
[26] Eingehender zur Dienstleistungs-Richtlinie ROLF H. WEBER (Dienstleistungsfreiheit), 163 f.; ROTHENBÜHLER, 149 f.
[27] Vgl. ABl 1995 C 128/6 vom 24.5.1995 und ABl 1996 C 355/19 vom 25.11.1996.
[28] Gemeinsamer Standpunkt 35/97 vom 24. Juli 1997 im Hinblick auf den Erlass der Richtlinie 97/... des Europäischen Parlaments und des Rates vom ... zur Erleichterung der ständigen Ausübung des Rechtsanwaltsberufs in einem anderen Mitgliedstaat als dem, in welchem die Qualifikation erworben wurde, ABl 1997 C 297/6 vom 29.9.1997; vgl. auch Stellungnahme des Wirtschafts- und Sozialausschusses, ABl 1995 C 256/14 vom 2.10.1995; Vorschlag des Europäischen Parlaments vom 19. Juni 1996, ABl 1996 C 198/85 vom 8.7.1996; zur Entstehungsgeschichte vgl. auch JETZER/ZINDEL/PETRALIA, 152, 154.

mestaat) vorgesehen (Art. 2). Die Standesregeln des Herkunfts- und des Aufnahmestaates sind meist kumulativ zu beachten (Art. 6 Abs. 1). Nach dreijähriger effektiver und regelmässiger Tätigkeit gilt der ursprünglich «auswärtige» Anwalt als mit den Anwälten des Aufnahmestaates gleichgestellt, d.h., es kommt zur Vollintegration ohne Eignungsprüfung (Art. 10). Schliesslich gibt es Vorschriften über Anwaltssozietäten (Art. 11)[29].

Für das Niederlassungsrecht gilt zurzeit mit Bezug auf die Ausbildung die allgemein geltende Hochschuldiplomanerkennungs-Richtlinie, die einen Abschluss nach einem dreijährigen Studium und die Möglichkeit des Aufnahmestaates, einen zusätzlichen, höchstens dreijährigen Ausbildungslehrgang oder eine spezifische Eignungsprüfung einzuführen, vorsieht[30]. Die Hochschuldiplomanerkennungs-Richtlinie, die sich gedanklich an die Cassis-de-Dijon-Rechtsprechung anlehnt, verwirklicht somit anstelle des früheren horizontalen Harmonisierungsansatzes das Anerkennungsprinzip[31].

2. Wesentliche Unterschiede in den Rechtsfolgen der Anwendung des Niederlassungs- bzw. Dienstleistungsrechts

Der hauptsächlichste Unterschied, der sich je nach Zuordnung einer Tätigkeitsausübung zur Niederlassungs- oder zur Dienstleistungsfreiheit ergibt, betrifft die Ausbildung: Während der Aufnahmestaat bei einer vorübergehenden grenzüberschreitenden Leistungserbringung keine fachlichen Qualifikationsanforderungen stellen kann, setzt die Niederlassung voraus, dass der betreffende Anwalt die Voraussetzungen der Hochschuldiplomanerkennungs-Richtlinie und des nationalen Umsetzungserlasses bzw. künftig der neuen Niederlassungs-Richtlinie für Anwälte erfüllt. Die Ausbildung im Herkunftsstaat stellt dabei in der Regel weniger ein Problem dar als das Erfordernis der Ablegung eines zusätzlichen Eignungstestes; die bisherigen Erfahrungen haben gezeigt, dass sich nur wenig Interessenten überhaupt zur Prüfung anmelden[32]; der vorgesehene «Ersatz» des Eignungstests durch eine effektive dreijährige Tätigkeit im Aufnahmestaat dürfte deshalb die Erbringung grenzüberschreitender Anwaltstätigkeiten steigern.

---

[29] Vgl. zum Richtlinien-Entwurf auch ROTHENBÜHLER, 157 ff.; JETZER/ZINDEL/PETRALIA, 154–156; URS M. WEBER in dieser Festschrift, 549 ff.
[30] Richtlinie 89/48 des Rates vom 21.12.1988 über eine allgemeine Regelung zur Anerkennung der Hochschuldiplome, die eine mindestens dreijährige Berufsausbildung abschliessen, ABl 1989 L 19/16 vom 24.1.1989.
[31] Dazu ROLF H. WEBER (Dienstleistungsfreiheit), 158 Fn. 82, 164 f.; ZÄCH, 147 ff.; zu spezifischen Umsetzungsfragen ROTHENBÜHLER, 143 ff., 204 ff.; kürzlich hat auch der deutsche Bundesgerichtshof wieder an der eindeutigen Erfüllung der entsprechenden Bedingungen festgehalten BGH, 18.11.1996, EuZW 1997, 282–284.
[32] Vgl. JETZER/ZINDEL/PETRALIA, 154.

Von Bedeutung ist des weitern, dass ein Anwalt, der grenzüberschreitend diskontinuierlich Dienstleistungen erbringt, unter der Berufsbezeichnung seines Herkunftsstaates aufzutreten und sich für Prozesshandlungen die Mitwirkung eines einheimischen Anwaltes zu sichern hat. Der niedergelassene, in die Wirtschaft des Aufnahmestaates integrierte Anwalt kann hingegen dessen Berufsbezeichnung verwenden und hat auch dessen Berufsausübungsnormen uneingeschränkt zu beachten[33].

B. Anwaltstätigkeit ohne Einrichtung einer ständigen Kanzlei

Erbringt ein Anwalt grenzüberschreitende Dienstleistungen ohne Einrichtung einer ständigen Kanzlei, unterliegt seine Tätigkeit zweifelsfrei den Bestimmungen über den freien Dienstleistungsverkehr. Von einer Niederlassung lässt sich nur sprechen, wenn sich ein Anwalt in die Wirtschaft des Aufnahmestaates integriert, was ohne Kanzlei nicht anzunehmen ist[34]. Ohne Bedeutung ist m.E. dabei, in welchem Staat der Anwalt seinen Wohnsitz hat; diese Beurteilung könnte insbesondere für länderübergreifende Regionen beachtlich sein; der z.B. in Offenburg wohnende, aber allein in Strassburg über eine Kanzlei verfügende Anwalt erbringt etwaige Leistungen in Deutschland auf der Grundlage des freien Dienstleistungsverkehrs.

An den Begriff der «Einrichtung» einer Kanzlei ist m.E. ein strenger Massstab zu stellen: Von «Einrichtung» lässt sich nur sprechen, wenn die vollständige übliche Infrastruktur einer Anwaltskanzlei vorhanden ist. Das blosse Zurverfügungstellen einer Telefonnummer oder E-Mail-Adresse, welche den Klienten den einfachen und kostengünstigen Zugang zum Anwalt ermöglichen soll, begründet selbst dann keine Kanzlei, wenn der Anwalt die Möglichkeit hat, bei einem Kollegen im Bedarfsfall einen Sitzungsraum zu benutzen. Zutreffend hat Generalanwalt LÉGER im Fall Gebhard festgestellt, dass eine Umgehungsabsicht nicht von vornherein vermutet werden darf[35]; fehlt eine voll ausgerüstete Kanzlei, lässt sich auch nicht von einer Integration in die Wirtschaft des Aufnahmestaates sprechen. Die Schaffung einer «Kontaktstelle» führt lediglich dazu, dass die anwaltliche Dienstleistung als «immaterielles Produkt» an verschiedenen Orten von den Klienten abgerufen werden kann.

Als nicht ausschlaggebend zu erachten ist auch der Ort der erstmaligen Zulassung als Anwalt. Wenn ein Anwalt – aus welchen Gründen auch immer – keine Kanzlei in seinem Herkunftsstaat (d.h. im Staat, der den erfolgreichen

---

[33] Eingehender zu den vielfältigen und teilweise komplexen Fragen des Standesrechts der Beitrag von URS M. WEBER in dieser Festschrift, 549 ff.
[34] Beispielhaft der Fall Gebhard (vgl. vorne II).
[35] GA LÉGER, Ziff. 84.

Abschluss der Ausbildung bestätigt) errichtet, muss er im Aufnahmestaat zwecks Kanzleieröffnung die Niederlassung beantragen und damit die Voraussetzungen des Niederlassungsrechts erfüllen, was Umgehungsversuche weitgehend ausschliesst.

C. *Eröffnung einer Zweitkanzlei*

Seit dem Urteil Klopp aus dem Jahre 1984[36], bestätigt im Fall Gebhard[37], geht der EuGH davon aus, dass die Niederlassungsfreiheit nicht auf das Recht beschränkt ist, in der Gemeinschaft nur eine Niederlassung zu begründen; die Anforderung, zur Gewährleistung einer funktionierenden Rechtspflege und zur Einhaltung der Standesregeln nur eine Kanzlei zu «betreiben», stellt eine gemeinschaftswidrige Beschränkung dar. Die Einrichtung einer Zweitkanzlei hat im Fall Klopp zwar deshalb kein Problem mit Bezug auf die Erfüllung der gesetzlichen Voraussetzungen des Niederlassungsrechts mit sich gebracht, weil der betreffende Anwalt über die notwendigen (französischen) Abschlusstestate verfügte; entscheidend ist gemäss Auffassung des EuGH, dass im Falle einer Niederlassung im Rahmen einer Zweitkanzlei die sonst übliche Integration in die Wirtschaft des Aufnahmestaates durch eine ständige Präsenz des betreffenden Anwalts nicht verlangt werden darf.

Die mit Bezug auf die Zweitkanzlei liberalisierte Praxis des EuGH, welche das Niederlassungsrecht auch auf Situationen ohne Integration in die lokale/regionale Wirtschaft zur Anwendung bringt, darf nun aber – entgegen einer Andeutung von Generalanwalt Léger im Fall Gebhard[38] – nicht gegen die Dienstleistungsfreiheit ausgelegt werden. Klopp brauchte sich von vornherein nicht auf die Dienstleistungsfreiheit zu berufen, weil er mit der Erfüllung der Niederlassungsanforderungen kein Problem hatte. Der Verzicht auf die enge wirtschaftliche und soziale Bindung an den Aufnahmestaat in der Zweitkanzleisituation rechtfertigt mithin die extensive Anwendung des Niederlassungsrechts nicht. Vielmehr wäre von der Rechtsprechung erst noch zu beurteilen, ob ein Anwalt aus einem nordeuropäischen Land, der z.B. während drei Monaten in der Winterzeit seine Anwaltsgeschäfte von einem südeuropäischen Land aus führt, tatsächlich die Voraussetzungen des Niederlassungsrechts erfüllen muss und sich nicht auf die Dienstleistungsfreiheit berufen kann; im Sinne einer Flexibilisierung der immateriellen Produktionsfaktoren müsste an sich der Dienstleistungsaspekt die anwaltliche Tätigkeitsentfaltung abdecken.

---

[36] EuGH, 12.7.1984, Rs. 107/83, Slg. 1984, 2971, 2989 f.; dazu auch ROTHENBÜHLER, 177 f.
[37] Urteil, N 24.
[38] GA LÉGER, Ziff. 67.

D. Schwergewichtige Tätigkeit im Aufnahmestaat

Dem Generalanwalt Léger im Fall Gebhard ist zuzustimmen[39], dass die Abgrenzung der Niederlassungs- von der Dienstleistungsfreiheit anhand eines Bündels von Indizien vorzunehmen ist. Zentrales Kriterium muss dabei die berufliche Verankerung des Anwalts sein; diese bemisst sich z.B. nach der zeitlichen Verfügbarkeit für Klienten an bestimmten Orten oder nach dem an bestimmten Orten erzielten Umsatz. Die Einrichtung einer Kanzlei mit voll ausgerüsteter Infrastruktur ist ein Indiz für den Schwerpunkt der tatsächlichen Berufstätigkeit. Nicht massgeblich sein sollte der Ort, an welchem die Zulassung als Rechtsanwalt erwirkt wurde, und der persönliche Wohnort, sofern nicht der Hauptteil der Arbeit dort verrichtet wird.

In vielen Fällen lässt sich anhand der vorerwähnten Indizien das Schwergewicht der Tätigkeitsausübung festlegen. Insbesondere im Fall Gebhard sprechen die meisten Umstände (z.B. auch das Fehlen einer feststellbaren Präsenz in Deutschland) für eine Verankerung der Haupttätigkeit in Italien. Selbst wenn bei der Verfahrenseinleitung durch Mailänder Kollegen ein gewisser Wettbewerbsneid mitgespielt haben mag, erscheint es als zumutbar und nicht unverhältnismässig, von Gebhard die Erfüllung der Voraussetzungen des Niederlassungsrechts zu verlangen[40].

E. Anwaltliche Tätigkeitsausübung an verschiedenen Orten

Zutreffend gehen Generalanwalt Léger und der EuGH im Fall Gebhard davon aus, dass es dem Bedürfnis eines international tätigen Anwalts entsprechen kann, über eine Kanzlei auch in einem EU-Mitgliedstaat zu verfügen, in welchem – ohne Absicht der Integration in die lokale Wirtschaft – «nur» Dienstleistungen erbracht werden; die «Einrichtung» einer solchen Kanzlei verstösst weder gegen die Bestimmungen der Dienstleistungs-Richtlinie 77/249, noch gebietet die Überwachung der Einhaltung der Standesregeln den Verzicht auf eine ständige «Einrichtung»[41]. Die Frage bleibt aber offen, wie hoch die Nachweisschwelle, welche eine Kanzleieröffnung für die Erbringung blosser Dienstleistungen rechtfertigt, für den Anwalt angesetzt werden soll.

Generalanwalt Léger ist der Auffassung, dass die Einrichtung einer Kanzlei für eine sinnvolle Tätigkeitsausübung «unentbehrlich» sein müsse[42]. Eine solchermassen formulierte Nachweisschwelle erscheint als überhöht: Rechtsanwaltskammern sollten nicht legitimiert sein, darüber zu befinden, wie sich

---

[39] GA Léger, Ziff. 60 ff.
[40] Nach dem Entwurf der neuen Niederlassungs-Richtlinie (vgl. vorne Fn. 28) würde Gebhard das Kriterium der dreijährigen praktischen Tätigkeit erfüllen.
[41] GA Léger, Ziff. 80 ff.; so auch Jetzer/Zindel/Petralia, 153.
[42] GA Léger, Ziff. 71.

Anwälte organisieren. Wünscht ein Anwalt, über eine gewisse ständige Infrastruktur zu verfügen, selbst wenn er zu weniger als 10% seiner Arbeitszeit im Aufnahmestaat für die Klienten zur Verfügung steht und auch nur einen sehr geringen Honorarumsatz generiert, handelt es sich um eine individuelle Organisationsentscheidung, die keine anwaltsrechtlichen Folgen haben darf, ganz abgesehen davon, dass der Aufnahmestaat von einer solchen (nur wenig benutzten) Kanzleieinrichtung angesichts der damit verbundenen Kostenverursachung (Miete, Telekommunikationsgebühren) ohnehin profitiert. Vielmehr sollte die Nachweisschwelle im Bereich des sachlich Vertretbaren angesetzt werden. Eingriffskriterium kann im übrigen lediglich ein klarer Umgehungstatbestand sein, der von der betroffenen Rechtsanwaltskammer nachzuweisen wäre[43].

Kaum gefolgt werden kann Generalanwalt LÉGER des weitern in der Auffassung, im Zweifel seien die Dienstleistungsvorschriften eng auszulegen[44]. Zwar stellt der freie Dienstleistungsverkehr einen Auffangtatbestand dar (Art. 60 Abs. 1 EGV); diese Tatsache bedeutet aber nicht, dass dessen Anwendung nur eine Notfallösung darstellen sollte. Vielmehr gibt die Auffangregelung gerade die Möglichkeit, die übrigen Grundfreiheiten nicht zum Schutze des Einzelnen überdehnen zu müssen. Der Geltungsbereich von Niederlassungs- und Dienstleistungsfreiheit ist mithin gleichgewichtig zu sehen, und die Zuordnung einer bestimmten Anwaltstätigkeit hat aufgrund objektiver Kriterien, gemessen an den gegebenen Umständen, zu erfolgen.

Bei der Abgrenzung von Niederlassungs- und Dienstleistungsfreiheit ist überdies zu beachten, dass aus der Sicht der Abnehmer (Klienten) das vereinzelt materielle, meist aber «immaterielle» Produkt im Vordergrund steht. Ob sich der Anwalt im Aufnahmestaat niederlässt oder nur diskontinuierlich Dienstleistungen erbringt, erweist sich für die Klienten als weitgehend irrelevant. Diese Erkenntnis widerspiegelt die in der jüngeren Lehre befürwortete Anlehnung der Dienstleistungs- an die Warenverkehrsfreiheit. Aus der Sicht der Leistungsabnehmer (Klienten) ist nur, aber immerhin, transparent zu machen, über welche Kenntnisse der tätig werdende Anwalt verfügt. In Anlehnung an die grundlegende Cassis-de-Dijon-Rechtsprechung des EuGH[45] wäre deshalb das Augenmerk weniger auf die Harmonisierung der Ausbildungsvoraussetzungen sowie oft nicht sehr überzeugende «Eignungstests», als auf die Offenlegung des fachlichen Hintergrundes des betreffenden Anwalts zu legen.

---

[43] Einleitend verweist Generalanwalt LÉGER (Ziff. 26–28) auf die Problematik von Umgehungsmöglichkeiten im Sinne der Entscheide Van Binsbergen und Gullung (zit. Fn. 22), doch hält er anschliessend zutreffend fest (Ziff. 82–85), dass die Umgehungsgefahr begrenzt ist.
[44] GA LÉGER, Ziff. 67.
[45] Rs. 120/78, Slg. 1979, 649 ff.

Auf der Basis der vorerwähnten Überlegungen sind Situationen zu beurteilen, in denen eine klare örtliche Verankerung einer Anwaltstätigkeit kaum mehr möglich ist. Besonders deutlich (wenn zwar zurzeit in der Praxis noch nicht bedeutungsvoll) zeigt sich dieses Problem bei den (nur) «virtuellen» Anwaltskanzleien, die ihre Dienstleistungen z.B. über das Internet anbieten. Die steigende Standardisierung einzelner Rechtsfragenkomplexe (Entwicklung gewisser Rechtsauskünfte zur «commodity») macht zudem die persönliche Kontaktnahme zwischen Anwalt und Klient tendenziell weniger wichtig, was den Anwalt auch stärker von einer Integration in eine bestimmte lokale/regionale Wirtschaft befreit. Abgesehen von dieser eher futuristischen Sicht werden aber international bekannte Spezialisten für gewisse Rechtsbereiche (z.B. für Europa-, Informations-, Immaterialgüter- oder Bankenrecht), die nicht an einem bestimmten Ort domiziliert sind, immer weniger in einem einzigen Staat verankert sein, sondern den Klienten bestmöglich (vor Ort) zur Verfügung stehen wollen. Aus Disponibilitätsgründen müssen sie aber dennoch über mehrere Adressen (bzw. «Kanzleieinrichtungen») verfügen. In solchen Situationen erscheint es nicht als angemessen, die «Kanzleieinrichtung» nur unter restriktiven Voraussetzungen (z.B. Unentbehrlichkeit für die Tätigkeitsausübung) als zulässige Massnahme im Rahmen des grenzüberschreitenden freien Dienstleistungsverkehrs zu ermöglichen.

V. Schlussbemerkungen

Die in der Rechtsprechung des EuGH schon seit Jahren angesprochene und im Fall Gebhard vertiefte Differenzierung zwischen der Integration in die Wirtschaft des Aufnahmestaates als Merkmal der Niederlassung sowie der diskontinuierlichen Leistungserbringung als Merkmal des Dienstleistungsverkehrs ist grundsätzlich tragfähig. Immerhin wird m.E. der Dienstleistungsfreiheit nicht – wie dargelegt – durchwegs der ihr angemessene Geltungsbereich zuerkannt[46]. Anwaltsleistungen sind «immaterielle» Produkte und damit warenverkehrsähnlich. Wichtiger als ein «Eignungstest» ist deshalb die Transparenz mit Bezug auf das vorhandene Fachwissen. Diesem Anliegen werden die Vorschriften zum freien Dienstleistungsverkehr besser gerecht als diejenigen zum Niederlassungsrecht; der grenzüberschreitende Verkehr «immaterieller» Produkte, die von den Klienten auch als solche – unabhängig vom Domizilort des Leistenden – nachgefragt werden, ist im Lichte der Cassis-de-Dijon-Rechtsprechung, die dem Transparenzprinzip zum Durchbruch verhilft, zu beurteilen. Damit würde zugleich der Anwaltsmarkt den übrigen wirtschaftlich relevanten Märkten im Rahmen des EU-Binnenmarktes angenähert.

---

[46] Im Fall Gullung, Slg. 1988, 111, 139 N 26 hat der EuGH die Dienstleistungsfreiheit im übrigen ebenfalls extensiv ausgelegt.